6,42

D1392022

Literaturwissenschaft und Sozialwissenschaften 3

WITHDRAWN FROM STOCK

Literaturwissenschaft und Sozialwissenschaften 3

Deutsches Bürgertum und literarische Intelligenz 1750–1800

Mit Beiträgen von
Ulrich Dzwonek, Hans Freier,
Hans Jürgen Haferkorn,
Thomas Metscher,
Volker Ulrich Müller, Claus Ritterhoff,
Harro Segeberg,
Anthony Williams und
Harro Zimmermann
herausgegeben von Bernd Lutz

J. B. Metzler Stuttgart

ISBN 3 476 00275 6
© J. B. Metzlersche Verlagsbuchhandlung
und Carl Ernst Poeschel Verlag GmbH in Stuttgart 1974
Druck: Georg Appl, Wemding
Printed in Germany

Inhalt

Bernd Lutz: Einleitung IX
Anthony Williams: The ambivalences in the plays of the young Schiller
about contemporary Germany 1
Introduction 1
Kabale und Liebe 34
Die Räuber 49
Anmerkungen 72

Hans J. Haferkorn: Zur Entstehung der bürgerlich-literarischen Intelligenz und des Schriftstellers im Deutschland zwischen 1750 und 1800 . . 113
Vorbemerkung 114
Einleitung 128
I. Freiheit und soziale Determination des Schriftstellers 138
  1. Der Begriff Freiheit 138
  2. Schriftsteller und Volk 142
  3. Grenze und Konflikt 157
  4. Soziale Determination 163
  5. Sprache und Geschmack 171
II. Bürgerliche Gesellschaft und literarische Kultur 176
  1. Entwicklung der bürgerlichen Gesellschaft 177
  2. Die Lage des Bürgertums 182
  3. Ästhetisierung 190
III. Schriftsteller und literarischer Markt 195
  1. Kommerzialisierung 196
  2. Geistiges Eigentum und Honorar 203
  3. Selbsthilfemaßnahmen 210
IV. Das Selbstverständnis des Schriftstellers 214
  1. Der ständische Dichter 215
  2. Der freie Schriftsteller 222
  3. Beruf und Berufung 225
  4. Schriftsteller und bürgerliche Gesellschaft 239
Anmerkungen 239

Ulrich Dzwonek/Claus Ritterhoff/Harro Zimmermann: »Bürgerliche
Oppositionsliteratur zwischen Revolution und Reformismus«. F. G.
Klopstocks *Deutsche Gelehrtenrepublik* und Bardendichtung als Doku-
mente der bürgerlichen Emanzipationsbewegung in der zweiten Hälfte
des 18. Jahrhunderts 277
Vorbemerkung 277

 I. Zur Suskriptionsleserschaft von Klopstocks *Deutscher Gelehrtenrepublik* 278
 II. Die *Deutsche Gelehrtenrepublik* als Dokument emanzipatorischer
   Politik und Poetik 282
   1. Radikalisierungstendenzen der politischen Debatte in den secziger und siebziger Jahren des 18. Jahrhunderts 282
   2. Zur Genesis der *Deutschen Gelehrtenrepublik* 286
   3. Der Übergang von der feudalen zur bürgerlichen Gesellschaft –
     Zur Organisationsstruktur der *Deutschen Gelehrtenrepublik* ... 287
   4. Zum Begriff der Politik in Klopstocks Deutscher Gelehrtenrepublik 292
   5. Zu Klopstocks Konzeption einer Poetik in der Gelehrtenrepublik . 295
 III. Die Rezeption der Klopstockschen Bardendichtung 301
   1. Das Grundproblem der wissenschaftlichen und ästhetischen
     Rezeption des Bardenstoffes im Deutschland des 18. Jahrhunderts 301
   2. Zu Klopstocks Bardendichtung 303
   3. Positionen der Kritik an Klopstocks Bardendichtung 304
   Anmerkungen 313

Hans Freier: Ästhetik und Autonomie. Ein Beitrag zur idealistischen Entfremdungskritik 329
   1. Das Problem der Kunstautonomie 331
   2. Das Problem ästhetischer Autonomie 355
   Anmerkungen 374

Thomas Metscher: Prometheus. Zum Verhältnis von bürgerlicher Literatur und materieller Produktion 385
   I. Der bürgerliche Autor als autonomer Produzent – „ich trete die Kelter allein" 385
   II. Himmlisches Feuer und Dampfmaschine oder Prometheus und die
     menschliche Arbeit 388
   III. Das bürgerliche Ich als Welt-Produzent oder die Revolution in Form
     des Gedankens 400
   IV. Prometheus und Epimetheus – materielle und geistige Produktion im
     Zeitalter der bürgerlichen Gesellschaft 410
   V. Deutsche Literatur und bürgerliche Gesellschaft 416
   VI. Der Prometheus der Arbeiterklasse 425
   Anmerkungen 441

Volker Ulrich Müller: Die Empfindsamkeitskritik bei Jean Paul 455
   I. Ästhetik und Politik. Zu Problemen der Jean-Paul-Forschung 455
   II. Inszenierte Naivität 459
   III. Kritik und Reflexion. Die Suche nach einem archimedischen Punkt .. 466
   IV. Zur Genese humoristischer Reflexion: die Antinomien einer Ideologiekritik des Irrtums 470

Inhalt VII

V. Selbstreflexion der Kritik und die Revolution als Akt der Beliebigkeit 473
VI. Kritik und Revolution. Die Suche nach einem revolutionären Subjekt 478
VII. Verdrängte Reflexion. Heldentum und Gemeinwohl: der Rückgriff
auf das römische Kostüm 485
Anmerkungen 496

Harro Segeberg: Literarischer Jakobinismus in Deutschland. Theoretische
und methodische Überlegungen zur Erforschung der radikalen Spätaufklärung 509
1. Zur Kanonisierung der Weimarer Klassik 509
2. Zur Lage der Jakobinismusforschung 511
3. Aufklärung und Revolution – sozialgeschichtliche Vermittlungs-
probleme 515
4. Idealistische Handlungstheorien 520
5. Das liberale und das *jakobinisierte* Modell der öffentlichen Meinung 524
6. Moralisches Pathos und Klasseninteresse 530
7. Interessenspezifische Aufklärungsliteratur 533
8. Politische Volkspoesie 540
9. Zur operativen Technik Mainzer Revolutionsliteratur 546
10. Klassik und radikale Spätaufklärung 550
Anmerkungen 553
Namenregister 569

Einleitung

Warum Literaturwissenschaft *und* Sozialwissenschaften?

Die Beschäftigung mit der deutschen Literatur speziell des 18. Jahrhunderts, der deutschen Spätaufklärung und den Konstituierungsfragen der deutschen Klassik hat neuerdings ihren guten Grund wie ihre gute Konjunktur. Ihren guten Grund darin, daß gegen die von der nationalistisch bis geistesgeschichtlich orientierten Germanistik etablierte »Klassik-Legende«, gegen die schon Franz Mehring Sturm gelaufen war, jetzt eine mehr oder weniger systematische Erforschung der deutschen Aufklärung im Rahmen des institutionell Möglichen vorangetrieben wird. Dies geschieht, um ihr – die Grenzen einer Nationalliteraturgeschichtsschreibung aufgrund ihrer gemeineuropäischen Verflechtungen sprengend – ein eigenständiges Gewicht zu verleihen, das sie nicht mehr den nivellierenden und angesichts historischer Kontinuität zu kurz greifenden epochengeschichtlichen Triaden anheimgibt.

Dazu zwangen nicht nur die zahlreichen Arbeiten, die von Literaturwissenschaftlern der DDR hierzu vorgelegt wurden – angesiedelt zwischen den Polen des klassisch-humanistischen und des demokratisch-sozialistischen Erbes und mit Nuancierungen kulturpolitisch darauf abgestimmt, bürgerliches und sozialistisches Erbe miteinander zu versöhnen –, sondern vor allen Dingen Legitimationsprobleme innerhalb der bundesrepublikanischen Literaturwissenschaft, die sich seit Mitte der sechziger Jahre verstärkt der Provokation durch die Kritische Theorie der Frankfurter Schule ausgesetzt sah. Diese Provokation mußte bei deren Rezipienten umso tiefer treffen, als die Kritische Theorie den Versuch machte, politisch-soziale Faktoren der deutschen Geschichte im Vorfeld einer historisch-materialistischen Analyse mit den Ideologemen der deutschen Geistesgeschichte zu konfrontieren und damit einen dialektischen Funktionszusammenhang herzustellen, der erklärbar machte, weshalb im Verlauf der jüngsten deutschen Geschichte Künstler und Kunstwerk zu einem autonomen Status verklärt wurden, der deren gesellschaftliche Versöhnung nur noch in der Form ästhetisch vermittelter Affirmation ermöglichte; mit anderen Worten also das Scheinhafte des Ästhetischen umschlug in die Scheinhaftigkeit von Gesellschaft.

Die solcherart decouvrierte »deutsche Reichspropaganda« lenkte den Blick der Sozialwissenschaften in weitestem Sinn, also auch der Literaturwissenschaft auf die jeweils vorgegebenen Implikationen des sozial- und ideologiegeschichtlichen Kontextes. Daß sich dabei oft ein methodisch dubioser »Deduktionalismus« breit machte, mag angesichts der Tatsache zu verschmerzen sein, daß sich philologische Neugier und Umtriebigkeit zunehmend verstärkten und am besten da beraten waren, wo sie die positivistischen Tugenden der historischen Methode zum Ausgangspunkt nahmen. Entsprach der Begriff »bürgerlich« zunächst einer vagen

Etikettierung des subjektiv empfundenen Unbehagens an der eigenen Wissenschaftspraxis, so war man aus Gründen der Differenzierung des Begriffsbilds sehr rasch gezwungen, auf die Entstehungsphase des deutschen Bürgertums in seiner spezifisch frühliberalistischen Prägung im späten 18. Jahrhundert zurückzugreifen.

Erst von diesem historischen Bezugspunkt aus scheint es möglich, glaubwürdig die Faktoren von Ideologieproduktion, vorrangig der Literatur des 18. Jahrhunderts als eines Sammelbeckens klassentranszendenter oder zwangsläufig klassenneutraler Intelligenz mit einem methodischen Konzept der Aufarbeitung deutscher Geschichte unter ideologiekritischen *und* politisch-ökonomischen Gesichtspunkten zu vereinigen.

Dies wäre, beim gewiß »oberflächlichen« Wort genommen, ein verwegenes Programm, würde nicht von vornherein deutlich gemacht werden, daß Widerspiegelungsverhältnisse nicht in Bausch und Bogen auf den literarischen Prozeß rückübertragen werden können, weil damit eine ganze Reihe für die Ideologiebildung zentrale Faktoren schlicht annulliert werden würden. Vielmehr sind Phasenverschiebungen im Verhältnis der ideellen zur materiellen Produktion, Wiederholungen und Rückgriffe insgesamt typischer für den Verlauf der deutschen Literaturgeschichte im angedeuteten Zeitraum als eine wie auch immer begründete, letzten Endes idealtypische Kongruenz von »materieller« Basis und »literarischem« Überbau. Der Eindruck eines scheinbar stabilen Gefüges deutscher Ideologie im 19. und 20. Jahrhundert letzten Endes auch der Literatur entstand durch andere Faktoren des ideellen Prozesses, die mit der genuinen Verfassung von Literatur wenig, mit der Praxis staatsbürgerlicher Sozialisation aber umso mehr zu tun hatten. Denn während das Bürgertum im Verlauf des 19. Jahrhunderts aus gutem Grund eine technisch-naturwissenschaftliche Intelligenz hervorbrachte und sie gezielt im ökonomischen Produktionsprozeß zur Geltung brachte, suspendierte es sich gleichzeitig von den klassischen literarischen Propagatoren des bürgerlichen Fortschritts qua »Bildung«, wo es nicht unmittelbar in Opposition zu ihnen geriet, oder umgekehrt die literarische Opposition sich aus intellektuellen Ansprüchen herleitete, die das Bürgertum aufgrund seiner Fixierung auf die wirtschaftliche Prosperität nicht mehr teilen bzw. integrieren konnte. Und es sei hinzugefügt, daß erst jetzt damit begonnen wird, die Rolle der deutschen Philologie in diesem Sozialisationsprozeß als eines der Literatur selbst verqueren Vermittlers klarzulegen.

Alle diese Momente gehören zu den mittelbaren Voraussetzungen der Reihe *Literaturwissenschaft und Sozialwissenschaften,* die der Verlag im Jahr 1971 mit dem Band *Grundlagen und Modellanalysen* in der Absicht begann, die Prämissen literaturwissenschaftlich sinnvoller Fragestellungen einem sozialwissenschaftlichen Kontext zu überantworten, ohne die infolge der deutschen Sonderentwicklung, Literatur wie Gesellschaft betreffend, notwendigen Differenzierungen vorschnell einzuebnen. Wenn der Reihentitel mit seinem »und« einer gewissen

Vorläufigkeit, die es noch nicht auf den Begriff gebracht hat, Spielraum läßt, so nicht deshalb, um den Rückzug zum Status des autonomen Kunstwerks und entsprechend indifferenter Methoden offenzuhalten, sondern um zu verstehen zu geben, daß sich allgemeine Warenproduktion und Kulturwarenproduktion, mit der es Literaturwissenschaft gemeinhin zu tun hat, hinreichend unterscheiden, um diese Divergenz bei der Analyse ideeller Produktion in Beziehung zur materiellen beizubehalten und so oberflächliche Analogiebildungen auszuschließen.

Warum deutsches Bürgertum und literarische Intelligenz zwischen 1750 und 1800?

Der Titel des vorliegenden Bandes sollte nicht so verstanden werden, als ginge es seinen Autoren um die Rekonstruktion einer grundsätzlichen Differenz zwischen dem deutschen Bürgertum der Zeit und der ihm »konfrontierten« literarischen Intelligenz. Ein solches Vorverständnis verbietet sich aufgrund des Gesamtverlaufs der bürgerlich-liberalistischen Emanzipationsbewegung im späten 18. und beginnenden 19. Jahrhundert, an dem die literarische Intelligenz hervorragenden Anteil hatte. Auch sollte »deutsches Bürgertum« nicht so verstanden werden, als handle es sich dabei um einen in allen Belangen konsolidierten Klassenbegriff, weil dazu im territorial und politisch zersplitterten Deutschland im Vergleich zum englischen und französischen Zentralismus alle Voraussetzungen fehlten. Dies zeigt sich am deutlichsten im Scheitern der bürgerlichen Revolutionsversuche auf linksrheinischem Gebiet. Freilich ist die Prokalamation der Mainzer Republik ein erster demokratischer Lichtblick in der Phase des Verfalls des Feudalabsolutismus, aber man darf doch nicht darüber hinwegsehen, daß sich das Konstrukt einer bürgerlichen Klassengesellschaft schon deshalb verbietet, weil dieses Bürgertum noch nicht Sachwalter des Machtapparats war und der Klassenkompromiß mit dem Feudaladel sich schon deshalb anbot, weil letzterer ökonomisch und subsidiär zumeist in bürgerlicher Hand war. Es fehlte auf der anderen Seite ein selbstbewußtes Proletariat in den Metropolen des Handels und der politischen Machtausübung, das als politisch latenter Faktor ins öffentliche Bewußtsein hätte treten können. So blieben in Deutschland plebeijisch-jakobinisch-sansculottische Gedanken, die sich auf die Erschütterung der Legitimität des Privateigentums konzentrierten, als Sache der sozial Deklassierten und politisch Unmündigen dem freien Kommerz der Geister überlassen.

Freilich muß auch gesagt werden, daß trotz des Übergewichts, das sich der girondistische Bourgeois nach dem Thermidor mit Entschiedenheit verschafft – seine politische Emanzipation als Entfaltung seiner Handelsfreiheit betreibend –, sich bereits jene gesellschaftlichen Antagonismen abzuzeichnen beginnen, die sich in den bürgerlichen und sozialistischen Kampfpositionen, aber auch ihrer

Bündnispolitik im Verlauf der französischen wie deutschen Geschichte des 19. Jahrhunderts voll entfalten sollten. Dies wird nicht hervorgehoben, um erneut die literarischen Parteigänger insbesondere des deutschen Bürgertums einer letzten Endes kulturkonservativen Haltung zu bezichtigen, vielmehr sollte von der deutschen Intelligenz in ihrer spezifisch *literarischen* Ausprägung kein allzu einhelliges Bild entstehen*.

Wenn sie sich auch insgesamt aus ihrer ständisch-feudalistischen Fixierung löst und gleichsam als vierte, rationale Gewalt ins öffentliche Bewußtsein einschreibt, so gibt es doch handfeste Unterschiede, mit denen diese Intelligenz, den Blick auf die Französische Revolution gerichtet, in Deutschland mit politischen Sachen ernst macht. Der leidenschaftlichen Parteinahme für die Gleichheits- und Souveränitätsideale aller Bürger selbst unter der Bedingung revolutionärer Gewalt mag für deutsche Verhältnisse die literarische, letzten Endes aber auch aktionistische Konsequenz entsprechen, mit der versucht wurde, in die bestehenden Machtstrukturen einzugreifen und ein eigenständiges politisches Konzept zu verwirklichen. Georg Forster ist das Paradigma dieses Versuchs, die Republik in Deutschland einzuführen und auf der Herrschaft des Volkes begründete Verhältnisse zu schaffen. In einer Rede *Über das Verhältnis der Mainzer gegen die Franken* vor der Gesellschaft der Volksfreunde am 15. November 1792 betont er:

»Mitbürger! ... Ich finde mich in mein Gewissen gedrungen, öffentlich zu bekennen:

1. Daß mir die freieste Verfassung die beste scheint.

2. Daß wir es vor Gott und der Welt nicht verantworten könnten, wenn wir die Gelegenheit, wo wir eine Verfassung bekommen können, von uns stießen.

3. Daß man jedesmal, sooft es auf das dauerhafte Glück einer ganzen Stadt und eines Landes ankommt, auf einzelne Personen keine Rücksicht nehmen, viel weniger die Befriedigung einiger wenigen, wenn sie auch sonst unbescholten wären, die Freiheit und die damit verbundene moralische Veredlung aller opfern darf.

Endlich 4. Daß dies der glückliche, erwünschte Zeitpunkt einer wirklich ist, wo wir alle Kräfte anspannen müssen, um die Freiheit und Gleichheit, die uns fränkischen Brüder uns darbieten, mit Eifer und warmen Dankgefühlen anzunehmen und mit Mut bis in den Tod für ihre Beibehaltung zu streiten.«**

---

* Claus *Träger* (Hg.), Mainz zwischen Rot und Schwarz. Die Mainzer Revolution 1792–1793 in Schriften, Reden und Briefen. Berlin 1963, S. 227.
** Hierzu war ein Beitrag Bernd *Weyergrafs* vorgesehen, der aus Zeit- und Raumgründen (wie die übrigen angekündigten Beiträge) nicht erscheinen kann, aber einer gesonderten Publikation vorbehalten bleibt. Da dieser Beitrag unmittelbar zum Konzept dieses Bandes gehörte, seien hier kurz seine einzelnen Schritte dargestellt:
1. Darstellung der Position, die von Vertretern der literarischen Intelligenz zur Zeit des Vormärz (Gervinus u. a.), der nachrevolutionären Literaturgeschichtsschreibung und

Dies Zitat, um sichtbar zu machen, wie sehr die politische Rede, statt Handlungsanweisung zu sein, unter Anrechnung dessen, was ihr realgeschichtlich widerfährt, zur monumentalen Geste geraten kann, allerdings einer Geste, auf die in diesem Fall zu achten wäre.

Gewiß wäre es wünschenswert gewesen, den vorliegenden Band »Deutsches Bürgertum und literarische Intelligenz 1750–1800« in folgenden Hinsichten durch ausgearbeitete Einzelbeiträge zu ergänzen:

Biographik zum späten 18. Jahrhundert (z. B. Wenck) und der 20er und 30er Jahre (u. a. Stern, Gerth, Balet) eingenommen wurde. Dann sollte die Darstellung und Kritik einschlägiger Arbeiten aus Bundesrepublik und DDR folgen: Enge Verknüpfung des sozialgeschichtlichen und biographischen Forschungsinteresses mit Fragen der Parteilichkeit, der Vermittlung und Aktualisierbarkeit (Probleme des »kulturellen Erbes« und des Weiterwirkens des »demokratischen und sozialistischen Vermächtnisses«). Analyse und Kritik von Positionen der BRD und Darstellung des ideologisch und wissenschaftspolitisch begründeten Desinteresses an der deutschen Spätaufklärung bis in die sechziger Jahre.

2. Skizze des historischen, ökonomischen und politischen Horizonts des späten 18. Jahrhunderts. Untersuchung der »Krise des Feudalismus« unter dem Gesichtspunkt, wie weit sie im Diskussionsprozeß, mit dem sich die literarische Intelligenz über ihre besondere Situation verständigt, als solche erkannt und dargestellt wird und somit zur Herausbildung eines Klassenbewußtseins beitragen kann. Ebenso Berücksichtigung der Bestrebungen, die dazu beitragen sollen, die sich im Schoß der feudalen Gesellschaftsordnung heranbildenden neuen Produktivkräfte durchzusetzen: Kritik des Merkantilismus, Propagierung physiokratischer Ideen, Diskussion agrarischer Produktionsformen, Kritik der Leibeigenschaft, pädagogische Reformen, Kritik der Arbeitsteilung usw. Da die so formulierten Bedürfnisse klassenspezifisch im Sinn der bürgerlichen Fraktionen (Handels- und Industriebürgertum) sind, liefern sie zugleich Indizien für die Klassenposition der einzelnen Autoren. Ebenso sollten hier die Bestrebungen unabhängiger Existenzsicherung, wie z. B. die Versuche eigenständiger landwirtschaftlicher Produktion (Merck, Wieland, Ziegenhagen u. a.), verlegerische Tätigkeit (Göschen, Perthes, Campe) erörtert werden.

3. Abgrenzung der verschiedenen Schichten des Bürgertums und der sie vertretenden Intelligenz, »abhängige« und »freie« Berufe; Vertreter des Bürgertums, die auf die »Treibhausatmosphäre« der territorialstaatlichen Wirtschaftspolitik oder auf die Nähe zum Hof angewiesen waren, und jene, denen an der Beseitigung der feudalen Produktionsverhältnisse insgesamt gelegen war.

4. Darstellung unterschiedlicher Formen der Ideologieproduktion; wirtschaftliche und politische Voraussetzungen für die Herausbildung eines bürgerlichen Klassenbewußtseins. Erfahrungshorizont der literarischen Intelligenz und Erwartungen in die Konsolidierung der eigenen Klasse. Erläuternd dazu: Klassenverständnis und Klassenidentität; Ideologie als Reflex auf die individuelle und gesellschaftliche Lage; Dialektik von Eigentum und Freiheit; Gleichheitsforderungen und Apologie der Ungleichheit; Verhältnis der literarischen Intelligenz zu den »niederen Volksklassen«; die Abgrenzung zu Klerus und Adel und zum vierten Stand; die Theorie der Klassenversöhnung.

5. Exemplarische Biographien, von denen aus das Problem der Wechselbeziehung von Klassenlage und politischer Haltung erörtert wird.

6. Darstellung der spezifischen Reaktionsweise einiger Vertreter der literarischen Intelligenz auf die Französische Revolution. Dabei stehen klassenbedingte bzw. schichtenspezifische Haltungen im Vordergrund.

- Vergleich der politisch-sozialen Konstellationen in Frankreich und Deutschland vor und während der Französischen Revolution;
- Vergleich der beiden nationalen Entwicklungen bis zur Juli-Revolution;
- Daran anknüpfend, Vergleich der unterschiedlichen Auffassungen und Möglichkeiten des Schriftstellers in Frankreich und Deutschland;
- Analyse der romantischen Protestbewegung in Deutschland, für die allerdings ein eigener Band von *Literaturwissenschaft und Sozialwissenschaften* in Vorbereitung ist;
- Analyse der Rezeptionsbedingungen der Französischen Revolution in Deutschland;
- Diskussion und Kritik des Begriffs »nationales Erbe«;
- deutsches Theater des 18. Jahrhunderts als Medium aufklärerischer Kritik und als bevorzugter Ort antifeudalistischer Propaganda;
- Klassische deutsche Philosophie und Ästhetik als Spiegel des neuen bürgerlichen Selbstverständnisses.

Ein solches Programm freilich würde weitere – umfangreiche – Bände erfordern. Überdies haben die Autoren dieses Bandes die Hoffnung, alle die angedeuteten Ergänzungspunkte zumindest implizit zur Genüge berücksichtigt zu haben.

Im Juni 1974   Bernd Lutz

Anthony Williams

The ambivalences in the plays of the young Schiller about contemporary Germany

Introduction

In a letter to Conrad Schmidt in 1890 Friedrich Engels gave some indications as to how the method of historical materialism might be applied to the analysis of literature:

> Unsere Geschichtsauffassung aber ist vor allem eine Anleitung beim Studium, kein Hebel der Konstruktion à la Hegelianertum. Die ganze Geschichte muß neu studiert werden, die Daseinsbedingungen der verschiedenen Gesellschaftsformationen müssen im einzelnen untersucht werden, ehe man versucht, die politischen, privatrechtlichen, ästhetischen, philosophischen, religiösen etc. Anschauungsweisen, die ihnen entsprechen, aus ihnen abzuleiten. Darin ist bis jetzt nur wenig geschehen, weil nur wenige sich ernstlich darangesetzt haben. Darin können wir Hilfe in Massen brauchen, das Gebiet ist unendlich groß, und wer ernstlich arbeiten will, kann viel leisten und sich auszeichnen. [1]

The task of analysing the texts of any one author is enormous in view of the many factors – socio-economic, political, aesthetic, philosophical, religious etc. and the interdependence of these factors which have to be examined. Since Engels wrote that letter much excellent work has already been carried out for the late eighteenth century period, and it is upon the works of scholars like Hans Mottek in the field of the economic history of Germany in the eighteenth century, Heinz Stolpe on the specific details of economic tendencies between 1770 and 1790 and the relationship between these and the writers of the Storm and Stress period, Georg Lukács on literary and philosophical questions of the period, Edith Braemer and Ursula Wertheim on Schiller and other writers and literary topics of the period, that I have built up my specific views about the writings of the young Schiller. It is, moreover, in my introductory section, in which I attempt to encompass so much different material that my indebtedness to these scholars will be most apparent.

After outlining the method and aims of my analysis I shall attempt in the main part of my introduction to establish the various factors of base and superstructure which affected the writings of the young Schiller in the period between 1780 and 1790. It is against the background of this account that I shall be able to proceed to a detailed textual analysis of *Kabale und Liebe* and *Die Räuber*, Schiller's two plays about contemporary Germany.

Consequently, the main part of the introductory section will be divided into three sections. The first will consist of an analysis of the base: the socio-economic situation and development in Germany in the period 1770–90; the specific social situation of Schiller's Württemberg which provided, as Schiller himself put it, the »climate« out of which his first drama arose, and then the »response« [2] of German Storm and Stress writers to the problems and conflicts within the economic base, their active contribution to the new ideological superstructure which in turn sought to promote the development of the bourgeois and peasant elements of the economic base. I shall indicate in what ways Schiller himself participated in these new intellectual and literary developments and how he varied – in accordance with changing social circumstances and needs – the ideas and demands of his immediate predecessors in the decade 1770–80. In the second section I shall outline a further ideological tradition which was part of the specific »climate« of Württemberg: that of Swabian pietism. Having outlined the socio-economic, political, literary, philosophical and religious factors in Germany in general and Württemberg in particular which account for the lines of Schiller's own development as a writer and thinker it will be possible in the third and final section to indicate those aspects of the English and French Enlightenment which coincided with Schiller's own situation and needs and which he took over and developed further in his early dramatic practice and theoretical writings. It will also be possible to explain his rejection of other aspects and the consequences this rejection had on his own works. The analysis of all these factors will provide the key to the ambivalences in his plays about contemporary Germany.

Engels described the dialectical interdependence of the various factors of base and superstructure with the former being, however, the overriding factor, as follows:

Die politische, rechtliche, philosophische, religiöse, literarische, künstlerische etc. Entwicklung beruht auf der ökonomischen. Aber alle reagieren auch aufeinander und auf die ökonomische Basis. Es ist nicht, daß die ökonomische Lage Ursache, allein aktiv ist und alles andere nur passive Wirkung. Sondern es ist Wechselwirkung auf Grundlage der in letzter Instanz stets sich durchsetzenden ökonomischen Notwendigkeit. [3[

In other words, literature is not a mere passive reflexion of determining economic factors but, within the context and possibilities of its time, it has an active contribution to make, above all to the furtherance of the progressive socio-economic tendencies of its times (»auf die ökonomische Basis«). It can be an *active* reflection of progressive socio-economic tendencies which already exist or are in the process of being developed. It can have, therefore, an active emancipatory function towards the progressive socio-economic and political tendencies of its times. Interestingly enough, Engels pointed out this progressive function of literature in the case of Schiller's *Kabale und Liebe* as a model »Tendenzdrama«. Here the dramatist succeeded in expressing and promoting the progressive social tendency of bourgeois emancipation by means of a realistic dramatic plot. [4]

In discussing the response of a writer to the conflicts within the economic base, Thomas Metscher makes a further important differentiation whereby the overall social tendency of a literary work and the attitude (»Parteilichkeit«) of a writer revealed in this may be either progressive or regressive. In the case of the former the writer anticipates the solution to the conflicts which have then to be realised by social practice:

Kunst ist sinnlich-materielle Vergegenständlichung geistiger Praxis als Reaktion (›Response‹) auf Konflikte der materiellen Praxis. Sie nimmt dabei immer eine bestimmte Stellung zu den Problemen des gesamtgesellschaftlichen Lebensprozesses, damit auch zu den Produktionsverhältnissen einer gegebenen Epoche ein. (Parteilichkeit als ästhetische Kategorie). So steht die Kunst in einem ständigen interdependenten Beziehungsverhältnis zu außerästhetischen Prozessen und besitzt jeweils eine bestimmbare regressive oder progressive Funktion innerhalb solcher Prozesse. In diesem Sinn reflektiert ästhetische Praxis die Praxis des materiellen Lebensprozesses. Sie ist eine Antwort auf reale Konflikte, die die Lösung dieser Konflikte antizipieren und intellektuell vorbereiten, doch nicht ersetzen kann. [5]

Marie Luise Gansberg also points out that the overall social tendency – progressive or regressive – of a literary work may be determined, but at the same time the text may contain within the overall tendency a mixture of both progressive and regressive impulses. [6] In substantiating this point she goes on to indicate that three elements may exist together in a literary work; the aesthetic totality of content, form and techniques are an expression of these three elements. The first element is that of the critical information about the author's society which a work provides; the second is the utopian element, that of stepping beyond the given, the anticipation of new possibilities of human existence; the third is false consciousness, the extent to which a literary work is marked by the ideology of the ruling class, which may induce a false harmonisation of existing antagonistic contradictions. [7]

It is possible, therefore, that in a literary work which contains an overall progressive social tendency, there can be within that overall tendency nevertheless critical, utopian elements and those of a false harmonisation. This will be significant for my examination of the ambivalences of, in particular, Schiller's *Die Räuber*. The presence of the last as well as the former elements in the case of Schiller is correctly (as I shall show later in detail) attributed by Gansberg to the dialectic of literature and social circumstances which contained socio-economic tendencies towards bourgeois emancipation and national unification, but these tendencies were far from ripened enough to ensure the desired social and political changes:

Die dunklen Spuren, mit denen gesellschaftliche Misere und nationale Verspätung die ästhetische Vernunft in Deutschland gezeichnet haben, die stete Gefahr, daß die kritische Kraft in Affirmation oder Resignation gebrochen wird – Prozesse, die sich ... bei Schiller ...

beobachten lassen, dürfen nicht unterschlagen, sondern müssen vielmehr in ihrer ganzen Dialektik entfaltet werden. [8]

The analysis of the various factors determining a literary work (which I shall undertake in the case of the young Schiller in the introductory section) gives at the same time the origins of its progressive and regressive impulses, and enables us to assess its overall social force or the tendency of its active response to the determining factors (which will be the main subject of my analysis of the texts). [9]

In the first section of my introduction I shall analyse the relationship between base and superstructure in Germany for the period between 1770–90: the socio-economic situation and tendencies, their reflection in the literary works of the Storm and Stress in general, and those of Schiller in particular. [10]

In his essay on *Deutsche Zustände* in the eighteenth century Engels placed the literature of revolt which arose in Germany after 1770 within the context of the general stagnating socio-economic situation in the eighteenth century; literature, therefore, was the chief source of opposition to feudal absolutism in Germany. [11] In a letter to Conrad Schmidt, however, Engels stated that the literature of revolt was, in fact, the result of economic advance:

Aber auch in Frankreich wie in Deutschland war die Philosophie, wie die allgemeine Literaturblüte jener Zeit, auch Resultat eines ökonomischen Aufschwungs [12]

The discrepancy between Engels's two comments can be explained, as Heinz Stolpe has done [13], by the fact that the first and overall picture of decay and stagnation for Germany in the eighteenth century is that of a writer who is chiefly concerned with the economic and social »Zustände«. The economic advances which were made in the last quarter of the eighteenth century and which were vital for the flourishing of literature, and which Engels himself highlights in his letter about literary and philosophical superstructures, were, however, without great effect for German society as a whole and were, therefore, not of much significance to the economic and social historian writing about German »Zustände« in the eighteenth century as a whole. [14] According to Engels's view of the effect of economic developments on literary developments, however, [15] the very fact that in his first description of German circumstances [16] he mentions »einen Geist des Trotzes und der Rebellion gegen die ganze deutsche Gesellschaft« in the literature of the time, is an acknowledgement that within the »lebende Masse von Fäulnis« there were nevertheless, as Stolpe puts it »wenigstens ansatzweise progressive ökonomische Tendenzen,« [17] which were actively expressed by literature, which gave rise to a literature of revolt. [18]

Economic advances were made in the second half of the eighteenth century in Germany in the sphere of agriculture by the introduction of improved methods of production in order to meet increasing demands for agricultural products.

Various modifications were made to the Open-Field-System of farming, whereby fields formerly lying fallow were sown with fodder crops such as clover. This had the effect of increasing the production of livestock and thereby the supply of manure so that better yields were obtained from arable land. [19]

Nevertheless, these improvements were not nearly sufficient to prevent the severe shortage of foodstuffs which followed the Seven Years War and which culminated in the famine which affected various parts of Germany in 1770/1 and from which thousands of people died. Adequate advances, the implementation of new agricultural methods which originated in the bourgeois countries of Western Europe, especially the Netherlands and England, [20] were hindered by the feudal system of agriculture, especially the social relations of production on the land. [21]

It was perceived, therefore, by the bourgeois intelligentsia that a more intensive use of the land was only possible on the basis of the peasants' private ownership of the land they worked in place of their dependence on the feudal landowners and having to sacrifice the majority of the proceeds of their labours to them. Once released from all feudal fetters they would have the freedom, incentive and time to introduce the new methods and thereby to make agriculture productive enough to meet the growing needs of society. Bourgeois economic reformers tried to exert influence on the princes to establish such privately-owned peasant holdings or at least to abolish feudal dues (»Frondienste«) or to replace them with money payments. Most of the success which was achieved in this direction – even though for Germany as a whole it was minimal – was on princely estates, with the replacement of feudal dues with money rents in Mecklenburg-Schwerin, Brandenburg-Prussia and in the Markgraf Karl Friedrich's estates in Baden in 1773 who also became in 1783 the first German prince to abolish serfdom before the French Revolution. [22] Amongst the liberal-minded aristrocrats of Holstein who under the influence of Danish reformers divided up their feudal estates and leased them out to individual peasants was one of Schiller's benefactors, Graf Schimmelmann.

From the point of view of literary development it is important that the literary artists amongst the bourgeois intelligentsia took great interest in these developments and were spokesmen on their behalf. [23] Goethe, Herder, Lavater and others were interested in the progress of the Swiss »Musterbauer« Kleinjogg, as a result of a biography about him written by Hirzel. [24] Kleinjogg provided the example of what a peasant relatively free of feudal ties and burdens could achieve on his own land in terms of agricultural productivity and efficiency. [25] The interest aroused by Kleinjogg's achievements was symptomatic of – as Stolpe puts it – the bourgeois intelligentsia's discovery of the »Notwendigkeit und Möglichkeit, die Initiative der unteren Volksschichten, insbesondere auf dem Lande zu entfalten.« [26] For the writers of this period Kleinjogg in his work embodied the subjective (and agrarian capitalistic) characteristics of initiative and self-reliance [27] which became the distinguishing features of the radical heroes in the early works of Goethe, Schiller and other writers of the period. The relationship between Kleinjogg and the intellectuals (as well as other such relationships at this time) was also symptomatic of the attempt at an anti-feudal alliance of the bourgeois intelligentsia, peasants and plebeians which became both a demand first formulated by Herder and which formed the basis of many of the literary works of the Storm and Stress period. [28]

There were also advances in trade and industry in the second half of the eighteenth century, but here too these advances were restricted by the feudal relations of production and trade. The development of manufacturing capitalism was hindered both by the restrictions on production and exchange imposed by the guilds and the customs barriers existing between the multitudious independent territories; it was hindered, therefore, by the lack of a nation state with a unified national market. The creation of such a unity became, therefore, a central demand of all the bourgeois intelligentsia, of economists and literary artists alike. [29]

The development of manufacturing capitalism was, however, closely linked to the agricultural question. Unless agricultural production and productivity could be increased, there would neither be the labour available for capitalist manufacture nor the spending power to further industrial demands. [30]

The advances which were made in trade and industry despite these difficulties consisted in the gradual development of manufacturing capitalism, especially in textiles, in the form of the »Verlagswesen«. [31] This form of industrial production tended towards the undermining of the feudal system of guilds since the »Verleger« concentrated more and more capital into their hands and increasingly ruined smaller artisans and made them dependent on them. Where the guilds prevented them from enstablishing manufactures in towns they could establish themselves in suburbs and villages and made great use of domestic workers in these areas.

Nevertheless, despite the progressive economic tendencies in Germany after 1770, the intensity of the literary revolt seems out of proportion to them. That is to say, the literature of the Storm and Stress period was more actively progressive, more agressively anti-feudal than the economic developments in the base, a discrepancy which is reflected by Engels's two comments about social and literary development. [32]

This descrepancy is explained by Edith Braemer by a further dialectical feature of the relationship between base and superstructure:

Die Erklärung dafür läßt sich nur in der Beziehung von Basis und Überbau finden, zu deren Besonderheiten es gehört, daß schon geringe quantitative Veränderungen in den Produktionsverhältnissen qualitative Veränderungen im Überbau oder in den Teilgebieten des Überbaus hervorbringen können. Das wirkt sich nicht auf alle Teile des Überbaus gleichmäßig aus: der feudal absolutistische Staat blieb durchaus noch bestehen, jedoch machte sich in verschiedenen Territorialstaaten Deutschlands der Einfluß bürgerlicher

Kameralbeamten, die durch die Schule der Aufklärung gegangen waren, geltend. Die Ungleichmäßigkeit der ökonomischen Entwicklung im zersplitterten Deutschland bedingte das Maß des jeweiligen Einflusses, . . . Derjenige Teil des Überbaus, der ideologisch relativ am unabhängigsten von dem feudal absolutistischen Staatsapparat sein konnte, war die Literatur, die infolgedessen am intensivsten die Basisveränderungen widerzuspiegeln vermochte. Die Möglichkeit des Überbaus, auf quantitative Basisveränderungen qualitativ zu reagieren, erweist sich in dieser Periode besonders an der Literatur. [33]

In the last quarter of the eighteenth century in Germany, therefore, there is the phenomenon of relatively slight bourgeois economic progress obtaining a revolutionary response from the literature of the Storm and Stress period. Bourgeois literature in Germany of this period illustrates, therefore, a specific function of the superstructure when it functions not as the superstructure of a fully developed base, but of one which is at an early stage of development and which has yet to establish itself as the predomianat mode of material production. The theory about this function, in which the active role of the literary superstructure is again emphasized, was formulated by Stalin in developing the ideas of Marx and Engels about the relationship of base and superstructure:

Der Überbau wird von der Basis ja gerade dazu geschaffen, um ihr zu dienen, um ihr aktiv zu helfen, ihre bestimmte Form anzunehmen und sich zu festigen, um aktiv für die Beseitigung der alten, überlebten Basis samt ihrem alten Überbau zu kämpfen. [34]

Thus the literature of the period 1770–90 as an element of the new superstructure of the developing capitalist base had the function of helping the new base to establish itself as the predominant mode of material production. The discrepancy between the two lay in the fact that this base existed only in embryonic form and that it required a long period of time before it could assert itself as the predominant mode of material production and create the social relations of production and exchange suitable to it: the literary revolution of 1770–90 was not followed by a political one. [35]

Indeed, this discrepancy left its mark on the literature of the period by means of certain positive and negative elements, which represent two sides of the same factor: the relative backwardness of bourgeois economic developments, that is, of the capitalist class whose economic strength would lie at the foundation of bourgeois social and political emancipation. The negative element lay in the fact that, strong as the rebellion was, it nevertheless contained the seeds of a compromise with feudal forces; the socially isolated rebellion of bourgeois intellectuals brought the necessity of compromise with the aristrocracy in order to try and achieve reforms. [36] The positive element is that the literary heroes expressed ideas and feelings which reached out beyond the bounds which are historically placed on the development of bourgeois capitalist society. [37] This

question of the weakness of the capitalistic bourgeoisie and the consequent negative and positive elements will be relevant to my analysis of the ambivalences
in Schiller's early dramas.

That is an outline of the overall national situation with regard to the relationship between base and superstructure and the function of the whole literary
movement after 1770. The young Schiller was drawn into that whole complex
relationship from the middle 1770s onwards: as a writer and thinker he was
»born« into it. It provided the social and literary circumstances which shaped
his life and thoughts, and which he himself helped to shape and change through
his own works. [38]

And even if, locked away in the »prison« of the Karlsschule as he was, [39]
Schiller had at first no direct contact with the social and economic developments
like his older contemporaries Herder and Goethe, [40] he became indirectly
involved through the inspiration of the literary revolt underway in the 1770s,
whose products he was able to read. And what he did have increasingly direct
experience of was Württemberg's own »Fäulniskrise des Feudalismus« [41] and
the criticism it aroused amongst the more radical bourgeois subjects: the socio-
economic exploitation of peasants and plebeians and their starvation existence;
[42] the despotic treatment of Schiller's own class, the small bourgeoisie, by
the Prince (as illustrated by the seduction of their daughters, to which their families had to submit under threat of severe punishment); the press-ganging of
plebeians into the army; the sale of troops to foreign powers in order to raise
the money for Karl Eugen's extravagant living; and then, the product of Karl
Eugen's own »enlightened« despotism, the »Sklavenplantage« (Schubart) of the
Karlsschule, which Schiller was forced to attend between the years 1772–1780,
into which suitable sons of the bourgeoisie were press-ganged like the soldiers
into Karl Eugen's army. [43]

All these social and political issues combined in the revolutionary demand
of Württemberg's radical bourgeois intellegentsia to overcome the tyranny of
all petty princes by the creation of a German national state. The social and
economic »climate« [44] of Württemberg, the tradition of the courageous revolt
of bourgeois intellectuals, often ending in imprisonment, (Johann Jacob Moser
and Christian Friedrich Daniel Schubart) together with the wider national issues,
of which the Württemberg situation was a reflection, raised by the new revolutionary generation of German writers, provided the immediate impetus for Schiller's first drama.

So far I have analysed the general relationship between base and literary superstructure for the period beginning in 1770, and I have given some details of
the social and political climate of Schiller's Württemberg. I want now to examine
the main impulses and ideas which were expressed by the writers of this generation as a reaction to the socio-economic situation of feudal absolutist Germany.
Schiller himself both received these impulses from older contemporaries like Her-

der and Goethe and perceived them for himself out of the social climate of Württemberg. We are concerned, therefore, with the main impulses expressed by the new literary superstructure which arose in Germany in this period and, above all, with Schiller's contribution to its development.

We have already seen [45] that the literary artists of the period after 1770 felt a common, German national interest with all the other productive classes in German society, with the peasants, plebeians as well as the manufacturing bourgeoisie. This common interest in socio-economic advance was created by the writers' awareness of the material needs of the Nation and the plight of the peasants in feudal bondage and that of the plebeian classes who together with the peasants suffered most from the famines, and by their realisation that the creation of a nation state with its unified market was the precondition of the necessary economic advances and of the removal of feudal despotism in the individual states. This common national interest led to the bourgeois writers' sense of identification with all the social classes who were oppressed by feudal absolutism, it led to their commitment to and sense of solidarity with the German people as opposed to the ruling aristocracy. This solidarity, or »Volkstümlichkeit«, [46] was, therefore, the first impulse from the base which was expressed in Storm and Stress literature. It was expressed by the treatment of certain subject matters; (Goethe's treatment of the Peasants War in *Götz von Berlichingen*; Schiller's treatment of subjects connected with bourgeois emancipation in Germany and elsewhere in his first four plays); by the broadening of the social origins of literary characters to encompass the lowest social classes; by the collecting of folk songs and the incorporation of their forms and expressions as in the poetry of Bürger. [47] The programmatic demand for this anti-feudal alliance of bourgeois intelligentsia and all the productive social classes was formulated by Herder:

Du Philosoph und du Plebejer! macht einen Bund um nützlich zu werden – das kann er von einem jeden Bürger fordern, und von dir, der du ein Muster seyn solltest – der du so lange das Mark des Staats gegessen und stets zweideutigen Nutzen geschafft. [48]

That usefulness was to be aimed at the creation of the German nation as a single bourgeois state.

Schiller's commitment to the needs of the German people and the task of the writer, specifically the playwrite, as »der große Kopf, der feurige Patriot« [49] who is so committed, are expressed in his essay: »Was kann eine gute stehende Schaubühne eigentlich wirken?« of 1784:

Die Schaubühne ist der gemeinschaftliche Kanal, in welchem von dem denkenden bessern Theile des Volks das Licht der Weisheit herunterströmt und von da aus in milderen Stralen durch den ganzen Staat sich verbreitet. Richtigere Begriffe, geläuterte Grundsätze, reinere

Gefühle fließen von hier durch alle Adern des Volks; der Nebel der Barbarei, des finstern Aberglaubens verschwindet, die Nacht weicht dem siegenden Licht. [50]

The theatre thus envisaged is committed to the people in that it lays the stress on the bourgeois writer making himself comprehensible to the people, including the lower social classes. The new ideas of the Enlightenment can reach them through the medium of the theatre. [51]

In this essay of 1784 Schiller is of the view that the prerequisite for revolutionary socio-political change, the creation of the nation state, is the moral education of the German people who are not yet mature enough for social change. [52] It is interesting to compare Schiller's statement with a similar one of 1773 by the French Storm and Stress writer Sébastian Mercier which Schiller knew very well, having himself translated it. It contains the same demand that drama should be committed to the progressive interests of the people, it should be readily comprehensible to them:

Ein Drama, das vollkommen sein soll, kann nicht genug dem Verständnis des Volks zugänglich gemacht werden; es kann überhaupt nur eine Vollendung erreichen, wenn es überzeugend zu den Massen zu sprechen versteht. [53]

But now there follows a difference in Mercier's view to Schiller's. He comments that the French people – bourgeoisie, peasants and plebeians – are ready for change, to act and to bring about change. His words reflect the more advanced situation in France in the period preceeding the Revolution. Mercier, like Schiller, refers to the writer as inspiring genius, but in France the mass of the people are ready to be inspired to action. In Germany, as we shall see, despite the programme of commitment and solidarity, the genius is more isolated, he has difficulties in finding a responsive public. Mercier comments:

Das Volk wartet nur auf den Samen einer wirklichen Handlung, der durch die Flamme des Genius entwickelt wird. Das Volk braucht durchaus nicht in den Tiefsinn der Metaphysik, in das unermeßliche Chaos der Geschichte, in die neuartigen Wunder der Physik und der Astronomie eingeweiht zu werden; aber es fühlt lebhaft, es geht auf jedes Ding ein, es entdeckt die geheimen Beziehungen zwischen den Dingen und ist einer lebendigen und selbst feinfühligen Wahrnehmung fähig. [54]

The young Schiller's commitment to the German people in 1784 involves a task which is slightly less direct than Mercier's: it is not to »sow the seeds«, to provide the impetus for immediate revolutionary action, the basis for which is still lacking in Germany, but it is education through literature as part of the ideological preparation for socio-political change. Mercier dismisses the use of historical enlightenment, but it is precisely this which Schiller concentrates on as corresponding with the specific national needs of a Germany divided into small feudal territories. The study of history can explain both the origin and the disastrous consequences for the German people of the lack of national unity. The study of history therefore links the past with the needs of the present: the creation of a united nation. [55]

By studying history the nature of the national interests can be established, that is, the interests of those classes oppressed by the feudal ruling class, the fate of those interests in the past can be traced and the consequent needs for the present can be determined. Corresponding to the interests of these classes is the »national spirit«, or their social and cultural characteristics as opposed to those of the ruling feudal class [56] (as contrasted in great detail by Schiller in *Die Räuber* and *Kabale und Liebe*).

Theatre, therefore, should enhance patriotic awareness of these characteristics in the furtherance of the overall interest of national unification. [57]

National interests and characteristics as established by the study of history and contemporary society combine in the programme that writers should treat »Volksgegenstände« or national subjects, to spread critical awareness about the development of bourgeois and plebeian interests in the past (as in Schiller's own works *Geschichte des Dreißigjährigen Kriegs* and the *Wallenstein* trilogy) and about the national interests of the present (as in *Die Räuber* and *Kabale und Liebe*). The dramatic art of Greece is the model for patriotic writers:

Wenn in allen unseren Stücken ein Hauptzug herrschte, wenn unsere Dichter unter sich einig werden, und einen festen Bund zu diesem Endzweck errichten wollten – wenn strenge Auswahl ihre Arbeiten leitete, ihr Pinsel nur Volksgegenständen sich weihte – mit einem Wort, wenn wir es erlebten eine Nationalbühne zu haben, so würden wir auch eine Nation. Was kettete Griechenland so fest aneinander? Was zog das Volk so unwiderstehlich nach seiner Bühne? – Nichts anderes als der vaterländische Inhalt der Stücke, der griechische Geist, das große überwältigende Interesse des Staats, der besseren Menschheit, das in demselbigen athmete. [58]

The task is the cultural and political unification of the Nation. And although Schiller's essay in comparison to Mercier's reflects the unreadiness of the German people for change, in that a preparatory stage of cultural education is viewed as a prerequisite, Schiller can nevertheless envisage a unified nation within the foreseeable future by means of specific cultural and political steps. That is why this essay, like Schiller's dramas up to this point of time, still belongs to the Storm and Stress period. Like Mercier, Herder, Lenz, Bürger and the young Goethe, Schiller envisages a direct link – an alliance – between bourgeois intellectuals and the broad masses of the people.

By 1790, however, Schiller no longer envisaged a culturally and politically united nation within the foreseeable future. Indeed, in 1793 Schiller wrote of this cultural task as »eine Aufgabe für mehr als ein Jahrhundert.« [59] And, to illustrate Schiller's pessimism with regard to political developments, Schiller wrote to Goethe in the following year about the first section of his *Briefe über die ästhetische Erziehung des Menschen:*

Ich habe über den politischen Jammer noch nie eine Feder angesetzt, und was ich in diesen Briefen davon sagte, geschah bloß, um in alle Ewigkeit nichts mehr davon zu sagen. [60]

We can see from his review of Bürger's poetry that by 1790 Schiller had developed the concept of solidarity with the people in such a way that it is no longer in accordance with the original Storm and Stress concept which is still practised by Bürger. In contrast to Schiller's views of 1784 there exists for the foreseeable future a wide cultural division between the mass of the people and the progressive bourgeois intellectuals. The Greek analogy can no longer be applied even tentatively:

Ein Volksdichter in jenem Sinn, wie es Homer seinem Weltalter ... war, dürfte in unsern Tagen vergeblich gesucht werden. Unsere Welt ist die homerische nicht mehr, wo alle Glieder der Gesellschaft in Empfinden und Meinen ungefähr dieselbe Stufe einnahmen, sich also leicht in derselben Schilderung erkennen, in denselben Gefühlen begegnen konnten. Jetzt ist zwischen der Auswahl einer Nation und der Masse derselben ein sehr großer Abstand sichtbar. [61]

A »Volksdichter«, a poet committed to the interests of the people, has to take this gap into consideration and set about the enormous task of overcoming it. [62]

Because of the cultural gap between the progressive intellectuals and the mass of the people, for the sake of historical progress, for the sake of the overall interest of the Nation Schiller felt that the aesthetic needs of the »immature« lower classes could no longer be the paramount consideration for the writer as they still were – and this is the essence of Schiller's criticism – for Bürger. Schiller's new ideas are, therefore, a reflection of the backward German social circumstances, they are a product of his realisation of the impossibility of social change based on the initiative and action of the bourgeoisie, peasants and plebeians.

Die historisch bedingte Unreife der Massen, – comments Claus Träger – zur Führung der anstehenden Gesellschaftsprozesse, die Begrenztheit ihres Wollens und Vermögens, erforderte – ästhetisch-theoretisch wie praktisch-politisch – die Aufhebung ihrer Ansprüche in einem umfassenderen Zusammenhang. In beiden Fällen aber war dies am Ende nur mit (scheinbaren) Ungerechtigkeiten gegenüber den akuten, höchst unmittelbaren Interessen der Kleinbürger, Bauern und Plebejer ins Werk zu setzen ... [63]

In order to contribute to the overall needs of the German nation, therefore, the writer could not restrict himself to imitating the ideas and expressions of one and, indeed, the most backward and oppressed section of the people. [64] Certainly the writer should receive impulses and thoughts from the people, but he should transform them and give them back in an »ennobled« form [65]:

Als der aufgeklärte, verfeinerte Wortführer der Volksgefühle würde er [der Dichter, A. W.] dem hervorströmenden, Sprache suchenden Affekt der Liebe, der Freude, der Andacht, der Traurigkeit, der Hoffnung a. m. einen reinern und geistreichern Text unterlegen; er würde, indem er ihnen den Ausdruck lieh, sich zum Herrn dieser Affekte machen und ihren rohen, gestaltlosen, oft tierischen Ausbruch noch auf den Lippen des Volks veredeln. Selbst die erhabenste Philosophie des Lebens würde ein solcher Dichter in die einfachen Gefühle der Natur auflösen, die Resultate des mühsamsten Forschens der Einbildungskraft überliefern und die Geheimnisse des Denkers in leicht zu entziffernder Bildersprache dem Kindersinn zu erraten geben. Ein Vorläufer der hellen Erkenntnis, brächte er die gewagtesten Vernunftswahrheiten, in reizender und verdachtloser Hülle, lange vorher unter das Volk, ehe der Philosoph und Gesetzgeber sich erkühnen dürfen, sie in ihrem vollen Glanze heraufzuführen. Ehe sie ein Eigentum der Überzeugung geworden, hätten sie durch ihn schon ihre stille Macht an den Herzen bewiesen, und ein ungeduldiges einstimmiges Verlangen würde sie endlich von selbst der Vernunft abfordern.« [66]

The second half of the above passage illustrates the nature of the national interest to be represented, to be brought to the people in art. It is the ideas of bourgeois culture, with which all social classes are to be educated; out of the cultural nation will arise the political nation. It is the intellectuals, writers, artists who must lead the way. The clearest definition of Schiller's position after 1790 is given in the Horen-Ankündigung. It brings a programme of cultural education towards the Nation similar to that expressed in the 1784 essay. But the fundamental difference is that the goal of unification is not envisaged in the near future. This is so much the case that Schiller specifically states that art in order to carry out its long-term task of contributing towards social and political change, actually has to turn itself away from the immediate political conflicts of the day. Nevertheless, commitment to the Nation continues as in the 1784 essay with the programme of the study of history and the development of the interests of the national, anti-feudal classes through history; the task of philosophy is stated as discerning the future development of these interests. As compared to the early essay, therefore, it is the aspect of contemporary reality and the needs of the immediate present which are lacking as a reflection of Schiller's pessimistic conclusions about the generally backward state of German society. [67]

The interest of the Nation, therefore, is represented by bourgeois culture, and this must be conveyed to the people through art. In order to be able to serve the »century« that is, the times, the Nation, Schiller concludes in his review of Bürger's poetry, the literary artist must keep abreast with the latest achievements of that culture:

Dazu aber würde erfordert, daß sie [die Dichtkunst, A. W.] selbst mit dem Zeitalter fortschritte, dem sie diesen wichtigen Dienst leisten soll; daß sie sich alle Vorzüge und Erwerbungen desselben zu eigen machte. Was Erfahrung und Vernunft an Schätzen für die Menschheit aufhäufte, müßte Leben und Fruchtbarkeit gewinnen und in Anmut sich kleiden in ihrer schöpferischen Hand. Die Sitten, den Charakter, die ganze Weisheit ihrer Zeit müßte sie, geläutert und veredelt, in ihrem Spiegel sammeln und mit idealisierender Kunst aus dem Jahrhundert selbst ein Muster für das Jahrhundert erschaffen.[68]

By »idealisierende Kunst« Schiller means art which portrays the typical, the essential as opposed to the merely individual and coincidental. [69] In this specific context of the commitment of art to the »times«, it is the art of highlighting the essential progressive, especially national cultural tendencies and developments. These are what the literary artist has to distill from his century and give back to his people as »ein Muster für das Jahrhundert aus dem Jahrhundert selbst.« In the progressive interest of the Nation the artist has to identify himself with that culture, keep abreast with its innovations, rather than with the immediate needs of the restricted, oppressed plebeian classes. [70]

But what was the social position of these »reife und gebildete Hände« in relation to the rest of the Nation? It was in fact Schiller's changing relationship to his audience, his public, or rather his increasing awareness of his relative isolation, his lack of public, in the years 1784–90 which influenced his new, classical conception of »Volkstümlichkeit.« Schiller expressed his original intentions and aspirations with regard to his audience in his Thalia-Ankündigung of 1784, which therefore reflects the same attitudes and optimistic mood of the »Schaubühne« essay of the same year. He had fled from his Prince in Württemberg and he now looked to his bourgeois public to support him economically and to join him in the task of creating the Nation.

Ich schreibe als Weltbürger, der keinem Fürsten dient. Frühe verlor ich mein Vaterland, [= Württemberg, A. W.] um es gegen die große Welt auszutauschen ... Nunmehr sind alle meine Verbindungen aufgelöst. Das Publikum ist mir jetzt alles, mein Studium, mein Souverain, mein Vertrauter. Ihm allein gehör ich jetzt an. Vor diesem und keinem andern Tribunal werd ich mich stellen. Dieses nur fürchte ich und verehr ich. Etwas Großes wandelt mich an bei der Vorstellung, keine andere Fessel zu tragen als den Ausspruch der Welt – an keinen andern Thron mehr zu appellieren als an die menschliche Seele. [71]

The imagery of Schiller's language – the contrasting pairs of »Weltbürger« – »Publikum« = freedom, independence and »Fürst« – »Thron« = servitude – emphasizes social, revolutionary bourgeois foundation of his decision and action.

This statement represents Schiller's setting out to find or create a national bourgeois public. That attempt, however, was to fail, and for two interconnected reasons. Firstly, a free literary market and the possibility of writers living on the proceeds of their books was made virtually impossible by the continued existence of unauthorised publication. [72] Secondly, as in every aspects of social life in Germany, the lack of capitalist market conditions reflected the weakness of the bourgeoisie as a whole. Even the developing capitalist middle class, not to mention, as we have seen the small bourgeoisie, peasants and plebeians, could not provide, in Schiller's terms, the broadly-based public mature enough to be receptive to Schiller's national cultural ideal. In concrete socio-historical terms, this was a reflection of the fact that the German bourgeoisie was not yet economically strong enough to take the initiative and the lead in the creation of the nation state. [73]

By 1788, therefore, Schiller realised that his plans for himself and his national bourgeois public had failed, [74] His isolation as a writer from a broad, receptive public is reflected in his decision to take up a post as Professor of History at Jena University. Here at last he hoped he would become part of a bourgeois community of like minds:

»In Jena«, he wrote to Körner, »erwartet mich eine leidliche gesellige Existenz, von der ich mehrere Vortheile zu ziehen gedenke, als bisher. Mein isoliertes Dasein könnte dort auch nicht gut fortdauern, weil ich dort bin, was ich noch nie war, ein Glied eines Ganzen, das mehr oder weniger zusammenhält. Ich bin in Jena zum erstenmale eigentlicher bürgerlicher Mensch, der gewisse Verhältnisse außer sich zu beobachten hat; und da diese nicht drückend sind, da ich dort niemand über mir habe, so hoffe ich mich darin finden zu können. [75]

At Jena, however, Schiller found neither the easing of his financial difficulties nor a sufficient number of the »philosophische Köpfe« he was seeking to work out with him the cultural and social ideal for the Nation, and he was soon to give up his post.

Schiller's situation of social isolation was a fate shared by many other progressive intellectuals in Germany in the 1780s who nevertheless felt a certain solidarity amongst themselves in designating themselves as »Weltbürger.« [76] The union of writers and intellectuals as »Weltbürger« was an attempt to fill out, as Goethe put it, the missing »Mittelpunkt gesellschaftlicher Lebensbildung.« [77]

Schiller himself never gave up the attempt of creating a national public for writers; it was towards this aim that in 1794 he suggested setting up a union of writers and publishers:

Jeder Schriftsteller von Verdienst hat in der lesenden Welt seinen eigenen Kreis, und selbst der am meisten gelesene hat nur einen größeren Kreis in derselben. So weit ist es noch nicht mit der Kultur der Deutschen gekommen, daß sich das, was den Besten gefällt, in Jedermanns Händen finden sollte. Treffen nun die vorzüglichsten Schriftsteller der Nation in eine literarische Association zusammen, so vereinigen sie eben dadurch das vorher getheilt gewesene Publikum ... [78]

For the sake of their own economic security as well as in order to try and break out of their social isolation and secure a platform for the practical realisation of their social, economic and cultural ideas Schiller and other contemporary writers looked for support to individual members of the aristocracy. In my analysis of the two plays I shall examine the detailed practical implications of what amounted to an enforced renunciation of the immediate aim of a bourgeois national republic (as demanded by Karl Moor), an enforced going back by Schiller on his decision in 1784 to reject all »appeals to the throne,« in favour of a compromise solution with the ruling aristocracy.

The readiness to compromise on original republican ideals was produced by the realisation that, in view of the economic and political backwardness of the capitalist bourgeoisie, the social and ideological oppression of the lower classes despite their potential power as material producers which had earlier been discovered and encouraged, no social force yet existed which was united and strong enough to compel the requisite reforms. They could only be secured, it was believed, by means of voluntary concessions made by the aristocracy. [79]

There was some justification for the bourgeois intelligentsia looking to the aristocracy for support since some younger members of the aristocracy had adopted the liberal ideas of the Enlightenment. [80] This occured, however, mainly in territories on the northern edges of the Empire which were only loosely connected with it and were dependent on the Danish Crown. [81] Amongst those aristocrats in these territories who carried out liberal reforms was one of Schiller's own patrons in the 1790s, Graf Schimmelmann. He emancipated all peasants on his lands, introduced reforms to intensify agricultural production and improved the school system for the country population. [82]

Graf Schimmelmann and Prinz Friedrich Christian von Augustenburg highlighted in their letter of introduction to Schiller offering him their financial help, the social, economic and cultural aspirations of this new alliance between bourgeois intellectuals and liberal aristocrats. They too designated themselves as »Weltbürger«:

Wir kennen keinen Stolz als nur den, Menschen zu seyn, Bürger in der großen Republik, deren Gränzen mehr als das Leben einzelner Generationen, mehr als die Gränzen eines Erdballs umfassen. Sie haben hier nur Menschen, Ihre Brüder, vor sich ... [83]

When Friedrich Christian von Augustenburg succeeded to his dukedom in 1795 Schiller wrote a congratulatory letter to him which expressed the socio-political hopes which he and other writers placed in such liberal-minded princes. The letter also contains an admission, however, that such princes were the exception in Germany and that the efforts of the few progressive ones would not be able to make any appreciable alteration to the existing feudal absolutist society as a whole. [84]

The second main impulse which was expressed by the writers of the generation after 1770 in response to the social and economic climate of feudal absolutist Germany was the striving for activity. [85] This »Thatenbegierde« [86] arose from and was an expression of the socio-historical need to break down the economic, social, political and intellectual barriers of feudal absolutist society in order to create the conditions for the full and active self-realisation of the individual. Those who strove to achieve this in whatever field of activity were designated as »Genien«, who are moved by »enthusiasm«, »feeling«, »passion« for their activity and the goal of their activity. [87]

The desire for active self-realisation which conflicts with the confines of feudal absolutist society is a central aspect of Goethe's *Urfaust* of 1772–73. The »Kerker« which is Faust's study and which represents, therefore, his abstract, rationalist academic pursuits, but also on a wider level, the confines of the whole feudal cultural and social set-up, hinders the flow of »alle Lebensregung« and is contrasted with »lebende Natur« and, with the addition of the central element of activity, with »die würkende Natur«, in which Faust now wants to participate. [88] The world of active nature includes the social world:

> Schon fühl ich meine Kräfte höher,
> Schon glüh ich wie von neuem Wein
> Ich fühle Mut, mich in die Welt zu wagen. [89]

Edith Braemer outlines the socio-political implications of the genius' striving for activity as follows:

Der Persönlichkeitsanspruch, der in der Geniekonzeption beschlossen liegt …, tritt in der Sturm-und-Drang-Konzeption so besonders deutlich hervor, weil er hier ausgesprochen auf die Wirkung nach außen gerichtet ist, weil er sich nicht damit begnügt, die eigene Individualität in der kleinen Welt auszubilden, sondern weil er darauf gerichtet ist, in der großen Welt zur Wirksamkeit zu gelangen. Dieses Streben nach Wirksamkeit läßt die Geniekonzeption des Sturm und Drang zu einem besonders aktiven ideologischen Faktor werden, der in ausgeprägter Beziehung nicht nur zu den gesellschaftlichen Faktoren in allgemeinem steht …, sondern zu den politischen Faktoren in speciellem [90]

These critical socio-political implications of the genius-conception can be seen in a letter from Schiller to Körner in which he makes a contrast between the man of constant action and striving who represents the most urgent need of society and – as we can infer – both the parasitical, extravagant ruling-class and the inertia and philistine complacency of the bourgeoisie (what Engels calls the »tödliche Ermattung und Impotenz des deutschen Spießbürgers«, his »kriechende [91] Fürsten- und Adelsknechtschaft.« [92]):

Ja, liebster Freund, verehren muß ich den Mann, der in einer Epoche, wo gewöhnlich die Glücklichen sich dem Genuss Ihrer Wonne mit süßer verführerischer Erschlappung dahin geben, und den besten Theil Ihres Daseins in einem berauschenden Traume verschwelgen, der in einer solchen Periode nach Thaten dürstet, und … darauf denkt, dem Glücke einen Theil seiner Schuld abzutragen. [93]

Schiller makes a similar contrast in even more directly political terms in his analysis of the moral function of his drama *Die Verschwörung des Fiesko*. The drama about men of revolutionary action in the past is to provide a stimulus for the political actions which contemporary German society requires to overcome its crisis:

Über die moralische Beziehung dieses Stückes wird wohl niemand zweifelhaft sein. Wenn es zum Unglück der Menscheit so gemein und alltäglich ist, daß so oft unsere göttlichsten

Triebe, daß unsere besten Keime zu Großem und Gutem unter dem Druck des bürgerlichen
Lebens begraben werden – wenn Kleingeistelei und Mode der Natur kühnen Umriß be-
schneiden – wenn tausend lächerliche Konvenienzen am großen Stempel der Gottheit her-
umkünsteln – so kann dasjenige Schauspiel nicht zwecklos sein, das uns den Spiegel unserer
ganzen Kraft vor die Augen hält, das den sterbenden Funken des Heldenmuts belebend
wieder emporflammt – das uns aus dem engen, dumpfen Kreise [94] unsers alltäglichen
Lebens in eine höhere Sphäre rückt. [95]

The Storm and Stress conception of genius as the enthusiastic man of action
was, therefore, a revolutionary response to the decay of feudal absolutism. It
was a reflection [96] of the developing bourgeois economic forces which were
to »burst asunder« the feudal relations of production and exchange. [97] In
its aggressive assertiveness it could not have arisen in Germany before the first
significant stirrings of these economic forces after 1770. The genius conception
is, therefore, a new social idea with practical social force arising at a specific
period in the development of material production in the following sense of Stalin:

Neue gesellschaftliche Ideen und Theorien entstehen erst, nachdem die Entwicklung der
Gesellschaft diese vor neue Aufgaben gestellt hat. Aber nachdem sie entstanden sind, werden
sie zu einer höchst bedeutsamen Kraft, die die Lösung der neuen, durch die Entwicklung
des materiellen Lebens der Gesellschaft gestellten Aufgabe erleichtert, die Vorwärtsbewe-
gung der Gesellschaft erleichtert. [98]

This dialectical view of the origin and function of new ideas was approached
by Schiller himself in his *Geschichte des Abfalls der Niederlande von der spanischen Regierung*. He comments that the period of the Dutch bourgeois revolution
produced the ideas of political and religious freedom which both reflected the
economic needs of the Dutch bourgeoisie and inspired the Dutch people to their
victory, [99] as well as the men of genius who were needed to lead the Dutch
people in their struggle:

Wenn sich andere zum Zwecke setzen, die Überlegenheit des Genies über den Zufall zu
zeigen, so stelle ich hier ein Gemälde auf, wo die Not das Genie erschuf und die Zufälle
Helden machten. [100]

Schiller goes on to comment that this conception of genius coincides – or will
shortly coincide – with the emancipatory needs of contemporary German society.
As with *Fiesko* Schiller's picture of men of revolutionary action in the past is
to provide a stimulus for the political actions which contemporary German society requires to overcome feudal absolutism and create a unified national
state:

Die Kraft, womit das niederländische Volk handelte, ist auch unter uns nicht verschwunden,
der glückliche Erfolg, der sein Wagstück krönte, ist auch uns nicht versagt. Wenn die
Zeitläufe wiederkehren und ähnliche Anlässe uns zu ähnlichen Thaten rufen. [101]

The social and political reality of Germany was such, however, that genius as man of revolutionary action could only be portrayed in literature. The »Thatenbegierde« which the writers felt and portrayed reflected the progressive socioeconomic tendencies towards the creation of the bourgeois national state, but these tendencies were still too weak for the intelligentsia to be able to become involved in direct political action to change society, and even their socio-economic activities in the territories of princes sympathetic to liberal ideas largely failed. [102] Thus in the lives of the writers themselves, genius was restricted to the sphere of ideology. In particular, as we see from Schiller's comment on the Dutch revolt, his task was the theoretical preparation of the bourgeois revolution by portraying inspiring men of revolutionary action. [103]

The point is that the intelligentsia felt this to be a restriction on their active genius. As Franz Mehring puts it:

Ihre Geschichte legte ihnen das Verhängnis auf, nur in Gedanken und im Liede den neuen Weltentag zu begrüßen, nur auf literarischem Gebiet ihre Revolution zu schlagen. [104]

In all their theories of genius, especially those of Herder [105] and Schiller's own teacher Abel, genius was applied to all spheres of productive activity, not just to literature. On several occasions in 1788 Schiller referred to the narrowness of German society which forced the intelligentsia to assume a passive role, or rather, to direct their activities purely towards the sphere of ideology. To his future wife and sister-in-law he wrote:

Es ist brav, daß Sie dem Plutarch getreu bleiben. Das erhebt über diese platte Generation und macht uns zu Zeitgenossen einer beßern kraftvollen Menschenart. [106]

A week later Schiller contrasted the intense political activities in France with the lack of possibility of political and social participation in Germany. And here Schiller begins to formulate the new, even if restricted, role of genius as philosopher, as observer and formulater of the great socio-political tendencies, above all of the contradictory, dialectical progress of »das schöne große Ganze« as embodied in France. Schiller here is already of the opinion that the revolution of a united people, led by the bourgeoisie, against feudal absolutism is about to occur. The prospect of such action is as much a source of admiration to him as the revolt of the united Dutch people and also provides a model for Germany. The philosophical observer of contemporary tendencies in France with his eye for »das schöne große Ganze« can, therefore, help to chart the future progress of his own nation:

Wer Sinn und Lust für die große Menschenwelt hat, muß sich in diesem weiten großen Element [i.e. Paris, A.W.] gefallen; wie klein und armselig sind unsre bürgerlichen und politischen Verhältnisse dagegen! Aber freilich muß man Augen haben, die an großen

Uebeln, die unvermeidlich mit einfließen, nicht geärgert werden. Der Mensch, wenn er vereinigt wirkt, ist immer ein großes Wesen, so klein auch die Individuen und Detaile ins Auge fallen. Aber eben darauf, dünkt mir kömmt es an, jedes Detail und jedes einzelne Phänomen mit diesem Rückblick auf das große Ganze, dessen Theil es ist zu denken, oder was eben so viel ist, mit philosophischem Geist zu sehen. Wie holperigt und höckerigt mag unsre Erde von dem Gipfel des Gotthards aussehen, aber die Einwohner des Mondes sehen Sie gewiß als eine glatte und schöne Kugel. Wer dieses Auge nun entweder nicht hat, oder es nicht geübt hat, wird sich an kleinen Gebrechen stoßen und das schöne große Ganze wird für ihn verloren seyn ... [107]

The function of the philosophical observer of contemporary social and political tendencies is closely connected with another task for the genius whose activities are restricted to the sphere of ideological preparation and who is excluded from direct social and political participation: the preoccupation with historical tendencies. Werner Krauss accounts for this preoccupation as follows:

Die Gegenwart war zu eng, um einen Rahmen für das Spiel der großen Persönlichkeiten herzugeben. Erst durch die Ausarbeitung des geschichtlichen Weltbildes erhielt die Dichtung einen angemessenen Schauplatz zur Entfaltung ihrer Impulse. Es ist kein Zufall, daß der Geniekult in der dramatischen Historie sich progammatisch zu erkennen gab ... So bedeutet nunmehr für die Deutschen der siebziger und achtziger Jahre die Eroberung der geschichtlichen Welt zunächst vor allem eine unermeßliche Steigerung des Selbstgefühls und des Bewußtseins ihrer geschichtlichen Sendung. [108]

A central aspect of that ideological preparation, therefore, a central field for the activity of genius, was the preoccupation with history, in particular the laws of historical development and progress in terms of »das schöne große Ganze« towards the culmination of bourgeois society, whose ideas the intelligentsia were forming. [109]

In his inaugural lecture *Was heißt und zu welchem Ende studiert man Universalgeschichte?* Schiller points out that the task of working out the connections and stages of the developing historical process requires the genius' concentrated powers of mind and heart – since he is enthusiastically committed to the cause of the developing whole, of humanity's development. Thus, though restricted in the scope of his activities, genius as »philosophischer Kopf« is endowed with the same qualities as the man of political action and material production of restless striving towards the perfection of his activity in and through the perfection of the object of his activity. [110]

The connection between genius as a man of political action and as a man of intellectual production is also preserved by Schiller in that he transfers the political model of united action which is required to compel socio-political change from the ruling aristocracy to the community of intellectuals whose united efforts in the service of truth will prepare the way for socio-political change:

Verbrüderung der Geister ist der unfehlbarste Schlüssel zur Weißheit. Einzeln können wir nichts. [111]

It was also in the 1780s that Herder carried out his analysis of history and in his *Ideen zur Philosophie der Geschichte der Menschheit* (1782–91) he arrived at the conclusion that the progress of mankind in history towards humanity (Humanität) is a contradictory, dialectical process. It occurs through the clash of antagonistic forces, [112] but out of the destruction there emerges each time a qualitatively new, better situation:

Allenthalben siehet man in der Geschichte Zerstörung, ohne wahrzunehmen, daß das Erneuete besser als das Zerstörte werde.« [113]

In describing the dialectical pattern of change Herder refers to the progressive world-historical perspective in very similar terms to those of Schiller with regard to the contemporary situation in France. [114]

Alle Zweifel und Klagen der Menschen über die Verwirrung und den wenig merklichen Fortgang des Guten in der Geschichte rühret daher, daß der traurige Wanderer auf eine zu kleine Strecke seines Weges siehet. Erweiterte er seinen Blick und vergliche nur die Zeitalter, die wir aus der Geschichte genauer kennen, unparteiisch miteinander, dränge er überdem in die Natur des Menschen und erwägte, was Vernunft und Wahrheit sei, so würde er am Fortgange derselben sowenig als an der gewissesten Naturwahrheit zweifeln. [115]

Herder attributes the antagonistic dialectical nature of historical progress to the sensualistic forces of man which are involved in the development of culture. [116] Nevertheless it is through the clashes which thus ensue and which may assume convulsive, revolutionary proportions [117] that more rational forms of human existence evolve. [118] Thus antagonism is essential to human progress; even the negative epochs, the »mistakes« are an historically necessary part of the historical process. [119]

Schiller arrived at a similar conception of historical progress as a dialectical process through necessary mistakes and setbacks:

Wie der homerische Zeus sieht sie [die Geschichte, A.W.] mit gleich heiterm Blicke auf die blutigen Arbeiten des Kriegs, und auf die friedlichen Völker herab, die sich von der Milch ihrer Heerden schuldlos ernähren. Wie regellos auch die Freyheit des Menschen mit dem Weltlauf zu schalten scheine, ruhig sieht sie dem verworrenen Spiele zu: [120] denn ihr weitreichender Blick entdeckt schon von ferne, wo diese regellos schweifende Freyheit am Bande der Nothwendigkeit geleitet wird. [121]

In attempting to identify the moving force behind the historical dialectic Schiller's conclusion is an idealistic one since, as Engels commented about the late Enlightenment philosophies of history in general,

an die Stelle des wirklichen, noch unbekannten Zusammenhangs setzte man eine neue unbewußte oder allmählich zum Bewußtsein kommende mysteriöse Vorsehung. [122]

Thus in his summary of the progressive achievements of the Dutch struggle against Spain Schiller places overall responsibility for historical progress on such a providential force, which the participants in the struggle were unconsciously serving:

Des Fatums unsichtbare Hand führte den abgedrückten Pfeil in einem höhern Bogen und nach einer ganz andern Richtung fort, als ihm von der Sehne gegeben war ... Der Mensch verarbeitet, glättet und bildet den rohen Stein, den die Zeiten herbeitragen; ihm gehört der Augenblick und der Punkt, aber die Weltgeschichte rollt der Zufall. Wenn die Leidenschaften, welche sich bei dieser Begebenheit geschäftig erzeigten, des Werks nur nicht unwürdig waren, dem sie unbewußt dienten – wenn die Kräfte, die sie ausführen halfen, und die einzelnen Handlungen, aus deren Verkettung sie wunderbar erwuchs, nur an sich edle Kräfte, schöne und große Handlungen waren, so ist die Begebenheit groß, interessant und fruchtbar für uns, und es steht uns frey über die kühne Geburt des Zufalls zu erstaunen, oder einem höheren Verstand unsre Bewunderung zuzutragen. [123]

Yet with Schiller, as with Herder and Hegel, mystical idealism clashes with insights into the material foundation of the historical dialectic. Engels describes Hegel's system as »ein nach Methode und Inhalt idealistisch auf den Kopf gestellter Materialismus,« [124] in that Hegel's idealistic dialectic has a very real content; for in the »stufenweise Verwirklichung der absoluten Idee« [125] the historical development of the material world as a dialectical process is in part consciously grasped and in part ingeniously intuited. In the above comment by Schiller about the Dutch attainment of freedom the philosophically idealistic framework of a mysterious providential force is intermingled with the highlighting of the human, sensualistic source of the revolutionary action which is admired and portrayed as a model for the future action of the German people against feudal absolutism. In Schiller's inaugural lecture on world history the idealistic source of the dialectic is constantly contradicted by insights into the material basis of progress which, as we can perceive from the language and tone of his lecture, are born of his own middle-class self-awareness and anti-feudal critical intent.

Was sind wir jetzt? – Lassen Sie mich einen Augenblick bey dem Zeitalter stille stehen, worinn wir leben, bey der gegenwärtigen Gestalt der Welt, die wir bewohnen. Der menschliche Fleiß hat sie angebaut, und dem widerstrebenden Boden durch sein Beharren und seine Geschicklichkeit überwunden. [126]

And Schiller perceives the materialistically based dialectic of the socio-economic and cultural rise of the bourgeoisie and the socio-political decline of the feudal aristocracy:

Städte mußten sich in Italien und Teutschland erheben, dem Fleiß ihre Thore öffnen, die Ketten der Leibeigenschaft zerbrechen, unwissenden Tyrannen den Richterstab aus den Händen ringen, und durch eine kriegerische Hansa sich in Achtung setzen, wenn Gewerbe und Handel blühen, und der Ueberfluß den Künsten der Freude rufen, wenn der Staat den nützlichen Landmann ehren, und in dem wohlthätigen Mittelstande, dem Schöpfer unsrer ganzen Kultur, ein dauerhaftes Glück für die Menschheit heran reifen sollte. [127]

The middle class, he »Schöpfer unsrer ganzen Kultur,« and through whom »ein dauerhaftes Glück für die Menschheit heran reifen sollte,« provides the axis of Schiller's examination of historical epochs and events as stages towards bourgeois culture, and of his prognostication for future developments. Membership of the middle-class is the source of the philosopher-historian's self-awareness and his sense of historical mission. [128] The contemporary epoch in Germany is distinguished chiefly by cultural achievements. [129] Yet from the point of view of the bourgeosie, from Schiller's point of view, the historical development is not yet complete:

Wahr ist es, auch in unser Zeitalter haben sich noch manche barbarische Ueberreste aus dem vorigen eingedrungen, Geburten des Zufalls und der Gewalt, die das Zeitalter der Vernunft nicht hätte verewigen sollen. [130]

What, then, are the desirable developments which have yet to occur? It is the realisation of bourgeois cultural ideas in social and political reality, for that practical realisation of ideas, is, as Schiller wrote to Prinz Augustenburg, the highest goal of all culture:

Politische und bürgerliche Freiheit bleibt immer und ewig das heiligste aller Güter, das würdigste Ziel aller Anstrengungen, und das große Centrum aller Kultur. [131]

Thus, if for Schiller as for Herder, the dialectical progress of history has produced the idea of humanity and freedom, the idea must be practically realised in the relationships of the individual and society as a whole, the individual and the state, and this is the stage which has still be attained in Germany. The aim, as Schiller wrote in 1788, is

die Verbreitung reinerer sanfterer Humanität, die höchstmögliche Freiheit der Individuen bei des Staats höchster Blüte, der vollendete Zustand der Menschheit, wie er in ihrer Natur und ihren Kräften als erreichbar angegeben liegt ... der glücklichste Zustand, der der menschlichen Gesellschaft erreichbar ist. [132]

The philosopher-historian can contribute towards »diese glückliche Epoche« [133] coming about in the future by formulating its ideas, and working out the means of the social realisation of these ideas, [134] by linking together the past and the possible future as a lawful development. This is what Schiller sees as the task for posterity, a great »deed« which requires the all-round abilities and enthusiastic commitment of genius:

Ein edles Verlangen muß in uns entglühen, zu dem reichen Vermächtniß von Wahrheit, Sittlichkeit und Freyheit, das wir von der Vorwelt überkamen und reich vermehrt an die Folgewelt wieder abgeben müssen, auch aus unsern Mitteln einen Beytrag zu legen, und von dieser unvergänglichen Kette, die durch alle Menschengeschlechter sich windet, unser fliehendes Daseyn zu befestigen. Jedem Verdienst ist eine Bahn zur Unsterblichkeit aufge-

than, zu der wahren Unsterblichkeit meyne ich, wo die That lebt und weiter eilt, wenn
auch der Nahme ihres Urhebers hinter ihr zurückbleiben sollte. [135]

I come now to a brief outline of an existing superstructural element in Schiller's
Württemberg which had a strong, though ambivalent influence on Schiller's own
thought and his early dramas. Pietism was an important religious element in
the »climate« of Württemberg out of which Schiller's early dramas arose.

Although people of all social classes could be counted amongst the ranks
of pietism in all European countries in the seventeenth and eighteenth centuries,
it was originally, socially speaking, an expression of protest by the bourgeoisie
against feudal hindrances to production and trade. This becomes clear from
its origins in the Calvinistic Church of the Netherlands. From the point of view
of church history pietism was the attempt to overcome the Reformation by a
new interpretation of the bible and the rejection of all dogmatism. [136]

Pietism reached its zenith in the backward economic, political and scientific
circumstances of Germany from the end of the seventeenth up to the middle
of the eighteenth century. It was a product of the predominantly petty-bourgeois
form of development which Germany had taken since the Reformation and which
had excluded the emergence of an active revolutionary class. The »spezifisch
theologisch-theoretische Charakter der deutschen Revolution des 16. Jahrhunderts«, together with the lack of bourgeois economic developments, led to a
predominant »Interesse für die Dinge, die nicht von dieser Welt sind«, to a »Flucht
aus der Wirklichkeit in ideale Regionen.« [137]

Thus German pietism was a reaction on the one hand to the disastrous social
and economic situation after the Thirty Years War and, on the other hand, to
the dogmatism of orthodox Lutherism with its close links to the feudal absolutist
state. But this protest took the form of withdrawal from the world into the
inwardness of the own self. Social and religious activity scarcely went beyond
the framework of membership of a pietistic community. (»Konventikel«) Nevertheless, the connection of pietism with other streams of bourgeois enlightened
thought is illustrated by the fact that, as opposed to orthodox Lutherism, it
stressed the importance of the individual personality in matters of faith.

In the main part of Germany, therefore, the radical, anti-feudal social begin-
nings of pietism, represented above all by Gottfried Arnold's Die unparteiische
Kirchen- und Ketzerhistorie (1699–1700), which illustrates most clearly the original link between German pietism and the Enlightenment in its criticism of
the secular and religious forces of feudal absolutism, gradually disintegrated as
backward economic circumstances were unable to supply the pietistic impetus
for practical and socially useful activity with concrete social and political goals.
Unlike Calvinism, Puritanism and Jansenism it lost its originally progressive character and became a movement in opposition to the Enlightenment which did
not differ in its submissiveness to feudal absolutism from Lutheran orthodoxy.
[138]

In Württemberg, however, there was a specific form of pietism which, whilst including some of the regressive, inward aspects of German pietism in general, nevertheless preserved and developed through some important individual figures its radical, social and political origins as a movement of protest against feudal absolutism. And it was this Swabian pietism and its leading figures who had a powerful influence on the young Schiller's thinking.

Karl Eugen's father, Karl Alexander, had been converted to Catholicism before his accession in 1712, and in 1733 he had to assure the Estates that he would not infringe on the rights of the Lutheran official church in Württemberg. The Church in turn believed that for its own security it had to associate itself closely with the Estates. It was this close association of the official Church with feudal power and its injustices which prepared the way for Swabian pietism. Its opposition to Church and State brought it into contact with Enlightenment criticism of both, so that in Württemberg pietism and the Enlightenment could follow similar courses and pursue similar ends. [139] The awareness of this connection between pietism and the Enlightenment is important for understanding Schiller's own intellectual development, the connections in his thinking and in the early dramas between religion and radical, enlightened criticism of feudal absolutism. [140]

The first important figure of Swabian pietism is Johann Albrecht Bengel (1687–1752). Bengel's ideas were concerned with eschatology – the final end of man and the world – and with the religious and moral preparation of the individual Christian for the coming of God, whereby the world is regarded as the place where the individual has to prove himself morally. [141] There is here the regressive element of withdrawal from the world, of renouncing the possibility of actively shaping and changing the world. Nevertheless, the idea of the end of time, the coming judgement, the rewards of the virtuous (= chiefly the bourgeoisie) and the condemnation of the sinful (= chiefly feudal despots), provides in chiliastic religious terms the prospect of future progressive change in the real world, expressed from the point of view of those – the middle classes – who are as yet not in a position to actively bring about that change. The religious form of expression is thus an important means – and for those who have little or no access to the ideas of the Enlightenment [142] the only means – of expressing what is already felt to be a necessity, indeed a certainty:

Das Gute wird reif zur Ernte, und das Böse wird zeitig zum Herbst. So werden denn die Gerechten in die Scheune des Herrn gesammelt werden, und die Gottlosen in grosser Menge hingeraffet und in die Zorn-Keller geworfen werden, da es rothen Weins genug geben wird. Bis zu diesen grossen Dingen ist es nicht mehr weit ... O wie geschwind wird Christus mit seinen Feinden fertig seyn! Was wird das für eine Änderung bei den Königreichen der Erden seyn, wann alle ihre Könige vertilget werden, samt ihren Gewaltigen und Armeen! [143]

The second important figure in Swabian pietism is Johann Jakob Moser (1701–1785) who, together with his son Friedrich Carl von Moser, was strongly

influenced by Bengel's form of pietism. Like Bengel the older Moser became
the centre of a community of people from various middle-class backgrounds
dedicated to devotion and inwardness outside the official Lutheran Church. As
in the case of Bengel Christian belief provided the basis of anti-absolutist political
thinking. [144] In his view the relationship between rulers and subjects should
be founded on a constitutional system of rights and duties and not on the despotism of an absolute prince. As with Montesquieu [145] Moser's liberalism originated in his adherence to the feudal Estates as a counterbalance to absolutism.
He defended the rights of the Württemberg »Landschaft«, even though he perceived that its members were largely concerned with promoting their own private
interests. But he believed that these traditional rights of the Württemberg Estates
had their origin in God. Above all, however, Moser displayed great courage
in speaking out against the despotism of Karl Eugen on the question of the
traffic of soldiers in 1759, for which act of resistance he was imprisoned for
several years. The critical, anti-absolutist tendency of his pietism is summed up
by Moser's own words:

In meinen Ämtern und Schrifften bin ich nie kein Partheigänger gewesen, und habe mein
Lebtag den Grundsatz nie angenommen: Wessen Brodt ich esse, dessen Lied singe ich;
sondern Recht ist bey mir Recht, und Unrecht ist Unrecht, es mag meinen Herrn, meine
Prinzipalen, oder sonsten, treffen, wen es will; dahero habe ich mich auch, weder in meinen
Herr – noch Landschafftlichen Diensten, weder durch Versprechungen habe bewegen, noch
durch Befehle nöthigen, oder durch Drohungen schrecken lassen, etwas zu vertheidigen,
so ich für ungerecht oder übertriben halte. [146]

The third important figure was the younger Moser (1723–98), with whom Schiller
himself came into personal contact. The distinguishing feature about Friedrich
Carl von Moser is that he combined his father's pietism with a positive reception
of Enlightenment ideas in his defence of the dignity and freedom of man against
feudal despotism. He criticised both the despots as well as those who helped
to keep them in power by flattery and meek submission to them:

Der einige Gedanke: Daß die Könige und Fürsten je länger je fester glauben: daß die
Menschen um ihrentwillen, und sie nicht um der Menschen willen auf der Welt seyen,
ist eine unversiegende Quelle von Noth und Elend auf dem Erdboden. Sind wir andere
es aber nicht selbst, die ihnen diesen Glauben beybringen, die wir sie durch unsere Vergötte-
rungen, durch unser Hindringen und Hinkriechen, durch unsere Schmeicheleyen und
Hunds-Demuth, durch das Greinen und Flehen um Einen Blick ihrer allmächtigen, allbele-
benden und allbefruchtenden Gnade darin bestärken? [147]

Reform was to come about by appeals to the rulers' moral sense of duty and
responsibility towards their subjects. [148] In the whole process of moralising
society religion had an important part to play. [149] Schiller himself took up
and developed further this programme of moral reform. [150]
    Like the Mosers, the poet and journalist Christian Friedrich Daniel Schubart

(1739–91), continued the radical social critical tradition of Swabian pietism in his courageous literary campaign against feudal despotism, for which he was made to suffer by Karl Eugen, like the older Moser, with years of imprisonment. Schiller met him personally on a visit to the Hohenasperg prison in 1781, and there is no doubt that Schubart, together with Rousseau, was one of the strongest influences on the thought and works of the young Schiller. Schiller's poem *Die schlimmen Monarchen* of 1782 is directly influenced by Schubart's own famous political poem *Die Fürstengruft*. Schubart's poem *Das Kaplied* anticipates the scene between Lady Milford and the Kammerdiener in *Kabale und Liebe* in its attack on Karl Eugen's trading in soldiers with foreign powers. And Schubart's story *Zur Geschichte des menschlichen Herzens* (1775), as I shall indicate later, [151] is one of the most important literary sources of *Die Räuber*.

The influence of pietism on Schiller will be relevant to my analysis of his reception of the English and French Enlightenment and it will be an important factor in understanding the ambivalences in the two plays.

In the final section of my introduction I shall give a general outline of Schiller's reception of the English and French Enlightenment. Bearing in mind the relationship of economic base and literary superstructure in Germany after 1770, especially the active, anticipatory function of the latter, it can be said with regard to the influence of ideas from England and France which had, therefore, arisen on different, more advanced economic bases, that those ideas could be taken up and developed which coincided with German needs and possibilities. [152] At the same time, the religious elements in German thought – the pietism I have just examined – played a decisive role in determining which aspects of the European Enlightenment could not be adopted. The fact that the young Schiller was steeped in the Württemberg tradition of pietism had contradictory consequences for his ideas and literary works. On the one hand it enhanced the strength and radicalism of the social criticism contained in his early dramas (Schubart, as we have seen, was Schiller's Swabian model here). On the other hand, it was responsible for his rejection of one of the most critical and progressive branches of the European Enlightenment, that of French materialism.

This rejection, however, had contradictory significance. On the one hand, it reflected the relative socio-economic weakness of the German bourgeoisie, French philosophical materialism being a product of scientific and industrial advance. On the other hand, it had progressive social critical significance in that some sections of the aristocracy in Germany had themselves adopted materialistic ideas, or rather adapted the original liberal, humanistic content of the ideas of Helvétius, Holbach and other Encyclopaedists to make them an excuse for their own despotism and cynicism. This points to one of the central critical contrasts in Schiller's two early dramas about contemporary Germany: that between bourgeois virtue and aristocratic amorality and despotism. [153] Claus

Träger summarises the contradictory significance of Schiller's reception of French materialism as follows:

In dieser Abwehr der fortgeschrittensten Gedankengänge der französischen Aufklärungs-philosophie verbindet sich ein plebejischer Haß auf die Unterdrücker der natürlichen Men-schenrechte mit kleinbürgerlichem Ressentiment gegen die konsequente Entthronung Got-tes und die Preisgabe aller metaphysischen Illusionen über die Bestimmung des Menschen. [154]

Since the source of the young Schiller's critical bourgeois ideas was religious and moral, as opposed to materialistic, it was natural that Schiller was receptive to the ideas of the English moral philosophers Shaftesbury and, in particular, Ferguson, whom Schiller read in the translation by Christian Garve. Their ideal was the free, moral personality, based on an inborn moral sense, and the estab-lishment of a humanised bourgeois society.

It was by way of Garve's edition of Ferguson that Schiller first came across Montesquieu's criticism of despotism and his ideas about the constitutional state with its division of legislative, administrative and judicial powers. Here, too, the influence on Schiller can be attributed to the fact that Montesquieu's criticism of despotism was rooted in natural morality, as opposed to philosophical mate-rialism. Montesquieu's and Ferguson's ideas about despotism stifling all human virtues – a criticism we have also noted in the writings of the radical Swabian pietists – are summed up as follows in Garve's translation:

Fortdauernder Despotismus ist eine Usurpation, und ein Unglück einer Nation ... Die Absicht einer despotischen Regierung ist nicht, den Untertan in dem Besitz seiner Rechte sicher zu stellen, sondern ihn selbst zu einem Eigentum zu machen; nicht das Laster zu unterdrücken, sondern die erhabensten und edelsten Tugenden zu ersticken, Vaterlands-liebe, Unabhängigkeit und Mut. [155]

There is a direct link between this criticism of despotism and Posa's appeal to King Philipp in Act II, scene x of *Don Carlos*. Schiller expressly states in his »Briefe über Don Carlos« that Montesquieu is an important source of Posa's ideas. [156] Like Montesquieu and, indeed many of his contemporaries in Ger-many, the young Schiller saw political virtue embodied in the republican constitu-tions of ancient Greece and Rome. And it was through Rousseau that Schiller first came across Plutarch's histories of great Greek and Roman statesmen, by means of which he was able to inhale the »Odem der Freiheit« [157] in the ancient republics.

Many of the sources we have noted up to now – the younger Moser, Ferguson, Montesquieu, Plutarch and Schiller's preoccupation with the ancient republics, and also Rousseau whom I shall be examining shortly – are directly or indirectly involved in Schiller's own essay *Die Gesetzgebung des Lykurgus und Solon* in which he describes the ethical function of political institutions as guaranteeing the free self-realisation and happiness of the individual:

Überhaupt können wir bei Beurteilung politischer Anstalten als eine Regel festsetzen, daß sie nur gut und lebenswürdig sind, in so fern sie alle Kräfte, die im Menschen liegen zur Ausbildung bringen, insofern sie Fortschreitung der Cultur befördern, oder wenigstens nicht hemmen. Dieses gilt von Religions wie von politischen Gesetzen; beide sind verwerflich, wenn sie eine Kraft des menschlichen Geistes fesseln, wenn sie ihm in irgendetwas einen Stillstand auferlegen ... In dem Spartanischen Gesetzbuch selbst, wurde der gefährliche Grundsatz gepredigt, Menschen als Mittel und nicht als Zwecke zu betrachten – dadurch wurden die Grundveste des Naturrechts und der Sittlichkeit gesetzmäßig eingerissen. Die ganze Moralität wurde preisgegeben, um etwas zu behalten, das doch nur als ein Mittel zu dieser Moralität einen Werth haben kann. [158]

The reasons which led to Schiller's positive reception of the English moral philosophers and of Montesquieu were also partly responsible for his preoccupation with Rousseau. For Rousseau combined radical political ideas with moral and religious ones. And these two aspects corresponded exactly with the feelings of Schiller and many of his Storm and Stress contemporaries:

Unter den deutschen Verhältnissen, in denen die religiöse Ideologie noch tief in allen Schichten der Bevölkerung verwurzelt war, verband sich der politische Radikalismus der Stürmer und Dränger in eigenartiger Weise mit religiösen Stimmungen. Der Ideologie dieser Bewegung entsprach von den hervorragenden Vertretern der französischen Aufklärung am meisten die demokratische Ideologie Rousseaus, der in religiösen Fragen hinter dem Radikalismus Voltaires zurückstand, während er umgekehrt in der Kritik der sozialen Verhältnisse des Feudalismus weit über Voltaire und die Enzyklopadisten hinausging. ... sein Vergleich der »zivilisierten« feudalen Gesellschaft mit den Bedingungen des »natürlichen« Lebens fand in der Gesellschaftskritik des Sturm und Drang einen starken Widerhall. [159]

Schiller's own poem *Rousseau* expresses the same combination of political radicalism and religious feelings which he found in Rousseau and which coincided with his own Swabian pietistic background. [160] Rousseau's central democratic concept of the »volonté générale« is rooted in deism and natural morality. To act in accordance with the general will, with »la voix du peuple«, is tantamount to imitating

ici-bas les décrets immuables de la Divinité, ... comme la vertu n'est que cette conformité de la volonté particulière à la générale, pour dire la même chose en un mot, faites régner la vertu. [161]

The second factor behind the enthusiastic reception of Rousseau by Schiller and the other Storm and Stress writers lay in Rousseau's plebeian radicalism. Schiller, like many of the other writers, stemmed from the oppressed small bourgeoisie, and this enhanced his and their feelings of solidarity with the lower social classes, it contributed towards the »Volkstümlichkeit« [162] of Storm and Stress literature. In France these were precisely the social classes whose interests Rousseau had at heart. In the French Enlightenment, Werner Krauss comments:

Rousseau brachte ... zum ersten Mal die radikale Kritik der bisher an der Geschichte unbeteiligten Schichten der Gesellschaft zum Ausdruck. [163]

He represented the socio-economic interests of the small bourgeoisie, whose existence was threatened both by the rise of the rich capitalist bourgeoisie as well as by the exploitation of the aristocracy, the plebeian poor and the peasants whose initiative for improving agricultural production was thwarted by serfdom and/or heavy taxation on the land.

In his works *Discours sur l'origine et les fondements de l'inégalité parmi les hommes* (1755), *De l'économie politique* (1755) and *Du contrat social, ou essai sur la forme de la république* (1762) Rousseau put forward the view that the development of humanity from the natural state to the contemporary social situation proved that only a society in which there were neither rich or poor, neither rulers or ruled, and in which »la volonté générale« was the basis of political power, would guarantee all men well-being and happiness. The ideal economic basis of his republic was, therefore, a »›Sozialismus‹ der Kleinbesitzer«: [164]

C'est donc une des plus importantes affaires du Gouvernement de prévenir l'extrême inégalité des fortunes, non en enlevant les trésors à leurs posses seurs, mais en ôtant à tous les moyens d'en accumuler; ni en bâtissant des hôpitaux pour les pauvres, mais en garantissant les citoyens de le devenir. Les hommes inégalement distribués sur le territoire, et entassés dans un lieu tandis que les autres se dépeuplent; les arts d'agrément et de pure industrie favorisés aux dépens des métiers utiles et pénibles; l'agriculture sacrifiée au commerce; le publicain rendu nécessaire par la mauvaise administration des deniers de l'Etat; enfin, la vénalité poussée à tel excès, que la considération se compte avec les pistoles, et que les vertus mêmes se vendent à prix d'argent: telles sont les causes les plus sensibles de l'opulence et de la misère, de l'intérêt particulier substitué à l'intérêt public, de la haine mutuelle des citoyens, de leur indifférence pour la cause commune, de la corruption du peuple, et de l'affaiblissement de tous les ressorts du Gouvernement. Tels sont par conséquent lex maux qu'on guérit difficilement quand ils se font sentir, mais qu'une sage administration doit prévenir, pour maintenir avec les bonnes mœurs le respect pour les lois, l'amour de la patrie, et la vigueur de la volonté générale. [165]

As we can see from the above passage, Rousseau in his radical social and economic egalitarianism was hostile towards capitalist accumulation, towards, therefore, the rising middle class, whose interests were represented in the French Enlightenment by the materialist philosophers and Voltaire. He therefore criticised not only the aristocracy and feudal culture, but also the new bourgeois sciences and industry. Precisely because Rousseau represented the poorest and most oppressed, he foresaw that the unfettered development of capitalist society would not alleirate their misery, that an antagonistic class structure, which lay at the bottom of his pessimistic analysis of the development of society, would continue in bourgeois capitalist as in feudal society. The class structure of rich exploiters and big property-owners – the aristocracy and the capitalist middle class – on the one hand, and the poor and exploited small bourgeoisie, peasants and plebeians on the other, was for Rousseau the chief source of violence, greed, envy and all other vices which suppressed »la pitié naturelle et la voix encore faible de la justice.« [166]

Although, as we shall see shortly, Rousseau's *Discours sur l'origine et les fondements de l'inégalité parmi les hommes* provided the chief literary inspiration of Karl Moor's attacks on the socio-political and cultural set up of feudal absolutism, it would not be true to say that the young Schiller was hostile to capitalist advance. He and his contemporaries were interested in promoting agriculture and industry on a capitalist basis in order that the economic crisis which manifested itself in the famine of 1770/1 might be overcome. [167] Unlike Rousseau, Schiller stated that the development of natural and applied sciences would have a positive role to play in social advance. [168] In his inaugural lecture Schiller emphasised in affirmative terms the progressive historical role of the development of material culture throughout the ages. Not only the efforts of the »nützlicher Landmann« are praised – as with Rousseau – but also the middle class traders and manufacturers are described by Schiller as the »Schöpfer unserer ganzen Kultur.« [169]

But Schiller and the other Storm and Stress writers felt in sympathy with all the social classes whose interests lay in the creation of a German Nation, that is, all sections of the population apart from the aristocracy. Their enthusiastic reception of Rousseau's plebeian radicalism may be attributed, paradoxically as it may appear at first sight, to the lack of a strong capitalist bourgeoisie in Germany [170], rather than to hostility towards capitalist advance as in the case of Rousseau himself. In Germany a close alliance between all sections of the middle classes, peasants and plebeians was possible [171] because the capitalist bourgeoisie had not yet reached that stage of development – as was the case in France – when it had to think of asserting its own separate class interests not only against the aristocracy, but also against the lower social classes:

... das vorrevolutionäre ideologische Bündnis [i.e. in France, A.W.] durfte nicht so eng geknüpft werden daß es zum Hemmnis für das Bürgertum selbst werden konnte. [172]

In France this development produced a split in the Enlightenment movement itself after 1750 between Rousseau and other radicals like Mercier and Diderot, and the philosophers of the Académie Française. [173] In Germany, however, writers adopted Rousseau's radical ideas which they felt were in accordance with the emancipatory needs of all social classes below the ruling aristocracy. In Schiller's two early dramas about contemporary Germany, as in Goethe's early works, the perspective – like that of Rousseau's – is that of human emancipation; it is not merely bourgeois political and economic emancipation, it is the emancipation from feudalism of all social classes with, as Rousseau also demanded, special attention needing to be paid to the improvement of the social and economic situation of the lower social classes. And as a further reflection of the underdeveloped capitalist circumstances in Germany, we see from Karl Moor's imagery of freedom hat for the young Schiller capitalist economic emancipation did not contradict general human emancipation. [174]

Despite these differences of attitude towards capitalist advance, Rousseau remains, together with Schubart, the most important literary and philosophical influence on Schiller in his early dramas. [175] The urge for freedom, to throw off the chains of feudal society and the scorn for those who accept their »civilised« slavery are expressed by Rousseau in language which is as powerful and passionate in its imagery as that of Karl Moor (and, whether Rousseau liked it or not, it was the language which helped to release the capitalist forces of production from the fetters of feudal social relations of production and exchange!)

Comme un coursier indompté hérisse ses crins, frappe la terre du pied et se débat impétueusement à la seule approche du mors, tandis qu'un cheval dressé souffre patiemment la verge et l'éperon, l'homme barbare ne plie point sa tête au joug que l'homme civilisé porte sans murmure, et il préfère la plus orageuse liberté à un assujettissement tranquille. Ce n'est donc pas par l'avilissement des peuples asservis qu'il faut juger des dispositions naturelles de l'homme pour ou contre la servitude, mais par les prodiges qu'ont faits tous les peuples libres pour se garantir de l'oppression. Je sais que les premiers ne font que vanter sans cesse la paix et le repos dont ils jouissent dans leurs fers, et que miserrimam servitutem pacem appellant. Mais quand je vois les autres sacrifier les plaisirs, le repos, la richesse, la puissance, et la vie même, à la conservation de ce seul bien si dédaigné de ceux qui l'ont perdu; quand je vois des animaux nés libres, et abhorrant la captivité, se briser la tête contre les barreaux de leur prison; quand je vois des multitudes de sauvages tout nus mépriser les voluptés européennes, et braver la faim, le feu, le fer et la mort, pour ne conserver que leur indépendance, je sens que ce n'est pas à des esclaves qu'il appartient de raisonner de liberté. [176]

In the *Discours sur l'inégalité* Rousseau, like Karl Moor, declares patriotism to be the highest virtue in the service of the general will of the republic [177] and singles out Rome as having displayed more than any other state both patriotism – the love of fellow-citizens one for another (a model which, as Karl Moor emphatically states, he intends to surpass) and the concern for the rights of the individual citizens. [178] Despotism, however, produces the most extreme form of inequality. As it is maintained by force alone, it is force alone that can overcome it. [179] For Rousseau, as for Karl Moor [180] and the young Schiller, the classicist literature of the ancien régime are merely garlands of flowers over the chains which weigh men down. They stifle in men

le sentiment de cette liberté originelle pour laquelle ils sembloient être nés, leur font aimer leur esclavage et en forment ce qu'on appelle des Peuples policés. [181]

Voltaire is viewed negatively as a representative of that culture. [182]

Just as he felt a close affinity with Rousseau's plebeian radicalism, the young Schiller felt, like Rousseau himself, a strong aversion to Voltaire, and for similar reasons. The patriotism of the whole Storm and Stress movement was directed against the interests of feudal absolutism, hence Schiller as well as his German contemporaries were repelled by those French writers whom they considered to be under the influence of the Court, above all Voltaire who associated with Frederick II and other German princes. Voltaire always spoke deprecatingly about the lower social classes and, unlike the radical Mercier (whom, as we saw, Schiller himself followed on this point [183]), he did not believe that the lower social classes were accessible to reason:

Il y a toujours dans la nation un peuple qui a nul commerce avec les honnêtes gens, qui n'est pas du siècle, qui est inaccessible au progrès de la raison. [184]

Schiller was particularly opposed to Voltaire because of his anticlerical radicalism, which for Schiller was tantamount to atheism and materialism. In one of his comments he refers to Voltaire in not dissimilar terms to those with which he describes aristocratic moral cynicism and despotism:

Aber eben so leicht kann das Laster eines Einzigen in tausend unverwahrte Seelen sein süsses Gift einhauchen. So kann es eine Kette von Menschenaltern ferne von ihrer hohen Bestimmung in das alte barbarische Dunkel thierischer Wildheit zurückstossen. So hat sich der unvollkommene Geist eines La Mettrie, eines Voltaire auf den Ruinen tausend verunglückter Geister eine Schandsäule aufgerichtet, ihres Frevels unsterbliches Denkmal. [185]

In contrast to Voltaire's connivance with the feudal aristocracy Schiller and his German contemporaries admired the efforts of not only Rousseau, but other radicals like Mercier and Diderot who had demanded the complete independence of the »hommes de lettres«, a complete break with all institutions connected with the ancien régime. [186] Altogether it can be said that the German writers could respond to those writers of the French Enlightenment who dealt with problems with which they were familiar in Germany and which were expressed in a familiar language. As we have seen, the social and ideological circumstances of Germany in general and Württemberg in particular were such that Schiller was unable to appreciate the progressive, anti-feudal significance of the French materialists and also Voltaire who all contributed towards the ideas of the French Revolution. Apart from Rousseau and Mercier, the Storm and Stress writers appreciated Diderot's »contes« whose heroes – »seine Naturkinder«, as Goethe described them, [187] »seine wackeren Wilddiebe und Schleichhändler« – advocated a new morality and showed that it was possible to actively resist a hostile society. Diderot's heroes are moved by a similar motive of self-help as the heroes of the early works of Goethe and Schiller.

Goethe concluded as follows on the significance of Diderot and Rousseau:

So war Diderot es denn auch, der, wie Rousseau, von dem geselligen Leben einen Ekelbegriff verbreitete, eine stille Einleitung zu jenen ungeheuern Weltveränderungen, in welchen alles Bestehende unterzugehen schien. [188]

Kabale und Liebe

Of Schiller's two early plays about contemporary Germany *Kabale und Liebe* gives the more comprehensive analysis of the social structure, in particular the relationship between the ruling aristocracy and the small bourgeoisie. The play thereby reflects what Marx and Engels described as the »kleinbürgerlichen Charakter« of German society since the Reformation. [189] This class warfare is revealed by the development of the dramatic plot – the love of Luise and Ferdinand, the intrigues instigated by Ferdinand's Father, the Prince's chief minister, and the attitudes of Luise's parents to the developing situation. [190] Closely linked with the development of the plot are occasional episodic elements through which Schiller connects the main class warfare between the Court and the town bourgeoisie with the relations of the plebeian classes to the ruling aristocracy: in the »Kammerdiener« scene Schiller introduces a very topical issue in Württemberg, the pressganging of peasants and day labourers who were sold to the English to help fight against the Americans in the War of Independence. [191] As Ursula Wertheim has pointed out, [192] the reference to the »neue Welt« in that scene provides the play with the world-historical perspective of bourgeois revolution, with which the national German class conflict, the struggle of the bourgeoisie, peasants and plebeians against feudal absolutism is thereby linked. And this was a perspective which gave encouragement to Schiller and, as he hoped, his audience, in the struggle against the aristocracy to create a unified national state in Germany. If the plot of the play represents the defeat of the German bourgeoisie, then the American perspective indicates – along with other aspects of the play – that this defeat in only a temporary one. [193]

In his comprehesive social analysis Schiller portrays the ideas and attitudes – in short the ideologies – of the different social classes in the drama. This is particularly important in the case of the oppressed classes, the small bourgeoisie, the servants and – as reflected in the words of the Kammerdiener – the pressganged soldiers. For it is by analysing the attitudes of these classes that Schiller can show to what extent – if at all – revolution might be possible at this point of time in the development of German society. The conclusion he reaches – a realistic one as we can see from my introductory analysis of German society – is a pessimistic one. The objective limitations on the possibility of radical social change originate in the »kleinbürgerlicher Charakter« of German society, that is, in the lack of an economically powerful capitalist middle class. It is therefore a true reflection of the social situation in Germany at the time that Schiller portrays the weak opposition of the oppressed small bourgeoisie and plebeians and their ambivalent attitudes towards their oppression: on the one hand they are fiercely critical of the aristocracy, yet on the other they accept the existing social order as unchangeable, at least within the horizon of their own lifetime. But these ambivalent attitudes are realistically depicted by Schiller as evolving from the specific social classes at this period. Luise's views are contrasted to Ferdinand's, Miller's, to those of the President and Wurm. In each case the views are seen to be the product of class background and socio-economic situation. [194] In the case of Ferdinand, he has consciously rejected the »ideals« of his class and has adopted revolutionary bourgeois ideas as a result of his reading and attendance at literary academies which were an important feature of the Enlightenment in France and Germany. And in the case of Wurm, [195] whilst preserving some of his original bourgeois ideas, through his position as secretary to the President he has come to adopt as his own the »principles« of the Court.

In *Die Räuber*, the task Schiller sets himself is a different one. His intention is to go a stage beyond that of a critical analysis of the existing social structure by portraying an attempt at actively changing society. Yet it is upon the revolutionary preparedness of the bourgeoisie peasants and plebeians that the success or failure of Karl Moor's campaign depends. From what I have just said, therefore, this is a highly problematical undertaking both for Schiller and Karl Moor, which leads me to recall that *Die Räuber*, of course, was written before *Kabale und Liebe* and it may well be that as a result of Karl Moor's failure, Schiller was determined to portray in *Kabale und Liebe* the objective causes of the failure of Karl Moor's revolutionary campaign by an exact analysis of the existing social structure and the revolutionary potential of the oppressed classes. This is the task Schiller successfully carried out in *Kabale und Liebe*. For this reason *Kabale und Liebe*, if – or rather precisely because it is less ambitious in intention – is the more realistic drama of the two, its overall »Tendenz« is unambiguously progressive, whilst the ambivalences it contains are linked by Schiller to the specific social position of the characters themselves. The information which *Kabale und Liebe* provides about contemporary German society – and this is more comprehensive than in *Die Räuber*, it corresponds with the picture I have given in the Introduction – is the key to Karl Moor's experiences as a would-be revolutionary and to the changes in his views as a result of these experiences. It is the key, in short, to the overall contradictory »Tendenz« of the conclusion of *Die Räuber*. For these reasons I have elected to treat *Kabale und Liebe* first.

Kabale und Liebe provides, therefore, a comprehensive, objective analysis of the social and class structure together with the attitudes of the different classes in a small, typical German state in the 1780s. For the purpose of this essay, in which our main interest is concentrated on the ambivalent attitudes of the bourgeois characters, I shall not give a detailed analysis of the ideas and methods of the Court aristocracy. Some of this detail will, of course, appear in my analysis as it is reflected in the attitudes of the bourgeois characters who are made to suffer by the Court. But very briefly it can be said that the methods of the Court's political and social rule over its subjects are illustrated in the dramatic action by the intrigues of the President and Wurm; the link between the social and political rule of the aristocracy and the organs of justice are revealed in the arbitrary arrest of Miller and his wife just as clearly as by Brecht in the inner plot of *Der kaukasiche Kreidekreis;* the sexual exploitation of bourgeois girls by the aristocracy is illustrated by a comment by the President to Wurm in Act I, scene (v), [196] and by Lady Milford's comment to Ferdinand in Act II, scene (iii), in which the powerful imagery widens the perspective from sexual exploitation to general social, economic and political exploitation:

Die Wollust der Großen dieser Welt ist die nimmersatte Hyäne, die sich mit Heißhunger Opfer sucht; [197]

the source of the massive spending of the Court for its own entertainments – the satirically portrayed figure of Hofmarschal von Kalb represents this aspect of Court life – is the feudal exploitation of the work of the peasants, which Lady Milford describes with these two vivid images:

Er . . . läßt die Quellen seines Landes in stolzen Bögen gen Himmel springen, oder das Mark seiner Untertanen in einem Feuerwerk hinpuffen – [198];

and the Prince's lavish gifts to his aristocratic mistress are paid for by the sale of soldiers to the English King: Kammerdiener:

Gestern sind siebentausend Landskinder nach Amerika fort – die zahlen alles. [199]

The members of the lower nobility who lead a parasitical existence by occupying the multitude of posts within the Court are described by Lady Milford as mindless marionettes. [200] It is Schiller's clear intention to contrast the immorality of the Court aristocrats in their struggle to remain in the Prince's favour and thus to preserve power and influence for their families with the virtuousness of the bourgeoisie, as we can see when the President explains to Wurm his plan for marrying off Lady Milford to Ferdinand in Act I, scene (vi) [201]. Even Wurm here, however hypocritical his intention may be, betrays his bourgeois origins in taking exception to the President's intentions:

»Ich mache hier gern den Bürgersmann, gnädiger Herr.« and:
»Wenigstens bewies der Präsident hier, daß der Vater nur ein Anfänger gegen ihn ist. Wenn der Major Ihnen ebenso den gehorsamen Sohn zeigt, als Sie ihm den zärtlichen Vater, so dürfte Ihre Anforderung mit Protest zurückkommen.« [202] –

lines which provide in ironical form a criticism of the President's, or the feudal despot's treatment of his son from the point of view of the bourgeois view of ideal family relations. In the conversation between the President and Ferdinand in Act I, scence (vii) Schiller again contrasts the family ambitions of the feudal despot with the virtuous ideals of the middle class, expressed here by Ferdinand. The despot uses immoral means to achieve immoral ends. [203] In the President's view Ferdinand will be able to inherit the fruits, but not the retribution of political assassination and intrigue:

das Verbrechen klebt nicht am Erbe. [204]

But to Ferdinand's ideal bourgeois pietistic way of thinking the family inheritance must have been honestly achieved, so that the son may carry on the work of his father with the voice of conscience directing his inner intention, and the outward effect not contradicting that voice, not tyrannising his fellow men, but respecting their rights:

Weil meine Begriffe von Größe und Glück nicht ganz die Ihrigen sind – Ihre Glückseligkeit macht sich nur selten anders als durch Verderben bekannt, Neid, Furcht, Verwünschung sind die traurigen Spiegel, worin sich die Hoheit eines Herrschers belächelt – Tränen, Flüche, Verzweiflung die entsetzliche Mahlzeit, woran diese gepriesenen Glücklichen schwelgen, . . . Mein Ideal vom Glück zieht sich genügsamer in mich selbst zurück. In meinem Herzen liegen alle meine Wünsche begraben. [205]

Ferdinand's ideal here refers both to pietistic inner virtue and his love for Luise.

Ferdinand's condemnation of feudal despotism by means of its critical contrast with bourgeois ideals leads me to Schiller's analysis of the attitudes of the bourgeois characters towards their situation in life.

In the relationship of Luise and Ferdinand, in their differing attitudes towards their love Schiller draws an historically accurate contrast between the pietistic small bourgeoisie and the radical bourgeois intelligentsia of the 1770s and 1780s in Germany. [206]

In the third scene of the play Luise experiences a mental and emotional conflict, in which the forces of religion, morality and the social order are ranged against her love for Ferdinand.

Ich versteh' Ihn, Vater – fühle das Messer, das Er in mein Gewissen stößt; aber es kommt zu spät. – Ich hab' keine Andacht mehr, Vater – der Himmel und Ferdinand reißen an meiner blutenden Seele, und ich fürchte, – ich fürchte – [207]

That she is, even at the outset of the drama, basically prepared to accept passively the social inequality and inferiority of her class is expressed paradoxically by the imagery which she uses to describe her longings:

Dies bißchen Leben – dürft' ich es hinhauchen in ein leises, schmeichelndes Lüftchen, sein Gesicht abzukühlen! – Dies Blümchen Jugend – wär' es ein Veilchen und er träte drauf, und es dürfte bescheiden unter ihm sterben! – Damit genügt mir, Vater. Wenn die Mücke in ihren Strahlen sich sonnt – kann sie das strafen, die stolze, majestätische Sonne? [208]

If we consider that throughout this drama, Schiller constantly uses images of insects, creeping, parasitical animals to represent social inferiors and the acceptance of social inferiority, submissiveness to feudal despotism, Luise's imagery is a sign of her renunciation and unwillingness to rebel. [209]

And yet, as I shall emphasise later, Luise is rarely completely passive. Or rather, her basic submissiveness does not prevent her from criticising the social structure which condemns her to renunciation. Not only this – and this is one of the central ambivalences of her pietistic bourgeois point of view – her criticism provides a glimpse of a utopian world in which class differences and social inequality will be overcome. The implication must be, therefore, that the social structure of feudal absolutism is not universal, unchangeable, that it can and ought to be changed. But in keeping with her restricted, pietistic bourgeois point of view, the new society is projected into the after life:

Ich entsag' ihm für dieses Leben. Dann, Mutter – dann, wenn die Schranken des Unterschieds einstürzen – wenn von uns abspringen all die verhaßte Hülsen des Standes – Menschen nur Menschen sind – ich bringe nichts mit mir als meine Unschuld; [210]

In contrast to Luise, Ferdinand, although he is an aristocrat by birth, has adopted the most radical, critical bourgeois ideals which were a product of the European Enlightenment in general and the Storm and Stress literary and intellectual movement in Germany in particular. Ferdinand is one of Schiller's aristocratic rebels who represent an historically accurate type: a section of the aristocracy who adopted the liberal ideals of the Enlightenment. [211] Ferdinand's conversion to these ideals, although stimulated of course by his personal experience of love for the bourgeois girl as well as his criticism of feudal despotism, is realistically motivated by Schiller as having originated in his reading and his participation in the activities of the literary and philosophical academies which were a product of the French Enlightenment and which were later established in Germany on the French model. It is Wurm who connects Ferdinand's radical bourgeois ideas, his criticism of despotism, with the cultural influence of the academies:

Die Grundsätze, die er aus Akademien hierherbrachte, wollten mir gleich nicht recht einleuchten. Was sollten auch die phantastischen Träumereien von Seelengröße und persönlichem Adel an einem Hof, wo die größte Weisheit diejenige ist, im rechten Tempo, auf eine geschickte Art, groß und klein zu sein! Er ist zu jung und zu feurig, um Geschmack am langsamen, krummen Gang der Kabale zu finden, und nichts wird seine Ambition in Bewegung setzen, als was groß ist und abenteuerlich. [212]

In Wurm's analysis of Ferdinand's ideals there is a significant reference to German patriotism when he states that »Die Pflichten des Patrioten« would require Ferdinand to reveal publicly the political methods of feudal absolutism. [213] Here, as elsewhere in the drama, bourgeois values are referred to as German national values. The national cause is a specifically bourgeois cause; one of the main tasks of the bourgeois revolution in Germany in sweeping away feudal absolutism is anticipated: the creation of a unified nation state. [214] Another reference to German patriotism is made by Ferdinand himself in Act I, scene (vii). All his ideas and personal motives come together in his expression of German patriotism. His feeling of national pride is connected with bourgeois virtue and honour, his natural love for Luise which shatters social barriers and conventions and his criticism of feudal despotism, and the licentiousness of the Court circle, embodied at this moment in his mind by Lady Milford – an English aristocrat:

Ich verwerfe dich – ein deutscher Jüngling! [215]

Although Ferdinand has adopted radical bourgeois ideas, his aristocratic birth and social position have enabled him not to have the sense of subordination and powerlessness which is a mark of all the middle class characters in the play. Thus he has the freedom and strength of will to attempt to put his bourgeois ideals into practice. He is prepared to put natural humanity into practice in his personal case at least by marrying Luise against all social opposition:

Wer kann den Bund zweier Herzen lösen oder die Töne eines Akkords auseinanderreißen? Ich bin ein Edelmann – laß doch sehen, ob mein Adelbrief älter ist als der Riß zum unendlichen Weltall? oder mein Wappen gültiger als die Handschrift des Himmels in Luisens Augen: dieses Weib ist für diesen Mann. [216]

He contrasts natural right, natural love, in short, humanity, with class differences and the prejudices and fashions of feudal society:

Sie werden mich an Stand – an Geburt – an die Grundsätze meines Vaters erinnern – aber ich liebe. – Meine Hoffnung steigt um so höher, je tiefer die Natur mit Konvenienzen zerfallen ist. – Mein Entschluß und das Vorurteil! – Wir wollen sehen, ob die Mode oder die Menschheit auf dem Platz bleiben wird. [217]

To Luise and her family he says that he is determined to raise the voice of freedom and self-determination against the intrigues and prejudices of the insect-like creatures of feudal despotism:

Aber ich will seine Kabalen durchbohren – durchreißen will ich alle diese eisernen Ketten des Vorurteils – frei wie ein Mann will ich wählen, daß diese Insektenseelen am Riesenwerk meiner Liebe hinaufschwindeln. [218]

The love of Luise and Ferdinand founders on the social order of feudal absolutism, on despotic intrigue. That is the exemplary nature of their relationship in the drama, through which Schiller can highlight critically the social and political structure of feudal absolutism. But at the same time their love also founders on the differences of their attitudes to their love, which are again determined

by their social class, their different education and experience. It is also possible
to attribute Ferdinand's reaction to these differences, his violent jealousy, his
murder of Luise (a flagrancy of bourgeois human rights and morality) and his
own suicide to the influence of despotism on his own character. [219]

These differences between Luise and Ferdinand which I have outlined culmi-
nate in the dialogue of Act II, scene (iv). There is, however, a slight shift of
emphasis in Ferdinand's approach to the problems which the existing social order
has set him. He is a radical critic of feudal society, he is the »genius« who is
prepared to actively resist it, at least in his own personal matter. He does not
go so far, therefore, as Karl Moor who tries to change society, to act directly
in the public, national interest. But as a radical critic who is prepared to act,
he is on his own. Not even Luise can follow his lead. His social isolation is
greater than Karl Moor's, who joins up with the robber band. Schiller himself
emphasised on many occasions that social change could only come about by
the united efforts of people. [220] But a united, class conscious revolutionary
bourgeoisie did not exist in Germany in the 1780s, as Schiller himself indicates
in this drama. Under these unfavourable circumstances which do not afford Ferdinand the prospect of effective political and social action, the social critical
content of Ferdinand's rebellion tends at times to fade and make way for a
purely romantic rebellion. Such a moment occurs in his argument with Luise
when he reduces the patriotic task of national unification, which is elsewhere
referred to by him in its revolutionary significance, to the following personal
need:

Mein Vaterland ist, wo mich Luise liebt. [221]

Despite such moments of purely romantic rebellion, however, Ferdinand's romantic aspirations are nearly always clearly linked with his criticism and rejection
of the feudal social order which thwarts natural feeling. And he has the strength
of will to act in defiance of feudal absolutism:

Haben wir an die Welt keine Forderung mehr, warum denn ihren Beifall erbetteln?
[222]

Unlike Ferdinand Luise cannot bring herself to reject the existing social order,
or rather – from her point of view – to break with the moral values of her
family:

Laß mich . . . einem Bündnis entsagen, das die Fugen der Bürgerwelt auseinander treiben
und die allgemeine, ewige Ordnung zugrunde stürzen würde. [223]

The social implications of Luise's readiness to renounce personal happiness are
not, as might appear at first sight, purely negative, regressive, but ambivalent.
Her statement does not negate the desirability of the social and political realisation of the radical bourgeois ideal of natural humanity which would be the pre-

supposition of Ferdinand's and Luise's happiness together. As we have already seen, Luise is able to rise to the idea of natural right and the claims of natural feeling from the basis of her own pietistic values, even though she cannot visualise them being realised in her own lifetime. But her view, socially and ideologically, is more restricted then Ferdinand's who, because of his elevated social position, the experience this has brought him and his liberal education, has critical insight into the whole of the social structure and is consistently aware of the differences between the social classes, their way of life, their ideas and aspirations. In addition, he does not have a bourgeois, virtuous father who might instill allegiance to the existing social order; he has direct experience of his own father as a personal and political despot:

Ich gehe, mache meine Kostbarkeiten zu Geld, erhebe Summen auf meinen Vater. Es ist erlaubt, einen Räuber zu plündern, und sind seine Schätze nicht Blutgeld des Vaterlands? [224]

This helps him to make a total break with feudal absolutism, with the existing social order; there are no »humane« bourgeois family loyalties to hold him back. But Luise, bacause of her different social background, education and experience, does not have consistent critical insight into the whole of the social structure and the differences between the classes. Thus for a moment she equates her own class with the aristocracy with regard to the role of the father and the family, whilst Ferdinand is always aware of the differences between the two classes on this point. She raises the virtuous idea of the bourgeois family to a level where it is valid for the whole of society, including the aristocracy. [225] To Luise's mind at this moment Ferdinand's father represents the same virtuous order as her own. And this order she wishes to restore through renunciation, to restore herself to her father, and Ferdinand to the President:

Laß mich die Heldin dieses Augenblicks sein – einem Vater den entflohenen Sohn wieder schenken ... [226]

That her view in attempting to attribute a humane, moral function to the President as to her own father falls short of the reality of the President's life as a father and despot, can be deduced from the paradoxical words she uses to put forward her view:

Und der Fluch deines Vaters uns nach? – ein Fluch, Unbesonnener, der auch Mörder nie ohne Erhörung aussprechen, den die Rache des Himmels auch dem Dieb auf dem Rade hält, der uns Flüchtige unbarmherzig wie ein Gespenst von Meer zu Meer jagen würde? Nein, mein Geliebter! Wenn nur ein Frevel dich mir erhalten kann, so hab' ich noch Stärke, dich zu verlieren. [227]

Luise wishes to remain loyal to her father and his moral values which have become her own. Paradoxically, however, her father's moral order actually helps to consolidate an unjust overall social order and thwart her personal freedom and happiness, in so far as it instills not only humane values which however, can only be practised within the narrow limitations of the bourgeois household, but also a basically passive attitude towards the overall social structure and the exploitative function of the aristocracy within it. The ambivalence of Luise's reactions to Ferdinand's plans for their elopement has its fundamental cause in the situation of her class which has new ideals and aspirations, but has no means of actively changing society and establishing a new order in accordance with them. Thus from her own pietistic point of view she is fiercely critical of the aristocracy; her love for Ferdinand has strengthened her sense of what is naturally right and wrong, of the need for the equality of the classes. And yet from the same pietistic point of view she feels she ought to renounce her own happiness, her own right to love and accept the existing social order of things.

Up to now I have emphasised with one or two exceptions the passive, renunciatory side of Luise's pietism which is predominant in her relationship with Ferdinand and her father. But I have already indicated that there is also, and in contradiction to this, an active or critical aspect to her pietism, and this side, as I have shown in the introductory section, is in keeping with the tradition of Swabian pietism in the second half of the 18th century. [228] It is in her conversation with Lady Milford – the aristocratic mistress of the Prince – that Luise asserts positively the values and ideals of her own class and contrasts critically the role of bourgeois woman with that of Lady Milford.

Before turning to this conversation, a word by way of introduction about Lady Milford. Schiller uses Lady Milford throughout the play as a critic of feudal absolutism. Even before she is impressed first by Ferdinand's assertion of the rights of natural humanity and love in Act II, scene (iv), and then by Luise's exposition of the lot of bourgeois woman in Act IV, scene (vii), Lady Milford herself gives an apotheosis of bourgeois woman and her love. Ambition, prestige, convention, all these characteristics in opposition to natural feeling are clearly and critically associated by Lady Milford (and Schiller) with the feudal Court. [229] The natural role of woman (that is, in the radical bourgeois terms of Schiller, who was probably influenced by Rousseau's *Emile*) is to serve the man she loves, not to rule over others (as in the feudal Court in which Lady Milford wields influence through her position as the Prince's mistress). [230]

It is not surprising, therefore, that Luise's example eventually completes Lady Milford's conversion to bourgeois virtue. But at the beginning of the scene, (Act IV, scene (vii) Lady Milford reverts to the methods of absolutism and threatens to use despotic means to keep Luise and Ferdinand apart. [231] (As with Ferdinand, Lady Milford's violent jealousy is connected with her absolutist social background). This arouses Luise to criticise Lady Milford's threatened despotism and the intrigues and violence of the President and Wurm. And as in a previous example Luise widens the perspective of the drama towards the condemnation of the whole feudal absolutist system, the punishment of its abusers and the prospect of future social change. It is in keeping with her pietistic vantage-point that this prospect is not, however, expressed in concrete social and political terms, but by means of religious imagery. It is before the sight of God that, as Luise emphatically puts it, all human beings have equal natural rights:

Freiwillig tret' ich Ihnen ab den Mann, den man mit Haken der Hölle von meinem blutenden Herzen riß. – – Vielleicht wissen Sie es selbst nicht, Milady, aber Sie haben den Himmel zweier Liebenden geschleift, voneinander gezerrt zwei Herzen, die Gott aneinander band; zerschmettert ein Geschöpf, das ihm nahe ging wie Sie, das er zur Freude schuf wie Sie, das ihn gepriesen hat wie Sie und ihn nun nimmermehr preisen wird – Lady! Ins Ohr des Allwissenden schreit auch der letzte Krampf des zertretenen Wurms – es wird ihm nicht gleichgültig sein, wenn man Seelen in seinen Händen mordet! Jetzt ist er Ihnen! Jetzt, Milady, nehmen Sie ihn hin! Rennen Sie in seine Arme! Reißen Sie ihn zum Altar! – nur vergessen Sie nicht, daß zwischen Ihren Brautkuß das Gespenst einer Selbstmörderin stürzen wird – Gott wird barmherzig sein – ich kann mir nicht anders helfen! [232]

The use of religious imagery is a means – the only one open to Luise – of »active« social criticism. [233] But the closing words of her statement, as well as the image of herself as a »zertretener Wurm« underline the fact that Luise has no means of helping herself; in this helplessness she represents her own oppressed class at this period in German history. No concrete political action is foreseen in order to ward off and overcome feudal absolutism. Nevertheless, consciousness of the need for change is expressed in the religious imagery and the prospect of it coming about in the future.

Luise's criticism leaves its mark on Lady Milford and she, as an individual aristocrat, is converted to the idea of bourgeois virtue. She turns her back on the Court and prepares herself for a life of social exile. [234]

Religious imagery as a vehicle of »active« social criticism leads me to the frequent use of a particular biblical image in this play as in the other early plays of Schiller: that of the Last Judgement. Luise's religious image which I have just quoted: »Lady! Ins Ohr des Allwissenden schreit auch der letzte Krampf des zertretenen Wurms,« is, of course, her own variation of the Last Judgement image. As I have indicated above, the social and historical significance of this image is that it provides the perspective of change: it anticipates the bourgeois revolution in the only form possible to the economically weak and socially oppressed bourgeoisie, that is in religious terms.

Luise herself uses the biblical image in the scene in which Wurm dictates the letter to her. (Act III, scene (vi)) She proposes to go to the Prince and express her protests openly to him. She intends to scream her protests into the ears of the tyrant. [235] But she knows she is helpless, that these ears will be deaf to criticism, that she will personally achieve nothing. Hence it is now that she uses the image of the Last Judgement, and this represents the only way she can visualise the punishment of the ruling-class, the only form in which she can visualise social change, from which all men will become equal:

... und wenn ihm jetzt über die Beschreibung die Haare zu Berge fliegen, will ich ihm noch zum Schluß in die Ohren schreien, daß in der Sterbestunde auch die Lungen der Erdengötter zu röcheln anfangen und das Jüngste Gericht Majestäten und Bettler in dem nämlichen Siebe rüttle. [236]

A further example of the image of the Last Judgement is used by the Kammerdiener in Act II, scene (ii) when he describes the soldiers who have been sold to the English king moving out to fight in the American War of Independence. Their rebellion has been crushed by force, but their bitterness is inextinguishable. And beneath the surface of their apparent loyalty: »Es leb' unser Landesvater« the use of the biblical image: »am Jüngsten Gericht sind wir wieder da!« [237] contains the distinct threat that retribution for the »Landesvater« will come one day, at whatever distant time in the future. Coupled with the idea of the soldiers marching »in die neue Welt« (a struggle for independence already won by the Americans when Schiller wrote his drama) the image assumes concrete social and historical significance as an anticipator of the bourgeois national revolution in Germany.

One of Schiller's most realistic bourgeois portraits in the drama is that of Miller. Like Luise, to whom he has conveyed bourgeois moral, family values, his attitude towards feudal absolutism is ambivalent. Whilst, on the one hand, he is pietistically submissive, he is, on the other hand, through his economic motivations in touch with the progressive forces of bourgeois patriotism to the limit which is prescribed by his occupation as a music teacher who is dependent on the feudal Court for an important supply of customers. Schiller highlights the economic basis of bourgeois family values in Miller, in his words and deeds Schiller describes the emerging psychology of capitalism, that is, the subjective factor of the economic forces which were to become the decisive factor in the emancipation of the German middle class from feudal absolutism. Miller's limited social and economic position is, however, typical of the weakness of the German bourgeoisie in the 1780s, so that in Miller's words and deeds there are only glimpses, or anticipations of the spirit or psyche of bourgeois emancipation. His conscious attitude towards feudal absolutism remains basically a passive one; he recognises the existing social order and the inequality of classes.

It is important, in order to be able to understand the historically correct ambivalence of this bourgeois character, to distinguish between his consciously held moral and social views on the one hand, and the liberal insights which stem directly from his economic activities and occasionally affect his judgements and contradict his officially held views on the other. Only thus can we fully appreciate his ambivalent attitude towards the aristocratic Ferdinand and the bourgeois Wurm as the two suitors of his daughter.

Through his economic preoccupations, his eye for good business Miller achieves some remarkable insights into the future bourgeois social and economic order, even though Miller only rarely draws radical political conclusions from these insights. Luise reflects her father's own words when she comments to her mother:

Ich entsag' ihm für dieses Leben. Dann, Mutter – dann, wenn die Schranken des Unterschieds einstürzen – wenn von uns abspringen all die verhaßte Hülsen des Standes – Menschen nur Menschen sind – ich bringe nichts mit mir als meine Unschuld; aber der Vater hat ja so oft gesagt, daß der Schmuck und die prächtigen Titel wohlfeil werden, wenn Gott kommt, und die Herzen im Preise steigen. Ich werde dann reich sein. Dort rechnet man Tränen für Triumpfe und schöne Gedanken für Ahnen an. Ich werde dann vornehm sein, Mutter! – Was hätte er dann noch vor seinem Mädchen voraus? [238]

Within the context of the whole speech, the economic imagery is used metaphorically by Luise as part of her pietistic anticipation of bourgeois emancipation. But the economic imagery itself, however consciously it is intended by Luise as a metaphor, is clearly that of her businessman father, and it indicates the economic basis of the emancipatory political and social demands of the rising bourgeoisie. Luise's conscious intention is to express the desire for freedom, equality and all other human rights, and she does so in her own pietistic terms. But within this framework her economic images point to the requirements of the economic base of which the revolutionary political and social ideas are a reflection:

Die der Bourgeoisie eigentümliche Produktionsweise ... war unverträglich mit den lokalen und ständischen Privilegien wie mit den gegenseitigen persönlichen Banden der feudalen Ordnung; die Bourgeoisie zerschlug die feudale Ordnung und stellte auf ihren Trümmern die bürgerliche Gesellschaftsverfassung her, das Reich der freien Konkurrenz, der Freizügigkeit, der Gleichberechtigung der Warenbesitzer ... [239]

Amongst the revolutionary bourgeois socio-economic requirements Miller's metaphors highlight a particular economic aspect of natural, human rights:

Der Handel auf großer Stufenleiter ... fordert freie, in ihren Bewegungen ungehemmte Warenbesitzer, die als solche gleichberechtigt sind, die auf Grundlage eines ... für sie alle gleichen Rechts austauschen. [240]

What Miller and Luise consciouly mean is that the social rank of human beings should count for nothing, only the »natural« value of all human abilities and endeavours should count. But these egalitarian conceptions reflect unconsciously the law of value in bourgeois political economy – and their own use of economic images underlines this fact – whereby the exchange value of a commodity is measured by the amount of socially necessary labour time which is contained in it. Equivalent values should be exchanged with each other, irrespective of the social rank of the commodity-owners.

Und endlich fand die Gleichheit und gleiche Gültigkeit aller menschlichen Arbeiten, weil und insofern sie menschliche Arbeit überhaupt sind, ihren unbewußten aber stärksten Ausdruck im Wertgesetz der modernen bürgerlichen Ökonomie, wonach der Wert einer Ware gemessen wird durch die in ihr enthaltene gesellschaftlich notwendige Arbeit. [241]

The two contradictory sides to Miller – the emancipatory insights which Miller achieves through his economic concerns on the one hand, the submissiveness of his consciously held moral and social views on the other – are illustrated by his ambivalent attitude towards Luise's two suitors. Because of his acceptance of the inequality of classes he is opposed to the love of Luise and Ferdinand, as we see in Act I, scene (i). There is, however, an element of bourgeois social criticism even in this basically conservative attitude. He is aware of the treatment of bourgeois girls by feudal despots, (he anticipates correctly here the cynical attitude of the President in Act I, scene (v)) and he is out to protect his daughter against this form of exploitation:

Ich werde sprechen zu Seiner Exzellenz: »Dero Herr Sohn haben ein Aug auf meine Tochter; meine Tochter ist zu schlecht zu Dero Herrn Sohnes Frau, aber zu Dero Herrn Sohnes Hure ist meine Tochter zu kostbar, und damit basta! – Ich heiße Miller.« [242]

(A final moment of proud bourgeois self-assertion!) Just as he is basically opposed to the aristocratic Ferdinand's claims, he is in principle sympathetic to the suit of the bourgeois Wurm.

Yet despite his conscious adherence to class differences and the conventions of feudal society, that economically based principle of the equality of competition and its ideal bourgeois expression: natural right and natural humanity come to affect his attitude towards Wurm and Ferdinand, if only at isolated moments. Miller's attitude towards Wurm displays his patriotic bourgeois class awareness in face of a parasitical creature of the feudal Court, and this is a cause of his own aversion to Wurm:

Und dann von der Brust weg, Herr Vetter – Ich bin halt ein plumper, gerader, deutscher Kerl –. [243]

In the continuation of this speech Miller lists independence, strength of will and purpose and power of feeling as the most admirable human characteristics. These are the ones which the parasitical Wurm does not possess and which Ferdinand does and, within the socio-historical and literary historical contexts of the drama, these are the characteristics of »genius«, of political revolutionaries and bourgeois entrepreneurs, characteristics, in short, of the rising bourgeoisie. With regard to the rival claims of Wurm and Ferdinand, these words imply the greater claim of natural romantic love over artificial convention. Characteristically, Miller uses an economic image to express this superiority:

»Ich rate meiner Tochter zu keinem – aber Sie mißrat' ich meiner Tochter, Herr Sekretarius! Lassen mich ausreden. Einem Liebhaber, der den Vater zu Hilfe ruft, trau' ich – erlauben Sie – keine hohle Haselnuß zu. Ist er was, so wird er sich schämen, seine Talente durch diesen altmodischen Kanal vor seine Liebste zu bringen. Hat er's Courage nicht, so ist er ein Hasenfuß, und für den sind keine Luisen gewachsen. – – Da! hinter dem Rücken des Vaters muß er sein Gewerb an die Tochter bestellen. [In contrast to his views in the first scene of the play, he admires Ferdinand's ability in doing precisely this!, A.W.] Machen muß er, daß das Mädchen lieber Vater und Mutter zum Teufel wünscht, als ihn fahren läßt – oder selber kommt, dem Vater zu Füßen sich wirft und sich um Gottes willen den schwarzen gelben Tod oder den Herzeinzigen ausbittet – das da nenn' ich einen Kerl! das heißt lieben! und wer's bei dem Weibsvolk nicht so weit bringt, der soll – – auf seinem Gänsekiel reiten.« [244]

The ambivalence of Miller's attitude towards feudal absolutism – his acceptance of the existing social order, his submissiveness, on the one hand, and his criticism of it from the point of view of liberal economic and social ideas and also of bourgeois virtue on the other, reaches a magnificent climax at the end of Act II when the President insults his daughter. The stage directions which describe the gestures of Miller are an anticipation of Brecht's concept of »Sozialgestus«, they reflect precisely the position of his social class which is still too weak to change society, and yet which is growing more critically class conscious:

Miller, der bis jetzt furchtsam auf der Seite gestanden, tritt hervor in Bewegung, wechselweis' für Wut mit den Zähnen knirschend und für Angst damit klappernd. [245]

His gestures indicate a mixture of fear and self-assertion. Class consciousness is coupled with national pride and expresses itself in moral righteousness together with his characteristic sense for honest business dealings. Virtue, honest hard work and fair business dealings which characterise the bourgeois establishment, in which he, Miller is the possessor, the authority, economic and moral, are contrasted with the immorality and despotism which characterise society outside the bourgeois establishment which is controlled by the aristocracy, but which, as the bourgeois has to admit, lies outside the scope of his own influence. He can assert himself and is critical inside his own home, but he must be obedient outside it:

Halten zu Gnaden. Ich heiße Miller, wenn Sie ein Adagio hören wollen – mit Buhlschaften dien' ich nicht! Solang' der Hof da noch Vorrat hat, kommt die Lieferung nicht an uns Bürgersleut'. Halten zu Gnaden ... Deutsch und verständlich. Halten zu Gnaden. Euer Exzellenz schalten und walten im Land. Das ist meine Stube. Mein devotestes Kompliment, wenn ich dermaleins ein Promemoria bringe, aber den ungehobelten Gast werf' ich zur Tür hinaus – halten zu Gnaden. [246]

If the principles of scrupulous honesty and diligence reflect the economic activity
of the small bourgeois trader in the 1780s, (and the music-teacher Miller can
be placed in this socio-economic group), the psychology of capitalist accumulation requires altered principles which, in the light of Lutheran pietism, which
governs Miller's moral behaviour, appear as corrupting. [247] The progressive
social and economic function of capitalist accumulation and the subjective, psy-
chological factors associated with it are described by Marx in *Das Kapital:*

Nur soweit der Kapitalist personifiziertes Kapital ist, hat er einen historischen Wert ...
Nur soweit steckt seine eigene transitorische Notwendigkeit in der transitorischen Notwendigkeit der kapitalistischen Produktionsweise. Aber soweit sind auch nicht Gebrauchswert
und Genuß, sondern Tauschwert und dessen Vermehrung sein treibendes Motiv. Als Fana-
tiker der Verwertung des Werts zwingt er rücksichtslos die Menschheit zur Produktion
um der Produktion willen, daher zu einer Entwicklung der gesellschaftlichen Produktivkräfte und zur Schöpfung von materiellen Produktionsbedingungen, welche allein die reale
Basis einer höheren Gesellschaftsform bilden können, deren Grundprinzip die volle und
freie Entwicklung jedes Individuums ist. Nur als Personifikation des Kapitals ist der Kapitalist respektabel. Als solche teilt er mit dem Schatzbildner den absoluten Bereicherungstrieb.
Was aber bei diesem als individuelle Manie erscheint, ist beim Kapitalisten Wirkung des
gesellschaftlichen Mechanismus, worin er nur ein Triebrad ist. [248]

It is this »Bereicherungstrieb« which Miller reveals when Ferdinand gives him
the sack of gold. But not before he first of all rejects as sinful the idea of acquiring
wealth which is not the direct product of his own skills, his own honest efforts:

Hier liegt ja – oder bin ich verhext, oder – Gott verdamm' mich! Da greif' ich ja das
bare, gelbe, leibhafte Gottesgold – – Nein, Satanas! du sollst mich nicht daran kriegen!
... Gnädiger Herr, ich bin ein schlichter, gerader Mann, wenn Sie mich etwa zu einem
Bubenstück anspannen wollen – denn so viel Geld läßt sich, weiß Gott, nicht mit etwas
Gutem verdienen. [249]

But then he falls to temptation and in his enchantment at the sight of gold he
appears to lose all reason:

(wie ein Halbnarr in die Höhe springend). Mein also! Mein! Mit des guten Gottes Wissen
und Willen mein! [250]

Miller himself, of course, although anticipating the psychology of capitalist accumulation at this point, is not a capitalist entrepreneur, his money is not capital,
he has neither productive forces nor a labour force, and therefore he cannot
convert his money into capital to accumulate more of itself. [251] Hence all
he can do with his money is to hoard it, or spend some of it in limited (for
him) luxurious personal consumption, but above all on his daughter's education.
[252]

   Despite the fact that Miller does not have the means of becoming an entrepreneur, an accumulator of capital, it is in his attitude towards Luise that – in
his use of economic metaphors – he most clearly puts into practice in his own

life the psychology of the capitalist. His daughter is not only his possession, she is his »investment«, that is to say, in his own imagery describing his relationship with his daughter, the only possibility of capitalist investment which his position in society affords him. Whereas in the previous examples of Miller's use of economic imagery Schiller has anticipated in Miller the socio-historical emancipatory function of capitalist development, in this particular anticipation of bourgeois economic activity Schiller highlights one of the exploitative aspects of capitalism: the relationship of the father to the womenfolk in his family as the objects of his will:

Die Zeit meldet sich allgemach bei mir, wo uns Vätern die Kapitale zu statten kommen, die wir im Herzen unsrer Kinder anlegten. – Wirst du mich darum betrügen, Luise? Wirst du dich mit dem Hab und Gut deines Vaters auf und davon machen? [253]

Luise herself obediently continues her father's image:

Nein, mein Vater. Ich gehe als Seine große Schuldnerin aus der Welt und werde in der Ewigkeit mit Wucher bezahlen. [254]

This use of capitalist imagery illustrates the dialectic of bourgeois emancipation which Schiller anticipates – however unwittingly – here: it was to emancipate many socio-economic and personal forces (as reflected by previous uses of the imagery), but in turn it produced new forms of exploitation, of Labour by Capital and, within the bourgeois class itself, of the mothers and daughters by the fathers.

To sum up, then: as far as was possible from the point of view of the weak small bourgeoisie in Germany with their restricted economic activitites, Schiller anticipates realistically in Miller the economic foundation of bourgeois emancipation in Germany and he traces the critical, progressive influence this has on Miller's attitudes towards feudal absolutism and the extent to which this influence clashes with his otherwise submissive moral and social views.

Die Räuber

In my analysis of Kabale und Liebe I pointed out that the pietistic, moral views, with their progressive and regressive aspects, were clearly shown by Schiller to be the views of a particular social class – namely the small bourgeoisie – within the total social structure of feudal absolutism. [255] Ambivalent moral views are also expressed in Die Räuber by Karl in the final scene of the drama when he decides to give up his campaign against society. But the socio-historical causality of these views is not so clearly portrayed in Die Räuber as in Kabale und Liebe. The analysis of these connections has to be carried out by the interpreter in order that the exact social significance of these moral views, their progressive and/or regressive function can be fully understood. The interpreter has to make them relative to the social structure, to the socio-historical situation

of which the drama is a reflection, as well as to Karl's personal situation as
this develops throughout the drama. In short, the interpreter has to establish
the link between the personal situation and the socio-historical processes which
are not completely embodied in the drama which nevertheless influence Karl's
personal situation and changing views.

Karl Moor's views change from revolutionary progressive ones to ambivalent
moral ones. There are two closely linked socio-historical factors which determine
Karl's experiences as a would-be revolutionary and thereby the changes in his
views. The underlying factor is the social and economic weakness of the bougeoi-
sie – and this factor is not portrayed in *Die Räuber*. For it is from this that
the second factor stems – Karl's relative social isolation as a bourgeois revolutionary which is portrayed in the drama, the two factors together determining the
failure of his revolutionary campaign. We have seen before [256] that Schiller
himself saw that the opposition of a united people to feudal absolutism was
the presupposition for social change by direct political action. These two socio-
historical factors and their relevance for *Die Räuber* are summarised as follows
by Paul Reimann:

Die tiefe Gärung, die den politischen und sozialen Auffassungen des Räubers Moor zum
Ausdruck kommt, beschränkte sich auf eine kleine Schicht der fortschrittlichen bürgerlichen
Intelligenz, die noch nicht fähig war, die breiten Massen des Volks zum Kampfe heranzuzie-
hen ... Schon die Tatsache allein, daß Schillers Karl Moor am Ende seiner Laufbahn,
nachdem er sich immer mehr in Verbrechen verstrickt hat, sich freiwillig den Gerichten
stellt und so der Ordnung beugt, gegen die er anzukämpfen versuchte, zeigt, daß in der
deutschen Wirklichkeit noch keine Lösung des von Schiller gestalteten Konflikts war.
[257]

The failure of Karl's attempt to change society by revolutionary action causes
him in turn to adopt moral views. The social content of these moral views consists
of the condemnation of revolutionary action and a programme for the moral
reform of the princes and of all social classes, views which are ambivalent in
terms of their practical contribution towards bourgeois emancipation. [258]
Indeed, as we have already seen, [259] Schiller himself realised the illusionary
nature of such reformist programmes for Germany as a whole.

As we have seen before, a key to the ambivalences of the conclusion of *Die
Räuber* as well as to the differences between Schiller's two plays about contemporary Germany lies in the fact that whereas *Kabale und Liebe* gives a critical
analysis of the overall class structure of feudal absolutism and the attitudes of
the different social classes, *Die Räuber* attempts to go beyond this in portraying
an attempt to actively change society. *Kabale und Liebe* is exemplary not only
of Schiller's own Württemberg but of all German states in illustrating the »kleinbürgerlichen Charakter« of German society, the lack of a middle class which
would be economically strong enough and posses the political will to topple

feudal absolutism and create a unified nation state. But these socio-historical conditions are not portrayed in *Die Räuber*, even though in that play, as we might say, Schiller draws the consequences of these conditions in showing that Karl is relatively isolated in his decision to change society. He and his robber band form an isolated active oppositional group in society. We shall see later that the inevitable failure of his isolated revolutionary campaign, together with the violence he causes indiscriminately to both the guilty and the guiltless, is the objective cause of his change of attitudes.

It can be held, therefore, that in *Die Räuber* Schiller was faced with a virtually insurmountable problem:

Aber wie sollte man sich vor dem Ausbruch der bürgerlichen Revolution eine dichterische Behandlung denken? Durch dieses unlösbare Problem wird auch die Schranke der Möglichkeiten des jungen Schiller sichtbar. [260]

The problem which Schiller set himself, and could not solve, was that of portraying in dramatic form a revolution, for which the objective conditions did not yet exist.

In his analysis of the weakness of the middle classes and the isolation of the intellectuals and writers who propagated the new bourgeois revolutionary, patriotic ideas, Reimann concludes as follows:

Während die größere Bourgeoisie und das kleinstädtische Spießbürgertum die nationalen Bestrebungen der deutschen Literatur gleichgültig und oft auch feindlich aufnahm, war ihre soziale Stütze jener Teil der kleinbürgerlichen und bäuerlichen Schichten, in dem sich eine unklare und dumpfe Unzufriedenheit gegen die feudale Unterdrückung und Ausbeutung entwickelte. [261]

Active opposition to feudal absolutism in the second half of the eighteenth century was restricted to isolated peasant revolts and also the activities of robber bands whose members were made up from the dissident ranks of the peasantry and small bourgeoisie. [262] The choice of a robber band as the group with whom Karl associates and with whom he carries out his campaign against feudal absolutism was a realistic one, then, since such robber bands were a common feature of the second half of the 18th century in Germany. [263] In particular, the choice of a robber band gave Schiller the opportunity of illustrating the peripheral nature of opposition to existing society, as opposed to the basically resigned frame of mind of the town bourgeoisie as in *Kabale und Liebe*.

These robber bands did not form a conscious revolutionary opposition to feudal absolutism; they were a contradictory phenomenon, consisting – like Karl Moor's own band – of a mixture of ideal, social critical and criminal motives.

Die Kampfgemeinschaft der *Räuber* ist selbstverständlich nicht das Prinzip, das unangetastet, siegreich und zukunftsweisend aus dem Debakel des Despotismus hervorgeht. Sie ist selbst eine Erscheinungsform des Despotismus, von dessen Boden sie in ihren Kampfbewegungen nicht loskommt. [264]

In his attempt to portray social opposition to feudal despotism, Schiller broadens out the family conflict into a class conflict.

Im Bruderkonflikt wird ... der Familienkonflikt zum Gesellschaftskonflikt erhoben: im Bauernschinder Franz wird der Feudalherr, in dem für die antiken Republikaner sich begeisternden Karl der bürgerliche Gesinnung repräsentierende Adlige charakterisiert. [265]

But once Schiller has been forced for reasons of historical realism to centre the forces of social opposition in an isolated intellectual and his robber band, in other words, to place them on the periphery of society, he meets with insurmountable difficulties in trying to link together in dramatic conflict the two opposing social forces represented by Karl and Franz. If Franz appears as the central representative of feudal despotism, that is, as the head of one regional centre of German feudal absolutism, then Karl, if he is also to be historically typical and represent active social opposition, has to remain on the periphery of Franz's sphere of rule. Alternatively, if Karl joins Franz at the centre of the play, that is, at the seat of feudal power and despotism, he can no longer be historically typical in terms of revolutionary social opposition, but the conflict which then ensues must remain a purely private, family one, between two aristocratic sons rivalling for their father's inheritance and the hand of Amalia. But since Schiller's purpose was to show an attempt at changing society he was not primarily interested in the family quarrel itself, or the family quarrel as a struggle within the feudal class over rights of inheritance. Therefore Karl Moor had to be taken out of his family environment and placed on the periphery of society in opposition with his robber band. The consequence of this is that the play loses dramatic unity and becomes episodic, whereas the design of the play is towards unity through the historically typical conflict of Karl and Franz. There are episodes which illustrate Karl's ideas and intentions, the partly revolutionary, partly despotic exploits of the robbers on the one hand, (»on the periphery of feudal absolutism«) and those which depict the ideas and methods of the feudal despot on the other, (»at the centre of feudal absolutism.«) In other words, it was an accurate reflection of the objective historical situation that Schiller had great difficulty in linking together the two strands of the drama – that containing the opposition of Karl and the robbers, and that containing the chief feudal despot, or the chief representative in the play of feudal absolutism, Franz. The clash, when it finally comes, has to be brought about in a contrived and coincidental manner and it does not rise to the level of the historically typical in terms of class warfare, active social opposition to the ruling aristocracy, even though, as we shall see, Schiller attempts to achieve this effect.

Schiller's motivation for writing *Die Räuber* was the desire for revolutionary change; the play as a whole is an expression of that need. This was as progressive a starting-point for a German drama in the 1780s as that of *Kabale und Liebe* which was the desire to give a more comprehensive critical analysis of the social structure of feudal absolutism and to register the existing and future possibilities of bourgeois emancipation. But that additional intention in *Die Räuber,* to portray an active attempt at changing society is, paradoxically, the cause of the artistic weaknesses and ideological ambivalences of the drama. Karl – together with those of his kind in the robber band – is isolated in the expression of his human and social needs. From this basis events lead him into an intensifying dialectic of failure, despair and irrational, anarchistic tendencies in his behaviour, whereby specific criticism of feudal society at times turns, as Schiller himself puts it, into a »Universalhaß gegen das ganze Menschengeschlecht.« [266] With the exception of those episodes in which, like Robin Hood, he robs the feudal exploiters and gives the proceeds to the poor and oppressed, Karl's thoughts and actions are not unified. In thought and intention he is critical of feudal despotism, but in his campaigns the innocent and the exploited are also his victims. In the end Karl achieves a personal, moral solution and envisages a moral or reformist solution for the whole of society, both of which are highly ambivalent in the light of the objective reality of feudal despotism and the need for concrete social and economic change.

The artistic weaknesses and the ideological ambivalences which I have outlined are the inevitable product of the combination of the socio-historical situation in Germany in the 1780s, and Schiller's intention to portray an active attempt at changing feudal absolutism. From here we can understand the logic of Schiller's choice of material in taking up the theme of bourgeois emancipation again in *Die Verschwörung des Fiesko* and *Don Carlos.* Since the basis of the bourgeois revolution in Germany was not yet ripe, he had to treat subjects from the bourgeois revolutionary past of other countries, the republicans of Genoa and Holland. [267]

I want now to illustrate my general introductory comments by means of a detailed textual analysis of parts of the drama. I shall first of all analyse those episodes in which Schiller describes the two chief representatives of the opposing social forces, Karl and Franz. The second half of this analysis will begin at that point in the drama, the end of Act III, when Schiller joins the two strands of the plot together and I shall consider the significance of Franz's condemnation and of Karl's »Testament.«

One of the most important sources and inspirations of Schiller's *Räuber* was a story called *Zur Geschichte des menschlichen Herzens* by Schiller's radical compatriot, Schubart. The plot of Schubart's story, similarly based on the conflict between two aristocratic brothers, shares many features with *Die Räuber,* but it is the revolutionary intention of Schubart as expressed in his own commentary, which I want to take as my starting point in my analysis of Karl. The story

is meant as a »Beitrag zur Kenntnis des teutschen Nationalcharakters«, and to
illustrate that greatness of character is not foreign to Germany,

> daß wir trotz unserer engen Regierungsformen, welche uns bloß einen passiven Zustand
> gestatten, doch Menschen sind, die ihre Leidenschaften haben und handeln, so gut wie
> ein Franzos oder ein Brite. [268]

The contrast is felt by the German writer with the socially and economically
more advanced France and England, which already have or are about to obtain
through revolution their bourgeois constitutions. And, as in *Kabale und Liebe*,
the passive situation in general of the German middle-classes is reflected. But
the need for change, to overcome the narrowness of the petty states and to create
a united, free national state is expressed and that need and intention are exemplified by individual, energetic and defiant characters. Schubart expressed the hope
that some »genius« would make a »comedy« or a »novel« out of his material
and that he would have the courage to set the play not in »Spain or Greece«,
(probably a critical reference to the Italien setting of Lessing's *Emilia Galotti*)
»sondern auf teutschem Grund und Boden.« [269]

Karl Moor was Schiller's answer to Schubart's challenge. In his first three
important speeches in Act I, scene (ii) Karl embodies Schubart's »teutscher Natio-
nalcharakter« and displays the required revolutionary characteristics of strength
of will and the desire for action and the bourgeois revolutionary ideas of political
freedom, he is the »genius« who has the will to fight for a united German republic.
[270] He contrasts the parasitical, effete creatures of feudal absolutism with
the active heroes of Roman and Greek history and mythology. The individual
details of Karl's criticism of feudal absolutism and his will to change all these
individual aspects are summarised by the striking imagery in the last speech:

> Ich soll meinen Leib pressen in eine Schnürbrust, und meinen Willen schnüren in Gesetze.
> Das Gesetz hat zum Schneckengang verdorben, was Adlerflug geworden wäre.
> [271]

This imagery expresses Karl's ideas about the needs of human nature – for the
freedom to express his will in activity, and this need brings with it the revolutionary political demand for a new society whose laws would not curb individual
freedom but provide the political framework for self-realisation.

In his essay; *Die Gesetzgebung des Lykurgus und Solon* Schiller enlarges on
Karl Moor's ideas about a new democratic constitution which would promote
rather than hinder the free self-realisation of man.

> Der Staat selbst ist niemals Zweck, er ist nur wichtig als eine Bedingung unter welcher
> der Zweck der Menschheit erfüllt werden kann, und dieser Zweck der Menschheit ist
> kein andrer, als Ausbildung aller Kräfte des Menschen, Fortschreitung. Hindert eine Staats-
> verfassung, daß alle Kräfte, die im Menschen liegen, sich entwickeln, hindert sie die Fort-

schreitung des Geistes, so ist sie verwerflich und schädlich ... Ihre Dauerhaftigkeit selbst gereicht ihr alsdann vielmehr zum Vorwurf, als zum Ruhme – sie ist dann nur ein verlängertes Uebel; je länger sie Bestand hat, um so schädlicher ist sie ... [272]

As with Karl, although in the more prosaic language of the philosopher and historian rather than the imagery of the enthusiastic man of action, Schiller's analysis contains the strong implication for his own times of the need for revolutionary change to bring about the desired free republic.

In his essay *Die Entwicklung des Sozialismus von der Utopie zur Wissenschaft*, Engels established the connection between the new revolutionary ideas of the Enlightenment – such as these of Karl Moor and Schiller – and the needs of the developing capitalist mode of production of which they were an »ideal« expression and which they therefore contributed towards being fulfilled in the new social system which emerged out of the Revolution in France:

Die großen Männer, die in Frankreich die Köpfe für die kommende Revolution klärten, traten selbst äußerst revolutionär auf. Sie erkannten keine äußere Autorität an, welcher Art sie auch sei. Religion, Naturanschauung, Gesellschaft, Staatsordnung, alles wurde der schonungslosesten Kritik unterworfen; alles sollte sein Dasein vor dem Richterstuhl der Vernunft rechtfertigen oder aufs Dasein verzichten. Der denkende Verstand wurde als alleiniger Maßstab an alles angelegt. Es war die Zeit, wo, wie Hegel sagt, die Welt auf den Kopf gestellt wurde, zuerst in dem Sinn, daß der menschliche Kopf und die durch sein Denken gefundnen Sätze den Anspruch machten, als Grundlage aller menschlichen Handlung und Vergesellschaftung zu gelten; dann aber später auch in dem weitern Sinn daß die Wirklichkeit, die diesen Sätzen widersprach, in der Tat von oben bis unten umgekehrt wurde. Alle bisherigen Gesellschafts- und Staatsformen, alle altüberlieferten Vorstellungen wurden als unvernünftig in die Rumpelkammer geworfen; die Welt hatte sich bisher lediglich von Vorurteilen leiten lassen; alles Vergangene verdiente nur Mitleid und Verachtung. Jetzt erst brach das Tageslicht, das Reich der Vernunft an; von nun an sollte der Aberglaube, das Unrecht, das Privilegium und die Unterdrückung verdrängt werden durch die ewige Wahrheit, die ewige Gerichtigkeit, die in der Natur begründete Gleichheit und die unveräußerlichen Menschenrechte.

Wir wissen jetzt, daß dies Reich der Vernunft weiter nichts war als das idealisierte Reich der Bourgeoisie; daß die ewige Gerechtigkeit ihre Verwirklichung fand in der Bourgeoisjustiz; daß die Gleichheit hinauslief auf die bürgerliche Gleichheit vor dem Gesetz; daß als eines der wesentlichsten Menschenrechte proklamiert wurde – das bürgerliche Eigentum; und daß der Vernunftsstaat, der Rousseausche Gesellschaftsvertrag ins Leben trat und nur ins Leben treten konnte als bürgerliche, demokratische Republik. So wenig wie alle ihre Vorgänger konnten die großen Denker des 18. Jahrhunderts hinaus über die Schranken, die ihnen ihre eigne Epoche gesetzt hatte. [273]

As we have already seen [274] Schiller was not aware in the 1780s of this descrepancy between bourgeois ideal and capitalist reality, that the »Reich der Vernunft« would prove to be »das idealisierte Reich der Bourgeoisie«. Human emancipation required the emancipation of the capitalist bourgeoisie even if the two did not actually coincide, as Schiller increasingly realised in the 1790s, after the French Revolution and the development of bourgeois society in France. [275] All of this strengthens my view that Karl's comment: »Ich soll meinen Leib pressen in eine Schnürbrust, und meinen Willen schnüren in Gesetze. Das Gesetz hat zum Schneckengang verdorben, was Adlerflug geworden wäre.« is not only, as it is directly, immediately, an expression of the »Thatenbegierde« of the Storm and Stress »genius« [276] and in a political context: the desire to participate in revolutionary action in order to create a society which will promote rather than hinder the full and free self-realisation of the individual. The imagery, like the philosophical and political ideas it directly conveys, reflects the capitalistic tendencies which were hampered by the social and political circumstances of feudal absolutism, It must be said, of course, that these capitalist developments were much stronger in France than Germany. But the immanence of the collision in France reached Schiller as it was reflected by Rousseau's powerful imagery. [277] In short, Karl's imagery reflects – however unwittingly – the capitalist economic forces which made the intellectual and political demands possible and desirable. Indeed, Schiller's imagery bears a striking resemblance to that which is used in the Communist Manifesto to describe the contradiction between the bourgeois productive forces and the feudal social relations of production which led to the emergence of bourgeois out of feudal society:

Auf einer gewissen Stufe der Entwicklung dieser Produktions- und Verkehrsmittel entspra-chen die Verhältnisse, worin die feudale Gesellschaft produzierte und austauschte, die feu-dale Organisation der Agrikultur und Manufaktur, mit einem Wort die feudalen Eigen-tumsverhältnisse den schon entwickelten Produktivkräften nicht mehr. Sie hemmten die Produktion, statt sie zu fördern. Sie verwandelten sich in ebenso viele Fesseln. Sie mußten gesprengt werden, sie wurden gesprengt. [278]

The conditions of production which the bourgeois manufacturers required in the specific circumstances of Germany [279], included the freedom of competition and trade in an enlarged market, a national arket. In other words they required a far bigger framework for production and exchange than that which was impos-ed on them by feudal absolutism in Germany. The political framework which they needed for capitalist development was a national state unifying the multitude of small states with a single constitution which recognised and guaranteed the freedom and equality of each and every individual, regardless of social class, before the law. [280] They required a nation state which would become a vast area open for economic exploitation by means of free competition and trade, which would break down, therefore, the customs barriers which existed between the small states and the restrictions imposed by the guilds, both of which hindered the development of trade and industry.

Thus Karl's imagery of the energetic bursting of laws which are fetters expresses consciousy the needs of free will. But at the same time Schiller reflects with this powerful imagery – however unwittingly – the expansive energy of manufac-turing capitalism and therefore anticipates the economic foundation of the move-ment for bourgeois emancipation and the creation of a national republic. This reflection is less direct than in the case of Miller who actually uses the language of trade and industry, but it occurs in a much more forceful manner (indicating the vast difference between the radical intellectual who is ready to participate in revolution and the pietistic tradesman Miller) and it emphasises the expansive capacity of the capitalist mode of production which is going to force down existing political and social barriers. And at the end of his speech Karl expresses his desire to fight for the establishment of the German republic:

Stelle mich vor ein Heer Kerls wie ich, und aus Deutschland soll eine Republik werden, gegen die Rom und Sparta Nonnenklöster seyn sollen. [281]

The question arises as to what extent this desire of Karl to create a revolutionary force out of the robbers in order to bring about the German republic is fulfilled. Schiller reflects accurately the actual socio-historical significance of such robber bands in Germany in the second half of the 18th century as being forces of opposition and potential revolution, but at the same time confused in their motives, partly idealistic or revolutionary and partly despotic. Nevertheless, it is Schiller's intention to exemplify in them some characteristics of a revolutionary force: in the aim of Karl and his immediate circle of friends to create a new society; in the community of robbers itself which anticipates in microcosmic form the German republic. Schiller points out in his own review of the play:

Der Dichter führte uns also in eine Republik hinein, auf welcher, als auf etwas Außergewöhnlichem, unsere Aufmerksamkeit weilet. [282]

Then there is a reference by Spiegelberg to the robbers' patriotism as being the inspiration of their community:

Wenn noch ein Tropfen deutschen Heldenmuts in euren Adern rinnt – kommt! Wir wollen uns in den böhmischen Wäldern niederlassen, dort eine Räuberbande zusammen ziehen. [283]

But the strongest reason for viewing the robbers as a potentially progressive, revolutionary force are the individual characteristics of audacity, courage and initiative which most of them display and which are exemplified by Spiegelberg's story:

Dazu – daß du sehen sollst, wie die Kräfte wachsen in der Noth. Darum laß ich mir's auch nicht bange seyn, wenns aufs äusserste kommt. Der Muth wächst mit der Gefahr; die Kraft erhebt sich im Drang. Das Schicksal muß einen grossen Mann aus mir haben wollen, weil's mir so queer durch den Weg streicht. [284]

The revolutionary significance of these subjective characteristics for Schiller is that they are those which the German people will require in their hour of need, when they come to overthrow feudal absolutism and create a united republic. In his *Abfall der Niederlande von der spanischen Regierung* Schiller himself underlines the revolutionary significance for the German people of such characteristics as exemplified by the Dutch people in their revolutionary war of national independence:

Und dann achtete ich es des Versuchs nicht unwerth, dieses schöne Denkmal bürgerlicher Stärke vor der Welt aufzustellen, in der Brust meines Lesers ein fröhliches Gefühl seiner selbst zu erwecken, und ein neues unverwerfliches Beispiel zu geben, was Menschen wagen dürfen für die gute Sache, und ausrichten mögen durch Vereinigung ... Die Kraft also, womit es handelte, ist unter uns nicht verschwunden; der glückliche Erfolg, der sein Wagestück krönte, ist auch uns nicht versagt, wenn die Zeitläufe wiederkehren und ähnliche Anlässe uns zu ähnlichen Thaten rufen. [285]

But the revolutionary forces in Germany have not yet ripened, even if the decaying feudal system is ripe for revolutionary change. In the widest historical sense, the »gute Sache«, the revolutionary cause of the German people led by the bourgeoisie, does not yet exist, and the »Vereinigung« of the robber band is too weak a force to replace the united will of the German people. Hence we can understand the significance of Karl's reply to Spiegelberg:

Ich wüßte nicht wozu wir den Muth noch haben sollten, und noch nicht gehabt hätten. [286]

even though it may initially surprise us in the light of his radical criticism of feudal absolutism and his desire to change society. The will to change occurs within a comparative social vacuum. And the robbers themselves are not only unrepresentative as yet of the whole of the German people, they are not only in advance of them in their will to act, but their revolutionary personal characteristics of strength and courage are not governed by bourgeois maxims: within the robber band Karl has only a few associates in his enlightened ideas about feudal exploitation and the new bourgeois republic. [287]

It must be emphasised once again, however, that given Schiller's intention to portray a revolt of the people against feudal absolutism, the robber band was, in fact, one of the most historically realistic phenomena of social revolt available to Schiller, even though the robber bands could only be partly identified with the movement of bourgeois emancipation in Germany. Schiller could do no more than associate his revolutionary, idealist hero with this group and then, in the development of his plot, trace the consequences of his contradictory, but historically determined starting-point. These consequences are that not only the feudal exploiters [288] but also the exploited townspeople [289] are the victims of the robbers' violence.

Karl becomes ensnared in the dialectic of events which evolves out of his contradictory starting-point, his association with the partly revolutionary, partly despotic robber band, so that he is forced to admit the failure of his intentions. In particular he reflects on the bitter irony of his actions producing the opposite to the required effect, on the disunity of thought and action:

da steht der Knabe, schaamroth und ausgehöhnt vor dem Auge des Himmels, der sich anmaßte, mit Jupiters Keile zu spielen, und Pygmeen niederwarf, da er Titanen zerschmettern sollte – geh, geh! du bist der Mann nicht, das Rachschwerdt der obern Tribunale zu regieren, du erlagest bey dem ersten Griff – [290]

His words reflect precisely the inevitable failure of the revolt of a basically isolated bourgeois intellectual and revolutionary (one man wielding »das Rachschwerdt der obern Tribunale«) with whose progressive ideas the fundamental socio-economic interests of the mass of the people, led by the bourgeoisie, do not yet coincide. [291]

In a speech in Act III, scene (ii) Karl not only reflects once again on the frustration of achieving the opposite to that which he set out to do, he also refers unwittingly in his list of paradoxical descriptions of himself to the historical dialectic and his own role as anticipator of the bourgeois revolution. The awareness of the need for social change and the desire to carry it out brings the rebel into opposition with existing laws and ideas [292]:

Du tritst hier gleichsam aus dem Kreise der Menschheit

But then Karl has become entangled in the terrible contradictions which have evolved out of the manner of his rebellion, out of his fundamental isolation and his association with the robber band. Thus there are two ways of evaluating Karl. From the immediate point of view of his own actual failure and the slaughter of the innocents – the view which Karl holds in this moment of despair – and also from the point of view of the existing feudal absolutist society, he is »ein Teufel«, his actions the product of private »Verzweiflung.« But from the point of view of his original intentions, of his awareness of the need for social change and of his attempt to initiate that change, and also in the light of future social development of which Karl is an anticipator and towards which he and his revolutionary ideas and actions have played and will continue to play a part as an important »superstructural« element in the dialectic of socio-historical change, he can be viewed as »ein höherer Mensch«, guided by »eine höhere Weisheit«, possessing »Stärke des Geistes.« [293]

This second, dialectical view of Karl belongs to the perspective of future historical change and is also formulated by Schiller in his poem *Monument Moors des Räubers* [294]:

Siehe! der Ewigkeit übergibt dich die Schande!
Zu den Sternen des Ruhms
Klimmst du auf den Schultern der Schande!
Einst wird unter dir auch die Schande zerstieben,
Und dich reicht – die Bewunderung. [295]

The ruling class of territorial princes, against whom Karl attempts to direct his revolutionary force, is chiefly represented in the play by Franz Moor. Franz's social function is characterised by his despotic treatment of peasants; [296] (his

own description of this is echoed by Engels' description of the exploitation of
the peasants by the landed aristocracy in eighteenth century Germany.) [297]
his schemes to get rid of his father and Karl, the first-born son and rightful
heir in the feudal system, and make himself ruler of the territory; his plans to
gain the favour of Amalia in any capacity and his bribery of Herrmann, the
propertyless bastard son of a nobleman, in order to achieve his aim: [298] intrigue, corruption and murder are all historically typical features of the struggle
for land and mistresses within the feudal aristocracy. [299]

   All commentators have failed to point out, however, that in some ways Franz
complements Karl's own criticism of feudal absolutism, though he does so not
so much from an ideal, enlightened standpoint (although there are traces of
this too, as we shall see later,) as from the point of view of the reality of future
capitalist society. The motivation for Franz's criticism is a realistic one: he has
personal cause to criticise the feudal system of property rights which are monopo-
lised by the first-born son:

Ich habe grosse Rechte, über die Natur ungehalten zu seyn, und bey meiner Ehre! ich
will sie geltend machen. – Warum bin ich nicht der erste aus Mutterleib gekrochen? Warum
nicht der Einzige? [300]

From here he can proclaim the natural rights of man, the equality of opportunity.
But the emphasis which he gives this proclamation is different to that of Karl,
as different, as Engels pointed out [301], between the ideal bourgeois values
of the Enlightenment, and the socio-economic reality of capitalist society:

Gab sie [die Natur, A. W.] uns doch Erfindungsgeist mit, setzte uns nackt und armselig
ans Ufer dieses großen Ozeans Welt – Schwimme, wer schwimmen kan, und wer zu plump
ist geh unter! Sie gab mir nichts mit, wozu ich mich machen will, das ist nun meine Sache.
Jeder hat gleiches Recht zum Grösten und Kleinsten, Anspruch wird an Anspruch, Trieb
an Trieb, und Kraft an Kraft zernichtet. Das Recht wohnet beym Ueberwältiger, und die
Schranken unserer Kraft sind unsere Gesetze. [302]

Through Franz here, Schiller conveys a remarkable anticipatory insight into the
intensified »anarchy« of capitalist production in the period after the industrial
revolution and the subjective characteristics and attitudes of the entrepreneurs
which this was to create:

Zwischen einzelnen Kapitalisten wie zwischen ganzen Industrien und ganzen Ländern entscheidet die Gunst der natürlichen oder geschaffenen Produktionsbedingungen über die
Existenz. Der Unterliegende wird schonungslos beseitigt. Es ist der Darwinsche Kampf
ums Einzeldasein, aus der Natur mit potenzierter Wut übertragen in die Gesellschaft. Der
Naturstandpunkt des Tiers erscheint als Gipfelpunkt der menschlichen Entwicklung. [303]

In the next passage of his speech Franz illustrates further objective and subjective
factors in the reality, this time, of both feudal absolutist and capitalist society:

Wohl gibt es gewisse gemeinschaftliche Pakta, die man geschlossen hat, die Pulse des Welt-
zirkels zu treiben. Ehrlicher Name! – Wahrhaftig eine reichhaltige Münze mit der sich
meisterlich schachern läßt, wers versteht, sie gut auszugeben. Gewissen, – oja freilich!
ein tüchtiger Lumpenmann, Sperlinge von Kirschenbäumen wegzuschröken! – auch das
ein gut geschriebener Wechselbrief, mit dem auch der Bankerotirer zur Noth noch hinaus-
langt. In der That, sehr lobenswürdige Anstalten, die Narren im Respekt und den Pöbel
unter dem Pantoffel zu halten, damit die Gescheiden es desto bequemer haben. [304]

From the point of view of the feudal despot the moral requirements of conscience
and religion are carried out only by the ruled classes, (one thinks of the servant
Daniel, or the Miller family in *Kabale und Liebe*.) Conscience can even be a
means of exploitation, (one thinks of Wurm's blackmail of Luise) it can keep
the »masses« subservient, whilst the nobility simply ignores moral values. From
the point of view of the capitalist exploiter, the »gemeinschaftliche Pakta«, in
terms of business contracts and other matters of law which regulate the conditions
of production and exchange, are objectively necessary, but these laws are to
be evaded as much as possible by the individual entrepreneur for his personal
advantage. [305]

In his review of the play Schiller has himself pointed out that some of Franz's
ideas are »das Resultat eines aufgeklärten Denkens and liberalen Studiums.«
[306] This can be seen not only in his proclamation of the natural rights of
man, but also in his critical comments about religion:

Ich weiss wol, daß derjenige auf Ewigkeit hofft, der hier zu kurz gekommen ist: aber
er wird garstig betrogen. [307]

Franz's enlightened critical comments here complement Karl's criticism of religious orthodoxy and clericalism in his conversation with the Pater in Act II,
scene (iii). [308]

However, when we are considering the extent to which Franz holds enlightened
views, to which – at least in energy and ambition – he anticipates the bourgeois
entrepreneur, we should no take the analogies too far. [309] Franz's socio-historical function in the drama remains that of the chief representative of feudal despotism against which Karl's enlightened criticism is directed. The way in which
he seeks to gain personal advantage from his enlightened ideas – proclaiming
his right to use any means, including murder, in order to gain his brother's
inheritance – is that of the feudal despot. As we have already seen, in his first
important speech in Act I, scene (i) Franz begins with imagery of feudal and
capitalist exploitation, but then continues with a description of the exclusively
feudal form of the exploitation of peasants. [310] Above all, however, it is in
his cynicism and pessimism that Franz proves himself to be a feudal despot,
that is, a member of a parasitical class. He lacks the optimism which is associated
both with the philosophical Enlightenment and with the spirit of enterprise of

the 18th and 19th century capitalist entrepreneurs and the literary characters, like Faust in the fifth Act of the second part of Goethe's drama, who reflect them. [311]

Although, as we have seen, Franz conveys some critical insights with his materialistic ideas, his own social position and practice prevent him drawing the radical, anti-feudal conclusions of the Enlightenment thinkers. [312] Rather, as in his first long speech, he uses his knowledge cynically as a justification for feudal exploitation. That Schiller should portray a feudal despot using potentially liberal, progressive ideas for reactionary purposes is an historically true reflection of the fact that materialist and atheist ideas were not uncommon among the German court aristocracy in the 18th century. They arose, therefore, in the period of decline of feudalism amongst those »deren Tätigkeit sich auf einen ungezügelten Lebensgenuß beschränkte.« The purpose of this atheism »war die Beseitigung aller moralischen Schranken.« [313]

The true social origins of Franz's »entstellter Materialismus« [314] are revealed by his monologue in Act IV, scene (iii):

Verflucht sey die Thorheit unserer Ammen und Wärterinnen, die unsere Phantasie mit schröklichen Mährgen verderben, und gräßliche Bilder von Strafgerichten in unser weiches Gehirnmark drücken, daß unwillkührliche Schauder die Glieder des Mannes noch in frostige Angst rütteln, unsere kühnste Entschlossenheit sperren, unsere erwachende Vernunft an Ketten abergläubischer Finsternis legen – Mord! wie eine ganze Hölle von Furien um das Wort flattert – [315]

Franz's intention is to use reason as an instrument to destroy religious phantasies and, ultimately, all moral, humane feelings which, as Schiller wishes to show here, are barriers to feudal despotic power. [316] But the whole content of the speech is profoundly against the spirit of the Enlightenment with its conviction about social progress and human fulfilment through the application of reason. It is the ideology of a decadent, parasitical class:

der Mensch entsteht aus Morast, und watet eine Weile in Morast, und macht Morast, und gährt wieder zusammen in Morast, bis er zuletzt an den Schuhsohlen seines Urenkels unflätig anklebt. [317]

It is eighteenth century feudal nihilism, borne out of a social class, so realistically portrayed by Schiller in Franz and also in Karl's critical descriptions in Act I, scene (ii), whose horizon of human life encompasses despotic rule, enslavement, the hypocrisy and toadying of those members of the lower nobility who have become dependent on the territorial princes who have themselves secured absolute political and a degree of economic independence. Nevertheless, that socio-economic independence is increasingly being undermined by the rise of bourgeois capitalism. [318] It is a declining existence, without meaningful activity [319] and without prospects. That is the socio-historical source of the feudal lord's cynicism and nihilism.

In the first two sections I have analysed the way in which Schiller has contrasted Karl and Franz as representatives of two social classes in conflict with each other in the second half of the 18th century. I now want to analyse the socio-historical and dramatic significance of Franz's death. I have already analysed the insurmountable difficulties which faced Schiller when, for reasons of historical realism, he was forced to place Karl's rebellion with a robber band on the periphery of feudal absolutist society, the centre of which, for the purpose of a historically typical dramatic plot, is represented by Franz. Kosinski's story about how his Amalia was forcibly taken away from him to become his Prince's mistress [320] makes up the contrived and coincidental manner through which Schiller leads Karl back to Franz and thereby joins the two separate strands of the plot together.

There are two factors which lead to Franz's death, and there can be little doubt that it was Schiller's intention to link them closely together: firstly the arrival of Karl and the robbers to avenge the wrongs the despot has committed; and secondly, Franz's pangs of conscience which are expressed in the religious metaphors of the Last Judgement. That Schiller's intention is to combine the two can be seen in Karl's words:

das hat euch wol niemals geträumt, daß ihr der Armen höherer Majestäten seyd? der verworrene Kneul unsers Schicksals ist aufgelöst! Heute, heute hat eine unsichtbare Macht unser Handwerk geadelt! Betet an vor dem, der euch dies erhabene Loos gesprochen, der euch hierher geführt, der euch gewürdigt hat die schrökliche Engel seines finstern Gerichtes zu seyn! [321]

and also in Schweizer's shout on setting Franz's castle in flames:

der Teufel ists und will euren Herrn holen. [322]

With the arrival of Karl and the robbers as avengers the two strands of the plot are united, the »peripheral« revolt against feudal absolutism is brought into the centre to punish the chief representative of despotism. But in terms of the plot of the play this act of revenge is coincidental rather than an inevitable culmination of the dramatic development; it marks the last episode of the robbers' campaign. And in socio-historical terms, in the terms, therefore, of the revolutionary struggle of the bourgeoisie against feudal absolutism, it is untypical, a private action of one brother against another. In the society which Schiller realistically portrays there does not yet exist a socio-historical force which is strong enough to carry out the judgement and punishment of – in terms of the play – the chief representative of feudal absolutism. The presence and the role of the robbers – from the point of view of the plot and as a reflection of socio-historical reality – are coincidental. Franz himself, earlier on in the play, conveys the sense that there is no social force to combat him; to resist his despotism:

Wer wird nun kommen, und es wagen, mich vor Gericht zu fordern? oder mir ins Angesicht
zu sagen: du bist ein Schurke! [323]

That Karl's action is not a typical one in the socio-historical sense of bourgeois
emancipation, but a private one, is reflected by the fact that Schiller himself
is not satisfied with the revenge of Karl and the robbers alone. He resorts to
religious imagery to give that action typical or symbolical, albeit ambivalent
significance. The robbers do not typify the revolutionary action of the oppressed
classes, but are instruments of a symbol, of divine revenge, which symbolises
that which has yet to occur in history through the actions of men: divine revenge
has to replace the action of the social classes who are not yet strong enough
to carry out for themselves the punishment of feudal despots. The robbers are
only one of the instruments of this revenge; the other is the stirrings of Franz's
own conscience, goaded by the voice of religion in Paster Moser's words. The
religious imagery which is used in the closing scenes, although it serves a critical
function, [324] is nevertheless a reflection of the fact – and Schiller's acceptance
of this fact – that the social classes in opposition to feudal absolutism, above
all the bourgeoisie, are still too weak to overcome despotism by their own direct
political action. Indeed, in the last resort, Schiller places the emphasis for Franz's
condemnation and punishment not on the robbers as the would-be social avengers, carrying out the judgement of history on the feudal despot, but on Franz's
own self-condemnation: Franz kills himself before the robbers can reach him.

As we have seen in our examination of *Kabale und Liebe* [325] the image
of the Last Judgement contains from the pietistic bourgeois point of view critical
anti-feudal implications and is an anticipation in religious terms of the political,
emancipatory action of the people. It is the pietistic counterpart of Schiller's
own secular image:

Die Weltgeschichte ist das Weltgericht. [326]

It is an expression both of the need for social change and the conviction that
it will come in the future and of the present weakness of the oppressed classes,
especially the bourgeoisie, its inability to carry out that change in the here and
now, at the present moment. That same social and economic weakness is reflected
in the young Schiller's device to round his plots off with the condemnation and
punishment of feudal despots by means of introducing the same religious imagery
of judgement with which the despots condemn themselves and through which
they, like the bourgeois class, foreshadow the judgement and development of
history itself. [327]

The social critical function of this imagery of judgement – in lieu of a strong
and united revolutionary social class to carry out that judgement – is indicated
by Schiller himself in his essay: *Was kann eine gute stehende Schaubühne eigentlich wirken?*

Die Gerichtsbarkeit der Bühne fängt an, wo das Gebiet der weltlichen Gesetze sich endigt. Wenn die Gerechtigkeit für Gold verblindet, und im Solde der Laster schwelgt, wenn die Frevel der Mächtigen ihrer Ohnmacht spotten, und Menschenfurcht den Arm der Obrigkeit bindet, übernimmt die Schaubühne Schwerd und Waage, und reißt die Laster vor einen schrecklichen Richterstuhl . . . Eine merkwürdige Klasse von Menschen hat Ursache, dankbarer als alle übrigen gegen die Bühne zu seyn. Hier hören die Großen der Welt, was sie nie oder selten hören – Wahrheit; [328]

In this comment Schiller's anti-feudal critical intention is combined with his awareness that, as yet, no social opposition to despotism exists which is strong enough not only to criticise it but also to take political action against it. The »Gerichtsbarkeit der Bühne« can take over the function of criticism and condemnation and anticipate the punishment which the oppressed social classes themselves will one day mete out.

Finally, I want to examine the socio-historical and dramatic significance of Karl's moral solution to his personal delimma and of the solution which he envisages for society as a whole.

Whereas Karl's revolutionary starting point in the drama originates in Schubart and Rousseau, that is, the will to act upon critical insights in order to change society, his renunciation of his revolutionary campaign coincides with his adoption of more abstract moral ideas which we may describe as Kantian according to the interpretation of *Kritik der praktischen Vernunft* in *Die deutsche Ideologie* by Marx and Engels. [329]

O über mich Narren, der ich wähnete die Welt durch Greuel zu verschönern, und die Gesetze durch Gesetzlosigkeit aufrecht zu halten. Ich nannte es Rache und Recht. [330]

The very fact that Karl-voluntarily hands himself over to feudal justice indicates that his personal moral solution inevitably contains an element of acknowledgement for the laws of existing feudal society – a regressive element after his original progressive intention of changing the whole political and legal superstructure of feudal society. However, despite this perhaps unwitting acknowledgement, the identity of the laws to which Karl here refers and which he has also contravened, is indicated by his use of the verb: »aufrecht zu halten.« He wanted to uphold the moral law and make this the law of society by means of his compaign against the unjust institutions of feudal absolutism. This moral law is itself a specifically bourgeois law, it is a source of criticism of feudal despotism. [331] As he looks back on his experiences Karl sees that his aim was to make the social and political relations of existing society coincide with the humane principles of this law. But in the light of the moral law his situation is paradoxical: he intended to uphold the moral law, the natural rights of man, by immoral means. He therefore condemns his actions because of his immoral means, whereby human beings,

exploiters and exploited alike, have been killed by him or by those for whom
he is responsible. But Karl's main focus of attention here has shifted since the
beginning of the play. Here he concentrates his attention on the means of his
action, whereas his starting-point was directed towards a specific concrete goal:
the creation of a new society. A conception of morality whose main attention
is focussed on the means of action as opposed to a specific end, which sees
good in moral disposition independent of the matter of action or its intended
result, necessarily precludes the possibility of direct political action to change
society against the will of despots. In these moral conceptions at the end of
the drama Karl (and Schiller) anticipates Kant's *Grundlegung zur Metaphysik
der Sitten*, which was written in 1785:

Endlich giebt es einen Imperativ, der, ohne irgend eine andere durch ein gewisses Verhalten
zu erreichende Absicht als Bedingung zum Grunde zu legen, dieses Verhalten unmittelbar
gebietet. Dieser Imperativ ist kategorisch. Er betrifft nicht die Materie der Handlung und
das, was aus ihr erfolgen soll, sondern die Form und das Princip, woraus sie selbst folgt,
und das Wesentlich-Gute derselben besteht in der Gesinnung, der Erfolg mag sein, welcher
er wolle. Dieser Imperativ mag der der Sittlichkeit heißen. . . . Die vernünftige Natur nimmt
sich dadurch vor den übrigen aus, daß sie ihr selbst einen Zweck setzt.. Dieser würde
die Materie eines jeden guten Willens sein. Da aber in der Idee eines ohne einschränkende
Bedingung (der Erreichung dieses oder jenes Zwecks) schlechterdings guten Willens durchaus von allem zu bewirkenden Zwecke abstrahirt werden muß (als der jeden Willen nur
relativ gut machen würde), so wird der Zweck hier nicht als ein zu bewirkender, sondern
selbstständiger Zweck, mithin nur negativ gedacht werden müssen, d. i. dem niemals zuwider gehandelt, der also niemals bloß als Mittel, sondern jederzeit zugleich als Zweck in
jedem Wollen geschätzt werden muß. Dieser kann nun nichts anders als das Subject aller
möglichen Zwecke selbst sein, weil dieses zugleich das Subject eines möglichen schlechterdings guten Willens ist; denn dieser kann ohne Widerspruch keinem andern Gegenstande
nachgesetzt werden. Das Princip: handle in Beziehung auf ein jedes vernünftige Wesen
(auf dich selbst und andere) so, daß es in deiner Maxime zugleich als Zweck an sich
selbst gelte, ist demnach mit dem Grundsatze: handle nach einer Maxime, die ihre eigene
allgemeine Gültigkeit für jedes vernünftige Wesen zugleich in sich enthält, im Grunde einer-
lei. Denn daß ich meine Maxime im Gebrauche der Mittel zu jedem Zwecke auf die Bedingung ihrer Allgemeingültigkeit als eines Gesetzes für jedes Subject einschränken soll, sagt
eben nschränkende Bedingung im Gebrauche aller Mittel. d. i. jederzeit zugleich als Zweck,
allen Maximen der Handlungen zum Grunde gelegt werden. [332]

Karl's condemnation of his attempt to uphold »die Gesetze durch Gesetzlosigkeit« refers precisely to this question of means and ends. Human beings, – »vernünftige Wesen« – both innocent and guilty have been used as means. Karl's
adherence to Kant's conception of moral law can be seen in his view that revolutionary violence destroys the moral world, it contravenes the moral law:

da steh ich am Rand eines entsetzlichen Lebens, und erfahre nun mit Zähneklappern und
Heulen, daß zwey Menschen wie ich den ganzen Bau der sittlichen Welt zu Grund richten
würden. [333]

The paradox here is that rational beings as ends in themselves would be destroyed in the attempt to create a society of reason for the benefit of rational beings as ends in themselves. Or, as Schiller himself put it in his »politisches Glaubensbe-kenntnis«, [334] which was strongly influenced by Robespierre's Reign of Terror in France, whose Revolution he came to see as the socio-historical realisation of this paradox:

Nun aber ist der physische Mensch wirklich, und der sittliche nur problematisch. Hebt also die Vernunft den Naturstaat auf, wie sie nothwendig muß, wenn sie den ihrigen an die Stelle setzen will, so wagt sie den physischen und wirklichen Menschen an den proble-matischen sittlichen, so wagt sie die Existenz der Gesellschaft an ein bloß mögliches (wenn gleich moralisch nothwendiges) Ideal von Gesellschaft. Sie nimmt dem Menschen etwas, das er wirklich besitzt, und ohne welches er nichts besitzt, und wiest ihn dafür an etwas an, das er besitzen könnte und sollte; und hätte sie zuviel auf ihn gerechnet, so würde sie ihm für eine Menschheit, die ihm noch mangelt, und unbeschadet seiner Existenz man-geln kann, [335] auch selbst die Mittel zur Thierheit entrissen haben, die doch die Bedingung seiner Menschheit ist. Ehe er Zeit gehabt hätte, sich mit seinem Willen an dem Gesetz fest zu halten, hätte sie unter seinen Füßen die Leiter der Natur weggezogen. [336]

Karl's new, abstract conception of morality induces a passive attitude towards society as it exists since, – as we see also from the above comment from Schiller – although criticism can be made of the feudal absolutist »Naturstaat« from this bourgeois moral point of view, although the requirements of the »Vernunft-staat« can be expressed, no direct political action to change existing society in order to bring it into accordance with the requirements of reason can be sanctioned. No action can be approved of which in any way disregards the dignity and freedom of a single human being as an end in himself. In other words, progressive social and political change will not occur as long as the ruling class cannot be persuaded by reason to relinquish its privileges. [337] Hence Engels wrote of »den ohnmächtigen Kantschen kategorischen Imperativ – ohnmächtig, weil er das Unmögliche fordert, also nie zu etwas Wirklichem kommt.« [338]

The underlying cause of Karl expressing his dilemma at the end of the play in ambivalent moral terms, lies, as we have seen, in the social and economic weakness of the bourgeoisie. This meant that Karl, in his original active revolu-tionary will, was in advance of the main body of the class he represents; his revolt, therefore, was an isolated one: he attempted to use revolutionary means without having a chance of achieving the revolutionary ends. His »Kantian« withdrawal and resignation are a consequence of this position. In the imagery of Karl's speech the bourgeois moral law is held in trustee by »die obere Mächte« on behalf of the oppressed social classes who have no means to carry out for themselves by their own action political and social change. Karl's anticipatory action of political emancipation, his inevitable failure and socio-historical pro-gress being entrusted with »die obere Mächte« – the religious agents also, as we have seen, of the the condemnation and punishment of feudal despots – all these factors are expressed by Karl as follows:

Gnade – Gnade dem Knaben, der Dir vorgreiffen wollte – Dein eigen allein ist die Rache.
Du bedarfst nicht des Menschen Hand. [339]

Karl is determined to accept death freely as punishment for his contravention
of the divine, but in socio-historical terms, bourgeois moral law, whose abstract-
ness and therefore socio-historical ambivalence in terms of its practical contribution towards bourgeois emancipation are clearly perceptible in Karl's
words:

Aber noch blieb mir etwas übrig, womit ich die beleidigte Geseze versöhnen, und die
mißhandelte Ordnung wiederum heilen kann. Sie bedarf eines Opfers – Eines Opfers, das
ihre unverlezbare Majestät vor der ganzen Menschheit entfaltet – dieses Opfer bin ich
selbst. Ich muß für sie des Todes sterben. [340]

Thus Karl achieves a personal moral solution in sacrificing his own life to atone
for his contravention of the bourgeois moral law. The perspective of future change
has to be entrusted with »die obere Mächte«; Karl does not die reconciled with
the laws of existing feudal society, even though, in the »Schauspiel« version
of the play, no method of making the moral law the basis of a future society
is suggested.

What, then, are the implications for Schiller himself of Karl's renunciation
of revolutionary will and his adoption of abstract moral principles? We have
already seen [341] that in his essays from 1784 onwards Schiller was of the
view that for Germany the prerequisite for social and political change was the
moral education of the German people who were not yet mature enough for
the bourgeois Nation. By the time he wrote his *Briefe über die ästhetische Erziehung* this view of Schiller's had been strengthend by the events in France in
the 1790s:

Aber er [»der Mensch«, A. W.] fordert sie [»die Wiederherstellung in seine unverlierbaren
Rechte«] nicht bloß, jenseits und diesseits steht er auf, sich gewaltsam zu nehmen, was
ihm nach seiner Meinung mit Unrecht verweigert wird. Das Gebäude des Naturstaates
wankt, seine mürben Fundamente weichen, und eine physische Möglichkeit scheint gegeben, das Gesetz auf den Thron zu stellen, den Menschen endlich als Selbstzweck zu ehren,
und wahre Freyheit zur Grundlage der politischen Verbindung zu machen. Vergebliche
Hoffnung! Die moralische Möglichkeit fehlt, und der freygebige Augenblick findet ein
unempfängliches Geschlecht. [342]

The stress laid by Schiller on the need for the moralisation of the Nation from
1784 onwards is the conclusion Schiller draws – as we might say – from the
failure of the direct political action of his literary hero Karl Moor and his bourgeois and plebeian associates. All men, therefore, must be »ennobled« before
social and political changes can be introduced:

Politische und bürgerliche Freiheit bleibt immer und ewig das heiligste aller Güter, das würdigste Ziel aller Anstrengungen, und das große Centrum aller Kultur – aber man wird diesen herrlichen Bau nur auf dem festen Grund eines veredelten Karakters aufführen, man wird damit anfangen müssen, für die Verfassung Bürger zu schaffen, ehe man den Bürgern eine Verfassung geben kann. [343]

But once men have been morally educated – and Schiller, as he points out in the ninth letter of the *Briefe über die ästhetische Erziehung,* sees the most effective means of this as »die schöne Kunst« and the aesthetic experience – how will social and political change come about? Schiller suggests two ways. Firstly, once art has given the »Richtung zum Guten«, [344] and once this has been grasped inwardly by men, the requisite social and political changes will come about gradually of their own accord:

... gieb der Welt, auf die du wirkst, die Richtung zum Guten, so wird der ruhige Rhythmus der Zeit die Entwicklung bringen ... Fallen wird das Gebäude des Wahns und der Willkührlichkeit, fallen muß es, es ist schon gefallen, sobald du gewiß bist, daß es sich neigt; aber in dem innern, nicht bloß in dem äußern Menschen muß es sich neigen. [345]

Secondly, I pointed out above that from the point of view of an abstract form of morality, political and social change is not possible unless the ruling class can be persuaded by reason to relinquish voluntarily its privileges. Hence Schiller sets his hopes on the princes who may be educated towards liberal ideas and who have the power to »grant« [346] the necessary reforms. Schiller first formulated this programme in the eighth of his *Briefe über Don Carlos:*

Rufen Sie sich, lieber Freund, eine gewisse Unterredung zurücke, die über einen Lieblingsgegenstand unsers Jahrzehents – über Verbreitung reinerer sanfterer Humanität, über die höchstmögliche Freiheit der Individuen bei des Staats höchster Blüte, kurz, über den vollendetsten Zustand der Menschheit, wie er in ihrer Natur und ihren Kräften als erreichbar angegeben liegt – unter uns lebhaft wurde und unsre Phantasie in einen der lieblichsten Träume entzückte, in denen das Herz so angenehm schwelgt. Wir schlossen damals mit dem romanhaften Wunsche, daß es dem Zufall, der wohl größere Wunder schon getan, in dem nächsten Julianischen Zyklus gefallen möchte, unsre Gedankenreihe, unsre Träume und Überzeugungen mit eben dieser Lebendigkeit und mit ebenso gutem Willen befruchtet, in dem erstgebornen Sohn eines künftigen Beherrschers von ** oder von *** auf dieser oder der andern Hemisphäre wieder zu erwecken. [347]

In real life Schiller believed he had found such an enlightened crown prince in his own Danish benefactor, Friedrich Christian von Augustenburg-Holstein, to whom he wrote, on congratulating him on succeeding to his dukedom:

Wie würde ich das Geschick meiner deutschen Mitbürger preisen, wenn es überal einer solchen Fürstenhand anvertraut wäre, und mit welcher Sicherheit könnte man sich als dann für die Erfüllung aller der VolksGlückseligkeit verbürgen, welche biß jetzt leider nur eine Idee der Philosophen und eine Phantasie der Dichter gewesen ist. Die Achtung, die ich der Bescheidenheit Ihres Herzens schuldig bin, verstattet mir nicht, das Bild auszumahlen, das meine prophetische Einbildungskraft sich von der Regierung eines eben so

gefühlvollen als philosophischdenkenden Fürsten verspricht. Aber ich habe in dem Charakter des Don Carlos und Posas mein Herz reden laßen, und was ich dort nur als Dichter
träumte, das spreche ich hier als der Zeitgenoße Friedrich Christians mit der gegründeten
Ahndung aus, daß alles das Gute, was nur immer die Umstände möglich machen, durch
Sie und in Ihrer Sphäre realisiert werden wird. [348]

I have outlined Schiller's views about the moral overcoming of feudal absolutism
– however ambivalent and illusionary they may be – because they are a key
to the solution which is envisaged by Karl for society as a whole, especially
in the »Trauerspiel« version. In the »Schauspiel« version, however, the (divine)
»obere Mächte«, to whom Karl appeals, remain the sole trustees of future historical progress. But Schiller's reform solution becomes clearer in Karl's »Testament«
to the robbers in the »Trauerspiel« version:

Gehet hin, und opfert eure Gaben dem Staate. Dienet einem Könige, der für die Rechte
der Menschheit streitet. [349]

And to Schweizer and Kosinsky, those whose minds and hearts are most akin
to his own, Karl bequeathes his estates, in the hope that they will rule over
them in a just and enlightened manner, feudal lords, still, but practising bourgeois
virtues: [350]

Eine Grafschaft ist mir heute zugefallen – ein Schatz, worauf noch kein Fluch des Harpyien-
flügel schlug – Teilt sie unter euch, Kinder, werdet gute Bürger, und wenn ihr gegen zehn,
die ich zu Grund richtete, nur einen glücklich macht, so wird meine Seele gerettet.

Finally, at this moment of self-sacrifice, Karl himself feels that he is the fulfiller
and avenger of the bourgeois moral law:

Und auch ich bin ein guter Bürger – Erfüll ich nicht das entsetzlichste Gesetz? Ehr ich
es nicht? Räch ich es nicht? [351]

There are in fact other moments in both versions of the drama which point
towards Schiller's underlying solution of a moral reform of society, especially
under the auspices of an enlightened, benevolent prince. There are descriptions
of Karl's father throughout the drama which suggest that he, unlike the despotic
Franz, was such a ruler. [352] This fact explains Karl's sudden outburst of regret
at his own crimes, his lost innocence in Act III, scene (ii):

Ja Freunde, diese Welt ist so schön … Und ich so heßlich auf dieser schönen Welt –
Und ich ein Ungeheuer auf dieser herrlichen Erde … Meine Unschuld! Meine Unschuld!
– Seht! es ist alles hinausgegangen sich im friedlichen Strahl des Frühlings zu sonnen –
warum ich allein die Hölle saugen aus den Freuden des Himmels? – daß alles so glücklich
ist, durch den Geist des Friedens alles so verschwistert! – die ganze Welt eine Familie
und ein Vater dort oben – Mein Vater nicht – Ich allein der Verstossene, ich allein ausgemu-
stert aus den Reihen der Reinen –« [353]

In looking back at his own father's benevolent rule, Karl is at the same time
pointing forward to Schiller's own reformist solution to feudal absolutism. In

particular, this reformist solution includes the idea and virtues of the bourgeois family extending beyond the bourgeois class to cover the social relations of society as a whole with the reformed prince the benevolent, enlightened chief father-figure in the new society. [354]

Having said all this, having indicated that Karl's personal moral solution does not represent a reconciliation with feudal absolutism but preserves in a different form his original aim, the progressive awareness of the need to change existing society according to bourgeois ideas and requirements, it has to be emphasized that Schiller's moral, reformist solution for feudal society as a whole has regressive implications. In the warm glow which emanates from Karl's remembrance of his virtuous Father and his own former innocence, the real antagonisms of feudal absolutist society are glossed over – against which Karl has fought so strangly up to this point. Above all, the past Karl refers to has been enjoyed by the son of an aristocratic father. This glossing over illustrates the objective discrepancy between Karl's and Schiller's moral, reformist solution – borne as it is out of the weakness of the bourgeoisie and the isolation of the intelligentsia – and the concrete socio-economic needs of German society, the plight of the peasants, the restrictions imposed on bourgeois manufacturers, the class interests of the feudal aristocracy who coverted the very privileges and rights which would have to be voluntarily relinquished in the process of reform. Schiller's solution in *Die Räuber* is an example of what Marie Luise Gansberg has called the »falsche Harmonisierung real antagonistischer Widersprüche.« [355] It contains – however unwittingly – the apologetic tendencies of a compromise with existing society, tendencies which we can also see in the following passage from the *Briefe über die ästhetische Erziehung* a passage which specifically refers to the French Revolution, but, again, his clear links with *Die Räuber* and reflects Karl's mission and failure from Schiller's point of view:

Es mag also seyn, daß die objektive Menschheit Ursache gehabt hätte, sich über den Staat zu beklagen; die subjektive muß seine Anstalten ehren. Darf man ihn tadeln, daß er die Würde der menschlichen Natur aus den Augen setzte, so lange es noch galt, ihre Existenz zu vertheidigen? Daß er eilte, durch die Schwerkraft zu scheiden, und durch die Kohäsionskraft zu binden, wo an die bildende noch nicht zu denken war? Seine Auflösung enthält seine Rechtfertigung. Die losgebundene Gesellschaft, anstatt aufwärts in das organische Leben zu eilen, fällt in das Elementarreich zurück. [356]

And yet this solution, ambivalent as it is, is itself not adequately embodied by Schiller in *Die Räuber*. Schiller himself admitted in his own review of the play that old Moor, far from displaying the qualities of an enlightened and benevolent feudal lord,

ist klagend und kindisch. Man sieht es schon daraus, daß er die Erfindungen Franzens, die an sich plump und vermessen genug sind, gar zu einfältig glaubt. [357]

And as Franz Mehring has indicated, it is precisely in scenes like Act III, scene (ii), when Karl reminisces about his father's home and the arms of his beloved, that the otherwise active revolutionary hero betrays traces of the sentimental philistine. [358]

But these last points are all individual details due very much to Schiller's inexperience as a dramatist. The main progressive/regressive ambivalence of the moral solution, itself embodied more adequately in the »Trauerspiel« than the »Schauspiel« version, is a reflection of the socio-historical weakness of the bourgeoisie and the isolation of the bourgeois intelligentsia; Karl's revolt is inevitably a comparatively isolated one and leads to indiscriminate violence, failure and resignation. Karl's inner personal solution and the perspective of moral and social reform under the auspices of enlightened princes (or entrusted to the care of »die obere Mächte«) are the final ambivalent products of Karl's – and Schiller's progressive starting-point: the will to create the bourgeois Nation by revolutionary action.

1 Karl *Marx*. Friedrich *Engels*, Über Kunst und Literatur. Berlin, 1967, Vol. I, p. 72: Letter of 5.8.1890.
2 In Thomas Metscher's sense, see p. 3f. below.
3 Letter to W. Borgius of 25.1.1894. In *Marx/Engels*, op. cit., p. 95.
4 See letter to Minna Kautsky of 26.11.1885. In *Marx/Engels*, op. cit., p. 156: »... und es ist das Beste an Schillers »Kabale und Liebe«, daß sie das erste deutsche politische Tendenzdrama ist ...« – If in the continuation of this passage we substitute »bürgerliches Tendenzdrama« for »sozialistischer Tendenzroman«, and »feudalabsolutistische Welt« for »bürgerliche Welt«, the method which Schiller uses to promote the progressive social tendency of bourgeois emancipation in »Kabale und Liebe« is well described by Engels' comment: ... »Aber ich meine, die Tendenz muß aus der Situation und Handlung selbst hervorspringen, ohne daß ausdrücklich darauf hingewiesen wird, und der Dichter ist nicht genötigt, die geschichtliche zukünftige Lösung der gesellschaftlichen Konflikte, die er schildert, dem Leser an die Hand zu geben. ... und da erfüllt auch der sozialistische Tendenzroman (for Schiller, read »das bürgerliche Tendenzdrama«), nach meiner Ansicht, vollständig seinen Beruf, wenn er durch treue Schilderung der wirklichen Verhältnisse die darüber herrschenden Illusionen zerreißt, den Optimismus der bürgerlichen Welt (for Schiller, read »der feudalabsolutistischen Welt«) erschüttert, den Zweifel an der ewigen Gültigkeit des Bestehenden unvermeidlich macht, auch ohne selbst direkt eine Lösung zu bieten.« See also Paul Gerhard *Völker*, »Skizze einer marxistischen Literaturwissenschaft«, in: Marie Luise *Gansberg* und Paul Gerhard *Völker*, Methodenkritik der Germanistik, Stuttgart 1970, p. 95. – Völker sees the active function of literature in the expression of the social needs which have become historically possible, but whose satisfaction is prevented by the existing social relations of production:
»Die eigenständige Funktion der Literatur erblicken wir hierin, daß sie in ihrer allgemeinsten Form schon, der Überschreitung gegebener Verhältnisse durch Phantasie, auf den Zwiespalt von möglichgewordener Bedürfnisartikulation und Produktionsverhältnissen, die deren Befriedigung verhindern, hinweist.«
5 Thomas *Metscher*, »Hegel und die philosophische Grundlegung der Kunstsoziologie«, in: Literaturwissenschaft und Sozialwissenschaften 1. Grundlagen und Modellanalysen. Stuttgart ²1972, p. 60.

6   M. L. *Gansberg*, »Zu einigen populären Vorurteilen gegen materialistische Literaturwissenschaft«, in: *Gansberg/Völker*, op. cit., p. 18: »Die dialektische Bewegung zwischen Herrschaftsstruktur und Literatur läßt im Text oft pro- und regressive Impulse
    als unlösbar verquickt erscheinen, was nicht heißt, daß die Dominante des Werks
    unablesbar wird.« – It is a dialectical analysis which can elucidate the apparent »unlösbare Verquickung« of these elements.

7   Op. cit., pp. 20–21: »Erkenntnis: Literatur, sich abarbeitend am Material der jeweiligen gesellschaftlichen Realität, stellt im Ausprobieren einer Fabel, in der Konstruktion
    eines Charakters … kritische Erkenntnis über eben diese gesellschaftliche Realität
    her. … Utopie: Literatur, sich abarbeitend am Material der jeweiligen gesellschaftlichen Realität, zielt im poetischen Spiel über den Status quo hinaus, entwirft neue
    Möglichkeiten menschlicher Existenz, nimmt als schöner Schein eine Versöhnung vorweg, die in der sozialen Gegenwart bestenfalls rudimentär angelegt ist.
    Falsches Bewußtsein: Literatur, sich abarbeitend am Material der jeweiligen gesellschaftlichen Realität, hat, wie jedes Produkt menschlichen Bewußtseins, Anteil an
    der Ideologie der herrschenden Klassen … Literatur, – in der Sprache des deutschen
    Idealismus »Wahrheit in Gestalt der Schönheit« – steht immer in der Gefahr, das,
    was in der Gesellschaft als besseres Leben noch nicht wirklich erreicht ist, in falscher
    Versöhnung durch den ästhetischen Schein als schon realisiert auszugeben. Diesem
    Medium als solchem ist immer eine Neigung zur Entschärfung, Dämpfung, falscher
    Harmonisierung real antagonistischer Widersprüche immanent.«

8   Op. cit., p. 39.

9   See op. cit., p. 8: »Erst eine Faktoren-Analyse, die sachlich fundiert ist und alle miteinander in produktiver Vermittlung stehenden Elemente kalkuliert, hat die Chance,
    die eigentliche Aufgabe, nämlich die Erkenntnis der gesellschaftlichen Kraft der ästhetischen Texte adäquat zu ermöglichen.«
    See also Friedrich *Engels*, »Ludwig Feuerbach und der Ausgang der klassischen
    deutschen Philosophie«, in Marx-Engels-Werke (MEW), Vol. 21, p. 306: »Es kommt
    überall nicht mehr darauf an, Zusammenhänge im Kopf auszudenken, sondern sie
    in den Tatsachen zu suchen.«

10 »Reflection« in the »active« sense, as outlined on p. 3f. above.

11 See Friedrich *Engels*, »Deutsche Zustände«, in: MEW, Vol. 2, pp. 566–7:
    »So war der Zustand Deutschlands gegen Ende des vorigen Jahrhunderts. Das ganze
    Land war eine lebende Masse von Fäulnis, und abstoßendem Verfall. Niemand fühlte
    sich wohl. Das Gewerbe, der Handel, die Industrie und die Landwirtschaft waren
    fast auf ein Nichts herabgesunken; die Bauernschaft, die Gewerbetreibenden und
    Fabrikanten litten unter dem doppelten Druck einer blutsaugenden Regierung und
    schlechter Geschäfte; der Adel und die Fürsten fanden, daß ihre Einkünfte, trotz der
    Auspressung ihrer Untertanen, nicht so gesteigert werden konnten, daß sie mit ihren
    wachsenden Ausgaben Schritt hielten; alles war verkehrt, und ein allgemeines Unbehagen herrschte im ganzen Lande. Keine Bildung, keine Mittel, um auf das Bewußtsein
    der Massen zu wirken, keine freie Presse, kein Gemeingeist, nicht einmal ein ausgedehnter Handel mit anderen Ländern – nichts als Gemeinheit und Selbstsucht – ein
    gemeiner, kriechender, elender Krämergeist durchdrang das ganze Volk. Alles war
    überlebt, bröckelte ab, ging rasch dem Ruin entgegen, und es gab nicht einmal die
    leiseste Hoffnung auf eine vorteilhafte Änderung; die Nation hatte nicht einmal genügend Kraft, um die modernden Leichname toter Institutionen hinwegzuräumen.
    Die einzige Hoffnung auf Besserung wurde in der Literatur des Landes gesehen.
    Dieses schändliche politische und soziale Jahrhundert war zugleich die große Epoche
    der deutschen Literatur … Jedes bemerkenswerte Werk dieser Zeit atmet einen Geist
    des Trotzes und der Rebellion gegen die deutsche Gesellschaft, wie sie damals bestand.

Goethe schrieb den »Götz von Berlichingen«, eine dem Andenken eines Rebellen gewidmete dramtische Huldigung. Schiller schrieb »Die Räuber«, in denen ein edler junger Mann gefeiert wird, der der ganzen Gesellschaft offen den Krieg erklärt.«

12 Letter of 27. 10. 1890. In: *Marx/Engels*, Über Kunst und Literatur. Berlin 1967, Vol. I, p. 101. – Here Engels goes on to give his fullest account of the relationship between the overriding economic development in a country and individual fields of superstructure such as literature and philosophy. The literary and philosophical material of predecessors is taken over and developed in response to economic developments, as an expression of new socio-economic needs. That France and Germany (that is, countries which, compared to England, were less advanced economically) could produce revolutionary literatures and philosophies in the eighteenth century, lay in the fact that they could take over material from their predecessors in England and France and use it as a springboard for their own new philosophical and literary developments, once the economic advances in their own times in their own countries were underway and made new philosophical ideas and literary ideas and forms possible and necessary as a response to the socio-economic crises arising out of these advances, the crises produced by the new bourgeois forces of production clashing with the old feudal social relations of production and exchange:
»Aber als bestimmtes Gebiet der Arbeitsteilung hat die Philosophie jeder Epoche ein bestimmtes Gedankenmaterial zur Voraussetzung, das ihr von ihren Vorgängern überliefert worden und wovon sie ausgeht. Und daher kommt es, daß ökonomisch zurückgebliebene Länder in der Philosophie doch die erste Violine spielen können: Frankreich im 18. Jahrhundert gegenüber England, auf dessen Philosophie die Franzosen fußten, später Deutschland gegenüber beiden. Aber auch in Frankreich wie in Deutschland war die Philosophie, wie die allgemeine Literaturblüte jener Zeit, auch Resultat eines ökonomischen Aufschwungs. Die schließliche Suprematie der ökonomischen Entwicklung auch über diese Gebiete steht mir fest, aber sie findet statt innerhalb der durch das einzelne Gebiet selbst vorgeschriebnen Bedingungen: in der Philosophie z. B. durch Einwirkung ökonomischer Einflüsse (die meist erst wieder in ihrer politischen usw. Verkleidung wirken) auf das vorhandene philosophische Material, das die Vorgänger geliefert haben. Die Ökonomie schafft hier nichts a novo, sie bestimmt aber die Art der Abänderung und Fortbildung des vorgefundenen Gedankenstoffs.«

13 + 14 Heinz *Stolpe*, Die Auffassung des jungen Herder vom Mittelalter. Weimar, 1955, p. 299.

15 See note 12 above.

16 See note 11 above.

17 Heinz *Stolpe*, op. cit., p. 299.

18 The progressive economic tendencies have been outlined in great detail by Heinz Stolpe, op. cit., pp. 228–246, for the specific purpose of analysing, according to Engels' and Marx's method of dialectical and historical materialism, the creative literature of the period of 1770 to 1790, and it is on Stolpe's analysis that I chiefly base myself. A second important source for economic developments in 18th century Germany is: Hans *Mottek*, Wirtschaftsgeschichte Deutschlands. Berlin 1971, Vol. I, pp. 245–359. – See also: Gerhard *Schilfert*, Deutschland von 1648 bis 1789. Berlin 1962. – And W. H. *Bruford*, Germany in the Eighteenth Century. The social background of the literary revival. Cambridge 1968.

19 Hans *Mottek*, op. cit., pp. 355–6.

20 See H. *Mottek*, op. cit. p. 354.

21 See K. *Marx*, Zur Kritik der politischen Ökonomie, Berlin 1970, p. 15:
»Auf einer gewissen Stufe ihrer Entwicklung geraten die materiellen Produktivkräfte der Gesellschaft in Widerspruch mit den vorhandenen Produktionsverhältnissen oder,

was nur ein juristischer Ausdruck dafür ist, mit den Eigentumsverhältnissen, innerhalb deren sie sich bisher bewegt hatten. Aus Entwicklungsformen der Produktivkräfte schlagen diese Verhältnisse in Fesseln derselben um.«
See also H. *Mottek,* op. cit., p. 357: »Der entscheidende Faktor, der die Durchsetzung des produktionstechnischen Fortschritts hemmte, war allerdings weniger der Konservatismus der Bauern oder der Gutsbesitzer als vielmehr die feudale mittelalterliche Agrarverfassung. Sie ist es, die vor allem die Bauernwirtschaften am Ende des 18. Jahrhunderts fast vollständig vom Übergang zu neuen Produktionsmethoden abhält … Dabei bestanden die Hemmnisse der feudalen Agrarverfassung einmal in der Gemengelage der Bauerngrundstücke und dem sich daraus ergebenden Flurzwang, die den einzelnen Bauern an die Tradition fesselten; sie bestanden vor allem in den feudalen Trift- oder Hütungsrechten der Feudalherren an den Bauernfeldern, d.h. dem Recht der Weidenutzung der Brache und der abgeernteten Felder, das den Bauern die Besömmerung der Brache unmöglich machte. Außerdem fehlten den Bauernwirtschaften infolge der drückenden feudalen Ausbeutung die Mittel, die zur Intensivierung der Anbaumethoden erforderlich waren. Wenn außerdem noch eine gewisse Abneigung der Bauern gegen neue Anbaumethoden festzustellen ist, so hing das nicht zuletzt auch mit der Unwissenheit zusammen, in der die Feudalgesellschaft die Bauern ließ.«

22 H. *Mottek,* op. cit., pp. 358–9.

23 In his ›Brief eines reisenden Dänen‹ Schiller describes the plight of the peasants and other plebeian classes as a result of the agricultural crisis and the food shortages and criticises strongly the feudal beneficiaries of the existing social relations of production:
»Der Triumph einer Menschenhand über die hartnäckige Gegenwehr der Natur überraschte mich öfters – aber das nahewohnende Elend steckte bald meine wollüstige Verwunderung an. Eine hohläugige Hungerfigur, die mich in den blumigten Promenaden eines fürstlichen Lustgartens anbettelt – eine sturzdrohende Schindelhütte, die einem pralischen Pallast gegenübersteht – wie schnell schlägt sie meinen aufblitzenden Stolz zu Boden! Meine Einbildung vollendet das Gemählde. Ich sehe jetzt die Flüche von Tausenden gleich einer gefräßigen Würmerwelt in dieser großsprechenden Verwesung wimmeln. Das große und reizende wird mir abscheulich. – Ich entdecke nichts mehr als einen siechen hinschwindenden Menschenkörper, dessen Augen und Wangen von fiebrischer Röthe brennen, und blühendes Leben heucheln, während daß Brand und Fäulung in den röchelnden Lungen wüthen. Diß, mein Bester, sind so oft meine Empfindungen bei den Merkwürdigkeiten, die man in jedem Land einem Reisenden zu bewundern gibt. Ich habe nun einmal das Unglück, mir jede in die Augen fallende Anstalt in Beziehung auf die Glückseligkeit des Ganzen zu denken, und wie viele Größen werden in diesem Spiegel so klein – wie viele Schimmer erlöschen!« (In: Schillers Werke, Nationalausgabe, Vol. 20, p. 101).
In the essay »Was kann eine gute stehende Schaubühne eigentlich wirken?«, Schiller mentions the role the theatre can play in promoting scientific knowledge and thereby the development of the material production of the nation: »So gar Industrie und Erfindungsgeist könnten und würden vor dem Schauplatze Feuer fangen, wenn die Dichter es der Mühe wert hielten Patrioten zu seyn, und der Staat sich herablassen wollte, es zu hören.« (In: *Schiller,* op. cit., p. 99).

24 See H. *Stolpe,* op. cit., pp. 274–278.

25 H. *Stolpe,* op. cit., p. 278: »Er erschien als Vorläufer einer verheißungsvollen Entwicklung. Durch die Förderung solcher Triebe wollten die bürgerlichen Ideologen zur Gesundung der vom Spätfeudalismus zerrütteten Wirtschaft allgemein helfen.«

26 H. *Stolpe,* op. cit., p. 267.

27 See, for example, the description by Wilhelm Heinse, quoted by Stolpe on p. 277: »Kleinjoch ... ein Mensch der niedrigen Klasse voll Bonsens für seine Sphäre. Feine Gefühle darf man bey ihm nicht suchen; aber hellen, richtigen Blick, scharfe Überlegung wird man immer bei ihm finden. Er geht immer vom Nutzen aus ... Arbeiten macht glücklich, sagt er, wenn ich nicht arbeite, so bin ich ein Narr. Auf Arbeiten kömmt alles an, nur muß man gute Absicht haben, und nützlich arbeiten.«

28 See pp. 10 f. below. Such relationships are those between Götz von Berlichingen and the peasants; Karl Moor and the robbers; Ferdinand, Luise and (indirectly) the plebeian classes represented by the Kammerdiener; Fiesco, Verrina and the people of Genoa; Posa, Carlos and the Dutch people in revolt against feudal Spain.

29 H. *Mottek*, op. cit., p. 359: »Sie [die deutschen Fürsten, A. W.] erwiesen sich aber auch als unfähig zur Lösung anderer Aufgaben, die für die weitere Entfaltung der Elemente des Kapitalismus, des gesellschaftlichen Fortschritts immer dringender wurden. Denken wir an die Beseitigung der Kleinstaaterei, der nationalen Zersplitterung, ja sogar der ökonomischen Zersplitterung innerhalb der einzelnen Territorien und Länder selbst. Blieben doch selbst die Binnenzölle, wonach ein freier Verkehr sogar innerhalb der eigenen Grenzen nicht möglich war, erhalten. Denken wir weiter an die Zünfte, die der Absolutismus zwar weitgehend in ihrer Wirksamkeit beschränkte, aber nicht liquidieren konnte und wollte.«

30 See K. *Marx*, Das Kapital, Vol. III, Berlin 1969, pp. 793–4: »Wenn die Menschen überhaupt nicht fähig, in einem Arbeitstag mehr Lebensmittel, also im engsten Sinn mehr Ackerbauprodukte zu erzeugen, als jeder Arbeiter zu seiner eigenen Reproduktion bedarf, wenn die tägliche Verausgabung seiner ganzen Arbeitskraft nur dazu ausreicht, die zu seinem individuellen Bedarf unentbehrlichen Lebensmittel herzustellen, so könnte weder von Mehrprodukt noch von Mehrwert die Rede sein. Eine über das individuelle Bedürfnis des Arbeiters hinausgehende Produktivität der agrikolen Arbeit ist die Basis aller Gesellschaft und ist vor allem die Basis der kapitalistischen Produktion, die einen immer wachsenden Teil der Gesellschaft von der Produktion der unmittelbaren Lebensmittel loslöst und sie, wie Stewart sagt, in free hands verwandelt, sie zur Exploitation in andren Sphären disponibel macht.«
See also H. *Mottek*, op. cit., p. 358: »Dabei stellte die zunehmende Kritik der Leibeigenschaft nicht nur einen Ausdruck ihrer hemmenden Wirkungen auf die landwirtschaftliche, sondern auch auf die gewerbliche Produktion dar. Die Lage der leibeigenen Bauern, die zu arm waren, um in großem Umfange Waren zu kaufen, aber nicht frei genug, um ihre Arbeitskraft zu verkaufen, erwies sich mehr und mehr als ein ernstes Hindernis der Entwicklung jener Kräfte des Kapitalismus, die sich im Schoße der feudalen Gesellschaftsordnung in der gewerblichen Produktion herausbildeten. Dies machte sich umso deutlicher bemerkbar, je mehr die Bourgeoisie und damit die Elemente des Kapitalismus in der zweiten Hälfte des 18. Jahrhunderts erstarkten, je mehr die Produktivkräfte zunahmen.«
At this point Mottek emphasizes the fact that – in contrast to Engels' first comment on German socio-economic circumstances (quoted note 11 above), but in agreement with his second and later comment (quoted note 12 above) – the bourgeois productive forces were not ›stagnating‹, but that their development hastened the decay of the feudal order: »Überhaupt wurde in Deutschland, wie in anderen Ländern Europas, der Verfall der Feudalordnung nicht durch ein Stagnieren der Produktivkräfte, sondern vielmehr durch ihr Wachstum und durch die damit in Zusammenhang stehende Verstärkung des Bürgertums ausgelöst. Das ist das Wesen der Krise des Feudalismus in Deutschland in der zweiten Hälfte des 18. Jahrhunderts. In dieser Situation verlor auch der Absolutismus die letzte progressive Funktion, die er einmal besessen hatte.« (pp. 358–9)

The truth of the situation was that the bourgeois productive forces were developing, not stagnating, but they were not yet nearly strong enough to be able to challenge the fetters which were imposed on them by feudal institutions. In the first of his two comments I have quoted Engels emphasizes the latter factor (»die Nation hatte nicht einmal genügend Kraft, um die modernden Leichname toter Institutionen hinwegzuräumen«); in his second comment, with his eye concentrated on the relationship of base and literary and philosophical superstructure, he emphasizes the former factor (»Aber auch in Frankreich wie in Deutschland war die Philosophie, wie die allgemeine Literaturblüte jener Zeit, auch Resultat eines ökonomischen Aufschwungs«).

31 See Schilfert's description of the »centralised« and »decentralised« manufactures in eighteenth century Germany. The most frequent form of decentralised manufacture was the ›Verlagswesen‹. (G. Schilfert, op. cit., p. 221)

32 See notes 11 and 12 above.

33 E. Braemer, Goethes Prometheus und die Grundkonzeption des Sturm und Drang. Berlin und Weimar, 1968, p. 17.
    To substantiate her theory, Braemer goes on to refer to Marx's »Vorwort« to his »Zur Kritik der politischen Ökonomie« (1859) in which Marx indicates that changes in the superstructure arise in conjunction with those in the economic base, but that there are nevertheless differences and discrepancies in the two processes of change which are dialectically linked together:
    K. Marx, Zur Kritik der politischen Ökonomie. Berlin, 1970, p. 15: »In der Betrachtung solcher Umwälzungen muß man stets unterscheiden zwischen der materiellen, naturwissenschaftlich treu zu konstatierenden Umwälzung in den ökonomischen Produktionsbedingungen und den juristischen, politischen, religiösen, künstlerischen oder philosophischen, kurz ideologischen Formen, worin sich die Menschen dieses Konflikts (of »die materiellen Produktivkräfte« with »den vorhandenen Produktionsverhältnissen« – A. W.) bewußt werden und ihn ausfechten.« – And in his »Einleitung zur Kritik der politischen Ökonomie« (1857) Marx refers specifically to »das unegale Verhältnis der Entwicklung der materiallen Produktion, z. B. zur künstlerischen.« (See K. Marx, op. cit., p. 257)

34 Joseph Stalin, »Über den Marxismus in der Sprachwissenschaft«, in: Marxismus und Literatur, Vol. III, ed., Fritz Raddatz, p. 8. – See also E. Braemer, op. cit., p. 18.

35 See E. Braemer, op. cit., p. 18.

36 See pp. 15–17 below.

37 See E. Braemer, op. cit., pp. 20–21: »Aber die in diesen Dichtungen gestaltete Perspektive, die viel zu weit gespannt ist, um in der bürgerlichen Welt jemals realisiert werden zu können – weil die Emanzipation des Bürgertums nicht identisch ist mit der Emanzipation der Menschheit –, hängt ebenso eng mit den Basisfaktoren zusammen, wie sie sich von ihnen zu entfernen scheint. Sie hängt ebenso eng mit ihnen zusammen, wie mit der latenten Bereitschaft zum Kompromiß, die auch im Sturm und Drang schon vorhanden ist. Das Positive und das Negative sind zwei Seiten desselben Komplexes: weil in Deutschland keine realen Bedingungen für einen Sieg des Bürgertums vorhanden waren, mußte nach einem Kompromiß gestrebt werden; weil das Bürgertum ökonomisch und politisch so weit zurückgeblieben war, konnten Hoffnungen entstehen, die ein entwickelteres Bürgertum gar nicht hegen würde. Die Interessengemeinschaft zwischen Bürgern, Bauern und Plebejern war in Deutschland – zumindest in der künstlerischen Widerspiegelung, die die Quantität realer Beziehungen in die Qualität umsetzen konnte – ungleich stärker als etwa in Frankreich, wo das Bürgertum starke ökonomische Positionen besaß und darum kämpfte, die ökonomischen Positionen auch zu politischen werden zu lassen. In Deutschland, wo nur geringe Aussichten für die Emanzipation des Bürgertums bestanden, konnte die Identifizierung mit den

unteren Schichten viel weiter getrieben werden als in einem Land, in dem das Bürgertum bereits Vorsorge treffen mußte, Forderungen einer nachstoßenden Klasse zurückzudrängen; das vorrevolutionäre ideologische Bündnis dürfte nicht so eng geknüpft werden, daß es zum Hemmnis für das Bürgertum selbst werden konnte.« This positive element will concern us again with regard to Schiller's enthusiastic reception of Rousseau, the spokesman for the small bourgeoisie and plebeian classes, as opposed to the rejection of some of the ideas of Voltaire and the Fench materialists, the most direct ideological spokesmen of the capitalist bourgeoisie (see pp. 32 f. below).

38 This dialectical relationship between an individual (Schiller) and the determinative circumstances (social and literary) he is born into, which he can then actively contribute towards changing through his own work, can be illustrated by Marx's description of the history of man's changing material production:
»Man braucht nicht hinzuzufügen, daß die Menschen ihre Produktivkräfte – die Basis ihrer ganzen Geschichte – nicht frei wählen; denn jede Produktivkraft ist eine erworbene Kraft, das Produkt früherer Tätigkeit. Die Produktivkräfte sind also das Resultat der angewandten Energie des Menschen, doch diese Energie selbst ist begrenzt durch die Umstände, in welche die Menschen sich versetzt finden, durch die bereits erworbenen Produktivkräfte, durch die Gesellschaftsform, die vor ihnen da ist, die sie nicht schaffen, die das Produkt der vorhergehenden Generation ist. Dank der einfachen Tatsache, daß jede neue Generation die von der alten Generation erworbenen Produktivkräfte vorfindet, die ihr als Rohmaterial für neue Produktion dienen, entsteht ein Zusammenhang in der Geschichte der Menschen ...« (In: *Marx/Engels*, Über Kunst und Literatur, Vol. I, p. 77). – For the application of this dialectical theory to the history of literary production, see note 12 above.

39 The image of ›prison‹ is a central one for the Storm and Stress movement as a whole as an expression of the social and intellectual circumstances of feudal absolutism against which they rebel. – See, for example, Faust's opening monologue »Nacht« in the Urfaust:

Weh! steck ich in dem Kerker noch?
Verfluchtes dumpfes Mauerloch,
Wo selbst das liebe Himmelslicht
Trüb durch gemalte Scheiben bricht.

(In: Foethes Faust, ed. E. Trunz, Hamburg 1968, p. 368) – For further examples, see also notes 40, 94, 107, 110 and 200 below.

40 See Schillers Werke, N.A., Vol. 22, p. 93:
»Verhältnissen zu entfliehen, die mir zur Folter waren, schweifte mein Herz in eine Idealenwelt aus – aber unbekannt mit der wirklichen, von welcher mich eiserne Stäbe schieden – unbekannt mit den Menschen – denn die vierhunderte, die mich umgaben, waren ein einziges Geschöpf, der getreue Abguß eines und eben dieses Modells, von welchem die plastische Natur sich feierlich lossagte – ...«.

41 H. *Stolpe*, op. cit., p. 239.

42 See note 24 above.

43 For Schiller's impressions of the Karlsschule, see notes 40 above and 357 below. – The detailed aspects of the socio-political situation in Württemberg are described by Mehring with special reference to the features which Schiller includes in his critical portrayal of feudal absolutism in »Die Räuber« and »Kabale und Liebe«. See Franz *Mehring*, »Schiller. Ein Lebensbild für deutsche Arbeiter.« In: Aufsätze zur deutschen Literatur von Klopstock bis Weerth, Berlin 1961, pp. 99–114.

44 See Schiller, op. cit., p. 94: »Seine [i. e. des Stückes Die Räuber – A. W.] ganze verantwortung sei das Klima, unter dem es geboren ward.«

45 See notes 28 and 37 above.
46 See E. *Braemer*, op. cit., p. 19.
47 See E. *Bräemer*, op. cit. p. 17 and pp. 69–72.
48 J.G. *Herder*, »Wie die Philosophie zum Besten des Volkes allgemeiner und nützlicher werden kann«, 2. Abschnitt. – In: Herders Sämtliche Werke, ed. B. Suphan, Vol. 32, p. 51.
49 Schillers Werke, N.A., Vol. 20, p. 97.
50 Schiller, op. cit., pp. 97–8.
51 Edith Braemer makes the distinction between »volksverbunden« and »volkstümlich« which is relevant to my comment on Schiller:
»›Volksverbunden‹ ist jede Literatur, die Bestrebungen des Volkes in ihre künstlerische Gestaltung aufnimmt; Vorbedingung dafür ist, daß der Schriftsteller die progressiven Bestrebungen seiner Zeit in sich aufnimmt und verarbeitet, und damit verbunden, seine positive Haltung gegenüber den Produzenten der materiellen Güter. Während aber Volksverbundenheit so einen Oberbegriff darstellt, der auf die allgemeine Tendenz des Schriftstellers zielt, wie sie in seinem Werk zum Ausdruck gelangt, interessiert uns für die Periode des Sturm und Drang besonders der Begriff, der unablässig von dieser Bewegung proklamiert wurde: der Begriff der »Volkstümlichkeit«, der eine Besonderheit im Rahmen der »Volksverbundenheit« darstellt. »Volkstümlichkeit« setzt zwar immer »Volksverbundenheit« voraus, erschöpft sich aber nicht darin, sondern stellt eine neue Qualität dar, deren Kriterien aus dem Volkspublikum gewonnen werden. Volksverbundene Werke müssen nicht immer dem Volke verständlich sein, volkstümliche sind es immer. Und zwar ist das nicht eine Frage ihrer vielleicht erst späteren Wirkung, sondern eine Frage der temporären Wirkungsmöglichkeit. Die Wahl des Stoffes und des Genres, Sprache und Metrik, Ideen, Inhalt und Form sind dafür entscheidend, ob ein Werk volkstümlich ist, das heißt, ob es vom Volke aufgenommen werden kann, weil seine eigenen Probleme so gestaltet wurden, daß sie ihm in der Literatur verständlich werden.« (E. *Braemer*, op. cit., p. 95.)
52 In my analysis of »Die Räuber« I shall show that this view is the conclusion which Schiller draws and implicates in his portrayal as a result of the failure of the revolt of an intellectual together with plebeians. – The essay of 1784 develops the relevance of this conclusion for contemporary German society. See pp. 69 f. below.
53/54 Sébastien *Mercier*, Du théâtre ou Nouvel essai sur l'art dramatique, Amsterdam 1773. – Translation quoted from: Werner *Krauss*, Studien zur deutschen und französischen Aufklärung, Berlin 1963, p. 356.
55 *Schiller*, op. cit., p. 97: »Er [der feurige Patriot, A.W.] wirft einen Blick durch das Menschengeschlecht, vergleicht Völker mit Völkern, Jahrhunderte mit Jahrhunderten, und findet, wie sklavisch die größere Masse des Volks an Ketten des Vorurtheils und der Meinung gefangen liegt, die seiner Glückseligkeit ewig entgegen arbeiten.« See also pp. 21 ff. below for a further analysis of the function of the study of history as a specific »deed« of bourgeois intellectuals (»Genien«) which serves the emancipatory needs of contemporary German society.
56 For this contrast of bourgeois-plebeian German national culture with feudal culture, see E. *Braemer*, op. cit., p. 95:
»Der Kampf um die charakteristische Kultur war zugleich der Kampf um die charakteristische Nation, die bürgerlichen Elemente der Kultur wurden der herrschenden Kultur des Feudalabsolutismus, der »schönen Herren und Damen«, entgegengestellt.« Aristocratic culture in the German states is subservient to the French »ancien régime«; it is the culture of the particularist forces against the creation of the German nation. Both Karl Moor, in his opening speeches, and Faust, in his first dialogue with Wagner, are highly critical of the literary culture of the ancien régime. See also pp. 33 f. below;

see also *Goethe,* Dichtung und Wahrheit, Dritter Theil, elftes Buch, Weimarer Ausgabe, Vol. 28, pp. 57–8.

57 See *Schiller,* op. cit., p. 99: »Unmöglich kann ich hier den großen Einfluß übergehen, den eine gute stehende Bühne auf den Geist der Nation haben würde. Nationalgeist eines Volks nenne ich die Ähnlichkeit und Übereinstimmung seiner Meinungen und Neigungen bei Gegenständen, worüber eine andere Nation anders meint und empfindet. Nur der Schaubühne ist es möglich, diese Übereinstimmung in einem hohen Grad zu bewirken, weil sie das ganze Gebieth des menschlichen Wesens durchwandert, alle Situationen des Lebens erschöpft, und in alle Winkel des Herzens hinunter leuchtet; weil sie alle Stände und Klassen in sich vereinigt, und den gebahntesten Weg zum Verstand und zum Herzen hat.«
A tendency which I shall examine later is present at the end of this passage: the aristocracy is itself to be won over, converted to the national cause, that is, it is to be persuaded to renounce voluntarily its feudal culture and privileges. See pp. 16 f. below.

58 *Schiller,* op. cit., p. 99.

59 *Schiller,* op. cit., p. 329.

60 Letter to Goethe of 29. 10. 1794. In: Schillers Werke, N.A., Vol. 27, p. 67.

61 Schillers Werke, N.A., Vol. 22, p. 247.

62 See *Schiller,* op. cit., p. 248: »Es würde daher umsonst sein, willkührlich in Einen Begriff zusammenzuwerfen, was längst schon keine Einheit mehr ist. Ein Volksdichter für unsere Zeiten hätte also bloß zwischen dem Allerleichtesten und dem Allerschwersten die Wahl: entweder sich ausschließend der Fassungskraft des großen Haufens zu bequemen und auf den Beifall der gebildeten Klassen Verzicht zu tun – oder den ungeheuren Abstand, der zwischen beiden sich befindet, durch die Größe seiner Kunst aufzuheben und beide Zwecke vereinigt zu verfolgen.«

63 Claus *Träger,* Studien zur Literaturtheorie und vergleichenden Literaturgeschichte. Leipzig 1970, p. 67.

64 See *Schiller,* op. cit., p. 250: »Wenn wir anders aber einen Volksdichter richtig schätzen, so besteht sein Verdienst nicht darin, jede Volksklasse mit irgendeinem, ihr besonders genießbaren, Liede zu versorgen, sondern in jedem einzelnen Liede jeder Volksklasse genug zu tun.«
See also Cl. *Träger,* op. cit., p. 68: »Wenn der Dichtung hier und jetzt weniger eine bloß unterhaltende oder moralisch belehrende Rolle als vielmehr eine dezidiert politische, nationalerzieherische Funktion zuwuchs, so konnte es sein Bewenden nicht damit haben, daß sie sich gleichsam in die Befriedigung partieller Bedürfnisse vereinzelte. Sofern der Dichter mit dem Volke ging – und Bürger hatte das getan, ohne etwa dadurch dem Verdikt Schillers zu verfallen –, konnte er dennoch fürderhin sich nicht darauf beschränken, dessen Gedanken und Empfindungen lediglich in Verse zu fassen.«

65 *Träger* (p. 68) talks here of a new stage of »Volkstümlichkeit«. For the relationship of »Volksverbundenheit« and »Volkstümlichkeit«, see note 51 above.

66 *Schiller,* op. cit., p. 249. – The poem »Die Künstler« (1788) and the »Briefe über die ästhetische Erziehung des Menschen« examine in detail the characteristics of art and the aesthetic experience which make possible this anticipatory, preparatory role. See especially the ninth letter, in: Schillers Werke, N.A., Vol. 20, pp. 332–6.

67 See Schillers Werke, N.A., Vol. 22, pp. 106–7: »Aber indem sie [diese Zeitschrift, A. W.] sich alle Beziehungen auf den jetzigen Weltlauf und auf die nächsten Erwartungen der Menschheit verbietet, wird sie über die vergangene Welt die Geschichte und über die kommende die Philosophie befragen, wird sie zu dem Ideale veredelter Menschheit, welches durch die Vernunft aufgegeben, in der Erfahrung aber so leicht

aus den Augen gerückt wird, einzelne Züge sammeln und an dem stillen Bau besserer Begriffe, reinerer Grundsätze und edlerer Sitten, von dem zuletzt alle wahre Verbesserung des gesellschaftlichen Zustandes abhängt, nach Vermögen geschäftig sein.«

68 *Schiller*, op. cit., p. 246.

69 See *Schiller*, op. cit., p. 293: »Etwas idealisieren heißt mir nur, es aller seiner zufälligen Bestimmungen entkleiden und ihm den Charakter innerer Notwendigkeit beilegen.«

70 See *Schiller*, op. cit., p. 246: »Dies aber setzte voraus, daß sie [die Dichtkunst, A. W.] selbst in keine andre als reife und gebildete Hände fiele. Solange das nicht ist, solange zwischen dem sittlich ausgebildeten, vorurteilfreien Kopf und dem Dichter ein andrer Unterschied stattfindet, als daß letzterer zu den Vorzügen des erstern das Talent der Dichtung noch als Zugabe besitzt, so lange dürfte die Dichtkunst ihren veredelnden Einfluß auf das Jahrhundert verfehlen, und jeder Fortschritt wissenschaftlicher Kultur wird nur die Zahl ihrer Bewunderer vermindern.«

71 *Schiller*, op. cit., pp. 93–4. – The concept of ›Weltbürger‹ is used by Schiller and other contemporaries to refer not only, as at first sight, to an international bourgeois public, but more specifically in the German context of the 1780s, to a national bourgeois public which extends beyond the individual frontiers of the small, narrow feudal absolutist states within Germany. It is linked, therefore, with the revolutionary programme of creating the bourgeois national state.

72 Andreas *Schleicher*, Schiller's companion on his flight from Württemberg, concluded »daß in Deutschland, wo das Eigentum des Schriftstellers wie des Verlegers jedem preisgegeben, ja als vogelfrei erklärt sei, und bei der geringen Teilnahme höherer Stände an den Erzeugnissen der deutschen Literatur ein Dichter, würde er auch alle der verflossenen oder gegenwärtigen Zeit übertreffen, ohne einen besoldeten Nebenverdienst, ohne bedeutende Unterstützung, bloß durch die Früchte seines Talents, unmöglich ein solches Einkommen sich verschaffen könne, als ein fleißigen Handwerksmann mit mäßigen Fähigkeiten dies gelingen müsse.« (In: A. *Schleicher*, Schillers Flucht von Stuttgart und Aufenthalt in Mannheim von 1782 bis 1785. Hamburg 1912, p. 147.)

73 See Schiller's letter to Goethe of 15. 5. 95: »... es ist jetzt platterdings unmöglich, mit irgendeiner Schrift, sie mag noch so gut oder noch so schlecht seyn, in Deutschland ein allgemeines Glück zu machen. Das Publikum hat nicht mehr die Einheit des Kindergeschmacks, und noch weniger die Einheit einer vollendeten Bildung. Es ist in der Mitte zwischen beyden, und das ist für schlechte Autoren eine herrliche Zeit, aber für solche, die nicht bloß Geld verdienen wollen, desto schlechter.« (In: Schillers Werke, N.A., Vol. 27, p. 184).

74 Thus on 29. 7. 88 Schiller wrote to Huber about the miserable, isolated lot of an independent writer and he therefore warned him against such a career: »Du bist nicht dazu gemacht, Dir vieles zu versagen, sonst würde ich Dir ohne Bedenken rathen, Dich Deinem Genius auf Treu und Glauben anzuvertrauen, und, nach unsers Körners Eintheilung, in die Hände des Publikums zu fallen ... Erinnere Dich ... an das über alle Maasen jämmerliche Loos, von der Feder zu leben ... unglücklicherweise muß ich als Schriftsteller schanzen oder verhungern ... Noch einmal, Lieber, der Himmel behüte Dich vor dem desperaten Einfall, Dich an die Schriftstellergaleere zu schmieden.« (In: Schillers Briefe, ed. Fritz Jonas, Stuttgart, Leipzig, Berlin, Wien, n.d., Vol. 2, pp. 94–95.)

75 Schillers Briefe, Vol. 2, p. 251.

76 Thus Schiller wrote as follows to a doctor friend on being elected a member of a scientific society in Jena in 1794: »Ich bin umso mehr dabey interessiert, weil ich dadurch berechtigt werde, Ihr College zu heißen, und obgleich wir schon in der Weltbürgerrepublik, wie ich hoffe, längst

Mitbürger sind, so ist mir doch jede engere Verbindung theuer, in der wir miteinander treten können.« (In: Schillers Briefe, Vol. 3, p. 425.)
See also Ursula *Wertheim*, ›Über den Begriff des »Weltbürgers« und die Vorstellung vom »Weltbürgertum« bei Schiller‹. In: E. *Braemer* und U. *Wertheim*, Studien zur deutschen Klassik, Berlin 1960, pp. 115–162.

77 J.W. *Goethe*, »Politischer Sansculottismus« (Horen 5/1795), in: Goethes Werke, Weimarer Ausgabe, Vol. 40, p. 199.

78 Schillers Briefe, Vol. 3, p. 457.

79 See *Stolpe*, op. cit., p. 287: »Auf diese Weise sahen sich also selbst diejenigen bürgerlichen Ideologen, die am konsequentesten für die Beseitigung der längst zu Fesseln für die Produktivkräfte gewordenen spätfeudalen Produktionsverhältnisse und in engstem Zusammenhang damit für die Belange der geknechteten Produzenten der materiellen Güter eintraten, gezwungen, ihre Blicke wieder Unterstützung heischend auf den Hof zu richten.«

80 This phenomenon is commented upon by Marx and Engels in the Communist Manifesto: »In Zeiten endlich, wo der Klassenkampf sich der Entscheidung nähert, nimmt der Auflösungsprozeß innerhalb der herrschenden Klasse, innerhalb der ganzen alten Gesellschaft einen so heftigen, so grellen Charakter an, daß ein kleiner Teil der herrschenden Klasse sich von ihr lossagt und sich der revolutionären Klasse anschließt, der Klasse, welche die Zukunft in ihren Händen trägt. Wie daher früher ein Teil des Adels zur Bourgeoisie überging, so geht jetzt ein Teil der Bourgeoisie zum Proletariat über, und namentlich ein Teil der Bourgeoisideologen, welche zum theoretischen Verständnis der ganzen geschichtlichen Bewegung sich hinaufgearbeitet haben.« (In: K. *Marx*, Die Frühschriften, Stuttgart 1968, p. 536.)
This comment is important for analysing Schiller's plays about contemporary Germany, since the characters who hold and try and act upon bourgeois revolutionary ideas are aristocrats by birth; they are, in the above sense, potentially theoretical and practical leaders of bourgeois emancipation. As we shall see later, in two different dramatic situations Schiller explores fully the opportunities which such heroes provide for criticism of feudal absolutism.

81 See *Stolpe*, op. cit., p. 289.

82 See *Wertheim*, op. cit., pp. 129–30.

83 Letter of 7. 11. 91. Quoted from *Wertheim*, op. cit., p. 129.

84 See letter of 20.1.95: »Das Wohl vieler Menschen ist jetzt in Ihren Händen, und Ihr großes und edles Herz, welches von jeher aus eigener freyer Neigung für das Beste der Menschheit thätig war, hat nunmehr auch von dem Schicksal einen äußern Beruf und eine würdige Sphäre dazu erhalten. Wie würde ich das Geschick meiner deutschen Mitbürger preisen, wenn es überal einer solchen Fürstenhand anvertraut wäre, und mit welcher Sicherheit könnte man sich als dann für die Erfüllung aller der VolksGlückseligkeit verbürgen, welche biß jetzt leider nur eine Idee der Philosophie und eine Phantasie der Dichter gewesen ist.« (Schillers Werke, N.A., Vol. 27, p. 124).

85 See E. *Braemer*, op. cit., pp. 72–78.

86 Schillers Briefe, Vol. 1, p. 265 (letter to Körner of 7. 5. 85).

87 See Jakob Friedrich *Abel*, ›Rede über das Genie. Werden große Geister geboren oder erzogen und welches sind die Merkmale der selbigen?‹ (Quoted from R. *Buchwald*, Der junge Schiller, Wiesbaden 1953, p. 192):
»Ohne Leidenschaft ist nie etwas Großes, nie etwas Ruhmvolles geschehen, nie ein großer Gedanke gedacht oder eine Handlung, der Menschheit würdig, vollbracht.«
See also Schillers Briefe, Vol. 1, pp. 246–7: (Letter to G. Körner, 7. 5. 85) – »Danken Sie dem Himmel für das beste Geschenk, das er Ihnen verleihen konnte, für diß glückli-

che Talent zur Begeisterung. Das Leben von tausend Menschen ist meistens nur Zirkulation der Säfte, Einsaugung durch die Wurzel, Destillazion durch die Röhren und Ausdünstung durch die Blätter; das ist heute wie gestern, beginnt in einem wärmeren Apriltage und ist mit dem nämlichen Oktober zu Ende. Ich weine über diese organische Regelmäßigkeit des größten Teils in der denkenden Schöpfung, und den preise ich selig, dem es gegeben ward, der Mechanik seiner Natur nach Gefallen mitzuspielen, und das Uhrwerk empfinden zu lassen, daß ein freier Geist seine Räder treibt. Man sagt von Newton, daß bei Gelegenheit eines fallenden Apfels das ungeheure System der Attraction in seinem Gehirne aufdämmerte. – Durch wie viel tausend Labirinthe von Schlüssen würde sich ein gewönlicher Geist bis zu dieser Entdeckung haben durchkriechen müssen, wo das verwegene Genie durch einen Riesensprung sich am Ziele sah. Sehen Sie, bester Freund – unsere Seele ist für etwas höheres da, als bloß den uniformen Takt der Maschine zu halten. Tausend Menschen gehen wie Taschenuhren, die die Materie aufzieht, oder, wenn sie wollen, ihre Empfindungen und Ideen tröpfeln hidrostatisch, wie das Blut durch seine Venen und Arterien, der Körper usurpiert sich eine traurige Diktatur über die Seele, aber sie kann ihre Rechte reclamieren, und das sind dann die Momente des Genius und der Begeisterung. Nemo unquam vir magnus fuit sine aliquo afflatu divino.«

88 Goethes Faust, ed. E. Trunz, pp. 368–9.
89 Op. cit., p. 370. – Goethe makes constant use of the images of »Wurm« and »Motte« to typify the subservient, inactive intellectual and social existence which Faust wants to break out of. See Urfaust, ›Nacht‹, pp. 371 (line 146), 373 (line 248), and Faust I, ›Nacht‹, pp. 28 (line 653), 28 (line 659), 29 (line 707). – (All page references are to the Trunz edition). In note 87 above, Schiller makes a related use of this imagery: »Durch wie viel tausend Labirinthe von Schlüssen würde sich ein gewöhnlicher Geist bis zu dieser Entdeckung haben durchkriechen müssen, wo das verwegene Genie durch einen Riesensprung sich am Ziel seh.«
»Kriechen« refers to those who follow conventional, unfree paths (»Ich weine über diese organische Regelmäßigkeit des größten Teils in der denkenden Schöpfung.«) in whatever occupation or activity. In the socio-historical context of the 1780s, therefore, »kriechen« refers to those who are subservient to feudal absolutism in any capacity. The convenitonal paths are contrasted with the revolutionary, innovatory, daring methods of the free genius. The socio-historical significance of these images is, therefore, related to that of »Kerker«. For further examples of images of worms and insects, see notes 91, 107, 110, 195, 200, 209, 218 and 232 below.
90 E. Braemer, op. cit., p. 183.
91 Engels uses the metaphor »kriechen« in the same socio-historical significance as Schiller and Goethe. See note 89 above.
92 Marx/Engels, Über Kunst und Literatur, Vol. 1, p. 95.
93 Schiller's Briefe, Vol. I, p. 245. (Letter of 7. 5. 85).
94 See note 39 above. Schiller's phrase »enger, dumpfer Kreis« describing the social reality of feudal absolutist society is close to Goethe's use of the image »Kerker« in Urfaust.
95 Schillers Werke, N.A., 22, p. 90.
96 In Braemer's sense of active reflection, that is, the possibility of the literary superstructure to react »qualitatively« to »quantitative« changes in the base. See Edith Braemer, op. cit., p. 17.
97 See Karl Marx, Die Frühschriften, p. 531. »Sie [= die feudalen Produktionsverhältnisse A. W.] hemmten die Produktion, statt sie zu fördern. Sie verwandelten sich in ebenso viele Fesseln. Sie mußten gesprengt werden, sie wurden gesprengt.« Compare this with the imagery of Karl Moor's active genius pp. 55 ff. below.

98 J.W. *Stalin,* Über dialektischen und historischen Materialismus, Berlin, 1951, p. 20.
See also Karl *Marx,* Zur Kritik der politischen Ökonomie, Berlin, 1970, p. 16:
»Daher stellt sich die Menschheit immer nur Aufgaben, die sie lösen kann, denn
genauer betrachtet, wird sich stets finden, daß die Aufgabe selbst nur entspringt,
wo die materiellen Bedingungen ihrer Lösung schon vorhanden oder wenigstens im
Prozeß ihres Werdens begriffen sind.«
99 Schillers Werke, N.A. 17, p. 12.
»Die neue Wahrheit, deren erfreuender Morgen jetzt über Europa hervorbricht, wirft
einen befruchtenden Strahl in diese günstige Zone, und freudig empfängt der freye
Bürger das Licht, dem sich gedrückte traurige Sklaven verschließen. Ein fröhlicher
Muthwille, der gerne den Überfluß und die Freiheit begleitet, reizt es an, das Ansehen
verjährter Meinungen zu prüfen und eine schimpfliche Kette zu brechen.«
100 *Schiller,* op. cit., p. 11. See also Engel's examination of this dialectical relationship
between – in Strom and Stress terminology – the genius, the great man of historical
action and the socio-economic developments which lie at the foundation of the historical conflicts in which the great historical figures participate:
»Hier kommen dann die sogenannten großen Männer zur Behandlung. Daß ein solcher
und grade dieser, zu dieser bestimmten Zeit in diesem gegebenen Lande aufsteht,
ist natürlich reiner Zufall. Aber streichen wir ihn weg, so ist Nachfrage da für Ersatz,
und dieser Ersatz findet sich, tant bien que mal, aber er findet sich auf die Dauer.
Daß Napoleon, grade dieser Korse, der Militärdiktator war, den die durch eignen
Krieg erschöpfte französische Republik nötig machte, das war Zufall; daß aber in
Ermangelung eines Napoleon ein andrer die Stelle ausgefüllt hätte, das ist bewiesen
dadurch, daß der Mann sich jedesmal gefunden, sobald er nötig war: Cäsar, Augustus,
Cromwell etc.«
In: *Marx/Engels,* Über Kunst und Literatur, Vol. I, pp. 102–3.
101 *Schiller,* op. cit., p. 11. See also p. 10:
»Und darum achtete ich es des Versuchs nicht unwerth, dieses schöne Denkmal bürgerlicher Stärke vor der Welt aufzustellen, in der Brust meines Lesers ein fröhliches
Gefühl seiner selbst zu erwecken, und ein neues unverwerfliches Beispiel zu geben,
was Menschen wagen dürfen für die gute Sache, und ausrichten mögen durch Vereinigung.«
102 See Werner *Krauss,* Studien zur deutschen und französischen Aufklärung, Berlin,
1963, p. 388.
»Der Sturm und Drang hatte mit leidenschaftlichem Überzeugungsmut den Weg der
politischen und der gesellschaftlichen Reformen betreten, die Einheit von Dichter
und Praktiker erzeugte den enthusiastischen Sinn der Bewegung. Doch gerade auf
dem Boden der Praxis war das Scheitern der besten Vorsätze unausweichlich. Die
Front der Regierenden und der Privilegierten blieb unverrückbar und undurchdringlich
bestehen. Trotz günstiger Voraussetzungen vermochte selbst Goethe in dem seinem
Einfluß weitgeöffneten kleinen Land den Widerständen der Tradition nichts abzurin-
gen.«
See also Goethe's Letter to Knebel of 21. 11. 82, in: Goethes Werke, Weimarer Ausgabe, IV, Vol. 6, p. 97.
»Der Wahn, die schönen Körner, die in meinem und meiner Freunde daseyn reifen,
müßten auf diesen Boden gesät und jene himmlischen Juwelen könnten in die irdischen
Kronen dieser Fürsten gefaßt werden, hat mich ganz verlassen.«
103 See Edith *Braemer,* op. cit., p. 77.
»Zunder zu großen Taten: hier ist die zweite Grundposition des Sturm und Drang,
denn während das Handeln angestrebt wird, kann es tatsächlich nur ideologisch vorbereitet werden, und alles, was der Sturm und Drang in bezug auf die unmittelbare

Realität leistet, liegt in dem Wort »Zunder« beschlossen, dessen Wesen die Vorbereitung ist.«

104 Franz *Mehring*, op. cit., p. 115.
105 For Herder's theory of genius, see Journal meiner Reise, Suphan, Vol. 4, especially
     pp. 454f.
106 Schillers Briefe, Vol. II, p. 155. (Letter of 20. 11. 88).
107 op. cit., pp. 161–2. (Letter to Caroline von Beulwitz of 27. 11. 88.) Schiller continues
     as follows:
     »Mir für meine kleine stille Person erscheint die große politische Gesellschaft aus
     der Haselnußschaale, woraus ich sie betrachte, ongefähr so, wie einer Raupe der
     Mensch vorkommen mag, an dem sie hinaufkriecht. Ich habe einen unendlichen
     Respekt für diesen großen drängenden Menschenozean, aber es ist mir auch wohl
     in meiner Haselnußschaale. Mein Sinn, wenn ich einen dafür hätte, ist nicht geübt,
     nicht entwickelt, und solange mir das Bächlein Freude in meinem engen Zirkel nicht
     versiegt, so werde ich von diesem großen Ozean ein neidloser und ruhiger Bewunderer
     bleiben.«
     Here it can be seen that the restricted social circumstances in turn dialectically affected
     the revolutionary will of Schiller. (See note 154 below). In the first part of the letter
     Schiller rebels against the German circumstances, in the second he feels at ease in
     them. Here he is not simply forcibly resigned to the role of spectator, to the restrictions
     placed on his genius, he feels comfortable in it. Significantly Schiller uses the imagery
     associated by Goethe and Schiller with incactive subservience to feudal absolutism:
     (see notes 39 and 89 above) »Raupe«, the »enger Zirkel«, and the new one of »Hasel-
     nußschaale« (which is related to the »Kerker« image). This contradictory tendency,
     present in almost every sentence of the above passage, a dialectical product of German
     social circumstances, was noted by Engels in the case of Goethe. The broad outlines,
     if not every detail, of Engels' analysis may be applied also to Schiller:
     »... es ist ein fortwährender Kampf in ihm zwischen dem genialen Dichter, dem
     die Misère seiner Umgebung anekelt, und dem behutsamen Frankfurter Ratsherrn-
     kind, resp. Weimarschen Geheimrat, der sich genötigt sieht, Waffenstillstand mit ihr
     zu schließen und sich an sie zu gewöhnen. So ist Goethe bald kolossal, bald kleinlich;
     bald trotziges, spottendes, weltverachtendes Genie, bald rücksichtsvoller, genügsamer,
     enger Philister. Auch Goethe war nicht imstande, die deutsche Misère zu besiegen;
     im Gegenteil, sie besiegte ihn, und dieser Sieg der Misère über den größten Deutschen
     ist der beste Beweis dafür, daß sie »von innen heraus« gar nicht zu überwinden ist
     ... In diesem Dilemma, in einer Lebenssphäre zu existieren, die er verachten mußte,
     und doch an diese Sphäre als die einzige, in welcher er sich betätigen konnte, gefesselt
     zu sein, in diesem Dilemma hat sich Goethe fortwährend befunden, ...« In: *Marx,
     Engels, Lenin*, Über Kultur, Ästhetik, Literatur, Leipzig, 1971, pp. 629–30.
108 Werner *Krauss*, op. cit., p. 382.
109 See J. G. *Herder*, Ideen zur Philosophie der Geschichte der Menschheit, Suphan, Vol.
     14, pp. 212–3.
     »Kein Zweifel aber, daß überhaupt, was auf der Erde noch nicht geschehen ist, künftig
     geschehen werde: denn unverjährbar sind die Rechte der Menschheit und die Kräfte,
     die Gott in sie legte, unaustilgbar. Wir erstaunen darüber, wie weit Griechen und
     Römer es in ihrem Kreise von Gegenständen in wenigen Jahrhunderten brachten:
     denn wenn auch der Zweck ihrer Wirkung nicht immer der reinste war, so beweisen
     sie doch, daß sie ihn zu erreichen vermochten. Ihr Vorbild glänzt in der Geschichte
     und muntert Jeden ihres gleichen, unter gleichem und größerem Schutze des Schicksals,
     zu ähnlichen und besseren Bestrebungen auf. Die ganze Geschichte der Völker wird
     uns in diesem Betracht eine Schule des Weltlaufs zur Erreichung des schönsten Kranzes

der Humanität und Menschenwürde. So viele glorreiche alte Nationen erreichten ein schlechteres Ziel; warum sollten wir nicht ein reineres, edleres erreichen? Sie waren Menschen wie wir sind; ihr Beruf zur besten Gestalt der Humanität ist der unsrige, nach unsern Zeitumständen, nach unserm Gewissen, nach unsern Pflichten.« The laws of historical progress are described by Herder as: »Naturgesetze, die auch nach den Zeugnissen der Geschichte dem Gange der Humanität in unserm Geschlecht aufgeholfen haben und so sie Naturgesetze Gottes sind, ihm aufhelfen werden.«

110 See Schillers Werke, N.A. 17, pp. 362–3.
»Alle seine Bestrebungen sind auf Vollendung seines Wissens gerichtet; seine edle Ungeduld kann nicht ruhen, bis alle seine Begriffe zu einem harmonischen Ganzen sich geordnet haben . . . Der philosophische Geist findet in seinem Gegenstand, in seinem Fleiße selbst, Reiz und Belohnung. Wie viel begeisterter kan er sein Werk angreiffen, wieviel lebendiger wird sein Eifer, wieviel ausdauernder sein Muth und seine Thätigkeit seyn, da bey ihm die Arbeit sich durch die Arbeit verjünget.« Schiller distinguishes between the scholar who pursues one abstract, »fragmentary« academic discipline, motivated by the desire for »Fürstengunst«; this is the »Sklavenseele« who is subservient to the political and cultural system of feudal absolutism; and »der junge Mann von Genie« who pursues a »committed« knowledge about world history as a whole and its fundamental developing tendencies. This pursuit has revolutionary implications with regard to the socio-political and ideological superstructure of feudal absolutism. See also notes 39 and 89 above.

111 Schillers Briefe, Vol. I, p. 245. (Letter to Körner of 7. 5. 85). See also Schillers Werke, N.A., 17, p. 363:
». . . zwischen denkenden Köpfen gilt eine innige Gemeinschaft aller Güter des Geistes; was Einer im Reiche der Wahrheit erwirbt, hat er Allen erworben.«

112 See Herder, op. cit., p. 234. »So gehet wie in der Maschine unsres Körpers durch einen nothwendigen Antagonismus das Werk der Zeiten zum Besten des Menschengeschlechts fort und erhält desselben dauernde Gesundheit.«

113 Herder, op. cit., p. 205.

114 See pp. 20 f. above.

115 Herder, op. cit., p. 235.

116 Herder, op. cit., p. 233. »Überhaupt zeigt der ganze Gang der Cultur auf unsrer Erde mit seinen abgerissenen Ecken, mit seinen aus- und einspringenden Winkeln fast nie einen sanften Strom, sondern vielmehr den Sturz eines Waldwassers von den Gebürgen; dazu machen ihn insonderheit die Leidenschaften der Menschen.«

117 Herder, op. cit., p. 233. (ibid.) »Zugleich ergiebt sich, daß wo in der Menschheit das Ebenmaas der Vernunft und Humanität gestört werden, die Rückkehr zu demselben selten anders als durch gewaltsame Schwingungen von einem Aeußersten zum andern geschehen werde. Eine Leidenschaft hob das Gleichgewicht der Vernunft auf; eine andre stürmt ihr entgegen und so gehen in der Geschichte oft Jahre und Jahrhunderte hin, bis wiederum ruhige Tage werden.«

118 Herder, op. cit., p. 234. »In welchen Abweichungen und Winkeln aber auch der Strom der Menschenvernunft sich fortwinden und brechen möge; er entsprang aus dem ewigen Strome der Wahrheit und kann sich kraft seiner Natur auf seinem Wege nie verlieren. Wer aus ihm schöpfet, schöpft Dauer und Leben.«

119 See Herder, op. cit., p. 210. »Ueberall also finden wir die Menschheit im Besitz und Gebrauch des Rechtes, sich zu einer Art von Humanität zu bilden, nachdem es solche erkannte. Irrten sie oder blieben auf dem halben Wege einer ererbten Tradition stehen: so litten sie die Folgen ihres Irrthums und büßeten ihre eigne Schuld. Die Gottheit hatte ihnen in nichts die Hände gebunden, als durch das was sie waren, durch Zeit,

Ort und die ihnen innewohnenden Kräfte. Sie kam ihnen bei ihren Fehlern auch nirgend durch Wunder zu Hülfe, sondern ließ diese Fehler wirken, damit Menschen solche selbst bessern lernten. So einfach dieses Naturgesetz ist: so würdig ist es Gottes, so zusammenstimmend und fruchtbar an Folgen für das Geschlecht der Menschen . . . den Menschen macht Gott zu einem Gott auf Erden, er legte das Principium eigner Wirksamkeit in ihn und setzte solches durch innere und äußere Bedürfnisse seiner Natur von Anfang an in Bewegung. Der Mensch konnte nicht leben und sich erhalten, wenn er nicht Vernunft brauchen lernte: sobald er diese brauchte, war ihm freilich die Pforte zu tausend Irrtümern und Fehlversuchen, eben aber auch, und selbst durch diese Irrtümer und Fehlversuche, der Weg zum bessern Gebrauch der Vernunft eröffnet. Je schneller er seine Fehler erkennen lernt, mit je rüstiger Kraft er darauf geht, sie zu bessern, desto weiter kommt er, desto mehr bildet sich seine Humanität, und er muß sie ausbilden oder Jahrhunderte durch unter der Last eigener Schuld ächzen.«

For a similar account of mankind's dialectical progress – by way of the Fall – towards freedom and humanity, see the opening section entitled: »Übergang des Menschen zur Freiheit und Humanität« of Schiller's essay: »Etwas über die erste Menschengesellschaft nach dem Leitfaden der mosaischen Urkunde.« In: Schillers Werke, N.A., 17, pp. 398–401. See also the »Prolog im Himmel« of Goethe's »Faust«, Part One, for the dialectical framework of individual and socio-historical progress. Particularly important is the role of Mephistopheles as the force of contradiction:

> »Des Menschen Tätigkeit kann allzuleicht erschlaffen,
> Er liebt sich bald die unbedingte Ruh;
> Drum geb' ich gern ihm den Gesellen zu,
> Der reizt und wirkt und muß als Teufel schaffen.

And: »Es irrt der Mensch, solang' er strebt.« In: Goethes Faust, ed. E. Trunz, Hamburg, 1968, p. 18.

120 See also the comment of the Lord in the »Prolog im Himmel« of Goethe's Faust, pp. 17–18:

> »Wenn er mir jetzt auch nur verworren dient,
> So werd' ich ihn bald in die Klarheit führen.
> Weiß doch der Gärtner, wenn das Bäumchen grünt,
> Daß Blüt' und Frucht die künft'gen Jahre zieren.«

121 *Schiller*, op. cit., p. 375.

122 Friedrich *Engels*, »Ludwig Feuerbach und der Ausgang der klassischen deutschen Philosophie«. In MEW, 21, p. 296. Engels goes on to summarize the idealistic conception of the historical dialectic and the method of the idealistic philosophers of history as follows:
»Die Geschichtsphilosophie . . ., wie sie namentlich durch Hegel vertreten wird, erkennt an, daß die ostensiblen und auch die wirklich tätigen Beweggründe der geschichtlich handelnden Menschen keineswegs die letzten Ursachen der geschichtlichen Ereignisse sind, daß hinter diesen Beweggründen andere bewegende Mächte stehen, die es zu erforschen gilt; aber sie sucht diese Mächte nicht in der Geschichte selbst auf, sie importiert sie vielmehr von außen, aus der philosophischen Ideologie, in die Geschichte hinein.« (p. 298).
This method is precisely that of Schiller:
»Er [der philosophische Geist, A. W.] nimmt also diese Harmonie aus sich selbst heraus, und verpflanzt sie außer sich in die Ordnung der Dinge d. i. er bringt einen vernünftigen Zweck in den Gang der Welt, und ein teleologisches Prinzip in die Weltgeschichte.« In: *Schiller*, op. cit., p. 374.

123 *Schiller,* op. cit., p. 21. See also *Herder,* op. cit., p. 239 for a similar idealistic interpretation:
»Der Wille der Vorsehung wird also durch gute und böse Triebfedern befördert werden, bis der Mensch sein ganzes Geschlecht kenne und darauf wirke.«
See also *Schiller,* op. cit., p. 375:
»... daß der selbstsüchtige Mensch niedrige Zwecke zwar verfolgen kann, aber unbewußt vortreffliche befördert.«

124 *Engels,* op. cit., p. 277.

125 *Engels,* op. cit., p. 275.

126 *Schiller,* op. cit., p. 365.

127 *Schiller,* op. cit., p. 369. Schiller here presumably refers principally to the peak of early capitalist development in Germany in the fifteenth century which was followed by a long period of feudal reaction in the sixteenth and seventeenth centuries with the crushing of the peasants' revolt and the 30 Years War, both of which events increased the power of the stronger territorial princes against the unifying centre of the Empire, which led in turn to the developed system of feudal absolutism in the eighteenth century. (See Heinz *Stolpe,* op. cit., pp. 228–233). At the same time, however, Schiller has his »committed« eye on the agricultural and industrial developments which were taking place in the last third of the eighteenth century and which, as we have seen, the bourgeois intelligentsia perceived to be a key to the socio-political emancipation of the bourgeoisie and peasants from feudal absolutism. See pp. 4 ff. above. See also, in the inaugural lecture, Schiller's comment on progressive contemporary socio-economic developments:
»Welche rege Thätigkeit überall, seitdem die vervielfältigsten Begierden dem Erfindungsgeist neue Flügel gaben, und dem Fleiß neue Räume aufthaten!« (p. 366).
To appreciate Schiller's grasp of the materialistic dialectic in his statement about the rise of the bourgeoisie and the decline of the feudal aristocracy in the 15th century, see the close correspondence of Schiller's statement with several passages of Engels' essay: »Über den Verfall des Feudalismus und das Aufkommen der Bourgeoisie.« In: MEW, Vol. 21, especially pp. 392–3. Herder also has an intuitive perception of the materialistic basis of the historical dialectic in his account of the rise of the bourgeoisie and the decline of feudalism.
See *Herder,* op. cit., p. 493:
»Jetzt brachten Druck und Gegendruck eine Wirkung hervor, an welche keine der beiden Partheien [»die römische Hierarchie« and »die rohen Völker des Mittelalters«, A. W.] dachte: Bedürfniß, Noth und Gefahr trieben zwischen beiden einen dritten Stand hervor, der gleichsam das warme Blut dieses großen wirkenden Körpers seyn muß, oder der Körper geht in Verwesung. Dies ist der Stand der Wissenschaft, der nützlichen Thätigkeit, des wetteifernden Kunstfleißes; durch ihn ging dem Ritter- und Pfaffenthum die Epoche ihrer Unentbehrlichkeit nothwendig, aber nur allmählich zu Ende.«

128 See quotation from Werner *Krauss* on p. 20 of this essay.

129 See *Schiller,* op. cit., p. 368.
»Selbst daß wir uns in diesem Augenblick hier zusammen fanden, uns mit diesem Grade von Nationalkultur, mit dieser Sprache, diesen Sitten, diesen bürgerlichen Vortheilen, diesem Maaß von Gewissensfreyheit zusammen fanden, ist das Resultat vielleicht aller vorhergegangenen Weltbegebenheiten: die ganze Weltgeschichte würde wenigstens nöthig seyn, dieses einzige Moment zu erklären.«

130 *Schiller,* op. cit., p. 366. Schiller goes on to point out that the contemporary social and political system of feudal absolutism in Germany represents an advance on the feudal anarchy of the Middle Ages. But his expression of this advance indicates at

the same time that the »boldness« to overcome the final remnants of the Middle Ages, that is, the rule of the territorial princes, has still to be summoned up: »Aber wieviel Gestalt hat der Verstand des Menschen auch diesem barbarischen Nachlaß der ältern und mittlern Jahrhunderte anerschaffen! Wie unschädlich, ja wie nützlich hat er oft gemacht, was er umzustürzen noch nicht wagen konnte. Auf dem rohem Grunde der Lehen-Anarchie führte Teutschland das System seiner politischen und kirchlichen Freyheit auf.«

131 Schillers Briefe, Vol. III, p. 371. (Letter of 11. 11. 1793).

132 The eighth letter of the »Briefe über Don Carlos«. In Schillers Werke, N.A., 22, pp. 162 and 164.

133 Schillers Werke, N.A., 17, p. 374.

134 See note 67 above.

135 *Schiller*, op. cit., p. 376. Schiller uses the same concepts of »Tat«, »Unsterblichkeit«, the idea of the deed surviving the name of its perpetrator, for the genius as philosopher-historian as for Karl Moor, the genius of revolutionary action. (See the poem: »Monument Moors des Räubers«, in: Schillers Werke, N.A., 1, pp. 117–8). In their different ways, both work for posterity, that is, contribute towards historical progress, towards bourgeois emancipation. See my analysis of »Die Räuber«, p. 60 and note 294 below.

136 See Marxistisch-Leninistisches Wörterbuch der Philosophie, ed. Georg *Klaus* and Manfred *Buhr*. Hamburg 1972, Vol. 3, p. 845.

137 Friedrich *Engels,* »Varia über Deutschland«. In: MEW, Vol. 18, p. 590ff.

138 Engels summarises this dialectic of socio-economic circumstances and pietism in Germany as follows:
». . . und sogar die aus der ökonomischen Elendslage Deutschlands von 1648–1830 entspringende tödliche Ermattung und Impotenz des deutschen Spießbürgers, die sich äußerte zuerst in Pietismus, dann in Sentimentalität und kriechender Fürsten- und Adelsknechtschaft, war nicht ohne ökonomische Wirkung. Sie war eines der größten Hindernisse des Wiederaufschwungs . . .«
In: *Marx/Engels,* Über Kunst und Literatur, Vol., I, p. 95.

139 See Benno von *Wiese,* Friedrich Schiller, Stuttgart, 1959, pp. 55.

140 See my analysis of »Kabale und Liebe« and »Die Räuber«, pp. 37f., 42ff., 63ff. below.

141 Benno von *Wiese,* op. cit., p. 57.

142 See my analysis of Schiller's small-bourgeois and plebeian characters' use of the biblical terminology of judgement pp. 43 f. and 65 f. below.

143 Johann Albrecht Bengels sechzig erbauliche Reden über die Offenbarung Johannis . . . Neue Auflage, 1771, pp. 195 and 1071. (Quoted by B. v. *Wiese,* op. cit., pp. 57 and 58.)

144 See Johann Jacob Mosers Betrachtungen über die Sonn- und Festtags-Evangelien. Neue Auflage, 1777, pp. 605 and 615:
»Wie glückselig wäre ein Land, dessen Regent, nebst seinen Räthen, Bedienten und Unterthanen, alle wahre Christen wären! Das wäre eine Art eines Paradieses auf dieser Welt . . . O! wüssten die Grossen in dieser Welt, was für ein Kleinod sie an den wahren Christen in ihrem Lande hätten; sie würden sich alle um sie reißen!« (Quoted by B. v. *Wiese,* op. cit., p. 60).

See Werner *Krauss,* op. cit., p. 244.

146 Lebensgeschichte Johann Jacob Mosers, von ihm beschrieben, 1768, p. 160. (Quoted by B. v. *Wiese,* op. cit., p. 61.)

147 Friedrich Carl von *Moser,* Über Regenten, Regierung und Minister. Schutt zur Wege-Besserung des kommenden Jahrhunderts, 1784, p. 254. (Quoted by B. v. *Wiese,* op. cit., pp. 64–5.)

148 See Fr. C. v. *Moser*, Politische Wahrheiten, Vol. I, 1796, p. 189:

Die Geburtsstätte des Despotismus ist: Wann die Regenten, durch eigenen Betrug
und durch Verführung geistlicher und weltlicher Heuchler, Schmeichler und Irrlehrer,
beginnen, ihren ursprünglichen hohen Beruf und Bestimmung zu mißkennen; wann
sie vergessen, daß ihre Dignität ein ihnen übertragenes oder auf sie vererbtes Amt
seye, von dem sie Gott und ihrem Volk Verantwortung schuldig sind; wenn sie anfangen, das Land vor ihr Eigenthum und ihre Unterthanen als Geschöpfe anzusehen,
mit denen sie nach eigenem Belieben schalten und walten können.« (Quoted by B.
v. *Wiese*, op. cit., p. 66.)

149 See Fr. C. v. *Moser*, Reliquien, 3. verbesserte Auflage, 1766, p. 290:

»Gehet also die Staatskunst in ihrer höchsten und reinesten Bemühung dahin, zufrie-
dene und glückliche Bürger zu machen, so hat die Religion nicht nur gleiche Absichten,
sondern sie führet noch weiter; wo die Politic aufhöret, würket sie noch immer,
sie verläßt den Menschen auch alsdann nicht, wenn die Bürgerliche Gesellschaft
aufhörte, ihn als ihr Mitglied zu betrachten.« (Quoted by B. v. *Wiese*, op. cit.,
p. 64.)

Compare the close correspondence of the following comment by Schiller to Moser's
words:

»Geseze herrschen nur über die offenbaren Aeusserungen des Willens, und Thaten
sind ihnen unterthan – die Religion sezt ihre Gerichtsbarkeit bis in die verborgensten
Winkel des Herzens fort, und verfolgt den Gedanken bis an die innerste Quelle.«
(In: »Was kann eine gute stehende Schaubühne eigentlich wirken?«, Schillers Werke,
N.A., Vol. 20, p. 91.)

150 See p. 10 above and 69 ff. below.

151 See pp. 53 f. below.

152 See Paul Reimann, Hauptströmungen der deutschen Literatur. 1750–1848. Berlin
1956, pp. 136–7:

».. . es war verständlich, daß die junge literarische Bewegung des Sturm und Drang
eine ideologische Stütze suchte bei der viel weiter entwickelten Bewegung der französischen und englischen Bourgeoisie, daß die französische und die englische Philosophie
und Literatur, in denen die Bestrebungen der bürgerlichen Klassen Ausdruck fanden,
einen großen Einfluß auf die Entwicklung der literarischen Bewegung in Deutschland
ausübte.«

153 See pp. 42 f., 62 f. and note 313 below.

154 Claus *Träger*, op. cit., p. 61. – See also: G. *Lukács*, Skizze einer Geschichte der neueren
deutschen Literatur, Neuwied and Berlin, 1963, pp. 41–2:

»Trotz gewisser Sympathien mit dem Materialismus, die in der Neigung Lessings,
Goethes (und zeitweise Herders) für Spinoza wirksam sind, gewinnt die radikalste,
fortgeschrittenste Philosophie der Aufklärung in Deutschland keinen Boden. Das ist
nicht nur eine Folge der wirtschaftlichen Rückständigkeit. Dabei spielt vielmehr auch
die Tatsache eine nicht unwichtige Rolle, daß die adlig-höfische Abart der französischen Aufklärungsphilosophie, auch des Materialismus, eine gewisse Stütze im Duo-
dez-Absolutismus Deutschlands erhält, so vor allem im Preußen Friedrichs des Zweiten. Die höfische Erscheinungsform des philosophischen Materialismus ist natürlich
eine Verzerrung; er verliert dabei sein revolutionär umwälzendes Wesen und empfängt
einen aristokratisch-zynischen Zug. Je heftiger und leidenschaftlicher nun die deutschen Aufklärer gegen die Ideologie der Höfe kämpfen, desto mehr empfinden sie
diese aristokratisch-zynische Weltanschauung als feindlich, und sie sind nicht imstande, französische und englische demokratische Originale von deren deutsch-höfi-
schen Karikaturen zu unterscheiden. Der Haß des selbstbewußt gewordenen neuen
bürgerlichen Menschen Deutschlands gegen den moralischen Zynismus des Adels und

der Höfe explodiert in der mit rasender Wut gezeichneten Karikaturgestalt des Franz
von Moor in Schillers ›Räubern‹.«
For Schiller's rejection of materialism and atheism in these critical anti-feudal terms,
see his »Philosophie der Physiologie«, N.A., Vol. 20, pp. 12 and 33:
»Oder mus der Geist selbst Materie sein. Denken wäre also Bewegung. Unsterblichkeit
wäre ein Wahn. Der Geist müste vergehen. Diese Meinung mit Gewalt ersonnen,
die Erhabenheit des Geistes zu Boden zu drücken, und die Furcht einer kommenden
Ewigkeit einzuschläfern, kann nur Thoren und Bösewichter bethören; der Weise verhöhnt sie . . . Aber eben so leicht kann das Laster eines Einzigen in tausend unverwahrte Seelen sein süsses Gift einhauchen. So kann es eine Kette von Menschenaltern
ferne von ihrer hohen Bestimmung in das alte barbarische Dunkel thierischer Wildheit
zurückstossen. So hat sich der unvollkommene Geist eines La Mettrie, eines Voltaire
auf den Ruinen tausend verunglückter Geister eine Schandsäule aufgerichtet, ihres
Frevels unsterbliches Denkmal.« (See also note 313 below).
The progressive and/or regressive significance of the emphasis placed on religious
and moral values in Germany towards the end of the eighteenth century is an extremely
complex question which only an all-sided dialectical analysis can resolve. In the case
of Schiller this question is linked with his reception of pietism, and I have chosen
to distinguish between an »active« and a »passive« form of pietism. The former,
of great importance in Württemberg and therefore also for Schiller, is a source of
aggressive social criticism. Schubart, and also Rousseau as we shall see, whose source
of radical criticism is also moral, religious values as opposed to philosophical materialism, are, therefore, Schiller's chief models in his early dramas. The other form of
pietism, predominant in the rest of Germany in the eighteenth century, consists of
mystical inwardness and includes the complete renunciation of the active resolve to
change society. Not even Schiller's most socially oppressed characters in Kabale und
Liebe, as we shall see, are as passive as this. It is the »passive«, »abstract« form
of morality which Marx and Engels noted in Kant and which they saw as symptomatic
of the ideology of the German bourgeoisie in contrast to that of the economically
and politically emancipated English and French bourgeoisie at the end of the eighteenth
century. See Marx/Engels, Die deutsche Ideologie, Berlin 1957, pp. 196ff.:
»Der Zustand Deutschlands am Ende des vorigen Jahrhunderts spiegelt sich vollständig ab in Kants Kritik der praktischen Vernunft. Während die französische Bourgeoisie
sich durch die kolossalste Revolution, die die Geschichte kennt, zur Herrschaft auf-
schwang und den europäischen Kontinent eroberte, während die bereits politisch
emanzipierte englische Bourgeoisie die Industrie revolutionierte und sich Indien politisch und die ganze andere Welt kommerziell unterwarf, brachten es die ohnmächtigen
deutschen Bürger nur zum »guten Willen«. Kant beruhigte sich bei dem bloßen »guten
Willen«, selbst wenn er ohne alles Resultat bleibt, und setzte die Verwirklichung
dieses guten Willens, die Harmonie zwischen ihm und den Bedürfnissen und Trieben
der Individuen, ins Jenseits . . .«
Kant, in his development of French liberal philosophy, ignoring the material, bourgeois
class interests it represented, abstracted will from its sensualistic source and arrived
at a pure, free will which ought to act in accordance with an abstract moral law.
Such an abstract moral will was incapable of actively changing the real world. Marx/
Engels, ibid: ». . . die charakteristische Form, die der auf wirklichen Klasseninteressen
beruhende französische Liberalismus in Deutschland annahm, finden wir wieder bei
Kant. Er sowohl wie die deutschen Bürger, deren beschönigender Wortführer er war,
merkten nicht, daß diesen theoretischen Gedanken der Bourgeoisie materielle Interes-
sen und ein durch die materiellen Produktionsverhältnisse bedingter und bestimmter
Wille zugrunde lag; er trennte daher diesen theoretischen Ausdruck von den Interessen,

die er ausdrückt, machte die materiell motivierten Bestimmungen des Willens der französischen Bourgeoisie zu reinen Selbstbestimmungen des »freien Willens«, und verwandelte ihn so in rein ideologische Begriffsbestimmungen und moralische Postulate. Die deutschen Kleinbürger schauderten daher auch vor der Praxis dieses energischen Bourgeoisliberalismus zurück, sobald diese sowohl in der Schreckensherrschaft als in dem unverschämten Bourgeoiserwerb hervortrat ...«

It must be emphasized, therefore, that the young Schiller's use of moral values derives chiefly from Schubart and Rousseau, it is aggressively critical, as opposed to Kant's use of moral will in the above sense (We shall see, however, that the moral solution reached by Schiller at the end of the »Räuber« does include some of the abstract, regressive elements. – See pp. 66 ff. below). It is a separate, but extremely important and complex question with regard to Schiller's later development to determine the dialectic of the socio-historical circumstances in Germany at the turn of the century, the revolutionary and post-revolutionary events in France, Schiller's intensive preoccupation with Kantian morality and the weakening of his directly political, revolutionary will. I would just make one tentative comment on this subject; in »Die Räuber« the man of political action embodies at the same time bourgeois ideals. He is able to act upon his ideas, his ideas do not preclude political action; indeed, they necessitate it. The same is also true of Marquis Posa in »Don Carlos« and, to a lesser extent, of Ferdinand in »Kabale und Liebe« and the republicans of Genoa in Fiesko. In the »Wallenstein« trilogy, the character who embodies bourgeois moral ideas, Max, is passive, whilst the man of great political action, Wallenstein, is portrayed as immoral, as a criminal. We can see from Schiller's letters accompanying the composition of the trilogy that Schiller himself shared Max's »Kantian« criticism of Wallenstein and of historical »Zwecke«. But a dialectical analysis can show that, with regard to the drama's reflection of contemporary German circumstances, it is Wallenstein's »materialistic« maxims and instincts which are the »evil«, but progressive ones of the capitalist entrepreneur.

Engels commented – with reference to Hegel – on the role of evil in historical progress, as follows:

»Bei Hegel ist das Böse die Form, worin die Treibkraft der geschichtlichen Entwicklung sich darstellt. Und zwar liegt hierin der doppelte Sinn, daß einerseits jeder neue Fortschritt notwendig auftritt als Frevel gegen ein Heiliges, als Rebellion gegen die alten, absterbenden, aber durch die Gewohnheit geheiligten Zustände (see Wallenstein's monologue in »Wallenstein's Tod«, Act I, scene 4! – A.W.), und andererseits, daß seit dem Aufkommen der Klassengegensätze, es grade die schlechten Leidenschaften der Menschen sind, Habgier und Herrschaft, die zu Hebeln der geschichtlichen Entwicklung werden, wovon z.B. die Geschichte des Feudalismus und der Bourgeoisie ein einziger fortlaufender Beweis ist.« (In: »Ludwig Feuerbach und der Ausgang der klassischen deutschen Philosophie«, MEW, Vol. 21, p. 287).

Bearing in mind Schiller's own attitude towards Max and Wallenstein as expressed in his letters, it may be concluded, therefore, that Schiller reflected unwittingly in Wallenstein the subjective characteristics and maxims associated with the dialectical, antagonistic nature of bourgeois emancipation (which Goethe portrayed quite consciously in »Faust«) and he thus continued the dialectical line of thought he exhibited in his inaugural lecture, where he stated, »... daß der selbstsüchtige Mensch niedrige Zwecke zwar verfolgen kann, aber unbewußt vortreffliche befördert.« (Schillers Werke, N.A., Vol. 17, p. 375).

At the end of »Über naive und sentimentalische Dichtung« Schiller describes the two contrasting character types of »realist« and »idealist«. And here Schiller himself, in contrast to the Kantian ideas expressed in his letters on »Wallenstein«, consciously approaches the dialectical view of the realist's (and Wallenstein represents this type in the drama) contribution towards the well-being of mankind as a whole, towards historical progress:

»Nun kommt es aber in der Praxis des Lebens viel mehr darauf an, daß das Ganze gleichförmig menschlich gut als daß das Einzelne zufällig göttlich sey – und wenn also der Idealist (Max represents this type in the drama) ein geschickteres Subjekt ist, uns von dem, was der Menschheit möglich ist, einen großen Begriff zu erwecken und Achtung für ihre Bestimmung einzuflößen, so kann nur der Realist sie mit Stätigkeit in der Erfahrung ausführen, . . . Jener ist zwar ein edleres aber ein ungleich weniger vollkommenes Wesen; dieser erscheint zwar durchgängig weniger edel, aber er ist dagegen desto vollkommener; denn das Edle liegt schon in dem Beweis eines großen Vermögens, aber das Vollkommene liegt in der Haltung das Ganzen und in der wirklichen That.« (In: Schillers Werke, N.A., 20 pp. 501–2).

This tribute to the realist derives from Schiller's realisation that progressive historical »Zwecke« are incompatible with »ein moralischer Rigorism, der auf dem Unbedingten in Willenshandlungen besteht.« (p. 492), which is characteristic of the Kantian idealist. In a letter to Wilhelm von Humboldt of 21. 3. 96 (in: Schillers Werke, N.A., 28, p. 204) Schiller comments in Kantian terms that Wallenstein's venture is »moralisch schlecht«, that is, he uses immoral means and he is also motivated by personal ambition. But in »Über naive und sentimentalische Dichtung« Schiller points out that the realist's morality is not to be sought in individual deeds, but in the sum of his life's achievement:

»Sein Charakter hat Moralität, aber diese liegt, ihrem reinen Begriffe nach, in keiner einzelnen That, nur in der ganzen Summe seines Lebens.« (p. 494).

(See also Schiller's comment on Wallenstein:

»Wallenstein ist ein Charakter, der – als ächt realistisch– nur im ganzen, aber nie im Einzelnen interessieren kann.« In: Schillers Werke, N.A., 28, p. 204).

In other words, though immoral in his individual deeds, the realist may contribute – as we can infer – towards the »higher« morality of historical progress. (For the relevance of this comment for Karl Moor, see p. 60 of this essay). The Kantian idealist, however, cannot make such an active contribution:

»So geschieht es denn nicht selten, daß er über dem unbegrenzten Ideale den begrenzten Fall der Anwendung übersieht, und, von einem Maximum erfüllt, das Minimum versäumt, aus dem allein doch alles Große in der Wirklichkeit erwächst.« (pp. 496–7).

Schiller's Wallenstein attempts to make such a contribution with his great project, the crowning achievement of his life, of bringing peace and unity to the Empire whilst at the same time furthering his own personal ambition in Bohemia. (See note 311 below).

That he does not succed is in accordance with German historical circumstances in the seventeenth century, especially the powers of the territorial princes whose interests lay in the continued weakening of the existing imperial authority and against a new attempt to unify Germany. Viewed from the overall perspective of German developments, the failure of Wallenstein's progressive project hastened the disintegration of Germany into multitudinous, separate areas of exploitation by the territorial princes and manipulation by foreign powers. (See p. 10f. above).

155 Adam Fergusons Grundsätze der Moralphilosophie. Übersetzt und mit einigen Anmerkungen versehen von Christian Garve, 1772. (7. Teil, 4. Abschnitt). Quoted from Reinhard Buchwald, Der junge Schiller, Wiesbaden 1953, p. 257.

156 See the tenth letter of Schiller's »Briefe über Don Carlos«, Schillers Werke, N.A., 22, p. 168.

». . . so sind deswegen einige nicht ganz unwichtige Ideen, die hier niedergelegt sind, für – den redlichen Finder nicht verloren, den es vielleicht nicht unangenehm überraschen wird, Bemerkungen, deren er sich aus seinem Montesquieu erinnert, in einem Trauerspiel angewandt und bestätigt zu sehen.« See also Schiller's letter to Lotte von Lengefeld and Carolina von Beulwitz of 4. 12. 1788, in: Schillers Briefe, Vol. II, p. 170. Schiller refers here to Montesquieu's »Considérations sur la Grandeur et décadence des Romains.«

»Da seine Gegenstände die wichtigsten und die eines denkenden Menschen am würdigsten sind (denn was ist den Menschen wichtiger als die glücklichste Verfaßung der Gesellschaft, in der alle unsre Kräfte zum Treiben gebracht werden sollen), deshalb gehört er mit Recht unter die kostbarsten Schätze der Litteratur.«

157 The comment is by Caroline von Wolzogen. Schillers Leben, 1830, and is quoted from Reinhard Buchwald. op. cit., p. 258.

158 Schillers Werke, N.A., 17, pp. 423 ff.

159 Paul Reimann, op. cit., pp. 136–7.

160 See Schillers Werke, N.A., I, pp. 61–3. See especially the two stanzas:
>»Ha! mit Jubel die sich feurig gießen
>Sey Religion von mir gepriesen,
>Himmelstochter sey geküßt!
>Welten werden durch dich zu Geschwistern,
>Und der Liebe sanfte Odem flistern
>Um die Fluren die dein Flug begrüßt«

This is contrasted with feudal »Eigennutz«:
>»Mag die hundertrachtige Hyäne
>Eigennutz die gelben Zackenzähne
>Hungerglühend in die Armuth haun,
>Erzumpanzert gegen Waisenthräne,
>Thurmumrammelt gegen Jammertöne,
>Goldne Schlösser auf Ruinen bauen.«

161 J.-J. *Rousseau*, »De l'économie politique«, in The political writings of Jean-Jacques Rousseau, ed. C.E. Vaughan, Cambridge 1915, Vol. I, pp. 243 ff.

162 See pp. 9 ff. above.

163 Werner *Krauss*, op. cit., p. 51.

164 Marxistisch-Leninistisches Wörterbuch der Philosophie, Vol. I, p. 141. See also Werner *Krauss*, op. cit., p. 226:
»Das Ziel Rousseaus bedeutet demnach die Reduktion der Menschheit auf einem vor- oder frühgeschichtlichen Gesellschaftszustand mit ausgeglichenen parzellierten Besitzverhältnissen. Mit dieser Konzeption befindet sich Rousseau auf halbem Weg von der bürgerlichen zur sozialistischen Gesellschaft, . . .«
Thus Rousseau wavers in his view between outright criticism of the institution of private property as the primary cause of unequality (in the first Discourse) and a declaration that
»Il est certain que le droit de propriété est le plus sacré de tous les droits des citoyens, et plus important, à certains égards, que la liberté même: . . .«
In: »De l'économie politique«, p. 259.

165 J.J. *Rousseau*, »De l'économie politique«, in The political writings of Jean Jacques Rousseau, ed. C.E. Vaughan, Cambridge 1915, Vol. I, pp. 254–5.

166 J.J. *Rousseau*, »Discours sur l'origine et les fondements de l'inégalité parmi les hommes«, in: The political writings of Jean Jacques Rousseau, p. 180. See also p. 169:
>»Que de crimes, de guerres, de meurtres, que de misères et d'horreurs n'eût point épargnés au genre humain celui qui, arrachant les pieux ou comblant le fossé, [which enclosed the first private property, A.W.] eût crié à ses semblables: ›Gardez-

vous d'écouter cet imposteur; vous êtes perdus si vous oubliez que les fruits sont
à tous, et que la terre n'est à personne!‹«

167 See pp. 6 ff. above.
168 See Schiller's comment on the role of theatre in promoting industrial and scientific
     advance:
     »So gar Industrie und Erfindungsgeist könnten und würden vor dem Schauplatze
     Feuer fangen, wenn die Dichter es der Mühe werth hielten Patrioten zu seyn, und
     der Staat sich herablassen wollte, es zu hören.«
     In: »Was kann eine gute stehende Schaubühne eigentlich wirken?« in: Schillers Werke,
     N.A., 20, p. 99.
169 See »Was heißt und zu welchem Ende studiert man Universalgeschichte?« in Schillers
     Werke, N.A. 17, p. 369.
170 See note 37 above.
171 ». . . zumindest in der künstlerischen Widerspiegelung, die die Quantität realer Bezie-
     hungen in die Qualität umsetzen konnte . . .«
     See Edith *Braemer*, op. cit., p. 20.
172 op. cit., p. 21.
173 See *Krauss*, op. cit., pp. 51 and 380:
     »Die Aufklärung erlangte zu jenem Zeitpunkt [i.e. 1750, A.W.] die unbestrittene
     Herrschaft über die öffentliche Meinung; im Augenblick ihres Sieges aber zerfiel die
     französische Bewegung in zwei sich erbittert bekämpfende Flügel, in eine »philosophi-
     sche« voltairianische Fraktion und in die radikalisierte, von Jean-Jacques Rousseau
     geführte Geistesrichtung ... Rousseau – das ist die Sezession der kleinen plebejischen
     Bourgeoisie, die ihre Weltanschauung im hemmungslosen Widerspruch zu allen bis-
     herigen Errungenschaften des Geistes entfaltet.«
174 See pp. 55 ff. below.
175 Schiller also follows Rousseau – and both of them consciously against the French
     materialists – in establishing the relationship of mind and matter, whereby the former
     retains its metaphysical independence in the power of choosing. Schiller's and Rous-
     seau's formulation of this idea is similar enough for us to be able to suspect a direct
     influence. Benno von Wiese, the editor of the volumes of the Nationalausgabe which
     contain Schiller's philosophical writings, does not mention Rousseau as a possible
     source of Schiller's theory (see: Schillers Werke, N.A., 21, p. 119). Indeed, a serious
     weakness of Wiese's own book on Schiller (Benno von *Wiese*, Friedrich Schiller, Stutt-
     gart, 1959) is that he has scarcely a word to say about the relationship of Schiller
     and Rousseau. See J.-J. *Rousseau*, »Discours sur l'origine et les fondements de l'inéga-
     lité parmi les hommes«. p. 149:
     »Car la physique explique en quelque manière le mécanisme des sens et la formation
     des idées; mais dans la puissance de vouloir ou plutôt de choisir, et dans le sentiment
     de cette puissance, on ne trouve que des actes purement spirituels, dont on n'explique
     rien par les lois de la mécanique.«
     See also Schiller, »Philosophie der Physiologie«, N.A., 20, p. 27.
     »Der erste Wille der meine Aufmerksamkeit bestimmt, ist der freie, der letzte, der
     die Handlung bestimmt, ist ein Sklave des Verstands; die Freiheit liegt also nicht
     darinn, daß ich das wähle, was mein Verstand für das beste erkannt hat, (dann diß
     ist ein ewiges Gesetz:) sondern daß ich das wähle, was meinen Verstand zum Besten
     bestimmen kann. Alle Moralität des Menschen hat ihren Grund in der Aufmerksam-
     keit, d.h. im thätigen Einfluß der Seele auf die Materiellen Ideen im Denkorgan.«
176 J.-J. *Rousseau*, »Discours sur l'origine et les fondements de l'inégalité parmi les hom-
     mes«, p. 185.
177 See J.-J. *Rousseau*, »De l'économie politique«, p. 251:

»Il est certain que les plus grands prodiges de vertu ont été produits par l'amour de la patrie: ce sentiment doux et vif, qui joint la force de l'amour propre à toute la beauté de la vertu, lui donne une énergie qui, sans la défigurer, en fait la plus héroïque de toutes les passions. C'est lui qui produisit tant d'actions immortelles dont l'éclat éblouit nos faibles yeux, et tant de grands hommes dont les antiques vertus passent pour des fables depuis que l'amour de la patrie est tourné en dérision.«

178   See J.-J. *Rousseau,* op. cit., p. 253.

179   See J.-J. *Rousseau,* »Discours sur l'origine et les fondements de l'inégalité parmi les hommes.« p. 194.

180   See Die Räuber, Act I, scene (ii). in Schillers Werke, N.A., 3 p. 21.

181   J.-J. *Rousseau,* »Discours sur les Sciences et les Arts, ed. George Havens, New York, 1946, p. 102. See also J.W. *Goethe,* Dichtung und Wahrheit, Dritter Theil, elftes Buch, W.A., 28, p. 57/8.
»... so hatte die französische Literatur an sich selbst gewisse Eigenschaften, welche den strebenden Jüngling mehr abstoßen als anziehen mußten. Sie war nämlich bejahrt und vornehm, und durch beides kann die nach Lebensgenuß und Freiheit umschauende Jugend nicht ergötzt werden.«

182   See J.-J. *Rousseau,* op. cit., pp. 138–9.
»Dites-nous, célébre Aroüet, [Voltaire, A.W.] combien vous avez sacrifié de beautés males et fortes à nôtre fausse délicatesse, et combien l'esprit de la galanterie si fertile en petites choses vous en a coûté de grandes.«
See also *Goethe,* op. cit., p. 61.
»Bejahrt also und vornehm war an sich selbst und durch Voltaire die französische Literatur.«

183   See p. 10 above.

184   Quoted second hand from: Werner *Krauss,* op. cit., p. 75. Krauss connects Voltaire's negative, pessimistic attitude towards the plebeian classes with his vested interests in the existing order of society. See pp. 76 and 78:
»Sein Pessimismus bringt die Weltauffassung der an der Erhaltung des Ancien régime wesentlich interessierten Schichten zum Ausdruck. Wird nicht durch jeden Wechsel der herrschenden Klassen die Klassengesellschaft selbst in Frage gestellt? Man war dann geneigt, die überlebten Privilegien als das geringere Übel auch fürderhin in Kauf zu nehmen ... Was Voltaire im Gegensatz zu anderen zeitgenössischen Intellektuellen hinderte, die Aufklärung bis zur theoretischen Verneinung der Klassenherrschaft vorwärts zu treiben, das war die alltägliche Korrektur seines Standpunkts durch seine ökonomische Praxis. Der Aufklärer Voltaire war ja im Nebenberuf Feudalherr, Geldmann, Großunternehmer ...« –
a dualism which did not endear him to the – for the most part – impoverished radical writers of the Storm and Stress movement in Germany. See *Goethe,* op. cit., pp. 60 ff:
»Uns Jünglingen, denen bei einer deutschen Natur- und Wahrheitsliebe als beste Führerin im Leben und Lernen die Redlichkeit gegen uns selbst und andere immer vor Augen schwebte, ward die parteiische Unredlichkeit Voltaire's und die Verbildung so vieler würdiger Gegenstände immer mehr zum Verdruß, und wir bestärkten uns täglich in der Abneigung gegen ihn ... Auf thätiges und geselliges Leben, auf Politik, auf Erwerb im Großen, auf das Verhältniß zu den Herren der Erde und Benutzung dieses Verhältnisses, damit er selbst zu den Herren der Erde gehöre, dahin war von Jugend auf Voltaire's Wunsch und Bemühung gewendet.«
Voltaire's relationships with German and other European princes, Goethe goes on to comment,
»tönte ... als ewig zwiespältiger Mißklang, unzusammenhängend und unbelehrend in unseren Ohren.« (p. 62).

185 *Schiller*, »Philosophie der Physiologie«, N.A., 20, p. 33. See also note 154 above.
See also J.W. *Goethe*, op. cit., p. 61.
»Er [i. e. Voltaire, A. W.] hatte die Religion und die heiligen Bücher, worauf sie gegründet ist, um den sogenannten Pfaffen zu schaden, niemals genug herabsetzen können und mir dadurch manche unangenehme Empfindung erregt.«

186 See Werner *Krauss*, op. cit., p. 51.

187 J.W. *Goethe*, op. cit., p. 64.

188 J.W. *Goethe*, op. cit., p. 65.

189 See *Marx/Engels*, Die deutsche Ideologie, p. 196:
»Überhaupt hatte seit der Reformation die deutsche Entwicklung einen ganz kleinbürgerlichen Charakter erhalten. Der alte Feudaladel war größtenteils in den Bauernkriegen vernichtet worden; was übrigblieb, waren entweder reichsunmittelbare Duodezfürsten, die sich allmählich eine ziemliche Unabhängigkeit verschafften und die absolute Monarchie im kleinsten und kleinstädtischsten Maßstabe nachahmten, oder kleinere Grundbesitzer, die teils ihr bißchen Vermögen an den kleinen Höfen durchbrachten und dann von kleinen Stellen in den kleinen Armeen und Regierungsbüros lebten . . .«

190 Because the class warfare and the emancipatory strivings of the bourgeoisie are embodied in the development of the plot, »Kabale und Liebe« is described by Engels as »das erste deutsche politische Tendenzdrama.« See note 4 above.

191 See Act II, scene (ii). Schillers Werke, vollständige, historisch-kritische Ausgabe in zwanzig Teilen, ed. Otto Günther and Georg Witkowski, IVter Teil, pp. 345–6. See also p. 8 above.

192 See Ursula *Wertheim*, »›Zeitstück‹ und ›historisches Drama‹ in Schillers Werken – Ein aktuelles Problem für den Dichter unserer Zeit.« In: E. *Braemer* and U. *Wertheim*, op. cit., p. 169. See also Hans-Günther *Thalmann*, Zur Literatur der Goethezeit, Berlin, 1969, pp. 93–4.

193 See note 4 above.

194 Thus the play as a whole may be described as »realistic« in the following sense of Engels:
»Realismus bedeutet, meines Erachtens, außer der Treue des Details die getreue Wiedergabe typischer Charaktere unter typischen Umständen.« *Marx/Engels*, Über Kunst und Literatur, Vol. I, p. 157.

195 »Wurm« is a further illustration of Goethe's and Schiller's use of this image of feudal dependence! See note 89 above.

196 Schillers Werke, ed. Günther and Witkowski, IVter Teil, p. 333.
»Das Mädchen ist schön, sagt Er; das gefällt mir an meinem Sohn, daß er Geschmack hat. Spiegelt er der Närrin solide Absichten vor? Noch besser – so seh' ich, daß er Witz genug hat, in seinen Beutel zu lügen. Er kann Präsident werden. Setzt er es noch dazu durch? Herrlich! das zeigt mir an, daß er Glück hat. Schließt sich die Farce mit einem gesunden Enkel – unvergleichlich! so trink' ich auf die guten Aspekten meines Stammbaums eine Bouteille Malaga mehr und bezahle die Skortationsstrafe für seine Dirne.«

197 *Schiller*, op. cit., p. 351.

198 *Schiller*, op. cit., p. 343. (Act II, scene (i)).

199 *Schiller*, op. cit., p. 345. (Act II, scene (i)).

200 See *Schiller*, op. cit., p. 342. (Act II, scene (i)). »Das sind schlechte, erbärmliche Menschen, die sich entsetzen, wenn mir ein warmes, herzliches Wort entwischt, Mund und Nasen aufreißen, als sähen sie einen Geist-Sklaven eines einzigen Marionettendrahts, den ich leichter als mein Filet regiere! – Was fang' ich mit den Leuten an, deren Seelen so gleich als ihre Sackuhren gehen? Kann ich eine Freude dran finden,

sie was zu fragen, wenn ich voraus weiß, was sie mir antworten werden? Oder Worte mit ihnen wechseln, wenn sie das Herz nicht haben, andrer Meinung als ich zu sein? – Weg mit ihnen! Es ist verdrießlich, ein Roß zu reiten, das nicht auch in den Ziegel beißt. « Schiller uses here further images of feudal servitude (»Sklaven«, »Marionetten«, »Roß« and »Sackuhren« – see Schiller's letter to Körner on genius, quoted in note 87 above). See also notes 39 and 89 above.

201 See *Schiller*, op. cit., p. 334. »Überdies kann Er mit nächstem die Freude haben, seinem Nebenbuhler den Spott auf die schönste Art heimzugeben. Eben jetzt liegt der Anschlag im Kabinett, daß auf die Ankunft der neuen Herzogin Lady Milford zum Schein den Abschied erhalten, und, den Betrug vollkommen zu machen, eine Verbindung eingehen soll. Er weiß, Wurm, wie sehr sich mein Ansehen auf den Einfluß der Lady stützt – wie überhaupt meine mächtigsten Springfedern in die Wallungen des Fürsten hineinspielen. Der Herzog sucht eine Partie für die Milford. Ein anderer kann sich melden – den Kauf schließen, mit der Dame das Vertrauen des Fürsten an sich reißen, sich ihm unentbehrlich machen. – Damit nun der Fürst im Netz meiner Familie bleibe, soll mein Ferdinand die Milford heiraten. «

202 *Schiller*, op. cit., p. 334.

203 See *Schiller*, op. cit., p. 337. »Ferdinand! Wem zulieb hab' ich die gefährliche Bahn zum Herzen des Fürsten betreten? Wem zulieb bin ich auf ewig mit meinem Gewissen und dem Himmel zerfallen? – Höre, Ferdinand – (ich spreche mit meinem Sohn) – wem hab' ich durch die Hinwegräumung meines Vorgängers Platz gemacht? – Eine Geschichte, die desto blutiger in mein Inwendiges schneidet, je sorgfältiger ich das Messer der Welt verberge, Höre! Sage mir, Ferdinand: Wem tat ich dies alles?

204 *Schiller*, op. cit., p. 338.

205 *Schiller*, op. cit., p. 338. See also Miller's ideals p. 47 below.

206 This contrast does not exclude the fact that, as we have just seen, there are also elements of pietism in Ferdinand's ideas, a fact which is quite understandable because of Schiller's own Swabian pietistic background. See p. 25 above.

207 *Schiller*, op. cit., p. 328.

208 *Schiller*, op. cit., p. 329.

209 See note 89 above.

210 *Schiller*, op. cit., p. 329.

211 See p. 17 and note 80 above.

212 *Schiller*, op. cit., p. 364. (Act III, scene (i)). See also Introduction, pp. 6ff. above. (»second main impulse«).

213 *Schiller*, op. cit., p. 364.

214 See pp. 6 and 9ff. above.

215 *Schiller*, op. cit., p. 341.

216 *Schiller*, op. cit., p. 331. (Act I, scene (iv)).

217 *Schiller*, op. cit., p. 353 (Act II, scene (iii)).

218 *Schiller*, op. cit., p. 357. (Act II, scene (v)). Here is a further use of the »insect« imagery. See note 89 above.

219 Hans-Günther *Thalmann*, op. cit., p. 90. His description of Karl Moor and the »noch bestehenden Bindungen seiner Person ... an den feudalen Egoismus, an die feudale Unmoral« may be applied here to Ferdinand.

220 See *Schillers Werke*, N. A., 17, p. 10:
»– und darum achtete ich es des Versuchs nicht unwerth, dieses schöne Denkmal bürgerlicher Stärke vor der Welt aufzustellen, in der Brust meines Lesers ein fröhliches Gefühl seiner selbst zu erwecken, und ein neues unverwerfliches Beispiel zu geben, was Menschen wagen dürfen für die gute Sache, und ausrichten mögen durch Vereinigung.« (on the Dutch Revolution).

See also Schiller's comment on the political events leading up to the Revolution in France:
»Der Mensch, wenn er vereinigt wirkt, ist immer ein großes Wesen, so klein auch die Individuen und Detaile ins Auge fallen.« (Letter to Caroline von Beulwitz of 27.11.88 in Schillers Briefe, Vol. II, p. 162.)

221 Schillers Werke, ed. Günther and Witkowski, IVter Teil, p. 373.
222 Schiller, op. cit., p. 373.
223 Schiller, op. cit., p. 374.
224 Schiller, op. cit., p. 373–4.
225 See also Karl Moor's programme of reform, pp. 71 f. below.
226 Schiller, op. cit., p. 374.
227 Schiller, op. cit., p. 374.
228 See pp. 25 ff. above.
229 See Schiller, op. cit., p. 343. (Act II, scene (i)). »Es ist wahr, liebe Sophie, – ich habe dem Fürsten meine Ehre verkauft, aber mein Herz habe ich frei behalten – ein Herz, meine Gute, das vielleicht eines Mannes noch wert ist – über welches der giftige Wind des Hofes nur wie der Hauch über den Spiegel ging. – Trau es mir zu, meine Liebe, daß ich es längst gegen diesen armseligen Fürsten behauptet hätte, wenn ich es nur von meinem Ehrgeiz erhalten könnte, einer Dame am Hof den Rang vor mir einzuräumen.«
230 See Schiller, op. cit., p. 343 (Act II, scene (i)). »... wir Frauenzimmer können nur zwischen Herrschen und Dienen wählen, aber die höchste Wonne der Gewalt ist doch nur ein elender Behelf, wenn uns die größere Wonne versagt wird, Sklavinnen eines Mannes zu sein, den wir lieben.«
231 See Schiller, op. cit., pp. 394–5. (Act IV, scene (vii)). »Felsen und Abgründe will ich zwischen euch werfen: eine Furie will ich mitten durch euren Himmel gehn; mein Name soll eure Küsse wie ein Gespenst Verbrecher, auseinander scheuchen; deine junge, blühende Gestalt unter seiner Umarmung welk wie eine Mumie zusammenfallen. – Ich kann nicht mit ihm glücklich werden – aber du sollst es auch nicht werden. – Wisse das Elende! Seligkeit zerstören, ist auch Seligkeit.«
232 Schiller, op. cit., pp. 395 ff. Schiller again uses the image of »zertretener Wurm« to denote feudal dependence and servitude. (See note 89 above). Earlier in the same scene (p. 393 f.) Luise uses the »insect« image, but this time in a manner which expresses her own satisfaction with her humble station in life. (Compare a similar comment by Schiller about being an observer of French events, note 107 above):
»Fühlt sich doch das Insekt in einem Tropfen Wasser so selig, als wär's ein Himmelreich, so froh und so selig, bis man ihm von einem Weltmeer erzählt, worin Flotten und Walfische spielen!« In the same speech Luise refers to herself again as a »Wurm«, but this time Schiller adds the element of Luise criticising her treatment by despotism, and being determined to fight back against it. In varying the significance of the image, Schiller leaves the bounds of biological reality in attributing a »Stachel« to the worm!:
»Und wenn Ihr verächtlicher Fersenstoß den beleidigten Wurm aufweckte, dem sein Schöpfer gegen Mißhandlung noch einen Stachel gab?«
See also a related, potentially aggressive, critical usage of the image »Wurm« in Schiller's description of the plebeian poor quoted note 23 above.
233 By »active« I mean that Luise looks beyond the present stage of being forced to accept the existing social situation which is criticised and visualises the actual changing, the overcoming of that situation.
234 See Schiller, op. cit., pp. 396–7. »In deine Arme werf' ich mich, Tugend! – Nimm sie auf, deine reuige Tochter Emilie! – Ha! wie mir so wohl ist! Wie ich auf einmal so leicht, so gehoben mich fühle! – Groß wie eine fallende Sonne will ich heut' vom

Gipfel meiner Hoheit herunter sinken, meine Herrlichkeit sterbe mit meiner Liebe, und nichts als mein Herz begleite mich in diese stolze Verweisung.«

235 See *Schiller*, op. cit., p. 378. »Aber ich will ja auch kein Erbarmen dort finden – Gott bewahre mich! nur Ekel – Ekel nur an meinem Geschrei: Man hat mir gesagt, daß die Großen der Welt noch nicht belehrt sind, was Elend ist – will es ihm vormachen in allen Verzerrungen des Todes, was Elend ist – will es ihm vorheulen in Mark und Bein zermalmenden Tönen, was Elend ist –«

236 *Schiller*, op. cit., p. 378.

237 *Schiller*, op. cit., p. 346.

238 *Schiller*, op. cit., p. 329–30.(Act I, scene (iii)).

239 Friedrich *Engels*, »Die Entwicklung des Sozialismus von der Utopie zur Wissenschaft.« in MEW, Vol. 19, pp. 210–11.

240 Friedrich *Engels*, »Herrn Eugen Dührings Umwälzung der Wissenschaft,« in MEW, Vol. 20, p. 97.

241 *Engels*, op. cit., pp. 97–8.

242 *Schiller*, op. cit., p. 324.

243 *Schiller*, op. cit., p. 327. (Act I, scene (ii)).

244 *Schiller*, op. cit., p. 327.

245 *Schiller*, op. cit., p. 366.

246 *Schiller*, op. cit., p. 360.

247 R.H. Tawney points out a central difference in attitude between Lutherism and Calvinism towards capitalist accumulation. See R.H. *Tawney*, Religion and the rise of capitalism, London 1969, (Pelican Edition), pp. 111 ff.
»The background, not only of most medieval social theory, but also of Luther and his English contemporaries, is the traditional stratification of rural society. It is a natural, rather than a money, economy, consisting of the petty dealings of peasants and craftsmen in the small market town, where industry is carried on for the subsistence of the household and the sumption of wealth follows hard upon the production of it and where commerce and finance are occasional incidents, rather than the forces which keep the whole system in motion. When they criticise economic abuses, it is precisely against departures from that natural state of things – against the enterprise, the greed of gain, the restless competition, which disturb the stability of the existing order with clamourous economic appetites – that their criticism is directed … Calvin, and still more his later interpreters, began their voyage lower down the stream. Unlike Luther, who saw economic life with the eyes of a peasant and a mystic, they approached it as men of affairs, disposed neither to idealize the patriarchal virtues of the peasant community, nor to regard with suspicion the mere fact of capitalist enterprise in commerce and finance … They thus broke with the tradition which, regarding a preoccupation with economic interests »beyond what is necessary for subsistence« as reprehensible, had stigmatized the middle man as a parasite and the usurer as a thief. They set the profits of trade and finance, which to the medieval writer, as to Luther, only with difficulty escaped censure as »turpe lucrum«, on the same level of respectability as the earnings of the labourer and the rents of the landlord.« That Lutheran attitudes initially determine Miller's reaction to the gold is to be explained, once again, by the »kleinbürgerlicher Charakter« of German socio-historical development since the Reformation. (See pp. 24 above). That Miller nevertheless falls to temptation and subsequently exhibits the greedy psychology of capitalist accumulation is a reflection of the relative »ökonomischer Aufschwung« in Germany in the 1770s end 1780s (see pp. 4 ff. above). This historical fact allowed Schiller to portray in Miller an anticipator of capitalist accumulation and of the economic foundation of bourgeois emancipation.

248 Karl *Marx*, Das Kapital, Vol. I, p. 618.

249 *Schiller*, op. cit., p. 412. (Act V, scene (v)).

250 *Schiller*, op. cit., p. 412. For Miller's sudden change of mind and almost imbecile reaction, see Marx on the power of money:
»Es ist die sichtbare Gottheit, die Verwandlung aller menschlichen und natürlichen Eigenschaften in ihr Gegenteil, ... Es verwandelt die Treue in Untreue, die Liebe in Haß, den Haß in Liebe, die Tugend in Laster, die Laster in Tugend, den Knecht in den Herrn, den Blödsinn in Verstand, den Verstand in Blödsinn.« (Karl *Marx*, »Nationalökonomie und Philosophie«, Die Frühschriften, Stuttgart, 1968, pp. 299 ff.).

251 See Marx's definition of the capitalist as opposed to the owner of money: »Als Kapitalist ist er nur personifiziertes Kapital. Seine Seele ist die Kapitalseele. Das Kapital hat aber einen einzigen Lebenstrieb, den Trieb, sich zu verwerten, Mehrwert zu schaffen, mit seinem konstanten Teil, den Produktionsmitteln, die größtmögliche Masse Mehrarbeit einzusaugen.« (Das Kapital, Vol. I, p. 247). And:
»Als bewußter Träger dieser Bewegung wird der Geldbesitzer Kapitalist. (op. cit., p. 168).

252 In Das Kapital Marx examines the relationship between the entrepreneur's »passion« for accumulation and his personal consumption, both from the point of view of the historical developement of capitalism and also from that of each individual entrepreneur. See Das Kapital, Vol. I, pp. 619 f.:
»Aber die Erbsünde wirkt überall. (Marx ironically uses religious terminology which, as we have seen in the above examples from the text, is very appropriate to Miller's pietistic consciousness). Mit der Entwicklung der kapitalistischen Produktionsweise, der Akkumulation und des Reichtums, hört der Kapitalist auf, bloße Inkarnation des Kapitals zu sein. Er fühlt ein »menschliches Rühren« für seinen eignen Adam und wird so gebildet, die Schwärmerei für Askese als Vorurteil des altmodischen Schatzbildners zu belächeln. Während der klassische Kapitalist den individuellen Konsum als Sünde gegen seine Funktion und »Enthaltung« von der Akkumulation brandmarkt, ist der modernisierte Kapitalist imstande, die Akkumulation als »Entsagung« seines Genußtriebs aufzufassen. »Zwei Seelen wohnen, ach! in seiner Brust, die eine will sich von der andren trennen!«
In den historischen Anfängen der kapitalistischen Produktionsweise – und jeder kapitalistische Parvenü macht dies historische Stadium individuell durch – herrschen Bereicherungstrieb und Geiz als absolute Leidenschaften vor. Aber der Fortschritt der kapitalistischen Produktion schafft nicht nur eine Welt von Genüssen. Er öffnet mit der Speculation und dem Kreditwesen tausend Quellen plötzlicher Bereicherung. Auf einer gewissen Entwicklungshöhe wird ein konventioneller Grad von Verschwendung, die zugleich Schaustellung des Reichtums und daher Kreditmittel ist, sogar zu einer Geschäftsnotwendigkeit des »unglücklichen« Kapitalisten. Der Luxus geht in die Repräsentationskosten des Kapitals ein.«
We can conclude, therefore, that Miller's reactions to Ferdinand's gold – greed, but also the desire for the personal consumption of luxuries – anticipate to a degree which is necessarily limited by Miller's petty-bourgeois situation the later development of the capitalist middle-class in Germany.

253 Schiller, op. cit., p. 403 (Act V, scene 1).

254 Schiller, op. cit., p. 403.

255 See pp. 34 f. above.

256 See note 220 above.

257 Paul *Reimann*, op. cit., pp. 258 f. – See also pp. 14 ff. above.

258 See note 154 above.

259 See p. 16 and note 84 above.

260 Werner *Krauss,* op. cit., p. 357.

261 Paul *Reimann,* op. cit., p. 41.

262 See Spiegelberg's sociological survey of the robbers in Act II, scene 3 (Schillers Werke, N. A., Vol. 3, p. 56).

263 For details of these robber bands and their exact socio-historical significance as an expression of protest against feudal exploitation, see: Gerhard *Schilfert,* Deutschland 1648–1789. (Lehrbuch der deutschen Geschichte), Berlin 1962, pp. 131–2:
»Für die landlose und landarme Bevölkerung, soweit sie nicht ohnehin an den Boden gebunden war, gab es kaum Möglichkeiten, in der Industrie zu arbeiten. Das trug zur Vermehrung der Bettelei und des Vagabundentums bei und hatte auch seine Auswirkungen auf die Entstehung von Räuberbanden, die im späten 18. Jahrhundert entstanden und nicht selten bis zu 1000 Mann zählten. Der Hauptgrund für das Räuberunwesen war der zunehmende feudale Druck, der auf der Bevölkerung lastete, sowie die Verelendung der Volksmassen in Stadt und Land, insbesondere auch der entlassenen und desertierten Soldaten.
Vielfach wurden auch aus Wilddieben Räuber. Die Wilddieberei war eine von den Bauern und ländlichen Tagelöhnern besonders häufig angewandte Form des Widerstandes, wurde doch die ländliche Bevölkerung durch die Wildschäden sehr empfindlich getroffen. Zudem wurden die sogenannten Jagdgesetze nicht nur wegen der vorgesehenen, besonders grausamen Strafen als der Höhepunkt des feudalen Unrechts empfunden. Der Kampf der Räuber gegen die herrschaftlichen Beamten, Förster und Jagdhüter wurde deshalb von den Bauern durchaus begrüßt (soweit es sich bei den Räubern nicht um völlig entwurzelte Banditen handelte, die Ausbeuter und Ausgebeutete gleichermaßen heimsuchten). In einigen Räuberbanden waren verfolgte Freidenker (sogenannte Libertiner) und Sektierer anzutreffen. Mancher Räuber und Wildschütz lebte als eine Art Volksheld in der bäuerlichen Überlieferung fort, wie z.B. der bayrische Hiesel. Dieser – er hieß eigentlich Mattias Klostermayer – war der Sohn eines armen Hirten und in seiner Jugend selbst Hütejunge. Er schloß sich einer Räuber- und Wildererbande an, wurde bald ihr Anführer und durchstreifte mit ihr in den Jahren 1761 bis 1771 fast ganz Süddeutschland. Von den Bauern wurde er mit Hinweisen und Geld unterstützt. Erst nachdem er sich auch gelegentlich gegen die Bauern wandte, wurde er verraten, gefangen und 1771 hingerichtet.«
Schilfert suspects that Schiller got to know about Hiesel's life by means of a biography which appeared in 1772 and he points out that there are similarities in the actions of Hiesel and Karl Moor and also between Karl Moor's robber band and that of »Krummfinger Balthasar« of Franconia who had contacts with dissident aristocrats.

264 Werner *Krauss,* op. cit., p. 357.

265 Ursula *Wertheim,* »›Zeitstück‹ und ›historisches Drama‹ in Schillers Werken – Ein aktuelles Problem für den Dichter unserer Zeit.«
In: E. *Braemer* and U. *Wertheim,* op. cit., p. 175

266 Schillers Werke, N. A., Vol. 22, p. 120.

267 U. *Wertheim's* book Schillers ›Fiesko‹ und ›Don Carlos‹. Zu Problemen des historischen Stoffes, Berlin u. Weimar, 1967, contains an excellent, most comprehensive analysis of this question of Schiller's choice of historical material and the contemporary, bourgois emancipatory needs which Schiller's choice of material excellently expresses.

268/269 Quoted from: Reinhard *Buchwald,* op. cit., p. 287. – For the advance which the young Schiller's play about contemporary Germany represents on Emilia Galotti in this and other respects, see U. Wertheim, »›Zeitstück‹ und ›historisches Drama‹ in Schillers Werken«, E. *Braemer* and U. *Wertheim,* op. cit., pp. 167ff.

270 See pp. 16ff. above.

271 Schillers Werke, N.A., Vol. 3, p. 21. – See also the Rousseau quotation on p. 32 above.
272 Schillers Werke, N.A., Vol. 17, p. 423. – For Schiller's sources, see pp. 28f. above.
273 Friedrich *Engels*, »Die Entwicklung des Sozialismus von der Utopie zur Wissenschaft«, MEW, Vol. 19, pp. 189f.
274 See pp. 31f. above.
275 In the sixth letter of his Briefe über die ästhetische Erziehung des Menschen Schiller describes the positive contribution which the development of manufacturing capitalism is making towards human progress as a whole, but indicates at the same time the negative effects produced by the division of labour in the manufacturing industries on the workpeople, that is, on »der zahlreichere Theil der Menschen« ..., »diese unglücklichen Menschen«. These negative effects are the stunted, one-sided development of human powers:
»... wir sehen nicht bloß einzelne Subjekte, sondern ganze Klassen von Menschen nur einen Theil ihrer Anlagen entfalten, während daß die übrigen, wie bey verkrüppelten Gewächsen, kaum mit matter Spur angedeutet sind ... Ewig nur an ein einzelnes kleines Bruchstück des Ganzen gefesselt, bildet sich der Mensch selbst nur als Bruchstück des Ganzen aus, ewig nur das eintönige Geräusch des Rades, das er umtreibt, im Ohre, entwickelt er nie die Harmonie seines Wesens ... Gerne will ich Ihnen eingestehen, daß so wenig es auch den Individuen bey dieser Zerstückelung ihres Lebens wohl werden kann, doch die Gattung auf keine andere Art hätte Fortschritte machen können ... Die mannichfaltigen Anlagen im Menschen zu entwickeln, war kein anderes Mittel, als sie einander entgegenzusetzen. Dieser Antagonismus der Kräfte ist das große Instrument der Kultur, aber auch nur das Instrument; denn solange derselbe dauert, ist man erst auf dem Wege zu dieser ... Einseitigkeit in Uebung der Kräfte führt zwar das Individuum unausbleiblich zum Irrthum, aber die Gattung zur Wahrheit.« (In: Schillers Werke, N.A., Vol. 20, pp. 322ff.)
These are further examples of Schiller's conception of the antagonistic, dialectical progress of the »whole«. See pp. 19ff. above.
276 See pp. 16ff. above.
277 See the Tousseau quotation on p. 32 above.
278 *Marx/Engels*, Die Frühschriften, p. 531.
279 See also p. 6 and 45f. above.
280 Compare Karl Moor's words in the version of Act I, scene (ii) of the »Unterdrückter Bogen B«, Schillers Werke, N.A., 3, p. 248: »aber die Freiheit springt über die Pallisaden des Herkommens.«
281 *Schiller*, op. cit., p. 21. (Act I, scene (ii)).
282 Schillers Werke, N.A., 22, p. 119.
283 Schillers Werke, N.A., 3, p. 27. (Act I, scene (ii)).
284 *Schiller*, op. cit., p. 23. (Act I, scene (ii)).
285 Schillers Werke, N.A., 17, pp. 10f.
286 Schillers Werke, N.A., 3, p. 23. (Act I, scene (ii)).
287 See Hans Günther *Thalmann*, Zur Literatur der Goethezeit, Berlin, 1969, p. 90. »Wohl vertritt Moor die nationalen und sozialen Interessen der antifeudalen Schichten – doch die meisten Räuber, insbesondere die Vertrauten und Freunde Spiegelbergs, vergreifen sich an den Unterdrückten statt an den Unterdrückern, sind also keine wahren Revolutionäre. Sie sind keine wirklichen Vertreter der Bürger, Bauern, der Volksmassen, sondern noch geistig und moralisch rückständige, in feudaler Unnatur befangene Angehörige des Dritten Standes ... Karl findet eine objektiv und subjektiv unreife Situation vor, in der sowohl eine entwickelte Massenbasis als auch die moralisch-weltanschauliche Reife für ein erfolgreiches revolutionäres Handeln noch fehlen.«

288 See *Schiller*, N.A., 3, p. 58. (Act II, scene (iii)).
289 See *Schiller* op. cit., p. 64. (Act II, scene (iii)).
290 *Schiller*, op. cit., p. 65. (Act II, scene (iii)).
291 The objective reason for Karl's failure – his isolation from a mass historical force, or the lack of a strong movement for bourgeois emancipation in Germany, and his own subjective reaction to his failure, can be viewed in the light of Engel's examination of the »final moving forces of history«: ... »in der Geschichte der Gesellschaft sind die Handelnden lauter mit Bewußtsein begabte, mit Überlegung oder Leidenschaft handelnde, auf bestimmte Zwecke hinarbeitende Menschen; nichts geschieht ohne bewußte Absicht, ohne gewolltes Ziel. Aber dieser Unterschied, [between »bewußtlose blinde Agenzien« in nature and »bewußte Zwecke« in human history, A. W.] so wichtig er für die geschichtliche Untersuchung namentlich einzelner Epochen und Begebenheiten ist, kann nichts ändern an der Tatsache, daß der Lauf der Geschichte durch innere allgemeine Gesetze beherrscht wird. Denn auch hier herrscht auf der Oberfläche, trotz der bewußt gewollten Ziele aller einzelnen, im ganzen und großen scheinbar der Zufall. Nur selten geschieht das Gewollte, in den meisten Fällen durchkreuzen und widerstreiten sich die vielen gewollten Zwecke oder sind diese Zwecke selbst von vornherein undurchführbar oder die Mittel unzureichend. So führen die Zusammenstöße der zahllosen Einzelwillen und Einzelhandlungen auf geschichtlichem Gebiet einen Zustand herbei, der ganz dem in der bewußtlosen Natur herrschenden analog ist. Die Zwecke der Handlungen sind gewollt, aber die Resultate, die wirklich aus den Handlungen folgen, sind nicht gewollt, oder soweit sie dem gewollten Zweck zunächst doch zu entsprechen scheinen, haben sie schließlich ganz andre als die gewollten Folgen. Die geschichtlichen Ereignisse erscheinen so im ganzen und großen ebenfalls als von der Zufälligkeit beherrscht. Wo aber auf der Oberfläche der Zufall sein Spiel treibt, da wird er stets durch innre verborgne Gesetze beherrscht, und es kommt nur darauf an, diese Gesetze zu entdecken ... Wenn es also darauf ankommt, die treibenden Mächte zu erforschen, die – bewußt oder unbewußt, und zwar sehr häufig unbewußt – hinter den Beweggründen der geschichtlich handelnden Menschen stehn und die eigentlichen letzten Triebkräfte der Geschichte ausmachen, so kann es nicht so sehr um die Beweggründe bei einzelnen, wenn auch noch so hervorragenden Menschen handeln, als um diejenigen, welche große Massen, ganze Völker und in jedem Volk wieder ganze Volksklassen in Bewegung setzen; und auch die nicht momentan zu einem vorübergehenden Aufschnellen und rasch verloderndem Strohfeuer, sondern zu dauernder, in einer großen geschichtlichen Veränderung auslaufender Aktion.«
Friedrich *Engels*, »Ludwig Feuerbach und der Ausgang der klassischen deutschen Philosophie«, in MEW, 21, pp. 296 ff.
Karl's tragic failure lies in the fact that although his ideas represent an ideal anticipation of bourgeois capitalist society, the German bourgeoisie is still too weak in order that these ideas can take hold of the »ganze Volksklasse« and move them to revolution. The robber band cannot take the place of the revolutionary bourgeoisie, either in socio-economic strength (the »final moving force« of the bourgeois revolution) or ideological maturity and consistency. The revolt of Karl and his robber band represents, in Engel's words, »ein vorübergehendes Aufschnellen und rasch verloderndes Strohfeuer.«
Engel's comment about the contrast between the »Zwecke der Handlungen« and the »Resultate, die wirklich aus den Handlungen folgen« echo Karl's own reflections on the frustration of his plans:
»» – ich habe die Menschen gesehen, ihre Bienensorgen, und ihre Riesenprojekte – ihre Götterplane und ihre Mäusegeschäfte, das wunderseltsame Wettrennen nach

Glückseligkeit ... dieses bunte Lotto des Lebens, worein so mancher seine Unschuld, und – seinen Himmel sezt, einen Treffer zu haschen, und – Nieten sind der Auszug – am Ende war kein Treffer darinn.« (*Schiller*, op. cit., p. 78).

292 Compare Friedrich *Engels*, op. cit., p. 287: »Bei Hegel ist das Böse die Form, worin die Triebkraft der geschichtlichen Entwicklung sich darstellt. Und zwar liegt hierin der ... Sinn, daß ... jeder neue Fortschritt notwendig auftritt als Frevel gegen ein heiliges, als Rebellion gegen die alten, absterbenden, aber durch die Gewohnheit geheiligten Zustände, ...«
See also note 154 above.

293 *Schiller*, op. cit., p. 84.

294 Compare Ursula *Wertheim*, Schillers »Fiesko« und »Don Carlos«. Zu Problemen des historischen Stoffes, Berlin und Weimar, 1967, p. 118. »Dieser Selbsthelfer mit dem »glühenden, tatenlechzenden Herzen« muß noch scheitern, weil seine Rebellion anarchisch ist. Er weiß nur, daß die Welt so, wie sie ist, nicht bleiben darf, aber sein Ziel ist unklar, und die Mittel, die er anwendet, um die feudalabsolutistische Ungerechtigkeit der Klassengesellschaft zu beseitigen, sind falsch, da sein Handeln auf eigener Faust auch Unschuldige trifft. Moor geht an seiner Isolierung zugrunde. Aber der Dichter verkündet: ... Die Nachkommen werden »des Gerichteten Geist« ihre Bewunderung zollen, und an diese Nachfahren appellierend, versichert der Dichter zum Schluß, man werde, »den Raum der Weltgeschichte durchfliegend«, nur den Namen Moors, des Gerichteten, finden, nicht mehr seiner »Sünde« und »Schande« gedenken – das heißt, es wird eine Umwertung seiner Tat nach historischen Gesichtspunkten erfolgen.«

295 Schillers Werke, N.A., 1, p. 117.

296 Schillers Werke, N.A., 3, p. 19: »Kommen mir für, wie die Hecken die meine Bauern gar schlau um ihre Felder herumführen – daß ja kein Haase drüber sezt, ja beileibe kein Haase! – Aber der gnädige Herr gibt seinem Rappen den Sporn, und galoppiert weich über der Weyland Aerndte.«

297 Friedrich *Engels*, »Über den Verfall des Feudalismus und das Aufkommen der Bourgeoisie,« In MEW, 21, p. 392. »Auf dem Lande freilich trieben die adligen Herren noch ihr Wesen, peinigten die Leibeigenen, schwelgten von ihrem Schweiß, ritten ihre Saaten nieder, vergewaltigten ihre Weiber.«

298 See the conversation between Franz and Herrmann: *Schiller*, op. cit., p. 40.

299 See Friedrich *Engels*, op. cit., p. 397. »... daher jene endlose, sich immer neu erzeugende Reihe von Verrat, Meuchelmord, Vergiftung, Heimtücke und aller nur erdenklichen Niederträchtigkeiten, ...«
For further information on the aims and methods of feudal despots which applies here to Franz, as well as to Kosinsky's story (pp. 85/6), see Friedrich *Engels*, »Deutsche Zustände«, in MEW, 2, p. 565:
»Jeder kleine Fürst war ein blutsaugender, willkürlicher Despot seinen Untertanen gegenüber ... Es ist fast unglaublich, welche Grausamkeiten und Willküracte von den hochmütigen Fürsten gegen ihre Untertanen begangen wurden. Diese Fürsten, die nur ihrem Vergnügen und ihren Ausschweifungen lebten, räumten ihren Ministern und Regierungsbeamten jede despotische Gewalt ein, und diesen war es somit gestattet, ohne irgendeine Bestrafung zu riskieren, das unglückliche Volk in den Staub zu treten, nur unter der einen Bedingung, daß sie die Schatzkammern ihres Herrn füllten und seinen Harem mit einer unerschöpflichen Zufuhr weiblicher Schönheiten versorgten. Auch der Adel, soweit er nicht unabhängig war, sondern der Hoheit eines Königs, Bischofs oder Fürsten unterstand, behandelte das Volk mit größerer Verachtung, als er Hunden zuteil werden ließ, und preßte aus der Arbeit seiner Leibeigenen soviel Geld heraus, als er irgend konnte.«

300 *Schiller,* op. cit., p. 18. (Act I, scene (i)).
301 See note 273 above.
302 *Schiller,* op. cit., pp. 18–19. (Act I, scene (i)).
303 Friedrich *Engels,* »Die Entwicklung des Sozialismus von der Utopie zur Wissenschaft«, MEW, p. 216. On this point Franz can be compared with Wallenstein. See note 154, above.
304 *Schiller,* op. cit., p. 19. (Act I, scene (i)).
305 See also Georg *Lukács,* Beiträge zur Geschichte der Ästhetik, Berlin, 1954, p. 52. Lukács comments as follows on the objective and subjective features of capitalist reality:
»Die Frage des Verbrechers ist eine wichtige Widerspiegelung der dialektischen Widersprüche der bürgerlichen Gesellschaft. Erstens der Notwendigkeit für den Kapitalismus, die schlechtesten Instinkte der Menschen zu entfesseln und diese Instinkte zugleich in eine für den Kapitalismus vorteilhafte Bahn zu lenken . . . Zweitens handelt es sich um die ebenfalls mit den gesellschaftlichen Grundlagen des Kapitalismus unlösbar verknüpfte Lage, daß Gesetze und Moral Handlungen notwendig verbieten, die vom Kapitalismus selbst stets ebenso notwendig wieder und wieder produziert werden. Das Heuchlerische, das in jeder Institution des Kapitalismus unvermeidlich enthalten ist, hat Marx scharf kritisiert: »Der Bourgeois verhält sich zu den Institutionen seines Regimes wie der Jude zum Gesetz; er umgeht sie, so oft es tunlich ist in jedem einzelnen Fall, aber er will, daß alle anderen sie halten sollen.«
306 Schillers Werke, N.A., 22, p. 123.
307 Schillers Werke, N.A., 3, p. 121. (Act V, scene (i)). In this passage, where Franz appears to be genuinely critical and in the previous passage I have quoted, especially the relationship between »Gewissen« and »den Pöbel unter dem Pantoffel zu halten« (See p. 62 if this essay above), in which Franz cynically uses his knowledge for reasons of exploitation, Franz is clearly influenced by the atheistic ideas of the 18th century French materialist philosophers. See: Marxistisch-Leninistisches Wörterbuch der Philosophie, I, p. 127:
»Ihre Zeit [i.e. of La Mettrie, Helvétius, Holbach and Diderot, A.W.] war gekennzeichnet durch die ideologische Vorbereitung der französischen bürgerlichen Revolution von 1789. Unter diesem Aspekt gewinnt ihr Kampf gegen die religiöse Weltanschauung und Klerikalismus eine eminent politische Bedeutung. Mit ihrer Religionskritik suchten sie nicht nur die christlichen Dogmen ad absurdum zu führen, sondern sie deckten auch den Zusammenhang zwischen kirchlicher und weltlicher Herrschaft, zwischen Religion und Despotismus auf und entlarvten Kirche und Religion als die hauptsächlichsten ideologischen Stützen des Despotismus. So charakterisierten die französischen Materialisten, die führend an dem großen Kollektivvorhaben der Encyclopédie beteiligt waren, das feudalabsolutistische Regime als Verschwörung von Thron und Altar zur Unterdrückung des Volkes, da die Religion die Menschen in Unwissenheit lasse, sie einschläfere und zu sklavischer Unterwürfigkeit erziehe, die der Quell aller sozialen Übel sei.«
308 See *Schiller,* op. cit., p. 70.
309 There is, however, an historical precedent for the combination of feudal despot and capitalist entrepreneur at the turn of the 18th and 19th century c.f. Hans *Mottek,* Wirtschaftsgeschichte Deutschlands. Vol. II, p. 37:
»Die [landwirtschaftliche, A.W.] Entwicklung in Deutschland ist also dadurch gekennzeichnet, daß die früheren Feudalherren, soweit sie gleichzeitig Inhaber einer Gutswirtschaft waren, sich allmählich nicht nur in Träger bürgerlichen Grundeigentums, sondern auch in Agrarkapitalisten verwandelten.«
For the details of this development, see pp. 36–40.

310 See *Schiller*, op. cit., pp. 18–19.
311 Here too is a difference between Franz and Wallenstein, (for the similarities see notes
    303 and 154 above). who also reveals this optimistic spirit of enterprise in his project
    of bringing peace and unity to the Empire. See Wallensteins Tod, Act III, scene (xvi).
    On the very night of his death, Wallenstein's courage, enterprising spirit and optimism
    remain unbroken. The mood here is similar to that of Faust's end:

> »So bist du schon im Hafen, alter Mann?
> Ich nicht. Es treibt der ungeschwächte Mut
> Noch frisch und herrlich auf der Lebenswage,
> Die Hoffnung nenn' ich meine Göttin noch,
> Ein Jüngling ist der Geist, … (Act V, scene (v)).

in: Schillers Werke, An. A., 8, p. 338.
Karl displays a similar spirit of enterprise, determination and confidence in himself
in the vision he has at the very brink of his own defeat, a vision which, like Faust's
at the point of his death, has utopian social implications, albeit in a necessarily less
concrete form than Faust's:
»Ein Mann muß nicht straucheln – Sei wie du willst namenloses Jenseits – bleibt
mir nur dieses mein Selbst getreu – Sei wie du willst, wenn ich nur mich selbst mit
hinübernehme – Außendinge sind nur der Anstrich des Manns – Ich bin mein Himmel
und meine Hölle. Wenn Du mir irgend einen eingeäscherten Weltkreis allein liessest,
den Du aus deinen Augen verbannt hast, wo die einsame Nacht, und die ewige Wüste
meine Aussichten sind? Ich würde dann die schweigende Oede mit meinen Phantasien
bevölkern, und hätte die Ewigkeit zur Muße, das verworrene Bild des allgemeinen
Elends zu zergliedern.«
In: Schillers Werke, N. A., 3, p. 110.
312 For these conclusions, see note 307 above.
313 Marxistisch-Leninistisches Wörterbuch der Philosophie, Vol. I, p. 126.
    Ursula Wertheim summarises the progressive and regressive aspects of Christian ideo-
    logy and atheism in the second half of the eighteenth century as follows: (Edith *Brae-
    mer*, Ursula *Wertheim*, op. cit., p. 473.
    »Die christliche Ideologie ist in der zweiten Hälfte des 18. Jahrhunderts Ausdruck
    der Rückständigkeit, wo sie Ergebenheit und Unterwerfung der unteren Schichten
    widerspiegelt; sie ist reaktionär, wo sie von der herrschenden Klasse als Mittel dieser
    Unterwerfung benutzt wird. Sie ist progressiv, wo sie dem Bürgertum dazu dient,
    die Verkommenheit der Oberschichten zu entlarven, die höhere bürgerliche Moral
    zu propagieren. Umgekehrt ist die Emanzipation von der christlichen Ideologie pro-
    gressiv als Vorstufe einer politischen Emanzipation des Bürgertums. Der areligiöse
    Zynismus der Oberschichten, der sich z. T. einer entstellten mechanisch-materialisti-
    schen Philosophie bedient, ist dagegen reaktionär.«
    That it is Schiller's intention to portray critically this »reactionary«, despotic materia-
    lism in Franz Moor, can be seen from this passage in Briefe über die ästhetische
    Erziehung des Menschen« in Schillers Werke, N. A., 20, p. 328: »Die Aufklärung
    des Verstandes, deren sich die verfeinerten Stände nicht ganz mit Unrecht rühmen,
    zeigt im Ganzen so wenig einen veredelnden Einfluß auf die Gesinnungen, daß *sie
    vielmehr die Verderbniß durch Maximen befestigt*. Wir verläugnen die Natur auf
    ihrem rechtmäßigen Felde, um auf dem moralischen ihre Tyranney zu erfahren,
    (Franz's materialist maxims) und indem wir ihren Eindrücken widerstreben, nehmen
    wir unsre Grundsätze von ihr. Die affektierte Decenz unsrer Sitten verweigert ihr
    die verzeihliche erste Stimme, um ihr, in unsrer materialistischen Sittenlehre, die ent-

scheidende letzte einzuräumen. Mitten im Schooße der raffiniertesten Geselligkeit hat der Egoismus sein System gegründet . . .«
See also note 154. above.
314 See Ursula *Wertheim,* op. cit., p. 473.
315 Schillers Werke, N.A., 3, p. 95.
316 See note 313 above.
317 *Schiller,* op. cit., p. 95.
318 See *Engels'* essay »Über den Verfall des Feudalismus und das Aufkommen der Bourgeoisie.« In: MEW, 21, pp. 392–401.
319 ». . . deren Tätigkeit sich auf einen ungezügelten Lebensgenuß beschränkte.« Marxistisch-Leninistisches Wörterbuch der Philosophie, I, p. 126.
320 *Schiller,* op. cit., pp. 84–6. (Act III, scene (ii)).
321 *Schiller,* op. cit., p. 115. (Act IV, scene (v)).
322 *Schiller,* op. cit., p. 126. (Act V, scene (i)).
323 *Schiller,* op. cit., p. 52. (Act II, scene (ii)).
324 *Schiller,* op. cit., (i) p. 120. (Act V, scene (i)). Franz:
»Rechenschaft geben dem Rächer droben über den Sternen – und wenn er gerecht ist, Waisen und Wittwen, Unterdrückte, Geplagte, heulen zu ihm auf, und wenn er gerecht ist? – warum haben sie nur gelitten, warum hast du über sie triumfiret?« (ii) p. 123. Moser:
»Der Gedanke Gott wekt einen fürchterlichen Nachbar auf, sein Name heißt Richter. Sehet Moor, ihr habt das Leben von tausenden an der Spitze eures Fingers, und von diesen tausenden habt ihr neunhundert neun und neunzig elend gemacht. Euch fehlt zu einem Nero nur das römische Reich, und nur Peru zu einem Pizarro. Nun glaubt ihr wohl, Gott werde es zugeben, daß ein einziger Mensch in seiner Welt wie ein Wütrich hause, und das oberste zu unterst kehre? Glaubt ihr wol, diese neunhundert und neun und neunzig seyen nur zum Verderben, nur zu Puppen satanischen Spieles da? Oh glaubt das nicht! Er wird jede Minute, die ihr ihnen getödtet, jede Freude, die ihr ihnen vergiftet, jede Vollkommenheit, die ihr ihnen versperrt habt, von euch fordern dereinst, . . .«
325 See Schillers Werke, ed. Otto Günther and Georg Witkowski, IVter Teil, pp. 346 and 378. (Kabale und Liebe Act II, scene (ii) and Act III, scene (vi)). See also pp. 43 f. above.
326 Schillers Werke, N.A., 1, p. 168. (the poem »Resignation.«)
327 See also the final scene of Kabale und Liebe: Präsident:
(eine schreckliche Bewegung des Arms gegen den Himmel).
»Von mir nicht, von mir nicht, Richter der Welt, fordre diese Seelen von diesem!« (Er geht auf Wurm zu). Wurm:
»Arm in Arm mit dir zur Hölle! Es soll mich kitzeln, Bube, mit dir verdammt zu sein!« (Schillers Werke, ed. Günther and Witkowski, IVter Teil, p. 423.
328 Schillers Werke, N.A., 20, pp. 92 ff.
329 See note 154 above.
330 Schillers Werke, N.A., 3, pp. 134 f.
331 That Kant's moral law can have critical implications can be seen by an example he gives to prove the existence of the moral law: »Fragt ihn aber, ob, wenn sein Fürst ihm unter Androhung derselben unverzögerten Todesstrafe zumuthete, ein falsches Zeugniß wider einen ehrlichen Mann, den er gerne unter scheinbaren Vorwänden verderben möchte, abzulegen, ob er da, so groß auch seine Liebe zum Leben sein mag, sie wohl zu überwinden für möglich halte. Ob er es thun würde, oder nicht, wird er vielleicht sich nicht getrauen zu versichern; daß es ihm aber möglich sei muß er ohne Bedenken einräumen. Er urtheilet also, daß er etwas kann, darum weil er

sich bewußt ist, daß er es soll, und erkennt in sich die Freiheit, die ihm sonst ohne das moralische Gesetz unbekannt geblieben wäre.«
(Immanuel *Kant*, Kritik der praktischen Vernunft, Kants Werke, ed. Königlich-Preußische Akademie der Wissenschaften, Berlin 1908, Vol. V, p. 30.)
As we shall see later, the bourgeois, anti-feudal content of Kant's moral will does not go beyond criticism and passive resistance. No possibility of active struggle against the ruling class is provided for in his theory.

332 Immanuel *Kant*, Grundlegung zur Metaphysik der Sitten, Kants Werke, Vol. IV, Berlin 1903, pp. 416 and 437f. See note 154 above.

333 *Schiller*, op. cit., p. 135.

334 Letter of 25. 1. 95 to Garve, in: Schillers Werke, N.A., 27, p. 125. Schiller here refers to the second to ninth letters of his Briefe über die ästhetische Erziehung des Menschen.

335 Here we see the regressive element of Schiller's Kantian morality with its tendency towards a resigned acceptance of feudal absolutist society and its disapproval of direct political action against the will of the ruling class to create a new society.

336 Schillers Werke, N.A., 20, p. 314.

337 It is a logical consequence of his moral philosophy that Kant condemns popular revolution and violence against the person of a despot as a means of progressive social change.
See I. *Kant*, Die Metaphysik der Sitten, Werke, VI, pp. 319ff.:
». . . und das ist die Bedeutung des Satzes: »Alle Obrigkeit ist von Gott,« welcher nicht einen Geschichtsgrund der bürgerlichen Verfassung, sondern eine Idee als praktisches Vernunftprinzip aussagt: der jetzt bestehenden gesetzgebenden Gewalt gehorchen zu sollen, ihr Ursprung mag sein, welcher er wolle . . . Eine Veränderung der fehlerhaften Staatsverfassung, die wohl bisweilen nöthig sein mag, kann also nur vom Souverän selbst durch Reform, aber nicht vom Volk, mithin durch Revolution verrichtet werden. Wider das gesetzgebende Oberhaupt des Staates gibt es . . . keinen rechtmäßigen Widerstand des Volks . . ., kein Recht des Aufstandes . . ., noch weniger des Aufruhrs . . ., am allerwenigsten gegen ihn als einzelne Person unter dem Vorwande des Mißbrauchs seiner Gewalt . . . Vergreifung an seiner Person, ja an seinem Leben . . .«
Schiller does not always follow Kant on this point. In Wilhelm Tell he portrays his ideal revolution of national independence. The murder of the Austrian overlord Gessler is justified in that there is no other means available to Tell to protect his family and to secure the freedom of the Swiss. Above all, both Tell and the Confederates are, in Schiller's sense, »morally mature« for political freedom and national independence (see the quotation from Briefe über die ästhetische Erziehung des Menschen on page 68 below). This is indicated by the minimum amount of force which is used and without vindictiveness, without men sinking into barbarism: »doch selbst im Zorn die Menschlichkeit noch ehrt,« as Schiller describes the Swiss people and their action in a poem. (Schillers Sämtliche Werke, Säkular-Ausgabe, ed. Eduard von der *Hellen*, Stuttgart and Berlin, n.d. Vol. I, p. 88). To complete Schiller's portrayal of his ideal bourgeois revolution the Swiss aristocracy (represented by Rudenz) voluntarily renounces its feudal privileges. See also Hans-Günther Thalheim, »Notwendigkeit und Rechtlichkeit der Selbsthilfe in Schillers Wilhelm Tell«. In, *Thalheim*, op. cit., pp. 146–193. We may conclude, therefore, that Wilhelm Tell represents part of Schiller's attempt to overcome Kant's abstract morality (»moralischer Rigorism«) in so far as, in the strict circumstances prescribed here, the possibility of direct political action against the will of despots is again envisaged. A concrete, emancipatory political »Zweck« is the »end« which is not excluded by the preoccupation with »means«.

338 Friedrich *Engels,* »Ludwig Feuerbach und der Ausgang der klassischen deutschen Philosophie«, MEW, Vol. 21, p. 281.
339 Schillers Werke, N.A., 3, p. 135.
340 *Schiller,* op. cit., p. 135.
341 See p. 9f. and note 52 above.
342 The fifth letter of the Briefe über die ästhetische Erziehung des Menschen. In: Schillers Werke, N.A., 20, p. 319.
343 Schillers Briefe, Vol. III, p. 327. (Letter to Prinz von Augustenburg, 13. 7. 1793). That moral education must preceed social change, the establishment of a »Vernunftstaat«, is also illustrated by Schiller's remarks about the function of the journal »Die Horen«. See Schillers Werke, N.A., 22, pp. 106–7:
»Aber indem sie [»Die Horen«, A.W.] sich alle Beziehungen auf den jetzigen Weltlauf und auf die nächsten Erwartungen der Menschheit verbietet, wird sie über die vergangene Welt die Geschichte und über die kommende die Philosophie befragen, wird sie zu dem Ideale veredelter Menschheit, welches durch die Vernunft aufgegeben, in der Erfahrung aber so leicht aus den Augen gerückt wird, einzelne Züge sammeln und an dem stillen Bau besserer Begriffe, reinerer Grundsätze und edlerer Sitten, von dem zuletzt alle wahre Verbesserung des gesellschaftlichen Zustandes abhängt, nach Vermögen geschäftig sein.«
344 See also pp. 13f. above.
345 Schillers Werke, N.A., 20, p. 335.
346 Schiller writes of »das Geschenk liberaler Grundsätze«. See *Schiller,* op. cit., p. 329. See also p. 16 above.
347 Schillers Werke, N.A., 22, p. 162.
348 Schillers Werke, N.A., 27, p. 124. (Letter of 20. 1. 1795).
349 Schillers Werke, N.A., 3, p. 235. See also Werner *Krauss,* op. cit., pp. 357/8.
»Was werden würde, konnte im Jahr der »Räuber« auch Dichtermund nicht künden. Jedoch sind die überlebenden Räuber durch eine neue Erfahrung befähigt worden, sich in den Dienst einer neuen Unternehmung zu stellen, wer weiß, ob zum guten Ende!«
350 See Georg *Lukács,* op. cit. p. 20 for the concrete socio-historical implications of the feudal lord accepting bourgeois values: Die »schöne Seele« mußte sich in irgendeiner Form mit dem bestehenden Feudalabsolutismus auseinandersetzen. Und diese Auseinandersetzung verläuft sowohl bei Goethe wie bei Schiller auf der Linie eines friedlichen Abbaus der bestehenden feudalen Überreste, und zwar auf dem Wege einer Verschmelzung der kulturell am meisten entwickelten Spitzen von Adel, Bürgertum und bürgerlicher Intelligenz, auf der Grundlage eines freiwilligen Verzichts auf die feudalen Privilegien.«
351 *Schiller,* op. cit., pp. 235–6.
352 *Schiller,* op. cit., (i) p. 45. Alter Moor:
»Ists ein Unglücklicher, der meiner Hülfe bedarf? Er sol nicht mit Seufzen von hinnen gehn.« (ii) p. 116.
Daniel:
»Lebewohl, theures Mutterhauß – Hab so manch guts und liebs in dir genossen, da der Herr seeliger noch lebete – es war das Obdach der Waysen, und der Port der Verlassenen, –«
353 *Schiller,* op. cit., p. 79.
354 In his »zweite Karlsschulrede« Schiller himself transfers the ideal virtues of the bourgeois father to the Württemberg Prinz Karl Eugen. In: Schillers Werke, N.A., 20, p. 34:
»Meine Freunde! welche Scene rükt vor meine staunende Seele! Seh ich nicht ein

Gewimmel von Menschengeschlechtern sich zu dem Grabmaal Eines Fürsten – (ach eines Fürsten, den ich Vater nennen darf,) hinzudringen, seh ich sie nicht weinen, jauchzen, beten über dem Grabmal des Herrlichen? Was eine Welt auf dem Grabmal eines Einzigen? Tausend – Millionen seegnend einen Einzigen? – Er allein wars, meine Freunde, der eine bildungslose Jugend aus allen Gegenden der Welt in seine väterlichen Arme rief, der Stralen der Weisheit in tausend jugendliche Seelen gos, der jeder Sphäre von Erkänntnis tüchtige Männer erschuf, der, wenn von diesen tausenden nur zehen das grose Siegel ihres Erziehers nicht verläugnen, der Menschheit neue Solon, neue Platone aufstellen wird. Und wenn ein Einziger vollkommener Geist einen so grosen Schauplatz der Wirkung hat, wie weit hat nicht der grose Menschenbildner durch seine gebildete Jugend in die Harmonie des Ganzen hineingewirkt. Er allein, weil er immer tugendhafter zu werden sucht. Er allein, weil er ein Nachahmer der Gottheit auf Erden ist. – Allmächtige Tugend, die du dich in den Busen des Fürsten niederließest, und von hieraus die Herzen der Menschen angelst, durch dieses Einzige Fürstenherz hast du dir eine Welt unterworffen!!!«

In his essay »Studie über Autorität und Familie« Herbert *Marcuse* analyses the historical origins of the bourgeois father's moral authority and of the transference of this father-image to secular institutions of authority from the Reformation onwards. In: Herbert *Marcuse*, Ideen zu einer kritischen Theorie der Gesellschaft, Frankfurt am Main, 1969, pp. 76–7.

»Im Zusammenhang der bürgerlich-protestantischen Lehre der Reformation erfolgt bekanntlich eine programmatische Reorganisation der Familie und eine kräftige Stärkung der Autorität des Pater familias. Sie ist zunächst eine notwendige Folge des Sturzes der katholischen Hierarchie: mit dem Fortfall der durch sie gesetzten (personalen und instrumentalen) Vermittlungen zwischen dem einzelnen und Gott fiel die Verantwortung für das Seelenheil der noch nicht selbst Verantwortlichen und ihre Vorbereitung für das christliche Leben zurück auf die Familie und deren Oberhaupt, dem fast eine priesterliche Weihe zuerteilt wurde. Andrerseits wird, indem die Autorität der weltlichen Obrigkeiten überhaupt unmittelbar an die Autorität des Pater familias gebunden wird (alle weltlichen Obrigkeiten, alle »Herren« zu »Vätern« werden), deren Autorität nach einer ganz bestimmten Richtung gefestigt. Die Unterwerfung des einzelnen unter die weltliche Obrigkeit erscheint genau in dem Maße als eine »natürliche«, selbstverständliche, »ewige«, als es die Unterwerfung unter die Obrigkeit des Vaters sein soll, mit der sie aus derselben gottgesetzten Quelle kommt.«

355 Maire Luise *Gansberg* and Paul Gerhard *Völker*, op. cit., p. 21.
356 Schillers Werke, N. A., p. 319.
357 Schillers Werke, N. A., 22, pp. 128 f.

With reference to note 354 above it is significant to discover that once Schiller had fled from Württemberg, he indicated the reality behind Prinz Karl Eugen's facade of a »benevolent«, »enlightened« paternal figure and his School:

»Falsche Begriffe führen das beste Herz des Erziehers irre; desto schlimmer, wenn sie sich noch mit Methode brüsten, und den zarten Schößling in Philanthropinen und Gewächshäusern systematisch zu Grund richten. Der gegenwärtig herrschende Kizel, mit Gottes Geschöpfen Christmarkt zu spielen, diese berühmte Raserei, Menschen zu drechseln, und es Deukalion gleich zu thun, (mit dem Unterschied freilich, daß man aus Menschen nunmehr Steine macht, wie jener aus Steinen Menschen) verdiente es mehr als jede andere Ausschweifung der Vernunft den Geißel der Satire zu füllen.« (Schillers Werke, N. A., 20, p. 98). For the reality of Karl Eugen's educational role as »Landesvater« see also: Franz *Mehring*, op. cit., pp. 109 f. Furthermore, in transferring the ideal virtues of the bourgeois father and head of the family to the figure of a feudal despot as Schiller does at the beginning of his essay: »Die

Tugend in ihren Folgen betrachtet«, he is succumbing to the same restricted, »unen-
lightened« viewpoint of Luise in her argument with Ferdinand. (See p. 41 above).
It should be remembered, of course, that the glowing acount of Prinz Karl Eugen
and his mistress which Schiller gives at the beginning of his essay was a semi-formal
requirement of a Karlsschule essay on such a theme, and it was undoubtedly written
by Schiller with his tongue in his cheek, even though, at the same time, his intention
was to influence his prince for the good by the essay.

358 Franz *Mehring*, op. cit., p. 119.

Hans J. Haferkorn

Zur Entstehung der bürgerlich-literarischen Intelligenz und des Schriftstellers in Deutschland zwischen 1750 und 1800

»Schriftstellereinfluß spielt in der neuen Welt eine so entscheidende Rolle und es wäre zugleich so allgemein interessant und so allgemein nötig, darüber etwas Bestimmtes . . . festzusetzen. Diese Materie stände mit der Einwirkung auf die Geister in dem nächsten Zusammenhange.«
Fr. Schiller am 1. 9. 1794 an Körner.

»Der Begriff des Schriftstellers . . . etwas höchst Unwürdiges usurpiert seinen Namen. Hier ist der eigentliche Schaden des Zeitalters und der wahre Sitz aller seiner übrigen wissenschaftlichen Übel. Hier ist das Unrühmliche rühmlich geworden und wird aufgemuntert, geehrt und belohnt«
J.G. Fichte, Sämtl. Werke, hrsg. v. J.H. Fichte, Berlin 1845, Bd. 6, S. 439

»Es ist wunderbar, daß ein Deutscher immer sich ein wenig schämt, zu sagen, er sei ein Schriftsteller . . . Gelehrte brauchen sich weniger zu schämen als Dichter, denn sie . . . sind meist in Ämtern des Staates. . . . Aber ein sogenannter Dichter ist am übelsten daran, weil er meistens aus dem Schulgarten nach dem Parnaß entlaufen, und es ist auch wirklich ein verdächtiges Ding um einen Dichter von Profession, der es nicht nur nebenher ist.«
C. Brentano: Ausgew. Werke, hrsg. v. M. Morris. Leipzig 1904, Bd. 3, S. 92f.

»Ein Schriftsteller ist ein produktiver Arbeiter, nicht insofern er Ideen produziert, sondern insofern er den Buchhändler bereichert, der den Verlag seiner Schriften betreibt, oder sofern er der Lohnarbeiter eines Kapitalisten ist«.
MEW, Bd. 26, 1. Tl. S. 128 (Theorien über den Mehrwert).

»Ich weiß, was ein Dichter ist, denn bestätigtermaßen bin ich selber einer. Ein Dichter ist . . . ein auf allen Gebieten ernsthafter Tätigkeit unbedingt unbrauchbarer . . . aufsässig gesinnter Kumpan . . . und in jedem Betrachten anrüchiger Scharlatan, der von der Gesellschaft nichts anderes sollte zu gewärtigen haben . . . als stille Verachtung. Tatsache aber ist, daß die Gesellschaft diesem Menschenschlage die Möglichkeit gewährt, es in ihrer Mitte zu Ansehen und höchstem Wohlleben zu bringen.
Th. Mann: Rede und Antwort, Berlin 1922, S. 387.

»Warum produziert man? Stil entsteht aus einer Kombination von Zwang und Marotte und man produziert halb aus Dämonie und halb aus Konvention«.
G. Benn, Primäre Tage, Wiesbaden o.J., S. 73.

Vorbemerkung

Das Entstehen der deutschen bürgerlich-literarischen Intelligenz – in Gestalt des »freien« Schriftstellers und seines Publikums – wird heute als ein Aspekt des Konfliktes zwischen Bürgertum und Aristokratie verstanden, weil die Emanzipationsbestrebungen des Bürgertums in der gesellschaftspolitischen Krise der zweiten Jahrhunderthälfte – die in Frankreich zur Revolution führte – wesentlich von den politischen Einstellungen jener Intelligenz bestimmt wurden. In dieser Epoche konnte Literatur, soweit sie die Krise inhaltlich, formal und sprachlich als Kritik an überlieferten christlichen Heilsvorstellungen, am zeitgenössischen rationalistischen Fortschrittsoptimismus und an den normativ gesetzten Mustern höfischen Geschmacks darstellte, erstmalig in Deutschland einem Teil der »mittleren Stände« in ihrer gesellschaftsbezogenen und herrschaftskritischen Funktion begreifbar werden. M. a. W.: Literatur konnte in jenen Gesellschaftsverhältnissen auch zum Vehikel der Emanzipation aus der Enge, der Rückständigkeit und Unmündigkeit – kurz: aus den »Systemzwängen« des Feudalabsolutismus werden.

Es ist nicht zuletzt diese Vehikelfunktion, die heute dazu berechtigt, den Produzenten bürgerlicher Literatur als freien Schriftsteller zu bezeichnen, denn in ihm tritt das Verhältnis von Literatur und Politik in aller Deutlichkeit ins öffentliche und private Bewußtsein. Um es konkret zu sagen: Wieweit die soziale Dichotomie zwischen Adel und Bürgertum, die das gesellschaftsgeschichtliche Charakteristikum dieser Epoche ist, den Bürgern kritisch bewußt wurde bzw. wieweit diese Dichotomie verdeckt und damit Feudalherrschaft konserviert wurde, war nicht zuletzt ein Entscheidungsproblem der bürgerlichen Intelligenz und ihrer literarischen Wortführer. Allerdings gelang es nur den wenigsten Schriftstellern, dieses Verhältnis in öffentlich wirksamen Schriften und Programmen so zu reflektieren, daß sich im praktischen Vollzug solcher Reflexion bürgerliche Freiheit in der Teilhabe an politischer Macht hätte verwirklichen können. Solcher Bewußtseins- und Handlungserweiterung stand die kleinstaatlich zersplitterte Lage der bürgerlich-literarischen Intelligenz entgegen.

Da dem freien Schriftsteller die Integration in Machtentscheidungen vom Adel verwehrt und ihm damit zugleich jene gesellschaftliche Situation vorenthalten wurde, in der seine bürgerliche Persönlichkeit sich hätte voll entfalten können, blieb ihm nur der resignative Weg in eine wie immer geartete Innerlichkeit, in der er – entfremdet von seinen literarisch-politischen Möglichkeiten – auf die ästhetische Veredelung der politisch heimatlosen Mitglieder der »mittleren Stände« bzw. der bürgerlichen »Klasse« verwiesen war.

Vor dem so verstandenen Hintergrund der fridizianischen Epoche gerät nun aber der freie Schriftsteller – und mit ihm sein Publikum – ins Licht der eigenen Kritik, so daß mit ihrer Hilfe Widersprüche zwischen literarisch gestalteter Emanzipationsabsicht und konkreter emanzipativer Praxis verdeutlicht werden können. Darüber hinaus kann gezeigt werden, in welchem Maß seine Freiheit und die der bürgerlich-literarischen Intelligenz abhängig waren von der je erreichten Einsicht in die politische Erscheinungsform der Gesellschaft und die Notwendigkeit ihrer Veränderung.

Diese ideologiekritische Betrachtung des freien Schriftstellers und seiner Funktion innerhalb der bürgerlich-literarischen Intelligenz war bei der ersten Abfassung der Arbeit [1] methodisch noch nicht in zureichender Weise möglich, zumal die Germanistik – wie der Verf. selbst – zu dieser Zeit noch in der von Dilthey maßgeblich beeinflußten Tradition stand [2]. Aufgrund des inzwischen mit Hilfe kritischer Theorie erfolgten Traditionsabbaus und der sozialwissenschaftlichen Orientierung der Germanistik muß daher heute gesagt werden, daß die damalige Absicht, die Entstehung und Lage des freien Schriftstellers unter literatursoziologischer Rücksicht darzustellen, die Gefahren geisteswissenschaftlichen Verstehens – nämlich: das in Briefen, Tagebüchern und literarischen Werken Vorgefundene zu affirmieren – nicht völlig vermieden hat. Andererseits war bei der ersten Abfassung der Arbeit bereits die methodologische Überzeugung vorhanden, daß das Bürgertum als Klasse die Bedingung der Existenz des freien Schriftstellers war und mithin seine Lage auch in politischen und ökonomischen Dimensionen gesehen werden mußte. Nur war es seinerzeit schwierig, diese Überzeugung in der Arbeit zureichend zu konkretisieren.

Es ist hier nicht der Ort, die damaligen Schwierigkeiten und den seitherigen Wandel mit dem Instrument der Außenanalyse [3] aufzuarbeiten. Wichtiger dagegen dürfte der Hinweis sein, daß mit der Kürzung keine gründliche Überarbeitung anhand sozial- bzw. klassengeschichtlicher Kriterien geleistet werden kann. Vielmehr geht es in der Neubearbeitung nur um den Versuch, die in der Erstfassung unzureichend betonten gesellschaftspolitischen und sozialpsychologischen Akzente deutlicher herauszuheben, um so die soziale Realität des freien Schriftstellers und der bürgerlich-literarischen Intelligenz kritischer auf das Maß möglicher gesellschaftlicher Veränderungen beziehen zu können. Es geht also um die Frage, wieweit freie Schriftsteller als »Avantgarde« des Bürgertums diese Realität erkannten und auf Änderungen drängten bzw. wieweit sie Realität nicht nur ästhetisch verklärten, sondern ihr entsagungsvoll den schönen Schein und die Idylle [4] entgegensetzten.

An dieser Stelle erscheint es notwendig zu fragen, ob diese Akzentuierung auch dazu berechtigt, die bürgerlich-literarische Intelligenz anzuklagen und sie unter Hinweis auf »falsches« Bewußtsein für schuldig zu befinden, daß sie sich – statt emanzipatorisch zu wirken – auf das Erschaffen des »Wahren, Guten und Schönen« konzentrierte und damit dem Publikum erst gar nicht die eigene Misere ins Bewußtsein hob. Solcher verurteilenden Geschichtsschreibung wäre – bezogen auf das 18. Jh. – mit einer Äußerung Schillers zu begegnen, die die Ausweglosigkeit der Lage des Bürgertums gegenüber der Gewalt der Regierungen kennzeichnet: »Alle Verbesserung im Politischen soll von der Veredelung des

Charakters ausgehen – aber wie kann sich unter den Einflüssen einer barbarischen Staatsverfassung der Charakter veredeln?« [5]. Und im Blick auf unsere Zeit wäre mit Ludwig Vaculik, der sich als CSSR-Emigrant des Jahres 1968 in ähnlich auswegloser Situation befindet, zu sagen: »Wer immer nur gegen die Regierung schreiben muß, der hat sich im Grunde von ihr verbieten lassen, über etwas anderes zu schreiben« [6].

Sofern es richtig ist, daß die beiden zitierten Schriftsteller jeweils für ihre Zeit-genossen in »finsteren Zeiten« schrieben – wobei für Schiller hinzuzufügen ist, daß er nicht absehen konnte, zu welch kompromißlerischen Ergebnissen die u. a. auch mit ihm beginnende Einschränkung bürgerlicher Emanzipation von der Vorherrschaft der Mächtigen im 19. und 20. Jh. führen würde und für Vaculik anzumerken ist, daß er noch nicht absehen kann, zu welchem Ende die von ihm unterstützte sozialistische Emanzipation vom stalinistischen Novotny-Kurs und seiner Nachfolger einmal führen wird; und wenn es ferner richtig ist, daß mit historischen Schuldsprüchen – die dazu tendieren, den Charakter liquidatori-scher Endlösungen anzunehmen – die dialogischen Wege in die Geschichte ver-baut werden, dann dürfen beide Schriftsteller und die ihnen zugehörige Intelligenz jene Nachsicht erwarten, die sich der verzweifelt durch die »Kriege der Klassen« gegangene Bertolt Brecht mit Recht von den »Nachgeborenen erbat: »Ihr aber, wenn es soweit sein wird,/Daß der Mensch dem Menschen ein Helfer ist,/ Gedenkt unsrer/ Mit Nachsicht«. [7]

Da solche Zeit der Hilfe hier und jetzt beginnen kann, dürfte es an der Zeit sein, daß über Literatur auch wie über Literatur entschieden wird und nicht nur wie über Klassenkampf [8]. Denn trotz aller Erkenntnisse, die mithilfe ideolo-giekritischer Betrachtungen über Literatur – einschließlich ihrer Produzenten und Konsumenten – gewonnen werden können, bleibt in nahezu aller Literatur und Kunst jenes klassenmäßig nicht mehr zu begreifende »sur plus«, das Marx 1857 in der *Einleitung zur Kritik der politischen Ökonomie* mit folgenden Fragen zu umschreiben suchte: »Ist Achilles möglich mit Pulver und Blei? Oder überhaupt die »Iliade« mit der Druckerpresse oder gar Druckmaschine? Hört das Singen und Sagen und die Muse mit dem Preßbengel nicht notwendig auf, also ver-schwinden nicht notwendige Bedingungen der epischen Poesie? Aber die Schwie-rigkeit liegt nicht darin, zu verstehn, daß griechische Kunst und Epos an gewisse gesellschaftliche Entwicklungsformen geknüpft sind. Die Schwierigkeit ist, daß sie für uns noch Kunstgenuß gewähren und in gewisser Beziehung als Norm und unerreichbare Muster gelten« [9].

Der von Peter Hahn [10] kürzlich unternommene Versuch, diese Skrupel des von der Richtigkeit der Basis-Überbau-Lehre zutiefst überzeugten Schriftstellers Karl Marx zu interpretieren, leidet an einem entscheidenden Mangel. Er versäumt es, sowohl die von Marx festgestellte überdauernde Geltung näher zu untersu-chen, als auch den psychologischen Hintergrund, der von Marx im Anschluß an das obige Zitat gestellten sozial- und kulturanthropologischen Fragen, wenig-

stens ein Stück weit kritisch aufzuhellen. Vermutlich konnte Marx der den historischen Augenblick überdauernden Geltung von Kunstwerken deshalb nicht gerecht werden, weil er sich bei seinen Reflexionen über Wesen und Aufgabe der
Arbeit als Produktion und Reproduktion menschlichen Lebens – wie Hannah
Arendt meint – »ausschließlich auf die Tätigkeit des Subjekts« konzentrierte und
»die objektiv weltlichen Eigenschaften der produzierten Dinge – ihren Ort, ihre
Funktion, ihre Beständigkeit in der Welt – ganz und gar außer acht« [11] lassen
wollte.

Marx hat Arbeit wiederholt und in Anlehnung an Hegel als »einen Prozeß
zwischen Mensch und Natur« definiert, »worin der Mensch seinen Stoffwechsel
mit der Natur durch seine eigene Tat vermittelt, regelt und kontrolliert«, sodaß
sein Produkt »ein durch Formveränderung menschlichen Bedürfnissen angeeig-
neter Naturstoff« [12] ist. Diese biologisch-physiologische Gebundenheit seiner
Arbeitsdefinition [13], die aus den Einsichten resultiert, daß erstens der Arbeiter
sein eigenes Leben reproduziert, in dem er Lebensmittel produziert und zweitens,
daß der Mensch sich durch diese Produktion der Lebensmittel vom Tier unterscheide, reicht aber zur Erklärung der Produktion und Dauerhaftigkeit von Versen, Romanen und künstlerischen Objektivationen nicht aus. Es ist daher nicht
erstaunlich, daß Marx beim Vergleich tierischer und menschlicher Lebenstätigkeit
in seinen Frühschriften behauptet, »der Mensch formiert [d. h. produziert, d.
Verf.] ... auch nach den Gesetzen der Schönheit« [14]. Nur bleibt Marx den
Nachweis schuldig, welche Klasse diese Gesetze formuliert und woher sie im
Kampf der Klassen ihre Gültigkeit und Dauer beziehen. Sind sie Ausfluß menschlichen »Wollens und ... Bewußtseins« [15] bzw. resultieren sie aus der Tatsache,
daß »der Mensch ... frei von physischen Bedürfnissen produziert und erst wahrhaft produziert in der Freiheit von demselben«? [16].

Das sich mit diesen z. T. widersprüchlichen Zitaten stellende Problem ist eins
der mehr oder weniger reflektierten Anthropologie im Werk von Marx. Es kann
im vorliegenden Zusammenhang nur in einigen Punkten angedeutet werden.
Erschwerend kommt hinzu, daß Marx' Anthropologie nur ein Nebenprodukt
seiner Kritik der bürgerlichen Reproduktionsweise war und seine anthropologischen (wie literaturbezogenen) Äußerungen, die zudem über das gesamte Werk
verstreut sind, in der Nachfolge von Rousseau stehen, der davon ausging, »daß
der Mensch von Natur gut ist, und daß es nur die Einrichtungen sind, durch
die Menschen schlecht werden« [17]. Nicht zuletzt dürften es diese Gründe sein,
die Marx veranlaßten, von dem besonderen Charakter der für die Reproduktion
des Lebens nicht lebensnotwendigen Kunstdinge abzusehen.

Dieses Absehen von den »außerordentlich verschiedenen Wesensarten der
Weltdinge, wie der Tätigkeiten, die sie hervorbringen« [18], führte Marx zu
höchst widersprüchlichen Überzeugungen. Betont Marx in den *Theorien über
den Mehrwert*, »Milton produzierte das *Paradise Lost* aus demselben Grund,
aus dem ein Seidenwurm Seide produziert – es war eine Betätigung seiner Natur«

[19], so fällt ihm im *Kapital* auf: »Eine Spinne verrichtet Operationen, die denen des Webers ähneln, und eine Biene beschämt durch den Bau ihrer Wachszellen manchen menschlichen Baumeister. Was aber von vornherein den schlechtesten Baumeister vor der besten Biene auszeichnet, ist, daß er die Zelle in seinem Kopf gebaut hat, bevor er sie in Wachs baut. Am Ende des Arbeitsprozesses kommt ein Resultat heraus, das beim Beginn desselben schon in der Vorstellung des Arbeiters, also schon ideell vorhanden war. Nicht, daß er nur eine Formveränderung des Natürlichen bewirkt; er verwirklicht im Natürlichen zugleich seinen Zweck, den er weiß, der die Art und Weise seines Tuns als Gesetz bestimmt und dem er seinen Willen unterordnen muß« [20].

Es ist sicher kein Zufall, daß Marx an dieser Stelle der Differenzierung von tierischen Lebensvollzügen und menschlicher Hervorbringung zeitüberdauernder menschlicher Werke nicht nur das Wort »ideell« undefiniert benutzt – und das in Annäherung an Plato bzw. Kant –, sondern auch die ich-hafte menschliche Vorstellungskraft bemühen muß, von der sonst bei ihm kaum die Rede ist. Marx unterscheidet hier völlig zu Recht den Baumeister von der Spinne. Menschen können mithilfe von Vorstellungen u. a. – eben wie der gleichsam »zeitlose« Baumeister – »im Prinzip ihre Lebenswelt überschreiten, sie können sie erweitern und in andere »Welten« übersetzen« [21]. Zufällig dürfte dieser Rückgriff auf Momente »idealistischen« Philosophierens vor allem deshalb nicht sein, weil es weder bei der Produktion des Baumeisters noch bei der Konzipierung von *Paradise Lost* um Arbeit im Sinne der Produktion von existenzerhaltenden Lebensmitteln geht. In derartigen Arbeitsvorgängen läuft nicht nur der Stoffwechsel des Menschen mit der äußeren Natur mit dem Ziel der Reproduktion menschlicher Arbeitskraft ab, sondern es vollzieht sich in ihnen auch die von Marx völlig zu recht als »ideell« und mit »Vorstellung« bezeichnete zweckhafte bzw. sinnbezogene Bearbeitung der inneren Natur des Menschen, seiner Sinne und Eigenschaften [22] – kurz: seiner Psyche.

Sicher wäre es verfehlt, Marx vorzuwerfen, er hätte diese erst von der Tiefen- und kritischen Sozialpsychologie aufgedeckten Zusammenhänge bereits sehen müssen. Dazu war er unter wissenschaftsgeschichtlicher Rücksicht gar nicht in der Lage. Doch wird die heutige Interpretation jener widersprüchlichen Äußerungen diesen Schritt über Marx hinaus tun und erkennen müssen, daß Menschen nicht nur auf Vernunft gestellte und nur durch die Einrichtungen – sprich: Sach- und Systemzwänge »verdorbene« Kulturwesen, sondern auch von ihren Sinnen und Trieben d. h. von Selbstzwängen bestimmte Naturwesen sind. Wobei unter »Trieb« hier jene phylogenetisch angelegte Spontaneität verstanden werden soll, die in ihrer Offenheit gegenüber Zielen und Objekten ein wesentliches Moment individuellen und sozialen Handelns und Wandels ist. Oder wie Freud es formuliert hat; Trieb ist das »Maß der Arbeitsanforderung, die dem Seelischen infolge seines Zusammenhangs mit dem Körperlichen auferlegt ist« [23] und der – das darf hinzugefügt werden – bearbeitet werden soll und kann.

Dabei impliziert das »Soll«, daß der Bearbeitungsprozeß – also die Befriedigung und Kultivierung der Triebe – gesellschaftlich vermittelt ist. Das »Kann« verweist auf eine Voraussetzung, nämlich auf die Fähigkeit des Menschen, die dieser Arbeitsanforderung entsprechenden Symbole zu bilden, auf Probe zu handeln und in ideellen Vorstellungen – sprich: literarischen Werken – existentielles Handeln von Individuen und Gruppen als bewußte Bearbeitung von menschlicher Natur und Kultur zeitüberdauernd zu gestalten.

Oder anders formuliert: Der um die Dimension einer kritischen Psychologie [24] erweiterte dialektisch-historische Materialismus, der mit seiner Revolutionstheorie zudem selbst eine Art Frustrations-Agressionshypothese [25] vertritt, wird bei der Interpretation der Marx-Äußerungen davon ausgehen dürfen, daß Menschen »Wesen sind, welche in der Spannung zwischen der Abhängigkeit von äußerer und innerer Natur zugleich sich selbst hervorbringen müssen« [26]. Mithilfe dieses Konzepts scheint es möglich, die Widersprüchlichkeit der Überzeugungen von Marx im Interesse eine Klärung des von Hahn aufgeworfenen Problems (das zugleich eins der marxistischen Anthropologie ist) zu bearbeiten.

Nach den bekannten Vorstellungen der Psychoanalyse hat das Ich die Aufgabe, zwischen den Arbeitsanforderungen, die sich von »innen«, d. h. vom Trieb her und von »außen«, d. h. von den spezifischen gesellschaftlichen Bedingungen her stellen, zu vermitteln. Diese Vermittlung wird vom Ich mithilfe von Symbolen erreicht, in denen das »zu Vermittelnde repräsentiert ist. Sie sind das Medium der Arbeit des Ich an innerer und äußerer Natur« [27]. Allerdings setzt diese Vermittlung als Erkenntnisleistung, wenn sie nicht in der Subjektivität von Verdrängungen, Regressionen, unsublimierten Bedürfnissen u. ä. stecken bleiben, sondern auch zu einer sprachlichen und symbolischen Distanzierung gelangen soll, eine Integrationskraft des Ich voraus, die Widersprüche zwischen dem zu Vermittelnden in realitätgerechter Weise aushält und austrägt. Oder wie Nunberg es einmal formuliert hat: »Die sytetische Fähigkeit des Ich kommt also darin zum Ausdruck, daß es Fremdes (von innen und außen) assimiliert, in Widersprüchen vermittelt, ja Gegensätzliches miteinander vereinigt und geistige Produktivität in Gang setzt« [28].

Insofern sind literarische, künstlerische, handwerkliche u. ä. Hervorbringungen abhängig von der von Marx zu recht mit den Begriffen »ideell« und »Vorstellung« belegten symbolischen Distanzierungsfähigkeit von »äußeren« Klassenverhältnissen und »innerer« Natur. D. h. ob der Schriftsteller auf dieser Ebene der Symbolbildung frei von inneren Barrieren und Ängsten, von Verdrängungen und anderen Bedürfnissen uneingeschränkt realitätsgerecht und praktisch sich verhalten und produzieren kann, ist nicht nur eine Frage des von der Spontaneität her bestimmten Verhaltens des konkreten, sinnlichen und sich seines Zweckes bewußten Menschen. Oder negativ formuliert: Isoliert er sich mithilfe abwehrender Mechanismen von bestimmten Momenten der äußeren oder inneren Realität, wird die synthetische Ich-Funktion in Frage gestellt und es entsteht, das, was

Chomsky [29] als mangelnde sprachliche Kompetenz bezeichnet und Lorenzer [30] als Sprachzerstörung charakterisiert.

Eine der Folgen dieses sprachlichen Kompetenzverlustes kann z. B. im Blick auf das späte 18. Jahrhundert darin gesehen werden, daß die politisch gemeinte Auseinandersetzung des freien Schriftstellers mit dem Feudalabsolutismus im Privatistischen stecken blieb und es ihm nicht gelang, auf der Grundlage der Bedürfnisse der bürgerlich-literarischen Intelligenz in der gegebenen gesellschaftlichen Wirklichkeit nach neuen Lebensformen zu suchen – geschweige denn, die Schwierigkeiten, die solcher Lebensform entgegenstanden, wirksam anzugreifen. Hier wird deutlich, daß die im literarischen Werk auf neue Lebensformen – letztlich auf Emanzipation – hin arbeitende synthetisierende Ich-Funktion des Schriftstellers nicht nur als ein subjektives seelisches Vermögen anzusehen ist, sondern daß es in Bezug auf sein Publikum auch eine gesellschaftliche Funktion hat.

Nach diesen kursorischen und an K. Horn anknüpfenden Überlegungen im Anschluß an Marx' widersprüchliche Überzeugung dürfte einsichtiger geworden sein, weshalb Marx sich so und nicht anders äußern mußte. Ihm war weder Unbewußtes als Verdrängtes bekannt, noch konnte er wissen, daß in alle literarischen Produkte (als symbolvermitteltes Verhalten zwischen Innen und Außen) neben gesellschaftlichen Anteilen immer und untrennbar auch triebbestimmte Anteile eingehen. Und weil Marx diese Zusammenhänge noch nicht deutlich genug waren, stehen bei ihm nicht nur sozialwissenschaftliche, biologisch-anthropologisch und idealistische Argumentationen noch unvermittelt nebeneinander, sondern arbeitet er auch von Fall zu Fall mit Begriffen wie »Gesetz«, »Zweck« und »Freiheit«, von denen weithin unklar bleibt, wie sie zu verstehen sind.

Sieht man einmal von diesen begrifflichen Schwierigkeiten ab, dann wird heute das unvermittelte Nebeneinander durch die Einsicht zu überwinden sein, daß literarische Produkte weder bloßer Ausdruck von Klassenverhältnissen, noch reine Manifestation von Vorstellungen sind, sondern daß sich im Kunstwerk die geschichtlich jeweils erreichbare Möglichkeit mehr oder weniger realitätsgerechter und symbolhafter Vermittlung der Bearbeitung von innerer und äußerer Natur formal und inhaltlich ausdrückt, m. a. W.: Daß in der Kunst der je geschichtlich mögliche Grad der Emanzipation der Menschen von Fremd- und Selbstzwängen manifest wird und von künstlerischem Fortschritt bzw. artistischer Entwicklung daher nur unter dieser kulturanthropologischen Rücksicht gesprochen werden kann. Von solcher Einsicht her ist dann auch der Marxsche Arbeitsbegriff zu kritisieren. Sein oben zitierter Vergleich mit dem Seidenwurm ist insofern widersprüchlich, als er das unhistorische Naturmoment der tierischen Seidenfadenproduktion mit der gesellschafts- und lebensgeschichtlich bedeutsamen, sinn- und zweckbezogenen Produktion Miltons gleichsetzte. Solche Gleichsetzung sieht jedoch an der Tatsache vorbei, daß das »Arbeiten« des Seidenwurms im biologischen Lebensprozeß niemals fertig wird, sondern sich notwendig unendlich (ewig!) wiederholt, verbraucht und gleichsam vernichtet, während Miltons »Herstellen« [31] von *Paradise Lost* (bzw. Homers »Herstellen« der *Iliade*) in dem Moment an ein Ende gelangt, wo die im Werk sich vollziehende Vermittlung von inneren und äußeren Arbeitsanforderungen die dem Sinn- und Normverständnis und der Identität des Dichters angemessene symbolische und zeitüberdauernde ästhetische Gestalt erhalten hat.

Zweifellos hatte Marx recht, wenn er den Menschen als arbeitendes Wesen definierte, und wenn er in der Arbeit »eine von allen Gesellschaftsformen unabhängige Existenzbedingung des Menschen, ewige Naturnotwendigkeit [sah], um den Stoffwechsel zwischen Mensch und Natur, also das menschliche Leben zu vermitteln« [32]. Doch wenn Marx wenig später in ähnlichem Zusammenhang sagt, daß der »Arbeitsprozeß im Produkt erlischt« [33], dann kann er nur an das »Herstellen« von *Paradise Lost* gedacht haben und nicht an das Arbeiten des Seidenwurms, dessen unendlich sich wiederholender Arbeitsprozeß gar nicht im Produkt erlöschen kann, weil er das unvermittelte und ahistorische Leben des Seidenwurms selbst ist. Das symbolisch Leben und Identität vermittelnde Produkt *Paradise Lost* kann dagegen zu jeder historischen Zeit im Medium seiner gedruckt vergegenständlichten Form in die Köpfe der Menschen gelangen und sich hier im Kunstgenuß verlebendigen. Und das relativ unabhängig von der gesellschaftlichen Entwicklungsform, weil es bei der Lektüre in den Köpfen (auch in dem Kopf von Marx) nicht nur zur Konfrontation in sich verschiedener Sinn- und Normbezüge, sondern auch zur Integration identischer Sinnsysteme kommen kann. Im Falle der griechischen Kunst wird bei Marx ein relativ hohes Maß an Identität vorgelegen haben, denn sonst hätte er kaum von »Norm« und »Muster« sprechen können [34].

Marx' »Vorstellung« stimmte »ideell« mit dem Produkt griechischer Künstler überein. Sofern sich diese Übereinstimmung auch aus den »Gesetzen der Schönheit« bzw. aus dem Gesetz ergab, das als »Zweck« menschliches Tun bestimmt, nimmt Marx nicht nur seinen biologistisch gleichsetzenden Arbeitsbegriff zurück und argumentiert von anthropologischen Positionen her, sondern er schränkt auch die Basis-Überbautheorie entschieden ein.

Rücknahme und Einschränkung ergeben sich zudem auch aus dem Vergleich zwischen Spinne bzw. Biene mit dem Baumeister, denn hier nimmt Marx im *Kapital* die gleichsetzende biologistische Erklärung aus den *Theorien über den Mehrwert* zurück und stellt seine Argumentation auf jene ideelle Vorstellungsbezogenheit ab. D.h. angesichts »der Verwandlung des Nichtgreifbaren in die Handgreiflichkeit eines Dinghaften« [35] und realitätsgerecht Sinnhaften läßt Marx das unhistorische Moment, mit dem er Miltons *Paradise Lost* charakterisiert hatte, in einen geschichtlichen Sinngebungszusammenhang von Leben und Wirklichkeit eingehen, denn der Baumeister verwirklicht – gleichgültig in welcher Zeit und in welcher Gesellschaftsform er auch leben mag – »zugleich seinen Zweck, den er weiß, der die Art und Weise seines Tuns als Gesetz bestimmt und dem er seinen Willen unterordnen muß« [36]. Psychologisch gesprochen heißt das, hier wird der in der psychischen Struktur und Dynamik verankerte und zugleich gesellschaftlich vermittelte Sinnzusammenhang zwischen produzierendem Subjekt und dem zu produzierenden Objekt berücksichtigt.

Sofern die hier nur skizzierten Überlegungen richtig sind, dürfte es berechtigt sein, P. Hahn zu fragen, ob jene »Vitalität« von Kunstwerken – die als Überbauphänomene einer längst überholten Basis angehören – nur eine »Ungleichzeitigkeit der Kunst« signalisieren, die in der Tat über den von Marx in anderem Zusammenhang konstatierten Anachronismus weit hinausgeht und die Basis-Überbautheorie entschieden relativiert. Oder ob die »Vitalität« nicht letztlich aus der im Kunstwerk realitätsgerecht gelungenen symbolischen und sprachlichen Vermittlung der – von der ökonomischen Basis zwar nicht bedingten, aber in den damaligen Sozialsationsprozessen als innere Arbeitsanforderung – sich entfaltenden trieb- und bedürfnisbestimmten Anteile menschlichen Verhaltens resultiert. Dieses archaische Triebmoment, das in aller Geschichte als anarchisches Moment zur Geltung kommt [37] – und mithilfe der Gesetze »gebändigt« wird? –, paßte gewissermaßen nicht in das rationale und strikt ökonomische Denken von Marx.

Es braucht hier nicht noch einmal betont zu werden, daß auch gesellschaftliche Anteile – oder um mit Marx zu sprechen: »gesellschaftliche Entwicklungsformen« – in solcher Vermittlung enthalten sind. Wichtiger ist vielmehr der nochmalige Hinweis, daß in allen Kunstwerken und den ihnen vorgängigen und das Leben vermittelnden Prozessen des Herstellens sich gesellschaftliche und trieb- und bedürfnisbedingte Anteile nahezu untrennbar miteinander verschränken. Und weil Marx nur die gesellschaftlichen Anteile sah, mußte ihm das Verstehen der eigenen Erfahrung, die er mit den Worten Kunstgenuß, Norm und Muster umschreibt, im Umgang mit griechischer Kunst Schwierigkeiten bereiten. D. h. weil er weder den Triebaspekt menschlichen Verhaltens als das »Archaischste am Menschen« erkannt hatte, noch in diesem Aspekt das »unangepaßte Movens der Geschichte« [38] entdecken konnte – dazu war ihm die Sicht durch die eigene Basis-Überbautheorie und die nicht zureichende reflektierte Anthropologie verstellt – mußte ihm seine eigene Erfahrung rätselhaft bleiben.

Die von Marx in diesem Zusammenhang benutzte Wendung »in gewisser Beziehung« legt die Frage nahe, was er in Beziehung setzen wollte. Wollte er die in der griechischen Kunst »musterhaft« gelungene Bearbeitung beider Anteile in Beziehung setzen zu dem von ihm erhofften vollentfalteten und emanzipierten Gattungswesen Mensch? Meinte er, daß angesichts dieser zeitüberdauernden Gestaltung »das Bedürfnis oder der Genuß . . . ihre egoistische Natur« [39] verlieren könnten und daß jene normativen Muster »den reichen all- und tiefsinnigen Menschen als ihre stete Wirklichkeit« [40] zum Gegenstand haben? Sah er in der griechischen Kunst den Gegensatz von »Tätigkeit und Leiden« – als »eine wirkliche Lebensaufgabe« [41] – in einer Weise gelöst, wie sie die Philosophie nicht leisten konnte, weil »sie [d. h. die Philosophie, d. Verf.] dieselbe als nur theoretische Aufgabe« [42] faßte und nicht als praktische »*Bearbeitung der Menschen durch die Menschen*«? [43] Ging es ihm in diesem Zusammenhang um jene »sinnlich vorliegende menschliche Psychologie, . . . die bisher nicht in ihrem Zusammenhang mit dem Wesen des Menschen, sondern immer nur in einer äußeren Nützlichkeitsbeziehung gefaßt« wurde? [44] Und gehört nicht zu eben diesem »Wesen des Menschen«, daß er etwas ihn Überdauerndes schaffen und es nach dem ihm bewußten Zweck vor Verfall und Untergang wappnen und evtl. auch bewahren kann? Und ist nicht eben dieses »Wesen« an der Dauer der Dinge und Kunstwerke immer wieder und zu allen Zeiten abzulesen?

Gewiß, diese Fragen mögen in einer marxhörigen Zeit unbequem sein, aber wenn P. Hahn von der »Vitalität der Kunstwerke« spricht, meint er dann nicht auch und gerade die Tatsache, daß Kunstwerke dem Verlauf menschlicher und von Klassenkämpfen [45] gekennzeichneten Geschichte zu widerstehen vermögen, um den Begriff Fortschritt oder Entwicklung hier zu vermeiden. Ein durchaus umstrittener freier Schriftsteller unserer Tage, der Lyriker Gottfried Benn, schrieb in *Drei alte Männer,* das Künstlerische bzw. die Kunst sei die »Sphäre, in der es keine Entwicklung gibt, die kein Zyklus ist« [46]. Max Rychner hat von diesem zweifellos herausfordernden Satz gemeint, er werde sich Abstriche gefallen lassen müssen, »denn von Aeschylos bis Euripides oder Menander, von Opitz bis Goethe, von Boileau bis Baudelaire findet doch so etwas wie eine Entwicklung statt. Nicht aber gibt es, aufs Ganze gesehen, Fortschritt im Sinne steigender dichterischer Wertpotenzen: Homer oder Dante ragen in eine Sphäre, an deren Grenze der Entwicklungsgedanke niederfällt wie ein toter Vogel« [47].

Um im Bild zu bleiben: Sah Marx den Vogel niederfallen? Spürte auch dieser politische Schriftsteller, daß Ort und Funktion des literarischen Kunstwerks auf der dem Wesen des Menschen zugehörigen und daher zutiefst ambivalenten Grenze zwischen dem Reich der Notwendigkeit und dem Reich der Freiheit liegen, dort also, »wo das Arbeiten, das durch Not und äußere Zweckmäßigkeit bestimmt ist, aufhört« und wo »die menschliche [Kraft]-Entwicklung [48], die sich als Selbstzweck gilt, das wahre Reich der Freiheit« [49] beginnt? Gewährte ihm die *Iliade* deshalb noch Kunstgenuß, weil in ihr »die Sinnlichkeit . . . in der doppelten Gestalt, sowohl des sinnlichen Bewußtseins als des sinnlichen Bedürfnisses« vermittelt erschien? [50] Eine Vermittlung, die »der Vergegenständlichung [sprich: Formung, Gestaltung oder sprachlich-symbolische Distanzierung, d. Verf.] des menschlichen Wesens« [51] diente mit dem Ziel, »sowohl um die *Sinne* des Menschen *menschlich* zu machen, als um für den ganzen Reichtum des menschlichen und natürlichen Wesens entsprechenden *menschlichen Sinn* zu schaffen« [52] Der spekulative Charakter solchen Fragens mit den Worten von Marx liegt zwar auf der Hand, doch mag als erstes die Vermutung erlaubt sein, daß Marx mit den Worten »in gewisser Beziehung« auf jene in allen Gesellschaftsformen als Aufgabe sich stellende Emanzipation des Menschen von seinem archaischsten Anteil anspielte, d. h. auf »die Bearbeitung der Menschen durch die Menschen« [53].

Diese Vermutung liegt umso näher, da Marx selbst die »Aufhebung des Privateigentums« unmittelbar mit der »vollständige[n] Emanzipation aller menschlichen Sinne . . . [54] und Eigenschaften« in Verbindung brachte und hinzufügte, »sie ist diese Emanzipation gerade dadurch, daß diese Sinne und Eigenschaften menschlich, sowohl subjektiv als objektiv geworden sind [55]. Das Auge ist zum menschlichen Auge geworden, wie sein Gegenstand zu einem gesellschaftlich *menschlichen,* vom Menschen für den Menschen herrührenden Gegenstand geworden ist. Die Sinne sind daher unmittelbar in ihrer Praxis Theoretiker geworden. Sie verhalten sich zu der Sache um der Sache willen, aber die Sache selbst ist ein *gegenständliches, menschliches* Verhalten zu sich selbst und zum Menschen und umgekehrt. Das Bedürfnis oder der Genuß haben darum ihre *egoistische* Natur und die Natur ihre bloße *Nützlichkeit* verloren, indem der Nutzen zum *menschlichen* Nutzen geworden ist« [56].

Die von Marx mit diesen Sätzen beschriebene emanzipatorische Aneignung der menschlichen Sinne des Menschen durch den Menschen enthält gewissermaßen elementare anthropologische Kernstücke seines Denkens, die später in der Kritik der polititischen Ökonomie der bürgerlichen Gesellschaft nahezu jeden Stellenwert verlieren. Dennoch können die Anregungen, die von solchen Sätzen ausgehen, gar nicht hoch genug bewertet werden in einer Zeit, in der neben der ökonomisch bedingten Entfremdung auch die Probleme psychischer Entfremdung immer deutlicher gesehen werden [57]. D. h. es käme heute darauf an, die anthropologischen Elemente, die weithin unreflektiert in die historisch-materialistische Geschichtstheorie eingegangen sind, erneut, aber im Zusammenhang mit der Theorie, zur Diskussion zu stellen, um der »Verfestigung stereotyper Vorstellungen über einzelne Elemente im Werk von Marx und Engels entgegenzuwirken, kurz: Legendenbildung zu verhindern« [58]. Baczko fordert daher mit Recht, daß der Begriff der »menschlichen Natur« des Menschen gesondert aufgearbeitet werden müßte [59]. Wobei hinzuzufügen wäre, daß in und mit diesem Begriff auch Marx' Konzeption vom Wesen des Menschen, seiner gesellschaftlichen Persönlichkeit und die Rolle seiner sinnlichen Bedürfnisse gemeint sind.

Denn Entfremdung wird von Marx auf die Tatsache zurückgeführt, daß – wie Baczko schreibt – »bestimmte menschliche Bedürfnisse in entfremdeter Weise befriedigt worden« [60] sind. D. h. Marx geht von der Deformation menschlichen und gesellschaftlichen Bewußtseins aus und alle gedanklichen Bemühungen in seinen Frühschriften – deren Bedeutung im Zusammenhang mit dem Gesamtwerk insbesondere heute nicht hoch genug veranschlagt werden kann [61] – kreisen sowohl um die Analyse der Mechanismen und Zwänge, die diese Deformation bewirken, wie um die Behebung der Deformation auf dem Weg der Emanzipation von den Mechanismen und Zwängen. Deshalb lautete sein »Wahlspruch . . .: Reform des Bewußtseins nicht durch Dogmen, sondern durch Analysierung des

. . . sich selbst unklaren Bewußtseins« [62]. »Diese Reform . . . besteht *nur* darin, daß man die Welt ihr Bewußtsein inne werden läßt, daß man sie aus dem Traum über sich selbst aufweckt, daß man ihre eigenen Aktionen ihr erklärt« [63]. In der so betriebenen Reform würde sich – so hoffte jedenfalls Marx – zeigen, »daß die Welt längst den Traum von einer Sache besitzt, von der sie nur das Bewußtsein besitzen muß, um sie wirklich zu besitzen. Es wird sich zeigen, daß es sich nicht um einen großen Gedankenstrich zwischen Vergangenheit und Zukunft handelt, sondern um die *Vollziehung* der Gedanken der Vergangenheit. Es wird sich endlich zeigen, daß die Menschheit keine *neue* Arbeit beginnt, sondern mit Bewußtsein ihre alte Arbeit zustande bringt« [64].

Die Verbindung dieses Wahlspruches, dessen Charakter als Prämisse ebenso wenig übersehbar ist wie dessen prophetische Ausrichtung auf einen utopischen Endzustand, mit Marx' Äußerungen über griechische Kunst liegt zwar nicht auf der Hand, doch wenn Marx' Anschauungen als ein Gesamtzusammenhang betrachtet werden, dürfte es unbestritten sein, einzelne Gedankengänge miteinander zu verbinden, um Aufschluß über ihre wirkliche Bedeutung zu erlangen. Die Berechtigung zu solcher Verbindung dürfte sich u. a. auch daraus ergeben, daß Marx »die vollständige Emanzipation« [65] als »eine Arbeit der ganzen bisherigen Weltgeschichte« [66] verstanden hat. Bedeutsam an diesem Arbeits- und Geschichtsverständnis ist nun aber nicht so sehr der Inhalt selbst, d. h. die Hoffnung auf einen erreichbaren und nicht mehr zu gefährdenden Zustand von Emanzipation, sondern die aus ihm resultierenden Folgen. Marx relativiert nämlich mit solchem Verständnis nicht nur seine These, gemäß der »die bürgerliche Gesellschaft der wahre Herd und Schauplatz aller Geschichte« [67] ist, sondern er gibt damit auch den Blick auf die Geschichte der Natur des Menschen in einer Weise frei, die die Gültigkeit der – später entwickelten – Basis-Überbautheorie und die Theorie der Gesellschaftsformen entschieden einschränkt. Hinweise auf diese relativierende Einschränkung sind ferner in den nicht näher begründeten »Gesetzen der Schönheit«, zu sehen, nach denen der Mensch produziert, weil er nicht nur das »inhärente Maß dem Gegenstand anzulegen weiß« [68], sondern weil er in solcher Produktion »zugleich seinen Zweck [verwirklicht], den er weiß, der die Art und Weise seines Tuns als Gesetz bestimmt und dem er seinen Willen unterordnen muß« [69].

Die beiden Gedankengänge ließen sich wie folgt verbinden: In der noch immer als Norm und Muster geltenden und durch keinen Gedankenstrich von der Zukunft getrennten Vergangenheit der griechischen Kunst besitzt die Welt gewissermaßen als noch immer aufgegebene Arbeit einen Traum, der nur bearbeitet, geklärt und als wirklicher Besitz ins Bewußtsein gehoben werden muß – besitzt sie die ungestillte Hoffnung auf die von Gesellschafts- und Selbstzwängen emanzipierte Identität der offenen Persönlichkeit des mit sich selbst versöhnten Menschen, deren Erfüllung und Einlösung einen Beitrag zur »Selbstverständigung . . . der Zeit über ihre Kämpfe und Wünsche« [70] darstellt und den Menschen

integriert in den »ganzen Reichtum seines Wesens, den reichen, all- und tiefsinnigen Menschen« [71]. Vermutlich erschien Marx deshalb die griechische Kunst
als unerreichtes und noch Kunstgenuß gewährendes Muster, als der Ausdruck
der am schönsten entfalteten »geschichtlichen Kindheit der Menschheit« [72],
als ein zeitüberdauerndes Symbol der durch die Bearbeitung der Menschen durch
die Menschen zu einer Frühform der Identität emanzipierten Menschheit [73].
    Kunst bzw. die Gesetze der Schönheit und der dem Tun sinngebenden Zwecke
konfrontieren den Menschen mit der immerwährenden Frage nach sich selbst,
nach seiner Identität. Und letztlich liegt wahrscheinlich in solch emanzipatorischem Fragen auch die Vitalität des Kunstwerks begründet. Kunst hat zu allen
Zeiten nach den Bedingungen der Möglichkeit befreiter menschlicher Existenz
gefragt und den Menschen für die Wahrnehmung von Unfreiheit und Unmensch-
lichkeit, von Selbst- und Fremdzwängen sensibilisiert. Und es ist kein Zweifel,
daß der Schriftsteller Marx diese Sensibilität in hohem Maß besaß.
    Die bisherigen Erörterungen des von Marx formulierten Widerspruchs geben
nun keineswegs vor, dessen endgültige Lösung zu sein. Sie sind Mutmaßungen,
um dem Problem der Emanzipation des Menschen von Selbst- und Fremdzwängen
durch die Kunst ein Stück näher zu kommen. Sie schließen deshalb auch die
Frage ein, ob diese Emanzipation – angesichts der Tatsache, daß der Mensch
in einem »dialektischen Verhältnis von Umweltverhaftung und Weltoffenheit,
... Immanenz- und Transzendenz des gesellschaftlichen Lebenszusammenhangs«
[74] steht und »geschichtlich ernst wird, was er »ist«« [75] – als »Zurückführung
der menschlichen Welt, der Verhältnisse, auf den Menschen selbst« [76] je ein
abschließbarer und erreichbarer Zustand sein kann. Diese Frage scheint vor allem
deshalb berechtigt, weil der Triebaspekt und der gesellschaftliche Aspekt menschlichen Verhaltens und ihre emanzipatorisch vermittelnde Bearbeitung in der symbolischen und sprachlichen Distanzierung als Aufgabe vor der Kunst jeder Gesellschaft stehen. Wobei der Triebaspekt gewissermaßen als das subjektive und der
Gesellschaftsaspekt als das objektive Moment zu betrachten sind. Doch gehen
beide Momente weder formal noch inhaltlich in ihrer künstlerischen Bearbeitung
auf. Denn »die innere Natur ist so wenig restlos überwindbar wie die äußere«
und deshalb ergeben sich »bei ihrer Bearbeitung ... auch Entfremdungserscheinungen« [77].
    Emanzipation ist eine offene, zugleich aber auch begrenzte Frage- und Suchbe-
wegung. Begrenzt deshalb, weil in die Bearbeitung der Menschen durch die Menschen jenes phylogenetische Naturmoment eingeht, »das nicht unendlich pla-
stisch, nicht unendlich anpassungsfähig ist« [78]. Hinzu kommt, daß selbst die
temporär gelingende Meisterung dieses Momentes, d. h. die Emanzipation von
den Selbstzwängen durch Regression, Rationalisierung, Manipulation u. ä. Ver-
drängungsmechanismen wieder verloren gehen kann. Und letztlich ist wegen dieser rückläufigen Züge alle je erreichte Emanzipation und Identität immer auch
zutiefst gefährdet, doch hat Marx diese Gefährdung offensichtlich unterschätzt

und einige seiner Nachfahren stehen ihm in diesem Optimismus kaum nach [79], weil sie von »einer unendlichen Anpassungsfähigkeit des Menschen« [80] ausgehen und mit ihm der keineswegs empirisch gesicherten Meinung sind, daß »die Aufhebung des Privateigentums . . . die vollständige Emanzipation aller menschlichen Sinne und Eigenschaften *ist*« [81].

Zweifellos ist diese ständig im Menschen latent vorhandene Gefährdung von Emanzipation, dieses Moment permanenter und unaufhebbarer Entfremdungserscheinungen ein Ärgernis für alles politökonomische und gesellschaftskritische Denken, denn dieser anarchischen Komponente ist mit marxistischer Orthodoxie kaum beizukommen. Wieweit hier Engels' Aversion gegen »ernste psychologische Abhandlungen . . ., die mir Grauen einflößen« [82], nachwirkt, mag dahingestellt bleiben. Offensichtlich ist jedenfalls, daß Freud mit seinen Arbeiten zur Psychologie sich erstmalig diesen Gefährdungen der Emanzipation durch den Menschen gestellt hat und mit seinem Satz, »wo Es war, soll Ich werden«, die Menschen aller Gesellschaftsformen in sehr viel radikalerer Weise als Produzenten ihrer selbst interpretierte [83], als es Marx in und mit seiner Kritik der politischen Ökonomie konnte.

Und da Literatur ein wesentliches Moment solchen Produzierens ist, daß in der Bearbeitung innerer und äußerer Natur zweckgebundene und sinngebende Produkte hervorbringt, die ihrerseits gesellschaftliche und psychische Strukturierungen bewirken, bzw. auf intrapsychische bzw. sozial normative Verhaltensforderungen und Sinnsysteme stoßen, werden auch sozialwissenschaftliche Elemente der Tiefenpsychologie in Zusammenhängen – wie den hier vorliegenden – zur Geltung gebracht werden müssen. Die Fähigkeit zur Emanzipation im Sinne sowohl der auch von Marx geforderten kommunikativen Bearbeitung eigener und fremder Sinne und Bedürfnisse auf der Basis der Anerkennung der gesellschaftlichen Realität als auch der Formulierung der in der Bearbeitung akut werdenden individuellen und sozialen Widersprüche und Zwänge hängt – wie K. Horn sagt – »in einer sehr viel umfassenderen und spezifischeren Weise, als im orthodoxen Marxismus gesehen wird, davon ab, wie die Beziehungen der Menschen untereinander geregelt sind« [84]. In diesem Zusammenhang sei hier noch angemerkt, daß Marx der griechischen Kunst womöglich wegen der auch in ihr zu beobachtenden Entfremdungserscheinungen nur in »gewisser« Beziehung jene Geltung als Norm- und Muster zuerkannte. Das dem Menschen mögliche Maß an Emanzipation mag auch ihm in dieser frühen Epoche noch nicht erreicht gewesen sein.

Unter Berücksichtigung der in den Erörterungen entwickelten Gedankengänge folgt im Blick auf die eingangs gestellte These, daß auch das Entstehen der bürgerlich-literarischen Intelligenz in den Gestalten Schriftsteller und Publikum als eine – zwar gesellschaftlich bedingte – Epoche dieses immer wieder gefährdeten emanzipatorischen Bearbeitungsprozesses des Menschen durch die Kunst gesehen werden kann. Kunst und – als eine ihrer Gestaltungen – die Literatur konfrontieren

den Menschen mit der immerwährenden Frage nach sich selbst. Im Dienst dieser
Frage, die stets auch die Frage nach den Zwängen von Natur, Gesellschaft und
menschlichem Selbst einschließt, stand auch der Schriftsteller des späten 18. Jh.
In seinen Werken fragt er – wie vor ihm griechische Künstler – nach den Bedingungen der Möglichkeit von Natur, Gesellschaft und menschlicher Existenz, und
als ein solch Fragender führte er eine emanzipative Existenz, wie seine Nachfolger
im Zeitalter der Französischen Revolution und in der Gegenwart.

Einleitung

Der freie Schriftsteller als Produzent für ein ihm unbekanntes Publikum ist
eine neuzeitliche Erscheinung. Er entstand, als der bisherige Typus des Dichters
den ästhetischen Normen der Poetiken des frühen 18. Jahrhunderts entwuchs
und sich im weiteren Verlauf des Jahrhunderts der Aufgabe entzog, entweder
die Leser und Gönner höherer Stände zu unterhalten und zu rühmen oder die
Leser der mittleren und niederen Stände zu belehren und zu bessern. In dem
untersuchten Zeitraum stellt sich der freie Schriftsteller – ähnlich wie in England
und Frankreich [1] – als ein universaler Typus dar, der in sich das Amt des
Dichters mit den Funktionen des Tagesschriftstellers, Redakteurs, Herausgebers,
Kritikers, Literaturwissenschaftlers und Dramaturgen verband. In dieser Einheit
erweiterte und veränderte er das tradierte literarische Leben und trug in einer
Mischung von bekenntnishafter Liberalität und ästhetischer Selbstentfaltung eine
»gemeinnützige Kultur« in die verschiedenen Bereiche bürgerlichen Lebens.

Es ist daher keineswegs zufällig, daß die 1723 zum erstenmal verwandte
Bezeichnung Schriftsteller [2] seit etwa 1760 in ihrem noch heute üblichen Verständnis innerhalb der am literarischen Leben beteiligten Gruppen gebräuchlich
wurde. Parallel dazu ging die Benutzung des Wortes Dichter bei der Formulierung
des Selbstverständnisses der literarisch tätigen Menschen allmählich zurück. Das
Wort Dichter wurde mehr und mehr zu einem Titel, den die Besten aus der
ständig wachsenden Gruppe der Schriftsteller von ihren Zeitgenossen wie einen
»Orden« verliehen bekamen.

Dem ständischen Dichter – so soll unter Verweisung auf die im vierten Kapitel
erfolgende idealtypische Beschreibung der Produzent der schöngeistigen Literatur
in der ersten Hälfte des 18. Jahrhunderts genannt werden – hatten die erwähnten
sozialen Aufgaben den Schein eines für die gehobenen Stände nützlichen Amtes
gegeben. An Stelle der von den Poetiken ästhetisch reglementierten Aufgaben
setzte der freie Schriftsteller den Glauben an eine von den Poetiken und damit
auch von dem Geschmack der gesellschaftlich bevorrechteten Stände weitgehend
gelösten Kunstauffassung, deren bedeutsamstes Merkmal das Originalitätsprin-
zip war.

Hatte man bisher das literarische Schaffen überwiegend als einen handwerklich
erlernbaren und rational einsichtigen Vorgang begriffen, so betrachtete man es

nun auf Grund der neuen Kunstauffassung als ein nahezu undurchschaubares Geschehen. Es wurde als Offenbarung der Seele und gesteigerter Gefühle verstanden und von so subjektiven Faktoren wie Enthusiasmus, Intuition, Phantasie und anderen unberechenbaren Stimmungen abhängig gemacht. Die Verkörperung des neuen Ideals literarischen Schaffens glaubte man im »Genie« gefunden zu haben.

Daß in diesen Geniekomplex, der weder ohne die bekannten Reflexionen Shaftesburys über Intuition denkbar ist, noch unter Verzicht auf das ihm innewohnende emanzipatorische Moment gesehen werden sollte, auch bestimmte Marktgesetzlichkeiten eingehen, eben weil die vom Genie produzierte bewußtseinserweiternde Ware sich den Bedingungen des mit ihm entstehenden literarischen Marktes anpassen mußte, wird kaum zu bestreiten, aber schwer nachzuweisen sein. Denn wieweit die »Freiheit« des Genies den Machinationen des Marktes unterworfen ist und insofern dem konstitutiven Innovationswert der Ware unterliegt, ist zumindest ein offenes Problem. Zwar wußte der in den *Königsbergschen Gelehrten und politischen Zeitungen* als Mitarbeiter und Redakteur schreibende Hamann, »daß Gedanken durch die Deutlichkeit einen großen Teil ihrer Neuheit, Kühnheit und Wahrheit verlieren können« [3]. Er wußte aber auch, es gehöre »zum Beruf aller Schriftsteller (worunter wir Zeitungsschreiber die erste und letzte Stelle verdienen), Meinungen zu behaupten« [4] – nämlich: auf dem Markt literarischer Öffentlichkeit, doch ist zu fragen, ob sich allein von dieser Marktfunktion des Schriftstellers her der Geniekomplex erklären läßt.

Zunächst fällt doch im Blick auf das Genie nicht so sehr seine Marktverflechtung, sondern mehr seine besondere sprachliche Kompetenz auf bzw. der sie u. a. begründende Anspruch auf die Freiheit der Wortfolge: die Inversion. »Die deutsche Sprache«, so schrieb Hamann 1761, »ist ihrer Natur nach vor anderen dieser Inversion fähig, und ihre Kühnheit trägt mit zum Ansehen unserer poetischen Schreibart bei« [5]. Und wenig später erklärte Herder im Zusammenhang mit Fragen der Intuition und Phantasie, »diese Inversion ist, um die Aufmerksamkeit zu erregen . . ., sie . . . beweget die ganze Seele . . . Die Inversionen . . . gehören mit zur deutschen Freiheit« [6] und sind – so darf mit F. Martini hinzugefügt werden – ein Element »der radikalen Emanzipation des schöpferisch autochthonen, subjektiven Selbstbewußtseins, das den Menschen vor den Autor und schönen Geist, den Schöpfer vor den Dichter, das Leben vor und über das Kunstwerk stellte« [7].

Diese in der Inversionsfrage zutage tretende Bewußtseins- und Gesellschaftskritik im Namen des Genies, das – wie Herder sagte – »bekanntermaßen mehr ist als Philosophie und Schöpfer ein ander Ding als Zergliederer . . .« [8] hat zweifellos auch Schiller in den *Räubern* zu der gesellschaftspolitischen Feststellung bewogen: »Da verrammeln sie sich die gesunde Natur mit abgeschmackten Konventionen . . . Ich soll meinen Leib pressen in eine Schnürbrust und meinen Willen schnüren in Gesetze. Das Gesetz hat zum Schneckengang verdorben, was

Adlerflug geworden wäre. Das Gesetz hat noch keinen großen Mann gebildet; aber die Freiheit brütet Kolosse und Extremitäten aus« [9]. Diese Freiheit zunächst einmal sprachlich zu realisieren, schien Aufgabe des Genies. »Soll denn das Genie« – so fragte C. F. D. Schubart – »handeln wie die kalte Vernunft? Soll Feuer Wasser seyn?« [10]

Wenn beides nun aber nicht sein sollte, dann mußte es dem Genie nach den Worten Herders darum zu tun sein, »ein Adel, ein Pöbel und ein Mittelstand unter den Wörtern, wie er in der Gesellschaft entstanden« [11] war, aufzuheben – m. a. W.: die elitär aufklärerische Rationalisierung und Logifizierung der Sprache im Namen einer sich auch sprachlich befreienden bürgerlich-mittelständischen Gesellschaft zu bekämpfen. Die der irrationalen Auflockerung der Sprache dienende Inversion – die Herder zurecht sprachlich, psychisch und sozial bzw. sozio-linguistisch deutete – kann daher als ein Moment jener in den sozialen Konflikten frei werdenden Affekte bzw. affektiver Denkweisen des bürgerlichen Menschen verstanden werden, mit denen rationale Satzgefüge und Denkstrukturen der Aufklärung in einer Weise aufgebrochen wurde, die mehr Gefühl als Wissen, mehr Hinweis als Beweis, mehr Leidenschaft als Verstand war und dem bürgerlichen Menschen zumindest literarisch« seine selbständige Existenz, den Funken von Gott« [12] ermöglichten und gewährleisteten.

Oder anders formuliert: die in der Inversion sich ausdrückende Freisetzung der Affekte tendierte – unter psychologischer und sozialer Hinsicht – nicht nur auf die Verminderung der Distanz zwischen Herrschenden und Beherrschten, sondern auch zu sich selbst [13]. Und vermutlich warnte Hamann dieser Tendenz wegen seinen Mitbürger Kant, »einem Menschen zu nahe zu kommen, dem die Krankheit seiner Leidenschaft eine Stärke zu denken und zu empfinden geben, die ein Gesunder nicht besitze« [14]. D. h. Hamann war sich der provizierenden und die bisherige Identität verunsichernden Wirkungen der frei werdenden Affekte durchaus bewußt. Hamann spürte gewissermaßen die neuen, von ihm kaum auslotbaren und in ihrer Richtung nicht eindeutig bestimmbaren Strömungen seiner Zeit und artikulierte sie in Bildern, Rätseln und geflügelten Sprüchen sibyllinisch wissend, daß er damit das Ideal vernünftiger Sprachrichtigkeit und aristokratisch distanzierender Konventionen der herrschenden Schicht kritisch zu Gunsten der bisher verpönten Sprachmächtigkeit und undistanzierten, je derben Direktheit und Aufrichtigkeit der beherrschten Schichten in Zweifel zog.

Hamann markiert also beispielhaft neben Herder, Goethe, Lenz, Klinger u. a. den Kampf gegen die sprachliche Entfremdung, der ein wesentliches Element der Emanzipation der mittleren Stände zum bürgerlichen, dritten Stand war. Unbestritten haben seine Nachfolger den Innovationswert Hamannscher Literaturware erkannt und die daraus resultierenden Marktchancen genützt, doch sollte das sozialpsychische Moment dieser Entwicklung vor allen deshalb nicht übersehen werden, weil Hamann mit dem Hinweis auf die »Krankheit der Leidenschaft«, in die der bürgerliche Mensch durch die in der Bewegung der Seele freiwerdenden affektiven Denkweisen geraten mußte, zugleich jene Gefährdungen signalisiert, mit denen die bürgerlich-literarische Gesellschaftskultur von ihrem Beginn an konfrontiert war und die deshalb ein Indiz für ihre unübersehbar pathologischen Züge sind.

Anzumerken bleibt in diesem Zusammenhang noch, daß der vom Feullitonisten Hamann in seinen kleinen monologisch-subjektiven, aber gerade darum ästhetisch revolutionären Schriften kultivierte anspielungsreiche und rhapsodische Inversionsstil (mit seinen unvollständigen und abgebrochenen Sätzen, mit der Häufung von Gedankenstrichen, Punktfolgen und Ausrufezeichen, in denen – weil nicht logisch begründet – unübersehbare Indizien für die besondere Affektlage gesehen werden dürfen) zur Form des Fragmentes tendierte, jener Form, von der H. J. Heiner erklärt, die Romantiker seien zuerst mit ihr hervorgetreten.

Ein Blick auf die Fragmentliteratur des Sturm und Drang zeigt zwar die Korrekturbedürftigkeit dieser These, doch bleibt zu fragen, ob nicht – gerade vor dem Hintergrund der von Heiner dargestellten sozialpsychologischen Aspekte des Schlegelschen Denkens [15] – die von ihm für das romantische Fragment entwickelten Charakteristika auch für das Fragment in der Phase des Sturm und Drang gelten. Verkündeten denn nicht auch Hamann und seine Nachfolger im Fragment die »Forderung nach einer neuen und ganzheitlichen Ordnung des Lebens in einem Zeitalter«, das – ähnlich wie in der Zeit und mit den Worten Schlegels – dadurch gekennzeichnet war, »daß es den Menschen zerspalte in Sinnlichkeit und Geist und die Kunst vom Leben getrennt habe. Die zwischen Möglichkeit und Wirklichkeit empfundene Distanz, die Fragmente brachten sie deutlich zum Ausdruck. Sie verkörperten in provozierender Weise nicht nur das Neue einer Form, sondern auch einer Denkweise . . . Die Fragmente sind (nach Schlegel) Bilder der unbegriffenen Wahrheit. Aber gerade darin entsprachen sie dem progressierenden und dynamischen Wesen der romantischen Denkweise« [16].

Sofern die in der obigen Frage implizierte Annahme von der Gleichheit des Ungleichzeitigen richtig ist, zeigt sich hier, in welchem Ausmaß die bürgerlich-literarische Gesellschaftskultur bereits in ihrem Entstehen romantische Züge trägt, eben weil in ihr der – sich später als vergeblich erweisende – Versuch unternommen wird, die den bürgerlichen Menschen entfremdenden Spaltungen und Trennungen, die letztlich aus der zunehmenden Arbeitsteilung resultierten, in einer subjektiven, von den herrschenden gesellschaftlichen Verhältnissen losgelösten und damit undialektischen Identifikation – sprich: ganzheitlichen Lebensordnung – zu überwinden bzw. die in der Distanz von Möglichkeit und Wirklichkeit (oder: Ideal- und Real-Ich) liegenden Konflikte aufzuheben.

Vergeblich aber mußte dieser Versuch auch deshalb sein, weil er die im Begriff Volk literarisch verdeckten, aber ökonomisch, d. h. unter Ausbeutungsgesichtspunkten sich entfaltenden Klassenunterschiede von Bürgertum (3. Stand) und plebejischen Handwerker- und Bauernschichten (4. Stand) zunächst noch völlig verkannte. Erst zum Ende des Jahrhunderts wurde, wie Schiller 1791 in der Auseinandersetzung mit Bürger über Fragen der Volksdichtung schrieb, der »große Abstand« sichtbar »zwischen der Auswahl einer Nation (»der gebildeten Klasse«) und der Masse derselben« (d. h. »des großen Haufens«), welcher »die Glieder der Nation . . . einander so äußerst unähnlich macht« [17].

Der von Hegel überlieferte Anspruch Hamanns, er wisse, »daß er ein Prophet sei«, [18] und Schlegels Überzeugung der eigenen Auserwähltheit [19] erlauben es – aufgrund der unüberhörbaren Korrespondenz beider Aussagen, das bisher unter gesellschaftlicher Rücksicht behandelte Problem zu personalisieren. Beide Schriftsteller sind nämlich – freilich zu verschiedenen, d. h. durch die Französische Revolution geschiedenen Zeiten – auf der Suche nach etwas Gleichem: sie sind auf der Suche nach personaler Identität und der literarisch-politischen Identität ihrer Klasse. Aber da beide bei solcher Suche eine Identität intendierten, die zugleich eine Form der Auflehnung gegen die in der bürgerlichen Gesellschaft vorherrschende Geistes- und Seelenhaltung des Philisters darstellt, ist ihre Suche von einer inneren Gebrochenheit gekennzeichnet, die das Signum entfremdeter Vergeblichkeit trägt.

Und wenn Heiner meint, es seien der »Geniekult und die antibürgerlichen Verhaltensnormen der Romantiker [nur, d. Verf.] . . . ein Ausdruck des Distinktionsbedürfnisses einer Gruppe« [20] dann übersieht er diese sozialpsychologische Seite der politisch-literarischen Funktion der schriftstellerischen Intelligenz als Identitätssucher des Bürgertums. Für das in der Identitätskrise bzw. in sozialen Konflikten stehende Bürgertum war der Schriftsteller der Wortführer, dessen Aufgabe es nach den Worten Lichtenbergs u. a. war, »beständig das zu sagen, was der größte Teil der Menschen denkt oder fühlt, ohne es zu wissen« [21], oder wie Schiller es formulierte, »der Menschheit ihren möglichst vollständigen Ausdruck zu geben« [22].

Die mit diesen Worten intendierte Aussöhnung von Literatur und Politik, von Sinnlichkeit und Vernunft war jedoch, das bestätigt noch einmal ein Briefgespräch zwischen Goethe und Schiller im Jahre 1797 – nicht frei von jenen pathologischen Zügen, die bereits bei Hamann festgestellt wurden. »An den Wallenstein werde ich mich so sehr halten, als ich kann, aber das pathologische Interesse der Natur an einer solchen Dichterarbeit hat viel Angreifendes für mich« [23]. Goethe antwortete auf diese Bemerkung Schillers tags darauf (!): »Ich kann mir den Zustand Ihres Arbeitens recht gut denken. Ohne ein lebhaftes pathologisches Interesse ist es auch mir niemals gelungen, irgend eine tragische Situation zu bearbeiten, und ich habe sie daher lieber vermieden als aufgesucht . . . Ich kenne mich zwar nicht selbst genug, um zu wissen, ob ich eine wahre Tragödie schreiben könnte; ich erschrecke aber bloß vor dem Unternehmen und bin beinahe überzeugt, daß ich mich durch den bloßen Versuch zerstören könnte«. [24]

Die zitierten Briefausschnitte beziehen sich zwar auf *Faust* und *Wallenstein*, doch ist zu fragen, ob es hier nur um die Begriffsklärung des Tragischen und seiner ästhetischen Verwirklichung [25] ging, die beide Schriftsteller vor existentielle Probleme stellte, oder ob nicht die Bearbeitung der Menschheit – sprich: der damaligen Gesellschaft einen möglichst vollständigen Ausdruck ihres Selbstverständnisses zu geben – beide Dichter innerlich dermaßen angriff und Goethe sogar dahin tendierte, solcher Arbeit aus dem Weg zu gehen, da sie ihn in seiner Identität hätte zerstören können. Zerstören wohl deshalb, weil solche Bearbeitung nicht in der spielerischen ästhetischen Gestaltung hätte aufgehen können, sondern in konkreten politischen Handlungen – d. h. als überzeugende Lösungen der dramatischen *und* der gesellschaftlichen Konflikte unter den unentwickelten deutschen Verhältnissen – ihren Abschluß hätte finden müssen.

Auf diese Ambivalenz zwischen Gestaltung und Handlung hat der junge Engels mit folgenden Sätzen aufmerksam gemacht: »Goethe verhält sich in seinen Werken auf eine zweifache Weise zur deutschen Gesellschaft seiner Zeit. Bald ist er ihr feindselig; er sucht der ihm widerwärtigen zu entfliehen, . . . Bald dagegen ist er ihr befreundet, schickt sich in sie . . . Es sind nicht nur einzelne Seiten des deutschen Lebens, die Goethe anerkennt, gegen andre, die ihm widerstreben . . . Es ist ein fortwährender Kampf in ihm zwischen dem genialen Dichter, den die Misère seiner Umwelt anekelt, und dem behutsamen Frankfurter Ratsherrnkind resp. Weimarschen Geheimrat, der sich genötigt sieht, Waffenstillstand mit ihr zu schließen und sich an sie zu gewöhnen . . . Auch Goethe war nicht imstande, die deutsche Misère zu besiegen; im Gegenteil, sie besiegt ihn, und dieser Sieg der Misère über den größten Deutschen ist der beste Beweis dafür, daß sie von innen heraus (d. h. durch ästhetische Gestaltung, d. Verf.) gar nicht zu überwinden ist. Goethe war zu universell . . ., um in einer Schillerschen Flucht ins Kantsche Ideal Rettung vor der Misère zu suchen . . . Seine Kräfte . . . wiesen ihn aufs praktische Leben [d. h. auf Handlung, d. Verf.] . . ., und das . . . war miserabel. In diesem Dilemma, in einer Lebensphäre zu existieren, die er verachten mußte, und doch an diese Sphäre als die einzige, in welcher er sich betätigen konnte, gefesselt zu sein, in diesem Dilemma hat sich Goethe« – und mit ihm ein erheblicher Teil der Schriftsteller samt ihrem bürgerlichen Publikum – »fortwährend befunden« [26].

Und wenn Hebbel im 19. Jh. in sein Tagebuch schrieb: »Der ich bin, grüßt wehmütig den, der ich sein möchte« [27], dann gilt das auch für das geschichtliche Subjekt bürgerliche Klasse im 18. Jahrhundert. Sie grüßte in der Individualität und Subjektivität [28] des Genies, das nicht zuletzt mithilfe der Inversion neue affektive Denkweisen erschloß, gewissermaßen ihre eigenen Möglichkeiten der Identitätsfindung, die sich jedoch u. a. deshalb nicht realisierten, weil viele der Genies sich im Verlauf der gesellschaftlichen Entwicklung von ihnen distanzierten, wie z. B. Schiller, der in der Kontroverse mit Bürger an sich selbst entdeckte, »wie wenig dergleichen Kraftstücke der Jugend die Prüfung eines männlichen Geschmacks aushalten« [29].

Mit diesen wenigen Hinweisen dürfte zureichend begründet sein, weshalb im Geniekomplex auch der Ausdruck der undialektischen, d. h. von den realen Bedingungen absehenden und daher vergeblichen Suche nach Identität gesehen werden kann. Nicht zuletzt deshalb erfolgten auch in seinem Namen die Absage an das überlieferte poetische Reglement und an den von den ständischen Dichtern befriedigten Publikumsgeschmack. Rücksichten auf ständische Aufgaben und Nützlichkeitserwägungen wichen jener genialen Freiheit und dem Prinzip der Originalität, das sich als neuer Sprachgeschmack manifestierte. Wie ein Blick auf die zeitgenössische Literatur zeigt, wurde die Bedeutung dieser subjektiven, individualistischen und irrationalen Schaffensmomente [30] seit den 60er Jahren des 18. Jahrhunderts immer stärker hervorgehoben, so daß die diesen Jahren folgenden Jahrzehnte als die Entstehungszeit des freien Schriftstellers bezeichnet werden können.

Die Voraussetzungen, die den Wandel der Auffassung vom dichterischen Schaffen bewirkten, waren aber nicht nur sprachlicher, sondern vor allem literarisch-politischer Art. Auf diese Zusammenhänge verweist ein Brief J. G. Hamanns vom Februar 1764, in dem er – gleichsam in nuce – nicht nur das eigene literarische, sondern auch das kulturelle und politische Programm des nach Eigenständigkeit strebenden Bürgertums artikulierte. »Auf Muster des Geschmacks«, so schrieb der Königsberger Packhofverwalter, »wollen wir keine Ansprüche machen, weil wir selbigen als ein Regale des Hofes und eines milden Himmels ansehen, an dessen Einflüssen nur die kleinsten und ausgesuchtesten Gesellschaften teilnehmen können; dafür wird eine gemeinnützige Kultur unseres Bodens und des einheimischen Genies die Hauptsache und das Ziel unserer Bemühungen sein« [31].

Unüberhörbar klingt in diesem literatursoziologisch aufschlußreichen Satz Hamanns ein bürgerliches Klassenbewußtsein an, das es erlaubt, von der Gesellschaftskultur der bürgerlich-literarischen Intelligenz zu sprechen. Bezeichnenderweise trug Hamann die Stiftung und Festigung dieser vom »Regale des Hofes« unabhängigen literarischen Gesellschaftskultur dem »einheimischen Genie« auf – wobei das Wort einheimisch den kulturpolitischen Gegensatz zu den deutschen Förderern eines französisch beeinflußten höfischen Gesellschaftsideals impliziert. Ständischen Dichtern, wie etwa Gottsched und Gellert, fehlte ein solches Klassenbewußtsein weitgehend, weil sie noch an die alle Stände egalisierende Macht der Moral und Tugend glaubten. Die freien Schriftsteller vermochten solchen Glauben kaum noch zu teilen und entlarvten ihn gelegentlich sogar als Vorurteil. Daher schwand bei ihnen der auf moralische Besserung und tugendhafte Reifung abgestellte unpolitische Ton der ständischen Dichter. Streitbar und mit dem Sinn für polemisch ironische Zuspitzungen begabt, neigten sie zu literarischen Fehden, tauschten Streitschriften aus und entwickelten seit den 70er Jahren als Organe der öffentlichen Meinung die kulturpolitischen Zeitschriften.

Das wenn auch nicht immer klar ausgesprochene Ziel derartiger Publikationen, die u. a. von Wieland, Boie, Schubart, Schiller, Schlözer, Wekhrlin und Goeckingk herausgegeben wurden, war die Schaffung einer literarischen Gesellschaftskultur bürgerlichen Gepräges. Es bestand daher – wie A. Berney betont – eine tiefe Kluft zwischen diesen kulturpolitischen Zeitschriften und der »unpolitischen und unfreien Publizistik« [32], wie sie seit den 30er Jahren in den weitverbreiteten moralischen Wochenschriften bestand, wenn von den in den 60er Jahren gegründeten kritischen Zeitschriften der sogenannten Berliner und Leipziger Aufklärer einmal abgesehen wird.

Herausgeber der literarischen Zeitschriften neuen Stils – wie etwa Wieland – rechtfertigten ihre publizistische Tätigkeit mit dem Hinweis auf die »Freiheit der Presse«, die »nur darum ein Recht der Schriftsteller« sei, weil sie ein »Recht der Menschheit« [33] sei. Auch in diesen Formulierungen Wielands ist eine Bewußtseinshaltung zu spüren, die – wie im Falle Hamanns – als bürgerlich bezeichnet werden kann. Denn das Wort »Menschheit« wurde bevorzugt auf jene von kulturellen und sozialen Hoffnungen erfüllte Schicht innerhalb der mittleren Stände angewandt, die sich während der zweiten Jahrhunderthälfte in den Bereichen der literarischen Bildung und der vorkapitalistischen Wirtschaft mehr und mehr ihrer gesellschaftlichen Bedeutung bewußt wurde. Für diese Auffassung spricht aus der Vielzahl zeitgenössischer Stimmen die Ermahnung – wie sie J. M. R. Lenz 1770 im Straßburger Freundeskreis formulierte –, »daß diese unsere handelnde Kraft nicht eher ... ablasse zu wirken ..., als bis sie uns Freiheit um uns her verschafft« [34]. Die Zahl der von solchen letztes Endes politischen Einsichten geleiteten und literarisch gebildeten Menschen nahm seit den 60er Jahren zu. Und so lösten und befreiten sich dichterisches Selbstverständnis und literarischer Geschmack in dem Maße von traditionellen Bindungen, wie das Leben breiterer Schichten bürgerliche Züge annahm.

Wie sehr die Ausbreitung dieser Gesellschaftskultur auch die wirtschaftlichen Vermittlungsformen der Literatur veränderte, wird im dritten Kapitel darzustellen sein. Hier sei zunächst nur angemerkt, daß sich das Schwergewicht des Buchhandels seit den 60er Jahren von der BuchmessestadtFrankfurt a. M. in die Buchhändlerstadt Leipzig verlagerte. Gleichzeitig ersetzten die norddeutschen Buchhändler den seit den Wirren des 30jährigen Krieges aus Gründen einer besseren Risikoverteilung praktizierten Tauschverkehr [Bogen gegen Bogen] durch den Barverkehr und sprengten so die engen Grenzen des Buchhandels, die ihm bisher durch die halbjährlichen Messen [Ostern und Michaelis] gezogen waren. Dadurch mobilisierte sich der Buchhandel, so daß J. Goldfriedrich diese Phase der geographischen Verlagerung und wirtschaftlichen Strukturveränderung – in Anlehnung an die literaturgeschichtliche Epocheneinteilung – den »Sturm und Drang« des Buchhandels nannte [35].

Bis zum Jahrhundertende hin entwickelte der Buchhandel dann seine modernen Verkehrsformen (festes Honorar, Konditionsgeschäft, zunehmende Trennung von Verlag, Buchdruck und -handel usw.) – oder mit anderen Worten: die für die bürgerliche Ökonomie typischen Prinzipien des anonymen Warenverkehrs strukturierten auch den Buchhandel [36]. Für den Schriftsteller führte diese ökonomische Entwicklung dazu, daß er in den Stand eines freien Lohnarbeiters geriet und seine Produkte zur Ware wurden. Da es jetzt sein Interesse sein mußte, sich bzw. seine Ware so teuer wie möglich zu verkaufen, geriet er gleichzeitig in die für den kapitalistischen Warenverkehr kennzeichnenden Situation des Konkurrenten.

An der für das gesamte literarische Leben so entscheidenden Veränderung des Buchhandels waren aber nicht nur Buchhändler und Verleger beteiligt. Zwar nahmen Bedeutung und Gewicht der Vermittlerrolle der Verleger ständig zu, so daß sie für die freien Schriftsteller zur wichtigsten wirtschaftlichen Instanz wurden, doch schalteten sich in die Entwicklung des kapitalistischen Warenverkehrs auch die Schriftsteller selbst, sowie Kritiker [37], Theaterdirektoren, Leihbibliotheken und nicht zuletzt das Publikum selbst ein. Sie alle kamen durch die überwiegend interessebedingten neuen Vermittlungsformen des belletristischen Buchhandels in engeren Kontakt, durch den ein Beziehungsgefüge entstand, das in Anlehnung an R. Jentzschs umfassenden Begriff »Büchermarkt« [38] mit dem Terminus »literarischer Markt« bezeichnet wird. Auf diesem Markt mußten sich vor allem die Schriftsteller zu behaupten suchen. Der Rückgang der in Deutschland nur wenig geübten Patronage nötigte sie dazu, sich stärker als je zuvor um die Erfüllung ihrer wirtschaftlichen Forderungen zu bemühen. Den Verlegern war es auf Grund der wachsenden Einkünfte möglich, diese Forderungen weitgehend zu erfüllen, doch trugen sie dadurch zur Kommerzialisierung des Literaturbetriebes und in der Folge zur Anonymisierung der Beziehungen zwischen Autor und Leser bei. Zeitgenössischen Abhandlungen, die auf die sozialökonomischen Gründe der Veränderungen anspielen, ist ferner zu entnehmen, daß durch die steigenden Honorarzahlungen »in kurzer Zeit mehrere gute Köpfe geweckt und zu Schriftstellern gebildet« [39] wurden.

Diese für die Entfaltung des bürgerlichen Lebens kulturpolitisch wichtige Vergrößerung der Schriftstellergruppe radikalisierte das literarische Leben in einem früher nicht gekannten Maße. Eine ihrer wichtigsten Folgen war die Verschärfung des Streitgespräches über das für den Schriftsteller lebensnotwendige und frei verfügbare geistige oder literarische Eigentum. Die seit dem Beginn des 18. Jahrhunderts vorwiegend sachlich geführte Diskussion spitzte sich plötzlich konflikthaft zu, als in der zweiten Jahrhunderthälfte jene subjektiven Gestaltungsprinzipien allgemeiner wurden und sich der Konkurrenzdruck im Bereich des literarischen Lebens erhöhte. Die aus diesem jahrelangen Streit hervorgegangenen neuen Eigentumsvorstellungen ließen sich jedoch erst zu einem Zeitpunkt in die Praxis umsetzen, an dem nicht nur der literarische Markt die diesen Vorstellungen angemessenen erwerbswirtschaftlichen Züge angenommen hatte, sondern an dem sie selbst landrechtlich bestätigt wurden. Und das geschah überwiegend während der Dezennien der Jahrhundertwende. Diese ökonomische und rechtliche Sicherung, ohne die die literarische Gesellschaftskultur undenkbar ist, bot dem Schriftsteller allererst die Chance, die ihn auszeichnenden Fähigkeiten – wie Originalität, Subjektivität und Phantasie – ohne die Hilfe eines persönlichen Mäzens in soziales Fortkommen umzusetzen.

Das auch an anderen Teilfragen beispielhaft nachzuweisende Ineinander der verschiedenen Aspekte und Faktoren nötigt dazu, den Wandel in der Auffassung vom dichterischen Schaffen und damit das Entstehen des freien Schriftstellers in unmittelbarem Zusammenhang zu sehen mit der im 18. Jahrhundert beginnenden Zersetzung der überkommenen Ständeordnung und der Herausbildung jenes sozio-kulturellen und polit-ökonomischen Zustandes, der heute mit bürgerlicher Gesellschaft bezeichnet wird.

Wie sehr diese Zusammenhänge bereits damals bewußt waren, belegt die als Motto zitierte Briefäußerung Schillers. Ganz ähnlich sah Freiherr A. v. Knigge in der Schriftstellerei die »freiwillige Unterredung mit der Lesewelt« [40]. Trotz oder gerade wegen dieser Überzeugung, daß der Schriftsteller ein freier Mensch sei, blieb sie aber dem Einfluß sozialer Determinanten ausgesetzt. Kaum ein anderer Schriftsteller durchschaute diesen Zustand so klar wie C. M. Wieland. Bereits in den späten 60er Jahren erklärte er, »unsere Umstände bestimmen nur allzu oft unsere Denkensart« [41] und – so darf hinzugefügt werden – die Art literarischer Produktion und Konsumtion. Dreißig Jahre später schrieb Goethe über die Lage des Schriftstellers an Schiller, »die spezifischen Bestimmungen sollten, wenn ich nicht irre, eigentlich von außen kommen und die Gelegenheit das Talent determinieren« [21]. Gewiß sind derartige präzise Formulierungen selten, doch darf kritischen Einwänden entgegengehalten werden, daß auch dem heutigen Menschen vielfach die Einsicht bzw. die Ausdruckskraft fehlt, um die sozialen, kulturellen und geschichtlichen Abhängigkeiten des eigenen Daseins deutlich ins Bewußtsein zu heben. Dasselbe gilt auch für den Menschen des 18. Jahrhunderts. Doch finden sich bei erstaunlich vielen von ihnen mehr oder weniger genaue Hinweise auf die hier zu behandelnden Zusammenhänge, die zwischen der Entstehung der freien Schriftstellerei und der Herausbildung der bürgerlichen Gesellschaft bestanden – ja bestanden haben müssen, solange das Ineinander kulturellen und gesellschaftlichen Lebens nicht als ordnungs- und strukturlos, sondern als dialektisches Gefüge begriffen wird. Deshalb ist auch der Begriff soziale Determination nicht als »Zwangsläufigkeit«, sondern vielmehr im Sinne von »Bedingung für realisierbare Möglichkeit« zu verstehen [43].

I. Freiheit und soziale Determination des Schriftstellers

1. Der Begriff Freiheit

Was mit der Bezeichnung Freiheit des Schriftstellers gemeint ist, wird zunächst deutlich bei einem Blick auf das literarische Schaffen. Bis zur Mitte des 18. Jahrhunderts war es eine überwiegend auf erlernbaren poetischen Normen beruhende Tätigkeit, deren dichterische Aussagen sich weitgehend in den Grenzen des vom »höfischen Akademismus« [1] vertretenen Weltbildes hielten. Gegen diese Auffassung setzten sich die von den Poetiken gelösten ästhetischen Tendenzen des freien Schriftstellers durch. Sie zielten auf subjektive Originalität, regelfreie Spontaneität und bekenntnishafte Intimität. Das bisherige kritische Richtmaß zur Hervorbringung und Beurteilung literarischer Produkte – die poetische Regel – wich dem neuen Richtmaß: der subjektiven künstlerischen Wahrheit. Echtheit des Ausdrucks und die durch ihn ausgelöste Wirkung wurden zum ästhetischen Wertmaßstab des bürgerlichen Schriftstellers und Lesers. Dieser Vorgang, der zur Zersetzung des bisherigen gelehrten Weltbildes führte, läßt sich etwa auf folgende Formel bringen: Die von Rousseau, Hamann, Herder u. a. inaugurierten ästhetischen Tendenzen bewirkten die Emanzipation der subjektiven künstlerischen Wahrheit von der gelehrten poetischen Wahrheit.

Als Erkenntnis- und Vermittlungsorgane dieser neuen künsterlischen Wahrheit galten das sich sublimierende Gefühl und die ahnende Phantasie. »Das Genie sieht, ohne zu beobachten … ohne sehen zu wollen« und besitzt eine »Ahndung des Unsichtbaren im Sichtbaren, des Zukünftigen im Gegenwärtigen« [2], schrieb Lavater. Von beiden »Organen« nahm man an, daß sie – mit Hilfe einer sich gleichzeitig herausbildenden neuen Sprache – zur Vermittlung jener künstlerischen Wahrheiten geeignet seien, die gleichsam hinter dem Sichtbaren und Gegebenen lagen. »Wir schwimmen sämtlich im Gefühl«, schrieb der Kriegsrat J.H. Merck, »und sehen auf diejenigen herab, die sich mit etwas beschäftigen, das zum Sichtbaren gehört.« [3]

Gegenüber derartigen künstlerischen Wahrheiten versagten nun aber jene rationalen Kriterien, die man bisher in den Normen der Poetiken besaß. Um dennoch die künstlerischen Gesetze der hinter dem »Sichtbaren« entsprungenen Wahrheiten erschließen zu können, bedurfte es einer neuen Wissenschaft, d. h. einer transzendentalen Ästhetik, deren Gegenstand die »reflektierende ästhetische Urteilskraft« war. Sie fand in Kants *Kritik der Urteilskraft* ihre Grundlegung, nachdem Baumgarten 1750 mit seiner *Ästhetik* den ersten Versuch in dieser Richtung unternommen hatte.

Im Blick auf den Schriftsteller war die Emanzipation der künsterlischen Wahrheit höchst bedeutsam. Durch sie wurden die Grenzen des bisherigen akademischen Weltbildes gesprengt und die Voraussetzungen einer subjektiven Deutung der Welt geschaffen. Diese unter vielen Mühen erlangte Möglichkeit schöpferischen Freiseins versetzte den dichterischen Menschen in jene Lage, die fortan die Beglückungen und Gefährdungen seiner Existenz bestimmte. Wenn also im Verlauf der Untersuchung von Freiheit gesprochen wird, dann ist damit das für den freien Schriftsteller lebenswichtige Freisein zur Deutung der Welt oder – wie K. Mannheim in anderem Zusammenhang sagt – jene Freiheit »zur öffentlichen Auslegung des Seins« [4] gemeint, die dem Schriftsteller die bisher von den überlieferten poetischen und gesellschaftlichen Konventionen verpönte bekenntnishafte Darstellung und psychologisierende Deutung einzelmenschlichen und gesellschaftlichen Lebens erlaubte [5]. Darüber hinaus ließ diese Freiheit ein Pathos entstehen, das seinen wohl reinsten Ausdruck in einem 1770 niedergeschriebenen Satz R. Mengs fand: »Könnte aber die Seele des Menschen in seiner Gestaltung frei wirken, so würde er vollkommen schön sein.« [6]

Einige der Schriftsteller, die diese Chance nutzten, legten dabei – mit dem Bemerken, es seien noch »unendlich viele Handlungen und Empfindungen unserer Seele namenlos« [7] – die Mängel der überlieferten Sprache frei und forderten, wie etwa J. M. R. Lenz, ihre Zeitgenossen auf, sich an einer entsprechenden »Bearbeitung der Sprache« zu beteiligen.

Durch solche Bearbeitung wurden die Schriftsteller zu jenen Wortführern, deren Hauptaufgabe es nach den Worten Lichtenbergs war, »beständig zu sagen, was der größte Teil der Menschen denkt oder fühlt, ohne es zu wissen« [8]. Es darf daher als gesichert gelten, daß sich nicht zuletzt unter dem sprachlichen Einfluß des freien Schriftstellers das in seinen künstlerischen Wahrheiten sich spiegelnde Bewußtsein des bürgerlichen Menschen entfaltete [9].

Mit der wenn auch gelegentlich durch Zensur eingeschränkten Nutzung der Freiheit veränderte sich aber auch das Verhältnis der dichterischen Menschen untereinander. Die Emanzipation der künstlerischen Wahrheit löste einen Konkurrenzkampf der Schriftsteller um den Besitz der »richtigen« Weltdeutung und um die »richtige« Gestaltung der bürgerlichen literarischen Gesellschaftskultur – oder zumindest um das Prestige dieses Besitzes – aus. So rieb sich z. B. Schillers ästhetischer Idealismus an Bürgers Vorstellungen über den Volksdichter und seine Popularität – und Klopstocks religiös verstandenes Dichtertum an Goethes liberaler Weltlichkeit. Aus den wenigen Beispielen ist ersichtlich, daß in den Deutungen der Schriftsteller – gemäß den Lebenskreisen, denen sie angehörten – jeweils verschiedene Weltausschnitte und Daseinsbezirke paradigmatische Bedeutung erlangten, und gewiß standen deshalb – nach den Worten H. Plessners – »Wissenschaft, Dichtung, bildende Kunst, Musik, ja das gesamte öffentliche Leben im Zeichen persongebundener Weltanschauung, als die Entwicklung des deutschen Volkes bürgerliches Gepräge« [10] erhielt.

Diese Entlassung des Schriftstellers aus der früheren Amts- und Standessicherheit in eine freie, aber ungesicherte Konkurrenzsituation führte dazu, daß die künstlerische Wahrheit nicht nur um ihrer selbst willen formuliert wurde, sondern auch der Rechtfertigung des dichterischen Menschen und seiner Lebensform

diente. Es waren also nicht zuletzt diese Prestigegründe, sie sowohl den Künstler-
roman, in dem es oft um die Begründung der Vorzugsstellung des Schriftstellers
ging, entstehen ließen, als auch die Bestrebungen nach einem Berufsethos förderten, das die freie Position des Schriftstellers festigen sollte. Bei diesen Bemühungen
mag dem dichterischen Menschen das »Ideal einer Schriftstellerei« vorgeschwebt
haben, wie Schiller es in seiner literarisch-politisch aufschlußreichen Schrift *Die
Schaubühne als eine moralische Anstalt betrachtet* darstellte: das Ideal eines
Schriftstellers, der – anerkannt »von den Großen der Welt« – als Lehrer »praktischer Weisheit« und »Wegweiser durch das bürgerliche Leben« den Glauben
an »Menschlichkeit und Sanftmut« verkündet. Es bedarf keiner Erörterung, daß
die Verwirklichung dieses Ideals durch die vom freien Schriftsteller ständig erfah-
rene Divergenz von Gefühlsstärke und Phantasiemächtigkeit einerseits und man-
gelnder gesellschaftlicher und politischer Macht andererseits erschwert wurde.
    Spätestens seit Rousseau war vielen Schriftstellern die Spannung zwischen dem
bürgerlichen, d.h. dem »eigentlichen« Menschen, und dem absolutistischen
Untertanen bewußt. » Wie kann in Deutschland eine Blüte der Menschlichkeit
zur Frucht kommen« – klagte J.H. Voß –, »wo jeder Trieb durch den faulen
chaotischen Nebel des zwiefachen Despotismus schon im Keime geknickt wird?«
[11] Deutlich sind in dieser Äußerung aufgeklärten Selbstgefühls die Verdiesseitigung des bürgerlichen Bewußtseins und die früher in diesem Maße unbekannte
Schätzung des Menschlichen und Sozialen zu bemerken. Daß solchem Bewußtsein
die überkommenen religiösen, gelehrten und poetisch reglementierten Weltdeutungen unzureichend erschienen, verwundert ebensowenig, wie das Drängen der
mittleren Stände nach einer eigenen »profanen Ideologie«, d.h. nach einer
Anschauung der Welt, die – theologisch gesprochen – immer weniger vom Licht
Gottes erhellt, undurchsichtig, mehrdeutig und vom Menschen »machbar« wurde
oder bereits geworden war [12].
    Die von Rousseau, Möser, Herder, Schiller u.a. erkannten Spannungen und
grundlegenden Konflikte innerhalb des geistigen und sozialen Raumes forderten
die Weltdeutungen geradezu heraus und regulierten sie. Daher kann der These
Schückings, daß die Kunst in ihren bestimmten Erscheinungsformen von gewissen
Geschmacksträgertypen und das Sichdurchsetzen dieser Gruppen wiederum davon abhängig sei, welche Potenz im sozialen Gefüge sie darstellen [13], nur zuge-
stimmt werden. Die herrschende oder um ihre künstlerische Hegemonie kämp-
fende literarische Richtung ist eben undenkbar ohne ihre soziale Determination.
    Der Zusammenhang der Emanzipation der künstlerischen Wahrheit mit dem
Entstehen bürgerlicher Weltanschauung läßt den Schluß zu, daß die Teilhabe
der mittleren Stände an jener Freiheit auch Ausdruck *ihres* Strebens nach einer
ihrer gesellschaftlichen Bedeutung angemessenen Position innerhalb des sozialen
Gefüges war. Denn mit der Freiheit zur öffentlichen Auslegung der Welt und
der Bildung einer bürgerlich-literarischen Kultur entstand jenes Phänomen, das
die Bezeichnung »öffentliche Meinung« erhielt und zum Gegenspieler aller bisher

über Legitimität verfügenden traditionellen Mächte wurde. Als öffentlich galt – nach den im *Teutschen Merkur* veröffentlichten Worten Wielands – die Meinung, »die bei einem Volke, hauptsächlich unter denjenigen Klassen, die, wenn sie in Masse wirken, das Übergewicht machen, nach und nach Wurzel gefaßt und dergestalt überhand genommen hat, daß man ihr allenthalben begegnet; eine Meinung, die sich unvermerkt der meisten Köpfe bemächtigt« [14].

Wielands Begriffsbestimmung macht zwar den prozessualen Charakter und die unorganisierte Art der öffentlichen Meinung deutlich, d. h. das »Wie« der Kundgabe und die Verbreitung dessen, was eine Gesellschaft oder eine Gruppe in ihr meint und will, doch fehlt dieser Definition, die wichtige Elemente der bürgerlichen Gesellschaft erwähnt, ein verbaler Hinweis auf die im engeren Sinne politische Meinung. Das sollte jedoch nicht so gedeutet werden, als habe es der damaligen öffentlichen Meinung und ihren Sprechern – den freien Schriftstellern – an politischem Charakter gemangelt. Von welchen sozialen Hoffnungen einzelne Schriftsteller erfüllt waren, wurde bereits belegt. Erinnert sei ferner an die Auseinandersetzungen, die von den Schriftstellern in kulturpolitischen Zeitschriften ausgefochten und von einem ständig wachsenden Publikum mit Anteilnahme verfolgt wurden. Wenn es auch bei diesen literarischen Fehden in erster Linie um unterschiedliche ästhetische Auffassungen und divergierende künstlerische Wahrheiten ging, so legte man doch in diesen Auseinandersetzungen die sozialen und politischen Funktionen der Literatur als einer nicht nur die mittleren Stände übergreifenden »öffentlichen Angelegenheit« [15] frei. In diesem Sinne war das streitbare Treiben der Schriftsteller das sichtbarste Zeichen für den Stand der öffentlichen Meinung innerhalb des sich lockernden ständischen Sozialgefüges.

Der freie Schriftsteller war jedoch nicht nur Subjekt, sondern auch Objekt der öffentlichen Meinung. Das zeigt sich in der Frage des literarischen Erfolges besonders deutlich. Der Erfolg der ständischen Dichter war abhängig gewesen von der Einhaltung der »Regale des Hofes« und von dem Beifall der »kleinsten und ausgesuchtesten Gesellschaften«, d. h. von einer Gruppe von Kennern und Gönnern, die zumeist dem Hof oder der Universität eingegliedert war. Über die literarische Leistung des freien Schriftstellers dagegen wurde mehr und mehr im Raum der öffentlichen Meinung entschieden und dieser Raum dadurch zur wichtigsten Instanz für die Stabilisierung schriftstellerischen Erfolges und sozialen Prestiges [16]. Die Verlagerung kann u. a. darauf zurückgeführt werden, daß die Vermittlung von literarisch-politischen Anschauungen, inhaltlichen Vorstellungen und Wertungen im Medium künstlerischer Wahrheiten sozial wirksamer war, als die spröde Mitteilung wissenschaftlich gelehrter und poetisch reglementierter Wahrheiten. Auf diese Weise wurde aus dem literarischen Leben, das bisher auf bestimmte Gruppen beschränkt war, öffentliches Geschehen und die künstlerische Wahrheit zu einem bedeutsamen Element bürgerlicher Meinungs- und Menschenbildung, ja der Volksbildung.

2. Schriftsteller und Volk

Die Inhalte der bürgerlich-literarischen Meinungsbildung, die zugleich auch Volks- und Menschenbildung war, haben sich im einzelnen zwischen 1750 und 1800 – nicht zuletzt unter dem Einfluß der französischen Revolution – geändert. Allerdings stellen die Inhalte keineswegs eine in sich geschlossene Weltanschauung o. ä. dar, sondern sind eher als verschiedene und manchmal gegenläufige, ja widersprüchliche geistige Strömungen und Beurteilungen zu verstehen, die sich im ständigen Wechsel von Progression und Regression, von Hoffnung und Resignation, von Mobilisierung und Konsolidierung, von Fortschritt und Restauration entwickelten. In der praktischen Konsequenz tendierte die Meinungsbildung jedoch generell dahin, die sich immer deutlicher abzeichnende gesellschaftspolitische Krise durch eine Bewußtseinserweiterung des Volkes bzw. der Nation – sprich: durch eine mehr ästhetisch-moralisch und gefühlhaft getönte literarischsoziale Erziehung der Menschen aller Stände zum Wahren, Guten und Schönen – zu überwinden.

Das wird neben den theoretischen Schriften zu Fragen der Volkspoesie [18] vor allem in den volkstümlichen Schauspielen (wie dem *Götz*, den *Räubern*, den *Soldaten*, der *Kindsmörderin*) und in der Balladendichtung (vor allem der G. A. Bürgers) deutlich. Beide poetischen Formen bieten durch den öffentlichen Vortrag die Möglichkeit zu direktem Kontakt, kollektiven Erlebnissen und sozialen Lernprozessen.

Mit Hilfe einer so verstandenen Volks- und Menschenbildung wollten vor allem demokratisch entschiedene Schriftsteller im Zuge einer ersten nationalen Besinnung jene überlieferten Ständeschranken aufheben, die ihnen in der Auseinandersetzung mit dem höfisch-konventionellen Literaturakademismus und der erstarrten schulmäßigen Theologie und Philosophie als zu überwindende Bildungs- und Geschmacksgrenzen bewußt geworden waren. Ganz im Sinne dieser Bewußtwerdung stellte G. A. Bürger fest, daß »die oberen Klassen mehr Vermögen und Gelegenheit haben, ihren Söhnen auf diese Stufe der Vollkommenheit ... emporzuhelfen. Transportieren Sie auf einmal das Vermögen und den Unterricht der oberen Klassen auf die niederen, so werden Sie die Lehrer und Meister des guten Geschmacks aus diesen hervorgehen sehen« [19].

Da es Bürgers Absicht war, sich dieser Aufgabe zu stellen, sollte »alle Poesie ... volksmäßig sein, denn das ist das Siegel ihrer Vollkommenheit« [20]. Aus diesem Grundsatz leitete Bürger für den Schriftsteller die – allerdings bereits wieder vom literarischen Markt mitdiktierte bzw. auf dessen Bedingungen Rücksicht nehmende – Forderung ab, »wo nicht allen – dennoch den meisten – ... zu gleicher Zeit zu gefallen. Und in der Tat ist dies das einzig wahre Ziel poetischer Vollkommenheit. Das Ziel ... [derjenigen], ... die man allein Dichter der Nation nennen kann« [21]. In diesen durchaus selbstbewußten Sätzen Bürgers klingt die Sorge um soziale Anerkennung und um Mehrung der Einkünfte aus literarischer Produktion unüberhörbar mit. Und so sind sie ein Indiz für die Tatsache, daß Bürgers Hoffnung auf den Aufstieg der niederen Klassen nicht frei von jenen Widersprüchen war, die z.B. Wieland veranlaßte, den Bürgern der mittleren Stände nahezulegen, »sich immer fest an die Obrigkeit an[zu]schließen, und ... immer bereit [zu sein], für die Erhaltung der bestehenden gesetzmäßigen Ordnung und für die Sicherheit der Personen und des Eigentums aller und jeder Mitbürger« [22] einzutreten.

Gerade wegen dieser Widersprüche, die J.M.R. Lenz mit dem Hinweis auf den »Volksgeschmack der Vorzeit unseres Vaterlandes ..., der noch heutzutage Volksgeschmack bleibt und bleiben wird« [23], eher verdeckt, enthält der an sich durchaus gesellschaftskritische und emanzipative Volksbegriff ein politisch utopisches Moment, das nicht frei von illusionären Zügen ist. In der Vorstellung vom Volk wird nämlich auch die Absicht spürbar, in den »literarischen Provinzen« und ihrem Markt Menschen als Publikum zu finden und zu gewinnen, die noch *nicht völlig* in der arbeitsteiligen und entfremdenden Vergesellschaftung und vordergründigen Rationalisierung aufgegangen und *nicht mehr* dem Geschmack höfischer Kunstgelehrter hörig waren. Zwar bezog die Rede vom Volk – seiner Dichtung, seinem Geschmack und seiner Bildung – ihre theoretischen Inhalte aus dem Gegensatz zum französisierten Adel, doch war solche Rede in der Praxis ohne Realität. »Die Gerichtsbarkeit der Bühne« fing, wie Schiller richtig bemerkt, eben erst dort an, »wo das Gebiet der weltlichen Gesetze endigt. Wenn die Gerechtigkeit für Gold verblindet und im Solde der Laster schwelgt, wenn die Frevel der Mächtigen ihrer Ohnmacht spotten ..., übernimmt die Schaubühne Schwert und Wage und reißt die Laster vor einen schrecklichen Richterstuhl« [24].

Auf dem Hintergrund der vom Genie erlangten sprachlichen Kompetenz – die freilich ohne politische Legitimation blieb – erscheint daher die der öffentlichen Volksbildung dienende volkstümliche Dichtung [25] wie ein Befreiungsakt, wie das Freilegen bürgerlich-literarischer Ausdruckskräfte. Nur hatte die so erlangte Freiheit zur Gestaltung eine Grenze: sie blieb in die Literatur verbannt. Wenig später gibt daher auch Schiller zu, daß »sich noch tausend Laster mit frecher Stirne vor ihrem Spiegel [d.h. dem der Schaubühne, d. Verf.] behaupten«, und daß weder »Molières Harpagon Wucherer besserte« noch »Karl Moors unglückliche Räubergeschichte die Landstraßen ... viel sicherer machen wird« [26].

Um an dieser Stelle die im Vorwort begonnene Erörterung darüber wieder aufzunehmen, ob Schriftsteller bzw. genauer: ob Kunst Gesellschaft und Menschen ändern kann oder gar muß, darf Schiller unterstellt werden, daß er sich trotz oder gerade weil er sich mit den *Räubern* auf Probleme seiner Zeit einließ über die politische Folgenlosigkeit und sozial-historische Unwirksamkeit von Kunst durchaus klar war. Nützliche Wirkungen in einem vordergründig sozialen oder politischen Sinne, d.h. im Sinne von Tendenzdichtung erwartete Schiller offensichtlich deshalb nicht, weil für ihn Kunst nicht in erster Linie aus Absicht und Inhalt, sondern vielmehr auch aus Form und Ausdruck resultierte. Deshalb hat die sprachliche Kompetenz des Schriftstellers sowohl ihre inhaltliche Seite als auch die Seiten der substantiellen, d. h. die Widersprüchlichkeiten einer Zeit bannenden *Form*, der die Größe und das Elend des Menschen bewahrenden *Gestalt*, der die Wünsche, Bedürfnisse und Triebe beeinflussenden *Gewalt* und der die Opfer und Leiden einer Zeit versöhnenden *Bilder*. Und gerade diese von Marx als Widerspruch gespürten Seiten sind es, die zum einen Kunst von Wissenschaft und ihren Möglichkeiten der Logik und Rationalität unterscheidet und zum anderen alle Kunst – sofern sie diese Seiten zum Ausgleich bringt, sie synthetisiert, in Widersprüchen vermittelt und Gegensätzliches vereint – zum Ärgernis für polit-ökonomisches und soziologisches, ja vielleicht sogar für alles wissenschaftliche Denken macht.

Dieses zutiefst beunruhigende, aber nicht durch volkstümliche, realistische, naturalistische oder wie immer geartete Absichten oder Tendenzen bestimmbare Moment der Kunst, dieser von ihr zu erbringende Beitrag zur Selbsthervorbringung des Menschen im Sinne Freuds – Wo Es ist, soll Ich werden – ist das zu allen Zeiten Ärgerliche an ihr, denn es gibt immer wieder den Grund oder die Wurzel an, auf die Kunst verweist: auf den Menschen. Er – und nicht die Gesellschaft, das Volk oder die Klasse – hält Schwert und Waage, und er ist der »schreckliche Richterstuhl«, von dem Schiller spricht. Er ist die Notwendigkeit, an die letzlich die Freiheit des Schriftstellers gebunden ist.

Und deshalb schien auch die Kunst dem lesenden und zuschauenden Publikum, das in jener vorrevolutionären Gesellschaftskrise zwischen dem Nicht-Mehr des bisherigen Kunstgeschmacks und dem Noch-Nicht völlig entfremdeter Vergesellschaftung schwankte, die Möglichkeit zu bieten, in solcher Freiheit zu sich selbst, zu Ich-Stärke und Mündigkeit, kurz: zu ihrer ganzen menschlichen Bestimmung zu gelangen. »Wir sind«, so schrieb J. M. R. Lenz, »oder wollen wenigstens sein, die erste Sprosse auf der Leiter der freihandelnden selbständigen Geschöpfe, und da wir eine Welt hie (und) da um uns sehen, die der Beweis eines unendlich freihandelnden Wesens ist, so ist der erste Trieb, den wir in unserer Seele fühlen, die Begierde, 's ihm nachzutun; da aber die Welt keine Brücken hat und wir uns schon mit den Dingen, die da sind, begnügen müssen, fühlen wir wenigstens Zuwachs unserer Existenz, Glückseligkeit um nachzuäffen, seine Schöpfung ins Kleine zu schaffen« [27]. Nach der Lektüre des *Götz* meinte sich Lenz – trotz der ins Kleine gehenden und für die bürgerlich-literarische Intelligenz typischen Bescheidung – auf einer weit höheren Sprosse der Leiter zu fühlen, denn er war davon überzeugt, der Leser könne aus dem *Götz* lernen, daß »diese unsere handelnde Kraft nicht eher ruhe, nicht eher ablasse zu wirken, zu regen, zu toben, als bis sie uns Freiheit um uns her verschafft, Platz zu handeln« [28].

Wie wenig solch deutsch-stämmig derbes Wirken, Regen und Toben im Rahmen eines affektiv lustvollen und subjektiv befreienden Lebensgefühls angesichts der Vorherrschaft des Adels einbrachte, braucht hier nicht besonders belegt zu werden. Auch Lenz lernte das feudal autoritäre Regime entsagend ertragen und entschied sich wie die meisten seiner Zeitgenossen für die Internalisierung einer nach »oben« gefügigen Moral, die sich nach »unten« als Tugend des Volkes gab. Nützlichen Gebrauch von seiner Vernunft, von seinem gesunden Menschenverstand für die Menschheit zu machen und durch Kenntnis der Laster und Tugenden zur Besserung der Verhältnisse beizutragen: das war die Meinung, die sich der »meisten Köpfe« in dieser Zeit bemächtigte.

Um es konkret zu sagen: die vom Volksbegriff inspirierte öffentliche Meinung hielt zwar – mit dem von der Politik seines Landesvaters gelegentlich enttäuschten Goethe – einige Fürsten für »toll, dumm und albern« [29], doch wurde ihre Besserung mithilfe literarisch vermittelter Lernprozesse zu weisen und selbstlosen Menschen ebenso für möglich gehalten, wie die ästhetische Erziehung der Bürger, Handwerker und Bauern durch eine nicht klassengebundene Vernunft [30]. Freiheit – auch die des Schriftstellers – hatte daher stets etwas mit vernünftigem Verhalten, mit Wohlverhalten gegenüber fremden Klassen zu tun. Da die Klassengegensätze im Begriff solchen Wohlverhaltens bzw. im Volksbegriff für aufhebbar bzw. überbrückbar gehalten wurden, bat z.B. J.M.R. Lenz in einem sich auf *Die Soldaten* beziehenden Brief an Sophie de la Roche »sehr, zu bedenken, ... daß mein Publikum das ganze Volk ist; daß ich den Pöbel so wenig ausschließen kann, als Personen von Geschmack und Erziehung, und daß der gemeine Mann mit der Häßlichkeit feiner Regungen des Lasters nicht so bekannt ist, sondern ihm anschaulich gemacht werden muß, wo sie hinausführen« [31]. Ganz ähnlich schrieb Schiller: »Die Schaubühne ist mehr als jede öffentliche Anstalt des Staates eine Schule der praktischen Weisheit, ein Wegweiser durch das bürgerliche Leben, ein unfehlbarer Schlüssel zu den geheimsten Zugängen der menschlichen Seele« [32].

Nur wenige waren so klarsichtig wie Herder, der nicht nur vor solcher Überbewertung der Schaubühnen mit den Worten warnte, »ein gar armselig Volk, das sein Verdienst nur auf der Bühne, nur auf den Brettern hat und es aus Löchern bläst« [33], sondern der auch auf dem Hintergrund der herrschenden Gesellschaftsverhältnisse die Frage der Volksdichtung problematisierte. »Da wir noch eigentlich kein Volk haben, keine gemeinschaftliche lebendige Sprache haben, so haben wir noch weniger eine Nationaldichtkunst ... Deutschland [wird] keinen Homer haben, so lange dieser den gedungenen Knechtszug seiner Brüder nach Amerika besingen müßte ... Armes, zerrissenes, zertretenes Deutschland hoffe! Das Gefühl der Nation an sich wird Dichter, ihr Mitgefühl zu ihren Brüdern liebende Dichter hervorbringen« [34].

Wie weit Herder bei seiner Argumentation bewußt auf Rousseau zurückgreift, kann hier im einzelnen nicht nachgeprüft werden, doch ist eine entscheidende Parallele nicht zu übersehen. Ähnlich wie Rousseau im *Emile* läßt auch Herder die Frage, wie aus dem in Deutschland entstehenden Bürgertum politisch etwas Rechtes und gesellschaftlich etwas Ganzes werden kann – nämlich: ein Volk, in dem der Eigenwille des Einzelnen identisch wird mit dem Gemeinwillen des Ganzen – aus der Stimmung einer tiefen Resignation heraus völlig offen. Darüber täuscht auch nicht die appellativ geforderte Hoffnung hinweg – und das vor allem deshalb, weil der letztlich demokratisch und in Kategorien der Volkserziehung denkende Theologe und Schriftsteller Herder »die Kirchenmauer, die gerade vor mir steht [35] ... unaufhörlich [als] die wahre Bastille ..., als das wahre Symbol meines Amtes« [36] ständig konkret vor Augen hatte.

Trotz der Bedrückungen und Beengungen, in die er durch diese »Bastille« geriet und die den Konflikt zwischen dem religiös, brüderlich und national fühlenden Gewissen und dem auf dem absolutistischen Staatsprinzip beruhenden politischen Denken immer wieder neu entfachte, hat Herder sich jedoch nie zu einer Ansicht der politischen Verhältnisse durchringen können, wie Rousseau sie – wenn auch wiederum zutiefst widersprüchlich – in einem Brief an den polnischen König formulierte: »Es gibt kein Heilmittel mehr, wenn nicht durch einen großen Umsturz, der beinahe ebenso zu befürchten wäre wie das Übel, das er heilen könnte, und bei dem es strafbar wäre, ihn herbeizuwünschen« [37]. Herder konnte und wollte vermutlich – ähnlich wie Rousseau – nicht anderen Mut zu etwas machen, wovor er sich selber fürchtete. Und zu einer »religion civile«, einer bürgerlichen Weltanschauung, die jenen Konflikt Herders hätte lösen können, in dem sie die Entwicklung einer Verfassung bewirkte, die auf dem gemeinsamen Willen freier und gleichberechtigter Bürger und Völker beruhte, war die Zeit noch nicht gediehen.

Die Ansätze einer solchen Weltanschauung sind jedoch u. a. in Herders Volksliedersammlung, die zahlreiche politische und gesellschaftskritische Texte enthält, die sowohl die Not als auch die Hoffnung der armen, zerrissenen und zertretenen Völker schildern, und in den *Ideen zur Philosophie der Geschichte der Menschheit* unübersehbar. Das 8. Buch sowie die unterdrückten Entwürfe zum 9. Buch der *Ideen* zeigen, wie kritisch Herder nicht nur die feudalabsolutistischen Zustände seiner Zeit sah, sondern wie er auch in den Völkern die eigentlichen Träger der Geschichte erkannte und ihnen – unter Einschluß des deutschen Volkes – das Recht auf bürgerliche Selbstverwirklichung und -bestimmung zuerkannte. Das Mittel zu solcher vorrevolutionären Volksbildung sah Herder allerdings nicht in der Politik, sondern in der Kunst, der er die Aufgabe zuwies, die Humanität aller menschlichen Existenz zu fördern. Ganz im Sinne dieser Ideen forderte Herder in seiner Abhandlung *Von dem Einfluß der Regierung auf die Wissenschaften und der Wissenschaften auf die Regierung* auf der einen Seite zwar »Gedankenfreiheit« für das Volk, verwarf jedoch andrerseits jede »zügellose Frechheit«.

Von solchen Denkansätzen her ist es auch verständlich, daß Herder aufgrund eines Vorschlages des Markgrafen Karl Friedrich von Baden-Durlach die Denkschrift *Idee zum ersten patriotischen Institut für den Allgemeingeist Deutschlands* verfaßte und sich darin um die Sammlung der zersplitterten schöpferischen Kräfte des deutschen Volkes bemühte. Daß die Realisierung gerade dieser Idee am mangelnden Interesse der Landesherren scheiterte, zeigt einerseits noch einmal sehr deutlich, wie wenig selbst von aufgeklärten Fürsten zu erwarten war und andererseits, wie früh der Weg zu einem realistischen und politisch konkreten Volksbegriff verbaut wurde. Denn trotz der Problematisierung durch Herder blieben im Begriff Volk der Klassengegensatz zwischen Adel und Bürgertum und die sich entfaltenden Gegensätze zwischen Bürgertum und plebejischen Unterschichten ebenso unreflektiert verborgen, wie die Einsicht in die Notwendigkeit der Veränderung der politökonomischen Verhältnisse als Voraussetzung der Emanzipation des dritten Standes aus absolutistischer Vorherrschaft.

Während das französische Bürgertum in Sieyès einen an Rousseau geschulten Wortführer besaß, der mit seiner Kampfschrift *Qu'est-ce que le tiers état?* (1789) die entscheidende Negation der beiden ersten Stände des Feudalsystems betrieb, als positives Ziel dieser Negation die repräsentative Demokratie forderte und Einsichten in revolutionäre Strategien vermittelte, um den dritten Stand, der bisher nichts war, aber alles – nämlich: vollständige Nation – werden wollte, zu seinem Recht zu verhelfen, weil er – im Gegensatz zur parasitären Existenz des ersten und zweiten Standes – alle nützlichen Arbeiten in der Gesellschaft verrichtet – während also in Frankreich die Gemeinsamkeit der im dritten Stand vereinigten Menschen auf eine gemeinsame und die gleichen Rechte begründende Interessenlage zurückgeführt und damit der ökonomische Charakter der bürgerlichen Gesellschaft radikal freigelegt wurde, blieben in Deutschland diese Zusammenhänge – trotz oder gerade auch wegen der entschiedenen Parteinahme Schillers für die Ausgestoßenen, Goethes Hochschätzung des Volkshelden, Lenzens Eintreten für die Unterdrückten, Vereinsamten und Leidenden, Vossens Fürsprache für die entrechteten Bauern und Bürgers streitbarer Aktivität als Anwalt des ländlichen Proletariats – verborgen. Denn unter Volk wurden in der Regel sowohl mittelständisches Bürgertum als auch körperlich arbeitende plebejische Handwerker- und Bauern und außerdem Teile der bürgernahen herrschenden Klasse verstanden, d. h. alle die Menschen, die in der ungefähren Sehnsucht nach bürgerlicher Freiheit und nationaler Dichtung übereinstimmten und ihre gesellschaftlichen Pflichten im Sinne der Inhalte der öffentlichen Meinung zu erfüllen bestrebt schienen. Daher dachte sich Lenz sein »Theater ... unter freiem Himmel vor der ganzen deutschen Nation, in der mir die unteren Stände mit den oberen gleich gelten – die pedites wie die equites ehrwürdig sind« [38]. Ganz ähnlich hoffte Bürger, daß seine Dichtung »eben die Wirkung in der hölzernen Bude bei der Dorfschenke als auf dem Hoftheater tue« [39], d. h. »sowohl in Hütten, wie in Palästen« [40].

Wie wenig der Optimismus berechtigt war, der aus diesen Belegen im Blick auf den soziokulturellen Entwicklungsstand handwerklicher und bäuerlicher Schichten spricht, die von den ständischen Dichtern noch idyllisch zu »Kindern der Nation« stilisiert worden waren, geht sehr eindeutig aus einer Äußerung Wielands hervor: »Es ist ein süßer Gedanke, daß es doch wirklich noch hier und da solche Kinder der Natur gibt. Aber unsere armen zu Boden gedrückten, hungersterbenden Landleute zu solchen umzuschaffen, nun daran ist wohl nicht zu denken« [41]. Wieland schätze also die kulturellen Entwicklungsmöglichkeiten des ländlichen Proletariats wesentlich niedriger ein als der geistige Vater dieser egalitären Idee – nämlich: Rousseau –, als dessen Nachfolger sich Bürger recht deutlich ausweist, wenn er ausruft: »Ha! als ob nicht alle Menschen – Menschen wären. Als ob die Natur sie nicht überall mit Werkzeugen sinnlicher Empfänglichkeit begabt hätte« [42]. Sobald Bürger jedoch an seine konkreten Leser, an das Publikum, den Markt und den Verleger dachte, trat er aus dieser Nachfolge rasch heraus. Dann bekannte er sich zum »gebildeten Volk«, nahm »in den Begriff des Volkes ... nur diejenigen Merkmale auf ..., worin ungefähr alle, oder doch die ansehnlichsten Klassen übereinkommen« [43] und unterwarf sich – wie er selbst eingestand – »der Kritik und dem Geschmack des gebildeten Publikums« [44].

Zweifellos sind diese Äußerungen Bürgers auch »Merkmale der Resignation und der Einsicht, daß die Trennung zwischen werktätigem Volk und Gebildeten ... durch die Dichtung nicht ... zu überbrücken« [45] war, doch sind sie zugleich ein unübersehbarer Hinweis darauf, wie sehr sich der volksbewußte Demokrat Bürger – und mit ihm zahllose Schriftsteller – den nicht zuletzt vom Unternehmer-Bürgertum diktierten Bedingungen des literarischen Marktes anpassen und vor allem aus diesem Grund auf die volle Realisierung der von ihm entworfenen politischen Selbständigkeit resp. Identität weithin verzichten mußte. Denn so erfolgreich sein Selbstverlagsgeschäft anfänglich auch war, so rasch gab er es wieder auf, um schließlich als »untertäniger Vasall« bei seinem Verleger Dieterich »wieder zu Kreuze (zu) kriechen« [46].

Von diesen – mit dem ideologisch belasteten Begriff Volk [47] bezeichneten und durch die »Internalisierung der öffentlich verbindlichen Verhaltensnormen« [48] ausgezeichneten – Gruppen und Schichten, für die die Schriftsteller zu schreiben meinten und von denen sie sich gelesen glaubten, wurden mit einem verächtlichen Beigeschmack die Nicht-Leser und Nicht-Käufer: der Pöbel abgegrenzt. Und zwar in der Form, daß mit Pöbel nicht in erster Linie ein sozial niedriger Standort bezeichnet wurde, sondern mit diesem Begriff auf einen außer- bzw. unbürgerlichen Bildungszustand polemisch aufmerksam gemacht wurde, der einerseits vor allem Knechte, Mägde, Diener, Gesellen, Soldaten, m. a. W.: das von aller Aufklärung unberührt bleibende und daher der Ausbeutung durch die herrschende Klasse und das Bürgertum nahezu ungeschützt ausgesetzte städtische und ländliche Proletariat kennzeichnete und andrerseits den sich von der bürgerlichen Aufklärung bewußt distanzierenden höfischen Adel – oder wie Lessing schreibt: »den vornehmen Hofpöbel« [49] – charakterisierte. So verstand z. B. Schiller, der nach den Worten Goethes »weit mehr ein Aristokrat war als ich« [50], unter »Pöbel ... keineswegs die Gassenkehrer allein ..., der Pöbel wurzelt (unter uns gesagt) weit um, und gibt zum Unglück den Ton an« [51].

Den ökonomischen Zusammenhang des so verstandenen zweifachen Pöbels hat der Publizist G. F. Rebmann nach einem Besuch des revolutionären Frankreichs bereits recht präzis beschrieben, wenn er fragte: »Wem fallen also die Greuel der Revolution zur Last? Dem Volke? Nein! Verworfenen Despoten, dem Pöbel der höheren Klassen und dem gemeinen, duch eben diesen Hofpöbel verdorbenen Aushub des niederen Pöbels« [52]. Nach der undifferenzierteren Meinung G. A. Bürgers gehörten zum Pöbel die »Fürsten- und Adelsbrut«, das »Geschmeiß der Pfaffen«, die »Pfefferkrämer« und der gelehrte »ehrsame Janhagel« [53], d. h. alle volksfremden herrschenden Kreise und jene, die ihnen das Wort redeten und damit die Befreiung des Volkes verhinderten.

Allerdings setzte Bürger den aus seiner leidvollen Erfahrung zu verstehenden Groll gegenüber dem Göttinger »Pöbel« nicht radikal in demokratisch-revolutionäre Forderungen um. In dem 1793 veröffentlichten Aufsatz *Die Republik England*, der mit dem Satz beginnt, »in der Vergangenheit spiegelt sich manche Erscheinung der Zukunft« [54], geht er ausdrücklich auf die sozial-politische Maxime der Leveller ein und hebt lobend deren Absicht hervor, daß sie »nicht alles gleich gemacht wissen wollten, dessen Gleichmachung der Natur und einer echten, edlen, nach ihrem großen Vorbilde anordnenden und handelnden Staatskunst widerspricht« [55]. D. h. nach Meinung Bürgers verkannten die Leveller »nicht den ... jedermann von selbst in die Augen springenden Unterschied geistiger sowohl als körperlicher Kräfte und Geschicklichkeiten der Menschen und eine notwendig daraus entspringende Ordnung« [56] und wollten gerade deshalb »jedem Einzelnen diejenigen Recht möglichst zusichern, die das höchste Wesen wirklich und unleugbar allen mit gleicher Wage zugeteilt hat« [57]. Aus diesem Grunde sei auch »die Gesetzgebung keineswegs befugt ..., die Güterbesitzungen der Staatsbürger gegeneinander auszugleichen, das Privat-Eigentum aufzuheben oder alle Habe gemeinschaftlich zu machen« [58].

Es erscheint heute müßig, Bürgers Äußerungen auf der Waage »sozialistischer Objektivität« zu messen, denn unstreitig bezeichnen sie nicht nur »die Grenze der Volksverbundenheit und der revolutionären Einstellung« [59] Bürgers, sondern auch die seiner mehr oder weniger demokratischen und vom zweifachen Pöbel umgebenen Zeitgenossen und Schriftstellerkollegen [60]. Daher gibt auch die vom sozialen Bildungsgefälle und den Mechanismen des literarischen Marktes beeinflußte und hier dargelegte Gegenüberstellung von Volk und Pöbel das in seinen Inhalten widersprüchliche Reflexionsniveau der öffentlichen Meinung wieder und macht deutlich, in welchem Ausmaß der Konflikt zwischen Adel und Bürgertum sich trotz und gerade wegen aller literarischen Volksbildung im Bewußtsein der mittleren Stände dichotomisch darstellte. Darüber hinaus zeigt sie recht genau, wie die mittleren Stände die Artikulation der zwischen ihnen und den wirklichen ausgebeuteten Schichten sich anbahnenden Konflikte vermieden und ihnen damit aus dem Weg zu gehen versuchten.

Andrerseits ist mit H. Schlaffer [61] nicht zu übersehen, daß das um seine politische Identität ringende Bürgertum in Ansätzen erkannte, wie sehr es bei der Aufhebung der bedrückendsten Seiten des Absolutismus auf das wirkliche Volk – also die Unterschichten angewiesen – war. Und deshalb stellte es das Volk spekulativ in den Dienst der eigenen vernunftbezogenen und humanitären Ideen, in dem es im Begriff Volk politisch-ökonomisch derart heterogene und disperate Gruppen subsummierte. Wie wenig Aussicht auf Erfolg diese Indienstnahme des »niederen Volkes« hatte bzw. haben konnte, zeigt zum einen der Blick auf Goethes *Götz* und zum anderen der Hinweis auf eine Rechnung, die der Verleger-Schriftsteller Fr. Nicolai im Blick auf die isolierte Lage der bürgerlich-literarischen Intelligenz im 2. Band seines *Sebaldus Nothanker* aufmachte: »Dieses gelehrte Völkchen von Lehrern und Lernenden [d.h. die Schriftsteller und ihr Publikum, d. Verf.], das etwa 20000 Menschen stark ist, verachtet die übrigen 20. Mill. Menschen, die außer ihnen deutsch reden, so herzlich, daß es sich nicht die Mühe nimmt, für sie zu schreiben; und wenn es zuweilen geschieht, so riecht das Werk gemeiniglich dermaßen nach der Lampe, daß niemand es anrühren will. Die 20 Mill. Ungelehrte vergelten den 20000 Gelehrten Verachtung mit Vergeltung, sie wissen kaum, daß Gelehrte in der Welt sind« [62].

Schiller ging in der Kritik von Bürgers Thesen über volkstümliche Dichtung von einer ähnlich realistischen Einschätzung aus, wenn er die Lage der Literatur um 1791 mit den eher pessimistischen Worten beschreibt: »Unsere Welt ist die Homerische nicht mehr, wo alle Glieder der Gesellschaft im Empfinden und Meinen ungefähr dieselbe Stufe einnahmen, sich also leicht in derselben Schilderung erkennen, in denselben Gefühlen begegnen konnten. Jetzt ist zwischen der Auswahl einer Nation und der Masse derselben ein großer Abstand sichtbar« [63]. Dieser Abstand, dieser Kulturunterschied – oder wie es wenig später heißt – die »Unähnlichkeit der Convenienz« erweist sich bei genauerem Hinsehen als das Eingeständnis, daß sowohl die Auswahl als auch die Masse der Nation »zu wirklichem revolutionären Handeln noch nicht reif« [64] waren. Zugleich zeigt dieses gleichsam zwischen den Zeilen steckende Eingeständnis, daß Schiller »immer wieder die gegebene, von der bürgerlichen Klasse in Deutschland noch nicht bewältigte gesellschaftliche Wirklichkeit nach Möglichkeiten für die Überwindung der gesellschaftlichen Schwierigkeiten und moralischen Widersprüche« [65] abtastete, doch dabei, wie seine Bürger-Rezension bestätigt, das Demokratische, das in Bürgers Bemühen um eine Volksdichtung steckte, nicht zu würdigen verstand, weil er »eine notwendige Operation des Dichters« in der »Idealisierung seines Gegenstandes« [66] – sprich: des Volkes – sah. Doch war dem Volk weder mit solcher »Idealisierkunst« [67] noch damit gedient, seine einzelnen und »das Ebenmaß störende[n] Züge der Harmonie des Ganzen zu unterwerfen« [68], sondern mit konkreter Volksaufklärung.

Leider gelang sie auch nicht mit dem *Götz*. Denn obgleich Goethe sich nach eigenen Worten um Volkstümlichkeit bemühte: »Ich habe sogleich an die Herzen des Volks angefragt, ohne erst am Stapel der Kritik anzufahren« [69], scheiterte

– ebenso wie in der Wirklichkeit – das Bündnis zwischen bürgerlich fühlendem, adeligem Volksheld und dem plebejischen und aufrührerisch agierendem Volk [70]. Und das nicht zuletzt deshalb, weil die gesellschaftliche Wirklichkeit, die das Stück wiederspiegelt und durch das Geschichtliche hindurch zur gesellschaftspolitischen Krise des 18. Jahrhunderts transparent macht, als ein »Zustand der Zersplitterungen, der Vereinzelungen [erscheint], in dem jeder gegen jeden steht und in dem nur isloierte Zellen der humanen Gemeinsamkeit bleiben« [71]. Wichtig ist in diesem Zusammenhang, daß Goethe nicht nur in der zweiten Fassung sozialkritische Momente tilgte, sondern in einem Briefgedicht an F. W. Gotter, der in Gotha ein Liebhabertheater gegründet hatte, die Bearbeitung des Stückes unter Rücksicht auf gesellschaftliche Verhaltensnormen mit folgenden Worten empfahl: »... Und bring, da hast Du meinen Dank,/ mich vor die Weiblein ohne Gestank./ Mußt alle garstgen Worte lindern,/ aus Scheißkerl Schurken, aus Arsch mach Hintern,/ Und gleich das alles so fortan,/ Wie Du's wohl ehmals schon getan ...« [72]

Die hier artikulierte – und eine eindeutige Selbstzensur praktizierende – Anpassung an den herrschenden Geschmack der 20 000, die zugleich die Anerkennung der bestehenden Herrschaftsordnung bedeutete, zeigt, wie wenig politisch ernst gemeint *Götzens* ritterliche Volkstümlichkeit war. Sie war letztlich Pseudo-Volkstümlichkeit, war literarische Wirklichkeitssubstitution und bestätigt noch einmal, daß das Interesse der Schriftsteller nicht so sehr auf die Aufhebung des konkreten Bildungsgefälles zwischen dem Volk und der bürgerlich literarischen Intelligenz ging, sondern gewissermaßen um die marktgängige Gestaltung der Idee Volk für eben diese Intelligenz, die sich literarisch von ihrer ständisch-gelehrten Vorgängerin abzugrenzen suchte. Bürger ist dieser Vorgang der rückwärtsgewandten Abgrenzung sehr klar bewußt gewesen, wenn er in einem Brief an Boie schreibt: »Welch ein deutscher Stoff! ... Edel und frei wie sein Held, tritt der Verfasser den elenden Regel-Kodex unter die Füße und stellt uns ein ganzes événement, mit Leben und Odem bis in die kleinsten Adern beseelt, vor Augen« [73].

Im Begriff Volk lassen sich daher zwei Inhalte von Emanzipation voneinander trennen, einmal die ästhetische und sprachlich affektive Emanzipation von der poetischen Gelehrsamkeit und dem höfischen Akademismus und zum anderen die Emanzipation aus den Fesseln des herrschenden Absolutismus. Beide Inhalte konkretisierten sich in Gestalt zweier volkstümlicher literarischer Idealtypen: dem titanisch heldenhaften Menschen der Oberschicht einer vergangenen Geschichtsepoche und dem von den Verhältnissen der Gegenwart fast erdrückten und an ihnen leidenden Menschen des Volkes. Beide Gestalten, die zweifellos die individuelle Sensibilität für die in ihnen dargestellten Probleme intensivierten, trugen jedoch das Signum zwiespältiger Unwirklichkeit und Vergeblichkeit, denn sowohl die Geste heroischer Erhabenheit wie die Haltung duldender Entsagung können als literarischer Ausdruck entweder der mehr oder minder unbewußten kollektiven Verdrängung des bereits erlittenen Verlustes gesellschaftlicher Wirklichkeit oder aber der mehr oder weniger bewußten Verschleierung der vorrevolutionären Gesellschaftskrise verstanden werden. D. h. sie waren letztlich eine Funktion der Rechtfertigung der politischen Abstinenz bzw. der taktisch bedingten Distanzierung der bürgerlich-literarischen Intelligenz. Trotz solcher Rechtfertigung blieb aber die bürgerlich-literarische Intelligenz unklaren äußeren Haltungen und diffusen inneren Gefühlslagen – als den Folgen von Verdrängungen und Verschleierungen – verhaftet. Allerdings konnte dieses Leiden an der Gesellschaft dadurch immer wieder kompensiert werden, daß sowohl Dichtung wie Trivialliteratur der gesellschaftlichen Wirklichkeit entweder auswichen oder sie ersetzten. Die inneren und äußeren Gefährdungen solcher Lebenspraxis sind zwar häufiger gefühlt und als Unbehagen an der Gesellschaft artikuliert worden, doch mußten sie solange bestehen bleiben, wie die mit dem Begriff Volk und seinen Abkömmlingen gemeinten konkreten Zusammenhänge nicht kritisch reflektiert und dabei die von der öffentlichen Meinung gezogenen Grenzen volkstümlicher Emanzipation überstiegen wurden. Welche Folgen es hatte, wenn einzelne Schriftsteller diese Grenzen überstiegen, ist an den landesfürstlichen Zensurmaßnahmen gegen Bürger, Kant u. a. sowie an den Verurteilungen von Schubart und Moser zu mehrjährigen Festungshaftstrafen abzulesen.

Aufgrund dieser durch den Druck des Absolutismus erzwungenen Rechtfertigungsmechanismen ist es auch verständlich, weshalb die französische Revolution von 1789 zunächst für die Folge des rechten Gebrauches der Vernunft, für ein Werk der Philosophie und nicht der polit-ökonomischen Verhältnisse [74], gehalten wurde: ein Werk, das dem Volk, d. h. den bürgerlichen Gruppen der Nation den Weg zu politischer Mitbestimmung ermöglichte. Verständlich ist ferner, daß die jakobinische Phase der Revolution erschrocken und entsetzt als Werk der Unvernunft verurteilt wurde.

Im Blick auf den Schriftsteller folgt aus der bisherigen Darstellung, daß seine Freiheit kaum kritisch als öffentlich wirksame politisch-literarische Funktion begriffen, sondern vielmehr als ein moralisch-ästhetisches Moment privaten Daseins aufgefaßt wurde. Freilich hob sich der Schriftsteller mit dieser verinnerlichten Freiheit vom Adel ab, doch geriet er damit in gefährliche Nähe zum kleinbürgerlichen Philister, der den Konflikt zwischen Adel und Bürgertum zu verschleiern suchte, um so dem schwierigen Problem des eigenen politischen Engagements zu entgehen. Lichtenberg hat diesen Zusammenhang recht klar erkannt, wenn er im Blick auf die Französische Revolution schreibt: »Eine Republik zu bauen aus den Materialien einer niedergerissenen Monarchie, ist freilich ein schweres Problem. Es geht nicht, ohne bis erst jeder Stein anders gehauen ist und dazu gehört Zeit« [75].

Die Frage, wieweit dieses zeitintensive Behauen von Steinen – oder um es konkret zu sagen – diese bewußtseinserweiternde literarisch-politische Volksbildung Aufgabe der Schriftsteller hätte sein müssen, stellt sich nicht erst heute. Schon 1794 beklagte A. Schreiber den »Mißwachs in unserer dramatischen Literatur« [76], nachdem zwei Jahre zuvor der mit der plebejisch-demokratischen Weiterführung der bürgerlich-literarischen Aufgabenstellung der vorrevolutionären Zeit beschäftigte G. Wedekind bedauernd festgestellt hatte: »Unsere Bühne hat bisher der Aufklärung und der Sittenverbesserung bei weitem nicht die Dienste geleistet, die von ihr zu erwarten gewesen wären. Sittengemälde, woraus die sogenannten geringen Leute Nutzen hätten schöpfen können, sah man im Vergleich mit solchen, die für die sogenannten Vornehmen geschrieben waren, selten. Überhaupt haben von unseren demokratischen Schriftstellern gewiß wenige daran gedacht, daß und wie sie den Volkscharakter bilden helfen sollen« [77].

Es ist verständlich, daß in sozialen Krisenzeiten nicht nur kritisch nach der Funktion von Literatur und Kunst gefragt wird, sondern sie auch kurzerhand und zwar vorwiegend inhaltlich in den Dienst revolutionärer Volksbewegungen gestellt wird [78]. Ebenso bezeichnend ist aber auch, daß in solchen Zeiten nicht nach der Entwicklung der ästhetischen und moralischen Rationalität der Klasse der »sogenannten geringen Leute«, nach ihrer eigenen künstlerischen Sensibilität gefragt wird, die der bürgerlich-literarischen Gesellschaftskultur hätte entgegengesetzt sein müssen, wenn sie ein Beitrag zur Selbsterziehung und Selbstbefreiung hätte sein wollen.

Der in Kunstdingen nach eigenem Zeugnis unparteiliche Fr. Engels [79] war solcher inhaltlichen Indienstnahme der Literatur durchaus abgeneigt, denn er verwechselte Kunst weder mit einer Waffe im Kampf der Klassen, noch mit einem alltäglichen Gebrauchsartikel, weil er – und das nicht erst seit der Lektüre der Romane von Balzac [80] – wußte, daß Kunst wohl die politischen Verhältnisse einer Zeit dokumentieren, protokollieren oder widerspiegeln kann, nicht aber die Politik des nächsten Tages artikuliert. Deshalb erwartete Engels von der Kunst weder die Bearbeitung streng vorgeschriebener Themen noch die Ergreifung und Einhaltung eines politischen Standortes. Nach der Lektüre eines revolutionären Romans von M. Kautsky schrieb er der Autorin: »Es war Ihnen offenbar Bedürfnis, ... öffentlich Partei zu ergreifen, Zeugnis abzulegen vor aller Welt ... Das ... haben Sie hinter sich und brauchen es in dieser Form nicht zu wiederholen. Ich bin keineswegs Gegner der Tendenzpoesie als solcher ... Aber ich meine, die Tendenz muß aus der Situation und Handlung selbst hervorspringen, ohne daß ausdrücklich darauf hingewiesen wird, und der Dichter ist nicht genötigt, die geschichtliche zukünftige Lösung der gesellschaftlichen Konflikte, die er schildert, dem Leser an die Hand zu geben« [81]. Und an anderer Stelle schrieb Engels: »Je mehr die Ansichten des Autors verborgen bleiben, desto besser für das Kunstwerk« [82].

Gestützt auf solchen Zeugen und bestärkt durch Schillers Einsicht in die Folgenlosigkeit der Kunst darf hier nun die Frage gestellt werden, ob Bühne und Literatur, will sagen: die vom Schriftsteller geformte künstlerische Wahrheit und Schönheit derartigen politisch-aktuellen und zeit-geschichtlichen Aufgaben je gerecht werden bzw. ob Dichtung derartige Wirkungen auf bestimmte Schichten,

Gruppen oder Klassen haben kann und muß. Ist Dichtung – wie etwa Wissenschaft – an ihrer politischen Verwertbarkeit prüfbar, und muß sie sich allein an diesen Kriterien messen lassen? [83]. Dient Kunst nicht auch – wie selbst Lenin einmal sagte – der »Erholung für schwer arbeitende Leute nach ihrem mühsamen Tagewerk« [84], d. h. dient sie nicht in erster Linie der Reproduktion des Menschen, und weniger der Produktion einer neuen Gesellschaft? Und haben nicht aus diesem Grund die Revolutionen von 1642 und 1789 ihn ihrer etwa 20-jährigen Vollendung so wenig eigenständige Kunst hervorgebracht, daß es heute kaum noch lohnt, darüber zu diskutieren? Verfehlt und verzerrt nicht die Kritik, die ihr Urteil über Kunst allein aus der Untersuchung ihrer sozialen Ursprünge und Wirkungen ableitet, die Kunst schlechthin?

Gilt nicht auch für die Kunst im Zeitalter der Französischen Revolution das, was G. Benn 1925 von Kleists *Penthisilea* sagte: »Sie ist eine große Dichtung, sie hatte nicht die geringste Wirkung, weder politisch noch sozial in der Bildungsrichtung ... Und ferner, daß ... *Die kleine Stadt* von H. Mann genau so wenig irgendeine Wirkung ausgeübt hat, nicht einmal eine stilistische. Man kann es nicht anders ausdrücken: Kunstwerke sind phänomenal, historisch unwirksam, praktisch folgenlos. Das ist ihre Größe.« [85] M. a. W.: Kunst kann die zwischen ihr und der Wirklichkeit immer sichtbar bzw. erfahrbar werdende Kluft weder aufheben noch schließen. Das ist nicht ihre Aufgabe. Ihre Aufgabe ist vielmehr die durch die Form gebändigte Sensibilität für die Autonomie und Radikalität ihres eigenen Stils und ihrer eigenen Erkenntnis, die weder identisch sind mit denen der Wissenschaft, noch denen der sozialen Wirklichkeit, sondern der Widerspruch zu beidem. »Kunst kann«, wie H. Marcuse es formuliert, »ihr radikales Potential nur *als Kunst* ausdrücken', in ihrer eigenen Sprache und Bilderwelt, die die Alltagssprache ... außer Kraft setzen« [86].

Es ist hier nicht der Ort, dieser in der Tat und heute besonders provozierenden These nachzugehen, denn das würde bedeuten, die konkreten, aber sehr subtilen Zusammenhänge von Kunst bzw. Literatur und Revolution und die von der marxistischen Ästhetik bisher vorgenommene Einschätzung dieser Zusammenhänge unter Berücksichtigung der Frage sowohl nach parteilich geleiteter realistischer Tendenzliteratur als auch nach der Divergenz bzw. Konvergenz des politischen und künstlerischen Stils der an Revolutionen beteiligten Klassen kritisch aufzuarbeiten [87]. Dabei wäre nicht nur jenes »unegale Verhältnis der Entwicklung der materiellen Produktion ... zur künstlerischen« zu thematisieren, von dem Marx sagt, daß es »nicht in der gewöhnlichen Abstraktion zu fassen« [88] sei, sondern auch deutlicher herauszuarbeiten, worin sich revolutionäre Kunstwerke von bürgerlichen unterscheiden. Vermutlich würde sich dann auch herausstellen, daß nicht die Revolutionen selbst, sondern lediglich die vor- und nachrevolutionären Phasen besondere kulturelle Spuren hinterlassen. D. h. es könnte sich Thalheimers Auffassung bestätigen, wonach »im Ganzen des ... Klassenkampfes ... Literatur und Kunst nur eine untergeordnete, eng begrenzte Rolle spielen« [89].

Im Blick auf die Kunst während der französischen Revolution wäre ferner zu fragen, ob die Literatur des proletarischen Volkes aus der bürgerlich-literarischen Gesellschaftskultur und ihren Maximen überhaupt hätte hervorgehen können, wie Wedekind – gewissermaßen als Richter der Stückeschreiber – praktisch unterstellt oder ob sie nicht vielmehr erst nach geglückter Revolution und im Vollzug der kritischen Aneignung der Kunst der entmachteten Klasse durch die siegreiche Klasse entstehen kann, wie L. Trotzki [90] später behauptete. Daß seine Auffassung auch von anderen Revolutionären geteilt wurde, bestätigen die folgenden Thesen Lenins: »Proletarische Kultur ist nicht etwas, das plötzlich aufschießt – niemand weiß, woher. Es ist kein Schema, ausgeklügelt von einigen Leuten, die sich Spezialisten in proletarischer Kultur nennen ... Proletarische Kultur muß als eine natürliche Entwicklung entstehen« [91]. Und speziell auf die Schaubühne bezogen, tadelte Lenin bei einem Genossen die »etwas naive Vorstellung von der Rolle und Bedeutung der Theater. Ein Theater ist notwendig, nicht so sehr für die Propaganda, als zur Erholung für schwer arbeitende Leute nach ihrem Tagwerk. Und es ist noch zu früh, als daß wir unser Erbteil an bürgerlicher Kunst ad acta legen könnten« [92].

Angesichts dieser beiden Forderungen Lenins, die wohl kaum als gefälliger Kompromiß mißzuverstehen sind, sondern nur als Anerkennung einer nicht am Buchstaben klebenden Kunst verstanden werden können, wird die Problematik des von G. Lukács geführten »Kampfes, in dem der Marxismus die Ansicht ... darüber, war richtige Kunst ist, fortsetzt und entfaltet« [93] ebenso deutlich, wie die Problematik der Feststellung Wedekinds hinsichtlich der geringen Volksbezogenheit der demokratischen Schriftsteller in vorrevolutionärer Zeit.

Daß diese heute wieder aktuellen Fragen, deren Beantwortung zugleich Hinweise auf die Konflikthaftigkeit der Freiheit des Schriftstellers [94] zu geben vermag, nicht nur von politisch radikaleren Schriftstellern wie Wedekind, sondern auch von bürgerlichen Autoren reflektiert wurden, ist beispielhaft an zeitgenössischen Äußerungen nachweisbar. So bemerkte Freiherr v. Knigge – ganz im Gegensatz zu der Ansicht des jungen Schiller, durch die Schaubühne auf die Nation und ihre Bildung zu wirken –, selten habe »das Theater eigentlich die Nation umgebildet«, vielmehr habe jeweils »die Stimmung der Völker« [95] den Charakter von Schaubühne und Stücken bestimmt. Wenige Wochen vor seinem Tode bestätigte Schiller in einem Brief an W. v. Humboldt die Erkenntnis Knigges und erklärte, er sei sicher, »den materiellen Forderungen der Welt und der Zeit etwas eingeräumt« zu haben. Aber, so heißt es einschränkend und die gewonnene Einsicht modifizierend weiter, »am Ende sind wir ja beide Idealisten und würden uns schämen, uns nachsagen zu lassen, daß die Dinge uns formten, und nicht wir die Dinge ... Die Werke des dramatischen Dichters werden schneller als alle anderen von dem Zeitstrom ergriffen, er kommt, selbst wider Willen, mit der großen Masse in eine vielseitige Berührung, bei der man nicht immer rein bleibt. Anfangs gefällt es, den Herrscher zu machen über die Gemüter; aber welchem Herrscher begegnet es nicht, daß er auch wieder der Diener seiner Diener wird, um seine Herrschaft zu behaupten; und so kann es leicht geschehen sein, daß ich, indem ich die deutschen Bühnen mit dem Geräusch meiner Stücke erfüllte, auch von den deutschen Bühnen etwas angenommen habe« [96].

Die hier formulierte und an Hegels Dialektik von Herr und Knecht anklingende und am Ende auf Demokratisierung tendierende Einsicht faßt noch einmal am Beispiel Schillers das Verhältnis von Schriftsteller und Volk zusammen. Er wollte die »Dinge formen«, indem er als Schriftsteller den zu Recht von G. Forster emanzipatorisch geforderten »gesellschaftlichen und bürgerlichen Pflichten« [97] der Aufklärung nachkam; er wollte bildend Einfluß auf die zeitgenössischen Verhältnisse und die in ihnen verstrickten Menschen nehmen und deshalb stellte er in seinen Schauspielen kritische und an die Verantwortung des Volkes appellierende Fragen an Geschichte und Gegenwart, obwohl er andrerseits die Problematik der Folgenlosigkeit der Kunst kannte und wußte, daß seine »rein« gedachten Werke vom »unklaren« und kaum idealistischen Zeitstrom ergriffen werden. Dieses kritische, »den materiellen Forderungen der Welt und der Zeit« gegenüber jedoch zutiefst gebrochene, ja widersprüchliche Bewußtsein kennzeichnet weithin das Verhältnis von Schriftsteller und Volk. Und deshalb blieb die auch von Schlözer und Schubart in ihren politisch-literarischen Zeitschriften (Osnabrücker *Staatsanzeigen* und *Chronik*) und vielen anderen Schriftstellern gewollte bewußtseinsverändernde Verbindung von Literatur und bürgerlicher Gesellschaft – als ein Beitrag zur Integration des zersplitterten und bürokratisch-reglementierten Bürgertums zur ganzen Nation – in einem Konzept von Volksbildung stecken, das zwar im Kern antifeudal und aufklärerisch, nicht aber emanzipatorisch im Sinne von Klassenbildung war.

Zweifellos ist aufgrund dieses Konzeptes, wie Forster beispielhaft 1784 schrieb, nicht nur in seinem »Denken ... noch kürzlich eine Revolution vorgegangen ...; ich habe eine gute Portion Schwärmerei noch fahren lassen ... denn aller falschen Schwärmerei Wirkung ist es, Menschen von Menschen zu entfernen« [98], doch blieb diese Revolution auf das Denken beschränkt. Nur wenige gingen – wie z. B. Forster in Mainz – mit dem Volk konsequent den Weg des Volkes und stellten sich damit der Entfernung des »Menschen von Menschen« entgegen. Die meisten Schriftsteller dagegen sahen im Denken ein Instrument, um die Konflikte der Zeit durch volkstümliches Verkünden von künstlerischer Wahrheit im Medium der öffentlichen Meinung bzw. der theatralischen Anstalten zu überwinden. Freiheit war noch nicht die Einsicht in die Notwendigkeit eigener und fremder Interessen und der aus ihnen resultierenden politischen Konflikte, sie war vielmehr Einsicht in das, was der vorrevolutionäre Forster, »für wahres Interesse der Menschheit und unserer Nation« [99] in Gestalt der bürgerlich-literarischen Intelligenz hielt.

Dieses in erster Linie ästhetische Verständnis von Freiheit – das freilich auch nicht »immer rein« blieb – führte nicht nur weithin zur Ablehnung revolutionärer

Praxis des Volkes, sondern auch zu ihrer Diffamierung als Schwärmerei, und so ist es zu verstehen, daß die bürgerliche »Nation« die geschichtliche Aufgabe verfehlte, die sozialen Widersprüche an ihrer Wurzel zu fassen und zu lösen. Goethe, der nach eigenem Verständnis »kein Freund der Revolution sein [konnte], denn ihre Greuel standen mir zu nahe und empörten mich täglich und stündlich, während ihre wohltätigen Folgen damals noch nicht zu ersehen waren«, [100] hat das Ausbleiben der machtvollen Vertretung der »wahren Interessen« des Bürgertums zu recht auf das Fehlen geschichtlicher Voraussetzungen zurückgeführt. Gegenüber Eckermann erklärte er am 4.1.1824, es habe ihn nicht gleichgültig gelassen, »daß man in Deutschland künstlicher Weise ähnliche Szenen herbeizuführen trachtete, die in Frankreich Folge einer Notwendigkeit waren ... Alle Versuche, irgendeine ausländische Neuerung einzuführen, wozu das *Bedürfnis* nicht im tieferen Kern der eigenen Nation wurzelt, sind daher töricht und alle beabsichtigten Revolutionen solcher Art ohne Erfolg« [101].

Mit diesen Worten schätzte Goethe nachträglich die polit-ökonomisch schwache, staatlich zersplitterte und literarisch zerstrittene und deshalb zu keiner einheitlichen und durchgreifenden Aktion nötigende Lage der bürgerlich-literarischen Intelligenz als Avantgarde der Nation bzw. des Volkes ähnlich richtig ein, wie Forster es wenige Tage vor der Besetzung von Mainz durch die französische Revolutionsarmee tat, als er an Voß schrieb, daß Deutschland »zu einer Revolution noch nicht reif« [102] sei. Das Volk konnte den Konflikt mit der Aristokratie noch nicht zu seinen Gunsten entscheiden. Welche Folgen diese Unreife, die letztlich auch Ausdruck der in ihren kleinlichen ökonomischen und privaten Nutzen verstrickten bürgerlich-literarischen Intelligenz war, im 19. Jahrhundert haben mußte, war freilich damals noch nicht abzusehen, doch blieb das deutsche Volk nicht zuletzt wegen dieser Unreife von Entwicklungen ausgeschlossen, die seine Emanzipation im 19. Jahrhundert hätten vorbereiten können.

3. Grenze und Konflikt

Der subjektivistische Individualismus, der nicht zuletzt auch Ausdruck jener Unreife war, ließ den neuen Typus des dichterischen Menschen sich selbst zur Aufgabe werden und stattete ihn mit dem durchaus umstrittenen Nimbus eines »Vorzugswesens« aus, der es ihm nicht nur erlaubte, auf diejenigen Leute herabzusehen, die sich mit dem »Sichtbaren«, dem »Profanen«, beschäftigten, sondern auch ermöglichte, fast ausschließlich von der »Wahrheit im schönern Gewande« [103] zu leben, wie es einmal bei F.M. Klinger heißt. Der freie Schriftsteller entschied dadurch den mit der bürgerlichen Gesellschaft entstehenden Konflikt zwischen Kunst und Moral weitgehend zugunsten der Kunst. Diese bedeutsame Kulturentscheidung, die sich auch gegen das unbeirrbare Selbstvertrauen rationalen Wissens und bürgerlichen Denkens richtete, legte die Bedeutung der Literatur für die folgende Zeit fest und ließ neben den Verstand die Sinne und das Gefühl als gleichberechtigte Vermittler einer über das Sichtbare und Gegebene hinausreichenden Wahrheitserkenntnis treten. Sie machte das subjektive Gefühl zum wesentlichsten Kontaktelement zwischen Schriftsteller und Publikum und die Phantasie zum ausdrucksfähigsten Mittel der Deutung der Wirklichkeit. Es war gewiß kein Zufall, daß die Phantasie als Erkenntnisorgan und die Möglichkeit freien ästhetischen Spiels gerade in der Zeit entdeckt wurden, als der dichterische Mensch in stärkerem Maß als bisher unter den Einfluß anderer sozialer Determinanten geriet. Nach den Worten Schillers ging die Determination von der »Vereinzelung und getrennten Wirksamkeit unserer Geisteskräfte«, von der »Absonderung der Berufsgeschäfte« [104], von der öffentlichen Meinung und vom kommerzialisierten literarischen Markt aus.

Der wohl bedeutsamste Protest gegen diese begrenzenden Einflüsse waren Schillers Gedanken *Über die ästhetische Erziehung des Menschen in einer Reihe von Briefen*. In den einleitenden Briefen suchte Schiller – dabei Gedanken seiner Rezension der Gedichte Bürgers variierend – nach den Ursachen für die »Gleichgültigkeit, mit der unser ... Zeitalter auf die Spiele der Musen herabzusehen anfängt«. Schiller fand die Gründe im Utilitarismus seiner Zeit und schrieb, »der Nutzen ist das große Idol der Zeit, dem alle Kräfte fronen und alle Talente huldigen sollen. Auf dieser groben Waage hat das geistige Verdienst der Kunst kein Gewicht, und aller Aufmunterung beraubt, verschwindet sie von dem lärmenden Markt des Jahrhunderts. Selbst der philosophische Untersuchungsgeist entreißt der Einbildungskraft eine Provinz nach der anderen, und die Grenzen der Kunst verengen sich, je mehr die Wissenschaft ihre Schranken erweitert ... Wir sehen nicht bloß einzelne Subjekte, sondern ganze Klassen von Menschen nur einen Teil ihrer Anlagen entfalten, während ... die übrigen, wie bei verkrüppelten Gewächsen, kaum mit matter Spur angedeutet sind ... Wieviel auch für das Ganze der Welt durch diese getrennte Ausbildung der menschlichen Kräfte gewonnen werden mag, so ist nicht zu leugnen, daß die Individuen, welche sie trifft, unter dem Fluch diese Weltzweckes leiden« [105].

Die Sätze zeigen, daß vor allem der dichterische Mensch unter den Folgen der Arbeitsteilung und einseitigen Intellektualisierung litt. Und das besonders deshalb, weil er in jenem von Schiller beschriebenen Prozeß nicht die positiven Tendenzen – also die Mobilisierung der sozialen Kräfte und Gruppen und die Herausbildung der Strukturen der bürgerlichen Gesellschaft – erkannte, sondern ihn nur negativ als Destruktion oder Verhärtung begriff. Auf Grund dieser Fehleinschätzung sah der freie Schriftsteller seine Einbildungskraft, seinen »poetischen Geist«, umstellt und beengt, d. h. die Freiheit geriet an eine Grenze, angesichts derer die Gefahr eines Umschlages in Klage und Defaitismus bestand. »Es läßt sich«, schrieb Schiller in diesem Zusammenhang an anderer Stelle, »... beweisen, daß unser Denken und Treiben, unser bürgerliches, politisches, religiöses, wissenschaftliches Leben und Wirken wie die Prosa der Poesie entgegengesetzt ist. Diese Übermacht der Prosa in dem Ganzen unsres Zustandes ist, meines

Bedünkens, so groß und so entschieden, daß der poetische Geist, anstatt darüber Meister zu werden, notwendig davon angesteckt und also zu Grunde gerichtet werden müßte. Daher weiß ich für den poetischen Genius kein Heil, als daß er sich aus dem Gebiet der wirklichen Welt zurückzieht« [106].

Solche Aufforderung zum Zurückweichen vor der Grenze, verbunden mit der Empfehlung Schillers an den dichterischen Menschen, die »engen Schranken der Gegenwart« zu verlassen und nach »einer unbeschränkten Zukunft« zu streben, mußte notwendig zu jener paradoxen Erkenntnis führen, daß allein in dieser »Unabhängigkeit der Phantasie von äußeren Eindrücken …, die negative Bedingung ihres schöpferischen Vermögens« [107] lag. Es ist unbestreitbar, daß Schiller mit solchen Gedanken der Verselbständigung der Phantasie als Erkenntnisorgan wesentlich Vorschub leistete und den von Rousseau begonnenen Bruch des dichterischen Menschen mit der Umwelt vertiefte. Nur die Phantasie, so hieß es schon in der *Nouvelle Héloïse*, bringe das Glück und nur das Land des Wahns sei auf dieser Welt das einzige, das bewohnt zu werden lohne [108].

Ganz im Gegensatz zu dieser Verheißung einer ästhetischen Lebensform beschwor nun aber die bewußte Verdrängung der bürgerlichen Welt und ihrer Probleme die breits von Zeitgenossen beobachteten Gefahren einer reinen Phantasieexistenz herauf. So warnte z.B. J.G. Hamann vor den »Versuchungen der Einbildungskraft« und schrieb 1786 an J.H. Jacobi, »man kann den Täuschungen seiner Phantasie nicht trauen. Mit diesen Irrlichtern läuft man Gefahr, in Sumpf und Morast zu geraten« [109]. Daß auch Teile des Publikums diesen abenteuerlichen Weg der Phantasie beschritten, geht aus den Worten von J.G. Schlosser hervor, der bereits 1777 klagte, der Bürger sei »unter dem Reiche der Einbildungskraft … ein Weichling« [110] geworden. Und Novalis, dem – wie vielen dichterischen Menschen seiner Zeit – die Beherrschung dieses Erkenntnisorgans nicht leicht fiel, wußte aus eigener Erfahrung, daß die »Buhlereien mit der Phantasie … unnütz und unglücklich zugleich machen, weil sie das höchste Mißverhältnis in unserer Bestimmung und zwischen unseren Verhältnissen, sowohl innere und äußere, hervorbringen« [111].

Der dichterische Mensch, dem ein Rückblick in die Geschichte vor Augen führte, daß seine Gestalt als vates patriarchalisch-autoritärer Lebensordnung angemessener war, geriet durch all diese Vorgänge, die seine Freiheit begrenzten und gefährdeten, in einen Zustand, der mit »Heimatlosigkeit« umschrieben werden kann. Diese Entwicklung, die das Dichten zum »einsamen Abenteuer« werden ließ, beschwor die Problematik eines umstellten und beengten ästhetischen Daseins innerhalb der bürgerlichen Gesellschaft herauf, sofern die Gesellschaft solches Dasein nicht an ihre Peripherie ins Unbürgerliche drängte und verwies. In Einzelfällen mochte es so aussehen, als ließe sich das Problem dadurch zugunsten des Schriftstellers lösen, daß dem dichterischen Menschen das als Gewinn zufalle, was er als bürgerlicher Mensch aufgebe, nämlich Gewinn ästhetischer Freiheit durch die Lösung aus sozialen Bindungen. Doch formulierte es Goethe im *Tasso* genau umgekehrt. »Entreiße dich dir selbst! Der Mensch gewinnt, was der Poet verliert.« In beiden Möglichkeiten blieb jedoch ein Rest Tragik und Leiden. Und wie schwer der zu tragen war, das zeigen – um nur einige zu nennen – die Lebenswege von Lenz, Bürger und Schiller.

Durch geeignete Rechtsmittel sicherte man zwar den Schutz geistigen Eigentums und honorierte die literarischen Leistungen der Schriftsteller, doch konnte die bürgerliche Gesellschaft diesem neuen Typus des dichterischen Menschen keine lebenssichere und zugleich künstlerisch ungefährdete Daseinsform bieten. Wenn M. Opitz die Andersartigkeit der dichterischen Menschen, d. h. »ihr aus der Art schlagen«, noch damit entschuldigen konnte, »daß ihre poetischen Gemüter unterweilen etwas sicherer und freier seien, als eine und andere Zeit leidet und nach des Volkes Urteil nicht viel fragen« [112], so war das hundert Jahre später nicht mehr möglich. »Wer jetzt leben will«, so rief der Nachtwächter dem Poeten in der ersten der *Nachtwachen des Bonaventura* zu, »der darf nicht dichten«, der mußte vielmehr »schriftstellern« und sich in erheblichem Maße den Bedingungen des literarischen Marktes (Tagesgeschmack und Tageserfolg) anpassen, wenn er existieren wollte. Wer dagegen aus seinem phantasiemächtigen Enthusiasmus und der aus »dem Gefühl … geborenen Selbstoffenbarung« [113] keinen Hehl zu machen geneigt war, geriet gegenüber den Lesern, die im umgrenzten Bereich realistisch-pragmatischen Denkens standen und sich zu einer bürgerlichen Daseinsauffassung bekannten, in den Verdacht, nichts von einem »gemachten Manne« zu haben, unglaubwürdig und zweideutig zu sein. Der dichterische Mensch fand – um es mit den Worten Hegels zu sagen – zur »zufälligen Welt … kein letztes Zutraun« und folglich weder »sein wahres Dasein«, noch »eine Bleibe« in ihr. »Je weniger er die Gestalt der äußeren Wirklichkeit seiner für würdig hält, desto weniger vermag er in ihr seine Befriedigung zu suchen und sich durch die Vereinigung mit ihr als mit sich selbst versöhnt zu finden« [114].

Im Gegensatz zu einigen Schriftstellern, die diese mangelnde Versöhnung mit der Welt aus künstlerischen Gründen positiv beurteilten und sie als auszeichnendes Moment ihrer sozialen Sonderstellung bewerteten, gewann Hegel aus dieser widersprüchlichen Lage, in der es zu »unendlichen mannigfaltigen Abenteuereien der Vorstellung, der äußeren und inneren Zufälligkeit« komme, den eher negativ zu verstehenden Begriff der »Abenteuerlichkeit«, der den »Grundtypus des Romantischen« [115] abgebe. Diese Abenteuerlichkeit begründete Hegel auch mit dem Hinweis auf die Phantasie. Mit ihrer Hilfe konzentriere sich der »romantische« Künstler auf »die Innerlichkeit des Geistes, auf die Empfindung, die Vorstellung, das Gemüt, welches nach der Einigung mit der Wahrheit strebt … und nun nicht sowohl Zwecke und Unternehmungen in der Welt, der Welt wegen durchführen mag, als vielmehr zur einzig wesentlichen Unternehmung den inneren Kampf des Menschen in sich … hat, und nur die Persönlichkeit und deren Erhaltung … zur Darstellung« [116] bringt. Dieser Kampf machte den dichterischen Menschen zu einem »organischen Bestandteil seines eigenen Kunstwerkes« [117]. Beispiele dafür sind jene Romane, in denen der in die Gestalt eines Künstlers geschlüpfte dichterische Mensch – heiße er nun *Werther, Eduard Allwill, Anton Reiser* oder *Ardinghello* – um das Verhältnis von Kunst und Wirklichkeit ringt. »Der Heroismus«, der diese Gestalten auszeichnete, war aber »kein Heroismus, welcher aus sich selber Gesetze gibt, Einrichtungen festsetzt, Zustände schafft und umbildet, sondern ein Heroismus der Unterwerfung, der schon alles bestimmt und fertig über sich hat« [118].

Über sich hatte der freie Schriftsteller als gesellschaftliche Instanz den Anspruch bürgerlicher Leser auf das Unterhaltende und Schöne. Und wie jede andere gesellschaftliche Gruppe, die einen geschichtlichen Zeitabschnitt bestimmt oder in ihm nach Hegemonie strebt, hatte auch das bürgerliche Publikum eine eigene ästhetische Idee. In keiner Epoche aber war der Anspruch auf das unterhaltende Schöne so groß, wie im mittleren und späten 18. Jahrhundert mit seinen zahllosen bürgerlich-schönen Seelen, die nach Surrogaten für die schwindenden religiösen Lebensinhalte und die fehlende politische Identität suchten [119]. Für die einzelnen Schriftsteller war es schwierig, sich derartigen Ansprüchen zu widersetzen und sich mit dem anonym werdenden und ständig wachsenden Publikum zu messen, das in erster Linie unterhalten und erheitert und kaum erinnert, erregt und erschüttert werden wollte. Es ist offensichtlich, daß dieser Unterhaltungswille der von Schiller beargwöhnten »Übermacht der Prosa« – oder der »prosaischen Objektivität«, wie Hegel es nannte – zum Übergewicht verhalf. Und Th. Abbt sprach für nicht wenig Leser, wenn er – im Blick auf die Schriftsteller – erklärte: »Gebt mir gesunde Prosa und geht mir mit euren Versen, wenn nicht ebensoviel von sens darin ist, als in der Prosa« [120].

Es war nur natürlich, daß Hegel den Einsichten in das »Verfallensein« der Literatur an das Alltägliche und der »Überführung« der Kunstobjekte ins Prosaische die These folgen ließ, daß »die Kunst nach der Seite ihrer höchsten Bestimmung für uns ein Vergangenes« [121] sei. Die bisher gewonnenen Erkenntnisse erlauben es aber, Hegels Folgerung abzuwandeln und zu erklären: Die Literatur war nach der Seite ihrer patriarchalischen und aristokratischen Bestimmung für die zweite Hälfte des 18. Jahrhunderts etwas Vergangenes – nach der Seite ihrer bürgerlichen und demokratische Bestimmung dagegen war sie etwas Werdendes und z. T. schon Gegenwärtiges und besaß ihre eigene Problematik.

Der bürgerliche Anspruch auf das Wahre, Gute und Schöne entstammte zwar nicht zuletzt auch dem ästhetischen Erbe höfischer Kreise, doch »reinigte« das bürgerliche Publikum das Erbe weitgehend von konventionellen Elementen galant-weltmännischer Geselligkeit. In seinen Händen wurde es individualisiert und in Gefühlhaftes übersetzt. Und da es dieser Leserschaft nicht möglich war, ihren literarisch-ästhetischen Anspruch auf dem bisher vom Adel beschrittenen Wege persönlicher Auftragserteilung an den Schriftsteller (Mäzenatentum, Patronage) zu verwirklichen, blieb ihr nur die anonyme Erwartung. In ihr besaß das bürgerliche Publikum eine nicht weniger wirksame Handhabe, mit der es das literarische Schaffen zu beeinflussen vermochte. »Vergessen Sie über Ihren Akten nicht«, schrieb Boie 1772 an Bürger, »daß das Publikum von nun an auch Ansprüche an Ihr Talent zu machen hat.« [122] Um nun diesen »Ansprüchen« nachzukommen, entwickelte sich in einer Art Arbeitsteilung aus dem dichterischen Menschen der Zweckschriftsteller, der an Zeitschriften mitarbeitende oder sie herausgebende Journalist, der Kritiker, der literarische Gelehrte, Editor und Dramaturg – eben der freie Schriftsteller. Aus diesem Grunde erschien auch Klopstocks Pochen auf ein nur göttlicher Berufung dienendes Dichteramt vielen Zeitgenossen als überheblich. Goethe kommentierte es mit den Worten, »man kann nicht immer dichten, tun oder geben« [123].

Man konnte aber – und darin zeigt sich eine für den Schriftsteller wichtige Auswirkung der Arbeitsteilung – das überlieferte literarische Form-, Stoff- und Bildgut mobilisieren [124]. Dieser Vorgang ist besonders deutlich in der Lyrik Klopstocks nachzuweisen. Gleichzeitig dichtete er in drei Tönen: im christlich-hymnischen – wobei das Vorbild die Psalmen waren, im antik-gemessenen – wobei er Horaz und Pindar nachahmte, und im dithyrambischen Ton heidnischer Bardengesänge [125]. Diese Dreigleisigkeit brachte nicht nur das Fragwürdige und Mehrdeutige seiner religiösen Dichterberufung, sondern auch das Ende aller dichterischen Stil- und Formgeborgenheit zum Vorschein. Um die fehlende Geborgenheit zu »kompensieren«, stützte sich der Schriftsteller auf die Stil- und Formerfahrungen vergangener Jahrhunderte. Er versuchte – erfüllt von dem Wissen, »mit welchen Mitteln das Dichterische in Wahrheit erzeugt wird« –, hervorzubringen, was dem Dichterischen ähnlich war: das »Dichtungsartige« [126], wie R. Borchardt es nannte.

An solcher »Verdinglichung des Dichterischen« haben mit und seit Goethe – freilich nicht dessen »schwere Dienste tägliche Bewahrung« erreichend – fast sämtliche Schriftsteller mitgewirkt. Wer vermochte es auch besser, als jene zahlreichen jugendlichen Genies des mittleren und späten 18. Jahrhunderts, die in den mit neuem philologischen Geist auflebenden Universitäten ausgebildet wurden. Mit ihrem an Rousseau, Young, Shaftesbury, Hamann u. a. geschulten Willen zur Subjektivität und Originalität und der Verselbständigung der Phantasie hoben sie »die Idee des Stils als einer bewußten und gewollten geistigen Gemeinschaft auf« [127]. Nur wenige von ihnen wußten dabei, daß diese Art literarischer Produktion weitgehend den damaligen sozialökonomischen Verhältnisssen entsprach, die ihrerseits in die Lebensbedingungen verschränkt und daher von Bedeutung für das literarische Schaffen waren. Denn wie die bürgerliche Wirtschaft ihre Aufgabe in der Herstellung mobiler Sachgüter für einen praktisch unlimitierten Markt fand und dem einzelnen die Herrschaft über sie zusprach, so wurde auch das literarische Schaffen zur Erzeugung mobiler Idealgüter, deren Verteilung und Verbrauch auf dem literarischen Markt erfolgte. Die literarische Gesellschaftskultur bürgerlichen Gepräges hatte auch ihre wirtschaftliche Seite.

Wie der Schriftsteller auf diese Situation reagierte, mag hier mit den Worten Wielands gesagt sein: »Wenn ich überlege, was wir armen Bücherwürmer und Stubenphilosophen für elende Wichte gegen einen ... praktischen Mann sind, so halte ich es schier für ein Sakrileg, ihm Einwürfe zu machen und zu widersprechen. – Überhaupt sind wir Gelehrte und Büchermacher doch eigentlich zu gar nichts nütze und nur eine Ausgeburt überfeinerter Staaten. Das hab ich oft ... gesagt, wenn ich so ein Sümmchen von Reich zugeschickt erhielt. Was sind die Menschen für Narren, daß sie für beschriebens und bedrucktes Lumpenpapier, das doch am Ende nur dazu gut ist, Käse einzuwickeln oder zur Serviette zu dienen, so viel Geld wegschmeißen. Wir Gelehrte sehn uns für viel zu wichtig an. Wir sind Drohnen und Faultiere im Bienenstock« [128].

4. Soziale Determination

Das Interesse der Forschung an der für das literarische Leben bedeutsamen Partnerschaft zwischen Schriftsteller und Publikum ist verhältnismäßig jung. In seiner »Poetik« wies W. Scherer erstmalig auf die »außerordentlich komplizierten« Abhängigkeiten und »die Faktoren der Vermittlung zwischen Produzent und Konsument« [129] hin und betonte, daß die »Verschiedenheiten des Publikums ... notwendig auf die Produktion einwirken« müßten. Scherer ergänzte diese Einsicht mit den Feststellungen, »der Autor hat in der Regel mit dem Publikum zu rechnen« und »das Publikum arbeitet sehr stark mit« [130], doch ist er zu einer gedanklichen Durchdringung dieser Abhängigkeiten nicht mehr gekommen.

Daß sie bestanden und das literarische Schaffen beeinflußten, ist wohl kaum einer sozialen Gruppe so deutlich gewesen, wie den Schriftstellern zwischen 1750 und 1800. Und wenn J. G. Hamann schrieb, »Schriftsteller und Leser sind zwei Hälften, deren Bedürfnisse sich aufeinander beziehen« [131], dann ist bei diesem geschichtlich versierten Denker anzunehmen, daß er das nicht nur im Blick auf sein Jahrhundert formulierte. Auch die Dichtung früherer Jahrhunderte war an bestimmte Leser bzw. Lesergruppen adressiert und wird von ihnen beeinflußt gewesen sein. Problematisch wurde die Vermittlung zwischen Produzent und Konsument jedoch erst mit der sozial bedingten Subjektivierung und Kommerzialisierung des literarischen Schaffens, die die bisherigen Formen der Abhängigkeiten grundlegend änderte.

Die den poetischen Normen verpflichteten Werke ständischer Dichter waren noch überwiegend an eine wirkliche und sozial begrenzte Leser- und Kennerschaft innerhalb der Ständegesellschaft gerichtet. Die zahlreichen Widmungen und Vorreden in den Werken der ersten Jahrhunderthälfte bestätigen das. Literarisches Schaffen wurde als erlernbares Handwerk betrachtet und folglich Dichtung – obschon von Haus aus nichts Reales – als »Mache« verstanden. Sie hatte einen überwiegend praktischen und realistischen Charakter. Diese Art dichterischer

Produktion, die in starkem Maße an Geschmacksregeln gebunden war und literarische Erwartungen bestimmter Leser zu befriedigen suchte, hielt sich – um es in Analogie zur wirtschaftlichen Praxis jenes Zeitabschnittes zu formulieren – in den Grenzen des ständischen oder standesgemäßen Bedarfs.

Der freie Schriftsteller löste sich aber von den handwerklichen Bindungen und denen des Geschmacks und damit auch von einer begrenzten Leser- und Kennerschaft. Die Widmungen und Vorreden wurden überflüssig und tatsächlich ist deren auffälliger Rückgang seit den 60er Jahren zu beobachten. Der Schriftsteller produzierte – gemäß der gleichzeitigen Änderung der wirtschaftlichen Praxis – über den standesgemäßen Bedarf hinaus. Er bemühte sich, im Wettbewerb mit seinesgleichen neue schöngeistige Bedürfnisse bei ihm unbekannten Lesern hervorzurufen und das in einer Form, durch die sein literarisches Schaffen zur subjektiven Geschicklichkeit und somit Dichtung zur »Kunst«, zum schönen »Schein« oder zur »Fiktion« wurde. Daß damit auch ihre Bedeutung abnahm, die Manifestation des Lebensgefühls jener von Hamann gemeinten »kleinsten und ausgesuchtesten« Gesellschaften zu sein, war nur natürlich. Sie wurde – auch im Zusammenhang mit dem Rückgang der Erbauungsliteratur und der wachsenden Zahl profaner Ideologien – zum Ausdruck zunächst noch ebenso kleiner, aber sozial anders gelagerter literarischer Gemeinschaften und geriet damit in eine Situation, wo sie fast neben dem Leben zu stehen schien. Und vermutlich resultieren aus dieser Lage, d. h. aus der »Fiktivität« der künstlerischen Wahrheit nicht nur das seit dieser Zeit stets etwas polemische Verhältnis des freien Schriftstellers zur bürgerlichen Gesellschaftskultur mit ihrer Rationalität, sondern auch die dem Schriftsteller gegenüber erhobenen Vorwürfe der Abenteuerlichkeit und des Scharlatanismus. Denn dasjenige, was nach Meinung der ständischen Dichter und ihrer Leser nur auf dem Wege längerer literarischer Studien erreichbar schien, nämlich Perfektion des dichterischen Schaffens, wurde vom freien Schriftsteller und seiner literarischen Gemeinschaft als etwas »Angeborenes« oder »Eingegebenes« betrachtet [132].

Derartige Eingebungen waren aber – und das ist der entscheidende Wandel – nicht mehr an jenen regelkundigen Kenner gerichtet. Vielmehr adressierte der freie Schriftsteller seine aus Gefühl und Inspiration geborenen Selbstoffenbarungen und künstlerischen Wahrheiten an ein – wie es bezeichnenderweise einmal bei Herder heißt – »unsichtbares Kommerzium der Geister und Herzen« [133], d. h. sie setzten geradezu kongeniale Leser voraus, die in der Wirklichkeit nur selten existierten. Wahrscheinlich sprach Herder deshalb von etwas »Unsichtbarem« und richtete – wie viele Schriftsteller jener Zeit – seine Werke an alle und damit an keinen, also an eine prinzipiell »unlimitierte Zuhörerschaft« [134]. »Wir schreiben« so meinte Wieland bereits 1776, »ins weite Blaue, für alle Menschen und für die liebe Nachwelt – und eben dadurch für niemand« [135]. Noch klarer geht dieser von W. Kayser aufgezeigte und für alles literarische Schaffen grundlegende »Unterschied zwischen dem außerhalb des Werkes stehenden realen und dem einbezogenen fiktiven Leser« [136] aus einer Formulierung Hamanns hervor: »Die Idee des Lesers ist die Muse und Gehilfin des Autors« [137]. Daß in die Idee des Lesers – trotz oder gerade wegen der Subjektivierung und Originalisierung des dichterischen Schaffens auch objektive literarische Wertmaßstäbe und Kunstforderungen eingingen, bestätigen besonders deutlich Hamanns ästhetische Schriften, in denen einige der wichtigsten Maßstäbe und Forderungen enthalten sind, die ihre Postulierung nicht zuletzt der Wiederbelebung und Mobilisierung des überlieferten Form- und Stoffgutes sowie der wiederentdeckten Vielfalt der deutschen Sprache verdankten.

Es darf also festgehalten werden, daß durch den Prozeß der Idealisierung des Lesers die Gesellschaftlichkeit oder Sozialität der dichterischen Menschen zurückging, doch blieb ihre Situation als freie Schriftsteller auch weiterhin gesellschaftlich bestimmt. Ihr Verhalten zur gesellschaftlichen Umwelt entsprach weitgehend dem Einfluß der Gesellschaft auf sie. Aus diesem wechselseitigen Verhältnis folgte ihre latente Konfliktsituation sowohl der Umwelt als auch sich selbst gegenüber.

Hamanns »Idee« des Lesers, die später zu vertiefen ist, macht es erforderlich, zunächst nach der Wirklichkeit des Lesers und seiner Gesellschaft zu fragen, denn das »Wie« des gesellschaftlichen Lebens war und ist die Instanz, die über das »Wie« der Literatur entscheidet. Schiller hatte unter Hinweis auf den Utilitarismus und die einseitige Intellektualisierung von einer »Absonderung der Berufsgeschäfte«, d.h. von jenem sozialen Prozeß gesprochen, der heute als Arbeitsteilung begriffen wird und zur »Trennung eines Bereichs persönlicher Nahkontakte in Familie, Freundschaft und häuslicher Geselligkeit von einem Bereich mehr und mehr entpersönlichter und entfremdeter Kontakte im Erwerbsleben und in anonymer Urbanität« [138] führte. Selbst wenn dieses antinomische Gegeneinander von »Gemeinschaft« und »Gesellschaft« erst in der Gegenüberstellung von Familie und bürgerlicher Gesellschaft in Hegels *Rechtsphilosophie* (§ 182–190) begrifflich auskonstruiert wurde, so verweisen die Äußerungen Schillers und anderer zeitgenössischer Autoren darauf, daß die Antinomie bereits in der zweiten Hälfte des 18. Jahrhunderts ins Bewußtsein trat. »Wir sind«, schrieb Herder 1769, »im Jahrhundert der Erfahrungen, der Polizei, der Politik, der Bequemlichkeit, wo wir wie andere denken müssen.« [139]

Deutliche Beispiele für die Intensität dieses Bewußtseins, das in einer früher nicht gekannten, aber im 18. Jahrhundert vor allem an Bürger, Schubart, Rebmann und Wieland feststellbaren Einschätzung der Gesellschaft [140] – der »Politik der Dichter«, wie G. Roethe es nannte – zum Ausdruck kam, bieten die von den Schriftstellern entwickelten profanen Ideologien und Weltentwürfe. In ihnen versuchten die Schriftsteller, die an der Divergenz ihres literarisch begründeten bürgerlichen Selbstgefühls und ihrer politischen Machtlosigkeit litten [141], die menschlichen und sozialen Spannungen in den Bereich des Theoretischen und Utopischen zu übertragen, in dem sie anthropologische und soziologische

Bestandaufnahmen ihrer Gegenwart mit Vorschlägen für ein bestimmtes Welt-
und Menschenbild verbanden.

Nur wenige dieser Entwürfe, die oft auch die ästhetische Doktrin ihres Autors
enthielten, waren so ausgearbeitet, wie etwa Schillers *Ästhetische Briefe,* Herders
Seereisetagebuch aus dem Jahre 1769, A. v. Hallers Alterswerke oder Goethes
Wilhelm Meister. Die meisten sind bruchstückhaft in den Gesamtwerken der
Schriftsteller verstreut, und erst aus der Verknüpfung der Fragmente ließe sich
ein vollständiges Bild ableiten [142]. In ihrer Gesamtheit sind diese als Antwort
auf den gesellschaftspolitischen Konflikt des 18. Jahrhunderts zu verstehenden
Entwürfe eines der interessantesten Phänomene bei der Herausbildung der bür-
gerlichen Gesellschaft und beim Entstehen des freien Schriftstellers.

Eine erste Betrachtung dieser Entwürfe wird den Blick auf eine nicht zuletzt
von den Schriftstellern hervorgebrachte und für die weitere Entwicklung folgen-
schwere Fehleinschätzung lenken müssen, die die Schwächen der damals entstehenden bürgerlichen Gesellschaft offen legt. In ihren Entwürfen drangen die
Schriftsteller nämlich durchweg auf eine sittliche und ästhetische Individualbil-
dung d. h. nicht auf eine politische Sozialbildung und beurteilten gerade das als
negativ, was zwar widersprüchlich war, doch entscheidend zum Entstehen der
neuzeitlichen Gesellschaft beitrug – nämlich: Arbeitsteilung, Versachlichung und
Entfremdung.

Diese negative Beurteilung, der als soziales Korrektiv die reale Einschätzung
der für das Bürgertum so wichtigen Rechts- und Wirtschaftssphäre fehlte, führt
nun wieder auf den unterbrochenen Gedankengang zurück, denn gerade aus
der Tatsache der »Zerstückelung« [143] des menschlichen Wesens, der Selbstentfremdung, leitete Schiller – nicht ohne Widerspruch zu seinem Eingeständnis
der Folgenlosigkeit der Kunst – die Aufgabe der Dichtkunst ab. Sie sei es »beinahe
allein, welche die getrennten Kräfte der Seele wieder in Vereinigung bringt . . .,
welche gleichsam den ganzen Menschen in uns wieder herstellt« [144]. Schiller
bezeichnete mit der Projektion des »ganzen Menschen«, die er durch einen Rückblick auf die von keinem »Zwiespalt« beeinträchtigte »griechische Menschheit«
zu vertiefen suchte, den künstlerischen und sozialanthropologischen Ort der Literatur und zugleich ihre Problematik in der arbeitsteiligen Welt, d. h. die der literarischen Gesellschaftskultur bürgerlichen Gepräges schlechthin. Die entstehende
phantasie- und gefühlsbestimmte Dichtung war also nicht so sehr durch die tradierte ständische Kulturlage, als vielmehr durch die zwiespältigen und ambivalenten Hoffnungen des Bürgertums gefährdet und damit sozial beeinflußt.

Die in den Aussagen von Schiller und Hamann anklingende Identität von »gan-
zem Menschen« und »Leser als Idee« macht es sehr wahrscheinlich, daß sich
der den Widrigkeiten seiner Zeit ausgesetzte freie Schriftsteller zumindest einen
weltanschaulich, bildungsmäßig und programmatisch kongenialen Leser als Mit-
träger seiner Meinung über die sozialkulturellen Aufgaben der Literatur und
als Befürworter seiner künstlerischen Wahrheit wünschte, einen Leser also, der

sich – wie er – zum »ganzen Menschen« bekannte. In diesem Leser, der im schriftstellerischen Schaffensprozeß nicht real gegenwärtig, also illusorisch war, ist – nach Hamanns Worten – »die Muse und Gehilfin des Autors« zu erkennen, denn im Blick auf ihn produzierte der Schriftsteller. Andererseits wurde von ihm natürlich auch der spätere wirkliche Leser gesehen, der auf Grund seiner menschlichen Erfahrungen und sozialen Wünsche in den Werken »seines« Schriftstellers einen wiederum nun ihm gemäßen »illusorischen Typus« als Titelgestalt und die Bestätigung seiner mehr oder weniger bewußten Ideologie erwartete. Diese Doppelgestalt des Lesers, der der eigentliche Adressat im »Kommerzium der Geister« war, kennzeichnet den Kompromiß, den der Schriftsteller zwischen seinen künstlerischen Auffassungen und den vielfältigen Forderungen der politisch-literarischen Öffentlichkeit schließen mußte. In dieser Öffentlichkeit stuften sich je nach dem inneren Rang der gelesenen Schriftsteller und nach Maßgabe verstandener Weltdeutungen die Lesergruppen ab und bildeten das literarische Publikum.

Der Nachweis, wieweit sich die hier beschriebenen Abhängigkeiten im einzelnen ausgewirkt haben, ist nicht leicht zu erbringen, doch steckt in Herders Hoffnung auf das »Kommerzium der Geister« ein genauer und noch zu erläuternder Hinweis. Mit dem in diesem Kreis »lebenden« Adressaten verband den Schriftsteller das von Herder mit den Worten »Geist« und »Herz« umschriebene gemeinsame Selbstverständnis und Lebensgefühl – m. e. W.: die Identität. Und weil diese beiden genannten Lebensäußerungen den literarischen und kulturellen Form- und Stilwillen einschlossen, bietet dieses Kommerzium die Gelegenheit, die Widerspiegelung eines bestimmten künstlerischen Stilwillens auf dem Hintergrund der bürgerlich-expansiven Umwelt zu verfolgen. In diesem Zusammenhang ist es sehr bezeichnend, daß ein so individuell arbeitender Schriftsteller wie Schiller eine Regulierung seines Form- und Stilwillens gerade von dieser Seite her erwartete. Zweifellos hatte Schiller aus Gründen dieser stilistischen Übereinstimmung das Bedürfnis, sich in einer »großen Stadt [d. h. Berlin, d. Verf.] zu bewegen. Einmal ist es ja meine Bestimmung, für eine größere Welt zu schreiben, meine dramatischen Arbeiten sollen auf sie wirken, und ich sehe mich hier [d. h. Weimar, d. Verf.] in so engen kleinen Verhältnissen, daß es ein Wunder ist, wie ich nur einigermaßen etwas leisten kann, das für die größere Welt ist« [145].

Ohne die hier fraglichen Zusammenhänge völlig aufzudecken – das vermag nur eine eindringende Betrachtung der Individualität und Soziabilität des Dichters und der Lesergruppen –, darf jedoch gesagt werden: Die stets geringe Zahl auch nur annähernd kongenialer Leser deckte sich in den seltensten Fällen mit dem zeitgenössischen Publikum, das die für den Schriftsteller finanziell spürbare Erfolgskurve seiner literarischen Werke regulierte. Der einzelne Schriftsteller mochte zwar wenig dazu neigen, das »Imprimatur« [146] dieser durch die Arbeitsteilung selbstentfremdeten wirklichen Leser zu akzeptieren, doch blieb er ihrem Einfluß – und gleichzeitig dem des kongenialen Lesers – ausgesetzt. Die Geschichte eines jeden Schriftstellers war und ist daher die Geschichte seiner

Auseinandersetzung mit dem ihm persönlich unbekannten zeitgenössischen Publikum und dem Leser als »illusorischem« Typus [147].

Die Literatur wurde also trotz der Idealisierung des Lesers, die zugleich die Anonymisierung des wirklichen Lesers bedeutete, kein Monolog. Sie blieb – auch wenn sich das literarische Schaffen subjektivierte, originalisierte und radikalisierte – ein von dieser Doppelgestalt des Lesers mitbestimmter und auf dem Hintergrund der sozialen Verhältnisse geführter Dialog. Das bestätigen die zahlreichen und für die zweite Hälfte des 18. Jahrhunderts typischen Freundschaften und Freundschaftsbünde dichterischer Menschen [148]. Hier konnte der freie Schriftsteller, der sich aus den überkommenen handwerklichen und ständischen Bindungen löste, im schreibenden Zeitgenossen den kongenialen Leser finden. In diesen Freundschaftbünden oder literarischen Gemeinschaften – angefangen von den Bremer Beiträgen über den Straßburger Freundeskreis und den Göttinger Hain bis hin zu den Gruppierungen der Romantiker – erlebten die Schriftsteller die Literatur bewußt oder unbewußt als ein Phänomen, das neben den von der Absonderung der Berufsgeschäfte hervorgerufenen Verhaltensweisen und Bräuchen stand. Auf der Grundlage gemeinsamer weltanschaulicher, programmatischer und erlebnismäßiger Einstellungen, die den Hauptinhalt des in der Gruppe herrschenden Selbstverständnisses und Lebensgefühls ausmachten und den Form- und Stilwillen beeinflußten, wurde Literatur nicht nur gemeinsam produziert, sondern auch gemeinsam konsumiert und kritisiert. Und dies vor allem deshalb, weil die von den Mitgliedern der literarischen Gemeinschaft entwickelte Sprache als selbstverständlicher Ausdruck des gemeinsamen Lebensgefühls empfunden wurde.

An Hand der Briefwechsel jener Zeit läßt sich nachweisen, daß die literarischen Gemeinschaften, die den Emanzipationsprozeß des freien Schriftstellers nach außen abschirmten, Produzenten- und Konsumentengruppen in einem waren. In ihnen finden sich zahlreiche Beispiele für den Dialog zwischen Schriftsteller und kongenialem Leser. Von Fall zu Fall übernahm jeweils ein Schriftsteller für den anderen die Rolle des Gesprächspartners. Darum sind diese Briefwechsel – als Zeichen und Ausdruck der mit der Idealisierung des Lesers und der Mobilisierung des überlieferten Form-, Stoff- und Sprachgutes aufgehobenen Konvergenz von gesellschaftlichem und literarischen Stil – so außerordentlich wichtige literatursoziologische Quellen. Die Konvergenz der Stile fehlte vor allem deshalb, weil das kulturelle und gesellschaftliche Bewußtsein des Bürgertums sich auf Grund der damaligen Machtverhältnisse nicht ins Politische umsetzen ließ. Die Institutionalisierung seiner materiellen Kräfte kam ebensowenig über erste Ansätze hinaus wie die Organisierung seiner durch die Weltentwürfe geweckten geistigen Kräfte.

Als intellektueller Reflex auf ihre eigene politische Misere im Feudalabsolutismus war die bürgerliche Gesellschaft zwar in der Literatur als erhoffte »Nation« latent gegenwärtig und ebenso wurde »vernünftiges« wirtschaftliches Handeln des einzelnen Bürgers als private Norm und Tugend akzeptiert, doch war der dritte Stand keine entscheidende Größe von politischer Bedeutung. Zudem entsprach diesem Reflex ein idealistisches Pathos bürgerlicher Freiheit, dem weder die Wirklichkeit und die beschränkten Entfaltungsmöglichkeiten noch eine konkrete individuelle oder soziale Situationen entsprachen und das deshalb alle Wirklichkeit und alle Situationen auf einen ebenso allgemeinen wie abstrakten und theoretischen literarästhetischen Bildungsgedanken hin transzendierte. Gewiß sind dieses Pathos und seine Folgen, d. h. die Diskrepanz von Ideal-Ich und Real-Ich und das. Fehlen einer sie versöhnenden republikanischen Moral aus der geschichtlichen Entwicklung heraus verständlich, doch signalisiert dieser fast pathologische Zustand die tiefe Identitätskrise des Bürgertums, die sich als politische Substanz- und Heimatlosigkeit äußert. Die bürgerliche Gesellschaft und ihre Literatur waren gewissermaßen ohne »Unterbau«, und so zeichneten sich beide – um diesen Widerspruch in ein Paradoxon zu fassen – durch eine besondere »Gesellschaftslosigkeit« aus.

Die spätere Frau A. W. Schlegels, Caroline, hat den hier gemeinten Zustand recht genau erfaßt, wenn sie 1792 aus Mainz schreibt: »Der Mittelstand wünscht freilich das Joch abzuschütteln – dem Bürger ist nicht wohl, wenn er's nicht auf dem Nacken fühlt. Wie weit hat er noch bis zu dem Grad von Kenntnis und Selbstgefühl des geringsten sansculotte draußen im Lager« [149]. Daher hätte Schiller in Berlin [150] auch schwerlich jene »größere Welt« gefunden, von der er annahm, sie könne ihm bei der Lösung von Form- und Stilfragen und der Angleichung des literarischen an den gesellschaftlichen Stil helfen. Wird die Suche zahlreicher Schriftsteller des späten 18. Jahrhunderts nach geeigneten zeitgemäßen literarischen Stoffen und Formen und ihr Aufgreifen historischer Stoffe unter diesem publikumssoziologischen und gesellschaftspolitischen Aspekt gesehen, dann ergibt sich, daß das Suchen nicht so sehr – wie oft betont worden ist – Zeichen des üblichen handwerklichen Ringens mit dem Stoff und der Form, sondern vor allem Ausdruck und Folge der gesellschaftlichen Widersprüche war.

Die künstlerische Bewältigung derartiger Widersprüche gelang nur wenigen dichterischen Menschen und auch das nur ausgesprochen selten. So etwa jenem 1782 nobilitierten Schriftsteller, der zu Weimar sein Hofamt nicht – wie z. B. noch Klopstock – als Sinekure, sondern als ihn ausfüllende bürgerliche Tätigkeit betrachtete [151]. Goethe ließ sich bei der Abfassung des *Wilhelm Meister* in starkem Maße von der sozialen Wirklichkeit leiten. »Sein schöner Gehorsam gegen die äußerliche Gestalt des gegenwärtigen Lebens« habe ihm erlaubt, so schrieb A. Müller im Jahre 1806, »die Szene seines Romans in die Gegenwart zu versetzen, dagegen Novalis nur im Mittelalter den Boden für seine Gestaltungen der Welt finden konnte.« Müller erkannte in *Wilhelm Meisters Lehrjahren* »ein sprechendes und unvergängliches Bild jener großen Hauptdissonanz unserer Zeit, des anscheinenden Widerspruchs zwischen den Besitztümern des Geistes und denen unserer körperlichen Natur, zwischen den Ansprüchen des inneren

Wissens und denen des äußeren praktischen Lebens [d. h. des gesellschaftlichen und politischen Lebens, d. Verf.] oder zwischen den ökonomischen Bedingungen und den poetischen Aussichten unserer Existenz« [152] Daß die Darstellung dieser Widersprüche nicht einfach war, belegen Goethes eigene Worte. Er bekannte 1821 im Zusammenhang mit seinem Roman, »jede Lösung eines Problems sei ein neues Problem« [153] gewesen.

Die vielfältigen Dissonanzen waren demnach nicht nur ein Problem der Umwelt, in der der Schriftsteller lebte, sondern auch ein Problem seiner »Innenwelt«. Sie reichten als soziale Determianten bis in die feinsten Verästelungen seines Schaffens. Und gewiß hingen Art, Schicksal und Zweckerfüllung der Literatur des späten 18. Jahrhunderts mit davon ab, wieweit die Bewältigung der Widersprüche und die Organisierung der idellen und materiellen Kräfte bürgerlichen Daseins gelangen.

Eine andere und nicht weniger einflußreiche Determinante stellte der literarische Markt dar. Der Schriftsteller gewann durch die Idealisierung des Lesers, die zweifellos den geistig-dichterischen Wert der literarischen Produkte erhöhte, an schöpferischer Eigenständigkeit. Aber die so erlangte Freiheit ging teilweise wieder durch den Umstand verloren, daß sich der Schriftsteller – wie R. Z. Becker im Jahre 1789 schrieb – »in manche Verhältnisse der bürgerlichen Gesellschaft fügen [muß], die ihm wehe tun, ob sie schon sein Wesen nicht zerstören. Und von dieser Art dünkt mir die Notwendigkeit zu sein, daß er seine Werke zu einer Kaufmannsware machen und um Lohn arbeiten muß« [154]. Vor welche Schwierigkeiten sich der Schriftsteller durch die Anpassung an die Bedingungen des Marktes gestellt sah, mag Schillers Klage aus dem Jahre 1791 belegen. »Zugleich die strengen Forderungen der Kunst zu befriedigen und seinem schriftstellerischen Fleiß auch nur die notwendige Unterstützung zu verschaffen, ist in unserer deutschen literarischen Welt unvereinbar. Zehn Jahre habe ich mich angestrengt, beides zu vereinigen, aber es nur einigermaßen möglich zu machen, kostete mir meine Gesundheit« [155].

Um seine dichterische Existenz nicht durch die von Becker beschriebene sozialökonomisch bedingte literarische Radikalisierung aufheben zu lassen, versuchte Schiller – ganz im Sinne der Sonderung der Leser – eine Differenzierung seines eigenen Schaffens. Er unterschied zwischen »Lieblingsarbeiten« – »poetisches« Schaffen für den Leser als Idee – und »schriftstellerischen Arbeiten« für den anonymen, aber wirklichen Leser. »Lieblingsarbeiten« trügen zwar wenig ein, schrieb Schiller, doch könne man dabei stets aus sich selbst schöpfen. Bei »schriftstellerischen Arbeiten« dagegen »erhole man sich nicht« [156], aber es erwachse aus dieser »ökonomischen Schriftstellerei« eine »gewisse Art von Reputation«, der »ökonomische Ruhm« [157] oder, wie er ihn auch bezeichnete, der »schriftstellerische Ruhm« [158]. Diese nicht nur von Schiller aus finanziellen Gründen in die Praxis umgesetzte Unterscheidung, die zu einer »Veränderung des dichterischen Geistes« [159] führte, zeigt mit aller Deutlichkeit sowohl die Einwirkungen der durch die Arbeitsteilung verursachten Aufspaltung menschlichen Daseins in einen privaten und einen öffentlichen Bereich, als auch das Ausmaß der Kommerzialisierung des literarischen Lebens in den letzten Dezennien des 18. Jahrhunderts. D. h. der Warencharakter dichterischer Werke war in einer früher nicht gekannten Weise aktualisiert und die geistige Leistung zum Gegenstand geschäftlicher Spekulation gemacht worden. Das auf diese Weise unter das Gebot von Angebot und Nachfrage geratende literarische Schaffen wurde nach den Worten L. L. Schückings, »wie die Politik . . ., ein Ringen um die Mitläufer« [160].

Dieser Prozeß, der die wirtschaftlichen Bedingungen für die Existenz des ‚Schriftstellers abgab, vollzog sich aber keineswegs zufällig. Vielmehr gehören die Ursachen, die zu dieser zweigeteilten Schriftstellerei führten, zu den Begleiterscheinungen der sich im 18. Jahrhundert ausbildenden und in der Folge differenzierenden Wirtschaftsform des Kapitalismus. Und deshalb lag fortan – wie der Weimaraner H. Luden schrieb – »in dem Handel mit Ideen . . . etwas Widersprechendes, das ein jeder fühlt, das aber schwer aufzulösen sein möchte« [161].

Es sei hier angemerkt, daß weder Luden noch irgendeiner seiner Zeitgenossen diese und die früher in diesem Zusammenhang aufgezeigten Widersprüche hätten auflösen oder aufheben können; sie waren nicht vorübergehender Natur, sondern strukturell bedingt und entsprangen letztlich der von Hegel innerhalb der bürgerlichen Gesellschaft erkannten Antinomie von Öffentlichkeit und Privatheit, die gleichsam an die Stelle des früheren Gegeneinanders von »Diesseits« und »Jenseits« getreten war. Diese Antinomie, die – trotz oder gerade wegen der subjektiven Erfahrungen schöpferischen Freiseins – sowohl die soziale und wirtschaftliche Stellung des freien Schriftstellers, als auch sein literarisches Schaffen und die Wahl der Formen und Inhalte beeinflußte, nötigt dazu, die Literatur als angewandte Kunst mit den sozialen Existenzformen des Schriftstellers und seiner Leser in Verbindung zu bringen. Auf diesem Wege lassen sich dann nicht nur die von W. Scherer als »außerordentlich kompliziert« bezeichneten »Faktoren der Vermittlung zwischen Produzent und Konsument« genauer bestimmen, sondern auch Kriterien für die Auflösung der Allgemeinbegriffe Konsument, Leser und i. w. S. des Begriffs Publikum entwickeln. Denn »das Publikum als solches ist« – nach den Worten Herders – »ein leerer Name . . ., aber einzelne Menschen . . . im Publikum, sie sehen, sie hören, sie wirken, sie klären auf und werden aufgeklärt« [162].

5. Sprache und Sprachgeschmack

Da alle Aufklärung als soziale und wirtschaftliche Dynamisierung auch ihre sprachliche Seite hat und zudem der freie Schriftsteller seinen persönlichen Stilwillen nicht ohne eine »neue« Sprache durchzusetzen vermochte, scheint es angebracht, dem Zusammenhang von Schriftstellerei und Sprache nachzugehen.

Im letzten Abschnitt wurde bereits angedeutet, daß in den literarischen

Gemeinschaften deshalb gemeinsam habe produziert und konsumiert werden können, weil in ihnen Sprache als selbstverständlicher Ausdruck des gemeinsamen Lebensgefühls empfunden wurde. Die in diesen Gruppen zusammengeschlossenen, zumeist jüngeren Schriftsteller waren sprachlich in einem Bereich gemeinsamen Sehens und Fühlens miteinander verbunden. Ihr gegenüber den ständischen Dichtern verändertes Welterleben – das zugleich einen Wandel im Spracherleben und damit im literarischen Schaffen einschloß – und ihre neuen »Auslegungen, Entwürfe, Deutungen des Seins« [163] äußerten sie zunächst in einer mehr oder weniger absichtsvoll gebildeten Sprache, die für ihre Gemeinschaft spezifisch war.

Die Veränderung des Erlebens begann im ersten Drittel des 18. Jahrhunderts. Sie löste Überlegungen aus, die sich auf ein neues dichterisches Selbstverständnis bezogen, aber auch den Fragen der Regeln und der Sprache galten. In einem für den ständischen Dichter jener Zeit typischen Hochzeitsgedicht von C. F. Weichmann aus dem Jahre 1727 heißt es: ». . . Wenn ich nicht sinnreich dichten kann,/ nicht bei der Kunst und ihren Regeln bleibe,/ nicht sanft, nicht hoch, nicht voll, nicht feurig schreibe:/ So ist die Sprache selbst gewiß nicht Schuld daran« [164]. Dem Dichter, der zwar ausdrücklich den Abbau der Regeln erwähnte, genügte die überkommene Sprache. Sie bot seinem literarischen Schaffen genügend Spielraum. Für die Bremer Beiträger, der ersten literarischen Gemeinschaft, erwies sich dieser sprachliche Spielraum – oder »Sprachraum« – als zu klein. J. E. Schlegel bekannte in einer Ode: »Wenn ich nicht neue Worte finde,/ ist mein Gefühl doch immer neu./ Nicht ich, die Sprach' ist schuld daran,/ daß ich nichts Neues sagen kann« [165].

Schlegel erkannte, daß die überkommene Sprache hinter dem neuen gefühlshaften Welterleben zurückgeblieben war. Er und seine sich von Gottsched abwendenden Leipziger Studienfreunde sahen sich daher vor die Aufgabe gestellt, den bisherigen Sprachraum zu erweitern, um ihr neues Lebensgefühl dichterisch zu gestalten. Das geschah zunächst im Freundeskreis, der für die Beiträger – wie später z. B. für den Göttinger Hain – der Ort war, wo ihre Aussage als persönlicher Ausdruck Resonanz finden, verstanden und gemeinsam sprachlich überarbeitet werden konnte [166]. Der dichterische Mensch neuen Typs emanzipierte sich im Sprachraum seiner literarischen Gemeinschaft.

Wenn oben gesagt wurde, literarische Gemeinschaften seien aus Gründen des gemeinsamen Erlebens entstanden, dann kann diese Feststellung nunmehr ergänzt werden. Sie bildeten sich auch auf Grund einer Eigensprachlichkeit, die die Mitglieder der Gruppe stärker aneinander band. Denn Sprache war und ist – nach den Worten J. Petersens – der elementarste aller generationsbildenden Faktoren. »Alles gegenseitige Sichverstehen, alle Stellungnahme zu gemeinsamen Erlebnissen, alle Kritik der zu überwindenden Zustände, alle Einigung über gemeinsame Ziele [ist] auf das Mittel der Sprache angewiesen . . . Die neue Generation findet sich erst in ihrer Sprache« [167]. Seit der Mitte des 18. Jahrhunderts sahen sich die Schriftsteller – wobei es gleichgültig ist, ob sie literarischen Gemeinschaften angehörten oder nicht – vor die Aufgabe gestellt, neue Worte und Wortverbindungen zu finden, die nicht nur ihrem gewandelten Selbstgefühl und Weltverständnis und dem daraus resultierenden künstlerischen Programm entsprachen, sondern auch ihrem Bedürfnis nach sprachlicher und formaler Stilisierung geistiger Gewohnheiten, sozialer Hoffnungen und gesellschaftlicher Neigungen bzw. Abneigungen genügten.

Daß die Ausweitung des Sprachraums mit gesellschaftlichen Vorgängen, d.h. mit Emanzipation der mittleren Stände gekoppelt war, sah bereits J.M.R. Lenz. Seine Abhandlung *Über die Bearbeitung der deutschen Sprache* enthält darüber zahlreiche Bemerkungen. »Sprache« hat eben – wie L. Jordan es ausdrückt – »in all ihren Phasen soziale Zwecke« [168]. Deshalb schließt jede neue dichterische Position der Welt und der Gesellschaft gegenüber auch einen sprachlichen Wandel oder – anders gesagt – einen Wandel des »Sprachgeschmacks« [169] ein.

Was mit dem Begriff Sprachgeschmack gemeint ist, zeigt eine von J. Möser verfaßte Besprechung von Lessings Stücken *Miß Sara Sampson* und *Freigeist*, in der es u.a. heißt: »Seine Ausdrücke waren nach dem Maße seiner eigenen Empfindungen gerecht, aber nicht nach dem Maße, welches die Menschen insgemein haben und nach welchem er sich doch in seinen Schriften zu richten hatte« [170]. Möser argumentierte als Vertreter einer Schicht, die sich auf Grund ihrer an poetischen Normen geschulten Kennerschaft im Besitz des richtigen Sprachgeschmacks glaubte.

Aber Lessing befreite sich – eben weil er seinen »eigenen Empfindungen« gemäß schrieb – aus dieser sprachlichen Abhängigkeit. Er erweiterte den Sprachraum, stellte seine Schrift gleichsam frei und wurde dadurch zum freien Schriftsteller.

Während Lessing, Klopstock und auch J.C. Günther mit ihrer »freigestellten« Schrift noch fast allein standen, begann mit Hamann und Herder die von einigen Zeitgenossen wenig wohlwollend vermerkte Herausbildung eines neuen Sprachgeschmacks innerhalb einer literarischen Gemeinschaft. So kritisierte Chr.A. Klotz 1769 Herders Schriften mit den Worten: »Die Schreibart ist mühsam dem Leser, vielleicht auch dem Verfasser . . . und verrät überall einen Autor, der so eigensinnig ist, daß er nicht von jedermann will gelesen und verstanden sein. Viel Gutes hat die Königsberger Sekte nicht im Sinn. Die nordischen Völker haben schon mehr als einmal . . . Europa mit wilden Horden überschwemmt, vielleicht tut Hamann mit seinen Horden ein gleiches« [171]. Wie sehr gerade Hamann Stein des Anstoßes war, geht ferner aus einem Brief S. Geßners an Gleim hervor. »Wer hätte geglaubt, daß der überaus dumme Verfasser der Ästhetik in einer Nuß, statt mit allgemeinem Gezische ins Tollhaus verwiesen zu werden, bei dem größesten Teile des deutschen Publikums Beifall finden werde« [172]. Auch Lichtenberg stand dem Beifall, den die Werke der Genies fanden, äußerst skeptisch gegenüber und hätte die Vertreter der damaligen jungen Generation lieber im »Narrenhaus« [173] gesehen. Es ist verständlich, daß Schubart umgekehrt vom »eitlen Gellertschen Gewäsch« [174] sprach.

Aus alledem wird deutlich, daß die u. a. von Hamann und Herder eingeleitete Bearbeitung der Sprache, durch die Gefühlsausdruck und Leidenschaft an Stelle der logisch geordneten Gedanken- und Wortabfolge der Aufklärungszeit gesetzt wurden, dem Welt- und Spracherleben der älteren und teilweise noch in ständischen Bindungen verharrenden Generation widersprach. So entschuldigte z. B. Wieland in der Rezension des *Götz* das Auftreten der »niedrigsten Klassen«, die ihre »eigene Sprache reden«, mit dem Hinweis auf die »Shakespearische Manier« des Stückes. »Die ›Scheißkerle‹ im Munde des Herrn Hauptmanns« ließ Wieland allerdings nicht unwidersprochen, weil sie »weniger zu rechtfertigen« waren [175]. Derartige und noch dazu in der Öffentlichkeit geäußerte Worte eines Mannes von Adel wurden als eine Beleidigung des Standes aufgefaßt, und der Autor mußte von der Kritik in entsprechender Weise daran erinnert werden. Sprache und Stand gehörten für diese Kritiker zusammen. Sie behinderten aber damit – wie es einmal bei Lenz in etwas anderem Zusammenhang heißt – »allen freien Gebrauch der Sprache«, ließen sie »absterben« und zu »einer Sprache ohne Dichter werden [176].

Als sich unter dem Druck der beginnenden sozialökonomischen Arbeitsteilung – die nach den Worten W. Scherers auch »eine Arbeitsteilung in der Sprache zur Folge« [177] hatte – die bürgerliche Gesellschaft herausbildete, schwand die ständische Bindung der Sprache. Sie wurde, wie J. G. B. Büschel im Jahre 1791 schrieb, »in den Augen vieler deutscher Schriftsteller« zu einem Instrument, »mit dem sie machen können, was sie wollen« [178].

Aus den angeführten Belegen lassen sich drei Hypothesen im Blick auf das Verhältnis von Schriftsteller und Sprache ableiten:

1. Der Wandel des Sprachgeschmacks und die Erweiterung des Sprachraumes lassen sich nicht allein mit dem Hinweis auf die sprachliche Begabung einzelner Schriftsteller erklären. Um derartige sprachliche Veränderungen erklären zu können, sind die Strukturen der jeweiligen gesellschaftlichen Gliederung, die Stellung und die sozialen Neigungen bzw. Abneigungen der Schriftsteller zu berücksichtigen. Bereits 1768 schrieb F. G. Findeisen in seinen *Abhandlungen über den Einfluß der Sitten auf die Sprache und den guten Geschmack,* »daß die Sprache und die Sitten mit den Einsichten des Menschen in gleichem Verhältnis stehen« [179]. Und J. Möser sprach in Anlehnung an Winckelmann von den »Wirkungen jeder politischen Verfassung auf den Stil, die Kühnheit und den Adel der Kunst« [180].

Mit einer weiteren Bemerkung bestätigte Möser die oben vertretene These der politischen Heimatlosigkeit des Bürgertums. »Es ist unglaublich« – so heißt es bei ihm – »wie arm unsere Sprache ist, wenn es auf den Ausdruck gewisser politischer Verfassungen ankommt« [181]. Das vom Gefühl und von der Phantasie mitbestimmte Welterleben des freien Schriftstellers konnte eben zunächst nur die »Handlungen und Empfindungen der Seele« [182] in den Begriff heben. Öffentlich-politische Handlungen und mithin deren Artikulierung wurden schon deshalb nicht von ihm erwartet und gefordert, weil »Regierungsform und Gesellschaft« – wie L. A. Unzer 1771 schrieb –, »zumal in dem Zustand, in dem sie jetzt [sind], zur Not ohne sie bestehen« [183] können. Die Auswirkungen der politischen Entfremdung der bürgerlichen Gesellschaft reichten bis in sprachliche Bereiche.

2. Seit der Mitte des 18. Jahrhunderts entstanden mit der Nötigung zur literarischen Gestaltung neuer Wirklichkeiten »Kunstsprachen«, deren Schlagwörter zunächst nur der sie prägenden Gemeinschaft völlig verständlich waren. Diese Unverständlichkeit entzog die »Kunstsprachen« vorübergehend dem gesellschaftlichen Verkehr. Dadurch wurden sie zu »Geheimnisträgern« kleinerer Gruppen und befriedigten das Distinktionsbedürfnis ihrer Mitglieder. Oft flossen lediglich geahnte Gefühls- und Vorstellungsinhalte in derartige okkasionelle Wortbildungen ein [184]. Ihr Entstehen wurde daher in Anlehnung an gewisse Inspirationslehren gelegentlich der Sprache selbst zugeschrieben. So meinte etwa Novalis, daß »ein berufener Schriftsteller«, ein »Sprachbegeisterter«, ein vom »Sprachtrieb« oder der »Wirksamkeit der Sprache« Erfaßter sei [185].

Wie die angeführten Rezensionen zeigen, lehnten Vertreter des vorangegangenen Sprachgeschmacks die Aufnahme der »Kunstsprachen« ab, weil bei ihnen »die mediale Reaktion auf die Magie der Worte« [186] nicht eintrat. Dieses Verhalten älterer Geschmacksträger konnte die Verbreitung des neuen Sprach- und Welterlebens zwar verzögern – nicht aber aufheben. Je schwächer die innere Bindung der literarischen Gemeinschaften mit dem Älterwerden ihrer Mitglieder wurde, desto mehr schwand auch die Exklusivität ihrer Sprache.

3. Im Verlauf der sprachlichen Arbeitsteilung löste sich der dichterische Mensch aus der Abhängigkeit des älteren Sprachgeschmacks und seiner Träger. Erst durch die Emanzipation der Sprache wurde der Schriftsteller wirklich frei. Solange das von ihm gehandhabte sprachliche Material noch konventionell, d. h. ständisch gebunden war, mußte er selbst es auch sein: nämlich ständischer Dichter, der – wie später zu zeigen sein wird – aus verschiedenen Gründen oft nur der Ehre und des Nachruhms wegen schrieb. Der freie Schriftsteller dagegen, der von seiner Feder leben wollte und mußte, konnte auf das finanzielle Entgelt seiner sprachlichen Produkte nicht verzichten.

Es ist daher notwendig, die Mobilisierung der Sprache – ihr korreliert diejenige der literarischen Formen und Stoffe – im Zusammenhang mit der Kommerzialisierung des literarischen Lebens zu betrachten. Wie die bürgerliche Gesellschaft dem einzelnen die unumschränkte Herrschaft über das von ihm produzierte mobile Sachgut und Vermögen zustand, so räumte sie dem freien Schriftsteller die Möglichkeit zur Bereicherung und wirtschaftlichen Auswertung seines sprachlichen Vermögens ein. Diese Chance erlaubte dem Schriftsteller, sprachlich mannigfaltig zu sein und in dem ihm persönlich nicht mehr bekannten, aber um

so mehr umworbenen Leser »immer neue und eigenartigere Bedürfnisse hervorzurufen« [187].

Mit dieser Chance waren – nicht zuletzt wegen der Radikalisierung des literarischen Schaffens – auch Nachteile verbunden. Brentano z.B. beklagte den Zwang,
»sich selbst parforce in Gedichte auflösen zu müssen, um den undankbaren Laien
ihre Feiertage zu dekorieren, die es einem nicht einmal Dank wissen« [188].
Wie konsequent etwa Wieland auf diese neue Marktsituation reagierte, zeigt
sich darin, daß er die Zeit, die er zur Differenzierung und Bereicherung seiner
Sprache brauchte, bei der Honorarberechnung in Anschlag brachte. In seinen
Grundsätzen riet er dem Schriftsteller, im Verkehr mit dem Verleger stets zu
berücksichtigen, »wieviel Anstrengungen des Geistes und folglich auch der
Lebenskräfte und wieviel Zeitaufwand sein Werk ihn gekostet haben könnte«
[189].

Die in den literarischen Gemeinschaften begonnene und zum Jahrhundertende
hin sich verstärkende sprachliche Mobilisierung und literarische Radikalisierung
forderte – um es modern auszudrücken – das kaum noch in Nebenstunden zu
bewältigende »existentielle Engagement« des Schriftstellers. Beide Vorgänge nötigten ihn zur ständigen Differenzierung und Bereicherung seines sprachlichen
Vermögens und zugleich zur kommerziellen Auswertung des Privatesten auf dem
öffentlichen literarischen Markt, der damit endgültig als soziale Determinante
ins Bewußtsein des freien Schriftstellers trat.

II. Bürgerliche Gesellschaft und literarische Kultur

Die in Briefen, Aufsätzen und Tagebuchnotizen von den Schriftstellern jener
Zeit häufig benutzten Begriffe wie »mittlere Stände«, »Mittelstand«, »bürgerliche
Societät« usw. machen es notwendig, die mit diesen Kategorien genannte und
sich aus der inneren Zersetzung des absolutistischen Ständestaates herausbildende
soziale Organisationsform genauer zu beschreiben. Auf die Schwierigkeiten, die
einer solchen Darstellung entgegenstehen, wurde des öfteren aufmerksam gemacht. Deshalb kann es auch nicht Aufgabe dieses Kapitels sein, einen Überblick
über den vielfach beengten und erschwerten Entwicklungsgang der bürgerlichen
Gesellschaft zu geben, deren erste geschichtliche Darstellung 1792 mit der Absicht
unternommen wurde, »ihre Ansprüche auf den Rang eines konstituierenden Teils
der Nation endlich über alle Zweifel« [1] zu erheben. Die Geschichte der Verwirklichung dieses für die Neuzeit bezeichnenden Anspruches wurde bis heute
nicht geschrieben.

Im folgenden geht es daher nur darum, an das literarische Programm Hamanns,
Herders und anderer Schriftsteller anzuknüpfen und aufzuzeigen, wie die in ihrem
engeren Lebenskreis und teilweise unter dem Einfluß pietistischer Strömungen
entstandene und von ihnen weitgehend verwirklichte kulturelle Denkhaltung und
seelisch bestimmte Daseinsform in weite Bereiche des sozialen Lebens getragen

wurde und damit die Gesellschaftskultur ihr bürgerliches Gepräge erhielt. Diese kulturelle und gesellschaftliche Entwicklung, die nach den Worten R. Stadelmanns eine »Besonderheit der modernen Welt« [2] ist, drang jedoch nicht bis ins Politische vor. Und so blieb der deutschen bürgerlichen Gesellschaft, die auf Grund der sehr unterschiedlichen Lebensverhältnisse in den Residenz-, Garnisons-, Universitäts-, Hanse- und Landstädten in sich äußerst differenziert und desintegriert war, jene politische Legitimation versagt, die die westlichen Gesellschaften auszeichnet. Zwar hat die deutsche bürgerliche Gesellschaft jenes Halbjahrhunderts das geistige Erbe Europas mit Werken und Schöpfungen bereichert, doch mußte sie gleichzeitig Lebens- und Verhaltensformen ausbilden, die sie von den bürgerlichen Gesellschaften der westlichen Nachbarn in einer der weiteren geschichtlichen Entwicklung Deutschlands abträglichen Weise entfernte.

I. Entwicklung der bürgerlichen Gesellschaft

Daß sich in der überkommenen ständischen Welt eine bürgerliche Denk- und Gesellschaftsform entfaltete, ist Hauptmerkmal der gesellschaftlichen Entwicklung Deutschlands im 18. Jahrhundert. Während nach außen hin die soziale Pyramide und die Formen des Zusammenlebens verhältnismäßig unversehrt blieben, gingen im Inneren – nicht unbeeinflußt vom absolutistischen Disponieren über die wirtschaftlichen und politischen Energien und die weltanschaulichen Bestrebungen bestimmter gesellschaftlicher Gruppen – wichtige Veränderungen vor. Die aus zunftmäßigen Bindungen heraustretenden Gruppen der Handwerker, Kaufleute und Gewerbetreibenden, die mit den größeren Verwaltungsaufgaben des absolutistischen Staates wachsende Beamtenschaft und die akademische Intelligenz – sie alle sahen sich durch die »Sonderung der Berufsgeschäfte« sozial gehoben. Sie erlangten eine breitere Existenzgrundlage, die es ihnen ermöglichte, ihre Lebensverhältnisse selbständiger als bisher zu gestalten.

Sie vermochten das vor allem deshalb, weil die im Zeichen des Merkantilismus erfolgende »Selbstbereicherung der Fürsten ohne gleichzeitige Bereicherung einer Gruppe von Untertanen überhaupt nicht möglich« war [3]. Daher kam es zur allgemeinen Ausbreitung des »Commerz- und Finanzgeistes [4], wie Herder ihn nannte. Dieses rationalistische und Gewinn erstrebende Nützlichkeitsdenken erwies sich – auf die Dauer gesehen – stärker als die moralischen und ständischen Tugenden. Es war nach W. Sombart geeignet, »die Idee des ehrenhaften Erwerbs«, die »Lehre vom gerechten Preis« und den Gedanken von der »Verpönung der Konkurrenz« zu entkräften, eben weil Idee, Lehre und Gedanke »von den Fürsten selbst nicht mehr genau beachtet wurden« [5]. M. Weber hat überzeugend nachgewiesen, daß diese Entwicklung von der »traditionellen Bedarfsdeckung« zur kapitalistischen Wirtschaftsweise nicht so sehr an eine neue Organisationsform, sondern vielmehr an einen neuen, den »kapitalistischen Geist« gebunden war [6]. Die Geldmenge blieb fast gleich, nur zielte der Verwendungswille auf rascheren Umlauf und damit auf Mehrerwerb.

Dieser innere Wandel, der ein Teilvorgang des von Westen nach Osten vordringenden allgemeinen Rationalisierungsprozesses war, fand keineswegs die Zustimmung aller Zeitgenossen. So äußerte im Jahre 1770 ein Quedlinburger Arzt über die andersartige Geldgesinnung: »Wie mancher, der im Mittelstande sehr glücklich war . . ., wird elend, weil er dem unseligen Vorurteile folgt, daß man sein Glück immer poussieren und nie genug haben müsse, so lange man mehr haben kann . . . Sie gehen demnach mit der unermüdlichsten Sorgfalt darauf aus, sich ein ansehnliches Vermögen zu erwerben, weil sie . . . der Meinung sind, daß ihnen sodann die Glückseligkeit nicht entgehen . . . könnte« [7]. Vor den politischen Gefährdungen, die solchem Überwiegen ökonomischer Interessen folgen mußten, warnte wenige Jahre später J. G. Schlosser mit den Worten: »Wehe dem Lande, wo der Bürgerstand verachtet ist! Ist seine Geldbegierde befriedigt, so wird er ein Narr!« [8] Ein anderer Chronist meinte 1787, »die Kapitalisten« wären für den »Staat nötig . . . als Reservequelle und Zeichen einer gesunden Industrie, als Zeichen des strebenden Unternehmertums« [9].Es verwundert daher nicht, daß der Göttinger Jurist Feder 1780 schrieb, die unternehmerischen Menschen suchten »in der bürgerlichen Gesellschaft zuvörderst Sicherheit des Eigentums« und eine »zu dessen Beschützung stets bereite und zureichende, durch ihre Vereinigung gegründete und durch die Obrigkeit wirksame Gewalt« [10].

Den angeführten, schon wegen ihres Vokabulars aufschlußreichen Belegen ist zu entnehmen, daß sich innerhalb des »Mittelstandes« eine Gruppe von Menschen abgrenzte, der das Geld – das »alles gleich mache« [11], wie E. Brandes bemerkte – zum wichtigsten Lebenswerkzeug wurde. Die Angehörigen dieser ständig wachsenden Schicht, die sich z. T. recht selbstbewußt »Städter und Kapitalisten« [12] nannten, werden im folgenden als »Bürger« bzw. »Bürgertum« bezeichnet.

Der Prestigegewinn, den das Bürgertum aus der Ausweitung des »Commerzgeistes« zog, führte seit den 70er Jahren zu einem verstärkten Kampf um freiheitliche Bürgerrechte vor allem gegen den Adel und ließ die Auseinandersetzung in die Öffentlichkeit treten. »Bürger« war – nach den Worten Chr. Garves – der Mensch, der sich aus ständischen Bindungen und adliger Bevormundung zu befreien trachtete und dem Wort »bürgerlich« – das an »den Sitten dieser . . . Bürgerklasse« haftet, weil »Hofsitten als das höchste Ideal der Feinheit und des Geschmackvollen im äußeren Betragen« galten – die »verächtliche Nebenidee« [13] zu nehmen suchte. Garve definierte diese Nebenidee an anderer Stelle mit dem »Begriff des bürgerlichen Airs . . .: Erstlich ein affectiertes und zeremoniöses Wesen, welches die Pflichten der Höflichkeit übertreibt . . . Zweitens eine gewisse Blödigkeit, die doch nicht ohne Stolz ist und . . . ein zweideutiges und verlegenes Ansehen gibt. Drittens, Unwissenheit der bestimmten Rechte und Forderungen jedes Standes . . . Endlich viertens, die Spuren, welche man am Geiste oder am Körper von dem Gewerbe trägt, das man im bürgerlichen Leben getrieben hat« [14]. Diese und ähnliche Formulierungen, in denen das Wissen um das

Fehlen der politischen Legitimation des Bürgertums deutlich spürbar ist, erfüllten das Zeitalter mit einem »Geist der Unruhe« [15] – wie ein Zeitgenosse bemerkte –, besonders seit die Nordamerikaner sich 1765 vom englischen Mutterland zu lösen begannen und 1783 die volle Unabhängigkeit erkämpften. Die Herausbildung der neuen sozialen Organisationsform war also trotz der wirtschaftlichen Komponenten nicht zuletzt auch Bewußtseinsvorgang.

Der mit erheblichen Vorrechten ausgestattete Adel, den eine soziale und geistige Kluft vom Bürgertum trennte, war solchen Bestrebungen wenig geneigt. Selbst an dem als »Musenhof« bezeichneten Weimarer Hof fand Goethe 1775 nur »gutmütige Beschränktheit« [16]. Gewiß hat der gebildete Adel den Kontakt mit dem geistig regsamen Bürgertum gesucht, Geselligkeit mit ihm gepflegt und verdiente Bürger durch Nobilitierung zu sich heraufgehoben, doch waren das Ausnahmen. Bürgerliche Lebensart und Gesellschaftskultur gediehen eigenständig nur in der städtischen Welt und nicht in der des Hofes [17]. Und wenn Wieland schrieb, »in der guten Gesellschaft gilt kein Unterschied der Stände; a gentleman kann überall tête levée gehen und ist in der Societät was ein Andrer; und a gentleman ist man nicht durch Geburt, sondern durch persönliche Eigenschaften«, dann deutet das nur darauf hin, daß sich die höfische Welt dem Bürgerlichen zu öffnen begann. »Ist's hier und da in Deutschland anders« – heißt es bei Wieland selbstbewußt weiter – »so wollen wir wenigstens keine Notiz davon nehmen« [18].

Die Vertreter der neuen Gesellschaftsschicht zeichneten sich jedoch nicht nur durch ihre Geldgesinnung und ihr Selbstbewußtsein, sondern auch durch ihr Verhältnis zur Bildung aus. Unter bürgerlich verstand z. B. Ramdohr »die Aussicht auf höchste Veredlung des Menschen durch den unbeschränktesten Gebrauch seiner Kräfte« [19]. Den Zusammenhang dieser Bildungs- und Kenntniserweiterung mit der wirtschaftlichen Entwicklung legte Herder 1769 mit einer Eintragung in sein Seereisetagebuch frei. »Die Erziehung«, so schrieb Herder, sei für sein »Zeitalter, wo der kriegerische und Religionsgeist aufgehört hat, wo nichts als der Commerz-, Finanzen- und Bildungsgeist herrscht, sehr nötig und nützlich« [20]. D. h. als Pendant zum Unternehmergeist entstand die bürgerliche Bildung. Sie betonte nicht mehr die christliche Nächstenliebe mit ihrer Besitzentäußerung, sondern bemühte sich, den Tätigkeitssinn zu beleben und den Menschen geeignete Verhaltensweisen zu vermitteln, die ihnen zu einer besseren Anpassung an den diesseitigen Lebensweg verhelfen sollten.

Es bedarf keines besonderen Hinweises, daß dieser Prozeß das Leben in die Bereiche eines öffentlichen Berufs- und privaten Familienlebens aufspaltete, doch scheint es etwas einseitig, diese Sonderung der Lebensbereiche nur abwertend zu beurteilen. Zwar wurde der Bereich des Privaten jetzt schärfer begrenzt und stellenweise eingeengt, doch gewann er andererseits durch solche Begrenzung allererst die Möglichkeit, seine Eigenarten – allen voran die Innerlichkeit – auszuformen. Welche Bedeutung und welche Folgen dieser Prozeß der verinnerlichenden Vereinzelung des bürgerlichen Menschen für die gesamte Gesellschaftskultur hatte, wird noch aufzuzeigen sein. An dieser Stelle interessieren zunächst die erscheinungsmäßig ähnlichen Folgen im Bereich des Öffentlichen. Auch hier ist, da der Bürger in zunehmendem Maße zum wirtschaflichen Wettbewerb gezwungen wurde, die Vereinzelung zu beobachten. » Man gehe in die Städte, schrieb Chr. Garve, »wo der Handel das Hauptgeschäft ausmacht ... Hier ist ... das Interesse der Einwohner einander in dem Grade entgegengesetzt, daß einer der Nebenbuhler des andern wird; ... ein einsames häusliches Leben ist die Folge« [21].

Hatte der Glaube bisher jene Bereiche des Öffentlichen und Privaten – sie dabei ineinander verschränkend – auf eine jenseitige Welt hin bezogen und normativ gestützt, indem er die Einhaltung bestimmter Verhaltensweisen von den Gläubigen forderte, so schwand mit der Verdiesseitigung der überlieferte Zusammenhang von religiöser Tradition und ständischem Gesellschaftsideal. Die von Hamann, Herder, Garve und vielen anderen artikulierte weltliche Idee des Bürgertums setzte sich durch und erzeugte – wenn auch vielfach behindert und teilweise recht zögernd – ihre eigenen Verhaltensformen und ihre nicht zuletzt von den Schriftstellern in der Literatur entworfenen Symbole für die Integrierung bürgerlichen Denkens und Empfindens.

Es ist verständlich, daß der absolutistische Staat – letzlich der von Gottes Gnaden berufene Fürst – diese eine neue Gesellschaftsschicht repräsentierenden Subjekte, die bisher samt ihrem Stand in ein von Gott geschaffenes soziales Gefüge eingeordnet waren, nicht mehr innerlich an sich zu binden vermochte. Und so entließ der Staat das Bürgertum aus der ständischen Gesellschaftsgliederung, obwohl seine Vertreter weiterhin in beengten Verhältnissen staatliche Untertanen blieben.

Auf die Folgen dieser Lage hat J. G. Schlosser sehr früh aufmerksam gemacht. In seinen 1777 erschienenen *Politischen Fragmenten* schrieb er, »den Bürger treibt Not oder Stolz, die mühsame Bahn der Geschäfte zu betreten, jeder Bürger geht allein und jeder ist abhängig« [22]. Jeder Bürger erfuhr eben – wie Schiller es formulierte – »alle Ansteckungen und alle Drangsale der Gesellschaft« [23]. Welches Ausmaß die »Ansteckungen« gelegentlich erreichten, beschrieb Goethe in *Dichtung und Wahrheit*. Im 7. Buch heißt es, er habe schon in seinen Frankfurter Jünglingsjahren »in die seltsamen Irrgänge geblickt, mit welchen die bürgerliche Societät unterminiert ist – Religion, Sitte, Gesetz, Stand, Verhältnisse, Gewohnheit, alles beherrscht nur die Oberfläche des städtischen Daseins« [24]. Ganz ähnlich beklagte Lichtenberg 1783 die vorrevolutionäre Lage des Bürgertums in Göttingen mit den Worten, »was ... die Gesellschaft elend ist« [25].

Derartige Äußerungen machen den pessimistischen Unmut jener zwischen 1770 und 1789 lebenden jungen Generation begreiflich. Denn als sie in diesen Jahren, »von unbefriedigten Leidenschaften gepeinigt, von außen zu bedeutenden Handlungen keineswegs angeregt, in der einzigen Aussicht ..., in einem schleppenden, geistlosen bürgerlichen Leben [sich] hinhalten zu müssen«, in diesen ungesicherten gesellschaftlichen Zustand hineinwuchs, da äußerte sie pessimistische und nihilistische Gesinnungen. Es entstand – wie Goethe aus Anlaß der Wirkung seines »Werther« schrieb – »jener Ekel vor dem Leben ..., der nicht selten in den Selbstmord ausläuft und bei denkenden, in sich gekehrten Menschen häufiger war, als man glauben kann« [26]. Dieser Pessimismus, dessen neurotische Züge unübersehbar sind, war letztlich die Folge des Fehlens einer geschlossenen bürgerlichen Weltanschauung, die es erlaubt hätte, ständische Lebenswerte und Verhaltungsformen ins Bürgerlich-Liberale umzuformen und damit dem Bürgertum Lösungen für seine Probleme an die Hand zu geben [27].

Diese von Schriftstellern wiederholt registrierten sozial-psychologischen Vorgänge der Selbstentfremdung haben neben ihren zweifellos negativen auch positive Folgen gehabt. Trotz und sicher gerade wegen der gesellschaftlichen Lage wurden Vereinzelung und Verinnerlichung zu wichtigen Quellen des kulturellen Reichtums im späten 18. Jahrhundert. Sie führten jenes »neue Lebensklima« herauf, das den sozialen und geistigen Raum freigab, in dem der Schriftsteller entstehen, seine künstlerischen Wahrheiten aussprechen und öffentlich auslegen konnte. Erst in diesem Raum, den J. C. Günther vergeblich suchte, vermochte die Literatur zum Bekenntnis zu werden.

Gleichzeitig entwickelte sich eine neue Lesekultur, die vom vereinzelten Leser getragen wurde. Mit aller Hingabe las z. B. Anton Reiser – wie viele seiner Generationsgenossen – »mehr in der offenen Natur als zu Hause« »seinen« Werther, »seinen« Shakespeare, »seine« Lenore und wurde sich dabei »stolz« und »erhaben« »seines isolierten Daseins« [28] bewußt. Typisch für diese Lesekultur war, daß sie Raum ließ für die Entdeckung und das Empfinden seelischer und ästhetischer Werte. Daß damit auch das literarische Interesse der Frau stärker zu werden begann, ist den verschiedenen Briefwechseln zu entnehmen.

Den Trägern dieser neuen Lesekultur kam es nicht mehr – wie den vergemeindeten Lesern der Erbauungsbücher oder den Kennern der Poetiken – in erster Linie auf moralischen Anstand oder Regeleinhaltung, sondern vielmehr auf Gefühlswerte und individuelle Schönheit des literarischen Werkes an. Bezeichnend sind in diesem Zusammenhang die folgenden Ausführungen eines Ungenannten aus dem Jahre 1777. »Sie [die Werke der Kunst, d. Verf.] sollten Dich ergötzen, die Nerven Deines Schönheitsgefühls anschlagen. Warum verlangst Du denn, daß sie Dich erbauen, in der Sittlichkeit unterrichten und Dein moralisches Gefühl unterrichten sollen? Dazu sieh Dich in biblische Spruchbüchleins um ... Lies also die Wielands oder Goethes, oder die Werke anderer Dichtergenies nicht, wenn Du morgen Deine Missetaten ohne Zurückhalt ins Ohr beichten ... willst. Diese vortrefflichen Werke sind ... nicht bußfertigen Sündern gewidmet; sie zerstreuen, sie heitern auf. Urteile nun selbst, wie ungerecht Deine geistigen Lästerungen sind, die Du auf Männer ausschäumest, die die ehrwürdigsten Aufklärer Deines Zeitalters und die Ehre Deiner Nation bei den Ausländern sind! – Ich wünschte: Kunstrichter schimpften nicht auf Goethe und Theologen nicht auf die Berliner!« [29]

Zusammenfassend läßt sich sagen: Literarische Produktion und Konsumtion wurden mit der Vereinzelung und Verinnerlichung aus bisher überwiegend religiös und sozial gebundenen, zu individuellen und diesseitig freien Tätigkeiten. Erst in diesem Wandel entfalteten sich der bürgerliche Kunstbegriff und damit die bürgerlich literarische Gesellschaftskultur. Wie problematisch diese – weniger von Voltaire und Locke als vielmehr von Rousseau und Young beeinflußte – Gesellschaftskultur in sich war, zeigt sich allein schon darin, daß die von der westlichen Aufklärung mit Hilfe der allgemeinen Menschenrechte erstrebte politische Integration der vereinzelten Individuen zur bürgerlichen Gesellschaft in Deutschland nicht oder nur sehr unvollständig gelang. Neben dem Absolutismus erwies sich die vom Sturm und Drang – unter Ausrufung der Sonderrechte des Individuums – begonnene Autonomisierung als stärker [30]. Nicht zuletzt deshalb befand sich das vordemokratische bzw. vorrevolutionäre deutsche Bürgertum in einer institutionell wenig gesicherten Lage, in jenem oben beschriebenen Zustand politischer Heimatlosigkeit. »Wir haben«, schrieb J. Möser, »höchstens nur Vaterstädte und ein gelehrtes Vaterland, was wir als Bürger oder als Gelehrte lieben. Für die Erhaltung des deutschen Reichssystems stürzt sich bei uns kein Curtius in den Abgrund« [31].

Was das Bürgertum zusammenhielt, waren *nicht mehr* die festen Klammern der Stände und Zünfte und *noch nicht* die interessenmäßigen Bindungen der Wirtschaftsklassen des 19. Jahrhunderts. Es war vielmehr die Tatsache, daß die Bürger statt ständischer und religiöser Bindungen den Intellekt und das Geld als Werkzeuge ihres sozialen Aufstiegs schätzen und anzuwenden lernten [32]. Die staatlichen Verhältnisse waren jedoch noch zu stabil, um den über die zweite Jahrhunderthälfte sich erstreckenden Übergang von den mittleren Ständen zur bürgerlichen Gesellschaft zu beschleunigen und eine Verlagerung dieses Prozesses ins Politische nach Art der Französischen Revolution zu fördern. Das Bürgertum mußte sich in die drückende Lage der *nicht mehr* ständischen und *noch nicht* bürgerlichen Vergesellschaftung schicken und die antinomische Scheidung von »Besonderheit und Allgemeinheit« [33], von Politisch-Öffentlichem und Menschlich-Privatem, von Beruf und geistig-weltanschaulicher Zugehörigkeit hinnehmen. Diese Gegensätze waren das besondere Kennzeichen der damaligen bürgerlichen Gesellschaft und in ihnen ist sie als Einheit zu begreifen.

2. Die Lage des Bürgertums

Die eingangs erwähnten Weltentwürfe mit ihren sozialen Hoffnungen und die Bemerkungenen über die Widersprüche innerhalb der entstehenden bürgerlichen Lebenswelt erlauben es, diesem Abschnitt eine Bemerkung des jungen Lichtenberg aus seinen *Sudelbüchern* voranzustellen, die in ihrer drastischen Unmittelbarkeit und totalitären Konsequenz schlagartig die Lage des Bürgertums erhellt. Dieses wohl schärfste politische Verdammungsurteil, das Lichtenberg einem für »völlig verrückt« gehaltenen und seinen satirischen Freimut mit dem Tode büßenden Perückenmacher in den Mund legte, darf wohl als Lichtenbergs eigene Meinung gewertet werden. »Kein Fürst wird jemals den Wert eines Mannes durch seine Gunst bestimmen, denn es ist ein Schluß, der nicht auf eine einzige Erfahrung etwa gegründet ist, daß ein Regent meistens ein schlechter Mann ist. Die meisten Beherrscher dieser Welt sind Tambours, Fouriers, Jäger ... Wie kann es denn in der Welt nur erträglich hergehen ..., wenn ein Narr der Herr von allen ist, der keine Oberen erkennt als seine Dummheit, seine Caprice, seine Huren und seinen Kammerdiener? O, wenn doch die Welt einmal erwachte! Und wenn auch drei Millionen am Galgen stürben, so würden doch vielleicht fünfzig bis achtzig Millionen dadurch glücklich« [34].

Daß auch Lessing eine ähnliche Auffassung von der Lage seiner gesellschaftlichen Gruppe hatte, belegt folgende Briefstelle aus dem Jahre 1769. »Sonst sagen Sie [d.h. Fr. Nicolai, d. Verf.] mir von Ihrer Berlinischen Freiheit zu denken und zu schreiben ja nichts. Sie reduziert sich einzig und allein auf die Freiheit, gegen die Religion so viel Sottisen zu Markte zu bringen, als man will. Und dieser Freiheit muß sich der rechtliche Mann nun bald zu bedienen schämen. Lassen Sie ... aber doch einmal einen in Berlin ... auftreten, der für die Rechte der Untertanen, der gegen Aussaugung und Despotismus seine Stimme erheben wollte, wie es jetzt sogar in Frankreich und Dänemark geschieht: und Sie werden bald die Erfahrung haben, welches Land bis auf den heutigen Tag das sklavischste Land von Europa ist« [35].

Diese beiden Belege politischer Urteilsfähigkeit, in denen der Zorn auf die Geistfeindschaft der politisch Mächtigen unüberhörbar ist, stehen hier für alle weiteren und ähnlich profilierten Äußerungen anderer Schriftsteller. Sie zeigen in ihrer Breite und Vielzahl, daß sich bereits vor der Französischen Revolution im literarisch gebildeten Bürgertum politisches Bewußtsein bildete, dessen Schicksal es jedoch war, sich nicht in Handeln umsetzen zu lassen. Man wußte zwar, was gesellschaftspolitisch gesehen »rechtens« war, doch gingen Staat und Gesellschaft – wie J. Möser klagte – »unter der Wache stehender Heere maschinenmäßig« [36] ihren Gang. Angesichts des Verkaufs deutscher Soldaten nach Amerika erklärte selbst Herder, Deutschland könne »keinen Homer« haben, »solange dieser den gedungenen Knechtzug seiner Brüder ... besingen müßte« [37].

Das deutsche Bürgertum war gezwungen, mit den herrschenden Mächten Kompromisse einzugehen, die es ihm nicht gestatteten, seine in den politischen Urteilen und Weltentwürfen sich ausdrückende gesellschaftliche Vitalität auszuleben. Die politischen Verhältnisse erlaubten es einfach nicht – so heißt es bei dem außerordentlich zeitkritischen L. A. Unzer –, »daß viele große Seelen in unseren Ländern gezeugt werden ... Bei dem jetzigen Zustand der Gesellschaft braucht man weit notwendiger gütige als starke Seelen«. Dagegen hätte in England die

»politische Freiheit und die daraus entspringende Freiheit in der Denkungsart
... originellen Köpfen Gelegenheit zur Wirkung und Ausbreitung« [38] gegeben.
Unzer legte mit dem Vergleich die im Sturm und Drang sich manifestierenden
sozialen Voraussetzungen des neuen literarischen Lebens frei, das weniger eine
primär geistig orientierte Bewegung mit unabhängig erdachtem Programm war,
sondern mehr der Ausdruck eines Freiheitsbedürfnisses, das jedoch unbefriedigt
blieb und dessen Anspruch verdrängt bzw. rationalisiert wurde. Beides führte
nach den Worten Schillers – der »über den politischen Jammer« ungern »eine
Feder« ansetzte – dazu, »daß die Maxime der Passivität und des leidenden Gehor-
sams als höchste Lebensregel« galt. »Daher« – so heißt es bei Schiller weiter
– »die Beschränktheit im Denken, die Kraftlosigkeit im Handeln, die klägliche
Mittelmäßigkeit im Hervorbringen, die unser Zeitalter zu seiner Schande charakterisiert« [39]. Gerade diese Maxime erschwerte die politische Emanzipation des
Bürgertums, denn unter ihrem Schutz überließen viele Bürger – wie Mme. de
Staël in ihrem Buch *Über Deutschland* ausführte – »den Mächtigen der Erde
ziemlich willig die ganze Wirklichkeit des Lebens. Diese Wirklichkeit, die von
ihnen so verachtet ist, findet dennoch Besitzer, die dann die Störung und den
Zwang selbst in das Reich der Einbildung tragen« [40].
   Über den Verzicht auf ein eigenes politisches Dasein täuscht auch nicht
der in der Jahrhundertmitte aufkommende ständisch-städtische Patriotismus hinweg, der im *Götz* seine literarische Ausprägung fand und später in den Ritter-
und Räuberromanen den unteren Leserschichten verflacht weitergereicht wurde.
Nach Garve beruhte der Patriotismus, der »ein neues Surrogat des alten konfes-
sionellen Zusammenhalts der Dinge war« [41], auf drei Prinzipien: auf der Liebe
zum Land, zu den Menschen und zu der Regierung des Landes [42]. Garves
Definition zeigt, daß der Patriotismus gewissermaßen von der Verwechslung politischer mit sittlichen und bildungsmäßigen Einstellungen lebte. Er war also keine
politische, sondern eine sich philantropisch verstehende kulturelle Haltung, durch
deren Ausbreitung die Teilnahme weiter Kreise an der deutschsprachigen Literatur entscheidend gefördert wurde. Daß der Patriotismus darüber hinaus ein –
zwar ergebnisloser – Versuch war, den tiefen Zwiespalt zwischen bürgerlichem
Bewußtsein und absolutistischer Politik zu überbrücken, verdeutlicht ein Brief
Lessings. Er schrieb 1758 an Gleim, »vielleicht zwar ist auch der Patriot bei
mir nicht ganz erstickt, obgleich das Lob eines eifrigen Patrioten, nach meiner
Denkungsart, das allerletzte ist, wonach ich geizen würde; des Patrioten nämlich,
der mich vergessen lehrt, daß ich ein Weltbürger sein sollte« [43].
   Auf dem Hintergrund der skizzierten politischen Situation gewinnen die im
vorigen Abschnitt geschilderten Vorgänge der Vereinzelung und Verinnerlichung
des bürgerlichen Menschen an Bedeutung. Sie waren sehr wesentlich auch Reaktionen auf die durch den Despotismus beschränkte politische Bewegungsfreiheit,
und so darf der »Ekel vor dem Leben« als Folge des »politischen Jammers«
verstanden werden. Die Tatsache, daß ein derartig neurotischer Seelenzustand

– von den Zeitgenossen Hypochondrie benannt – vorwiegend innerhalb der bürgerlich werdenden mittleren Stände entstand, bietet hierfür einen unmißverständlichen Hinweis. Die Lebensregel stieß sich an der einsetzenden »Sonderung der Berufsgeschäfte« und an dem Wunsch der »höchsten Veredlung des Menschen durch uneingeschränktesten Gebrauch seiner Kräfte«. Und wenn Goethe seinen Zeitgenossen in einem Xenion zurief, »Zur Nation Euch zu bilden, ihr hoffet es, Deutsche, vergebens. Bildet, ihr könnt es, dafür freier zu Menschen Euch aus« [44], dann war diese Forderung angesichts der äußeren und inneren Exierschwerung kaum zu erfüllen. Wurde sie dennoch befolgt, so verschärfte sich nur der Widerspruch zwischen unerreichbarem Ideal und beengter Wirklichkeit.

Die Folgen dieses Widerspruchs sind deutlich in der Lebensgeschichte des *Anton Reiser* greifbar. Der von K. Ph. Moritz mit autobiographischen Zügen ausgestatteten Romangestalt waren »Gefühle« eigen, die sie mit der durch die herrschenden »Verhältnisse unterdrückten Menschheit« verbanden und ihr »das Leben verhaßt« machten. [45]

Das auslösende Moment der von Moritz geschilderten Seelenhaltung war seine Erfahrung menschlicher, geistiger und politischer Ohnmacht. Doch statt diese Erfahrungen kritisch zu reflektieren und zu einem radikalen Studium seiner gesellschaftlichen Verhältnisse zu gelangen, entwickelte Moritz die Fähigkeit zu einer tiefdringenden Selbstbeobachtung. Besonders deutlich ist diese Selbstbeobachtung und damit das Entstehen der Psychologie als Erfahrungsseelenkunde aus der religiösen Reflexion in der Entwicklung der pietistisch und rationalistisch beeinflußten Autobiographien von J.C. Günther, Alb. von Haller, Gellert über Hamann zu Lavater, Jung-Stilling und Moritz zu beobachten. Mit Hilfe der in Tagebuch und Brief angewandten seelisch-sittlichen Buchführung, in der »der Fortschritt in den einzelnen Tugenden ... tabellarisch-statistisch« [46] erfaßt wurde, fühlte der Bürger sich und seiner Zeit den Puls.

Bezeichnend ist in diesem Zusammenhang die Umwandlung des theologischen Begriffes der Sünde in den der psychologischen oder seelischen Krankheit, wie sie bereits für die erste Hälfte des 18. Jahrhunderts bei einem pietistischen Pfarrer nachzuweisen ist [47]. Trotz dieser gelegentlichen Ausartungen trug aber die Wendung zur Selbstbeobachtung wesentlich dazu bei, daß an die Stelle der alten Abenteurererzählung der moderne psychologische Seelen- und Bildungsroman rückte, der – entgegen der ebenfalls zu beobachtenden vorrevolutionären Programmatik – auf jenen passiven Helden tendierte, der sich in die kaum aufhebbaren Widersprüche schickte.

Dieser Wirklichkeit konnte sich auch *Anton Reiser* – sprich K.Ph. Moritz – nicht entziehen, aber ebensowenig vermochte er sie zu ändern. Überaus reizbar litt er an ihr bis zur gelegentlich bewußt hervorgerufenen Tränenseligkeit. Statt mit einem »bürgerlichen Heroismus« waren er – und viele seiner Mitbürger – mit jener Lichtenbergschen Fertigkeit begabt, »aus jedem Vorfalle des Lebens, er mag Namen haben wie er will, die größtmögliche Quantität Gift zu eigenem

Gebrauch auszusaugen« [48]. Die Lichtenberg eigene Selbstquälerei, »the joy of grief« Anton Reisers, die Sentimentalität der Göttinger Hainbündler [49], die »hamletischen Launen« Schubarts [50] und die »Schwermut« der Ossian- und Werther-Leser sind als Verhaltensweisen von Menschen zu erklären, deren soziale Identität gestört war. Diese Störung äußerte sich gleichfalls in dem »trotzigen und verzweifelten Zynismus des Betragens« enttäuschter »Sturm- und Drang-Titanen«, von denen jeder »glaubte, er dürfe ebenso melancholisch sein als der Prinz von Dänemark, ob er gleich keinen Geist gesehn und keinen königlichen Vater zu rächen hatte« [51].

Auf diese gleichsam massenneurotische Störung des in der Hauptsache auf Selbstbeobachtung und Selbstbildung verwiesenen Bürgertums einzugehen war deshalb nötig, weil sie nicht nur das plötzliche Anwachsen, sondern auch die Trivialisierung der literarischen Produktion und Konsumtion erklären hilft. J. C. Riesbeck, der in der Gestalt eines reisenden Franzosen das deutsche literarische Leben kritisch betrachtete, fand die Ursache für die – seit den späten 70er Jahren zum Teil im Anschluß an Goethes *Götz* und seit den 80er Jahren im Anschluß an Schillers *Räuber* und den *Verbrecher aus verlorener Ehre* – in Mode kommende Ritter-, Räuber- und Schauerliteratur in dem das deutsche Bürgertum kennzeichnenden Mangel an mannigfaltigeren Kenntnissen des bürgerlichen Lebens und an geselligem Umgang. »Die verschiedenen Volksklassen kreuzen sich in den deutschen Städten nicht auf so verschiedene Art, wie in den französischen … Seine Kenntnisse, seine Empfindungen von gesellschaftlichen Situationen sind also viel eingeschränkter, als jene unserer Bürger … Bei dieser Gefühlslosigkeit … bei dieser Stumpfheit für die Verkettungen und Intrigen des gewöhnlichen gesellschaftlichen Lebens hat nun der deutsche Bürger natürlich zu seiner Unterhaltung im Theater Karikaturen und starke Erschütterungen nötig, da sich der Franzose mit einem viel feineren Spiel der Maschinen eines Theaterstücks begnügt, und seine eigene Welt gerne auf der Bühne vorgestellt sieht, weil er sie kennt« [52].

Den von Riesbeck etwas pointiert geschilderten Deutschen – zu ihnen gehörte auch *Anton Reiser* – wurden also Literatur und Theater zu einem »Zufluchtsort gegen alle diese Widerwärtigkeiten und Bedrückungen« [53]. Sie fanden im Reich der Phantasie weit mehr Leben als in den Erbauungsbüchern und Predigten ihrer Seelsorger und konnten und durften in diesem Spielraum alles sein, wozu sie in der wirklichen Welt nie Gelegenheit hatten, nämlich: *Emilia Galotti, Werther, Hamlet, Räuber, Rinaldo Rinaldini* usw. Nicht zuletzt deshalb erschien Anton Reiser das Theater »eine natürlichere und angemessenere Welt, als die wirkliche Welt, die ihn umgab« [54], und so war er auch nach der Lektüre der Schriften der Hainbündler, des jungen Goethe und der Stücke Shakespeares »kein gemeiner und alltäglicher Mensch mehr«. Sein Geist arbeitete sich vielmehr mit Hilfe solcher Bücher unter den »drückenden Verhältnissen« [55] empor. D. h. Literatur und Theater wurden für das Bürgertum zu einem Bereich kultureller Selbstbestätigung oder – wie Mme. de Staël sagte – zu einer »idealen Republik«, in der es mit Hilfe der »Phantasie die geringe Zahl von Schönheiten« [56] vervielfältigen konnte, die ihm die Wirklichkeit bot. Daher hatte auch »eine merkwürdige Klasse von Menschen« – so nannte der junge Schiller die »Großen der Welt« – in dieser Republik Gelegenheit zu hören, was sie nie oder selten hörte – »Wahrheit« – und zu sehen, was sie nie oder selten sah – den »Menschen« [57].

Es darf als gesichert gelten, daß diese Selbstbestätigung des Bürgertums innerhalb des wahren und menschlichen Bereiches jenen literarischen Bildungsglauben entstehen ließ, der geeignet war, die bisherige Standesbildung abzulösen und zu ersetzen.

Statt also die geringe Bildung des Adels zu plakatieren, exponierte die bürgerlich-literarische Intelligenz ihre eigene weltliche Bildung und wertete damit die bisher ihr Prestige mitbestimmende religiöse Bildung ab. W. Heinse hat diese Abwertung 1776 in einem Brief ironisch kommentiert und erklärt: »Es ist doch in der Tat schade, daß die Religion jetzt so wenig mehr bei uns zu bedeuten hat, sie ist doch immer das leichteste Mittel gewesen, wodurch die Gescheiten den großen Haufen im Zaum hielten und auf dessen Kosten lebten« [58]. Ähnliche Gedanken hegte auch J. H. Schulz, der bis 1789 Prediger in der Nähe Berlins war. Als Vertreter der theologischen Praxis glaubte er jedoch, die Fürsten seiner Zeit mit folgenden Worten warnen zu müssen: »Die Vorsteher der Staaten irren gar sehr, wenn sie sich einbilden, daß die Religion ein unentbehrlicher Zügel und Zaum für das Volk sei, um es gehorsam gegen die Landesgesetze und Landesobrigkeit zu erhalten; der große Haufen beginnt ohnehin schon gegen die kirchliche Religion Verdacht zu schöpfen« [59].

Zweifellos entsprachen diese Verdächtigungen der Kirche und mithin der Obrigkeit dem Wesen der bürgerlichen Gesellschaftskultur, und es bedarf wohl kaum des Hinweises auf einige literarische Wortführer der »großen Haufen«, wie etwa C. D. Schubart und J. J. Moser, um diesen Zusammenhang zu verdeutlichen. Beide büßten die aus ihrer literarischen Bildung erwachsene freimütige Kritik am absolutistischen Despotismus mit langjährigen Festungsstrafen. Darüber hinaus bestätigen die Namen dieser beiden pietistisch eingestellten süddeutschen Schriftsteller, daß der im übrigen spirituelle Pietismus auch wesentlich soziale und bürgerliche, d. h. politische Elemente enthielt, doch sind sie nur selten in unmittelbarer Form wirksam geworden. Mit den Pietisten fühlte und glaubte eben der überwiegende Teil der bürgerlichen Menschen, daß die diesseitige »Veredelung des Menschen« vorerst die größte Stärke des einstweilen noch politisch Schwächeren war. Die Disqualifikation des höfischen Adels vollzog sich damit in politisch unanfechtbarer Form, doch trug der bürgerliche Bildungsglaube gerade dadurch zur Zersetzung der überlieferten sozialen Gliederung bei. Das Bürgertum setzte mit »höherer« Bildung – jenseits ihrer individual-ethischen Bedeutung – soziale Differenzierung voraus oder gleich. Die Bürger jener idealen Republik glaubten sich kraft ihrer Bildung aus der auf den Machtverhältnissen

beruhenden ständischen Rangordnung herausgehoben und in eine mit jener konkurrierenden literarischen und geistigen Ordnung eingegliedert [60].

Daß dieser Glaube, der eine von den Schriftstellern mitbestimmte Antwort
des Bürgertums auf die Störungen und den Zwang der Wirklichkeit war, die
Bewältigung der eigenen widersprüchlichen Lage erschwerte und den Wirklich-
keitsschwund vergrößerte, bezeugt folgende Erkenntnis Schillers aus dem Jahre
1795: Es werde mancher Verstand bloß deswegen mit den Verhältnissen uneins,
»weil es der Phantasie der Poeten beliebt, eine Welt aufzustellen, worin alles
ganz anders erfolgt, wo keine Convenienz die Meinungen bindet« [61]. Daher
wünschte J. H. Merck, »der Teufel hole die ganze Poesie, die die Menschen von
anderen abzieht und sie inwendig mit der Betteltapezerei ihrer eigenen Würde
und Hoheit ausmöbliert. Wir sind doch nur insofern etwas, als wir was für andere
sind« [62]. Ganz ähnlich schrieb G. Forster, »daß wir mehr zum Handeln als
zum Spekulieren hier sind« und daß es der »erhabene Zweck unseres Daseins«
sei, »für andere zu wirken« [63].

Entgegen diesen Appellen, sich der widersprüchlichen Wirklichkeit zu stellen,
verbarg sich das Bürgertum gewissermaßen in einem schützenden Ersatzobjekt,
nämlich in der zwischen Stadt und Land in »schöner Natur« [64] gelegenen
Idylle: Wohnsitz schöner, gütiger und in ihren »leidenden Gehorsam« verliebter
Seelen. Hier lebte man von Selbstbeobachtungen und Reflexionen über die
Unsterblichkeit der Seele und blieb auch in der kläglichsten und bittersten Stimmung von der Größe des eigenen Ichs überzeugt.

V. Tornius [65] hat dieses Naturgefühl soziologisch als Befreiung von den
beengenden konventionellen Gepflogenheiten und als Erleichterung von der
Bürde des Amtes im Verwaltungsapparat des absolutistischen Staates gedeutet,
doch muß hinzugefügt werden, daß die vergleichende Orientierung bürgerlichen
Daseins – als Entfaltung der Innerlichkeit – am Substitut idyllischer Natur nicht
nur Ausdruck der Befreiung, sondern auch Zeichen sozialer Determination war:
Suche des religiös kritisch gewordenen, sozial irritierten und politisch heimatlosen
Bürgertums nach Geborgenheit vor dem Zwang und den Störungen der Wirklich-
keit. Die Idylle vermochte diesen Schutz zu geben, denn sie zeichnete sich, wie
M. Wieser es nennt, durch eine »Geschichtslosigkeit« aus, die gleichsam verding-
lichtes Gelassenheitsideal war. Daher konnten in ihr auch jene zahlreichen schöngeistigen Schriften, Traktate und Briefe über die Unsterblichkeit der Seele entstehen, die sich dadurch auszeichneten, daß sie am Tod die Seite geschichtlicher
Vergänglichkeit und an der Natur die Seite dämonischer Allmacht übersahen.
Je geringer aber die Schutzfunktion der Idylle im Zuge der Differenzierung des
sozialen und geistigen Lebens wurde, desto gegenwärtiger und übermächtiger
wurden aber Natur und Geschichte und forderten eine neue gedankliche Durchdringung. Dabei erwiesen sich die bisherigen Vorstellungen als ungeeignet, um
dem bürgerlichen Menschen an Stelle des verlorenen religiösen Haltes einen kos-
mischen zu geben. Je diesseitig-gegenwärtiger die Lebenspraxis des Bürgertums

wurde, desto drängender stellten sich die genannten Probleme, die seither immer wiederkehrende Themen der Schriftsteller sind.

Vorerst aber führten noch große Teile des sich empfindsam selbstenthüllenden Bürgertums in dieser Welt der Selbstberauschung und Selbsttäuschung, doch unter dem Druck des kleinstaatlichen Absolutismus in »edler Einfalt« und moralisch »stiller Größe« ein der geschichtlichen, nicht aber der seelischen Gefährdung enthobenes Leben. Dokumente dieses »einfältigen« Lebens, das sich nicht mehr am aristokratischen Verschwiegenheitsethos orientierte, sind die zahllosen Briefe [66], die in der zweiten Jahrhunderthälfte vor allem von bürgerlichen Menschen geschrieben wurden.

Gesellschaftsgeschichtlich gesehen hat das Briefeschreiben [67] die dialogische Wendung des Vereinzelten zum Mitmenschen, den Hang zur Selbstbeobachtung und damit die Ausbreitung der verinnerlichten Kultur des Bürgertums wesentlich gefördert. Und sofern deutschsprachige Briefe zwischen Bürgern und Adeligen gewechselt wurden, hoben sie auch das bürgerliche Selbstbewußtsein [68]. Publikumssoziologisch wichtig ist am Briefkult die Tatsache, daß ganz im Zuge der Empfindsamkeit jener Zeit die Frau als Schreiberin und Empfängerin von Briefen auftrat. Es war die Absicht nicht nur des überaus populären und weitverbreiteten Gellertschen Briefstellers, das Frauenzimmer zu einer natürlichen Schreibart zu ermuntern [69], auch die übrigen Briefmustersammlungen strebten danach. Herder war zwar entrüstet, »daß überhaupt, wohin man sich in Deutschland wendet, halberstädtische Liebesbriefchen fliegen, die, man verkleistere sie, wie man wolle, doch immer die Herzen der Weiblein haschen sollen« [70]. Aber gerade Herders aus religiöser Entrüstung geborener Tadel zeigt, wie sehr die bürgerliche Frau an der seelischen und geistigen Verfeinerung ihrer Schicht mitbeteiligt war. Nicht zuletzt durch den Briefkult wurde sie zu einem wichtigen Faktor innerhalb des literarischen Lebens [71].

Eng mit diesen Folgen ist die sprachsoziologische Seite des Briefkultes verbunden. Den zahlreichen Brief- und Tagebuchschreibern ging es weniger um konventionelle Mitteilungen, als vielmehr um die sprachliche Formung ihrer Selbstbeobachtungsergebnisse. Da sich diese »Entdeckung« der Seele nicht mehr mit den bisherigen sprachlichen Mitteln meistern ließ, wurden deren Mängel allgemein bewußt. Und so bildete sich innerhalb des Bürgertums eine seelisch differenziertere Sprache heraus. Diese sprachschöpferische Tätigkeit des Bürgertums hat – wie J. C. Riesbeck richtig erkannte – das Entstehen des freien Schriftstellers wesentlich begünstigt. »Der Schriftsteller schafft sich so leicht seine Sprache nicht. Die Wörter und Redensarten müssen erst in den guten Gesellschaften das Bürgerrecht bekommen haben, ehe er sie ohne Anstoß gebrauchen kann« [72]. Auch hier zeigt sich wieder, daß – wie Garve es einmal formulierte – »die Umstände des Volkes, die Regimentsverfassung ... Einfluß auf die Bestimmung des Gesprächstons« [73], d.h. letztlich auf die Sprache haben. Und folglich könne man auch – so schrieb F. G. Findeisen – »aus dem Wert der Worte ... aus der

Stellung und Fügung derselben sowohl als aus der Verbindung der Gedanken, auf den Geist des Volks und seine Richtigkeit schließen« [74].

Parallel zu diesen sprachlichen und den bürgerlichen Menschen verinnerlichenden Vorgängen wurde aus dem Brief, der als ein praktisches Kommunikationsmittel nie seine gesellschaftliche Gebundenheit leugnen kann, eine besondere literarische Form: der Briefroman. Denn nirgends vermochte die Seele sich besser selbstbespiegelnd zu enthüllen, als im Brief. Und wie kaum eine andere literarische Form war er offen und variabel. Ihm fehlte die reglementierte Strenge moralästhetischer Normen, und doch schien er aus dem Leben herausgehoben [75]. Er war daher sowohl geeignet, den vom Bürgertum geführten und fast hoffnungslosen Kampf von Innerlichkeit und Wirklichkeit formal zu gestalten, als auch den Kontakt zwischen Schriftsteller und Leser so eng wie nur irgend möglich zu machen. Die ersten Briefromane – sei es als Briefwechsel oder Briefmonolog – tauchten um 1740 in England auf. Aber erst mit Rousseau wurden sie zur wohl intimsten Form der öffentlichen Selbstauslegung des Bürgertums.

Im ökonomischen Umsatz des Privatesten konstituierte sich also ein wesentlicher Teil der bürgerlichen Welt. Doch war es den Menschen dieser Welt nicht vergönnt, weder ihr aus bewußt gesteigerten Gefühlen abgeleitetes »höheres« Seelen- und Geburtsrecht, noch ihre kulturellen Neigungen und gesellschaftlichen Bestrebungen in einer eigenständigen sozialen Organisationsform zu materialisieren. Die Privatisierung bürgerlichen Daseins führte unter dem Zwang der Wirklichkeit zu einer Fehlentwicklung der Identität der bürgerlich-literarischen Intelligenz. »Dieselbe Verfeinerung«, die »gesittet« mache, bemerkte Herder einmal, mache auch »alt, schwach und [zu] nichts tauglich« [76], oder – wie es bei Unzer heißt – »alle Leute, deren Moral auf die Art gebildet« wäre, seien »höchst unzuverlässig, indem sie keinen bestimmten Charakter haben und heute so, morgen so handeln« [77]. Die Bereitschaft bürgerlicher Menschen, Illusionen für die Wirklichkeit zu nehmen, war ähnlich groß wie ihre Ratlosigkeit gegenüber den Lebensverhältnissen, in denen sie mit den überlieferten ständischen und religiösen Maßstäben nicht mehr zurechtkamen. Angesichts dieser Lage ist es begreiflich, daß das Bürgertum nach neuen Maßstäben suchte und sie im Ästhetischen zu finden glaubte.

3. Ästhetisierung

Anläßlich seiner Amtseinführung an der Rigaer Domschule führte Herder in einer Rede aus, es sei »gewiß, daß das Schöne beinahe schon ein Maßstab des Guten geworden ist, und daß man beide Wörter, weil sie gleichviel Silben haben, auch verwechselt« [78]. Herder bestätigte damit die enge Verbindung der religiösen Norm des Wahren mit der moralischen Norm des Guten und der ästhetischen des Schönen, die sich seit den moralischen Wochenschriften herausgebildet hatte. Auf Grund dieser Verbindung, die die für das Bürgertum bezeichnende Gleichstellung von Religion, Ethik und Kunst verdeutlicht, erwartete man fortan von der Literatur, was bislang von der Religion geleistet worden war – nämlich: Deutung und Verschönerung bürgerlichen Daseins. Ganz in diesem Sinne erklärte E. Brandes: »Ein Buch soll entweder unserer Denkkraft, unserer Wißbegierde oder unserer Phantasie Nahrung reichen; entweder der Sinn für das Gute oder das Wahre oder das Schöne soll Befriedigung erhalten« [79].

Es ist das Verdienst H. Schöfflers, diesen Prozeß des Geschmacks- und Stillwandels auf religiöse und soziale Voraussetzungen bezogen zu haben. In Verbindung mit Schöfflers Forschungsergebnissen und der hier beschriebenen Lage des Bürgertums wird der Prozeß der Ästhetisierung in einigen Punkten darzustellen sein. Daß sich dabei – wie überhaupt im Verlauf der Studie – eine Beschränkung auf das überwiegend protestantische Nord- und Mitteldeutschland ergibt, ist dem Umstand zuzuschreiben, daß der von der katholischen Kirche beherrschte Süden Deutschlands »direkt niemals etwas zu dem Problem der literarischen Säkularisation beigetragen hat« [80].

Dieser Geschmacks- und Stilwandel, der bürgerlichem Selbstgefühl und Welterleben zu literarischem Ausdruck verhalf, trug von Anfang an zwei Akzente – sie lagen auf Moral und Ästhetik [81]. Da zu Beginn der moralische Akzent überwog und der ästhetische erst im weiteren Verlauf beherrschende Geltung erlangte, darf von zwei Phasen der Ästhetisierung gesprochen werden. Die erste Phase war noch konfessionell beeinflußt. Sie setzte mit den halbbelletristischen moralischen Wochenschriften ein und wurde in erheblichem Ausmaß von den Theologen selbst ausgelöst, die sich der schönen Literatur bedienten, um auf diesem Wege »die höchsten Dinge ins Menschenherz schleichen« [82] zu lassen. Sie konnten nicht ahnen, daß ihr Tun sich in wenigen Jahren gegen die von ihnen vertretene Institution richten und eine Fülle von Schriften hervorrufen würde, die das Verhältnis von Dichtung und Theologie untersuchten [83]. Parallel dazu kam es zu den ersten literaturkritischen Auseinandersetzungen, die seit den 40er Jahren das Interesse an ästhetischen Fragen auch außerhalb der gelehrten Kreise zu wecken begannen. Durch sie wurde der Formalismus der Barockpoeten aufgelockert, doch ließ die Moral, die den Lebensraum der mittleren Stände begrenzte, ein völlig freies ästhetisches Spiel nicht zu.

Noch erwies sich das moralische Empfinden, das nicht nur den den poetischen Regeln verpflichteten Dichter, sondern auch seinen Leser – den Kenner – auszeichnete, als stärker. Dieser Hintergrund, auf dem sich beide Gestalten ihr Gegenüber noch konkret vorstellen konnten, bestimmte in entscheidender Weise ihren Werk- bzw. Rezeptionsstil: beim ständischen Dichter noch weitgehende Nachahmung der dem Stoff nach oft bekannten Vorbilder mit dem Vorsatz der Belehrung und Geschmackskultivierung seiner Leser; beim Kenner kunstrichterliches Genießen mit der Tendenz, die moralische Lehre in Lebensformen und Verhaltensweisen umzusetzen. Je ungeeigneter aber die religiösen Lebensformen für die Bewältigung des sich entfaltenden bürgerlichen Daseins wurden, desto mehr reagierte die Literatur auf diesen Situationswandel. Sie bot in Fabeln, Schauspielen und Romanen geeignete Muster (patterns) für ein sich an- und einpassendes Handeln. Die ästhetisch noch indifferente Bewertung dieser literarischen Produkte wurde mit einem Vokabular vorgenommen, das die moralischen Verhaltensweisen und Lebensregeln widerspiegelt: gelassen, sanft, schicklich, unschuldig, anmutig, artig, tändelnd, tugendhaft etc.

Den sinnfälligsten Ausdruck fand dieses mittelständische Literaturverständnis in dem Wort Geschmack. Geschmack haben, hieß nach den Worten des Aufklärers J.G. Sulzer nichts anderes, »als das innere Gefühl zu besitzen, wodurch man die Reizung des Wahren und Guten empfindet. Also zeigt sich der Geschmack nur alsdann in seiner höchsten Vollkommenheit, wenn er von scharfem Verstande, feinem Witz und edlem Empfinden begleitet wird« [84]. Da Gellert derartige Eigenschaften in hohem Maße besaß, konnte er – nach den Worten eines Zeitgenossen – »der Lehrer der reinen Tugend und des unschuldigen einfachen Geschmacks unter seiner Nation sein« [85]. Zwei Jahre nach dem Ableben Gellerts ging jedoch L. A. Unzer mit dem Moralprofessor hart ins Gericht und tadelte ihn, er sei »ein sehr mittelmäßiger Schriftsteller ... ohne einen Funken von Genie« und nur ein »Dichter der Dorfpastoren ... ihrer Töchter und anderer Leute von diesem Kaliber« [86] gewesen. Es darf also festgehalten werden, daß in Gellerts Person die erste Phase der Ästhetisierung gipfelte. Sie kann zusammenfassend kaum besser charakterisiert werden, als mit Goethes Worten aus dem Entwurf über die *Epochen der deutschen Literatur:* »Ruhig, emsig, geist- und herzreich, würdig, beschränkt, fixiert, pedantisch, respektvoll, anti-gallische Kultur, formsuchend« [87].

Der Übergang zur zweiten Phase vollzog sich allmählich und ist zeitlich nicht genau festzulegen, weil Moral und Tugend schwer aufhebbare soziale Phänomene des bis zum Jahrhundertende hin wirksamen mittelständismhen Bewußtseins waren. Ob der Beginn der zweiten Phase mit dem Erscheinen von Hamanns *Sokratischen Denkwürdigkeiten* (1759), Rousseaus *Novelle Héloise* (1760), Winckelmanns *Geschichte der Kunst des Altertums* (1763) und Wielands *Abenteuer des D. Sylvio von Rosalva* (1764) in Verbindung gebracht wird, oder ob man in Herders Abhandlungen *Über die neuere deutsche Literatur* (1766f.), Lessings *Hamburger Dramaturgie* (1767) und Goethes *Rede zum Shakespearetag* (1771) deutliche Markierungen erkennt, immer sind es zwei Tendenzen in den genannten Publikationen, an denen der Wandel abzulesen ist. Einmal ist es die Befreiung vom moralisierenden Geschmack und von den poetischen Regeln verbunden mit dem Willen zu bekenntnishafter Originalität und zweitens die Abkehr von mittelständischen Verhaltensweisen mit der Absicht ungebundener Entfaltung der eigenen Persönlichkeit.

Beide Tendenzen sind Zeichen der Emanzipation jenes »ästhetischen Sinnes«, den Goethe das mit »jugendlichem Mut« vorwärtsstrebende »Bedürfnis der Unabhängigkeit« [88] nannte. »Die Epoche, in der wir lebten«, so heißt es an anderer Stelle, »kann man die fordernde nennen: denn man machte an sich und andere Forderungen auf das, was noch kein Mensch geleistet hatte« [89]. Man forderte – und war dabei nicht unbeeinflußt von pietistischem Erbe – eine unbegrenzte Freiheit der bürgerlichen Seele oder ein unumschränktes »Recht des Herzens« [90], wie G. Roethe es nannte. Um zu zeigen, daß die nachhaltig vorgetragene Forderung auf Freiheit und Recht im Reich des Seelischen und Ästhetischen an spätere ideologische Formeln der Französischen Revolution anklang, sei an die bereits zitierte Bemerkung R. Mengs erinnert: »Könnte aber die Seele des Menschen in seiner Gestaltung frei wirken, so würde er vollkommen schön sein« [91]. D. h. in der Ausweitung des seelischen und ästhetischen Spielraums öffnete sich mittelständisches Dasein zum Bürgerlichen hin. Doch ging die weitere Entwicklung der Ästhetisierung, die während des »Sturm und Drangs« in der Empfängnisbereitschaft neuerschlossener Leserschichten noch ein Korrelat besaß, über das Bürgerliche hinaus und stieß – nicht zuletzt wegen der politischen »Heimatlosigkeit« des Bürgertums – bereits in der Klassik und dann vor allem in der Romantik zum gesellschaftlich fast entleerten »reinen Stoff«, zum »würdigen Gegenstand« und zum Ideal »reiner Poesie« vor [92].

Das Ergebnis der zweiten Phase war die Literatur bürgerlichen Charakters. Die Darstellung des von ständischen Begrenzungen befreiten Allgemein-Menschlichen setzte sich durch. »Wenn wir mit Königen Mitleid haben«, schrieb Lessing, »so haben wir es mit ihnen als mit Menschen – und nicht als mit Königen ... Was liegt daran, welches der Rang, der Geschlechtsname, die Geburt des Unglücklichen ist« [93]. Schon während der ersten Phase hatte diese Umstellung literarischen Schaffens auf den Menschen hin begonnen, doch erfolgte sie hier noch unter dem Aspekt der Egalisierung der Menschen durch das moralische Empfinden. An die Stelle solcher Egalisierung trat nun die seelische Differenzierung der Menschen. »Was ist dem Menschen wichtiger als der Mensch?« – führte K. Ph. Moritz in der Einleitung seines von 1783 bis 1793 erschienen *Magazin für Erfahrungsseelenkunde* aus. »Diesem vortrefflichen Studium will ich daher meine Zeit und meine Kräfte widmen, und in Rücksicht auf dasselbe will ich studieren, lesen, beobachten, denken und leben« [94]. Mitbedingt durch die Erkenntnis, daß der Mensch ein von faßbaren Faktoren abhängiges Wesen sei, wurde aus der religiös zweckbestimmten und erbaulichen Selbstbeobachtung – unter Einbeziehung der Natur und der gesellschaftlichen Unterscheidung der Lebenskreise – die ästhetisch freispielende Analyse der Selbstdarsteller und Selbstbekenner. Erlebnis und Ich wurden zum Ausgangspunkt einer Dichtung, die nicht mehr Nachahmung und Versschmiedekunst, sondern Bekenntnis und Nötigung des Lebens war.

Und ähnlich wie in den mittleren Ständen moralische Genies – wie Gellert die »Beichtväter« und »Hofmeister« ihrer Zeirgenossen gewesen waren, konnte sich nun auf dem Boden der verweltlichten Religiosität das ästhetische Genie gleichsam als neuer Geheimnisträger und Gnadenvermittler einer undogmati-

schen »Weltfrömmigkeit« [95] legitimieren und behaupten. Gestützt auf den englischen Sensualismus entfaltete sich das Genie in einer rauschhaften Art künstlerischen Erlebens und Gestaltens, das den religiösen Erschütterungen der Pietisten
in gewissem Sinne verwandt war. Was bedeutete z. B. Herders seelischer Umbruch
auf der Seereise anderes als ein Erweckungserlebnis im säkularen Felde? »Welch
neue Denkart!« – schrieb Herder über diese Identitätskrise in sein Tagebuch
– »aber sie kostet Tränen, Reue, Herauswindung aus dem Alten, Selbstverdam-
mung« [96]. Fortan bot daher weniger der Raum der Kirche, als vielmehr der
Bereich der freien Berufe, insbesondere der des Schriftstellers, »Gefahr und Ehre
echten Bekennertums« [97].

Dieses Bekennertum, durch das die freie Schriftstellerei in den Rang eines Berufes aus Berufung aufrückte, stand allerdings aus Gründen der ökonomischen
Entwicklung des literarischen Lebens unter dem von Brentano gefühlten Zwang,
»sich selbst par force« in Literatur »auflösen zu müssen, um den undankbaren
Laien ihrer Feiertage zu dekorieren« [98]. Es ist bezeichnend, daß Brentano zur
Beschreibung seiner Lage den Vergleich mit dem religiösen Leben wählte, doch
gab es für solches Bekennertum keine Gemeinde mehr, sondern nur noch literarische Gemeinschaft und literarische Öffentlichkeit. Wahrscheinlich reichte deshalb die Skala der Beurteilungen des literarischen Bekennertums von Scharlatanerie bis Prophetie.

Welche Bedeutung hatte nun die bekenntnishafte Darstellung für den vereinzelten Leser? Der einschlägigen Literatur ist zu entnehmen, daß etwa bis zur
Jahrhundertmitte die Bibel Grundlage des Glaubens und des Lebens der mittleren
Stände war. Anleitungen zur Verwirklichung ihres sittlichen Gehaltes bot die
verbreitete populär-exegetische und moralisierende Erbauungsliteratur. R.
Jentzsch hat in seiner Untersuchung über den deutschen Büchermarkt den Rückgang dieser Erbauungsliteratur zugunsten der Ausbreitung weltlich-schöngeisti-
ger Literatur in der zweiten Jahrhunderthälfte eindeutig nachgewiesen [99]. Und
bei H. Schöffler heißt es: »Das neue Publikum gibt eine wesentlich vom Religiösen
bestimmte Geisteshaltung gerade erst auf und nimmt bei der Hinkehr zu weltlich
gefärbter Literatur naturgemäß alles verständnisvoll auf, was dem bisher fast
ausschließlich gelesenen Erbauungsbuch nahe kommt« [100].

Die Leser griffen also zur belletristischen Literatur, weil ihre konsumtive Einstellung dem Buch an sich gegenüber die gleiche blieb. Sie übertrugen die Art,
in der sie die Erbauungsliteratur rezipierten – nämlich ihr »lebendiges Sichversenken in den Geist« des Buches bis zur »Reproduktion« der in ihm enthaltenen
Gedanken [101] – auch auf weltliche Schriften. Sich in »seinen« *Werther* etc.
hineinzulesen, das hatte das Beispiel *Anton Reisers* gezeigt, war zum wichtigsten
Bedürfnis geworden. Wieweit hierbei – besonders im Hinblick auf neuerschlos-
sene Leserschichten (Handwerker etc.) – eine aus glaubensstärkerer und buch-
druckärmerer Zeit stammende Ehrfurcht vor dem gedruckten Wort mitspielte,
muß dahingestellt bleiben.

Sollte nun aber das Sichversenken in den Geist des Buches nicht nur den kongenialen Lesern, sondern auch breiteren Leserschichten und anderen Geschmacksträgern ermöglicht werden, dann mußte das schriftstellerische Bekenntnis – ähnlich wie die Bibel in der Erbauungsliteratur – gedeutet und ausgelegt werden. Diese Aufgabe, den Leser zur bekenntnishaften Literatur hin zu bilden und zu erziehen, wurde in wachsendem Ausmaß von der literarischen Kritik erfüllt. Sie entwickelte vor allem unter dem Einfluß von Lessing, Hamann und Herder, die – wie viele Schriftsteller ihrer Zeit – Produzenten und Kritiker-Pädagogen in einer Person waren, ihre neuzeitlichen Formen und strebte danach, das von keiner Poetik mehr zu reglementierende literarische Produkt der verselbständigten Phantasie aus sich selbst zu erschließen und aus den Verknüpfungen mit der gesellschaftlichen Wirklichkeit zu verstehen. »Was wollen denn unsere Kunstrichter mit ihrem ewigen Jammergeschrei über Mangel an Regelmäßigkeit, über Unwissenheit, über Barbarei?« – fragte in den späten 60er Jahren H. W. v. Gerstenberg im Hinblick auf die »ständischen« Regelkritiker. »Lenken Sie fein um, meine Herren, und machen Sie sich erst genauer mit der Denkungsart Ihrer Dichter, mit dem Charakter der Jahrhunderte, und dem Geschmack der Nationen bekannt« [102].

Die Hauptleistung dieser völlig neuen literarischen Kritik bestand darin, daß sie die Rezension von der nur den gelehrten Kennern verständlichen Regelkritik löste und dem gebildeten wie dem weniger gebildeten Leser die Intentionen literarischer Werke, d. h. deren künstlerische Wahrheiten und Schönheiten, begreiflich zu machen suchte. Das Aufkommen dieser literarischen Kritik ist also ein unübersehbares Zeichen für die Verlagerung der Grundlagen der Literatur aus ständischen Bindungen in die vereinzelten und ästhetisch weniger abhängigen Produzenten und Konsumenten. Doch war ihre Entfaltung nicht so sehr die Folge eines von einzelnen Schriftstellern bewußt unternommenen Experiments, sondern mehr eine Begleiterscheinung von gesellschaftlich mitbedingten Veränderungen des literarischen Lebens, durch welche die von Hamann, Herder u. a. artikulierte neue ästhetische Haltung – als ein Zeichen des Erfolges ihrer Trägerschicht – zu öffentlicher Geltung gelangte.

III. Schriftsteller und literarischer Markt

Das Problem Schriftsteller und literarischer Markt stellte sich in der zweiten Hälfte des 18. Jahrhunderts, als im Zusammenhang mit der Herausbildung der bürgerlichen Gesellschaft die ersten Umrisse der kapitalistischen Wirtschaftsform entstanden und der Sachgütermarkt als Ort neuzeitlicher Vergesellschaftung erkennbar wurde [1]. Die Übernahme der Prinzipien dieses Marktes auf den Idealgütermarkt führte zu jener bereits erwähnten Kommerzialisierung des literarischen Lebens. Dieser Prozeß ermöglichte allererst die berufsmäßige Existenz des freien Schriftstellers und des modernen Buchhändlers als Unternehmer. Mit der kapitalistischen Freisetzung des Geldes auf dem Sachgütermarkt korrelierte also die Freisetzung des geistigen Kapitals der Schriftsteller auf dem literarischen Markt.

Diese Freisetzung ließ die überlieferte Ansicht des nebenberuflichen »nobile officium, als das man Bücherschreiben und Geistesgaben« [2] bisher betrachtet hatte, zu etwas Überlebtem werden. Im Streit mit dieser Auffassung gewann jene Meinung an Gewicht, die behauptete, es sei für den Schriftsteller durchaus legitim, sich die eigentlich entgeltsunfähigen Werke seines Geistes finanziell einträglich zu machen. Es ist jedoch bezeichnend, daß Vertreter dieser Auffassung die Erträgnisse aus schriftstellerischer Arbeit nicht mit Begriffen marktmäßiger Arbeitsvergütung – wie etwa Lohn oder Gehalt – belegten, sondern zur Bezeichnung Honorar griffen. Trotz aller Sachlichkeit des literarischen Marktes blieben Relikte der älteren Ansicht lebendig.

Eine derartige begriffliche Distanzierung täuscht jedoch nicht darüber hinweg, daß der Schriftsteller durch die Kommerzialisierung der Literatur genötigt wurde, sich dem wirtschaftlichen Selektionsprinzip des Marktes und den Bedingungen des anonymen Warenverkehrs unterzuordnen. Bereits der Schriftsteller des 18. Jahrhunderts sah sich also vor ein Problem gestellt, das Deneke im Hinblick auf die freien Berufe des 20. Jahrhunderts so formulierte: »Mit weitgehend artfremden Mitteln um einen Platz in der modernen Wirtschaftsordnung kämpfen, ohne die individuelle Andersart und ohne die innere Distanz zum Wesen dieser Erwerbswirtschaft zu verlieren ...: Anpassung als Chance der ökonomischen Selbsterhaltung, Angleichung als Gefahr der ideellen Selbstaufgabe« [3].

Dieses Problem von Anpassung und Angleichung macht es notwendig, der Verschränkung der literarischen Produktion und Konsumtion in die Wirtschafts- und Rechtsordnung eigens nachzugehen, denn es relativiert nicht nur die Freiheit des Schriftstellers, sondern darüber hinaus auch die »Macht« der Literatur, eben weil die Absatzfähigkeit literarischer Produkte die Bedingung ihrer geistigen Wirkungsmöglichkeit war – und ist.

I. Kommerzialisierung

In einer Reihe von kleineren Monographien über einzelne Buchhandlungen und ihre Autoren hat K. Buchner das Problem der Kommerzialisierung untersucht [4], und seinen Anregungen folgend wäre eine Durchsicht der Geschäftsbücher anderer Buchhandlungen außerordentlich nützlich gewesen. Da es nicht möglich war, diesen Weg zu beschreiten, wurde auf entsprechende Briefstellen und ähnliche Quellen der Schriftsteller zurückgegriffen. Die Vielzahl solcher Äußerungen läßt darauf schließen, daß den Schriftstellern ihre von der Konkurrenz her bestimmte Situation auf dem literarischen Markt immer höchst problematisch gewesen ist. So schrieb z.B. Wieland 1769 an seinen Freund Gleim: »Was sagen Sie zu dem schändlichen bellum omnium contra omnes, welcher unter unsern modernen Gelehrten, Kritikern und anmaßlichen beaux esprits herrscht? – I despise it. – Ich ... weiß, wie wenig dergleichen Federkriege nutzen. Daß sie am Ende die Literatur zusamt den Gelehrten verächtlich machen, ist alles, was man davon hat« [5]. Und Chr. Garve führte in einem Brief aus: »Sehr richtig bemerken Sie, daß in unsern Tagen die literarische Welt sich mehr als je in Faktionen teilt, welches immer ein Hindernis der Wahrheit ist« [6].

Beide Briefstellen lassen erkennen, wie sehr das literarische Leben in einen Prozeß miteinander konkurrierender Schriftsteller aufgelöst wurde. Die Gründe dafür sind u. a. darin zu suchen, daß jeder freie Schriftsteller für sich danach strebte, die Nachfolge in der bisher von Obrigkeit und Kirche geübten Weltauslegung anzutreten [7]. Die den Schriftsteller auszeichnende Freiheit lag ja gerade in der Verwirklichung der Chance, die Welt aus seinem Lebenskreis heraus zu deuten und die gewonnenen künstlerischen Wahrheiten öffentlich zu verkünden – doch immer weniger mit dem Ziel, die mittleren Stände moralisch zu belehren, sondern der eigenen Persönlichkeit zu öffentlichem Ansehen zu verhelfen. Darüber hinaus machen die beiden Briefstellen deutlich, daß die in »Faktionen« oder Freundschaftsbünden vereinten Schriftsteller nur selten »dergleichen Federkriege« untereinander führten.

Bei diesen in der literarischen Öffentlichkeit ausgetragenen »Kriegen« ging es in erster Linie um die Beeinflussung der Leser – um die Erzeugung einer guten Meinung über sich selbst und den Freund, und die Erzeugung einer schlechten Meinung über den Konkurrenten. Nur so sind die zahlreichen literarischen Fehden und die oft einseitigen und scharfen Kritiken jener Zeit zu verstehen.

Wenn der Freundschaftsbund die in ihm vereinten Schriftsteller vor den Folgen des von Wieland beschriebenen Prozesses zunächst noch bewahrte, dann vor allem deshalb, weil solche Bünde nicht nur – wie oft betont worden ist – durch gemeinsame Sprache, Weltanschauung und Programmatik, sondern auch durch die gleiche Lagerung der ökonomischen Interessen ihrer Mitglieder zusammengehalten wurden. Es waren überwiegend privatwirtschaftliche Interessen und sachliche Zwecke, die solche »Federkriege« untereinander ausschlossen und die Gruppenmitglieder in ein – wie es einmal bei Goethe heißt – »wechselseitiges Schönetun, Geltenlassen, Heben und Tragen« [8] geraten ließen. Ähnlich sprach Cramer in einem Brief an Bürger von dem »ewigen Liebe- und Lobebund, so wir miteinander errichtet« [9]. Es verwundert daher nicht, daß J. Th. Hermes derartige Vereinigungen geradezu »Schutz-Cliquen« [10] nannte.

Das ausgedehnte und z. Tl. von solchen »Lobebünden« aus betriebene Zeitschriftenwesen des späten 18. Jahrhunderts, das für viele Schriftsteller der Ausgangspunkt einer eigenen literarischen Karriere wurde, erklärt sich u. a. von dieser gleichen Interessenlagerung her. Nicht wenige Subskriptionserfolge jener Zeit, etwa Klopstocks *Gelehrten-Republik*, Bürgers *Gedichte* und Lessings *Nathan*, waren ohne die Mithilfe freundschaftlich gesonnener Schriftsteller einfach nicht möglich [11]. Gelegentlich beteiligten sich sogar die von »ihrem Dichter« begeisterten und mehr oder weniger kongenialen Leser an dieser »Kunden-werbenden« literarischen Gemeinschaftsbildung.

Da nach den Worten von Zeitgenossen seit 1754 »der Kredit des Zeitungs-schreibers« [12] zu steigen begann und bereits in den 70er Jahren der »größte Teil der Deutschen . . . nur noch mit der Rezension in der Hand oder im Kopf« [13] las, unterstützten sich befreundete Schriftsteller in erster Linie durch wech-selseitige Besprechungen ihrer Schriften. So erschien z. B. von Cramer eine Rezen-sion der Bürgerschen Gedichte, worin »ein Lob von Euch [d. h. Bürger, d. Verf.] gestellt ist, welches nicht allein Ew. Fürtrefflichkeit angemessen ist, sondern auch von unserer Seite gleich das wahre Gepräg der Adlerschaft an sich trägt« [14].

Die Praxis gegenseitigen Lobens wurde selbst nicht von den Weimaranern verschmäht, die mit ihren *Xenien* genügend Beispiele verurteilender Kritik gaben. Die Besprechung der von Schiller redigierten Zeitschrift *Horen* wurde nach seinen Worten einem »Mitglied unserer Societät«, dem damaligen Professor und Begründer der Jenaer Allgemeinen Literaturzeitung Chr. G. Schütz, übertragen. Schiller bemerkte dazu: »Wir können also so weitläufig sein, als wir wollen, und loben wollen wir uns nicht für Langeweile; da man dem Publikum doch alles vormachen muß« [15]. Wegen dieser Rezension, die von Cotta, dem Heraus-geber der *Horen,* noch dazu mit 20 Talern honoriert wurde, wandte sich der uninformierte Gleim fragend an Herder: »Wer machte doch die Lobrede der Horen in der Literaturzeitung? Mir hat dieser Posaunenton im mindesten nicht gefallen; so geneigt ich war, diesen feinen Mädchen etwas auf ihre Reise durch Deutschland mitzugeben, so sehr bin ich nun abgeneigt« [16]. Ganz ähnlich wie Cotta gaben um ihr Geschäft besorgte Verleger – im vorliegenden Fall der Göttin-ger Verleger Dieterich – Bücher der bei ihnen erscheinenden Autoren zur Rezen-sion an andere Schriftsteller mit der Bedingung: »Es sollte und mußte gelobt werden« [17]. Schriftsteller und Verleger ließen sich bereits damals von wirt-schaftlichen Erwägungen leiten und kommerzialisierten damit das literarische Leben. Der »Posaunenton« und das »Dem-Publikum-Vormachen« waren aller-dings Scharlatanismus. Als solchen hat ihn J. G. B. Büschel verurteilt und gegen derartige Grenzverwischungen zwischen Kunst und Schwindel polemisiert [18]. Sie mußten das Vertrauen in den Literaturbetrieb jener Zeit schwächen. Derartige Rezensionspraktiken lagen jedoch nahe, da der Schriftsteller zur Erlangung und Festigung eines entsprechenden Ansehens den durch sein literarisches Werk in der Öffentlichkeit erlangten Namensruhm brauchte. Während Klopstocks Anse-hen noch weitgehend im Ethos seines allgemein bekannten religiösen Selbstver-ständnisses wurzelte, hingen Prestige und Status des Schriftstellers von seiner auf dem literarischen Markt sich als Erfolg oder Mißerfolg erweisenden privaten Arbeitstätigkeit ab. »Der Künstler«, so erkannte bereits Chr. Garve, »wird von vielen Leuten gebraucht, die ihn gar nicht kennen. Man verlangt nicht ihn, man verlangt nur das Produkt seiner Arbeit zu sehen. Sein Ruf als Künstler muß schon erworben und sein Ruhm groß sein, ehe er selbst zum Vorschein kommen kann« [19]. Garves Erkenntnis macht deutlich, wie sehr sich die Voraussetzungen und Kriterien des Erfolgs und des Prestiges aus dem Bereich der Moral in den Bereich des Marktes verlagerten. Damit wurde der literarische Tageserfolg zum sozialen Wert.

Das Aufkommen der Determination des Schriftstellers durch den Erfolg ist auch am Wandel der buchhändlerischen Verkehrsformen abzulesen. Der Konsument konnte sich während der Zeit des Tauschhandels in erster Linie nur ,im Meßkatalog und nicht durch eigene prüfende Einsicht über das gewünschte Buch informieren. Als der Buchhandel in den 60er Jahren den Barverkehr und bald darauf das Konditionsgeschäft einführte, erhielt der Leser die Möglichkeit der Einsicht vor dem Kauf. Indem man also das Buch »zu seinem eigenen Vertriebsmittel« [20] machte, wurde der kaufwillige Verbraucher direkt in den Marktkonnex eingeschaltet und dem Schriftsteller die Möglichkeit literarischer Tageserfolge geboten.

Diese neuen Verkehrsformen des Buchhandels ließen zwischen Schriftstellern, Lesern und Verlegern ein engeres Verhältnis als bisher entstehen. Die auf steigenden Absatz und Billigkeit kalkulierenden Verleger oder Buchhändler – wie man sie damals auch nannte – nahmen wegen ihres wirtschaftlichen Übergewichts die beherrschende Stellung ein. Sie wurden nach den Worten Schückings zu »Torwächtern an der Außenpforte des Tempels des literarischen Ruhms« [21]. Und als solche kaufmännischen »Torwächter« konnten sie – wie der ansonsten kulante Verleger G. J. Göschen einmal überspitzt bekannte – »keine Rücksicht« darauf nehmen, »ob ein Goethe das Buch geschrieben hat, ob es die höchste Geisteskraft erfordert hat . . .; ein Krämer kann kein Mäcen sein« [22].

Diese von den Buchhändlern vertretenen Interessen des Kapitals nötigten die Schriftsteller, sich dem wirtschaftlichen Selektionsprinzip unterzuordnen. Angesichts solcher Entwicklung fragte Chr. Garve äußerst besorgt einen Kollegen: »Was wird denn aus unserer Literatur werden, wenn sich die Autoren so nach dem Willen der Buchhändler bequemen sollen?« – »Widersetzen Sie sich, nach dem Ansehen, das Sie in der gelehrten Welt haben, diesem Despotismus der Buchhändler. Ich . . . lasse gerne einem Verleger den größeren Profit, aber er muß mir auch meine Freiheit lassen« [23].

Um sich diese Freiheit zu erhalten, entwickelte z. B. Wieland seine *Grundsätze, woraus das merkantilische Verhältnis zwischen Schriftsteller und Verleger bestimmt wird.* Wieland legte in diesen Grundsätzen den »marktschwachen« Schriftstellern u. a. nahe, bei Verhandlungen mit Verlegern stets darauf zu achten:

1. Wieviel Anstrengungen des Geistes und folglich auch der Lebenskräfte und wieviel Zeitaufwand sein Werk ihn gekostet haben könnte.
2. In welchem Ruf er als Schriftsteller in Rücksicht auf Genie, Talente, Geschmack usw. zur Zeit, da er mit dem Verleger über eines seiner Werke . . . kontrahierte, gestanden. – Dieser Umstand gibt hier einen der hauptsächlichsten Bestimmungsgründe ab, indem der Verleger eines sehr beliebten und angesehenen Autors, nach dessen Werken die Nach-

frage groß ist, auf einen ganz anderen Absatz rechnen kann als (ordentlicherweise) bei einem noch unbekannten oder in keinem vorzüglichen Ruf stehenden.
3. Ob die schriftstellerische Reputation des Autors ... so beschaffen sei, daß sie sich erhält, daß seine Schriften auf 20, 30 und noch mehr Jahre nach ihrer ersten Erscheinung noch geschätzt und gesucht werden und also mit Grund zu vermuten ist, daß sie ihren Verfasser überleben dürften.
4. Kommt auch noch in Betracht, ob ein Werk, sowohl seinem Inhalt als seiner Form nach, von einer Art sei, die nur für eine einzige oder für einige wenige Klassen von Lesern taugt und bestimmt ist. Oder ob die ganze Lesewelt, wenigstens der größte Teil derselben, das Publikum ist, auf welches Autor und Verleger Rechnung machen können. [24]

Diese Grundsätze, in denen das literarische Schaffen als eine sachliche und – im »kapitalistischen« Sinne – auf Kalkulierbarkeit beruhende Arbeitsmethode erscheint, waren die Konsequenzen, die Wieland aus der kapitalistischen Marktentwicklung zog. Die zur Fertigung literarischer Produkte benötigte Zeit war dem Herausgeber des »Teutschen Merkur« nicht mehr selbstgenügsame Muße, sondern Geld, d.h. verzinsbares Bildungskapital.

Derartige Rücksichten auf Honorar und Ansehen mußten auf das literarische Schaffen zurückwirken. So ließ z.B. Lessing die Entwürfe von »wenigstens zwölf Stücken« unbearbeitet, weil er sich nicht gern Arbeiten unterzog, »von welchen er ganz und gar keinen Vorteil ..., weder Geld, noch Ehre, noch Vergnügen« hatte und bekannte außerdem, die Notwendigkeit, »um Geld zu schreiben, [habe] natürlicher Weise ... Einfluß auf die Materie« [25]. Um Goethes Einstellung zu dieser Frage zu charakterisieren, mag hier eine Mitteilung Schillers an Cotta folgen: »Ich fürchte, Goethe läßt seinen Faust ... ganz liegen, wenn er nicht von außen und durch anlockende Offerten veranlaßt wird, ... ihn zu vollenden ... Er rechnet freilich auf einen großen Profit, weil er weiß, daß man in Deutschland auf dieses Werk sehr gespannt ist« [26]. Die leicht zu vermehrenden Belege lassen erkennen, daß seit dieser Zeit die an den marktwirtschaftlichen Erfolgsaussichten orientierten Schaffensmomente nicht mehr aus den literarischen Produkten auszugliedern sind. Wielands Grundsätze und die Bemerkungen anderer Schriftsteller bestätigen, daß das nicht mehr poetisch reglementierte literarische Schaffen bereits in der zweiten Hälfte des 18. Jahrhunderts unter den Antagonismus von Geist und Kapital geriet.

Gegenüber dieser Auffassung mag eingewandt werden, daß eine ähnliche Sozialgebundenheit der freien Berufe zu allen Zeiten bestanden hat. Das ist nicht zu leugnen. Frühere Bindungen gingen jedoch nicht von der anonymen Bezugsebene eines Marktes aus, sondern bestanden gegenüber einer persönlichen Instanz – sei sie Fürst oder adeliger Gönner. Die Bindungen waren soziologisch anders geartet.

Der Antagonismus verleitete die Schriftsteller dazu, die künstlerischen Qualitäten gegenüber den Absatzaussichten zurücktreten zu lassen. Viele Schriftsteller nutzten diese Möglichkeit und trugen dadurch zum raschen Aufblühen der Unterhaltungsliteratur und gewiß auch des literarischen Kitsches bei. Doch sollte das Aufkommen derartiger Literatur – die weder die widerspruchsvolle bürgerliche noch die feudale Welt, sondern nur verklitterte Ausschnitte dieser Welten darstellte – nicht allein den Autoren als Schuld angerechnet werden, sofern hier überhaupt von Schuld zu sprechen erlaubt ist. Ihr Entstehen hing mit der Entwicklung des literarischen Marktes und der Lage des Bürgertums zusammen. Wie *Anton Reiser* durch die Identifizierung mit dem Helden auf der Bühne das Durchbrechen der ihm gezogenen sozialen, politischen und geistigen Schranken außerhalb der wirklichen Welt erlebte, so suchte und fand der »an dem deutschen Übel, der moralisch politischen Auszehrung« [27] leidende Konsument in dieser Trivialliteratur eine ihm besser erscheinende Wirklichkeit. In diesem Wirklichkeitssubstitut genoß er – wie ein Teil des modernen Kinopublikums – die fiktive Überwindung seiner widersprüchlichen Misere. Die Unterhaltungsschriftsteller des späten 18. Jahrhunderts waren eben die geeigneten Dolmetscher, Illustratoren und Symbolisten der sozialen Wunschbilder ihrer Leser [28].

Der von zeitgenössischen Kritikern seit 1770 immer wieder gerügte, aber finanziell einträgliche »Kleinhandel« [29] mit den gängig formulierten zeit- und gesellschaftsgebundenen Ideen machte – wie es bei einigen Chronisten heißt – nicht wenige Schriftsteller zu »Bücherfabrikanten«, ließ ihr Gewerbe dem der »Tapetenmaler und Kunstpfeifer« [30] vergleichbar werden und nötigte auch gute Schriftsteller, viel und oft zu schreiben, »über dem Schwall vergißt man sie sonst« [31].

Nur einige der von R. Jentzsch erarbeiteten Zahlen mögen das auch von den Zeitgenossen seit den 70er Jahren beobachtete Anwachsen verdeutlichen. Zur Ostermesse 1740 betrug der Anteil der Romane am Gesamtbüchermarkt 2,69% (= 20 Artikel) und 1770 bereits 4,02% (= 46 Artikel). Im Jahre 1800 dagegen stieg ihr Anteil mit 300 Artikeln auf 11,68% (= 75,37% des literarischen Marktes). Die wachsenden Zahlen, denen die rückläufigen des theologischen, erbaulichen und gelehrten Schrifttums gegenüberstehen, bezeugen die rapide Zunahme des Lese- und Unterhaltungsbedürfnisses weiter Kreise und die Ausdehnung des Verlagswesens und der Schriftstellerei. Insgesamt steigerte der literarische Markt seinen Anteil am Gesamtbüchermarkt von nur 6% im Jahre 1740 über 16% im Jahre 1770 auf fast 22% im Jahre 1800 [32].

Zur Ergänzung der Zahlenangaben sei noch auf zwei Einrichtungen verwiesen, die sich dem literarischen Markt angliederten und für die Konsumenten eine Erleichterung bei der Lektürebeschaffung waren: die Leihbibliotheken und die Lese- und Büchergesellschaften. Die letzteren kamen häufig auf Grund von Initiativen literarisch interessierter Leser, gelegentlich auch einzelner Schriftsteller zustande, während die Leihbibliotheken durchweg Unternehmungen regsamer Buchhändler und Geschäftsleute waren, die auf den Lesehunger auch der unteren Schichten spekulierten [33]. Diese die Leserschaft örtlich organisierenden Einrichtungen lassen sich seit den späten 70er Jahren in fast allen Städten und teil-

weise sogar in größeren Dörfern nachweisen. Oft hing das Schicksal eines Buches
– und damit das seines Autors – davon ab, ob es von Leihbibliotheken und
Lesegesellschaften gekauft und gelesen wurde oder nicht. Einen soziologischen
und historischen Einblick in die Lesegesellschaften bietet die Arbeit von M. Prüsener [34]. Außerdem ist die Bedeutung von Leihbibliotheken aus Briefen und Biographien jener Zeit zu erschließen, die insgesamt die große Aufnahmebereitschaft
nicht nur der »Juristen, Kaufleute, verheirateten Damen«, sondern auch der
Handwerker und Bauern für jede Art von belletristischer Literatur beweisen.
Zweifellos haben solche Einrichtungen im positiven wie im negativen Sinne die
geistige Haltung der genannten gesellschaftlichen Gruppen entscheidend beeinflußt [35]. Daß deren Aufnahmebereitschaft wiederum produktionssteigernd
wirkte und den Absatz auch mittelmäßiger Werke erleichterte, darf einer Äußerung Wielands entnommen werden, der sich getraute – »wenigstens so lange
die Romanmanufakturen so guten Absatz finden – einen jeden Poeten . . . noch
immer soviel Erbsenbrei und schwarzes Brot zu garantieren, als er nötig hat« [36]

Diese von der Marktentwicklung her sich bietende Chance, vom Schreiben
zu leben, scheint die Zahl der Schriftsteller – d. h. der freien Lohnarbeiter – über
das Fassungsvermögen des Marktes hinaus rasch vergrößert zu haben [37], denn
als Begleiterscheinung der Kommerzialisierung entstand – wie Zeitgenossen bereits bemerkten – ein schriftstellerisches »Proletariat«, über dessen aufdringliches
Benehmen auf der Leipziger Messe Beschwerde geführt wurde. Man bekomme
– schrieb ein Messebesucher – »fast Ekel und Widerwillen gegen sonst berühmte
Namen von Gelehrten . . . Sie haben Manuskripte nach der Wahl und zu Dutzen-
den« [38].

Am Ende des 18. Jahrhunderts wurden wiederholt Schätzungen vorgenommen, um die Größenordnung des Berufsstandes »Schriftsteller« zu bestimmen.
Nach den heute kaum mehr zu überprüfenden Angaben von J. G. Meusel betrug
die Zahl der Schriftsteller Deutschlands in den sechziger Jahren zwischen zwei-
und dreitausend; 1776 waren es 4300, 1784 über 5200, 1791 ungefähr 7000
und zu Ende des 18. Jahrhunderts umfaßte das Schriftstellerheer angeblich 10 648
Köpfe [39]. Ein Vergleich dieser Zahlen mit den Angaben der Berufsstatistik
des deutschen Reiches von 1907, nach der es im damaligen Reichsgebiet nur
insgesamt 7825 Schriftsteller, Journalisten und Privatgelehrte gab [40], läßt darauf schließen, daß die Anzahl der überwiegend von ihrer Feder lebenden freien
Schriftsteller wesentlich geringer war. Nach den Berechnungen von J. W. Appell
gab es am Ende des 18. Jahrhunderts etwa 270 Verfasser von Unterhaltungsro-
manen [41]. Neben ihnen lebten die Herausgeber und hauptberuflichen Mitarbeiter der 1784 von Goeckingk mit 217 angegebenen Zeitschriften, Almanachen
und Zeitungen und die von ihren Verlegern abhängigen Übersetzer überwiegend
von ihrer Feder [42]. Die Zahl der Schriftsteller kann gemäß dieser Angaben
und nach Schätzungen des Verfassers in den letzten Dezenien des 18. Jahrhunderts
die Größenordnung von 2–3000 nicht wesentlich überschritten haben. Die übri-

gen der von Meusel angegebenen Schriftsteller werden – wie die ständischen Dichter – nur anläßlich ihrer Gelegenheitsproduktion mit dem literarischen Markt in Berührung gekommen sein.

Trotz aller Einschränkungen bleibt unbestreitbar, daß Deutschland zwischen den Jahren 1750 und 1800 zu einem Land mit einer breiten eigenständigen literarischen Produktion und Konsumtion, ja zum Land der »Dichter und Denker« wurde. Mochte sich die Produktion auf Grund der Entwicklung des literarischen Marktes und des Publikumsgeschmacks auch zweiteilen, in Dichtung und Unterhaltungsliteratur, so gab es doch in beiden Bereichen marktsichere und favorisierte Spitzenkräfte, deren Namen die Literaturgeschichte bewahrt, marktfernere »Mitläufer« und – vor allem in den literarischen Zentren Leipzig und Berlin – das, was einem intellektuellen Proletariat ähnlich sah.

2. Geistiges Eigentum und Honorar

Die Kommerzialisierung der Literatur und ihre sozialen Folgen hätten sich im Verlauf des 18. Jahrhunderts kaum in diesem Ausmaß entfalten können, wären nicht parallel zu ihnen das literarische Produkt als geistiges Eigentum des freien Schriftstellers entdeckt und geeignete Maßnahmen zum Schutz dieses privateigentumsfähigen und warenartigen Vermögenswertes entwickelt worden [43].

Der allgemeinen Durchsetzung solcher Erkenntnisse stand bis in die 60er Jahre das von den Poetiken beeinflußte Werkverständnis der ständischen Dichter entgegen. Es war – gemäß dem beschriebenen Sprachgeschmack – an einer optimalen sprachlichen und formalen Perfektion orientiert. So tat etwa K.W. Ramler, der in einer Sammlung *Lieder der Deutschen* von ihm stilistisch verbesserte Gedichte anderer Autoren veröffentlicht hatte, die rechtlichen Einwände der betroffenen Schriftsteller mit dem Bemerken ab, sie stünden in einem Wahn [44]. K.L. v. Knebel kommentierte Ramlers Vorgehen mit den Worten, »es bleibt allemal unrecht, was er getan« [45]. Selbst Lessing, der später dem Verleger kein dauerndes Eigentumsrecht an Verlagswerken zugestand und gegen das Privilegienwesen und den Nachdruck polemisierte, erklärte noch 1762, nachdem er mit M.J. Lichtwers Fabeln ähnlich verfahren war: »Wer seine Schriften öffentlich herausgibt, macht sie durch diese Handlung publici juris, und so denn steht es einem jeden frei, dieselben nach seiner Einsicht zum Gebrauch des Publikums bequemer einzurichten« [46].

Von diesem Werkverständnis her läßt sich der von L. Giesecke für die Zeit von etwa 1730 bis 1760 festgestellte, doch von ihm nicht erklärte Rückgang der Schriften zur Frage des geistigen Eigentums deuten. Es konnte in der das Persönlichkeitsideal erst langsam entfaltenden Übergangszeit jeder sprachlich Begabte und Gebildete das Dichten lernen und das oftmals bekannte Vorbild witzig oder geistreich nachahmen. Ihm standen, sofern er in seiner Jugend Latein und Griechisch gelernt hatte, die sprachlichen Bilder, Stoffe, Motive und Formen einer reichen Tradition zur Verfügung, und er benutzte sie, ohne nach geistigem Eigentum zu fragen [47].

Auf der Grundlage der am Manuskript- und Buchbesitz orientierten Rechtsauffassung bildete sich dann in der Mitte des 18. Jahrhunderts bei deutschen Verlegern der Gedanke vom ausschließlichen, dauernden oder ewigen Verlagsrecht heraus. Waren keine besonderen Vereinbarungen getroffen, dann stand dem Verleger nach Zahlung eines Honorars und der Lieferung der Freiexemplare das volle Eigentums-, Verfügungs- und Bestimmungsrecht über das Manuskript zu. Er verpflichtete sich damit gewohnheitsrechtlich zu dessen Vervielfältigung und Verbreitung und konnte ohne weitere Honorarnachzahlung beliebig viel Auflagen machen. Der Autor dagegen ging das Versprechen ein, keinem anderen Verleger ein Duplikat seines Manuskripts zum Druck zu übergeben. Als C.M. Wieland 1763 wegen der Herausgabe seiner Shakespeare-Übersetzung mit dem Verlag Orell, Geßner u. Co. verhandelte, räumte er ausdrücklich ein, die Verleger seien »berechtigt... so viel Auflagen zu machen, als sie wollen« [48]. Und Goethe schrieb 1824 aus Anlaß einer Jubiläumsausgabe des *Werther:* »An einen Contrakt für die Zukunft war vor fünfzig Jahren nicht zu denken und ich erinnere mich kaum jener früheren Verhandlung« [49].

Daß der Göttinger Verleger J.C. Dieterich seinem Freund G.A. Bürger bereits 1778 das Recht einräumte, nach dem Verkauf der ersten Auflage seiner Gedichtsammlung wieder rechtmäßiger Eigentümer des Manuskripts zu sein, war damals eine Ausnahme [50]. Noch zwischen 1785 und 1788, als Wieland im persönlichen Kontakt mit Ph.E. Reich und dem jungen Leipziger Verleger Göschen zu ähnlichen Vereinbarungen gelangte, mußte sich Schillers Mannheimer Verleger Schwan nach den bisherigen verlagsrechtlichen Regelungen – auch wenn Schiller sie heftig bestritt – zu einer entschädigungslosen zweiten und später auch dritten Auflage von Schillers *Fiesko* berechtigt glauben. Schwan hatte das Manuskript für zehn Carolin ohne besondere Vereinbarungen erworben [51].

Am letzten Beispiel wird deutlich, daß der süddeutsche Buchhandel nur langsam jenem in Norddeutschland sich anbahnenden neuen Verständnis literarischen Eigentums folgte, wie es z.B. in Göschens Verkehr mit Wieland, Schiller und Goethe offen zutage trat. Göschen erkannte die Selbständigkeit geistiger Gebilde gegenüber deren materiellen Formen voll an und respektierte die auf zeitlich beschränkte Kontrakte zielenden Wünsche seiner Autoren, die als hauptberufliche Schriftsteller an ihre und die Versorgung ihrer Familien denken mußten. J.F. Cotta bestätigte im Jahre 1805 seinem Kollegen Göschen diese an seinen Namen gebundene Wendung des deutschen Buchhandels mit den Worten: »Sie waren der erste, der ... die Schriftsteller auf die großen Vorteile aufmerksam machte, die ihnen mit Recht für ihre Geistesarbeiten gebührten, und Sie haben dadurch in den Augen eines jeden rechtlichen Mannes sich ein Verdienst erworben« [52].

Wenn endlich im letzten Drittel des Jahrhunderts schriftliche Verlagsverträge die früheren gewohnheitsrechtlichen Vereinbarungen ablösten, dann darf das vor allem der seit den 70er Jahren im Zusammenhang mit dem zunehmenden Nachdruck scharf geführten philosophischen und juristischen Auseinandersetzung über das Verlagsrecht zugeschrieben werden. Der wahrscheinlich an J. Locke geschulte Göttinger Rechtslehrer J. St. Pütter betonte bereits 1774, schriftstellerische Werke seien »ursprünglich unstreitig ein wahres Eigentum ihres Verfassers, so wie ein jeder das, was seiner Geschicklichkeit und seinem Fleiß sein Dasein zu danken hat, als sein Eigentum ansehen kann« [53]. Ganz im Sinne dieser Erkenntnis bezeichnete Wieland ein Jahr später den Nachdruck als »Usurpation des Daseins« des Schriftstellers, die nach seinem »Kriminalrecht ärger als Hochverrat« [54] sei. Ins Juristische übersetzt hieß das, daß geistige Güter nicht nur unter das Sachenrecht, sondern auch unter das Personenrecht fielen.

Ähnlich suchte der Franzose H. Linguet die Rechtsquelle für geistiges Eigentum allein beim Autor. In seinen *Betrachtungen über die Rechte des Schriftstellers* schrieb er, »wofern es ein Eigentum gibt, das heilig und unwidersprechlich ist, so ist es das eines Autors über sein Werk ... Die Verfertigung eines Buches ist eine wahre Schöpfung; das Manuskript ist ein Teil seiner Substanz, welche der Schriftsteller aus sich herausbringt« [55]. Zwar tadelte ein ungenannter deutscher Schreiber jenen Franzosen, er tue mit der »Anerkennung des Eigentums der Schriftsteller ... nicht recht« [56], doch konnte damit die personenrechtliche Auffassung nicht mehr unterdrückt werden. Die sich mit der bürgerlichen Gesellschaft ausbreitende Ideologie des Individualismus lieferte fortan die Argumente zur Begründung des Anspruchs auf das geistige Eigentum des freien Schriftstellers. Mit ihrer Hilfe gelang in den letzten Jahrzehnten die endgültige Überwindung des Manuskriptdenkens, an der sich u. a. Cella, Feder, Kant und Fichte beteiligten [57].

Fichte unterschied am Buch das bedruckte Papier, den Gedankeninhalt und die geistige Form. Der Käufer erhalte beim Erwerb lediglich das Körperliche des Buches und könne sich, je nach seiner geistigen Aufnahmefähigkeit, dessen Gedankeninhalt aneignen, da dieser mit der Veröffentlichung ohnehin in Allgemeinbesitz übergehe. Der Verfasser bleibe lediglich im Besitz der Form dieser Gedanken, in der sie vorgetragen würden, denn niemand könne sich die Gedanken aneignen, ohne dabei deren Form zu verändern. Derartige Überlegungen Fichtes verdeutlichten den Unterschied zwischen Sach- und Gemeineigentum und dem ursprünglichen geistigen Eigentum und halfen, die personengebundenen »heiligen Rechte des Eigentums«, »des Eigentums der achtbarsten Art« [58] genauer zu bestimmen.

In der Frage der Schutzdauer des Eigentums blieben die Meinungen allerdings geteilt. Forderte Cella eine der englischen (14 bzw. 28 Jahre) und französischen (10 Jahre) Schutzgesetzgebung ähnliche Frist, so protestierte J. G. Müller, der Verfasser des mehrfach aufgelegten *Siegfried von Lindenberg*, gegen ein Erlöschen der Eigentumsrechte des Schriftstellers. Er verneinte den Gemeineigentumscha-

rakter literarischer Produkte und verlangte, daß man diesen »ungerechten Mitbe-
sitz ausschließe«, weil er nichts anderes sei, »als ein schändlicher Raub unter
einem ehrlichen Namen« [59].

Den streitenden Parteien wurden die Entscheidungen über Schutzfristen und
andere verlagsrechtliche Regelungen von dem 1794 verkündeten Preußischen
Allgemeinen Landrecht [60] abgenommen. Die in ihm enthaltenen Bestimmungen
setzen an Stelle des dauernden Verlagsrechtes den nur für eine Auflage geltenden
schriftlichen Verlagsvertrag (§§ 1016, 1017). Sie zielten also nicht nur auf eine
Nachdrucksbekämpfung zum Schutz des Verlegers ab, sondern erkannten, indem
sie im § 998 das Verlagsrecht auf den Verfasser zurückführten, zum erstenmal
in gesetzlicher Form ein ausschließliches Verfügungsrecht des Verfassers über
das Produkt seiner Arbeit an. Parallel zum Übergang vom Verlags- zum Urheber-
recht ging das bis dahin gebräuchliche Dedikationswesen als mittelbare Entloh-
nung zugunsten der unmittelbaren Honorierung literarischer Produkte durch den
Verleger zurück. Der Rückgang dieser nachträglichen und außerwirtschaftlichen
Honorierung – sie hielt sich bis zum Ende des 18. Jahrhunderts – ist am Schwinden
der den Werken vorangestellten Widmungen und Vorreden zu beobachten. Sie
wurden seltener, je geringer der Einfluß der Poetiken und der durch Widmungen
erlangte Schutz des Werkes vor dem Nachdruck wurde und je mehr sich das
Selbstbewußtsein des Schriftstellers stärkte. Seine Schriften galten nicht mehr
in erster Linie adeligen Gönnern und gelehrten Kennern, sondern vorwiegend
dem sich entwickelnden Bürgertum. Der freie Schriftsteller überließ das Urteil
über seine Schriften fortan der öffentlichen Meinung und trat ihr gegenüber offen
für sein Werk ein. So war z. B. Lessing ein »abgesagter Feind« des Zueignens
und ebensowenig geneigt, dem Publikum »abgeschmackte Komplimente« zu machen [61]. Seine »Feindschaft« verweist u. a. darauf, daß der Rückgang des Dedi-
kationswesens auch politische Gründe hatte. Den bürgerlichen Zeitgenossen erschien »das Pochen auf Fürstenbeifall und auf erhaltene gnädige Handschreiben«
[62] als ein »sehr verächtliches Mittel« [63] – »aus Lächerlichkeit und Niedrigkeit
zusammengesetzt« [64]. Ideologisch weniger verdächtige Methoden zur Erlangung eines Honorars boten sich dem Schriftsteller mit der Subskription und dem
Selbstverlag, auf die im nächsten Abschnitt einzugehen sein wird.

Die immer weniger geübte Praxis des Dedizierens führte notwendig auch zum
Schwinden der fürstlichen und adeligen Patronage, die im Deutschland des 18.
Jahrhunderts freilich nie jenes Ausmaß besaß wie in England. Deutsche Fürsten
kümmerten sich – wie J. G. F. Schulz 1784 klagte – »mehr um ihre Soldaten
oder Hirsche, Sauen und Pferde. Und wenn sie was Gedrucktes lesen, so muß
es Französisch oder Italienisch sein; mithin kennen sie unsere Gelehrten nicht
und wollen sie auch nicht kennen, viel weniger, daß sie literarisches Verdienst
aufsuchen und belohnen« [65]. Und zweifellos traf Schillers Gedicht, *Die deutsche
Muse*, mit den Versen – »keines Medicäers Güte lächelte der deutschen Kunst
. . . Sie entfaltete die Blume nicht am Strahl der Fürstengunst« [66] – nicht nur

die gunstlose Atmosphäre des Berliner Hofes, sondern auch die der Residenzstadt Weimar. Die von Lessing gestellte und seither strittige Frage, ob diese Gunstlosigkeit der deutschen Literaturentwicklung zum Vorteil oder zum Nachteil gereicht habe [67], ist wohl kaum schlüssig mit ja oder nein zu beantworten. Trotz dieser Einschränkung kann aber gesagt werden, daß Goethes Spruch, »Wer sich in Fürsten weiß zu schicken, Dem wird's heut oder morgen glücken; Wer sich in den Pöbel zu schicken sucht, Der hat sein ganzes Jahr verflucht« [68], nur für wenige Schriftsteller Geltung hatte.

Angesichts dieser teilweise berechtigten Klagen über die nur wenig geübte und vom Adel oft als lästige Verpflichtung empfundene Patronage darf aber das Mäcenatentum einiger deutscher Fürsten nicht übersehen werden. Unter den wenigen Förderern ragt vor allem der in Erfurt mit Wieland befreundete und spätere Erzbischof von Mainz, Karl Theodor von Dalberg, hervor. [69] Eng mit der von K. Th. v. Dalberg geübten Patronage war die seines Bruders Wolfgang Heribert verbunden, der zeitweilig das Nationaltheater in Mannheim leitete. Beide waren an der 1778 in Mannheim gegründeten »Deutschen Gesellschaft« beteiligt [70]. Dieser Gesellschaft gehörte vorübergehend auch Klopstock an, der später von dem kunstverständigen Markgrafen Carl Friedrich von Baden unterstützt wurde [71]. In Norddeutschland fand – außer den vom dänischen König an Klopstock und J. G. Müller gezahlten Pensionen – vor allem die vom Erbprinzen von Holstein-Augustenburg dem in Jena lebenden Schiller gewährte Hilfe größere Beachtung [72]. Die in weltbürgerlicher Absicht gegebene Spende stand neben den Leistungen des Herzogs von Dessau, den G. Forster einen »aufgeklärten« Fürsten nannte, »der viel zu edel denkt, um die erzwungenen Bücklinge und Narrenspossen leiden zu können« [73]. Erwähnt sei hier ferner die Patronage des Herzogs von Sachsen-Meiningen, die den seit 1782 als Verfasser von Ritter- und Schauerromanen bekannten Karl Gottlob Cramer betraf. 1795 wurde er zum besoldeten herzoglichen Forstrat ernannt [74] und wie Weimar »seinen« Goethe, so besaß auch Meiningen zur Zierde des Hofes »seinen« eigenen Cramer.

Gerade das letzte Beispiel zeigt, daß bei der Patronage deutscher Fürsten auch Eitelkeit im Spiel war. Es kam selten vor – wie Unzer schrieb –, »daß man einem Dichter bloß als Dichter zu leben gibt« [75]. Der Kreis verständnisvoller Mäcene, die den Geförderten künstlerisch eigene Wege gehen ließ, war nicht groß. Lessings anfängliche Freude über die Wolfenbütteler Berufung im Jahre 1770, die er dem Vater mit den Worten erläuterte, der Erbprinz habe mehr darauf gesehen, daß er die Bibliothek, als daß die Bibliothek ihn nutze, verkehrte sich bald in Mißmut [76]. Neben den vom Landesfürsten mitverantworteten Zensurmaßnahmen gegen einzelne seiner Schriften war vor allem die geringe Besoldung daran schuld. Wie Lessing waren daher viele patronierte Schriftsteller gezwungen, den zu einer standesgemäßen Lebenshaltung notwendigen Betrag durch Erlöse aus literarischen Arbeiten zu ergänzen. Da nicht nur J. H. Voß diese Regelung »zum natürlichen Lauf der Dinge zu gehören« [77] schien, wurden derartige Ämter immer wieder angenommen.

H. Linguet meinte zwar, es müsse dem Schriftsteller »wichtiger und rühmlicher sein . . ., durch den Ertrag seiner Schriften«, belohnt zu werden, als sich durch »Pensionen – denen eben die Verkennung des schriftstellerischen Eigentums das Wort reden muß – fortzuhelfen« [78]. Doch ließen die in Deutschland bestehenden sozialen und wirtschaftlichen Verhältnisse die völlige Verwirklichung dieser Forderung noch nicht zu. Eine genügend große und kauffreudige Leserschaft war erst im Entstehen. Daher richtete sich der von zahlreichen Schriftstellern erhobene Vorwurf der Gunstlosigkeit auch gegen das Publikum oder – wie G. A. Bürger es nannte – gegen den »Lesepöbel« [79]. Angesichts der zweifachen Gunstlosigkeit riet Wieland im Jahre 1777 einem Freund, er solle sich »nicht verdrießlich machen . . . lassen durch den Kaltsinn unserer ausgearteten Deutschen, die am Ende nichts dafür können, daß ihre Nerven engourdiert sind. Wie sollte es bei unserer ganzen Verfassung anders sein?« [80] Die absolutistische Kleinstaaterei, die den Adel, das Bürgertum und die Fürsten gleichermaßen beengte, war eben – wie W. Heinse bemerkte – »die unkünstlerischste Staatsform . . . Daraus entsteht, daß . . . unsere Großen nicht Geld genug für uns haben und wir keinen eigentlichen Zweck bei unseren Arbeiten. Unser Publikum ist keines geläuterten Enthusiasmus fähig« [81].

Wenn sich das marktwirtschaftliche Honorarwesen nur allmählich festigte, dann lag das – über die bisher angeführten Gründe hinaus – u. a. mit an der überlieferten Ehrauffassung. Sie ließ es weiterhin als wenig schicklich erscheinen, für literarische Produkte Honorar zu fordern. Diese von ständischen Dichtern, aber auch noch von freien Schriftstellern vertretene Auffassung kam der Neigung des Buchhandels, für absatzunsichere literarische Werke keine oder nur sehr geringe Honorare zu zahlen, sehr entgegen.

Den eigentlichen Kern dieser Ehrauffassung bildeten jene religiös und metaphysisch begründeten Rücksichten, die Goethe in *Dichtung und Wahrheit* erwähnt. Dort heißt es: »Die Produktion von poetischen Schriften wurde als etwas Heiliges angesehen und man hielt es beinahe für Simonie, ein Honorar zu nehmen oder zu steigern« [82]. Selbst dem Unterhaltungsschriftsteller J. G. Müller, der in den Jahren zwischen 1762 und 1772 kein Honorar forderte, war nach dem Empfang seines ersten Honorars zumute wie einem »aufgeklärten Katholiken«, der »den ersten Bissen Fleisch an einem sogenannten Fasttage mit nicht ganz leichtem Herzen in den Mund steckt« [83].

Mit der fortschreitenden Kommerzialisierung der Literatur nahmen solche Bedenken bei einzelnen Schriftstellern zu. Noch 1795 stellte ein Berliner Gelehrter die Frage: »Ob denn Goethe in der Tat Geld nehme« [84]. Und W. H. Wackenroder bedrückte die Tatsache, »daß die Kunst die menschlichen Gefühle, die fest auf der Seele gewachsen sind, verwegen aus den heiligsten Tiefen dem mütterlichen Boden entreißt, und mit den entrissenen, künstlich zugerichteten Gefühlen frevelhaften Handel und Gewerbe treibt« [85]. Daher wünschte auch Herder, nicht »Lohndiener« einer »wilden Menge«, sondern ebenbürtiger Partner im »unsichtbaren Kommerzium der Geister und Herzen« [86] zu sein. Es wurde also weiterhin in Zweifel gezogen, ob »die öffentliche Mitteilung der Gedanken mit Recht als ein Gewerbe angesehen werden könne, wie die anderen Arten menschlicher Tätigkeit« [87]. Selbst Schiller äußerte 1799 gegenüber Goethe die Auffassung: »Die Poeten sollten immer nur durch Geschenke belohnt, nicht besoldet werden; es ist eine Verwandtschaft zwischen den glücklichen Gedanken und den Gaben des Glücks; beide fallen vom Himmel« [88]. Die Entwicklung des sozialen und literarischen Lebens war jedoch längst über derartige Wünsche hinaus. Fürsten und Adel sahen sich auf Grund des Rückgangs der Dedikationen von der Verpflichtung entbunden, die Poeten durch Geschenke zu belohnen, und so fiel dem Bürgertum, als dem eigentlichen Adressaten der Literatur, die Aufgabe zu, die Bezahlung der zur Ware gewordenen literarischen Produkte des freien Schriftstellers zu übernehmen.

Beide Seiten haben sich rasch in diese Entwicklung geschickt, doch blieb auch weiterhin ein Problem ungelöst: das Verhältnis von Markt- und Kunstwert geistiger Leistung. Wieland bemerkte einmal in diesem Zusammenhang, daß »das kleinste Werk des Genies und der Kunst ... seinem inneren Wert nach unbezahlbar« sei. »Aber daß man dies zum Vorwand gebrauchen sollte, Künstler und andere Männer von Genie verhungern zu lassen, wäre doch wohl nicht billig« [89]. Was dem Schriftsteller – »er liefere ABC-Bücher oder Epopöen« – zustehe, schrieb 1784 R. Z. Becker, sei »seine verhältnismäßige Besoldung von der ganzen Nation, deren Sprache er schreibt ... Er nützt allen, er vergnügt alle: sie sollten ihn daher billig als ihren gemeinschaftlichen Bürger ansehen« [90]. Das heißt, auch die literarischen Bemühungen sind gesellschaftliche Arbeit und müssen als solche bewertet werden.

Die Worte Wielands und Beckers machen die Besonderheit des Honorars deutlich. Die »verhältnismäßige Besoldung« entgilt nur den Marktwert des literarischen Produktes. Ihr muß sich die immaterielle Vergütung des Kunstwertes – oder wie Wieland sagte, des »inneren Wertes« – in Form von Ansehen und Ehrung angliedern. Erst dann ist eine vollständige Gegenleistung für das literarische Produkt erbracht. Auf Grund dieser im Handel mit geistigen Gütern liegenden Verschränkung von materieller und immaterieller Honorierung erscheint die freiberufliche Produktion und »öffentliche Mitteilung der Gedanken« und künstlerischen Wahrheiten als ein von »anderen Arten menschlicher Tätigkeit« gesondertes »Gewerbe«. Dieser Doppelaspekt des Honorars macht es auch begreiflich, weshalb die Schriftsteller an der Ehrauffassung festhielten. Ihre Integrität nach dieser Seite hin erleichterte die Angliederung des immateriellen Honorars, das mit der Herausbildung der bürgerlichen Gesellschaft und der Anonymisierung des Lesers nicht mehr durch »gnädige Handschreiben«, sondern nur noch durch ein »gewogenes« Publikum zu erlangen war. Stellvertretend für das Publikum

nahmen die Verleger die doppelte Honorierung wahr, denn bei anerkannten Verlegern wie Reich, Göschen, Cotta oder Dieterich zu erscheinen, sicherte nicht
nur ein gutes Honorar, sondern hob auch das Ansehen des Autors in der literarischen Öffentlichkeit.

3. Selbsthilfemaßnahmen

Die nur zögernd gelingende Lösung des Eigentum- und Honorarproblems machen nicht nur den Unmut vieler Schriftsteller verständlich, mit dem sie auf derartige Erschwerungen ihrer Existenz reagierten, sondern auch ihre zahlreichen
Selbsthilfemaßnahmen, mit denen sie den Nachdruck ihrer Werke zu verhindern
und den auf Grund der Kleinstaaterei nur langsamen Wandel der überkommenen
buchhändlerischen Verkehrsformen zu ihrem Vorteil zu beschleunigen suchten.

An erster Stelle ist hier das Subskriptionswesen zu nennen. Es erlaubte vor
allem jenen Schriftstellern, die nicht mehr für die Kenner, aber auch noch nicht
für die anonymen Leser schrieben, zunächst auf die konkrete Erwartung einer
vorausbezahlenden oder abonnierenden Leserschaft hin zu produzieren. Diese
Käufersicherung bot dem Schriftsteller vorteilhaften Schutz vor den finanziellen
Einbußen des oft sehr schnell erfolgenden Nachdrucks und ermöglichte andererseits der am entstehenden literarischen Werk interessierten Subskriptionsgemeinschaft, die Patronage ihres Autors zu übernehmen. Das Subskriptionswesen
würde also nicht nur deshalb in Deutschland praktiziert, weil es in England gebräuchlich war, sondern weil es – wie jede andere Selbsthilfemaßnahme – eine
der Übergangssituation entsprechende wirtschaftliche Verkehrsform war.

Besonders bekannt geworden ist die von Klopstock zum Vertrieb der *Gelehrtenrepublik* veranstaltete Subskription. In einem »Promemoria«, in welchem
Klopstock die Verleger der Unbilligkeit gegenüber den Gelehrten und Dichtern
bezichtigte, entwickelte der *Messias*-Dichter seinen Subskriptionsplan – Anklage
und Plan dienten sich gegenseitig als Stütze. Das Ansehen Klopstocks war damals
groß, und so erboten sich viele Kollekteure uneigennützig zur Verwirklichung
des Plans. »Weil es hieß«, so äußerte sich Goethe später über dieses Unternehmen,
»daß man nicht sowohl das Buch bezahlen, als den Verfasser bei dieser Gelegenheit für seine Verdienste um das Vaterland belohnen sollte ... drängte sich nun
jedermann hinzu« [91]. Klopstock hatte in dem »Promemoria« [92] jedoch keine
Angaben über den Inhalt seiner Schrift gemacht. Daher waren viele Subskribenten
des Werkes enttäuscht.

Die schlechten Erfahrungen des Publikums mochten spätere Subskriptionsversuche erschweren, doch sammelte G. A. Bürger mit Hilfe seiner Freunde für die
erste Auflage seiner Gedichte noch fast 1200 Subskribenten. Und wie er selbst
schrieb, prangten »darunter Durchlauchte und Erlauchte und Exellenzen usw.,
daß es eine Lust« [93] war. Daß nicht nur Bürger, sondern auch andere Schriftsteller die Namen der Subskribenten – gestaffelt nach Rang und Würden – ihren
Werken voranstellten, zeigt, wie ähnlich die Subskription der Dedikation war.

Mit Recht hat man daher das Subskriptionswesen als »eine Art Sammelpatro-nage« [94] literarischer Gemeinschaften bezeichnet, die ihre der Literatur zuge-dachten finanziellen Mittel nicht mehr auf dem Wege personaler Patronage, son-dern nur auf dem Wege kollektiver Gönnerschaft vergeben konnten. Je mehr aber die Gemeinschaften durch den Schwund des Freundschafts- und Gesellungs-willens der Schriftsteller und Leser zersetzt wurden, desto seltener wurden derar-tige Unternehmungen. Das Publikum bildete sich fortan nicht so sehr von der Person des Schriftstellers als vielmehr von seinem Buch her. Und ebenso machte nicht mehr in erster Linie der in einer literarischen Gemeinschaft bekannte Schriftsteller das Buch berühmt, sondern das auf dem literarischen Markt zum Erfolg gewordene Buch den Namen des Schriftstellers. Die Nutzung des Namens-ruhms ging in einzelnen Fällen so weit, daß unbekannte Autoren ihre Schriften unter dem Namen eines »berühmten« Verfassers erscheinen ließen. Gegen »dieses merkantilische Unwesen« verwahrte sich 1794 K. G. Cramer in einer scharfen Erklärung, die in der Jenaer Allgem. Lit. Zeitung abgedruckt wurde [95].

Eine andere Form der wirtschaftlichen Alleinnutzung war die Veröffentlichung der Werke im Selbstverlag. Mit seiner Hilfe versuchte der Schriftsteller unter Umgehung des Verlegers einen direkteren Zugang zu den Lesern zu finden. Teile des Publikums hatten sich jedoch daran gewöhnt, von dem Namen des Verlegers auf den Wert des von ihm verlegten Buches zu schließen. Fehlten also einem Buch die Verlagsangaben, dann war zu vermuten, der selbstverlegende Schrift-steller habe sich lediglich gerne gedruckt gesehen. Man schloß von da aus auf eine mindere Qualität des Buches und sah von einem Kauf ab. Deshalb konnte sich der von Wieland, Lessing, J. G. Müller, Schiller, Goethe u. a. gelegentlich praktizierte und bei Mißhelligkeiten mit den Verlegern immer wieder erwogene Selbstverlag auf die Dauer nicht durchsetzen [96]. Er vermochte dies auch dann nicht, als er seit den späten 60er Jahren in den »Typographischen Gesellschaften« organisiertere Formen annahm.

Der bedeutsamste Versuch dieser Art war die von zahlreichen mitteldeutschen Schriftstellern unter der Protektion des Herzogs von Dessau 1781 ins Leben geru-fene Dessauer Gelehrtenbuchhandlung und die ihr angegliederte Verlagskasse für unbemittelte Autoren [97]. Das u. a. von Wieland, Herder, Goethe, Lichten-berg, Schlözer, Archenholtz, Lavater, Campe, Basedow, Weiße z. T. durch Aktienankauf geförderte genossenschaftliche Unternehmen brachte während der Messen von 1782 und 1783 insgesamt 350 Bücher auf den Markt. Der reguläre Buchhandel ließ sich jedoch nicht auf einen ausgedehnten Handel mit dieser Buchhandlung ein und so scheiterte diese erste Autorenschutzgenossenschaft.

Die eigentliche Ursache für den Mißerfolg des Selbstverlags war die Tatsache, daß die Honorarforderungen der Schriftsteller auch für spätere Auflagen von den Verlegern schließlich erfüllt wurden. Die Ausweitung des Barverkehrs und die Einschränkung des Nachdrucks erlaubten den Verlegern eine sichere Kalkula-tion. Gleichzeitig gewährten die entwickelteren gewohnheits- und später land-rechtlichen Bestimmungen dem Schriftsteller einen besseren Schutz.

Die entwickeltste und auch dauerhafteste Form fand der Selbstverlag in dem von vielen Schriftstellern betriebenen belletristischen Zeitschriften- und Almanachwesen [98]. Die unentbehrliche Voraussetzung dieses »literarischen Journalismus« war das Verlangen der Leser, in solchen für den täglichen Gebrauch produzierten Schriften »den Ausdruck ihrer eigenen Gedanken zu finden«. Mit Recht bemerkte daher Goethe, »daß das Publikum selbst ihnen ihren Charakter« [99] gab. Andererseits hatte die Verlagerung der Poesie und Literatur in periodische Schriften wirtschaftliche Ursachen. Die Zeitschrift mit ihrem Stamm fester Abonnenten bot sich dem Schriftsteller als das geeignetste Mittel zur ungeschmälerten wirtschaftlichen Nutzung seiner literarischen Teilarbeiten an. Schiller z. B. begründete die Herausgabe seiner *Rheinischen Thalia* damit, daß er »einen Kanal zu haben« wünsche, in den er »gleich die ersten Resultate seiner Lektüre werfen könnte« [100]. Die Veröffentlichung literarischer Arbeiten in periodischen Schriften bot sich auch deshalb an, weil der Verfasser nach Ablauf weniger Jahre seine dort publizierten Werke in eigenen Büchern veröffentlichen und damit zum zweitenmal ein Honorar dafür erlangen konnte. Ein großer Teil von Wielands Schriften erschien daher zunächst im *Merkur* und später in Einzel- und Gesamtausgaben. Die Absicht einer doppelten Honorierung trat dann besonders deutlich in Erscheinung, wenn von einer Schrift zur Anlockung der Leser lediglich Fragmente oder Fortsetzungen in Zeitschriften erschienen, während das vollständige Werk den auf den Schluß gespannten Lesern nur in Buchform zugänglich gemacht wurde.

Obwohl den Schriftstellern durch den Versand der Zeitschriften zusätzliche Mühen und Vertriebskosten entstanden, waren solche Unternehmen dennoch einträglich, denn für Beiträge noch unbekannter bzw. unaufgeforderter Verfasser wurden nur geringe oder keine Honorare gezahlt. Noch 1800 schrieb A. W. Schlegel an L. Tieck, »auf unhonorierte Beiträge müssen wir schlechthin nicht spekulieren, um nicht in das gewöhnliche Musenalmanachswesen zu verfallen« [101]. Gut eingeführte und über den lokalen Raum hinaus wirkende Publikationen, wie etwa der *Merkur,* Schillers *Horen,* Archenholtz' *Literatur und Völkerkunde* usw. mußten, sofern sie sich gute Mitarbeiter sichern wollten, entsprechende Honorare zahlen. Trotz dieser Unkosten spielte aber Wielands *Merkur* – oder wie er das Unternehmen selbst nannte: das »mercurialische Fabrikwesen« – bei der Versorgung seiner Familie »keine ganz unentbehrliche Rolle« [102]. Ähnlich lebten zeitweilig Schubart, Voß, Bürger, Archenholtz, Goeckingk, Bertuch, Schlözer, Reinhard u. a. von den Einkünften aus selbst herausgegebenen oder von ihnen redigierten Zeitschriften und Almanachen.

Die periodischen Schriften erhielten ihr kulturelles Gewicht und ihre wirtschaftliche Grundlage wesentlich durch literarische Kritik. Damit vergrößerten sich die schriftstellerischen Einflußmöglichkeiten auf die Wirkungsgeschichte literarischer Produkte in einer früher nicht gekannten Weise. Anfänger und Neulinge suchten nicht mehr wie bisher durch Widmungen die Gunst eines adligen Gönners zu gewinnen, sondern trachteten nach der persönlichen Bekanntschaft

»arrivierter« journalistischer Schriftsteller. Denn von der Fürsprache dieser vom Publikum anerkannten und von Verlegern geschätzten Personen hing das Schicksal ihrer literarischen Produkte und damit die Erlangung eigenen Ansehens mit ab. So bat z. B. der junge Schiller einen Freund, ihn mit Wieland bekanntzumachen. »Ich liebe den Mann unaussprechlich und muß noch von ihm gekannt sein« [103]. Bei dem Wunsch Schillers spielte neben der Verehrung auch die Absicht eine Rolle, über Wieland einen finanzkräftigen Verleger zu finden – das belegen spätere Briefe von ihm.

Als Schiller dann selbst Herausgeber geworden war, schrieb er: »Sie glauben nicht, wie ich mit Aufsätzen aller Art heimgesucht worden« bin und welches »Heer von Gedichten . . . dem Herausgeber eines Almanachs von allen Enden unseres versereichen prosaischen Deutschlands« [104] zufließt. Die auf Grund ihrer Herausgebertätigkeit ständig an literarischen Arbeiten interessierten Schriftsteller wie Wieland, Schiller, Boie, Voß usw. wurden also gleichsam in die Situation der Gönner gegenüber aufstrebenden Talenten gedrängt. Und so trat neben die Subskriptionspatronage die Schriftstellerpatronage, die allerdings aus Konkurrenzgründen nicht immer gern geübt wurde. So gestand z. B. Wieland, »daß junge angehende Dichter böses Spiel« bei ihm hätten. Und den wohl größten Mäcen unter den damaligen Schriftstellern, den Halberstädter Kanonikus Gleim, ermahnte er, nicht zu freigiebig mit seiner Gunst zu sein, weil dadurch »das Metier eines Autors . . . verächtlich« würde. Wieland erkannte aber andererseits, »daß so manche junge Leute durch das Lesen unserer Schriften mit der gefährlichen Liebe der Musen . . . angesteckt« würden, und folglich sei es die Pflicht der Schriftsteller, alles nur Mögliche zu tun, um dieses »Übel . . . zu vermindern« [105].

Die seltenste Form der Schriftstellerpatronage war das Aussetzen von Geldpreisen für dramatische Arbeiten. Das erste dem Verfasser bekannt gewordene Preisausschreiben wurde 1756 mit der Ankündigung ihrer Zeitschrift *Bibliothek der schönen Wissenschaften* von den damals noch unbekannten Herausgebern Fr. Nicolai und M. Mendelssohn veranstaltet [106]. Ähnliche Preisausschreiben wurden dann in den 70er und 80er Jahren u. a. von der »Deutschen Gesellschaft« in Mannheim und der Hamburger Bühne veranstaltet [107]. Und 1801 sandte C. Brentano sein Schauspiel *Ponce de Leon* zu dem von Goethe und Schiller im letzten Stück der *Propyläen* angekündigten Preisausschreiben ein [108].

Die verschiedenen Formen der Selbsthilfe wurden zum Jahrhundertende mit der Anerkennung des geistigen Eigentums und der Festigung des Honorarwesens seltener. Parallel zu den Schriftstellerpersönlichkeiten entwickelten sich Verlegerpersönlichkeiten, die ihre Mittlerfunktion zwischen Autor und Publikum gerecht erfüllten. Indem sie für eine ausgedehnte Verbreitung ihrer Verlagsartikel sorgten und in ihrem sich verschärfenden Kampf um das Publikum »keinen Ort und keinen Stand beim Vertrieb der Schriften unbeachtet« [109] ließen, trugen sie zur Festigung der gesellschaftlichen Geltung und des Selbstbewußtseins ihrer Autoren bei. Gleichzeitig bewirkten sie eine Wertsteigerung der literarischen Leistung, deren Konsumtion »in einem der Kultur nach schon weit fortgeschrittenen gemeinen Wesen« – wie Kant 1798 schrieb – »zum beinahe unentbehrlichen und allgemeinen Bedürfnis geworden ist« [110].

Wenn zum Jahrhundertende hin die Existenz des freien Schriftstellers auch ohne Selbsthilfemaßnahmen möglich wurde, dann lag das mit an der Aufgeschlossenheit der Reichs, Göschens, Cottas und Ungers, denen die ehrenhafte Bewahrung der geistigen Würde und Freiheit ihrer Autoren zum Prinzip geworden war. In einer nur für seine Verlegerkollegen bestimmten Schrift *Meine Gedanken über den Buchhandel und über dessen Mangel* hat Göschen ein von dieser hohen Berufsauffassung zeugendes Bekenntnis abgelegt. »Sind ... Bücher die Geistesprodukte der vorzüglichsten Männer ihres Zeitalters, welche fähig sind, die Menschen zu unterrichten und zu verbessern, oder das Leben zu verschönern, so ist der Buchhändler ein Kaufmann, der mit den edelsten Waren handelt: und wenn er seinen Beruf mit Würde treibt, so gebührt ihm unter Handelsleuten der erste Rang« [111]. Die Briefwechsel gerade dieser Verleger mit ihren Autoren zeigen, welch freundschaftliche Formen der Verkehr unter ihnen angenommen hatte, nachdem derartige Auffassungen sich durchgesetzt hatten. Nicht ohne Stolz auf die Verdienste der Verleger weisend, meinte der Buchhändler Fr. Perthes in seiner *Der deutsche Buchhandel als Bedingung des Daseins einer deutschen Literatur* betitelten Schrift: »Dadurch ist entstanden, daß wir eine allgemeine deutsche Literatur haben« [112].

IV. Das Selbstverständnis des Schriftstellers

Mit der Darstellung des Selbstverständnisses des freien Schriftstellers wird das bisher von ihm gewonnene idealtypische Bild abgerundet. Als ein wichtiger Einzelzug des Bildes erwies sich die Einsicht, daß der dichterische Mensch sein literarisches Schaffen in dem Sinne zu verstehen begann, sich selbst auszudrücken [1]. Durch diese Auffassung, die den freien Schriftsteller vom ständischen Dichter unterschied, wurde der dichterische Mensch neueren Typs sich selbst zur künstlerischen Aufgabe, oder – wie Käte Friedemann es formulierte – er wurde zu einem »organischen Bestandteil seines eigenen Kunstwerkes« [2].

Diese Integration ins Kunstwerk bot ihm die Chance, als seine im literarischen Produkt verwirklichte eigene Poetik [3] zu erscheinen und mit ihrer Hilfe Freiheit und persönlichen Ruhm zu gewinnen. Damit löste sich der dichterische Mensch aber nicht nur aus den soziokulturellen Bindungen absolutistischer Herrschaft, sondern zugleich geriet er – eben weil das Kunstwerk nicht mehr affirmativ zur Ständegesellschaft war, sondern aufgrund seiner emanzipatorischen Ansätze auch als Widerspruch zur entstehenden bürgerlichen Gesellschaft erschien und erfahren wurde – in ein problematisches Verhältnis zum Bürgertum und seinen politischen Institutionen.

W.H. Riehl kommentierte diese Entwicklung später mit den Worten, »das Literatentum hat ... nicht bloß zur Gesellschaft, sondern auch zum Staate eine eigentümliche abnorme Stellung eingenommen« [4].

Diese soziale Distanz des freien Schriftstellers – ihr setzte die bürgerliche Sozialwelt das Ideal der Bindung ins Berufs- und Wirtschaftsleben entgegen – ging jedoch nicht so weit, daß die Idee des Dichters jener Zeit – wie K. J. Obenauer sagt – so gut wie keine Beziehung zur Gesellschaft hatte [5]. Gewiß stand das durch die Verselbständigung der Phantasie gesteigerte genialische Selbstverständnis des freien Schriftstellers bürgerlichem Verhalten entgegen, das im Streben nach Vermögen, Glück, Vergnügen und in einer latenten Geistverachtung seinen Ausdruck fand. Aber gerade in diesem Gegen blieb die Existenz des Schriftstellers gesellschaftsbezogen. Seine individuelle Freizügigkeit und ästhetische Haltung war eine mehr oder weniger bewußte soziale Distanzierung, die häufig das Ziel polemischer Angriffe wurde. So enthält z. B. eine *Der Schriftsteller* betitelte Vorlesung J. G. Fichtes, in welcher der Groll des Wissenschaftlers gegen den Verkünder künstlerischer Wahrheiten unüberhörbar ist, die Sätze: »Der Begriff des Schriftstellers... etwas höchst Unwürdiges usurpiert seinen Namen. Hier ist der eigentliche Schaden des Zeitalters und der wahre Sitz aller seiner übrigen wissenschaftlichen Übel. Hier ist das Unrühmliche rühmlich geworden und wird aufgemuntert, geehrt und belohnt« [6].

Zweifellos hat die bürgerliche Gesellschaft dem dichterischen Menschen die Möglichkeit gewährt, in ihrer Mitte zu Ansehen, Reichtum und Ruhm zu gelangen. Doch daß er keineswegs allgemein so geehrt und belohnt wurde – wie Fichte unterstellte –, mögen Wielands Worte belegen: »Der Henker hole die Autorschaft, wenn sie mir von allen Enden Deutschlands nichts als Verdruß zuziehen soll ... Das ist mehr als meine Geduld vertragen kann.« – »Was für ein armseliges Geschöpf ist ein Autor! Sehr oft weiß ich selbst nicht, ob ich ein guter oder ein elender Skribent bin. Glücklicher Gottsched! Sit tibi terra levis! Du warst immer mit dir selbst zufrieden. Sollte sich einer nicht wünschen, Gottsched zu sein?« [7]

Ausgehend von diesen Äußerungen über die Schriftstellerexistenz wird nun zu zeigen sein, welche Spannungen zwischen dem dichterischen Selbstverständnis und dem bürgerlichen Dasein des freien Schriftstellers bestanden und in welchen Kompromissen sich sein Leben bewegte.

1. Der ständische Dichter

Wielands Anspielung auf Gottsched lenkt die Aufmerksamkeit auf diesen frühen, ständischen Dichtertypus.

Der von den Zeitgenossen zwischen etwa 1720 und 1760 Poet, Belletrist oder Schöngeist [8] betitelte und hier mit dem idealtypischen Begriff ständischer Dichter bezeichnete dichterische Mensch war als Übergangserscheinung der Vorgänger des freien Schriftstellers. Der ständische Dichter verdankte sein Dasein nicht mehr in erster Linie der höfischen Barockgesellschaft, sondern den mittleren Ständen. Deren soziale Besonderheiten bildeten sich mit der Aufklärung deutlicher heraus und ließen für den dichterischen Menschen neue Aufgaben entstehen, die u. a. auch außerhalb der an Einfluß verlierenden Kirche lagen.

Der zu den Bremer Beiträgern gehörende K. A. Schmid faßte diese Aufgaben 1743 in folgenden Versen zusammen: »Wer für die Welt nicht schreibt, vergißt der Dichter Pflicht,/Ergetzen ist ihr Lob, ihr Zweck der Unterricht/ ... Den Bürgern kund zu tun, was Pflicht und Wohlfahrt heißt,/Wie Üppigkeit und Zwist auch Throne niederreißt;/ Im ungezwungnen Scherz dem Hofe das zu sagen,/ Was Leibniz, Locke und Wolf den Schulen vorgetragen;/ ... Und doch die finstre Stirn des Lesers aufzuheitern:/ Dies ist die seltne Kraft, die in Verwundrung setzt,/ Dies heißt: ein Dichter sein, der nützet und ergötzt« [9].

Die Erfüllung der Aufgaben vollzog sich aber – und das unterscheidet diese literarische Programmatik von der Hamanns – noch weitgehend im Rahmen der poetischen Regeln und damit zugleich in dem der ständischen Gesellschaft. Daher dürfen die in den Versen von Schmid anklingenden sozialkritischen Aufgaben nicht überschätzt werden. Gottscheds *Versuch einer kritischen Dichtkunst für die Deutschen*, die er zwei Adeligen des kursächsischen Hofstaates dedizierte, enthielt ausdrücklich – wie es in der Widmung heißt – »diejenigen Regeln, danach sich alle Verfasser der Lobgedichte ... zu achten haben, die sich künftig an Dero hohes Lob machen dürften« [10]. Auch M. Opitz' *Buch von der deutschen Poeterei*, das auf »Ersuchung vornehmer Leute« entstand, zielte darauf ab, poetisch geschulte Ruhmverleiher heranzubilden. Opitz war nämlich der Auffassung, es sei der »größte Lohn, den die Poeten zu gewarten haben, daß sie nämlich in königlichen und fürstlichen Zimmern Platz finden, von großen und verständigen Männern getragen ... in die Bibliotheken einverleibt ... und von jedermann gerühmt werden« [11].

Gottsched, dessen Schrift bis weit in die 50er Jahre große Geltung besaß, war gewissermaßen der »poetische Exerziermeister« der ständischen Dichter, die teils freiwillig – aber auch noch in fremdem Auftrag – Huldigungs- und Gelegenheitsgedichte anfertigten. Oft bestimmten die Auftraggeber Umfang, Versfuß und Strophenform, also den gesamten Ton des Gedichtes. Bisweilen schrieben sie sogar die Anfangszeilen vor und erreichten durch ihre Auflagen die Einhaltung poetischer Regeln [12]. Die 1751 erschienene Gedichtsammlung Gottscheds enthält einige solcher Gedichte. Und ähnlich wie Gottsched Trauerspiel und Komödie noch sozial differenzierte, indem er die erste Gattung adeligen Personen vorbehielt und dem Bürger nur in Komödien Daseinsrecht gewährte, gliederte er seine Gedichtsammlung in drei Teile: 1. Gedichte für fürstliche, 2. für adelige Personen und 3. für Angehörige seines Standes [13]. Es wurde aber allmählich üblich, bei Huldigungsgedichten keine materiellen Belohnungen zu erwarten. Das überließ der ständische Dichter dem Hofpoeten, der sein poetisches Talent in den Dienst des sozialen Aufstiegs stellte. »Ein recht aufgeweckter Kopf«, so steht es in der Einleitung der Schriften des geadelten Hofpoeten J. v. Besser, »... weiß durch Vermittlung dieser Kunst ... bei Höhern einen Zutritt, und folglich den Weg zu seiner Beförderung zu finden«. Und an anderer Stelle heißt es, daß »die Dichtkunst nicht allein zu meinem Glück am meisten beigetragen, sondern mir auch die meisten Einkünfte gebracht hat« [14].

Neben die von Gottsched und seinen Zeitgenossen patriotisch verstandene Rühmung der Fürsten trat bei den ständischen Dichtern – mit der Tendenz zur Verdiesseitung des Lebens – die Lobpreisung weltlicher Erscheinungen unter dem Aspekt der Moral und der Tugend, wie dies u. a. aus B. H. Brockes Gedichten *Irdisches Vergnügen in Gott* bekannt ist [15]. Damit löste sich in den ständischen Dichtern das eigentlich Schöpferische von den bisherigen religiösen und absolutistischen Bindungen, doch war all das – mit wenigen Ausnahmen – noch weit entfernt von einem inneren und den dichterischen Menschen zum Schreiben nötigenden Auftrag. Sie verstanden vielmehr ihr dichterisches Schaffen als Nebenbeschäftigung, denn hauptberuflich waren sie u. a. Beamte, Sekretäre, Hofmeister, Prediger, Ratsherren, Gelehrte und selbständige Bürger. Ihre literarischen Produkte nannten sie »erlesene Proben poetischer Nebenstunden« oder »Frucht der müßigen Stunden« [16]. Und da die ständischen Dichter durch ihre Ämter in öffentliche Institutionen eingegliedert waren, wurde ihr Sozialprestige auch von dort her bestimmt und gesichert. Diese Tatsache macht die bei ihnen zu beobachtende Einhaltung der poetischen Regeln z. T. verständlich. Das bekleidete Amt und nicht ihr literarisches Schaffen bildete den Schwerpunkt ihres Lebens und bestimmte ihre Identität.

In der Bezeichnung »poetische Nebenstunden« schwingt darüber hinaus die Verwahrung gegen einen für jene Zeit typischen Vorwurf mit, der Schöngeist sei ein »Müßiggänger«, der Zeit für »unnütze Dinge« vergeude und mit seiner »literatenhaften« Eitelkeit und Ruhmstrebigkeit die Tudenden der mittleren Stände mißachte. Um diesem Vorwurf zu entgehen, versteckten sich einige von ihnen, wie Hagedorn, Haller und Liscow, solange sie noch unbekannt und ohne Erfolg waren, hinter Pseudonymen [17]. Außerdem ist der Bezeichnung »Nebenstunden« – in Verbindung mit den von K. A. Schmid formulierten Aufgaben – zu entnehmen, daß die Bildung des wahren und ganzen Menschen – wie sie vom freien Schriftsteller erstrebt wurde – noch nicht zu ihrem Programm gehörte. Produktion und Konsumtion der Literatur der ersten Phase der Ästhetisierung blieben weitgehend dem Äußeren verhaftet und den poetischen Nebenstunden vorbehalten. Und da das Interesse der Konsumenten überwiegend auf Teilhabe an leicht lesbaren nützlichen Gehalten abzielte, vermied der ständische Dichter jene bis dahin vielfach üblichen langatmigen Buchtitel und bevorzugte kürzere literarische Formen, wie Fabel, Satire [18], Lehrgedicht, Brief, Abhandlung u. ä. Er bewirkte damit die Veränderung des Buchformates vom unhandlichen Folio zum griffigen Duodez und Quart.

Trotz dieser Begrenzung von Produktion und Konsumtion auf die poetischen Nebenstunden verlagerte sich das literarische Leben doch mehr und mehr in die zwischenständische Öffentlichkeit. Anstelle des Erfolges bei Hofe trat als regulatives Moment des Ansehens des dichterischen Menschen der Erfolg bei den mittleren Ständen bzw. auf dem entstehenden Büchermarkt, mit dem die ständischen Dichter allerdings nur anläßlich ihrer Gelegenheitsproduktionen in Berührung kamen. Der Markt war für sie noch kein lebensnotwendiges und in

ihr Bewußtsein tretendes soziales Gefüge. Und das vor allem deshalb, weil ihre
in Buchform erscheinenden Gelegenheitsprodukte äußerst gering honoriert [19]
wurden und die Herausgeber moralischer Wochenschriften nur in seltenen Fällen
Honorare zahlten. Zudem war der an moralischen Verhaltensnormen ausgerich-
tete ständische Dichter noch davon überzeugt, daß die Erfüllung seines dichterischen Schaffens unabhängig vom erhaltenen Honorar und vom sozialen Prestige
sei. Unerkannt wollte er – und hierin liegt der zweite Grund für seine Pseudo-
und Anonymität – seinen Lesern nützen und den Tugenden dienen [20]. Die
Berühmung der eigenen Person überließ er der Nachwelt. Gellert und seine Zeitgenossen vermieden daher mit wenigen Ausnahmen jeden dichterischen
Anspruch, der sie aufgrund ihrer Begabung aus der Umwelt herausgehoben hätte.
Die in ihren literarischen Produkten vertretene Moral und Tugend verwies diese
»Schüler des Horaz« [21] gerade an den Mitmenschen.

»Der Künstler«, so lautete einer der 1772 von A. F. Büsching formulierten
Grundsätze der schönen Künste und Wissenschaften, »der seines Berufs einge-
denk ist und seine Kräfte fühlt, weiht sich selbst zum Lehrer und Führer seiner
Mitbürger. Mit dem Auge eines Philosophen und Patrioten erforscht er ihren
Charakter und ihre Gesinnungen« [22]. Der Gedanke des »Führertums«, der
ein wesentlicher Bestandteil des moralischen Berufungsbewußtseins des ständi-
schen Dichters war, kehrt auch in den folgenden belehrenden Versen von J.P.
Uz wieder:

> Der Dichter soll des Volkes Herzen rühren,
> Doch klüger sein, nicht folgen, sondern führen;
> Und sein Gesang, von reinrem Licht gelehrt,
> Muß, fern vom Wahn, der unsern Gott entehrt,
> Die Poesie bis zum Begriff erheben,
> Den uns Vernunft und Offenbarung geben,
> Der, ohne Schmuck der Fabeln, mehr vergnügt,
> Als Phantasie, die schwindlicht sich verfliegt.
> Sein heilig Lied entreiße sich dem Staube!
> Doch müß' es wahr und, wie der Christen Glaube,
> Hoch ohne Schwulst, in edler Einfalt schön
> Und rührend sein, und jedes Herz erhöhn! [23].

Mit diesen im Hinblick auf das Selbstverständnis des ständischen Dichters
aufschlußreichen Versen formulierte Uz außerordentlich klar die Maßstäbe, mit
denen Dichter und Kenner jener Zeit die Literatur bewerteten. Im Vordergrund
dieser Bewertung stand einseitig betont der gedankliche Gehalt und seine mora-
lisch-erzieherische Wirkung. Und da diese Wirkung nach damaliger Ansicht ausschließlich auf dem Wege der Wissensvermittlung eintreten konnte – deshalb
stand die Literatur auch in unmittelbarer Nähe der Wissenschaft – hat die Vernunft den Vorrang vor der Phantasie, die hier noch eindeutig abgewertet wird,
weil sie zu spekulierender Empfindelei führen kann, obwohl andererseits bereits

von Rührung, d.h. letztlich Gefühlserregung, gesprochen wird. Daß sie auch politische Vorstellungen hätte wecken können, war diesen Dichtern, die ständisches Dasein idealisierten, nicht einsichtig. Deshalb erschienen nicht nur Uz, sondern auch vielen seiner schreibenden Zeitgenossen, die mit ihren Versen zugleich unterrichten, bessern und vergnügen wollten, das im Vorbürgerlichen bzw. Vorrevolutionären steckenbleibende Wissen als wesentliche Voraussetzung für den glücklichen Fortbestand des Volkes.

Wollte man diese Maßstäbe oder dieses moralästhetische Reglement exakter formulieren, so könnte man sagen: 1. Rührung und Führung der Herzen; 2. Einhaltung des rationalistischen Sprachgeschmacks; 3. Absage an die Phantasie und 4. Forderung nach wahrer, »edler Einfalt« und »moralischer Schönheit« [24].

Gerade die letzte Bestimmung, die unmittelbar an Winckelmann erinnert, kennzeichnet den ständischen Dichter als einen Vertreter der im zweiten Kapitel beschriebenen gesellschaftslosen Idylle. Wie sehr sich diese Beschränkung seiner sozialen und literarischen Neigungen unter dem Druck des Absolutismus vollzog, mögen Äußerungen von G. W. Rabener belegen. In seinem 1751 geschriebenen Aufsatz *Von dem Mißbrauch der Satire* schloß er bezeichnenderweise alles von der Satire aus, was »oben . . . Anstoß erregen oder die Autorität untergraben könne« [25]. Daß sich Rabener diese politische Rücksichtnahme, die die Wahrheit und Gültigkeit seiner literarischen Arbeiten entschieden einschränkte, keineswegs freiwillig auferlegte, belegt folgende bittere Erkenntnis von ihm: »In Deutschland mag ich es nicht wagen, einem Dorfschulmeister diejenigen Wahrheiten zu sagen, die in London ein Lord-Erzbischof anhören und schweigen, oder sich bessern muß« [26]. Rabener befürchtete – wie Lichtenberg – jene Zensurmaßnahmen, die Kant noch Jahrzehnte später vom Preußischen Erziehungsminister erdulden mußte. Aus diesem Grunde schrieb Rabener 1753: »Ein Märtyrer der Wahrheit mag ich nicht werden; und daß die Welt billiger denken lerne, dahin werde ich es nicht bringen; also tue ich wohl am besten, ich gebe der Welt nach« [27]. Das Eingeständnis, ohne Hoffnung auf eine gerechtere und freiere Zukunft der Menschen zu sein, zeigt überdeutlich, mit welcher politischen Hypothek die entstehende bürgerliche Gesellschaft belastet war.

Dieses erzwungene Sich-Schicken in die gesellschaftspolitisch beengte Situation, die Rabener mit den mittleren Ständen teilte, war zweifellos eine der Ursachen, weshalb nicht nur Geßner, sondern der überwiegende Teil der ständischen Dichter und deren Leser ins Sentimentale auswichen – sich und ihre Kunst dabei in die Entfremdung treibend – und »liebenswürdige Schüler der Natur, Lieblinge der Grazien . . . empfindungsvolle, zärtliche Nachahmer« [28] der Alten wurden, wie es in einer Rezension von Geßners Gedichten hieß. Ihre Klassenlage erzwang gewissermaßen die Regression in vergangene Formen, Inhalte und Verhaltensweisen. Die Rollenübernahme ging teilweise soweit, daß man auch die Freundschaft in antikes Gewand hüllte und sich untereinander mit Namen wie »deut-

scher« Vergil, »deutscher« Horaz, »deutscher« Anakreon betitelte. Diese
nachahmende Haltung, deren – zwar sublimierte – Ich-Schwäche unübersehbar
ist, hat bei vielen von ihnen den Weg zu subjektivem Erleben erschwert. Und
tatsächlich kamen nur wenige der ständischen Dichter – wie K. Hoff betont
– »über das direkte Vorbild-Verhältnis zu den antiken Dichtern hinaus« [29].
Der im Grunde seines Wesens bürgerlich-fortschrittliche Wieland war über solche
»Enthusiasten«, die in ›ihren‹ »Griechen . . . schönere . . . und bessere Menschen,
als das jetzige Menschengeschlecht« [30] zu erblicken meinten, außerordentlich
aufgebracht. Der junge Herder nannte die Leser solcher Literatur »Zärtlinge«,
die »von dem unguten Ton . . . lallen« [31]. Es bleibt also festzuhalten, daß
diese »Schüler der Natur« mit ihrer bewußten Sprach-, Stoff- und Formgebun-
denheit dem Bedürfnis nach moralästhetisch-reglementierter Idealisierung ständischen Daseins nachkamen und daß sich diese Gebundenheit für den ständischen
Dichter als eine gewisse Stilgeborgenheit auswirkte. Deshalb konnten sie auch
– wie Wieland es ausdrückte – immer und zu allen Zeiten mit sich selbst zufrieden
sein.

Gemäß dieser Stilgeborgenheit glaubten die ständischen Dichter auch an die
Perfektibilität ihrer Dichtungen, die gelegentlich sogar als »mechanische Poesie«
[32] bezeichnet wurden. Sie glaubten – wie A. Langen es bezeichnete – an ein
»zu erreichendes, unpersönliches Optimum sprachlicher Form« [33]. F. Hagedorn – der eine derartige Einstellung programmatisch in der Vorrede der *Versuche
einiger Gedichte oder Erlesene Proben poetischer Nebenstunden* [34] formulierte
– betrachtete seine literarischen Produkte bei der ersten Herausgabe noch als
unabgeschlossen. Ihre endgültige Form sollten sie erst anhand der Einwände und
Verbesserungsvorschläge regelkundiger Leser erhalten. In dieser beiderseitigen
Zuordnung wird unmittelbar deutlich, welch wichtige Rolle der noch nicht idealisierte und anonymisierte Kenner – als idealtypisches Pendant zum ständischen
Dichter – innerhalb des mittelständischen literarischen Lebens spielte. Seine
Zuordnung zum ständischen Dichter verstärkte dessen Stilgeborgenheit und ermöglichte die gesellige literarisch-geistige Struktur der ersten Phase der Ästhetisierung, deren wichtigstes Merkmal das enge Verhältnis der literarischen Partner
war. Dadurch wurden die Anfänge einer an Literatur-, Gesellschafts- und Kultur-
problemen interessierten Öffentlichkeit und die Ansätze eines sich ausweitenden
belletristischen Büchermarktes geschaffen.

Der von Gellert maßvoll praktizierte, doch von Ramler u. a. gelegentlich über-
triebene Glaube an den literarischen Perfektionismus verweist auf einen weiteren
Zusammenhang. Einige arrivierte und zumeist mit einem Lehramt versehene
ständische Dichter wurden aufgrund ihres Ansehens zu allgemeinen Kunstrich-
tern [35]. In der Personalunion von Magister und Dichter verbanden sie ihre
wissenschaftlichen Aufgaben mit der ästhetischen Verfeinerung der mittleren
Stände. Sie waren dazu in der Lage, weil nach ihren Grundsätzen die »schönen
Künste« noch Gehilfen der Wissenschaften waren, die sich »der Einbildungskraft

und des Herzens der Menschen bemeistern, um dem Gemüt die nötigen und nützlichen philosophischen Lehrsätze kräftige einzudrücken« [36]. Aus ihren Lehrstühlen für Moralphilosophie, Poesie oder Beredsamkeit wurden gleichsam ästhetische Instanzen, die über den »guten Geschmack« entschieden und bestimmten, welche Stilfeinheiten und welcher Sprachgeschmack zu pflegen seien.

In den 60er Jahren verwandelte sich aber nach den Worten Schubarts »der Tempel des guten Geschmacks ... in ein verzaubertes Schloß ... von den schrecklichen Riesen Klotz, Weiße, Nicolai und Riedel bewacht und niemand [konnte] mehr auf den Parnaß dringen, ohne mit jedem von diesen Rolanden eine Lanze zu brechen« [37]. Es ist offensichtlich, daß dieser Konflikt mehr als nur der Ausdruck eines Generationsunterschiedes war. Er ging tiefer und hatte seinen Grund in der unterschiedlichen und gesellschaftlich bedingten Auffassung des Dichterischen. Schubart und die wie er denkenden dichterischen Menschen seiner Zeit ließen eben nicht mehr das als »poetisch« gelten, »was Kopfzerbrechen gekostet hatte und auf Stelzen ging«, sondern allein das, was »mühelos entsprungen und einfach war« [38]. Von den ständischen Dichtern trennte sie die anderartige Beurteilung des Originalgeistes – letztlich der Phantasie bzw. die mit ihnen beginnende Emanzipation der Sinne.

Einzelne ständische Dichter, wie Bodmer und Breitinger, hatten die Bezeichnung »Phantasie« zwar schon benutzt, doch begriffen sie sie damit noch nicht als Möglichkeit eigener »Weltschöpfung«, als Chance zur literarisch befreienden Verwandlung ihrer beengten Umwelt. Ganz im Sinne der Nachahmung verstanden sie unter Phantasie vielmehr »die Fähigkeit, die Sinneseindrücke zu erneuern«, wobei es vor allem auf den Witz und Erfindungsreichtum ankam [39]. Damit war zwar das Schöpferische, die Phantasie, als poetisches Erkenntnisorgan im politisch fortgeschritteneren Zürich entdeckt, doch dauerte es noch einige Jahrzehnte, bis die Phantasie als Instrument bürgerlichen Emanzipationsstrebens auch in Deutschland geeigneteren Boden zu ihrer Entfaltung fand. Zudem hatte diese Entdeckung der Phantasie in dem unter absolutistischem Regiment lebenden Gottsched, der der Vernunft den Vorzug bei der literarischen Produktion und damit bei der Weltdeutung gab, einen überaus streitbaren Gegner. Und wenn sich die Bremer Beiträger von dem Leipziger Literaturpapst abwandten, dann geschah das nicht zuletzt deshalb, weil sie spürten, daß das Dichterische, »dieser Geist ... etwas anderes war, als ein durchdringender Verstand oder eine lebhafte Einbildungskraft«. Nach ihren eigenen Worten war der Geist »dasjenige, was die Franzosen Genie nennen und für welches wir noch keinen deutschen Namen wissen, weil unsere Philosophen noch keine Zeit gehabt haben, darauf acht zu geben« [40] – nämlich: auf die Dimension bürgerlicher Freiheit.

Mit dem Wort »Genie« und seiner Verbreitung in den folgenden Jahrzehnten ist daher eine wichtige Zäsur bezeichnet: der Übergang vom ständischen Dichter zum freien Schriftsteller. Bezeichnend für die Übergangssituation war – neben Unzers kritischen Bemerkungen über Gellerts mangelndes Genie – besonders

Klopstocks Urteil über Gellert. »Der Dichter, der nur eine große Seele, die wieder wirken kann, stark rührt, tut mehr als der, der den ganzen Mittelstand in eine dumme Andacht einschläfert« [41]. Derartige Bekenntnisse, die an die republikanischen Einstellungen Hamanns, Herders u. a. anklingen, machten die Existenz des ständischen Dichters – oder Magister-Poeten – fragwürdig und legten den Grund für die Originalisierung des literarischen Schaffens – für die Existenz des freien Schriftstellers.

2. Der freie Schriftsteller

Wollte der dichterische Mensch jener Zeit die von Klopstock bezeichnete Aufgabe erfüllen, dann war es notwendig, die »Vormundschaft« der Wissenschaft über die schönen Künste aufzuheben. Daß Klopstock, der eine wichtige Gestalt des Überganges vom ständischen Dichter zum freien Schriftsteller war, diese Aufhebung vorantrieb, ist seiner 1755 erschienenen Abhandlung »Von dem Range der schönen Künste und der schönen Wissenschaften« zu entnehmen. Klopstock ließ sich darin zwar noch von den erzieherischen Vorstellungen der mittleren Stände und eines J. P. Uz leiten, doch erklärte er ausdrücklich, die Künste seien gegenüber den Wissenschaften wesentlich geeigneter, »die Menschen moralisch zu machen«. Und er fügte hinzu, die Künste erniedrigten sich und seien »nicht mehr schön, wenn die moralische Schönheit« [42] fehle. Der Maßstab eines literarischen Kunstwerkes lag für Klopstock fortan nicht mehr nur in seinem gedanklichen Gehalt und der erzieherischen Wirkung, sondern auch in seiner Schönheit, die der Messiasdichter zwar noch moralisch verbrämte – aber gegenüber dem Verständnis der ständischen Dichter war das etwas Neues: dichterische Wahrheit nicht mehr im Gewand der Vernunft, sondern in der ästhetischen Form einer Schönheit, die auch die Sinneserfahrungen des konkreten Menschen von den Beengungen bestehender Normen zu befreien suchte. Mit dieser Auffassung leitete Klopstock die Arbeitsteilung zwischen dem dichterischen Menschen und dem Gelehrten-Poeten ein und legte damit den Grund für ein neues dichterisches Selbstverständnis, das sich nicht mehr nur von der Moral und der Vernunft her begriff, sondern das die dichterische Begabung – wie es bei Klopstock mehrfach heißt – als ein von der »Vorsehung« erhaltenes »Amt« [43] betrachtete und dessen Inhalt bzw. Funktion sich mehr und mehr als Beginn der Inaugurierung bürgerlicher Kunst im Gegensatz zu absolutistischer Wirklichkeit und ihren materiellen Konsequenzen erwies [44].

Das von Klopstock mit religiöser Festigkeit in seinen Werken ausgesprochene und in seinem Dasein gelebte Berufungsbewußtsein unterschied ihn von ständischen Dichtern. Es erlaubte ihm, mit Fürsten wie mit seinesgleichen umzugehen. Während seinen – dem Gelassenheitsideal verpflichteten – schreibenden Zeitgenossen noch alles Ruhmstreben verwerflich erschien, bekannte Klopstock freimütig in einer Ode, sein Herz habe von Jugend an den »Schlag der Ehrbegierde«

getan. Und an anderer Stelle beschwor er die Genien, »... lehrt, / Führet mich den steilen Gang / Des Haines, die Bahn der Unsterblichkeit hinauf!« [45] Derartige Anrufungen, die man antiken Vorbildern entlehnte, waren seit Opitz und Boileau bei den Dichtern durchaus üblich [46], doch waren sie überwiegend metaphorisch gemeint. In Klopstocks Oden dagegen dienten sie dem Distinktionsbedürfnis des Dichters und waren somit nicht nur Zeichen des Strebens nach »literarischer Größe«, sondern auch Ausdruck des verständlichen Wunsches nach einer fürstlichen Versorgung. Denn wer sonst sollte dem nicht mehr ständischen Dichter und noch nicht freien Schriftsteller Klopstock die Ruhmwürdigkeit und Unsterblichkeit bestätigen und den Unterhalt sichern, da es eine den Dichter tragende bürgerliche Gesellschaft noch nicht oder nur erst in Ansätzen gab.

Das mit solchem Anspruch auftretende Dichtertum konnte aber – und hier liegt der entscheidende Unterschied zu den ständischen Dichtern – nicht mehr in müßigen und poetischen Nebenstunden bewältigt werden: es beanspruchte künftig die ganze Existenz des dichterischen Menschen und machte schon deshalb die Arbeitsteilung notwendig. Daher unterschied sich Klopstock in seiner Lebenshaltung grundsätzlich von den nebenberuflichen Dichtern seiner Zeit. Ohne einen bürgerlichen Beruf auszuüben, lebte er seinem dichterischen Amt bzw. jener Funktion, die er sich 1745 in seiner Abschiedsrede von Schulpforta selbst zugewiesen hatte. Klopstock gesellte sich als Gleicher, als vates, zu »jenen alten Unsterblichen« – deren bleibenden emanzipatorischen Wirkungen sich auch Marx nicht hatte entziehen können – und rief den ständischen Dichtern zu: »Dichter, so bist Du kein Deutscher! ein Nachahmer, / Belastet vom Joche, verkennst Du Dich selber!« [47] Deshalb ermahnte er ihn auch, sich von keinem Reglement beeinflussen zu lassen, denn nur so konnte der Dichter in der Auseinandersetzung mit den herrschenden sozio-kulturellen Verhältnissen zu einem autonomen Ich werden.

Durch diese von ihm praktisch betriebene Emanzipation des literarischen Schaffens aus ständischen Bindungen wurde Klopstock zum Inaugurator der »subjektiven Erlebnis- und Bekenntnisdichtung, die gleichzeitig theoretisch von Hamann verfochten« [48] und vom Sturm und Drang und dem Göttinger Hain erstrebt wurde. D. h. mit Klopstock deutet sich erstmalig der – nicht zuletzt auch aus dem Rückgriff auf künstlerische Wahrheit und Schönheit jener alten ›vates‹ (zu denen die Klopstock-Jünger auch Shakespeare rechneten) gewonnene – Klassencharakter der bürgerlich-literarischen Gesellschaftskultur an. In seiner emanzipatorisch-dialektischen Tendenz gab der Rückblick zugleich den Blick in die Zukunft frei: in »eine neue Dimension bürgerlicher Wirklichkeit, ... der Freiheit und der Erfüllung; aber dieses Reich der Freiheit«, so fährt H. Marcuse bei der Typisierung der Kultur des bürgerlichen Zeitalters ganz im Sinne der von uns entwickelten Zusammenhänge fort, »wird letztlich in der Innerlichkeit gefunden und ist insofern ›sublimiert‹ oder gar zur Unwirklichkeit verdammt« [48a] –wie etwa bei Ramler. Dagegen geht Klopstock den ersten Schritt auf dem Weg vom

ständischen Dichter zu dem aus innerer Verpflichtung und Nötigung freischaffen-
den Schriftsteller und gibt – nicht zuletzt auch mit seiner *Gelehrtenrepublik* –
die Richtung des Weges auf die Möglichkeiten bürgerlicher Kultur an.

Da die neue Auffassung des literarischen Schaffens sich zugleich vom Sprachgeschmack der mittleren Stände entfernte, konnte es für Klopstock auch keine
Stilgeborgenheit mehr. geben. Die vordem gesellige Kunst der Lyrik wurde mit
ihm zur Berufung, zum Schicksal, und deshalb konnte der Messias-Dichter auch
nicht mehr mit dem Kenner, sondern nur noch mit dem »Bekenner« der von
ihm verkündigten Seelen- und Gefühlswerte rechnen. Zum Nachteil Klopstocks
ging diese Rechnung zunächst nicht auf, weil seine von neuen, musikalischen
Sprachtönen und bisher ungewohnten ästhetischen und sinnlichen Qualitäten
erfüllten Dichtungen in der mittelständischen Welt keine genügend große Leserschaft fanden, die seine literarischen Produkte hätte goutieren und ausreichend
hätte honorieren können [49]. Zwar erhielt Klopstock von seinem Verleger
Honorare, doch reichten die Einkünfte nicht zur Bestreitung seines Lebensunter-
halts aus. Er blieb daher ein von der Gnade seiner Gönner abhängiger Dichter
und lebte – wie die ständischen Dichter – in relativ großer Marktferne. Um jedoch
die ihn belastende Abhängigkeit zu vermindern, sah Klopstock in den ihm von
seinen Gönnern ausgesetzten Gehältern keine großmütig gewährten Sinekuren,
sondern ihm zukommende Geschenke, die zu geben fast mehr Ehre bedeutete,
als sie zu empfangen [50].

Der von Klopstock eingeleitete und in seiner Gestalt beispielhaft nachzuweisende Übergang war und blieb keine Einzelerscheinung. Zudem besaß das neue
Amt des Dichters in J. C. Günther bereits einen bedeutsamen Vorläufer, der unter
all den ständischen Dichtern nach den Worten K. Enders der erste »Unzeitge-
mäße« und Moderne war [51]. Der vom frühbürgerlichen Weltgefühl durchdrun-
gene Günther wußte bereits, »daß ein Reim nicht zu erzwingen sei« [52] und
fragte, seiner Zeit weit vorauseilend: »Ist die Freiheit nicht der Musensöhne
Kraft?« [53]. Sie mußte es sein bzw. werden, um den Gründen und Abgründen,
den Gemeinplätzen und Gipfeln der Sprache – wenn nicht auf die Spur – so
ihnen doch näher zu kommen und Sprache aus bisherigen Bindungen zu befreien.
Künstlerische Wahrheit im Medium der Sprache verdankt sich eben tieferen
Gesetzmäßigkeiten als den von Kritikern und Zensoren – wann immer – aufge-
stellten Regeln. Von diesem unerschöpflichen Vorzug der Sprache, aus gläubiger
Bejahung und zweifelnder Verneinung zu bestehen, hat J. C. Günther freien
Gebrauch gemacht. In seinen Liedern gestaltet er Bilder einer Wirklichkeit, die
aus der Fülle bisher entbehrten Glücks und bisher nicht bekannten Leids lebt.

Die wenigen Äußerungen zeigen, daß Günther der Dichterberuf zur inneren
Nötigung und damit zum freien ästhetischen Spiel wurde. Und wie bei ihm in
erster Linie religiöse und erotische Erlebnisse und nicht mehr das poetische Reglement die lyrische Aussageform erzeugten, so suchte er sich dichterischen Ruhm
kaum noch durch die Berühmung der Großen dieser Welt zu erwerben, sondern

vielmehr durch das ästhetisch geformte Bekennen seiner vielfach angefochtenen Menschlichkeit. Dadurch mobilisierte sich das bisher so schwerfällige literarische Leben und ließ vor allem im Zusammenhang mit der durch die Originalisierung zunehmenden Konkurrenz die rasch aufeinander folgenden und teilweise von jenen Rückgriffen lebenden Geschmacks- und Stilwellen entstehen. [54] Gleichzeitig verselbständigte sich die bisher von Gellert und anderen Magister-Poeten praktizierte philanthropische Verhaltensformung, die ihrem Wesen nach pro-absolutistisch war, zur eigenständigen und in Ansätzen anti-feudalen Pädagogik, die ihren ersten Ausdruck in den Schriften von M. Ehlers und J. B. Basedow fand [55].

Im gleichen Zeitraum entzog sich der Büchermarkt der in Frankfurt ausgeübten kaiserlich-katholischen Aufsicht und etablierte sich in der liberaleren Universitätsstadt Leipzig. Während sich von hier aus über Nord- und Mitteldeutschland der Barverkehr durchsetzte und über die jetzt leichter zu zahlenden Honorare das literarische Leben schnell förderte, blieb der süddeutsche Büchermarkt beim Tauschverkehr und verspätete damit die literarische Entwicklung der deutschen Territorien jenseits der Mainlinie [56].

Derartige Vorgänge lösten die von Bodmer, Gottsched, Gellert, Ramler u. a. verkörperte Personalunion des Magister-Poeten auf und ließen die ständischen Dichter als »verspätete Humanisten« [57] zu überlebten Erscheinungen werden. Zu ihrer Zeit aber waren sie in dieser Einheit gleichsam die Hauslehrer der in Bewegung geratenden mittleren Stände, d. h. Menschen des Übergangs. Und wenn ihre literarische Bedeutung seit den 60er Jahren zurückging, dann deshalb, weil ihr Gelassenheitsideal und ihr moralisches Stilethos nichts mehr oder nur noch wenig mit dem Leben und den sozialen Hoffnungen der entstehenden bürgerlichen Gesellschaft zu tun hatten. Bodmer, dem einstigen Lehrer Klopstocks, blieb dieser Wandel nicht verborgen und so schrieb er 1775: »Ich bin freilich einer, der aus den barbarischen Zeiten Leibnizens und Wolffens übriggeblieben ist. Die Herder rühmen, daß diese Zeiten vorüber sind« [58]: Gewiß, diese Zeiten mochten samt ihren Konflikten vorüber sein, aber die u. a. auch von Herder inaugurierten neuen Zeiten brachten neue Probleme mit sich – und eines davon mußte besonders den dichterischen Menschen belasten: das Verhältnis von Beruf und Berufung.

3. Beruf und Berufung

Als es 1757 darum ging, G. E. Lessing eine auskömmliche Versorgung zu verschaffen, war J. G. Sulzer »der Meinung, daß es leicht möglich wäre, sich hier durch die Feder ein gewisses, sehr solides Etablissement zu verschaffen« [59]. Als Lessing jedoch den Versuch unternahm und sich als hauptberuflicher Schriftsteller in Berlin niederließ, stellte sich heraus, daß die Lebensbedingungen für einen freien Schriftsteller noch nicht in dem Maße vorhanden waren, wie Sulzer meinte. Lessing stand zwar – wie er von sich selbst schrieb – »am Markte«, aber »niemand wollte mich dingen, ohne Zweifel, weil mich niemand zu brauchen wußte« [60]. Was man zunächst nicht zu brauchen wußte, war der von Lessing verkörperte Typ des unabhängigen und aktiven Schriftstellers, der aus der moralisierenden und nützlichen Literatur ein Instrument der Kritik und Emanzipation machte und das auf dem literarischen Markt errungene Sozialprestige der Standesehre Klopstockschen Dichtertums vorzog.

Dieser Wandel in der Auffassung der Literatur und des Dichteramtes stellte seit den 60er Jahren den dichterischen Menschen vor die Aufgabe, »sich alle mögliche Mühe zu geben, für die meisten Leser verständlich und leicht zu sein« [61]. Bürger sprach im volksverbundenen Enthusiasmus davon, daß die »Poesie ... zwar von Gelehrten, aber nicht für Gelehrte als solche, sondern für das Volk ausgeübt werden« [62] müsse. Hinter diesen Forderungen verbargen sich soziale Hoffnungen, die geeignet waren, künftigen gesellschaftlichen und kulturellen Veränderungen dienstbar gemacht zu werden. Damit ging die Literatur über die Nachahmung, die aufklärerische Reflexionskultur und die ständische Konvention hinaus ins Bürgerlich-Liberale und entfaltete sich auch als deren in ästhetischer Form sublimierter Widerspruch. Der Schriftsteller wurde mündig und gelangte nach Lessing auf den Punkt, »alle Erfahrungen der vergangenen Zeit ... zu verscherzen und ... zu verlangen, daß jeder die Kunst aufs neue für sich erfinden solle« [63]. Diese berufungsbewußte Subjektivierung des dichterischen Schaffens, die dazu führte, den wirklichen zugunsten des idealen Lesers aufzugeben und nur noch die eigene ästhetische Idee und die eigene Überzeugung für das Werk gelten zu lassen, fand allerdings ihre Grenzen in den sittlichen und ›schöngeistigen‹ Normen des bürgerlichen Publikums. Sie nötigten den freien Schriftsteller, wie Goethe es formulierte, »sich immer in einem gewissen Niveau [zu] halten ... und ... sich in Acht zu nehmen, daß er der Mehrzahl guter Menschen durch eine zu große Offenheit kein Ärgernis gebe« [64].

Goethes Forderung verweist auf die für die bürgerlich-literarische Gesellschaftskultur bezeichnende und kaum aufhebbare spannungshafte Sonderung von bürgerlicher Kunst (als sprachlich-symbolisch vermittelter Emanzipation) und bürgerlich-materialistischer Wirklichkeit, die u. a. auch als Konflikt zwischen dichterisch-schöpferischen Lebenswerten und gesellschaftlichen Normen ins öffentliche und private Bewußtsein trat. Nicht zuletzt deshalb wurde aus der freien Schriftstellerei, je nachdem wo der einzelne dichterische Mensch sie zwischen »Ärgernis« und dem »gewissen Niveau« betrieb, »eine Infamie, eine Ausschweifung, eine Tagelöhnerei, ein Handwerk, eine Kunst, eine Wissenschaft und eine Tugend« [65], wie der junge F. Schlegel schrieb. Lessing kommentierte diese Situation mit den Worten, »das zahme Pferd wird im Stalle gefüttert und muß dienen; das wilde in seiner Wüste ist frei, verkommt aber vor Hunger und Elend« [66]. Da Lessing die wirtschaftlichen und sozialen Folgen seiner Entscheidung zur Freiheit sehr hart zu spüren bekam, riet er seinem Bruder, der wie er die

Schriftstellerei zum Beruf machen wollte: »Gib den Vorsatz ja auf, vom Schreiben zu leben ... Sieh, daß Du ein Sekretär wirst ... Für mich ist ... es zu spät, einen anderen [Weg] einzuschlagen« [67].

Der Kamenzer Pastorensohn sprach diese Warnung aber auch deshalb aus, weil er nicht wollte, daß sein Bruder, als ein Sohn »von Stande«, einer gewissen Deklassierung verfiel, sofern er freier Schriftsteller wurde. Von seiner Feder zu leben, brachte eben in dieser Übergangszeit – gelegentlich auch noch später – nicht immer Ehre ein und galt keineswegs überall als standesgemäß. Das Hauptargument dieses Verdikts war die Auffassung: »Von der Schriftstellerei allein leben zu wollen, wird leicht zum gefährlichsten Mißbrauch des Geistes, zur Schändung des Heiligsten in uns« [68]. Trotz des Verdiktes aber wurde das Schreiben zu einem bürgerlichen Beruf, und so mußte die seit Lessings Tagen schnell wachsende Gruppe berufungsbewußter Schriftsteller – wie Schiller von sich bekannte – »durch Schriftstellerei allein existieren und auf jeden Profit« [69] sehen. Nach den Worten von J. H. Voß war aber der Schriftsteller nur dann wirklich zu dichten imstande, »wenn ihn keine Last des Berufes« [70] drückte. Dieser gegenüber dem ständischen Dichter tiefgreifende Wandel des Dichteramtes in einen Beruf erschwerte die Existenz des dichterischen Menschen vom Typ berufungsbewußter freier Schriftsteller in einem früher nicht gekannten Ausmaß; denn Beruf und Berufung ließen sich in der bürgerlichen Arbeitswelt nicht – oder nur schwer – miteinander vereinbaren. Deshalb befürchtete Schiller, daß sein »Feuer für die Dichtkunst erlösche würde, wenn sie Brotwissenschaft bliebe« [71]. Es ist bekannt, daß sie es Zeit seines Lebens blieb, und ebenso bekannt sind Goethes Worte über die Folgen der daraus resultierenden Forcierung seines dichterischen Talentes.

Da die schriftstellerischen Einkünfte die Lebenshaltungskosten nur in den wenigsten Fällen deckten, bewarben sich die Schriftsteller wiederholt um andere Ämter. Sie mußten bei solchen Bemühungen damit rechnen, daß der »dichterische Ruhm« nicht immer eine gute Empfehlung für sie war. So lehnte z. B. der preußische Staatsminister von Zedlitz Bürgers Bewerbung um eine Anstellung im Unterrichtswesen mit dem Bemerken ab, »die Jugend« dürfe keinen »Hang zu der alle Seelenkraft und alle – zu Geschäften erforderliche – Tätigkeit untergrabenden Poeterei« [72] bekommen. Zudem sah »der Despotismus« – wie der Freiherr von Knigge schrieb – »scheel dazu ..., wenn ein Mensch, dem [er] im bürgerlichen Leben einen engen, unbedeutenden Wirkungskreis angewiesen hat, sich ohne seine Erlaubnis auswärts einen großen Ruf erwirbt, so daß er sich auf gewisse Weise von ihm unabhängig macht und in fremden Provinzen seiner mit Ruhm und Achtung gedacht wird, indes man seine Obern kaum dem Namen nach kennt; daher die unumschränkten Herren die Republik der Gelehrten gleichsam wie einen gefährlichen statum in statu anzusehen pflegen« [73]. Auch Lessing litt in braunschweigischen Diensten unter der Herrschaft des feudalen und beamteten Adels, der um seine Macht fürchtete. Doch wurde er in seinem Amt kein »ganz vernünftiger Spießbürger, träge und wohlgemut«, wie J. H. Voß von sich selbst behauptete, nachdem sich seine »poetische Raserei ... in den letzten cimmerischen Nebeln verloren« [74] und er selbst die unsichere Existenz eines freien Schriftstellers mit einer Rektorenstelle in Otterndorf vertauscht hatte. Lessing blieb bis an sein Lebensende der politisch unbestechliche und kritisch freie Geist.

Die Lebenswege von Lessing und Voß bezeichnen jeweils die Lösungen des Konfliktes zwischen dichterischen Lebenswerten und sozialen Normen. Innerhalb dieser Begrenzungen erfolgten auch die Entscheidungen der übrigen Schriftsteller, die seit den späten 60er Jahren den »Parnaß« betraten. Nur die wenigsten von ihnen verbanden schriftstellerisches Können mit soviel kaufmännischem Geschick und gesellschaftlichem Ansehen, daß sie – wie etwa Wieland [75] – ausschließlich ihrem Geschmack und ihrer Feder leben und zugleich eine größere Familie versorgen konnten. Doch gleichgültig, wie sie sich entschieden, stets lag der Hauptakzent ihres Lebens auf der Schriftstellerei, ihr bürgerliches Amt betrieben sie nebenberuflich.

Aber auch aus diesem Nebeneinander von Schriftstellerberuf und bürgerlicher Existenz ergaben sich Spannungen, die kaum besser beschrieben worden sind, als von Fr. Hölderlin: »Es hat es mancher, der wohl stärker war als ich, versucht, ein großer Geschäftsmann oder Gelehrter im Amt und dabei Dichter zu sein. Aber immer hat er am Ende einer dem anderen aufgeopfert und das war in keinem Falle gut ... und wenn er seine Kunst aufopfert, so sündigte er gegen seine von Gott gegebene natürliche Gabe und das ist so gut Sünde ... als wenn man gegen seinen Körper sündigt« [76]. Hölderlin sprach zwar in seinen Anmerkungen zum »Ödipus« davon, daß es für den Dichter gut sei, sich eine bürgerliche Existenz zu sichern, doch hat er es nie vermocht, seine Schriftstellerei »dem Leben zu subordinieren«, wie Goethe es von sich behauptete und an Wieland lobte [77]. Die von Hölderlin und Goethe erlangten Einstellungen bezeichnen wiederum die Variationsbreite der Lebenshaltungen der übrigen freien Schriftsteller.

Aus den Lebensläufen der Schriftsteller darf also geschlossen werden, daß die »Feder« ihre Herrschaft nicht aus sich selbst zu schaffen vermochte, sondern daß ihre Breitenwirkung von der Resonanz in der bürgerlich-literarischen Öffentlichkeit und den Aufgaben und Anstellungen abhing, die den Schriftstellern geboten wurden. Wie sich nicht nur am Beispiel Lessings zeigen läßt, konnte das politisch heimatlose Bürgertum der schnell wachsenden Gruppe von sich selbst bildenden literarischen Geistesarbeitern keine sichere Anstellung geben. Das Bürgertum vermochte das um so weniger, als ein Teil der Schriftsteller das Hauptgewicht ihrer Ausbildung nicht mehr – wie Hamann von sich behauptete – auf »eine besondere Wissenschaft, die [ihnen] zum Handwerk dienen konnte, sondern vielmehr auf einen guten Geschmack in der Gelehrsamkeit überhaupt gelegt« [78] hatte und im freien Studium eine Chance zum sozialen Aufstieg außerhalb des kirchlichen oder absolutistisch bestimmten Raumes sah.

Ganz ähnlich schrieb Wieland: »Ich folgte in meinen Studien bloß meinem Geschmack und einem gewissen Trieb meines bösen oder guten Dämons… Hierin werden Sie meine Geschichte, der … der meisten Poeten ähnlich finden« [79]. Angesichts der in Bewegung geratenen ständischen Welt erwartete man das Heil nicht mehr von der Gnade Gottes, sondern von der eigenen Bildung und dem eigenen Tun. Daß gerade der in seiner Jugend sozialreformerisch gesonnene Herder zum Anwalt dieser Bildung wurde, weist auf den sozialen Zusammenhang dieser Vorgänge hin. Solange jedoch die bürgerlich-literarische Kultur noch keine feste gesellschaftliche Grundlage besaß, war der Aufstieg dieser Kandidaten und Magister problematisch. Ihr berufsloses Studium lieferte sie entweder als wirtschaftlich schwache freie Schriftsteller und Übersetzer dem literarischen Markt oder als Hauslehrer und Hofmeister [80] einer unsicheren Lage aus. Ihr wachsendes Angebot und ihre Konkurrenz bedingten in beiden Fällen ihre Anspruchslosigkeit, die den Verlegern und Dienstherren nur recht sein konnte.

Nicht wenige Schriftsteller des 18. Jahrhunderts gerieten in diese Lage und wurden dazu getrieben, entweder die Schwächen und Mängel ihrer Umwelt zu entdecken und darzustellen, wie etwa Hamann, Herder und Forster, oder die Widersprüche des sozialen Lebens durch Phantasie und Gefühl zu »verdrängen«. Derartige Reaktionen lösten bei einigen von ihnen, sofern sie nicht resignierten oder – wie etwa Rebmann und K. Fr. Bahrdt – sich bohèmehaften Lebensformen näherten, jenes gesteigerte Selbstgefühl aus, das z. B. J. H. Voß, den Enkel eines Freigelassenen, veranlaßte, die ständische Ordnung nicht mehr als gottgewollt zu betrachten. Und ebensowenig fand das Gelassenheitsideal in Bürger, Lenz, Klinger oder im jungen Goethe Fürsprecher [81]. Ihre durch frei Studien erworbene literarische Bildung wurde in Verbindung mit dem Geniegedanken und auf dem Hintergrund der sich auflösenden ständischen Gesellschaft zu einer Quelle persönlicher Konflikte und sozial-kultureller Unterschiede.

All diese Vorgänge ließen aus den freien Schriftstellern – wie einige von ihnen es ausdrückten – die »geborenen Advokaten der Menschheit« [82] und »die eigentlichen Männer der Nation« [83] werden, welche trotz mancherlei Erschwerungen »die öffentliche Meinung bestimmen halfen« [84]. Und mochte auch J. Paul ironisch erklären, daß erst »der Stolz … den halben Schriftsteller zum ganzen« [85] mache, so muß gerade dieses Wort nach den bisher dargestellten Zusammenhängen auch politisch gedeutet werden.

Es konnte nicht ausbleiben, daß dieser komplexe und in sich vielschichtige gesellschaftliche Prozeß unmittelbar auf die literarische Produktion zurückwirkte und seinen Ausdruck in der Steigerung der subjektiven Bekenntnismächtigkeit fand, durch die sich der freie Schriftsteller qualifizierend sowohl von der dem Erwerbsleben verhafteten eigenen Schicht als auch von seinen Konkurrenten zu unterscheiden suchte. Der Wille zum öffentlichen Ge- und Anerkanntsein, zum Ruhm, kräftigte sich, und »das Lob von etwa zwanzig vorzüglichen Geistern« [86] genügte dem Schriftsteller nicht mehr, obwohl er andererseits aus Gründen

seines Berufungsbewußtseins dazu tendierte, ein »Verächter« des nicht inspirierten Publikums zu werden. Trotz und gerade wegen dieser ambivalenten Einstellungen brauchte er aber – und hierin zeigt sich erneut seine soziale Determination
– den literarischen Markt, also letztlich die bürgerliche Gesellschaft, um das
zu werden, was er sein wollte: freier Schriftsteller.

4. Schriftsteller und bürgerliche Gesellschaft

Die Einsetzung des freien Schriftstellern in jenen sozial zwiespältigen »künstlerischen Gnadenstand« wurde neben den bisher aufgezeigten Entwicklungen vor
allem dadurch möglich, daß an die Stelle der von deutschen Genietheoretikern
der Aufklärungszeit, Sulzer und Resewitz [87], entwickelten Auffassung – nach
der das Genie rational begreifbar erschien – eine neue und das Genie irrationali-
sierende Theorie rückte. Dieser Wandel ist u. a. an den Namen J. G. Hamanns
gebunden. [88]
Soziologisch bedeutsam ist an diesem Wandel die Tatsache, daß durch ihn
das Genie als Verkünder neuer Wahrheiten in einen sozial gesonderten Stand
geriet. So verstand z. B. Münnich unter Genie nur diejenigen Dichter, »die nicht
… aus einem philosophischen Vorsatz, als vielmehr durch einen unbezwinglich
sympathetischen Zug ihrer schönen Natur gelockt, sich aller Bequemlichkeiten
dieses Lebens freiwillig begeben [und] … das güldene Breve ihres Berufes aus
der beglückenden Hand des Himmels selbst empfangen haben … Man nennt
diese Lieblinge, diese Vertraute des Himmels, gemeiniglich vates, das ist Prophe-
ten, weil sie, wie diese, nicht schlechterdings willkürlich, sondern von einem
höheren Einfluß begeistert, singen« [89]. Gefördert wurde diese Entwicklung
dadurch, daß Teile des säkularisierten Bürgertums innere Erhebung, Bekenntnisse
und Weltdeutungen brauchten und erwarteten, um in der Welt des Nutzens und
der politischen Rechtlosigkeit nicht zu verkümmern. Mit seiner Erwartung sparte
das Bürgertum gewissermaßen den Raum aus, in welchem das Genie seine Entfaltung finden und zum Verkünder einer erhofften bürgerlichen Welt werden
konnte.
G. C. Lichtenberg – mit seiner Meinung keineswegs alleinstehend – polemisierte
zwar gegen diese Entwicklung mit den Worten: »Wo ein Volk einmal aus Mangel
an Geschmack und Kenntnis des Menschen … so weichlich geworden ist, daß
es … Schriftsteller … für Seher zu halten anfängt, da geht es Fall auf Fall« [90].
Aber die z. T. sehr massive Kritik vermochte den Worten Shaftesburys von der
erhöhten persönlichen Würde des dichterischen Menschen und Youngs Formulierung, »niemals ist jemand ohne göttliche Begeisterung ein großer Mann geworden« [91], nur wenig von ihrer Wirkung zu nehmen. Und als Rousseau, wie
de Boor schreibt, gegen die mit dem Amt des ständischen Magisterpoeten verbundenen Auffassungen – »aut prodesse volunt aut delectare poetae« bzw. »sapientes
est ordinare« – sein Bekenntnis stellte, »die Aufgabe des Schriftstellers« bestehe

in nichts anderem als »einer rückhaltslosen Beichte eigener Seelenabgründe« [92],
da radikalisierte sich das Bewußtsein von der Sonderstellung des dichterischen
Menschen in einer früher nicht gekannten Weise.

    Schubart verwahrte sich 1767 dagegen, die so wichtigen Geschäfte des Dichters
mit »epigrammatischem Leichtsinn« zu behandeln. Seinem Freund Böckh erklärte
er: »Was für ein allgemeiner Geist muß nicht der sein, der den Charakter eines
Dichters mit Recht behaupten will«. Er müsse Genie, glühende Imagination und
Welt- und Menschenkenntnis besitzen. »Dann setze er sich auf den heiligen Drei-
fuß, Rauch und Dampf erfülle das Haus, der pythische Gott spreche, und seine
Worte sollen mir Orakel sein, im Enthusiasmus der Götter gesprochen. Sehen
Sie, das ist ein Poet« [93]. Wenige Jahre später vertrat Voß die Ansicht, daß
Dichtung nur für wenig Auserwählte sei [94] und legte Bürger ein Bekenntnis
zu seinem Beruf ab, der ihn und die Seinen, die »wahren Dichter«, vom »Pöbel«
trenne [95]. Herder sah im »wahren Dichter« einen »Gott auf Erden«, der »das
Herz des Volkes in Händen« halte [96], und Lenz erhob den Dichter zum »Richter
der Lebendigen und der Toten« [97]. Gegen Ende des Jahrhunderts schrieb dann
Schiller in einem Brief an Goethe, »der Dichter« sei der »einzige wahre Mensch«
und deshalb müsse er »fern von Menschen sein« [98]. Von dieser Bemerkung,
die den klassengesellschaftlich bedingten elitären Charakter von Kunst verdeutlicht und damit die Distanz der bürgerlichen Gesellschaft zu ihrer eigenen Kunst
affirmativ bestätigt, war es nur noch ein kleiner Schritt bis zu entsprechenden
Äußerungen der Romantiker. Als »Brahminen – eine höhere Kaste, aber nicht
durch Geburt, sondern durch freie Selbsteinweihung geadelt« – waren sie stolz
auf ihr »hohes Leben«, das sie »auf ewig von allem Gemeinen absonderte und
isolierte; auf das Werk, was alle Absicht göttlich überschreitet und dessen Absicht
keiner zu Ende lernen wird« [99].

    Sieht man von der inneren Gefährdung des dichterischen Menschen – wie
sie Hölderlin als Folge solcher Selbstüberhebung in den Schlußversen der Hymne
Wie wenn am Feiertage [100] beschrieb – einmal ab, dann ist festzustellen, daß
das neue Verständnis des vom Schriftsteller geschaffenen Kunstwerkes dessen
Verhältnis zu der ihn umgebenden Gesellschaft belastete. Weder mit dem
Anspruch auf die Göttlichkeit der Literatur und Kunst, noch mit dem Hinweis
auf die Zeitlosigkeit des dichterischen Auftrags ließ sich eine soziale Sonderstellung des dichterischen Menschen innerhalb der bürgerlichen Gesellschaft begründen. Anspruch und Hinweis waren durch die Säkularisierung in sich fragwürdig
geworden und damit die Einheit von Beruf und Berufung hinfällig. Das freie
literarische Schaffen konnte in der arbeitsteilig werdenden Welt kein heiliger
Dienst mehr sein, sondern nur ein – vorerst noch umstrittener – weltlicher Beruf,
dessen Betätigungsfeld und Gegenstand zwar die bürgerlich-materialistische Welt
blieb, dessen Funktion (als vates) aber in der Verneinung eben dieser den Menschen beengenden Welt im Medium ästhetischer Wahrheit lag. M. a. W.: Kunst
und mithin Literatur war zur Ware geworden, doch ging sie in diesem Warencha-

rakter nicht völlig auf, sondern blieb in der Form künstlerischer Wahrheit ein Instrument des Schriftstellers zur Durchdringung der bürgerlichen Gesellschaft auf die in ihr angelegten – aber noch nicht sprachlich-symbolisch vermittelten – menschlichen Möglichkeiten hin. In diesem unaufhebbaren Konflikt von Ware und Wahrheit wurde die Schriftstellerei zu einem Gewerbe, das einerseits auf das politisch weiterhin affirmative Publikum verwiesen war, von dem sich jedoch der Schriftsteller andrerseits aus Gründen künstlerischer Wahrheit zu distanzieren suchte. Wieweit die Distanzierung gehen konnte, mag folgende Briefstelle Schillers zeigen: »Da man einmal nicht viel hoffen kann zu bauen und zu pflanzen, so ist es doch etwas, wenn man auch nur überschwemmen und niederreißen kann. Das einzige Verhältnis gegen das Publikum, das einen nicht reuen kann, ist der Krieg« [101]. D. h. die Negation eben dieses in seiner soziokulturellen Identität affirmativ verkümmernden Bürgertums dadurch, daß der Schriftsteller seiner Klasse im Kunstwerk die ›Melodie‹ solcher Verkümmerung vorspielt, um die Verhältnisse »zum Tanzen« zu bringen (K. Marx).

Die problematische Situation des Schriftstellers, die in den am Jahrhundertende sich häufenden Künstlerromanen ihren sinnfälligen Ausdruck fand, ließ die dichterischen Menschen – wie Goethe es einmal formulierte – »mit ihrem wunderlichen, halb idealen, halb sinnlichen Wesen jener ganzen Masse der aus dem Reellen entsprungenen und an das Reelle gebundenen Weltmenschen wie eine Art von Narren, wo nicht gar wie Halbverbrecher, also wie Menschen, die an einer levis notae macula laborieren« [102] erscheinen. Das »Halbverbrechen«, an dem diese »Narren« laborierten, bestand nach J. H. Merck u. a. darin, daß ihnen das dichterische Schaffen – »die Sinnlichkeit« – als »ein Rausch« vorkam, dessen sie sich schämten, wenn er vorüber war.

»Ist es also ein Wunder«, so fragte J. H. Merck weiter, »wenn wir die Existenz eines Menschen, dessen Leben ein Rundtanz solcher Empfindungen ist, schief beurteilen? Daß wir das Müßiggang und Zeitverlust nennen, wenn bei ihm das Samenkorn zu künftigen herrlichen Erscheinungen schläft und erstirbt? Er soll sein Tagewerk verrichten und zeigen, wie er seine Zeit angewendet hat« [103]. Aber gerade das vermochten die dichterischen Menschen nicht. Daher litten sie – wie es verschiedentlich bei ihnen heißt – »als unglücklichste Wesen unter der Sonne« [104] daran, »solche elende läppische Kreaturen« [105] um sich zu haben und weder »ganz das sein zu dürfen, was man von Natur ist« [106] noch jene aus der Verneinung entspringenden »künftigen herrlichen Erscheinigungen« des zu sich selbst befreiten Menschen ästhetisch vermitteln zu können. »Doch was hilft's?« – schrieb Bürger angesichts dieser Situation – »man muß die Zähne zusammenbeißen die Augen zudrücken und mit zerfetzter Stirn vorwärts durch die sperrigen Dornenhecken dringen« [107]. Nur wenige besaßen die Autorität eines arrivierten Schriftstellers wie Goethe, der zu Riemer sagen konnte: »Die ganze Geschichte mit dem Genie ist, daß die Menschen einmal Einem gestatten, was sie sich untereinander selbst nicht gestatten, nämlich daß einmal Einer ganz sein darf, was er will« [108] – nämlich: wahrer Mensch, der mit seiner Kunst weder Welt dekorativ abbildet noch affirmativ trivialisiert und behübscht, sondern der sie in ihren Möglichkeiten menschlicher Befreiung begreift. Daß die Menschen dieser künstlerischen Haltung gelegentlich Ruhm spenden, denn »ohne Weihrauch – keine Götter« [109] – mag hier mit L.L. Schücking ironisch angemerkt werden.

Die bürgerliche Gesellschaft erteilte den Dispens zweifellos deshalb so selten, weil sich – wie Goethe meinte – »die Willkür des Genies … nicht bestimmen und abmessen« [110] lasse und es darüber hinaus »das Morbose, das Sündige« [111] bekenne. Die sittlichen und sinnlichen Normen des Bürgertums waren jedoch mit solchem Bekennen nicht oder nur schwer in Einklang zu bringen. Daher entrüstete sich Garve darüber, daß gerade Goethe, der nach seinen Worten »die Welt im Großen« kannte, sich im »Wilhelm Meister« auf »die Schauspielerwelt, das Leben, die Sitten und die Abenteuer von Komödianten, Seiltänzern etc.« [112] einschränkte. Garve erkannte, daß bei den Schriftstellern mit der »Beichte eigener Seelenabgründe« [113] die Sympathien mit dem Unbürgerlichen wuchsen und die fragwürdigen und sozial gefährdeten peripheren gesellschaftlichen Gruppen literarisch fruchtbar wurden.

Die geheime oder offene Tendenz zur Unbürgerlichkeit, die auf dem Hintergrund der sich verfestigenden bürgerlichen Verhaltensweisen zu sehen ist, verstärkte die aus der Zeit der ständischen Dichter stammenden und nun auch gegen die freien Schriftsteller erhobenen Verdächtigungen. Ihr unregelmäßiges Schaffen belastete die Schriftsteller mit dem Vorwurf der Müßiggängerei und Unproduktivität. Hinzu trat mit der Verselbständigung der Phantasie das Vorurteil, daß sie als »Herrn von Phantasie im gemeinen Leben nicht zu brauchen sind, sich auch nicht gerne brauchen lassen« [114]. Tatsächlich bekannte J.G. Hamann freimütig, »weder zu einem Amte, noch zum gesellschaftlichen Leben« [115] zu taugen und W.H. Wackenroder schrieb: »Wer einmal ihren [der Kunst, d. Verf.] innersten, süßesten Saft geschmeckt hat, der ist unwiederbringlich verloren für die tätige, lebendige Welt … und seine Hand verliert ganz die Kraft, sich einem Nebenmenschen wirkend entgegenzustrecken« [116].

All diese Vorwürfe gipfelten in dem von J.B. Mencke bereits zu Anfang des 18. Jahrhunderts geprägten Begriff des »Scharlatanismus«. In seinen durch das ganze Jahrhundert hindurch bekannten Reden *Über die Scharlatanerie der Gelehrten* hatte Mencke den Stolz und die Eitelkeit der Dichter hart angegriffen und die Männer der Feder mit Marktschreiern verglichen, die ihr Publikum vorsätzlich täuschten [117]. In d'Alemberts 1775 in deutscher Übersetzung erschienenem *Versuch über den Umgang der Gelehrten und Großen* wurden diese Vorwürfe erneuert und außerdem erklärt, die Scharlatanerie sei »das Gewerbe, wodurch sich so viele Schriftsteller eine Art von Namen machen« [118]. J.G.B. Büschel, der die Reden Menckes gelesen hatte, rügte noch 1791, manche Spur von Scharlatanismus lasse sich auch in »den Schriften und Äußerungen sehr verdientvoller Männer entdecken«. Fast jeder von ihnen handele »aus Gewinnsucht« und wende alle »möglichen Kniffe« an, »erlaubte und unerlaubte, um seine Ware loszuwerden«. Der Stolz des einzelnen Schriftstellers sei »unverkennbar, weil er alles um sich her verachte«. Es trete aber nur »ein Kollege neben ihm auf«, so heißt es bei Büschel weiter, »und biete eben solche Arzneien, wie er hat, zu Kauf: plötzlich wird Brotneid und Zanksucht in ihm erwachen« [119].

Auf Grund des Scharlatanismus hielten viele Leser – wie Münnich bemerkte – »die Poeten bloß für lustige Spaßmacher und Gaukler«, deren man sich zuweilen bediente, um »die böse Laune verdrießlicher Stunden zu mäßigen ... oder zu erleichtern« [120]. Nur der kleinere Teil der Leserschaft rechnete die genialischen oder – nach den Worten eines Zeitgenossen – die »luzianischen Geister« zum »positiven Gehalt der Welt« [121]. Worte zu ihrer Verteidigung, wie etwa die von Kleuker, daß bei diesen berufungsbewußten Dichtern »mehr Leben und Farben des Geistes« zu finden seien als bei »der kaltblütigsten Ehrlichkeit eines dogmatischen Philosophen« und »ihre Bemühungen viel mehr Gutes als Böses« [122] stiften, waren selten. Fast vergeblich erinnerte F. G. Findeisen daran, daß die Künstler nützliche Leute seien, »deren Dienst der Staat nicht mehr entbehren« [123] könne. Nicht wenige Leser hielten vielmehr, »weil sie in ihre eigene ... Profession dermaßen verliebt sind, daß sie sich fest einbilden, man könne außer derselben nichts finden, das ihrer ernstlichen Beschäftigung würdig wäre« [124], die Dichter überhaupt für »unnütze Köpfe, die den Menschen nichts helfen« [125]. Angesichts dieser Situation rief J. G. Müller aus: »Weh mir, daß ich ein Deutscher bin! Der Brite, der Gallier denkt nicht so niedrig ... Seine edlen Schriftsteller sind sein Stolz« [126]. Sie konnten es sein, weil sie die Wortführer des politisch weithin identischen Bürgertums waren. Gerade diese Identität fehlte aber dem deutschen Bürgertum.

Verstärkt wurden derartige und letztlich aus der politisch hoffnungslosen Lage der bürgerlich-literarischen Intelligenz resultierenden Vorurteile durch die Tatsache, daß mit der Ausbreitung des literarischen Marktes die Zahl der lediglich aus Erwerbsgründen tätigen Autoren schnell wuchs und die Schriftsteller darüber hinaus »in gar zu auffallenden handwerksmäßigen Ausdrücken« von sich sprachen. Dergleichen Ausdrücke waren nach den Worten Büschels: »Er schriftstellert, er treibt Schriftstellerei, er lebt vom Schriftstellern. Das soll weiter nicht böse gemeint sein, allein wenn man so etwas liest, kann man doch unmöglich an einen Mann denken, der seine Kräfte zur Verfertigung einer Geistesarbeit anwendet« [127].

Im Hinblick auf die Vertrauenswürdigkeit des freien Schriftstellers spielten neben den von Büschel erwähnten Verdächtigungen auch sprachsoziologische Zusammenhänge eine besondere Rolle. Mit der zunehmenden Bekenntnishaftigkeit der Literatur und der Verselbständigung der Phantasie nahm die Mehrdeutigkeit und Ambivalenz der Sprache zu. Bereits im ersten Kapitel wurde aufgezeigt, wie mißtrauisch und unwillig Klotz, Geßner u. a. auf Hamanns Sprachgeschmack reagierten. Sie stießen sich an seinem rhapsodischen Stil oder – um es mit einem späteren Ausdruck F. Schlegels zu sagen – an der paradoxen und ironischen »transzendentalen Bouffonerie« [128]. Sprache wurde eben nicht mehr als »schlechthinnige Mitteilung, ... nicht in naiver Gläubigkeit an ihre Bezeichnungskraft verwendet, sondern ganz bewußt und gerade unter Ausnutzung ihrer Mehrdeutigkeit« [129] und widersprüchlichen bzw. verneinenden Ambivalenz. Nicht zuletzt deshalb hefteten die Kritiker dem Magus des Nordens das Odium des sozial Unverantwortlichen an. Neben Hamann sahen aber auch andere Schriftsteller ihre sprachlichen Bemühungen in Zweifel gezogen und sich von Kritikern zu »Feinden den menschlichen Geschlechtes« gestempelt, die auf »Täuschung durch heilige Mittel« [130] aus seien. Ganz im Sinne solcher Verunglimpfungen forderte 1783 ein ungenannter Kritiker die Schriftsteller auf, »aufzuhören, große Lügen zu machen, um große Müßiggänger sein zu können« [131].

Da die Grenze zwischen Genie und Scharlatan derartig fließend war, verwundert es nicht, daß H. W. von Gerstenberg auf die Frage nach dem Genie und dem Genius antwortete: »Er heißt – mit einem Worte und ohne Gepränge ... Betrug einer höheren Eingebung – nicht anders! Durch sie allein konnten Erdichtungen Wahrheit werden! Sie werden mir zugeben, daß diese Kraft, die ich in Beziehung auf uns Trug oder Illusion nenne, ... in Beziehung auf den Dichter diejenige entschiedene und hervorstechende Eigenschaft sei, die wir uns unter den Namen der poetischen Genies ... denken« [132].

Die Parallele zwischen Genie und Betrug wurde jedoch nicht nur von Kritikern, sondern auch von einzelnen Schrifstellern gezogen. Hamann wußte, »was für ein Unsinn ... sich in runden und vollautenden Worten ausdrücken« ließ und bezeichnete sich und seinesgleichen als »Marktschreier«, »Springmeister« und »unverschämter Bettler« [133]. Selbst der so nüchterne Chr. Garve gestand: »Sobald man die Feder in die Hand nimmt, so schleicht sich dieser Teufel ins Herz. Weg ist alsdann Aufrichtigkeit, wahre Simplicität, wahre Größe« [134]. Und Brentano schrieb an Savigny, daß ihm »in Versen ... schier alles zur Lüge und zum Machwerk« werde und er dadurch »in den Verdacht eines ästhetisch Elenden« [135] gerate. Ähnlich bekannte W. H. Wackenroder, die Kunst sei ein »täuschender, trüglicher Aberglaube«, der den Schriftsteller dazu verleite, das Getümmel der Welt »als ein lebendig gewordenes Werk seiner Phantasie zu betrachten« ... »Das ist's, daß der Künstler ein Schauspieler wird, der jedes Leben als Rolle betrachtet, der seine Bühne für die echte Muster- und Normalwelt, für den dichten Kern der Welt und das gemeine wirkliche Leben nur für eine elende, zusammengeflickte Nahahmung, für die schlechte umschließende Schale ansieht« [136].

Die wenigen Äußerungen bezeugen nicht nur, daß Schriftsteller an der ihnen als künstlerische Aufgabe gestellten »Synthese zweier antagonistischer Ebenen der Wirklichkeit: der etablierten Ordnung der Dinge und der möglichen oder unmöglichen Befreiung von ihr« [136 a] litten, sondern zeigen auch, daß sich die den Schriftstellern gestellte Vertrauensfrage auch in ihrem Selbstverständnis niederschlug. Darüber hinaus zeigen sie, wie folgenschwer die Verselbständigung der Phantasie in der vorrevolutionären Lage des Bürgertums für den Schriftsteller war. Wie immer dieser Prozeß eingeschätzt wird, ob als Beginn einer positiv zu bewertenden Ästhetisierung des dichterischen Menschen oder als dessen Entwurzelung aus bürgerlichem Boden, er war von Anfang an problematisch.

Der Schriftsteller reagierte auf derartige Verdächtigungen mit der Verachtung der Menge und der Errichtung des Spießbürger- und Philisterzerrbildes, mit dem sich der geniale oder als Genie fühlende Schriftsteller vom ›Pfahlbürger‹ abzugrenzen und seine freie Persönlichkeit hervorzuheben suchte. Zugleich wollte der Schriftsteller aber auch die Angehörigen seiner eigenen gesellschaftlichen Schicht, die seine Leser waren oder werden sollten, kulturell voranbringen. So schrieb z. B. Schiller an Goethe: »Man muß sie [die Leser, d. Verf.] inkommodieren, ihnen ihre Behaglichkeit verderben, sie in Unruhe und in Erstaunen setzen. Eins von beiden, entweder als ein Genius oder als ein Gespenst, muß die Poesie ihnen gegenüberstehen. Dadurch allein lernen sie an die Existenz einer Poesie glauben und bekommen Respekt vor den Poeten« [137]. Das Bild des Philisters war also auch Zeichen des Unbehagens des Schriftstellers an seiner Gegenwart.

Auf die soziologischen Gründe für das Aufkommen des Genies wurde bereits in anderem Zusammenhang verwiesen, so daß nun gesagt werden kann: Genie und Philister waren sich einander bedingende Gestalten der entstehenden bürgerlichen Gesellschaft. Doch weil das Bürgertum weitgehend politisch heimatlos blieb, verlor der Geniebegriff, der anfänglich auch die sozialen Hoffnungen bürgerlicher Schichten auszudrücken schien, seine soziale Aktualität [138]. Je mehr die Konkurrenz im Gebiet des Geistigen mit der Entwicklung des literarischen Marktes zunahm und die Anonymisierung der Leser fortschritt, desto weniger fand das übersteigerte Selbstverständnis des Schriftstellers gesellschaftliche Bestätigung. Daher kamen sich einzelne Schriftsteller, wie Novalis schrieb, als ein »Nichtstand«, als eine zwar innerhalb des Bürgertums stehende, doch »titel- und brotlose« Gruppe vor, die ihr »Drängen nach Ruhm und Belohnung gehemmt und gehindert und in elende drückende menschliche, bürgerliche Verhältnisse ... gespannt [sah]. Skeptiszismus an allem, trauriger Menschenhaß muß unmittelbar daraus entstehen« [139].

Da sich außerdem nicht wenige Schriftsteller der Schwierigkeiten bewußt wurden, »den inneren Gesichten Ausdruck zu verleihen« [140], schlug ihr berufungsbewußtes Bekenntnis in ein ebenso bekenntnishaftes Eingeständnis des Unterliegens um, zumal es – entgegen den Hoffnungen von Novalis [141] – in der Literatur keinen immanenten Fortschritt und keinen Weg zu vollendeter »idealischer Bildung« gab. »Man kann in unseren Tagen«, so formulierte Brentano 1804 dieses Eingeständnis, »nicht dichten, man kann nur etwas für die Poesie tun. Der Dichter lebt wie in einer Wüste, die wilden Tiere fallen ihn an, denn alle kann man sie nicht zahm singen und die Affen tanzen ihm nach« [142].

Die dichterischen Menschen vom Typ freier Schriftsteller gerieten also mit ihrer Aufgabe in eine gesellschaftlich schwache Position und suchten von hier aus, mit der »Welt ins Gleichgewicht zu kommen« [143]. Sie kämpften um eine bürgerliche Proportion zu jener Welt, die sie im Grunde gering achteten, weil in ihr – nach den Worten Herders aus dem Jahre 1769 – »der bloße Handelsgeist den Geist ... der Weisheit und Gelehrsamkeit« [144] aufzuheben und einzuschränken tendierte. Zwanzig Jahre später bestätigte R. Z. Becker diese Tendenz mit der an K. Marx anklingenden Erkenntnis, »der herrschende Geschmack am Cameralisieren« habe eine »tiefe Geringschätzung der Werke des Geistes und ihrer Meister« [145] hervorgebracht. Die Geringschätzung mag auch Wieland bewogen haben, »die Ohnmacht aller Schriftstellerei« und damit die unmittelbare politische Folgenlosigkeit von Literatur einzugestehen. Wer sich einbilde, »etwas zu wirken und in die Speichen des Rades zu greifen, das die Nemesis unaufhaltsam wälze, sei ein Tor und werde, wenn er nicht bei Zeiten klug werde, erquetscht« [146].

Die angeführten Belege lassen erkennen, wie bewußt schon damals die Antinomie von dichterischem Geist und bürgerlicher Erwerbsgesinnung sowie der Widerspruch von Kunst und Wirklichkeit erfahren wurden und vor welche Probleme sich die Schriftsteller gestellt sahen, die ihren Beitrag zur Schaffung einer »gemeinnützigen Kultur« des dritten Standes leisten wollten: Probleme, die zudem nicht nur aus der Existenz »gekrönter Hämlinge« [147] des ersten und zweiten Standes resultierten, sondern sich aus der Formierung des vierten Standes – konkret: aus dem Elend »der Strumpfwirker von Apolda« [148] – ergaben.

In den Einsichten einzelner Schriftsteller wird ferner deutlich, wie gespannt das Verhältnis zwischen erwerbsgerichtetem Bürgertum und seiner literarischen Avantgarde war. Zwar verdankten beide Gruppen, die sich auf dem literarischen Markt und im Medium der öffentlichen Meinung begegneten, dem Individualismus und Subjektivismus ihre Existenz, doch waren die aus ihnen abgeleiteten Wertmaßstäbe und Verhaltensweisen nicht geeignet, die z. B. in Frankreich zu beobachtende Verschmelzung von literarischen und politischen Absichten zu bewirken. So wenig also die kollektive Organisation der sozialen und politischen Kräfte des Bürgertums gelang, so wenig fanden auch die Schriftsteller zu einer eigenen Standesvertretung. Die lediglich von der Zensur gelegentlich eingeschränkte literarische Gewerbefreiheit verschärfte den auch von Bürgertum erfahrenen Konkurrenzdruck und machte nach den Worten Goethes den »deutschen Schriftsteller [zu einem] Märtyrer« [149], denn das Publikum fuhr trotz der Vorreden »immer fort ..., Forderungen an ihn zu machen, die er abzulehnen« [150] suchte, weil er sie nicht erfüllen konnte, soweit sie politischer Natur waren, und die er nicht erfüllen wollte, soweit sie seinen künstlerischen Auffassungen widersprachen. Ihre unterschiedlichen Wertungen, hier ökonomischer Nutzwert und dort ästhetisch-künstlerischer Wert, trennten Schriftsteller und Publikum voneinander. Sich wechselseitig die Anerkennung versagend, doch stets eine

»heimliche Liebe« für die Lebensform und den Wert des anderen hegend, erschwerten und förderten sie wechselseitig ihre Entwicklung.

Die Absonderung des literarischen Geistes von der bürgerlichen Gesellschaft wurde noch dadurch verschärft, daß dem Bürgertum ein Mittelpunkt gesellschaftlicher Lebensbildung fehlte. Deshalb trat ja auch bei einzelnen Schriftstellern die Trennung von Literatur und Politik so deutlich ins Bewußtsein und artikulierte sich als Klage über die Trennung von Schein und Wirklichkeit. D. h. die Einsichten in die Veränderbarkeit von Gesellschaft waren zwar vorhanden, doch fehlten solchem Bewußtsein die äußeren Gestaltungsmöglichkeiten. Der die schriftstellerische Produktion erschwerende Mangel, »keine Nation« [151] zu sein, wurde seit Lessing immer wieder von den Schriftstellern beklagt. Eben weil die sich so äußernden Schriftsteller erfuhren, daß sie unter den herrschenden Verhältnissen von den eigenen politisch-literarischen Entfaltungsmöglichkeiten entfremdet wurden.

In Anbetracht dieser Situation schrieb Goethe 1795 seinen Aufsatz *Literarischer Sansculottismus* [152], in dem er die Frage zu beantworten suchte, wann und wo ein klassischer Nationalautor entstehe. Goethe war davon überzeugt, daß »eine bedeutende Schrift ... nur Folge des Lebens« sei, denn »ein Schriftsteller so wenig als der handelnde Mensch bildet die Umstände, unter denen er geboren wird und unter denen er wirkt«. Von dieser Einsicht ausgehend, konfrontierte Goethe die zum Entstehen eines klassischen Autors unabdingbaren sozialen, kulturellen und nationalen Voraussetzungen mit den damals herrschenden gesellschaftlichen und literarischen Zuständen und kam zu dem Schluß, daß in seiner Gegenwart ein »vortrefflicher Nationalschriftsteller« nicht oder nur schwer entstehen könne. Der freie Schriftsteller blieb dem gesellschaftlichen Auftrag, den er im Gegensatz zum ständischen Dichter formuliert hatte, entfremdet. Und so hängt, wenn die vergleichbaren Äußerungen Schillers, Bürgers, Forsters usw. berücksichtigt werden, die »Entstehung einer von der bürgerlichen Gesellschaft zugleich abhängigen und unabhängigen literarischen Intelligenz« – wie Heiner völlig richtig vermutet – aufs engste mit der »Entstehung der Entfremdungsproblematik« überhaupt zusammen [153].

Wenn trotz dieser widersprüchlichen Lage der Schriftsteller eine klassische Literatur in Deutschland entstand, dann mutet das höchst paradox an. Doch liegen in dieser Paradoxie wesentliche Gründe dafür, daß die Literatur so frühzeitig einen monologischen und romantischen Charakter annahm [154]. Ihr fehlte als Voraussetzung eine auch politisch legitimierte bürgerliche Gesellschaftskultur, der sich die Schriftsteller hätten einordnen können. Dieser Mangel führte dazu, daß – nach einem von G. Santayana auf Goethe gemünzten Wort – die von den Schriftstellern repräsentierte bürgerlich-literarische Intelligenz des späten 18. Jahrhunderts »niemals so romantisch« war, als wenn sie »klassisch« erschien.

Daß sich diese Auffassung weitgehend mit den eingangs zitierten Bemerkungen Hegels über das Romantische deckt, sei noch abschließend erwähnt. Wie erinnerlich hatte Hegel, dem das so vielschichtige und vielgestaltige Halbjahrhundert von 1750 bis 1800 der Boden für seine kultur- und gesellschaftskritischen Einsichten war, bereits gesehen, daß das in diesem Zeitraum beginnende, aber sehr bald scheiternde Aufbegehren der bürgerlichen Intelligenz gegen die ökonomische Rückständigkeit und politische Unmündigkeit unter dem Druck des bürokratischen Feudalabsolutismus sich in literarischen Gestaltungen auszuformen begann, die die sozialen Inhalte entweder abenteuerlich verzerrten oder bis zur Verflüchtigung verdünnten. In diesen Extremen bewegte sich der freie Schriftsteller – und wenn eingangs gesagt wurde, daß die Geschichte des Bürgertums eine Leidensgeschichte war, dann war es die Entstehungsgeschichte des freien Schriftstellers nicht weniger.

Das politische Unvermögen der bürgerlich-literarischen Intelligenz in der Epoche der französischen Revolution teilte sich, sieht man einmal von Forster und den wenigen deutschen Jakobinern ab, auch seiner »ideologischen Vorhut« – den freien Schriftstellern – mit. Und so hat die politische Heimatlosigkeit des Bürgertums viel dazu beigetragen, daß sich diese Vorhut in ideellen Abstraktionen, in philisterhaften Streitereien und in sozialer Enge nahezu aufreiben mußte.

Vorbemerkung

1 Die Arbeit wurde 1959 als Dissertation mit dem Titel »freie Schriftsteller. Eine literatur-soziologische Studie über seine Entstehung und Lage in Deutschland zwischen 1750 und 1800« der Philosophischen Fakultät der Universität Göttingen vorgelegt. Unter dem gleichen Titel erschien sie in nur wenig geänderter Form im: Börsenblatt für den Deutschen Buchhandel, Archiv für Geschichte des Buchwesens XXXIII, Frankfurter Ausgabe, 19. Jahrgang, Nr. 8a, 28. Januar 1963, S. 125–219. In die vom Metzler-Verlag angeregte Kürzung und ergänzende Überarbeitung konnte die inzwischen erschienene Literatur nur unvollständig eingearbeitet werden. Um diesen Mangel zu beheben, ist eine gründlichere Monographie vorgesehen.
2 Siehe Bernd *Peschken*, Versuch einer germanistischen Ideologiekritik, Texte Metzler 23, Stuttgart 1972.
3 Vgl. B. *Peschken*, Versuch, a.a.O., S. 7f.
4 Siehe Hannelore *Schlaffer*, Dramenform und Klassenstruktur, Eine Analyse der dramatis persona »Volk«, Stuttgart 1972, S. 76f.
5 Fr. *Schiller*, Über naive und sentimentalische Dichtung, Werke, Nationalausgabe, 20. Bd., Phil. Schriften, 1. Teil, hrsg. v. B. v. *Wiese*, Weimar 1962, S. 318f.
6 Ludvik *Vaculik*, Ich kann mich nicht beklagen, in: Die Zeit, Nr. 3, 12. 1. 1973, S. 9.
7 Bertolt *Brecht*, Hundert Gedichte. 1918–1950, Berlin (DDR) 1959, S. 308.
8 Vgl. L. *Vaculik*, a.a.O., S. 10, der schreibt, »ich warte . . . darauf, daß man über Bücher endlich wie über Bücher entscheidet und nicht wie über Revolver: Wer damit umgehen darf und wer nicht«.
9 Karl *Marx*/Friedrich *Engels*, Werke, hrsg. v. Inst. f. Marxismus-Leninismus, Berlin 1961, Bd. 13, S. 641, (künftig MEW zitiert). Angesichts der von Marx eingestandenen Schwierigkeit bei »der allgemeinen Fassung dieser Widersprüche« (»Sobald sie spezi-

fiert werden, sind sie schon gelöst«!) ist es interessant zu sehen, daß Marx sich nicht nur der Methode eines gewissermaßen sozial- und kulturanthropologischen Vergleichs, sondern auch der Häufung von Fragesätzen bedient, um das Phänomen des fortdauernden Kunstgenusses zu erklären: »Ein Mann kann nicht wieder zum Kind werden, oder er wird kindisch. Aber freut ihn die Naivität des Kindes nicht, und muß er nicht selbst wieder auf einer höheren Stufe streben, seine Wahrheit zu reproduzieren? Lebt in der Kindernatur nicht in jeder Epoche ihr eigener Charakter in seiner Naturwahrheit auf? Warum sollte die geschichtliche Kindheit der Menschheit, wo sie am schönsten entfaltet, als eine nie wiederkehrende Stufe nicht ewigen [!] Reiz ausüben? Es gibt ungezogene Kinder und altkluge Kinder. Viele der alten Völker gehören in diese Kategorie. Normale Kinder waren die Griechen« (a. a. O., S. 642). Daß Marx mit seinen Fragen bestimmte psychische Mechanismen aufdeckt, die später von Freud verifiziert wurden, wird am Beispiel des »kindisch« werdenden Erwachsenen mit dem Hinweis auf die Regression, die als Rückgriff des Bewußtseins auf infantile Interpretationsmodelle von Realität begriffen werden kann, überzeugend deutlich. Nur überträgt Marx hier etwas voreilig und methodologisch bedenklich ein individual-psychologisches Modell auf ein gesamtgesellschaftliches Phänomen. Marx scheint ferner gespürt zu haben – und der (zeitgeschichtlich gebunden und daher verständliche) Hinweis auf die klassische Normalität der Griechen-»Kinder« bestätigt diese Annahme –, daß griechische Kunst nicht auf individual- und menschheitsgeschichtlich infantile bzw. realitätsverdrängende Interpreationsmodelle zurückgegriffen hat, sondern sich durch ein außerordentlich hohes Maß an innerer und äußerer Realitätsgerechtigkeit auszeichnet. Und gewiß liegt in dieser realitätsgerechten und synthetisierenden Ich-Leistung einzelner griechischer Schriftsteller und Künstler auch einer der Gründe für die Dauerhaftigkeit ihrer Kunstwerke.
Daß sich von diesen psychoanalytischen Zusammenhängen her auch einige – bisher von der materialistischen Kunsttheorie vernachlässigte – Zugänge zum Realismusproblem ergeben, sei mit dem Hinweis auf Thomas *Metscher* (Ästhetik als Abbildtheorie. Erkenntnistheoretische Grundlagen materialistischer Kunsttheorie und das Realismusproblem in den Literaturwissenschaften, in: Argument 77, 1972, S. 919–976) noch ausdrücklich angemerkt.

10 Peter *Hahn*, Theoretische Möglichkeiten eines gesellschaftsbezogenen Kunstbegriffs, in: Literaturwissenschaft und Sozialwissenschaften 1, Grundlagen und Modellanalysen, Stuttgart ²1972, S. 151–234. Siehe vor allem S. 153 ff., S. 163 f. und die in den Anmerkungen (S. 220, Anm. 8 bis 10) angeführte Literatur, die sich mit dem obigen Marx-Zitat auseinandersetzt.

11 Hannah *Arendt*, Vita activa – oder vom tätigen Leben, Stuttgart 1960, S. 86.

12 K. *Marx*, Das Kapital, Bd. 1, hrsg. v. K. *Kautsky*, Stuttgart 1919. S. 133. Mit vollem Recht rühmt Marx: »Das Große an der Hegelschen Phänomenologie . . . ist . . ., daß Hegel die Selbsterzeugung des Menschen als einen Prozeß faßt . . ., daß er also das Wesen der Arbeit faßt und den gegenständlichen Menschen, wahren, weil wirklichen Menschen, als Resultat seiner eigenen Arbeit begreift« (s. K. *Marx*, Die Frühschriften, hrsg. v. S. *Landshut*, Stuttgart 1953, S. 269). Und zweifellos verdankt sich der Mensch der eigenen Arbeit bzw. seine Geschichte ist die Geschichte seiner Arbeit. Doch ist das nur die eine der Welt zugewandte Seite der Arbeit, denn die andere sich selbst zugewandte Seite, die »Bearbeitung des Menschen durch den Menschen« (vgl. Anm. 41) bleibt in diesem Arbeitsverständnis weithin unberücksichtigt.

13 Siehe K. *Marx*, Das Kapital, a. a. O., S. 133.

14 K. *Marx*, Ökonomisch-philosophische Manuskripte (1844), zit. n. K. *Marx*/F. *Engels*, Über Kunst und Literatur, Berlin (DDR) 1967, Bd. 1, S. 116. Vollständig lautet der Satz: »Das Tier formiert nur nach dem Maß und dem Bedürfnis der species, der

es angehört, während der Mensch nach dem Maß jeder species zu produzieren weiß und überall das inhärente Maß dem Gegenstand anzulegen weiß; der Mensch formiert daher auch nach den Gesetzen der Schönheit.«

15 K. *Marx*, a.a.O., S. 115.

16 K. *Marx*, a.a.O., S. 116.

17 Jean-Jaques *Rousseau*, OEuvres complètes, ed. B. *Gagnebin* et M. *Raymond*, Paris 1964, tom III, p. 241f. zit. in der Übersetzung nach H. *Röhrs* (Hrsg.), Preisschriften und Erziehungsplan, Bad Heilbrunn 1967, S. 10.

18 H. *Arendt*, Vita activa, a.a.O., S. 86.

19 MEW, Bd. 26, 1. Teil, S. 377.

20 K. *Marx*, Das Kapital, a.a.O., S. 133f.

21 Jürgen *Habermas*, Art. Anthropologie, in: Philosophie, Fischer-Lexikon, hrsg. v. A. *Diemer* u. I. *Frenzel*, Frankfurt/M., 1958, S. 32.

22 Vgl. K. *Marx*, Die Frühschriften, hrsg. v. S. *Landshut*, Stuttgart 1953, S. 242ff.

23 S. *Freud*, zit. n. Klaus *Horn*, Menschliche Aggressivität und internationale Politik, in: Dieter *Senghaas* (Hrsg.), Friedensforschung und Gesellschaftskritik, Reihe Hanser: Umweltforschung, Bd. 2, S. 137. Um Mißverständnisse möglichst zu vermeiden, sei hier angemerkt, daß in der vorliegenden Darstellung mit K. Horn Triebe nicht ontologisierend »als kausalgenetisches Erklärungsprinzip, sondern als ein Verhaltenspotential verstanden werden, »als ›Arbeitsanforderung‹, die sich erst in der Sozialisation, auch als ein Niederschlag von deren Qualität, entfaltet« (K. *Horn*, S. 165).
Dieser enge Zusammenhang von Trieb-Potential und Sozialisation ist der Grund, weshalb im Verhältnis von Schriftsteller bzw. Literatur und Gesellschaft die gesellschaftliche Vermittlung seiner psychischen Struktur und Dynamik (einschl. seines Sublimierungsvermögens und der von ihm entwickelten Formen der symbolischen Triebbefriedigung) mit berücksichtigt werden muß. Mit dieser Argumentation wird Literatur keineswegs zum Triebabkömmling »degradiert«. Im Gegenteil: Literatur bleibt weiterhin sozialer Vorgang und gesellschaftliches Geschehen. Nur berücksichtigt die Argumentation die von der marxistischen Kunsttheorie vernachlässigte Tatsache, daß jeder Schriftsteller und Künstler in seinem Werk, wie jedes »Individuum in seiner Sozialisation, eigene Sinnbezüge entwickelt, die vorwiegend unbewußt, in seiner inneren (Trieb-)Struktur und Dynamik verankert« (K. *Horn*, S. 164) sind. Um es noch einmal zu betonen: Es wird hier nicht im Sinne eines biologisch vorgegebenen festen Trieb-Quantums argumentiert, sondern auf jenes Triebpotential abgestellt, das in und aus dem gesellschaftsgeschichtlich bedingten Verlauf der sozialen Beziehungen des Menschen hervorgeht und dessen »Strukturierung . . . mit der Differenzierung und der Qualität der Beziehung zu Objekten bzw. zu anderen Subjekten einhergeht« (K. *Horn*, S. 167).

24 Siehe Klaus *Holzkamp*, Kritische Psychologie. Vorbereitende Arbeiten, Fischer TB Nr. 6505, Frankfurt/M. 1972.

25 Vgl. Herbert *Selg* (Hrsg.), Zur Aggression verdammt?, Reihe Kohlhammer, Stuttgart 1971, S. 13.

26 K. *Horn*, Menschliche Aggressivität, a.a.O., S. 148.

27 ebenda, S. 155.

28 H. *Nunberg*, Die synthetische Funktion des Ich, in: Internat. Ztschr. f. ärztl. Psychoanalyse und Imago, 16. 1930, S. 303.

29 N. *Chomsky*, Aspekte der Syntax-Theorie, Frankfurt/M. 1969.

30 A. *Lorenzer*, Sprachzerstörung und Rekonstruktion, Frankfurt/M. 1970.

31 Vgl. H. *Arendt*, Vita activa, a.a.O., S. 124–163.

32 K. *Marx*, Kapital, a.a.O., S. 10.

33 ebenda, S. 136.

34 Marx teilte die Hochschätzung griechischer Kunst nicht nur mit den Klassikern und Hegel, sondern auch mit den ihm zeitlich näher stehenden Romantikern. So rückte z.B. Fr. Schlegel 1796 aufgrund einer Anregung von Caroline die »alten Griechen« und die »Neufranken« (Caroline *Schlegel,* Briefe aus der Frühromantik, hrsg. v. E. *Schmidt,* Frankfurt/M., 1913, Bd. 1, S. 367) – worunter beide die Mainzer Jakobiner verstanden – sehr eng zusammen und machte die Griechen gleichsam zu gemeinsamen Mitbürgern (Fr. Schlegels Briefe an seinen Bruder, A. W. Schlegel, hrsg. v. O. *Walzel,* Berlin 1890, S. 267). Letztlich identifizierte er Mainzer Republikaner und attische Demokraten, bei deren Politik jedoch – »dem Himmel sei Dank – keine Gefahr« (ebenda, S. 258) war. Der junge Fr. Schlegel sah in dieser Frühform der Demokratie eine »unendliche Fülle und unbedingte Freiheit« realisiert und folgerte aus dieser Ansicht: nie seien »in einem Staate die Gesetze so gerecht, die Freiheit vollkommener, Schonung und Billigkeit nicht nur Ziel der Gesetzgeber, sondern allgemeiner Geist eines Volkes gewesen«. (Kritische Friedrich Schlegel Ausgabe, hrsg. v. E. *Behler,* Paderborn 1961, Bd. 11, S. 257). Deshalb lenkte und beherrschte »die Stimme des Volkes . . . das griechische Drama, das aus Volksfesten entstanden und für das ganze Volk bestimmt war« (ebenda, S. 206f.). Wenn dagegen »höhere Stände oder der Wille Weniger herrscht, so werden diese ihre konventionellen und zufälligen Begriffe zum Gesetz erheben; ihre Engherzigkeit wird die Grenze der Kunst« (ebenda (S. 207). Siehe hierzu W. *Weiland,* Der junge Fr. Schlegel. Oder die Revolution in der Frühromantik, Stuttgart 1968.

35 H. *Arendt,* Vita activa, a. a. O., S. 87.

36 Vgl. Anm. 20.

37 Vgl. K. *Horn,* Menschliche Aggressivität, a. a. O.; S. 163.

38 ebenda, S. 163.

39 K. *Marx,* Frühschriften, a. a. O., S. 241.

40 ebenda, S. 243.

41 ebenda, S. 243.

42 ebenda, S. 243.

43 ebenda, S. 364. (Hervorhebung vom Verf.) Nachdem Marx die Thesen über Feuerbach entwickelt und Probleme der Arbeitsteilung behandelt hat, heißt es: »Bisher haben wir hauptsächlich nur die *eine Seite der menschlichen Tätigkeit* [Hervorh. v. Verf.], die Bearbeitung der Natur durch die Menschen betrachtet. Die andere Seite, *die Bearbeitung der Menschen durch die Menschen* . . .«. Die Ähnlichkeit dieser Betrachtungsweise mit den oben vorgetragenen Überlegungen zum Arbeitsbegriff dürfte kaum zu bestreiten sein. Um so bedauerlicher ist es, daß – wie Landshut mitteilt – die Darstellung von Marx an dieser Stelle abbricht.

44 K. *Marx,* Frühschriften, a. a. O., S. 243. In welcher Nähe die Marxsche Unterscheidung in »wesensmäßigem Zusammenhang« und »Nützlichkeitserwägungen« zu Kants Untergliederung der »Lehre von der Kenntnis des Menschen . . . in physiologischer [und] in pragmatischer Hinsicht« steht, [wobei »die physiologische Menschenkenntnis . . . auf die Erforschung dessen [geht], was die Natur aus dem Menschen macht, die pragmatische auf das, was er, als freihandelndes Wesen, aus sich selber macht, oder machen kann und soll«], mag hier offenbleiben. (Vgl. I. *Kant,* Werke, hrsg. v. W. *Weischedel,* Frankfurt/M. 1964, Bd. 12, S. 399). Wichtiger dürfte die Anmerkung sein, daß mit Wesen des Menschen nichts Überzeitliches gemeint ist, denn »den« Menschen gibt es ebensowenig, wie »das« Tier. Unter Wesen – und damit dürfte auch Marx Intention getroffen sein – wird der Sinn bzw. der Zweck verstanden, zu dem sich Menschen in je geschichtlicher Lage verstehen. Da es keine je gleiche Lage gibt, gibt es je verschiedene Sinnverständnisse, d. h. der Mensch hat viele Wesen und wird noch mehr haben; denn das Wesen besteht eben auch in der Suche dieses

Sinnes und darin sich zu dem zu machen, was er suchend fand und ist bzw. was er nach diesem Verständnis sein soll. In diesem Sinne ist Kunst weithin solche Suche. In ihr wird menschliches Selbst- und Sinnverständnis artikuliert bzw., der Mensch auf das hingewiesen, was er mit sich machen könnte. Der Konjunktiv schließt die Möglichkeit ein, daß der Mensch sich auch verfehlen bzw. sich etwas »vormachen« kann.

45 Dieser Gedanke vom Gang der sozialen Entwicklung, der die Argumentationskette des Kommunistischen Manifestes suggestiv einleitet, ist von Marx später wesentlich differenziert worden. Vgl. hierzu Iring *Fetscher*, Das Buch der Revolution, in: Die Zeit, Nr. 10 v. 2. 3. 1973, S. 17 f.

46 Gottfried *Benn*, Die Stimme hinter dem Vorhang und andere Szenen, dtv-TB Nr. 25, München 1964, S. 107. Der zitierte Satzteil steht in folgendem Zusammenhang: »Ich wende mich nun dem Künstlerischen zu . . . Wieviel menschliche Zerrüttung, wieviel Opferung von Geliebtem, wieviel Wüste und wie wenig Wasserstellen, wie wenig Stimmung und wieviel Nötigung lebt in dieser Sphäre, in der es keine Entwicklung gibt, die kein Zyklus ist und keine Linse, die etwas bricht, sondern bei der es sich um reine Zustände handelt, Passagen, Klärungsanlagen, wobei es undurchsichtig bleibt, was es zu klären gibt und eigentlich für wen.« Dieser These entspricht annähernd auch die Meinung Th. W. Adornos, Kunst sei ein transideologisches Phänomen. Siehe Thomas *Metscher*, Ästhetik als Abbildtheorie, in: Argument 77, 1972, S. 942. Metscher bestreitet hier jene Meinung Adornos mit der auf Marx (Zur Kritik der politischen Ökonomie, Vorwort) zurückgreifenden These, daß Kunst – »zumindest in der bürgerlichen Gesellschaft« – eine der ideologischen Formen sei, »in denen sich die Menschen des Konflikts zwischen Produktivkräften und Produktionsverhältnissen bewußt wurden. Die Kunst ist gesellschaftlich notwendiger Schein, aber zugleich ist sie, was der Begriff des notwendigen Scheins nur ungenügend festhält, eine Gestalt relativer Wahrheit. Es ist primär dieses Moment, das im Akt der Interpretation zu entschlüsseln ist. Die Realismustheorie hält ausdrücklich an Wahrheitskriterien fest, die sich in einer bestimmten Auffassung des historischen Prozesses verifiziert sehen, in der historisch-materialistischen Theorie«. Ohne im einzelnen auf die Problematik dieses theoriegebundenen und von der Praxis letztlich abstrahierenden Wahrheitsverständnisses einzugehen, bleibt hier anzumerken, daß Metscher in einer Fußnote bezeichnenderweise anmerkt, die Entschlüsselung literarischer Formen wie der Lyrik bringe die materialistische Analyse in Schwierigkeiten, weil »die Lyrik . . . der materialistischen Deutung am meisten Widerstand entgegenzustellen scheine« (a. a. O., S. 943). Diese Schwierigkeit will Metscher mithilfe des für diese Gattung konstitutiven Subjektbegriffs bewältigen. Da – methodologisch gesehen – in die Konstruktion eines solchen Kriteriums immer auch Werturteile und bestimmte Interpretationen bzw. idealtypische Beschreibungen eingehen und zugleich die geschichtliche Deformation einschl. der sie bewirkenden Mechanismen, denen das Subjekt im Verlauf der Entfremdung ausgesetzt ist, mitgedacht werden müssen, liegt der Schluß nahe, daß Metscher eine Schwierigkeit durch eine andere Schwierigkeit beheben will. Es bleibt daher die Frage, ob mithilfe eines so allgemeinen und vorerst noch so unbestimmten Kriteriums der konkrete Fall der gesellschaftlichen Vermitteltheit des Entstehens eines einzelnen Gedichtes, ja einer einzelnen Wortschöpfung verifiziert werden kann. Wer einmal das von James Joyce im »Jugendbildnis« (1916) geschilderte Entstehen eines Gedichtes, Paul Valérys »Herr Teste« (1927) und Gottfried Benns »Probleme der Lyrik« (1951) gelesen hat und zudem T. S. Eliot, Mallarmé, Baudelaire, Pound und Poe kennt, wird nicht nur wissen, daß das lyrische Ich »an dem Prozeß des Dichtens ebenso interessiert (ist) wie an dem Opus selbst« (G. *Benn*, Probleme der

Lyrik, Wiesbaden 1951, S. 7), sondern auch ahnen, welche existentiellen Hinter- und Abgründe aufgehellt werden müßten, um zu einem derartigen Kriterium zu gelangen.
47 Max *Rychner*, Gottfried Benn. Züge seiner dichterischen Welt, in: Neue Schweizer Rundschau, Jg. 17 NF, Juli 1949, H. 3, abgedruckt in: ders., Zur europäischen Literatur zwischen zwei Weltkriegen, Zürich 1951 u. G. *Benn*, Lyrik und Prosa, Briefe und Dokumente, hrsg. v. M. *Niedermayer*, Wiesbaden 1962. S. XLIII.
48 Die Schreibweise vom Verf.
49 Karl *Marx*, Das Kapital, Bd. 3, Kap. 3, VII. Abschnitt, Die Revenuen und ihre Quellen, S. 828.
50 K. *Marx*, Frühschriften, a. a. O., S. 243.
51 ebenda, S. 243.
52 ebenda, S. 243.
53 Siehe Anm. 43.
54 Marx begreift (Die Frühschriften, a. a. O., S. 242) unter Sinne »nicht nur die fünf Sinne, sondern auch die sogenannten geistigen Sinne, die praktischen Sinne (Wollen, Liebe etc.)«.
55 Wie vor-psychologisch, ja im Grunde romantisch gedacht diese ganze Passage ist, zeigt sich, wenn sie mit einigen provozierenden Sätzen G. Benns konfrontiert wird; »In unserem Gehirn liegt die Vorwelt gesammelt mit ihren verdeckten Kräften, aus seinen Nähten, Lötstellen, Rissen, stößt sie gelegentlich hervor: im Rausch, im Traum, in Trancezuständen, in gewissen Geisteskrankheiten – jedenfalls ist sie da, alle jene Zeiten und Zustände sind da, als Außen und Innen noch nicht getrennt waren, als die unerträglich gewordene Spannung zwischen Ich und Welt noch unerklungen . . . Ein solch kleines Organ von solcher Verletztlichkeit, das die Geschichte der Erde auf sich nahm, können Sie nicht wie ein Vergißmeinnicht mit Grundwasser begießen . . .« (G. *Benn*, Die Stimme hinter dem Vorhang, a. a. O., S. 112 f.).
56 K. *Marx*, Frühschriften, a. a. O., S. 240 f.
57 Vgl. Bronislaw *Baczko*, Weltanschauung, Metaphysik, Entfremdung. Philosophische Versuche, ed. suhrkamp Bd. 306, Frankfurt/M. 1969.
58 ebenda, S. 107.
59 ebenda, S. 114. In solcher Bearbeitung wäre auch zu klären, ob der Naturbegriff von Marx der deutschen romantischen Naturphilosophie näher steht oder dem französischen Materialismus. Siehe hierzu Ernst *Kux*, Karl Marx. Die revolutionäre Konfession, Erlenbach/Zürich 1967 und die dort angeführte Literatur.
60 ebenda, S. 114.
61 ebenda, S. 106.
62 K. *Marx*, Frühschriften, a. a. O., S. 171.
63 ebenda, S. 170.
64 ebenda, S. 171.
65 ebenda, S. 240.
66 ebenda, S. 242.
67 ebenda, S. 364.
68 MEKL, Bd. 1, S. 116.
69 Siehe Anm. 20.
70 K. *Marx*, Frühschriften, a. a. O., S. 171.
71 K. *Marx*, Frühschriften, a. a. O., S. 243. Der hier unüberhörbare prophetische Ton, sowie die ebenso unübersehbare Vorstellung eines utopischen Zustandes bezeichnen genau die Schwierigkeiten, die vor der Beantwortung der konkreten Frage zunächst einmal geklärt werden müssen. D. h. leitet Marx die Entfremdungstheorie vom Ideal einer Aufhebung der Entfremdung her (Revolution und klassenlose Gesellschaft) oder entspringt die Theorie der Analyse gesellschaftlicher Wirklichkeit (wissenschaftliche

Einsicht). Es dürfte nicht leicht sein, eine zureichende Antwort zu rekonstruieren und zu verifizieren.

72 Siehe Anm. 9.
73 Vgl. die »romantische« Einschätzung des griechischen Dramas durch Fr. Schlegel (Kritische Fr. Schlegel-Ausgabe, hrsg. v. E. *Behler,* Paderborn 1961, Bd. 11, S. 207f.). »Der Alte dachte sich bei jeder größeren Handlung auf den öffentlichen Schauplatz des Lebens, konnte sich wohl kaum eine Handlung als groß denken, ... die nicht im Angesicht der Menschheit, der Bürger, des Volks geschähe«.
74 J. *Habermas,* Art. Anthropologie, a.a.O., S. 32.
75 ebenda, S. 32.
76 K. *Marx,* Frühschriften, a.a.O., S. 199.
77 K. *Horn,* Menschliche Aggressivität, a.a.O., S. 167.
78 ebenda, S. 167.
79 Theo *Dietrich,* Vom Sinn emanzipatorischer Erziehung, in: Lebendige Schule, H. 1. 1973, S. 1–10.
80 K. *Horn,* Menschliche Aggressivität, a.a.O., S. 174.
81 K. *Marx,* Frühschriften, a.a.O., S. 240.
82 MEKL, 8. Bd., A, S. 404.
83 K. *Horn,* Menschliche Aggressivität, a.a.O., S. 167.
84 ebenda, S. 173.

Einleitung

1 F.H. *Miller,* The professional writer in Elisabethan England. Oxford University Press 1959; David *Pottinger,* The French book trade in the ancien Regime. Harvard University Press 1958.
2 Das Wort Schriftsteller in seiner heute gebräuchlichen Form wurde 1723 von Chr. Fr. Weichmann in der Vorrede zum 2. Band der »Poesie der Niedersachsen« zum erstenmal benutzt. Es geht einerseits zurück auf den »Schriftensteller«, der in fremdem Auftrag Rechts- und Bittschriften, Briefe und Reden entwarf und andererseits auf den mit dem Namen Skribent bezeichneten Stadt- und Gerichtsschreiber. Auf beide angewandt finden sich im Zuge der Sprachreinigung im 17. Jahrhundert auch die Bezeichnungen Schriftling, Schriftler, Schriftverfasser u.a., doch setzten sie sich nicht durch. Klopstock nahm die von Weichmann benutzte Form in seine »Sprachkunst« von 1748 (Abs. 1, § 5) auf. In der zweiten Hälfte des 18. Jahrhunderts wurde das Wort Schriftsteller allgemein üblich, nachdem es eine Weile der Bezeichnung »Schöngeist« gewichen war. Vgl. den Artikel »Schriftsteller« im Grimmschen Wörterbuch.
3 J.G. *Hamann,* zit. n. P.A. *Langen,* Deutsche Sprachgeschichte vom Barock bis zur Gegenwart, in: W. *Stammler* (Hrsg.), Dt. Philologie im Aufriß, Berlin/Bielefeld 1952, Bd. 1., Sp. 1248.
4 J.G. *Hamann,* sämtl. Werke, hrsg. v. J. *Nadler,* 6 Bde., Wien 1949–58, Bd. 4, S.
· 267.
5 J.G. *Hamann,* zit. n. P.A. *Langen,* a.a.O., Sp. 1228.
6 J.G. *Herder,* zit. n. P.A. *Langen,* a.a.O. Sp. 1231.
7 F. *Martini,* Die Poetik des Sturm und Drang, in: R. *Grimm* (Hrsg.), Dt. Dramentheorien, Frankfurt/M., 1973, 1. Bd. S. 126.
8 *Herder,* Sämtl. Werke, hrsg. v. B. *Suphan,* Berlin 1877ff., Bd. 5, S. 218 (Shakespeare).
9 Fr. *Schiller,* Die Räuber, 1. Akt, 2. Szene.
10 Chr.F.D. *Schubart,* Dt. Chronik, Bd. 2, S. 73.
11 J.G. *Herder,* zit. n. P.A. *Langen,* a.a.O., Sp. 1229.

12 J.M.R. *Lenz*, Ges. Schriften, hrsg. v. F. *Blei*, München 1909, Bd. 4, S. 223 (Über Götz von Berlichingen).

13 Vgl. Hans-Joachim *Heiner*, Das Ganzheitsdenken Friedrich Schlegels, Stuttgart 1971, S. 107.

14 G.W.F. *Hegel*, Werke, Krit. Ausg., hrsg. v. G. Lasson, Bd. 20, S. 223.

15 Vgl. H.J. *Heiner*, a.a.O., S. 97–103.

16 H.J. *Heiner*, a.a.O., S. 44.

17 Friedrich *Schiller*, Sämtl. Werke, hrsg. v. K. *Goedecke*, Stuttgart 1875, Bd. 12, S. 269. Auf die Begriffe Volk, Volkstümlichkeit u.ä. wird in einem anderen Zusammenhang später zurückzukommen sein.

18 G.W.F. *Hegel*, Werke, a.a.O., S. 226. Nach Hegels Angaben stammt die Äußerung aus dem Jahre 1759. Sie lautet vollständig: »Wie man einen Baum an seinen Früchten erkenne, so wisse er, daß er ein Prophet sei« – Prophet einer emanzipativen bürgerlichen Gesellschaftskultur.

19 Siehe H.J. *Heiner*, a.a.O., S. 102.

20 ebenda, S. 103.

21 G.C. *Lichtenberg*, Schriften, hrsg. v. W. *Herzog*, Jena 1907, Bd. 1, S. 168.

22 Fr. *Schiller*, Briefe, hrsg. v. *Jonas*, Stuttgart 1892, Bd. 7, S. 437.

23 Fr. *Schiller*, Briefe, 8. 12. 1797.

24 Goethe, zit. n. Joachim *Müller*, Goethes Dramentheorie, in: R. *Grimm*, (Hrsg.), Dt. Dramentheorien, Frankfurt/M., 1973, Bd. 1, S. 190.

25 J. *Müller*, a.a.O., S. 190f.

26 Fr. *Engels*, Deutscher Sozialismus in Versen und Prosa (Ende 1846 bis Anfang 1847), in: MEW, Bd. 4, S. 222–247, zit. n. MEKL, Bd. 1, S. 467f.

27 Friedrich *Hebbel*, Tagebücher 1835–1863, Berlin 1903, zit. n. Tobias *Brocher*, Gruppendynamik und Erwachsenenbildung, Braunschweig 1967, S. 76.

28 Vgl. hierzu neben vielen anderen Schillers These »Alles, was der Dichter uns geben kann, ist seine Individualität« (*Schiller*, Sämtl. Werke, a.a.O., S. 267) und Hegels Satz aus dessen Rezension der ersten Gesamtausgabe von Hamanns Werken: »Sein Geist behält die höchste Freiheit, in der nichts ein Positives bleibt, sondern sich zur Gegenwart und Besitz des Geistes subjektiviert« (*Hegel*, Werke, a.a.O., S. 208).

29 Fr. *Schiller*, Sämtl. Werke, a.a.O., Bd. 12, S. 274.

30 A. *Stange*, Die Bedeutung des subjektivistischen Individualismus für die europäische Kunst von 1750–1850. In: Deutsche Vierteljahrsschrift für Literaturwissenschaft und Geistesgeschichte IX, 1931, S. 94. (Im folgenden mit DVis abgekürzt).

31 J.G. *Hamann*, Sämtliche Werke, a.a.O., Bd. 4, S. 268 (3. 2. 1764).

32 A. *Berney*, A.L. von Schlözers Staatsauffassung. In: Historische Zeitschrift 132, 1925, S. 43.

33 C.M. *Wieland*, Sämtl. Werke, hrsg. v. G. *Hempel*. Berlin 1879, Bd. 33, S. 172.

34 J.M.R. *Lenz*, Ges. Schriften, hrsg. v. E. *Levy*. Berlin 1909, Bd. 4, S. 302, S. a. S. 229, 232f.

35 J. *Goldfriedrich*, Geschichte des deutschen Buchhandels. Leipzig 1909, Bd. 3, S. 247f.

36 Siehe Martin *Vogel*, Der literarische Markt und die Entstehung des Verlags- und Urheberrechtes bis zum Jahre 1800, in: *Goth* u.a., Rhetorik, Ästhetik, Ideologie. Aspekte einer kritischen Kulturwissenschaft, Stuttgart 1973, S. 117–136.

37 Siehe u.a. Bürgers Warnung aus dem Jahre 1776: »Weicht aus dem Rezensentenhunde« in dem Gedicht »Der Hund aus der Pfennigschänke« (G.A. *Bürger*, Werke. Auswahl, Leipzig 1958, S. 506), Rezensenten waren um diese Zeit noch häufig die nach akademischen Regeln urteilenden Professoren der Beredsamkeit.

38 R. *Jentzsch*, Der deutsch-lateinische Büchermarkt nach den Leipziger Ostermeßkatalogen von 1740, 1770 und 1800 in seiner Gliederung und Wandlung. Leipzig 1912.

39 Neues Archiv für Gelehrte. Erlangen 1795, 3. Woche, S. 38.
40 A. v. *Knigge,* Über Schriftsteller und Schriftstellerei. Hannover 1793, S. 51.
41 C.M. *Wieland,* Briefe an S. de La Roche, hrsg. v. F. *Horn.* Berlin 1820, S. 106.
    Es bedurfte also nicht erst des sozialkritischen Blicks von K. Marx, um auf diese
    Erkenntnis zu stoßen, die den subjektivistischen Individualismus Rousseaus und den
    Individualliberalismus Robinson Crusoes von innen her zu zersetzen geeignet war.
    Ganz ähnlich bemerkte der junge Georg Forster fragend in einem Brief an J.H. Jacobi:
    »...Lokalumstände (um nicht Klima zu sagen), wie viel tun die nicht zur Denkungsart
    und Vorstellungsart, zur Wirksamkeit, links, rechts, geradeaus, aufwärts oder ab-
    wärts«. Siehe G. *Forster,* Sämtliche Schriften, hrsg. v. dessen Tochter und G.G. *Gervi-
    nus.* Leipzig 1843, Bd. 7, S. 196.
42 Briefwechsel zwischen Goethe und Schiller, hrsg. v. H.H. *Borcherdt.* Berlin/Leipzig/
    Stuttgart 1914, Bd. 1, S. 502.
43 E. *Lederer,* Aufgabe einer Kultursoziologie. In: Hauptprobleme der Soziologie, hrsg.
    v. M. *Palyi.* München, Leipzig 1923, Bd. 2, S. 169.

I. Freiheit und soziale Determination des Schriftstellers

1 A. *Hauser,* Sozialgeschichte der Kunst und Literatur, München 1953, Bd. 2, S. 121.
2 J.C. *Lavater,* Physiognomische Fragmente. Leipzig/Winterthur 1778, Bd. 4, S. 86,
   81.
3 J.H. *Merck,* zit. n. K. *Joel,* Wandlungen der Weltanschauungen. Tübingen 1928,
   Bd. 1, S. 664.
4 K. *Mannheim,* Die Bedeutung der Konkurrenz im Gebiete des Geistigen. In: Verhandl.
   d. 6. dt. Soz.-Tages. Tübingen 1930, S. 45.
5 In welchem Maße die in den sozialen Verhältnissen angelegten Möglichkeiten künstlerischer Gestaltung jeweils ausgeschöpft und öffentlich ausgelegt werden können, hängt
   in sehr hohem Grade von der Art der rezeptiven Schicht ab. So lehnte z.B. der sächsi-
   sche König das ihm von J.C. Günther überreichte, doch außerordentlich persönlich
   gehaltene Huldigungsgedicht ab. Statt seiner erhielt ein anderer Bewerber, dessen
   schmeichlerisches Machwerk der damaligen Konvention entsprach, das Amt des Hofpoeten.
   Es ist das hervorstechendste Merkmal der Konvention rezeptiver Schichten, daß sie
   bestimmte Möglichkeiten künstlerischer Gestaltung entweder durch Nichtachtung
   unterbindet oder durch Zensur verbietet.
   Das soziologisch Bedeutsamste an den Poetiken, literarischen Kritiken und Werkbear-
   beitungen ist daher das von der Konvention Verpönte. Beispielhaft nachweisen läßt
   sich die konventionelle Rücksichtnahme nicht nur anhand der Überarbeitungen, die
   etwa der in Weimar zu Ansehen gelangte Wieland dem »Agathon« angedeihen ließ,
   sondern auch an Goethes und Schillers Redaktion der »Xenien« und vielen anderen
   Beispielen aus der Literaturgeschichte. Siehe hierzu K.A. *Boettiger,* Lit. Zustände
   und Zeitgenossen. Erlangen 1838, Bd. 1, S. 211; H. *Kuhn,* Soziale Realität und dichterische Funktion. In: Soziologie und Leben, hrsg. v. C. *Brinkmann,* Tübingen 1952,
   S. 195f.
6 R. *Mengs,* Gedanken über die Schönheit und den Geschmack in der Malerei, Zürich
   1762, S. 11.
7 J.M.R. *Lenz,* Gesammelte Schriften, hrsg. v. E. *Levy,* Berlin 1909, Bd. 4, S. 229.
8 G.C. *Lichtenberg,* Schriften, hrsg. v. W. *Herzog,* Jena 1907, Bd. 1, S. 168.
9 A. *Gehlen,* Die Seele im technischen Zeitalter, Hamburg 1957, rde. Bd. 53, S. 58,
   62.

10 H. *Plessner*, Das Schicksal deutschen Geistes im Ausgang seiner bürgerlichen Epoche. Zürich/Leipzig 1935, S. 56; ders. Neuausgabe, Die verspätete Nation, Stuttgart 1959.

11 J. H. *Voß*, Briefe von J. H. Voß nebst erläuternden Beilagen, hrsg. von A. *Voß*, Halberstadt 1829/32, Bd. 2, S. 231 f.

12 Vgl. B. *Groethuysen*, Die Entstehung der bürgerlichen Welt- und Lebensanschauung in Frankreich. 2 Bde., Halle 1927/30, Bd. 2, S. 217; Bd. 1, S. XVIIf.; Bd. 1, S. 4.

13 L. L. *Schücking*, Literarische Fehlurteile. In: DVjs 10. Jg., 1932, S. 381; ders. Soz. d. Lit. Geschmacksbildung. 2. Aufl., 1931, S. 96 f.

14 C. M. *Wieland*, zit. n. F. *Lenz*, Werden und Wesen der öffentlichen Meinung, München 1956, S. 56.

15 M. *Sommerfeld*, Zum Problem der literarischen Kritik. In: DVjs 7. Jg., 1929, S. 695.

16 K. *Mannheim*, Über das Wesen und die Bedeutung wirtschaftlichen Erfolgsstrebens. In: Archiv f. Sozialwissensch. u. Sozialpol. Bd. 63, 1930, S. 467.

17 H. *Gerth*, Die sozialgeschichtliche Lage der bürgerlichen Intelligenz um die Wende des 18. Jh. Phil. Diss. Hamburg 1936, datiert das Entstehen der öffentlichen Meinung an das Ende des 18. Jahrhunderts und bringt ihr Aufkommen in Verbindung mit dem damals sich entwickelnden politischen Frühliberalismus. Gerth begründet die Entfaltung der öffentlichen Meinung mit dem Entstehen der politischen Presse – jener Institution, die doch erst die Folge der unorganisierten bürgerlichen Meinungsbildung im literarischen Bereich war.

18 Siehe u. a. G. A. *Bürger*, Herzensausguß über Volkspoesie, in: Daniel Wunderlichs Buch; ders., Von der Popularität der Poesie, beide in: Bürgers sämtl. Werke, hrsg. v. *Wurzbach*, Leipzig o. J. Bd. 3; Fr. *Schiller*, Über Bürgers Gedichte, in: Sämtl. Werke, Bd. 12; ders., Über das gegenwärtige teutsche Theater; Die Schaubühne als eine moralische Anstalt betrachtet, beide in: Sämtl. Werke, Bd. 10, und den Brief vom 14. 4. 1783 an seinen Schwager Reinwald; J. G. *Herder*, Von der Ähnlichkeit der mittleren englischen und deutschen Dichtkunst, in: Werke, Bd. 9; ders., Über die Wirkung der Dichtkunst auf die Sitten der Völker, in: Werke, Bd. 8.

19 G. A. *Bürger*, Sämtl. Werke, hrsg. v. *Wurzbach*, Leipzig o. J., Bd. 3, S. 51.

20 G. A. *Bürger*, Von der Popularität der Poesie, in: Bürger, sämtl. Werke, *(Wurzbach)*, Bd. 3, S. 20.

21 G. A. *Bürger*, An einen Freund über seine deutsche Ilias, in: Bürger, Sämtl. Werke, *(Wurzbach)*, Bd. 4, S. 50. Vgl. *Goethes* Aufsatz »Literarischer Sansculottismus« (1795) in dem er den Zusammenhang von Schriftsteller, Nation und Nationaldichtung kritisch reflektiert und C. F. D. *Schubart*, der im 51. Stück seiner »Chronik« vom 28. 6. 1791 von »der Würde eines Volkslehrers« spricht.

22 C. M. *Wieland*, zit. n. Bernd *Weyergraf*, Der skeptische Bürger, Stuttgart 1972, S. 47.

23 J. M. R. *Lenz*, Werke und Schriften, hrsg. v. B. *Titel* u. H. *Haug*, Stuttgart 1966, Bd. 1, S. 359 (Anm. zum Theater).

24 *Schiller*, Sämtl. Werke, Bd. 10, S. 58 f.

25 Zur Praxis volkstümlicher bildender Dichtung vgl. auch die nach dem damaligen Zeitgeschmack in Briefform abgefaßten Beiträge – die später auch den Stil des »Wandsbecker Boten« prägten – von Matthias Claudius, die zwischen 1768 und 1770 in den üblichen und nur von der Oberschicht gelesenen Hamburger Wirtschaftsblättern, wie den »Adreß-Comptoir-Nachrichten« und der »Kaiserlich privilegierten Hamburgische Neue Zeitung« erschienen und die er – ähnlich wie Tucholsky – mit verschiedenen und der satirischen Literatur entnommenen Pseudonymen signierte. Siehe hierzu die Einleitung von Günter *Albrecht* in die von ihm herausgegebenen und erläuterten »Werke des Wandsbecker Boten«, Schwerin 1958, Bd. 1., S. 17 f. Siehe auch C. F. D. *Schubart*, »Vaterlandschronik«, v. 12. 2. 1788, wo es heißt, »wenn

ich die literarischen und politischen Artikel oft untereinander menge, so geschieht es mit allem Fleiß«.

26 *Schiller*, Sämtl. Werke, Bd. 10, S. 61.
27 J.M.R. *Lenz*, Werke und Schriften, a.a.O., Bd. 1, S. 333, (Anmerkungen zum Theater)
28 ebenda Bd. 1, S. 379, (Über Götz von Berlichingen).
29 Goethes sämtl. Werke, Weimarer Ausgabe, Abt. IV, Bd. 5, S. 73.
30 Vgl. B. *Weyergraf*, Der skeptische Bürger, a.a.O., S. 48.
31 J.M.R. *Lenz*, Briefe von und an J.M.R. Lenz, hrsg. v. K. *Freye* u. W. *Stammler*, Leipzig 1918, Bd. 1, S. 114f. S. a. S. 145, wo Lenz seine Freude darüber zum Ausdruck bringt, daß Herder die politische Seite des Stückes so überaus treffsicher erkannt hatte.
32 *Schiller*, Sämtl. Werke, Bd. 10, S. 161.
33 J.G. *Herder*, Der Deutsche Nationalruhm, in: Herders Werke in fünf Bänden, Weimar 1963, Bd. 1, S. 40f.
34 J.G. *Herder*, Sämtl. Werke, hrsg. v. B. *Suphan*, Bd. 8, S. 424 u. 433 (Über die Wirkung der Dichtkunst auf die Sitten der Völker).
35 Herder hatte 1776 das von Goethe hergerichtete Haus hinter der Stadtkirche auf dem Töpferberge bezogen.
36 Herders Werke in fünf Bänden, Bd. 1, S. XXXVf.
37 J.J. *Rousseau*, zit. n. Karl *Löwith*, Von Hegel zu Nietzsche, 3. Aufl., Stuttgart 1953, S. 258.
38 J.M.R. *Lenz*, Briefe von und an J.M.R. Lenz, a.a.O., Bd. 1, S. 105.
39 Bürger an Boie, 13.11.73, in: Briefe von und an G.A. Bürger, hrsg. v. Strodtmann, Berlin 1874 Bd. 1, S. 176.
40 *Bürger*, Sämtl. Werke, hrsg. v. *Wurzbach*, Bd. 3, S. 7.
41 Ausgew. Briefe von C.W. Wieland an verschiedene Freunde, Zürich 1815, Bd. 3, S. 120.
42 G.A. *Bürger*, Sämtl. Werke, hrsg. v. *Wurzbach*,, Bd. 3, S. 51, (Von der Popularität der Poesie). Zu Rousseaus Verständnis des natürlichen, guten und vorzüglichen Menschen, der nicht Proletarier, sondern Kleinbürger war, siehe u.a. K. *Löwith*, Von Hegel zu Nietzsche, a.a.O., S. 450, Anm. 727).
44 ebenda, S. 158.
45 Lore *Kaim-Kloock*, G.A. Bürger. Zum Problem der Volkstümlichkeit in der Lyrik, Berlin (DDR) 1963, S. 75.
46 G.A. Bürger an Dietrich, 14.3.1787, in: Euphorion 1, S. 331. Vgl. auch den Brief Bürgers an Dieterich von 3.4.1791, in: Werke und Briefe. Auswahl, hrsg. v. W. *Friedrich*, Leipzig 1958, S. 220–223.
47 Unter Volk in seiner Hauptbedeutung verstand Wieland, der vermutlich sowohl Rousseaus Begriff »le peuple«, wie die in Anlehnung an ihn von Sieyès gewählte Bezeichnung »la nation« kannte, die gesamte »Nation«, insofern sie »eine moralische Person und zwar ... eine immer vernünftig denkende und immer recht handelnde Person darstellt«. Siehe B. *Weyergraf*, Der skeptische Bürger, a.a.O., S. 46.
48 B. *Weyergraf*, Der skeptische Bürger, a.a.O., S. 47.
49 G.E. *Lessing*, Ges. Werke, hrsg. v. P. *Rilla*, Berlin (DDR) 1957, Bd. 9, S. 327 (Lessing an Nicolai, 25.8.1769).
50 J.P. *Eckermann*, Gespräche mit Goethe, Leipzig o.J. (1847), Bd. 3, S. 33.
51 Fr. *Schiller*, Sämtl. Werke, Bd. 2, S. 7 (Vorrede zu »Die Räuber«). Vgl. die unterdrückte Vorrede, wo Schiller zu dem »weit um wurzelnden Pöbel« ... »noch vielmehr manchen Federhut, und manchen Tressenrock und manchen weißen Kragen« zählt. Siehe *Schiller*, Werke, Nationalausgabe, Bd. 3, Weimar 1953, S. 245.

52	G.F. *Rebmann,* Holland und Frankreich in Briefen, 1796, zit. n.: H. *Voegt,* Die deutsche jakobinische Literatur und Publizistik, Berlin (DDR) 1955, S. 46

53	G.A. *Bürger,* Werke und Briefe, Auswahl, hrsg. v. W. *Friedrich,* Leipzig 1958, S. 62 f.

54	ebenda, S. 621.

55	ebenda, S. 627.

56	ebenda, S. 626.

57	ebenda, S. 626.

58	ebenda, S. 627.

59	ebenda, S. 92.

60	Vgl. hierzu den Abschnitt »Angst vor dem Volk«, in: B. *Weyergraf,* Der skeptische Bürger, a.a.O., S. 45–51.

61	Hannelore *Schlaffer,* Dramenformen und Klassenstruktur. Eine Analyse der dramatis persona »Volk«, Stuttgart 1972, S. 72.

62	Fr. *Nicolai,* Das Leben und die Meinungen des Herrn Magister Sebaldus Nothanker, 3 Bde, 1773/76, zit. n. Dt. Lit. in Entwicklungsreihen, Reihe 14, Bd. 15, S. 72. Ganz im Sinne dieser Rechnung schrieb G. Forster an seinen Verleger C.F. Voß: »Ich versichere Sie …, daß nichts so sehr mir den Spaß verdirbt am Kalender con amore zu arbeiten, als die Imbecillität unserer Zeitgenossen und insbesondere unserer deutschen Landsleute, wovon die eine Hälfte wie Verrückte, allen Menschenrechten ins Angesicht trotzt, und die andere so träg und so stupid ist, daß sie sich aller Menschenrechte unwürdig bezeigt« (G. Forsters Briefe an C.F. Voß, hrsg. v. P. *Zinke,* Dortmund 1915, S. 155). Wenig später erklärt Forster, daß »beinah alle wichtigen [Schriftsteller] … ganz plump aristrokratisch sind« (ebenda, S. 166 f.). S. a. Forsters Fragment einer Charakteristik der deutschen Klassiker, in: Lyceum der schönen Künste, hrsg. v. J.F. *Reichardt,* Berlin 1797, 1. Bd., 1. Tl., S. 32–78.

63	*Schiller,* Sämtl. Werke, Bd. 12, S. 269.

64	H.G. *Thalheim,* Zur Literatur der Goethezeit, Berlin (DDR) 1969, S. 91 (Volk und Held in den Dramen Schillers).

65	ebenda, S. 93.

66	*Schiller,* Sämtl. Werke, Bd. 12, S. 272.

67	ebenda, S. 273. Was Lenz von solcher Idealisierkunst hielt, geht aus folgender Äußerung hervor: »Nach meiner Empfindung schätz ich den charakteristischen, selbst den Karrikaturmaler zehnmal höher als den idealischen, hyperbolisch gesprochen. Denn es gehört zehnmal mehr dazu, eine Figur, mit eben der Genauigkeit und Wahrheit darzustellen, mit der das Genie sie erkannt, als zehn Jahre an einem Ideal zu zirkeln, das endlich doch nur in dem Hirn des Künstlers, der es hervorgebracht, ein solches ist«. (*Lenz,* Werke und Schriften, a.a.O., Bd. 1, S. 342).

68	ebenda, S. 272.

69	Goethe zit. n. Hanna *Fischer-Lamberg* (Hrsg.), Der junge Goethe, Berlin 1963, Bd. 3, S. 49. Auf diese Volkstümlichkeit zielen auch die Fastnachtspiele, die sowohl thematisch als auch formal zeitgenössische gesellschaftliche Erscheinungen parodieren.

70	H. *Schlaffer,* a.a.O., S. 69.

71	Fritz *Martini,* Die Poetik des Sturm und Drang, in: R. *Grimm,* (Hrsg.), Dt. Dramentheorien, Frankfurt/M. 1973, Bd. 1, S. 142.

72	*Goethe,* Werke, hrsg. v. W. *Hoyer,,* Berlin (DDR) 1959, Bd. 1, S. 75. Goethe ebnete mit solchen Versen den Weg des geringsten Widerstandes, der dann von den Autoren der Ritter- und Räuberromanen zur breiten Straße der völlig entpolitisierten und auf Emanzipation total verzichtenden Trivialliteratur finanziell einträchtig ausgebaut wurde.

73	Bürger an Boie (8.7.1773), zit. n.: *Goethe,* Werke, hrsg. v. W. *Hoyer,* Bd. 1, S. 75.

74 Vgl. W. *Rödel,* Forster und Lichtenberg, Berlin (DDR) 1960, S. 127.
75 Georg Lichtenbergs vermischte Schriften, Neue u. verm. Ausgabe, Göttingen 1844 ff., Bd. 1, S. 253.
76 Alois *Schreiber,* Woher der Mißwachs in unserer dramatischen Literatur?, in: Rheinische Musen. Zeitung für Theater und andere schöne Künste, hrsg. v. H. G. *Schmieder,* Mannheim 1794, 4. Stück, S. 73–76.
77 Der Patriot (Ztschr. d. Mainzer Jakobinerklubs), hrsg. v. Georg *Wedekind* (führender Kopf d. Mainzer Jakobiner), Mainz 1792, 1. Stück, S. 1.
78 Siehe hierzu W. *Grab,* Norddeutsche Jakobiner, Demokratische Bestrebungen zur Zeit der franz. Revolution, Hamburger Studien zur neueren Geschichte, hrsg. v. F. *Fischer,* Bd. 8, Frankfurt 1967, Vgl. weitere Literaturangaben in: Alfred *Körner,* Die Wiener Jakobiner, Reihe: Dt. rev. Demokraten III, hrsg. v. W. *Grab,* Stuttgart 1972, S. 267–273.
79 Fr. *Engels,* zit. n. MEKL, Berlin 1967, Bd. 1, S. 155.
80 ebenda, S. 158.
81 ebenda, S. 156.
82 ebenda, S. 158.
83 Vgl. die langerwartete Studie zum Thema »Kunst und Revolution« von Herbert *Marcuse,* in: ders., Konterrevolution und Revolte, aus dem Englischen von R. u. R. *Wiggershaus,* ed. suhrkamp, Bd. 591, Frankfurt/M. 1973.
84 Lenin, zit. n. Jacques *Barzun,* Von menschlicher Freiheit, München 1947, S. 57. Barzun verweist (a. a. O., S. 170) u. a. auf Max *Eastman,* Artists in Uniform, o. J., der einige Aspekte der russischen Theorie und Praxis in der Kunstbeaufsichtigung behandelt und auf Oscar *Wildes* Essay, The Soul of Man under Socialism, o. J.
85 G. *Benn,* Können Dichter die Welt ändern? (1925), in: ders., Provoziertes Leben. Ausgew. Prosa, Frankfurt/M. 1956, S. 27. In dem zitierten Dialog folgt wenig später die provozierende Frage: »Sie meinen, daß jeder, der heute denkt und schreibt, es im Sinne der Arbeiterbewegung tun müsse, Kommunist sein müsse, dem Aufstieg des Proletariats seine Kräfte leihen. Warum eigentlich? Wie begründen Sie das?« Vgl. J. *Barzun,* Von menschlicher Freiheit, München 1947, S. 57, der meint, daß »jede Umschmeichelung und Verherrlichung des Proletariats ein Widerspruch in sich [sei], sowohl im kulturellen wie im revolutionären Denken. Der eigentliche Begriff vom klassenlosen Staat besagt, daß vom Proletariat gar nicht mehr die Rede sein soll; denn es ist ein Auswuchs, zu dessen Abschaffung die Revolution ja eigens bestimmt ist. Und selbst bis dahin wird der in einem Kunstwerk beweihräucherte Proletarierheld bald ebenso langweilig werden wie der französische revolutionäre Patriot mitsamt seiner Tugend, und es wird ihm nicht gelingen, Lenins Forderung einer ›Erholung für schwer arbeitende Leute nach ihrem mühsamen Tagewerk‹ zu erfüllen.«
86 H. *Marcuse,* Konterrevolution und Revolte, a. a. O., S. 122.
87 Vgl. H. J. *Haferkorn,* Politisch-gesellschaftlicher oder künstlerischer Stil?, in: Die neue Gesellschaft, 4. Jg., H. 4., Spt. 1957, S. 387 ff.
88 MEW, Bd. 13, S. 640.
89 A. *Thalheimer* im Vorwort zu F. *Mehring,* Zur Literaturgeschichte von Calderon bis Heine, Berlin 1929, S. 29.
90 Leo *Trotzki,* Literatur und Revolution, Wien 1924, S. 156 ff.
91 Lenin, zit. n. J. *Barzun,* Von menschlicher Freiheit, S. 55.
92 ebenda, S. 55 f.
93 G. *Lukács,* Ästhetische Schriften von Marx und Engels, in: Sinn und Form, 5. Jg., H. 1, Berlin 1953, S. 20 f.
94 Vgl. Heinrich *Bölls* Stockholmer Nobelpreisrede: »Versuch über die Vernunft der Poesie«.

95 A. v. *Knigge,* Über Schriftsteller und Schriftstellerei, Hannover 1793, S. 210.
96 Fr. *Schiller,* Briefe, hrsg. v. F. *Jonas,* Stuttgart 1892, Bd. 7, S. 226f.
97 G. Forster am 9. 3. 1784 an die Schwestern Fr. Jacobis, in: Forsters sämtliche Schriften, hrsg. v. dessen Tochter, Leipzig 1843, Bd. 7, S. 227.
98 ebenda, S. 226, Vgl. A. *Leizmann,* Forster. Ein Lebensbild aus dem Geistesleben des 18. Jh., Halle 1893, S. 20, der über Forsters »Cook der Entdecker« schreibt: »Man sieht aus manchen Stellen, wie nahe die französische Revolution ... von manchen Geistern damals gefühlt wurde«.
99 Forsters Briefe an C. F. Voß, hrsg. v. P. *Zinncke,* Dortmund 1915, S. 166f.
100 J. P. *Eckermann,* Gespräche mit Goethe, a. a. O., 3. Bd., S. 33.
101 ebenda, S. 33f.
102 Forsters Briefe an C. F. Voß, a. a. O., S. 173.
103 F. M. *Klinger,* Der Weltmann und der Dichter. Leipzig 1798, S. 8.
104 Fr. *Schiller,* Werke. hrsg. v. *Goedeke.* Stuttgart 1875, Bd. 12, S. 266.
105 Fr. *Schiller,* Werke, a. a. O., Bd. 12, S. 6. S. a. S. 16, 22. Die Briefe waren nach den Worten Schillers (vgl. dessen Brief an den Herzog von Augustenburg vom 13. 7. 1793) in ihrer ersten Fassung als eine Erörterung politischer Lebensfragen gedacht.
106 Fr. *Schiller,* Briefe, a. a. O., Bd. 4, S. 313f.
107 Fr. *Schiller,* Werke, a. a. O., Bd. 11, S. 100. S. a. S. 83f., 99, 104. Daß hier wesentliche Berührungspunkte mit den Romantikern bestehen, ist in Anbetracht ihres Versuches, »eine allzu verständig gewordene Welt aus grenzenloser Ernüchterung zu erlösen und in Poesie zurückzuverwandeln« (K. *Obenauer,* Die Problematik des ästhetischen Menschen in der deutschen Literatur. München 1933, S. 12) nicht zu übersehen.
108 J. J. *Rousseau,* Die Neue Héloise. Leipzig 1776, Bd. 3, S. 144 (6. Buch, 8. Brief).
109 J. G. *Hamann,* Briefwechsel mit F. H. Jacobi, hrsg. v. C. H. *Gildemeister.* Gotha 1868, S. 186 (5. 1. 1786).
110 J. G. *Schlosser,* Politische Fragmente. In: Dt. Museum, 1777, Bd. 1, S. 113.
111 *Novalis,* Schriften, hrsg. v. P. *Kluckhohn.* Leipzig 1928, Bd. 4, S. 49.
112 M. *Opitz,* Von deutscher Poeterei (1624). Neudruck. Halle 1876, S. 14.
113 P. *Meißner,* Der Gedanke der dichterischen Sendung: In: DVis, 14. Jg., 1936, S.
114 G. W. F. *Hegel,* Sämtl. Werke (Jub. Ausg.), hrsg. v. H. *Glockner.* Stuttgart 1928, Bd. 13. S. 132.
115 *Hegel,* a. a. O., S. 194. Noch unbelastet von der heutigen literarischen Epocheneinteilung artikulierte Hegel das »Romantische« jedoch nicht im heute üblichen Sinne, sondern im Gegensatz zur »Wahrhaftigkeit« griechischer Kunst, die gleichsam weltversöhnt und sozial gesichert in »einem Kreis von festen Gestalten« gestanden habe. (*Hegel,* a. a. O., S. 194) In diesem Zusammenhang fällt die tendentielle »Verwandtschaft« der Hegelschen Auffassung mit den Äußerungen von Marx über griechische Kunst auf.
116 *Hegel,* a. a. O., S. 130.
117 K. *Friedemann,* Die Rolle des Erzählers in der Epik. Leipzig 1920, S. 26.
118 *Hegel,* a. a. O., S. 130.
119 Vgl. V. *Tornius,* Schöne Seelen – Studien über Männer und Frauen aus der Wertherzeit. Leipzig 1920; M. *Wieser,* Der sentimentale Mensch. Gotha/Stuttgart 1924.
120 Th. *Abbt,* Vermischte Schriften. Frankfurt/Leipzig 1783, 3. Tl. (Abbt an Blum, 11. 8. 1764).
121 *Hegel,* a. a. O., Bd. 12, S. 32. Hegel erwähnte in anderem Zusammenhang die »Stürmer und Dränger«, Goethe und Schiller, als Vertreter des von Diderot begonnenen Weges nach »lebendiger Natürlichkeit und Partikularität«. Deren Suche nach »tieferem Gehalt« sei jedoch mit Iffland und Kotzebue sehr bald einer »oberflächlichen Raschheit ... und spießbürgerlichen Moralität« (Bd. 13, S. 221) gewichen.

122 G. A. *Bürger*, Briefe von und an G. A. Bürger, hrsg. v. Ad. *Strodtmann*, Berlin 1874, Bd. 1, S. 56.

123 *Goethe*, Werke (Soph. Ausg.). Weimar 1897–1912. Abt. 1, Bd. 27, S. 300 (D. u. W. 10. Buch).

124 Um einige Beispiele für die Mobilisierung zu nennen, sei auf die »Übersetzung« altgälischer Gesänge Ossians, die Rezeption Homers und Shakespeares, die Sammlung mittelalterlicher Volks- und Minnelieder, die literarische Auswertung der Bibel und die Aufnahme spanischer und portugiesischer Literatur verwiesen.

125 W. *Muschg*, Tragische Literaturgeschichte, 3. veränd. Auflage, Bern 1957, S. 216.

126 R. *Borchardt*, Über den Dichter und das Dichterische. In: Die Horen. 4. Jg., 1927/28, Bd. 1, S. 32.

127 A. *Hauser*, a. a. O., Bd. 2, S. 35.

128 K. A. *Boettiger*, a. a. O., Bd. 1, S. 170.

129 W. *Scherer*, Poetik, Berlin 1888, S. 123.

130 W. *Scherer*, a. a. O., S. 186 f.

131 J. G. *Hamann*, Sämtl. Werke, hrsg. v. J. *Nadler*. Wien 1949 f. Bd. 2, S. 347 f. S. a. ders.: Briefwechsel mit F. H. Jacobi, hrsg. v. C. H. *Gildemeister*, Gotha 1868. S. 270.

132 Siehe hierzu F. M. *Hofmann*, Dichter–Schriftsteller–Journ. Phil. Diss. Innsbruck 1955.

133 J. G. *Herder*, Sämtl. Werke, hrsg. v. B. *Suphan*. Berlin 1877 bis 1913. Bd. 13, S. 5.

134 P. *Honigsheim*, Soziologie der Kunst, Musik und Literatur. In: Die Lehre von der Gesellschaft, hrsg. v. G. *Eisermann*, Stgt. 1958.

135 Teutscher Merkur. 4. H. 1776, S. 75. Vgl. Fr. *Schlegel*, Prosaische Jugendschriften, hrsg. v. *Minor*, Wien 1882. Bd. 1, S. 195.

136 W. *Kayser*, Entstehung u. Krise des modernen Romans, Stgt. 1954, S. 18.

137 J. G. *Hamann*, Sämtl. Werke, a. . . O., Bd. 2, S. 348.

138 H. *Gerth*, Die sozialgeschichtliche Lage der bürgerlichen Intelligenz, S. 104. Vgl. K. *Hecker*, Mensch und Masse. Berlin 1933, S. 4 f.

139 J. G. *Herder*, Sämtliche Werke, hrsg. von B. *Suphan*, 33 Bde., Berlin 1877–1913, Bd. 4, S. 455. In der erzwungenen Anpassung sah auch Schiller das Verderbliche der arbeitsteiligen Gesellschaft.

140 H. *Huth*, Soziale und individualistische Auffassung im 18. Jh. In: Staats- u. sozialwissensch. Forsch. H. 125. Leipzig 1907, S. 18, spricht geradezu von einer »Schätzung des Sozialen«. Dieses positiv wertende Urteil dürfte schon deshalb nicht voll zutreffen, weil neben den zustimmenden auch abschätzige Stimmen über das Soziale jener Zeit vorliegen.

141 Siehe J. H. *Merck*, Schriften und Briefwechsel, hrsg. v. K. *Wolff*. Leipzig 1909, Bd. 1, S. 188. Merck stellte bereits 1778 über diese Divergenz Betrachtungen an und begründete sie mit »unserer Konstitution, Organisation usw. Da hatten wir keine Hauptstadt, wo sich die Sittenmasse sammeln … reifen konnte; da war unser Charakter zu einschichtig, unsere Regierungsform zu despotisch.«.

142 Erwähnt seien hier noch die Entwürfe von Lessing, Möser, Lichtenberg, Schlözer, Schubart, Wieland, Bürger, Voß, J. G. Fichte, W. v. Humboldt u. a. Die bisher noch ausstehende soziologische und typologische Untersuchung der literarischen Weltentwürfe würde die Anregungen zu verarbeiten haben, die G. *Roethe* – zum erstenmal den Blick auf sie lenkend – 1909 in seinem Vortrag »Deutsche Dichter des 18. und 19. Jahrhunderts und ihre Politik« (abgedruckt in dessen »Deutsche Reden«, Leipzig 1927) gab. Literatursoziologisch aufschlußreich ist die Tatsache, daß viele Schriftsteller, die in ihren Entwürfen die gesellschaftlichen Widersprüche ihrer Zeit umrissen, es nicht vermochten, die Widersprüche künstlerisch darzustellen.

143 Fr. *Schiller*, Werke, a. a. O., Bd. 12, S. 20.

144 ebenda S. 266. S. a. Bd. 12, S. 15 ff.

145 Fr. *Schiller*, Briefe, a. a. O., Bd. 7, S. 157 f.

146 A. v. *Martin*, Der Humanismus als soziologisches Phänomen. In: Archiv für Sozialwissenschaft und Sozialpolitik. Bd. 65, 1931, S. 466.

147 F. *Hodeige*, Zur Stellung von Dichter und Buch in der Gesellschaft, Phil. Diss. Marburg 1949, S. 71, abgedruckt in: Archiv f. d. Gesch. d. Buchwesens, Frankfurt/M., 1958, Bd. 1, S. 141–225. S. 71.

148 F. A. *Tenbruck*, Freundschaft. Ein Beitrag zur Soziologie der persönlichen Beziehungen, in: Kölner Ztschr. f. Soz. u. Soz.-Psych., 16. Jg. (1964).

149 *Caroline*, Briefe aus der Frühromantik, nach G. *Waitz*, vermehrt hrsg. v. E. *Schmidt*, Leipzig 1913, Bd. 1, S. 275.

150 Berlin zeigte zwar bereits zur Zeit von Lessings erstem Auftreten als Schriftsteller die Umrisse einer Großstadt mit etwa 100 000 Einwohnern, doch war die Stadt selbst noch am Jahrhundertende überwiegend vom Hof und nicht vom Bürgertum her bestimmt.

151 Vgl. G. *Keferstein*, Bürgertum und Bürgerlichkeit bei Goethe. Weimar 1933.

152 A. *Müller*, Vorlesungen über deutsche Wissenschaft und Literatur. 2. Aufl. Dresden 1807. S. 78, 50 f.

153 *Goethe*, Sämtl. Werke (Jub. Ausg.). Stuttgart/Berlin o. J. Bd. 19, S. V.

154 R. Z. *Becker*, Das Eigentumsrecht an Geisteswerken, Frankfurt/Leipzig 1789, S. 18.

155 Fr. *Schiller*, Briefe, a. a. O., Bd. 3, S. 179.˙ S. a. Bd. 4, S. 382.

156 ebenda, Bd. 3, S. 216.

157 ebenda, Bd. 2, S. 30.

158 Fr. *Schiller*, Briefwechsel mit Cotta, hrsg. v. W. *Vollmer*. Stuttgart 1876, S. 14.

159 Der von M. *Greiner*, Zwischen Biedermeier und Bourgeoisie, S. 282 f., vertretenen Auffassung, die durch das Käuflichwerden literarischer Produkte bewirkte »Veränderung des dichterischen Geistes« (d. h. seine Zweiteilung, d. Verf.) gehe erst auf dem Wege von Goethe zu Heine vor sich, ist aufgrund der oben vorgebrachten Belege korrekturbedürftig.

160 L. L. *Schücking*, Literarische Fehlurteile. In DVjs. X, 1932, S. 371–386: S. 379.

161 H. *Luden*, Vom freien Geistesverkehr. In: Nemesis, Weimar 1814, Bd. 2, S. 329 f.

162 J. G. Herder: Sämtl. Werke, a. a. O., Bd. 13, S. 453.

163 K. *Ziegler*: In: Symphilosophein, Bericht ü. d. 3. dt. Kongreß f. Phil. München 1952, S. 105. Ziegler sagt: Dichterische Gebilde »sind Auslegungen, Entwürfe, Deutungen des Seins, die es in der Tat als ›Welt‹ im wesenhaften Sinne eines in sich selber prägnant individualisierten Seinsganzen erschließen oder stiften können«.

164 C. F. *Weichmann*. In: Poesie der Niedersachsen. Hamburg 1738, 4. Teil, S. 219.

165 J. E. *Schlegel*: Werke, hrsg. v. J. H. *Schlegel*, Kopenhagen/Leizipg 1766, Bd. 4, S. 199, »Ode an Cloris«. Wenn K. *Hoff*, Die Wandlungen, a. a. O., S. 70 f., zu dieser Stelle bemerkt, »das dichterische Vermögen reicht nicht aus, die subjektiven Anliegen allgemeinverbindlich zu gestalten«, dann ist das zwar richtig, doch dürfte eine solche Erklärung diese Verse nur unzureichend erschließen.

166 Die Bremer Beiträger wußten, daß ihre literarischen Produkte nicht von den Gelehrten und Kaufleuten gelesen wurden. Vgl. die zahlreichen Versstellen in »Neue Beyträge zum Vergnügen des Verstandes und Witzes«, Bremen/Leipzig 1747, Bd. 4. Von den Bremer Beiträgern und den Göttinger Hainbündlern ist bekannt, daß sie ihre literarischen Produkte gemeinsam verbesserten. Welch großen Anteil Boie an Bürgers Ballade »Lenore« hatte, ist aus Bürgers Briefen zu ersehen. Auch der Goethe-Schillersche Briefwechsel bietet zahlreiche Beispiele freundschaftlicher Zusammenarbeit.

167 J. *Petersen*, Die literarischen Generationen. Berlin 1930, S. 47.

168 L. *Jordan*, Sprache und Gesellschaft. In: Hauptprobleme der Soziologie, Bd. 1, S. 357, s.a.S., 300.

169 A. *Nollau*, Das lit. Publikum des jungen Goethe (Literatur und Leben, Bd. 5). Weimar 1935, S. 46.

170 J. *Möser*, in: Königsberger gel. u. pol. Ztg. v. 16./21. Dez. 1767.

171 C.A. *Klotz*, in: Dt. Bibliothek der schönen Wissenschaften. Halle 1769, Bd. 1, S. 161. S. a. S. 101.

172 Briefe der Schweizer Bodmer, Sulzer, Geßner, hrsg. v. W. *Körte*. Zürich 1804, S. 229 (24.1.1775).

173 G.C. *Lichtenberg*, Aphorismen, hrsg. v. A. *Leitzmann*. Berlin 1902–1908, D 604, E. 242.

174 C.F.D. *Schubart*, Schubarts Leben in seinen Briefen, hrsg. v. D.F. *Strauß*. Berlin 1849, Bd. 1. S. 169.

175 C.M. *Wieland*, Teutscher Merkur 1774, abgedruckt in: J.W. *Braun*, Schiller und Goethe im Urteil ihrer Zeitgenossen. Berlin 1883, 2. Abt. Bd. 1, S. 414.

176 J.M.R. *Lenz*, Schriften. Bd. 4, S. 232f.

177 W. *Scherer*, Poetik, S. 9. Vgl. J.H. *Voß*, Briefe. Bd. 1, S. 127, 138.

178 J.G.B. *Büschel*, Über die Charlatanerie der Gelehrten. Leizip 1791, S. 98.

179 F.G. *Findeisen*, Abhandl. über d. Einfluß d. Sitten auf d. Sprache u. d. guten Geschmack. Berlin 1768, S. 43. S. a. S. 9, 23.

180 J. *Möser*, Schriften, hrsg. v. B.R. *Abecken*. Berlin 1842/43, Bd. 10, S. 149f.

181 J. *Möser*, a.a.O., Bd. 5, S. 144f. Daß Möser die Konsequenz aus dieser Erkenntnis zog, beweist die seinen Schriften zu entnehmende sprachschöpferische Tätigkeit im Bereich des Gesellschaftlichen, Juristischen und Politischen.

182 J.M.R. *Lenz*, a.a.O., Bd. 4, S. 229.

183 L.A. *Unzer*, Über den Wert einiger deutscher Dichter. Leipzig 1771/72, S. 186, 193, 199.

184 J. *Petersen*, Die lit. Gen. S. 47f.

185 *Novalis*, a.a.O., Bd. 2, S. 431.

186 J. *Petersen*, Die literarischen Generationen, a.a.O., S. 47f.

187 G. *Simmel*, Die Großstädte und das Geistesleben. In: Jahrbuch der Gehe-Stiftung, Bd. 9, Dresden 1903, S. 201. vgl. J.G. *Hamann*, Werke, Bd. 2, S. 129. Hamann bemerkt hier: »Das Geld und die Sprache sind zween Gegenstände, deren Gebrauch allgemein ist ... sie scheinen daher aus gemeinschaftlichen Gründen zu fließen«.

188 C. *Brentano*, Briefwechsel zwischen C. Brentano und Sopie Mereau, hrsg. v. H. *Amelung*, Potsdam 1939, S. 178f.

189 C.M. *Wieland*, Sämtl. Werke, Bd. 38, S. 589–600.

II. Bürgerliche Gesellschaft und literarische Kultur

1 Teutscher Merkur, 1792, Bd. 1, S. 228f.

2. R. *Stadelmann*, W. *Fischer*, Die Bildungswelt des deutschen Handwerkers um 1800. Berlin 1955, S. 85. S. a. S. 13.

3 L. *Balet:* Die Verbürgerlichung der deutschen Kunst, Literatur und Musik im 18. Jh., Straßburg 1936, S. 15.

4 J.G. *Herder*, Sämtl. W., a.a.O., Bd. 4, S. 383.

5 W. *Sombart*, Geschichte des modernen Kapitalismus. München/Leipzig 1928, Bd. II, 1, S. 37, 40, 47. So setzte Preußen z.B. seit 1734 nicht mehr an die Zunftregeln gebundene Freimeister ein. Es lockerte damit das ständische Gefüge des Handwerks, das ebenso durch die einsetzende Mechanisierung von innen her zersetzt wurde. Die

Mechanisierung war durch die steigende Nachfrage der sozial gestärkten und nach Verselbständigung strebenden mittleren Schichten notwendig geworden. Vgl. D. *Jenisch*, Geist und Charakter des 18. Jahrhunderts. 3. Teil, Berlin 1801, S. 280–283.

6 Max *Weber*, Die protestantische Ethik und der Geist des Kapitalismus. In: Ges. Aufsätze zur Religionssoziologie. Tübingen 1920, Bd. 1, S. 48.

7 P. J. W. *Münnich*, Von dem Werte der Dichter. Quedlinburg 1770, S. 43 f.

8 J. G. *Schlosser*, Politische Fragmente. In: Dt. Museum, 1777, Bd. I S. 97–120; S. 106

9 Journal von und für Deutschland, Bd. 6, 1787, S. 581. S. a. Bd. 7, 1788, S. 215.

10 *Feder*, Neuer Versuch einer einleuchtenden Darstellung der Gründe für das Eigentum … In: Göttingisches Magazin der Wissensch. u. Lit. Göttingen 1780, S. 232.

11 E. *Brandes*, Betracht. ü. d. Zeitgeist i. Dtl. i. d. letzten Dezennien d. vorigen Jahrhunderts. Hannover 1808, S. 32.

12 Chr. *Garve*, Briefe von Chr. Garve an F. Weiße und einige andere Freunde. Breslau 1803, Teil I, S. 378.

13 Chr. *Garve*, Versuche, a. a. O., Bd. I, S. 275, 279.

14 Ders. S. 366 f. S. a. Bd. I, S. XIV.

15 Hamburger politisches Journal, 1787, S. 707. S. a. C. F. D. *Schubart*, Werke, a. a. O., Bd. 8, S. 51; G. *Forster*, Werke, a. a. O., Bd. 7, S. 159, und C. M. *Wieland*, in: Teutscher Merkur, 1788, Bd. I, S. 226.

16 *Goethe*, Notizen zur Fortsetzung von Dichtung und Wahrheit, Goethe-Jb., Bd. 38, 1907, S. 9.

17 G. *Simmel*, Die Großstädte und das Geistesleben, a. a. O., S. 189; G. *Wustmann*, Aus Leipzigs Vergangenheit. Leipzig 1885.

18 C. M. *Wieland*, Briefe an S. de La Roche, a. a. O., S. 223.

19 Fr. W. B. v. *Ramdohr*, in: Berlin. Monatsschr. 1791, Bd. I, S. 124. Allgem. dt. Bibliothek, 1789, Bd. I. S. 149.

20 J. G. *Herder*, Sämtl. W., a. a. O., Bd. 4, S. 383. A. *Kleinberg*, Die europäische Kultur der Neuzeit. Leipzig 1931, S. 39, erklärte die vermehrte geistige Tätigkeit u. a. mit dem steigenden Konsum von Kaffee, Tabak und Tee, die äußerst wichtige Handelsartikel des Merkantilismus waren. Der Verbrauch dieser Produkte habe die Trinkerei früherer Zeiten wesentlich eingeschränkt, ruhigere Formen der Geselligkeit mit sich gebracht und die neue Stätte der Unterhaltung und des Gedankenaustausches – das Kaffeehaus – geschaffen. Vgl. H. *Westerfrölke*, Englische Kaffeehäuser als Sammelpunkte der literarischen Welt im Zeitalter von Dryden und Addison. In: Jenaer germ. Forsch., Bd. 5, Jena 1925. Nach W. *Sombart* (a. a. O., Bd. II, 2. S. 1011) betrug der Handel mit Kolonialwaren »ein reichliches Drittel des gesamten internationalen Warenverkehrs«.

21 Chr. *Garve*, Versuche über verschiedene Gegenstände aus der Moral, der Literatur u. dem gesellschaftlichen Leben, Breslau 1792–1802, Bd. I, S. 341. Vgl. auch dessen Abhandlung über »Einsamkeit und Gesellschaft« und J. G. *Zimmermanns* wiederholt überarbeitete »Betrachtungen über die Einsamkeit (1756, 1773, 1784).

22 J. G. *Schlosser*, Politische Fragmente, a. a. O., S. 103.

23 Fr. *Schiller*, Sämtl. Werke, a. a. O., Bd. 12, S. 14.

24 *Goethe*, Werke (Soph. Ausg.). Abt. I, Bd. 27, S. 113 (D. u. W. 7. Buch).

25 A. *Leitzmann*, Neues von Lichtenberg. In: Zeitschrift für Bücherfreunde, NF, 4. Jg., Leipzig 1912, S. 129.

26 *Goethe*, Werke (Soph. Ausg.). Abt. I, Bd. 28, S. 217, 209 f. Vgl. G. C. *Lichtenberg*, Aphorismen, Briefe, Schriften, Auswahl, hrsg. v. P. *Requadt*, 3. Auflage, Stuttgart 1953 (Kröner-Band 154), S. 19, wo es u. a. heißt: »1769 … habe ich mehr an den Selbstmord gedacht als jemals vorher und … befunden, daß ein Mensch, bei dem

der Trieb zur Selbsterhaltung so geschwächt worden ist, ... sich ohne Schuld ermorden könne«. S. a. *Novalis*, Sämtl. Werke, hrsg. von P. *Kluckhohn*, Leipzig 1928, Bd. 4, S. 356.

27 E. *Glarner*, Wandlungen im Geiste des Bürgertums um die Wende des 18. Jh. im Spiegel der deutschen Dichtung der Zeit. Phil. Diss., Bonn 1927, S. 19, 30 f. F. *Mauthner*, Der Atheismus. Stuttgart/Berlin 1922, Bd. 3, S. 351 ff. spricht geradezu von der »Unselbständigkeit der deutschen Aufklärung in der zweiten Hälfte des 18. Jahrhunderts«. Das deutsche Bürgertum blieb eben, nachdem es Lessings Stimme überhört hatte, auf halbem Wege stehen. Und weil auf diesem Wege der Wirklichkeitssinn verkümmerte, war der Reichtum an Phantasie – von dem Schlosser 1777 (Polit. Fragmente, a. a. O., S. 113) sagte, durch ihn sei »der Bürger ein Weichling« geworden – relativ, wirklich und vorgetäuscht zugleich: Produkt von Verdrängungen.

28 K. Ph. *Moritz*, Anton Reiser (1785/94), Neuausg., hrsg. v. J. *Rudolph*.. Berlin 1952, S. 291 f. Auf zeitgenössischen Kupfern von Chodowiecki, Geißler u. a. ist dieser vereinzelte Leser in idyllisch anmutenden Gegenden häufig zu finden.

29 Deutsches Museum, 1777, Bd. 2, S. 558.

30 L. W. *Kahn*, Social Ideals in German Literature, 1770–1830. New York, 1938.

31 J. *Möser*, in: Friedrich II.: Über die dt. Literatur (1870), übers. u. mit Mösers Gegenschrift hrsg. v. H. *Simon*. Leipzig, Reclam, o. J., S. 71.

32 A. *Kleinberg*, Die deutsche Dichtung in ihren sozialen, zeit- u. geistesgeschichtlichen Bedingungen, Berlin 1927, S. 144.

33 *Hegel*, Rechtsphilosophie, a. a. O., § 182, 184.

34 G. C. *Lichtenberg*, Aphorismen, hrsg. v. A. *Leitzmann*. Dt. Lit. Denkm., Bd. 123, Aphorismus 110. Lichtenberg beendete den Aphorismus mit folgender Wendung: »So sprach einst ein Perückenmacher in Landau auf der Herberge. Man hielt ihn aber mit Recht für völlig verrückt, er wurde ergriffen und von einem Unteroffizier, noch ehe er in Verhaft gebracht wurde, mit dem Stock totgeschlagen«.
Lichtenberg hat dieses – für die Sudelbücher an sich unnötige – Tarnen der eigenen politischen Anschauungen (die er 30 Jahre später entschieden revidierte) in seinen Briefen noch viel weiter getrieben. Ein Zeichen, wie sehr Lichtenberg glaubte, sich vor der Willkür »deutscher Despoten« schützen zu müssen. Vgl. Lichtenbergs Briefe, hrsg. v. A. *Leitzmann*/C. *Schüddekopf*. Leipzig 1901–1904, Bd. 2, S. 198, 212, 353, 356; Bd. 3. S. 146. Während der Unruhen in Frankreich steigerte sich diese als Selbstzensur zum Ausdruck kommende Furcht. Das verdeutlicht folgende Äußerung vom 16. 11. 1792: ›Ich denke bei jedem Brief, den ich an einen Freund schreibe, mein ärgster Feind stände hinter mir und sähe mir zu«. S. Lichtenbergs Briefe, a. a. O., Bd. 3, S. 58.
Daß Lichtenberg sich aber nicht nur wegen der fürstlichen Willkür von der aufwieglerischen Meinung des Perückenmachers trennte, bestätigen einige Bemerkungen aus dem Jahre 1792. »In dem freien Frankreich, wo man jetzt aufknüpfen lassen kann, wen man will« (*Lichtenberg*, Aphorismen, a. a. O., J. 912). »Die schreckliche Nachricht vom König von Frankreich. Absetzung, Blutbad in den Tuillerien«; »... fürchterliche Nachrichten vom Könige von Frankreich, daß er im Turme sitzt und keine Kleider hat. Was will das werden!!« (Beide in: Staatskalender auf das Jahr 1792). Der Vergleich dieser Standpunkte, die Lichtenberg zu verschiedenen Zeiten seines Lebens einnahm, machen nicht nur seine persönlichen Widersprüche, sondern – das darf im Zusammenhang mit anderen bereits zitierten Äußerungen seiner Zeitgenossen gefolgert werden – auch die der bürgerlichen Intelligenz seiner Zeit überdeutlich.

35 G. E. *Lessing*, Sämtl. Werke, hrsg. v. F. *Muncker*, 3. verm. Aufl. Leipzig 1904, Bd. 17, S. 298.

36 J. *Möser*, in *Friedrich* II., Über die deutsche Literatur, a. a. O., S. 70.

37　J.G. *Herder*, Sämtl. Werke, a.a.O., Bd. 8, S. 433f., (1778).

38　L.A. *Unzer*, Über den Werth einiger dt. Dichter u. andere Gegenstände – den Geschmack u. schöne Literatur betreffend. Leipzig 1771–1772, S. 199, 193, 220.

39　Fr. *Schiller*, Briefe, Bd. 3, S. 334 (1793). Es bleibt jedoch anzumerken, daß das Bürgertum seine wirtschaftlichen Prinzipien nur selten jener Lebensregel geopfert hat. Das zeigt sich, wie H.R. *Altenhain* (Geld und Geldeswert im bürgerlichen Schauspiel des 18. Jahrhunderts. Phil. Diss. Köln 1952. Vgl. dessen gleichnamige Kurzfassung in: das werk der bucher, Festschrift für H. Kliemann. Freiburg i. Br. 1956) ausführlich nachgewiesen hat, nirgends deutlicher als im bürgerlichen Schauspiel, dessen Grundlage und wichtigstes Motiv das Vermögen war. »Geld«, so schrieb 1770 P.J.W. Münnich, »ist alles« und »alles ohne Geld ist nichts.« (Von dem Werte der Dichter, a.a.O., S. 44.)

40　A. de *Staël-Holstein*, Über Deutschland (1810), dt. v. P. *Friedrich*, Weimar 1913, S. 92. Vgl. *Goethe*, Werke (Soph. Ausg.). Bd. 29, S. 21. »Die paar Verse, die ich zu machen habe, interessieren mich jetzt mehr als viel wichtigere Dinge, auf die mir kein Einfluß gestattet ist«.

41　H. *Schöffler*, Deutscher Geist im 18. Jh., hrsg. v. G. von *Selle*, Göttingen 1956, S. 57. Vgl. H. *Hubrig*, Die patriotischen Gesellschaften des 18. Jh., Weinheim 1957 (Phil. Diss. Göttingen 1950).

42　Chr. *Garve*, Versuche, a.a.O., Bd. 2, S. 129.

43　G.E. *Lessing*, Sämtl. Werke, a.a.O., Bd. 17, S. 156. S. a. S. 158 und das 2. und 3. Gespräch in »Ernst und Falk-Gespräche für Freimaurer« (1778).

44　*Goethe*, Werke (Soph. Ausg.). I. Abt. Bd. 5, S. 218.

45　K.Ph. *Moritz*, Anton Reiser, 1.–4. Teil, 1785–1790, 5. Teil 1794, Neuausg., hrsg. v. J. *Rudolph*, Berlin 1952, S. 363, 379f., 217.

46　M. *Weber*, Geist des Kapitalismus, a.a.O., S. 123.

47　A. *Bernd*, Eigene Lebensbeschreibung. Leipzig 1738. Vgl. W. *Mahrholz*, Deutsche Selbstbekenntnisse. Berlin 1919, S. 6f., 169f., 224, ferner R. *Unger*, Hamann und die Aufklärung. Jena 1911, Bd. I, S. 81; A. *Kleinberg:* Die europäische Kultur der Neuzeit. Leipzig/Berlin 1931, S. 37.

48　G.C. *Lichtenberg*, Aphorismen, Briefe, Schriften, a.a.O., S. 27f. Lichtenberg war daher »zuweilen nicht imstande zu sagen, ob [er] krank oder wohl war ... Und was ist Kränklichkeit – nicht Krankheit – anderes als innere Verzerrung? ... Sogar *eingebildete* (Herv. v. Lichtenberg) Krankheiten können wirkliche werden«.

49　J.H. *Voß*, Briefe, hrsg. v. A. *Voß*. Halberstadt 1829/32, Bd. I, S. 223. Dort heißt es aus Anlaß des Abschieds der Gebrüder Stolberg von Göttingen im September 1773: »Nun wollten wir den Schmerz nicht länger verhalten, wir suchten uns wehmütiger zu machen, und sangen von neuem das Abschiedslied, und sangen's mit Mühe zu Ende ... Es war ein lautes Weinen ...«

50　Schubarts Leben in seinen Briefen, Bd. I, S. 169.

51　*Goethes*, Werke (Soph. Ausg.), Abt. I, Bd. 28, S. 216 (D. u. W. 13. B.).

52　J.C. *Riesbeck*, Briefe eines Reisenden Franzosen über Dtl., Bd. 1, 1. Auflage Hamburg 1783, Bd. 2, 2. Auflage Hamburg 1784; Bd. I, S. 82f. Vgl. *Lessing;* Schriften, a.a.O., Bd. 8, S. 42.

53　K.Ph. Moritz: Anton Reiser, a.a.O., S. 379f.

54　Ders. S. 194.

55　Ders., S. 262.

56　A. de *Staël-Holstein*, Über Deutschland, a.a.O., S. 105.

57　Fr. *Schiller:* Werke, a.a.O., Bd. 10, S. 63. Es ist unüberhörbar, daß der von Schiller benutzte Begriff »Mensch« sein Pathos aus dem Gegensatz zum Begriff »Untertan« zog.

58 W. *Heinse*, Sämtliche Werke, hrsg. v. C. *Schüddekopf*, 10 Bde., Leipzig 1903–1910, Bd. 9, S. 261.

59 J.H. *Schulz*, zit. n. L. *Balet*, Die Verbürgerlichung der dt. Kunst, Literatur u. Musik im 18. Jh., Sammlung musikwissensch. Abhandlungen, Bd. 18, Straßburg 1936, S. 122.

60 H. *Weil*, Die Entstehung des dt. Bildungsprinzips. In: Schriften zur Philosophie u. Soziologie, Bd. 4, Bonn 1930, S. 9.

61 Fr. *Schiller*, Werke, a.a.O., Bd. 12, S. 32.

62 J.H. *Merck*, Briefe an und von J.H. *Merck*, hrsg. v. K. *Wagner*. Darmstadt 1835, S. 48.

63 G. *Forster*, Sämtliche Schriften, hrsg. von dessen Tochter u. G.G. *Gervinus*, 9. Bde., Leipzig 1843; Bd. 7, S. 260, 230.

64 L.H.C. *Hölty*, Sämtl. Werke, hrsg. v. W. *Michael*. Weimar 1914, Bd. 2, S. 198 f. Vgl. Neue Beyträge zum Vergnügen des Verstandes und des Witzes. Bremen 1748, Bd. 4, S. 434. »Städte ... sind mir, wenn sie kein Freund beseelt, ... volkreiche Wüsteneien«. Wieland schrieb 1775 an Gleim (Wieland, Ausgew. Briefe, a.a.O., Bd. 3, S. 241): »In einer kleinen Stadt oder auf dem Lande, nicht weit von einer kleinen Stadt, kann ein Mittelding von Sokrates und Horaz, wie ich bin, wohlfeiler glücklich sein«. Und *Jean Paul* (Werke, a.a.O., 2. Abt., Bd. 4, S. 82) riet dem Dichter: »Lasse sich doch kein Dichter in einer Hauptstadt gebären und erziehen, sondern wo möglich in einem Dorfe, höchstens in einem Städtchen. Die Überfülle und die Überreize einer großen Stadt ...«

65 V. *Tornius*, Schöne Seelen, a.a.O., S. 61.

66 G. *Steinhausen*, Geschichte des deutschen Briefes. 2 Bde. Berlin 1889–1901. »Wieviel die Menschen schreiben«, bemerkte Goethe in »Meisters Wanderjahren« (Sämtl. Werke (Jubil. Ausg.), a.a.O., Bd. 19, S. 87), »davon hat man gar keinen Begriff. Von dem was gedruckt wird, will ich gar nicht reden, ob es gleich schon genug ist. Was aber an Briefen und Nachrichten und Geschichten, Anekdoten, Beschreibungen von gegenwärtigen Zuständen einzelner Menschen in Briefen und größeren Aufsätzen in der Stille zirkuliert, davon kann man sich nur eine Vorstellung machen, wenn man in gebildeten Familien eine zeitlang lebt ... In der Sphäre, in der ich mich gegenwärtig befinde, bringt man beinahe so viel Zeit zu, seinen Verwandten und Freunden dasjenige mitzuteilen, womit man sich beschäftigt, als man Zeit sich zu beschäftigen selbst hatte«. Auch in »Dichtung und Wahrheit« (10. Buch) ging Goethe auf den Briefkult ein und bestandatete, daß so vorzügliche Menschen – wie etwa Gleim und sein Kreis – sich an »solchen Wechselnichtigkeiten ergötzen konnten«. Womit aber hätten sie sich beschäftigen sollen, da – wie Goethe im 13. Buch selbst schrieb – »politische Diskurse so wenig Interesse hatten?« Wie völlig anders z.B. C. Brantano diese Briefwechsel beurteilte, geht aus einem Brief an A. v. Arnim hervor. Siehe C. *Brentano*, Briefe, hrsg. v. Fr. *Seebaß*. Hamburg 1951, Bd. 1, S. 305.

67 *Goethe*, Werke (Soph. Ausg.), I. Abt. Bd. 28, S. 178. Für die Häufigkeit der Briefwechsel führte Goethe (a.a.O.) folgende materielle Gründe an: 1. die durchgreifende Schnelligkeit der Taxisschen Posten, 2. die Sicherheit des Siegels und 3. das leidliche Porto.

68 Fürstentum und Adel korrespondierten untereinander zumeist in französischer Sprache. Auch im Briefwechsel zwischen Sophie de La Roche und Wieland herrscht das Französische vor. Vgl. deren Briefwechsel, hrsg. von F. *Horn*. Berlin 1820, und Neue Briefe, hrsg. v. R. *Hassenkamp*. Stuttgart 1894.

    Die Briefwechsel zwischen Frau Aja und der Herzogin Anna Amalie, den Stolbergs und den Mitgliedern des Hains, Karl August und J.H. Merck, Schiller und dem Augustenburger Herzog und die Korrespondenz zwischen Moses Mendelssohn und dem

Braunschweiger Erbprinz Louis Ferdinand wurden dagegen in deutscher Sprache geführt.

79 G. F. *Gellert*, sämtl. Werke, hrsg. v. J. A. *Schlegel* u. G. L. *Heyer*, 10 Bde., Leipzig 1769/74, Bd. 4, S. 41 ff. (»Briefe nebst einer praktischen Abhandlung von dem guten Geschmacke in Briefen«).

70 J. G. *Herder*, Aus Herders Nachlaß, hrsg. v. H. *Düntzer*, F. G. v. *Herder*. Frankfurt 1856/57, Bd. 2, S. 483. Den eigentlichen Grund seiner Entrüstung formulierte Herder in folgendem Satz: »Wer mit diesen Fasern des Herzens und der Freundschaft überall als mit Flitterbändern zu trösten vermag, der hat die wahre Gottesfurcht und Treue am Altar der Seele längst verloren«.

71 M. *Weber*, Ges. Aufsätze zur Soziologie und Sozialpolitik. Tübingen 1924, S. 485 f.

72 J. C. *Riesbeck*, Briefe, a. a. O., Bd. 2, S. 155.

73 Chr. *Garve*, Versuche, a. a. O., Bd. 4, S. 96.

74 F. G. *Findeisen*, Abhandlung, a. a. O., Bd. 4, S. 9.

75 S. *Salomon*, Der Freundschaftskult des 18. Jh. in Dtl., Phil. Diss. Heidelberg 1922, S. 64 f. Die Briefform wurde aber nicht nur im Briefroman verwandt, sondern auch für andere Zwecke. Fast das gesamte Wissen der Zeit wurde in Briefen popularisiert verbreitet. Eine eigene Kategorie waren die polemischen Briefe, die seit Bodmers und Gellerts Tagen zwischen den streitenden literarischen Parteien gewechselt wurden und deren schönste Exemplare sich in den Schriften von Lessing, Hamann und Lichtenberg finden.

76 J. G. *Herder*, Werke, a. a. O., Bd. 4, S. 411. S. a. S. 390. Wieweit Herder hier den Kulturpessimus Freuds vorwegnimmt, ist sicher eine offene Frage.

77 L. A. *Unzer*, Dt. Dichter, a. a. O., S. 260. Bezeichnend für dieses Lebensgefühl ist, daß in *Gellerts* »Moralischen Vorlesungen« (Sämtl. Werke Bd. 6, S. 54 ff.), die aus seiner Leipziger Lehrtätigkeit hervorgingen, nicht mit einem Wort von den Pflichten gegen das Vaterland oder das Gemeinwesen die Rede ist. In ihnen wird vielmehr die aufs Öffentliche gerichtete Philosophie »der Alten« zurückgewiesen.

78 J. G. Herders Lebensbild, hrsg. v. E. G. v. *Herder*. Erlangen 1846, Bd. 2, S. 65.

79 E. *Brandes*, Zeitgeist, a. a. O., Bd. 2, S. 11.

80 H. *Neumeister*, Geistlichkeit und Literatur. Phil. Diss., Münster 1931, S. 6. Vgl. G. *Müller*, Gesch. d. dt. Liedes. München 1925, S. 49. Nicht zu unrecht sprach D. F. D. Schubart in einem Brief an Haug (15. 7. 1763) von den »poetischen Wüsteneien« Süddeutschlands.

81 H. *Schöffler*, Dt. Geist, a. a. O., S. 49.

82 *Breitinger*, Kritische Dichtkunst. Zürich 1740, zit. n. H. *Schöffler*, Dt. Geist, a. a. O., S. 42.
Wie stark die Seelsorger selbst diesem Zug zur Belletristik erlagen, geht aus einer Schilderung des lutherischen Aufklärungstheologen und späteren preußischen Schulrats G. F. Dinter (geb. 1760) hervor. In seiner Biographie (Dinters Leben – von ihm selbst erzählt, Neustadt a. d. Orla, 2. Aufl. 1830, S. 217) beschreibt Dinter, wie bei einem seiner Kollegen unter dem Einfluß eines Seminaristen und der weiblichen (!) Familienangehörigen die abendliche Bibellektüre durch das Lesen eines Romans von A. Lafontaine verdrängt wurde.

83 Vgl. J. M. *Klefecker*, Rede vom Einfluß der schönen Wissenschaften in die Gottesgelehrtheit. Hamburg 1769; M. *Ehlers*, Vom Nutzen und Schaden dramatischer Spiele. Altona 1770; Th. *Sincerus*, Sendschreiben an einen Freund, ob man aus einer Komödie mehr lernen könne, als aus einer erbaulichen Predigt. Altona 1770; *Jean Paul* Kann die Theologie von der näheren Vereinigung ... zwischen ihr und der Dichtkunst sich wohl Vorteile versprechen? 1784, in: Sämtl. Werke, 2. Abt., Bd. 2, S. 148–170.

84 J. G. *Sulzer*, Theorie der schönen Künste. Leipzig (1. Aufl. 1771) 2. Aufl. 1777, Bd.

2, S. 371f. Nach G. *Witkowski,* Leipzig, a.a.O., S. 259f., setzte 1734 der Dresdener Hofdichter König für die Bezeichnung »bon gout« erstmalig das deutsche Wort »Geschmack«.

85 Neue critische Nachrichten. Greifswald, Bd. 6, 1770, 35. Stück.

86 L.A. *Unzer,* Dt. Dichter, a.a.O., S. 59, 65. Vgl. J.H. *Voß,* Briefe, a.a.O., Bd. 1, S. 127.

87 *Goethe,* Werke (Soph. Ausg.) Abt. 1, Bd. 42,2 S. 512.

88 ebenda, Bd. 28, S. 139f.

89 ebenda, S. 338.

90 G. *Roethe,* Dt. Reden, Leipzig 1927, S. 220.

91 A.R. *Mengs,* Gedanken über die Schönheit und den Geschmack in der Malerei, Zürich 1762, S. 11.

92 K. *Viëtor,* Programm einer Lit.-Soz., in: Volk im Werden, Jg. 2, 1934, S. 35–49, S. 38.

93 G.E. *Lessing,* Schriften, a.a.O., Bd. 9, S. 239f.

94 K.Ph. *Moritz,* Magazin für Erfahrungsseelenkunde als ein Lesebuch für Gelehrte und Ungelehrte. Berlin 1783–1793 bei August Mylius. Bd. 1, S. 2.

95 H. *Plessner,* Das Schicksal deutschen Geistes im Ausgang seiner bürgerlichen Epoche, Zürich/Leipzig 1935. Bearbeitete Neuausgabe. Die verspätete Nation. Stuttgart 1959, S. 55.

96 J.G. *Herder,* Sämtl. Werke, Bd. 4, S. 350. Vgl. H. *Schöffler,* Dt. Geist, S. 82.

97 H. *Plessner,* a.a.O., S. 52.

98 C. *Brentano,* Briefwechsel zwischen C.B. und S. Mereau, S. 178f.

99 R. *Jentzsch,* Der dt.-lat. Büchermarkt nach den Leipziger Ostermeßkatalogen von 1740, 1770 und 1800 in seiner Gliederung u. Wandlung. (Beiträge zur Kultur- u. Universalgeschichte., Bd. 22). Leipzig 1912, S. 129, S. 148–155, 318f.

100 H. *Schöffler,* Protestantismus und Literatur, Neue Wege zur engl. Lit. des 18. Jh. (Engl. Bibliothek, Bd. 2) Leipzig 1922, S. 140, s.a. S. 182ff.

101 S. v. *Lempicki,* Bücherwelt und wirkliche Welt. In: DVjs. III, 1925, S. 350.

102 H.W. v. *Gerstenberg,* Briefe über Merkwürdigkeiten der Literatur (1766–70). In: Dt. Lit. Denkm., Bd. 29/30, S. 41. Gelegentlich wurden die literarischen Kritiken in einem so eigenwilligen Stil vorgetragen, daß sie dadurch selbst wieder bekenntnishaften Dichtungscharakter annahmen. Vgl. u.a. Goethes Rede zum Shakespearetag und Herders Aufsatz über Shakespeare, 1. Aufl. 1771, 2. Aufl. 1773, Sämtl. Werke, Bd. 5, S. 208ff. Herder bezeichnete sich in diesem Aufsatz ausdrücklich als »Ausleger und Phapsodist«. Zur lit. Kritik siehe u.a.: R. *Wellek,* Geschichte der Literaturkritik. 1750–1830. Darmstadt 1959.

III. *Schriftsteller und literarischer Markt*

1 Vom entstehenden Kapitalismus wird in jenem von M. Weber gemeinten einschränkenden Verständnis gesprochen, das die ökonomische Situation in der zweiten Hälfte des 18. Jahrhunderts als »präkapitalistisch« begreift. Siehe M. *Weber,* Geist des Kapitalismus, S. 43.

2 E. *Kundt,* Lessing und der Buchhandel. Heidelberg 1907, S. 32.

3 J.F.V. *Deneke;* Die freien Berufe. Stuttgart 1956, S. 287f.

4 K. *Buchner,* Wieland und G.J. Göschen. Stuttgart 1874; ders.: Wieland und die Weidmannsche Buchhandlung. Berlin 1871; ders.: Aus dem Verkehr einer deutschen Buchhandlung mit ihren Schriftstellern. Berlin 1873.

5 C.M. *Wieland,* Briefe, a.a.O., Bd. 2, S. 340. Wieland benutzte das Wort »Gelehrte« häufig anstelle der Bezeichnung »Schriftsteller«.

6 Chr. *Garve*, Briefe, a. a. O., Bd. 1, S. 340. Die politische Fraktionsbildung i. e. S. setzte erst wesentlich später, d. h. mit der ideologischen Beurteilung der französischen Revolution durch die deutsche Intelligenz ein. So beklagte z. B. Goethe in einem Brief an Schiller vom 28. 7. 1794 jene Tendenzen, durch die »die leidige Politik und der unselige körperlose Parteigeist alle freundschaftliche Verbindung zu zerstören droht«. (Siehe Goethe, Werke, [Soph. Ausg.], Abt. 4, Bd. 10, S. 187. Vgl. ders. Abt. 1, Bd. 50, S. 265 f. »Hermann und Dorothea«). Ganz im Stil dieser Scheidung der Geister schrieb Goethe über A. W. Schlegel »Leider ist freilich schon bemerklich, daß er einige demokratische Tendenz haben mag, wodurch denn manche Gesichtspunkte sogleich verrückt und die Übersicht über gewisse Dinge ebenso schlimm als durch eingefleischt aristokratische Vorstellungsart verhindert wird«. (ders., Abt. 4, Bd. 11, S. 67).
7 Vgl. H. *Hubmann*, Das Recht des schöpferischen Geistes. Berlin 1954, S. 65 f.
8 *Goethe*, Werke (Soph. Ausg.), Abt. 1, Bd. 27, S. 302. *Wieland*, Briefe a. a. O., Bd. 2, S. 228, 231, 338; J. H. *Voß*, Briefe, a. a. O., Bd. 2, S. 300; G. A. *Bürger*, Briefe, a. a. O., Bd. 1, S. 85 f., 135, 169 f.
9 G. A. *Bürger*, Briefe, a. a. O., Bd. 1, S. 135. Die Freundschaftsbünde des 18. Jahrhunderts sind jedoch nicht zu verwechseln mit den um die Wende zum 19. Jahrhundert vor allem in Berlin und Wien entstehenden geselligen Zirkeln und literarischen Salons, die mit den Namen von Rahel Levin (Gattin von K. A. Varnhagen von Ense), Dorothea Veit (Tochter von Moses Mendelssohn) und Henriette Herz verbunden sind.
10 J. Th. *Hermes*, Briefe und Erzählungen. Wien 1808, S. VI.
11 Die Briefwechsel bieten für die gegenseitige Hilfe der Schriftsteller viele Belege. Siehe u. a. G. A. *Bürger*, Briefe, a. a. O., Bd. 1, S. 181, Bd. 2, S. 119.
12 Briefwechsel zwischen Gleim und Ramler, hrsg. u. erl. v. C. *Schüddekopf*. Tübingen 1907. Bd. 2, S. 87 f.
13 Boie an Fr. Nicolai, zit. n. W. *Rumpf*, Das literarische Publikum und sein Geschmack in den Jahren 1760–1770. Phil. Diss. Frankfurt/M. 1924, S. 140.
14 G. A. Bürger (Briefe, a. a. O., Bd. 1, S. 167. DVjs.) rezensierte Schubart die Schriften seines Freundes J. M. Miller. Vgl. Schubarts Leben in seinen Briefen, Bd. 1, S. 332.
15 Fr. *Schiller*, Briefe, a. a. O., Bd. 4, S. 78. Chr. G. Schütz hatte 1784 für die Mitarbeit seiner eigenen Zeitung folgende »General-Norm« festgesetzt (Auszug): »Kein Gelehrter, der an der Allgem. Lit. Zeitung arbeitet, darf seine eigenen Schriften oder die seiner Kollegen oder . . . anderer Verfasser, mit denen er in naher Verbindung steht, die . . . den Verfasser . . . zur Parteilichkeit verleiten . . . könnten, in diesem Journale beurteilen«. Abgedruckt in: H. *Wuttke*, Die deutschen Zeitschriften, a. a. O., S. 51.
16 Aus Herders Nachlaß, a. a. O., Bd. 1, S. 189. Vgl. die Anfrage im Reichsanzeiger vom 27. 2. 1795. Auszug in: *Schiller*, Briefe, Nat. Ausg., hrsg. v. G. *Schulz*, Bd. 27, S. 341; Fr. *Meyer*, Schillers Horen als Verlagswerk betrachtet. Leipzig 1941, S. 18.
17 G. A. *Bürger*, Briefe, a. a. O., Bd. 1, S. 170.
18 J. G. B. *Büschel*, Über die Charlatanerie der Gelehrten. Leipzig 1791, S. 196 f. Vgl. Neues Archiv f. Gelehrte, Buchhändler und Antiquare. Erlangen 1795, S. 138. Die Belege zeigen, daß auch der Literaturbetrieb des späten 18. Jahrhunderts bereits anfechtbare Mängel besaß.
19 Chr. *Garve*, Versuche. Bd. 1, S. 333.
20 A. *Schürmann*, Rechtsverhältnisse der Autoren und Verleger sachlich-historisch. Halle 1889, S. 173.
21 L. L. *Schücking*, Soziologie der literarischen Geschmacksbildung, 2. erw. Aufl. Leipzig 1931, S. 62. Vgl. Journal von und für Deutschland, 1790, S. 325.
22 Briefwechsel zwischen G. J. *Göschen* und K. A. *Boettiger*, hrsg. v. L. *Gerhardt*. Leipzig 1911, S. 26.

23 Chr. *Garve,* Briefe, a.a.O., Bd. 1, S. 91, 93.
24 C.M. *Wieland,* Werke, a.a.O., Bd. 38, S. 594f. Wieweit bei Wieland die Kenntnis von A. Smith, der für die schöpferischen Künste und freien Berufsarten reichlichere Geldentschädigung gefordert hatte, weil deren Ausbildung langwierig und kostspielig sei, (A. *Smith,* An inquiry into ... the wealth of nations, 1776, übers v. Waentig, Jena 1923, Bd. 1, S. 133) vorausgesetzt werden kann, ist schwer nachzuprüfen. Wenn Wieland die Fertigungszeit und andere Selbstkosten in Anschlag brachte, dann ist dazu zu sagen, daß diese Größen in keiner Beziehung zum Honorar stehen. Es ist nach H. *Bergmann* (Autorenhonorare, a.a.O., S. 63f.) »unwesentlich, wie die Leistung zustande kam, ob durch mühsame Arbeit oder durch geniale Schöpferkraft, wesentlich ist die Leistung als solche in ihrer Stellung zur Wirtschaft«.
25 G.E. *Lessing,* Briefe, a.a.O., Bd. 17, S. 348.
26 Fr. *Schiller,* Briefwechsel mit Cotta, a.a.O., S. 375, s.a. S. 329f.
27 K.A. *Boettiger,* Lit. Zustände, a.a.O., Bd. 2, S. 213.
28 Die z.T. an Goethe und Schiller anknüpfende Ritter- und Räuberliteratur zeigt, daß literarische Wirkungsabläufe sich in dem Maße über Jahre hinziehen, wie die sozialen und seelischen Voraussetzungen für eine solche Literatur sich aus kleinen Kreisen geistig bedeutsamer Anreger in breitere Schichten der Nachahmer und Verbraucher verlagern. Die Gedanken Rousseaus und des »Sturm und Drang« wurden erst mit C.A. Vulpius (1762–1827), dem Schwager Goethes und Autor des Räuberromans »Rinaldo Rinaldini«, C.H. Spieß (1755–1799), K.G. Cramer (1758–1817), A. v. Kotzebue (1761–1819), H. Zschucke (1771–1848), A. Lafontaine (1758–1831) u.a. populär. Vgl. G. *Roethe,* Vom literarischen Publikum, Göttingen 1902, S. 208.
29 J.G. *Fichte,* Sämtl. Werke, hrsg. v. J.H. *Fichte.* Berlin 1845, Bd. 6, S. 440.
30 Fr. *Nicolai,* Sebaldus Nothanker (Berlin 1773–1776), Neuausg., hrsg. v. Fr. *Brüggemann.* Leipzig 1938, S. 58.
31 J.G. *Schlosser,* Politische Fragmente. In Dt. Museum, 1777, Bd. 1, S. 97–120; S. 109.
32 R. *Jentzsch,* Der dt.-lat. Büchermarkt, S. 129, 165, 250, 314f., 319, 341.
33 J. *Goldfriedrich,* Geschichte des deutschen Buchhandels, 3 Bde. Leipzig 1886/1909, Bd. 2, S. 251f. Oft bildeten billigere Nachdrucke den Grundstock derartiger Einrichtungen, die besonders von »Frauen von Stande«, aber auch von Offizieren, Soldaten, Handwerkern, Bedienten, ja sogar Bauern benutzt wurden. Die Lieblingsbücher der breiteren Leserschichten waren nach dem Urteil des Buchhändlers und Leihbibliothekars L. Chr. Kehr – in der Hauptsache Ritter- und Räuberromane und Geistergeschichten. Klassische Werke wurden kaum verlangt. (L. Chr. *Kehr,* Selbstbiographie. Kreuznach 1834, S. 21f.).
34 Marlies *Prüsener,* Lesegesellschaften im 18. Jahrhundert, in: Börsenblatt für den Deutschen Buchhandel, Frankfurter Ausgabe Jgg. 28, Nr. 10, v. 4.2.1972, S. 188–301. Vgl. die dort aufgearbeitete umfängliche Literatur.
35 H. *Wegener,* Bremer Bibliotheken der Aufklärungszeit, Jb. d. Brem. Wissensch., Bd. 1, Bremen 1956, S. 398. Vgl. Schubarts Angaben über die von ihm seit 1775 mit großem Erfolg veranstalteten öffentlichen Lesungen in süddt. Städten, wo er neben Werken von Goethe, Lenz, Leisewitz und Gedichten aus verschiedenen Almanachen vor allem Klopstocks »Messias« zum Vortrag brachte. Durch seine Lesungen wurden viele Hörer zum Kauf der Schriften angeregt. Schubarts Leben in seinen Briefen, Bd. 1, S. 304. In der zweiten Hälfte des 18. Jahrhunderts müssen viele Bauern zumindest lesekundig gewesen sein. Allein von dem für Bauern bestimmten »Noth- und Hilfsbüchlein« (1783) von R.Z. Becker wurden in dreißig Jahren über eine Million Exemplare abgesetzt. Siehe G.J. *Goschen,* Das Leben G.J. Göschens, dt. Ausg. übers. v. Th.A. *Fischer,* 2 Bde., Leipzig 1905, Bd. 1, S. 94.

36 C. M. *Wieland*, Werke a. a. O., Bd. 38, S. 96.
37 Der Artikel des Anonymus lautet: Über die Ursachen der itzigen Vielschreiberei. In: Journal v. u. f. Deutschland, 7. Jg., 1790, S. 324 f.
38 J. G. *Heinzmann*, Appell an meine Nation über Aufklärung. Berlin 1795, S. 421.
39 J. G. *Meusel*, Das Gelehrte Teutschland, Vorrede zur 5. Aufl. Lemgo 1796–1806.
40 Th. *Curti*, Der Literatenstand und die Presse. Dresden 1911, S. 183.
41 J. W. *Appell*, Die Ritter-, Räuber- und Schauerromantik, Leipzig 1859, S. 11. Die Zahl von 270 entspricht etwa der jährlichen Menge an derartigen Neuerscheinungen, die seit 1780 durchschnittlich erschienen.
42 Goeckingks Angabe ist P. *Kampfmeyer*, Gesch. d. mod. Gesellschaftsklassen in Dtl., 3. Aufl. Berlin 1921, S. 338, entnommen. Zur Frage der Übersetzer siehe R. *Jentzsch*, Büchermarkt, S. 335 f.
43 M. *Vogel*, Der literarische Markt und die Entstehung des Verlags- und Urheberrechtes bis zum Jahre 1800, in: *Goth* u. a., Rhetorik, Ästhetik, Ideologie. Aspekte einer kritischen Kulturwissenschaft, Stuttgart 1973. Siehe die dort aufgearbeitete Literatur.
44 Briefe an C. H. Boie, in: Mitteilungen aus d. dt. Archiv in Berlin, Bd. 3. Berlin 1901/05, S. 295 f. Zwar ohne Verbesserungen, doch auch ohne Wissen der Verfasser gab J. J. Eschenburg 1774 eine Sammlung Romanzen verschiedener Dichter (s. H. *Paustian*, Die Lyrik der Aufklärung, Phil. Diss. Kiel 1933, S. 170) und Schubart 1771 die von ihm gesammelten Oden Klopstocks heraus. Derselbe Schubart aber beklagte sich 1786 über die Nachdrucker, »die des Autors kleinstes Stücklein Brot mit ihrem Unrate besudeln«. Siehe Schubarts Leben i. s. Briefen, Bd. 1, S. 234, 258, 281 f.
45 K. L. v. *Knebel*, in: Allgem. dt. Bibliothek, Bd. 16, S. 275 f.
46 G. E. *Lessing*, Schriften, a. a. O., Bd. 8, S. 279; J. M. *Lichtwehr*, Fabeln. Leipzig/Greifswald 1761.
47 Vgl. *Klopstock*, Sämtl. Werke, Leipzig 1854/5, Bd. 8, S. 204; L. A. *Unzer*, Dt. Dichter, a. a. O., S. 230.
48 C. M. *Wieland*, Briefe a. a. O., Bd. 2, S. 209.
49 *Goethe*, Briefe an Leipziger Freunde, hrsg. v. O. *John*. Leipzig 1867, S. 359 f.
50 G. A. *Bürger*, Briefe, a. a. O., Bd. 2, S. 262. Vgl. W. *Friedrich*, G. A. Bürger und der Buchhandel. In: Börsenblatt f. d. Dt. Buchh. (Leipzig), 121. Jg. 1954, S. 502–504.
51 Fr. *Schiller*, Briefe, a. a. O., Bd. 1, S. 252. Vgl. auch J. H. *Eckhardt*, Schillers Verleger.
In: Börsenbl. f. d. Dt. Buchh., 1905, S. 2024 f.
52 J. F. *Cotta*, in: H. H. *Borcherdt*, Das Schriftstellertum v. d. Mitte d. 17. Jh. b. z. Gründung d. dt. Reiches. In: Die geistigen Arbeiter, Schriften d. Vereins f. Soz.-Pol. München 1922, Bd. 152,1, S. 39.
53 J. St. *Pütter*, Der Büchernachdruck nach echten Grundsätzen des Rechts. Göttingen 1774, S. 25.
54 C. M. *Wieland*, Briefe, a. a. O., Bd. 3, S. 228.
55 H. *Linguet*, Betrachtungen über die Rechte des Schriftstellers und seinen Verlag (1772), dt. v. P. E. *Reich*. Frankfurt/Leipzig 1778, S. 48 f.
56 Deutsches Museum, 1783, Bd. 1, S. 510 f.
57 J. J. *Cella*, Vom Büchernachdruck. in: Freimütige Aufsätze. Ansbach 1784, Bd. 1, S. 86 f., 103 f.; *Feder*, Neuer Versuch einer einleuchtenden Darstellung der Gründe für das Eigentum. In: Götting. Magazin d. Wissensch. u. Lit., Göttingen 1780; I. *Kant*, Von der Unrechtmäßigkeit des Büchernachdrucks. In: Berlin. Monatsschr. 1785, S. 403 f.; J. G. *Fichte*, Beweis der Unrechtmäßigkeit des Nachdrucks. In: Berlin. Monatsschr. 1793, S. 447 ff.
58 *Feder*, Neuer Versuch, S. 241. Fast alle weiteren Beiträge fußten, sofern sie sich um einen Fortschritt in der Sache bemühten, auf diesen Ergebnissen Fichtes.

59 J.G. *Müller,* Über den Verlagsraub. Leipzig 1792, S. 91. Vgl. J.J. *Cella,* Vom Bücher-nachdruck, S. 149.

60 Th. I, Titel 11, § 996–1036 ordnete die Rechtsverhältnisse zwischen Schriftstellern und Verlegern und grenzte deren Ansprüche gegenüber Dritten ab. Die §§ 1294–1297 in Th. II, Titel 20, enthalten damit zusammenhängende gewerberechtliche Bestim-mungen. Abgedruckt bei E.M. *Gräff,* Versuch, a.a.O., S. 185–198, und A. *Schür-mann,* Rechtsverhältnisse, S. 137–163. An der Abfassung der verlagsrechtlichen Para-graphen wirkte neben C.G. Suarez der Verleger Fr. Nicolai mit. Siehe Ad. *Stolzel,* Carl Gottlieb Suarez. Berlin 1885; R. *Voigtländer,* Das Verlagsrecht im Preußischen Landrecht und der Einfluß von Friedrich Nicolai darauf. In: Archiv für Gesch. des. dt. Buchhandels, Bd. 20, S. 6f.

61 G.E. *Lessing,* Ges. Werke, hrsg. v. P. *Rilla.* Berlin 1955, Bd. 3, S. 668, 672. (Vorreden zum 1. und 2. Tl. und 3. u. 4. Tl. der Schriften von 1753).

62 Ad. Fr. v. *Knigge,* Über Schriftsteller und Schriftstellerei. Hannover 1793, S. 26.

63 J.G.B. *Büschel,* Über die Charlatanerie der Gelehrten seit Mencken. Leipzig 1791, S. 81.

64 G.A. *Bürger,* Briefe, a.a.O., Bd. 3, S. 214. S.a. Bd. 2, S. 92.

65 J.G.F. *Schulz,* Firlifimini (Leipzig 1784), Neuausg., hrsg. v. L. *Geiger.* Berlin 1885, S. 73f.

66 Fr. *Schiller,* Werke, a.a.O., Bd. 1, S. 306. S. a. ders., Briefe, a.a.O., Bd. 1, S. 65.

67 G.E. *Lessing,* Schriften, a.a.O., Bd. 8, S. 283. Vgl. F. *Mehring,* Die Lessing-Legende. Neuausg. hrsg. v. K. *Schröder.* Berlin 1946.

68 *Goethe,* Werke (Soph. Ausg.), Abt. 1, Bd. 28, S. 322.

69 Zur Patronage K.Th. v. Dalbergs siehe: R. *Benz,* Vom großen Leben. Werkauswahl W. Heinse. München 1943, S. 34, 37f. Neben dem literarisch und musikalisch begab-ten W. Heinse, den er zunächst zum Vorleser und 1787 zum Bibliothekar mit dem Titel und den Einkünften eines Hofrates ernannte, gewährte Dalberg Jean Paul und Zacharias Werner beträchtliche Jahresrenten und verhalf Georg Forster zu einer Bibliothekarsstelle in Mainz. Das bisher kaum genauer untersuchte und auch hier noch ungenügend belegte Mäcenatentum dieses Fürsten legt die Vermutung nahe, daß an seinem Hof eine geistigere Atmosphäre herrschte als in Weimar. Gewiß blieben die Vorgänge im kurfürstlichen Mainz nur deshalb von der Geschichte unbeachtet und sind seither verschollen, weil die stets mit dem Weimarer Hof in Verbindung gebrachte Weimarer Klassik nur ihren eigenen Ruhm auf die Nachwelt brachte – wie R. Benz sagt – und schon damals als »reine Literatur von den Kräften nicht mehr Notiz nahm, die an einem katholischen Hof wie Mainz . . . noch Kultur bedeute-ten«. Gerade in dieser Gegenüberstellung von Mainz und Weimar wird die staatliche Zersplitterung der deutschen literarischen Kultur jener Zeit deutlich. Es kann hier nur vermutet werden, daß Mainz auch aus Gründen dieser Liberalität zu einem Zen-trum der Revolution auf deutschem Boden werden konnte.

70 J.H. *Meyer,* Die bühnenschriftstellerische Tätigkeit des Freiherrn W.H. von Dalberg. Phil. Diss. Heidelberg 1904, S. 12–19. Als Mitglieder gehörten der Einrichtung, die auch literarische Preisausschreiben veranstaltete, u.a. an: Klopstock, Wieland, Sophie de La Roche, Schiller, die Karschin, Kästner, Iffland, Adelung, der Buchhändler Schwan, O.H. von Gemmingen, Ph.A. Freiherr von Dalvigk und A. v. Klein.

71 F.G. *Klopstock,* Briefe, a.a.O., S. 206. Klopstocks Begehren eines uneingeschränkten Aufenthaltes im Badischen beantwortete dieser Fürst mit den Worten: »Die Freiheit ist das edelste Gut des Menschen und von den Wissenschaften ganz unzertrennlich.« Er verlieh dem alternden Messiasdichter 1774 Rang und Gehalt eines Hofrates. Nach F. *Muncker,* (F.G. Klopstock, a.a.O., S. 467) betrug das Gehalt 528 Gulden und erhöhte sich durch Geschenke und Naturalgaben auf etwa 900 Gulden. Die Pension

wurde ihm auch weitergezahlt, als Klopstock nach kurzem Aufenthalt in Karlsruhe
wieder nach Hamburg übersiedelte.

72 J. *Scherr*, Schiller und seine Zeit. Neuausg. Hamburg 1948, S. 296f. Zu Klopstock
    und Müller siehe F. *Muncker*, Fr. Gottlob Klopstock. Geschichte seines Lebens und
    seiner Schriften. Stuttgart 1888, S. 431, 551.

73 G. *Forster*, Schriften, a.a.O., Bd. 7, S. 110.

74 J.W. *Appell*, Ritter-, Räuber- u. Schauerromantik, a.a.O., S. 15f. Zu ähnlichen Ehren
    brachte es der Dramenschreiber J.M. Babo (1756–1822) am Münchner Hof. Siehe
    Rhein. Antiquarius, Bd. II, 1, Koblenz 1845, S. 70f.

75 L.A. *Unzer*, Dt. Dichter, a.a.O., Bd. 2, S. 227.

76 G.E. *Lessing*, Ges. Werke, a.a.O., Bd. 9, S. 367. Gerade Lessings Erfahrungen wider-
    sprechen der These E. *Reickes* (Der Gelehrte in d. dt. Vergangenheit. Leipzig 1900,
    S. 134), daß »solche Bibliothekars- und ähnliche Archivarposten mehr eine Sinnekure
    waren, durch die . . . den Gelehrten . . . die Möglichkeit der Existenz und des wissen-
    schaftlichen Arbeitens gewährt« wurde.

77 J.H. *Voß*, Briefe, a.a.O., Bd. 3, S. 155. S. a. Bd. 2, S. 120f. Voß mußte zu seinem
    Gehalt (300 Tlr.) als Rektor noch 400 Tlr. jährlich hinzuverdienen. Auch Wielands
    und Garves (ders. Briefe, S. 164, f., 205) Pensionen und Bürgers Einkünfte als Dozent
    in Göttingen waren zu gering. Schiller, dessen Pension zuletzt 400 Tlr. betrug, setzte
    1500 Tlr. an schriftstellerischen Einnahmen zu, um mit Anstand in Weimar leben
    zu können. *Schiller*, Briefe, Bd. 7, S. 131, 153, Bd. 4, S. 152f.

78 H. *Linguet*, zit. n. E.M. *Gräff*, Versuch einer einleuchtenden Darstellung des Eigen-
    tums und der Eigentumsrechte des Schriftstellers und Verlegers und ihrer gegenseitigen
    Rechte und Verbindlichkeiten. Leipzig 1794, S. 234.

79 G.A. *Bürger*, Briefe, a.a.O., Bd. 1, S. 129, s.a. Bd. 2, S. 11, 254.

80 C.M. *Wieland*, in: G.A. Bürger, Briefe, a.a.O., Bd. 2, S. 31 (22. 2. 1777).

81 W. *Heinse*, Werke, a.a.O., Bd. 8,2, S. 43f.

82 *Goethe*, Werke (Soph. Ausg.), Abt. 1, Bd. 28, S. 113. S. a. das »Sänger« betitelte
    Lied des Harfners im »Wilhelm Meister«. Vgl. J.G. *Herder*, Werke, a.a.O., Bd. 1,
    S. 158f. W. *Rasch*, Freundschaftskult und Freundschaftsdichtung im deutschen
    Schrifttum des 18. Jh. In: DVjs. Bd. 21, Halle 1936, S. 163. Gutachten der Juristischen
    Fakultät der Universität Jena, 1723, abgedruckt in: J.St. *Pütter*, der Büchernachdruck
    nach echten Grundsätzen des Rechts geprüft. Göttingen 1774, S. 122. F.G. *Klopstock*,
    Briefwechsel, Nat. Bibl. d. dt. Klassiker. Leipzig o.J., 2. Teil, S. 29. Vgl. Briefe der
    Schweizer. a.a.O., S. 121f.

83 J.G. *Müller*, Komische Romane, a.a.O., Bd. 5, S. 100f.

84 J.F. Unger im Verkehr mit Goethe und Schiller, hrsg. v. F. v. *Biedermann*. Berlin
    1927, S. 48f. Ebenso wunderte sich K.W. Ramler 1789 darüber, daß A. v. Kotzebue,
    »dieser Mann von Stand, Geld nimmt« für seine Stücke (zit. n. A. *Kohut*, Autor
    und Verleger, a.a.O., S. 198).

85 W.H. *Wackenroder*, Werke und Briefe, hrsg. v. Fr. v. d. *Leyen*, 2 Bde., Jena 1910,
    Bd. 1, S. 278. Vgl. *Jean Paul*, Sämtl. Werke, Hist. krit. Ausg. d. Preuß. Akad. d.
    Wissensch., hrsg. v. E. *Berend*, Weimar 1927ff., Bd. 2, S. 85.

86 J.G. *Herder*, Sämtl. Werke, Bd. 13, S. 5f.

87 Schleswigisches Journal, Nov. 1793.

88 Fr. *Schiller*, Briefwechsel zwischen Goethe und Schiller, hrsg. v. H.H. *Borcherdt*,
    2 Bde., Berlin/Leipzig 1911, Bd. 2, S. 255.

89 C.M. *Wieland*, Werke, a.a.O., Bd. 38, S. 701.

90 R.Z. *Becker*, Das Eigentumsrecht an Geisteswerken. Frankfurt/Leipzig 1789, S. 33f.

91 *Goethe*, Werke (Soph. Ausg.), Abt. 1, Bd. 28, S. 114f.

92 Das 1774 erschienene »Promemoria« ist abgedruckt bei A. *Kohut*, Autor und Verleger,

a.a.O., S. 12f. Nach *Goldfriedrich*, Buchhandel, a.a.O., Bd. 3, S. 148, betrug der Subskriptionspreis 1 Tlr. Insgesamt wurden von 3678 Lesern 6656 Exemplare subskribiert.

93 G.A. *Bürger*, Briefwechsel, a.a.O., S. 10, 15. Vgl. ders.: Briefe, a.a.O., Bd. 2, S. 227, Bd. 3, S. 238ff. Die Pränumerantenliste der 2. Aufl. (1789) enthielt 439 Namen mit ca. 600 Exemplaren. G.A. *Bürger*, Briefe a.a.O., Bd. 3, S. 238. Neben 19 regierenden Fürsten (u.a. die Königin von England) standen die Namen von Herder, Melchior Grimm (der Freund Diderots) Lessing, A. v. Knigge und vielen anderen Vertretern der bürgerlich-literarischen Intelligenz auf der Subskriptionsliste. Siehe *Bürger*, Werke und Briefe, a.a.O., S. 30. Zu Lessings Subskriptionsvertrieb des »Nathan« (1779) siehe *Lessing*, Briefe, Werke, a.a.O., Bd. 18, S. 305, 310, 315.

94 L.L. *Schücking*, Geschmacksbildung, a.a.O., S. 19f.

95 Jenaer Allgem. Lit. Ztg., 1794, Nr. 68, S. 543. Zum Namensruhm siehe J. *Hirsch*, Genesis d. Ruhms, S. 34.

96 K. *Buchner*, Wieland und die Weidmannsche Buchhandlung, a.a.O., S. 155. Lessing legte 1768 in Hamburg zusammen mit seinem Freund Bode sogar eine eigene Druckerei an, von deren Erträgnissen er »als ein ehrlicher Mann . . . leben zu können« hoffte (Briefe, a.a.O., Bd. 17, S. 241).

97 Über Aufbau und Ziele des Unternehmens siehe: Nachricht und Fundationsgesetze von der Buchhandlg. der Gelehrten. Dessau 1781; Berichte der Dessauer Gelehrtenbuchhandlung. Dessau 1784. Eine ähnliche Buchhandlung existierte in Berlin. Siehe F.T. *Hartmann*, Buchhandlung der Gelehrten zu Berlin. Berlin 1781. Vgl. die Ausführungen über die Gleim-Bachmannsche typographische Gesellschaft in Magdeburg bei K. *Buchner*, Zur Gesch. d. Selbstverlages der Schriftsteller, 2. Aufl. Gießen 1874, S. 5–16.

98 Wie groß die Zahl der zwischen 1750 und 1800 unter Namen wie Journal, Almanach, Taschenbuch, Museum, Bibliothek, Anzeiger, Nachrichten, Intelligenzblatt u.a. erscheinenden periodischen Schriften war, läßt sich nicht genau angeben. Die von *Goldfriedrich* (Buchhandel, a.a.O., Bd. 2, S. 55f.), L. *Balet* (Verbürgerlichung, a.a.O., S. 40), G. *Menz* (Die Zeitschrift, Stuttgart 1928), H. *Kochring*, (Bibliographie der Almanache, Kalender und Taschenbücher für die Zeit von 1750–1860, Hamburg 1929) und R.F. *Arnold* (Bücherkunde, a.a.O., Sektion I, 3b und III, 10) gemachten Angaben sind ebensowenig erschöpfend wie die Bemerkungen von damaligen Zeitgenossen. Siehe das Almanachverzeichnis in: Journal v. u. f. Deutschland, 1791, 9. Stück, S. 749; 1772, 2. Stück, S. 187, 12. Stück, S. 1042, und G.A. von *Halem*, Blicke auf einen Teil Deutschlands, 2. Tl., S. 255. G. Menz (a.a.O., S. 29) spricht von etwa 3500 Schriften dieser Art für das gesamte 18. Jahrhundert.

99 *Goethe*, Sämtl. Werke (Soph. Ausg.), Abt. 1, Bd. 41, 2, S. 278.

100 Fr. *Schiller*, Briefe, a.a.O., Bd. 1, S. 424f. S. a. F. *Berresheim*, Schiller als Hrsg. der Thalia und seine Mitarbeiter. Stuttgart 1914, S. 7. Neben anderen Schriftstellern plante deshalb Hölderlin 1799 die Herausgabe einer eigenen Zeitschrift, doch riet ihm Schiller davon ab. Siehe *Schiller*, Briefe, a.a.O., Bd. 6, S. 75f.

101 L. *Tieck*, Briefe, hrsg. v. H. *Lüdecke*. Frankfurt/M. 1930, S. 57f. Nach C.F. *Weiße*, Selbstbiographie, hrsg. v. C.F. *Weiße*/S.G. *Frisel*. Leipzig 1806, S. 81, standen C.A. Klotz pro Exemplar der »Bibliothek der schönen Wissenschaften« nur insgesamt 25 Tlr. für Honorare zur Verfügung.

102 C.M. *Wieland*, Briefe, a.a.O., Bd. 3, S. 261, 297f. 1785 gab Wieland die Herausgabe des »Merkur« an Bertuch ab, der als Schriftsteller und Kaufmann eine Buchdruckerei aufbaute, in der er 1805 über 400 Menschen beschäftigte. Siehe H. *Kühn*, Bilder und Skizzen aus dem Leben der Großen Weimars. Erfurt 1916, S. 120ff.

103 Fr. *Schiller*, Briefe, a.a.O., Bd. 1, S. 55, s.a. S. 132, 146f. Um solche Bekanntschaften

mit arrivierten Schriftstellern anzuknüpfen, wurde gelegentlich noch der Weg der Dedikation beschritten. Siehe J. A. *Leisewitz*, Tagebücher – nach den Handschriften, hrsg. v. H. *Mack*/J. *Lochner*, Weimar 1916, Bd. I, S. 32. Zum Beweis, wie bewußt angehende Schriftsteller vorgingen, um in den Genuß einer »Schriftstellerpatronage« zu gelangen, sei hier ein Ratschlag wiedergegeben, den K. F. Cramer 1773 G. A. Bürger erteilte, als dieser einen Herausgeber und Verleger für seine »Illias«-Übersetzung suchte: ». . . Schreibe mir ja bald. Wenn du recht pfiffig sein willst, so kannst du den Brief so einrichten, daß ich ihn Klopstock zeigen kann . . . Fein ausgestreuter Weihrauch muß freilich das Hauptingrediens des Briefes sein . . . und Bitte an mich, ja mein möglichstes zu tun, daß er Herausgeber wird.« Siehe G. A. *Bürger*, Briefe, a. a. O., Bd. 1, S. 104.

104 Fr. *Schiller*, Briefe, a. a. O., Bd. 3, S. 287, Bd. 5, S. 245.

105 C. M. *Wieland*, Briefe a. a. O., Bd. 3, S. 72, 78, 82, s. a. Bd. 2, S. 352, Bd. 3, S. 17, 28 und ders.: Neue Briefe, a. a. O., S. 218, 259. Wieland förderte zeitweilig den jungen Schiller und veröffentlichte 1791 das erste Gedicht von Novalis im »Teutschen Merkur« (Novalis, Schriften, a. a. O., Bd. 4, S. 490). Bemerkenswert ist in diesem Zusammenhang die finanzielle Hilfe von 50 Louisdor, die Bürger aufgrund der Initiative Goethes und Wielands 1778 aus Weimar erhielt. Vgl. G. A. *Bürger*, Briefe, a. a. O., Bd. 1, S. 281 f., Bd. 2, S. 277, 303.

106 C. F. *Weiße*, Selbstbiographie, a. a. O., S. 47, 49. Den ersten Preis bekam der Baron v. Cronegk zugesprochen, doch lehnte dieser die Annahme der ausgesetzten 50 Tlr. aus Gründen der Ehre ab.

107 J. H. *Meyer*, Die bühnenschriftstellerische Tätigkeit des Freiherrn W. H. v. Dahlberg, Phil. Diss. Heidelberg 1904; S. 12 f.

108 Propyläen, Bd. III/2, S. 169. Vgl. *Schiller*, Briefe, Bd. 6, S. 304; C. *Brentano*, Ausgew. Werke, hrsg. v. M. *Morris*, 4 Bde., Leipzig 1904 Bd. 1, S. 40.

109 F. *Perthes*, Der deutsche Buchhandel als Bedingung des Daseins einer deutschen Literatur. Hamburg 1816, S. 8. Der Verleger Schwan klagte 1786 (Ephemeriden der Menschheit, 1786, 10. Stück, S. 374 f.) über jene Verleger und Buchhändler, die begonnen hätten, »mit neidischen Blicken auf die Verlagsartikel anderer umherzuschauen. Und, wenn sie den . . . Verfasser ausgespäht haben, sogleich an ihn . . . schreiben und ihre Dienste nebst ihren Loisdors ganz gehorsamst anbieten«. Vgl. *Münnisch*, Erinnerungen eines Buchhändlers. In: Ephemeriden der Menschheit, 1786, II. Bd., S. 362–383; S. 374 f.

110 I. *Kant*, Über Buchmacherei. In: Ges. Schriften, Jub. Ausg., 1. Abt., Bd. 8, S. 436.

111 G. J. *Göschen*: Briefwechsel mit K. A. Boettiger, a. a. O., S. 134.

112 F. *Perthes*, Buchhandel, a. a. O., S. 8 f.

IV. Das Selbstverständnis des Schriftstellers

1 P. *Meißner*, Der Gedanke der dichterischen Sendung. In: DVis. XIV, 1936.

2 K. *Friedemann*, Dir Rolle des Erzählers in der Epik, Leipzig 1920, S. 26.

3 R. *Grimm* (Hrsg.), Dt. Dramentheorien, Frankfurt/M. 1973, Bd. 1, S. 125.

4 W. H. *Riehl*, Die bürgerliche Gesellschaft. Stuttgart 1858; S. 328.

5 K. J. *Obenauer*, Die Problematik des ästhetischen Menschen in der deutschen Literatur. München 1933, S. 224 f.

6 J. G. *Fichte*, Sämtl. Werke, hrsg. v. J. H. *Fichte*. Berlin 1845, Bd. 6, S. 439.

7 K. *Buchner*, Wieland und die Weidmannsche Buchhandlung. Berlin 1871, S. 29 f.

8 Soweit zu ermitteln war, geht die Bezeichnung Belletrist auf K. Batteux' Poetik »Cours de belle lettres« (1747) 4. Aufl. 1769 zurück.

9 K. A. *Schmid*, An die Kunstrichter. In: Critische Beiträge, 1743, 30. Stück. S. a. Neue (Bremer) Beyträge, Bd. 3, S. 94.

10 J.Chr. *Gottsched,* Versuch einer kritischen Dichtkunst für die Deutschen. Leipzig 1730.

11 M. *Opitz,* Buch von der deutschen Poeterei. Dresden 1624, Neudrucke dt. Lit.-Werke des 16. und 17. Jahrhunderts, hrsg. v. W. *Braune.* Bd. 1, Halle 1876, S. 8.

12 A. *Langen, Dt.* Sprachgeschichte vom Barock bis zur Gegenwart. In: Dt. Philologie im Aufriß, 1. Aufl. Berlin/Bielefeld 1952, Bd. 1; Sp. 1154 f.

13 Vgl. Lessings kritische Rezension dieser Gedichte in: Berliner Privilegierte Zeitung (37. Stück), 27. März 1751.

14 J. v. *Besser,* Schriften, hrsg. v. J. U. v. *König.* 3. Aufl. Leipzig 1732, S. XXXVII, XXXX.

15 B.H. *Brockes,* Irdisches Vergnügen in Gott. Bd. 1, Hamburg 1721. Bis 1748 erschienen insges. 9 Bde. S. a. A. v. *Haller,* Versuch schweizerischer Gedichte. Bern 1732.

16 Briefe der Schweizer, S. 25; F. v. *Hagedorn,* Versuch einiger Gedichte oder Erlesene Proben poetischer Nebenstunden (1729), Dt. Lit. Denkm. Bd. 10, hrsg. v. A. *Sauer.* Heilbronn 1883. Derartige Nebenstunden standen den ständischen Dichtern reichlich zur Verfügung, da die Berufsgeschäfte selten mehr als 5–6 Stunden in Anspruch nahmen. Siehe M. *Weber,* Geist des Kapitalismus, S. 51; W. *Sombart,* Der moderne Kapitalismus, Bd. 2, 1, S. 57.

17 A. *Jentzsch,* Der dt.-lat. Büchermarkt, S. 124 f. Aus ähnlichen Gründen ließ der Prediger und Anakreontiker N. Götz seine Gedichte 1745 anonym erscheinen. Er fürchtete, seine wenig zum Scherzen aufgelegten Vorgesetzten würden ihn wegen der Verse um »Brot und Frieden« bringen. Siehe *Vogt, Koch,* Gesch. d. dt. Lit. Leipzig 1904, Bd. 2, S. 123.

18 Von der Satire sagte J.M.R. *Lenz* in seinem Aufsatz »Über die Bearbeitung der deutschen Sprache« (Schriften, a.a.O., Bd. 4, S. 232 f.): »Die Satire pflegt gemeinhin der letzte Nachschößling einer absterbenden Sprache, das heißt einer Sprache ohne Dichter zu sein ... Die Satire reduziert die Einbildungskraft auf Vernunft und führt, wenn sie übertrieben wird, eine falsche Scham ein, die allen freien Gebrauch der Sprache hindert«.

19 Wenn spätere Generationen über den Verleger Gellerts wetterten, der seinem Autor nur ein »Trinkgeld« gab, während er selbst ein reicher Mann wurde, dann übersahen sie dabei, daß Gellert als ein sich religiös begreifender Morallehrer keine höheren Honorarforderungen stellen wollte und konnte.

20 K.W. *Ramler* betonte in einem Brief (Briefe, hrsg. v. C.F. *Weiße,* 1772, S. II), »das Vergnügen ist ein zu kleiner Zweck für einen edelgesinnten Schriftsteller. Er will nützlich sein«. Noch ganz im Sinne dieses Utilitarismus schrieb Wieland an S. de La Roche, daß seine Töchter aus deren Briefroman »Die Geschichte des Fräulein von Sternheim«, »Weisheit und Tugend lernen« sollten. C.M. *Wieland,* Briefe an S. de La Roche, a.a.O., S. 141.

21 *Horaz,* Sämtl. Werke, hrsg. v. H. *Färber.* München 1957, Tl. 2, S. 250. »De arte poetica«. Vers 333: »Aut prodesse volunt aut delectare poetae«.

22 A.F. *Büsching,* Gesch. u. Grunds. d. schönen Kunste und Wissensch. im Grundriß. Berlin 1772/4, I. Stck., S. 29 f.

23 J.P. *Uz,* Sämtl. Werke, hrsg. v. A. *Sauer* (Dt. Lit. Denkm. Bd. 33–38). Heilbronn 1890, S. 383. Vgl. *Klopstocks* Ode »Stunden der Weihe« und J.J. *Pyra,* Freundschaftliche Lieder, 1745, S. 116. Neuausgabe, hrsg. v. A. *Sauer.* Heilbronn 1885 (Dt. Lit. Denkm., Bd. 22). Pyra forderte in dem Lehrgedicht »Der Tempel der wahren Dichtkunst« (a.a.O., S. 83–119), daß der Dichter ein »Priester der Dichtkunst« sein solle, dessen Schaffen Tempeldienst sei. Diese auch von Lange vertretene und vom Pietismus beeinflußte Auffassung des Dichtertums enthielt zweifellos antike Vorstellungen, die auf Ovids Satz zurückgingen: »At sacri vates et divum aura vocamur«.

24 F.G. *Klopstock*, Werke, a.a.O., Bd. 10, S. 227.

25 G.W. *Rabener*, Sämtl. Schriften. Leipzig 1777, Bd. 1, S. 99f.

26 ders., Bd. 4, S. 11.

27 ders., Bd. 4, S. 146.

28 Bibliothek der schönen Wissenschaften, Bd. 10, S. 41.

29 K. *Hoff*, Die Wandlung des dichterischen Selbstverständnisses in der ersten Hälfte des 18. Jh., Phil. Diss. Kiel 1949, S. 35.

30 C.M. *Wieland*, in: Briefe v. u. a. J.H. Merck, hrsg. v. K. *Wagner*. Darmstadt 1835, S. 118 (30.7.1777).

31 J.G. *Herder*, Briefe, hrsg. v. O. *Hoffmann*. Berlin 1887 (Herder an Nicolai, 10.1.1769).

32 Ein Rezensent rühmte J.P. *Uz'* »Sämtliche Werke« als besonders geglückte »mechanische Poesie«. S.: Allgem. dt. Bibliothek, Bd. XI, 1. St.

33 A. *Langen*, Dt. Sprachgesch. a.a.O., Sp. 1191f. Ob es in diesem Zusammenhang sinnvoll ist, mit A. Langen von einer »Geringschätzung der dichterischen Individualität« zu sprechen, darf in Anbetracht der Tatsache, daß diese Individualität kaum bzw. nur erst in Ansätzen entdeckt war, bezweifelt werden.

34 F. v. *Hagedorn*, Versuche, a.a.O., S. 2f.
   Die von H. *Riefstahl*, Dichter und Publikum in der ersten Hälfte des 18. Jh. Phil. Diss., Frankfurt 1934, S. 38, vertretene Auffassung, diese Einstellung sei »die konsequente Anwendung des liberalen und demokratisch-parlamentarischen Prinzips der Freien Städte auf das Gebiet künstlerischen Schaffens«, ist nach den bisher gewonnenen Einsichten nur schwer zu teilen.

35 L.A. *Unzer*, Dt. Dichter, a.a.O., Bd. 1, S. 108. Noch Goethe besuchte in seinen Leipziger Studienjahren das stilistische Praktikum Gellerts, s. *Goethe*, Werke (Soph. Ausg.), Abt. 1, Bd. 27, S. 52, 66.

36 A.F. *Büsching*, Geschichte und Grundsätze, a.a.O., S. 28. Büsching lehnte sich in seinen Grundsätzen stark an Sulzers »Allg. Theorie der schönen Künste«, 1. Aufl. Leipzig 1771, 2. Aufl. 1777, an. Gottsched hatte in seiner »Kritischen Dichtkunst« (4. Aufl. 1751, S. 67) geschrieben, die Poesie sei »eine von den wichtigsten freien Künsten, ja der vornehmste Teil der Gelehrsamkeit«.

37 Schubarts Leben in seinen Briefen, a.a.O., Bd. 1, S. 204.

38 ders. Bd. 1, S. 10f.

39 H. *Schöffler*, Dt. Geist, a.a.O., S. 40.

40 Neue (Bremer) Beyträge, Bd. 4, S. 230f. Vgl. J.J. *Pyra*, Erweis, daß die Gottschedianische Sekte den Geschmack verderbe, 1743. Pyra vertrat in dieser Schrift die Auffassung, daß die Phantasie den Schlüssel zum Tempel der Dichtkunst trage und tadelte diejenigen, die mit ihren Poetiken anderen das Dichten lehren wollten. Gerade an Pyra wird deutlich, daß pietistische Ergriffenheit und sentimentale Gefühlssteigerung die Verselbständigung der Phantasie wesentlich gefördert haben.

41 F.G. *Klopstock*, zit. n. E. *Kretzschmer*, Gellert als Romanschriftsteller. Breslau 1902, S. 3.

42 F.G. *Klopstock*, Werke, a.a.O., Bd. 10, S. 245.

43 *Klopstock*, Briefe v. u.a. Klopstock, hrsg. v. J.M. *Lappenberg*, Braunschweig 1867, S. 46.

44 G. *Müller*, Geschichte des deutschen Liedes, München 1925.

45 F.G. *Klopstock*, Oden, a.a.O., Bd. 1, S. 220, siehe auch Bd. 1, S. 201, Bd. 2, S. 2, 27.

46 Vgl. Neue (Bremer) Beyträge, Bd. 4, S. 463. »Apoll, jetzt zeig, ob du mich kennst/ ... Ein Gott, dem ich Gehorsam leiste,/ Macht schon von sich mein Herze voll ...«

47 F.G. *Klopstock*, Oden, a.a.O., Bd. 1, S. 2, s. a. Bd. 1, S. 167, 202f., Bd. 2, S. 41.

48 P. *Kluckhohn*, Berufsbewußtsein u. Gemeinschaftsdient des dt. Dichters im Wandel der Zeiten. In: DVjs. XIV, 1936, S. 1–31; S. 9.

48a. H. *Marcuse*, Konterrevolution und Revolte, a.a.O., S. 105.

49 Selbst die Bremer Beiträger scheuten sich zunächst, den »Messias« in ihrer Zeitschrift abzudrucken. Erst die mehrmaligen Hinweise der Schweizer Bodmer und Breitinger verschafften dieser Dichtung einige Resonanz, deren einzelne Gesänge später z.T. in Prachtausgaben adeliger Gönner veröffentlicht wurden. Klopstocks Oden erschienen – mit Ausnahme der von der Landgräfin von Darmstadt veranstalteten Prachtausgabe – gelegentlich in Zeitschriften oder wurden in Abschriften im gebildeten Deutschland oder wie es damals hieß, in der »lesenden Welt« herumgereicht. Als nach dem Fortgang Bernstorffs aus Kopenhagen Klopstocks dortige Stellung nicht mehr gesichert war, rechnete Klopstock – und das ist kennzeichnend für ihn – nicht auf die Hilfe seines Lesepublikums, sondern auf die seiner fürstlichen Gönner.

50 Das geht aus einem Brief von ihm hervor, in dem es u.a. heißt: »Ich verlange keine Pension, ich wünsche sie nicht einmal, aber was ich wünsche und auch hoffe, sobald sich der Erbprinz (von Braunschweig, d. Verf.) für mich interessiert, ist ein Geschenk, zwar kein großes, aber doch ein solches, das, auf Leibrente gegeben, oder in der Handlung angewandt, mich unabhängig von Dänemark machte und vielleicht ist es nicht überflüssig noch hinzuzusetzen, daß ich nirgends in der Welt Professor sein mag.« Siehe F. G. *Klopstock*, Briefe, a.a.O., S. 236. Den nach seinen Studienjahren vorübergehend als Hauslehrer beschäftigten Dichter patronierten nacheinander Bodmer, die dänischen Könige Friedrich V. und Christian VII., Graf J.H. v. Bernstorff und der Markgraf von Baden. S. a. M. *Kirschstein*, Klopstocks Deutsche Gelehrtenrepublik. Berlin 1928, S. 88f.

51 K. *Enders*, Ein Moderner aus dem Anfang des 18. Jahrhunderts. In: Thürmer, Jg. 1, S. 671.

52 J.C. *Günther*, Curieuse und merkwürdige Lebens- und Reisebeschreibung, welche er selbst mit poetischer Feder entworfen. Schweidnitz/Leipzig 1732, S. 20.

53 J.C. Günthers Leben aufgrund seines handschr. Nachlasses, hrsg. v. A. *Heyer*, A. *Hoffmann*. Leipzig 1909, S. 158. Einem Zeitgenossen, der ihm geraten hatte, »verlaß die Poesie«, antwortete er in einem Gedicht: »Was kann denn ich davor; so oft ich ihr entflieh,/ So oft erhascht sie mich mit allzeit größrer Liebe./ Die Reime fesseln mich, es sind nicht falsche Triebe,/ Es ist Natur und Hang …« (a.a.O., S. 158f.)

54 Dieser Emanzipation standen die bisherigen Vertreter der schönen Künste und Wissenschaften nicht immer wohlwollend gegenüber. Das geht aus einem Brief Bürgers an Boie aus dem Jahre 1775 hervor. »Mit Gedichten müssen Sie im Anfang sehr behutsam sein, und … womöglich solche wählen, vor welchen nicht bloß der eigentlich schöne Geist, sondern auch derjenige Gelehrte, welcher leider die Dichtkunst überhaupt für Lapalie hält, Respekt haben muß« (*Bürger*, Briefe, Bd. 1, S. 241)

55 M. *Ehlers*, Gedanken von den zur Verbesserung der Schulen notwendigen Erfordernissen. Altona/Lübeck 1766; J.B. *Basedow*, Vorstellungen an Menschenfreunde und vermögende Männer über Schulen, Studien und ihren Einfluß in die öffentliche Wohlfahrt. Hamburg 1768.

56 Die Spannungen zwischen den beiden Wirtschaftsformen äußerten sich in dem besonders von süddeutschen Buchdruckern betriebenen Nachdruck norddeutscher Schriften. In dem Leipziger Buchdrucker Ph. E. Reich, der von 1765–1787 die Weidmannsche Buchhandlung führte, fanden die Nachdrucker einen erbitterten und rührigen Gegner.

57 K. *Viëtor*, Gesch. d. dt. Ode. München 1923, S. 105. Viëtor belegt zwar nur Ramler mit diesem Titel, doch trifft er auf andere ständische Dichter ebenso zu.

58 *Bodmer*, zit. n. H. *Schöffler*, Dt. Geist, a.a.O., S. 59.

59 Briefe der Schweizer, a. a. O., S. 285.
60 G. E. *Lessing*, Ges. Werke, a. a. O., Bd. 6, S. 504. vgl. *Lessing*, Briefe, Bd. 18, S. 106 (1774). »Ein Mensch wie ich, wenn er sich anbietet, scheint überall sehr überflüssig zu sein; wenigstens mag man ihn nicht anders, als so wohlfeil haben wie möglich«. Siehe hierzu Goethe, (J. P. *Eckermann*, Gespräche mit Goethe, a. a. O., Bd. 1, S. 243, 7. 2. 1827). »Goethe schalt heute auf gewisse Kritiker, die nicht mit Lessing zufrieden sind ... Bedauert doch den außerordentlichen Menschen, daß er in einer so erbärmlichen Zeit leben mußte ... Auch daß er immerfort polemisch ... wirken mußte, lag in der Schlechtigkeit seiner Zeit«.
61 J. H. *Voß*, Briefe, a. a. O., Bd. 1, S. 183.
62 G. A. *Bürger*, Sämtl. Werke, (*Wurzbach*), Bd. 3, S. 205, vgl. S. 176, 187, 230.
63 G. E. *Lessing*, Schriften, a. a. O., Bd. 10, S. 215.
64 J. P. *Eckermann*, Gespräche, a. a. O., Bd. 1, S. 89.
65 Fr. *Schlegel*, Prosaische Jugendschriften, hrsg. v. *Minor*, 2 Bde. Wien 1882; Bd. 1, S. 206.
66 G. E. *Lessing*, Briefe, a. a. O., Bd. 18, S. 108.
67 ders.: Briefe, Bd. 17, S. 251.
68 E. *Brandes*, Zeitgeist, a. a. O., Bd. 2, S. 239.
69 Fr. *Schiller*, Briefe, Bd. 2, S. 46.
70 J. H. *Voß*, Ausgew. Gedichte, hrsg. v. A. *Sauer*. (Dt. Nat.-Lit., Bd. 49, 1). S. 215 f. (Ode »An den Genius«).
71 Fr. *Schiller*, Briefe, a. a. O., Bd. 1, S. 198.
72 G. A. *Bürger*, Briefe, a. a. O., Bd. 3, S. 103.
73 A. v. *Knigge*, Über Schriftsteller, a. a. O., S. 73 f.
74 J. H. *Voß*, Briefe, a. a. O., Bd. 2, S. 194.
75 Fr. *Schiller*, Briefe, a. a. O., Bd. 1, S. 359.
76 Fr. *Hölderlin*, Briefe, a. a. O., Bd. 6,1, S. 312 (Jan. 1799).
77 *Goethe*, Werke (Soph. Ausg.), Abt. 4, Bd. 4, S. 221. Vgl. Goethes Rede »Zum brüderlichen Andenken Wielands«.
78 J. G. *Hamann*, Briefe, hrsg. v. *Ziesemer/Henkel*. Wiesbaden 1955, Bd. 1, S. 9. S. a. »Gedanken über meinen Lebenslauf«. In: Werke, a. a. O., Bd. 2, S. 21 f. Hamann gab – wie viele Schriftsteller seiner Zeit – das Theologiestudium auf und studierte zum Schein Jurisprudenz. Tatsächlich aber betrieb er »schöne und zierliche Wissenschaften« und versuchte zu dichten, d. h. »der Einbildungskraft zu gefallen«.
79 C. M. *Wieland*, Briefe, a. a. O., Bd. 1, S. 334. Wie Wieland und Hamann betrieben auch Lessing, Bürger, Voß u. a. keine besondere Wissenschaft, sondern neben der Altphilologie besonders neuere Sprachen und historische Studien. Vgl. E. *Reicke*, Der Gelehrte in der dt. Vergangenheit. (Monographien zur dt. Kulturgeschichte). Leipzig 1900, S. 133 f.
80 F. *Neumann*, Der Hofmeister. Phil. Diss., Halle 1930. G. *Steinhausen*, Der Hofmeister. In: Kulturstudien. Berlin 1893, S. 86. In nicht wenigen Fällen wurden von den Hauslehrern und Hofmeistern schriftstellerische Fähigkeiten verlangt. Vgl. A. F. *Büsching*, Unterricht für Informatoren und Hofmeister, 2. Aufl. Hamburg 1794, S. 27 f.; J. P. *Miller*, Grundsätze einer weisen und christlichen Erziehungskunst. Göttingen 1769. Schiller z. B. erwähnte, als er für Hölderlin eine geeignete Hauslehrerstelle suchte, dessen »poetisches Talent«. *Schiller*, Briefe, a. a. O., Bd. 3, S. 358.
81 G. A. Bürger unterzeichnete einmal einen Brief an Boie mit den Worten »Bürger August Gottfried« und fügte hinzu, »meine Unterschrift sei Dir ein Zeichen meiner Metamorphose«. *Bürger*, Briefe, a. a. O., Bd. 2, S. 352.
82 W. L. *Wekhrlin*, in: Graues Ungeheuer, Bd. 2, S. 190.
83 C. M. *Wieland*, Werke, a. a. O., Bd. 35, S. 255.

84 Chr. *Garve:* Versuche, a.a.O., Bd. 5, S. 330.
85 Jean *Paul,* Sämtliche Werke, a.a.O., Abt. 1, Bd. 1, S. 35.
86 J.H. *Voß,* Briefe, a.a.O., Bd. 1, S. 183.
87 P. *Sulzer,* Untersuchung des Genies; F.G. *Resewitz,* Versuch über das Genie, beide in: Sammlung vermischter Schriften zur Beförderung der schönen Wissenschaften und freien Künste. Berlin 1762.
88 H. *Wolf,* Die Genielehre des jungen Herder. In: DVjs III, 1925, S. 405, ders.: Versuch einer Geschichte des Geniebegriffs in d. dt. Ästhetik des 18. Jh., Heidelberg 1923.
89 P.J.W. *Münnich,* Von dem Werte der Dichter. Quedlinburg 1770, S. 5f.
90 G.C. *Lichtenberg,* in: Götting. Magazin d. Wissensch. u. Lit. Göttingen 1780, S. 471f.
91 E. *Young,* Gedanken über Originalwerke, dt. v. *Teubern,* 2. Aufl. Leipzig 1761, S. 28 (Neudruck, hrsg. v. *Brandl,* in: Shakespeare-Jb., Bd. 39, 1903).
92 H. de *Boor/*R. *Newald,* Gesch. d. dt. Lit., München 1957, Bd. 6, 1, S. 286. Vgl. Fr. *Schlegel,* Jugendschriften, a.a.O., Bd. 1, S. 301. »Der Künstler, der nicht sein ganzes Selbst preisgibt, ist ein unnützer Knecht«.
93 Schubarts Leben in seinen Briefen, a.a.O., Bd. 1, S. 139f.
94 J. *Voß,* Briefe, a.a.O., Bd. 1, S. 183.
95 G.A. *Bürger,* Gedichte, DNL Bd. 78, S. 355f.
96 J.G. *Herder,* Werke, a.a.O., Bd. 8, S. 434.
97 J.M.R. *Lenz,* Ges. Schriften, hrsg. v. E. *Levy,* 4. Bde. Berlin 1909, Bd. 4, S. 264.
98 Briefwechsel Goethe-Schiller, Bd. 1, S. 52; *Schiller,* Briefe, Bd. 2.
99 Fr. *Schlegel,* Jugendschriften, a.a.O., Bd. 1, S. 304.
100 Fr. *Hölderlin,* Werke, a.a.O., Bd. 2, 1, S. 120. »… Weh mir!/ Ich sei genaht, die Himmlischen zu schauen,/ Sie selbst, sie werfen mich tief unter die Lebenden/ Den falschen Priester, ins Dunkel, daß ich/ Das warnende Lied den Gelehrigen singe«.
101 Fr. *Schiller,* Briefe, a.a.O., Bd. 6, S. 49.
102 *Goethe,* Briefe (Soph. Ausg.), Bd. 20, S. 27f. »Sollen denn also«, fragt Goethe weiter, »unter dieser desavantagierten Kaste nicht auch gescheute Leute entstehen, die begreifen, daß gar kein Weg ist, um aus dieser Verlegenheit zu kommen, als sich zum Bramimen, wo nicht gar zum Brama aufwerfen?« In diesem Zusammenhang wäre mit Marcuse zu fragen, ob Dichter bzw. Schriftsteller deshalb als solche »Halbverbrecher« angesehen wurden, weil sie – obwohl im »Reellen« auskömmlich lebend – diesem »Reellen« (soweit sie es nicht affirmativ behübschten und verschönten) mit Widerspruch und Negation begegneten und es als Misere zu entlarven versuchten. Diese Frage könnte nicht nur den Leitfaden für eine Untersuchung von Kunst und Literatur in sozialen Krisenphasen, sondern auch für Probleme des Manirismus abgeben. Mit dieser »levis notae macula« mag Goethe aber auch auf die hier nicht näher zu behandelnde pathologische Andersartigkeit des Genies angespielt haben. Schon Horaz hatte die dichterische Begeisterung als »amabilis insania« bezeichnet (*Scherer,* Poetik, S. 174). Seneca formulierte (De tranquill. anim. 17, 10): »Nullum magnum ingenium sine mixtura dementia fuit«. Drastischer äußerte sich Wieland (Briefe, Bd. 3, S. 76f.) gegenüber Gleim: »Ein Poet sein, ist schon so viel, als einen oder zwei Sparren zu viel haben«. Und im »Athenäum« (Neuausg. F. *Bader,* Berlin 1925, S. 29) hieß es: »Beinahe alles Genie war bisher einseitig, Resultat einer krankhaften Konstitution«.
103 J.H. *Merck,* J.H. Mercks Schriften und Briefwechsel, hrsg. v. Kurt *Wolff,* Leipzig 1909, Bd. 1, S. 207.
104 J.M.R. *Lenz,* in: Herders Nachlaß, a.a.O., Bd. 1, S. 231.
105 ders.: Schriften, a.a.O., Bd. 4, S. 246.
106 *Novalis,* Schriften, a.a.O., Bd. 4, S. 140.

107 G. A. *Bürger*, Briefe, a. a. O., Bd. 2, S. 103.
108 F. W. *Riemer*, Mitteilungen über Goethe, hrsg. v. A. *Pollmer*. Leipzig 1921, S. 347. Vgl. Kestner an Hennings (18. 11. 1772) in: Der junge Goethe, hrsg. v. *Morris*. Leipzig 1910, Bd. 2, S. 314. »Er ... ist ein wahres Genie und ... handelt wie es ihm einfällt, ohne sich darum zu bekümmern, ob es anderen gefällt«.
109 L. L. *Schücking*, Geschmacksbildung, a. a. O., S. 56.
110 F. W. *Riemer*, Mitteilungen, a. a. O., S. 307.
111 *Goethe*, Werke (Festausgabe), hrsg. v. R. *Petsch*. Bd. 4, S. 121 (Tagebücher).
112 Chr. *Garve*, Briefe, a. a. O., Bd. 2, S. 179 f. Vgl. die von V. *Hehn*, Gedanken über Goethe, a. a. O., S. 135–138, 186, zusammengetragenen und ähnlich lautenden Äußerungen über den »Wilhelm Meister« von Fr. H. Jacobi, dessen adliger Umgebung und von anderen Zeitgenossen. Fast als ob er diese Vorwürfe geahnt hätte, erkundigte sich Schiller bei Goethe (Briefwechsel, Bd. 1, S. 85): »Was würden Sie dazu sagen, wenn ich mich, im Namen eines Herrn von X., gegen den Verfasser des Wilhelm Meister beschwerte, daß er sich so gern bei dem Schauspielervolk aufhält und die gute Societät in seinem Roman vermeidet? Sicherlich ist dies der allgemeine Stein des Anstoßes, den die feine Welt an dem Meister nimmt, und es wäre nicht überflüssig, auch nicht uninteressant, die Köpfe darüber zurechtzustellen«. Schiller hat den Gedanken leider nie genauer ausgeführt.
113 Siehe Anm. 92.
114 J. C. F. *Schulz*, Leben und Tod des Dichters Firlifimini (Leipzig 1784), Neudruck, hrsg. v. L. *Geiger*. Berlin 1885, S. 73 f.
115 J. G. *Hamann*, Briefwechsel mit F. H. Jacobi, hrsg. v. F. *Roth*. Leipzig 1819, S. 55.
116 W. H. *Wackenroder*, Werke und Briefe, hrsg. v. Friedrich v. d. *Leyen*, Jena 1910, Bd. 1, S. 275 f.
117 J. B. *Mencke*, Charlataneria eruditorum declamationes duae, cum notis variorum. Amstelodani (Leipzig) 1716.
118 Jean le Rond *d'Alembert*, Versuch über den Umgang der Gelehrten und Großen, über den Ruhm, die Mäcene und die Belohnungen der Wissenschaften. Übers. v. J. H. *Voß*. Leipzig 1775, S. 32.
119 J. G. B. *Büschel*, Über die Charlatanerie der Gelehrten seit Mencke. Leipzig 1791, S. 14–16. Zu den angewandten Kniffen rechnete Büschel (a. a. O., S. 22) folgende Praktiken:
  1. die fragwürdigen Ankündigungen in öffentlichen Blättern,
  2. das Pränumerations- und Subskriptionswesen (oft wurde nur ein Band angekündigt, obwohl mehrere geplant waren),
  3. irreführende Büchertitel (gelegentlich wurden sogar alte Lagerbestände mit neuem Titelblatt versehen und als neu verkauft) und
  4. Das Dedikations- und Vorredenwesen.
120 P. J. W. *Münnich*, Von dem Werte der Dichter, S. 3 f.
121 J. F. *Kleuker*, Über kaltblütige Philosophen und luzianische Geister. In: Dt. Museum 1777, Bd. 1, S. 241.
122 ders.: S. 242. Zu Kleukers Aufsatz siehe G. E. *Lessing*, Werke, a. a. O., Bd. 24, S. 146 ff. Vgl. A. v. *Knigge*, Über Schriftsteller, a. a. O., S. 50. »Die Wahrheit, welche der Schriftsteller lehrt ..., verliert nichts ..., wenn auch der Mann ... ein heimlicher Bösewicht sein sollte«.
123 F. G. *Findeisen*, Abhandlungen, a. a. O., S. 26.
124 P. J. W. *Münnich*, Dichter, a. a. O., S. 54.
125 L. A. *Unzer*, Dt. Dichter, a. a. O., Bd. 2, S. 168. *Hippel*, Lebensläufe in aufsteigender Linie. Berlin 1778 f. Bd. 1, S. 137; G. A. *Bürger*, Briefe, a. a. O., Bd. 2, S. 11; Chr. *Garve*, Versuche, a. a. O.

126 J.G. *Müller*, Komische Romane aus den Papieren des braunen Mannes, Bd. 5. Göttingen 1788, S. 28, s. a. S. 85.

127 J.G.B. *Büschel*, Charlatanerie, a.a.O., S. 200f.

128 F. *Schlegel*, Jugendschriften, a.a.O., Bd. 2, Fragment »Über die Unverständlichkeit«.

129 W. *Kayser*, Moderner Roman, a.a.O., S. 13.

130 P.J.W. *Münnich*, Dichter, a.a.O., S. 2.

131 Deutsches Museum, 1783, Bd. 1, S. 490.

132 H.W. v. *Gerstenberg*, Briefe über Merkwürdigkeiten der Literatur (Dt. Lit. Denkm., Bd. 29/30). Stuttgart 1890, S. 222f.

133 J.G. *Hamann*, Werke *(Rothe)*, Bd. 1, S. 216. ders.: Briefe *(Ziesemer/Henckel)*, Bd. 1, S. 304.

134 Chr. *Garve*, Briefe, a.a.O., S. 26f.

135 C. *Brentano*, Unbekannte Briefe, a.a.O., S. 144; ders.: Briefe *(Seebaß)*, a.a.O., Bd. 2, S. 179, s.a. S. 380f.

136 W.H. *Wackenroder*, Werke, a.a.O., Bd. 1, S. 276, 278.

136a H. *Marcuse*, Konterrevolution und Revolte, a.a.O., S. 113.

137 Briefwechsel Goethe-Schiller, a.a.O., Bd. 1, S. 411.

138 *Lessing* hat an mehreren Stellen der Hamburger Dramaturgie (7., 15., 34. und 96. Stück) die vom Geniegedanken bestimmte Sturm- und Drang-Generation als Erscheinungsform der entstehenden bürgerlichen Gesellschaft begriffen. Er war aber auch einer der wenigen Schriftsteller, die erkannten, daß die von dieser Generation erlangten Freiheiten sehr rasch verloren zu gehen drohten.

139 *Novalis*, Schriften, Bd. 4, S. 275, 356.

140 P. *Meissner*, Der Gedanke der dichterischen Sendung in der englischen Literaturkritik. In DVjs. XIV, 1936, S. 31–59; S. 33.

141 *Novalis*, Schriften, a.a.O., Bd. 2, S. 418.

142 C. *Brentano*, Werke, a.a.O., Bd. 1, S. XIV.

143 W.H. *Wackenroder*, Werke, a.a.O., Bd. 1, S. 276f.

144 J.G. *Herder*, Werke, a.a.O., Bd. 4, S. 410.

145 R.Z. *Becker*, Das Eigentum an Geisteswerken. Frankfurt/Leipzig 1789, S. 80.

146 C.M. *Wieland*, in: K.A. *Boettiger*, Lit. Zustände, a.a.O., Bd. 1, S. 263f.

147 Jean *Paul*, Werke, a.a.O., Bd. 2, S. 131.

148 *Goethe*, Werke (Soph. Ausg.), Abt. 4, Bd. 4, S. 18.

149 *Eckermann*, Gespräche mit Goethe, a.a.O., Bd. 3, S. 222.

150 *Goethe*, Werke (Soph. Ausg.), Abt. 1, Bd. 28, S. 233.

151 G.E. *Lessing*, Schriften, a.a.O., Bd. 10, S. 213.

152 *Goethe*, Werke (Soph. Ausg.), Abt. 1, Bd. 40, S. 196–203. Der Aufsatz erschien 1795 im 5. Heft der Horen S. 50–56.

153 H.J. *Heiner*, Das Ganzheitsdenken Schlegels, a.a.O., S. 112f.

154 F. *Strich*, Dichtung und Zivilisation, S. 222. Vgl. de *Staël*, Über Deutschland, a.a.O., S. 134f.

155 G. *Santayana*, Three philosophical poets. Harvard 1910, S. 176.

Ulrich Dzwonek/Claus Ritterhoff/Harro Zimmermann

»Bürgerliche Oppositionsliteratur zwischen Revolution und Reformismus«

- F. G. Klopstocks »Deutsche Gelehrtenrepublik« und Bardendichtung als Dokumente der bürgerlichen Emanzipationsbewegung in der zweiten Hälfte des 18. Jahrhunderts

Vorbemerkung

F. G. Klopstocks *Deutsche Gelehrtenrepublik,* die der Dichter 1774 nach einem aufsehenerregenden Subskriptionsverfahren selbst herausgab, ist im Umkreis der uns bekanntgewordenen Forschungsliteratur weder auf ihren systematischen Zusammenhang von Wissenschaft, Poetik und Politik hin, noch auf ihren historischen, der sie als ideologischen Ausdruck einer im Medium öffentlichen Räsonnements sich kritisch vom Spätfeudalismus emanzipierenden bürgerlichen Klasse ausweist, befragt worden.

Die *Deutsche Gelehrtenrepublik* als ein wissenschaftliche, poetische und politische Positionen bürgerlichen Denkens verschränkendes theoretisches Konstrukt ist u. E. nur in ihrem integralen Zusammenhang mit der eindeutig politisch orientierten Klopstockschen Bardendichtung zu verstehen, deren implizite reformistische Perspektive gesellschaftlicher Praxis sie eigentlich begründet.

In diesem Zusammenhang repräsentiert die *Deutsche Gelehrtenrepublik* die der bürgerlichen Intelligenz unter retardierten Entwicklungsbedingungen der bürgerlichen Gesellschaft in Deutschland maximal erreichbare politische Theorie-Praxis-Perspektive, die sich gesellschaftliche Emanzipation vorerst nur in der Dimension einer auf rational ausgewiesenen gesellschaftlich-wissenschaftlichen Voraussetzungen ruhenden Organisation der Gelehrten selber vorstellen konnte. Eine solche politische Konzeption verrät schon von ihrer grundlegenden Intention her, daß der gesellschaftliche Emanzipationsprozeß vorerst ohne seine eigentliche Grundlage – eine ökonomisch wie ideologisch gefestigte bürgerliche Klasse – vor sich gehen mußte. Dem politisch-ästhetischen Anspruchsniveau der literarischen Intelligenz entsprachen vorerst keine konkreten, am erklärten Klasseninteresse orientierten Interessenbewegungen der bürgerlichen Schichten, wodurch weitreichende Praxisperspektiven möglich geworden wären.

Diese unter spezifischen gesellschaftlichen Bedingungen zu verstehende isolierte Position der literarischen Intelligenz, sowie überhaupt die reale Dissoziation des bürgerlichen Publikums in seiner Gesamtheit, versuchen wir an einer der

Deutschen Gelehrtenrepublik in der Originalausgabe von 1774 beigefügten Subskriptionsliste deutlich zu machen, die den literatursoziologisch bedeutsamen Vorzug besitzt, daß hier nahezu alle Subskribenten aus einer großen Zahl deutscher und ausländischer Städte mit genauen Berufs- und Ständebezeichnungen vermerkt sind.

Im zweiten Teil der Arbeit versuchen wir dann einerseits der systematischen Konstellation der in der *Gelehrtenrepublik* zutage tretenden, auf eine bestimmte gesellschaftliche Praxis hindeutenden bürgerlichen Denkfiguren politischer und ästhetischer Provenienz nachzugehen, um dann andererseits auf der Grundlage des von uns für wesentlich erachteten inneren Zusammenhangs der *Deutschen Gelehrtenrepublik* mit der Klopstockschen Bardendichtung als einer exponierten Form bürgerlicher Oppositionsliteratur, an deren politischer wie kunstkritischer Rezeption einige Perspektiven des widersprüchlichen, zuletzt in politische Frustration übergehenden Prozesses der konzeptiven Erarbeitung einer gesellschaftlich wirksamen Literatur in der zweiten Hälfte des 18. Jahrhunderts aufzuzeigen.

Wir versuchen in diesem Beitrag keine Auseinandersetzung mit der Klopstock-Forschung, weil wir im Verlauf unserer Arbeit feststellen mußten, daß sie im Zusammenhang der von uns ins Auge gefaßten spezifischen Fragestellung bisher, von einigen unten noch aufzuführenden Arbeiten der DDR-Forschung abgesehen, diese Problemstellung noch nicht aufgenommen hat.*

I. Zur Subskriptionsleserschaft von Klopstocks Deutscher Gelehrtenrepublik

Der sich in Deutschland im 18. Jahrhundert andeutende Prozeß der – allgemein gesagt – Ablösung der feudalen durch die bürgerlich-kapitalistische Produktionsweise läßt sich in Ansätzen in folgender Übersicht beschreiben [1]:
- die Konzentration von Handelskapital in wichtigen Handelszentren oder Hauptstädten wie Hamburg, Bremen, Frankfurt, Berlin und Leipzig;
- die Entwicklung der Verlagsindustrie (vornehmlich in Schlesien, im Erzgebirge, Siegerland und anderen deutschen Mittelgebirgen), wodurch die städtische, handwerkliche Produktion unterlaufen wird;
- die Manufakturproduktion (hauptsächlich in Preußen und Sachsen), die ebenfalls die zünftlerische Handwerksproduktion tendenziell durchbricht;
- die Einführung neuer Produktionsmittel und -methoden im Bergbau und in der Eisen- und Hüttenindustrie;

*) Dieser Beitrag ist aus einem im Wintersemester 1972/73 an der Universität Göttingen von Klaus Düwel abgehaltenen Hauptseminar – »Germanenbild und Germanenideologie in der Literatur des 18. Jahrhunderts« – hervorgegangen. Die Verfasser danken an dieser Stelle Klaus Düwel für die großzügige organisatorische Hilfe und die sachlichen Hinweise, die er der Arbeit zuteil werden ließ.
Gleichfalls ist zu bemerken, daß Ulf Heidtke (Göttingen) an der Materialerstellung für den ersten Teil der Arbeit Anteil hatte.

- die Anwendung rationellerer Anbaumethoden in der preußischen Landwirtschaft, die eine allmähliche Kapitalisierung der Agrarproduktion einlei-
ten.

Diese Tendenzen bilden insgesamt den sozialökonomischen Bedingungsrah-
men der Entstehung umfassender »National- und Territorialwirtschaften« [2],
auf deren Grundlage sich der moderne Staat entwickelt. Mit der zunehmend
verstärkten Vergesellschaftung der Reproduktion geht die Herausbildung jener
Sphäre einher, »die mit dem Namen der Öffentlichkeit im modernen Sinne verknüpft ist: der Sphäre der öffentlichen Gewalt. Diese objektiviert sich in einer
ständigen Verwaltung und dem *stehenden* Heer; [...]« [3]. Das die Identität
von politischen und sozialen Beziehungen des Feudalsystems auflösende Ausein-
andertreten von Staat und Gesellschaft bedeutet einerseits die eigenständige Konstitution obrigkeitlich-politischer Institutionen und andererseits die tendenzielle
Freisetzung der – allerdings an zwangsrechtliche Reglementierungen gebundenen
– gesellschaftlichen Sphäre von Privatleuten. [4]

In dem Maße, in dem das mit der Abnahme der Eigenversorgung aufgrund
großräumiger Marktentwicklungen einhergehende private Interesse der Bürger
notwendig auf allgemeine soziale und politische Probleme verwiesen wird, ihr
individuelles Interesse also zu einer öffentlichen Angelegenheit werden muß, wobei den Bürgern zunehmend die Schranken der obrigkeitlichen Reglementierungen zum Problem werden, in dem Maße entsteht, vermittelt durch die vom
kapitalisierten Literaturbetrieb verfügbar gemachten Medien [5] die öffentliche
Kritik. Dieser Prozeß, der zugleich die Grenzen und die Verschränkungen von
öffentlicher Gewalt und Privatsphäre offenbart, läßt »jene Zone des kontinuierli-
chen Verwaltungskontraktes zu einer ›kritischen‹ auch in dem Sinne [werden],
daß sie die Kritik eines räsonierenden Publikums herausfordert.« [6]

Wenngleich die Obrigkeit ihre öffentlich bekanntgegebenen Reglementierungen an alle Untertanen richtet, so löst sie notwendig nur bei den gesellschaftlichen
Schichten eine Resonanz aus, deren sozialer Status durch Bildung und der damit
gesetzten Partizipationsmöglichkeiten an der öffentlich zu führenden, im weitesten Sinne politischen Diskussion bestimmt ist. Diese »Bürger« – nicht mehr
identisch mit den alten Berufsständen der Handwerker und Krämer –, deren
struktureller Kern, die »Beamten der landesherrlichen Verwaltung, vornehmlich
Juristen [...]« [7], ebenso aber auch Offiziere, Professoren, Gelehrte u. ä., durch
die Institutionen der absolutistischen Bürokratie in ihrer sozialen Position erst
konstituiert werden, bilden in erster Linie ›das‹ Publikum [8]. Diese Konstellation
des bürgerlichen Publikums ist an der der *Deutschen Gelehrtenrepublik* beigefügten Subskriptionsliste, in der nahezu alle Subskribenten mit Berufs- oder Standes-
angaben vermerkt sind, abzulesen. [9]

Differenzierte quantitative Übersicht der Subskriptionsleserschaft

Landesherren	0,7%
Adel ohne Berufstitel	5,5%
beamteter Adel	6,6%
adeliger Klerus	0,9%
Militär	3,9%

bürgerliche Beamte der Verwaltung	19,3%
sonstige Hof- oder Staatsbedienstete	1,2%
beamtete Erzieher	
(Professoren, Lehrer usw.)	8,6%
Hofmeister	0,8%
bürgerlicher Klerus	
(Pfarrer, Pastoren usw.)	6,7%
Candidaten	
(noch nicht beamtete, examinierte Theologen)	2,2%
freiberufliches akademisches Bürgertum (Ärzte, Advokaten usw.)	4,9%
Handels- und Finanzbürgertum (Kaufleute, Verleger, Bankiers)	3,6%
Bibliotheken	0,5%
Lesegesellschaften	0,2%
Zeitschriften	0,1%
Subskribenten ohne nähere Berufs- oder Standesangaben, Ungenannte und Studenten	34,2%

Mit der Subskriptionsausgabe der *Gelehrtenrepublik* haben wir einen Kristallisationspunkt der kritischen Diskussion der bürgerlichen Öffentlichkeit vor uns, in dem sich die charakteristische soziale Ausprägung des gesamten Publikums deutlich ablesen läßt, das in diesem Werk Klopstocks einen integralen ideologischen Bezugspunkt findet. In der antifeudalen, patriotischen Ausstrahlung der Literatur und der Person Klopstocks konnte das bürgerliche Publikum seine zunächst noch abstrakten Emanzipationsbedürfnisse bestätigt finden. Goethe beschreibt es später einmal folgendermaßen: [9a]

Nun trat Klopstock hervor und bot seine »Gelehrtenrepublik« auf Subskription an. Obgleich die spätern Gesäne des »Messias«, teils ihres Inhalts, teils der Behandlung wegen nicht die Wirkung tun konnten wie die frühern, die, selbst rein und unschuldig, in eine reine und unschuldige Zeit kamen; so blieb doch die Achtung gegen den Dichter immer gleich, der sich, durch die Herausgabe seiner Oden, die Herzen, Geister und Gemüter vieler Menschen zugewendet hatte. Viele wohldenkende Männer, darunter mehrere von großem Einfluß, erboten sich, Vorausbezahlung anzunehmen, die auf einen Louisdor angesetzt war, weil es hieß, daß man nicht sowohl das Buch bezahlen, als den Verfasser, bei dieser Gelegenheit, für seine Verdienste um das Vaterland belohnen sollte. Hier drängte sich nun jedermann hinzu, selbst Jünglinge und Mädchen, die nicht viel aufzuwenden hatten, eröffneten ihre Sparbüchsen; Männer und Frauen, der obere, der mittlere Stand trungen zu dieser heiligen Spende bei, und es kamen vielleicht tausend Pränumeranten zusammen. Die Erwartung war aufs höchste gespannt, das Zutrauen so groß als möglich.

Gleichwohl darf diese breite Beachtung der Klopstockschen *Gelehrtenrepublik* nicht darüber hinweg täuschen, daß die gesellschaftlichen Wirkungen gerade der »hohen« Literatur real nicht dem entsprachen, was die in der Subskriptionsliste zutagetretende große Resonanz scheinbar beweist. [10]

Unsere spätere Analyse wird zeigen, wie unvermittelt mit konkreten Interessenbewegungen der erst entstehenden bürgerlichen Klasse das politisch-ästhetische Anspruchsniveau der bürgerlichen literarischen Intelligenz ist, die keineswegs unmittelbare Repräsentationsfunktionen einer ökonomisch und ideologisch gefestigten bürgerlichen Klasse haben konnte. Immerhin aber lassen sich anhand der Subskriptionsliste die spezifischen gesellschaftlichen Schichten angeben, die zur Diskussion dieser oppositionellen Literatur antreten. Und zwar zeigen schon Goethes obige Äußerungen, daß Teile des Publikums nicht einmal Klopstocks Schrift selbst unbedingt zu lesen gedachten, sondern vornehmlich das politische und ökonomische Emanzipationsbemühen dieses bürgerlichen Dichters unterstützen wollten. Die Subskriptionsbegeisterung in breiten Schichten deutet implizit darauf hin, daß diese Schichten sowohl von der Relevanz öffentlich-politischer Aufklärung als auch von der Notwendigkeit einer unabhängigen sozialen und ökonomischen Position der Literaten überzeugt waren.

Die mit den noch unentwickelten Verkehrsformen des literarischen Marktes verknüpften rechtlichen und ökonomischen Unsicherheiten des ›freien‹ Schriftstellers [11], die auch Klopstock zu spüren bekam [12], waren der konkrete Grund für sein Subskriptionsverfahren. Andererseits war die Subskription auch ein Versuch der übergreifenden Interessenorganisation eines durch dieses Verfahren eindeutig bestimmbaren und erreichbaren Publikums [13]. In seinen Subskriptionsankündigungen und -plänen zur Herausgabe der *Gelehrtenrepublik* hat Klopstock diese doppelte Motivation explizit formuliert. Im Mai 1773 schreibt er an seinen Freund Ebert:

»Ich denke nächstens eine Schrift auf Subscription herauszugeben, wobey die vornehmste Absicht ist, auf diese Weise einen Versuch zu machen, ob es möglich sey, daß die Gelehrten Eigenthümer ihrer Schriften werden. Denn itzt sind sie dies nur dem *Scheine nach;* die Buchhändler sind die *wirklichen* Eigenthümer, weil ihnen die Gelehrten ihre Schriften, wenn sie anders dieselben gedruckt haben wollen, wohl überlassen *müssen.* – Ich stelle mir vor, daß die *Gelehrten,* zu Erreichung einer solchen Absicht, wie die meinige ist, einander beystehen solten. Ich denke auch, daß *die Liebhaber und Liebhaberinnen der Wissenschaften* dazu werden behülflich seyn wollen.« [14]

Klopstocks Forderung, daß die Gelehrten (als solche versteht er u. a. die Dichter) »Eigenthümer ihrer Schriften« (s. o.) werden sollen, widerspiegelt das Bewußtsein vom individuellen, eigenständigen Wert künstlerischer Produktion, das entstehen konnte durch die zunehmende Lösung von der direkten Einflußnahme einzelner Auftraggeber [15]. Diese Vorstellung des autonomen Wertes schriftstellerischer Arbeit gründete in den sich im 18. Jahrhundert andeutenden bürgerlich-kapitalistischen Verkehrsformen [16], von denen die Strukturen des entstehenden literari-

schen Marktes zunehmend bestimmt werden [17]. »Gerade durch die kommer-
zielle Vermittlung entstanden die kritischen und ästhetischen Bezüge, die sich
von bloßer Konsumtion unabhängig wissen.« [18]

Die ästhetisch-kritische Emanzipation der bürgerlichen Schriftsteller findet in
der Entstehungsphase des literarischen Marktes, wie Klopstocks in seinen Sub-
skriptionsplänen formulierten Ansprüche zeigen, eine noch ungenügende materielle Entsprechung. Deshalb richtet sich Klopstocks Selbstverlag nicht grundsätzlich gegen die Vermarktung der künstlerischen Produktion, der er seine
relative Autonomie erst verdankte, sondern wesentlich gegen die aufgrund der
Rechtsunsicherheit übliche Exploitation der Literaten durch die Verlegerkapitali-
sten. »So lag in der notwendigen Bindung des Fortschritts der ästhetischen Produktivkräfte an die gesellschaftlichen Produktivkräfte des kapitalistischen Pro-
duktions- und Verwertungsprozesses von Anfang an die Möglichkeit zum Bruch
zwischen literarischer und materieller gesellschaftlicher Entwicklung.« [19] Dieses widersprüchliche Verhältnis von »progressive[m] Autorinteresse« (B. J. Warneken, ebd., S. 93) und den verdinglichenden Mechanismen des kapitalisierten
Buchmarktbetriebes wird uns später als ein integraler Bezugspunkt der Kritik
an Klopstocks Dichtung wiederbegegnen.

*II. Die »Deutsche Gelehrtenrepublik« als Dokument emanzipatorischer Politik
und Poetik*

*1. Radikalisierungstendenzen der politischen Debatte in den sechziger und sieb-
ziger Jahren des 18. Jahrhunderts*

Wir wollen hier zunächst, um zu konkreten Erklärungen hinsichtlich der immanenten Problematik von Klopstocks *Deutscher Gelehrtenrepublik* und der
hiermit im engen Zusammenhang stehenden Bardendichtung zu kommen, den
Rahmen der politischen und ideologischen Orientierungen der späten sechziger
und siebziger Jahre des 18. Jahrhunderts abstecken, die, wie zu zeigen sein wird,
auf der Grundlage sozialer Krisenerscheinungen des Spätfeudalismus, wie einer
intensiven Rezeption ausländischer politischer Theorien, eine deutliche Tendenz
zunehmender Radikalisierung aufweisen. [20]

Wolfgang Stammler hat in seinem Aufsatz *Politische Schlagwörter aus der
Zeit der Aufklärung* den Umkreis der zentralen politischen Topoi umrissen und
gezeigt, daß alle wesentlichen bürgerlichen Kampfparolen, besonders auch die
der französischen Aufklärung, in Deutschland sich schon in den späten sechziger
Jahren unter dem Einfluß der Rezeption Montesquieus, Rousseaus, sowie auch
Fergusons, Millars und Adam Smiths durchgesetzt hatten und zu diesem Zeitpunkt durchaus ein gewisses theoretisches Verständnisniveau anzeigen. [21] Wiewohl hier insgesamt aufgrund der abstrakten Identifizierung von Staat und
Gesellschaft Prozesse gesellschaftlicher Emanzipation noch nicht als solche the-

matisiert werden konnten, sondern sozialer Fortschritt nur als durch öffentlich-moralischen Druck auf die Fürsten als politische Repräsentanten möglich erschien, und obwohl die Kritik noch sehr ambivalent war, [22] war hier doch eine politische Debatte in Gang gekommen, die in erklärter Frontstellung zum Feudalsystem stand, [23] über dessen Berechtigung und Veränderbarkeit reflektierte, Machtmißbräuche öffentlich verurteilte und nicht zuletzt das Programm des bürgerlichen Patriotismus verkündete. [24] Sie hat von Thomas Abbt, über die beiden Moser, Möser, die Schweizer Republikaner Iselin und Zimmermann, bis hin zu Schlözer, Schubart und Wekhrlin eine große, die politische Meinungsbildung der deutschen Aufklärung prägende Tradition bürgerlicher politischer Publizistik eröffnet. [25]

Werner Krauss hat an Friedrich Karl Mosers Schrift *Von dem deutschen Nationalgeist* (1765) das ideologische Verständnisniveau der zeitgenössischen deutschen Publizistik aufgezeigt. Moser weist nach, daß in einer von Klassenschranken zerrissenen Gesellschaft der Patriotismus sich nicht entwickeln kann. [26] Schlechte Erziehung sei das Grundübel aller sozialen und politischen Deformationen und eine Veränderung der Zustände nur durch einen Zusammenschluß aller »wohlgesinnten Staatsmänner, Minister und Räte der verschiedenen deutschen Höfe . . .« möglich. [27] Weiter als Moser geht Justus Möser in seiner Rezension der genannten Schrift; er fordert die »völlige Abkehr vom höfischen Deutschland für die Entfaltung eines deutschen Nationalgefühls«. [28] Der im weiteren von Krauss zitierte Publizist von Bülow geht schließlich so weit, Nationalgeist und Klassenherrschaft als prinzipiell unvereinbar zu erklären; ähnlich konnte auch für Thomas Abbt ein despotisch regiertes Land kein Vaterland sein.

Wenn Krauss weiterhin ausführt, daß die Auseinandersetzungen um die Problematik des deutschen Nationalbewußtseins zu einer »Epoche der politisch-geschichtlichen Hochspannung« führte und dann fortfährt: »Seit Mitte der siebziger Jahre greift eine Stimmung um sich, die wir nicht anders als Revolutionsbereitschaft bezeichnen können. Die Erwartung einer totalen Wende verknüpft sich mit dem deutschen Schicksal, dessen unverträglich gespannte Widersprüche zu einer Krise ohnegleichen zu drängen scheinen« [29], so berührt er nur einen, wenngleich wesentlichen Aspekt der derzeitigen politischen und ideologischen Auseinandersetzungen. Es ist keineswegs nur die Patriotismus-Debatte, die in der politischen Diskussion dieser »Epoche der geschichtlich-politischen Hochspannung« wirksam ist, sondern man findet darin vermittelt eine ideologische Strömung, deren Augenmerk sich vornehmlich auf die bäuerlich-plebejischen Schichten der Gesellschaft richtet. [30] Diese Richtung der politischen Auseinandersetzung, die dann auch eine entscheidende ästhetische Dimension annimmt, ist zu verstehen auf der Grundlage einer wichtigen sozialen und politischen Konstellation dieser Jahre, deren ideologischer Reflex sie ist. Diese ganz entscheidende soziale und politische Konstellation war der allen bürgerlichen Ideologen jener Jahre sichtbar gewordene gesellschaftliche Widerspruch des Spätfeudalismus, der

sich in dem Zurückbleiben der feudalen Produktivkräfte gegenüber den elementaren Bedürfnissen der noch weithin agrarisch verfaßten Gesellschaft zeigte. Dieser
Widerspruch äußerte sich in der großen strukturellen Krise von 1770 bis 1773,
die allein in Sachsen 150 000 Menschen, also etwa dem zwölften Teil der Gesamtbevölkerung, das Leben kostete. [31] Diese verheerende Krisensituation mußte,
zumal auf der Grundlage einer sehr regen politischen Publizistik in Deutschland,
das soziale Problem von Bauern und Plebejern zu einem zentralen ideologischen
Orientierungspunkt werden lassen. Dies umso mehr, als in einer solchen Phase
der Entwicklung der bürgerlichen Gesellschaft, in der die »Anfänge der kapitalistischen Entwicklung [...] in der Zirkulationssphäre befangen bleiben« [32], dergestalt, daß die Verleger noch stets in der Rolle von Handelskapitalisten fungierten
und von daher noch kein unmittelbares Interesse an der Umwälzung der bestehenden Produktionsweise in Richtung auf dezidierte Kapitalverwertungsmöglichkeiten entwickeln konnten, notwendigerweise – und das hat Marx sehr deutlich ausgesprochen – [33] das Problem der landwirtschaftlichen Produktivität
und damit das soziale und politische Dilemma der bäuerlich-plebejischen Schichten virulent werden mußte.

Wenn die bürgerlichen Ideologen dieser Jahre »mit vollem Recht im damaligen
Entwicklungsstand der Industrie weder die entscheidende Ursache für die Krise
noch einen unmittelbaren Ansatzpunkt zur Überwindung des wirtschaftlichen
Dilemmas der ganzen Epoche« [34] sahen, so war nichts konsequenter, als daß
die bürgerliche Intelligenz auf breiter publizistischer Front, wie auch in ihrer
ästhetischen Debatte, sich radikal der Probleme der unteren Schichten annahm.
[35] Diese Diskussion wurde durch die intensive Rezeption des französischen
Physiokratismus und Rousseaus gestützt. [36]

Diese Tendenzen insgesamt gaben der antifeudalen Kritik in Deutschland einen
erheblichen Auftrieb; Stolpe schätzt diese gesellschaftlichen Erfahrungen der bürgerlichen Intelligenz hinsichtlich ihrer radikalisierenden und orientierenden Wirkung höher ein, als die »noch ziemlich unbeständige materielle Stärkung« [37]
der entstehenden bürgerlichen Klasse insgesamt.

Auf der Grundlage der geschilderten sozialen und ideologischen Bewegungen
war eine Radikalisierung der bürgerlichen Intelligenz gegenüber dem Feudalsystem eingetreten, die z. B. vereinzelt nicht nur zu aktiven ökonomischen
Reformversuchen führte [38], sondern, was in unserem Zusammenhang besonders wichtig erscheint, insbesondere in Kunst und Literatur die Aufnahme des
sozialen Elends der unteren Schichten in den Stoffkreis der ästhetischen Wirklichkeitsaneignung vorbereitete und damit politisch-ästhetische Konzeptionen möglich machen sollte, die erstmalig die Schranken der bildungsbürgerlichen Kunsttheorie und -praxis transzendieren. Die radikalen Vertreter der führenden
bürgerlichen Literaten der frühen siebziger Jahre verpflichteten sich einem politisch-ästhetischen Programm, das integral von dem theoretischen Bemühen bestimmt war, die als prinzipiell bildungs- und entwicklungsfähig betrachteten

bäuerlichen und plebejischen Schichten kulturell und politisch zu aktivieren, sowie deren adäquate Interessenartikulation in der Literatur möglich zu machen.
Wenn Goethe später im 10. Buch von *Dichtung und Wahrheit* programmatisch
im Hinblick auf die siebziger Jahre erklärt, »daß die Dichtkunst überhaupt eine
Welt- und Völkergabe sei, nicht ein Privat-Erbtheil einiger fein gebildeten Männer« [39], oder wenn Lenz bemerkt: »Wenn wir in die Häuser unserer sogenannten gemeinen Leute gingen, auf ihr Interesse, ihre Leidenschaften Acht gäben
und da lernten, . . . « [40], und wenn schließlich Herder wiederholt davon spricht,
daß er sich als Wissenschaftler und als Dichter in den Dienst des »ehrwürdigen
Theils der Menschen, den wir Volk nennen« [41] stellen will, so erweisen sich
diese beispielhaften Positionen deutlich als Reflexe der oben vorgestellten sozialen
und ideologischen Konstellation.

Unsere bisherigen Ausführungen haben in einer groben Skizze die gesellschaftliche Grundlage der siebziger Jahre mit ihren ideologischen Implikationen zu
umreißen versucht [42], in deren allgemeinem Rahmen die Subskriptionsausgabe
von Klopstocks *Deutscher Gelehrtenrepublik* zu sehen ist. Stellt man Klopstocks
Schrift in diesen Zusammenhang, so muß der entschiedene Widerspruch ins Auge
fallen, den sie bei Herder und anderen Literaten gefunden hat; dies umso mehr,
als der innere Zusammenhang der *Gelehrtenrepublik* aufgrund ihrer bardischen
Elemente wie überhaupt der theoretisch-wissenschaftlichen Grundlegung von
Klopstocks verstandener Kunst mit der in dieser Zeit von den kritischen Literaten
zunächst noch allgemein anerkannten oppositionellen Bardenliteratur offensichtlich sein mußte (vgl. unten S. 306). Herder, an dessen Positionen sich die Kritik
am deutlichsten ablesen läßt, bemerkt: »Klopstocks Werk ist ein völliger Banque-
rout an Ideen vor ganz Deutschland gespielt und ganz Deutschland in die Hände
gespielt« und reduziert das Buch auf ein »wahres Originalwerk in Styl und selbst
Mängeln, . . . « [43] Dieser Widerspruch Herders gegen die »Ideen« Klopstocks
basiert u. E. auf einer sehr unterschiedlichen theoretischen Gewichtung der Möglichkeiten und Ansatzpunkte konkreten gesellschaftlichen Handelns. Herder
mißversteht das von Klopstock in seiner Dichtung, z.B. in seinen Hermann-Bar-
dieten, angelegte Verständnis gesellschaftlicher Praxis. Wenn Klopstock besonders in den Bardieten politische Auseinandersetzungen der Germanen mit ihren
Unterdrückern thematisiert, geht er nicht von einer unmittelbaren Umsetzbarkeit
dieser Formen gesellschaftlicher Praxis auf seine reale Gegenwart aus, sondern
will mit diesem emphatischen Sujet nichts als ideologische Vorbereitung in Hinsicht auf Möglichkeiten gesellschaftlichen Handelns der bürgerlichen Literaten
vermitteln. [44]

Herders ebenfalls dezidiert politisch orientierter Kunstbegriff tendiert dagegen
zu einem unmittelbar umsetzbaren Handlungsimpuls, den die Dichtung auf konkrete Emanzipationsbewegungen haben soll. Für Herder ist in diesen Jahren Literatur ein »Schwert der Freiheit gegen die Unterdrücker« [45] und hat die wesentliche Aufgabe, unmittelbar »lebendige That . . . zu reden.« [46] Für diesen

Zusammenhang hat Herder in den politischen Auseinandersetzungen der nordischen Völker eine ideale Kunst–Praxis Konstellation gefunden, deren unmittelbare Bedeutung er, anders als Klopstock, auch für die zeitgenössischen Emanzipationsbewegungen für verbindlich hält. Auf der Grundlage dieser später noch näher zu behandelnden praktizistischen Orientierung Herders als des führenden Ideologen der siebziger Jahre ist der Widerspruch zu Klopstocks *Deutscher Gelehrtenrepublik* trotz entschiedener Verteidigung der Klopstockschen Bardendichtung erklärbar. Die inhaltliche Konzeption der *Gelehrtenrepublik* repräsentiert, wie noch näher zu zeigen sein wird, den theoretisch umrissenen Zusammenhang der in der Klopstockschen Dichtung angelegten Ansatzpunkte und Möglichkeiten von gesellschaftlicher Praxis der bürgerlichen Schriftsteller.

2. *Zur Genesis der Deutschen Gelehrtenrepublik*

Im Frühjahr 1768 hatte Klopstock durch den Grafen Wellsperg von den Plänen Maria Theresias erfahren, in Wien eine Akademie der Wissenschaften zu gründen. Der von dem Jesuiterpater Hell erstellte Entwurf für das Projekt wurde aber von Maria Theresia verworfen, da Hell vornehmlich jesuitische Wissenschaftler in die Akademie aufnehmen wollte. Daraufhin machte Klopstock einen neuen Vorschlag, wobei er über die Vorstellungen des Jesuitenpaters, eine auf Wien begrenzte Akademie zu schaffen, hinausging und die Unterstützung der Wissenschaften in Deutschland überhaupt forderte. [47] Mit der Erwartung, daß Kaiser Joseph II. den Plan einer nationalen Förderung der Wissenschaften unterstützen würde, widmete er diesem sein 1767 erschienenes Bardiet *Hermannsschlacht*. [48] Graf Wellsperg nahm ein Exemplar des Bardiets und den Entwurf der Widmung am 19. April 1768 mit nach Wien, um sie dem Kaiser vorzulegen. [49] Mit seinen Plänen griff Klopstock u. a. auf eigene kulturpolitische Vorstellungen zurück; bereits 1750 hatte er dem dänischen König Friedrich V, an dessen Hof er von 1751 bis 1770 als Staatspensionär lebte, den Vorschlag gemacht, eine Druckerei zu gründen, »um den besten Schriftstellern die Kosten der Bekanntmachung ihrer Schriften zu schenken.« [50] Diesen Plan greift Klopstock u. a. auch in seinem Entwurf für eine Akademie der Wissenschaften wieder auf. Er erscheint jedoch nicht als »aktenmäßiger« oder »nüchterner« Vorschlag, [51] sondern in Teilen und verklausuliert in einem »Fragment aus einem Geschichtsschreiber des neunzehnten Jahrhunderts« in seiner *Deutschen Gelehrtenrepublik*. [52]
Der Kaiser nahm die Widmung des Bardiets zwar an und belohnte Klopstock mit einem repräsentativen Medaillon, tat aber zur Verwirklichung des Akademieplans nichts. In seiner Ode *Die Roßtrappe* gab Klopstock 1771 seinem Ärger über die ausgebliebene Unterstützung des Wiener Hofes Ausdruck und prophezeite Joseph II., daß ihn die Geschichtsschreibung vergessen würde, wenn er die Wissenschaften in Deutschland nicht unterstützte, [53] denn in der Person des

Kaisers, als nominell wichtigster politischer Instanz, mußte er die zentrale Bezugs-figur für die Verwirklichung seiner Vorstellungen sehen. [54]

Doch bald erkannte Klopstock die Aussichtslosigkeit seiner Bemühungen, vom Wiener Hof Unterstützung zu erhalten, und betrachtete die Pläne als gescheitert. [55]

Klopstocks erste Beschäftigung mit dem Gedanken, eine Geschichte der *Deut-schen Gelehrtenrepublik* zu schreiben, fällt in das Jahr 1770; »denn am 14. August teilte er Ebert mit, daß auf ›Michael‹ in der neuen Ausgabe des ›Hypo-chondristen‹ ›Gesetze für die Gelehrtenrepublik in Deutschland‹ erscheinen wür-den, doch erst ein Jahr später wurden die ›trefflichen Gesetze‹ in Gerstenbergs Wochenschrift veröffentlicht. Um die Gesetze den weitesten Kreisen zugänglich zu machen, ließ er sie gleichzeitig auch im ›Wandsbecker Boten‹ vom 29. Juni bis 6. Juli erscheinen. Er hatte dann die Absicht, bald eine Nachricht von dem letzten Landtage der Gelehrten und Dichter folgen zu lassen, wovon Umrisse jedenfalls schon 1770 vorliegen, da er bereits im ›Hypochondristen‹ und ›Wands-becker Boten‹ gelegentlich von der ›nun bald vollendeten Geschichte der Repu-blik‹ spricht.« [56]

Im Juni 1773 machte Klopstock dann bekannt, daß am 1. Februar 1774 eine Schrift von ihm mit dem Titel »Deutsche Gelehrtenrepublik« erscheinen werde, und er, da er sie im Subskriptionsverfahren verbreiten wolle, Kollekteure und Subskribenten suche. Klopstocks *Deutsche Gelehrtenrepublik* kann als eine um-fassende Weiterführung seiner praktischen Akademiebestrebungen angesehen werden.

3. Der Übergang von der feudalen zur bürgerlichen Gesellschaft – Zur Organisa-tionsstruktur der »Deutschen Gelehrtenrepublik«

Eine Gelehrtenrepublik, so entnehmen wir Max Kirschsteins Dissertation, sollte eine »Vereinigung aller geistigen Arbeiter, sei es, daß sie theoretische Er-kenntnisse suchten, sei es, daß sie diese im praktischen Leben anwenden wollten«. sein. [57] Die Vereinigung der Gelehrten auf nationaler Ebene spielte« der Idee nach die wichtigste Rolle in der Republik, in der die Wissenschaften »durch Ergebnisse und Lehren« dem allgemeinen Nutzen dienen und dem realen Staat zur Verbesserung verhelfen sollten. Die Gelehrten orientieren ihre wissenschaftli-che Arbeit an individuell wie allgemein geltenden Vernunftprinzipien: für den Fall aber, daß gegen die Maximen wissenschaftlicher Arbeit verstoßen wird, er-hält eine übergeordnete Instanz, die sich in der Einrichtung von »Landtagen« repräsentiert, durch gesetzlich verankerte Normen ein Reglementierungsrecht.

Klopstocks *Deutsche Gelehrtenrepublik* ist bestimmt durch eine aristokra-tische Struktur, die durch die Gruppen des Pöbels, des Volks, der Zünfte und der Aldermänner hierarchisch konstituiert wird. »Zum Volk gehört, wer, ohne sich über das *Mittelmäßige* zu erheben, schreibt, oder öffentlich lehrt, oder die

Wissenschaften im gemeinen Leben anwendet; ferner gehören diejenigen dazu, welche so wenig von dem wissen, was würdig ist, gewußt zu werden (es kommt hier auch in Betracht, wenn sie sich auf zuviel Unwissenswürdiges eingelassen haben), daß sie nicht zünftig sind. Außer diesen wird die Zahl des schwankenden Volkes auch noch durch die schwankenden Kenner, und diejenigen Jünglinge vermehrt, welche von sich hoffen lassen, daß man sie bald in eine Zunft werde aufnehmen können«. [58]

In den Zünften versammeln sich die ausgezeichneten Gelehrten. Klopstock unterscheidet in seiner Republik zwischen vier ruhenden und elf wirksamen Zünften. In den ruhenden oder Unterzünften sind die Gelehrten zusammengefaßt, »die sich durch das Maß ihres Wissens auszeichnen, ohne daß sie es in Erscheinung treten lassen.« [59] Die Wissenschaftler, die sich vornehmlich der Lehre und Forschung widmen und damit eine aktive Rolle in der wissenschaftlichen Arbeit übernehmen, sind in den Oberzünften organisiert. Die Spitze der Gelehrtenhierarchie bilden die Aldermänner, die aus den Zünften gewählt werden. Diejenigen, die sich nicht wissenschaftlich betätigen und dem Volk oder den Zünften nicht zuzuordnen sind, bilden den Pöbel, »*das geringe Volk, der große Haufen, der gemeine Mann*«, der politisch rechtlos und von der Mitbestimmung der Geschicke der Republik ausgeschlossen ist. In dieser Organisationsstruktur der Gelehrtenrepublik zeigt sich ein unverkennbar ständisches Element; indem hier nämlich die aktive politische Partizipation nicht im »kompetenzfreien Urteil von Laien« liegt [60], sondern durch Bildung und Qualifikation der wissenschaftlich Arbeitenden determiniert wird, deren Grad im Umfang der politischen Rechte seine Entsprechung findet. Hier werden also genuin bürgerliche Leistungskriterien in einem quasi-feudalen Struktursystem festgehalten.

Klopstock knüpft die politischen Stimmrechte an das Kriterium der wissenschaftlichen Qualifikation: das Volk kann – je nach der inneren Geschlossenheit seiner Entscheidung – drei, zwei oder u. U. keine Stimme für sich beanspruchen; die Zünfte verfügen auf den Landtagen über je eine und die Aldermänner über je zwei Stimmen.

Einerseits zeigt sich an dieser Stelle, daß Klopstock hier aufgrund der Wahl seiner Stilfigur, der ›Gelehrtenrepublik‹, – ein Begriff, der, wie Kirschstein versichert, in den siebziger Jahren zum bloßen Schlagwort geworden war [60a] – den Ansprüchen ihrer inneren Logik folgen muß, denen es zuwider liefe, über die Geschicke einer Vereinigung geistiger Arbeiter Individuen mitentscheiden zu lassen, die eine ungenügende oder gar keine wissenschaftliche Kompetenz nachweisen können. Andererseits objektiviert sich gerade in der Verwendung dieser Stilfigur die Besonderheit der in Deutschland zu dieser Zeit sich erst zaghaft andeutenden bürgerlich-kapitalistischen Entwicklungstendenzen, wodurch die Dimension gesellschaftlicher Veränderungen der bürgerlichen Intelligenz als auf ihre eigene Organisation und wissenschaftliche Tätigkeit begrenzt erscheinen mußte. [61]

Wird in der Zumessung der politischen Partizipationsrechte durch das Kriterium der Bildung und Qualifikation in der Dimension einer Kompetenz- und Leistungshierarchie ein unverkennbar ständisches Element in der *Deutschen Gelehrtenrepublik* sichtbar, so zeigt sich in der weiterführenden Betrachtung der Klopstockschen Vorstellungen, daß diese Position ambivalent ist: denn mit dem Prinzip der wissenschaftlichen Qualifikation als Grundlage aktiver Betätigung in der Republik wird bereits eine ihrem Wesen nach spezifisch bürgerliche Denkfigur aufgenommen, die in allen frühbürgerlichen politischen Theorien substantiell enthalten ist. Das Kriterium des Privateigentums als Voraussetzung der jedem möglichen politischen Partizipation findet eine kategoriale Entsprechung in der Gelehrtenrepublik Klopstocks im Prinzip wissenschaftlich qualifizierter Leistung. Klopstock bietet dabei zwar nicht wie die Theoretiker z.B. der Schottischen Moralphilosophie eine an konkreten Verhältnissen abgelesene Gesellschaftstheorie, sondern es muß ihm um politische Organisationsbedingungen der bürgerlichen literarischen Intelligenz und die Einkreisung ihres Arbeitsrahmens gehen, in die quasi-gesellschaftstheoretische Vorstellungen gleichsam unter der Hand mit einfließen. Es gehen hier, und das verweist auf spezifisch bürgerliche Intentionen Klopstocks, die feudalen ideologischen Elemente der ständischen Organisation mit der spezifisch bürgerlichen Denkfigur der Qualifikation eine eigentümliche Verbindung ein, von der her die vorgegebene Ordnung durch individuell qualifizierte Leistung durchbrochen werden kann und damit eine auf wissenschaftlicher Konkurrenz basierende, prinzipielle vertikale Durchlässigkeit der Hierarchie möglich wird. Das wissenschaftliche Leistungsprinzip ermöglicht es sogar, einzelne Elemente der ständischen Organisation zu beseitigen, wie dies etwa die Aufhebung der Zunft der Scholiasten auf dem letzten Landtag der Republik zeigt, [62] die den Erfordernissen wissenschaftlicher Arbeit, Originalität zu zeigen und Neues zu entdecken, nicht mehr genügen konnte und damit dysfunktional für die Republik wurde. [63]
Ein wesentliches, dem bisher abgesteckten allgemeinen Rahmen entsprechendes Strukturmerkmal der Gelehrtenrepublik zeigt sich in ihrer selbständigen Gesetzgebung. Die Einrichtung der Landtage dient in erster Linie der Aufgabe, durch gesetzliche Bestimmungen der Richtlinien wissenschaftlicher Arbeit die äußeren Rahmenbedingungen für das gesellschaftliche Wirken der Gelehrten zu schaffen. Daneben erfüllen die Zusammenkünfte der Gelehrten auch die Aufgabe, gleichsam als Gerichtsort zu dienen, auf dem Regelverstöße bestraft, Belohnungen für wissenschaftliche Arbeit verteilt werden und durch Gedankenaustausch die wissenschaftliche Debatte vorangetrieben wird.
Die selbstgegebene normative Struktur des Verkehrs der Gelehrten soll den »erste[n] Grundstein« der Republik, [64] die Freiheit konstituieren. Auf deren Grundlage sollen sich unabhängig von Mäzenaten und der Reglementierung absolutistischer Höfe durch individuelle Autonomie, Originalität und Konkurrenz die Wissenschaften zum Nutzen der Allgemeinheit entfalten. [65]

Auch hier ergeben sich partielle Konvergenzen der Klopstockschen wie allgemein der frühbürgerlichen politischen Theorien entstammenden Begrifflichkeit – im Sinne von strukturlogischen Entsprechungen –, die freilich in ihrer historischen und ideologischen Valenz unterschiedlich aufzufassen ist. In dem angeführten Freiheitsgedanken offenbart sich die in den frühbürgerlichen Theorien unter dem Einfluß der mit dem sich ausbreitenden Warenverkehr gesetzen abstrakten Wert- und Vertragsbeziehungen postulierte Fiktion freier und gleicher Bürger, die im Wettstreit miteinander eine optimale Befriedigung ihrer Bedürfnisse erfahren und so insgesamt auch größtmögliche Glückseligkeit in der Gesellschaft erzeugen. [66] Bedrohungen dieser auf Privatautonomie gegründeten Verkehrsweise durch die Konstitution ökonomischer wie politischer Abhängigkeiten müssen im Interesse der gesellschaftlichen Selbsterhaltung durch Gesetze verhindert oder bestraft werden. Ebenso verhält es sich in der Gelehrtenrepublik: wer die existentielle Grundbedingung der Gelehrtenorganisation, die Freiheit, durch Despotismus aufhebt, macht sich des Hochverrats schuldig und wird mit ewiger Landesverweisung bestraft. [67] Der Bereich der Anwendung des Grundsatzes der Freiheit und Gleichheit in der Gelehrtenrepublik zeigt aber, und eben das wird durch die ständische Organisationsstruktur belegt, daß die gesellschaftliche Wirklichkeit den postulierten Anspruch trübt, denn jeder ist nicht in der Lage, die Grundbedingung der politischen Partizipation im ›Gelehrtenstaat‹ – die wissenschaftliche Kompetenz – gleichermaßen gut zu erfüllen. Diese anthropologischen Grenzen der einzelnen Individuen, die Klopstock als solche stehen läßt, werden aber, wo sie nicht vorab quer zur Bildungsfähigkeit stehen, aufgrund der strukturellen Gegebenheiten des Systems möglichst aufgefangen. Wer nur irgend sich als den Anforderungen wissenschaftlicher Arbeit gewachsen zeigt, kann prinzipiell den momentanen, ›unteren‹ Status in der Gemeinschaft verlassen und seine Rechte auf politische Partizipation erweitern. Nicht mehr der durch Geburt zugewiesene Status soll die sozialen und politischen Beziehungen unter den Menschen bestimmen, sondern die hierarchischen Beziehungen erscheinen durch das bürgerliche Prinzip von Kompetenz und Leistung als tendenziell aufhebbar, und nur vom individuellen Leistungsvermögen abhängig. [68]

Aus den »Grundsätzen der Republik« wird deutlich, daß diese für Klopstock nicht als eine Einrichtung zur Pflege der Wissenschaften um ihrer selbst willen angesehen wird, sondern daß er ihr eine eminente kulturpolitische Bedeutung zumißt, die sich durch die Konstituentien der Lehre, der Forschung und des Urteilens bestimmt. Der erste wesentliche Aufgabenbereich der Wissenschaften ist:

Durch Untersuchung, Bestimmung, Entdeckung, Erfindung, Bildung und Beseelung ehemaliger, neuer und würdiger Gegenstände des Denkens und der Empfindung sich recht viele und recht mannichfaltige Beschäftigungen und Vergnügungen des Geistes zu machen. Der zweite: *Das Nützlichste und Schönste von dem was jene Beschäftigungen und Vergnügungen unterhalten hat, durch Schriften und das Nothwendigste auf Lehrstühlen andern mit-*

zutheilen. Der dritte: *Schriften, deren Inhalt einer gewissen Bildung nicht nur fähig, sondern auch würdig ist, denen vorzuziehn, die entweder ohne diesen Inhalt, oder ohne diese Bildung sind.* [69]

Hier wird deutlich, daß die Forderung nach wissenschaftlicher Arbeit und Bildung nicht Selbstzweck sein kann, sondern daß die wissenschaftliche Produktivität zweckorientiert dem gesellschaftlichen Ganzen dienen soll. Die Resultate der wissenschaftlichen Betätigung stellen dabei die Voraussetzungen gesellschaftlicher Praxis bereit, die hier allerdings, wie später noch eingehender erläutert werden soll, in der Reflexion wissenschaftlichen Arbeitens ständig identifizierend mitgedacht wird, ohne daß die spezifische Eigengesetzlichkeit konkreter gesellschaftlicher Prozesse und deren künstlerisch-wissenschaftliche Beeinflußbarkeit erkannt werden kann. Rationalität und Originalität, die Entdeckung des Neuen, werden als Maximen sinnvoller wissenschaftlicher Arbeit angesehen, deren Erkenntnisse die Formen und Inhalte gesellschaftlichen Lebens bestimmen sollen. Daß hierbei ideologisch kurzgeschlossen wird, d. h., Klopstock, wie auch andere Vertreter der literarischen Intelligenz glauben, daß die bloße Institutionalisierung des öffentlichen Diskurses per se konkrete gesellschaftliche und politische Veränderungen ermöglicht, wird uns noch zu beschäftigen haben. [70]

In diesem System des wissenschaftlichen Konkurrierens muß Mittelmäßigkeit den Wissenschaftler tendenziell dequalifizieren, weil sie seiner gesamtgesellschaftlichen Aufgabe zuwiderläuft; denn Originalität und Qualifikation bringen auf der Grundlage der freien Konkurrenz wissenschaftlicher Arbeit sozialen Wandel und gesellschaftlichen Fortschritt hervor. Folglich werden Nachahmung und Nachreden, Stolz oder Eitelkeit (als persönliche Schwächen der Gelehrten) durch Gesetze mit Strafen bedroht, da sie der Fortentwicklung der Republik hinderlich sind. Mit der Vorstellung einer historischen Entwicklung der Gesellschaft auf eine höhere Stufe findet sich ein weiteres, spezifisch bürgerliches Element in Klopstocks »Deutscher Gelehrtenrepublik«. Im Fortschritt der Wissenschaften wird der Fortschritt der Geschichte entdeckt, deren Erforschung zudem einen zentralen Raum in der Gelehrtenrepublik einnimmt.

Während es nach alter Auffassung im Grunde gar keine Geschichte geben kann, sondern nur eine Aneinanderreihung von einzelnen politischen Haupt- und Staatsaktionen, die nur Machtverlagerungen bringen, aber am ewigen Wesen der Seinsordnung nichts ändern, gibt es in diesem neuen bürgerlichen Geschichtsverständnis eine sinnvolle Geschichte, nämlich das Entstehen von Formen, in denen sich die Bürger selbst bestimmen und in denen, nachdem die Behinderungen durch den Feudalismus gefallen sind, der Entfaltung der ökonomischen Aktivitäten der Bürger keine Schranken mehr gesetzt sind. [70a]

Der historische Aspekt, unter dem Klopstock die Gelehrtenrepublik vorstellt, indem er durch die Aufzeichnungen von Gesetzen, die auf ehemaligen Landtagen beschlossen worden seien und ihrer Fixierung auf bestimmte Jahreszahlen durch das Medium einer fiktiven Chronologie den Eindruck einer historischen Kontinuität erwecken will, erfüllt den Zweck, die Idee der Gelehrtenrepublik nicht

als abstraktes, von gesellschaftlichen Bedürfnissen losgelöstes Gebilde erscheinen
zu lassen, sondern die Vorstellung der Gelehrtenrepublik als eine in der geschichtlichen Kontinuität wurzelnde nationale Aufgabe zu propagieren und zu legitimieren. Im Bedürfnis nach Geschichtsschreibung, in der Klopstock für die Deutschen
»ein großes, unbebautes Feld« sieht, [71] artikuliert sich mithin nicht nur Klopstocks Intention, die organisatorische Integration der Gelehrten historisch zu
legitimieren, sondern gleichermaßen soll durch die Erinnerung an die Lebensverhältnisse und die Taten der Vorfahren Stimmung für bürgerlichen Patriotismus
geschaffen werden, der für die gesellschaftliche Praxis von Klopstock als wichtigster Initiator betrachtet wird. Diese Aufgaben soll in der Organisation der Republik die Zunft der Geschichtsschreiber erfüllen, die vor allem durch die Erinnerung an die Taten der Vorfahren »denjenigen Patriotismus auf (...) wecken
(sollten), ... der sie beseelte«. [72] Klopstock fordert von den Geschichtsschrei-
bern, daß sie nach dem ästhetischen Prinzip der Darstellung als Entdecker und
Erfinder [72 a] Wirkungen hervorbringen [72 b] und initiativ für die Herausbildung patriotischer Gedanken wirken und vaterländische Gesinnung wecken.

4. Zum Begriff der Politik in Klopstocks Deutscher Gelehrtenrepublik

Dem Bereich der Politik als Medium interessenspezifischer gesellschaftlicher
Auseinandersetzungen gibt Klopstock in der Gelehrtenrepublik keinen Raum,
und er stellt in dem Abschnitt »Von unserer Politik« lakonisch fest: »Wir haben
keine.« [73] Auch für diesen zentralen Zusammenhang gilt, was oben schon
angeklungen ist, daß Klopstocks politische und wissenschaftliche Diskussionse-
benen in einer eigentümlichen Konstellation zueinander stehen. [74] Wenn Klopstock in der Gelehrtenrepublik von Knechten, Freien oder Edlen spricht, so haben
diese Begriffe bei ihm nicht die Funktion, ökonomische oder politische Abhängig-
keitsverhältnisse zu kennzeichnen, sondern er verwendet sie im Rahmen der
wissenschaftlich-poetologischen Diskussion, um mit quasi-politischen Kategorien den Grad der Selbständigkeit wissenschaftlich-ästhetischen Arbeitens anzuzeigen. [75]
Klopstock lehnt die Politik als ein Mittel »zur Beherrschung der Völker« oder
als »Einfluß auf das Betragen der Herrscher gegeneinander« ab und wendet sich
damit gegen die egoistische, von irrationalen Machtansprüchen getragene Politik
der absoluten Herrscher. Er sieht die Aufgaben der Gelehrten darin, durch ihre
wissenschaftliche Betätigung eine »offene gerechte Politik« zu üben, die den wissenschaftlichen Grundsätzen der Vernunft und Rationalität entspricht und nicht
mehr von unkontrollierten Interessen Einzelner bestimmt wird. [76]
In diesem Sinne, in dem abstrakten öffentlichen Austausch wissenschaftlicher
Erkenntnisse, versteht Klopstock das Wirken der Gelehrten als explizit politisches. Wissenschaftliche, rational ausgewiesene Erkenntnis soll zur Grundlage
gesellschaftlicher Praxis erhoben werden, die es zugleich allen Beteiligten möglich

macht, kompetent partizipieren zu können. Eine direkte politische Funktion der Wissenschaften im Zusammenhang einer konkreten Handlungsanleitung zu unmittelbarer gesellschaftlicher Veränderung wird aus dem Funktionsbereich wissenschaftlich-politischer Arbeit in Klopstocks Gelehrtenrepublik nicht deduzierbar. Die Gelehrten beanspruchen keine politische Herrschaft, sondern lehnen sie prinzipiell ab. Politische Praxis in diesem Verstande beschränkt sich auf die Organisation der Gelehrten und die Bereitstellung der Rahmenbedingungen wissenschaftlicher Arbeit und wird nur in dieser Hinsicht konkret. [77] In der Erkenntnis, daß die Entwicklung der Wissenschaft als Produktivkraft der Motor des gesellschaftlichen Fortschritts werden soll, bleibt politische Praxis abstrakt, da weder aus der theoretischen Immanenz der Gelehrtenrepublik, noch aus der realen Klassenlage des Bürgertums heraus konkrete, politische Einflußmöglichkeiten angegeben werden können. Die Veränderung gesellschaftlicher Realität wird in der vernünftigen, durch rational gesetzte Bedingungen gesicherten Entwicklung der Wissenschaften mitgedacht; deren organisierter und öffentlich vermittelter Vollzug soll Herrschaft zu einem Medium des gesellschaftlichen Interessenausgleichs verwandeln, ohne daß die Wissenschaft von sich aus die praktischen Möglichkeiten dazu angeben könnte. Die Wissenschaften wirken, so Klopstock, nicht unmittelbar politisch verändernd, sondern sollen eine auf mögliche Praxis vorbereitende Erkenntnis- und Handlungsgrundlage auf rationaler Basis konstituieren. [77 a] Klopstock scheint, indem er das Problem konkretgesellschaftlicher Praxis an den Horizont seiner gesellschaftlich-politischen Optionen stellt, auf eine gewisse »Selbstläufigkeit des Geschehens«. (Kosellek, ebd S. 111) zu vertrauen, die den Sieg »indirekter Gewaltnahme« geschichtsphilosophisch notwendig verbürgt, ohne daß konkret-politisches Handeln in diesem Prozeß erst zu vermitteln hätte. (vgl. Kosellek, S. 108 ff.). Auf dem letzten Landtag der Gelehrtenrepublik fordert ein Aldermann in drei Grundsätzen der Politik die Gelehrten u. a. auf, nur Ämter anzunehmen, die von der »Gewalt der Großen« möglichst unabhängig sind, um desto besser in Freiheit von ökonomischer und politischer Abhängigkeit Wissenschaft betreiben zu können. [78] Die Gelehrten sollen sich von den Mäzenaten lösen und sich von ihrer Rolle als »Lustigmacher« der »Großen« emanzipieren. Aber auch die andere Art der Abhängigkeit, in die sich der freie Gelehrte tendenziell begeben muß, nämlich die des Marktes und seiner Mechanismen, denkt Klopstock ansatzweise mit. Auch in diesem spezifisch bürgerlichen, die Emanzipation der Literatur vom Mäzenatentum und ideologisch-künstlerischen Fesseln zuallererst ermöglichenden Medium, sieht Klopstock eine Gefahr für die vernünftige wissenschaftlich-politische Entwicklung. Er fordert, »daß der Gelehrte, der ein Kaufmann wird, sich nicht Bereicherung, sondern nur gutes Auskommen zum Zwecke vorsetze.« [79] Die Zünfte setzen der Meinung des Aldermannes entgegen, sie hielten die Unabhängigkeit von der politischen Gewalt für unmöglich, und sähen die Möglichkeit, daß sich die Fürsten dazu bereit finden könnten, die Wissenschaften zu unterstützen. [80] In diesem

von den Zünften vorgeschlagenen Arrangement mit dem Adel, dem feudal-bür-
gerlichen Kompromiß, repräsentiert sich auch die politische Haltung Klopstocks,
der beim Kaiser um die Unterstützung seiner im objektiven Sinne bürgerlich-pro-
gressiven Pläne nachsuchte, und sich damit an einen Vertreter jener Gruppe
wandte, die an der Perpetuierung des bestehenden Zustandes interessiert sein
mußte. [81]

Politik heißt nach den Vorstellungen, die der Aldermann entwickelt, zwar
auch Kritik der gesellschaftlichen Situation, aber freilich recht vermittelt: die
Gelehrten mögen »von der Art, wie die Länder jetzt beherrscht würden, wahr
und frei, aber zugleich mit einer solchen Mäßigung [. . .]schreiben, daß diese
nicht nur etwa gegen Verfolgungen in Sicherheit stellte, sondern die freie Wahrheit
desto gewisser zu ihrem Zweck führte . . . « [82] Diese Anweisung Klopstocks
bedeutet nicht etwa eine bloße opportunistische Verhaltensnorm für die bürgerlichen Literaten, die sich politisch nicht mißliebig machen sollen, sondern sie verknüpft politische Kritik mit dem Kriterium der rational-wissenschaftlichen Argumentation, die allein gesellschaftliche Verhältnisse richtig wiedergeben bzw.
indirekt zu deren Veränderung beitragen kann.

An dieser Stelle werden die unterschiedlichen Vorstellungen Herders und
Klopstocks vom Begriff der gesellschaftlichen Praxis besonders deutlich; diese
Gegensätzlichkeit wird uns später als eines der zentralen Probleme der Rezeption
der Klopstockschen Bardendichtung wiederbegegnen. Hier sei nur noch einmal
kurz zusammengefaßt, daß es Klopstock darauf ankommt, durch die Organisation der bürgerlichen Gelehrten die durch wissenschaftliche Arbeit vernunftmäßig
begründbaren *Voraussetzungen* gesellschaftlicher Praxis bereitzustellen, worauf
menschliches Handeln sich überhaupt erst sinnvoll und für die ganze Gesellschaft
nutzbringend zu begründen vermag. Herder vermißt an Klopstocks »Ideen« konsequent ihren unmittelbaren Bezug zur politischen Beeinflussung gesellschaftlicher Massen (Bürger, Bauern u. ä.). wie er es bei den nordischen Völkern oder
bei den Griechen gefunden zu haben glaubt. [83]

Aber gerade in der Unterordnung der politischen Kritik unter die an Rationalität, Planbarkeit und Kalkulierbarkeit gebundenen Prinzipien der bürgerlichen
Wissenschaft, deren Verklammerung mit den allgemein gültigen Maximen der
menschlichen Vernunft zugleich die Legitimation bürgerlichen Handelns gegenüber der ontologisch gerechtfertigten Ordnung des Feudalismus darstellt, treten
die Ansprüche des sich entwickelnden Bürgertums hervor.

Die Bürgerlichen sind Privatleute; als solche ›herrschen‹ sie nicht. Ihre Machtansprüche
gegen die öffentliche Gewalt richten sich darum nicht gegen die Zusammenballung von
Herrschaft, die geteilt werden müßte; sie unterlaufen vielmehr das Prinzip der bestehenden
Herrschaft. Das Prinzip der Kontrolle, das das bürgerliche Publikum diesem entgegensetzt,
eben Publizität, will Herrschaft als solche verändern. Der im öffentlichen Räsonnement
sich darstellende Machtanspruch, der eo ipso auf die Form eines Herrschaftsanspruchs
verzichtet, müßte, wenn er sich durchsetzen würde, zu mehr als nur der Auswechslung
der Legitimationsbasis einer im Prinzip aufrechterhaltenen Herrschaft führen. [84]

Das Bürgertum konstituiert sich im Zuge der sozialökonomischen Entwicklung zunächst als literarische Öffentlichkeit, die konkrete politische Forderungen massiv zu vertreten noch nicht in der Lage ist, da die gesellschaftlich fundierenden ökonomischen Interessenbewegungen der im Produktionsprozeß selbst agierenden Bürger noch kaum entwickelt sind.

Im unentschiedenen und wechselhaften Lavieren zwischen einer abstrakten Gegenüberstellung von Gelehrtenrepublik und gesellschaftlicher Realität einerseits und der sehr vermittelten, wenn auch deutlich sichtbaren Absicht der Realisation ihrer politisch-wissenschaftlichen Implikationen andererseits, scheint sich die Unentschiedenheit der bürgerlich-kapitalistischen Entwicklung in Deutschland widerzuspiegeln. Dennoch aber ist nicht zu verkennen, daß die Kernsubstanz der Klopstockschen Gelehrtenrepublik eine Programmatik enthält, die, wenn sie voll verwirklicht worden wäre, das Zerbersten des Spätfeudalismus bedeutet hätte. Diese transzendierenden Implikationen, die trotz aller kurzfristig reformistischen Praxisorientierung vorhanden sind, zeigt auch noch Herders *Idee zum ersten Patriotischen Institut für den Allgemeingeist Deutschlands* von 1788, das sich die Errichtung eines Freiraums der Kommunikation der Gelehrten nach Maßgabe bürgerlicher Vernunft vornimmt, objektiv dem Fallen der kleinstaatlichen Grenzen des kleinlichen Partikularismus gleichbedeutend.

5. Zu Klopstocks Konzeption einer Poetik in der Deutschen Gelehrtenrepublik

Klopstock dehnt die Prinzipien wissenschaftlicher Arbeit auch auf den Bereich der Poetik aus und verklammert damit die den Gesetzen der Vernunft gehorchende wissenschaftliche Betätigung mit einer wirkungsorientierten Ästhetik.

Die in der ›Gelehrtenrepublik‹ ausgedrückte Staatsidee wird nicht nur auf den Rahmen der Fachwissenschaften begrenzt, sondern bestimmt einerseits als eine ästhetische durch die Zugehörigkeit der Zunft der Dichter, andererseits als eine politische durch die Einbeziehung der Zünfte der Redner und Rechtsgelehrten, unter denen er die Gesetzgeber, Publizisten und Politiker begreift. [85]

Indem Klopstock den Bereich der Ästhetik den Wissenschaften unterordnet, [86] wird auf der Grundlage wissenschaftlicher Erkenntnis die theoretische Möglichkeit der Planbarkeit der Wirkung von Kunst auf die Menschen begründet. Dieser von Klopstock geschlossene Zusammenhang zwischen wissenschaftlicher Theorie und Ästhetik verweist seiner Genesis nach auf die Mitte des 18. Jahrhunderts in Deutschland anhebende, bedeutsame kunsttheoretische Debatte, die im wesentlichen mit den Namen Baumgarten, Meier, Sulzer, Lessing und Kant verknüpft ist. [87] Die Bedeutung dieser Debatte erschließt sich aus dem Zusammenhang des allmählichen Übergangs der ästhetischen Theoriebildung vom Rationalismus des französischen Klassizismus über die Rezeption des ästhetischen Empirimus (Hume) und Intuitionismus (Shaftesbury) bis hin zu Baumgartens systematischer Rehabilitation von Sinnlichkeit und subjektiver Einbildungskraft im Rahmen einer philosophischen Ästhetik. [88]

In dem Absatz »Aus dem goldenen Abece der Dichter«, der dem »Guten Rat der Aldermänner« angeschlossen ist, wird deutlich, daß Klopstock sich von einer starren Regelpoetik z.B. im Sinne Gottscheds abwendet und auf die dem Dichter innewohnenden Kräfte verweist. »Frag' du den Geist, der in dir ist, und die Dinge, die du um dich siehst und hörest, und die Beschaffenheit des, wovon du vorhast zu dichten; und was sie dir antworten, dem folge.« [89] Die Regeln werden für ihn nur als Funktion der dichterischen Wirkung im Zusammenhang mit der Angemessenheit des Inhalts begründbar und unterliegen damit dem der Wissenschaft inhärenten Rationalitätsprinzip. »Wie du nun zusammensetzest, und was zuletzt, hast du's bewerkstelligt, vor ein Zweck, Ziel und Absicht daraus hervorblicken, das ist's eben, worauf es dabei gar sonderlich ankommt.« [90] Die Forderung nach einer zweckrationalen, auf die Erzielung gesellschaftlicher Wirkungen orientierten Dichtung sieht Klopstock in seiner Theorie von der »Darstellung« erfüllt, in der er durch das Postulat der adäquaten Verarbeitung von Form und Inhalt eine theoretische Konstellation von Theorie und Praxis entwickelt, nach der Dichtung »nicht anders, als nach dem Erfolge« [91] zu beurteilen ist.

Ein empirisch, d.h. für Klopstock, ein mit der eigenen oder mit der Erfahrung anderer begründbarer Stoff soll in eine adäquate form-inhaltlich bestimmte ästhetische Disposition gebracht werden. [92] Dabei legt Klopstock großen Wert auf die Authentizität und Unmittelbarkeit der der Dichtung zugrundeliegenden Erfahrung. Er wendet sich gegen Gottsched und andere Regelpoetiker, die aus einem falschen Verständnis der griechischen Klassiker, vermittelt durch die Griechenrezeption des französischen Klassizismus, Regeln für die literarische Produktion ableiteten und wirft ihnen vor, gerade die spezifischen und einmaligen Erfahrungen der Griechen zu ignorieren, die für die besondere ästhetische Verarbeitung maßgebend waren. Klopstock kritisiert die vor allem durch die Lehren De Bossus, Boileaus und Pope zum Topos erhobene, auf die Rezeption der aristotelischen Poetik zurückgehende These, »daß auch im Bereich der Mimesis die Konstitution von Universalien und intellektuelle Operationen stattfänden« [92a], wodurch die poetischen Regeln des Klassizismus ihre Legitimation fanden, indem man versuchte, sie in einem theoretischen Rahmen »aus dem Stadium bloßer Verbindlichkeit und Autorität ins Stadium wissenschaftlicher Legitimation eintreten« zu lassen. [92b] Klopstock hält den Vertretern der klassizistischen Regeln polemisch entgegen:

»Die lange Länge lang von drei Jahrhunderten beherrschte Aristoteles die Scholastiker mit einem eisernen Scepter; endlich war's denn doch damit vorbei: und gleichwohl hören die Theoristen der Dichtkunst noch nicht auf, sein andres Scepter zu küssen.
Aristoteles hatte in vielem Recht. Er war ein großer Mann. Wer läugnet denn das? *Er hat hinkende Nachtreter, die sich ein hölzernes Scepter schnitzeln, uns es mit Eisenerde übertünchen. Diese haben fast in Allem Unrecht; und sind Leutlein.*
Wer läugnet's denn?« [92c]

Nach Klopstocks ästhetischer Auffassung lassen sich Regeln nur subjektiv vermittelt durch das sich in besonderen sinnlichen und emotionalen Kräften offenbarende geniale Schöpfertum des Künstlers begründen und sind nicht von einer selbständig bestehenden Form, sondern von der Wirkungskraft der Dichtung her determiniert. [92 d] Literarische Produktion, die ihre Zwecke erreichen will, ist für Klopstock nur unter der Berücksichtigung der nationalen gesellschaftlichen Situation allgemein und den darin vermittelten besonderen und individuellen Erfahrungen der Künstler wie der Rezipienten möglich.

Ein Künstler, der sich an den »Alten« orientiert, kann sich nach Klopstock nur die Aufgabe setzen, die Wirkungen der klassischen Werke zu studieren, um sich Anregungen im Hinblick auf die Verarbeitung eines Stoffes in seiner eigenen Produktion zu holen. [93]

Die Werke der Alten haben die Erfahrung von Jahrhunderten für sich; aber bei der Untersuchung müßte man doch das, was wirklich Erfahrung desjenigen, der von diesen Werken spricht, und was nur Nachgesagtes ist, genau voneinander absondern; und dann auch hier alles weglassen, was, unter der Voraussetzung einer nothwendigen Wirkung, als gegründet angenommen werde. [94]

Universalistisch lassen sich Regeln für Klopstock nicht begründen, da sie, abgesehen vom jeweils besonderen Erfahrungshorizont der einzelnen Völker, auch dem wissenschaftlichen Postulat der Überprüfbarkeit nicht mehr genügen. »Wir werden die Natur unsrer Seelen nie so tief ergründen, um mit Gewißheit sagen zu können, diese oder jene poetische Schönheit muß diese oder eine andere Wirkung (Wirkung wird hier in ihrem ganzen Umfange und mit allen ihren Bestimmungen genommen) *nothwendig* hervorbringen.« [95]

Allein von der Wirkung her will also Klopstock den Wert einer Dichtung bestimmen, die er als schlecht bewertet, »wenn die abgezweckte Wirkung nicht erfolgt; und gut, wenn sie erfolgt.« [96] Rationale Wirkungsplanung aber ist für Klopstock nur möglich, wenn er die Vermittlung eigener oder die Erfahrung anderer innerhalb eines bestimmten gesellschaftlichen Beziehungsrahmens zur Grundlage dichterischen Schaffens erhebt; denn sie erlaubt intersubjektive Nachvollziehbarkeit und Begründung nach den Gesetzen der Vernunft. [97]

Indem aber die Möglichkeit, künstlerische Wirksamkeit zu erzielen, auf die Erfahrung des Dichters seiner ihn selbst und nur mittelbar seine Gesellschaft bewegenden psychischen und sozialen Bedürfnisse und Stimmungen aus dem gesamtgesellschaftlichen Zusammenhang in den persönlichen Bereich des Dichters bzw. des Rezipienten zurück verwiesen wird, entsteht ein Bruch in der Auseinandersetzung der Dichtung mit der Realität. Indem die Wirkung der Kunst unter den im Deutschland der Zeit anzutreffenden spezifischen ideologischen Bedingungen an das jeweils individuell Erlebte geknüpft wird, bildet ein nur abgeleitetes Phänomen gesellschaftlicher Verhältnisse, nicht diese selbst, die Grundlage der Klopstockschen Ästhetik. Diese Kunstauffassung rückt damit in eine für die gesellschaftlichen und ideologischen Verhältnisse im Deutschland des 18. Jahrhunderts typische Konstellation der kunsttheoretischen Diskussion ein, die, obwohl sie, wie Hans Mayer bemerkt, den aristotelischen Prinzipien der Mimesis in der Kunst nachkommt, doch »mit einem Eifer, der im ganzen Zeitraum weder bei den Engländern noch den Franzosen beobachtet werden kann [versucht], der Antithese von Natur und naturnachahmender Kunst dadurch einen neuen Spannungsgrad zu geben, daß das künstlerische Subjekt in seinem Eigenrecht immer wieder hervorgehoben wird.« [98]

Durch diese »starke Akzentuierung des subjektiven Künstlertums« [99], der genetisch die »Verkrüppelung des bürgerlichen Lebens, Zersplitterung und Ohnmacht der bürgerlichen Wirtschaft« zugrundelägen, werde in der deutschen Ästhetikdiskussion und -produktion die Frage des Realismus entscheidend modifiziert, das Problem der Subjekt-Objekt-Relation in der Kunst im wesentlichen zugunsten des Subjekts entschieden.

Entsprechend scheint nun Klopstock, indem er den Ausgangspunkt der Wirkungsmöglichkeit von Literatur konsequent in das Medium des subjektiven Erlebens von Künstler wie Rezipient hineinverlegt, strukturell entscheidende Möglichkeiten einer realistischen, auf gesellschaftliche Wirksamkeit angelegten Kunst zu verstellen, die er doch dem Anspruch nach als einer der ersten bürgerlichen Künstler in Deutschland in dieser radikalen, die Schranken der abstrakten Moraldidaktik hinter sich lassenden Form gefordert hatte. Klopstock macht hier u. E. aus der Not einer mit dem kapitalisierten Literaturmarkt notwendig einhergehenden Dissoziation der voneinander unabhängigen Literaturproduzenten (die erst allmählich ihre objektiv-gemeinsamen Interessen begreifen lernen) einerseits, und den mit der politischen Zersplitterung sowie den erst mittelbar sich andeutenden bürgerlich-kapitalistischen Verkehrsformen in der Dimension der Gesamtgesellschaft, (deren sich Kunst als schon vorhandenen realen Widerspruch zum Spätfeudalismus mimetisch nur zu bedienen hätte, um aus einer realen Situation ihre Kritik abzuleiten) andererseits, die Tugend des Subjektivismus. Es ist in diesem Sinne nur konsequent, wenn für Klopstock klar ist, daß man gesellschaftliche Verhältnisse als solche nicht wiedergeben kann – gegen Batteux lehnt er den ästhetischen Grundsatz der Kunst als Mimesis der Natur ab – sondern, wie schon angemerkt, nur durch das Filter inneren Erlebens. [100] Diese für die deutsche Ästhetik eigentümliche Brechung der realistischen künstlerischen Perspektiven begründet sich aus einer spezifischen gesellschaftlichen Situation, in der ein hohes politisch-ästhetisches Anspruchsniveau in der Realität selbst an Hoffnungsvollem auf nichts anderes verweisen kann, als auf die »in den kleinfamilial-intimen Beziehungen entdeckte Subjektivität«. [101]

Die Grenzen der konkreten Erkenntnismöglichkeiten einer solchen poetologischen Konzeption im Hinblick auf Kritik und mögliche Veränderung der Gesellschaft deuten sich in einer Äußerung Klopstocks in der *Deutschen Gelehrtenrepublik* an; »Die Erdichtung ist keine wesentliche Eigenschaft eines Gedichts. Denn der Dichter kann wirklich geschehene Handlung, und sie unvermischt mit erdichteter, er kann seine eigenen Empfindungen zu seinen Gegenständen wählen. Unterdeß, da unter jenen Handlungen so wenige für ihn brauchbar sind, so gehört die Erdichtung beinah' zu den wesentlichen Eigenschaften eines Gedichts.« [102] Hier zeigt sich, wie Klopstocks entscheidendes ästhetisches Strukturproblem, das der Subjektivierung künstlerischer Erfahrung und Gestaltung, eine realistische Sujetverarbeitung unmöglich werden läßt. Nicht äußere »Begebenheiten« (vgl. Anm. 105) können demnach die Vorlage der künstlerischen Produktion bilden, sondern diese müssen auf der Basis von »Erdichtung« an Möglichkeiten inneren Erlebens geknüpft werden, die nach Klopstock allererst wirkungsorientierte Dichtung ermöglichen.

Sehr deutlich wird die Subjektivierung der künstlerischen Produktion Klopstocks noch einmal an seiner Ode *Mein Irrtum* (1795).

Ach des goldnen Traums Wonn' ist dahin/Mich umschwebet nicht mehr sein Morgenglanz,/ Und ein Kummer, wie verschmäter/Liebe, kümmert mein Herz. [103]

Hier wird die Stellung zu einem bedeutsamen politischen Problem, dem Verlauf der französischen Revolution, im individuell-privaten Erfahrungsbereich des Einzelnen artikuliert.

Wie die Freiheit aus der Perspektive des Wunschtraums gesehen wird, so wird die Enttäuschung über eine revolutionäre Freiheit, die nicht diesem Wunschtraum entspricht, ins zarte Gefühl der verletzlichen Seele genommen: moralische und psychologische Befangenheit verdecken dem deutschen Bürger die Öffentlichkeit und Dynamik des politischen Geschehens. [104]

Die rudimentäre bürgerlich-kapitalistische Entwicklung in Deutschland und die Isolation der Literaten von den Zentren der sozialökonomischen Progression scheinen bei Klopstock in einem zentralen Widerspruch seiner gesamten künstlerischen Produktion wiederzukehren: einerseits wird gesellschaftliche Wirklichkeit einer solchen Ästhetik nicht per se abbildbar, zum anderen wird eine gesellschaftlich-politisch aktivierende Kunst postuliert, die doch, wenn sie sich zur Grundlage die intersubjektiv geltende individuelle Erfahrung der Menschen nimmt, auf einen, jeglichem subjektiven Empfinden vorgelagerten, konkret gesellschaftlichen Bezugspunkt verwiesen wäre, der die verschiedenen subjektiven Erfahrungsebenen auf politisch aktivierende und orientierende Wirkung hin organisieren könnte. Diesen gesellschaftlichen Bezugspunkt konnten reale Interessenbewegungen der entstehenden bürgerlichen Klasse, deren künstlerische Mimesis Kritik und politische Wirkungsmöglichkeit am konkreten gesellschaftlichen Gegenstand festzumachen erlaubt hätte, nicht darstellen.

Dieser Widerspruch setzt sich bis in die zentralen ästhetischen Kategorien von Klopstocks Dichtungstheorie hinein fort, was sich noch einmal an seinem Begriff der ›Handlung‹ festmachen läßt. Auch die theoretische Grundlage des Handlungsbegriffs liegt für Klopstock im Bereich des individuellen Empfindens wesentlich mitbegründet. Im Sinne seiner Wirkungsästhetik definiert Klopstock den Begriff wie folgt:

Handlung besteht in der Anwendung der Willenskraft zur Erreichung eines Zwecks. Es ist ein falscher Begriff, den man sich von ihr macht, wenn man sie vornehmlich in der äußerlichen That setzt. Die Handlung fängt mit dem gefaßten Entschluß an und geht (wenn sie nicht gehindert wird), in verschiedenen Graden und Wendungen bis zu dem erreichten Zwecke fort. Mit der Leidenschaft ist wenigstens beginnende Handlung verbunden. Einige Handlungen geschehen ohne Leidenschaft; aber die, welche der Wahl des Dichters würdig seyn sollen, müssen mit Leidenschaft geschehen. Man sieht, wie beide Hand in Hand miteinander fortgehn. In diesem Gedicht ist viel Handlung! rufen die Theoristen bisweilen aus; und doch enthält es nur Begebenheiten. [105]

Hier reflektiert sich überdeutlich, wie strukturelle Anforderungen der Klopstockschen Ästhetik eine realistische Stoffverarbeitung unmöglich werden lassen. ›Handlung‹ wird bewußt mit äußeren »Begebenheiten« kontrastiert und als äußere, sich ja immer notwendig in Wechselwirkung mit der konkreten Realität vermittelnde Tat, bis hin zur inneren »Leidenschaft« entqualifiziert.

Klopstock hat sein Bardiet *Hermannsschlacht* (1767) nach eben diesem Begriff der ›Handlung‹ gestaltet. Eine Handlung als Folge von Begebenheiten weist das Bardiet nicht auf, sondern es wird mit dem Stilmittel der Mauerschau durch die auf einem Felsen versammelten Barden und Fürsten der Cherusker vom Verlauf der Schlacht gegen die Römer berichtet. Der Held Hermann, dessen Eingreifen die Schlacht entscheidet, tritt erst am Schluß des Stückes auf, als der Kampf gegen die Römer zugunsten der Gemanen entschieden ist. Die zeitgenössischen Kritiker, warfen dem Autor vor, sein Bardiet weise keine dramatische Handlung auf. Als auch Herder, mit Lessing der einzige Kritiker, den Klopstock ernstnahm, seine Kritik äußerte, erläutert Klopstock in einem Brief vom 5. Mai 1773 seinen Begriff von der ›Handlung‹:

Übrigens kann man freilich auch, bei der Gelegenheit, da man die gehabte Erfahrung untersucht, bis zur Definition allgemeiner Begriffe, also in unserem Fall bis zur Definition der Handlung kommen. Nur noch ein Wort in Beziehung auf ›Hermannsschlacht‹; ... Die Personen in ›Hermannschlacht‹ handelten nicht in der Schlacht, sondern außerhalb der Schlacht in Absicht auf die Schlacht. Auch die Barden sind handelnde Personen; denn sie helfen siegen. Und nur, mein Werthester, nicht nach den Zwecken in ›Ödipus‹ oder ›Lear‹, sondern in ›Hermann‹. [106]

Nicht die direkte Schlacht macht Klopstock zum Gegenstand seines Bardiets, sondern die »Handlung außerhalb der Schlacht in Absicht auf die Schlacht«. Die Tugenden und patriotischen Verhaltensweisen der agierenden Personen sollen als beispielhaft geschildert werden und die Begeisterung der kämpfenden Germanen bei der Befreiung von der römischen Fremdherrschaft soll die Zuschauer gleichfalls einfangen, denn das Pathos der Kämpfer trägt entscheidend zum Ausgang der Schlacht bei. Klopstock erhebt den anfeuernden Gesang der Barden in der Darstellung der *Hermannschlacht* zum eigentlichen Gegenstand des Stückes. Die Barden spornen die Kämpfer zu ihren heroischen Taten an, geben ihnen Mut und moralische Unterstützung, die wiederum von den an der Schlacht beteiligten Germanen ständig als notwendig für ein siegreiches Beenden des Kampfes

gefordert wird. Mit dieser Art der dramatischen Konzeption will Klopstock die
für die deutsche Befreiung von den Römern und der Einigkeit im Kampfe entscheidenden Verhaltensweisen allegorisch als beispielhaft propagieren, um durch
solchermaßen abstrakte Erregung patriotischer Leidenschaften an die Notwendigkeit einer Entwicklung der nationalen Einheit der Deutschen zu erinnern.
Klopstock will und kann nicht »konkretes historisches Geschehen bieten, sondern
beispielhafte Haltungen und Gesinnungen vermitteln, das Gefühl des Zuschauers
bewegen und diesen zu gleichwertigem Denken und Handeln anregen. Auf solche
Weise versucht Klopstock, Geschichte zum Impuls für seine Gegenwart werden
zu lassen.« [107]

Der ›undramatische‹ Charakter von Klopstocks Dramen ist also nicht als subjektives Versagen des Dichters zu werten, sondern als konsequente Realisierung seines poetologischen
Programms, das auf die Spiegelung innermenschlicher Vorgänge zielt, und diesen bereits
die Qualität von ›Handlung‹ zuschreibt. Deshalb sind – und dies in einer Zeit, da Lessings
erste Dramen vorliegen und die ›Hamburgische Dramaturgie‹ entsteht – Klopstocks dramatische Figuren durchweg statisch angelegt und seine Dramen, auch vom Aufbau her, nicht
dem Prinzip der von Lessing geforderten Kausalität verpflichtet. Objektiv gibt Klopstock
statt Aktion nur Reaktion. Alles Geschehen verlegt er in die innere Seele seiner Hauptfigu-
ren, die Nebenfiguren bleiben passive Betrachter der inneren Reaktionen des Helden, dessen
breit ausgemalte seelische Situation die Anteilnahme des Lesers provozieren soll. [108]

III. Die Rezeption der Klopstockschen Bardendichtung

1. Das Grundproblem der wissenschaftlichen und ästhetischen Rezeption des Bardenstoffes im Deutschland des 18. Jahrhunderts.

Die wirkliche Bedeutung der Rezeption des Bardenstoffes, der ästhetischen,
sowohl wie der wissenschaftlich-historiographischen Dimension nach, ist von
der bürgerlichen Forschung kaum in Ansätzen erkannt worden. [109]
Heinz Stolpe hat in einer übersichtlichen Darstellung der Rezeption der nordischen Mythologie in ganz Europa darauf hingewiesen, daß diese während ihrer
ganzen Rezeptionsentwicklung von Mallet, über Montesquieu, Ferguson, bis hin
zu Herder in deutlichem Zusammenhang mit jeweiligen politisch-ideologischen
Bedürfnissen gestanden hat, [110] wobei es stets weniger um authentische historische Forschung ging, sondern diese Mythologie als eine Folie der Kritik diente,
die einen nur vage begriffenen Wunschraum in fiktionalen Bildern eines idealen
und vollendeten gesellschaftlichen Zustands sich dachte und daran die Schärfe
ihrer Kritik bemaß. Auf dieser Folie konnten genuin bürgerliche Emanzipations-
theorien wie die der allseitigen Entfaltung der menschlichen Persönlichkeit, als
Kritik an den Auswirkungen der gesellschaftlichen Arbeitsteilung, sowie antifeudale Positionen verschiedener valeurs formuliert werden. Insgesamt hatte dieser
nordische Stoff eine »verlockende Physiognomie . . . der vielfältigen bourgeoisen

Elemente« [111] angenommen und war gut dazu geeignet, zeitgenössischer bürgerlicher Kritik am Spätfeudalismus einen Fundus an historischer Legitimität zu verschaffen.

Der nordische Stoff, wie er demnach Herder in den sechziger und frühen siebziger Jahren vorlag, war erklärtermaßen von außerordentlicher politischer und ideologischer Brisanz, repräsentierte er doch, wie Heinz Schlaffer neuerdings in ganz ähnlichem Zusammenhang gezeigt hat, einen »fiktiven Ursprung«, in dem sich eine entstehende bürgerliche Öffentlichkeit in einer frühen Phase der historischen Entwicklung, die von ihrem »eigenen Vorhaben« noch keine »Worte und Bilder besitzt«, kritisch zu ihren Lebensbedingungen ins Verhältnis setzen konnte. [112] »Die jenen fernen Zeiträumen zugeordneten Werte: das Natürliche, Organische, Sinnliche, Selbständige, Ganze erhalten ihre Färbung aus dem lauten oder stummen Widerspruch zum Willkürlichen, Mechanischen, Abstrakten, Zerstückten – Begriffe, in denen die Kritik versucht, der Gesetze und Wirkungen bürgerlicher Wirtschaft und Gesellschaft habhaft zu werden.« [113]

Spielte diese orientierende Funktion der übernommenen nordischen Vorzeit für die unter dem Eindruck sozialer Krisen und politischer Willkür sich an der Rezeption der französischen und englischen Theoretiker profilierenden politischen Publizistik in Deutschland, deren kategoriale Kritik auch die retardierten deutschen Zustände zunehmend begrifflich zu entschlüsseln erlaubte, nicht so sehr eine Rolle, so kam in Deutschland der nordische Stoff einer Literatur und Ästhetik gerade recht, die antifeudale Kritik und Propaganda für bürgerlichen Patriotismus mit ästhetischen Verfahrensweisen zu politisch wirksamer Anschaulichkeit zu bringen gedachte, ohne daß ihre eigene soziale und politische Situation, sowenig wie ihr ideologisches Einsichtsvermögen dazu die Begriffe lieferte. Insoweit den bürgerlichen Ideologen, denen der frühen Aufklärung zumal, gesellschaftliche Konflikte, die aussichtsreiche, von konkreten gesellschaftlichen Bewegungen getragene, Praxis ermöglichten, weder real erfahrbar, noch überhaupt ideologisch als dechiffrierbar aufscheinen konnten, ja, sie selbst erst in der Auseinandersetzung mit ihrer Realität als »aktive konzeptive Ideologen« [114] den aller ihrer Kritik inhärenten Gegenbegriff zum spätfeudalen System erarbeiten mußten, der Sujet sowie die Organisation der ästhetischen Mittel und Verfahrensweisen im Hinblick auf eine politisch motivierte Wirkungsästhetik bestimmen konnte, mußte es notwendig zu einer äußerst widersprüchlichen künstlerischen Verarbeitung des nordisch-mythologischen Stoffes kommen. [115]

Blieb es *nicht,* wie Goethe im 12. Buch von *Dichtung und Wahrheit* über Klopstock und insbesondere die frühe »Bardenmode« [116] bemerkte, bei einer simplen Einführung der »Nomenklatur ihrer Gottheiten« und damit bei dem ›buchgelehrten‹ Interesse am Bardenstoff, so führt die in dieser frühen Phase der deutschen Aufklärung, als die Bardenbewegung begann (Schlegels Interesse für die Bardenzeit beginnt in den späten vierziger Jahren), nur sehr widersprüchlich gelungene Emanzipation der ästhetischen Verfahrensweisen von den »thema-

tischen und formalen Fesseln« der feudalen Repräsentationskunst zu künstlerischen Formen [117], die sich zwar recht eindeutig in ihren bürgerlich-moraldi-
daktischen Intentionen zu erkennen geben, aber doch ihre letztlichen
ideologischen-ästhetischen Abhängigkeiten von feudalen Kunstformen in gradu-
ellen Unterschieden von arkadischen über anakreontischen bis hin zu eindeutig
französisch-klassizistischen Motiven und Formen nicht verleugnen konnten.
[118]

2. Zu Klopstocks Bardendichtung

Klopstock hat, wie Goethe in *Dichtung und Wahrheit* bemerkt, »das Selbstgefühl der Nation zu erwecken« vermocht, indem er aus seiner spezifischen Verwendungsweise des Bardenstoffes dezidiert antihöfische und patriotische Intentionen entwickelte. Klopstock ging es zum einen um das Aufzeigen der
geschichtlichen Kontinuität des deutschen Volkes, dessen Patriotismus-Begeiste-
rung initiiert bzw. historisch legitimiert werden sollte, zum andern darum, am
Wunschbild der bardischen Zeit eine Folie der Kritik gegen den absolutistischen
Partikularismus zu gewinnen. Die Verwendungsweise der nordischen Mythologie
in der *Deutschen Gelehrtenrepublik,* deren Zusammenhang mit der bardischen
Dichtung Klopstocks hier eindeutig sichtbar wird, erhellt die Intentionen des
Mythologie-Gebrauchs durch Klopstock in mehrfacher Hinsicht.

Neben der Erwähnung von auf germanischen Ursprung zurückgehenden Strafen, die in der Gelehrtenrepublik wirksam werden sollen [119] und der zentralen
Stellung der Aldermänner Salogast und Wlemar [120], auf deren fiktiven Befehl
hin die Initiative zur Verkündigung der Geschichte der Republik ergriffen wird,
finden sich vor allem in den Abschnitten über die »Denkmale der Deutschen«
und in dem wichtigen Fund einer alten Felsenschrift Elemente, die die historische
Kontinuität der Idee einer Einigung Deutschlands aufweisen sollen. Der Abschnitt
»Über unsre verlorne Freiheit« in den »Denkmalen der Deutschen«, stellt die
germanische Stammesverfassung, die aber durch den Egoismus einiger Germa-
nenfürsten zerstört worden war, als vorbildlich für die Organisation gesellschaftlicher Beziehungen hin. Der Abschnitt »Die heutigen Spuren« [121] soll die Erinnerung an die Hermannsschlacht wieder erwecken und dem Leser ins Gedächtnis
rufen, daß Hermann sein Vaterland vom Joch der Römer befreit hat. Schließlich
interpretiert der Aldermann Eckhard eine alte Felsenschrift, in der zentral die
Forderung erhoben wird, die Einheit der Nation gerade »auch durch die Unterstützung der Wissenschaften« [122] voranzutreiben«, . . . *wozu* wir uns auf recht
gut Deutsch vereinigen sollen? Etwa zu Erhaltung kleiner Zwecke? Auf den blicke
der Genius des Vaterlands nicht, mit Zorne, denn wie wär's er Zornes werth?
aber mit Verachtung herunter, dessen kleine Seele an der Sucht der Kleinigkeiten
siechet, an dieser Lust und Liebe zur Nachahmerei, zur Nachpinselei, zur Nach-
schwätzerei, zur Nachsophisterei, zur . . ., doch wer mag solchen Allfanz und

Firlefanz weiter fortnennen? *Dazu* sollen wir uns, laut der alten Felsenschrift, vereinigen, *daß wir die anderen Nationen übertreffen.*« [123]

Klopstock hat dergestalt durch die Aufnahme bardischer Elemente in seine künstlerische Produktion ein wichtiges Mittel der literarischen Auseinandersetzung mit dem Spätfeudalismus gefunden, wodurch zum ersten Mal bürgerlicher Oppositionsgeist, mit spezifischen künstlerischen Verfahrensweisen und Sujetwahl in einer Kunst formuliert wurde, die vom feudalen Modegeschmack nicht mehr assimilierbar war. [124] Herder hat als der maßgebende sozialkritische Ideologe dieser Jahre die Klopstocksche Bardendichtung begeistert aufgenommen und unterstützt, sogar selbst sich an der Bardendichtung versucht [125]; Herder glaubte hier unmittelbar Literatur als »Waffe der Freiheit gegen ihre Unterdrükker« [126] vorzufinden, die seiner theoretischen Vorstellung von Politik als »Leidenschaft im Sturme des Handelns«, »Revolution« und »Bewegung« von Massen entsprechen konnte. [127] Daß Klopstock diese praktizistische Orientierung Herders nicht teilte, daß vielmehr seine Praxis-Vorstellungen in die, wenn auch in ihrem Theorie-Praxis Verhältnis sehr ambivalent konzipierte, *Deutsche Gelehrtenrepublik* eingegangen sind, haben wir oben zu zeigen versucht.

Das, was Herder in der Klopstockschen Bardendichtung im wesentlichen sah, nämlich politische Auseinandersetzungen der alten nordischen Völker in der Affinität zu Möglichkeiten der konkreten politischen Umsetzung in seine eigene gesellschaftliche Situation, mußte durch den an der Dichtung Klopstocks nicht unmittelbar zutage tretenden Gegensatz von Theorie und Praxis befördert werden. Die Klopstocksche Dichtung, die ihrem Sujet nach auf unmittelbare politische Aktionsformen hindeutete, verstand sich doch selbst in einer Praxisdimension, die erst in der Gelehrtenrepublik ausgewiesen worden ist. Dies hat Herder aufgrund der Sujetwahl mißverstanden, und gleichermaßen mußte diese Sujetwahl, weil sie zuwenig der allgemeinen ästhetisch-theoretischen Tendenz nach Aufnahme zeitgenössischer, gesellschaftlicher Motive nachgab, zum Ausgangspunkt einer theoretisch-politischen Kritik auch der anderen Fraktionen der bürgerlichen Aufklärungsliteratur werden.

3. Positionen der Kritik an Klopstocks Bardendichtung

Goethe hat sich im 12. Buch von *Dichtung und Wahrheit* unter dem Eindruck der Divergenz von gesellschaftlicher Realität des Spätfeudalismus und den in der Klopstockschen Dichtung (Bardieten) zum Ausdruck kommenden politisch-aktivistischen Tendenzen gefragt: »aber wo denn nun hin mit jenem erregten, kriegerischen Trotzgefühl? Welche Richtung sollte es nehmen und welche Wirkung hervorbringen?« [128] In der Realität herrschte politische Stagnation und Unterdrückung, in Klopstocks Dichtung wurden Befreiungskämpfe ausgefochten. Auch Herder sieht, ohne daß zunächst seine Einschätzung der Klopstockschen Dichtung davon kritisch bestimmt würde, die kompensatorischen Funktionen, die der Bardenstoff im Zusammenhang dieser politisch orientierten Dichtung erfüllt. Er spricht davon, daß ihm der »Bardengesang« vorkomme, als habe der »arme Mann [= Klopstock, d. Verf.] ... sich ein Phantom von Vaterland gemacht«. [129] Entsprechend scheint für Goethe klar gewesen zu sein, daß das von Klopstock »erregte Vaterlandsgefühl keinen Gegenstand (gefunden hat), an dem es sich hätte üben können« und er bemerkt dann weiter, daß er den nordischen Stoff« nicht in den Kreis [seines] Dichtungsvermögens aufnehmen« konnte; »wie herrlich sie (die mythologischen Stoffe, d. Verf.) mir auch die Einbildungskraft anregten, entzogen sie sich doch ganz dem sinnlichen Anschaun.« [130]

Die hier im Ansatz angedeutete zentrale Tendenz der kritischen zeitgenössischen Rezeption der Klopstockschen Bardendichtung als einer spezifisch bürgerlichen, auf gesellschaftliche Wirkung hin angelegten literarischen Erscheinung, kristallisiert sich im wesentlichen in der Kritik zweier Strömungen der bürgerlichen Aufklärung, die zum einen durch die Namen Mendelssohn, Nicolai und Wieland und zum anderen durch Herder und den Sturm und Drang repräsentiert sind. Die Kritik, die hier zunächst ästhetisch aufgenommen wird von Nicolai und Wieland z. B., drückt gleichermaßen auch eine politische Konstellation aus, von der her alle Kritiker ihren Begriff von Wesen und Funktion der Kunst verstehen wollen.

Für Wieland, dessen ambivalente bis reaktionäre politische Anschauungen besonders der Revolutionszeit neuerdings Bernd Weyergraf nachgezeichnet hat [131], konnte Politik nur als »sanfte, langsam wirkende, aber endlich unwiderstehliche Macht der Überzeugung« erscheinen [132], was, wie Stolpe anmerkt, nur auf der Grundlage seiner Hinwendung zur »reichsstädtischen Patrizier- und Honoratiorenschicht« [133] erklärbar ist. Als Repräsentant dieser Schichten, »der zwar ökonomisch wenig imposanten, sich in ihrem Wirkungsbereich aber stolz zu den regierenden Kreisen rechnenden patrizischen Gelehrten- und Honoratiorenschicht der kleinen süddeutschen Reichsstädte« [134], deren politische und ästhetische Positionen noch in vielfacher Beziehung den Stempel einer an feudalen Vorbildern orientierten Lebensform tragen, konnte Wieland die Perspektiven einer radikalen, bürgerlich-patriotischen Kunst nur sehr vermittelt aufnehmen. Erst recht konnte Wieland den Herderschen Intentionen einer die Immanenz der bildungsbürgerlichen Tradition und Diskussion transzendierenden, die Bedürfnisse plebejischer Massen artikulierenden Kunst nur sehr skeptisch gegenüber stehen. [135] Der Zusammenhang von Patriotismus und Literatur ist dem kosmopolitischen Wieland dementsprechend nie zum Problem geworden. [136]

Nicolai faßt ganz im Geist der früheren Aufklärung exemplarisch deren politisch-ästhetische Kritik an Klopstock zusammen:« Gesinnungen, die weder unserer Regierungsform noch unserer Lebensart, unsern philosophischen Begriffen und unsern Empfindungen entsprechen. Wir wohnen in Palästen, tragen goldene und seidene Kleider, essen gewürzte Speisen und trinken feine Weine, und unsere

Poeten sollen alle ihre Beschreibungen und Gleichnisse von Eichenwäldern, von Felsen, von Morgennebeln hernehmen? Wir suchen menschenfreundliche Gesinnungen fortzupflanzen, und unsere Gedichte sollten wie Hermannsschlacht eine kriegerische Tapferkeit respiriren, die selbst für unsere jetzigen Soldaten zu rauh ist?« [137] Dann heißt es noch weiter: »Ich halte nichts von Schönheiten, die sich bloß auf die Mythologie gründen, es sei das Nordische oder das Griechische. Inzwischen da freilich die Mythologie in der Hand des Odendichters ein Werkzeug ist, das er nicht wohl entbehren kann, so wünschte ich lieber, daß er die Griechische Mythologie wählte, [...] Auf alle Fälle sind mir wenigstens beide Mythologien gleich, und die Griechische ist mir bekannter. Die Nationalempfindung, die in der Nordischen liegen soll, kann ich noch nicht nachempfinden. Die alten Celten wohnten auf dem Flecke, wo wir wohnen, aber sie waren nomadische oder gar barbarische Völker, an denen ich wahrhaftig weniger Antheil nehmen kann als an Athen und Sparta . . .« [138]

Ähnlich wie Nicolai lehnt Wieland das nordische Sujet der »Hudler im Barden- und Volksliedton« [139] mit dezidierter Verständnislosigkeit für Probleme einer radikal-politisch aktivierenden bürgerlichen Dichtung ab. Für Nicolai wie für Wieland ist der »eigentliche Beruf« der Dichtung, »die Menschen von Allem, was sie in den Stand der Verwilderung und Thierheit zurückzustürzen droht, zu entfernen, ihre Denkart billiger, ihre Leidenschaften zahmer, ihre Sitten milder, ihre Gesinnungen edler, ihre Freuden reiner und geselliger zu machen und sie auf diesem Wege (so viel an ihr ist) von einer Generation zur andern dem großen Ziele aller Bestrebungen der Guten, dem Triumpf der Vernunft und Humanität über Wildheit, Barbarei und Egoisterei immer näher zu bringen.« [140] Denn es sei der »hassenswürdigste und schändlichste Gebrauch, den ein Dichter oder irgendein Schriftsteller überhaupt von seinem Talent oder von seinem Gänsekiel in unsern Tagen machen kann, [...] wenn er den Parteigeist, der seit einigen Jahren nicht nur die Ruhe des geselligen Lebens, sondern den Grund der bürgerlichen Ordnung selbst untergräbt, zu unterhalten sucht und immer noch mehr brennbaren Stoff zu dem Feuer trägt, zu dessen Löschung alle guten Menschen geschäftigt sein sollten.« [141] Auf der Grundlage eines solchermaßen verstandenen Konzepts einer gesellschaftlich wirksamen Kunst, die aus der Resignation hinsichtlich konkreten politischen Einflusses durch die Literaten die besondere Tugend der allmählichen individuellen wie öffentlichen moralischen Besserung macht [142], die ihrerseits einen radikalen Klassenkompromiß voraussetzt, [143] mußte Klopstocks dezidiert antihöfische und patriotische Dichtung als in jeder Hinsicht disqualifiziert erscheinen.

Von ganz anderen theoretisch-politischen Positionen, die oben schon kurz angedeutet worden sind, geht Herder als führender Vertreter der radikalisierten bürgerlichen Literaten der siebziger Jahre an die Einschätzung der Bardendichtung heran. Insgesamt gesehen beschreibt die Herdersche Auseinandersetzung mit der deutschen Bardendichtung einen Prozeß der kritischen Desillusionierung hinsichtlich des Verhältnisses von »Kunstschaffen und Lebensreform« [144], der über eine sehr realistische Einschätzung der künstlerischen wie konkret-gesellschaftlichen Wirkungsmöglichkeit hinführt zu z. T. ähnlichen Kompromiß- und Resignationsformen wie sie allgemein in den politischen Einschätzungen der deutschen Klassik anzutreffen sind.

Und insoweit Herder sich von seinen abstrakt aktivistischen Positionen des Sturm und Drang frei zu machen vermag, wird er mehr und mehr zu Erwägungen politischer Einflußnahmemöglichkeiten der bürgerlichen Literaten gedrängt, die Klopstock, wenn auch unter einer anderen ideologischen Konstellation, in seiner »Deutschen Gelehrtenrepublik« von 1774 ins Auge gefaßt hatte. Dabei dringt Herder zu bemerkenswerten Einsichten hinsichtlich der Auswirkungen des kapitalisierten Literaturmarktes auf die Möglichkeiten politischer Aufklärung überhaupt vor.

Herders Kritik an der Bardendichtung setzt, was im übrigen auch für den jungen Goethe nachweisbar ist [145], mit einer scharfen Beurteilung der jüngeren »Bardenmode« ein. Hier hebt er, immer konträr zur zunächst positiv beurteilten Klopstockschen Bardendichtung, deren formale und thematische Schwächen hervor, die eine direkte politische Aktivierung gesellschaftlicher Massen unmöglich machten. Über die Gedichte Kretschmanns schreibt er: »Schöne Tiraden, lichte Stellen, eine Begeisterung für Tugend, Keuschheit, Vaterland in ziemlich angenehmer Deklamation, leichte Versart und mechanischer Enthusiasmus in der Versart – das ist aber auch alles. Ganze Seiten sind wieder matt und bloßer Wortruf, ein fortgehendes, süßes Reimgeschwätz . . .« [146] Herder kritisiert weiterhin, daß »das Ding bloß Sprache, Kleid, erborgter Ceremonienkram bleibet. Sonst aber, wenn diese Barden uns Einfalt, Hoheit und Wahrheit des Gesanges lehrten, und, wie Ossian und die Skalden, uns immer zuriefen, Natur durch That und nicht durch Geschwätz zu reden, wie sehr würden sie unsere Poesie nationalisieren können! Kretschmann und Denis sind aber dazu wohl kaum die Leute . . .«. [147] Herder weist also keineswegs die Bardendichtung als solche zurück, wie Nicolai und Wieland, sondern kritisiert die »Bardenmode« darin, daß sie eine Verlebendigung des nordischen Stoffes mit ihren ästhetischen Mitteln nicht zuwege gebracht hatte, von der er allein sich die direkte politische Aktivierung auf Bürgertum und Volk versprach. Insgesamt deutet er in seiner Kritik daraufhin, daß die »Bardenmode« in sich nicht gefestigt genug sei, um tatsächlich die nötigen politischen Wirkungen hervorzubringen.

Als schließlich Proben von Bardendichtungen auf k.u.k.-Galafesten [148] zum Besten gegeben wurden, war offensichtlich geworden, daß die Bardenmode weder aufgrund ihrer ästhetischen Möglichkeiten selbst, noch im Rahmen der konkreten gesellschaftlichen Bedingungen des Spätfeudalismus Funktionen einer Interessenartikulation der unteren sozialen Schichten wie der bürgerlichen übernehmen konnte. Obwohl Herder die Klopstocksche Bardendichtung von der Bardenmode zunächst noch positiv absetzt, finden sich ab 1774 in seinen Arbeiten die ersten

Äußerungen, die schließlich auf eine generelle Verurteilung der Bardendichtung hinauslaufen. Wir vermuten, daß diese ablehnende Haltung auch im Zusammenhang mit dem Erscheinen der *Gelehrtenrepublik* (1774) zu sehen ist, deren programmatische Beschränkung politischen Praxis auf die Organisation der Gelehrten seinen eigenen Ansichten von den Möglichkeiten gesellschaftlicher Emanzipation diametral entgegengesetzt erschien. In diesem Zeitraum zwischen 1774 und 1778, in dem es Herder bereits möglich war, aus einer retrospektiven Betrachtung der Wirkungen der Bardendichtung ein erstes Resümee zu ziehen, kommen ihm Zweifel an der Tauglichkeit dieser politisch ambitionierten Literaturform zur Veränderung gesellschaftlicher Verhältnisse.

Getragen wird diese Kritik von einer zunehmend konkreter und realistischer werdenden Einschätzung der Bedingungen politisch-literarischer Veränderungen im Horizont der integralen Probleme des Partikularismus und der Auswirkungen des kapitalisierten literarischen Marktes in Deutschland des 18. Jahrhunderts.

1778 heißt es bei Herder endgültig: »Die Stimmen unserer Barden sind verhallt«. [149] Zunächst einmal kritisiert er die immanenten ästhetischen Probleme der Sujetwahl in der Bardendichtung und kommt zu dem Ergebnis, daß »die bisherigen Versuche größthenteils dahin ausgeschlagen [sind], unsre Poesie mehr abentheurlich als vaterländisch zu machen. . . . Wir . . . glauben, Nationalgesänge zu verfertigen, wenn wir die Trümmern des deutschen Eigenthums wieder aufwühlen . . . , wenn wir singen, wie wir uns träumen, daß unsre Stammväter vor zweytausend Jahren gesungen haben mögen. Es wäre eigensinnig genug, wenn wir die Poesie, gleich als ob uns unsre Zeiten keinen Stoff gäben, in jene unfruchtbare Periode der deutschen Geschichte einschließen wollten. . . . Eine unschädliche Grille könnte man gleichgültig ansehen; aber diese Mode zieht die Folge nach sich, daß die Bardenmanier zu einem Freybriefe dienen muß, die Bahn der einfältigen Natur ganz zu verlassen, . . . allerley Bilder aufeinander zu thürmen und regellos herum zu schweifen.« [150] Die Bardendichtung hat also aufgrund ihrer eigenen realistisch-ästhetischen Mängel die Entwicklung der bürgerlichen Ästhetik von den realen Problemen der Zeit in solche des kaum bekannten Altertums abgedrängt und damit die konkreten Emanzipationsprobleme des Bürgertums eher verdunkelt. Zu dem Problem der falschen und abwegigen ästhetischen Sujetwahl treten in Herders Kritik die konkreten sozialen und politischen Probleme, die die Bardendichtung als ihre Voraussetzungen nicht reflektiert hat. Zum einen ist Deutschland ein »getheiltes Land, ein Sund von kleinen monarchischen Inseln. Eine Provinz versteht die andere kaum: Sitten, Religion, Interesse, Stuffe der Bildung, Regierung sind verschieden, hindern und sondern die beste Würkung.« [151] Zu den politischen Schwierigkeiten treten die sozialen: denn, geht schon die Entwicklung der deutschen Nationalliteratur aufgrund der politischen Zersplitterung selbst unter den gebildeten bürgerlichen Schichten langsam voran, so »möchte die Würkung derselben (noch langsamer) aufs Volk wiederhergestellt werden, wie sie zu Hermanns Zeiten war, und am spätsten aufs gesammte Volk der Deutschen. In den meisten Gegenden kommt bei uns das Volk, die Nation in gar keine Rücksicht; wir schreiben, dichten und dichteln für Buchhändler, für Bücherwürmer, für die lieben Kunstrichter, und Zeitungsschreiber, für Gelehrte, . . . «. [152]

Herder sieht also schon hier genau das Problem der Isolation der aufgeklärten Intelligenz von den breiten Gesellschaftsschichten, wobei diese Gegensätzlichkeiten noch durch den kapitalisierten Literaturmarkt verschärft werden. »In der That ists viel was wir von den lieben Musen des heiligen römischen Reiches verlangen, und äußerst wenig, was wir, das lesende Publikum, ihnen gewähren; Geschenke und Gaben verstehe ich damit nicht. Gebt uns andere Zeiten, andre Sitten, andre Leser und Leserinnen, andre Schriften, die Leser und Leserinnen bilden, und die Dichtung wird ihnen nicht widerstreben.« [153]

Ist das politisch-kulturelle Anspruchsniveau nach Herders Auskunft auf Seiten der bürgerlichen Literaten und den breiten Leserschichten also schon unterschiedlich genug, so wird diese Tendenz durch den kapitalisierten Literaturmarkt eher noch verstärkt. Herder sieht hier sehr klar die verdinglichenden und dissoziierenden Auswirkungen dieses Literaturbetriebs, der zum einen den Literaten zum »Bogenweise« [155] bezahlten, isolierten Warenproduzenten degradiert: »der Dichter der Nation ist Letternkrämer geworden, Genie und Würkung sind verhandelt« [155], und zum andern, da das Buch als abstrakter Tauschwert sich zunehmend von seiner Verwendungsweise im Rahmen der öffentlichen Aufklärung eines bürgerlichen Publikums emanzipieren und gerade den unaufgeklärten Lesebedürfnissen der breiten Schichten als abstrakte Kundenschaft entgegenkommen konnte, den Intentionen der Etablierung einer interessenstrukturierten bürgerlichen Aufklärung tendenziell entgegenlief. Herder fragt nun:

. . . was für Würkung können Gaben thun, die verhandelt und erhandelt werden? Was für Sitten kann ein Tempel der Dichtung stiften, wo Wechslertische und Taubenkrämer, Rezensenten und Ochsenhändler ihr Gewerbe treiben?« »Man verzeihe,« so fährt Herder fort, »daß ich bei diesem Aeusseren verweile; von solchem Aeusseren hängt das meiste Innere ab. Der Buchhändler kauft und verkauft, erhandelt sich Autor und Rezensenten, bestimmt den Werth seines Meßguts und nach dem Anklange geht die Stimme fort. Dem lieben Deutschland ist alles gleichviel, wenn's in den Zeitungen nur gelobt ist [156]

Herder sieht hier sehr deutlich die Wirksamkeit der mit der Durchkapitalisierung des Literaturbetriebs gesetzten abstrakten Tauschwertbeziehungen, die sehr deutlich das Ausmaß dieser neuen Abhängigkeit der bürgerlichen Literaten ersichtlich werden lassen. Darüber hinaus deuten sich hier für Herder Möglichkeiten der Verleger an, durch manipulative Werbe- und Verkaufsstrategien im Sinne der Profitmaximierung die gesellschaftlich unqualifiziertesten Lesebedürfnisse aufzunehmen bzw. zu steuern, wodurch sich die kapitalistischen Verkehrsformen des Literaturmarktes zu einer tendenziellen Gefahr für die öffentliche Aufklärung entwickeln können. [157] Diese konkreten Schwierigkeiten der Erreichbarkeit des Publikums haben die Bardendichter übersehen; sie haben, meint Herder, nicht zu sehen vermocht, daß ihre Wirkungen im Kreis der Gelehrten sich erschöpften. »Ich geschweige, daß die Diktion und das Sylbenmaas darinn ganz Klopstocks, d. i. Poetisch, kühn, fein, gelehrt und klaßisch, nie oder selten aber Sprache und Gesang fürs Volk ist, wenn es auch noch so hoch in der Bildung stiege.« [158] Letztendlich sei die Wirkung der »Bardensucht«, so meint Herder weiterhin, da sie die »Sprache der Dichtkunst mit Bildern« gefüllt habe, »die nun gerade allen unmittelbaren Gang ans Herz, alle unstudierte lebendige Würkung hindern,« [159] eher von archivarisch-traditionalem Ausstellungswert: »Sollte es auch mit der Würkung dieser Gesänge und Fabellehre auf unsere Sitten nicht so ganz recht seyn; so bleibt dem errichteten Altare immer eine Aufschrift: Pietati! Ein etwelches Denkmal, der Tugend, und den Sitten der Väter heilig.« [160]

1788 schreibt Herder seine *Idee zum ersten patriotischen Institut für den Allgemeingeist Deutschlands*, eine Schrift, die sich einfügt in die allgemeine politische Frustrationstendenz der deutschen Klassik und als paradigmatisch gelten kann für ein schon von Klopstock in auffallend ähnlicher Form in seiner *Deutschen Gelehrtenrepublik* entworfenes Konzept der Einflußmöglichkeiten von Wissenschaft und Literatur auf die spätfeudale Gesellschaft. Diese Schrift zeigt exemplarisch die Grenzen einer auf der retardierten bürgerlichen Klassenbewegung in Deutschland formulierbaren Praxiskonzeption, deren abstrakte und kompromißlerische Tendenzen sich, wie gezeigt, weitgehend einer Analyse der feudalen politischen, wie auch bürgerlich-kapitalistischen Restriktionen innerhalb der Übergangsgesellschaft verdanken. Bezeichnend ist an dieser Schrift zuallererst, wie radikal Herder die Positionen der Sturm- und Drangzeit zurücknimmt. Auf der Grundlage eines expliziten Klassenkompromisses, wobei die politische Perspektive der revolutionären Bewegung der Volksmassen, auf deren Duldung der Despotismus sich ja hatte einrichten können [161], umgesetzt wird in eine solche, die Politik wiederum wie schon Klopstock und Wieland mit der Praxis des obrigkeitlichen Reglements identifiziert, die nun ihrerseits wieder in den Geltungsbereich der allgemeinen Gesetze der Vernunft und ›Billigkeit‹ aufgenommen wird, erklärt Herder das politische und ästhetische Programm der radikalen Bardendichtung, wie des Sturm und Drang für desolat: »Die allgemeine Menschen-Vernunft hat Licht und Stimme gnug gewonnen, um aus dem Gemählde der Barbarei voriger Jahrhunderte, aus ihren tausendfachen Irrungen, Unordnungen und leeren Bemühungen die Lehre anzuerkennen und laut zu sagen: »daß Finsternis und Vorurtheil, daß Gesetzwidrige Macht und Partheilichkeit, daß Verkennung seiner selbst und des Maaßes seiner Kräfte, Vernachläßigung der unentbehrlichen Mittel zum Wohl des Ganzen keine guten Folgen haben können und nie gehabt haben« [162] Hier werden also ausdrücklich zentrale Positionen der Sturm und Drang-Zeit aufgegeben: die Orientierung an den alten nordischen Stoffen sei falsch gewesen, ebenso der damals außerhalb des bestehenden Rechts gelegene revolutionäre Anspruch, sowie letztlich auch die Einschätzung der realen Kräfteverhältnisse in den frühen siebziger Jahren. Vielmehr könne man der immer noch anhaltenden politischen »Gährung« nur auf der Ebene der »reine[n] unpartheiische[n] Wahrheit« [163] die durch keine »Parteisucht« getrübt werden, »geschweige, daß irgend eine Bitterkeit, ein literarischer oder politischer Groll« [164] entstehen dürfe, insofern zuvorkommen, »daß man die Gemüther der Menschen öffentlich auf allgemeine, beßere Endzwecke leitet.« [165] Eine Position also, die der ehemals gegensätzlichen Wielands wieder sehr nahekommt. Vormals erkannte gesellschaftliche Antagonismen [166] werden in eine abstrakte Erziehungsidee zurückgenommen, die gleichermaßen »zur beßeren Erziehung der Fürsten, des Adels, des Landmannes und Bürgers« [167] verbindlich wird. Der Staat, den Herder in den siebziger Jahren als ein bloßes »Gehege der gedrückten, verblendeten Menschheit« [168] betrachtete, erscheint nun prinzipiell als durch öffentliche Aufklärung reformfähig, wo er nicht schon durch das »Beispiel großer Männer auf dem Thron und im Cabinet, auf Richterstühlen und in Schriften« [169] auf der Höhe der Aufklärung sich befindet. In den frühen siebziger Jahren hatte es dagegen geheißen: »Wer von einem Staat als solchem, Aufklärung fordert, wer glaubt, daß Publikum oder gar die Regenten müßten ihm Bildung und Glückseligkeit gewähren: der spricht (für mich) eine unverständliche Sprache.« [170]

Dieser kurze Überblick über die Entwicklung der politisch-ästhetischen Kritik des führenden Vertreters der radikalisierten bürgerlichen Intelligenz der siebziger Jahre, die sich beispielhaft an seiner Auseinandersetzung mit der sich dezidiert politisch verstehenden Bardendichtung Klopstocks aufweisen ließ, vermag u. E. ein Schlaglicht zu werfen auf die widersprüchliche Entwicklung der politisch-ästhetischen Diskussion im Deutschland des 18. Jahrhunderts. Die bürgerlich-oppositionelle Bardendichtung Klopstocks im Zusammenhang mit ihrer Theorie-Praxis-Explikation in seiner *Deutschen Gelehrtenrepublik* hat den schlagenden Widerspruch zwischen Theorie und Praxis dieser bürgerlichen Literatur insgesamt deutlich gemacht und mußte als solche zu einem zentralen Kristallisationspunkt der öffentlichen Kritik werden.

Die letztendliche Wirkungslosigkeit dieser Literatur, die sich am realen Emanzipationsprozeß der bürgerlichen Klasse »ebenso ablesen [läßt] wie am Schaffensprozeß der wichtigsten Künstler« [171], erhellte am deutlichsten bei dem theoretisch bewußtesten Vertreter der radikalisierten bürgerlichen Literaten der siebziger Jahre, Herder.

Klopstock selbst hat aufgrund der realen Entwicklungstendenzen und unter dem Eindruck der massiven literarischen Kritik der Zeitgenossen politische und ästhetische Konsequenzen gezogen, die wir abschließend noch kurz anzudeuten versuchen.

Bezeichnend für Klopstocks veränderte Positionen sind zum einen seine sich besonders in den Oden konkretisierenden Erwartungen, die er mit der französischen Revolution verknüpft, sowie zum anderen sein auffallendes Abstandnehmen vom Sujet der Germanenmythologie. Klopstock hatte die Absicht, die »Denkmale der Deutschen« – das prägnanteste Beispiel seiner Nordenrezeption

– in den geplanten, aber nie herausgegebenen zweiten Teil der *Deutschen Gelehrtenrepublik* nicht mehr aufzunehmen, sondern an ihrer Stelle das Werk durch »Aufschriften, auch solche, die in unsre Zeit gehören«, zu ergänzen. [172] Ebenso zeigen alle seine späteren Produktionen keine Bearbeitung nordischer Stoffe mehr. Mit dem Abgehen vom Sujet der Germanenmythologie verknüpft sich eine stärkere Konzentrierung auf zeitgenössische Probleme, insbesondere zunächst auf die französische Revolution.

Wird in der *Deutschen Gelehrtenrepublik* noch sichtbar, daß durch »kontinuierliches Vernünftigwerden« [173] die Humanisierung und Befreiung der Gesellschaft von den Zwangsbedingungen des Spätfeudalismus möglich sein soll, so tritt später vor allem in den Revolutionsoden das Problem konkreter politischer Veränderungen hervor. [174] Überhaupt scheint in der Klopstockschen Kunstproduktion das Abgehen vom Bardenstoff besonders in den Revolutionsoden, wie sich der Arbeit von Alfred Molzan entnehmen läßt, mit einem erheblichen Zuwachs an realistischen Perspektiven verknüpft zu sein. [175]

Die Revolutionsoden feiern »Galliens Freiheit«, dessen Bürgern es gelungen ist, das despotische Joch abzuschütteln. Immer wieder aber durchzieht Resignation die Klopstockschen Gedichte; »Sie und nicht wir« waren es, die sich befreit haben; in Deutschland scheint es ihm »nicht einmal auf dem Weg der ideellen Vorbereitung des Freiheitskampfes« [176] voranzugehen. Die große Hoffnungsperspektive, die Klopstock 1773 formuliert hatte:

> Obs auf immer lastet? Dein Joch, o Deutschland,
> Sinket dereinst! Ein Jahrhundert nur noch,
> So ist es geschehen, so herrscht
> Der Vernunft Recht vor dem Schwertrecht!

schien in Deutschland vorerst nicht praktikabel. Die Radikalität dessen, was sich dann in Frankreich abspielte, vermochte Klopstock nicht mehr zu begreifen. Seine politischen Perspektiven waren, wie wir gezeigt haben, integral vom Klassenkompromiß bestimmt. Für Klopstock blieb stets verbindlich, daß auch die Fürsten in Praktizierung genuin bürgerlicher Tugenden »ihr erhabenes Amt / Durch ein Gott nachahmendes Wohlthun, das über die Menschheit / Sterbliche Menschen erhöht« dem Gemeinwohl der ganzen Gesellschaft widmen könnten. [178]

Konsequent wendet sich Klopstock nach der Liquidierung des französischen Königs von der Revolution ab; die Ode *Mein Irrtum* drückt diese Abwendung aus. [179]

Klopstock, wie viele andere bürgerliche Literaten seiner Zeit in Deutschland vermochten »die Französische Revolution nicht als ein ganzes zu begreifen [und] konnte ... der differenzierten ideologischen und politischen Entwicklung nur bis zu einem bestimmten Punkt folgen, an dem sie mit den bis dahin gewonnenen ethischen und humanen Postulaten noch faßbar war.« [180] Konsequent verwirft auch Klopstock die Verteidigung der Revolution durch die kleinbürgerlich-plebejische Massenbewegung in Frankreich gegenüber den Aristokraten, den Einzug der Revolutionsheere bezeichnet er als »Eroberungskrieg« und behandelt ihn in einigen Oden [181] im Sinne eines Verstoßes gegen die bürgerliche Freiheit. Klopstocks Wendung in den Klassizismus, seine frappante Entgegensetzung von Kunst und politischer Bewegung, worin seine eigenen Erfahrungen und die seiner Klasse eingegangen sind, dokumentiert sich deutlich in der späten Ode *Mein Tal* (1795), in der das Erlebnis der Wirkungslosigkeit seiner politisch verstandenen *Deutschen Gelehrtenrepublik* und der Bardendichtung ästhetisch aufgenommen wird.

> Auch ich stand auf einem der hohen Felsengestade
> Schaue heißtheilnehmend hinab
> Auf die empörten Wogen, des donnernden Ozeans Berge,
> Alle sie Spiele des Sturms,
> In die Nacht hinab der Staatsumschaffung! Die Segler
> Schwebeten, schwankten, krachten einher,
> Kühn gesteuert einher, und ohne Steuer; es wurd' oft
> Bleich von gestrandeten Leichen der Fels.
> Selten nur wandt' ich mich um, und blickte nieder ins stille
> Thal, wo die Saite der Alten mir tönt,
> Und auch ich wohl den Klang der eigenen Saite behorche
> Wenn des Griechen mich weniger schreckt.
> Aber müde zu schauen den Sturm, und die scheiternden Segler
> Kehret ich endlich zurück
> In mein Thal. Tief barg ich mich nun in den Hainen Achäa's
> Daß mein Ohr nicht vernahm
> Jenen Orkan: und verlor bis zu mir ein sterbender Laut sich
> Übersang ich ihn leicht ... [182]

1 Vgl. L. *Winckler*, Kulturwarenproduktion, Aufsätze zur Literatur- und Sprachsoziologie, Frankfurt/M., 1973, S. 21 f.; des weiteren J. *Kulischer*, Allgemeine Wirtschaftsgeschichte des Mittelalters und der Neuzeit, Bd. II, Darmstadt: Wissenschaftliche Buchgemeinschaft⁴, 1971, bes. S. 38 ff. und S. 113–194; H. *Mottek*, Wirtschaftsgeschichte Deutschlands. Ein Grundriß, Berlin/DDR, 1972, Bd. 1, S. 245 ff.; F. *Lütge* (Hrg.), Die wirtschaftliche Situation in Deutschland und Österreich um die Wende vom 18. zum 19. Jahrhundert, Stuttgart 1964, bes. S. 7–33 und S. 192–222; G. *Schilfert*, Deutschland 1648–1789, Berlin/DDR², 1962, bes. S. 65 ff.

2 J. *Habermas*, Strukturwandel der Öffentlichkeit, Neuwied und Berlin, ⁵1971, S. 30.

3 Ebd., S. 31

4 Vgl. zur Entstehung des modernen Staates: E. *Kehr*, Zur Genesis der preußischen Bürokratie und des Rechtsstaats. In: H.-U. *Wehler* (Hrg.), Moderne deutsche Sozialgeschichte, Köln-Berlin, 1970, S. 37; dgl. H. *Heller*, Staatslehre, Leiden, 1934, S. 110 ff.

5 Die Adressaten der öffentlichen Gewalt finden in der Presse, die ja allererst auf dem Wege der Verwaltung ihre Angelegenheiten zu öffentlichen gemacht hat, das Mittel, mit dem sie die Formen und Medien ihrer Selbstverständigung ausbilden können. Am Anfang stehen die wissenschaftlichen Zeitschriften, die mit ihren gelehrten Kritiken und Rezensionen den Boden bürgerlichen Räsonnements vorbereiten. (Vgl.

G. *Witkowski,* Geschichte des geistigen Lebens in Leipzig, Leipzig-Berlin, 1909, S. 184 ff.) Ihnen folgen neben den Intelligenzblättern der sich ausdehnenden Tagespresse jene »Moralischen Wochenschriften«, die englischen Beispielen nachgeahmt sind. »Sie kritisier[t]en die Distanz schaffenden Lebensformen des Adels, die seigneurale Laxheit, den Prunk, die Etikette und [...] begründ[et]en bürgerliches Selbstbewußtsein im Bereiche des alltäglichen Lebens, in Beruf, Nachbarschaft und Familie, und hier [liegt] ihre besondere Leistung.« (H. *Gerth,* Die sozialgeschichtliche Lage der bürgerlichen Intelligenz um die Wende des 18. Jahrhunderts, Phil. Diss. masch., Frankfurt/M., 1935, S. 103; vgl. zu Entwicklung und Funktion der ›Moralischen Wochenschriften‹ auch: W. *Martens,* Die Botschaft der Tugend. Die Aufklärung im Spiegel der deutschen Moralischen Wochenschriften. Stuttgart 1968)
Um die Mitte des 18. Jahrhunderts werden die ›Moralischen Wochenschriften‹ weitgehend abgelöst von den ›Staatsbürgerlichen Journalen‹, die zusammen mit den Intelligenszblättern zur wichtigsten Lektüre der bürgerlichen Schichten werden. (vgl. *J. Goldfriedrich,* Geschichte des deutschen Buchhandels, Leipzig 1909, Bd. 3, S. 319 f.)
Im Anwachsen von Produktion und Rezeption politisch intentionierter Periodika zeigt sich an, wie das Räsonnement in der bürgerlichen Emanzipationsliteratur sich allmählich über die Sphäre familiärer Privatheit erhebt und sich politisch-öffentlichen Problemen zuwendet.

6 *J. Habermas,* Strukturwandel, S. 39.

7 Ebd., S. 37.

8 Erst allmählich bildet sich dieses bürgerliche Publikum schwerpunktmäßig in den politischen, ökonomischen und geistigen Zentren des Reiches heraus: in den einflußreichen Residenz- und Verwaltungsstädten, den bedeutenden Handelsstädten wie Hamburg, Leipzig, Berlin oder Frankfurt und den Universitätsstädten. (Vgl. dazu K. *Biedermann,* Deutschland im 18. Jahrhundert. Deutschlands politische, materielle und soziale Zustände im 18. Jahrhundert, Neudruck der ›bändigen Auflage Leipzig 1880 in 4 Bänden, Aalen 1969; bes. Bd. 1, S. 1–184 und Bd. 2, Teil 1, S. 177 ff.) Die politische Zersplitterung Deutschlands und die weitgehend gesellschaftlich und politisch abhängige Position des Bürgertums gegenüber dem absolutistischen Staat verhinderten eine homogene und progressivere Konstitution der bürgerlichen Schichten. »Und so blieb« dieses Publikum »auf Grund der sehr unterschiedlichen Lebensverhältnisse in den Residenz-, Garnisons-, Universitäts-, Hanse- und Landstädten in sich äußerst differenziert und desintegriert [...]«. (H. J. *Haferkorn,* Der freie Schriftsteller. Eine literatur-soziologische Studie über seine Entstehung und Lage in Deutschland zwischen 1750 und 1800; in: Archiv für Geschichte des Buchwesens, Bd. V, Frankfurt/M., 1964, S. 582. Da der Beitrag Haferkorns in diesem Band eine *überarbeitete* Fassung der eben genannten Veröffentlichung ist, die uns vor Drucklegung nicht zugänglich war, wird nach der alten Fassung zitiert.)

9 F. G. *Klopstock,* »Die deutsche Gelehrtenrepublik./ Ihre Einrichtung. Ihre Geseze. Geschich-/te des letzten Landtags. Auf Befehl der Al-/dermänner durch Salogast und Wlemar./ [...] Erster Theil/ Hamburg/ gedruckt bey J. J. C. Bode./ 1774.« S. 1–70. Zu unserer Analyse: Auf der Grundlage der Auswertung von ca. zwei Dritteln der gesamten Leserschaft (2327 von insgesamt fast 3500 Subskribenten; vgl. H. *Pape,* Klopstocks Autorenhonorare und Selbstverlagsgewinne; in: Archiv für Geschichte des Buchwesens, Bd. 10, Frankfurt/M., 1970, S. 122 f.) haben wir versucht, eine einigermaßen repräsentative Aussage zu machen. Es war uns zum einen aus technischen Gründen nicht möglich, die gesamte Liste auszuwerten; um zum anderen den in den verschiedenen Städten unterschiedlich verlaufenden Prozessen der sozioökonomischen Strukturen und folglich auch den ungleichen Konstitutionsbedingungen der Leserstruktur Rechnung zu tragen, haben wir in der Auswertung die relevanten Stadttypen

wie Handels- und Gewerbezentren, Residenz- und Verwaltungsstädte, Universitäts-
städte, Reichsstädte und Ostseehäfen im spezifischen Auszählungsverfahren gegenübergestellt und aus der differenzierten Gegenüberstellung der je spezifischen Berufs-
und Ständestrukturen die Gesamtanalyse des Publikums entwickelt.

*Differenzierte Gegenüberstellung der spezifischen Publikumsstrukturen ausgewählter
Stadttypen*

	Handels- u. Gewerbe-zentren/ Nordsee-häfen	Residenz- u. Verwal-tungsstädte	Universi-tätsstädte	Reichs-städte	Ostseehä-fen
	%	%	%	%	%
Landesherren	–	1,7	0,1	–	–
Adel ohne Berufstitel	5,6	5,6	6,7	10,2	6,7
beamteter Adel	1,5	12,7	4,5	5,6	5,2
adeliger Klerus	0,4	2,0	0,2	0,9	–
Militär	0,9	6,7	2,6	0,9	1,5
bürgerliche Beamte der Verwaltung	15,1	28,4	7,6	20,4	28,1
sonstige Hof- oder Staatsbe-dienstete	0,6	2,1	0,7	–	–
beamtete Erzieher (Profess., Leh-rer usw.)	5,4	5,5	14,3	10,2	5,2
Hofmeister	0,9	1,1	0,5	1,9	–
bürgerlicher Klerus (Pfarrer, Pa-storen usw.)	8,2	7,6	2,5	14,8	10,4
Candidaten (noch nicht beamtete, examinierte Theologen)	3,5	1,7	1,6	2,8	1,5
freiberufliches akademisches Bür-gertum (Ärzte, Advokaten usw.)	7,8	3,5	2,5	9,3	8,1
Handels- und Finanzbürgertum (Kaufleute, Verleger usw.)	10,0	2,3	1,6	–	2,2
Bibliotheken	–	0,8	0,4	–	0,7
Lesegesellschaften	–	0,4	–	–	–
Zeitschriften	0,2	0,2	0,1	–	–
Subskribenten ohne nähere Be-rufs- oder Standesangaben, Ungenannte und Studenten	40,0	17,8	54,2	23,1	30,4
absolut ausgezählte Subskriben-ten (2327)	538	966	853	108	135

In dieser differenzierten Gegenüberstellung des Publikums der »Gelehrtenrepublik«
wurden einige Städte doppelt gezählt, da sie ihrer Struktur nach zwei von uns ausgewählten Stadttypen zuzurechnen waren (wie z.B. Leipzig als Handelszentrum und

316   Ulrich Dzwonek/Claus Ritterhoff/Harro Zimmermann

Universitätsstadt oder Wien als Residenz- und Universitätsstadt); in der Gesamtübersicht der Subskriptionsleserschaft ist das Publikum dieser Städte selbstverständlich nur einmal berücksichtigt worden.

Wir ließen uns bei der Untersuchung von zwei Dritteln der Leserschaft neben den genannten Gründen unserer Auswahl überdies von der Vermutung leiten, daß sich das zusammengefaßte Ergebnis dieser exemplarischen Analyse nur unwesentlich von dem einer Gesamtauswertung der Subskriptionsliste unterscheiden würde. Betrachtet man z. B. die Subskribentenzahlen zweier Städte wie Frankfurt/M. (Handelszentrum) und Hildesheim (Residenz- und Verwaltungsstadt) – in Frankfurt subskribierten lediglich 22, in Hildesheim dagegen 110 Leser – so fällt die Divergenz der absoluten Zahlen auf, die im gleichsam umgekehrten Verhältnis zur Bedeutung dieser Städte steht. Dieses Mißverhältnis beruht unserer Meinung nach auf Zufälligkeiten, die im Verfahren der ›Collekteure‹ und ›Beförderer‹ des Selbstverlagsunternehmens ihre Ursache haben. (Der Umfang der Subskriptionen in den einzelnen Städten war zu einem guten Teil von dem Geschick, dem Einfluß, der Zugehörigkeit zu Freundeskreisen u. ä. der für die »Gelehrtenrepublik« werbenden ›Collekteure‹ und ›Beförderer‹ abhängig.) Wenn auch, wie im genannten Vergleich zwischen Frankfurt/M. und Hildesheim, zuweilen erhebliche *quantitative* Unterschiede zu bemerken waren, so war doch von einer Analyse der Gesamtheit aller Subskribenten keine wesentliche Abweichung von unserem Endergebnis zu erwarten. Nach unserer Einschätzung ist es durch das komparatistische Verfahren im Bezugsrahmen der verschiedenen Stadttypen zumindest ansatzweise gelungen, die, wie oben schon bemerkt, auf kaum kalkulierbaren Zufälligkeiten basierenden quantitativen Extremwerte zu einer einigermaßen sachgerechten Aussage über die Sozialstruktur von Klopstocks Leserschaft zu vermitteln.

Unsere repräsentative Publikumsanalyse ergab letztlich folgende Verhältnisse (vgl. die zusammenfassende Übersicht der Subskriptionsleserschaft auf S. 280): den weitaus größten Anteil hatten bürgerliche Akademiker und die Schicht des Handels- und Finanzbürgertums; insgesamt machten sie fast die Hälfte des Publikums aus. Es ist zu vermuten, daß diese bürgerlichen Lesekreise durch eine größere Anzahl der Subskribenten ohne nähere Berufsangabe und der ›Ungenannten‹ erweitert wurden. (Wir stützen unsere Vermutung einmal auf detaillierte Kenntnisse des Publikums einiger Städte – Hamburg, Frankfurt/M., Hannover und München – und andererseits darauf, daß sich von uns in Göttingen unter den Subskribenten ohne nähere Statusangaben eine große Zahl Studenten ausmachen ließ.) Der Adel (den wir zusammenfaßten aus den Anteilen der Landesherren, des beamteten und klerikalen Adels, dem Militär, das sich in der Liste wesentlich aus adeligen Offizieren zusammensetzte, und dem Adel ohne Berufstitel) war am Publikum immerhin noch mit mindestens 17% beteiligt.

9a J. W. *Goethe*, Werke, Hamburger Ausgabe, Bd. 9, S. 518.
10 An der Tatsache, daß ›anspruchsvolle‹, ›autonome‹ Literatur selbst in die exponiert bildungsbewußten Diskussionsforen der Lesekabinette relativ selten Eingang findet und diese Literatur eher in den exklusiven »Literarischen Gesellschaften« verhandelt wird, erweist sich, wie sehr die unmittelbare Wirkung ästhetisch progressiver Literatur, etwa auch die Klopstocks, auf ein schmales Publikum begrenzt war. (Vgl. M. *Prüsener*, Lesegesellschaften im 18. Jahrhundert. Ein Beitrag zur Lesergeschichte; in: Börsenblatt für den Deutschen Buchhandel, Frankfurter Ausgabe, 28. Jahrgang 1972, S. 199ff. und S. 265 f.) Zu entsprechenden Ergebnissen der relativ begrenzten Rezeption ›hoher‹ Literatur kommt auch W. *Wittmann* in seiner Analyse von Nachlaßinventaren Frankfurter Bürger (ders., Beruf und Buch im 18. Jahrhundert, Diss. pol. masch., Frankfurt/ M. 1934).
11 Aufgrund ungenügender urheberrechtlicher Sicherungen konnten die Verleger und

Buchhändler unverhältnismäßig hohe Anteile am Gewinn der verkauften Literatur einbehalten im Vergleich zur mäßigen Honorierung der Autoren. Zudem mußte u. a. »Klopstock selbst [...] mit ansehen [...], wie sich sein Verleger Hemmerde durch Herstellung von Doppeldrucken noch zusätzlich bereicherte.« (H. *Pape,* Klopstocks Autorenhonorare und Selbstverlagsgewinne, S. 98) Der rege praktizierte Nachdruck, der aufgrund der Zersplitterung Deutschlands und der partiellen Privilegierung bzw. Protektion der Nachdrucker durch die Landesfürsten möglich war, ist ein weiteres Moment, das die Schriftsteller zu Selbsthilfemaßnahmen greifen ließ. Denn der Selbstverlag bot neben der »Käufersicherung [...] vorteilhaften Schutz vor den finanziellen Einbußen des oft sehr schnell erfolgenden Nachdrucks [...].« (H. J. *Haferkorn,* Der freie Schriftsteller, S. 643) Vgl. auch: M. *Vogel,* Der literarische Markt und die Entstehung des Verlags- und Urheberrechts bis zum Jahre 1800; in: Rhethorik, Ästhetik, Ideologie: Stuttgart 1973; S. 117–136.

12 Das zeigt ein Brief Klopstocks, den er im April 1773 an den Freiherrn von der Asseburg schrieb, als ihm der Entfall des Mäzenats am dänischen Hof drohte:
»Verliere ich die Pension, so bin ich sehr schlimm dran; verliere ich sie auch nicht, so kann ich doch, meiner mäßigen Lebensart ungeachtet, schlechterdings nicht auskommen. Ich habe, nach öftern Herumsinnen, nichts anderes für mich ausfinden können, als meinem Verleger sein ferneres Recht auf den *Messias* abzukaufen, und ihn dann auf Subscription drucken zu lassen; ferner noch ein Paar kleinere Schriften auch so drucken zu lassen. [...]« (zit nach *Pape,* Klopstocks Autorenhonorare, S. 98)

13 Vgl. H. *Pape,* Klopstocks Autorenhonorare, S. 98 f.

14 Aus dem Brief Klopstocks an Ebert, dessen Original sich in der Herzog August Bibliothek Wolfenbüttel, Signatur: »Klopstockiana« 3. Konvolut, unveröffentlicht befindet, zit. n. H. *Pape,* ebd., S. 218/19.
In einer »Vorerinnerung« zum Subskriptionsplan fährt Klopstock etwas später fort: »(...). Es wird sich bey diesem Anlasse zeigen, ob man darauf hoffen könne, daß *das Publicum den Gelehrten,* und *diese sich untereinander* (von dem letzten weiß ich schon jetzt nicht wenig) dazu beförderlich seyn werden, daß sie zu dem *wirklichen Besitze* ihres Eigentums gelangen. Ich wünsche nichts so sehr, als bald Nachfolger zu haben; (...).« (ebd., S. 222)

15 Vgl. hierzu B. J. *Warneken,* Autonomie und Indienstnahme. Zu ihrer Beziehung in der Literatur der bürgerlichen Gesellschaft, in: Rhetorik, Ästhetik, Ideologie, Stuttgart, 1973, bes. S. 82.

16 »Indem nämlich das Individuum jedem Individuum als völlig unabhängiger und formell gleichgestellter Warenbesitzer (...) gegenübertritt, und damit als jedem anderen Individuum völlig gleichgestelltes Rechtssubjekt, hinter dem die soziale Verschiedenheit verschwindet, kann erst jene allgemeine Beziehungsform entstehen, die wir die kapitalistische oder bürgerliche nennen.« (L. *Kofler,* Zur Geschichte der bürgerlichen Gesellschaft, Neuwied und Berlin[4], 1971, S. 397).

17 Vgl. bes. L. *Winckler* zur »Entstehung und Funktion des literarischen Marktes«, in: Kulturwarenproduktion, S. 12–75. Empirische Daten, an der die rasche Entfaltung des literarischen Marktes in Deutschland in der zweiten Hälfte des 18. Jahrhunderts abzulesen ist, analysiert R. *Jentzsch* in seiner Arbeit: Der deutsch-lateinische Büchermarkt nach den Leipziger Ostermeßkatalogen von 1740, 1770 und 1800 in seiner Gliederung und Wandlung; Leipzig 1912, bes. S. 314–323.

18 J. *Habermas,* Strukturwandel, S. 199.

19 L. *Winckler,* ebd., S. 45 f.; vgl. zum Ganzen: B. J. *Warneken,* Autonomie, bes. S. 94 f.

20 Die bisherigen Forschungsarbeiten zu Klopstocks »Deutscher Gelehrtenrepublik« haben diese, zu ihrem richtigen Verständnis wesentlichen Zusammenhänge nie adäquat

darzustellen vermocht und stattdessen stets im Umkreis immanenter Interpretation ideen- oder motivgeschichtlich argumentiert; vgl. Max *Kirschstein:* Klopstocks Deutsche Gelehrtenrepublik; Berlin und Leipzig 1928; dgl.: A. *Pieper:* Klopstocks Deutsche Gelehrtenrepublik, Diss. Marburg 1915; F. *Muncker:* F.G. Klopstock, Stuttgart 1888, S. 443f. K. *Kindt:* Klopstock, Berlin 1941, S. 615ff.

21 Wolfgang *Stammler:* Politische Schlagwörter in der Zeit der Aufklärung; in: ders.: Kleine Schriften zur Sprachgeschichte, Berlin, Bielefeld, München 1954, S. 48f.

22 Zu Möser z.B. vgl.: Roy *Pascal:* Der Sturm und Drang, Stuttgart 1963, S. 59f.

23 Vgl. z.B. Frederick M. *Barnard:* Zwischen Aufklärung und politischer Romantik; eine Studie über Herders soziologisch-politisches Denken, Berlin 1964, S. 33f.

24 Vgl. W. *Krauss:* Die französische Aufklärung im Spiegel der deutschen Literatur, Berlin 1963, S. XVf.; dgl. Hans Wolf *Jäger:* Politische Kategorien in Poetik und Rhetorik in der zweiten Hälfte des 18. Jahrhunderts, Stuttgart 1970, S. 74f.

25 Vgl. auch: R.R. *Ergang:* Herder and the foundations of German nationalism, New York. 1966.
    Vgl. W. *Wenck:* Deutschland vor hundert Jahren. Politische Meinungen und Stimmungen bei Anbruch der Revolutionszeit, Leipzig 1887. Dgl. P. *Kampffmeyer,* die Geschichte der Gesellschaftsklassen in Deutschland, Berlin 1910.

26 Im Begriff des bürgerlichen Patriotismus deutet sich ideologisch der objektive ökonomische Zwang einen nationalen Machtbildung an.

27 Krauss, ebd. S. XXX;

28 ebd. XXIX;

29 ebd. S. XXXIX

30 Vgl. *Heinz Stolpe:* Die Auffassung des jungen Herder vom Mittelalter, Weimar 1955, S. 239f.

31 Ebd., S. 239.

32 Ebd., S. 236.

33 Karl *Marx:* Das Kapital, Bd. 3, S. 835f.
    Marx schreibt: »Eine über das individuelle Bedürfnis des Arbeiters hinausgehende Produktivität der agrikolen Arbeit ist die Basis aller Gesellschaft, und ist vor allem die Basis der kapitalistischen Produktion, die einen immer wachsenden Teil der Gesellschaft von der Produktion der unmittelbaren Lebensmittel loslöst und sie [...] zur Exploitation in anderen Sphären disponibel macht.«

34 *Stolpe,* ebd., S. 243.

35 Ebd., S. 247f.

36 Vgl. B. *Weissel,* Von wem die Gewalt in den Staaten ausgeht, Beiträge zu den Auswirkungen der Staats- und Gesellschaftsauffassungen Rousseaus auf Deutschland im letzten Viertel des 18. Jahrhdts, Berlin 1963, S. 247ff. u. S. 97.

37 *Stolpe,* ebd., S. 245.

38 Ebd., S. 252.

39 *Goethe,* Werke, Hamburger Ausgabe, Bd. 9, S. 408f.

40 zit. nach P. *Herzog:* Klopstocks Verhältnis zum Sturm und Drang, Diss. Basel, 1925, S. 21.

41 *Herder,* Werke, ed. Suphan, Bd. 6, S. 309. Vgl. auch: E. *Braemer,* Goethes Prometheus und die Grundpositionen des Sturm und Drang; Weimar 1959; S. 88f.

42 Mit dem bisher Gesagten ist freilich nur eine Strömung der Aufklärungsliteratur umrissen. Eine andere, die sich mit den Namen Wieland, Nicolai, Mendelsson usw. verbindet, behandeln wir näher im Zusammenhang mit der Rezeption der Bardendichtung durch die deutsche Aufklärung.

43 zit. nach E. *Heinemann:* Zur Geschichte der Staatsanschauungen während des 18. Jh. vor d. Fr. Revolution, Diss. Bonn 1950, S. 101.

44 Dieser Aspekt wird im Zusammenhang der Auseinandersetzung mit Klopstocks ästhetischen Positionen in der »Gelehrtenrepublik« noch näher zu behandeln sein.

45 *Herder-* Werke, ed. Suphan, Bd. 8, S. 392.

46 Zit. nach *Stolpe,* Herder, S. 417. Vgl. auch E. *Braemer,* ebd., S. 72 ff., bes. S. 76 f. Daß diese unterschiedlichen Positionen Herders und Klopstocks in ihrer gesellschaftlich notwendigen Einschränkung auf letztlich rein ideologische Dimensionen wieder miteinander übereinkommen, weil eben die Möglichkeit praktisch konkreter »Projekte« noch nicht gegeben war, ist richtig. (Vgl. *Braemer,* S. 55 u. 57 f.;) Eindeutige Unterschiede ergeben sich aber hinsichtlich der Adressaten der Herderschen wie der Klopstockschen Konzeptionen, sowie der Radikalität des Herderschen Literatur-Praxis Begriffs gegenüber Klopstocks Reformismus. Vgl. Anm. 83 dieses Beitrages.

47 Klopstock erhoffte sich von der Verwirklichung seines Akademieplans, daß die Wissenschaften in ganz Deutschland »zu einer Höhe gebracht [werden], welche von der Geschichte als Epoke wird bemerkt werden.« Klopstocks sämmtliche Werke, Leipzig 1855, Bd. 8, S. 325.

48 Die Widmung lautet: »Ich kenne keinen stärkern Ausdruck der Verehrung, mit dem ich mich, bei Überreichung dieses Gedichts, Ew. *Kaiserlichen Majestät* nähern könnte, als daß ich meinem Vaterlande und Ew. *Majestät Selbst* zu Dem, was Sie für die Wissenschaften tun wollen, Glück wünsche.« Werke, Bd. 6, S. 39.

49 Vgl. den Brief Klopstocks an Cäcilie Ambrosius vom 19. April 1768; Briefe von und an Klopstock, ed. J.M. Lappenberg, Bern 1970, S. 207.

50 Vgl. *Pieper,* ebd., S. 11.

51 *Pieper,* ebd.

52 *Klopstock,* Werke, Bd. 8, S. 322.

53 Vgl. *Muncker/Pawel* (Hrsg.): F.G. Klopstocks Oden, Stuttgart 1889, S. 226 f.

54 Vgl. dazu die Widmung der »Hermanns Schlacht« an den Kaiser (Klopstock, Werke, Bd. 6, S. 39 f.), von dem Klopstock erwartet, daß er aufgrund seiner politischen Position »entweder gar nichts für die Wissenschaften thun (muß), oder er muß etwas thun, das seiner würdig ist«. (Klopstock, Werke, Bd. 8, S. 327)

55 Vgl. Klopstocks Brief an Ebert vom 20. Februar 1773, in: Lappenberg, ebd., S. 242.

56 A. *Pieper,* ebd., S. 15.

57 M. *Kirschstein,* Klopstock, S. 10.

58 *Klopstock,* Werke, Bd. 8, S. 4

59 *Klopstock,* Werke, Bd. 8, S. 3; hier auch das nächste Zitat.

60 J. *Habermas,* Strukturwandel der Öffentlichkeit, S. 56.

60a Vgl. *Kirchstein,* S. 48.

61 In dieser Phase der Übergangsgesellschaft lernt die bürgerliche Gesellschaft, und das spiegelt die Klopstocksche Gelehrtenrepublik wider, sich ihrer genuinen Interessen gegenüber den staatlichen Institutionen des Absolutismus zu vergewissern; dies ist ein Prozeß, der durch die vom kapitalisierten Buch- und Zeitschriftenmarkt bereitgestellten Medien der öffentlichen Auseinandersetzung, von spezifischen, erkennbar bürgerlichen Schichten getragen wird. »Die Obrigkeit löst in dieser, von der merkantilistischen Politik in erster Linie betroffenen und beanspruchten Schicht eine Resonanz aus, die das publicum, das abstrakte Gegenüber der öffentlichen Gewalt, sich als eines Gegenspielers, als des Publikums der nun entstehenden bürgerlichen Öffentlichkeit bewußt werden läßt. Eine solche entwickelt sich nämlich in dem Maße, in dem das öffentliche Interesse an der privaten Sphäre der bürgerlichen Gesellschaft nicht mehr nur von der Obrigkeit wahrgenommen, sondern von den Untertanen als ihr eigenes in Betracht gezogen wird.« J. Habermas, ebd. S. 38.

62 Vgl. *Klopstock,* Werke, Bd. 8, S. 162.

63 Wenn es dem Fortschritt der Wissenschaften dient, so ist es besser »lieber eine

Zunft weniger zu haben, als die Barbarei länger zu dulden, mit der sich diese Nachsager (die Scholiasten, d. V.) dem allgemeinen Gebrauch der Sprache und der Erweiterung der Wissenschaften widersetzen«. ebd., S. 221 f.

64 Ebd., S. 79.
65 Vgl. *Klopstock*, Werke, Bd. 8, S. 50 und 80.
66 Vgl. W. *Euchner*, Egoismus und Gemeinwohl, Frankfurt 1973, S. 213 f.
67 Vgl. *Klopstock*, Werke, Bd. 8, S. 79.
68 Auch Kant spricht diese Möglichkeit der individuellen Weiterentwicklung an: »Es ist also für jeden einzelnen Menschen schwer, sich aus der ihm beinahe zur Natur gewordenen Unmündigkeit herauszuarbeiten. Er hat sie sogar lieb gewonnen und ist vor der Hand wirklich unfähig, sich seines Verstandes zu bedienen, weil man ihn niemals den Versuch davon machen ließ. Satzungen und Formeln, diese mechanischen Werkzeuge eines vernünftigen Gebrauchs oder vielmehr Mißbrauchs seiner Naturgaben, sind die Fußschellen einer immer währenden Unmündigkeit. Wer sie auch abwürfe, würde dennoch auch über den schmalsten Graben einen nur unsicheren Sprung tun, weil er zu dergleichen freien Bewegung nicht gewöhnt ist. Daher gibt es nur wenige, denen es gelungen ist, durch eigene Bearbeitung ihres Geistes sich aus der Unmüdigkeit herauszuentwickeln und dennoch einen sicheren Gang zu tun.« Siehe I. *Kant*, Zur Logik und Metaphysik, ed. K. *Vorländer*, Bd. V, 2. Abt., S. 136.
69 *Klopstock*, Werke, Bd. 8, S. 25.
70 Vgl. hierzu L. *Goldmann*, Der christliche Bürger und die Aufklärung; Neuwied und Berlin 1968; bes. S. 6 f. u. S. 9; dgl.: R. *Kosellek*, Kritik und Krise, Freiburg/München 1959, bes. S. 91 und S. 108 f. »Die Philosophie des Fortschritts lieferte die weder religiöse noch rationale, sondern spezifisch geschichtsphilosophische Gewißheit, daß die indirekt politische Planung auch verwirklicht wird, wie umgekehrt die rationale und moralische Planung selber den Fortschritt der Geschichte bestimmt.« Auch in Klopstocks Deutscher Gelehrtenrepublik deutet sich im Hintergrund eine Idee des gesellschaftlichen Fortschritts an, dessen notwendiger Gang jenseits von konkreten Aufgaben im Rahmen der Klassenauseinandersetzungen verbürgt zu sein scheint. Kosseleks Buch, das gerade in diesen Zusammenhängen Beachtung verdient, entfaltet die These, daß die politische Kritik der Bürger sich strukturell notwendig aus dem moralischen Innenraum bürgerlicher Lebensformen entwickelt habe, an der antithetischen Gegenübersetzung von Moral und Politik sich aber schließlich nicht in die Dimension des konkret-politisch Machbaren einfinden konnte. Stattdessen habe die bürgerliche Geschichtsphilosophie die Kontingenz der nötigen politischen Auseinandersetzungen in eine ›abstrakt-utopische Prozessualität‹ aufgelöst, die per se den endgültigen Sieg des Moralischen in der Welt verbürgte, wodurch konkrete politische Aktionen zum Akzidentellen zusammenfielen zugunsten der »Selbstläufigkeit des Geschehens«.
70a W. *Euchner*: Politische Theorien nach der Französischen Revolution und die Entstehung des neueren Sozialismus; unveröffentlichtes Vorlesungsmanuskript, S. 4; wir danken an dieser Stelle Herrn Prof. Euchner (Göttingen) für die freundliche Überlassung dieses instruktiven Manuskripts.
71 *Klopstock*, Werke, Bd. 8, S. 130.
72 *Klopstock*, Werke, Bd. 10, S. 257
72a *Klopstock*, Werke, Bd. 8, S. 10
„Sie erfinden, wenn sie auf neue Art darstellen, und entdecken, wenn sie das *wirkliche Geschehen* herausbringen.“
72b „Wer erfindet, der sinnt entweder die Ursachen zu schon vorhandenen Wirkungen aus, oder auch zu solchen Wirkungen, die erst nocht entstehen sollen, und die er

selbst hervorbringen oder durch andre will hervorbringen lassen." (*Klopstock*, Werke, Bd. 8. S. 112).

73 *Klopstock*, Werke, Bd. 8, S. 26.

74 Wie sich aus M. *Kirchsteins* Dissertation über die Gelehrtenrepublik Klopstocks ergibt, läßt sich scheinbar durchgängig für alle von Kirchstein aufgewiesenen früheren Diskussionen um das Problem einer Gelehrtenrepublik eine mehr oder minder abstrakte Gegenüberstellung der Organisationsformen und -inhalte der Gelehrtenrepubliken zur selbst erlebten politischen und gesellschaftlichen Restriktion erkennen: dabei gehen stets, was Kirchstein allerdings weitgehend verborgen bleibt, Kriterien und Kategorien originärer und rational gesicherter wissenschaftlicher und künstlerischer Arbeit mit solchen, wenn man so will, der politisch-staatstheoretischen Argumentation eine von uns bei Klopstock ebenfalls beobachtete, eigentümliche Verbindung ein. Auffälligerweise fehlt bei allen Gelehrtenrepubliken eine Ableitung aus einer – wie auch immer gearteten – Analyse der realen Zwangsbedingungen des Feudalismus: diese gehen stets eigentlich nur in abstrakter Form in das Gefüge der Republiken insofern ein, als sie als Faktorenbündel der Verhinderung der freien und selbständigen wissenschaftlichen Arbeit in Erscheinung treten. Vgl. Kirchstein, ebd., S. 50 f.

75 »Wer nur Andrer Meinung, oder Geschmack hat, oder wer nur nachahmt, ist ein *Knecht*. Wer selbst denkt und selten nachahmt, ist ein *Freier*. Wer als Entdecker oder Erfinder eine gewisse Höhe erreicht hat, ist ein *Edler*. Damit man dies Wort ja im richtigen Verstande nehme, so merken wir an, daß es gar keine Beziehungen auf diejenigen Edlen habe, welche Verdienste erben. Unsre Edlen haben selbst Verdienste, und größere, als gewöhnlich selbst die Erblasser hatten.« *Klopstock*, ebd., S. 15.

76 »Wir meinen nicht jene listige, die bei Beherrschung der Völker und dem Betragen der Herrscher gegeneinander noch immer so viele Einflüsse hat: wir meinen eine freie, offne gerechte Politik, die auch erkannt, und an hellem Tage geübt, ihre Zwecke nicht verfehlt. Wollt ihr nie aufhören, auch diese zu verachten?« *Klopstock*, ebd., S. 129.

77 Auch Herder nimmt, wie noch zu zeigen sein wird, in seiner »Idee zum ersten Patriotischen Institut für den Allgemeingeist Deutschlands« seine frühere praktizistische Position zurück und sieht hier die Möglichkeiten direkter politischer Veränderungen nur noch auf dem Wege der öffentlichen Erziehung, deren Grundlage wissenschaftliche Kommunikation sein muss. »Jede hellere Wahrheit, die herrschende Vorurtheile und böse Gewohnheiten aufhebt oder vermindert; jeder praktische Versuch und Vorschlag zur beßern Erziehung der Fürsten, des Adels, des Landmannes und Bürgers; leichtere und bessere Einrichtungen in allen öffentlichen Anstalten, in Handhabung der Gerechtigkeit, im Umgange der Stände gegeneinander, in Einrichtungen der Kirche und Schulen, in einer vernünftigen Staatswirtschaft und menschlichen Staatsweisheit werden Gegenstände des Nachdenkens … der Akademie«. *Herder*, Werke, ed. Suphan, Bd. 16, S. 609.

78 Vgl. *Klopstock*, Werke, Bd. 8, S. 130.

79 Ebd., S. 131.

80 Ebd., S. 135.

81 Klopstock versprach sich von der Förderung der nationalen Wissenschaften durch den Kaiser Belohnungen, Preise, Stipendien u. ä., ganz so, wie es in seiner Gelehrtenrepublik zur Sprache kommt. vgl. Werke, Bd. 8, S. 321 f.
Die konkreten Vorstellungen zu dem Akademieprojekt sind nicht erhalten; es läßt sich aber aus Äußerungen von Zeitgenossen, die von der Konzeption seines Planes wußten, einiges rekonstruieren. In einem Brief an Lessing vom 3.3.1769 schreibt Gleim: »Der Kaiser, sagt man, wolle eine deutsche Akademie der schönen Wissenschaften stiften, Klopstock soll ihr Präsident sein. Katholiken, Protestanten, Preußen,

Sachsen sollen zu Mitgliedern aufgenommen werden. Zwölfe, zu Wien gegenwärtig sollten ein jeder 2000 Taler haben. Vierundzwanzig auswärts in deutschen Landen ohne Unterschied jeder 1000 Taler. Jene zwölfe sollten die ersten Genies sein, diese vierundzwanzig sollten von jenen zwölfen durch die Mehrheit der Stimmen erwählet werden.« zit. nach K. *Kindt*, Klopstock Berlin 1941, S. 613; Die aus diesem politischen Vorgehen ersichtlichen klassenkompromißlerischen Praxisformen finden auch auf ökonomischem Gebiet ihre Entsprechung, wenn bürgerlich – kapitalistische Reformversuche unter fürstlicher Patronage verwirklicht werden sollen. Vgl. dazu H. *Stolpe*, Herder, S. 296 f.; dgl. K. *Biedermann*, Deutschland im 18. Jahrhundert, 1880, Bd. 12, S. 288 ff.

82 *Klopstock*, Werke, Bd. 8, S. 130.

83 »Bildung und Fortbildung einer Nation« ist für Herder »Resultat tausend mitwürkender Ursachen, gleichsam des ganzen Elements, in dem sie leben.« Folglich ist ein »so stiller Fortgang des Menschlichen Geistes zur Verbeßerung der Welt kaum etwas anders als Phantom unserer Köpfe.« Gesellschaftliche Entwicklungen als »Veränderung der Welt« – und dies hat Herder an der gesellschaftlichen Bewegung der Reformation abgelesen – seien nur durch »Leidenschaften im Sturme des Handelns« möglich. (Werke, ed. Suphan, Bd. 5, S. 532 ff.)
Die Literatur muß den gesellschaftlichen Emanzipationskampf direkt unterstützen: »... was ein Volk oder ein gesammtes Menschengeschlecht mit Ueberlegung *wolle* und mit Kraft ausführe, das sei ihm auch von der Natur vergönnet, die weder Despoten noch Traditionen, sondern die beste Form der Humanität ihnen zum Ziel setzte.« (Werke, Bd. 14, S. 211:)
Paradigmatisch zeigt sich für Herder das gesellschaftliche Wirkungsverhältnis von Kunst und politischer Aktion an den Befreiungskämpfen der nordischen Völker: »Wir kommen hier wieder in ein lebendiges Feld der Dichtkunst, wo sie *würkte*, wo sie *lebendige That* schuf. Alle nordischen Völker, die damals wie Wellen des Meers, wie Eisschollen oder Wallfische in großer Bewegung waren, hatten Gesänge: Gesänge, in denen das *Leben ihrer Väter*, die *Thaten derselben, ihr Muth und Herz lebte*. So zogen sie nach Süden, und nichts konnte ihnen widerstehen: sie fochten mit Gesange wie mit dem Schwert. Den Nordischen Gesängen haben wirs' also mit zuzuschreiben, daß sich das Schicksal Europas so änderte, und daß wir da, wo wir itzt sind, wohnen.« (Werke, Bd. 8, S. 388 f.)
Wenn zum einen klar ist, daß gesellschaftliche Herrschaft »nur aus Noth entstanden und um dieser fortwährenden Noth willen da« ist (Werke, Bd. 13, S. 384), weil sie anders als herrschaftlich ihrer antagonistischen und irrationalen gesellschaftlichen Bedingungen nicht Herr werden kann, [»... kein Despot trägt willig dazu bei, seine Unterjochten auf eine Art aufzuklären und zu bilden; wie sollte, wie könnte er's auch thun? Da er selbst nicht aufgeklärt ist und Regellos handelt. Wollt Ihr die Rechnung des Landes einsehen? Einkünfte gab's; aber es giebt keine Rechnung. Wollt Ihr die Ausgaben beurtheilen? Der Despot beurtheilt sie selbst nicht und wird seinen Mangel der Beurtheilung nicht von euch beurtheilen lassen,« (ebd., S. 452)], der Spätfeudalismus also, insoweit er die Bedingungen seiner gesellschaftlichen Existenz und seines handelns nicht auf der Grundlage vernünftiger, einsehbarer Prinzipien setzt, konfliktgeladen ist und wenn zum anderen klar ist, daß gesellschaftliche Verhältnisse prinzipiell veränderbar und von ›Willen‹ und Aktivität der Individuen abhängig sind (vgl. S. 314 dieser Arbeit, Fußnote 161), so kann Literatur als Innovation zur subjektiven Willens- und Handlungsentscheidung direkte politische Wirkungen ausüben. Die ideologisch-ästhetischen Voraussetzungen zu einer solchen politischen Wirksamkeit der Literatur sieht Herder zunächst in der Klopstockschen Bardendichtung erfüllt (vgl. *Herder*, Werke, Bd. 5, S. 337).

Gleichwohl zeigt das bisher gesagte den zunächst noch verdeckten Gegensatz zwischen der Klopstockschen und der Herderschen Position an. Herder sieht das Problem der gesellschaftlich-politischen Emanzipation in einer umfassenden gesamtgesellschaftlichen Perspektive, von der her die Klopstocksche Gelehrtenproblematik nur als isolationistisch erscheinen kann. Herder erkennt, daß das feudale Zwangssystem nur auf der Willensschwäche der gesamten Gesellschaft, insbesondere der unteren Produzentenschichten aufgerichtet ist und politische Aktionen nur von hier aus eine Bedeutung erlangen können, indem sie nämlich die Lebensinteressen der Gesellschaft unmittelbar in Praxis umzusetzen imstande sind. Bei Klopstock dagegen wird, wie gezeigt, der historische Prozeß der bürgerlichen Emanzipation nur im abstrakten Rahmen der Organisation der Gelehrten gesehen. Dieses Modell schließt sowohl die Bildung, als auch die politische Partizipation des Kleinbürgertums und der plebejischen Massen aus, die ihre soziologische Entsprechung im unqualifizierten Bodensatz, in dem »Pöbel« im System der Deutschen Gelehrtenrepublik finden.

84 J. *Habermas*, Strukturwandel, S. 43.
85 Karl A. *Schleyden:* Klopstocks Dichtungstheorie als Beitrag zur Geschichte der deutschen Poetik, Saarbrücken 1954, S. 143.
86 In Klopstocks Gelehrtenrepublik macht sich der Bürger des Hochverrats schuldig, »wenn [er] die Künste über die Wissenschaften erhebt«. Werke, Bd. 8, S. 80.
87 Zur Entwicklung der ästhetischen Debatte im Deutschland des 18. Jahrhunderts vgl. A. *Nivelle:* Kunst- und Dichtungstheorien zwischen Aufklärung und Klassik, Berlin 1960.
88 Vgl. H. *Freier*, Kritische Poetik. Legitimation und Kritik der Poesie in Gottscheds Dichtkunst; Stuttgart 1973, S. 1–25. Dgl. A. *Baeumler*, Das Irrationalitätsproblem in der Ästhetik und Logik des 18. Jahrhunderts bis zur Kritik der Urteilskraft. In: Kants Kritik der Urteilskraft, Bd. 1, Halle 1923.
89 *Klopstock*, Werke, Bd. 8, S. 116.
90 Ebd., S. 93.
91 Ebd., S. 113.
92 Ebd., S. 246.
92a Vgl. H. *Freier*, Kritische Poetik, S. 2f.
92b H. *Freier*, ebd., S. 3.
92c *Klopstock*, Werke, Bd. 8, S. 110.
92d Vgl. *Klopstock*, Werke, Bd. 8, S. 116f., 119, 121f., 246f.; siehe dazu auch A. *Nivelle*, S. 129.
93 Aus dem Studium der Antike soll »das System jener künstlerischen Gesetzmäßigkeit abgeleitet werden, mit deren Hilfe der Künstler die *spezifische Eigenart* des modernen Lebens ausdrücken kann. Also das Studium der Antike dient dazu, die Formen und Formgesetze der modernen *bürgerlichen Periode* zu entdecken und aufzubauen.« G. *Lukács:* Deutsche Literatur in zwei Jahrhunderten, Gesamtausgabe Bd. 7, S. 107f. Neuwied/Berlin 1964
94 *Klopstock*, Werke, Bd. 8, S. 247.
95 Ebd., S. 246.
96 Ebd., S. 112.
97 »Man muß die schon vorhandenen Wirkungen, oder diejenigen, die man hervorbringen will, in allen ihren Theilen und Theilchen bestimmt sehen.« Ebd., S. 112, vgl. auch ebd., S. 246.
98 H. *Mayer*, Grundpositionen: Außenwelt und Innenwelt; in: Von Lessing bis Thomas Mann, Pfullingen 1959, S. 19; zum geistesgeschichtlichen Begründungszusammenhang vgl. H. Freier, ebd., S. 9.
99 Mayer weist darauf hin, daß diese spezifische Subjekt-Objekt-Relation eine entschei-

dende Grundposition der gesamten deutschen Literaturentwicklung geworden ist, die
sich gleichermaßen durch Kunstproduktion wie -rezeption hindurchzieht. Weder seien
in Deutschland die für die englische und französische Literatur typischen »großen
Utopien, Satiren und Sozialfresken« entstanden, noch habe man sie in Deutschland
überhaupt als Modell für eigene Produktionen betrachtet; so seien nicht Defoe oder
Fielding zu Vorbildern für den deutschen Roman geworden, »sondern die Empfindsamkeit Richardsons und die sentimentalisch-ironische Abkehr von der Wirklichkeits-
darstellung bei Laurence Sterne«. Wo es in Deutschland realistische Kunst gegeben
habe, die sich am gesellschaftlich Objektiven orientierte, wie bei J. G. Schnabel und
Grimmelshausen, da zeigen sich durchgängig ambivalente Strukturen von Realismus
und Innerlichkeit, Weltflucht, Exotismus und eben nicht »wie bei Morus oder Mande-
ville oder Swift die gesellschaftliche Durchschnittswirklichkeit.« Ebd., S. 16. Die Ursache für die besondere Entwicklung der literarisch-ästhetischen Formen in Deutschland
sieht Hans Mayer in der ökonomischen und politischen Retardierung des Heiligen
Römischen Reiches Deutscher Nation, dessen Ausbildung zu einer nationalen Wirt-
schaftseinheit mit einer politischen Zentralgewalt, auf deren Grundlage sich auch
eine Nationalliteratur hätte entfalten können, die deutschen Duodezfürsten Jahrhunderte hindurch verhindert hatten.

»Daß die Emanzipationsbewegungen des deutschen Bürgertums im Keim erstickten
und sich in die Verinnerlichung und scheinbare Autonomie der Kunst abdrängen
ließen, kommt nicht von ungefähr. Während in Frankreich und England Konflikte
zwischen monarchischer Spitze und Feudaladel die politische Geschichte des 17. und
18. Jahrhunderts bestimmten, wodurch dem aufstrebenden, selbstbewußt werdenden
Bürgertum der notwendige Freiraum ökonomischer und politischer Expansion gegeben war, fehlt im Deutschland der allmächtigen Territorialfürsten dieser Konflikt.
Die gesellschaftlichen Formationen versteinern, die Entwicklung der Produktivkräfte
bleibt zurück. Deutschland ist zu Ausgang des 18. Jahrhunderts ein noch intakter
agrarischer Ständestaat mit nur schwach ausgebildeten kapitalistischen Wirtschaftsformen.« Wolfgang *Emmerich*, Zur Kritik der Volkstumsideologie, Frankfurt 1971,
Seite 23.

100 Vgl. M. *Kirschstein*, Klopstocks »Deutsche Gelehrtenrepublik, S. 168.
101 J. *Habermas*, Strukturwandel, S. 67; vgl. auch Leo *Kofler*, ebd., S. 399f.
102 *Klopstock*, Werke, Bd. 8, S. 243f.
103 *Muncker/Pawel*: F.G. Klopstocks Oden, Stuttgart 1889, S. 83
104 J. *Müller*, Wirklichkeit und Klassik, Berlin 1955, S. 91.
105 *Klopstock*, Werke, Bd. 8, S. 243.
106 *Lappenberg*, ebd., S. 250.
107 Kollektiv für Literaturgeschichte im Volkseigenen Verlag Volk und Wissen: Aufklä-
    rung – Erläuterungen z.dt. Literatur, Berlin 1971, S. 462f.
108 Aufklärung, ebd., S. 459.
109 Vgl. *Stolpe*, Herder, S. 335, Fußnote 1.
110 Ders. ebd. S. 76 und 85f.
111 Ebd., S. 85.
112 Heinz *Schlaffer*, Der Bürger als Held, Frankfurt/M 1973, S. 130.
113 *Schlaffer*, Bürger, S. 131
114 Bernd-Jürgen *Warneken*, Autonomie u. Indienstnahme, S. 92.
115 Solche widersprüchlichen Tendenzen hat Stolpe in seinem Herderbuch schon an der
    historiographischen Rezeption des Nordenstoffes in Deutschland nachgewiesen (S.
    335f.), durch die den späteren Bardendichtern, vor allem Kretschmann, Denis, Schö-
    naich und auch Gerstenberg und Klopstock der Nordenstoff in spezifischer Weise
    in die Hand gegeben wurde. Ohne die oben kurz angedeuteten kritischen Möglichkei-

ten nutzen zu können, die dieser Stoff im Verlauf seiner Rezeptionsgeschichte gezeigt hatte, wurde er, wenngleich mit zaghafter antihöfischer Tendenz, zur Propagierung eines zahmen bürgerlichen Tugendideals im Sinne des sich »bloßen Zurückziehens vor der Unmoral der herrschenden Schichten in die idyllisch verklärt geschaute Welt der Hütten« aufbereitet. (S. 336.)

116 Zum Begriff, vgl. *Stolpe*, ebd., S. 335 f.; das hier und unten aufgeführte Zitat, nach Goethe Werke, Hamburger Ausgabe, Bd. 9, S. 535.

117 Vgl. B. J. *Warneken*, Autonomie, S. 82.; Leo *Balet* versucht in seinem Buch: Die Verbürgerlichung der deutschen Kunst, Literatur und Musik i. 18. Jh. Straßburg/Leipzig/Zürich 1936 einem plastischen Eindruck dieses ästhet. Umruchs zu geben S. 53 f.

118 Heinz Stolpe hat in seinem Herder-Buch in einem kursorischen Überblick über die Verarbeitung des Nordenstoffes in der deutschen Bardenmode gegeben. S. 340 f. Dabei ergeben sich Einsichten in die Begrenztheiten einer an den ästhetischen Zuschnitt auf abstrakte Moraldidaktik orientierten, nur folienhaften Sujetwahl, die zumal mit konventionellen, teils höfisch-repräsentativen ästhetischen Verfahrensweisen (hohes Personal, Alexandriner, arkadische, anakreontische und französisch-klassizistische Formen und Motive, antike Metra u. a.) keine ernstzunehmende Tradition bürgerlich-realistischer Kunst begründen konnte.
Auf die allerdings vorhandenen, insbesondere thematischen Neuerungen, die diese frühe Bardenliteratur den älteren literarischen Formen voraushatte, weist Stolpe auch hin. S. 361 f. Dies sind insbesondere die stärkere Akzentuierung des antihöfischen Tugendideals und des bürgerlichen Nationalgedankens, die zumindest dem Anspruch nach nicht mit antikisierend-nachahmenden künstlerischen Mitteln gestaltet werden sollten. Letztlich war diese in sich noch zu labile Dichtung zumindest in einigen Exemplaren nicht vor einem »Rückfall in die Gelegenheitspoesie alten Stils, und zwar geradewegs in die ausgesprochenste höfische Enkomiastik« (S. 369) sicher.

119 Die Strafen des »Hunds«- oder »Sattel tragen« (Gelehrtenrepublik, S. 18 f.) sind germanischen Ursprungs; vgl. J. *Grimm*, Deutsche Rechtsalterthümer, Berlin 1899, S. 309 ff; 312 ff.

120 Aldermann – ags. = »Ältester«. Im älteren angelsächsischen Recht der oberste Beamte einer Grafschaft, auch der oberste Richter und Ankläger; vgl. *Brockhaus*, 16. Auf., Bd. 1 Wiesbaden 1953. Salogast – Angehöriger der vier konstruierten Rechtsweisen, Wirogastis, Arogastis, Widogastis und Salegastis, die den pactus legis salicae geschaffen haben sollen. (Karl v. *Amira* und K. H. *Eckhardt*, Germanisches Recht, Bd. 1, Berlin 1960, S. 42). Wlemar – In der Anfügung zur sog. Lex Frisionum (um das Jahr 802) neben Saxmund als Gesetzessprecher genannt.

121 *Klopstock*, Werke, Bd. 8, S. 187.

122 ebd., S. 321.

123 Ebd., S. 316.

124 Hans-Wolf *Jäger*, Politische Kategorien, S. 33 f.; vgl. hierzu auch: *Herder*, Werke, ed. Suphan, Bd. 5, S. 260 f. wo Herder daraufhin weist, daß die Bardendichtung entscheidend zur ästhetisch-kulturellen Emanzipation der deutschen Literatur von ausländischen Kunstformen beigetragen hat.

125 Vgl. *Stolpe*, Herder ..., S. 403; zu Herders Klopstock-Rezeption: »Wie ganz anders hat Klopstock auch hier z. B. in der Sprache gearbeitet! Der sonst so ausfließende, ausströmende Dichter, wie kurz! wie stark und abgebrochen! wie altdeutsch hat er sich in seiner Hermanns-Schlacht zu seyn bestrebt! Welche Prose gleicht da wohl seinem Hexameter! Welch lyrisches Silbenmaaß seinen sonst so strömenden griechischen Silbenmaaßen! Wenn in seinem Bardiet wenig Drama ist: so ist wenigstens das Lyrische im Bardiet und im Lyrischen mindstens der Wortbau so Dramatisch, so Deutsch!« (Werke, Bd. 5, S. 175).

126 Werke, Bd. 8, S. 392.
127 Vgl. Werke, Bd. 5, S. 532; s. hierzu auch S. 322f. dieser Arbeit, Fußnote 83. Vgl. E. *Braemer*, ebd. S. 72f; bes. S. 76.
128 *Goethe*, Werke, Hamburger Ausgabe, Bd. 9, S. 537.
129 Herders Briefwechsel mit Caroline Flachsland; ed. Hans *Schauer*, 2 Bde, Weimar 1926 bis 1928, Bd. 1, S. 369.
130 *Goethe*, Werke, Bd. 9, S. 537.
131 Bernd *Weyergraf*: Der skeptische Bürger, Wielands Schriften zur Französischen Revolution Stuttgart 1973.
132 Zit. nach: Peter *Stein* (Hrsg.): Theorie der politischen Dichtung, München 1973, S. 14.
133 *Stolpe*, Herder, S. 426; vgl. hierzu auch: L. *Balet*, Die Verbürgerlichung, S. 145.
134 *Stolpe*, ebd., S. 424.
135 *Weyergraf*, Der skeptische Bürger, bes. S. 45ff.; in diesem Zusammenhang zitiert Weyergraf folgende Äußerung Wielands: »In unsern demokratischen Zeitläufen sind wir jedoch, so zu sagen, keinen Tag recht sicher, daß diese unsre derbfäustigen *Mitmenschen*, Kraft ihrer *eminenten Majorität*, nicht die Oberhand bekommen, und uns andern *Nicht-Idioten* den gebührenden Respekt vor ihrer *Souveränität* mit Knitteln und Stangen eindrücken könnten. Die Klugheit erfordert allerdings, Leute, die so leicht unsre gebietenden Herren werden können, sich bey Zeiten zu Freunden zu machen«; ebd., S. 49; Dies sich Befreunden mit den Volksmassen meint Wieland allerdings im Sinne des Ausnutzens ihrer Kraft und Arbeitsleistung; vgl. ebd., S. 50; Ansonsten seien diese Menschen »Mitteldinge von Menschheit und Thierheit« (S. 51) und verderben allzu leicht den »armen Vätern des Vaterlandes« (ebd.) den Spaß am Regieren.
136 Vgl. *Stolpe*, Herder, S. 424; hierzu auch L. *Balet*, ebd., S. 182f.
137 Zit. nach *Stolpe*, ebd. S. 410ff.
138 Ebd., ebd;
139 *Wieland*, Werke, ed Gustav *Hempel*, Berlin o.J., 38. Theil, S. 222.
140 *Wieland*, Werke, 38. Theil, S. 292.
141 Ebd., S. 291.
142 Im Zusammenhang seiner Diskussion der »Mittel« der Literaten, die Gesellschaft zu beeinflussen, sagt Wieland: »... daß die Kraft und Wirkung desselben [des Einflusses der Lit., J. Verf.] blos moralisch ist, vermindert seinen Werth so wenig, daß es vielmehr eben darum weil es auf die Köpfe und Herzen wirkt, seinen heilsamen Zweck zwar langsamer und unvermerkter, aber desto gewisser und dauerhafter erreichen wird.« ebd., S. 255.
143 Wieland zählt es zu den »besonderen Vortheilen unserer gegenwärtigen Lage, daß die Aufklärung ... bei uns von oben herab zu würken anfängt und durch diesen Gang vieler noch wünschenswürdigen und nöthigen Verbesserungen den gefährlichen Folgen eines entgegengesetzten Ganges – welche ohnedies bei uns weniger als bei irgend einem europäischen Volke zu fürchten sind – umso gewisser zuvorkommen werde.« (ebd., S. 250f.) Der größte Teil der fürstlichen Regenten in Deutschland, so meint Wieland, zeige bereits eine »würdige Denkart« und wolle »das Wohl ihrer Untergebenen und das Gute überhaupt ... befördern.« ebd.
144 Hans *Mayer*, Innenwelt und Außenwelt, in: Von Lessing bis Thomas Mann, S. 22; zu Herders Klopstock-Rezeption vgl. auch: D. *Lohmeier*, Herder und Klopstock, Bad Homburg, Berlin, Zürich, 1968, bes. S. 126ff; Lohmeier entdeckt eine ambivalente Rezeption der Klopstockschen Bardenliteratur durch Herder, ohne allerdings die konstitutive politisch-ideologische Dimension zu sehen, vor deren Hintergrund eine deutliche Entwicklung der Herderschen Kritik von anfänglicher Zustimmung bis hin zur

radikalen, politisch motivierten Ablehnung erkennbar wird. Für Lohmeier, der Herders Klopstock-Rezeption auf immanent-ästhetische Fragestellungen reduziert, spielt ihr Entwicklungsaspekt keine Rolle.
Zu Herders politisch-ideologischen Positionen, in deren Zusammenhang seine Rezeption der Bardendichtung zu sehen ist, vgl. S. 322 f. dieser Arbeit, Fußnote 83.

145 Vgl. *Stolpe*, ebd., S. 411.
146 Ebd. S. 412.
147 Ebd., S. 414.
148 Ebd., S. 422.
149 Vgl. *Herder*-Werke, ed. Suphan Bd. 8, S. 428.
150 Zit. n. *Stolpe*, ebd., S. 422 f.
151 *Herder*, Werke, Bd. 8, 428. In der territorialen Zersplitterung des Heiligen Römischen Reiches erkennt Herder auch eine Ursache für die Restriktionen, die die Kommunikation der Gelehrten erfährt. »Indessen hindert sie (= die Gelehrten, d. V.) oft ihre geographische und politische Lage, nebst vielen anderen Umständen, unter welchen der Mangel an gelehrten Hülfsmitteln und Communikation keine kleinen Hindernisse sind, hervorzutreten und sich der Reihe der allgemeinen Bemühungen so anzuschließen, wie sie es wünschten.« *Herder*, Werke, Bd. 16, S. 603.
152 Ebd., S. 427.
153 Ebd., S. 433.
154 Ebd., S. 428.
155 Ebd., S. 429.
156 Ebd., S. 430 f.
157 Vgl. auch *Wieland*, Werke, 38. Theil, S. 431.
158 *Herder*, ebd., 431.
159 *Herder*, Werke, Bd. 8, 431.
160 Ebd., S. 432.
161 »Mit nichten gründete sich z.B. der lange Gehorsam unter des Despotismus auf die Übermacht des Despoten; die gutwillige, zutrauende Schwachheit der Unterjochten, späterhin ihre duldende Trägheit war seine einzige und größeste Stütze« (Werke, ed. *Suphan*, Bd. 14, S. 212).
162 Suphan, Bd. 16, S. 601 f.; Hier scheint Herder die Wirkung von Literatur überhaupt gegenüber der von wissenschaftlicher Aufklärung sehr gering einzuschätzen: »Die Poesie kann Scenen der Menschheit schildern, ja auch einzelne Auftritte der Begebenheiten unsrer Nation rührend und merkwürdig machen; da aber nach dem Zustande Deutschlands ein allgemeines National = Theater in den Wirkungen, die man von ihm erhofft hat, beinahe unmöglich ist; so muß ohne Zweifel eine philosophische Geschichte ersetzen, was der Dichtkunst abgeht.« ebd, S. 608.
163 Ebd, S. 611.
164 Ebd.
165 Ebd, S. 602.
166 Vgl. Werke, Bd. 13, S. 452.
167 Werke, 16, S. 609; zu der Umwandlung der ehemals konkret politisch orientierten Theorie in abstrakte Geschichtsphilosophie vgl. R. *Kosellek*, Kritik und Krise, Freiburg/München 1959; hier besonders S. 110; »... die politische Aktion [wird] in eine zeitliche Linie der Zukunft hineinprojiziert; und zwar in einer Weise, daß mit dem Ziel der Geschichte zugleich der gewaltlose Sieg der Moral, die Freiheit und Gleichheit und damit auch die Erfüllung des politischen Solls garantiert sind.«
168 Werke, Bd. 13, S. 456.
169 Ebd, Bd. 16, S. 602.
170 Ebd, Bd. 13, S. 453.

171 H. *Mayer,* Grundpositionen, S. 21.
172 Vgl. Brief an Böttiger vom 6. Januar, 1798, in: Archiv für Literaturgeschichte, ed.
     F. *Schnorr* von *Carolsfeld,* Bd. III, Leipzig 1874, S. 404.
173 J. *Müller,* Wirklichkeit, S. 76.
174 Klopstock versuchte selbst unmittelbar politisch zu wirken: »1792 schickte er seine
     Ode ›Der Freiheitskrieg‹ zusammen mit einem Brief an den Befehlshaber der Interven-
     tionsarmee und beschwor ihn, den Krieg gegen die Franzosen zu vermeiden« zit.
     n. P. *Stein:* Politisches Bewußtsein und künstlerischer Gestaltungswille in der politi-
     schen Lyrik 1780–1848, Hamburg 1971, S. 40.
175 Vgl. A. *Molzan:* Aktiver Humanismus Klopstocks, in: Weimarer Beiträge, 1968; 998 f.
176 J. *Müller,* ebd., S. 68.
177 *Muncker/Pawel:* Klopstocks Oden, Bd. 2, S. 3, dgl. S. 72.
178 Ode »Verhängnisse«, in: *Muncker/Pawel*; I. Bd, S. 6.
179 Vgl. *Muncker/Pawel,* ebd, Bd. 2, S. 82.
180 J. *Müller,* Wirklichkeit ..., ebd, S. 71.
181 Z. B. »Die Krieger«, *Muncker/Pawel,* Bd. 2, S. 12.
182 Ebd., Bd. 2, S. 109 f.

Hans Freier

Ästhetik und Autonomie. Ein Beitrag zur idealistischen Entfremdungskritik

Die Kategorie ästhetischer Autonomie ist idealistischer Herkunft. Ihren geschichtlichen Sinnbezug hat sie an der bürgerlichen Revolutionsproblematik, mögen auch die Entwicklungen, denen sie sich verdankt, ihren Ursprung bereits in der Renaissance haben. [1] In die Redeweisen über ästhetische Autonomie oder Autonomie der Kunst ist dieser historische Sachverhalt als Gemeinplatz eingegangen. Seine Komplexität aber ist oft zugunsten recht eindeutiger Feindbilder vernebelt worden. Diese Diskreditierung ästhetischer Autonomie hat gleichwohl gute Gründe. Denn infolge ihrer Modellierung zu einem die antagonistische Struktur der bürgerlichen Gesellschaft indizierenden wie überbietenden Versöhnungsparadigma war die Kunst mit unerfüllbaren Ansprüchen überladen worden. Deren innere Aporien, die zweifellos auch schon von den idealistischen Theoretikern selbst gespürt wurden, verkehrten die ästhetische Intention auf Vermittlung zwischen psychischen Strukturen und theoretischer Aufklärung (Ansatz Schillers) oder auf die Konstruktion einer das Entfremdungssyndrom der bürgerlichen Gesellschaft abschwächenden Mythologie der neuen Welt (Ansatzpunkt des *Ältesten Systemprogramms* und der Romantik) in ihr genaues Gegenteil. Statt zum praktischen Instrument, zum Trieb idealistischer Entfremdungskritik zu werden, zementierte die Kunst mit ihrer Autonomie zugleich auch die gesellschaftlichen Antagonismen, deren Aufhebung sie imperativ verlangte.

Als Emanzipationsmodell der postmarxschen Philosophie hat jedoch das ästhetische Versöhnungsparadigma die Destruktion des idealistischen Kunstanspruchs überlebt. Zwar werden seine idealistischen Begründungsmuster heute abgewiesen, als utopisches (regulatives) Modell des Handelns, das kontrafaktisch an bürgerlich–humanistische Traditionen anknüpft, deren Geltung ihr ökonomisches Substrat überdauern soll, wird es aber weiter beansprucht. Ich denke hier vor allem an die Repräsentanten der Kritischen Theorie. Bei Theodor W. Adorno etwa wird der moderne Künstler zum »Statthalter des gesellschaftlichen Gesamtsubjekts«; [2] und Herbert Marcuse entwickelt aus der Ästhetik Schillers das Emanzipationsbild einer nicht–repressiven, Lust- und Realitätsprinzip versöhnenden Ordnung. [3] Beiden ist gemeinsam, daß sie im Widerstand gegen die »technologische Zersetzung der transzendenten Substanz höherer Kultur« [4] die privilegierte Kunst als Reservat geschichtlicher Transzendenz bzw. bürgerlicher Glücksansprüche reflektieren, gleichwohl aber die Ohnmächtigkeit solcher Reflexion gegenüber der faktischen Destruktion bürgerlicher Subjektivität anerkennen müssen. [5] Das ins Industriezeitalter hinübergerettete Versöhnungsparadigma der Ästhetik erhält so den Status einer verzweifelt festgehaltenen Negativität, deren faktische Entsprechung, die in der bürgerlichen Revolutionszeit belegte Erfahrung der »Entzweiung«, nach Schelsky heute bereits am Verschwinden ist. [6] Noch dilemmatischer wird der ästhetische Ort geschichtlicher Transzendenz dadurch, daß er nicht mehr, wie im Idealismus, in einem unhinterfragbaren Vernunftfaktum verankert werden kann. Einer durch Marxens Kritik der politischen Ökonomie hindurchgegangenen Philosophie fällt es schwer, emanzipatorische Handlungsziele auf ein sicheres (nicht–ideologisches) Fundament zu stellen, wenn selbst die Logik der Kapitalentwicklung, die bei Marx zur Aufhebung des kapitalistischen Widerspruchs von Lohnarbeit und Kapital drängt und damit zugleich die Aufhebung der Entfremdung, die Herstellung des gestörten Gleichgewichts von Entäußerung und Aneignung in Aussicht stellt, in anbetracht des spätkapitalistischen Konfliktmanagements von ihr nicht mehr als Anknüpfungspunkt der Einlösung bürgerlicher Autonomieansprüche betrachtet werden kann. So entfernt sich das ästhetische Versöhnungsparadigma nicht nur von einem Gesellschaftssystem, dessen Einheit sich nach der Interpretation Niklas Luhmanns nicht mehr über eine, alteuropäischen Humanitätsvorstellungen entsprechende, Form vernunftbildender und normenklärender Kommunikation vergesellschafteter Individuen herstellt, [7] sondern verliert auch seinen systematischen Ort.

Eine Darstellung der idealistischen Theorie ästhetischer Autonomie könnte den Sinn haben, eine dem offenkundigen Gegensatz der idealistischen Position zur Position der Kritischen Theorie unterströmige Problemkontinuität aufzudekken. Obwohl dieses Ziel einer größeren Arbeit vorbehalten bleiben muß, hoffe ich doch, einige Zusammenhänge wenigstens andeuten zu können. Zugleich möchte ich durch die Abgrenzung des idealistischen Konzepts von anderen Autonomiekonzepten dazu beitragen, die Klärung eines vieldeutigen Begriffs einzuleiten.

Denn die Verwendung des Autonomiebegriffs im Bereich der Ästhetik neigt zur Unkontrollierbarkeit, weil die Bezugsebenen, durch welche die im Begriff der Autonomie ausgedrückten Abgrenzungen inhaltlich bestimmt werden, nur unscharf definiert sind. Ich schlage deshalb zunächst vor, Autonomie der *Kunst*, Autonomie des Kunst*werks* und Autonomie des *Ästhetischen* auseinanderzuhalten, obwohl auch diese Differenzierung noch ungenügend ist. Unter die Autonomie der *Kunst* kann erstens ihre Sonderstellung im ökonomischen Produktionsprozeß (Abgrenzung vom Handwerk und seiner zweckrationalen Formbestimmtheit) und im System der Bedürfnisse, zweitens ihre institutionelle Verselbständigung gegenüber dem Einflußbereich von Staat und Kirche, drittens ihre Autonomie gegenüber Religion, Philosophie und Wissenschaft subsumiert werden. Die These von der Autonomie des Kunst*werks* dagegen schreibt dem Kunstwerk entweder den Charakter einer eigengesetzlich–geschlossenen Spielwelt zu, die der Ort gesteigerter Wahrheit sei, [8] oder interpretiert es idealistisch als

Subjekt und Objekt synthetisierendes Produkt einer autonomen Einbildungskraft. Die Theorie der Autonomie des *Ästhetischen* schließlich behandelt keine exklusive Kunstproblematik, sondern bestimmt das Ästhetische in rationalistischer Variante als sensitive Erkenntnisweise (Alexander Gottlieb Baumgarten), in idealistischer Variante als transzendentales Prinzip der reflektierenden Urteilskraft (Kant), in materialistisch–anthropologischer Variante als ein eigenständiges, zwischen bedingten Reflexen und Sprache liegendes Signalsystem (Lukács [9]). Diese drei, in sich noch einmal reich differenzierten Autonomietypen sind inkongruent, werden aber in der idealistischen Theorie ästhetischer Autonomie wechselseitig aufeinander bezogen. Ihren Zusammenhang gilt es zu bestimmen.

1. Das Problem der Kunstautonomie

Die dem Begriff der Ästhetik heute eigentümliche Bedeutungsweite und -unschärfe ist nicht allein auf seinen undisziplinierten Gebrauch zurückzuführen. Dem an ihm beobachtbaren Schwund überlieferter und Zuwachs neuer Bedeutungen entsprechen vielmehr Erosionen in der modernen Kunstentwicklung selbst. Deren die Grenzen eines vom Leben abgespaltenen ästhetischen Bereichs verunsichernde Negativität scheint dem Begriff der Ästhetik gleichsam aus der Verbannung das zurückzuholen, was er im Verlaufe seiner neuzeitlichen Geschichte nur scheinbar freiwillig preisgegeben hatte. Wie Walter Benjamin in seinem »Kunstwerkaufsatz« gezeigt hat, ist diese Expansion des Begriffs der Ästhetik über die Grenzen des traditionellen Kunstterritoriums durch die Erfindung der modernen Reproduktionstechniken beschleunigt und in einer Ästhetisierung der Politik wie in der Warenästhetik manifest geworden. Sie wird von ihm als Folge einer politisch mehrdeutigen Destruktion traditioneller ästhetischer Kategorien dargestellt. Man sollte vermuten, daß jener Erschütterung eine lange Periode friedlichen Bestands vorhergeht. Dies ist jedoch nicht der Fall. Tatsächlich ist die im Abbau befindliche Verengung des Begriffs der Ästhetik auf einen hochspezialisierten Bereich philosophischer Kunsttheorie und künstlerisch–elitärer Praxis durchaus erst neueren Datums. In der europäischen Kunstgeschichte hat sie den Charakter einer Episode.

Selbst bei Alexander Gottlieb Baumgarten, dem das Verdienst gebührt, die Ästhetik als eigenständige philosophische Disziplin etabliert zu haben, hat jener Begriff noch eine überaus große Bedeutungsamplitude. Seine systematische Ästhetik ist umfassend als Lehre von der sinnlichen Erkenntnis definiert. Als Subsystem der Erkenntnistheorie intendiert sie eine Methodologie der Erfahrungswissenschaften. Ihr praktisches Ziel ist die Verbesserung der unteren Erkenntniskräfte, der sensitiven Erkenntnis. »Schönheit«, neben dem Erhabenen der zentralste Begriff aller nachfolgenden Ästhetiken, kommt in ihr keineswegs als exklusive Kategorie der Natur- und Kunstkontemplation, sondern als »Vollkommenheit der sinnlichen Erkenntnis« zur Geltung. Die Schönen Künste bilden im

Gesamtgebiet der in Baumgartens Ästhetik untersuchten Gegenstände nur einen
Ausschnitt, und die Beziehungen der Ästhetik zur Pädagogik in großem Maßstab
erscheinen hier noch nicht so gestört und problematisch wie in den kunstpro-
grammatischen Schriften des deutschen Idealismus.

    Erst in der zweiten Hälfte des 18. Jahrhunderts beginnt der Begriff der Ästhetik,
seine Allgemeinheit zurückzubilden. Dies geschieht jedoch nur zögernd über eine
anfängliche Konfrontation von Ästhetik und Kunstphilosophie, die schließlich
widerwillig mit deren Gleichsetzung ausgeht. [10] Kants Ästhetik beispielsweise
ist weder mit einer Kunsttheorie noch mit einer Kunstphilosophie identisch. Seinem Selbstverständnis nach ist sie eine transzendentale Kritik des Geschmacks,
der reinen Kontemplation des Schönen. Daraus folgt nicht schon, daß sie eine
Kunsttheorie ist. Kants Ausgang von einer Analytik des Naturschönen und der
ihm zugeordneten besonderen Rezeptionsform weist vielmehr darauf hin, daß
der Rahmen der Ästhetik weiter ist als der einer Kunsttheorie. Deshalb muß
auch die Behauptung, Kant erkläre das reine Geschmacksurteil zur vollständig
adäquaten Rezeptionsform der Kunst, als grobes Mißverständnis zurückgewiesen
werden. Der Vorwurf, Kant verfalle in den Passagen über die freie Schönheit
(»pulchritudo vaga«) der Arabeske auf einen reinen ästhetischen Formalismus,
geht auf diese Fehlinterpretation zurück. In den Abschnitten über steigerungsfä-
hige Schönheit (»Ideale«), die Kunst des Genies und die Produktion ästhetischer
Ideen mangelt es denn auch nicht an Hinweisen darauf, daß das reine
Geschmacksurteil den Gehalten der großen Kunstwerke äußerlich bleibt. Da
Kants Ästhetik weiter gefaßt ist als eine Kunsttheorie und dort, wo Übergänge
zu einer Gehaltsästhetik stattfinden, die Unzulänglichkeit der Geschmackskategorie hervortreten läßt, ist es verboten, vom faktischen Formalismus des
Geschmacks auf einen fiktiven Formalismus der Kunst zu schließen. [11] Obgleich
Kant daran festhält, daß die Geschmackskategorie das Zentrum einer Theorie
der Kunstrezeption bilden muß. insofern die spezifische Differenz zwischen den
zweckrationalen und den in den Bereich der artes liberales aufgenommenen Schönen Künsten durch die auf eine spezifische Rezeptionsform abgestimmte »Schönheit« konstituiert werde, muß er einsehen, daß die Geschmackskategorie für eine
Theorie der Schönen Künste allein kein tragfähiges Fundament abgibt. Kennzeichnend dafür ist seine nicht konsequent weiterentwickelte These, das
Geschmacksurteil müsse zumindest teilweise »intellektuiert« sein, wolle es am
»Geist« der Kunstwerke nicht gänzlich vorbeigehen. Neben den Kategorien des
»Genies« und der »ästhetischen Ideen« gehört die Kategorie des »Geistes« zu
jenen Bestandteilen, die den Rahmen der als allgemeine transzendentale Kritik
des Geschmacks konzipierten Ästhetik sprengen und zu einer transzendentalen
Philosophie der Kunst überleiten. Jener in einer allgemeinen Geschmacksästhetik
eher fremde als systematisch notwendige Begriff des »Geistes« wurde von Kant
als kunstspezifisches Pendant zur philosophischen Vernunft eingeführt. Er bezeichnet das Vermögen des Künstlers, durch die freie Anwendung der verfügbaren

Zeichensysteme Vorstellungen der Einbildungskraft zu induzieren, die um ein Vielfaches weiter sind als die denotativen Bedeutungen der verwendeten Zeichen und deren (ästhetische) Reichweite größer ist als die Reichweite der Erfahrung (d. i. der empirischen Erkenntnis). In Analogie zu den ebenfalls jenseits empirischer Erkenntnis liegenden »Vernunftideen« nennt Kant diese Vorstellungen »ästhetische Ideen.« Sie umschreiben die Fähigkeit des Genies, die keiner Anschauung zugänglichen, Erfahrung schlechthin übersteigenden Vernunftideen indirekt im Medium der Einbildungskraft zu veranschaulichen, ohne die theoretische Erkenntnis zu erweitern, und fungieren als gemütbelebendes Substitut ihrer logischen Darstellung.

Der Rahmen der Ästhetik wird also von Kant noch so allgemein gefaßt, daß die in ihr vollzogenen Überleitungen zu einer Philosophie der Kunst fast den Charakter von Fremdkörpern annehmen. An ihnen kann abgelesen werden, daß die Geschmackskategorie für eine transzendentale Grundlegung der Kunst und ihre Abgrenzung von anderen Objektbereichen zu universal ist. [12]

Folgerichtig verlor die Geschmackskategorie in der an Kant anknüpfenden idealistischen Ästhetik völlig an kunsttheoretisch-systematischer Bedeutung. Die transzendentale Problematik der reflektierenden Urteilskraft verschob sich zugunsten der Kunstproblematik, bei deren Exposition genau jene Kategorien in den Mittelpunkt rückten, die bei Kant den Rahmen einer allgemeinen Geschmacksästhetik bereits überstiegen. Im Zuge dieses Perspektivenwechsels nahm der Begriff der Ästhetik irritierende Färbungen an. Er wurde entweder wegen seiner Unspezifität als Titel für eine transzendentale Begründung der Kunst verworfen oder mittels einer Inversion auf den schmalen Bereich von Kunsttheorie und -philosophie eingeengt. Die inverse Bedeutung konnte sich nur allmählich durchsetzen. Ihr wurden große Widerstände entgegengestellt.

Krass zeigt dies das Beispiel Schellings, der seine *Philosophie der Kunst* polemisch sowohl vom Typ der von Baumgarten begründeten Ästhetik wie von der auf der englischen und französischen Psychologie fußenden empiristischen Ästhetik distanziert: »Man suchte das Schöne aus der empirischen Psychologie zu erklären, und behandelte überhaupt die Wunder der Kunst ungefähr ebenso aufklärend und wegerklärend wie zu derselben Zeit die Gespenstergeschichten und anderen Aberglauben.« [13] In die gleiche Richtung weisen die Sätze: »Derjenige wird für roh und ungebildet geachtet, der die Kunst *überall* nicht auf sich einfließen lassen und ihre Wirkungen erfahren will. Aber es ist, wenn nicht in demselben Grade doch dem Geiste nach ebenso roh, die bloß sinnlichen Rührungen, sinnlichen Affekter, oder sinnliches Wohlgefallen, welche Kunstwerke erwecken, für Wirkungen der Kunst als solche zu halten.« [14]

Schellings Wendung gegen eine Ästhetik, die im Rahmen von empirischer Psychologie und gnoseologia inferior die Kunst entweder auf psychische Funktionen oder unter dem Druck des rationalistischen Wissenschaftsideals auf sensitive Erkenntnisleistungen reduzierte, hat keineswegs bloß schöngeistige Motive.

Inhaltlich läßt sie sich vielmehr zu den berühmten Passagen des *Ältesten System-programms des deutschen Idealismus* in Beziehung setzen, in denen zur Errei-chung allgemeiner Freiheit und Gleichheit eine neue Mythologie, »Monotheismus der Vernunft« und »Polytheismus der Kunst«, gefordert wird. [15] Jene Solidari-sierungsfunktion, die hier programmatisch einer aus der idealistischen Philoso-phie hervorwachsenden Mythologie zugeschrieben wird, liegt auch im Blickpunkt der *Philosophie der Kunst.* Wenn Schelling gegen die Entmythologisierungspraxis der Aufklärung opponiert und, die historische Rekonstruktion von Kunstleistun-gen mit ihrer transzendentalen Konstruktion verbindend, einer übermütigen Wis-senschaft gegenüber die Unaufhebbarkeit der Kunst reklamiert, so wird er vom Interesse geleitet, wenigstens für die *Reflexion* wieder die Leistungsmöglichkeiten zu gewinnen, die sich unter den Bedingungen einer abstrakten Aufklärung der Kunstpraxis entfremdet hatten. Für Anzeichen dieser Entfremdung gelten ihm der konsensusfeindliche Pluralismus der Kunsturteile und der bis zur Unversöhn-lichkeit gesteigerte Dualismus von Form und Inhalt. Ihre Ursachen sieht er darin, daß die »Notwendigkeit des allgemein herrschenden Geistes«, die »in den Zeital-tern der blühenden Kunst« eine mehr oder weniger allgemeine »Übereinstim-mung« hervorgebracht habe, zerfallen und mit diesem Zerfall die »Reflexion« auf die »Überlieferung« und »allgemeine Entzweiung« eingetreten sei. [16] Dieser moderne Zustand von Kunstkritik und -praxis wird näher als Entfernung vom wahren Ursprung der Kunst bestimmt: »Die Richtung der alten Künstler war vom Centrum gegen die Peripherie. Die späteren nehmen die äußerlich abgeho-bene Form und suchen sie unmittelbar nachzuahmen. Sie behalten den Schatten ohne den Körper. Jeder bildet sich nun seine eigenen, besonderen Gesichtspunkte für die Kunst, und beurtheilt selbst das Vorhandene danach. Die einen, welche das Leere der Form ohne den Inhalt bemerken, predigen die Rückkehr zur Mate-rialität durch Nachahmung der Natur, die andern, die sich über jenen leeren und hohlen äußerlichen Abhub der Form nicht schwingen, predigen das Ideali-sche, die Nachahmung des schon Gebildeten; keiner aber kehrt zu den wahren Urquellen der Kunst zurück, aus denen Form und Stoff ungetrennt strömt. Mehr oder weniger ist dieß der gegenwärtige Zustand der Kunst und des Kunsturtheils.« [17]

Erscheinen hier der Perspektivismus der modernen Kunstdebatte sowie der Dua-lismus von Form und Inhalt als Folgen einer künstlicher Bildung eigenen *Dezen-trierung* des künstlerischen Schaffens, so müßte daran die Frage angeschlossen werden, unter welchen geschichtlichen Bedingungen diese Abkehr vom Ursprung eingetreten und eine Rückkehr zu ihm möglich sein soll. Schelling gibt auf diese implizite Fragestellung keine eindeutige Antwort. Hinweise auf seine Position liefern jedoch die Passagen über die Unterscheidungsmerkmale von alter und neuer Welt, in denen genau der Kategorienraum beansprucht wird, den Friedrich Schlegels Aufsatz *Über das Studium der griechischen Poesie* und Schillers Aufsatz *Über naive und sentimentalische Dichtung* erschlossen hatten. Darin kommen

sowohl die bei Schiller und Schlegel in geschichtsphilosophische Reflexionen ein-
gebetteten Kategorien »Freiheit« und »Notwendigkeit«, »Subjektivität« und
»Objektivität«, »Naivität« und »Sentimentalität«, »Kunst« und »Natur« wie
die ausschließlich der modernen Welt zugeordneten Kategorien »Individualität«
und »Originalität« vor. [18] Die Entfremdungsmerkmale der modernen Kunst
erscheinen auf dieser geschichtsphilosophischen Folie vorrangig nicht als Folgen
der Ohnmacht einzelner Kunstrepräsentanten, sondern, verkürzt gesagt, als not-
wendiges Ergebnis der Geschichte der modernen Subjektivität, der künstlichen
Bildung und des hohen Komplexitätsgrades der bürgerlichen, in Gegensätze zerfallenen Lebensverhältnisse. Gemeint ist damit ebensowohl die von der Aufklärung vorangetriebene und im Absolutismus manifest gewordene Säkularisation
der mittelalterlich–religiösen Staatsidee, die mit der Auflösung des Verbandes
von Staat und Kirche zugleich die christliche Symbolik schwächte, wie die Dissoziation von Religion, Philosophie und Wissenschaft und die fortschreitende
Arbeitsteilung der bürgerlichen Gesellschaft. Das erlaubt den Schluß, daß
Schelling die Dezentrierung der künstlerischen Produktion als Folge der Destruktion eines kollektiven Weltbildes begreift. Gleichwohl hält er die Wiedergewin-
nung dieses Ursprungs für einen denkbaren Schritt. Denn mit Fr. Schlegel teilt
er die Auffassung, daß der Fortschritt der Wissenschaften, so deutlich dieser
auch eine Funktions- und Legitimationskrise der Kunst herbeigeführt haben mag,
keineswegs mit deren Liquidation enden muß. [19] Entgegen der aufklärerischen
Ansicht, die Symbolsysteme der Kunst seien bloß frühgeschichtlich–primitive
Vorstufen der Wissenschaft unter den Bedingungen mangelhafter Naturerkennt-
nis und -beherrschung, behaupten beide eine konkurrenzlose Komplementarität
von Kunst und Wissenschaft, die infolge der durch die Wissenschaften eingeleiteten Destruktion bestimmter *Erscheinungsformen* von Kunst bloß verdeckt worden sei. Die der fortgeschrittenen Bildung zugeschriebene feindliche Polarisierung
von Kunst und Wissenschaft wird jedoch nicht als die einzige Ursache der Kunst-
krise betrachtet. Der entscheidende Mangel der Moderne stellt sich vielmehr
als die Kraftlosigkeit einer im Zuge allgemeiner Entgegensetzung von Vernunft
und Sinnlichkeit, Intelligenz und Natur aus kollektiv–religiösen Zusammenhängen freigesetzten Kunst dar, sich zur Totalität der komplexen und ausdifferenzier-
ten bürgerlichen Lebensverhältnisse noch in eine wesentliche, sie umfassende
und kollektiv bindende Beziehung zu setzen. Es ist ersichtlich, daß diese Kennzeichnung der Moderne die im *Ältesten Systemprogramm* thematisierte Absenz
einer allgemeinen Mythologie ausspricht. Schelling glaubt jedoch nicht, daß die
Moderne diesen Schwund als irreversiblen Vorgang hinnehmen und aushalten
muß. Seine starke Hoffnung gründet in der geschichtsphilosophischen Überzeugung, daß die Fragmente der Geschichte Teile eines unabgeschlossenen Kunstwerks und einer künftigen Mythologie sind. Daraus ergibt sich für ihn die Aufgabe des modernen Künstlers, bis zum Eintritt jenes Endpunktes aus den Bruchstük-
ken der unvollendeten Geschichte das »Gedicht« des »Weltgeistes« zu antizipieren

und mythologisch umzusetzen. Dies ist seine Antwort auf die Frage, wie eine Aufhebung des entfremdeten Kunstzustandes möglich sein soll: »Wir können [...] behaupten, daß bis zu dem in noch unbestimmter Ferne liegenden Punkt, wo der Weltgeist das große Gedicht, auf das er sinnt, selbst vollendet haben, und das Nacheinander der modernen Welt sich in ein *Zumal* verwandelt haben wird, jeder große Dichter berufen sey, von dieser noch im Werden begriffenen (mythologischen) Welt, von der ihm *seine* Zeit nur einen Theil offenbaren kann, – von dieser Welt, sage ich, diesen ihm offenbaren Theil zu einem Ganzen zu bilden und aus dem Stoff derselben sich *seine* Mythologie zu schaffen.« [20] Die Hoffnungen, die Schelling in die Erzeugung antizipatorischer Privatmythen investiert, können nach der Destruktion der idealistischen Geschichtsphilosophie als zerschlagen gelten. Auch die großen Beispiele der bürgerlichen Kunst des 19. Jahrhunderts, die in jene mythischen Dimensionen vorzudringen suchten, haben es nicht vermocht, die Kluft zwischen einer privatistisch verkümmerten Intention nach einer die Totalität der gesellschaftlichen Verhältnisse ästhetisch umfassenden Kunst und der jenem allumfassenden Zusammenhang arbeitsteilig sich entziehenden bürgerlichen Gesellschaft zu schließen. Das Dilemma der Kunst hat sich vielmehr verschlimmert, und der Vorstoß, den sie im Zeichen ihrer Verselbständigung gegenüber religiösen und staatlich–repräsentativen Funktionen in Richtung auf die Versöhnung der gesellschaftlichen Antagonismen unternommen hatte, hat sich in einen Rückzug verwandelt, der sie in eine Art »Naturschutzpark« versetzte [21], wo sie in umzäunter Wildnis entweder den zähen Tod ihrer reservatistischen Schrumpfformen proklamiert, ihre Selbstaufhebung als dialektischen Übergang zu neuen Praxisbezügen definiert oder nicht minder verzweifelt ihre Einsamkeit noch mit dem Hermetismus einer solipsistischen Artistik verstärkt. Diesen Reduktionsvorgang hat unter den Repräsentanten des deutschen Idealismus keiner deutlicher vorhergesehen als Hegel. Außer der berühmten Stelle in der Einleitung zu seiner *Ästhetik*, die der Kunst unter den Bedingungen der modernen Reflexionsbildung hinsichtlich ihrer Wahrheit und Wesentlichkeit die Form der Vergangenheit zuweist, [22] gibt es auch beim Hegel der Jenenser Schriften schon die Feststellung, daß die Kunst dabei sei, ihre »ernste Beziehung« zur Totalität des Lebenszusammenhangs zu verlieren. Sie befindet sich in der *Differenzschrift* im Kapitel über das »Bedürfnis der Philosophie«, eingerückt in eine von Schiller, Schlegel und Schelling in ähnlicher Weise formulierte Entfremdungshypothese: »Je weiter die Bildung gedeiht, je mannigfaltiger die Entwicklung der Äußerungen des Lebens wird, in welche die Entzweiung sich verschlingen kann, desto größer wird die Macht der Entzweiung, desto fester ihre klimatische Heiligkeit, desto fremder dem Ganzen der Bildung und bedeutungsloser die Bestrebungen des Lebens, sich zur Harmonie wiederzugebären. Solche in Beziehung aufs Ganze wenigen Versuche, die gegen die neuere Bildung stattgefunden haben, und die bedeutenderen schönen Gestaltungen der Vergangenheit oder der Fremde haben nur diejenige Aufmerksamkeit erwecken können, deren Möglichkeit übrigbleibt, wenn die tiefere ernste Beziehung lebendiger Kunst nicht verstanden werden kann. Mit der Entfernung des ganzen Systems der Lebensverhältnisse von ihr ist der Begriff ihres allumfassenden Zusammenhangs verloren und in den Begriff entweder des Aberglaubens oder eines unterhaltenden Spiels übergegangen. Die höchste ästhetische Vollkommenheit – wie sie sich in einer bestimmten Religion formt, in welcher der Mensch sich über alle Entzweiung erhebt und im Reich der Gnade die Freiheit des Subjekts und die Notwendigkeit des Objekts verschwinden sieht – hat nur bis auf eine gewisse Stufe der Bildung und in allgemeiner oder in Pöbelbarbarei energisch sein können. Die fortschreitende Kultur hat sich mit ihr entzweit und sie *neben* sich oder sich *neben* sie gestellt, und weil der Verstand seiner sicher geworden ist, sind beide zu einer gewissen Ruhe nebeneinander gediehen, dadurch daß sie sich in ganz abgesonderte Gebiete trennen, für deren jedes dasjenige keine Bedeutung hat, was auf dem andern vorgeht.« [23] Auch in Hegels Charakteristik erscheint der künstlerische Reduktionsvorgang verursacht durch die aus dem Leben der Menschen schwindende »Macht der Vereinigung«, die »ihre lebendige Beziehung« verlierenden, zur *Selbständigkeit* gelangenden »Gegensätze« der bürgerlichen Gesellschaft. [24] Aber anders als Schelling beurteilt er die Chance der Kunst, aus ihrer Verbannung in bedeutungslose Nebengleise einer verwissenschaftlichten Kultur herauszukommen, mit gebotener Skepsis. Hingegen werden die Imperative, die bei Schelling die Konstruktion einer künftigen Mythologie der modernen Welt motivieren, in voller Stärke an die Philosophie weitergegeben. Dieser allein fällt die Aufgabe zu, die als Entfremdung begriffene Dissoziation von Religion, Kunst und Wissenschaft mit der Konstruktion des unter der trennenden Herrschaft des Verstandes in Gegensätze auseinandergefallenen Absoluten für die *Reflexion* wieder aus ihrer schroffen Antithetik herauszulösen. [25] Die faktische Entgegensetzung von Religion, Kunst und Wissenschaft bleibt von dieser spekulativen Leistung jedoch unberührt. Sie wird sogar allgemein erkenntnisanthropologisch als notwendige »Beschränkung« und »klimatisch« als eine im »westlichen Norden« geschichtlich bedingte Entzweiung gerechtfertigt. [26] Zwar liegt es nach Hegel im Interesse der Vernunft, den gefestigten Antagonismus aufzuheben. »Dies ihr Interesse hat [jedoch] nicht den Sinn, als ob sie sich gegen die Entgegensetzung und Beschränkung überhaupt setze; denn die notwendige Entzweiung ist *ein* Faktor des Lebens, das ewig entgegensetzend sich bildet, und die Totalität ist in der höchsten Lebendigkeit nur durch Wiederherstellung aus der höchsten Trennung möglich. Sondern die Vernunft setzt sich gegen das absolute Fixieren der Entzweiung durch den Verstand, und um so mehr, wenn die absolut Entgegengesetzten selbst aus der Vernunft entsprungen sind.« [27] Obwohl auch hier der Begriff der »Wiederherstellung« eine programmatische Bedeutung hat, ist mit ihm nicht die faktische Restauration der zersetzten Einheit von Kunst, Religion und Wissenschaft, sondern bloß die theoretische Wendung gegen die von einem vernunftlosen Verstand absolut gesetzte Selbständigkeit der dissoziierten

Bereiche intendiert. Mehr als Schelling neigt schon der Jenenser Hegel dazu, die faktische Dissoziation als irreversiblen, nur noch *reflexiv* zu hintergehenden Vorgang zu interpretieren. Seine Diagnose, die Kunst habe unter den Bedingungen einer abstrakten Verstandeskultur entweder abergläubische Züge oder unterhaltenden Spielcharakter angenommen, ist darum weniger das Präludium einer Revolution der Kunst als der Ausdruck des Bedürfnisses nach einer Kunstphilosophie, welche in der Lage ist, die der modernen Welt fremd gewordenen Dimensionen überlieferter, bisher nur *ästhetisch* vergegenwärtigter Kunstwerke für die *Reflexion* wiederzugewinnen. Die Kunstphilosophie ist bei Hegel der Ort der Reflexion auf eine zersetzte Einheit, der in den tradierten Kunstwerken in der Form einer Rekonstruktion abgelebter Weltanschauungen nachgespürt werden kann. Damit verbunden ist eine Historisierung der Künste, die ihren künftigen Leistungsmöglichkeiten enge Grenzen setzt. Ihre vergangenen Leistungen aber werden zum Paradigma einer Philosophie, welche sich zutraut, die vom Verstand fixierten und in der bürgerlichen Gesellschaft manifestierten Gegensätze im *Begriff* aufzuheben.

Entscheidend für den hier zu untersuchenden Zusammenhang ist der Sachverhalt, daß Hegel die von Fr. Schlegel, Schiller und Schelling gleichermaßen festgestellte Entfremdung der Kunst als Absonderungs- und Abgrenzungsphänomen beschreibt. Die Selbständigkeit, die sie infolge der Dissoziation von Kunst, Religion und Wissenschaft mehr erleidet als erobert, führt zu einem Teilthema meines Aufsatzes hin: zur *Autonomie der Kunst.* Es mag ungewöhnlich sein, der idealistischen Ästhetik zuzuschreiben, sie habe die Autonomie der Kunst, die als ihr ideologieverdächtiges Eigenprodukt gilt, als Entfremdungsphänomen konzipiert. Nichtsdestoweniger hat meine Behauptung gute Gründe. So konnte anhand einer kurzen Rekapitulation der Wandlungen, die sich im 18. Jahrhundert am Begriff der Ästhetik vollzogen, gezeigt werden, daß die an Kant anknüpfende Kunstphilosophie den von Baumgarten in übergreifender Bedeutung eingeführten Terminus mit der Begründung ablehnt, er sei Ausdruck einer aufklärerisch–kurzsichtigen Reduktion der Kunst auf einfache psychische und intellektuelle Funktionen. Die rationalistischen und empiristischen Varianten der modernen Ästhetik präsentieren sich vom Standpunkt der Kunstphilosophie aus als Symptome einer die tieferen Lebensbezüge der Kunst ignorierenden bzw. »wegerklärenden« Aufklärungspraxis. Diese Kritik ist nicht ungerechtfertigt. Indem nämlich die von Baumgarten als Wissenschaft des Sinnes und Empfindens begründete Ästhetik die Kunst zwar zu einem bevorzugten Gegenstand erhoben, sie aber zugleich ohne Angabe ihrer Spezifität als gleichgültiges Element der Formenreihe des »schönen Denkens« behandelt hatte, war in der Tat eine *ästhetische Nivellierung* der Kunst eingetreten. [28] Nach Abzug ihrer vom Rationalismus verkannten und von der idealistischen Kunstphilosophie wiederentdeckten Beziehungen zum »objektiven Geist« standen für ihre theoretische Legitimation nur noch zwei Betrachtungsweisen offen. Einerseits konnte sie im kategorialen Rahmen der den kartesischen Dualismus abschwächenden Philosophie von Leibniz als Institutionalisierung eines *extensiv klaren Denkens* [29] bestimmt werden, das die unlebendige Abstraktheit der wissenschaftlich–deutlichen Erkenntnis kompensiere, indem es die konkret–sinnliche Individualität der Erfahrungsgegenstände respektiere. Andererseits konnte sie unter dem Aspekt der von ihr erzeugten Empfindungen dem moralpädagogischen Aufklärungsprogramm als Säkularisation theologischer Erbauung integriert werden. [30] Unter den Bedingungen des Vormarsches des rationalistischen Wissenschaftsparadigmas wurde ihr langsam der Boden entzogen. Sie konnte den Kriterien dieses Wissenschaftsideals nicht standhalten und wurde so dem in jeder Beziehung verdächtigten Bereich der Sinnlichkeit zugeschlagen. Einmal auf dieser Reduktionsstufe angelangt, war es unmöglich, sie anders als durch eine Rehabilitation der Sinnlichkeit zu retten. Der Preis dafür war jedoch hoch: Sie wurde auf einen mehr oder weniger speziellen Bereich *ästhetischer* Funktionen eingeengt.

Wie bereits angedeutet, ist dieser Vorgang nicht ohne den Legitimationsdruck zu verstehen, der in der ersten Hälfte des 18. Jahrhunderts vom Rationalismus ausgeübt wurde. [31] Infolge des kartesischen Chorismos von reinem Denken und Ausdehnung hatte sich der bis zur griechischen Aufklärung zurückzuverfolgende Streit zwischen Kunst und Wissenschaft zu einer Konfrontation von Sinnlichkeit und Verstand zugespitzt. Die rationalistischen Ideale der Klarheit und Deutlichkeit führten zu einer modernen Variante der Inquisition, die mit einer scharfen Aburteilung der Einbildungskraft endete, welche die Kunst und ihren Wahrheitsanspruch einschloß. Erst allmählich, über den Okkasionalismus und Leibniz bis zum englischen Empirismus, wurde die kartesische Polarisierung wieder abgeschwächt. Ebenso Leibnizens Konstruktion eines Leistungs*kontinuums* nur graduell unterschiedener Vorstellungskräfte wie die empiristische Erkenntnistheorie leiteten, wenn auch nicht in gleichem Maße, eine Rehabilitation der Sinnlichkeit ein. Damit war auch der Kunst wieder ein, freilich unsicheres, Fundament bereitet worden. Denn aus dem vom Rationalismus wiederentfachten Streit war sie keineswegs ungeschwächt hervorgegangen. Sie hatte sich zwar der kartesischen Zwinge entwinden können, aber auch folgenreiche Abstriche hinnehmen müssen. In wachsendem Maße fiel ihr die aufgezwungene, in gewissem Sinne kompensatorische Rolle zu, zwischen den Polen einer menschliche Gefühle ausklammernden Wissenschaft und einer rohen Triebstruktur zu vermitteln oder die Einseitigkeit der die menschlichen Verhältnisse anspannenden Verstandeskultur zu indizieren. So gesehen, übernahm sie im gestörten Haushalt der menschlichen Kräfte eine *kritische* Funktion, indem sie das unter der Herrschaft der analytischen Vernunft aus dem Gleichgewicht geratene Leben zu thematisieren und zu kurieren begann. Zunächst hilflos einer fortschreitenden Zivilisation ausgesetzt, wurde sie zu ihrer Richterin. Zugleich fungierte sie als Anwältin der Natur und säkularisierte somit religiöse Funktionen. Die gesellschaftskritische Bedeutung einer die Stigmata der modernen Zivilisation anklagenden und die angegriffenen Rechte der Natur einklagenden Kunst ist jedoch leicht als die glänzende Kehrseite ihrer vom Fortschritt der Wissenschaften vorangetriebenen Rückbildung zu erkennen. Denn die kartesische, ihren Wahrheitsanspruch zersetzende Spaltung hatte sie dazu gezwungen, sich mit den Aufgaben zu begnügen, die außerhalb eines rasch expandierenden wissenschaftlichen Kompetenzbereichs lagen. [32] Ihr Wahrheitsanspruch subjektivierte sich im Zuschlupf einer vergeblich wieder nach außen drängenden Innerlichkeit. Sie war das Opfer einer vom rationalistischen Wissenschaftsparadigma ausgelösten *Spezialisierung* geworden. Eben diese Spezialisierung der Kunst auf einen Bereich *ästhetischer Funktionen*, die den von der theoretischen Aufklärung abgebrochenen Bezug zur sinnlichen Natur der Menschen wiederherstellen sollten, wird von den idealistischen Nachfolgern Kants als Entfremdung gefaßt. Was hier als Entfremdung erscheint, ist die *Autonomie der Kunst* in der Bedeutung einer Verselbständigung ihrer ästhetischen Teilfunktionen, hervorgerufen durch den Druck des konkurrierenden rationalistischen Wissenschaftsparadigmas. In solchem Verstande, als Ausgrenzung ihrer ästhetischen Teilfunktionen aus ihrer polyfunktionalen Gesamtstruktur, ist die Autonomie der Kunst keinesfalls das abgerungene Resultat einer Freiheitsbewegung mit dem Ziel, das Prinzip der Gewaltenteilung auf das Verhältnis von Kunst und Politik anzuwenden. Ebensowenig stellt sie sich als unmittelbare Folge der Renaissanceästhetik dar, die die Emanzipation der Schönen Künste vom Handwerk einleitete und die Mystifikationen der deutschen Geniezeit vorbereitete. Weit prosaischer präsentiert sie sich vielmehr als Refugium einer Verbannten. Daß die Autonomie der Kunst diesen negativen Charakter verlieren und divinatorische Züge annehmen konnte, mutet deshalb wie eine Ironie der Geschichte an. Diese Umkehrung wird jedoch plausibel, wenn man einerseits die Konstitution *institutioneller* Kunstautonomie und andererseits die idealistische, von der antagonistischen Struktur der bürgerlichen Lebensverhältnisse ausgehende Aufklärungs- und Entfremdungskritik berücksichtigt. An der Wende vom 17. zum 18. Jahrhundert setzte eine Strukturveränderung der literarisch–künstlerischen Institution ein, die den kritischen Funktionen, welche die Kunst infolge ihrer Spezialisierung im Namen einer unterdrückten Natur übernommen hatte, gegenüber dem Machtbereich des absolutistischen Staates einen politisch–immunen Spielraum sicherte. Dieser Strukturwandel läßt sich allgemein als Herauslösung von Kunst und Literatur aus den repräsentativen Funktionszusammenhängen von Staat und Kirche oder als Verbürgerlichung der literarisch–künstlerischen Institution bestimmen. [33] Wie Arnold Hauser [34] und Jürgen Habermas [35] gezeigt haben, sind seine Elemente die Herausbildung einer räsonierenden bürgerlichen Öffentlichkeit, die Etablierung einer das Laienpublikum repräsentierenden Fachkritik und einer die Arkanpraxis der humanistischen Gelehrten aufhebenden Zeitschriftenliteratur sowie die Konstitution zwischenständischer Gesellschaften und akademieähnlicher Institutionen. Ferner gehören in sein Bild die tendenzielle Ablösung personeller Beziehungen zwischen

Produzenten, Konsumenten und Auftraggebern von sachlichen Marktbeziehungen sowie die Zunahme des den »Kultwert« verdrängenden »Ausstellungswerts« des Kunstwerks. [36] In dem durch die Umstrukturierung der literarisch–künstlerischen Institution geschaffenen Raum einer unpolitischen bürgerlichen Öffentlichkeit konnte sich ein die »Menschheit« vertretendes ästhetisches Subjekt konstituieren, das die Krisis, der es sich verdankte, unter Abstraktion seines eigenen Bildungsprozesses in eine Kritik inhumaner gesellschaftlicher Verhältnisse umdeutete.

Freilich: Die dem Begriff künstlerischer Autonomie selbst im Kontext der Destruktion bürgerlicher Ideologiebestände immer noch anhaftende Aura demiurgischer Größe, esoterischer Werkbesessenheit und bürgerlicher Individuation ist mit der Konstitution institutioneller Autonomie noch keineswegs ausreichend erklärt. Eine dem Einflußbereich von Staat und Kirche sich entziehende und den Kultcharakter ihrer repräsentativen Funktionen säkularisierende Kunst mußte nicht zwangsläufig zu jenen idealistischen Geniekonzeptionen führen, die der Kunst und dem Künstler im Bereich menschlichen Handelns und Wissens einen absoluten Sonderstatus einräumten. Man nähert sich jedoch der Lösung des Problems, wie es zu jenen idealistischen Mystifikationen des Genies kommen konnte, wenn man die Rolle bedenkt, welche der *Natur* im Aufgabenbereich der auf ästhetische Funktionen spezialisierten Kunst der Aufklärungsperiode zugewiesen wurde. Unter den Bedingungen des die Totalität des Lebens in Gegensätze aufspaltenden und diese verhärtenden Verstandes bestand ihre ebenso kritische wie kompensatorische Rolle darin, die zerfallene Totalität als Problem anzuzeigen oder mittels Kultivierung der Sinnlichkeit die gespaltene Natur des Menschen zu kurieren. Die idealistische Aufklärungs- und Entfremdungskritik des deutschen Idealismus nun radikalisiert ihren die Totalität der menschlichen Natur gegen die Fixierung absoluter Gegensätze verteidigenden Anspruch, indem sie die Organisation des Kunstwerks zum Versöhnungsparadigma der Philosophie und zum Bild eines die antagonistische Struktur der bürgerlichen Verhältnisse überbietenden Staates modelliert. [37] Fragt man danach, wie die idealistische Ästhetik die Konstitution dieser ästhetischen Ordnung konzipiert, so stößt man abermals auf den die Geschichte der modernen Ästhetik von Anfang an prägenden Begriff der Natur. Nach Kant ist sie eine Leistung des Genies. Das Genie aber bestimmt er als »die angeborne Gemütsanlage (ingenium), durch welche die Natur der Kunst die Regel gibt.« [38] Benjamins Feststellung, daß infolge der Säkularisierung des künstlerischen Kultwertes die »Authentizität« der künstlerischen Leistung an dessen Stelle tritt, [39] kann auf dieses Geniekonzept bezogen werden. Obwohl nämlich Kant noch weit davon entfernt war, den Standpunkt des Genies bzw. der produktiven Einbildungskraft zum transzendentalen Standpunkt schlechthin zu machen, so gab er doch dem Begriff des Genies eine schon fast mystische Bedeutung. Daran ist in der Tat ablesbar, daß der Kunst auch nach der Säkularisierung ihres Kultwertes wieder eine Dimension des Heiligen gesichert wurde: Die kultische Funktion des Kunstwerks wurde die Verehrung des Genies substituiert; der Künstler wurde inmitten der sich entfaltenden kapitalistischen Produktionsverhältnisse zur exotischen Figur, zum gefeierten Protagonisten eines nicht–entfremdeten Dramas. Diese Überhöhung des Genies ist wiederholt aus dem verschärften Widerspruch der künstlerischen Arbeitsweise zur herrschenden Produktionsweise des Kapitalismus abgeleitet worden. [40] Während die gesellschaftlich herrschende Produktionsweise des Kapitalismus auf der Trennung von Produzenten und Produktionsmitteln beruhe, leiste der Künstler als Vertreter eines rückständigen Produktionszweiges, der reell kaum unter das Kapital subsumierbar sei, weiterhin *identische* Arbeit und könne deshalb zum lebenden Nostalgiefetisch werden. Ich behaupte, daß diese ökonomische Formbestimmtheit der künstlerischen Produktion, ihre Unkreativität im Sinne des kapitalistischen Wertbildungs- und Verwertungsprozesses (d. i. im Sinne der *Mehrwert*produktion), allein noch nicht viel erklärt. Denn der ökonomische, von Marxens Unterscheidung zwischen produktiver und unproduktiver Arbeit ausgehende Erklärungsansatz [41] muß in ein Dilemma geraten, weil nicht alle rückständigen Produktionszweige (Beispiel: Handwerksbetriebe, die höchstens formell unter das Kapital subsumiert sind) im selben Maße wie die künstlerische Produktion hervorgehoben werden. Marx selbst begründet den besonderen Status der künstlerischen Arbeit darin, daß sie, abgesehen von ihrer rückständigen ökonomischen Formbestimmtheit, frei von *äußeren* Zweckbestimmungen und deshalb »Selbstverwirklichung, Vergegenständlichung des Subjekts« ermögliche. [42] Wenigstens in diesem Punkt besteht zwischen der idealistischen und Marxens Position keine große Differenz. In beiden Fällen wird die künstlerische Produktion aufgrund des für sie konstitutiven, nicht–entfremdeten Verhältnisses von Subjekt und Objekt zum Modell autonomer Selbstverwirklichung: zum Paradigma einer die antagonistische Struktur der entwickelten bürgerlichen Gesellschaft transzendierenden Freiheit. Während jedoch Marx die künstlerische Produktion (»travail attractif«) zum Vorbild einer ökonomischen Revolution stilisiert, [43] hat sie im Idealismus bloß den Status einer die Transzendentalphilosophie bestätigenden Selbstvergewisserung menschlicher Intelligibilität.

Zu dieser Stellung gelangte die Kunst erst, nachdem Fichte mit seiner Konstruktion der »Tathandlung«, die dem absoluten Ich den Doppelcharakter von Handlung und Handlungsfolge (Tat), von Subjekt und Objekt, von Produzent und Produkt verlieh, die Einbildungskraft zu einem transzendentalen Prinzip erhoben und zugleich die praktische Vernunft als in sich zurückkehrendes Handeln des absoluten Ich zur Voraussetzung der theoretischen Vernunft gemacht hatte. Fichtes Konstruktion war als Lösungsversuch des von Kant unbewältigten Problems des Verhältnisses von reiner und praktischer Vernunft gedacht. Obgleich Kant beide Vernunftbereiche als Komponenten ein und derselben Vernunft begriff, hatte er sie doch in starrer Konfrontation belassen müssen, weil einerseits der höchste Punkt seiner Philosophie, die ursprünglich–synthetische Einheit der transzendentalen Apperzeption, ein vom Handeln vollständig abgehängtes Theorieprinzip, andererseits die »unbegreifliche« Figur des reinen Vernunftinteresses am Handeln unter moralischen Gesetzen unvermittelt der von Interessen unabhängigen theoretischen Vernunft gegenübergestellt blieb und zur Annahme einer besonderen Kausalität durch Freiheit gezwungen hatte. [44] Zwischen beiden Vernunftbereichen vermochte Kant nur durch die auf eine Übereinstimmung von heuristischen Vernunftmaximen und empirischen Naturdaten reflektierende Urteilskraft eine Hilfsbrücke zu schlagen. Das Vernunftinteresse an einer durchgängig zusammenhängenden Erfahrung legitimierte hier den Gebrauch der theoretischen Vernunft in praktischer Absicht; jedoch mit der Auflage, sie nicht zur konstitutiven Erweiterung des Erfahrungsbereichs, sondern lediglich regulativ (heuristisch) als Regel einer Forschungsmethode zu verwenden. Fichte nun zerstörte den Schein der Interessenunabhängigkeit der reinen Vernunft, indem er zeigte, daß im Einheitspunkt beider Vernunftbereiche, den er im sich als setzend setzenden absoluten Ich fand, die Vernunft unmittelbar praktisch ist. Er interpretierte die Organisation der Vernunft unter dem Gesichtspunkt der Erhaltung der Selbständigkeit des Ich und fundierte somit auch die theoretische Vernunft in einem praktischen Interesse. Die Annahme einer besonderen Kausalität durch Freiheit neben der vom Verstand konstituierten Naturkausalität war so obsolet geworden. »[...] Fichte begreift diesen reinen praktischen Antrieb, das ›Bewußtsein des kategorischen Imperativs‹, nicht als eine Hervorbringung der praktischen Vernunft, sondern als Akt der Vernunft selbst, als *die* Selbstreflexion, in der das Ich sich als ein in sich zurückkehrendes Handeln transparent macht. Fichte identifiziert in den Leistungen der theoretischen Vernunft die Arbeit der praktischen und nennt den Einheitspunkt beider intellektuelle Anschauung.« [45] Der Handlungscharakter der intellektuellen Anschauung, demnach praktische und theoretische Vernunft ursprünglich in *einem* Akt *zum* Selbstbewußtsein zusammentreffen, ist indessen bei Kant nicht gänzlich ohne Vorbild. Er ist vielmehr leicht als eine praktische Uminterpretation der transzendentalen Schemate zu erkennen. Dies darf nicht verwundern. Denn das idealistische Prinzip, daß wir nur das erkennen können, was wir aus eigenem Entwurf hervorbringen, ist mit Fichtes Variation, daß wir die Objekte so konstituieren, wie sie sein *sollen*, nur um die praktische Dimension bereichert worden, die Kant aus dem Bereich der theoretischen Vernunft ausgeklammert hatte. Ausgehend vom Problem, wie Vernunftentwürfe für die Daten der sinnlichen Anschauung verbindlich sein können, hatte Kant im Schematismuskapitel versucht, zwischen den transzendentalen Verstandeskategorien und der sinnlichen Anschauung eine Beziehung herzustellen. In Kantscher Terminologie ging es um die »Anwendung« der Kategorien auf »Erscheinungen«. Das gesuchte Mittelglied mußte sowohl mit den Kategorien wie mit den Erscheinungen ein gemeinsames Element haben, durfte also nicht empirisch, sollte aber dennoch sinnlich sein. Einen solchen Charakter wies er dem transzendentalen Schema zu, das er als die Vorstellung der transzendentalen,

auf die reinen Formen von Raum und Zeit verwiesenen Einbildungskraft von
einem allgemeinen Verfahren bestimmte, den Kategorien ein Bild zu verschaffen.
Dieses Konstruktionsverfahren konnte nicht mit der mathematischen Erzeugung
von Figuren identisch sein, da die Kategorien sich nicht figural abbilden lassen,
und durfte nicht räumlich sein, weil es sich unter Ausblendung aller fünf Sinne
allein kraft des inneren Sinns realisieren lassen sollte. Kant definierte die transzendentalen Schemate schließlich als *Handlungscharaktere*: d.h. als Regeln für
Handlungen und nicht als Handlungen selbst. [46] Der Gedanke einer intellektuellen Anschauung lag ihm fern. [47] So übersetzte er etwa die Kategorie der
Quantität mit der Vorstellung einer Handlung der Wiederholung, der sukzessiven
Addition gleichartiger Elemente; oder die Kategorie der Kausalität mit der Vorstellung einer regelhaften Sukzession des Mannigfaltigen. Diese Handlungscharaktere stellen bei Kant eine Verbindung zwischen der Spontaneität des Menschen
und den Daten der sinnlichen Anschauung insofern her, als sie als synthetische
Leistungen des Verstandes a priori in die Objekte allererst Einheit, die Einheit
der jeweiligen Handlungsregel, hineinbringen und durch diesen Akt Erfahrung
(empirische Erkenntnis) überhaupt erst ermöglichen.

Es ist ersichtlich, daß Fichte bei seiner Konstruktion der Tathandlung des
absoluten Ich an den Handlungscharakteren der transzendentalen Verstandeskategorien bereits ein rudimentäres Muster vorfand. Seine Abweichung besteht im
wesentlichen darin, daß er die Handlungscharaktere in von einem praktischen
Vernunftinteresse geleitete Handlungen umdeutet, ohne sich dem Risiko aussetzen zu wollen, den transzendentalen Standpunkt aufzugeben und entwicklungsgeschichtlichen, psychologischen oder empiristischen Mißdeutungen Vorschub
zu leisten. Dies ging nur unter der Annahme einer intellektuellen (nicht-empiri-
schen) Anschauung. Denn bekanntlich intendierte er mit seiner Konstruktion
nicht die Nacherzählung einer wahren Begebenheit aus der Geschichte des Selbstbewußtseins. Er wollte damit vielmehr lediglich eine Verfahrensregel bereitstellen,
anhand derer wir das Bewußtsein von der Autonomie der Vernunft, die sich
bei Kant in der Gesetzgebung des Verstandes wie in der Gesetzgebung des Willens
äußert, *genetisch evident* in uns erzeugen können, wenn wir von allen individuellen Bestimmungen unseres Selbstbewußtseins abstrahieren und im übrigbleiben-
den »Ich denke« die gesetzte Einheit von Denkendem (Ich) und Gedachtem (Ich),
von setzendem Subjekt und gesetztem Objekt (Ich=Ich) innerlich anschauen.
Im nachvollzogenen Akte der von der Tathandlung ausgedrückten Selbstproduk-
tion sollte sich das Ich in seiner Freiheit erkennen; mit der Erhebung zur intellektuellen Anschauung sollte es sich vom Dogmatismus des natürlichen Bewußtseins
befreien: »Durch die Wissenschaftslehre kommt der Geist des Menschen zu sich
selbst, und ruht von nun an auf sich selbst, ohne fremde Hilfe, und wird seiner
selbst durchaus mächtig, wie der Tänzer seiner Füße, oder der Fechter seiner
Hände.« [48] »Mit einem Worte: durch die Annahme und allgemeine Verbreitung
der Wissenschaftslehre unter denen, für welche sie gehört, wird das ganze Men-

schengeschlecht von dem blinden Zufalle erlöst, und das Schicksal wird für dasselbe vernichtet. Die gesamte Menschheit bekommt sich selbst in ihre eigene
Hand, unter die Botmäßigkeit ihres eigenen Begriffs; sie macht von nun an mit
absoluter Freiheit alles aus sich selbst, was sie aus sich machen nur wollen kann.«
[49]

Fichtes idealistische Erzeugungstheorie, die mit der Anleitung zur Einsicht in
die bewußtlose Produktivität des Ich zugleich die Mündigkeit des die gegenständliche Welt als seine eigene Produktion durchschauenden und sich damit ihrer
verselbständigten Macht (idealiter) entreißenden Subjekts projektiert, kann mit
einigem Recht eine *transzendentale Poetik* genannt werden. Diese Übersetzung
hat den Vorteil, daß sie der Anwendung der Fichteschen Konstruktion auf den
engeren Bereich der Poetik eine gewisse Plausibilität verschafft: Die Poesie wird
dadurch zum Sonderfall einer transzendentalen Poesis. Zugleich macht sie deutlich, warum der Begriff der Poesie in der Romantik über die Grenzen des Dich-
tungsbezirks hinauswächst und einerseits die Bedeutung eines allen Kunstarten
gemeinsamen Elements annimmt, andererseits sogar auf den politischen und gesellschaftlichen Bereich übergreift. Akzeptiert man sie, so darf jedoch nicht vergessen werden, daß sie zunächst bloß ein Analogieverhältnis ausdrückt. Denn
obwohl Welt und Ich aus der Perspektive der Wissenschaftslehre durchaus als
Kunstwerk erscheinen, verbietet ihr transzendentaler Charakter es strengstens,
die unbewußten Produktionen des Subjekts als werkgestaltendes Verhalten im
Sinne einer zweckgerichteten Materialbearbeitung aufzufassen. Würde man dies
tun, so gelangte man zur absurden Konstruktion einer Tathandlung des Bewußtseins vor jedem Bewußtsein. So wird Fichte nicht müde, darauf hinzuweisen,
daß die Bestimmungen des wirklichen Bewußtseins nur *gleichsam* Resultate einer
ursprünglichen Konstruktion sind und daß die Frage, ob dem empirischen
Bewußtsein eine solche ursprüngliche Konstruktion wirklich vorherging, für die
Wissenschaftslehre eine Frage ohne Sinn sei: »Die Wissenschaftslehre gibt sich
bloß für eine Abbildung des Lebens, keineswegs für das wirkliche Leben selbst
aus. [...] Es sind eigentlich nur Gedanken von Gedanken [...], Sätze von Sätzen
[...].« [50] »Eine Erzeugung im wirklichen Leben zu behaupten hat durchaus
keinen Sinn. Das Leben ist kein Erzeugen, sondern ein Finden.« [51] Dennoch
ist der Begriff der transzendentalen Poetik legitimierbar, wenn man ihn auf die
Bedeutung einer systematischen Ableitung und Abbildung: einer systematischen
Nacherfindung des wirklichen Bewußtseins einschränkt, ohne damit einen ursprünglichen Werkmeister und eine ursprüngliche Idee seines Werks zu unterstellen. [52] Der von Fichte selbst gezogene Vergleich von Bewußtsein und Kunstwerk
hat nicht den Sinn, die Wissenschaftslehre zum Werkmeister des Bewußtseins
zu erheben oder die Vorstellung eines bewußtseinerzeugenden Demiurgen zu erwecken. Niemals versucht Fichte, aus dem seiner Meinung nach geschlossenen
System des Bewußtseins auszubrechen oder das, was ist, wenn Bewußtsein ist,
evolutionistisch zu hinterfragen. Wenn es erlaubt ist, die Wissenschaftslehre als

Poetik zu interpretieren, dann deshalb, weil ihre zum inneren Nachvollzug poetologisch anleitenden Konstruktionen einen transzendentalen Handlungscharakter haben. Jeder, der die Wissenschaftslehre in sich erzeugt, bringt nach Fichte das Bild (und nur das *Bild*) des wirklichen Selbstbewußtseins selbst hervor und schaut dabei seine Verfahrensweise als Handlungsweise der Vernunft schlechthin an. Ausdrücklich setzt Fichte das Verfahren der Wissenschaftslehre zum Verfahren der geometrischen Konstruktion parallel: »So wie in der ursprünglichen Konstruktion des Triangels die dritte Seite sich bestimmt findet durch die andern zwei und den eingeschloßnen Winkel: ebenso findet sich der Wissenschaftslehre zufolge, in der ursprünglichen Konstruktion ein gewisses Bewußtsein bestimmt durch ein anderes Bewußtsein. Dies sind aber nur durch freie Phantasie gebildete, keineswegs wirkliche Bestimmungen des Bewußtseins, so wie die Linien des Geometers nicht die Linien im Felde sind.« [53] Der Begriff der *transzendentalen* Poetik ist geeignet, diesen nicht–empirischen, gleichwohl aber produktiven Charakter des idealistischen Konstruktionsverfahrens more geometrico auszudrükken. Der genaue Sinn dieser transzendentalen Poetik wird deutlich, wenn man ihr noch einmal Kants Transzendentalismus gegenüberstellt. Das Problem der Konstitution synthetischer Einheit in der Mannigfaltigkeit der Erscheinungen hatte Kant zur Annahme einer ursprünglich–synthetischen Einheit der transzendentalen Apperzeption geführt, die über die Schemate (Handlungscharaktere) der transzendentalen Einbildungskraft in die Vorstellungen des Selbstbewußtseins die Einheit transzendentaler Handlungsregeln hineinbringe. Dieser transzendentalen Einheit vergewissert sich das Selbstbewußtsein bei Kant im »Ich denke«, das alle seine Vorstellungen muß begleiten können: also in der Erfahrung des mit sich selbst identischen Ich. Fichte nun schreitet darüber hinaus, indem er nach den Bedingungen dieser Identitätserfahrung fragt, die bei Kant den Status eines nicht weiter zu reflektierenden, nur in der transzendentalen Apperzeption verankerten Faktums hat. Wenn sich mein Selbstbewußtsein, so überlegt Fichte, dadurch herstellt, daß ich mich aus der Selbstvergessenheit, in der ich mich im Augenblick der höchsten Kontentration auf die Wirklichkeit außer mir befinde, losreiße und von meinen Repräsentationen der Wirklichkeit, die meine Selbständigkeit bedrohen, zu mir selbst als zu einem Anderen zurückkehre, dann ist das Selbstbewußtsein keine ursprüngliche *letzte Vorstellung*, sondern ein immer wieder neu zu leistendes *Handeln*. Fichte begreift das Selbstbewußtsein als Resultat eines Dramas: als Bewegung eines sich entäußernden und aus der Fremde wieder zu seinem Ursprung zurückkehrenden Ichs.

Dieser Sachverhalt allein ist jedoch noch keine ausreichende Differenzbestimmung. Sie ergibt sich erst, wenn man sich der Antwort zuwendet, die Fichte auf die von Kant unterlassene Frage nach den Bedingungen solcher Reflexivität des Selbstbewußtseins gibt. In der von Descartes eingeleiteten Subjektivitätsphilosophie hatte das Selbstbewußtsein stets Begründungsfunktion, ohne selbst Thema einer Begründungsproblematik zu werden. Sie nahm ein Subjekt des Den-

kens an, das in ständiger Selbstbeziehung stehe, indem es sich durch eine Rück-
wendung seiner ursprünglich auf Gegenstände bezogenen Vorstellungstätigkeit
selbst vergegenständliche und so den einzigartigen Fall einer Identität von Subjekt
und Objekt darstelle. Nach Fichte muß aber eine Reflexionstheorie, die dem
Selbstbewußtsein seine eigene Explikation zumutet, in einen ausweglosen Zirkel
führen. Denn eine Theorie, die in der Reflexion den Ursprung des Selbstbewußtseins vermute, müsse als Subjekt dieser Reflexion schon das voraussetzen, was
ihr Resultat sein soll. Nähme man aber eine Divergenz von Reflexionssubjekt
und Reflexionsobjekt an, könne es niemals zur Einheit des Selbstbewußtseins
kommen. Das Dilemma der Reflexionstheorie stellt sich für Fichte als die prekäre
Situation dar, daß das Ich, soll es durch eine Rückbeziehung seiner Vorstellungstätigkeit auf sich selbst Kenntnis von sich erlangen, bereits *wissen* muß, daß
sein Objekt mit ihm identisch ist. Seine These ist folglich, daß der Selbstbewußtsein konstituierende Akt der Reflexion schon ein *ursprüngliches Selbstsein* voraussetze. [54] Er fundiert deshalb den Akt des Selbstbewußtseins in der ursprünglichen Tathandlung (Selbstaffirmation) eines absoluten Ich: »Du mußt deinem
gegenwärtigen, zum deutlichen Bewußtsein erhobenen Selbst–Setzen ein anderes
solches Setzen, als ohne deutliches Bewußtsein geschehen, voraus denken, worauf
das gegenwärtige sich beziehe und dadurch bedingt sei.« [55] Diese Tathandlung
ist, weil sie vor jedem Bewußtsein liegt, nach Fichte keine Bewußtseinstatsache,
sondern dessen unbewußte Voraus*setzung*. Weil diese Voraus*setzung* als solche
aber niemals Gegenstand (Vorstellung) des Bewußtseins werden kann, vermag
sie nach Fichte nur auf systematisch–transzendentaler Ebene über eine Selbstreflexion von Denkhandlungen (Urteilen) genetisch und logisch evident konstruiert
werden, wobei dieses systematische Konstrukt keinen Anspruch auf realistische
Erklärungsadäquatheit stellt. Daß die von Fichte thematisierten Aporien der
Reflexionstheorie auf anderer Ebene auch in den verschiedenen Fassungen seiner
Wissenschaftslehre wiederkehren, kann hier nicht eigens untersucht werden. Entscheidend für seine ästhetische Wirkungsgeschichte ist, daß Fichte, motiviert vom
Zirkel der Reflexionstheorie, diese Selbstkonstitution von Kants Reduktion der
Identitätserfahrung auf die bloße *Vorstellung* des »Ich denke« abgrenzt, indem
er sie aus der Dimension des Vorstellens in die Dimension des Handelns verlegt.
Damit hat Fichte idealistisch die materialistische Idee einer Synthesis durch *Arbeit*
vorbereitet. [56] Im Begriff der transzendentalen Poetik ist auch dieser Überlei-
tungszusammenhang angedeutet, den übrigens Schiller im 24. und 25. Brief *Über*
die ästhetische Erziehung des Menschen schon ansatzweise, freilich in den Grenzen des Idealismus, konstruiert, indem er die Konstitution des Freiheitsbewußt-
seins, die Fichte in einem ursprünglichen Freiheitsakt verankert, *gattungsge-*
schichtlich als Objektivierung (Beherrschung) der Natur interpretiert: »Aus einem
Sklaven der Natur, solang er sie bloß empfindet, wird der Mensch ihr Gesetzgeber,
sobald er sie denkt. Die ihn vordem nur als *Macht* beherrschte, steht jetzt als
Objekt vor seinem richtenden Blick. Was ihm Objekt ist, hat keine Gewalt über

ihn, denn um Objekt zu sein muß es die seinige erfahren.« [57] Schillers idealistische Befangenheit zeigt sich allerdings daran, daß er die Naturbeherrschung als Akt der *Reflexion* begreift, ohne nach seiner gesellschaftlichen Fundierung zu fragen. Seine großartige These, daß die »Revolution in der Außenwelt«, von welcher die »uralten Dichtungen« redeten, – der sich legende »Sturm in dem Weltall« –, in Wahrheit eine Revolution in der Menschheitsgeschichte gewesen sei [58], muß unter dieser idealistischen Voraussetzung enttäuschen. Ebenso wie Fichte versteht Schiller die Selbstkonstitution der menschlichen Gattung als Geschichte einer emanzipatorischen *Reflexionsbewegung*. Diese mag zwar auf *idealischer* Ebene von den Abhängigkeiten befreien, denen ein dogmatisch befangenes Bewußtsein sich unter Ableugnung transzendentaler Freiheit vielleicht überläßt, neigt aber aufgrund ihrer der Realität voreilenden Idealität dazu, von der schmerzlichen Erfahrung bestehender Abhängigkeiten und »unreiner« politischer Aktionen enttäuscht in sich selbst zurückzufliehen. Unter diesem Gesichtspunkt ist der idealistische Heroismus mehr als das dogmatische oder empiristische Bewußtsein davon gefährdet, in Resignation und Melancholie überzugehen. [59] In der Wirkungsgeschichte erscheint deshalb der philosphische Egoismus Fichtes, der von seinen Zeitgenossen noch als Rechtfertigung des jakobinischen Revolutionsideals interpretiert wurde, die Welt unter die Bedingungen der Vernunft zu bringen, als Konstitution einer vermessenen Subjektivität. Ob diese soziologische Ideologiekritik, die den philosophischen Egoismus von seinen zeitgeschichtlichen Folgen her angreift, seinem sachlichen Gehalt adäquat ist, muß allerdings stark bezweifelt werden. Das von Fichte aufgeworfene Problem der Reflexivität des Selbstbewußtseins verdient auch heute noch, ernstgenommen zu werden.

Fichtes Konstruktion der Tathandlung eines absoluten Ich, die die Selbstbezüglichkeit des Denkens in einem ursprünglichen, die Identität des Subjektiven und Objektiven schlechthin setzenden Freiheitsakt fundiert und deshalb auch als emanzipatorisches Handlungsmodell einer idealistischen Entfremdungskritik unterlegt werden konnte, ist in mehr oder weniger deformierter Fassung sowohl in Schillers ästhetische Schriften wie in die poetologischen Theoriefragmente der Frühromantik und Schellings Kunstphilosophie eingegangen. Die Romantiker übertrugen den Subjekt–Objekt–Charakter der ursprünglichen Tathandlung auf den Künstler und entwarfen die poetische Synthesis in strikter Analogie zur philosophischen Konstruktion der absoluten, jeglicher Erfahrung vorgängigen Identität von Sein und Sollen als *Ineinsbildung* von Realität und Idealität. Zum Gegenbild der philosophischen Darstellung des Absoluten erklärt, erreichte die Kunst den Status einer *autonomen Handlungsweise des menschlichen Geistes*, die im Medium der Einbildungskraft den philosphischen Begriff konterfeie und, wie Fichtes Anleitung zur Konstruktion der Tathandlung, das Bewußtsein der Freiheit hervorbringe. Am klarsten tritt der angedeutete Zusammenhang zwischen der Philosophie Fichtes und der die Kunst zum Paradigma von Freiheit und Versöhnung stilisierenden Ästhetik des Idealismus wiederum bei Schelling hervor: »Alle

Kunst ist unmittelbares Nachbild der absoluten Produktion oder der absoluten Selbstaffirmation: die bildende nur läßt sie nicht als ein Ideales *erscheinen*, sondern durch ein anderes, und demnach als ein Reales. Die Poesie dagegen, indem sie dem Wesen nach dasselbe ist, was die bildende Kunst ist, läßt jenen absoluten Erkenntnisakt unmittelbar als Erkenntnisakt erscheinen, und ist insofern die höhere Potenz der bildenden Kunst, als sie in dem Gegenbild selbst noch die Natur und den Charakter des Idealen, des Wesens, des Allgemeinen beibehält.« [60] Die Kunst, als Nachbild der absoluten Selbstaffirmation, der ursprünglichen Tathandlung begriffen, unterscheidet sich nach Schelling von der unbewußten Produktion des transzendentalen Ich nur dadurch, daß in ihr die unbewußte mit einer bewußten Tätigkeit gepaart ist. Ansonsten erscheinen Kunst und Welt gleichermaßen als Produkte einer transzendental gefaßten Poesis: »Die idealische Welt der Kunst und die reelle der Objekte sind [...] Produkte einer und derselben Tätigkeit; das Zusammentreffen beider (der bewußten und der bewußtlosen) *ohne* Bewußtsein gibt die wirkliche, *mit* Bewußtsein die ästhetische Welt. Die objektive Welt ist nur die ursprüngliche, noch bewußtlose Poesie des Geistes.« [61] Der letzte Satz bestätigt die bereits angeschnittene Expansion des Poesiebegriffs auf das Gebiet der transzendentalen Konstitution der Erfahrungswelt. Symptomatisch ist dafür ferner, daß der Begriff der Poesie, vom schmalen Bereich der Dichtung abgelöst, für die unbewußte Tätigkeitskomponente aller Kunstarten eingesetzt wird, während der Begriff der Kunst (Techné) ausschließlich das »mit Bewußtsein, Überlegung und Reflexion« geschaffene Kunstsegment repräsentieren soll. [62] Wie es der den Übergang von Fichte zur romantischen Kunstphilosophie andeutende Begriff der transzendentalen Poetik schon nahelegte, identifiziert Schelling in der produktiven Anschauung des absoluten Selbsterzeugungsaktes eine Poesis der ersten Potenz und kann deshalb die allen Kunstarten gemeinsame Poesie als potenziertes Derivat der den unendlichen Gegensatz von Sein und Sollen, von Natur und Freiheit aufhebenden Tathandlung bestimmen: »Es ist das Dichtungsvermögen, was in der ersten Potenz die ursprüngliche Anschauung ist, und umgekehrt, es ist nur die in der höchsten Potenz sich wiederholende produktive Anschauung, was wir Dichtungsvermögen nennen. Es ist ein und dasselbe, was in beiden thätig ist, das Einzige, wodurch wir fähig sind, auch das Widersprechende zu denken und zusammenzufassen, – die Einbildungskraft.« [63] Hatte Fichte bei der Konstruktion der intellektuellen Anschauung die Einbildungskraft zu einem transzendentalen, die ursprüngliche Einheit von Subjekt und Objekt verbürgenden Prinzip erhoben, so fällt bei Schelling der potenzierten Einbildungskraft des Künstlers die exponierte Rolle zu, diese Einheit unter *technischen* Bedingungen in einem *endlichen* Produkt darzustellen. Denn es sei allein die Kunst, »welcher das, was der Philosoph nur subjektiv darzustellen vermag, mit allgemeiner Gültigkeit objektiv zu machen gelingen kann.« [64] Die Kunst wird bei Schelling zum allgemeinen Organon der Philosophie, weil sie den einzigartigen Fall der Objektivierung der philosophischen Konstruktion des Absoluten repräsentiere. Fast könnte es scheinen, als wüchse dem Begriff der Kunst in diesem Zusammenhang die Bedeutung einer Werkorganisation zu, die jenseits der engen Grenzen einer vom politischen Bereich abgespaltenen Kunstwelt die in der Philosophie nur subjektiv geleistete Versöhnung von Sein und Sollen real hervorbringt. Bleibt dies auch bloßer Schein, weil Schellings idealistische Voraussetzungen eine Versöhnung nur in den objektivierten Produkten der poetischen Einbildungskraft zulassen, so würde es sich doch verlohnen, nach möglichen Verbindungen zwischen dem expandierenden Poesiebegriff der Romantik und dem vom frühen Marx konzipierten Gedanken einer Versöhnung durch revolutionäre Praxis zu suchen. Denn unbezweifelbar ist, daß Schelling mit Marx das Ungenügen am philosophischen Versöhnungsparadigma teilt. Seine Forderung nach einer die Philosophie überbietenden Objektivität für das Subjektiv–Objektive der Tathandlung weist indessen doch in die entgegengesetzte Richtung. Anvisiert ist damit die Objektivität einer auf dem Fundament einer kollektiv verbindlichen Mythologie ruhenden Poesie, in deren »Ocean« die »Ströme« der Philosophie und Einzelwissenschaften »zurückfliessen« sollen. [65] Schelling imaginiert die Reintegration verselbständigter, ihrem gemeinsamen Ursprung entfremdeter Disziplinen in eine bindende Symbolik der neuen Welt. Dies führt wieder zum Ausgangspunkt der Entwicklung der idealistischen Ästhetik zurück. Denn die utopische Vision einer Rückkehr der Philosophie und Wissenschaften in die allgemeine Symbolik einer Zukunftspoesie der modernen Welt ist identisch mit der Wendung gegen die als Entfremdung begriffene Dissoziation von Kunst, Religion, Philosophie und Wissenschaft. Es versteht sich von selbst, daß die postulierte Objektivität einer die arbeitsteilig verfestigten Gegensätze der bürgerlichen Gesellschaft aufhebenden Symbolik auch eine, freilich problematische, Alternative zu den beiden anfangs herausgearbeiteten Autonomietypen der Kunst bildet. Weder ihre Reduktion auf ästhetische Funktionen noch ihre institutionelle Verselbständigung ist mit Schellings Forderung zu vereinbaren. Das Gegenteil ist der Fall. Vom Standpunkt der Philosophie der Kunst aus präsentieren sich beide Autonomievarianten vielmehr als nachreformatorische Verfallssymptome einer Kunst, deren Zusammenhang mit den übrigen Lebensäußerungen am Zerreißen ist. Der Sachverhalt, daß Schelling mit seinem Konzept der Poesie als autonomer Handlungsweise des menschlichen Geistes den beiden anderen Autonomietypen noch einen dritten hinzufügt, widerspricht dieser Interpretation nur scheinbar. Denn es läßt sich zeigen, daß der romantische, an der absoluten Selbstkonstitution des Ich gewonnene Begriff einer autonomen Poesis sich zu den anderen Autonomietypen konträr verhält. Keinesfalls soll damit der historische Zusammenhang zwischen der unter dem rationalistischen Legitimationsdruck vollzogenen Spezialisierung der Kunst, ihrer institutionellen Absonderung und ihrer Fundierung in einer autonomen Handlung der Vernunft geleugnet werden. Denn die Sinnbezüge der romantischen Autonomiekonzeption ergeben sich gerade aus einem historischen Zuordnungsverhältnis. So ist die idealistische Genietheorie kaum anders als eine emphatische und in vielen Zügen verzweifelte Reaktion auf die nach der Reformation einsetzende und im frühen 18. Jahrhundert voll entfaltete Autonomisierung der Kunst zu verstehen. Sie ist der hyperbolische Ausdruck des Leidens an einer Verfallsgeschichte der Kunst und zugleich die Insel einer Rückbesinnung auf ihre verlorenen Dimensionen sowie der Ort des Entwurfs künftiger Leistungsmöglichkeiten. Während die beiden ersten Autonomiebegriffe die nachreformatorische Entwicklung der Kunst zu einer reservatistischen Institution umschreiben, die den Verlust ihres Bezuges zu einem kollektiven Symbolsystem mit den kritischen Funktionen einer verselbständigten ästhetischen Komponente auszugleichen trachtete, fungiert der romantische Autonomiebegriff gerade als Opponent dieser Bewegung, indem er als Nachbild der Tathandlung des absoluten Ich auf eine mögliche Objektivität für ihren subjektiven Subjekt–Objekt–Charakter verweist –: auf eine Objektivität, welche die Trennungen, die von der Romantik zu den Erscheinungsformen der autonomen Kunst in ein ursächliches Verhältnis gesetzt werden, aufheben soll. Eine solche allgemeingültige, zur Ablösung der autonomen Erzeugung von Privatmythen bestimmte Objektivität ist bei Schelling die künftige Mythologie der modernen Welt. Sie hat den Status eines utopischen Bezugspunktes für eine Kunst, die an ihrer selbstgenügsamen Autonomie verzweifelt und ihre eigene Negation aus sich hervortreiben möchte. Trotz seiner geschichtsphilosophischen Überzeugung sieht Schelling jedoch sehr klar, daß diese intendierte Selbstnegation leicht zum Dauerzustand einer vergeblich aus ihrer autonomen Abgeschiedenheit hinaustendierenden Kunst werden kann. Das romantische Autonomiekonzept ist nur Indikator eines entfremdeten Zustands, nicht schon dessen Alternative. Denn die Bedingungen, unter denen seine Transformation stattfinden könnte: nach Schelling die Ankunft eines Genius der Menschheit und die Herstellung eines mythologischen Symbolsystems, liegen ihm zufolge gänzlich außerhalb der Erfindungskraft des einzelnen Künstlers: »Wie [...] eine neue Mythologie, welche nicht Erfindung des einzelnen Dichters, sondern eines neuen, nur Einen Dichter gleichsam vorstellenden Geschlechts seyn kann, selbst entstehen könne, dieß ist ein Problem, dessen Auflösung allein von den künftigen Schicksalen der Welt und dem weiteren Verlauf der Geschichte zu erwarten ist.« [66] »Die Wiedergeburt einer symbolischen Ansicht der Natur wäre [...] der erste Schritt zur Wiederherstellung einer wahren Mythologie. Aber, wie soll diese sich bilden, wenn nicht zuvörderst eine sittliche Totalität, ein Volk sich selbst wieder als Individuum constituirt hat? denn die Mythologie ist nicht Sache des Individuums oder eines Geschlechts, das zerstreut wirkt, sondern nur eines Geschlechts, das von Einem Kunsttrieb ergriffen und beseelt ist. Also weist uns die Möglichkeit einer Mythologie selbst auf etwas Höheres hinaus, auf das Wiedereinswerden der Menschheit, es sey im Ganzen oder im Einzelnen.« [67] Ebenso wie Fr. Schlegel in der *Rede über die Mythologie* [68] knüpft Schelling die Transformation einer isolierten Kunst, die nach Schlegel gänzlich von der Originalität und Individualität des gezwungenermaßen »aus

dem Innern herausarbeiten[den]« Artisten lebt [69] und deshalb weder Allgemeingültigkeit erreichen noch Öffentlichkeit für ihre private Symbolik finden
kann, an die unwägbare Bedingung einer neuen Mythologie, die aus einer symbolischen Ansicht der Natur, einer *Mythologisierung der Naturwissenschaften*, her-
vorwachsen könne, falls die Konstitution einer sittlichen Totalität abgeschlossen
sei. Aus heutiger Perspektive stellt sich diese geschichtsphilosophisch umrandete
Rechnung, deren ungeduldige Handlungsfolgen die romantischen Konversionen
zum Katholizismus sind, eher als Regressionsversuch denn als vernünftiges und
wollbares Programm dar. Wo wie mit den ideologischen Ersatzsystemen des
Faschismus eine gewaltsame Restauration des Mythos angestrebt und der autonome Status der Kunst dirigistisch bekämpft wurde, sind verhängnisvolle Regressionen eingetreten. Ob freilich dem Programm einer neuen Mythologie unter
den Bedingungen einer stetig anwachsenden Ausdifferenzierung der Lebensverhältnisse diese Regressionstendenz mit logischer Notwendigkeit innewohnt, ist
eine schwer und hier überhaupt nicht zu entscheidende Frage. Intendiert war
sie von den Romantikern jedenfalls nicht. Denn die Modelle der antiken und
christlichen Mythologie gelten ihnen nur als kontrafaktische Idealisierungen, die
dem Entwurf einer künftigen Mythologie als Idee einer rechtlich und moralisch
sanktionierten Allgemeinheit in der konkreten Gestalt (Objektivität) eines symbolischen Gegenstands der *Anschauung* unterlegt werden. Schellings Hoffnung
auf eine aus den Naturwissenschaften hervorwachsende Mythologie, welche bei
ihm den Status eines *Intersubjektivitätsmodells* hat, das das neuzeitlich–technische Rationalitätsparadigma wie das von diesem eingeschlossene herrschaftliche
Verhältnis zur Natur überbieten soll, hat sich indessen in einem anderen als
dem intendierten Sinn erfüllt: Wissenschaft und Technik sind nicht in ein über-
greifendes Symbolsystem eingebunden, sondern als *Ideologie* an dessen Stelle
gesetzt worden. [70] Statt in eine Solidarität stiftende Mythologie der neuen
Welt integriert zu werden, haben die technologisch umsetzbaren Wissenschaften
eine absolute Monopolstellung eingenommen und sind dank der mit dem wissenschaftlich–technischen Fortschritt verknüpften Steigerung der Produktivkräfte
als Ort der Legitimation von Herrschaft zum Ersatz der handlungsorientierenden
Weltbilder und Überlieferungen geworden, deren Destruktion sie vorangetrieben
haben. Nach Habermas ist diese Destruktion kultureller Überlieferungen eine
Folge des Tatbestands, daß die kapitalistische Produktionsweise »eine *permanente* Erweiterung der Sub–Systeme zweckrationalen Handelns garantiert und
damit die traditionalistische ›Überlegenheit‹ des institutionellen Rahmens gegenüber den Produktivkräften erschüttert.« [71] Die permanente Ausdehnung
der Sub–Systeme zweckrationalen Handelns stelle die traditionalistische, durch
kosmologische Weltinterpretationen bestimmte Form der Herrschaftslegitima-
tion infrage, indem sie die Legitimation des institutionellen Rahmens vom »Himmel kultureller Überlieferung« auf die »Basis der gesellschaftlichen Arbeit« verla-
gere. [72] Politische Herrschaft habe in der bürgerlichen Epoche ihre Legitimation

aus der Marktideologie des Äquivalententauschs, aus der Rationalität der Tauschgesellschaft bezogen. Erst dadurch habe die Eigentumsordnung, der institutionelle Rahmen der Gesellschaft, aus einem *politischen* zu einem *ökonomischen* Verhältnis werden können. Die mit dieser Verschiebung der Legitimation von Herrschaft gekoppelte Säkularisierung kultureller Traditionen beschreibt Habermas so: »Die traditionellen Weltbilder und Objektivationen verlieren 1. *als* Mythos, *als* öffentliche Religion, *als* eingewöhnter Ritus, *als* rechtfertigende Metaphysik, *als* fraglose Tradition ihre Macht und ihre Geltung. Sie werden statt dessen 2. in subjektive Glaubensmächte und Ethiken umgebildet, die die private Verbindlichkeit der modernen Wertorientierungen sichern (›Protestantische Ethik‹); und sie werden 3. zu Konstruktionen umgearbeitet, die beides zugleich leisten: eine Kritik der Überlieferung und eine Reorganisation des freigewordenen Materials der Überlieferung nach Prinzipien des formalen Rechtsverkehrs und des Äquivalententausches (Rationales Naturrecht).« [73] Habermas' These, daß in der Phase des liberalen Kapitalismus die kosmologischen Weltinterpretationen durch Ideologien ersetzt wurden, die ihre verwissenschaftlichten Rechtfertigungsmuster unmittelbar aus der Marktsphäre heraufholten, betrifft auch die Entwicklungsgeschichte der Kunst und kann zurecht als Übersetzung der vom deutschen Idealismus gefaßten Dissoziation interpretiert werden. Wenn aber diese Dissoziation ausschließlich als emanzipatorische Destruktion mythologischer Weltinterpretationen, als Säkularisierung unwissenschaftlicher Herrschaftslegitimationen gedeutet wird, dann muß das romantische Programm einer neuen Mythologie den eindeutigen Charakter eines versuchten Rückfalls annehmen. Diese Konsequenz kann nur vermieden werden, wenn man die neuen Legitimationsmuster und die von ihnen eingeschlossene Idee des Fortschritts ihrerseits einer Ideologiekritik unterzieht. Marx hat dies mit dem Nachweis getan, daß die Ideologie des Äquivalententauschs ein dem Lohnarbeitsverhältnis zugrunde liegendes Ausbeutungsverhältnis verschleiert. Habermas tut dies im Anschluß an Marcuses These, daß nach der Destruktion der Ideologie des gerechten Tauschs Technik und Wissenschaft die Funktion von Herrschaftslegitimationen übernehmen, mit der kritischen Feststellung, daß der wissenschaftlich–technische Fortschritt ein technokratisches Bewußtsein erzeuge, das im Zuge der »Selbstverdinglichung der Menschen unter Kategorien zweckrationalen Handelns und adaptiven Verhaltens« [74] den für eine »Entschränkung der Kommunikation« [75] wichtigen Unterschied von *Praxis* und *Technik* eliminiere: »Die neue Ideologie verletzt mithin ein Interesse, das an einer der beiden fundamentalen Bedingungen unserer kulturellen Existenz haftet: an Sprache, genauer an der durch umgangssprachliche Kommunikation bestimmten Form der Vergesellschaftung und Individuierung. Dieses Interesse erstreckt sich auf die Erhaltung einer Intersubjektivität der Verständigung ebenso wie auf die Herstellung einer von Herrschaft freien Kommunikation. Das technokratische Bewußtsein läßt dieses praktische Interesse hinter dem an der Erweiterung unserer technischen Verfügungsgewalt verschwinden.«

[76] Diese Idee herrschaftsfreier Kommunikation ist Habermas' Säkularisierung des Topos einer ›Resurrektion der gefallenen Natur‹, der »über den schwäbischen Pietismus in Schellings (und Baaders) Philosophie eingedrungen ist, bei Marx in den *Pariser Manuskripten* wiederkehrt, heute den Zentralgedanken der Bloch-schen Philosophie bestimmt und, in reflektierter Form, auch die geheimeren Hoffnungen Benjamins, Horkheimers und Adornos lenkt.« [77] Wenngleich Habermas Marcuses, an Husserls Abhandlung über die Krisis der europäischen Wissenschaft wie an Heideggers Destruktion der abendländischen Metaphysik orientierte Relativierung technologischer Rationalität auf einen *Daseinsentwurf* zurückweist, so hält er es doch nicht für ausgeschlossen, daß nach einer Befreiung der zwischenmenschlichen Kommunikation von repressiven Strukturen die Natur *auch* als »Gegen*spieler* einer möglichen Interaktion begegnen« könnte. [78] Dieser emanzipatorische Ausblick deckt sich sicher nicht mit dem romantischen Programm. Aber es läßt sich nicht leugnen, daß die Idee einer unverzerrten Kommunikation sich an die dem Programm einer künftigen Mythologie zugrunde liegenden Ideen der Allgemeinheit, Sittlichkeit und Solidarität anschließt. Die Vorstellung einer künftigen Mythologie muß gleichwohl einen ambivalenten Charakter behalten. Historisch als Opposition gegen eine verkürzte Aufklärung entstanden, kann sie sowohl die emanzipatorische Erweiterung der Rationalität wie eine regressive Gegenaufklärung bedeuten.

Bezeichnenderweise spiegelt auch die moderne avantgardistische Kunst die Ambivalenz der romantischen Idee einer die autonomen Erscheinungsweisen von Kunst ablösenden neuen Mythologie wider. Einerseits hat sie an der Idee einer symbolisch repräsentierten Totalität immer noch einen transzendenten Bezugspunkt und reflektiert in gesteigerter Selbstbezüglichkeit ihre eigene Geschichte als Geschichte einer zerfallenden Totalität oder zumindest als Geschichte eines zerfallenden Scheins; andererseits greift sie als Figur der Negativität selbst diesen transzendenten Bezugspunkt noch als ideologisches Relikt an und stilisiert sich stattdessen selbst zu einer transzendenzlosen Transzendenz, die ihren Wahrheitsanspruch bzw. die Rechtmäßigkeit ihrer alternativlosen Negativität, mit der sie »die unwiederbringlichen Opfer der bürgerlichen Rationalisierung« ohne Hoffnung auf die Erfüllung »bloß aufgeschobener Gratifikationen« anzeigt [79], nicht mehr zu begründen weiß. In seiner neuen Publikation *Legitimationsprobleme im Spätkapitalismus* interpretiert Habermas diesen Trend als Destruktion von Weltbildern: »Der kognitive Anspruch, eine Totalität wiederzugeben, wird zugunsten von wechselnden Popularsynthesen aus wissenschaftlichen Einzelinformationen einerseits, einer Kunst, die sich esoterisch zurückzieht oder entsublimiert ins Leben übertritt, andererseits preisgegeben.« [80] Folgt man der Argumentation von Habermas, so kann die Destruktion von Weltbildern für die Kunst alternative Konsequenzen haben. Entweder verstärkt sie ihren autonomen Status, indem sie sich als »Form des neuen Unglaubens« [81] in ein artistisches Laboratorium zurückzieht, oder sie versucht, mit der tendenziellen »Einebnung der Realitätsstufen zwischen Kunst und Leben« [82] ihren problematisch gewordenen Autonomiestatus aufzugeben. »Dieser Vorgang ist ambivalent. Er kann ebensowohl die Degeneration der Kunst zu propagandistischer Massenkunst oder kommerzialisierter Massenkultur wie andererseits auch die Umsetzung in eine subversive Gegenkultur bedeuten. Ebenso ambivalent ist das Festhalten am formalistischen Kunstwerk, das einerseits den Zwängen zur Assimilation an die vom Markt bestimmten Bedürfnisse und Einstellungen der Konsumenten und damit einer falschen Aufhebung der Kunst widersteht, das aber andererseits den Massen unzugänglich bleibt und so auch die exoterische Rettung der emphatischen Erfahrungen, in Benjamins Worten: profane Erleuchtungen, verhindert.« [83] Es ist offensichtlich, daß in der modernen Avantgarde die romantische Problemstellung einer postautonomen Kunst wiederkehrt bzw. fortbesteht. Mag die Idee einer neuen Mythologie auch durch die vielleicht unverfänglichere Idee einer handlungsorientierenden Totalinterpretation gesellschaftlicher Wirklichkeit substituiert worden sein, so ist doch auch die moderne Variante der Transformation einer autonomen Kunst vom Interesse geleitet, das Defizit eines allgemeinen Weltbildes auszugleichen. Das kalkulierbare Risiko dieser Umbildung besteht darin, daß sich die Kunst der Gefahr aussetzt, entweder ihren abgebauten, zur reinen Negativität verflüchtigten Totalitätsanspruch gegen die Partikularität prothetischer, unter dem Gesichtspunkt von Funktionstüchtigkeit zugeschnittener Weltanschauungen einzutauschen oder zum kommerziell ausbeutbaren Lieferanten soziokultureller Bedarfsartikel zu werden. Die schlechte Alternative eines esoterisch das Publikum fliehenden ästhetischen Hermetismus könnte eine Geringschätzung dieses Risikos zur Folge haben. Diese minderte es jedoch nicht. Sie ersparte auch nicht die Diskussion schwerwiegender Legitimationsprobleme, die dort entstehen, wo die Distanz zwischen Ästhetik und Politik dezisionistisch aufgehoben werden soll.

2. Das Problem ästhetischer Autonomie

Der in der Romantik gesteigerte ästhetische Anspruch, die ursprüngliche Identität des Subjektiven und Objektiven wiederherzustellen, führte über die Konstruktion einer neuen Mythologie, welche dieser Identität Objektivität verschaffen sollte, zur politischen Interpretation ästhetischer Vermittlung. Es wurde angenommen, daß diese Expansion der ästhetischen zur politischen Problematik vom romantischen Begriff einer transzendentalen Poesis ausgeht, dessen Anwendung nicht mehr auf den Bereich der literarisch–künstlerischen Produktion eingeschränkt ist. Diese Entgrenzung des Ästhetischen bzw. die Erweiterung des ästhetischen Versöhnungsparadigmas zum politischen Programm der Konstitution einer »sittlichen Totalität«, dessen Realisation das Fundament für eine kollektiv verbindliche und bindende Symbolik der neuen Welt abgeben sollte, wurde als Versuch gedeutet, die Erscheinungsformen der im Zuge der Ausdifferenzierung

von Kunst, Religion, Philosophie und Wissenschaft wie infolge eines Struktur-
wandels der literarisch–künstlerischen Institution zu einer ambivalenten Autonomie gelangenden Kunst zu transformieren. Dabei sollte klar werden, daß das
romantische Programm einer postautonomen Kunst nur unter den Bedingungen
ihrer Autonomie, die überhaupt erst ihren *Kritikcharakter* ermöglichte, als Radikalisierung ästhetischer Kritik entfaltet werden konnte. Wendet es sich auch gegen
Autonomie, so ist es doch nichtsdestoweniger in ihr begründet. Wie Reinhart
Koselleck [84] und Thomas Neumann [85] ausgeführt haben, ist die Konstitution
einer künstlerischen Autonomie, auf deren Grundlage die Kunst *kritisch* wurde,
in der Herausbildung einer bürgerlich–privaten Gefühlsautonomie fundiert. Sie
setzt die Trennung von Warenbesitzer und Mensch: die Bildung eines bürgerlich–kleinfamilialen Privatbereichs voraus, der als *Reich der Freiheit* sich in immer
stärkerem Maße von der Sphäre ökonomischer Lebensproduktion wie vom
politischen Bereich absetzte und die Entwicklung einer Kunst begünstigte, die
in Opposition zu einer als feindselig interpretierten gesellschaftlichen Praxis und
den von ihr ausgehenden sozialen Aufträgen einen jeder Zweckrationalität ledi-
gen Freiheitsraum beanspruchte, der es ermöglichen sollte, die objektiven Interessen der Menschheit auszusprechen. [86] Die radikalisierte ästhetische Kritik der
Romantik nun wendet sich mit einer Achsdrehung gegen ihren eigenen Ursprung,
indem sie einerseits das im familialen Reservat privatisierte Reich der Freiheit
als ungenügend abweist und projektiv auf die Ebene der gesellschaftlichen Totalität verlegt, andererseits die autonomen Erscheinungsweisen von Kunst, die diese
Freiheit antizipierten, unter dem Gesichtspunkt einer künftigen Mythologie
transzendiert. Kant hatte den ästhetischen Zustand des reinen Wohlgefallens,
der bei der zweckmäßigen Übereinstimmung von Verstand und Sinnlichkeit ein-
trete, als das erste wahrhaft freie Verhältnis des Menschen zum Weltall bestimmen
können. Schiller interpretierte diesen Zustand als Resultat eines dramatischen
Kampfes zwischen Rezeptivität und Spontaneität und hatte, indem er ihn als
die höchste selbständige *Tat* des sich aus Naturverhältnissen befreienden Menschen konzipierte [87], ihm den entwicklungsgeschichtlichen Status einer anthropologischen Revolution und zugleich den Charakter eines handlungsorientierenden Imperativs gegeben. In der Romantik wird diese Linie mit dem
geschichtspoetischen Entwurf einer neuen Mythologie, der Entgrenzung des
Ästhetischen und der politischen Interpretation ästhetischer Vermittlung weiter-
gezogen.

Ein Teilziel meiner bisherigen Ausführungen war es, anhand der Gegenüberstellung inkongruenter Autonomiebegriffe die infolge naiver Imputationen oft
übersehene Komplexität der idealistischen Autonomiekonzeption anzudeuten.
Die romantische Intention, den Autonomiestatus der Kunst zu transformieren,
sollte als Indiz dafür gelten, daß die ästhetische Kategorie der Autonomie selbst
einen ambivalenten Status hat, sofern sie einerseits zwar die Stilisation der Kunst
zu einem Versöhnungsparadigma zuläßt, andererseits aber zugleich aufgrund ih-

res imperativischen Charakters über die Grenzen eines enggefaßten Kunstbereichs hinaustreibt. Dieser Sachverhalt konnte zur, zwischen den Polen von reiner Artistik und politischer Instrumentalisierung situierten, Avantgarde der Moderne in Beziehung gesetzt werden, so daß eine gewisse Kontinuität der Problemstellung erkenntlich wurde.

Im folgenden möchte ich in groben Zügen die von Kant und Schiller entwickelte Theorie »ästhetischer Autonomie« darstellen. Sie ist eine Vor- oder Parallelstufe zur romantischen Autonomiekonzeption und ist von Schiller zur politischen Legitimation ästhetischer Praxis ausgebaut worden. Mündete die romantische Vision einer künftigen Mythologie in die Einsicht, daß diese die Konstitution einer sittlichen Totalität voraussetze, so weist Schillers Lösungsversuch der Vermittlung von Ästhetik und Politik der Kunst die Rolle einer notwendigen Vorbedingung für eine wahrhaft politische Revolution zu. Die »ästhetische Autonomie« soll den Übergang vom Natur- zum Vernunftstaat vorbereiten; die ästhetische Revolution des Menschen eine systematisch begründbare Priorität vor einer unreifen politischen Revolution haben. Ich möchte Schillers Legitimationsmuster krititsch exponieren und zugleich sein Konzept ästhetischer Autonomie von jenen verzerrenden Interpretationen abgrenzen, die den ästhetischen Autonomiebegriff mit dem Hinweis auf die grundsätzliche Determiniertheit des Bewußtseins vom gesellschaftlichen Sein rasch als Zubehör einer bürgerlichen Ideologie erledigen zu können glauben. [88] Denn Schiller behauptet keine leicht zu widerlegende Autonomie in der empirischen Welt, sondern bloß die Autonomie eines *Scheins*, die auf der gesteuerten Verdrängung seiner technischen Bedingungen (Heteronomie) beruhe. Schillers Theorie ästhetischer Autonomie ist eine anthropologische Legitimation des nicht–logischen Scheins. Neben ihrer anthropologischen Basis hat sie einen geschichtsphilosophischen Bezugspunkt, insofern sie auf den *Schein* verweist, der in den geschichtsphilosophischen Konstruktionen des Idealismus als eine die Faktizität überschießende, aus der realen Geschichte selbst hervortreibende Freiheitsdimension konzipiert wird. Genau die Herstellung dieses Bezugspunkts, die Vermittlung von Ästhetik und Emanzipation, ist das Problem Schillers. Er ist gezwungen zu zeigen, daß ästhetische Autonomie, das Programm einer *schönen* Kunst, eine unmittelbare Funktion politischer und gesellschaftlicher Emanzipation ist.

Ihren systematischen Bezugspunkt hat die idealistische Theorie ästhetischer Autonomie in der dritten Antinomie von Kants *Kritik der reinen Vernunft*. Sie bezeichnet das Problem, Kausalität der Natur und Kausalität der Freiheit zusammenzudenken bzw. die Dichotomie von Sein und Sollen, von chaotischer Mannigfaltigkeit der Wahrnehmungsgegenstände und Einheitsforderung der praktischen Vernunft zu überbrücken. Dieses Problem, die Frage nach der Möglichkeit einer *zusammenhängenden*, die Autonomieforderung der praktischen Vernunft befriedigenden *Erfahrung*, wurde von Kant wieder in der *Kritik der Urteilskraft* aufgegriffen. Ebenso wie sein geschichtsphilosophischer Entwurf behandelt diese, freilich auf anderer Ebene, das Problem, was wir angesichts heterogenster Naturdaten (d. i. unendlicher Modifikationen der Verstandesgesetze in der Empirie) für eine Realisation der Vernunftforderung nach einem einheitlichen Erfahrungsbereich erhoffen dürfen. Denn die Gesetzgebung des Verstandes garantiert keineswegs die Konsistenz der besonderen empirischen Naturgesetze. Thema ist also die Verläßlich- und Faßlichkeit der Natur, deren besondere Gesetze sich dem Kompetenzbereich der Gesetzgebung des Verstandes entziehen. [89] Vom Gelingen der Vernunftabsicht, die Mannigfaltigkeit der empirischen Daten unter die Einheit möglichst allgemeiner, umfassender Gesetze zu bringen, hängt schließlich auch ab, inwieweit menschliches Handeln mit der Gesetzgebung der praktischen Vernunft übereinzustimmen vermag. Diese beiden Fragen, die Frage nach der Realisierungschance von Vernunft im Bereich empirischer Erkenntnis und die Frage nach der Realisierungschance von Vernunft im Bereich menschlichen Handelns, bilden den Bezugspunkt der Theorie ästhetischer Autonomie, in welcher gezeigt werden sollte, wie es möglich ist, die Form bestimmter Erscheinungen nach einer Analogie der praktischen Vernunft als zweckmäßige Übereinstimmung von Sein und Sollen, von Natur und Vernunft zu beurteilen. Die Möglichkeit der *schönen* Beurteilung von Gegenständen bzw. die Möglichkeit des sinnlichen *Scheins* von Autonomie wurde hier zum Hinweis darauf, daß die in ihren Wirkungen sich unaufhörlich einschränkenden Gesetzgebungen von Verstand und Vernunft unter bestimmten Bedingungen auch in der Sinnenwelt nebeneinander in friedlicher Wechselwirkung bestehen können. [90] Das erklärt, warum Kants *Kritik der Urteilskraft* den Anknüpfungspunkt für die nachfolgende Freiheitsphilosophie wie für die Stilisation der Kunst zum Versöhnungsparadigma par excellence bilden konnte.

Kant vollzog die Wende zur Ästhetik unter dem Zwang, eine mögliche Verbindung von Kausalität durch Freiheit und Kausalität durch Natur zu indizieren. Diese Verbindung findet er in der ästhetischen Autonomie: in der »Zweckmäßigkeit ohne Zweck«. Sie wird zum Garanten dafür, daß die intelligible Gesetzgebung des Willens (Autonomie der praktischen Vernunft), obwohl sie für den Bereich der Erfahrung nicht konstitutiv werden kann und ebensowenig die Autonomie *faktischer* Handlungen begründet, doch im Reich der unter Verstandesgesetzen stehenden Erscheinungen nicht unter allen Umständen einen feindlichen Gegenpart haben muß. Die »Zweckmäßigkeit ohne Zweck« drückt nichts anderes aus als die unverhoffte (»*zufällige*«) Übereinstimmung der Natur mit Vernunftpostulaten, die in praktischer Absicht als heuristische Prinzipien einer Forschungsmethode verwendet wurden. [91] Diese Vernunftprinzipien setzen eine Homogenität der einzelnen Naturgesetze voraus. Bewähren sie sich: d. h. gelingt es uns, die Mannigfaltigkeit empirischer Daten zu allgemeinen Gesetzen zusammenzufassen, dann stellt sich nach Kant bei uns der Zustand eines Wohlgefallens ein. Jener Zustand beruht ihm zufolge auf einer die praktische Vernunft befriedigenden Zweckmäßigkeit: nämlich auf der Konvergenz der a priori zu keiner harmonischen Relation abstimmbaren Kausalitäten von Natur und Freiheit. In ihm präsentieren sich die besonderen empirischen Gesetze, »*als ob* [Hervorhebung, H. F.] gleichfalls ein Verstand (wenngleich nicht der unsrige) sie zum Behuf unserer Erkenntnisvermögen, um ein System der Erfahrung nach besonderen Naturgesetzen möglich zu machen, gegeben hätte.« [92] Die gemeinte Wohlgefälligkeit drückt also nach Kant keine objektive Zweckmäßigkeit der Natur in dem Sinn aus, als hätte die Natur ihre Gesetze für unser Wohlgefallen gebildet, sondern bloß eine Verstand und Sinnlichkeit in ein harmonisches Verhältnis setzende *subjektive* Beziehung des Forschungsobjekts auf heuristische Prinzipien der reflektierenden Urteilskraft. Dem Verstand gegenüber bleibt diese Übereinstimmung zufällig, da die reflektierende Urteilskraft nicht der Natur (als *Autonomie*), sondern nur sich selbst (als *Heautonomie*) ein Gesetz vorschreibt, das Kant das »Gesetz der Spezifikation der Natur in Ansehung ihrer empirischen Gesetze« nennt. [93] Es gibt nun den Fall, daß die bloße »Auffassung (apprehensio) der Form eines Gegenstands« [94] ohne Beziehung auf irgendeine Erkenntnisabsicht den gleichen Zustand des Wohlgefallens hervorruft: nämlich die ästhetische Kritik schöner Objekte. Nach Kant beruht auch in diesem Fall die Lust, obwohl kein Resultat einer erfolgreichen Erkenntnisabsicht, auf der zufälligen Angemessenheit des vorgestellten Objekts zur Gesetzmäßigkeit (Heautonomie) im empirischen Gebrauch der Urteilskraft. Diese Gesetzmäßigkeit ist als heuristische Annahme der Konvergenz von Einbildungskraft (Sinnlichkeit, Rezeptivität) und Verstand (Spontaneität) definiert. In jenem subjektiven Konvergenzpunkt fällt Kausalität durch Freiheit mit Naturkausalität zusammen. Die Urteilskraft reflektiert ihn als »Einhelligkeit im Spiel der Gemütskräfte« [95] sowie als »Zustand eines *freien Spiels* der Erkenntnisvermögen« [96] Der ästhetische Zustand des freien Spiels (ästhetische Autonomie) wird aber somit als Garant der Möglichkeit eines einheitlichen Erfahrungskontinuums zum exponierten Paradigma einer *erfolgreichen* Beziehung des transzendentalen Freiheitsbegriffs auf das unter Naturbegriffen stehende Reich der Erscheinungen. Die Kritik der reinen Vernunft hatte, um den Absturz der Vernunft in den Abgrund des »Skeptizismus« [97] aufzuhalten, eine transzendentale Freiheit annehmen müssen, die den Ausweg aus einem radikalen Determinismus hoffen ließ. Ihre Annahme aber blieb *problematisch*: d. h. eine bloße Denkmöglichkeit. Die Kritik der praktischen Vernunft schloß vom unableitbaren Vernunftfaktum eines apodiktischen moralischen Gesetzes auf die transzendentale Freiheit als seine logische, aber indemonstrable Bedingung. Dadurch erhielt die Freiheit den gefestigteren Status einer in praktischer Absicht legitimierten *Gewißheit* (Assertion). Aber erst die Kritik der Urteilskraft zeigt paradigmatisch an der ästhetischen Autonomie, daß die Realisation des praktischen Vernunftgesetzes in der *Erscheinungswelt* möglich ist. Mit diesem Hinweischarakter ästhetischer Autonomie möchte sich Kant jedoch nicht begnügen. Vielmehr versucht er im Paragraphen »Von der Schönheit als Symbol der

Sittlichkeit«, der ästhetischen Kunst über eine Analogisierung der Formbe-
stimmtheiten (Reflexionsmodi) von praktischer und ästhetischer Autonomie die
katalysatorische Funktion einer Überleitung von physischen zu moralischen
Interessen zuzuschreiben: »Der Geschmack macht gleichsam den Übergang vom
Sinnenreiz zum habituellen moralischen Interesse, ohne einen zu gewaltsamen
Sprung, möglich, indem er die Einbildungskraft auch in ihrer Freiheit als zweck-
mäßig für den Verstand bestimmbar vorstellt und sogar an Gegenständen der
Sinne auch ohne Sinnenreiz ein freies Wohlgefallen finden lehrt.« [98] Umgekehrt
soll »die Entwicklung sittlicher Ideen und die Kultur des moralischen Gefühls«
die »wahre Propädeutik zur Gründung des Geschmacks« sein. [99] Auf der begrifflichen Ebene des Vergleichs von Formbestimmtheiten leuchtet die Konstruktion des Überleitungs- wie auch des Umkehrungsverhältnisses ein. Interpretiert
man diese Verhältniskonstruktionen jedoch als Aussagen über *faktische* Beziehungen, so werden sie dilemmatisch. Daß die beiden Vergleichselemente den
Doppelcharakter von Voraussetzung und Folge haben, ist dabei nicht die größte
Verlegenheit. Denn die Priorität von Moral oder Geschmack kann weder systematisch begründet noch als faktisch homogen vorausgesetzt werden. Die trügeri-
schen Hoffnungen resultieren eher schon aus der Annahme, daß systematische
Beziehungen faktische Entsprechungen haben müssen. Moral und Geschmack
müssen aber zueinander in keinem faktischen Kausalitätsverhältnis stehen. Legitim hingegen wäre die Frage, unter welchen Bedingungen sie in ein solches gesetzt
werden *können*. Fragen dieser Art liegen jedoch unterhalb der systematischen
Argumentationsebene Kants. Er scheint zu verkennen, daß dem freien Spiel der
Erkenntniskräfte, das Schiller später einen potenzreichen »Nullzustand« nennt,
eine polyvalente Unbestimmtheit eignet, die erst durch außerästhetische (ge-
schmacksexterne) Bedingungen, welche teilweise auch durch die Organisation
des Kunstwerks wie durch die institutionelle Regelung seiner Rezeption gegeben
sein können, eine bestimmte Tendenz annehmen kann. Auch an der Ausblendung
dieser Problematik, die eine soziale Problematik einschließt, erweist sich, daß
Kants Philosophie des Schönen keine konsistente Kunsttheorie ist.
  Der Versuch, die systematische Beziehung von Geschmack und Moral zu einem
faktischen Kausalitätsverhältnis zu erweitern, ist der Anknüpfungspunkt Schillers
für eine neue Funktionsbestimmung der Kunst. Die funktionale Verbindung der
autonomen Bereiche von Ästhetik und Moral soll darüberhinaus eine politische
Dimension erhalten. Diese Intention hat zur historischen Voraussetzung, daß
in der bürgerlichen Gesellschaft Ästhetik, Moral und Legalität in disparate
Bereiche auseinandergefallen waren und die Konfrontation eines bürgerlich–privaten Innenraums des Gewissens mit dem staatlichen Machtbereich herbeigeführt
worden war. Kants Abgrenzung der Moral von der Autorität des Traditionsbe-
stands und Legalität sowohl als auch seine Einengung des Gemeinsinns auf den
autonomen Bereich der Ästhetik reflektieren diese faktische Dissoziation, die
oben von Habermas als rationale, im Rahmen der modernen Naturrechtslehren

stattfindende Destruktion alter Herrschaftslegitimationen interpretiert wurde, auf systematischer Ebene. So sind sowohl die Problematik einer Überleitung vom Geschmack zur Moral wie die daran anschließenden Versuche, dem zum Versöhnungsparadigma stilisierten Schönen eine politische Vermittlungsfunktion zuzuschreiben, als Konsequenzen einer im Gefolge der aufklärerischen Destruktion traditionalistischer Autoritätsansprüche auftretenden Subjektivierung des Gemeinsinns (Geschmacks) zu einem Prinzip der ästhetischen Urteilskraft deutbar. Kants Kritik der Urteilskraft bedeutet, wie Gadamer schreibt, »den Abbruch einer Tradition, aber zugleich die Einleitung einer neuen Entwicklung. Sie hat den Begriff des Geschmacks auf das Feld eingeschränkt, auf dem er als ein eigenes Prinzip der Urteilskraft selbständige und unabhängige Geltung beanspruchen konnte – und engte umgekehrt damit den Begriff der Erkenntnis auf den theoretischen und praktischen Vernunftgebrauch ein. Die transzendentale Absicht, die ihn leitete, fand an dem eingeschränkten Phänomen des Urteils über das Schöne (und Erhabene) Erfüllung und verwies den allgemeinen Erfahrungsbegriff des Geschmacks und die Tätigkeit der ästhetischen Urteilskraft im Bereich von Recht und Sitte aus dem Zentrum der Philosophie.« [100] Infolge dieser Subjektivierung des Gemeinsinns, die als Entkräftung herrschaftslegitimierender Traditionen interpretierbar ist, fallen nicht nur Ästhetik und Moral auseinander. Vielmehr hat die Abgrenzung des Geschmacks vom Anspruch normativer Traditionen zur Konsequenz, daß der autonome Bereich der Ästhetik den kritischen Charakter eines einzulösenden Modells *wahrer Allgemeinheit* gewinnt. Auch dieser Vorgang kann wiederum zur Ausdifferenzierung von Kunst, Religion, Philosophie und Wissenschaft sowie zum Strukturwandel der literarisch–künstlerischen Institution in Beziehung gesetzt werden. Er zeigt nämlich, warum dem Rückzug der Kunst aus den Funktionszusammenhängen von Kirche und Staat und ihrer durch den Legitimationsdruck der Wissenschaften verursachten Positionsschwächung unter den Bedingungen ihrer institutionellen Autonomie ihre Überfrachtung mit kritischen, ja vorrevolutionären Aufgaben folgen konnte. Bei Kant ist dieser Sprung nur vorbereitet. Sein Nachfolger Schiller begnügt sich schon nicht mehr mit der Einsicht, daß die Kunst für die Philosophie ein Versöhnungsparadigma darstellt, sondern weist ihr eine Versöhnungs*funktion* zu. Wie Reinhart Koselleck dargelegt hat, erfolgte »der Aufbruch der bürgerlichen Intelligenz [...] aus dem privaten Innenraum, auf den der Staat seine Untertanen beschränkt hatte.« [101] Das Bürgertum spaltete die Welt dualistisch in einen Bereich der Moral und einen Bereich der Politik auf und schuf sich im Innenraum des menschlichen Gewissens, der sich über gesellige Institutionen und Zeitschriften langsam zu einer neuen bürgerlichen Öffentlichkeit ausweitete, eine eigene moralische Gesetzgebung, deren Einhaltung mit den sanften Zwangsmitteln von Lob und Tadel kontrolliert wurde. Diese Gesetzgebung suchte sich dem politischen Einflußbereich zu entziehen und beanspruchte ihm gegenüber Autonomie. »Die Schaffung eines sozialen Sonderraums, die kritische Scheidung zwischen Gesell-

schaft und Außenwelt war also gleich ursprünglich mit der moralischen Gerichtsbarkeit, die diese Trennung vollzog und überwachte. [102] Obwohl zunächst
unpolitisch, wurde diese Gerichtsbarkeit doch in zunehmendem Maße zu einer
indirekten politischen Kritik, indem sie die herrschenden Gesetze antithetisch
ihren gerechteren Normen gegenüberstellte. »Die politische Kritik liegt [...] nicht
nur in dem moralischen Urteilsspruch als solchem, sondern sie liegt schon in
der vollzogenen Trennung einer moralischen von einer politischen Instanz: das
moralische Gericht wird zur politischen Kritik, nicht nur indem es die Politik
seinem strengen Urteil unterwirft, sondern gerade auch umgekehrt, indem es
sich als Urteilsinstanz aus dem Bereich des Politischen ausspart. In diesem Entzug
liegt bereits die Kritik am Staat beschlossen.« [103] Vom gleichen Anspruch
auf Immunität und Gerichtsbarkeit war aber auch die Herausbildung institutioneller Kunstautonomie begleitet. Institutionelle Kunstautonomie und Autonomie
der bürgerlich–moralischen Gesetzgebung lassen sich denn auch gar nicht trennen, da die Kunst oft nur Agentur moralischer Kritik gewesen ist. Schiller nun
steigert diesen kritischen Kunstanspruch, indem er eine ästhetische Revolution
projektiert, die in eine politische überleiten soll. Kann aber die Kunst diesem
Anspruch genügen oder wird sie damit nicht maßlos überfordert? Auf diese Frage,
die ebenso an das romantische Programm einer neuen Mythologie gerichtet werden könnte, gibt Gadamer die bedenkenswerte Antwort: »Der freie Künstler
schafft ohne Auftrag. Er scheint gerade durch die völlige Unabhängigkeit seines
Schaffens ausgezeichnet und gewinnt daher auch gesellschaftlich die charakteristischen Züge eines Außenseiters. [...] Zugleich aber wird der Künstler [...] mit
einer Berufung belastet, die ihn zu einer zweideutigen Figur macht. Denn eine
aus ihren religiösen Traditionen herausgefallene Bildungsgesellschaft erwartet
von der Kunst sogleich mehr, als dem ästhetischen Bewußtsein auf dem ›Standpunkt der Kunst‹ entspricht. Die romantische Forderung einer neuen Mythologie,
wie sie bei F. Schlegel, Schelling, Hölderlin und dem jungen Hegel laut wird,
aber ebenso beispielsweise in den künstlerischen Versuchen und Reflexionen des
Malers Runge lebendig ist, gibt dem Künstler und seiner Aufgabe in der Welt
das Bewußtsein einer neuen Weihe. Er ist so etwas wie ein ›weltlicher Heiland‹
(Immermann), dessen Schöpfungen im Kleinen die Versöhnung des Verderbens
leisten sollen, auf die die heillos gewordene Welt hofft. Dieser Anspruch bestimmt
seither die Tragödie des Künstlers in der Welt. Denn die Einlösung, die der
Anspruch findet, ist immer nur eine partikulare. Das aber bedeutet in Wahrheit
seine Widerlegung. Das experimentierende Suchen nach neuen Symbolen oder
einer neuen alle verbindenden ›Sage‹ mag zwar ein Publikum um sich sammeln
und eine Gemeinde schaffen. Aber da jeder Künstler so seine Gemeinde findet,
bezeugt die Partikularität solcher Gemeindebildung nur den geschehenen Zufall.
Es ist allein die universale Gestalt der ästhetischen Bildung, die alle eint.« [104]
Gadamers Rückblick auf einen von einer aus religiösen Traditionen herausgetre-
tenen Bildungsgesellschaft erhobenen, aber uneinlösbaren Kunstanspruch be-

zeichnet die Richtung, in der eine Kritik an Schillers Kunstprogramm zu leisten wäre. Ich möchte zunächst auf die *Kallias–Briefe* eingehen, um Schillers Theorie ästhetischer Autonomie darzustellen, dann auf die *Briefe über die ästhetische Erziehung*, um seinen Legitimationsversuch einer neuen ästhetischen Praxis zu entwickeln.

Kant hatte die ästhetische Autonomie in Parallelisierung und zugleich in Abgrenzung von der Autonomie der praktischen Vernunft als *subjektiven* Konvergenzpunkt von Naturkausalität und Kausalität durch Freiheit bestimmt. Als eine die Vernunft zufriedenstellende Zweckmäßigkeit ist sie ein subjektives Prinzip der reflektierenden Urteilskraft, das im Unterschied zu den Verstandeskategorien und zur Gesetzgebung des Willens kein Objekt konstituiert, sondern bloß die Einhelligkeit von Einbildungskraft und Verstand heuristisch vorwegnimmt. Das aber bedeutet, daß das ästhetische Objekt eine *heteronome* Basis hat, insofern es unter der Gesetzmäßigkeit der theoretisch konstitutiven Prinzipien steht. Da es keine konstitutiven ästhetischen Prinzipien gibt, ist seine Autonomie in Wahrheit nur die *Heautonomie* der ästhetischen Urteilskraft. [105] Es kann mit anderen Worten nur so erscheinen, *als ob* es das Produkt einer autonomen ästhetischen Gesetzgebung sei. Seine Autonomie ist *Pseudoautonomie*: schöner Schein, der seine heteronome Basis verbirgt. Die Kantsche Argumentationsfigur, daß reflexive Prinzipien keine Formungsgültigkeit haben und es deshalb eine ästhetische Autonomie in strengem Sinn nicht geben kann, kehrt in Schillers *Kallias–Briefen* unverändert wieder. Unter Bezugnahme auf Kants Paragraphen »Von der Schönheit als Symbol der Sittlichkeit« konstruiert auch Schiller die ästhetische Autonomie als Analogie eines Gegenstands der Sinne mit der Form der praktischen Vernunft und bestimmt sie näher als Freiheit (Autonomie) in der Erscheinung. Ihr Status ist Freiheitsähnlichkeit (Pseudoautonomie): »nicht Freiheit in der Tat, sondern bloß Freiheit in der Erscheinung« [106], denn sie ist nur »eine Beurteilung nichtfreier Wirkungen nach der Form des reinen Willens« [107]. Das impliziert, daß das ästhetische Objekt nur unter *der* Bedingung als Analogie zur Formbestimmtheit der praktischen Vernunft erscheinen kann, daß es aufgrund seiner inneren Organisation den Verstand von seiner heteronomen Basis, d. h. von seiner Regelhaftigkeit, ablenkt. Die ästhetische Pseudoautonomie beruht auf der gesteuerten Verdrängung technischer Regeln. Schiller ist von der Annahme einer Autonomie in der Empirie, dem Reich durchgängiger Determination, ebenso weit entfernt wie Kant: » [...] kein Gegenstand in der Natur und noch viel weniger in der Kunst [ist] zweck- und regelfrei, keiner durch sich selbst bestimmt, sobald wir über ihn nachdenken. Jeder ist durch einen andern da, jeder um eines andern willen da, keiner hat Autonomie. Das einzige existierende Ding, das sich selbst bestimmt und um seiner selbst willen ist, muß man außerhalb der Erscheinung in der intelligiblen Welt aufsuchen. [...] Aber alles wird anders, wenn man die theoretische Untersuchung hinwegläßt und die Objekte bloß nimmt, *wie sie erscheinen*. Eine Regel, ein Zweck kann nie *erscheinen*, denn es sind Begriffe und

keine Anschauungen. Der Realgrund der Möglichkeit eines Objektes fällt also
nie in die Sinne, und er ist so gut als gar nicht vorhanden, ›sobald der Verstand
nicht zu Aufsuchung desselben veranlaßt wird‹. Es kommt also hier lediglich
auf das völlige Abstrahieren von einem Bestimmungsgrunde an, um ein Objekt
in der Erscheinung als frei zu beurteilen. [...] Man wird also folgendes als einen
Grundsatz aufstellen können: daß ein Objekt sich in der Anschauung als frei
darstellt, wenn die Form desselben den reflektierenden Verstand nicht zu Aufsuchung eines Grundes nötigt.« [108] Es sei hier noch einmal darauf hingewiesen,
daß Schillers Abgrenzung von ästhetischer Autonomie und Autonomie der praktischen Vernunft eine Kritik des ästhetischen Autonomiebegriffs per Anwendung
des materialistischen Basis–Überbau–Modells nicht zuläßt, da er restriktiv auf
das Medium des Scheins bezogen ist. Einzig diesem Schein als Schein gilt seine
Absicht, ästhetische Praxis zu legitimieren. Sein Konzept ästhetischer Autonomie
ist imgrunde nur eine Umformulierung des Kantschen Postulats, schöne Kunst
müsse wie Natur aussehen, gleichwohl aber Bedingungen enthalten, die ihre Differenz zur Natur markieren. Jene Bedingungen, die technischen Regeln des
Kunstwerks, sind Schiller zufolge zugleich die Bedingungen der Vorstellung seines
»Nichtvonaußenbestimmtseins«, seiner Autonomie: »Freiheit kann [...] nur mit
Hilfe der Technik sinnbildlich *dargestellt* werden. [...] Mit anderen Worten:
der negative Begriff der Freiheit ist nur durch den positiven Begriff seines Gegenteils denkbar, und so wie die Vorstellung der Naturkausalität nötig ist, um uns
auf die Vorstellung der Willensfreiheit zu leiten, so ist eine Vorstellung von Technik nötig, um uns im Reich der Erscheinungen auf Freiheit zu leiten. [...] Freiheit
in der Erscheinung ist zwar der Grund der Schönheit, aber *Technik* ist die notwendige Bedingung unserer *Vorstellung* von der Freiheit.« [109] Soll ästhetische
Autonomie erscheinen können, so darf die technische Form des ästhetischen
Objekts jedoch der Natur der ästhetischen Materie nicht äußerlich bleiben. Vielmehr muß die technische Form als *Eigenregel* (Natur) der ästhetischen Materie
interpretierbar sein. Diese Pseudoautonomie definiert Schiller als »Natur in der
Kunstmäßigkeit«: »Der Technik gegenübergestellt, ist *Natur*, was durch sich
selbst ist, *Kunst* ist, was durch eine Regel ist. *Natur in der Kunstmäßigkeit*,
was sich selber die Regel gibt – was durch seine eigene Regel ist.« [110] Bedingung
ästhetischer Autonomie ist also die pseudonatürliche Angemessenheit der technischen Form zur Natur der ästhetischen Materie. Schiller bezeichnet sie auch als
»freiwilligen Konsens des Dings zu seiner Technik.« [111] Diese praktische Deutung ästhetischer Autonomie ist wichtig. Denn, als herrschaftsfreier Konsensus
sich autonom selbstbegrenzender Kompositionsglieder konzipiert, kann die
schöne Organisation des Kunstwerks zum Idealbild einer nicht nur vernünftigen,
sondern überdies ästhetisch zufriedenstellenden Republik modelliert werden.
»Die Schönheit oder vielmehr der Geschmack betrachtet alle Dinge als *Selbst-
zwecke* und duldet schlechterdings nicht, daß eins dem andern als Mittel dient
oder das Joch trägt. [...] In dieser ästhetischen Welt, die eine ganz andere ist

als die vollkommenste platonische Republik, fordert auch der Rock, den ich auf dem Leibe trage, Respekt von mir für seine Freiheit, und er verlangt von mir, gleich einem verschämten Bedienten, daß ich niemanden merken lasse, daß er mir *dient*. Dafür aber verspricht er mir auch reciproce, seine Freiheit so bescheiden zu gebrauchen, daß die meinige nichts dabei leidet.« [112] Schiller erweitert die ästhetische Autonomie des Kunstwerks zum Bild eines ästhetischen Staates, in welchem die unvermeidlichen Kollisionen der Individua durch deren freie Selbstbeschränkung gedämpft werden. Ist sie auch nur kunstvoll hervorgebrachter Schein (*Anschein* von Heautonomie), so beansprucht sie doch Verbindlichkeit als kritisches Modell wahrhafter Versöhnung, das regulativ gegen »jede Beleidigung der Naturfreiheit in Verfassungen, Gewohnheiten und Gesetzen« [113] opponiert.

Welchen transzendentalen und empirisch relevanten Rechtsstatus hat aber das ästhetische Versöhnungsmodell? Als der Anschauung gegebenes Symbol einer nach Vernunftgesetzen geordneten Welt besitzt es allenfalls die Verbindlichkeit regulativer Ideen, also die theoretisch belanglose Gültigkeit eines praktischen Vernunftentwurfs. Damit läuft es jedoch Gefahr, der Realität schlechthin transzendent zu bleiben. Stützt sich sein kritischer Anspruch nur auf eine intelligible Gesetzgebung, die sich zur uneinlösbaren Alternative schlechter Wirklichkeit verfestigt, dann ist seiner apriorischen Verbindlichkeit kein empirischer Bezugspunkt gegeben und kann deshalb niemals faktisch als chancenreiche Handlungsorientierung zur Geltung gelangen. Ästhetische Kritik würde weltlos, empirisch irrelevant. Sollen diese Konsequenzen vermieden werden, so muß ästhetische Kritik einen empirischen Anknüpfungspunkt nachweisen, der die Realisation des praktischen Vernunftgesetzes hoffen läßt. Es leuchtet ein, daß davon auch die Legitimierbarkeit ästhetischer Praxis abhängt. Schillers Theorie ästhetischer Autonomie baut zwar der Reduktion von Autonomie auf eine brüchige Kategorie bürgerlicher Ideologie vor, insofern sie Autonomie im Scheine ansiedelt, also die Scheinhaftigkeit, die Ideologiekritik aufdecken möchte, schon definitorisch einbezieht. Gleichwohl ist sie vor Kritik nur dann sicher, wenn es ihr gelingt, den der Weltlosigkeit bezichtigbaren Schein, soll er mehr sein als eine symbolische Darstellung der Formbestimmtheit praktischer Vernunft, mit empirischen Sachverhalten zu verknüpfen.

Genau diese Verknüpfung intendiert Schiller in den Briefen *Über die ästhetische Erziehung des Menschen*. Erst in ihnen erhält die ästhetische Autonomie den ambivalenten Status eines Versöhnungs*paradigmas*, das zugleich als Kunst*praxis* Versöhnung vorantreiben soll. Schiller rechtfertigt den irrealen Schein als kritisches Modell einer Kulturrevolution, muß aber, geleitet von der Annahme der systematisch begründbaren Priorität einer ästhetischen vor einer politischen Revolution, zugleich zeigen, daß die Kunst für die Lösung des kulturellen Konflikts zwischen Sinnlichkeit und Verstand (Stoff- und Formtrieb) nicht nur ein *Bild* liefert, sondern selbst zu dieser Konfliktlösung beiträgt. »Es handelt sich«, schreibt Herbert Marcuse, »um ein ›politisches Problem‹: die Befreiung des Men-

schen von unmenschlichen Daseinsbedingungen. Schiller ist der Ansicht, daß der
Mensch, um dieses politische Problem zu lösen, den Weg des Ästhetischen be-
schreiten muß.« [114] Die Lösung dieses Problems ist, merkt Schiller an, »eine
Aufgabe für mehr als *ein* Jahrhundert« [115]. Unter welchen Bedingungen kann
aber, so möchte ich fragen, der systematisch abgeleitete Vorrang der ästhetischen
Revolution überhaupt faktisch ausschlagen? Denn Schillers systematische Argu-
mentation muß zirkulär werden, wenn seinem Programm einer ästhetischen
Revolution kein empirischer Anknüpfungspunkt gegeben ist.

   Bekanntlich resultierte Schillers Reflexion auf die Priorität der Ästhetik aus
seiner Enttäuschung über den Ausgang der Französischen Revolution. [116] Sein
Fazit lautete, die Realisation des Vernunftgesetzes sei gescheitert, weil der physischen Möglichkeit der Aufhebung des Naturstaats keine moralische entsprochen
habe. Das revolutionäre Handeln habe nicht zur dialektischen *Aufhebung* des
historisch legitimierbaren Notstaats geführt, sondern den Rückfall in eine nur
durch Terror zu bändigende Anarchie der absoluten Negation provoziert. Verwilderung und rohe Triebentfaltung in den *niederen* Klassen, Schlaffheit und
Depravation in den *zivilisierten* Klassen seien aber als Folgen einer unreifen Revolution zugleich Folgen einer empörenden Kultur, die der Natur in der materialistischen Ethik mit der Begründung eines schrankenlosen Egoismus zu unrechtmäßi-
ger Herrschaft verholfen habe. Schillers Wendung von Revolutions- zu
allgemeiner Kulturkritik ist der Versuch, sowohl das faktische Versagen der
Revolution zu erklären wie die Bedingungen gelingenden revolutionären Handelns anzugeben. Er intendiert damit die Lösung der Aporie politischen Handelns:
daß es »theoretisch die Menschheit als ein handlungsfähiges Subjekt voraussetzen
muß, ohne doch faktisch mit diesem rechnen zu können. Die Aporie in ihrer
inneren, zur Aufklärung als politischer Praxis notwendig gehörenden Konsequenz
entdeckt zu haben, ist der Beitrag der ästhetischen Philosophie Schillers zur Theorie des politischen Handelns. Es geht nicht um die Aufdeckung einer zeitlosen,
idealtypischen Relation von Moral und Politik überhaupt, sondern um die
Erkenntnis der historischen Voraussetzungen politischen Handelns unter den
Bedingungen der modernen bürgerlichen Gesellschaft.« [117] Kulturkritik und
die implizite Reflexion auf mögliche Funktionen der Ästhetik sind die Medien,
in denen Schiller die Voraussetzungen für eine politische Revolution thematisiert,
die der fiktiven Handlungsfähigkeit der Subjekte ein Ende bereiten sollen. Darin
kommt zusammen mit den politischen Beobachtungen eines Außenstehenden,
der exemplarisch die politisch gelähmte Intelligenz Deutschlands vertritt, auch
die Einsicht in die Einseitigkeit des Kantschen Vernunftpostulats zur Geltung,
insofern das ästhetische Versöhnungsparadigma den Status eines *erweiterten*,
die Sinnlichkeit einschließenden *Imperativs* erhält. Dieser anthropologisch erweiterte Imperativ (Schönheit!) kontrolliert auch die Bedingungen der Realisation
des Vernunftgesetzes. Er fordert nicht nur Kausalität der praktischen Vernunft
in der Empirie, sondern darüberhinaus, daß jene Kausalität nicht auf Kosten

einer Unterdrückung der menschlichen Natur durchgesetzt wird. Physis und These, die beiden Antriebe menschlichen Handelns, sollen bei aller Formverschiedenheit in ihrer Materie übereinstimmen. Marcuse übersetzt dieses Postulat psychoanalytisch als Konvergenz von sublimierter Sinnlichkeit und entsublimierter Vernunft. Neben ihrer anthropologischen Basis (»*Gefühl*«) hat diese Forderung ein geschichtsphilosophisches Fundament. Schiller interpretiert den Zivilisationsprozeß als fortschreitende Emanzipation aus Naturverhältnissen, die über Arbeitsteilung und Spezialisierung das ursprüngliche Band zwischen Sinnlichkeit und Verstand zerrissen sowie eine feindselige Konkurrenz von Disziplinen heraufbeschworen habe. »Bei uns, möchte man fast versucht werden zu behaupten, äußern sich die Gemütskräfte auch in der Erfahrung so getrennt, wie der Psychologe sie in der Vorstellung scheidet, und wir sehen nicht bloß einzelne Subjekte, sondern ganze Klassen von Menschen nur einen Teil ihrer Anlagen entfalten, während daß die übrigen, wie bei verkrüppelten Gewächsen, kaum mit matter Spur angedeutet sind.« [118] Näher bestimmt Schiller diese Dissoziation der Gemütskräfte als Entsprechung des Auseinandertretens von Wissenschaft und Lebenspraxis, Staat und Kirche, Moral und Legalität, Arbeit und Konsum: »Diese Zerrüttung, welche Kunst und Gelehrsamkeit in dem innern Menschen anfingen, machte der neue Geist der Regierung vollkommen und allgemein. [...] Die einfache Organisation der ersten Republiken [...] sank [...] zu einer gemeinen und groben Mechanik herab. [...] Auseinandergerissen wurden jetzt der Staat und die Kirche, die Gesetze und die Sitten; der Genuß wurde von der Arbeit, das Mittel vom Zweck, die Anstrengung von der Belohnung geschieden. Ewig nur an ein einzelnes kleines Bruchstück des Ganzen gefesselt, bildet sich der Mensch selbst nur als Bruchstück aus, [...] anstatt die Menschheit in seiner Natur auszuprägen, wird er bloß zu einem Abdruck seines Geschäfts, seiner Wissenschaft.« [119] Diese Entfremdungskritik, die Marx in den *Pariser Manuskripten* über Feuerbachs Religionskritik materialistisch in eine Kritik der kapitalistischen Produktionsverhältnisse übersetzt, ist, wie am Beispiel des Jenenser Hegel und Schellings bereits gezeigt wurde, im deutschen Idealismus nicht singulär. Was aber Schillers Beitrag zur Entfremdungsproblematik hervorhebt, ist seine schärfere Kennzeichnung ihres dialektischen Charakters. Obwohl er die Entfremdungsmerkmale als Folgen kultureller Differenzierung begreift, mündet seine Kulturkritik nicht vulgärrousseauistisch in die Negation von Kultur überhaupt. Vielmehr sieht er sich genötigt, die mit soviel Nachteilen für die *Individuen* verbundene Entfremdung geschichtsphilosophisch als notwendige Bedingung des Fortschritts der *Gattung* anzuerkennen: »Gerne will ich [...] eingestehen, daß, so wenig es auch den Individuen bei dieser Zerstückelung ihres Wesens wohl werden kann, doch die Gattung auf keine andere Art hätte Fortschritte machen können.« [120] Im Hinblick auf Kants geschichtsphilosophischen Entwurf legitimiert er den entfremdungstypischen Antagonismus menschlicher Kräfte unter Voraussetzung der Wiederherstellbarkeit der Totalität menschlicher Natur auf

höherer Entwicklungsstufe als »das große Instrument der Kultur.« [121] Diese
Wiederherstellung, die zunächst bloß ein ästhetischer Imperativ ist, denkt Schiller
als Werk einer »höhere[n] Kunst«. [122] Worin sind indes seine Hoffnungen
auf Realisation des ästhetischen Imperativs begründet und welche Kunst soll
dieses Werk vollbringen können? Diese Fragen zielen auf das, was ich als den
empirischen Anknüpfungspunkt des Objektivität fordernden ästhetischen Versöhnungsparadigmas bezeichnet habe. Trotz seiner politischen Ernüchterung hält
Schiller nach wie vor daran fest, daß die reale Versöhnung nur von einer politischen Revolution zu erwarten sei, auch wenn er diese an die Vorbedingung einer
ästhetischen Versöhnung in den Individuen knüpft. Teilbedingungen dieser
Revolution sieht er gegeben. Er glaubt nämlich, daß die »Wahrheit« in Philosophie und Wissenschaft gefunden sei, nur ihrer »Aufnahme« in den »Gemütern
der Menschen« etwas entgegenstehe [123], das er als geographisch verschiedenes
Mißverhältnis von Physis und Thesis bestimmt. In Frankreich habe eine den
Naturstaat destruierende Physis mangels Triebsublimierung die Anarchie herbeigeführt; in Deutschland wüßte umgekehrt eine vorherrschende Thesis mangels
Triebentsublimierung von der Freiheit keinen Gebrauch zu machen. Zur Behebung dieses Mißverhältnisses beruft er die gemütkultivierende Kunst. Schillers
empirischer Anknüpfungspunkt, die Angleichung psychischer Strukturen an die
voreilende theoretische Erkenntnis, erweist sich aber selbst dann als ungenügend,
wenn man die Problematik der Vermittlung von Ästhetik und Politik einmal
ausklammert. Denn das Ziel seines ästhetischen Lösungsversuchs: die Konstitution eines bürgerlich-liberalen Verfassungsstaats, ist, das sehen wir heute, mit
dem ästhetischen Versöhnungsmodell nicht zur Deckung gebracht worden. Die
von ihm gekennzeichnete Entfremdung, die ja auch nach seinem Selbstverständnis
mehr umfaßt als das Herrschaftsverhältnis von Souverän und Untertan, hat sich
im Spätkapitalismus vielmehr verschärft, auch wenn der wissenschaftlich-techni-
sche Fortschritt vermöge seiner Legitimationskraft und seiner Induktion eines
technokratischen Bewußtseins ihre Erfahrbarkeit reduzierte. Vom Standort des
historischen Materialismus aus könnte man ihm mit Lukács vorwerfen, er habe
trotz seiner Einsicht in die Entfremdungsstruktur des bürgerlich-kapitalistischen
Arbeitssystems die Aufhebung der Entfremdung nicht von einer Revolutionierung
der Ökonomie abhängig gemacht. Aber einerseits lag die Möglichkeit einer
ökonomischen Revolution außerhalb seines historischen Blickfeldes, andererseits
gibt es keine Garantie dafür, daß eine ökonomische Revolution das ästhetische
Versöhnungsparadigma je praktisch einholen kann. Dieses Argument könnte als
Heiligsprechung des ästhetischen Versöhnungsmodells mißverstanden werden.
Nichts liegt mir jedoch ferner. Wenn ich nach seinem empirischen Anknüpfungspunkt gefragt habe, dann lag dem vielmehr der Verdacht zugrunde, daß es als
geheiligtes theologisches Säkularisat, das den unendlichen Abstand zwischen
ästhetischem Imperativ und gesellschaftlicher Wirklichkeit mangels empirischer
Bezugspunkte nicht zu überbrücken vermag, seinen kritischen Anspruch verspielt.

Indem es sich zum Refugium subjektiver Glücksansprüche bildet, läßt es die Wirklichkeit *unbegriffen* hinter sich. Statt Entfremdung praktisch herauszufordern, verdoppelt es diese, weil es sich als *Gesetz subjektiver Vernunft* von einer inkompatiblen Wirklichkeit zurückzieht, die aufgrund verabsolutierter subjektiver Vernunftmaßstäbe zum Inbegriff der Irrationalität werden muß und deshalb nur noch als fremdes Schicksal erfahren werden kann. Versagt die Wirklichkeit vorm Richterstuhl subjektiver Vernunft, so scheitert das ästhetische Subjekt an ihrer fremden Selbständigkeit, weil es ihr Vernunft schlechthin entzieht. Hegel hat in seiner theologischen Jugendschrift *Der Geist des Christentums und sein Schicksal* die Logik dieser Abspaltung ästhetischer Versöhnung von der unerlösten Wirklichkeit zur Logik des Verbrechens parallelisiert. »Das ästhetisch versöhnte Subjekt hat in der Sicht Hegels mit dem Verbrecher gemeinsam, daß es wie dieser sich schuldig vom Ganzen trennt und einen Anspruch – und sei es der heiligste – durch sich selbst behaupten will. Vor dem unerbittlichen Gericht des Ganzen wird der reine Wille so schuldig wie der verbrecherische. Was den Verbrecher als Strafe ereilt, erleidet die schöne Seele als Trauer und Schmerz über ein unbegriffenes Schicksal, das sie wehrlos trifft.« [124] »Es ist die Einsicht Hegels, daß die Wirklichkeit einer blinden Notwendigkeit überantwortet werden muß, wenn der konkrete Inhalt der Vernunft als Subjektivität gesetzt, und die Versöhnung als eine bloß ästhetische behauptet wird. [...] Indem das Subjekt sich und den eigenen Anteil an der Vernunft aus der Wirklichkeit herausnimmt, gibt es dem Vollzug des Verhängnisses Freiheit und Macht, sich gegen es zu kehren. Die Fremdheit des Schicksals ist ein Produkt der selbstvollzogenen Entfremdung, und der erlösende Schein der Schönheit wird zum dichten Schleier, hinter welchem die objektive Weltvernunft als tückisches Schicksal unverkennbar mit dem ästhetischen Subjekt grausam spielt.« [125] Diese Kritik ästhetischer Versöhnung ist Schillers Versuch der Herstellung einer faktischen Beziehung zwischen Ästhetik und Politik indes nicht völlig angemessen. Denn einerseits schließt er selbst eine Kritik der Selbstgenügsamkeit ästhetischer Versöhnung, andererseits die geschichtsphilosophische Anerkennung der Entfremdung als Emanzipationsbedingung der menschlichen Gattung ein. Anwendbar wird die Kritik Hegels erst durch den Nachweis, daß die ästhetische Vernunft trotz der Kalkulation mit möglichen empirischen Anknüpfungspunkten über die Position des Postulierens nicht hinausgelangt.

Schiller war für die Problematik des Versuchs, die politische Umsetzung der Aufklärung faktisch in der Revolution des Charakters zu fundieren, nicht gänzlich unempfindlich. Führt die Aporie politischen Handelns, daß zur Aufnahme von Weisheit schon Weisheit vorausgesetzt werden muß, nicht gezwungenermaßen, so fragt er, in einen ausweglosen Zirkel? »Die theoretische Kultur soll die praktische herbeiführen und die praktische doch die Bedingung der theoretischen sein? Alle Verbesserung im Politischen soll von Veredlung des Charakters ausgehen – aber wie kann sich unter den Einflüssen einer barbarischen Staatsverfassung

der Charakter veredeln? Man müßte also zu diesem Zwecke ein Werkzeug aufsuchen, welches der Staat nicht hergibt, und Quellen dazu eröffnen, die sich bei
aller politischen Verderbnis rein und lauter erhalten.« [126] Das Werkzeug, das
die politische Aporie lösen soll, glaubt er in der Kunst zu finden. Ihr schreibt
er die kulturellen Aufgaben zu, »die Sinnlichkeit gegen die Eingriffe der Freiheit
zu verwahren« sowie »die Persönlichkeit gegen die Macht der Empfindungen
sicherzustellen« [127]: Funktionen, welche die herrschenden kulturellen Konflikte auf politisch folgenreiche Weise beheben sollen. Ästhetische Autonomie,
die Erfahrung eines freien Wechselverhältnisses von Spontaneität und Rezeptivität (Form- und Stofftrieb), soll eine vollständige Anschauung der Menschheit
hervorbringen und einen neuen Trieb, den Spieltrieb, aufstellen, der, auf das
Gleichgewicht der beiden anderen Triebe gerichtet, die Entfaltung der menschlichen Doppelnatur vorantreiben könne. Ein anderer Ausdruck für die Balance
der Gemütskräfte ist »Nullzustand«. [128] Mit diesem ist für den Kunstgenießen-
den nach Schiller »weiter nichts erreicht, als daß es ihm nunmehr *von Natur
wegen* möglich gemacht wird, aus sich selbst zu machen, was er will – daß ihm
die Freiheit, zu sein, was er sein soll, vollkommen zurückgegeben ist.« [129]
Diese Einschränkung der Wirkungsweise schöner Kunst (»Nichts streitet mehr
mit dem Begriff der Schönheit als dem Gemüt eine bestimmte Tendenz zu geben«
[130]) zeigt erneut die dilemmatische Struktur seine Lösungsversuchs. Denn erstens ist der ästhetische Nullzustand, interpretiert man ihn auch als Augenblick
unendlicher Potentialität, per definitionem *indifferent*, also in seinen Folgen abhängig von Entscheidungen; zweitens aber werden diese Entscheidungen nicht
autonom gefällt, sondern stehen unter dem Zwang des bestehenden Realitätsprinzips, das unangetastet von der ästhetisch geleisteten Versöhnung, seine über-
legene Macht mit der Desillusionierung ästhetischer Omnipotenz beweist. Unter
dem Gebot der Selbsterhaltung neigt der ästhetische Zustand dazu, sich von
der Realität, in der er sich doch Objektivität verschaffen wollte, in gesteigerter
Verzweiflung zurückzuziehen. Damit aber verkehrt sich die Intention ästhetischer
Versöhnung in ihr Gegenteil. Der unerfüllbare Anspruch des ästhetischen Versöhnungsmodells wirft das ästhetische Subjekt ernüchtert auf sich selbst zurück.
Statt sich zu bewähren, befestigt es einen entfremdeten Zustand, weil es seinen
mit dem Realitätsprinzip unvereinbaren Anspruch nur noch in der Isolation eines
ästhetischen Freiraums aufrechterhalten kann. Nach Abzug der in sie investierten
unrealistischen Hoffnungen behält die ästhetische Autonomie letzten Endes nur
noch den paradigmatischen Modellcharakter, dessen Imperative sie zu verwirklichen helfen sollte. »Da [...] bei dem Genuß der Schönheit oder der ästhetischen
Einheit eine wirkliche *Vereinigung* und Auswechslung der Materie mit der Form
und des Leidens mit der Tätigkeit vor sich geht, so ist eben dadurch die *Vereinbar-
keit* beider Naturen, die Ausführbarkeit des Unendlichen in der Endlichkeit, mithin die Möglichkeit der erhabensten Menschheit bewiesen.« [131] Dieser Beweis
der Versöhnbarkeit der menschlichen Doppelnatur beweist jedoch nur, daß die

Kunst der geforderten Einheit Objektivität verschaffen kann. Um dem Realitätsprinzip standzuhalten, müßte es darüberhinaus einen empirischen Anknüpfungspunkt haben. Da es darüber nicht verfügt, fungiert es weiterhin als bloßer Imperativ, der vergeblich nach realistischen Bezugspunkten sucht.

Man kann sich dieser Problematik auch noch von anderer Seite nähern. Fragt man, wieso Schiller der Kunst die Chance einräumt, die Voraussetzungen der Konstitution eines reifen politischen Subjekts zu schaffen, so erhält man zur Antwort seinen Verweis auf ihre institutionelle Sonderstellung: »Von allem, was positiv ist und was menschliche Konventionen einführten, ist die Kunst wie die Wissenschaft losgesprochen und beide erfreuen sich einer absoluten *Immunität* von der Willkür der Menschen. Der politische Gesetzgeber kann ihr Gebiet sperren, aber darin herrschen kann er nicht.« [132] Ihre institutionelle Autonomie, vermöge derer sie sich dem politischen Machtbereich entzieht, gibt ihr nach Schiller die Chance eines reinen Engagements für objektive Menschheitsinteressen. Er dehnt seine Entfremdungskritik nicht, wie Schelling, auf diese Kunstsituation aus, da er annimmt, die autonome Kunst könne, obwohl selbst eine Erscheinungsweise der Entfremdung, zum Vehikel der Konstitution sittlicher Totalität werden. War jene Sittlichkeit bei Schelling Voraussetzung einer Transformation der autonomen Kunst, so ist für Schiller die autonome Kunst umgekehrt Voraussetzung jener Sittlichkeit. Seine Annahme, diese Kunstsituation ermögliche die Lösung der politischen Aporien, beruht aber auf der Unterstellung, daß sie von ähnlichen Aporien völlig ungefährdet sei. Sie erweist sich indes als grobe Täuschung, wenn man nach den Bedingungen der adäquaten Kunstrezeption fragt und diesen die faktischen Lebens- und Bildungsverhältnisse der Kunstadressaten gegenüberstellt. Soll die Kunst die von Schiller vorausberechneten Wirkungen haben, so muß er ein kunstinteressiertes Publikum voraussetzen, das die totale Revolution der Empfindungsweise (»uninteressiert freie Schätzung des reinen Scheins« [133]), welche die Kunst herbeiführen soll, bereits vollzogen hat. Diese Voraussetzung ist aber nur bei einer kleinen Elite erfüllt. Das intendierte Publikum hingegen, die große unprivilegierte Menge, muß aufgrund seiner sozialen Situation von der Kunst solange ausgeschlossen bleiben, bis eine Veränderung seiner Lebensverhältnisse den kunstfremden Überdruck des Realitätsprinzips beseitigt. Da er seinen Adressaten verfehlt, mündet Schillers Lösungsversuch in einen neuen Zirkel. Der könnte als die dilemmatische Einsicht beschrieben werden, daß die Erziehung durch Ästhetik eine Erziehung zur Ästhetik voraussetzt. Die Aporie politischen Handelns ist von Schiller nicht gelöst, sondern nur auf das Gebiet der Ästhetik verschoben worden.

Es kann nicht behauptet werden, daß Schiller die aporetische Struktur seines Lösungsversuchs verborgen blieb. Dafür spricht, daß seiner Exposition der politischen Problematik, die von der Absicht geleitet ist, ästhetische Praxis unter den Bedingungen der von der Französischen Revolution geschaffenen Konstellationen als vorrangiges soziales Handlungssystem zu legitimieren, deren fast zynische

Ausblendung folgt. Sein in dieser Hinsicht bedeutendes Schlußwort, der »ästhetische Staat« lasse sich wie »die reine Kirche und die reine Republik« nur in
»einigen wenigen auserlesenen Zirkeln« antreffen, [134] entlarvt die versproche-
nen politischen Gratifikationen als reine Fiktionen. Mein Einwand, daß die Aporien politischen Handelns im Handlungssystem ›Kunst‹ auf anderer Ebene wiederkehren, kommt hier insofern zur Geltung, als der »Staat des schönen Scheins«
nun unter Abzug politischer Illusionen zum exklusiven Kreis von Künstlern und
Kunstliebhabern degeneriert, in welchem die Probleme der Erziehung zur Ästhetik
bereits gelöst, kunstfremde Einstellungen und Vorurteilsstrukturen bereits abge-
baut sind. [135] Schillers politische Skepsis erweist sich überdies daran, daß er
diesen Restriktionen eine Kritik der Projektion des ästhetischen Versöhnungsmodells auf die gesellschaftlichen Verhältnisse beiordnet. Diejenigen, die das im
»Reiche des ästhetischen Scheins« erfüllte »Ideal der Gleichheit« »auch dem
Wesen nach realisiert sehen« möchten, werden als »Schwärmer« abqualifiziert.
[136] Ob dieses bemerkenswert realistische, aber auch resignative Urteil die politische Realisierbarkeit ästhetischer Ideale grundsätzlich leugnet oder nur unrea-
listische Einschätzungen der politischen Lage abweist, ist schwer zu entscheiden.
Auffällig ist jedenfalls, daß Schiller seine Legitimation des Scheins mit einer Verteidigung des Realitätsprinzips gegen überschwengliche ästhetische Ansprüche
verbindet, gleichwohl aber das Realitätsprinzip aus der Kunst verbannt. Die
Kunst erhält dadurch den Status eines eigengesetzlich–kulturschaffenden Neben-
reichs, in welchem »Gleichgültigkeit gegen Realität« [137] nicht nur erlaubt,
sondern geboten ist und der Künstler ein absolutes »Herrscherrecht« [138] genießt. Dies besitzt er nach Schiller »schlechterdings auch nur in der Welt des
Scheins, in dem wesenlosen Reich der Einbildungskraft, und nur, solange er sich
im Theoretischen gewissenhaft enthält, Existenz davon auszusagen, und solang
er im Praktischen darauf Verzicht tut, Existenz zu erteilen.« [139] Im Klartext
heißt dies, daß Schiller dem Künstler absolute Souveränität unter der Bedingung
erteilt, jeder Verwechslung von Schein und Realität vorzubeugen sowie jeglichen
moralischen oder politischen Einwirkungsversuch auf die Realität zu unterlassen.

Welche Legitimationsgrundlage bleibt aber dem Schein, wenn er aufgrund
eigener Aporien nichts zur Lösung der politischen Problematik beitragen kann,
das Realitätsprinzip radikal suspendiert sowie jeden Bezug seiner Idealität zu
den gesellschaftlich geltenden Normen als ästhetisch unvertretbares Verhältnis
zurückweist? Diesem Dilemma glaubt Schiller mit der Auskunft zu entgehen,
der Künstler könne »den Schein nicht von der Wirklichkeit reinigen, ohne zugleich
die Wirklichkeit von dem Schein frei zu machen.« [140] Mit diesem Legitimationsmuster setzt er die Funktion der Kunst in strikte Analogie zur Funktion
der Kritischen Transzendentalphilosophie, durch Grenzbestimmungen von Vernunft, Verstand und Sinnlichkeit dogmatische Überzeugungen zu destruieren.
Die Kunst nimmt ihm zufolge diese kritischen Grenzbestimmungen auf, indem
sie sich unter Ausblendung aller Ansprüche auf Wahrheit und Wirklichkeit zu

einem autonomen Bereich konstituiert, der seine Rechtsgrundlage nicht in Verstandesgesetzen, sondern in der von der Transzendentalphilosophie in praktischer Absicht legitimierten Idealität hat. Ihrem aus kritischer Selbstbeschränkung erfolgenden Verzicht auf (theoretische) Wahrheit und Wirklichkeit komme zugleich die kritische Funktion zu, der Wirklichkeit den falschen Schein, die »betrügerische Schminke« zu nehmen, »welche die Wahrheit verbirgt, welche die Wirklichkeit zu vertreten sich anmaßt.« [141] Gerade durch ihre kritische Selbstbeschränkung leistet die Kunst nach Schiller Gesellschaftskritik, insofern der als Schein ausgezeichnete Schein die Negativität der gesellschaftlichen Verhältnisse indiziere und das kontrafaktische Bewußtsein der Freiheit hervorbringe. Diese Konstruktion setzt sich einem doppelten Vorwurf aus. Denn einerseits neigt diese Gesellschaftskritik zur Belanglosigkeit, da sie als Organ ästhetischer Absolutheit keine *bestimmte* Negation ausspricht; andererseits besteht die Gefahr, daß der ästhetische Schein, auch wenn seine Differenz zur Realität streng markiert ist, statt Gesellschaftskritik zu transportieren, als geduldetes Reich der Freiheit zum wohltätigen und idealischen Kompensat: zum kulturellen Alibi bestehender Herrschaftsverhältnisse verkümmert.

Schillers Reflexion auf die indirekt–politische Aufgabe ästhetischer Erziehung resultierte aus einer, durch anthropologische und gattungsgeschichtliche Grundannahmen erweiterten, Transzendentalphilosophie des Schönen. Dabei nahm er an, daß die literarisch–künstlerische Institution aufgrund ihrer politischen Immunität in der Lage sei, durch eine Lösung des kulturellen Konflikts zwischen Vernunft und Sinnlichkeit die Aporie politischen Handelns zu beseitigen. Wie angedeutet werden konnte, zieht Schiller den politischen Anspruch ästhetischer Erziehung teilweise selbst wieder zurück, weil er erkennen muß, daß die Aporie politischen Handelns auf der Ebene der künstlerischen Rezeption wiederkehrt und daß dem ästhetischen Versöhnungsparadigma kein ausreichender empirischer Anknüpfungspunkt gegeben ist. Diese Rücknahme des emphatischen Kunstanspruchs auf praktische Behebung der bürgerlichen Entfremdungsproblematik findet, das sei hier noch kurz angedeutet, ihren theoretischen Ausdruck in Schillers Übergang von einer transzendentalen Philosophie des Schönen zur programmatischen Theorie der modernen Literatur. Diesen Wendepunkt markiert seine Abhandlung *Über naive und sentimentalische Dichtung.* Lukács hat darauf hingewiesen, wie eng Schillers Kritik des Kulturprogramms der Erneuerung der Antike mit der Destruktion des jakobinischen Ideals einer Erneuerung der Polisdemokratie auf der Grundlage der modernen bürgerlichen Gesellschaft zusammenhängt. [142] In der Tat geht in Schillers Theorie der modernen Literatur sowohl diese Entideologisierung des Antikebildes wie die Erkenntnis der Aporien seines früheren Lösungsversuchs ein. Ihr Thema ist nicht mehr die transzendentalphilosophische Konstruktion ästhetischer Autonomie und deren anthropologische Effektivierung im Rahmen einer die menschliche Triebstruktur ausbalancierenden Kunstpraxis, sondern die künstlerische Darstellungs- und

Stoffproblematik unter den für die Kunst ungünstigen Bedingungen der bürgerlichen Gesellschaft. Dies ist gleichbedeutend mit einer *Dezentrierung* bzw. *Verlagerung* der *Problematik des Schönen*, deren systematische Pointierung zur idealistischen Überhöhung des Kunstanspruchs geführt hatte. Man kann diesen Vorgang als den Einzug der Problematik des Schönen in die Immanenz des Kunstwerks interpretieren. Denn das Schöne wird nun selbst zum *Thema* einer um die Dimension der *Selbstreflexion* ihres gesellschaftlichen Orts, ihrer überlieferten Substanz, ihrer Ansprüche und Aporien bereicherten Kunst.

1 Das ist die These des Sammelbands »Autonomie der Kunst, Zur Genese und Kritik einer bürgerlichen Kategorie«, Ffm. 1972. Insbesondere die materialreichen Beiträge von Horst *Bredekamp* (»Autonomie und Askese«) und Michael *Müller* (»Künstlerische und materielle Produktion, Zur Autonomie der Kunst in der italienischen Renaissance«) können als teilweise gelungene Versuche betrachtet werden, idealistische Kategorien auf Entwicklungen in der spätmittelalterlich-frühbürgerlichen Geschichtsphase zu beziehen. Wenn sie damit eine Entideologisierung des bürgerlichen Autonomieverständnisses intendieren, so verkennen sie m. E. allerdings, daß die von ihnen hergestellten Bezüge auch schon in den idealistischen Autonomiekonzepten selbst reflektiert werden, insofern dort die autonome Position der Kunst als Resultat *gesellschaftlicher Entfremdung* und zugleich als der Ort der Reflexion auf ihre *Aufhebung* erscheint. Diese Ambivalenz des idealistischen Autonomiekonzepts gestattet nicht, es als *bloße* Ideologie abzuqualifizieren. Ideologisch ist es gewiß auch, aber die Entwicklungen, denen es sich verdankt, können nicht einfach dezisionistisch übergangen werden. Damit meine ich die Konstitution *institutioneller* Kunstautonomie, die von den Autoren m. E. nicht zureichend von anderen Autonomievarianten (Bspe.: Verselbständigung ästhetischer Reizwerte gegenüber religiöser Funktionalität; Emanzipation vom Handwerk; Verdeckung von Arbeit; Negation von gesellschaftlichem Status u. a.) geschieden wird. Eine weitere Gefahr sehe ich darin, daß die Ableitung der Kunstautonomie aus der Renaissance und den sich entwickelnden Antinomien der bürgerlichen Gesellschaft, so zutreffend sie für die europäische Kunstgeschichte und Ästhetik seit der Reformation sein mag, leicht zur geschichtsphilosophischen Annahme einer geradlinigen, von einem *Ursprung* ausgehenden Entwicklung verführt. Diese Annahme ist von der genetischen Ästhetik zurecht als unbegründet zurückgewiesen worden. So weist z. B. *Bullough* darauf hin, daß »der Übergang von einer markiert sozialen zu einer relativ hohen individuellen Bedingtheit der Kunsterfahrung und -tätigkeit« ebenso wie »der Übergang von fast ausschließlich praktischen Funktionen und Zwecken zu dem relationslosen, von praktischen Absichten freien Charakter, dem ›Selbstzweck‹, dem ›Kontemplationswert‹ unserer Kunst« »keineswegs regelmäßig zu verschiedenen Zeiten und unter verschiedenen Völkern stattgefunden« hat, sondern sich »verschieden schnell, mit häufigen Rückschritten, zu verschiedenen Perioden und in verschieden organisierten Gemeinschaften« vollzogen wurde. (Edward *Bullough*: Ein Beitrag zur genetischen Ästhetik. In: Kongress für Ästhetik und allgemeine Kunstwissenschaft [Berlin 1913], Stuttgart 1914, S. 61) Gleichwohl anerkennt auch Bullough, daß die moderne, auf der Scheidung von Kunst und Handwerk beruhende Erscheinungsweise künstlerischer Autonomie erst auf einer hohen Stufe der gesellschaftlichen Arbeitsteilung und Technik, in den Anfängen der Manufakturperiode, auftreten konnte.

2 Th. W. *Adorno*: Noten zur Literatur 1, Ffm. 1963, S. 193.

3 Herbert *Marcuse*: Triebstruktur und Gesellschaft, Ffm. 1965, Kp. IX, Die ästhetische Dimension, S. 171 ff.

4 H. *Marcuse*: Bemerkungen zu einer Neubestimmung der Kultur. In: Kultur und Gesellschaft 2, Ffm. 1965, S. 156. Mit dem Abbau der Transzendenz der Kultur meint Marcuse »die Integration der Kultwerte in die bestehende Gesellschaft« (ebd., S. 155), welche die Spannung »zwischen der materiellen Zivilisation und der geistigen Kultur« (ebd., S. 154) aufhebe und den »Raum für die Entwicklung von Autonomie und Opposition« (ebd., S. 152) abriegle. Sein Verhältnis dazu ist ambivalent. Einerseits sieht er im Abbau der privilegierten Kultur die Chance einer Sozialisierung des Kunstbetriebs, andererseits befürchtet er, daß diese Sozialisierung aufgrund der von den fortgeschrittenen Industrieländern produzierten Denk- und Verhaltensweisen den von der privilegierten Kultur noch geleisteten Widerstand gegen den Totalitarismus erlahmen lassen könnte. Wie Adorno geht es Marcuse um die Rettung geschichtlicher Transzendenz und bürgerlicher Subjektivität.

5 Siehe dazu Jürgen *Fredel*: Kunst als Produktivkraft, Kritik eines Fetischs am Beispiel der ästhetischen Theorie Th. W. Adornos. In: *Müller, Bredekamp* u. a., Autonomie der Kunst, Ffm., 1972, S. 231 ff.

6 »Das Aushalten der Entzweiung, jene letzte Forderung Hegels gegenüber der ›Zerrüttung des Zeitalters‹, hat noch die Identifikation des Menschen mit seiner alten metaphysischen Subjektivität ermöglicht, gerade weil sie diese aus der Welt der beginnenden Arbeitsgesellschaft ›freigab‹; heute ist jene Entzweiung historisch bereits im Vergehen, und die metaphysische Heimatlosigkeit, die sich aus der neuen Welt–Mensch–Einheit aufdrängt, dokumentiert sich in einer metaphysischen Sehnsucht nach rückwärts, fixiert sich an der Erinnerung an die Freiheit der Subjektivität in der Entzweiung und Entfremdung mit der Welt.« (H. Schelsky: Der Mensch in der wissenschaftlichen Zivilisation. In: Auf der Suche nach Wirklichkeit, Düsseldorf 1965, S. 468).

7 Vgl. *Habermas/Luhmann:* Theorie der Gesellschaft oder Sozialtechnologie, Ffm. 1971.

8 Diese These vertritt im Anschluß an Martin Heideggers Abhandlung »Der Ursprung des Kunstwerks« von 1935 Hans Georg Gadamer in seiner transzendentalen Erfahrungstheorie »Wahrheit und Methode«, 2. Aufl. Tübingen 1965. Seine Spieltheorie ist der Versuch, die Subjektivität der traditionellen Ästhetik phänomenologisch durch eine Bestimmung der ›Seinsweise‹ des Kunstwerks zu überwinden. Er wirft der traditionellen Ästhetik vor, an der *Gegenständlichkeit*, am dinglichen Substrat des Kunstwerks kleben geblieben zu sein. Das Kunstwerk sei aber kein Gegenstand, dem ein für sich seiendes Subjekt gegenüberstehe, sondern habe sein Sein darin, daß es zu einer den Erfahrenden verwandelnden *Erfahrung* werde. Das Subjekt der Kunsterfahrung sei nicht die Subjektivität des Rezipienten, sondern das von seinem Bewußtsein unabhängige, es umgreifende Sein des Kunstwerks selbst. Dieses Sein besitze die Seinsweise des Spiels, das seine Sinnbestimmung nicht vom Darstellenden, Zuschauenden oder vom Künstler erhalte, sondern diesen gegenüber eine »schlechthinnige Autonomie« (ebd., S. 106) habe. Es lasse die Rezipienten bloß *teilhaben*, benötige diese für seine *Selbstdarstellung*. »Die These ist also, daß das Sein der Kunst nicht als Gegenstand eines ästhetischen Bewußtseins bestimmt werden kann, weil umgekehrt das ästhetische Verhalten mehr ist, als es von sich weiß. Es ist ein Teil des Seinsvorgangs der Darstellung und gehört dem Spiel als Spiel wesenhaft zu.« (ebd., S. 111) Gadamer intendiert mit seiner Kritik des ästhetischen Bewußtseins den von Husserl vorgezeichneten Rückgang hinter die »Aktualität des meinenden Bewußtseins« zu einem umfassenden, von einer anonymen Intentionalität konstituierten Welthorizont, der niemals »gegenständlich« werden könne, sondern den »vorgegebenen Boden aller Erfahrung« (auch der Kunsterfahrung) darstelle (ebd., S. 233).

9 Lukács geht davon aus, daß die Künste spezielle Erscheinungsweisen einer universellen
   Praxiskomponente sind, die sich im historischen Prozeß von Bedürfnisregelung und
   der Verfeinerung menschlicher Fähigkeiten aus übergeordneten und undifferenzierten
   Praxisbezügen erst allmählich als *homogenes Medium* herausbildeten. Diese Komponente bestimmt er als ein nicht–sprachliches Signalsystem von Signalen (»Signalsystem 1'«), das dem Handeln neben den Signalsystemen der bedingten Reflexe (»Signalsystem 1«) und der Sprache (»Signalsystem 2«) als ein eigenständiges Beziehungsverhältnis von Subjekt und Objekt zugrundeliege. Ausgangspunkt seiner Theorie ist die
   von Pawlow getroffene Unterscheidung zwischen zwei Ebenen von *Reizgeneralisie-
   rungen*: zwischen den bedingten Reflexen und der Sprache. Zwischen diese beiden
   Reizgeneralisierungsebenen schiebt Lukács die dritte des Signalsystems 1' mit folgender Begründung ein:»[...] infolge des Wesens der Arbeit [müssen] bereits im Arbeitsprozeß Reflexe entstehen [...], die, obwohl sie sich nicht wie die Sprache in ostensibler
   Abstraktion über die unmittelbare Sinnlichkeit erheben, dennoch nicht – wie Pawlow
   glaubte – einfache bedingte Reflexe sind, sondern in dieser Hinsicht der Sprache ähnlich zu Signalen von Signalen werden.« (*Lukács:* Ästhetik, Teil I, 2. Halbband, Die
   Eigenart des Ästhetischen, Neuwied und Berlin 1963, S. 38) Die Funktionen dieses
   Signalsystems von Signalen erläutert Lukács mit dem Hinweis auf die anthropologischen Untersuchungen Gehlens an bestimmten Erscheinungsweisen der Phantasie
   (Bewegungs- und Empfindungsphantasie), die als Teilkomponente menschlicher Praxis Lebenstatsachen, die durch das erste Signalsystem bekannt geworden sind, bearbeiten, verallgemeinern und kombinieren, so daß sie im Kontext bestimmter Vollzugs-
   und Umgangserwartungen handlungsorientierend wirken können, indem sie intentional den Verhaltensweisen vorgreifen, die unter gegebenen Bedingungen am günstigsten
   zu einem vorgestellten Handlungsziel führen. Das Signalsystem 1' umfaßt also Bear-
   beitungen primärer Signale durch die Phantasie, Signalisierungen von Signalen,
   nicht–sprachlich repräsentierte Verallgemeinerungen und Verknüpfungen, die eine
   bessere Anpassung an neue Umweltbedingungen gewährleisten als die bedingten
   Reflexe. Erst durch die Kunst erhalten die Erscheinungsweisen des Signalsystems 1'
   nach Lukács ein homogenes Medium (Vgl. ebd., S. 74ff.). »Aus der bloß dienenden
   Teilnahme an der realen Praxis wird es zur leitenden und führenden, bestimmenden
   Macht im Dasein und in der Verknüpfung der einzelnen Momente der Mimesis.«
   (ebd., S. 102).
10 Nach Hegel ist der Name *Ästhetik* für eine Philosophie der Kunst unpassend. Trotzdem
   behält er ihn mit folgender Begründung bei: »Wir wollen es [...] bei dem Namen
   Ästhetik bewenden lassen, weil er als bloßer Name für uns gleichgültig und außerdem
   einstweilen so in die gemeine Sprache übergegangen ist, daß er als Name kann beibehalten werden. Der eigentliche Ausdruck jedoch für unsere Wissenschaft ist ›Philosophie der Kunst‹ und bestimmter ›Philosophie der schönen Kunst‹« (*Hegel:* Ästhetik,
   Bd. 1, Berlin und Weimar 1965, S. 13).
11 Meine Interpretation deckt sich mit der von *Gadamer:* »Gerade die Erkenntnis der
   Begrifflosigkeit des Geschmacks führt über eine Ästhetik des bloßen Geschmacks hinaus.« (Wahrheit und Methode, S. 46).
12 In gleichem Sinn schreibt *Gadamer:* »Die Heautonomie der ästhetischen Urteilskraft
   begründet durchaus keinen autonomen Geltungsbereich für schöne Objekte.
   Kants transzendentale Reflexion auf ein Apriori der Urteilskraft rechtfertigt den
   Anspruch des ästhetischen Urteils, läßt aber eine philosophische Ästhetik im Sinne
   einer Philosophie der Kunst im Grunde nicht zu.« (Wahrheit und Methode,
   S. 52).
13 Friedrich W. J. *Schelling:* Philosophie der Kunst, Darmstadt 1966 (reprograf. Nachdruck v. 1859), S. 6.

14 ebd., S. 2.
15 »Ehe wir die Ideen ästhetisch, d. h. mythologisch machen, haben sie für das *Volk*
kein Interesse; und umgekehrt, ehe die Mythologie vernünftig ist, muß sich der Philosoph ihrer schämen. So müssen endlich Aufgeklärte und Unaufgeklärte sich die Hand
reichen, die Mythologie muß philosophisch werden und das Volk vernünftig, und
die Philosophie muß mythologisch werden, um die Philosophen sinnlich zu machen.
Dann herrscht ewige Einheit unter uns.« (In: G. W. F. *Hegel*, Werke in 20 Bänden,
Bd. 1, Ffm. 1971, S. 236).
16 *Schelling*, ebd., S. 4.
17 Ebenda.
18 Vgl. *Schelling*, ebd., S. 71, 88 f., 90 ff., 114 ff.
19 Vgl. Fr. *Schlegel*: Über das Studium der griechischen Poesie. In: Kritische Schriften,
ed. W. *Rasch*, München 1964, S. 158 ff.
20 *Schelling*, ebd., S. 89.
21 Siehe dazu Claude *Lévy-Strauss*: Das wilde Denken, Ffm. 1973.
22 Dort heißt es: »Die eigentümliche Art der Kunstproduktion und ihrer Werke füllt
unser höchstes Bedürfnis nicht mehr aus; wir sind darüber hinaus, Werke der Kunst
göttlich verehren und sie anbeten zu können; der Eindruck, den sie machen, ist beson-
nenerer Art, und was durch sie in uns erregt wird, bedarf noch eines höheren Prüfsteins
und anderweitiger Bewährung. Der Gedanke und die Reflexion hat die schöne Kunst
überflügelt.« (Ästhetik, Bd. 1, Berlin und Weimar 1965, S. 21) Die Ursache dieser
Veränderung des Kunststatus sieht Hegel in der *Reflexionsbildung*, welche die lebendige Einheit allgemeiner Gesetze und Maximen mit dem Gemüt und der Empfindung
zerstört habe. Die Identität des Vernünftigen mit dem Sinnlichen sei aber die Voraussetzung der Kunst früherer Zeiten gewesen. Jeder Versuch, »durch Willen und Entschluß« von den Verhältnissen der »reflektierenden Welt« zu »abstrahieren oder durch
besondere Erziehung oder Entfernung von den Lebensverhältnissen sich eine besondere, das Verlorene wieder ersetzende Einsamkeit [zu] erkünsteln« (ebd., S. 22), sei
deshalb verfehlt. Die Kunst sei und bleibe »nach der Seite ihrer höchsten Bestimmung
für uns ein Vergangenes« (ebenda). Man setzt sich kaum der Gefahr einer Überinterpretation aus, wenn man Hegels Rede von der erkünstelten Einsamkeit als die These
deutet, daß jeder Versuch der Konstruktion einer neuen Mythologie den Rückzug
in subkulturelle Enklaven bedeutet.
23 *Hegel*: Differenz des Fichteschen und Schellingschen Systems der Philosophie. In:
Werke in 20 Bänden, Bd. 2, Ffm. 1970, S. 22 f.
24 Vgl. ebd., S. 22.
25 Vgl. ebd., S. 23 ff.
26 Vgl. ebd., S. 22.
27 Vgl. ebd., S. 21 f.
28 Diesen Terminus verwendet Gadamer zur Kennzeichnung der vom ästhetischen
Bewußtsein vollbrachten Abstraktionsleistung.
29 Vgl. dazu *Baumgartens* Magisterarbeit: »Meditationes philosophicae de nonnullis
ad poema pertinentibus« von 1735. In: Albert *Riemann*, Die Ästhetik Baumgartens,
Halle/Saale, 1928, S. 103–146.
30 Darauf bezieht sich Hegels Rekapitulation der Geschichte der neueren Ästhetik in
der Einleitung zu seiner Ästhetik.
31 Eine ausführlichere Darstellung dieses im frühen 18. Jahrhundert einsetzenden Legiti-
mationsverfahrens habe ich in meinem Buch »Kritische Poetik, Legitimation und Kritik der Poesie in Gottscheds Dichtkunst«, Stuttgart 1973, gegeben.
32 Siehe dazu auch die frühmaterialistische Medienkritik von Carl Gustav *Jochmann*:
Die Rückschritte der Poesie, Ffm. 1967, S. 122 ff.

33 Siehe dazu die ausführlichere Darstellung in meinem oben zitierten Buch, Kp. IV, 4, S. 94 ff.

34 Arnold *Hauser*: Sozialgeschichte der Kunst und Literatur, München 1969.

35 Jürgen *Habermas*: Strukturwandel der Öffentlichkeit, 4. Aufl. Neuwied und Berlin 1969.

36 Dieses Begriffspaar hat *Benjamin* zur Kennzeichnung der von den modernen Reproduktionstechniken vorangetriebenen Destruktion der auratischen Seinsweise des Kunstwerks eingeführt. Die Überdimensionierung des Ausstellungswerts löse das Kunstwerk von seinem kultischen Fundament und revolutioniere die kontemplative Verhaltensweise. Vgl. »Das Kunstwerk im Zeitalter seiner technischen Reproduzierbarkeit«, Ffm. 1963. Nach Habermas fand die Säkularisation des Kultwerts bereits in der frühbürgerlichen Epoche statt. Dem stimme ich zu. Ich meine jedoch zur Verteidigung von Benjamin, daß diese *frühe* Säkularisation noch keineswegs die Destruktion der kontemplativen Verhaltensweise herbeiführte. Vielmehr glaube ich behaupten zu dürfen, daß die kontemplative Verhaltensweise, die nach Benjamin zur auratischen Seinsweise des kultischen Kunstwerks gehört, durch diese Säkularisation überhaupt erst zu einer spezifisch *künstlerischen* Verhaltensweise werden konnte.

37 Vgl. dazu *Schillers* Konzeption des »ästhetischen Staates« in den »Briefen über die ästhetische Erziehung des Menschen.«

38 *Kant*: Kritik der Urteilskraft, ed. G. *Lehmann*, Stuttgart 1966, S. 235.

39 Vgl. *Benjamin*, ebd., S. 53.

40 Siehe dazu als neues Beispiel den Sammelband »Autonomie der Kunst, Zur Genese und Kritik einer bürgerlichen Kategorie«, Ffm. 1972.

41 Siehe dazu *Marx*: Resultate des unmittelbaren Produktionsprozesses, Ffm. 1970.

42 Vgl. *Marx*: Grundrisse der Kritik der politischen Ökonomie, Berlin 1953, S. 191 f.

43 Nach *Marx* kann die Arbeit der materiellen Produktion den Charakter der künstlerischen Produktion erhalten, »dadurch daß 1) ihr gesellschaftlicher Charakter gesetzt ist, 2) daß sie wissenschaftlichen Charakters, zugleich allgemeine Arbeit ist, nicht Anstrengung des Menschen als bestimmt dressierter Naturkraft, sondern als Subjekt, das in dem Produktionsprozeß nicht in bloß natürlicher, naturwüchsiger Form, sondern als alle Naturkräfte regelnde Tätigkeit erscheint« (ebenda).

44 Zum letzten Punkt vgl. *Habermas*: Erkenntnis und Interesse, Ffm. 1973, S. 244 ff.

45 *Habermas*, ebd., S. 255.

46 Siehe dazu F. *Kambartel*: Erfahrung und Struktur, Bausteine zu einer Kritik des Empirismus und Formalismus, Ffm. 1968, S. 112 ff.

47 Dies belegt auch folgende Passage aus der »Kritik der praktischen Vernunft«, in welcher *Kant* die These vertritt, daß es für die Freiheit weder eine empirische noch eine intellektuelle Anschauung geben kann: »Man kann das Bewußtsein dieses Grundgesetzes [d. i. des kategorischen Imperativs] ein Faktum der Vernunft nennen, weil man es nicht aus vorhergehenden Datis der Vernunft, z. B. dem Bewußtsein der Freiheit (denn dieses ist uns nicht vorher gegeben) herausvernünfteln kann, sondern weil es sich für sich selbst uns aufdringt als synthetischer Satz a priori, der auf keiner, weder reinen noch empirischen Anschauung gegründet ist, ob er gleich analytisch sein würde, wenn man die Freiheit des Willens voraussetzte, wozu aber, als positivem Begriffe, eine intellektuelle Anschauung erfordert werden würde, die man hier gar nicht annehmen darf.« (Kritik der praktischen Vernunft, Hamburg 1963, S. 36 f.).

48 *Fichte*: Sonnenklarer Bericht. In: Ausgewählte Werke in sechs Bänden, ed. Fritz *Medicus*, Bd. 3, Darmstadt 1962, S. 629.

49 ebd., S. 633.

50 ebd., S. 620.

51 ebd., S. 622.

52 ebd., S. 582 ff.
53 ebd., S. 602.
54 Siehe dazu Dieter *Henrich*: Fichtes ursprüngliche Einsicht, Ffm. 1967.
55 *Fichte*: Versuch einer neuen Darstellung der Wissenschaftslehre. In: Ausgewählte
   Werke, ed. *Medicus*, Bd. 3, S. 109.
56 So interpretiert ihn *Habermas*: »Diese Deutung, die Fichte der reinen Apperzeption
   Kants mit eigenwilliger Konsequenz gibt, wirft Licht auf die materialistisch begriffene
   Identität gesellschaftlich arbeitender Subjekte.« (Erkenntnis und Interesse, Ffm. 1968,
   S. 54) »In seiner Arbeit *begreift* sich das gegenwärtige Subjekt, indem es sich durch
   die Produktion der vergangenen Subjekte als durch sich selbst hervorgebracht weiß.
   [...] In ihrem Produktionsprozeß *setzt* die Gattung sich erst *als* gesellschaftliches Sub-
   jekt. [...] Die Identität des Bewußtseins, die Kant als Einheit des transzendentalen
   Bewußtseins verstanden hat, ist *erarbeitete* Identität. Sie ist nicht unmittelbares Vermögen der Synthesis, reine Apperzeption, sondern Akt des Selbstbewußtseins im Sinne
   Fichtes.« (ebd., S. 55 f.) Ob freilich die materialistische Interpretation der Synthesis
   von Subjektivität die Aporien der von Fichte problematisierten Reflexionstheorie
   überwindet, muß stark bezweifelt werden. So schreibt Dieter Henrich m. E. teilweise
   zu Recht, daß die Kritiker Fichtes dazu neigen, »Ich, Vernunft und Freiheit irgendeine
   Wirklichkeit abstrakt vorzuordnen und zu sagen, daß sie es sei, von der wir dependie-
   ren. Dabei wird nur Hegels Fehler [daß er die Einheit der Gegensätze nur dialektisch
   aus ihrem Resultat, nicht aber als ursprüngliche Einheit denke] wiederholt, in umge-
   kehrtem Zusammenhang und vergröbert. Nur das Faktum der Freiheit wird gedacht,
   nicht die Freiheit als Faktum. Dann aber muß die Frage nach Wesen, Einheit und
   Ursprung des Ich verstummen.« (*Henrich*: Fichtes ursprüngliche Einsicht, Ffm. 1967,
   S. 50 f.)
57 *Schiller*: Briefe über die ästhetische Erziehung des Menschen. In: Theoretische Schriften 3, München 1966, S. 80.
58 Vgl. ebd., S. 79 f.
59 Diesen Zusammenhang von idealistischer Philosophie und Melancholie hat Wolf
   Lepenies in seinem Buch »Melancholie und Gesellschaft«, Ffm. 1972, Kp. IV, untersucht. Er interpretiert den heroischen Idealismus unter dem Aspekt von Aktionshemmung und Eskapismus des politisch machtlosen Bürgertums.
60 *Schelling*: Philosophie der Kunst, Besonderer Teil. In: Werke, ed. M. *Schröter*, München 1927–59, Erg.-Bd. III, S. 282.
61 *Schelling*: System des transzendentalen Idealismus. In: Werke, ed. *Schröter*, Bd. II,
   S. 349.
62 ebd., S. 618.
63 ebd., S. 626.
64 ebd., S. 629.
65 Ebenda.
66 Ebenda.
67 *Schelling*: System der gesamten Philosophie und der Naturphilosophie insbesondere.
   In: Werke, ed. *Schröter*, Erg.-Bd. II, S. 502.
68 »Soll die Kraft der Begeisterung auch in der Poesie sich immerfort einzeln zersplittern
   und [...] endlich einsam verstummen? [...] Ihr [...] müßt es oft im Dichten gefühlt
   haben, daß es euch an einem festen Halt für euer Wirken gebrach, an einem mütterlichen Boden, einem Himmel, einer lebendigen Luft. [...] Es fehlt, behaupte ich, unsrer
   Poesie an einem Mittelpunkt, wie es die Mythologie für die Alten war, und alles
   Wesentliche, worin die moderne Dichtkunst der antiken nachsteht, läßt sich in die
   Worte zusammenfassen: Wir haben keine Mythologie.« (Fr. *Schlegel*: Rede über die
   Mythologie. In: Kritische Schriften, ed. *Rasch*, München 1964, S. 496 f.)

380   Hans Freier

69 Ebenda.
70 Siehe dazu *Habermas*: Technik und Wissenschaft als ›Ideologie‹, Ffm. 1970.
71 ebd., S. 68.
72 ebd., S. 69.
73 ebd., S. 72.
74 ebd., S. 82.
75 ebd., S. 98.
76 ebd., S. 91.
77 ebd., S. 54.
78 ebd., S. 57.
79 *Habermas*: Legitimationsprobleme im Spätkapitalismus, Ffm. 1973, S. 119.
80 ebd., S. 112.
81 ebd., S. 119.
82 ebd., S. 120.
83 Ebenda.
84 Reinhart *Koselleck*: Kritik und Krise, Ein Beitrag zur Pathogenese der bürgerlichen Welt, Freiburg i. B. und München, 2. Aufl. 1959.
85 Thomas *Neumann:* Der Künstler in der bürgerlichen Gesellschaft, Entwurf einer Kunststoziologie am Beispiel der Künstlerästhetik Friedrich Schillers, Stuttgart 1968.
86 Koselleck und Neumann zeigen diesen *kritischen* Prozess einer zunächst *unpolitischen* Konfrontation von Kunst und Politik am Beispiel von Schillers Verfassung einer autonomen Bühnengerichtsbarkeit.
87 Vgl. Ernst *Cassirer*: Die Methodik des Idealismus in Schillers philosophischen Schriften. In: Idee und Gestalt, Berlin 1921.
88 So argumentiert beispielsweise Franz–Joachim *Verspohl*: »Da das Bewußtsein der Menschen durch die Gesellschaft bestimmt ist, in der sie leben, ist jede Setzung von Autonomie – auf welchem Gebiet auch immer angenommen – eine Fiktion.« (»Autonomie und Parteilichkeit, ›Ästhetische Praxis‹ in der Phase des Imperialismus«. In: Autonomie der Kunst, Ffm. 1972, S. 199) Gegen diesen überzeugten Satz wäre vieles einzuwenden, auch wenn man den idealistischen Transzendentalismus, der übrigens auf der von Verspohl anvisierten empirischen Ebene niemals die determinierende Rolle der Gesellschaft geleugnet hat, nicht unkritisch aneignet. So wird beispielsweise die Fiktionalität der ästhetischen Autonomie von Schiller gar nicht bestritten. Es geht ihm gerade um ihre Legitimation *als* Fiktionalität: um ihre Abgrenzung vom *logischen* Schein. Die Gleichung Fiktion = Ideologie hält einer Überprüfung nicht stand.
89 *Kant* definiert das Problem als Aufgabe, »aus gegebenen Wahrnehmungen einer allenfalls unendliche Mannigfaltigkeit empirischer Gesetze enthaltenden Natur eine zusammenhängende Erfahrung zu machen« (Kritik der Urteilskraft, S. 41). »Der Verstand ist zwar a priori im Besitze allgemeiner Gesetze der Natur, ohne welche sie gar kein Gegenstand einer Erfahrung sein könnte: aber er bedarf doch auch überdem noch einer gewissen Ordnung in den besonderen Regeln derselben, und die in Ansehung seiner zufällig sind.« (ebd., S. 41 f.)
90 »Ob nun zwar eine unüberbrückbare Kluft zwischen dem Gebiete des Naturbegriffs, als dem Sinnlichen, und dem Gebiete des Freiheitsbegriffs, als dem Übersinnlichen, befestigt ist, so daß von dem ersteren zum andern (also vermittelst des theoretischen Gebrauchs der Vernunft) kein Übergang möglich ist, gleich als ob es so viel verschiedene Welten wären, deren erste auf die zweite keinen Einfluß haben kann: so *soll* doch diese auf jene einen Einfluß haben, nämlich der Freiheitsbegriff soll den durch seine Gesetze aufgegebenen Zweck in der Sinnenwelt wirklich machen; und die Natur muß folglich auch so gedacht werden können, daß die Gesetzmäßigkeit ihrer Form

wenigstens zur Möglichkeit der in ihr zu bewirkenden Zwecke nach Freiheitsgesetzen zusammenstimme.« (ebd., S. 28)

91 Die Verwunderung über diese (zufällige) Übereinstimmung, die überhaupt erst einen Fortschritt der wissenschaftlichen Erkenntnis ermöglicht, drückt sich auch noch in Thomas S. *Kuhns* Essay »Die Struktur wissenschaftlicher Revolutionen«, Ffm. 1973, aus. Seine These, daß die besondere Struktur der wissenschaftlichen Forschungsgemeinschaft, die Resistenz ihrer Übereinstimmung gegenüber dem wissenschaftlichen Paradigmawechsel, eine Grundbedingung wissenschaftlicher Evolution sei, schränkt er selbst mit der Feststellung ein, daß sie allein das Funktionieren wissenschaftlicher Evolution noch nicht zureichend erklärt. Seine Abhandlung mündet in die tiefgreifende Frage: »Wie muß die Welt beschaffen sein, damit der Mensch sie erkennen kann?» (ebd., S. 226 f.)

92 *Kant*: Kritik der Urteilskraft, S. 35.

93 ebd., S. 43.

94 ebd., S. 49.

95 ebd., S. 108.

96 ebd., S. 90.

97 Zu *Kants* Auseinandersetzung mit dem »Skepticism« siehe besonders seine Ausführungen über die dritte Antinomie im Antinomienkapitel der »Kritik der reinen Vernunft«.

98 *Kant*: Kritik der Urteilskraft, S. 310.

99 ebd., S. 313.

100 *Gadamer*: Wahrheit und Methode, S. 37 f.

101 *Koselleck*: Kritik und Krise, S. 41.

102 ebd., S. 66.

103 ebd., S. 70.

104 *Gadamer*, ebd., S. 83 f.

105 Siehe dazu Leonore *Kühn*: Das Problem der ästhetischen Autonomie. In: Zeitschrift für Ästhetik und allgemeine Kunstwissenschaft 4, 1909, S. 16–77.

106 *Schiller*: Kallias–Briefe. In: Theoretische Schriften 1, München 1966, S. 166.

107 ebd., S. 167.

108 ebd., S. 167ff.

109 ebd., S. 176 f.

110 ebd., S. 177.

111 ebd., S. 180.

112 ebd., S. 186.

113 ebd., S. 190.

114 Herbert *Marcuse*: Triebstruktur und Gesellschaft, Ffm. 1965, S. 185.

115 *Schiller*: Briefe über die ästhetische Erziehung des Menschen. In: Theoretische Schriften 3, München 1966, S. 23.

116 In einem Brief an den Herzog von Augustenburg vom 13.7.1793 schreibt Schiller: »Wäre das Faktum wahr – wäre der außerordentliche Fall wirklich eingetreten, daß die politische Gesetzgebung der Vernunft übertragen, der Mensch als Selbstzweck respektiert und behandelt, das Gesetz auf den Thron erhoben, und wahre Freiheit zur Grundlage des Staatsgebäudes gemacht worden, so wollte ich auf ewig von den Musen Abschied nehmen, und dem herrlichsten aller Kunstwerke, der Monarchie der Vernunft, alle meine Tätigkeit widmen. Ja, ich bin so weit entfernt, an den Anfang einer Regeneration des Politischen zu glauben, daß mir die Ereignisse der Zeit vielmehr alle Hoffnung dazu auf Jahrhunderte benehmen.« (*Schiller*: Briefe, ed. Fritz *Jonas*, Stuttgart 1892, Bd. 3, S. 332)

117 Günter *Rohrmoser*: Herrschaft und Versöhnung, Freiburg 1972, S. 84.

118 *Schiller*: Briefe über die ästhetische Erziehung, S. 17.
119 ebd., S. 18.
120 ebd., S. 20.
121 ebd., S. 21.
122 ebd., S. 22.
123 ebd., S. 25.
124 *Rohrmoser*, ebd., S. 97.
Eine ähnliche Dialektik entfaltet *Hegel* in der »Phänomenologie des Geistes« im zweiten Unterkapitel des Abschnitts »Die Verwirklichung des vernünftigen Selbstbewußtseins durch sich selbst«. Es trägt den Titel »Das Gesetz des Herzens und der Wahnsinn des Eigendünkels« und beschreibt den Exodus subjektiver Vernunft aus dem »Glück« einer zerfallenen sittlichen Totalität. Hegel zeigt, daß das Individuum, vollbringt es das Gesetz seines Herzens, mit sich selbst in einen Widerspruch gerät, weil es sich als *Einzelnes* in der von ihm hervorgebrachten *allgemeinen* Ordnung nicht mehr erhalten kann. »Das Gesetz des Herzens hört eben durch seine Verwirklichung auf, Gesetz des *Herzens* zu sein. Denn es erhält darin die Form des *Seins* und ist nun *allgemeine* Macht, für welche *dieses* Herz gleichgültig ist, so daß das Individuum *seine eigene* Ordnung dadurch, daß es sie aufstellt, nicht mehr als die seinige findet. Durch die Verwirklichung seines Gesetzes bringt es daher nicht *sein* Gesetz, sondern indem sie an sich die seinige, für es aber eine fremde ist, nur dies hervor, in die wirkliche Ordnung sich zu verwickeln, und zwar in sie als eine ihm nicht nur fremde, sondern feindliche Übermacht. [...] Statt dieses *seines Seins* erlangt es also in dem Sein die Entfremdung *seiner selbst.*« (Phänomenologie, ed. *Hoffmeister*, 6. Aufl. Hamburg 1952, S. 268 f.) Um dieser Selbstzerstörung zu entgehen, projiziert es seine eigene Verkehrtheit in die allgemeine Ordnung, gegen die es sich in gesteigerter Wut wendet. »Aber das Herz oder die *unmittelbar allgemeineinwollende Einzelheit des Bewußtseins* ist dies Verrückende und Verkehrte selbst, und sein Tun nur die Hervorbringung dessen, daß dieser Widerspruch *seinem* Bewußtsein wird. Denn das Wahre ist ihm das Gesetz des Herzens, – ein bloß *gemeintes*, das nicht, wie die bestehende Ordnung, den Tag ausgehalten hat, sondern vielmehr, wie es sich diesem zeigt, zugrunde geht.« (ebd., S. 272) Ebenso verkehrt ist nach Hegel aber auch die von der tobenden Verrücktheit des Selbstbewußtseins angegriffene Ordnung selbst, weil sie die Form der Individualität habe. Als solche ist sie nur »*gemeinte Allgemeinheit*«: »Das *Allgemeine*, das vorhanden ist, ist daher nur ein allgemeiner Widerstand und Bekämpfung aller gegeneinander, worin jeder seine eigene Einzelheit geltend macht, aber zugleich nicht dazu kommt, weil sie denselben Widerstand erfährt und durch die andern gegenseitig aufgelöst wird. Was öffentliche *Ordnung* scheint, ist also diese allgemeine Befehdung.« (ebd., S. 273) Hegel begreift die Verrücktheit des Selbstbewußtseins aus der Verrücktheit der bürgerlichen Gesellschaft.
125 *Rohrmoser*, ebd., S. 96 f.
126 *Schiller*: Briefe über die ästhetische Erziehung, S. 26.
127 ebd., S. 40.
128 ebd., S. 64.
129 ebd., S. 65.
130 ebd., S. 69.
131 ebd., S. 82.
132 ebd., S. 26.
133 ebd., S. 89.
134 ebd., S. 95.
135 Thomas *Neumann* thematisiert diese Kunst- bzw. Künstlerproblematik in seinem Buch »Der Künstler in der bürgerlichen Gesellschaft«, Stuttgart 1968, als radikale Entfrem-

dung der autonomen Kunst vom großen Publikum. Schillers Übergang von den transzendental–kunstphilosophischen Schriften zur programmatischen Kritik interpretiert er als Begründung der modernen Position des unglücklichen Künstlers, der, Koalitionen verweigernd, in strengster Separation vereinsamt. Sein Programm artistischer Autonomie erscheint hier als Gegenposition zu Herders Idee einer Poesie des wirklichen Lebens.

In einem Brief an Herder schrieb Schiller: »Daß die Poesie aus dem Leben, aus der Zeit, aus dem Wirklichen hervorgehen, damit eins ausmachen und darein zurückfließen muß [...], leugne ich.« (Zit. n. *Neumann*, ebd., S. 72) Schiller setzt sich von der romantischen Utopie einer neuen Mythologie ab und hält an der autonomen Position der modernen Kunst fest, obgleich er diese selbst als Resultat gesellschaftlicher Entfremdung begreift.

136 *Schiller*: Briefe über die ästhetische Erziehung, S. 95.
137 ebd., S. 84.
138 ebd., S. 85.
139 ebd., S. 86.
140 ebd., S. 85 f.
141 ebd., S. 87.
   Eine verwandte Bestimmung des Verhältnisses von ästhetischem Schein und Wirklichkeit gibt *Hegel*: Die »ganze Sphäre der empirischen inneren und äußeren Welt ist nicht die Welt wahrhafter Wirklichkeit, sondern vielmehr in strengerem Sinne als die Kunst ein bloßer Schein und eine härtere Täuschung zu nennen. Erst jenseits der Unmittelbarkeit des Empfindens und der äußerlichen Gegenstände ist die echte Wirklichkeit zu finden. [...] Den Schein und die Täuschung dieser schlechten, vergänglichen Welt nimmt die Kunst von jenem wahrhaften Gehalt der Erscheinungen fort und gibt ihnen eine höhere, geistgeborne Wirklichkeit. Weit entfernt also, bloßer Schein zu sein, ist den Erscheinungen der Kunst der gewöhnlichen Wirklichkeit gegenüber die höhere Realität und das wahrhaftigere Dasein zuzuschreiben.« (*Hegel*: Ästhetik, Bd. 1, 2. Aufl. Berlin und Weimar 1965, S. 20)
142 Vgl. *Lukács*: Schillers Theorie der modernen Literatur. In: Literatursoziologie, ed. H. *Maus* und F. *Fürstenberg*, 4. Aufl. Neuwied und Berlin 1970, S. 163 f.

Thomas Metscher

»Prometheus«
Zum Verhältnis von bürgerlicher Literatur und materieller
Produktion

> Wunderlich genug, daß jener von mir selbst aufgegebene und
> vergessene »Prometheus« grade jetzt wieder auftaucht. [...]
> Lasset ja das Manuskript nicht zu offenbar werden, damit
> es nicht im Druck erscheine. Es käme unserer revolutionären
> Jugend als Evangelium recht willkommen [...]
> Goethe an Zelter, 11. Mai 1820

> Goethes »Prometheus« ist das Poem unserer Zeit. Mit dem
> Gedicht fand der wirkliche Kampf mit den Autoritäten noch
> keinen Abschluß. Er wurde mehrmals wieder aufgenommen
> und ist auch heute kaum entschieden. Zuverlässig kann man
> heute sagen, daß die Frage heute klarliegt: Prometheus fürch-
> tet sich nicht mehr vor dem räuberischen Geier. Der Prome-
> theus unserer Zeit nimmt hier seinen bevorstehenden Sieg
> im Triumph voraus.
> Belinski, 1842

I. Der bürgerliche Autor als autonomer Produzent – »ich trete die Kelter allein«

Goethes *Prometheus. Dramatisches Fragment* wurde im Sommer 1773 verfaßt.
Das mythologische Material entnahm Goethe, ich folge Wolfgang Kaisers Angaben in der Hamburger Ausgabe von Goethes Werken, vor allem zwei Quellen:
dem Traumgespräch Wielands mit Prometheus aus Wielands *Beiträgen zur geheimen Geschichte des menschlichen Herzens und Verstandes* von 1770 sowie
Hederichs *Mythologischem Lexikon*, das 1770 in neuer Auflage erschienen war.
[1] Als weitere wichtige Quelle nennt Oskar Walzel den Aeschylus–Artikel aus
J.G. Sulzers *Allgemeiner Theorie der schönen Künste* von 1771. [2] Aischylos'
Prometheus–Drama dürfte Goethe gleichfalls bekannt gewesen sein. Die *Prometheus–Ode* – literarischer und ideeller Kern der uns überlieferten frühen Prometheus–Dichtungen – war als Eröffnung des dritten Akts vorgesehen und wurde
in diesem Sinne von Goethe in die Fassung des Fragments der Vollständigen
Ausgabe letzter Hand aufgenommen. Sie entstand allerdings mehr als ein Jahr
später als die anderen Teile des Fragments, etwa Herbst 1774. [3] Die Ode wurde
zuerst als republikanisch–spinozistisches Dokument in Friedrich Jacobis *Über
die Lehren des Spinoza* 1785 veröffentlicht. [4] Dem Bericht Jacobis zufolge
hat sie Lessing zu der bekannten Äußerung veranlaßt: »Der Gesichtspunkt, aus
welchem das Gedicht genommen ist, das ist mein eigener Gesichtspunkt [...]«

[5] Sie wurde von Goethe in stilistisch überarbeiteter Form in die Ausgabe seiner Schriften von 1789 aufgenommen [6]; das dramatische Fragment blieb unberücksichtigt.

Im 15. Buch von *Dichtung und Wahrheit* nennt Goethe einige der Gründe, die ihn zur Konzeption der Prometheus–Dichtung veranlaßten. Ausgangspunkt sei die Erfahrung – es ist bereits eine spezifisch bürgerliche Erfahrung –, »daß der Mensch auf sich selbst zurückgewiesen wird«. »Ich hatte jung genug gar oft erfahren daß in den hülfsbedürftigsten Momenten uns zugerufen wird: ›Arzt, hilf dir selber!‹ und wie oft hatte ich nicht schmerzlich ausseufzen müssen: ›Ich trete die Kelter allein!‹« Die »Bestätigung der Selbständigkeit« – sprich: die Bestätigung der Autonomie des bürgerlichen Subjekts – hatte Goethe, typisch für die deutsche bürgerliche Intelligenz dieser Zeit und in bewußter Absetzung von der an Traditionen und Vorbildern orientierten aristokratischen Literatur in seinem »produktiven Talent« entdeckt, das ihn »seit einigen Jahren keinen Augenblick« verlassen hätte: eine »Naturgabe«, von der er – wie Goethe hinzufügt – »fand, daß sie mir ganz eigen angehöre und durch nichts Fremdes weder begünstigt noch gehindert werden könne« und auf der er gern sein »ganzes Dasein in Gedanken gründen« möchte. ›Produktives Talent‹, damit ist, mit Hegel, die »allgemeine Fähigkeit zur wahren Produktion des Kunstwerks« angesprochen, die Idee des Autors als eines Produzenten, wie sie zuerst im 18. Jahrhundert unter der Voraussetzung einer rapiden Entwicklung der Produktivkräfte, also an einem bestimmten Stadium in der Geschichte der europäischen bürgerlichen Gesellschaft möglich geworden war. Der Begriff des Genies als regulatives und produktives Vermögen des Subjekts – als »Naturgabe«, »welche der Kunst die Regel gibt« (Kant) – war nur die allgemeinste begriffliche Form, in der das Postulat der Autonomie des geistig Produzierenden sich aussprach, ein Postulat, in dem das bürgerliche Individuum im Deutschland dieser Zeit seine Klassenidentität fand.

Goethes Zeugnis in *Dichtung und Wahrheit* zufolge war es eben diese Vorstellung des autonomen geistigen Produzenten, die in dem Bild des Prometheus Gestalt gewann. »Wie ich nun über diese Naturgabe nachdachte und fand, daß sie mir ganz eigen angehöre und durch nichts Fremdes weder begünstigt noch gehindert werden könne, so mochte ich gern hierauf mein ganzes Dasein in Gedanken gründen. Diese Vorstellung verwandelte sich in ein Bild; die alte mythologische Figur des Prometheus fiel mir auf, der, abgesondert von den Göttern, von seiner Werkstätte aus eine Welt bevölkerte.« Prometheus, das war also für Goethe Inbild des autonomen Produzenten, des »Werkmeisters« (Hegel), der, nur auf sich gestellt und keinem Herrn dienend – »abgesondert von den Göttern« –, aber auch in Einsamkeit – die Kelter allein tretend –, von seiner Werkstatt aus eine Welt bevölkert. [7] Das Bild des Prometheus wird so von Goethe auf seine eigene Stellung als Autor bezogen: »das alte Titanengewand schnitt ich mir nach meinem eigenen Wuchse zu«. Und gemeint ist bereits der moderne bürgerliche Schriftsteller, der Autor unter den Bedingungen der gegen Ende des 18. Jahrhunderts sich zunehmend entwickelnden kapitalistischen Produktionsweise in Europa. »[...] the growth of capitalism«, schreibt Christopher Caudwell in seiner klassischen Analyse des sozialen und literarischen Status des bürgerlichen Schriftstellers (unter direkter Bezugnahme auf den Wortlaut des *Kommunistischen Manifests*), »transform all idyllic patriarchal relations – including that of the poet to the class whose aspirations he voices – into »callous« cash–nexus. – Of course this does not make the poet regard himself as a shopkeeper and his poems as cheeses ... In fact it has the opposite effect. It has the effect of making the poet increasingly regard himself as a man removed from society, as an individualist realising only the instincts of his heart [...] At the same time his poems come increasingly to seem worthy ends–in–themselves.« [8]

In Goethes Bericht in *Dichtung und Wahrheit* ist sehr vieles von der ideologischen und politischen Substanz seiner frühen Dichtung verschwiegen oder zurückgenommen. Zwar gesteht er zu – hinsichtlich der von dem Gedicht ausgelösten Spinozismusdebatte –, daß die Ode »zum Zündkraut einer Explosion« diente, »welche die geheimsten Verhältnisse würdiger Männer aufdeckte und zur Sprache brachte: Verhältnisse, die, ihnen selbst unbewußt, in einer sonst höchst aufgeklärten Gesellschaft schlummerten.« [9] »Der Riß war so gewaltsam, daß wir darüber, bei eintretenden Zufälligkeiten, einen unserer würdigsten Männer, Mendelssohn, verloren.« Doch wird gleich darauf der eindeutig revolutionäre Charakter des Gedichts entschärft – zumindest im Hinblick auf Goethes *persönliche* politische und literarische Weltanschauung, seine »Dichtungsart« –, wenn dieser ausdrücklich dem mythologischen Material angelastet wird: »Der titanisch-gigantische, himmelstürmende Sinn jedoch verlieh meiner Dichtungsart keinen Stoff. Eher ziemte sich mir, darzustellen jenes friedliche, plastische, allenfalls duldende Widerstreben, das die Obergewalt anerkannt, aber sich ihr gleichsetzen möchte«, eine Stelle, die, wie Edith Braemer kommentiert, auf die »Tendenz zum Kompromiß« hinweist, »die auch in der schärfsten Opposition des Sturm und Drang latent vorhanden war«. [10]

Nach Heines Wort offenbarte sich zur Zeit der Französischen Revolution – und das gilt gleichfalls für die vorrevolutionäre Epoche –, »in unserer Schriftwelt das wildeste Gären und Wallen. Der einsamste Autor, der in irgendeinem abgelegenen Winkelchen Deutschlands lebte, nahm Teil an dieser Bewegung; fast sympathetisch, ohne von den politischen Vorgängen genau unterrichtet zu sein, fühlte er ihre soziale Bedeutung, und sprach sie aus in seinen Schriften.« [11] Es dürfte kaum ein zweites Werk der deutschen Literatur des späten 18. Jahrhunderts zu nennen sein, das in einer so exemplarischen Form wie Goethes *Prometheus* die soziale Bedeutung seiner Epoche ausspricht. Der *Prometheus* atmet, wie Belinski gesagt hat, »den herrschenden Geist des Jahrhunderts«. [12] Er ist das stärkste, das politisch kräftigste jener »Glieder einer ungeheuren Opposition« [13], welche die literarisch relevante Produktion des jungen Goethe tragen.

II. Himmliches Feuer und Dampfmaschine, oder Prometheus und die menschliche Arbeit

> Prometheus
> (in seiner Werkstatt)
> Bedecke deinen Himmel, Zeus,
> Mit Wolkendunst,
> Und übe, dem Knaben gleich,
> Der Disteln köpft,
> An Eichen dich und Bergeshöhn;
> Mußt mir meine Erde
> Doch lassen stehn,
> Und meine Hütte, die du nicht gebaut,
> Und meinen Herd,
> Um dessen Gluth
> Du mich beneidest. [14]

Die Eröffnungsstrophe der Ode setzt unmittelbar mit dem Gegensatz ein, der die gesamte Prometheus–Dichtung determiniert, hier ausgedrückt in der Opposition *dein* Himmel – *meine* Erde, *meine* Hütte, *mein* Herd. »Hier Mein und Dein,/ Und so sind wir geschieden«, heißt es im ersten Akt des dramatischen Fragments. Endgültig wird dem theozentrischen Weltbild des Mittelalters und dem, was es verhüllte, der Gesellschaftsordnung des Feudalismus die Absage erteilt. Der Blitz des Zeus – literarischer Topos feudalabsolutistischer Macht – hat die Bedrohung verloren, die die Regierung des Zeus aufrechterhielt. Er soll sich, nach dem höhnischen Wort der Ode, dem Disteln köpfenden Knaben gleich an Eichen und Bergeshöhn üben. Die selbsterbaute Hütte, das aus eigener Arbeit hervorgegangene private, bürgerliche Eigentum vermag er nicht zu erreichen. Es gehört ihm so wenig wie ihm das gemeinsame Eigentum der Menschen, die Erde gehört. *Meine Erde*, das ist für die bürgerliche Intelligenz im 18. Jahrhundert der *allgemeine* Ort des Menschen, das allgemeine Eigentum, eine Auffassung mit guter Tradition. Locke unterscheidet 1690 in den *Two Treatises of Government* zwischen dem aus dem ursprünglichen und unbestreitbaren Eigentum des Menschen an seiner eigenen Person und ihren Wirkkräften abgeleiteten Sacheigentum (»Sondereigentum«, W. Hofmann) und der Erde als dem gemeinsamen Eigentum aller Menschen, dem »naturhaften Zustand des Allgemeinbesitzes« [15]. Privates Eigentum entsteht, insofern das Individuum auf Grund seiner eigenen Arbeit eine ›Sache‹ aus dem naturhaften Zustand des Gemeinbesitzes herausgeführt hat. Die Arbeit ist »das subjektive Wesen des Privateigentums« (Marx) [16]. Das Individuum hat »Aneignungsrecht auf Grund der persönlichen Arbeit« (Hofmann) und dies, wie Locke sagt, »ohne ausdrückliche Vereinbarung der gemeinsamen Eigentümer«. Die wertbildende Arbeit wird also von Locke als Grundlage des Eigentums angesehen, die produktive Kraft der Arbeit anerkannt. [17] Dies bezeichnet den Anfang einer Entwicklungslinie bürgerlicher Ideologie, die mit der klassischen Periode der bürgerlichen Philosophie ihren Höhepunkt erreicht. So wird

in der Hegelschen *Rechtsphilosophie* das Eigentum als »Dasein der Persönlichkeit« definiert. Das »Besitzergreifen« des Eigentums ist ein *»äußerliches Tun*,
wodurch das allgemeine Zuneigungsrecht der Naturdinge verwirklicht wird«,
d. h. Eigentum wird als Resultat der materiellen Produktion beschrieben. [18]
   Die Kenntnis dieses allgemeinen ideologiegeschichtlichen Zusammenhangs ist
notwendige Bedingung dafür, die Literatur Goethes überhaupt als bürgerliche
Literatur konkret begreifen zu können. Der bürgerliche Eigentumsbegriff – das
Eigentum als Dasein der Persönlichkeit – ist in den Texten der Prometheus–Dichtung unmittelbar präsent. In der Bestimmung des bürgerlichen Eigentums: *meine
Hütte* als Produkt meiner persönlichen wertbildenden Arbeit (»... meine Hütte/
Die du nicht gebaut«) findet Goethe die Rechtsgrundlage seiner Opposition gegen
Zeus, d. i. gegen die politische und ideologische Herrschaft des Feudalabsolutis-
mus. Bürgerliches Eigentum ist die Basis für den im Prometheus positiv artikulier-
ten Herrschaftsanspruch der bürgerlichen Klasse, für die Prometheische Men-
schenrechtserklärung, für seine Affirmation bürgerlicher Humanität.

> Hier sitz' ich, forme Menschen,
> Nach meinem Bilde,
> Ein Geschlecht, das mir gleich sei,
> Zu leiden, weinen,
> Genießen und zu freuen sich,
> Und dein nicht zu achten,
> Wie ich.

Das Prometheus–Fragment nimmt den bürgerlichen Eigentumsbegriff konsequent auf; so die Vorstellung des Eigentumsrechts auf Grund persönlicher
Arbeit:»*Epimetheus*. Wie Vieles ist denn dein? / *Prometheus*. Der Kreis, den
meine Wirksamkeit erfüllt! / Nichts drunter und nichts drüber!« (1. Akt); die
Idee des ursprünglichen und unbestreitbaren Eigentums des Menschen an seiner
eigenen Person und ihren Wirkkräften: »Und welch ein Recht / Ergeizen sich
die stolzen / Bewohner des Olympus / Auf meine Kräfte? / Sie sind *mein*, und
mein ist ihr Gebrauch.« (1. Akt) Auf den Vorschlag der Götter, die Herrschaft
über Himmel und Erde mit ihnen zu teilen, entgegnet Goethe–Prometheus, in
überraschend deutlicher Absage an jeden ›Klassenkompromiß‹:

> Ihr Burggraf sein
> Und ihren Himmel schützen?–
> Mein Vorschlag ist viel billiger:
> Sie wollen mit mir theilen, und ich meine,
> Daß ich mit ihnen nichts zu theilen habe.
> Das, was *ich* habe, können sie nicht rauben,
> und was *sie* haben, mögen sie beschützen.
> Hier Mein und Dein,
> Und so sind wir geschieden. (1. Akt)

Dies eine klare Erklärung der ökonomischen, politischen und ideologischen
Unabhängigkeit der bürgerlichen Klasse gegenüber der feudalen, die Absage auch

jeder Form von ›Gewaltenteilung‹ mit dem oder ›Schützendienste‹ für das Ancien Régime. Der zweite Akt entfaltet das Motiv des *Bauens*. Prometheus unterweist *einen Mann* – das gesellschaftliche Subjekt als bürgerliches Individuum – im Bau einer Hütte. »Hier, lieber Sohn, ein Schutz und eine Hütte!« Auf die Frage »Sag, dürfen alle meine Brüder wohnen / In meiner Hütte?«, entgegnet er: »Nein! / Du hast sie dir gebaut, und sie ist dein. / [...] / Wer wohnen will, der bau' sich selber eine.« Die anschließende Szene zeigt die (durch Vermittlung Rousseaus) vom jungen Goethe auf breitem Raum aufgenommene »Frage nach dem Ursprung der inégalité und des Eigentums« [19]: privates Eigentum als Ursache sozialer Konflikte, letztlich des Verbrechens (»Raub«), sowie der Notwendigkeit der Rechtssprechung:

> Zwei Männer
>
> *Erster.* Du sollst kein Stück
>   von meinen Ziegen nehemen!
>   Sie sind mir mein!
> *Zweyter.* Woher?
> *Erster.* Ich habe gestern Tag und Nacht
>   Auf dem Gebirg herumgeklettert,
>   Mit saurem Schweiß
>   Lebendig sie gefangen,
>   Diese Nacht bewacht,
>   Sie eingeschlossen hier
>   Mit Stein und Aesten.
> *Zweyter.* Nun gib mir eins!
>   Ich habe gestern auch eine erlegt,
>   Am Feuer sie gezeitigt
>   Und gessen mit meinen Brüdern.
>   Brauchst heut nur eine:
>   Wir fangen morgen wieder.
> *Erster.* Bleib mir von meinen Ziegen!
> *Zweyter.* Doch!
>   (Erster will ihn abwehren, Zweyter gibt ihm einen Stoß, daß er umstürzt,
>   nimmt eine Ziege und fort.)
> *Erster.* Gewalt! Weh! Weh!

Die Sphäre der sich herausbildenden bürgerlichen Gesellschaft wird von Goethe zumindest ansatzweise als Resultat eines Prozesses von Klassenkämpfen begriffen. Ja sie wird hier – in Vorwegnahme der wenig später im *Werther* entwickelten, im *Wilhelm Meister* und *Faust* ausgeführten Erkenntnisse über den antagonistischen Charakter der bürgerlichen Gesellschaft – als ein widersprüchliches soziales System aufgefaßt. Im *Zentrum* der Prometheus–Dichtung allerdings steht nicht die Kritik, sondern der revolutionäre Emanzipationsprozeß der bürgerlichen Klasse. Dem »Bedecke deinen Himmel, Zeus,« entspricht als physischer Gestus die vom Herrscher entgegengereckte geballte Faust. In gleicher Schärfe, kompromißlos–jakobinisch eröffnet das dramatische Fragment:

Prometheus. Ich will nicht, sag es Ihnen!
Und kurz und gut, ich will nicht!
Ihr Wille gegen meinen!
Eins gegen Eins,
Mich dünkt, es hebt sich!

Die sich hier artikulierende Willens-Ethik ist spontan kantianisch. Wir erinnern uns, daß Heine Kants »Niederreißen des alten Dogmatismus« mit dem Sturm auf die Bastille verglich. [20] Kant war Heine der Robbespierre im Reiche der Gedanken, ja er hätte diesen, fügt Heine aphoristisch hinzu, an Terrorismus noch übertroffen. [21] Auch der ›Kantianismus‹ der Prometheusdichtungen ist jakobinisch–revolutionär. Der autonome Wille der praktischen Vernunft des bürgerlichen Subjekts stellt sich klassenkämpferisch gegen den Willen der Herrschenden »dadroben«. *Zeus* ist Metapher für die zu Goethes Zeit Herrschenden. Gott und Fürst werden bei Goethe identisch [22], nicht umsonst der Titel »Eure Majestät« in der Ode. »Gemeint ist […] alles, was den Menschen transzendent, von außen befehlend entgegengestellt wird« [23], schreibt Lukács, also jede Fremdbestimmtheit des Menschen. Daß Goethe die Ineinssetzung ideologischer und politischer Macht in der Gestalt des herrschenden Gottes bewußt begriffen hat, geht, der Tendenz zur Harmonisierung klassenkämpferischer Konflikte entgegen, aus *Dichtung und Wahrheit* recht deutlich hervor. Und zwar reflektiert Goethe zu Beginn des 15. Buchs – nur wenige Seiten vor der Darstellung der Motive für die Prometheusdichtung –, anläßlich des Berichts seiner Begegnung mit Katharina von Klettenberg und seiner Annäherung an die Herrenhuter Brüdergemeine, über die, wie heute zu sagen wäre, politische Bedeutung der positiven Religion. Er schreibt: »Jede positive Religion hat ihren größten Reiz, wenn sie im Werden begriffen ist […]« Als wichtigsten Punkt dabei bezeichnet Goethe die »unzertrennliche Verbindung« religiöser und bürgerlicher Verfassung«, »daß der Lehrer zugleich als Gebieter, der Vater zugleich als Richter dastand; ja, was noch mehr war, das göttliche Oberhaupt, dem man in geistlichen Dingen einen unbedingten Glauben geschenkt hatte, war auch zu Lenkung weltlicher Angelegenheiten angerufen […]« Die Ausführungen Goethes sind hier durchaus positiv gemeint, er schreibt über die Brüdergemeine, wichtig für uns ist die allgemeine religionsphilosophische Bedeutung seiner Reflexion. Goethe sah, darin ein Schüler der älteren Aufklärung, den Sinn der positiven Religion allein in ihrer sozialen Funktion. Von zentraler Bedeutung dabei ist die Identifikation des göttlichen Oberhaupts mit dem weltlichen. Im *Prometheus* tritt dieser Gedanke negativ gewendet hervor. Es »entschleiert sich das Geheimnis des Gottes als Identität mit dem Fürsten« [24], womit der Goethesche Angriff eine doppelte Dimension erhält, die politische und die ideologische. Er umfaßt den politischen und den ideologischen Klassenkampf. Richtig spricht Claus Träger von einer »ideologischen Opposition und politischen Rebellion« als der Grundbedeutung des Prometheus–Symbols bei Goethe. Die in der Prometheus–Dichtung literarisch artikulierte gesellschaftliche

Handlung spiegelt den Emanzipationsprozeß der bürgerlichen Klasse in Deutschland: es ist ein »Vorgang primär ideologisch–politischer Natur innerhalb eines
sich erst herausbildenden bürgerlichen Überbaus über eine verfallenden feudalen
Basis.« [25] Prometheus, läßt sich sagen, ist der Figaro *diesseits* des Rheins.

Die politische Dimension des Fragments wird – bereits sprachlich – explizit
in der Szene »Auf Olympus« zwischen Jupiter und Merkur am Beginn des zweiten
Akts.

> *Merkur.* Gräuel – Vater Jupiter – Hochverrath!
> Minerva, deine Tochter,
> Steht dem Rebellen bei,
> Hat ihm den Lebensquell eröffnet
> Und seinen lettenen Hof,
> Seine Welt von Thon
> Um ihn belebt.
> Gleich uns bewegen sie sich all
> Und weben, jauchzen um ihn her,
> Wie wir um dich.
> O, deine Donner, Zeus!

Was Merkur verkündet, ist – Revolution. Die Sprache hier, wie selten in der
klassischen deutschen Literatur, ist direkt politisch. Die von Minerva belebte
Welt um Prometheus ist die im Schoße der feudalen Gesellschaft entstandene
bürgerliche Gesellschaft. Und doch scheint die Herrschaft des Zeus nicht *politisch*, nur *ideologisch* bedroht. Mit einer aus dem Bewußtsein ungebrochener
politischer – und militärischer Macht – gespeisten Sicherheit kann daher Jupiter
antworten:

> *Jupiter.* Sie sind! und werden sein!
> Und sollen sein!
> Über alles was ist
> Unter dem weiten Himmel,
> Auf der unendlichen Erde,
> Ist mein die Herrschaft.
> Das Wurmgeschlecht vermehrt
> Die Anzahl meiner Knechte.
> Wohl ihnen, wenn sie meiner Vaterleitung folgen!
> Weh ihnen, wenn sie meinem Fürstenarm
> Sich widersetzen.

Jupiters Stimme ist die Stimme absolutistischer Klassenherrschaft, die bereit ist,
im Rahmen eines absolutistischen politischen Überbaus der ökonomischen Entwicklung bürgerlich–kapitalistischer Gesellschaft den Weg freizugeben, ja diese
Entwicklung zu unterstützen, soweit sie allein die Anzahl der »Knechte« des
feudalen Herrn vermehrt und den existierenden Überbau politisch nicht bedroht.
Wir sehen, wie sich in dieser frühen Dichtung Goethes der Schicksalsweg der
deutschen Geschichte in seinen Konturen abzuzeichnen beginnt.

Der Prometheus des Fragments ist jedoch, anders als der zweite Faust – der sein Land vom Kaiser zum Lehen empfängt – nicht bereit, die Herrschaft Jupiters, in welcher Form auch immer, zu akzeptieren. Der Szene »Auf Olympus« folgt unmittelbar als Gegenbild die Szene »Thal am Fuße des Olympus« mit einem kurzen Monolog des Prometheus, der wichtige Motive der späteren Ode vorwegnimmt.

> *Prometheus.* Sie nieder, Zeus!
> Auf meine Welt: sie lebt!
> Ich habe sie geformt nach meinem Bilde,
> Ein Geschlecht, das mir gleich sei,
> Zu leiden, weinen, zu genießen und zu freuen sich
> Und dein nicht zu achten,
> Wie ich!

Die von Prometheus selbst »geformte« Welt ist das Ergebnis der eigenen Arbeit des Menschen. Sie ist daher menschliches Eigentum. Sie ist im Arbeitsprozeß der Natur abgerungen, wobei der Arbeitsprozeß durchaus schon als ökonomischer Prozeß, als materieller Produktionsprozeß gesehen wird: »Prozeß zwischen Mensch und Natur«, »worin der Mensch seinen Stoffwechsel mit der Natur durch seine eigne Tat vermittelt, regelt und kontrolliert«. [26] ›Arbeit‹ aber an dem Punkt der Geschichte, von dem aus Goethes Prometheus spricht, bedeutet Herausbildung der ökonomischen Herrschaft der bürgerlichen Gesellschaft unter den Bedingungen ihrer politischen Knechtschaft.

> *Prometheus.* Nicht einen Fußtritt
> Für den obersten der Götter mehr!
> *Minerva.* So wähnt die Macht.
> *Prometheus.* Ich wähne, Göttin, auch
> Und bin auch mächtig.–
> Sonst! – Hast du mich nicht oft gesehn
> In selbsterwählter Knechtschaft
> Die Bürde tragen, die sie
> In feierlichem Ernst auf meine Schulter legten?
> Hab' ich die Arbeit nicht vollendet,
> Jedes Tagwerk, auf ihr Geheiß,
> Weil ich glaubte,
> Sie sähen das Vergangene, das Zukünftige
> Im Gegenwärtigen,
> Und ihre Leitung, ihr Gebot
> Sei uranfängliche
> Uneigennützige Weisheit?
> *Minerva.* Du dientest, um der Freiheit werth zu sein.
> *Prometheus.* Und möcht' um alles nicht
> Mit dem Donnervogel tauschen
> Und meines Herren Blitze stolz
> In Sklavenklauen packen.
> Was sind sie? was ich (1. Akt)

Angesprochen ist hier unmittelbar der Prozeß der Herausbildung der bürgerlichen Gesellschaft in der feudalen, ein Prozeß, den Hegels *Phänomenologie des Geistes* dreißig Jahre später, beim Donnern der Schlacht von Jena, unter den Titel der Dialektik von *Herrschaft und Knechtschaft* faßt – diese Begriffe sind, etwa in Jupiters Rede, auch für die Goethe–Dichtung konstitutiv.

Im Kapitel *Selbständigkeit und Unselbständigkeit des Selbstbewußtseins, Herrschaft und Knechtschaft* beschreibt die *Phänomenologie des Geistes* den historischen Prozeß als einen Prozeß gesellschaftlicher Arbeit. Der Arbeitsprozeß findet für Hegel innerhalb eines Arbeitsverhältnisses – eines ›Produktionsverhält-nisses‹, marxistisch gesprochen – statt. Dieses Verhältnis faßt Hegel in den Kate-gorien von Herr und Knecht. Zweierlei ist dabei für unseren Zweck von besonde-rer Bedeutung. *Erstens* ist der die gesellschaftlich–geschichtliche Wirklichkeit konstituierende *Kampf* zwischen Herr und Knecht ein »Kampf auf Leben und Tod um die ›Anerkennung‹« (Kojève) [27], das heißt aber, zumindest in einer Dimension dieser Vorstellung, ein Kampf um politische Herrschaft, die von den Unterlegenen akzeptiert wird. Auch bei Goethe ist diese ›Anerkennung‹ ein wich-tiges Motiv: »– ich sollte Knecht sein / Und – wie Alle –/ Anerkennen droben die Macht des Donnerers? / Nein!« (1. Akt) *Zweitens* sieht Hegel den geschichtli-chen Verlauf, wie Goethe im Prometheus–Fragment zumindest tendenziell, als determiniert durch die Arbeit des Arbeiter–Knechts, dem die geschichtliche Zukunft und damit die zukünftige politische Herrschaft gehört. In Goethes Frag-ment hat Prometheus in selbstgewählter Knechtschaft die Bürde getragen, jedes Tagwerk auf Geheiß der Götter vollbracht und alle Arbeit vollendet, sich zugleich aber – kraft dieser Arbeit – zum Herrn seiner, der menschlichen Welt ausgebildet. »Du dientest, um der Freiheit werth zu sein«, bestätigt Minerva. »Was sind sie? was ich?«: Prometheus anerkennt keinen Herrn mehr über sich. Wie klar die Substanz des literarischen Gedankens Goethes in der *Phänomenologie des Geistes* begrifflich ausgesprochen ist, dürfte aus einem Kommentar Alexandre Kojèves zur Bedeutung der knechtischen Arbeit für die Hegelsche Dialektik des histori-schen Prozesses deutlich hervorgehen:

> Der Herr zwingt den Knecht zur Arbeit. Arbeitend aber wird der Knecht Herr über die Natur [...] Indem der Knecht durch die Arbeit zum Herrn über die Natur wird, befreit er sich [...] von seiner eigenen Natur, von seinem eigenen Instinkt, der ihn an die Natur band und ihn zum Knecht des Herrn machte. Indem die Arbeit den Knecht von der Natur befreit, befreit sie ihn also zugleich von seiner knechtischen Natur: sie befreit ihn vom Herrn. In der durch seine Arbeit verwandel-ten, technischen Welt herrscht er – oder wird er wenigstens eines Tages als absoluter Herr herrschen. Und diese aus der Arbeit [...] geborene Herrschaft, wird etwas ganz anderes sein als die »unmittelbare« Herrschaft des Herrn. Die geschichtliche Zukunft gehört also nicht dem Krieger–Herrn [...], sondern dem Arbeiter–Knecht [...] Die Arbeit bildet oder erzieht also aus dem Tier einen Menschen. Der geformte oder ›gebildete‹ Mensch, der vollendete und durch seine Vollendung befriedigte Mensch ist also notwendig nicht der Herr, sondern der Knecht. [28]

Ich glaubte / Du dientest. Prometheus und Minerva sprechen in dem zitierten Text-Abschnitt von einer Vergangenheit, die im Kontrast steht zur Gegenwart. Sie sprechen vom vergangenen Irrtum im Gegensatz zur gegenwärtigen wahren Erkenntnis. Und im Schlußbild der Ode ist deutlich die Zukunft der emanzipierten bürgerlichen Gesellschaft angesprochen, die sich – im heroischen Mißverständnis – gleichzeitig als allgemeine menschliche Gesellschaft versteht. Damit ist die *Geschichte* als ein *Prozeß* angesprochen. Der gesamten Prometheus-Dichtung liegt die Kategorie des Werdens, liegt die Kategorialität des historischen Prozesses als eines Prozesses der Menschwerdung zugrunde, ausgedrückt in der Topik der Menschenalter.

> Da ich ein Kind war,
> Nicht wußte, wo aus, wo ein,
> Kehrte mein verirrtes Aug'
> Zur Sonne, als wenn drüber wär'
> Ein Ohr, zu hören meine Klage,
> Ein Herz wie meins,
> Sich des Bedrängten zu erbarmen.

»Da ich ein Kind war«: die Vergangenheit wird zitiert als Heteronomie des Willens und falsches Bewußtsein. Dessen objektive ideologische Form ist die Religion. Das Bild des zur Sonne gekehrten *verirrten Auges* soll die Religion als Täuschung entlarven, zugleich als notwendige Bewußtseinsform der Vorgeschichte der Menschheit, dem Zeitalter der Kinder und Bettler, der Zeit der hoffnungsvollen Toren darstellen. Kindheit und Mannesalter der Geschichte sind konfrontiert als Stadien der politischen Unreife und Reife des geschichtlichen Zustands – ähnlich in Hölerlins Entwurf *O Schlacht fürs Vaterland* ...«:

> O Schlacht fürs Vaterland,
> Flammendes blutendes Morgenrot
> Des Deutschen, der, wie die Sonn, erwacht
> Der nun nimmer zögert, der nun
> Länger das Kind nicht ist,
> Denn die sich Väter ihm nannten,
> Diebe sind sie,
> Die den Deutschen das Kind
> Aus der Wiege gestohlen
> Und das fromme Herz des Kinds betrogen,
> Wie ein zahmes Tier, zum Dienste gebraucht.

Kindheit und Mannesalter sind Metaphern eines zeitlichen Ablaufs. Sie konstituieren bei Goethe wie bei Hölderlin [29] den Charakter eines gesellschaftlichen Prozesses, es sind historische Kategorien. Sie bezeichnen den, im weitesten Sinne, *kultur-historischen* Prozeß, in dem sich der Mensch auf Grund seiner eigenen materiellen Arbeit an der Natur aus der Abhängigkeit von der Natur wie aus sozialen Abhängigkeiten befreit; für diese naturhaften und sozialen Abhängigkeiten stehen in der Ode die Metaphern der *Titanen*, des *Todes*, der *Sklaverei* –

> Wer half mir wider
> Der Titanen Übermut?
> Wer rettete vom Tode mich,
> Von Sklaverei?

Was Goethe in zentralen Stücken der Prometheus–Dichtung anvisiert, ist eine Geschichte des Menschen als Geschichte der menschlichen Arbeit: »die Selbsterzeugung des Menschen als Prozeß«, Weltgeschichte als »Erzeugung des Menschen durch die menschliche Arbeit«. [30] Eine solche ›Geschichte‹ aber kennt keinen transzendenten Herrn, kein Subjekt außer ihr selbst. Sie selbst, »allmächtige Zeit«, ist Herr der natürlichen und der menschlichen Welt, der Götter wie der Menschen.

> Hat nicht mich zum Manne geschmiedet
> Die allmächtige Zeit
> Und das ewige Schicksal,
> Meine Herrn und deine?

Die Vorstellung von Geschichte als »Entstehungsakt der menschlichen Gesellschaft« [31] im Prozeß des »Werdens der Natur zum Menschen« [32] auf der Grundlage menschlicher Arbeit sieht den Arbeitsprozeß nicht im begrenzten Sinne bloß ökonomischer Tätigkeit, sondern als einen Prozeß *kulturbildender Arbeit*. In diesem Sinne sieht sie ihn als kultur–historischen Prozeß. Damit wird die für die gesamte Aufklärung verbindliche Bedeutung des Prometheus–Symbols im Sinne von *Kulturerzeugung* [33] von Goethe übernommen und auf den Begriff gebracht, indem sie mit dem Motiv »ideologischer Opposition und politischer Rebellion« (Träger) verknüpft wird. *Hütte* und *Herd* sind die Grundmetaphern der Vorstellung des kulturellen Bildungsprozesses, *Glut* und *Feuer* seine zentralen Symbole.

> Mußt mir meine Erde
> Doch lassen stehn,
> Und meine Hütte,
> Die du nicht gebaut,
> Und meinen Herd,
> Um dessen Glut
> Du mich beneidest.

Das vom Himmel geholte Feuer mythologischer Überlieferung wird bei Goethe ins Subjekt eingebracht als Energie, als die innere Substanz bürgerlicher Individualität. »In Goethes Ode wird der Anspruch auf die Erde und auf die fest auf ihr gegründete Hütte eng mit dem Anspruch auf die Glut des eigenen Herdes verbunden«, schreibt Braemer, »kein Feuerraub ist mehr vonnöten, denn nicht die Götter entzünden das Feuer, sondern Prometheus als Repräsentant der Menschheit. Das Feuer ist menschlichen, nicht göttlichen Ursprungs [...]« [34]

> Hast du nicht Alles selbst vollendet,
> Heilig glühend Herz?

Auch für den jungen Goethe ist ›die Substanz das Subjekt‹ (*Phänomenologie des Geistes*), das Vehikel der Kulturerzeugung. Das Feuer hat seinen Ursprung nicht im Himmel, sondern in den Kräften und Fähigkeiten des menschlichen Ich. Festgehalten aber wird an dem materiellen Kernstück des Prometheus–Mythologems: *der Bedeutung des Feuers für die Entwicklung der menschlichen Kultur.* [35] Bereits das von Goethe benutzte *Mythologische Lexikon* Hederichs stellt fest, daß die Menschen durch die Berührung mit dem Feuer erst lebendig wurden. Als Prometheus, von Minerva zu den Göttern geführt, sah, »wie alles durch das himmlische Feuer belebet würde, so zündete er insgeheim eine Ruthe an dem Sonnenwagen an, und hielt solches Feuer dem gedachten Menschen an die Brust, wodurch denn derselbe lebendig wurde«. [35 a] Noch die Hegelsche *Ästhetik* sieht die kulturphilosophische Bedeutung des Prometheus–Mythologems in der Gabe des Feuers als der eigentlichen kulturbildenden Tat. Prometheus, sagt Hegel, tritt als »Wohltäter der Menschen auf«. »Er bringt den Menschen das Feuer und dadurch die Möglichkeit, für die Befriedigung ihrer Bedürfnisse, für die Ausbildung der technischen Künste usf. zu sorgen, welche doch nichts Natürliches mehr sind [...]« [36] Das heißt, die Menschen treten durch ›die Gabe des Feuers‹ erst aus dem Umkreis der bloßen Natur heraus und konstituieren sich als menschliche Gattung. Das Feuer begründet menschliche Zivilisation und Geschichte. In seiner Analyse der platonischen Auslegung des Mythos führt Hegel weiter aus: Laut Plato sei dem Menschen das Feuer von Prometheus zugeteilt, die »Kunstfertigkeiten« aber von Hephaistos und Athene. Ein ausdrücklicher Unterschied sei hier »zwischen dem Feuer und dem gemacht, was die Geschicklichkeit in Bearbeitung roher Materialien hervorbringt, und dem Prometheus wird nur das Geschenk des Feuers zugeschrieben«. [37] Im *Protagoras* sei Prometheus zusammen mit seinem Bruder Epimetheus von den Göttern mit der Erschaffung sterblicher Wesen beauftragt. Wegen eines Fehlers des Epimetheus aber findet Prometheus die Menschen, im Gegensatz zu den wohlausgerüsteten anderen Lebewesen, schutzlos vor: »nackt, unbeschuhet, ohne Bedeckung und Waffen«. Da stiehlt Prometheus dem Hephaistos die Feuerkunst und der Athene die Webekunst und schenkt sie den Menschen, wodurch erst »für den Menschen das Vermögen der Lebensbefriedigung« entsteht. [38] Und einige Seiten später schreibt Hegel – über die Figur des befreiten Prometheus –: »Denn wie die Erde und wie die Sonne ist auch das Feuer, das Prometheus den Menschen herabgebracht, das Essen des Fleisches, das er sie gelehrt hatte, ein wesentliches Moment des menschlichen Daseins, eine notwendige Bedingung für die Befriedigung der Bedürfnisse, und so ist auch dem Prometheus dauernd seine Ehre geworden.« [39] Wichtig ist hier die Vorstellung, die Hegel der platonischen Deutung des Mythos emphatisch entnimmt: daß dem Prometheus nicht die Schöpfung menschlicher Kultur an sich und im ganzen zukomme, sondern allein die *Schöpfung der materiellen Grundlagen der Kulturbildung*: Die Gabe des Prometheus wird von der Schaffung jeder ›geistigen‹ Kultur unterschieden. In der platonischen

Auslegung sei »ausdrücklich der Unterschied der unmittelbaren Lebenszwecke, die sich auf die physische Behaglichkeit, die Sorge für die Befriedigung der nächsten Bedürfnisse beziehen, und der Staatseinrichtung hervorgehoben, welche sich das Geistige, Sitte, Gesetz, Recht des Eigentums, Freiheit, Gemeinwesen zum Zwecke macht. Dies Sittliche, Rechtliche hat Prometheus den Menschen nicht gegeben, sondern nur die List gelehrt, die Naturdinge zu besiegen und zum Mittel menschlicher Befriedigung zu gebrauchen. Das Feuer und die Geschicklichkeiten, die sich des Feuers bedienen, sind nichts Sittliches in sich selbst ebensowenig die Webekunst [...]« [40] Prometheus bedeutet also Schöpfung der materiellen Grundlagen der Kultur, nicht der Kultur selber. Materialistisch präzisiert: Prometheus ist Symbol »der unmittelbaren Produktion des materiellen Lebens«. [41] Er steht für die materielle Produktionsweise, nicht aber für den von dieser bedingten »sozialen, politischen und geistigen Lebensprozeß überhaupt«. [42] ›Prometheus‹ bedeutet Entwicklung der materiellen Produktivkräfte der Gesellschaft, Produktion der *ökonomischen Grundlage* der sozio–kulturellen Prozesse der menschlichen Gesellschaft.

Bei Hegel wird damit eine Unterscheidung getroffen, die in den Prometheus–Dichtungen des jungen Goethe noch nicht auftaucht, in der späteren *Pandora* (1807) aber – in Gestalt der Opposition von Prometheus und Epimetheus – ausdrücklich übernommen wird. Ein Problem ist benannt, das für das literarische Werk Goethes, ja für die gesamte bürgerliche Literatur in Deutschland konstitutiv ist: *das Verhältnis von materieller und geistiger Arbeit*. In den frühen Prometheus–Dichtungen Goethes wird die Teilung der menschlichen Arbeit noch nicht explizit entfaltet. Der künstlerisch Produzierende ist hier noch der zugleich auch materiell Produzierende oder soll es zumindest sein. Materielle und geistige Produktion sind noch ungeschieden, ihre Differenz – und mit ihr die Erkenntnis der Bedeutung der Arbeitsteilung –, steht noch jenseits des frühen Goetheschen Werks. In der Metapher des Feuers, der produktiven Energie des Subjekts, sind körperliche und geistige Arbeit zu gleichen Teilen enthalten. Allerdings ist auch bereits hier die für die später literarische Entwicklung in Deutschland typische Reduktion des Arbeitsprozesses auf geistige Arbeit implizit gesetzt, insofern die künstlerische Produktion als Archetyp des Arbeitsprozesses überhaupt entwickelt wird.

Die zentrale Bedeutung der Metapher des *Feuers* für gesellschaftliche Gesamtarbeit – für die materiellen Bedingungen kulturbildender Arbeit ebenso wie für diese selbst (damit ebenfalls für geistige Arbeit) – hat seine realen sozialökonomisch–historischen Grundlagen. So nennt Engels im Zusammenhang einer Diskussion des materialistischen Freiheitsbegriffs im *Anti–Dühring* als entscheidende Etappen in der Geschichte der Produktivkräfte zweierlei: die *Erzeugung des Reibfeuers* und die *Erfindung der Dampfmaschine*, die zwei großen Entdeckungen auf dem Gebiet der materiellen Produktion. Engels schreibt: »Die ersten, sich vom Tierreich sondernden Menschen waren in allem Wesentlichen so unfrei wie die Tiere selbst; aber jeder Fortschritt in der Kultur war ein Schritt zur Freiheit. An der Schwelle der Menschheitsgeschichte steht die Entdeckung der Verwandlung von mechanischer Bewegung in Wärme: die Erzeugung des Reibfeuers; am Abschluß der bisherigen Entwicklung steht die Entdeckung der Verwandlung von Wärme in mechanische Bewegung: die Dampfmaschine.« [43] Erzeugung des Feuers und industrielle Revolution markieren die beiden entscheidenden Einschnitte – qualitative Sprünge – in der Geschichte der menschlichen Gattung. »An weltbefreiender Wirkung« übertrifft dabei die Erzeugung des Reibfeuers noch die Erfindung der Dampfmaschine. Die Erzeugung des Reibfeuers bezeichnet den Austritt des Menschen aus dem Tierreich und damit den Beginn menschlicher Geschichte: »[...] das Reibfeuer gab dem Menschen zum erstenmal die Herrschaft über eine Naturkraft und trennte ihn damit endgültig vom Tierreich.« [44] Es dürfte kaum übertrieben sein zu sagen, daß die Vorstellung der Entwicklung menschlicher Geschichte als eines materiell–historischen Prozesses, daß ein *materialistischer* Kulturbegriff zumindest der Tendenz nach in der Bilderwelt des *Prometheus* seinen Ausdruck findet.

> Hier sitz' ich, forme Menschen
> Nach meinem Bilde,
> Ein Geschlecht, das mir gleich sei,
> Zu leiden, weinen,
> Genießen und zu freuen sich,
> Und dein nicht zu achten,
> Wie ich.

Die Ode wiederholt hier die Worte, die bereits im Zentrum des dramatischen Fragments stehen.

> Sieh nieder Zeus!
> Auf meine Welt. Sie lebt!
> Ich habe sie geformt nach meinem Bilde,
> Ein Geschlecht, das mir gleich sei,
> Zu leiden, weinen, zu genießen und zu freuen sich
> Und dein nicht zu achten,
> Wie ich!

In dem zitierten Abschnitt aus dem *Anti–Dühring* entwickelt Engels die Vorstellung menschlicher Geschichte als eines Prozesses, in dem sich auf der Grundlage der Entwicklung der materiellen Produktivkräfte die gesellschaftliche Freiheit des Menschen im zunehmenden Maße durchsetzt. Engels' materialistische Formel »wirklicher menschlicher Freiheit« lautet: »Existenz in Harmonie mit den erkannten Naturgesetzen.« [45] Es ist dies das Ziel des gesamten historischen Prozesses. In Engels' Begriff ist eine der zentralen Vorstellungen des bürgerlichen Humanismus zusammengefaßt und materialistisch konkretisiert; ich erinnere an den politischen Begriff ästhetischer Kultur in Schillers *Briefen zur ästhetischen Erziehung des Menschen*, an die Antizipationen gesellschaftlicher Freiheit in den *Meister*-Romanen, an die konkrete Utopie des sterbenden Faust: »Nicht sicher zwar, doch tätig–frei zu wohnen«, »Auf freiem Grund mit freiem Volke stehn«. Bereits das Ende der Prometheus–Ode besagt: das dem Prometheus gleiche Geschlecht freier Menschen existiert nicht unabhängig von den Naturgesetzen, sondern auf der Basis der Kontrolle über die Natur in Harmonie mit ihren Gesetzen. »Vollendete Wesenseinheit des Menschen mit der Natur«, wie Marx' frühe, dem Erbe der klassischen bürgerlichen Kultur nicht nur sprachlich verpflichtete Formel lautet – »der durchgeführte Naturalismus des Menschen und der durchgeführte Humanismus der Natur«. [46]

   »Zu leiden, weinen, / Genießen und zu freuen sich«. Die enge Verbindung des Goetheschen Gedankens – in seiner Substanz – mit dem Humanismus der jakobinischen Aufklärung zeigt ein Blick auf Georg Forsters Essay *Über die Beziehung der Staatskunst auf das Glück der Menschheit*. Der Essay schließt mit den Sätzen, die wörtlich die Begrifflichkeit der Ode wiederholen: »Endlich, mein Freund, scheint die Zeit gekommen zu sein, wo jenes lügenhafte Bild des *Glücks*, das so lange am Ziel der menschlichen Laufbahn stand, von seinem Fußgestelle gestürzt und der echte Wegweiser des Lebens, *Menschenwürde*, an seine Stelle gesetzt werden soll. Des Schmerzes und des Vergnügens fähig, gebildet zu leiden und sich zu freuen, lasse der Mensch die Sorge des Glücks der Natur, die allen Geschöpfen das Maß des Genusses nach ihrer Dauer und ihren Verrichtungen bestimmt.« [47] Es sind Gedanken, die sich in der Schlußversion des *Faust II* zu einem Bild konkreter utopischer Antizipation entfalten:

> Eröffn' ich Räume vielen Millionen,
> Nicht sicher zwar, doch tätig–frei zu wohnen.
> [...]
> Im Innern hier ein paradiesisch Land,
> Da rase draußen Flut bis auf zum Rand,
> Und wie sie nascht, gewaltsam einzuschließen,
> Gemeindrang eilt, die Lücke zu verschließen.
> Ja! diesem Sinne bin ich ganz ergeben,
> Das ist der Weisheit letzter Schluß:
> Nur der verdient sich Freiheit wie das Leben,
> Der täglich sie erobern muß.
> Und so verbringt, umrungen von Gefahr,
> Hier Kindheit, Mann und Greis sein tüchtig Jahr.
> Solch ein Gewimmel möcht' ich sehn,
> Auf freiem Grund mit freiem Volke stehn. [48]

III. Das bürgerliche Ich als Welt–Produzent, oder die Revolution in der Form des Gedankens

   Die unter die literarische Metapher des Feuers subsumierten sozialen Prozesse enthalten die Dimensionen materieller und geistiger Produktion noch undifferenziert. *Feuer* bezieht sich in doppelter Bedeutung auf die materielle Seite der Kulturerzeugung wie auch auf die geistige Arbeit künstlerischer Produktion (Prometheus »in seiner Werkstatt«, zwischen seinen »Statuen«). Erst die Reduktion kulturbildender Arbeit auf den zweiten Aspekt formuliert den verengten, abgeleiteten Sinn von Kultur bürgerlich–idealistischer Auffassung: Kultur als geistige Produktion. [49] *Glut des Herdes* und *heilig–glühend Herz* scheinen beim jungen Goethe noch die beiden Seiten des Kulturbildungsprozesses bezeichnen zu wollen. Die frühen Prometheus-Dichtungen sind in diesem Punkt zumindest ambivalent, – obwohl eine Tendenz zur Auflösung des Aspekts der materiellen Produktion in die geistige bereits in ihnen angelegt ist. Bezeichnend dafür ist, daß Goethe im 15. Buch von *Dichtung und Wahrheit* die Prometheus–Dichtungen auf Probleme seiner persönlichen Existenz als Schriftsteller, ja spezieller noch auf Fragen der künstlerischen Produktion zugeschnitten hat. Angelegt ist die Tendenz zur Reduktion der materiellen Seite der Kulturproduktion auf die geistige in der Prometheus–Ode selbst durch die dominierende Bedeutung der Metaphorik subjektiver Innerlichkeit, eine Sprache, welche die gesamte relevante Literatur des jungen Goethe entscheidend geprägt hat. *Herz/Gefühl* sind Schlüsselworte seiner Dichtung: Sie sind Ausdruck der Genie–Ideologie des Sturm und Drangs. [50] Das ›Feuer‹ kulturbildender Arbeit hat seinen Ort in der »enthusiastisch aufgeregten« Innerlichkeit [51], dem »heilig glühend Herz« des inspirierten Künstler-Genies. Dies ist eine Frühform der idealistischen Vorstellung vom *Ich als Zentrum der Weltschöpfung*, wie sie wenig später von der klassischen deutschen Philosophie mit allen Konsequenzen ausgebaut und auf alle Gebiete des menschlichen Wissens angewandt wurde. Die »Tathandlung« des weltschöpfenden Ich wird als eine Tätigkeit in Analogie zur künstlerischen Produktion gesehen und damit tendenziell in eine Form der geistigen Produktion zurückverwandelt.

Am nachdrücklichsten ist das *Genie als autonomes Individuum* – politisch übersetzt bedeutet dies die individuelle, ›geistige‹ Emanzipation des Bürgers unter Verhältnissen, die seine politische Emanzipation zum Citoyen nicht gestatten – am nachdrücklichsten ist dieser Gedanke beim jungen Goethe von 1770 bis 75 selbst zu fassen. »Ich! Da ich mir alles bin, da ich alles nur durch mich kenne! So ruft jeder der sich fühlt«, so rief Goethe 1771 in seiner berühmten Rede *Zum Schäkespears Tag*. Was er im Sinn hatte, war das ›Ich selbst‹ solipsistischer Genialität, die niemanden anerkennen will – keinen weltlichen und keinen geistigen Herrn – niemanden als sich und seinesgleichen. ›Seinesgleichen‹ aber ist unter den Neueren nur Shakespeare, der »größte Wanderer«, wie Goethe ihn nennt, dem antik–barocken Topos des Lebenswanderers einen neuen Sinn gebend. Und ich erinnere nur an *Wandrers Sturmlied*, dem Hohelied der genialen Inspiration, wo das Genie im Zeichen des Wanderers gesehen und gestaltet ist. Shakespeare ist dem jungen Goethe Freund und Bundesgenosse. »Schäkespear, mein Freund, wenn du noch unter uns wärest, ich könnte nirgend leben als mit dir«. »Und ich rufe: Natur, Natur! nichts so Natur als Schäkespears Menschen... Er wetteiferte mit dem Prometheus, bildete ihm Zug vor Zug seine Menschen nach, nur in kolossalischer Größe« [52] *Shakespeare und Prometheus* sind die Leitfiguren einer neuen Mythologie, der Sturm- und Drang–Mythologie vom absoluten Ich schöpferischer Produktivität – das dritte Glied in der Kette dieser Mythologie wurde der Faust.

Die thematischen Komplexe, die im Zentrum des Genie–Kults stehen, können mit den Begriffen *Gefühl* und *Natur* umrissen werden. Sie umfassen eine Totalität sehr unterschiedlicher, nicht immer klar ausformulierter Vorstellungen und Sachverhalte. Ihre dialektische Einheit aber haben die heterogenen, ja widersprüchlichen Elemente im Werk Goethes (man denke an die oft konstatierten Gegensätze Prometheus–Ganymed, Prometheus–Epimetheus, Antonio–Tasso, »Verselbsten–Entselbsten«, Fausts »zwei Seelen« usw.) in der Grundfigur der gesamten Epoche der klassischen bürgerlichen Literatur und Philosophie in Deutschland, in der Figur des *autonomen Ich* – zur Zeit des Sturm und Drang noch in der Maske des Genies auftretend, das Vernunft und Gefühl, Aktion und Kontemplation zugleich sein sollte. Auch beim jungen Goethe handelt es sich, analog zur sich herausbildenden Philosophie des deutschen Idealismus, um das Problem einer Rekonstruktion der Welt aus der Figur der in der Identität differenten Ich–Substanz, wobei die Problematik eines solchen Unternehmens bei Goethe von Beginn an kritisch reflektiert ist; der Werther–Roman ist bereits eine Art tragischer Geschichtsschreibung des subjektiven Idealismus. Ja die objektivistische, tendenziell materialistische Komponente bürgerlicher Literatur ist ohne Frage bei Goethe stärker ausgeprägt als bei jedem anderen der klassischen bürgerlichen Autoren (mit der Ausnahme etwa Herders und Georg Forsters). [53]

»Wie froh bin ich, daß ich weg bin! Bester Freund, was ist das Herz des Menschen!«, mit diesen Worten beginnt *Werthers Leiden* (1774). *Herz* ist ein Schlüsselwort des Romans wie der gesamten literarischen Generation. *Herz* zielt auf das Innere der Seele, auf geistig-emotionale Substanz – Kraft oder Energie – in Mensch und Natur. »Ihr seid rein, wie das Herz der Wasser«, heißt es in *Wandrers Sturmlied* von 1772, in dessen Mittelpunkt die inspirierte Innerlichkeit der künstlerischen Produktivität selbst steht.

> Armes Herz –
> Dort auf dem Hügel,
> Himmlische Macht,
> Nur so viel Glut,
> Dort meine Hütte,
> Dort hin zu waten.

Die Kraft des bürgerlichen Individuums, Winden und Wellen trotzend im grenzenlosen Vertrauen auf seine historische Mission verkörpert das ›Herz‹ des Menschen in *Seefahrt* (1776):

> Doch er steht männlich an dem Steuer.
> Mit dem Schiffe spielen Wind und Wellen,
> Wind und Wellen nicht mit seinem Herzen.

> Herrschend blickt er auf die grimme Tiefe
> Und vertrauet, scheiternd oder landend,
> Seinen Göttern.

An dieser Stelle besitzt das Wort ›Herz‹ bereits eine über seinen gefühlsbetonten, primär emotiven Sinn hinausgehende Bedeutung, [54] wogegen im *Werther* die Substanz des Subjekts noch ganz als Gefühl gezeichnet ist. *Werther*, das hat die bürgerliche Literaturgeschichte wenig nur beachtet, stellt keine Verklärung, sondern die Soziogenese der Introspektion dar. In diesem Sinne der Roman ist die historisch vorweggenommene und – mit literarischen Mitteln – sozialpsychologisch *erklärte* Tragödie des romantischen Ich. [55] Das subjektivistische, im Irrationalismus endende Extrem des bürgerlichen Individualismus war Goethe als Gefahr, als *Krankheit*, wie er selbst sagte, von Beginn an gegenwärtig. Werthers Liebe wird als ein pathologisches Phänomen, als »Krankheit zum Tode« gekennzeichnet, ein Bewußtsein, von dem auch die *Harzreise im Winter* ein beredtes Zeugnis ablegt:

> Ach, wer heilet die Schmerzen
> Des, dem Balsam zu Gift ward?
> Der sich Menschenhaß
> Aus der Fülle der Liebe trank.
> Erst verachtet, nun ein Verächter,
> Zehrt er heimlich auf
> Seinen eignen Wert
> In ungenügender Selbstsucht.

Im Zentrum steht auch hier das Werther-Motiv: das Schicksal dessen, dem »Unglück/ Das Herz zusammenzog«. Es wird im *Faust* wieder aufgenommen:

> Bin ich der Flüchtling nicht? der Unbehauste?
> Der Unmensch ohne Zweck und Ruh',
> Der wie ein Wassersturz von Fels zu Felsen brauste
> Begierig wütend nach dem Abgrund zu? [56]

Heilung seiner »Krankheit zum Tode« findet das Ich erst durch die Natur, im Sich-Einfügen in die ›republikanische‹ Gesetzlichkeit der »herrlichen Natur«.

> Du stehst mit unerforschtem Busen
> Geheimnisvoll-offenbar
> Über der erstaunten Welt
> Und schaust aus Wolken
> Auf ihre Reiche und Herrlichkeit,
> Die du aus den Adern deiner Brüder
> Neben dir wässerst.
> *(Harzreise)*

Die Verbindung von Gefühl und Natur in pantheistischer Leitfigur verkörpert Ganymed, eine Einseitigkeit subjektiver Innerlichkeit artikulierend, die in der *Harzreise* bereits überwunden ist – die Goethe in lebenslänglicher unversöhnlicher Opposition zu jedem Romantizismus, auch später vis-à-vis der romantischen Moderne, immer wieder überwindet.

Wie im Morgenrot
Du rings mich anglühst,
Frühling, Geliebter!
Mit tausenfacher Liebeswonne
Sich an mein Herz drängt
Deiner ewigen Wärme
Heilig Gefühl,
Unendlich Schöne!

Die Metaphern der Glut und des Feuers beherrschen den Text, hier erotisch, ja sexuell aufgeladen: »Ach, an deinem Busen/Lieg' ich, schmachte [...]«, »Du kühlst den brennenden/Durst meines Busens«, mit dem Ende:

In eurem Schoße
Aufwärts,
Umfangend umfangen!
Aufwärts
An deinen Busen,
Alliebender Vater!

Die erotische Ambivalenz der Metaphern ist überdeutlich: »Frühling« – »Geliebter« – »Alliebender Vater«. Im Kern handelt es sich um die unio mystica mit der erotisch erfahrenen, in der Substanz spinozistischen Gott-Natur. [57]

Die konzeptuelle Einheit der unterschiedlichen Themen der frühen Goetheschen Dichtung, ich wiederhole es, liegt im, freilich noch unentfalteten *Begriff des produktiven Ich* selbst, dem Grundbegriff der deutschen bürgerlichen Philosophie und Dichtung. Problem und Problematik des produktiven Subjekts stehen noch im Zentrum der reifen Dichtung Goethes – bis hin zu den *Wanderjahren* und zum zweiten *Faust* – wenn auch die Lösungsversuche der Antinomien und Aporien des bürgerlichen Subjekts vorangetrieben werden, und in eine andere Richtung führen als in den frühen Dichtungen. Für die *erste Form* der ästhetischen und theoretischen Erscheinung des produktiven Subjekts, für die Figur des *Genies* hat Herder theoretisch den Weg bereitet, unter dem beherrschenden Einfluß von Edward Young. Der Geist Youngs, schrieb Herder in der zweiten Sammlung der Fragmente, würde wie der »Elektrische Funke« sich mitteilen, er spräche aus dem »Herzen gleichsam ins Herz« und »aus dem Genie in das Genie«. [58] In der Tat hat Young in den *Conjectures on Original Composition* (1759) die Kategorien entfaltet, die die Genielehre der jungen bürgerlichen deutschen Literatur bestimmen sollten. Der *Genius* wird mit dem Magier verglichen [59], er besitzt »knowledge innate«. [60] Worauf es ankäme, sei allein das Herz – »a warm and feeling heart«. [61] Die Vorstellung eines ›organischen Wachstums‹ des Kunstprodukts [62] und der Inspiration des Dichters an den ›Brüsten der Natur‹ – »at the breast of Nature« [63] – sind weitere seiner zentralen ästhetischen Kategorien; nicht zufällig wird die letztere im Eingangsmonolog des *Faust* unmit-

telbar aufgenommen (»Wo fass' ich dich, unendliche Natur?/Euch Brüste, wo?
Ihr Quellen alles Lebens«). Youngs Vorstellungen wurden zusammen mit der
von Shaftesbury und Burke entwickelten Theorie des Schönen und Erhabenen
in der Kantschen *Kritik der Urteilskraft* (1790) systematisch zusammengefaßt.
»Schöne Kunst ist Kunst des Genies«, lautet die Hauptthese Kants, [64] der
seinen Erläuterungen die Definition vorausstellt: »*Genie* ist das Talent (Naturgabe), welches der Kunst die Regel gibt. Da das Talent, als angeborenes produktives Vermögen des Künstlers, selbst zur Natur gehört, so könnte man sich auch
so ausdrücken: Genie ist die angeborene Gemütsanlage (ingenium), durch welche
die Natur der Kunst die Regel gibt.« Das Genie ist ein Talent, dessen erste Eigenschaft Originalität sein müsse, zugleich müßten seine Produkte Muster, »d.i.
exemplarisch sein«. Es bringt sein Produkt nicht bewußt oder gar wissenschaftlich
zustande, sondern als Natur, es schreibt nicht der Wissenschaft, sondern der
schönen Kunst die Regel vor. Und weiter heißt es, das Genie sei das »Vermögen
des Gemüts« zur »Darstellung ästhetischer Ideen«. [65] Ein »Günstling der
Natur«, vereint es »Einbildungskraft und Verstand«. »Die musterhafte Originalität der Naturgabe eines Subjekts im freien Gebrauch seiner Erkenntnisvermögen«, so Kants abschließende Bestimmung. Es dürfte deutlich sein, daß die *Kritik
der Urteilskraft,* in unterkühlter Prosa, Gedanken auf den Begriff bringt, die
eine ganze Generation der jungen literarischen Intelligenz in Deutschland aufs
äußerste bewegt haben. Goethe hat dies – ähnlich wie Schiller – neidlos bestätigt.
Er fand »die großen Hauptgedanken des Werkes« seinem »bisherigen Schaffen,
Tun und Denken ganz analog«. [66] Noch am 29. Januar 1830 schreibt er an
Zelter: »Es ist ein grenzenloses Verdienst unseres alten Kant um die Welt und,
ich darf sagen, auch um mich, daß er in seiner Kritik der Urteilskraft Kunst
und Natur nebeneinander stellt und beiden das Recht zugesteht, aus großen Prinzipien zwecklos zu handeln«. Und noch acht Monate vor seinem Tod gibt er
den Künstlern der Gegenwart den Rat, »Kants Kritik der Urteilskraft zu studieren«. [67]
  In der Theorie des genialen Subjekts ist bereits angelegt, was sich in der Philosophie des deutschen Idealismus nach Kant erfüllt hat: die kategoriale Ableitung
der Idee der Produktion der Welt aus dem Begriff der selbsttätigen Ich-Substanz.
»Das Wahre (ist) nicht als Substanz, sondern ebensosehr als Subjekt« aufzufassen, [68] heißt es programmatisch in der Hegelschen *Phänomenologie.* Die
Idee der Selbstbestimmung verstand auch Schiller als den Inhalt der Kantschen
Philosophie. In einem Brief an Körner vom 18. Februar 1793 findet sich das enthu-
siastische Bekenntnis: »Es ist gewiß von keinem sterblichen Menschen kein grö-
ßeres Wort noch ausgesprochen worden, als dieses Kantische, was zugleich der
Inhalt seiner ganzen Philosophie ist: Bestimme Dich aus Dir selbst: So wie das
in der theoretischen Philosophie: Die Natur steht unter dem Verstandesgesetze.«
[69] Sein »inneres Selbst« als Repräsentant der »ganzen Menschheit« aufzufassen, ist auch die Weltanschauung des früheren Faust:

Und was der ganzen Menschheit zugeteilt ist,
Will ich in meinem innern Selbst genießen,
Mit meinem Geist das Höchst' und Tiefste greifen,
Ihr Wohl und Weh auf meinen Busen häufen,
Und so mein eigen Selbst zu ihrem Selbst erweitern [...] [70]

Kant selbst hat im Vorwort zur zweiten Auflage der *Kritik der reinen Vernunft* von der »Kopernikanischen Wendung« der modernen Philosophie gesprochen: »Bisher nahm man an, alle unsere Erkenntnis müsse sich nach den Gegenständen richten [...] Man versuche es [...] einmal, ob wir nicht in den Aufgaben der Metaphysik damit besser fortkommen, daß wir annehmen, die Gegenstände müssen sich nach unserer Erkenntnis richten [...]« [71] Die moderne Philosophie«, kommentiert Lukács, »stellt sich das Problem: die Welt nicht mehr als ein unabhängig von erkennenden Subjekt entstandenes [...] Etwas hinzunehmen, sondern sie vielmehr als *eigenes Produkt* zu begreifen. [72]«

Die Vorstellung der Einmaligkeit, der logischen und historischen Bedeutung des *Ich* war nicht auf Deutschland beschränkt. Sie wurde in Deutschland am konsequentesten ausgebaut und theoretisch vollendet, zuerst jedoch jenseits der deutschen Grenzen, nämlich in England und Frankreich entwickelt. Während dort aber die bürgerliche Revolution in der *Praxis* über die Bühne der Geschichte ging – als ökonomische und politische Revolution –, fand in Deutschland die Revolution, wie Hegel sagte, »in der Form des Gedankens« statt. [73] »Tatenarm und gedankenvoll« singt Hölderlin über die Deutschen, [74] ein vom jungen Marx aufgegriffenes Wort. »Die Deutschen haben in der Politik *gedacht,* was die andern Völker *getan* haben,« [75] »Wir sind *philosophische* Zeitgenossen der Gegenwart, ohne ihre *historischen* Zeitgenossen zu sein«, so in der Arbeit von 1843/44, *Zur Kritik der Hegelschen Rechtsphilosophie. Einleitung.* [76]

Die Revolution in der Form des Gedankens ausgesprochen zu haben, bedeutete für die deutsche Literatur und Philosophie des späten 18. Jahrhunderts, sie in der *Idee der Selbstbestimmung des Subjekts* formuliert zu haben. Der »Individualismus der bürgerlichen Epoche«, schreibt Träger dazu, »war das eigentliche revolutionäre Element der bürgerlichen Klasse vor ihrer Formierung zur Gesellschaft.« [76 a] Diese Idee individueller Selbstbestimmung ist, mit allen ihren bürgerlich-revolutionären Implikationen, bereits in den programmatischen Eröffnungssätzen der Rousseauschen *Confessions* (1765) zu finden. Es sind Sätze, welche die Unverwechselbarkeit und Einmaligkeit des autonomen Individuums in klassischer Weise zum Ausdruck bringen:

Je forme une entreprise qui n'eut jamais d' exemple, et dont l'exécution n'aura point d'imitateur. Je veux montrer à mes semblables un homme dans toute la vérité de la nature; et cet homme, ce sera moi.
Moi seul. Je sens mon cœur et je connois les hommes. Je ne suis fait comme aucun de ceux que j'ai vus; j'ose croire n'être fait comme aucun de ceux qui existent. Si je ne vaux pas mieux, au moins je suis autre. Si la nature a bien ou mal fait de briser le moule dans lequel elle m'a jetté, c'est ce dont on ne peut juger qu'après m'avoir lu. [77]

Der Beginn der ersten Einleitung zu Fichtes *Wissenschaftslehre* von 1797 scheint sich direkt auf die Eröffnung der *Confessions* beziehen zu wollen. Fichte stellt sich hier auf den Standpunkt Rousseaus und formuliert ein philosophisch-erkenntnistheoretisches Pendant zu dessen autobiographischen *Bekenntnissen.* »Merke auf dich selbst: kehre deinen Blick von allem, was dich umgiebt, ab, und in dein Inneres, ist die erste Forderung, welche die philosophie an ihren Lehrling thut. Es ist von nichts, was ausser dir ist, die Rede, sondern lediglich, von dir selbst.« [78] Die Formel »Ich = Ich; Ich bin Ich«, [79] ist die logische Grundlage der gesamten Wissenschaftslehre. Das Ich ist »selbstthätige Kraft«, [80] »das Ich *setzt sich selbst,* und es *ist,* vermöge dieses bloßen Setzens durch sich selbst [...] Es ist zugleich das Handelnde, und das Product der Handlung; das Thätige, und das, was durch die Thätigkeit hervorgebracht wird: Handlung und That sind Eins und ebendasselbe; und daher ist das: *Ich bin,* Ausdruck eine Thathandlung; aber auch der einzig-möglichen, wie sich aus der ganzen Wissenschaftslehre ergeben muß.« [81] Die Idee der Selbstbestimmung wird hier im Begriff der Tathandlung des Ich gefaßt, als Tätigkeit der Produktion – die Nähe der Fichteschen Konzeption zu den Anschauungen der jungen deutschen Intelligenz der siebziger Jahre, wie sie im *Prometheus* exemplarisch Gestalt gewonnen haben, dürfte auf der Hand liegen. Diese Tätigkeit der Produktion des selbsttätigen Ich aber ist für Fichte allein *Handeln der Intelligenz,* ein Extrem geistiger Arbeit, aus der auch alle materielle Produktion erklärt werden soll. Fichtes Grundbegriff der *intellektuellen Anschauung,* als der exemplarischen Form der Tathandlung, gibt darüber am deutlichsten Auskunft. Anders ausgedrückt: die Fichtesche Tathandlung des selbsttätigen Ich transformiert die materielle Tätigkeit der Kulturerzeugung total in Akte geistigen Tuns, in einer Form, die Goethe zeitlebens fern gelegen hat und die auch in den frühen Prometheus-Dichtungen nur als eine Tendenz festzustellen war. Es ist daher berechtigt, die Fichtesche Philosophie, wie Hegel es tat, als eine Extremform bürgerlich-subjektivistischer Denkweise aufzufassen. Hegel hat Bedeutung und Grenze der Fichteschen Philosophie darin gesehen, »das Wesen des Selbstbewußtseins als konkrete Ichheit spekulativ erfaßt« zu haben, über diese »subjektive Form des Absoluten« jedoch nicht hinausgekommen zu sein [82]. Hegel spricht daher vom »abstrakt und formell bleibenden Ich« Fichtes. [83] In der frühen Romantik – bei Friedrich Schlegel und Novalis – verkommt die in der Substanz bürgerlich-revolutionäre Philosophie des subjektiven Idealismus zur ästhetizistischen und mystizistischen Reaktion. Das ganze Universum wird bei Novalis zum in uns existierenden Inneren, die materielle Welt verflüchtet sich zur diffusen Landschaft der Seele. Allein der künstlerische Produzent überlebt diesen Nihilismus der wirklichen Welt und des menschlichen Verstandes: – »Dichten ist Zeugen«, »Poesie ist die Darstellung des Gemüts – der inneren Welt in ihrer Gesamtheit«, »Die Poesie ist das absolut Reelle«, »Der Künstler steht auf dem Menschen wie die Statue auf dem Piedestal«. [84] In diesen Sätzen läuft der Weg des Gedankens auf die letzte Aussage zu, in der sich das dem romantischen Ästhetizismus zugrunde liegende antihumanistische Substrat deutlich zu erkennen gibt. Hegel hat die romantischen Theorien als ideologische Formen begriffen, »die mit der Fichteschen Philosophie zusammenhängen«. [85] Konnte Fichte jedoch mit vollem Recht sein System als »das erste System der Freiheit« begreifen, [86] als theoretisches Pendant zur Französischen Revolution, [87] so geht die romantische Philosophie zur offenen Apologie des Ancien Régime über, [88] eine notwendige Folge der Irrationalisierung des Fichteschen Rationalismus. Mit dem Vernunftprinzip des subjektiven Idealismus bricht die Romantik auch mit dessen revolutionärer Potenz. Der ›Produktionismus‹ der Ich-Ideologie der revolutionären bürgerlichen Intelligenz in Deutschland mündet damit aber – selbst dort, wo diese Ideologie nicht offen reaktionär wird – in einer »unbefriedigten abstrakten Innigkeit« und »Sehnsüchtigkeit« aus – so Hegel –, in dem »Gefühl der Nichtigkeit des leeren eitlen Subjekts, dem es an Kraft gebricht, dieser Eitelkeit entrinnen und mit substantiellem Inhalt sich erfüllen zu können.« [89]

Bedeutung und Grenzen der klassischen bürgerlichen Ideologie in Deutschland – dies gilt in unterschiedlicher ideologischer Formbestimmtheit für Sturm und Drang, für die klassische deutsche Literatur und für den philosophischen Idealismus in seinen verschiedenen Ausprägungen – sind wie folgt zu bestimmen. Alle diese Formen bürgerlichen Bewußtseins haben gemeinsam, daß sie die Bedeutung der Arbeit für die Erzeugung der gesamtgesellschaftlichen Kultur des Menschen voll erfaßt haben. Sie anerkannten, wie es Marx eine Generation später formulierte, die Arbeit als den »Selbsterzeugungsakt des Menschen« [90], als »das sich bewährende Wesen des Menschen«. [91] Zugleich aber haben sie die materielle Arbeit – wenn auch in unterschiedlicher Gewichtung – vergeistigt. Sie haben die geistige Arbeit der künstlerischen und wissenschaftlich-theoretischen Produktion zur Arbeit schlechthin hypostasiert, damit die Rolle des geistigen Produzenten, der intellektuellen Tätigkeit und Produktion maßlos überschätzt. Ja sie haben die Tätigkeit des Kopfarbeiters zum Akt der Weltschöpfung umgedeutet. Auf eine Formel gebracht: *Sie haben den Arbeitsprozeß in einen Erkenntnisprozeß transponiert, indem sie den Arbeitsprozeß in der Form des Erkenntnisprozesses ausgesprochen haben.* In allen Bildern und Begriffen geistiger Arbeit ist aber nicht nur die falsche Seite, die Seite idealistischer Verzerrung zu sehen. In ihnen spiegelt sich auch die Anerkennung der ökonomischen und kulturellen Funktion des Prozesses der materiellen Produktion wieder, wenn auch in idealistisch verzerrter Gestalt. Marx' Einschätzung Hegels in den *Pariser Manuskripten* von 1844 dürfte für die gesamte bürgerlich-idealistische Kultur Deutschlands gelten: »Das Große an der Hegelschen ›Phänomenologie‹ ist, [...] daß Hegel die Selbsterzeugung des Menschen als einen Prozeß faßt, [...] daß er also das Wesen der *Arbeit* faßt und den gegenständlichen Menschen, wahren, weil wirklichen Menschen, als Resultat seiner *eigenen* Arbeit begreift.« Hegel steht damit »auf dem Standpunkt der modernen Nationalökonomen. Er erfaßt die *Arbeit* als das

Wesen, als das sich bewährende Wesen des Menschen«. Der bürgerliche Begriff der Arbeit aber ist nicht mit dem materialistischen Begriff sinnlich konkreter Arbeit zu verwechseln. »Die Arbeit, welche Hegel allein kennt und anerkennt, ist die *abstrakt geistige*.« [92] Die *Deutsche Ideologie* von 1845/46 nimmt diese Kritik auf einem höheren Niveau der Verallgemeinerung wieder auf. Der Idealismus, heißt es in den *Thesen über Feuerbach,* habe im Gegensatz zu »allem bisherigen Materialismus« die »tätige Seite entwickelt, wenn auch abstrakt.« Erst der Idealismus »faßt die menschliche Tätigkeit [...] als *gegenständliche* Tätigkeit«, wenn auch in einer auf dem Kopf stehenden Form, nämlich ohne »die wirkliche, sinnliche Tätigkeit als solche« zu kennen. [93]

Diese kritische Einschätzung der historischen Bedeutung der deutschen idealistischen Philosophie gilt – ich möchte diesen Gedanken mit Nachdruck wiederholen – für die bürgerlich-idealistische Literatur Deutschlands in gleichem Maße. Die Konzeption des Kopfarbeiters als des Welt-Produzenten konnte sich deshalb in Deutschland durchsetzen, weil dort, wie wir mit Hegel sagten, die bürgerliche Revolution allein in der Form des Gedankens stattfand. Deutschland hat »nur mit der abstrakten Tätigkeit des Denkens die Entwicklung der modernen Völker begleitet [...], ohne werktätige Partei an den wirklichen Kämpfen dieser Entwicklung zu ergreifen«, um noch einmal den Marx von 1843/44 zu Wort kommen zu lassen [94] Die sich in England und Frankreich in der Praxis herausbildende bürgerliche Gesellschaft fand ihre ideologische Spiegelung in der deutschen Literatur und Philosophie. Deutschland also als der theoretische und theoretisierende Kopf der bürgerlichen revolutionären Emanzipation – das führte dazu, daß der reale historische Prozeß als ein Prozeß der Kopfarbeit mißverstanden werden konnte, das führte zur Überschätzung der Bedeutung ideologischer Emanzipation wie des ideologischen Klassenkampfes überhaupt, das führte zur Überschätzung der Funktion und Bedeutung der geistigen Arbeit am Prozeß der Kulturerzeugung. In der *Deutschen Ideologie* haben Marx und Engels die Grundzüge einer Kritik der bürgerlichen Ideologie in Deutschland entwickelt, die, obwohl am Gegenstand der Philosophie exemplifiziert, auch für den Gegenstand der Literatur Gültigkeit haben dürfte. In dieser Schrift klären Marx und Engels auf, wie es dazu kommt, daß sich die Sphäre der Ideologie, also des Bewußtseins und seiner Objektivationen, in einem solchen Maße von ihrer materiellen Basis abzulösen vermag, daß diese selbst dem Bewußtsein als sein eigenes Produkt, als Bewußtseins-Produkt zu erscheinen vermag. Marx und Engels führen aus: »Die Produktion der Ideen, Vorstellungen des Bewußtseins, ist zunächst unmittelbar verflochten in die materielle Tätigkeit und den materiellen Verkehr der Menschen«. Sie ist »Sprache des wirklichen Lebens«. »Von der geistigen Produktion, wie sie in der Sprache der Politik, der Gesetze, der Moral, der Religion, Metaphysik usw. eines Volkes sich darstellt, gilt dasselbe. Die Menschen sind die Produzenten ihrer Vorstellungen, Ideen pp., aber die wirklichen, wirkenden Menschen, wie sie bedingt sind durch eine bestimmte Entwicklung ihrer Produktivkräfte und des denselben entsprechenden Verkehrs bis zu seinen weitesten Formationen hinauf.« [95] Mit der Entwicklung der gesellschaftlichen Produktivkräfte entwickelt sich notwendig die Teilung der Arbeit, »eine der Hauptmächte der bisherigen Geschichte« [96], die »erst wirklich Teilung von dem Augenblicke an [wird], wo eine Teilung der materiellen und geistigen Arbeit eintritt.« [97] Mit der Teilung von materieller und geistiger Arbeit ist die Möglichkeit einer Verselbständigung des Bewußtseins und seiner Vergegenständlichungen gegeben, d. h. die Möglichkeit einer verkehrten Spiegelung des Verhältnisses von materieller und geistiger Produktion – »von diesem Augenblicke an ist das Bewußtsein imstande, sich von der Welt zu emanzipieren und zur Bildung der ›reinen‹ Theorie, Theologie, Philosophie, Moral etc. überzugehen.« Mit der Entwicklung der arbeitsteiligen bürgerlichen Gesellschaft »können und müssen« die drei Momente: »die Produktionskraft, der gesellschaftliche Zustand und das Bewußtsein« in Widerspruch geraten aus dem Grunde, »weil mit der *Teilung der Arbeit* die Möglichkeit, ja die Wirklichkeit gegeben ist, daß die geistige und materielle Tätigkeit – daß der Genuß und die Arbeit, Produktion und Konsumtion verschiedenen Individuen zufallen« [98].

Mit dieser ersten Erklärung der Prozesse der Arbeitsteilung haben Marx und Engels die notwendigen Bedingungen genannt, unter denen sich ideologische Formen von der Art der deutschen Literatur und Philosophie entwickeln konnten. Sie haben das Geheimnis ausgesprochen, das in den Bildern und Begriffen des produktiven Subjekts der deutschen bürgerlichen Ideologie verborgen liegt. Damit ist auf den klärenden Begriff gebracht, was als *Problem* dieser Ideologie durchaus voll bewußt war, ja was immer schon den innersten Kern ihrer Konstitution betraf. Literatur und Philosophie in Deutschland haben sich diesem Problem stets gestellt, ja die Entwicklung dieser Problemstellung, in einer Vielzahl von Konstellationen, mit der größten Konsequenz entfaltet – wenn sie damit die Lösung auch nur vorbereiten, selbst nicht vollziehen konnten.

IV. *Prometheus und Epimetheus – materielle und geistige Produktion im Zeitalter der bürgerlichen Gesellschaft*

Im dialektischen Widerspiel zur romantischen Reduktion aller produktiven Arbeit auf die geistige Arbeit der künstlerischen Produktion hat der klassische Goethe in der *Pandora* von 1807 den Versuch unternommen, so Claus Träger, »in den mythologischen Gestalten symbolhaft die Einheit des Menschen auch unter kapitalistischen Bedingungen noch zu wahren« [99]. Mit dieser Dichtung sei es Goethe gelungen, »die Gestalt des Titanen selber auf die geschichtliche Höhe der Zeit« zu erheben. [100] Sie ist »die erste gültige Antwort Goethes auf das Erscheinen Napoleons in Deutschland«. Als Reaktion auf die veränderten gesellschaftlichen Verhältnisse in Europa stellt Goethe, wie bereits Cassirer gesehen hat, dem »individualistischen Ideal« immer bewußter das »soziale Ideal«

gegenüber. [101] Träger erläutert: »[...] das soziale Ideal vermag sich nicht mehr unter der Form des Individualismus dichterisch zu legitimieren: war der Prometheus des Sturm und Drang der einzige männliche Held Goethes gewesen, der, als Gegenspieler des Fürstengottes, allein die Opposition einer ganzen Klasse zu repräsentieren vermocht hatte, so verlor sich mit der unermeßlich erweiterten gesellschaftlichen Erfahrung, vor allem der Französischen Revolution, diese Möglichkeit« [102]. Die schon immer bei Goethe angelegte Doppelheit seiner Gestalten, eine Doppelheit, die als »dialektisches Widerspiel menschlicher Kräfte zu verstehen« ist, erhält im Gegensatz von Prometheus und Epimetheus einen spezifischen geschichtlichen Sinn. Das Problem lautet hier: Freiheit und Bestimmung der bürgerlichen Persönlichkeit unter den Bedingungen der bürgerlichen Gesellschaft, d. h. nach dem Klassensieg der Bourgeoisie. [103]

Der Gegensatz Prometheus-Epimetheus wird unmittelbar in der szenischen Erläuterung des Textes verdeutlicht. Auf der Seite des Prometheus »alles roh und derb«, »natürliche und künstliche Höhlen«, im Bau befindliche Wohnungen, kaum der Natur entwachsen, ihr abgerungen, alles neu und im Aufbau begriffen, eine detaillierte Beschreibung von Bildern der materiellen Produktion, weniger die fertigen Produkte als den Produktionsprozeß selbst repräsentierend.

Zu der Linken des Zuschauers Fels und Gebirg, aus dessen mächtigen Bänken und Massen natürliche und künstliche Höhlen neben und über einander gebildet sind, mit mannigfaltigen Pfaden und Steigen, welche sie verbinden. Einige dieser Höhlen sind wieder mit Felsstücken zugesetzt, andere mit Thoren und Gattern verschlossen. Alles roh und derb. Hier und da sieht man etwas regelmäßig Gemauertes, vorzüglich Unterstützung und künstliche Verbindung der Massen bezweckend, auch schon bequemere Wohnungen andeutend, doch ohne alle Symmetrie. Rankengewächse hangen; einzelne Büsche zeigen sich auf den Absätzen; höher hinauf verdichtet sich das Gesträuch, bis sich das Ganze in einem waldigen Gipfel endigt. [104]

Auf der *Seite des Epimetheus* »ein ernstes Holzgebäude nach ältester Art und Construktion«, als ein fertiggestelltes Produkt und zugleich historischer Gegenstand, insofern es der Überlieferung angehört und vergangene Geschichte verkörpert. In der Vorhalle – im Zentrum des szenischen Bildes – »eine Ruhestätte mit Fellen und Teppichen«, der Ort der *theoria*, das heißt der der unmittelbaren Erzeugung des materiellen Lebens entzogenen geistigen Arbeit der Kontemplation. Alles Materielle in dieser Welt ist fertig, ›befriedigtes Besitzthum‹. Statt der rohen Natur als dem Gegenstand der materiellen Arbeit zeigt sich deren Ergebnis: Kultur als bearbeitete Natur – »die Gipfel von Fruchtbäumen, Anzeigen wohlbestellter Gärten« – die cultura agri ist Bedingung der cultura animi kontemplativer Arbeit. Der Ausblick auf eine ästhetische Landschaft, mit dem Meereshorizont als Grenze, beschließt das Bild.

Gegenüber zur Rechten ein ernstes Holzgebäude nach ältester Art und Construktion, mit Säulen von Baumstämmen und kaum gekanteten Gebälken und Gesimsen. In der Vorhalle sieht man eine Ruhestätte mit Fellen und Teppichen. Neben dem Hauptgebäude, gegen den Hintergrund, kleinere ähnliche Wohnungen mit vielfachen Anstalten von trockenen

Mauern, Planken und Hecken, welche auf Befriedigung verschiedener Besitzthümer deuten; dahinter die Gipfel von Fruchtbäumen, Anzeigen wohlbestellter Gärten. Weiterhin mehrere Gebäude im gleichen Sinne.
Im Hintergrunde mannigfaltige Flächen, Hügel, Büsche und Haine; ein Fluß, der mit Fällen und Krümmungen nach einer Seebucht fließt, die zunächst von steilen Felsen begränzt wird. Der Meereshorizont, über den sich Inseln erheben, schließt das Ganze. [105]

Bereits der Eingangsmonolog des Epimetheus entwickelt die Motive: Epimetheus steht für Tätigkeit der Kontemplation, geistige Arbeit, künstlerische Produktion:

> [...] Epimetheus nannten mich die Zeugenden,
> Vergangnem nachzusinnen, Raschgeschehenes
> Zurückzuführen, mühsamen Gedankenspiels,
> Zum trüben Reich Gestalten mischender Möglichkeit. [106]

Prometheus repräsentiert körperliche Arbeit und materielle Produktion. Er ist dabei bereits in der Figur des Kapitalisten gesehen, soll heißen: er hat die Verfügungsgewalt über Arbeitskraft, und zwar nicht mehr, wie noch in den frühen Prometheus-Dichtungen, primär in der Sphäre der agrarischen, sondern ausdrücklich schon in der Sphäre der industriellen Produktion – die Symbolik des Feuers hat hier deutlich diesen Sinn. Prometheus wird als der kapitalistische Eigentümer (Käufer) von Arbeitskraft, zugleich aber noch selbst als produktiver Arbeiter, als der führende Teil des gesellschaftlichen Gesamtarbeiters charakterisiert.

> Was aber hör' ich? Knarrend öffnen sich so früh
> Des Bruders Thore. Wacht er schon, der Thätige?
> Voll Ungeduld, zu wirken, zündet er schon die Gluth
> Auf hohlem Herdraum werkaufregend wieder an?
> Und ruft zu mächt'ger Arbeitslust die rußige,
> Mit Guß und Schlag, Erz auszubilden kräft'ge Schaar? [107]

Die Entwicklung der bürgerlichen Gesellschaft wird in der *Pandora* bereits vorausgesetzt, damit auch die entwickelte Form gesellschaftlicher Arbeitsteilung, und das bedeutet – wie Marx und Engels in der *Deutschen Ideologie* gezeigt haben – in letzter Konsequenz die endgültige Trennung von materieller und geistiger Produktion Der Prometheus der *Pandora* verkörpert also bereits Arbeit unter entwickelten kapitalistischen Bedingungen. So Prometheus:

> Der Fackel Flamme, morgendlich dem Stern voran
> In Vaterhänden aufgeschwungen, kündest du
> Tag vor dem Tage! Göttlich werde du verehrt!
> Denn aller Fleiß, der männlich-schätzenswertheste,
> Ist morgendlich; nur er gewährt den ganzen Tag
> Nahrung, Behagen, müder Stunden Vollgenuß.
> Deßwegen ich der Abendasche heil'gen Schatz,
> Entblößend früh, zu neuem Gluthtrieb aufgefacht,
> Vorleuchtend meinem wackern arbeitstreuen Volk.
> So ruf' ich laut euch Erzgewält'ger nun hervor.

Erhebt die starken Arme leicht, daß tactbewegt
Ein kräft'ger Hämmerchortanz laut erschallend, rasch
Uns das Geschmolzene vielfach strecke zum Gebrauch. [108]

Die ›Kinder‹ des Prometheus sind nicht mehr die Ackerbauern der frühen Dichtungen, denen Prometheus das Hüttenbauen lehrte. Es sind vielmehr die
Schmiede: das ›geschmolzenes Erz‹ ›zum Gebrauch streckende‹ – d. h. in
Gebrauchswerte verwandelnde – »arbeitstreue Volk«: die modernen Industriear-
beiter, die hier mit den *Hirten* unmittelbar konfrontiert werden. Die Arbeit dieser
Arbeiter wird von Goethe-Prometheus explizit als wertschaffende, die gesellschaftliche Kultur ausbildende Arbeit begriffen. Sie wird als Arbeit der Produktiv-
kraftentfaltung beim Namen genannt: in den Eisenöfen der Schmiede wird das
Erz »zum Werkzeug umgebildet [...] / zur Doppelfaust«, wodurch die »*Kraft*«
– lies: Arbeitskraft – »*verhundertfältigt*« ist. »So eigne Kraft und Bruderkräfte
mehret ihr, /Werktätig, weisekräftig, ins Unendliche«. Das vollständige Zitat
lautet:

Des thät'gen Manns Behagen sey Parteylichkeit.
Drum freut es mich, daß, andrer Elemente Wert
Verkennend, ihr das Feuer über Alles preis't.
Die ihr, hereinwärts auf dem Ambos blickend wirkt,
Und hartes Erz nach eurem Sinne zwingend formt,
[...] ihr aber seyd die Nützenden.
Wildstarre Felsen widerstehn euch keineswegs;
Dort stürzt von euren Hebeln Erzgebirg herab,
Geschmolzen fließt's, zum Werkzeug umgebildet nun,
Zur Doppelfaust. Verhundertfältigt ist die Kraft.
Geschwungne Hämmer dichten, Zange fasset klug,
So eigne Kraft und Bruderkräfte mehret ihr,
Werkthätig, weisekräftig ins Unendliche.
Was Macht entworfen, Feinheit ausgesonnen, sey's
Durch euer Wirken über sich hinausgeführt.
Drum bleibt am Tagwerk vollbewußt und freigemuth!
Denn eurer Nachgebornen Schaar, sie nahet schon,
Gefertigtes begehrend, Seltnem huldigend. [109]

»Des thät'gen Manns Behagen sei Parteilichkeit.« Gemeint ist hier die Parteilichkeit des bürgerlichen Klassenstandpunkts. Sie führt, wie Claus Träger kommentiert, »in Chaos und Zerstörung«. »Diese ›Parteilichkeit‹, vorerst bürgerlich-
kapitalistischen Fortschritt ausdrückend, war borniert Einseitigkeit, im Grunde
die Verachtung moralisch-ästhetischer Werte, über die andererseits Prometheus
romantischer Bruder tatenlos nachsinnt« [110]. Über die soziale und kulturelle
Verfassung der sich in der Folge der Französischen Revolution im weltgeschichtli-
chen Maßstab unwiderruflich durchsetzenden bürgerlichen Gesellschaft hat sich
Goethe, das dürfte dem Text der *Pandora* unschwer zu entnehmen sein, keinen
großen Illusionen hingegeben. Den antagonistischen Charakter ihre inneren
Widersprüche hat er – und zwar über die Erkenntnis der in dieser Gesellschaft

unaufhebbaren Differenz von materieller und geistiger Arbeit hinaus – weitgehend erkannt. Das *Konkurrenzprinzip* – der Kampf aller gegen alle, Hobbes' bellum omnium contra omnes – wird von Prometheus als Grundprinzip aller Geschichte und als Grundsatz seiner, der bürgerlichen Weltanschauung ausgesprochen.

> Entwandelt friedlich! Friede findend geht ihr nicht.
> Denn solches Loos dem Menschen wie den Thieren ward,
> Nach deren Urbild ich mir Bess'res bildete,
> Daß ein's dem andern, einzeln oder auch geschaart,
> Sich widersetzt, sich hassend aneinander drängt,
> Bis ein's dem andern Uebermacht bethätigte.
> Drum faßt euch wacker! Eines Vaters Kinder ihr!
> Wer falle? stehe? kann ihm wenig Sorge seyn. [111]

»[...] der Friede hat keinen Ort in diesem Weltbild«, schreibt Träger dazu. »Die Produktivkraft selber erzeugt den Widerspruch, den Drang, einander zu übertreffen, die gesteckten Grenzen zu überschreiten« [112]. Die auf dem *Prinzip des Kampfes* –Ausbeutung und Konkurrenz – gegründete Gesellschaft muß auch im Kampf enden, ihr letztes Wort ist der Krieg.

> Drum Schmiede! Freunde! Nur zu Waffen legt mir's an,
> Das andre lassend, was der sinnig Ackernde,
> Was sonst der Fischer von euch fordern möchte heut.
> Nur Waffen schafft! Geschaffen habt ihr Alles dann [...] [113]

»Aus der Produktion der Sichel wird die Produktion des Schwerts«, um dem ausgezeichneten Kommentar Claus Trägers weiter das Wort zu erteilen. »Die politische Folge hat ihren ökonomischen Grund. Was kümmern Prometheus sittliche Güter!« [114] »Klein-Ode schafft dem Manne täglich seine Faust«, lautet sein politökonomisches Credo. Selbstgewiß verkündet er es gegenüber seinem Bruder, dem kontemplativen Kopfarbeiter. »Das höchste Gut? Mich dünken alle Güter gleich.« [115] In der Tat, illusionslos wird das Geheimnis der nachrevolutionären bürgerlichen Gesellschaft ausgesprochen. Mit dem endgültigen Sieg der Bourgeoisie siegte das nackte ökonomische Interesse, die Plusmacherei als bürgerliches Hauptgeschäft, die – *im Kommunistischen Manifest* bei ihrem Namen genannte – »gefühllose ›bare Zahlung‹«: [116] Kein anderes Band als dieses habe die Bourgeoisie »zwischen Mensch und Mensch übriggelassen«.

> Reichthum wollt ihr, Macht und Ehre,
> Glanz und Herrlichkeit? Das Mädchen
> Kann euch solches nicht verleihen;
> Ihre Gaben, ihre Töne,
> Alle sind sie mädchenhaft.
>
> Wollt ihr Macht? Der Mächt'ge hat sie.
> Wollt ihr Reichthum? Zugegriffen!
> Glanz? Behängt euch! Einfluß? Schleicht nur!
> Hoffe niemand solche Güter:
> Wer sie will, ergreife sie! [117]

Im *Achtzehnten Brumaire des Louis Bonaparte* hat Karl Marx die nachrevolutionäre bürgerliche Gesellschaft, die sich im ersten Jahrzehnt des neunzehnten Jahrhunderts, zur Zeit also der Entstehung der *Pandora* in ihren Umrissen abzuzeichnen begann, als eine Gesellschaft beschrieben, die der Erinnerung an ihre revolutionäre Vergangenheit entsagt und sich ihrer heroischen Maske endgültig entledigt hatte. »Camille Desmoulins, Danton, Robespierre, St-Just, Napoleon, die Heroen, wie die Parteien und die Masse der alten französischen Revolution«, schreibt Marx, hatten »in dem römischen Kostüme und mit römischen Phrasen die Aufgabe ihrer Zeit« vollbracht: »die Entfesselung und Herstellung der modernen *bürgerlichen* Gesellschaft«. »Die einen schlugen den feudalen Boden in Stücke und mähten die feudalen Köpfe ab, die darauf gewachsen waren. Der andere schuf im Innern von Frankreich die Bedingungen, worunter erst die freie Konkurrenz entwickelt, das parzellierte Grundeigentum ausgebeutet, die entfesselte industrielle Produktivkraft der Nation verwandt werden konnte, und jenseits der französischen Grenzen fegte er überall die feudalen Gestaltungen weg, soweit es nötig war, um der bürgerlichen Gesellschaft in Frankreich eine entsprechende, zeitgemäße Umgebung auf dem europäischen Kontinent zu verschaffen.« [118] Mit der fertigen bürgerlichen Gesellschaft aber verabschiedete das Bürgertum seine Vergangenheit. Es verabschiedete die Revolution und mit ihr jeden Heroismus des Wortes und der Tat. Die *heroische* Epoche der europäischen Bourgeoisie war zuende gegangen. »Die neue Gesellschaftsformation einmal hergestellt, verschwanden die vorsüntflutlichen Kolosse und mit ihnen das wieder auferstandene Römertum – die Brutusse, Gracchusse, Publicolas, die Tribunen, die Senatoren und Cäsar selbst. Die bürgerliche Gesellschaft in ihrer nüchternen Wirklichkeit hatte sich ihre wahren Dolmetscher und Sprachführer erzeugt in den Says, Cousins, Royer-Collards, Benjamin Constants und Guizots, ihre wirklichen Heerführer saßen hinter dem Kontortisch, und der Speckkopf Ludwigs XVIII. war ihr politisches Haupt. Ganz absorbiert in die Produktion des Reichtums und in den friedlichen Kampf der Konkurrenz begriff sie nicht mehr, daß die Gespenster der Römerzeit ihre Wiege gehütet hatten.« [119] Diese Worte beschreiben das historische Resultat einer Entwicklung, die 1807 erst begonnen hatte. [120] Und doch reflektiert Goethes *Pandora* bereits die Tendenzen und Widersprüche, die zu diesem Ergebnis geführt haben. Einerseits verleiht sie dem Optimismus Ausdruck, den die Garantie einer freien Entwicklung der Produktivkräfte unter bürgerlichen Produktionsverhältnissen kraft der durch den Sieg Napoleons (1807, das Entstehungsjahr des Stücks, ist auch das historisch entscheidende Jahr) gesicherten Herrschaft der Großbourgeoisie für den bürgerlichen Literaturproduzenten zwangsläufig zur Folge haben mußte. Ja wir sahen, daß erste Erkenntnisse der Bedeutung der wertschaffenden Arbeit des Proletariats in den Text der Dichtung eingeflossen sind. Zugleich konstatiert die Dichtung die unter kapitalistischen Bedingungen notwendige Zersplitterung der menschlichen Wesenskräfte. Sie konstatiert den unter diesen Bedingungen unaufhebbaren

Antagonismus der Menschen untereinander. Sie konstatiert die als tragisch begriffene Unaufhebbarkeit – unter diesen gesellschaftlichen Bedingungen – der
Teilung von materieller und geistiger Produktion. In der *Pandora* hat Goethe
also den Widerspruch zwischen den durch Prometheus und Epimetheus verkörperten Seiten gesellschaftlicher Kulturerzeugung unter den Bedingungen entwik-
kelter kapitalistischer Produktionsverhältnisse aufzuweisen vermochte. Was ihm
nicht gelang und auch nicht gelingen konnte, war »die Einheit aus beidem, der
ökonomisch-politischen *und* der ästhetisch-sittlichen Leistung« gestalterisch herzustellen. »Die dazu fähige Klasse«, schreibt Träger, »war noch nicht geboren«
[121].

Die in der *Pandora* dargestellten gesellschaftlichen Widersprüche, so wäre zu
ergänzen, werden allerdings schon unter den Voraussetzungen eines Weltzustands
begriffen, an dessen Horizont die junge Arbeiterklasse bereits sichtbar geworden
ist – ein Weltzustand, in dem sich die ersten Wetterzeichen des kommenden
Sturms der sozialistischen Revolutionen abzuzeichnen beginnen. Denn wenn die
Klasse, deren welthistorische Aufgabe darin besteht, die Widersprüche, die in
Goethes *Pandora* ins Bild gebracht sind, im welthistorischen Maßstab zu lösen,
sich zur Zeit der Entstehung des Gedichts als *Klasse für sich* noch nicht konstitu-
iert hatte, so hatte sie als *Klasse an sich* ihre Geburtsstunde schon hinter sich.
Goethes Dichtung legt davon selbst ein Zeugnis ab. Aus diesem Grunde konnte
Goethe auch der historischen Bedeutung dieser Klasse erste Worte leihen.

V. Deutsche Literatur und bürgerliche Gesellschaft

Gehen wir einen Schritt zum frühen Goethe zurück. Vergegenwärtigen wir
uns die Chronologie seiner wichtigsten Schriften der siebziger Jahre: 1771 Natur-
und Liebeslyrik (»Gedichte für Friederike Brion«), *Zum Schäkespears Tag, Berlichingen,* 1772 *Wandrers Sturmlied, Von deutscher Baukunst,* 1773–75 *Urfaust,
Prometheus, Mahomet,* 1774 *Werther, Der Ewige Jude,* 1775 Beginn mit
Egmont, 1777 Beginn mit *Wilhelm Meister, Harzreise im Winter,* 1778 *Grenzen
der Menschheit,* 1779 *Iphigenie auf Tauris,* 1780 Beginn mit *Tasso.* Es sind die
Baumaterialien – alle *großen* Werke mit der Ausnahme des *Werther* wurden
zu dieser Zeit nicht vollendet, einige sind nie über den Zustand des Fragments
hinausgekommen – der gesamten literarischen Entwicklung Goethes. Ja die dort
entfaltete Thematik und Formenwelt haben die Entwicklung der deutschen Literatur bis in die Romantik hinein – und gerade diese – in weiten Strecken entscheidend geprägt. Der Grund dafür liegt in diesem: Im Werk des jungen Goethe
wird zum erstenmal in literarischer Gestalt artikuliert, was der Geschichte
Deutschlands zum gesellschaftlichen Schicksal geworden ist.

Zugleich müssen wir uns der Grenzen dieser Literatur, ihrer Widersprüche
und Aporien bewußt sein. So war es kein Zufall, daß alle großen Entwürfe in
der zuerst konzipierten Form nicht vollendet wurden. Die Gründe dafür sind

nicht so sehr subjektiver als objektiver Natur; sie sind in der sozialökonomischen Verfassung Deutschlands zu finden, deren Widersprüchlichkeit sich in den Widersprüchen und Aporien ihrer literarischen Widerspiegelung reproduziert. Edith Braemer und Claus Träger haben einige der sozialökonomischen Ursachen für die Schwierigkeiten der literarischen Produktion Goethes genannt. Nach Braemer wird bei Goethe das Eintreten für das bäuerliche Privateigentum in den Prometheus-Dichtungen zur Basis des Kampfes gegen den feudalabsolutistischen Staat. Wie Rousseau vertritt auch der junge Goethe »die Interessen der nicht besitzenden, plebejischen Schichten«. In *Prometheus* proklamiert er »ein Eigentum, das es in Deutschland nur in äußerst geringem Maße gibt [...]: das bäuerliche Kleineigentum«. »Goethes Bejahung dieses Eigentums führt zu demselben Resultat wie Rousseaus Verneinung: zum Angriff gegen den bestehenden Staat denn die dichterische Schaffung bäuerlichen Eigentums richtet sich in Deutschland gegen den Feudalabsolutismus, dessen wirtschaftliche Grundlage auf dem Land die Fronarbeit ist« [122]. Träger bemerkt dazu: »Die dichterische Stärke des »Prometheus« ist sozusagen seine theoretische Schwäche. [...] Die im ökonomischen Sinne an den Eigentumsbegriff der kleinen Warenproduktion gebundene Argumentation ist die theoretische Grenze dieses Sturm-und-Drang-Symbols. Es bezeichnet damit einen wesentlichen Zug der ganzen Bewegung überhaupt. Rousseaus vorgreifende Kritik am kapitalistischen Eigentum und Goethes Rückgriff auf das Kleineigentum verhalten sich zueinander wie zwei unterschiedene, auch klassenmäßig differenzierte Etappen der bürgerlichen Ideologie auf unterschiedenem Niveau der sozialökonomischen Entwicklung. [...] wäre Goethe im Horizont der kleinen Warenproduktion befangen geblieben, hätte es späterhin weder einen »Wilhelm Meister« noch einen zweiten »Faust« gegeben. Was von den Sansculotten – nicht von der jakobinischen Führung – während der Revolution gilt, das gilt auch mutatis mutandis von den vorrevolutionären deutschen Stürmern und Drängern und ihrer vornehmsten dichterischen Gestalt. Sie waren – durch ihren konsequenten Demokratismus – politisch die progressivsten vorwärtstreibenden Kräfte; aber sie waren – durch ihre Bindung an bzw. ihre Orientierung auf die kleine Warenproduktion – ökonomisch nicht auf der Höhe der Zeit und konnten es auch nicht sein« [123]. Die ideologischen Grenzen des jungen Goethe reflektieren die Rückständigkeit der sozialökonomischen Entwicklung Deutschlands gegenüber Frankreich und England. Es ist dies eine Bestimmung, die für das gesamte Werk Goethes ihre Gültigkeit behält, wenn seine Produktionen auch im zunehmenden Maße diese Beschränktheit verlieren und ihre sozialökonomischen Fesseln abstreifen. Mit den späteren Dichtungen Goethes – den Meister-Romanen, aber vor allem dem zweiten Teil des Faust – erreicht die deutsche Literatur (wenn auch nie ungebrochen) das Niveau der *europäischen* bürgerlichen Gesellschaft. Es ist dies eine Entwicklung, die parallel zu der sich in Gleichzeitigkeit neben ihr entwickelnden Philosophie verläuft. Die sog. ›Goethezeit‹ ist auch die Zeit Hegels, und mit dem Beginn der dreißiger

Jahre, dem Datum von beider Tod, geht die vor Marx und Engels wichtigste Epoche in der Geschichte des deutschen Geistes zuende. Mit Goethe und Hegel haben deutsche Literatur und Philosophie das Niveau der allgemeinen ökonomischen Entwicklung der bürgerlichen Gesellschaft in Europa erreicht. In diesem Sinne sind die reifen Produktionen Goethes auch das eigentliche literarisch-ästhetische Äquivalent der reifen idealistischen Philosophie.

Goethe – so läßt sich, vielleicht etwas überspitzt, im Anschluß an Marx formulieren – steht mit seinen frühen Produktionen auf dem Standpunkt der Physiokraten. Den Standpunkt der modernen englischen Nationalökonomie Smith, Ricardo) gewinnt er erst in den großen Dichtungen des Spätwerks. Die aber in allen seinen Produktionen – den frühen und den späten – ausgesprochene Anerkennung der Bedeutung der materiellen Produktion bezeichnet eine Position, die in Deutschland ständig bedroht ist. Bereits in Fichtes Begriff des absoluten Produzenten, dessen Tätigkeit – »Tathandlungen« – in der Kategorie der intellektuellen Anschauung exemplifiziert wird, ist jede materielle Tätigkeit in geistige aufgelöst; das Problem des Verhältnisses von materieller und geistiger Produktion im Prozeß der Kulturerzeugung tritt gar nicht mehr in den Blick. Und mit der »Reduktion des Schöpferischen auf das bloß künstlerisch Schöpferische«, wie wir es im Extrem bei den Romantikern beobachten, ist »der Begriff der Erzeugung eines zivilisierten Lebens überhaupt entwertet«. »Auf diese Weise parodiert die Romantik die wirklichen Geburtshelfer ihrer eigenen Klasse« [124]. Die romantische Bewegung ist und bleibt – bei aller notwendigen Differenzierung – eine *rückwärtsgewandte* Reaktion auf die sich durchsetzende bürgerlich-kapitalistische Gesellschaft in Europa.

Die Dichtungen Goethes der siebziger Jahre des 18. Jahrhunderts sind Literatur der vorrevolutionären Epoche der bürgerlichen Revolution. [125] Sie sind eine Literatur, die trotz ihres spezifisch nationalen Charakters und den damit notwendig verbundenen Begrenzungen und Beschränktheiten in ganz wesentlichen Dimensionen – und dieser Gedanken kann beim gegenwärtigen Stand der literaturwissenschaftlichen Diskussion gar nicht oft genug wiederholt werden – das ökonomische und kulturelle Niveau der entwickelten bürgerlichen Gesellschaft ihrer Zeit spiegelt. Zur ästhetischen Besonderheit dieser Literatur gehört wesentlich, daß sie beides ist, eine zugleich nationale und trans-nationale Literatur – deutsche Nationalliteratur und bürgerliche Weltliteratur in einem, ein Charakteristikum, das – auch diesen Gesichtspunkt gilt es zu betonen – für die *gesamte* bürgerliche Literatur von Rang in Deutschland, wenn auch in unterschiedlicher Formbestimmtheit seine Gültigkeit behält.

Die Dialektik im Verhältnis der nationalen und trans-nationalen Elemente in der deutschen bürgerlichen Literatur ist noch präziser zu fassen. Die deutsche bürgerliche Literatur ist eine spezifisch *deutsche* Literatur, sofern sie Widersprüche der deutschen Entwicklung, des sozialökonomischen und kulturellen Status Quo Deutschlands widerspiegelt, ja in ästhetischer Form und gesellschaftlichem

Inhalt von diesem – im Sinne einer *partiellen* Determination – bestimmt ist. Die deutsche bürgerliche Literatur widerspiegelt *allgemeine* Gesetzmäßigkeiten der sozialökonomisch-kulturellen Entwicklung der europäischen Gesellschaft im Übergang vom Feudalismus zum Kapitalismus und reflektiert zugleich die *besonderen* Bedingungen, unter denen sich diese Entwicklung in Deutschland vollzieht. Sie hat in der daraus sich ergebenden Dialektik ihr Leben. Sie ist eine zugleich nationale und trans-nationale Literatur also in dem Sinne, daß sie Momente spezifisch nationaler Entwicklung aufnimmt und an diese gebunden bleibt, um aber doch zugleich die Grenzen einer – im bornierten oder gar chauvinistischen Sinne – nationalen Literatur zu überschreiten. Sie vermochte diese Grenzen zu überschreiten, nicht vermöge irgendwelcher mystischen Qualitäten, sondern vermöge der Formbestimmtheit, den die europäische bürgerliche Gesellschaft bereits Ende des 18. Jahrhunderts – zumindest tendenziell – besaß und die sich mit dem Siegeszug der industriellen Revolution vollenden sollte. Der Entfaltung der bürgerlichen Ökonomie hält die Entwicklung der Verkehrs- und Kommunikationsformen auf internationaler Ebene Schritt. »An die Stelle der alten lokalen und nationalen Selbstgenügsamkeit und Abgeschlossenheit tritt ein allseitiger Verkehr, eine allseitige Abhängigkeit der Nationen voneinander«, so beschreiben Engels und Marx im *Kommunistischen Manifest* (1847/48) den Reifezustand der bürgerlichen Gesellschaft, wie er sich im Laufe des 19. Jahrhunderts herausbildete, sich Ende des 18. Jahrhunderts aber bereits in deutlichen Konturen abzeichnete. »Und wie in der materiellen, so auch in der geistigen Produktion. Die geistigen Erzeugnisse der einzelnen Nationen werden Gemeingut. Die nationale Einseitigkeit und Beschränktheit wird mehr und mehr unmöglich, und aus den vielen nationalen und lokalen Literaturen bildet sich eine Weltliteratur« [126]. Die deutsche Literatur Ende des 18. Jahrhunderts ist eine *erste* Form bürgerlicher Weltliteratur. Zusammen mit der deutschen Philosophie war sie in ihrer Zeit »die einzige mit der *offiziellen* modernen Gegenwart *al pari* stehende *deutsche* Geschichte« [127].

Die Kritik der anachronistischen deutschen Zustände – vis-à-vis den »offiziellen«, d. h. den ökonomisch und politisch entwickelten Formen der bürgerlichen Gesellschaft – wurde keineswegs erst post festum von der deutschen Intelligenz erkannt und ausgesprochen. Sie ist im Gegenteil im ausgehenden 18. Jahrhundert, und zwar dezidiert vom Standpunkt der bürgerlichen Klasse, in präziser und konsequenter Weise artikuliert worden. Goethes Kritik beschränkt sich dabei nahezu ausschließlich auf eine Kritik in literarischer Gestalt, in der *Form* der Literatur. *Werther,* wir sagten es schon, ist die erste und vielleicht überhaupt die konsequenteste *Pathogenese des deutschen Lebens* in der Geschichte der klassischen bürgerlichen Literatur. »Werther, bei seinem Erscheinen in Deutschland, hatte keineswegs, wie man ihm vorwarf, eine Krankheit, ein Fieber erregt, sondern nur das Übel aufgedeckt, das in jungen Gemüthern verborgen lag« [127 a], bemerkt Goethe selbst zum, wie man heute sagen würde, *analytischen* Charakter des Buchs. Wie auch beim späteren *Tasso* handelt es sich im Falle *Werthers* um die *literarische* Analyse und Kritik der deutschen Zustände in der Gestalt und am Beispiel einer ihrer subjektiven Ausdrucksformen – in diesem Sinne ist auch das (von Goethe zustimmend zitierte) Wort über Tasso als einem »gesteigerten Werther« richtig zu verstehen. Hebbels' Feststellung, die deutsche Nation habe »überhaupt keine Lebens-, sondern nur eine Krankheitsgeschichte aufzuzeigen« [128], könnte als Motto über beiden, dem Roman und dem Drama stehen. Nicht nur über ihnen allein. Das Problem einer ›sozialen Pathologie‹ des gesellschaftlichen Lebens in Deutschland – und dazu gehörte für Goethe ganz zentral auch die Frage nach den Mitteln und Wegen, den Krankheitszustand der deutschen Nation zu heilen –, steht im Mittelpunkt der meisten seiner bedeutendsten Produktionen, nehmen wir nur die *Meister*-Romane (von der *Theatralischen Sendung* bis zu den *Wanderjahren*), die *Wahlverwandtschaften* und die beiden Teile des *Faust* (Gretchentragödie und historische Handlung des zweiten Teils) – getreu der in einem Brief an Friedrich Jacobi von 1774 geäußerten Auffassung: »alles schreibens anfang und Ende ist die Reproduktion der Welt um mich, durch die innre Welt« [129].

Die Geschichte Deutschlands als Krankheitsgeschichte, die deutsche bürgerliche Literatur als Opposition gegen die deutsche Geschichte – diese Auffassung wird von Friedrich Engels eindringlich bestätigt. Ende des 18. Jahrhunderts, schrieb Engels über Deutschland, war »das ganze Land eine lebende Masse von Fäulnis und abstoßendem Verfall [...] Das Gewerbe, der Handel, die Industrie und die Landwirtschaft des Landes waren ganz unbedeutend; die Bauernschaft, die Gewerbetreibenden und Manufakturbesitzer fühlten den doppelten Druck einer blutsaugenden Regierung und schlechter Geschäfte; [...] alles war verkehrt, und eine allgemeine Lähmung lag über dem ganzen Lande. Keine Bildung, keine Mittel, um auf das Bewußtsein der Massen zu wirken, keine freie Presse, kein Gemeingeist, nicht einmal ein ausgedehnter Handel mit anderen Ländern – nichts als Gemeinheit und Selbstsucht – ein gemeiner, kriechender Krämergeist durchdrang das ganze Volk. Alles war überlebt, bröckelte ab, ging rasch dem Ruin entgegen, [...] die Nation hatte nicht einmal genügend Kraft, um die modernden Leichname toter Institutionen hinwegzuräumen« [130]. Und er fügt über die Bedeutung der deutschen Literatur dieser Zeit hinzu: »Die einzige Hoffnung auf Besserung wurde in der Literatur des Landes gesehen. Dies schändliche politische und soziale Jahrhundert war zugleich die große Epoche der deutschen Literatur. Um das Jahr 1750 wurden alle großen Geister Deutschlands geboren, die Dichter *Goethe* und *Schiller*, die Philosophen *Kant* und *Fichte* und kaum zwanzig Jahre später der letzte große deutsche Metaphysiker, *Hegel*. Jedes bemerkenswerte Werk dieser Zeit atmet einen Geist des Trotzes und der Rebellion gegen die deutsche Gesellschaft, wie sie damals bestand« [131].

Der Substanz nach hat bereits der junge Hegel die Einschätzung der Lage in Deutschland mit aller Schärfe ausgesprochen. »Das Gebäude der deutschen

Staatsverfassung ist das Werk von vergangenen Jahrhunderten; es wird nicht vom Leben der jetzigen Zeit getragen [...]« Längst verflossene Zeiten, längst verweste Geschlechter wohnen in seinen Formen. »Das Gebäude mit seinen Pfeilern, seinen Schnörkeln steht isoliert vom Geiste der Zeit in Welt« [132]. Kein moderner Staat habe eine »elendere Verfassung als das deutsche Reich«. »Voltaire hat seine Verfassung gerade eine Anarchie genannt; die ist der beste Name, wenn Deutschland für einen Staat angesehen wird; aber jetzt gilt auch dieser Name nicht mehr; weil man Deutschland nimmer für einen Staat ansehen kann« [133]. »Wir leiden nicht nur von den Lebenden, sondern auch von den Toten«, schrieb Marx noch Jahrzehnte später. [134]

Das Elend der deutschen Zustände – der ökonomischen und politischen Verhältnisse, aber auch der Existenzbedingungen der fortschrittlichen bürgerlichen Intelligenz – dürfte, mit der Ausnahme praktischer Revolutionäre wie der deutschen Jakobiner, kaum ein anderer in gleicher Härte am eigenen Leibe erfahren haben wie der vom Berufsverbot betroffene Jenenser Philosoph Johann Gottlieb Fichte. In einem Brief an Reinhold vom 22. Mai 1799 – er wird von Heine in der Schrift *Religion und Philosophie in Deutschland* als Zeugnis der deutschen Misere ausführlich zitiert – lesen wir: »In Summa: es ist mir gewisser als das Gewisseste, daß, wenn nicht die Franzosen die ungeheuerste Übermacht erringen und in Deutschland, wenigstens einem beträchtlichen Teil desselben, eine Veränderung durchsetzen, in einigen Jahren in Deutschland kein Mensch mehr, der dafür bekannt ist, in seinem Leben einen freien Gedanken gedacht zu haben, eine Ruhestätte finden wird. [...] Ich habe nie geglaubt, daß sie meinen vorgeblichen *Atheismus* verfolgen; sie verfolgen in mir einen Freidenker, der anfängt sich *verständlich* zu machen (Kants Glück war seine Obskurität) und einen verschrieenen *Demokraten*; es erschreckt sie, wie ein Gespenst, die *Selbständigkeit*, die, wie sie dunkel ahnen, meine Philosphie weckt« [135]. Es lohnt sich, Heines fortlaufenden Kommentar ins Bewußtsein zu rufen. Er hat für die Gegenwart der westdeutschen Republik eine beängstigende Aktualität. »Ich bemerke nochmals, daß dieser Brief nicht von gestern ist, sondern das Datum des 22. Mai 1799 trägt« schreibt Heine. »Die politischen Verhältnisse jener Zeit haben eine gar betrübende Ähnlichkeit mit den neuesten Zuständen in Deutschland [...]« [136]

In den zitierten Äußerungen sind die ökonomischen, politischen und ideologischen Bedingungen genannt, unter denen die bürgerliche Literatur in Deutschland sich entwickeln mußte; genauer: es sind die *besonderen* Bedingungen genannt, unter denen sich *diese* Literatur – im Unterschied zur englischen und französischen – entwickelt hat. Für Deutschland ist – angesichts der Ungleichzeitigkeit der ökonomischen, politischen und ideologischen Entwicklung in den drei wichtigsten Ländern der europäischen bürgerlichen Gesellschaft – festzuhalten: Deutsche Literatur und deutsche Philosophie vollziehen die bürgerliche Revolution – d. h. den Prozeß des Übergangs von der feudalen zur kapitalistischen Produktionsweise, des Übergangs von der aristokratischen zur bürgerlichen Kultur – *in der Form des Gedankens*. Der Prozeß des Übergangs von der feudalen zur bürgerlichen Gesellschaft spielte sich in Deutschland als *ideologischer* Prozeß ab – als *ideologischer Reflex* der in England und Frankreich *materiell* stattfindenden Geschichte. Ich erinnere noch einmal an Marx' »Deutschlands *revolutionäre* Vergangenheit ist [...] theoretisch« [137]. Deutsche Literatur und Philosophie sind aus dem Anachronismus der deutschen Zustände hervorgegangen, die ihren Formen als *unmittelbare* Basis zugrunde liegen, die ständig in sie hineinspielen, sie deformieren. Sie sind dennoch mehr als der einfache Reflex der Zurückgebliebenheit der deutschen Zustände. Sie sind Widerspiegelungsformen der gesamteuropäischen bürgerlichen Gesellschaft ihrer Zeit. Die ökonomisch entwickelten Formen dieser Gesellschaft – die bürgerliche Gesellschaft in England und Frankreich – sind, was wir die *mittelbare* Basis der deutschen Literatur nennen können. Ja es ist ein Test für den literarischen Rang und die gesellschaftliche Bedeutung dieser Literatur, inwieweit sie *literarisch* auf dem Niveau der avancierten bürgerlichen Gesellschaft sich befindet, inwieweit sie imstande ist, die ökonomischen und politischen Revolutionen außerhalb Deutschlands ästhetisch adäquat widerzuspiegeln – ich meine die industrielle Revolution in England und die politische Revolution in Frankreich. Die Extreme liegen zwischen dem abstrakten Romantizismus eines *Heinrich von Ofterdingen* und dem konkreten Universalismus des *Wilhelm Meister* und des *Faust* [138], wobei allerdings *beide,* die romantische, programmatisch anti-realistische Literatur des Novalis ebenso wie der klassische Realismus des reifen Goethe als *Reaktionsformen* auf soziale Prozesse zu lesen sind, die in exemplarischer Form jenseits der deutschen Grenzen stattfinden, die sich in Deutschland bestenfalls erst abzuzeichnen begannen.

In der vorliegenden Studie bin ich von dem Gedanken ausgegangen, daß in der Stellung der bürgerlichen Literatur zum Prozeß der gesellschaftlichen Produktion, vorab in ihrer Stellung zur Sphäre der materiellen Produktion Kriterien auszumachen sind, um das geschichtsphilosophische Niveau dieser Literatur, um ihren literarischen Rang und ihre gesellschaftliche Bedeutung zu bestimmen. Und zwar in einer Weise zu bestimmen, die zuverlässigere Kriterien einer gesellschaftlichen Beurteilung dieser Literatur abgibt als der unmittelbare Rekurs auf Äußerungen der Literaturproduzenten zu ökonomischen und politischen Fragen; zuverlässiger, weil auf die literarischen Produkte selbst als objektivierte ideologische Formen bezogen und nicht primär auf die subjektiven Intentionen, die hinter ihnen stehen. Ich habe dabei versucht, den Prozeß der Entwicklung der bürgerlichen Literatur in Deutschland anhand eines begrenzten Themas ein Stück Weges zu verfolgen. Ausgangspunkt war die Behandlung des Prometheus-Motivs beim jungen Goethe 1773/74, in dessen Händen es zum Inbild der produktiven Arbeit des schöpferischen bürgerlichen Klassen-Subjekts wird und damit zugleich zum Symbol seiner revolutionären Erhebung gegen den feudalen Fürstengott, gegen die politischen und ideologischen Instanzen feudalabsolutistischer Klassenherrschaft. Endpunkt war die Behandlung des Prometheus-Motivs durch Goethe zu einem Zeitpunkt, – 1807 – an dem, wie Streisand schreibt, »die Ergebnisse der bürgerlichen Revolution als [...] endgültig gesichert gelten« können [139], der Zeitpunkt, an dem die nachrevolutionäre Epoche der bürgerlichen Gesellschaft, an dem die *stationäre* Epoche (Engels) der *bürgerlichen* Klassenherrschaft beginnt. In dem Zeitraum zwischen 1773 und 1807 liegt die *revolutionäre* Geschichte der bürgerlichen Klasse. Beide Zeitpunkte markieren entscheidende Schnittpunkte eines gesellschaftlichen Entwicklungsprozesses, sie markieren die Schnittpunkte zwischen vorrevolutionärer und nachrevolutionärer bürgerlicher Gesellschaft. Sie markieren die Schnittpunkte der Entwicklung des Bürgers vom Citoyen zum Bourgeois. »Beide Prometheen unterscheiden sich voneinander wie der vorrevolutionäre von dem nachrevolutionären Bürger – wie der *citoyen* von dem *bourgeois*. Durfte mit Recht der eine noch alles aus sich selbst sein, weil *ideologischer* Emanzipationsoptimismus über die geschichtlich noch unausgetragenen Widersprüche hinwegtrug – so hat sich für den andern durch den *tatsächlichen* bürgerlichen Fortschritt der Horizont auf die Erzeugung der materiellen Werte eingeschränkt und damit den Verlust seiner menschlichen Einheit herbeigeführt. Nichtsdestoweniger verstand Goethe auch diesen Prometheus noch als positive Kraft. Seine rastlose Produktivität garantierte ihm – trotz allem – das Fortschreiten des menschlichen Geschlechts.« [140]

Der durch die Daten der beiden Prometheus-Dichtungen benannte historische Zeitraum bezeichnet zugleich einen gesellschaftlichen Prozeß, der von gleich großer, wenn nicht noch größerer Tragweite sein sollte als die politische Revolution in Frankreich: die in diesen Jahrzehnten sich durchsetzende Revolution im Bereich der Produktivkraftentwicklung, Englands industrielle Revolution, die erst der modernen bürgerlichen Gesellschaft ihre besondere ökonomische Formbestimmtheit verlieh. So ist die durch die Entwicklung von *Maschinerie und großer Industrie* vollendete bürgerlich-kapitalistische Gesellschaftsformation der eigentliche historische Gegenstand des *Kommunistischen Manifests*. Marx und Engels beschreiben den Grundcharakter dieser im Bereich der Produktivkräfte angesiedelten Revolution wie folgt: »Die Bourgeoisie hat in ihrer kaum hundertjährigen Klassenherrschaft massenhaftere und kollossalere Produktionskräfte geschaffen als alle vergangenen Generationen zusammen. Unterjochung der Naturkräfte, Maschinerie, Anwendung der Chemie auf Industrie und Ackerbau, Dampfschiffahrt, Eisenbahnen, elektrische Telegraphen, Urbarmachung ganzer Weltteile, Schiffbarmachung der Flüsse, ganze aus dem Boden hervorgestampfte Bevölkerungen – welches frühere Jahrhundert ahnte, daß solche Produktionskräfte im Schoß der gesellschaftlichen Arbeit schlummerten.« [141] Die revolutionäre Bedeutung der Bourgeoisie im welthistorischen Maßstab besteht nach Marx und Engels darin, daß sie mit der – in der industriellen Revolution vollendeten – ökonomischen Durchsetzung der kapitalistischen Produktionsweise die Revolutionierung aller Lebensverhältnisse, die Revolutionierung der *gesellschaftlichen Gesamtkultur* bewirkte. Das heißt, daß der Begriff der *bürgerlichen Revolution* nicht auf einen gesellschaftlichen Teilbereich – den ökonomischen oder politischen – beschränkt werden darf, sondern auf die *Totalität* der gesellschaftlichen Bereiche – auf das soziokulturelle Gesamtsystem *Ökonomie/Politik/Ideologie* – bezogen werden muß. Das *Kommunistische Manifest* hat diesen Prozeß der revolutionären Umgestaltung des soziokulturellen Gesamtsystems, des gesamten sozialen *Verhaltens* der Menschen in klassischer Prosa beschrieben:

> Die Bourgeoisie hat in der Geschichte eine höchst revolutionäre Rolle gespielt.
> Die Bourgeoisie, wo sie zur Herrschaft gekommen, hat alle feudalen, patriarchalischen, idyllischen Verhältnisse zerstört. Sie hat [...] kein anderes Band zwischen Mensch und Mensch übriggelassen als das nackte Interesse, als die gefühllose »bare Zahlung«. Sie hat die heiligen Schauer der frommen Schwärmerei, der ritterlichen Begeisterung, der spießbürgerlichen Wehmut in dem eiskalten Wasser egoistischer Berechnung ertränkt. Sie hat die persönliche Würde in den Tauschwert aufgelöst und an die Stelle der zahllosen verbrieften und wohlerworbenen Freiheiten die *eine* gewissenlose Handelsfreiheit gesetzt. Sie hat, mit einem Wort, an die Stelle der mit religiösen und politischen Illusionen verhüllten Ausbeutung die offene, unverschämte direkte, dürre Ausbeutung gesetzt.
> Die Bourgeoisie hat alle bisher ehrwürdigen und mit frommer Scheu betrachteten Tätigkeiten ihres Heiligenscheins entkleidet. Sie hat den Arzt, den Juristen, den Pfaffen, den Poeten, den Mann der Wissenschaft in ihre bezahlten Lohnarbeiter verwandelt.
> [...]
> Die Bourgeoisie hat durch ihre Exploitation des Weltmarkts die Produktion und Konsumtion aller Länder kosmopolitisch gestaltet. [...] An die Stelle der alten lokalen und nationalen Selbstgenügsamkeit und Abgeschlossenheit tritt ein allseitiger Verkehr, eine allseitige Abhängigkeit der Nationen voneinander. Und wie in der materiellen, so auch in der geistigen Produktion. Die geistigen Erzeugnisse der einzelnen Nationen werden Gemeingut. Die nationale Einseitigkeit und Beschränktheit wird mehr und mehr unmöglich, und aus den vielen nationalen und lokalen Literaturen bildet sich eine Weltliteratur.
> Die Bourgeoisie reißt durch die rasche Verbesserung aller Produktionsinstrumente, durch die unendlich erleichterten Kommunikationen alle, auch die barbarischsten Nationen in die Zivilisation. [...] Sie zwingt alle Nationen, die Produktionsweise der Bourgeoisie sich anzueignen, wenn sie nicht zugrunde gehen wollen; sie zwingt sie, die sogenannte Zivilisation bei sich selbst einzuführen, d.h. Bourgeois zu werden. Mit einem Wort, sie schafft sich eine Welt nach ihrem eignen Bilde. [142]

Ich erinnere an die Schlußstrophe der Prometheus-Ode: »Hier sitz' ich, forme Menschen/ Nach meinem Bilde,/ Ein Geschlecht das mir gleich sei [...]« Die die ›alte Welt‹ des Ancien Régime zur ›neuen Welt‹ der bürgerlichen Gesellschaft umbildende produktive Arbeit der bürgerlichen Klasse war hier poetisch auf den Begriff gebracht – noch getragen von der zu diesem Zeitpunkt berechtigten Auffassung, dem Optimismus, daß mit der Bildung der Welt zur bürgerlichen Weltgesellschaft auch die Gesellschaft der Humanität wirklich werden und die Epoche der menschlichen Gesellschaft anbrechen würde. Die mit der Entwicklung der Produktivkräfte durch die bürgerliche Klasse eröffneten Möglichkeiten – die negative Seite dieser Entwicklung war zu diesem Zeitpunkt noch nicht abzusehen – hatte zu dieser Hoffnung berechtigten Anlaß gegeben. Es dürfte daher nicht zufällig sein, daß in dem Zeitraum, in dem die industrielle Revolution stattfand, gerade *der* Mythos seine letzte große Renaissance erfährt, der das Hervortreten des Menschen aus der Natur durch die künstliche Erzeugung der Produktivkraft Feuer ins Bild faßt. Nach der im *Anti-Dühring* niedergelegten Auffassung von Engels sind, ich möchte noch einmal daran erinnern, die zwei entscheidenden Einschnitte in der Gattungsgeschichte des Menschen – eine Geschichte, die sich dieser Auffassung hier deutlich als Geschichte der Produktivkraftentwicklung zu erkennen gibt –: die *»Erzeugung des Reibfeuers«* »an der Schwelle der Menschheitsgeschichte«, die *Dampfmaschine* »am Abschluß der bisherigen Entwicklung«. Gab das Reibfeuer »dem Menschen zum erstenmal die Herrschaft über eine Naturkraft« und trennte es »ihn damit endgültig vom Tierreich«, so hat die Erfindung der Dampfmaschine, »als Repräsentantin aller jener, an sie sich anlehnenden gewaltigen Produktivkräfte« die Bedingungen für einen Gesellschaftszustand geschaffen, »worin es keine Klassenunterschiede, keine Sorgen um die individuellen Existenzmittel mehr gibt, und worin von wirklicher menschlicher Freiheit, von einer Existenz in Harmonie mit den erkannten Naturgesetzen zum erstenmal die Rede sein kann«. [143] Wir dürfen sagen, daß zum Zeitpunkt des zweiten menschheitsgeschichtlichen »Fortschritts in der Kultur« die Erinnerung an den ersten ›qualitativen Sprung‹ in der Geschichte der menschlichen Gattung, an ihren ersten »Schritt zur Freiheit« ins Gedächtnis der Menschen zurückgeholt wurde und die Idee des zweiten Schritts im Bilde des ersten seinen Ausdruck fand.

VI. Der Prometheus der Arbeiterklasse

Die Durchsetzung bürgerlicher Klassenherrschaft und die Herausbildung einer bürgerlichen Weltkultur im Verlauf und als Folge der industriellen Revolution bezeichnet den Endpunkt einer bestimmten historischen Etappe und zugleich den Beginn einer neuen. Mit dem Klassensieg der Bourgeoisie kommt die Epoche des Übergangs vom Feudalismus zum Kapitalismus an ihr Ende. Dieser Sieg bezeichnet den *qualitativen Sprung* im Übergang vom Feudalismus zum Kapitalismus und damit den Endpunkt der heroisch-revolutionären Etappe in der Geschichte der bürgerlichen Klasse. Mit dem Sieg der Bourgeoisie aber ist menschliche Geschichte als eine Geschichte von Klassenkämpfen nicht an ihr Ende gekommen. »Die aus dem Untergang der feudalen Gesellschaft hervorgegangene moderne bürgerliche Gesellschaft hat die Klassengegensätze nicht aufgehoben«, schreiben Marx und Engels im *Kommunistischen Manifest*. »Sie hat nur neue Klassen, neue Bedingungen der Unterdrückung, neue Gestaltungen des Kampfes an die Stelle der alten gesetzt.« [144] Die mit dem Klassensieg der Bourgeoisie in den ökonomischen und politischen Revolutionen des späten 18. und frühen 19. Jahrhunderts beginnende welthistorische Epoche der Bourgeoisie bedeutet den Beginn der Geschichte des Klassenkampfes zwischen Bourgeoisie und Proletariat, den Beginn der revolutionären Geschichte der Arbeiterklasse. »Unsere Epoche, die Epoche der Bourgeoisie, zeichnet sich […] dadurch aus, daß sie die Klassengegensätze vereinfacht hat. Die ganze Gesellschaft spaltet sich mehr und mehr in zwei große feindliche Lager, in zwei große, einander direkt gegenüberstehende Klassen: Bourgeoisie und Proletariat.« [145] Wie mit der Entwicklung der bürgerlichen Produktionsweise im Schoße der feudalen Gesellschaft sich die bürgerliche Klasse zum Totengräber dieser Gesellschaft heranbildete, so entwickelte sich mit der bürgerlichen Gesellschaft auch der Totengräber *dieser* Gesellschat, das Proletariat. »Die Waffen, womit die Bourgeoisie den Feudalismus zu Boden geschlagen hat, richten sich jetzt gegen die Bourgeoisie selbst. Aber die Bourgeoisie hat nicht nur die Waffen geschmiedet, die ihr den Tod bringen; sie hat auch die Männer gezeugt, die diese Waffen führen werden – die modernen Arbeiter, die *Proletarier*.« [146] »Mit der Entwicklung der großen Industrie wird also unter den Füßen der Bourgeoisie die Grundlage selbst hinweggezogen, worauf sie produziert und die Produkte sich aneignet. Sie produziert vor allem ihren eigenen Totengräber. Ihr Untergang und der Sieg des Proletariats sind gleich unvermeidlich.« [146a]

Mit der im *Kommunistischen Manifest* analysierten Entwicklung der europäischen Gesellschaft zur bürgerlich-kapitalistischen Weltkultur entstehen auch neue Produktionsbedingungen für den bürgerlichen Literaturproduzenten. Unter diesen Bedingungen, den Bedingungen der Frühgeschichte des proletarischen Klassenkampfes, hat der revolutionäre englische Schriftsteller Percy Bysshe Shelley – in bürgerlichen Literaturgeschichten allein als der versponnene oder exzentrische Verfasser romantisch schwärmerischer Natur- und Liebesgedichte vorkommend – im italienischen Exil 1818–20 das Prometheus-Thema wieder aufgenommen und zu einem lyrischen Drama politischen Inhalts verarbeitet: *Prometheus Unbound.*

Im Vorwort zu *Prometheus Unbound* nimmt Shelley ausdrücklich auf seine griechische Vorlage, den *Gefesselten Prometheus* des Aischylos kritischen Bezug. Ging Aischylos von der Annahme einer Versöhnung Jupiters mit seinem Opfer aus, sagt Shelley, so solle der Befreite Prometheus seine Freiheit keinem solchen Kompromiß verdanken. »I was averse from a catastrophe so feeble as that of reconciling the Champion with the Oppressor of mankind. The moral interest of the fable, which is so powerfully sustained by the sufferings and endurance of Prometheus, would be annihilated if we could conceive of him as unsaying his high language and quailing before his successful and perfidious adversary.« [147] Jupiter ist ihm, hier folgt er ganz der Tradition bürgerlicher Aufklärung, Inbild der Gestalt des Unterdrückers – wenn auch nicht mehr allein auf den feudalen Fürstengott bezogen, sondern alle Formen der Klassenherrschaft umfassend, auch, wie noch zu sehen sein wird, die Klassenherrschaft der Bourgeoisie. Jupiter »is the incarnation of the forces of oppression and exploitation in all class societies«, schreibt Manfred Wojcik in seiner wegweisenden Shelley-Studie.

»He is [...] the ancient slave-holder, the king and the priest, the feudal lord and the modern banker, the master-manufacturer and the respectable man, the statesman and the hired assassin.« [148] Als »usurping evil [principle]«, hatte ihn bereits Mary Shelley in einer Notiz zu *Prometheus Unbound* charakterisiert. [149] Prometheus, sein Gegenspieler, wird von Shelley in ähnlich typisierter Form vorgestellt: »the type of the highest perfection of moral and intellectual nature, impelled by the purest and the truest motives to the best and noblest ends«, [150] »Prometheus [...] the regenerator« [151], wie Mary Shelley kommentiert. Wojcik: »Prometheus, the ›Champion of Heaven's slaves‹, ›the Invincible‹, the ›saviour and the strength of suffering man‹, who ›shall be loosed, and make the earth one brotherhood‹ – he is man himself, the embodiment of his creative powers, of all his moral, intellectual, and material potentialities, of all that man will be when ›some foul disguise‹ has fallen [...]« [152] Die Radikalität des Angriffs Shelleys wird deutlicher noch durch seinen Vergleich der Figur des Prometheus mit der Satans. Er schreibt im Vorwort: »The only imaginary being resembling in any degree Prometheus is Satan; and Prometheus is, in my judgement, a more poetical character than Satan, because, in addition to courage, and majesty, and firm and patient opposition to omnipotent force, he is susceptible of being described as exempt from the taints of ambition, envy, revenge, and a desire for personal aggrandisement [...]« [153]

Der frühen Prometheus-Dichtung Goethes in formaler und inhaltlicher Hinsicht vergleichbar, verwendet Shelley die Technik der direkten Exposition des Hauptthemas im Rahmen des Eingangsmonologs des Prometheus. Wie bei Goethe erhält Prometheus das erste Wort. Er wird damit als das *Subjekt* des gesellschaftlichen Prozesses, den die symbolische Handlung des Gedichts beschreibt, in den Vordergrund gestellt. Die Eröffnung benennt direkt den Gegensatz zwischen *Champion* und *Oppressor of mankind:* »Thou and I alone of living things [...]« [154] Es ist der Gegensatz unversöhnlicher Gegner, eines Kampfes der Klassen. »[...] me, who am thy foe, eyeless in hate« [155], so bezeichnet Prometheus sich selbst. Der Prometheus Shelleys aber spricht bereits im Namen von ›versklavten Massen‹:

> [...] regard this Earth
> Made multitudinous with thy slaves, whom thou
> Requitest for knee-worship, prayer, and praise,
> With fear and self-contempt and barren hope. [156]

Die *Sklaven,* von denen Prometheus hier spricht, sind die noch unerweckten Söhne der Erde, »her pining sons« [157] – »pining slaves«, deren Stöhnen die Erde erfüllt. [158] Sie sind die »Brüder« des Prometheus. Auf den Monolog des Prometheus antworten die Stimmen der Erde. Sie legen Zeugnis ab von dem Leiden der werktätigen Menschen, so alt wie die Menschheit selbst: »convulsed with fears,/ We trembled in our multitude«, – »stained with bitter blood«, –

»cloven by many a rending groan«, – »there stood/Darkness o'er the day like
blood«. [159] Zuletzt spricht die Erde selbst, mater materia, Mutter des menschlichen Geschlechts:

> The tongueless Caverns of the craggy hills
> Cried, ›Misery!‹ then; the hollow heaven replied,
> ›Misery!‹ And the Ocean's purple waves,
> Climbing the land, howled to the lashing winds,
> And the pale nations heard it, ›Misery!‹ [160]

Durch den Prometheus Shelleys spricht nicht mehr das aufstrebende Bürgertum
gegenüber dem Feudalabsolutismus. Die Dimensionen *dieses* Prometheus reichen
tiefer. Er spricht eindeutig und direkt als Repräsentant und im Namen der Ausgebeuteten, Unterdrückten und Verelendeten – der *Verdammten* dieser Erde. Die
Geschichte, von der er spricht, ist Geschichte aus der Perspektive der Unteren
– Geschichte *gegen den Strich gebürstet.* (Benjamin). Es ist die *Tradition der
Unterdrückten,* die hier sich, vielleicht zum erstenmal in der Literaturgeschichte,
voll, bewußt und *parteilich* artikuliert. »[...] the same erverywhere« – mit den
klassischen Worten des schottischen sozialistischen Schriftstellers Lewis Crassic
Gibbon –

[...] picture on picture limned in dried blood, never painted or hung in any gallery –
pictures of the poor folk since history began, bedevilled and murdered, trodden underfoot,
trodden down in the bree, a human slime, hungered, unfed, with their darkened brains,
their silly revenges, their infantile hopes – the men who built Münster's City of God and
were hanged and burned in scores by the Church, the Spartacist, the blacks of Toussaint
L'Ouverture, Parker's sailors who were hanged at the Nore, the Broo men man-handled
in Royal Mile. Pictures unceasing of the men of your kin, peasants and slaves and common
folk and their ghastly lives through six thousand years [...] [161]

Es ist dies auch die Perspektive, von der her Shelley spricht. Und er spricht bereits
parteilich im Namen einer Klasse, die zu seinen Lebzeiten sich als Klasse für
sich erst konstituierte: der modernen Arbeiterklasse. Er spricht – wie das *Kommunistische Manifest* achtundzwanzig Jahre später auch *begrifflich* sprechen
wird – für die »Proletarier aller Länder«, für eine Internationale der werktätigen
Menschheit, die in der poetischen Gestalt des Prometheus sich vereinigt haben
– »A legioned band of linked brothers/Whom Love calls children«. [162] Prome-
theus – »the saviour and the strength of suffering man« [163] – verkörpert das
Leiden der unterdrückten Klasse ebenso wie ihren schließlichen Triumph. Der
Beginn des Gedichts zeigt ihn in der Figur des Leidenden (mit der gelegentlichen
Assoziation des gekreuzigten Jesus), der in geduldiger, aber nie gebrochener
Opposition auf seine Stunde wartet.

> Three thousand years of sleep-unsheltered hours,
> And moments aye divided by keen pangs
> Till they seemed years, torture and solitude,
> Scorn and despair, – these are mine empire: –
> [...]

> And yet to me welcome is day and night,
> Whether one breaks the hoar frost of the morn,
> Or starry, dim, and slow, the other climbs
> The leaden-coloured east; for then they lead
> The wingless, crawling hours, one among whom
> – As some dark Priest hales the reluctant victim
> Shall drag thee, cruel King, to kiss the blood
> From these pale feet, which then might trample thee
> If they disdained not such a prostrate slave. [164]

Zugleich verkörpert Prometheus – in einer Radikalisierung des prometheischen Motivs der Kulturerzeugung, die weit über Goethe hinausführt – die *gesellschaftlichen Produktivkräfte* im weitesten Sinne des Begriffs: er umfaßt materielle und geistige Produktion. In dem Monolog der Asia in der 4. Szene des zweiten Akts entwickelt Shelley eine Auffassung des welthistorischen Prozesses, die – wenn sie auch noch in idealistischer Sprache verfaßt ist – entscheidende Einsichten des historischen Materialismus vorwegnimmt.

> Who reigns? There was the Heaven and Earth at first,
> And Light and Love; then Saturn, from whose Throne
> Time fell [...]
> [...] Then Prometheus
> Gave wisdom which is strength, to Jupiter,
> And with this law alone, ›Let man be free‹,
> Clothed him with the dominion of wide Heaven. [165]

Der Mensch hat dem Gott die Kraft verliehen zu herrschen, die göttliche Weisheit hat in der menschlichen ihren Ursprung, der Mensch – und wir denken hier gleich an Feuerbach – ist der Schöpfer des Gottes. Der Prometheus Shelleys aber ist mehr als der bloß abstrakte Mensch der Feuerbachschen Anthropologie. Er verkörpert die gesellschaftlichen Kräfte der werktätigen Menschheit. Und wie Marx sagt, daß die Menschen »in der gesellschaftlichen Produktion ihres Lebens [...] bestimmte, notwendige, von ihrem Willen unabhängige Verhältnisse« eingehen, »Produktionsverhältnisse, die einer bestimmten Entwicklungsstufe ihrer materiellen Produktivkräfte entsprechen« [166], die Klassenverhältnisse also Ergebnis der Produktivkraftentwicklung sind und ihrem gesellschaftlichen Schicksal von dieser abhängen, so ist Jupiter, die Verkörperung des *Klassenverhältnisses* in der Geschichte, *abhängig* von Prometheus, der Verkörperung der werktätigen Menschheit und ihrer Kräfte, auch wenn diese solange unterdrückt und ausgebeutet sind, wie das Klassenverhältnis existiert.

> To know nor faith, nor love, nor law; to be
> Omnipotent but friedless is to reign;
> And Jove now reigned [...] [167]

Auch bei Shelley wird das Klassenverhältnis als ein *dialektisches* Verhältnis von *Herr und Knecht* aufgefaßt, wenngleich in einer von Goethe und Hegel in entscheidenden Punkten abweichenden, dem Marxismus näher stehenden Form. Hunger und Not, Krankheit und Krieg sind Resultat dieses von den Menschen selbst geschaffenen Klassenverhältnisses:

> [...] on the race of man
> First famine, and then toil, and then disease,
> Strife, wounds, and ghastly death unseen before
> Fell; [...] [168]

Prometheus aber, die verkörperten Wesenskräfte der gesellschaftlichen Menschheit repräsentierend, ist *treibende Kraft* der gesellschaftlichen Arbeit, die mit der Entwicklung der materiellen und geistigen Produktivkräfte die menschliche Kultur und zuletzt die Voraussetzung für die Abschaffung des Klassenverhältnisses überhaupt geschaffen hat, die Voraussetzungen für die Abschaffung der Herrschaft Jupiters. Der Monolog beschreibt den historischen Prozeß als Kulturbildungsprozeß durch menschliche Arbeit – ›Tätigkeit des Prometheus‹ – in detaillierten und im einzelnen schwierigen, in der Grundbedeutung aber eindeutigen Bildern.

> Prometheus saw, and waked the legioned hopes
> [...] and Love he sent to bind
> The disunited tendrils of that vine
> Which bears the wine of life, the human heart;
> And he tamed fire which, like some beast of prey,
> Most terrible, but lovely, played beneath
> The frown of man; and tortured to his will
> Iron and gold, the slaves and signs of power,
> [...]
> He gave man speech, and speech created thought,
> [...] And Science struck the thrones of earth and heaven,
> [...] and the harmonious mind
> Poured itself forth in all-prophetic song;
> [...] And human hands first mimicked and then mocked,
> With moulded limbs more lovely than its own,
> The human form, till marble grew divine;
> [...] He told the hidden power of herbs and springs,
> And Disease drank and slept. Death grew like sleep.
> [...] He taught to rule, as life directs the limbs,
> The tempest-wingèd chariots of the Ocean,
> And the Celt knew the Indian. Cities then
> Were built, and through their snow-like columns flowed
> The warm winds, and the azure aether shone,
> And the blue sea and shadowy hills were seen.
> Such, the alleviations of his state,
> Prometheus gave to man [...] [169]

Prometheus, die werktätige Menschheit steht in absoluter, in unversöhnlicher Opposition zu Jupiter, der Herrschaft des Klassenverhältnisses. Das Zentrum der symbolischen Handlung des Gedichts aber geht über das den Eingang beherrschende Bild bloßer Opposition hinaus. Es beschreibt den Vorgang der Befreiung des Prometheus und endet mit der Antizipation – in Form einer lyrischen Utopie – der befreiten Menschheit. Die in den Bildern dieses Handlungsvorgangs sich artikulierende Weltanschauung ist dabei mehr als phantastischer, unverbindlicher Utopismus – so abstrakt-symbolistisch das Drama auch auf den ersten Blick erscheinen mag. In der ambivalenten, ja oft diffusen Symbolik des lyrischen Bildes sind Erkenntnisse realer gesellschaftlicher Prozesse eingegangen, die alles andere als romantisch-utopisch sind. Sie sind meist dem *metaphorischen* Charakter der Bilderwelt zu entnehmen, selten *direkt* artikuliert. So entfaltet die folgende Bildsequenz im Gesang der Furien im ersten Akt die Metaphorik der industriellen Revolution:

> Your call was as a wingèd car
> Driven on whirlwinds fast and far;
> It rapped us from red gulfs of war.
>
> From wide cities, famine-wasted;
>
> Groans half heard, and blood untasted;
>
> Kingly conclaves stern and cold,
> Where blood with gold is bought and sold;
>
> From the furnace, white and hot,
> In which –
>
> Speak not: whisper not:
> [...]
> Look! where round the wide horizon
> Many a million-peopled city
> Vomits smoke in the bright air.
> Hark that outcry of despair! [170]

Das Bild der Gegenwart wird als Bild äußersten Elends entwickelt, das ganze Universum erscheint – geradezu barock – als Leichenhaus. Unbarock, nämlich materialistisch ist die emphatische Wendung des Motivs, wenn es heißt, die Toten seien das Werk menschlicher Hände und Herzen:

> The heaven around, the earth below
> Was peopled with thick shapes of human death,
> All horrible, and wrought by human hands,
> And some appeared the work of human hearts,
> [...] [171]

Das gesellschaftliche Leben der Menschen scheint in einem ausweglosen Zirkel gefangen:

> The good want power, but to weep barren tears.
> The powerful goodness want: worse need for them. [172]

Vergangenheit bedeutet dieser Gegenwart die Erinnerung an die Leidensgeschichte der Menschheit. Einen Begriff von Zukunft scheint sie nicht zu besitzen.
Die Gegenwart wird nur als ständige Perpetuierung des Leidens erfahren.

> Past ages crowd on thee, but each one remembers,
> And the future is dark, and the present is spread
> Like a pillow of thorns for thy slumberless head. [173]

Prometheus aber repräsentiert – als Inbild der *Totalität* der gesellschaftlichen
Produktivkräfte – auch historisches Bewußtsein: das Bewußtsein der begriffenen
Dialektik des historischen Prozesses. Die *Zukunft* – eine Zukunft die der ausgebeuteten und unterdrückten Klasse noch »dunkel« (d. h. nicht bewußt) ist, weil
diese Klasse sich noch nicht zur Klasse *für sich*, zum Bewußtsein ihrer selbst
und ihrer historischen Mission herausgebildet hat –, diese Zukunft zeigt sich
dem Bewußtsein des Prometheus in ihrem begriffenen Bilde. *Ihm* führen die Geister der Erde die Zukunft vor, sie sprechen ihm Trost zu – »as in a glass, /The
future: may they speak comfort to thee!« [174] Die ›Geister der Erde‹ verkörpern
historische Kontinuität. Sie besitzen die »Prophetie« der Zukunft, weil sie das
Bewußtsein jeder Vergangenheit verkörpern – und wieder heißt hier Vergangenheit: die Tradition der Unterdrückten.

> From unremembereed ages we
> Gentle guides and guardians be
> Of heaven-oppressed mortality;
> [...]
> Thence we bear the prophecy
> Which begins and ends in thee! [175]

Prometheus ist der Kopf der Prophetie. Und so erschließt ihm der erste Geist
das Geheimnis für die Befreiung der unterdrückten Erde, er gibt ihm den Schlüssel
in die Hand, seine Ketten aufzuschließen. Es ist die Botschaft des revolutionären
Befreiungskampfes.

> On a battle-trumpet's blast
> I fled hither, fast, fast, fast,
> 'Mid the darkness upward cast.
> From the dust of creeds outworn,
> From the tyrant's banner torn,
> Gathering 'round me, onward borne,
> There was mingled many a cry –
> Freedom! Hope! Death! Victory! [176]

»Poets are [...] the mirrors of the gigantic shadows which futurity casts upon
the present; ... the trumpets that sing to battle« [177], so Shelleys grundlegendes
literaturtheoretisches Essay *A Defence of Poetry* von 1821. Und mit den ›Schlach-
ten‹, zu denen die Dichtung aufruft und ihre Lieder singt, sind *Klassenkämpfe*
gemeint. Dafür legt die Tatsache Zeugnis ab, daß die zentralen Bestimmungen
der revolutionären Aufgabe und Funktion der Dichtung wörtlich aus der bereits

ein Jahr zuvor entstandenen polittheoretischen Arbeit *A Philosophical View of Reform* stammen, die die Revolutionsproblematik zu ihrem zentralen Gegenstand hat. [178] Ja Shelley hat das Thema des revolutionären Befreiungskampfes in zahlreichen seiner Dichtungen behandelt, es ist ein Hauptmotiv seines Werks. [179] Ich möchte hier nur, um ein weiteres Beispiel zu geben, die *Ode: Written October, 1819, before the Spaniards had recovered their Liberty* nennen. Die Anfangszeilen der vier Strophen lauten:

> Arise, arise, arise!
> There is blood on the earth that denies ye bread [...]

> Awaken, awaken, awaken!
> The slave and the tyrant are twin-born foes.

> Wave, wave high the banner!
> When freedom is riding to conquest by [...]

> Glory, Glory, Glory,
> To those who have greatly suffered and done!

In *Prometheus Unbound* ist es die personifizierte *Macht der Geschichte*, die Jupiter vom Thron stürzt und das Werk der Befreiung vollendet. Die 1. Szene des dritten Akts beschreibt diesen Vorgang. Der »Wagen der Stunde«, – »The Car of the Hour« – erscheint: die Zeit als historische Kraft. Mit ihr erscheint Demogorgon, die Figur des Demiurg, Weltschöpfer und Volksmacht in einem meinend. Er verbannt Jupiter als Gefangenen in ewige Dunkelheit. Mit Jupiter aber wird *jeder* Gott, jedes mythologische Bild, das in dem Klassenverhältnis seinen Ursprung hat, in den Orkus verbannt. Auch Demogorgon tritt von der Bühne der Geschichte ab.

> *Demogorgon.* [...]
> Descend, and follow me down the abyss.
> [...]   we must dwell together
> Henceforth in darkness. Lift thy lightnings not.
> The tyranny of heaven none may retain,
> Or reassume, or hold, succeeding thee:
> [...]
> *Jupiter.* [...]
>   Sink with me then,
> We two will sink on the wide waves of ruin,
> Even as a vulture and a snake outspent
> Drop, twistes in inextricable fight,
> Into a shoreless sea.
> [...]
> Ai! Ai!
> The elements obey me not. I sink
> Dizzily down, ever, for ever, down.
> And, like a cloud, mine enemy above
> Darkens my fall with victory. [180]

Es triumphiert der Mensch. Die Geschichte des Klassenverhältnisses ist abgelöst. Mit ihr ist auch die Geschichte der Götter an ihr Ende gekommen, und die Geschichte der Menschen beginnt als *menschliche* Geschichte – »the earth/One brotherhood«. [181]

Die ›Neue Welt‹ des prometheischen Zeitalters ist die klassenlose Gesellschaft kommunistischer Weltrepublik – »Our great Republic« [182] unter dem Emblem des Morgensterns. [183] Ihre *poetische* Utopie malt der letzte Teil des Gedichts (dritter und vierter Akt) in hymnischen Bildern von kosmischer Dimension aus, Bilder welche die *Universalität* der befreiten Welt emphatisch herausstellen. Denn die Befreiung des Menschen meint auch Befreiung der Natur – eine Auffassung, die dem Kommunismusbegriff der *Pariser Manuskripte* sehr nahe steht. Die Vorstellung einer »Resurrektion« von Mensch und Natur, Kommunismus als »Auflösung des Widerstreits zwischen dem Menschen mit der Natur und mit dem Menschen«, Kommunismus als »das aufgelöste Rätsel der Geschichte« [184] – dies ist aus einem der politischen Weltanschauung Shelleys sehr ähnlichen realhumanistischen, konkret-utopischen Substrat gespeist. So der Hymnus des Ozeans:

> Henceforth the fields of heaven-reflecting sea
> Which are my realm, will heave, unstained with blood,
> [...]   my streams will flow
> Round many-peopled continents, and round
> Fortunate isles; [...]
> [...]   fair ships [...]
> Tracking their path no more by blood and groans,
> And desolation, and the mingled voice
> Of slavery and command; [...] [185]

Die Erde:

> I hear, I feel;
> Thy lips are on me, and their touch runs down
> Even to the adamantine central gloom
> Along these marble nerves; 'tis life, 'tis joy,
> And through my withered, old, and icy frame
> The warmth of an immortal youth shoots down
> Circling. [186]

Es singt der »Chorus of Spirits«:

> And our singing shall build
> In the void's loose field
> A world for the Spirit of Wisdom to wield;
> We will take our plan
> From the new world of man,
> And our work shall be called the Promethean. [187]

Zentrum der Prometheischen Welt – und das allein macht Shelleys poetische Utopie zu einer *konkreten* –, ist der materielle Begriff der gesellschaftlichen Freiheit der werkttätigen Menschen, – die Konstitution der Weltrepublik als verwirk-

lichte Volksherrschaft: »man/Equal, unclassed, tribeless, and nationless«. [188]
Diese *reale* Gleichheit der Menschen erst befreit die menschliche Natur von den
»monstrous and barbaric shapes«, [189] den maskenhaften Entstellungen, die
ihr im Zeitalter der Klassenherrschaft widerfuhren:

> The loathsome mask has fallen, the man remains
> Sceptreless, free, uncircumscribed, but man
> Equal, unclassed, tribeless, and nationless,
> Exempt from awe, worship, degree, the king
> Over himself [...] [190]

Es ist dies die endgültige, die überzeugenste, weil *materialistische* Formel für
Shelleys realen Humanismus. Sie schließt mit Zeilen, die an das Credo konkreter
Humanität der Goetheschen Prometheus-Ode erinnern:

> [...] just, gentle, wise: but man
> Passionless? – no, yet free from guilt or pain,
> Which were, for his will made or suffered them,
> Nor yet exempt, though ruling them like slaves,
> From chance, and death, and mutability,
> The clogs of that which else might oversoar
> The loftiest star of unascended heaven,
> Pinnacled dim in the intense inane. [191]

Im *Kommunistischen Manifest* findet sich eine Bemerkung über die Rolle der
Intelligenz unter den Bedingungen verschärfter Klassenkämpfe, von der her der
literarische und politische Status der Dichtung Shelleys präzise eingeschätzt werden kann. »In Zeiten endlich, wo der Klassenkampf sich der Entscheidung nähert«, schreiben Engels und Marx, »nimmt der Auflösungsprozeß innerhalb der
herrschenden Klasse, innerhalb der ganzen alten Gesellschaft, einen so heftigen,
so grellen Charakter an, daß ein kleiner Teil der herrschenden Klasse sich von
ihr lossagt und sich der revolutionären Klasse anschließt, der Klasse, welche
die Zukunft in ihren Händen trägt. Wie daher früher ein Teil des Adels zur
Bourgeoisie überging, so geht jetzt ein Teil der Bourgeoisie zum Proletariat über,
und namentlich ein Teil der Bourgeoisideologen, welche zum theoretischen Verständnis der ganzen geschichtlichen Bewegung sich hinaufgearbeitet haben.«
[192] Unter den Bourgeoisideologen des frühen 19. Jahrhunderts, die sich – unter
den besonderen Bedingungen ihrer Epoche – zu Sprechern der arbeitenden Klasse
machten, steht der Lyriker P. B. Shelley in der ersten Reihe. Trotz des äußerst
komplexen Charakters der Klassenauseinandersetzungen zu seiner Zeit läßt seine
Stellungnahme an Entschiedenheit und parteilicher Konsequenz nichts zu wünschen übrig. Seine gesamte literarisch-publizistische Tätigkeit legt dafür, wie
überhaupt seine praktische Lebensgeschichte, sehr eindeutig Zeugnis ab. Shelley,
so hat Marx mit Recht gesagt, »war durch und durch ein Revolutionär und
hätte stets zur Vorhut des Sozialismus gehört«. [193] Dies ist umso beachtlicher,
als zu seinen Lebzeiten der Klassenkampf zwischen Bürgertum und Proletariat

noch keineswegs die von Marx und Engels beschriebene verschärfte Form angenommen hatte, von einer Eindeutigkeit der Klassenkonfrontation noch nicht die Rede sein kann. Im Gegenteil, der Kampf der industrieellen Bourgeoise gegen den grundbesitzenden Adel war zum Zeitpunkt der Entstehung von Shelleys wichtigsten Schriften – 1818–21 – politisch noch unentschieden, die Arbeiterbewegung stand noch in ihren Anfängen. Wie Wolfgang Abendroth ausführt, war die Situation in England nach der durch den Sieg über Napoleon gestärkten konservativen Reaktion primär durch den Gegensatz zwischen grundbesitzender Aristokratie und Industriebourgeoisie gekennzeichnet; der Widerspruch zwischen Lohnarbeit und Kapital trat demgegenüber noch weitgehend zurück. [194] Der prädominierende politische Widerspruch war mit dem ökonomischen Grundwiderspruch der bürgerlichen Gesellschaft also noch nicht identisch. In gewisser Weise ließe sich von der Gleichzeitigkeit des Klassenkampfes Bourgeoisie-Aristokratie und Bourgeoisie-Proletariat sprechen. Im Schatten der liberalen Opposition des Bürgertums vermochte sich die Arbeiterbewegung weiter zu entwickeln, ja vermochten Angehörige der bürgerlichen Intelligenz über die Grenzen ihrer Klasse hinaus das Interesse der Arbeiterklasse zu artikulieren. Shelley war dabei der radialdemokratischen Intelligenz seiner Zeit weit voraus. Mit Recht schreiben R. Aveling und E. Marx in ihrer großen Würdigung Shelleys in der *Neuen Zeit* von 1888: »Wir dürfen nicht erwarten, daß Shelley bereits die Bedeutung des Kaufs und Verkaufs der Arbeitskraft und des Prozesses ihrer Verwertung im Dienste des Kapitals [...] klar erkannte. Das war damals selbst für sein Genie kaum möglich. Aber er faßte doch dieses Verhältnis ins Auge und stellte sich instinktiv bei ihrer Beurteilung auf die Seite der Arbeiterklasse. Schon um dessenwillen haben wir ein Recht, ihn einen Sozialisten zu nennen.« [195] Shelley hätte »auf dem Boden des bürgerlichen Radikalismus« gestanden, sich zum Ende seines Lebens jedoch zunehmend zum sozialistischen Revolutionär entwickelt. [196]

Bezeichnet dafür ist, daß sich Shelley in keiner seiner direkt politischen Dichtungen (man denke z.B. an sein größtes politisches Gedicht, *The Masque of Anarchy*) zum Fürsprecher der Illusion macht, das Proletariat könne im Bündnis mit der liberalen Bourgeoisie zu seinen Rechten kommen. Wogegen sich sein gesamtes literarisches Werk richtet, ist die Ausbeutergesellschaft seiner Zeit – sind alle Formen der Ausbeutung der arbeitenden Klasse, ihre Ausbeutung durch Aristokratie und Großbourgeoisie ebenso wie ihre Ausbeutung durch das industrielle Kapital. Diese Kompromißlosigkeit seiner Opposition, diese Konsequenz seiner Parteilichkeit sind es, die zu seiner hohen Einschätzung durch Marx und Engels geführt haben, ja die ihn zum geliebten Dichter der jungen englischen Arbeiterbewegung werden ließen. So nennt ihn das *Chartist Circular* vom 19. Oktober 1839 den »ersten und den edelsten der ›Poets of the People‹, [197] in *The Labourer* von 1847 wird er als Dichter charakterisiert, »who had the happy power of never swerving from a practical aim in his most ideal productions« [198], und *The Northern Star* vom 2. Januar des gleichen Jahres bezeichnet ihn als »the representative and exponent of the future«. [199] Engels' Zeugnis sei noch angefügt, der in der *Lage der arbeitenden Klasse in England* die Feststellung macht, Shelley – »der geniale prophetische Shelley« – habe, wie auch Byron, seine »meisten Leser fast nur unter den Arbeitern«. [200]

Die Radikalität und Eindeutigkeit seines parteilichen Standpunkts einerseits, die unentwickelte Form der Auseinandersetzung zwischen den beiden Hauptklassen der bürgerlichen Gesellschaft andererseits: beide Momente sind für Shelleys Dichtung – auch und gerade für seine Prometheus–Dichtung – konstitutiv. Sie haben die inhaltliche, aber in einem ganz besonderen Maße auch die formale Seite seiner literarischen Produktion entscheidend geprägt. Anhand der Analyse von *Prometheus Unbound* versuchte ich zu zeigen, wie eins der zentralen Symbole der revolutionären bürgerlichen Literatur ›umfunktioniert‹ wird zum Inbild des werktätigen Menschen, zum Inbild der unterdrückten arbeitenden Klasse. Erst die ökonomisch entfaltete Form der bürgerlichen Gesellschaft hatte einen solchen Gebrauch des traditionellen Symbols *objektiv* möglich gemacht. Shelleys *Standpunkt* in den Klassenkämpfen seiner Zeit hatte es *ihm* möglich gemacht, von dieser objektiven Möglichkeit Gebrauch zu machen. Zugleich aber hatten die Klassenkämpfe zwischen Bourgeoisie und Arbeiterklasse noch nicht den Grad von Eindeutigkeit erreicht, die eine widerspruchsfreie Widerspiegelung dieser Kämpfe und der in ihnen vorhandenen gesellschaftlichen Perspektive ermöglicht hätte. Hierin liegen die Ursachen für die Ambivalenz seines lyrischen Stils, für das Abstraktionsniveau der poetischen Form überhaupt: Shelleys Texte vermögen die konkrete gesellschaftliche Bedeutung, die ihnen zugrunde liegt, häufig nur ansatzweise zu artikulieren. Es sind dies auch die Ursachen für den ungelösten Konflikt zwischen Idealismus und Materialismus im Werk Shelleys (ich erinnere an die ›platonistischen‹ Züge seiner Weltanschauung), ein Konflikt, der literarische Form und ideologischen Inhalt zugleich betrifft. Etwas vereinfacht ließe sich sagen: Shelley arbeitet mit den ästhetischen Materialien bürgerlich-idealistischer Herkunft. Sprache und Form, ja die zentralen poetischen Symbole entstammen der Überlieferung der Literatur der bürgerlichen Klasse, die *formal* von Shelley ungebrochen fortgesetzt wird. Ausnahmen sind Gedichte und Gedichtteile, die unmittelbar die materielle Verfassung der arbeitenden Bevölkerung behandeln. [201] Die gesellschaftlichen Inhalte jedoch, die in diesen Materialien sich ausdrücken sollen, sind neu: sie gehören *der* Klasse an, welche die Zukunft in den Händen trägt. Daß dies zu ganz grundlegenden Schwierigkeiten der literarischen Produktion, vor allem zu ästhetisch-technischen Schwierigkeiten führt, dürfte deutlich zu sehen sein. Und daß diese Schwierigkeiten im Beispiel der Prometheus-Dichtung, die nicht nur einzelne Aspekte des gesellschaftlichen Prozesses, sondern die Totalität des welthistorischen Übergangs vom Kapitalismus zum Kommunismus ins Bild zu bringen versucht, ins Unermeßliche wachsen, sollte ebenfalls einleuchten. Shelleys literar-historische Bedeutung liegt also darin,

mit den Mitteln der bürgerlichen Literatur bereits einen sozialistischen Standpunkt artikuliert zu haben, und das zu einem Zeitpunkt in der Frühgeschichte
der sozialistischen Bewegung. Im Transformationsprozeß bürgerlicher Literatur
zur sozialistischen bezeichnet Shelleys Dichtung – und das Hohelied vom befreiten
Prometheus ganz zentral in ihr – genau eine Nahtstelle des *Übergangs* der bürgerlichen Literatur zur sozialistischen. Sie bezeichnet den Punkt, wo bürgerlicher
Realismus in sozialistischen Realismus umzuschlagen im Begriff ist. [202]

Nach der Feststellung Claus Trägers hat mit der Ablösung des bürgerlichen
Weltverständnisses durch das marxistische die Stunde aller Heiligen und Märtyrer
geschlagen, auch des »vornehmsten Heiligen des philosophischen Kalenders«,
wie der junge Marx die Prometheus–Figur tituliert hat. [203] »[...] mit der
Umwandlung der ›Kritik des Himmels‹ in die ›Kritik der Erde‹ ist endlich die
Götterdämmerung der antiken Titanen angebrochen. Indem der Mensch sich
mit Prometheus *in der Tat* indentifiziert, enthebt sich dessen Bild. Sobald er die
Welt *wirklich* nach seinem eignen Bilde schafft, verdämmert sein unwirkliches
Vor–Bild.« [204] Träger verweist auf Johannes R. Bechers Gedicht *Prometheus*
von 1940, das »die Geschichte des Titanen« erzählt, »um sie am Ende eingehen
zu lassen in die wirkliche Geschichte des Menschen, in seine *eigentliche*
Geschichte.« [205]

> Aus ihren Hütten traten sie hervor.
> Da war ein Sturm. Er sprach im Sturm zu ihnen.
> Es war das ganze Menschenvolk, das schwor,
> Der alten Göttermacht nicht mehr zu dienen.
>
> Es reichten ihre Arme schon so weit,
> Und des Titanen Stimme ließ sie ahnen:
> Die Götterfeste stürzt. Es naht die Zeit
> Der Menschenmacht! Die Herrschaft der Titanen ...
>
> [...]
>
> Wie er hoch oben mit dem Felsen rang,
> Da sah er sich: durch götterlose Zeiten
> Schritt er in einem flügelhaften Gang,
> Und der Gefangne grüßte den Befreiten. [206]

Becher dürfte ein Wort vollendet haben, das Shelley begonnen hat: »die Identifizierung des Prometheus mit einer prometheischen Menschheit.« [207] Damit
aber ist nach Träger die historische Aktualität des antiken Mythos für alle
Zukunft abgegolten. Kann er nicht mehr zum Inbild von Zukunft und Gegenwart
werden, so verbleibt er dem historischen Bewußtsein allein als Erinnerung. Die
Verse Bechers, so Träger, »dürften mit Recht als eine ehrenvolle Verabschiedung
des jahrtausendealten literarischen Gedankens aus dem Reiche der Dichtung interpretiert werden. Die Theorie, zur materiellen Gewalt geworden, erlöst gleichzeitig ihr mythologisches Vorleben von seinem idealen Wesen. Bei sich selbst

angekommen, findet der durch sich selber wirklich befreite Mensch in dem Bild seiner eigenen Vorgeschichte nur noch die erhabene Erinnerung an eine durchlittene Unfreiheit.« [208]

Und doch sollte Bechers Lied von Prometheus nicht das letzte der Lieder des Titanen sein. Jeder, auch der besten historischen Prognostik zum Trotz hat sich das Wort vom Tode des Prometheus als glücklicher Irrtum erwiesen. Der antike Titane lebt. Er hat in der Literatur des sozialistischen deutschen Staats seine Wiederauferstehung erfahren. In Volker Brauns Gedicht *Prometheus* [209] wird die mythologische Figur – ohne freilich mehr als Subjekt–Figur auftreten zu können – zum Inbegriff des kollektiven Ich der Arbeiter und Bauern, zum Subjekt der werktätigen Massen, die, auf nichts sich verlassend als auf sich selbst, im Begriff sind, eine neue Kultur – die sozialistische Weltkultur zu errichten. Über die Schwierigkeiten beim Aufbau dieser Kultur berichtet dieses Gedicht.

> Was geht denn gut
> Wenn wir es nicht versehn, jeder
> Wie unsern Herd, auf dem wir
> Selber die Suppe kochen?
> [...]
> Kein Haus steht
> Wenn wir es nicht erhalten
> Das Land, bei leichtem Regen
> Sackt weg. ...
> [...]
> Auf diese Zeit nicht, auf nichts
> Vertrauend als auf uns, nicht
> Mit freudig geschlossenen Augen;
> Bedroht, aber nicht gedrillt
> Sieht mich der Tag
> Der widerstrahlt
> Wenn wir unser Feuer tragen
> In den Himmel.

Die hier ausgesprochene Auffassung steht jenseits jeder simplen Opposition von Optimismus und Pessimismus. Sie ist Ausdruck einer Haltung, die dem wissenschaftlichen Zeitalter gemäß ist. Brauns Lyrik ist ein Prototyp der Literatur des wissenschaftlichen Sozialismus. Sie beruht auf der – bei aller Leidenschaft nüchternen – Einschätzung der gegebenen welthistorischen Fakten, auf der kaltblütigen Beurteilung des gesellschaftlichen Weltzustandes, die notwendig ist, um das Einfache durchzusetzen, das schwer zu machen ist, den Kommunismus. Sie ist Ausdruck der sozialistisch und wissenschaftlich zu nennenden Erkenntnis, daß die Befreiung des Arbeiters nur das Werk des Arbeiters sein kann. Sie ist Ausdruck der Erkenntnis, daß das Werk der Befreiung fortgesetzt werden muß – auch nach der erfolgten Revolution. Nach den Mühen der Gebirge kommen die Mühen der Ebenen. Und diese Literatur ist Ausdruck der Erkenntnis, daß es keine Sicherheit gibt für die Revolution, solange sie erst teilweise der Welt erfolgreich war.

Ich seh die Länder, gekennzeichnet
Von einem Schein, den sie wahren
Wie lange? Drohend machen alte
Landstriche, quer
Durch die Welt, ihre letzten
Versuche, mit unbeherrschter
Kraft. Die Flugzeuge gehn durch die schwachen
Lappen des Himmels
Und das gelegt wird, unser Feuer
Löscht uns aus.

Noch sind die Mühen der Gebirge nicht überwunden. Und so behält auch das mythologische Bild des Mühen meisternden Titanen seine Gültigkeit und Aktualität. Es behält sie, solange der Kampf um den Sozialismus im Weltmaßstab nicht gewonnen, ja solange die – von Shelley in emphatischen Bildern antizipierte – kommunistische Weltgesellschaft nicht Wirklichkeit geworden ist.

Das mythologische Bild des Prometheus wird in der Lyrik des Marxisten Volker Braun wissenschaftlich eingebracht. Seine Tauglichkeit aber als Figur auch einer Literatur des wissenschaftlichen Zeitalters hat er bewiesen. Der antike Titan ist damit auch zum Begleiter der Kinder *dieses* Zeitalters geworden. Uralt und nach wie vor lebendig ist er eingetreten in die neue welthistorische Epoche, die den Beginn der kommunistischen Gesellschaft einleitet.

Mit den veränderten Bedingungen des gesellschaftlichen Kampfes aber hat sich sein Bild gründlich geändert, so wie es sich immer schon durch die Jahrhunderte verändert hat. Die Metamorphosen des Prometheus – aus den Veränderungen des gesellschaftlichen Weltzustands von der Sklavengesellschaft bis zur sozialistischen ergeben sich die Veränderungen in der Physiognomie seines literarischen Abbilds von selbst.»[...] anders müßten die Triumphgesänge des fortschreitenden Glücks lauten, als die Seufzer der unbefriedigten Sehnsucht«, schrieb der deutsche Aufklärer Carl Gustav Jochmann vor fast 150 Jahren, »anders die Jubellieder des befreiten Prometheus, als die Klagen des gefesselten.« [210]

Nachbemerkung:

Zu dem Zeitpunkt, an dem ich die Arbeit abschließe, erreicht mich die Nachricht vom Putsch der faschistischen Konterrevolution in der Republik Chile und von der Ermordung ihres gewählten Präsidenten Salvador Allende. Nichts, was heute auf diesem Planeten geschehen kann, vermag die fortdauernde Wahrheit, die politische Aktualität einer Literatur, wie sie die Dichtung um die Figur des Prometheus verkörpert, erschütternder unter Beweis zu stellen. In den anti-imperialistischen Kämpfen unserer Epoche dauert die Tradition vergangener Freiheitskämpfe fort, Kämpfe von denen die Literatur vergangener Epochen Zeugnis gibt. Die Kämpfenden heute mögen Tröstung und Mut finden in dem Bewußtsein, daß das Beste in der Erinnerung der Völker – auch in der literarischen Erinnerung der Völker nur ihnen gehört. Teil der Solidarität mit Chile ist die historische Solidarität – die Solidarität der vergangenen Geschichte: Hinter dem chilenischen Volk heute stehen jahrtausendealte Traditionen der Unterdrückten und Kämpfenden.

1 Goethes Werke, Hamburg 1965, Bd. IV, S. 522. Zur Einschätzung der Quellen ausführlich Edith *Braemer*, Goethe Prometheus und die Grundpositionen des Sturm und Drang, Berlin und Weimar 1968, S. 170ff.
2 Oskar *Walzel*, Das Prometheus–Symbol von Shaftesburg zu Goethe, München 1932, S. 71.
3 Goethes Werke, Bd. I. S. 471.
4 Siehe Karl Otto *Conrady*, »Goethe, Prometheus«, in Die deutsche Lyrik, hrsg. von B. v. *Wiese*, Düsseldorf 1956, S. 218 f. Ausführliche Diskussion bei *Braemer*, a. a. O.
5 Zitiert nach *Conrady*, a. a. O., S. 219.
6 Goethes Werke, Bd. I, S. 471.
7 Vgl. auch Goethes Begriff des *Selbsthelfers* (siehe dazu etwa *Braemer*, a. a. O., S. 99)
8 Christopher *Caudwell*, Illusion and Reality, London 1946, S. 88.
9 *Goethe, Dichtung und Wahrheit*, 15. Buch.
10 *Braemer*, a. a. O., S. 298.
11 Heinrich *Heine*, Religion und Philosophie in Deutschland, Werke, Frankfurt a.M. 1968, Bd. IV, S. 151.
12 Zit. nach *Braemer*, a. a. O., S. 337.
13 Zit. nach *Braemer*, a. a. O., S. 331.
14 Ich zitiere die Prometheus–Texte nach der vollständigen Ausgabe letzter Hand.
15 Zit. nach Werner *Hofmann*, Sozialökonomische Studientexte, Berlin (West) [2]1971, S. 25. Vgl. auch *Marx'* Bestimmung der Erde als dem »allgemeinen Gegenstand menschlicher Arbeit« (Kapital, I. MEW, Bd. 23, S. 193). Zum Ursprung der Vorstellung von der Erde als dem Allgemeineigentum siehe etwa A. L. *Morton*, Socialism in Britain, London 1963, Kap. »The Earth a Common Treasury«; theoriegeschichtlicher Hinweis: Winstanley, The law of Freedom and other Writings, ed. by C. Hill, Harmondsworth 1973, z. B. S. 80.
16 *Marx*, Ökonomisch-philosophische Manuskripte, MEW, Ergänzungsband I, S. 530.
17 Siehe *Hofmann*, a. a. O., S. 29.
18 *Hegel*, Grundlinien der Philosophie des Rechts, § 51 u. 52. Hegel unterscheidet drei Momente der Besitznahme: *körperliche Ergreifung, Formierung, Bezeichnung.*
19 Claus *Träger*, »Prometheus in Frankreich und Deutschland – unmittelbare und mittelbare Erzeugung des Fortschritts«, in Studien zur Literaturtheorie und vergleichenden Literaturgeschichte, Leipzig 1970, S. 211.
20 *Heine*, Religion und Philosophie in Deutschland, S. 133.
21 Ebenda, S. 124.
22 Siehe *Braemer*, a. a. O., vor allem S. 221f., 232, 292, 244.
23 Georg *Lukács*, Die Eigenart des Ästhetischen, 2. Halbband, Neuwied. 1963, S. 832.
24 *Braemer*, a. a. O., S. 292.
25 *Träger*, a. a. O., S. 215.
26 *Marx*, Kapital I, MEW, Bd. 23, S. 192.
27 Alexandre *Kojève*, Hegel, Stuttgart 1958, S. 15.
28 Ebenda, S. 27 u. 29.
29 Auch Lessing vergleicht in seiner »Erziehung des Menschengeschlechts« die Weltgeschichte mit der Entwicklung des Menschen vom Kind über den Jüngling zum Mann.
30 *Marx*, Ökonomisch–philosophische Manuskripte, S. 546.
31 Ebenda, S. 543.
32 Ebenda, S. 544.
33 *Träger*, »Prometheus«, S. 214.
34 *Braemer*, a. a. O., S. 313.

35 *Exkurs zur literarischen Topik der ›Feuer/Licht‹-Symbolik.*
Es dürfte von einigem Interesse sein zu sehen, daß die Metaphern des *Feuers* und
des *Lichts* nicht nur im Prometheus–Mythos, sondern auch unabhängig von diesem
seit der frühen griechischen Antike eine zentrale Rolle in der europäischen Literatur
– vor allem der theologischen und philosophischen Literatur – gespielt haben, wobei
Funktion und Bedeutung der Metaphern allerdings stark wechseln. Hier seien einige
unsystematische Hinweise auf eine Reihe von Beispielen gestattet, die die Macht dieser
Tradition verdeutlichen sollen. Vorauszuschicken ist dabei, daß in der Mehrzahl der
Fälle religiöser und theologischer Indienstnahme des Feuer/Licht-Symbols die Abtren-
nung von seinen materiellen Grundlagen bereits vollzogen sein dürfte.
In *Platos* Höhlengleichnis (Politeia, Buch 7, 514 ff.) ist die Rede von dem Menschen,
der die Welt der Schatten, die empirische Welt der Abbilder verläßt und dem Licht
der Sonne entgegensteigt. Anfangs ist er geblendet, er muß sich ans Licht gewöhnen.
Wenn er zuletzt aber die Sonne sieht, wird er feststellen, »daß sie es ist, die alle
Zeiten und Jahre schafft und alles ordnet in dem sichtbaren Raume«. Die Sonne
ist für Plato die höchste Realität, die ›Idee aller Ideen‹: Der der Sonne Zusteigende
ist »dem Seienden näher und zu dem mehr-Seienden gewendet«. Die Metapher wird
bei Plato idealistisch gebraucht. Die empirische Welt ist *Schatten*-Welt, der ›Realität‹
nur in abgeleiteter Weise zukommt – als Teilhabe an der Sonne. Ein vor allem für
die theologische Tradition der Lichtmetaphysik konstitutiver ideologischer Topos ist
hier exemplarisch entwickelt. Auf den religiösen Hintergrund der platonischen
Unsterblichkeitslehre selbst hat Kerényi hingewiesen: er verweist auf den altgriechi-
schen Apollonkult (K. *Kerényi*, »Unsterblichkeit und Apollonreligion«, in: Apollon,
Düsseldorf 1953, S. 33–50). Apollon ist nach dieser Auffassung Licht. Er begründet
die Harmonie des Kosmos durch sein Leierspiel, sein Leierschläger ist der Sonnen-
strahl. Er steht für Geist, Kunst, Erkennen – also Rationalität. Noch in *Shelley's*
Hymn of Apollo (1820) heißt es:

> I am the eye with which the Universe
> Beholds itself and knows itself divine;
> All harmony of instrument or verse,
> All prophecy, all medicine is mine,
> All light of art or nature [...]

Die Vorstellung vom *Licht der Natur* kommt bereits bei den Vorsokratikern vor.
So *Heraklit*: »Diese Weltordnung, dieselbe für alle Wesen, schuf weder einer der
Götter noch der Menschen, sondern sie war immerdar und ist und wird sein lebendiges
Feuer, erglimmend nach Maßen und erlöschend nach Maßen.« (*Diels*, Die Fragmente
der Vorsokratiker, Reinbek 1957, Fragment 30) Auf der vorsokratischen Auffassung
beruht Heideggers – allerdings mystifizierende – Interpretation des griechischen
Naturbegriffs (›Physis‹) als »das Allerglühende« (siehe M. *Heidegger*, Einführung in
die Metaphysik, Tübingen 1953, S. 10 ff. u. Erläuterungen zu Hölderlins Dichtung,
Frankfurt a. M. ²1951, S. 55 f.). – Eine extreme Form der Lichtmetaphysik findet
sich bei dem spätgriechischen Philosophen Plotin, der am Ende des antiken Zeitalters
das platonische Denken erneuert. *Plotin* spricht vom mystischen Aufstieg der Seele
zum Göttlichen, wobei diese dem höchsten Licht angeglichen und »ganz und gar
reines, wahres Licht« wird. Auch in den ästhetischen Vorstellungen Plotins hat die
Metapher des Lichts eine zentrale Bedeutung. Schönheit stellt sich her »vermöge einer
Form, indem das Dunkel der Materie bewältigt wird durch die Anwesenheit des
Lichts«, Schönheit ist »Licht von einem größeren Licht« (*Plotin*, Enneaden, etwa
I, 6; V, 8). – In der biblischen Genesis ist Gott der Schöpfer des Lichts (I Mosis,
1, 3). Die Psalmen sprechen vom »Licht deines Antlitzes« (Ps. 4,7), das Licht wird

»Gottes Kleid« genannt (Ps. 104,2), Gott als »Licht und Heil« der Menschen apostrophiert (Ps. 27,1). Das Johannes–Evangelium knüpft unmittelbar an die Tradition antiker Lichtmetaphysik an. Johannes »kam zum Zeugnis, daß er von dem Licht zeugte, auf daß sie alle durch ihn glaubten: er war nicht das Licht, sondern daß er zeugte von dem Licht. Das war das wahrhaftige Licht, welches alle Menschen erleuchtet, die in diese Welt kommen. Es war in der Welt, und die Welt ist durch dasselbe gemacht, und die Welt kannte es nicht.« (Johannes I, 6–10, Übers. M. Luther) Johannes ist Zeuge des Lichts, heißt: er ist Zeuge Gottes. Gott ist *Licht, prima lux*, wie die spätere Theologie sagen wird. So wird bei Augustinus etwa Gott mit »Deus intelligibilis lux« angerufen (Soliloquia I, 1). Grundsätzlich unterscheidet die mittelalterliche Theologie zwischen zwei Bedeutungen von Licht: *lux* oder *prima lux* und *lumen* oder *lumen naturale* (siehe etwa *Thomas von Aquin*, Summa theologiae, I, 12, 2, 2), die erste bezieht sich auf Gott als ›Quelle‹ und ›Urbild‹ des Lichts, die zweite auf das Licht in der Welt und die Vernunft als das Licht im Kopfe des Menschen.

Die Bedeutung dieser ganzen – philosophischen, theologischen und poetischen – Tradition auch für die Herausbildung der modernen bürgerlichen Literatur ist nicht zu unterschätzen. Goethe war ja ohnehin der Ausgangspunkt für diesen Exkurs in die Frühgeschichte europäischer Ideologie. Die Macht dieser Tradition zeigt sich auch im »Faust«. Über das *lumen naturale* menschlicher Vernunft theologisiert bereits der Mephistopheles des *Prologs im Himmel*: »Hätt'st Du ihm nicht den Schein des Himmelslichts gegeben; / Er nennt's Vernunft […]«. Ich verweise weiter auf die Figur des Erdgeists, der Verkörperung von Goethes spinozistischen Vorstellungen. Der Erdgeist erscheint Faust »im Feuer«. In der für die Bedeutung des Dramas – wie für die Weltanschauung Goethes insgesamt – zentralen Szene *Wald und Höhle* des ersten Teils redet Faust den Erdgeist an:

> Erhabner Geist, du gabst mir, gabst mir alles,
> Warum ich bat. Du hast mir nicht umsonst
> Dein Angesicht im Feuer zugewendet.
> Gabst mir die herrliche Natur zum Königreich,
> Kraft, sie zu fühlen, zu genießen.

Auch hier sind *Feuer* und *Natur* wieder in Verbindung gebracht. Ein direkter Bezug zur Tradition der Lichtmetaphysik liegt auch in der den zweiten Teil einleitenden Szene *Anmutige Gegend* vor, allerdings ist die theologische Bedeutung der Tradition spinozistisch materialisiert. Sie wird eingebracht als Waffe bürgerlich–fortschrittlicher Ideologie. Die aufgehende Sonne wird begrüßt als »ewiges Licht«, das »der Alpe grüngesenkten Wiesen« neuen »Glanz und Deutlichkeit« spendet (das »clare et distincte« des Erkennens wissenschaftlicher Vernunft in der cartesianischen Tradition). »Ein Feuermeer umschlingt uns, welch ein Feuer!« Kantianisch-aufklärerisch aber ist die Wendung, die Goethe dem Mythos gibt. Nicht den mystischen Aufstieg zur noumenalen Welt das *prima lux* verkündet der »Faust«, sondern ein Sich–Einlassen mit der materiellen Welt der Phaenomena. Anders als bei Plato – also explizit anti–idealistisch – heißt es bei Goethe: »So bleibe denn die Sonne mir im Rücken!« und: »Am farbigen Abglanz haben wir das Leben.«

In *Hölderlins* großem Gedicht »Die Völker schwiegen, schlummerten …« verkörpert das Feuer »im Herzen der Erde« die Energien des revolutionären Kampfes gegen das Ancien Régime, die Energien des »Geists der Unruh«:

> Die Völker schwiegen, schlummerten, da sahe
> Das Schicksal, daß sie nicht entschliefen, und es kam
> Der unerbittbare, der furchtbare
> Sohn der Natur, der alte Geist der Unruh.
> Der regte sich, wie Feuer, das im Herzen

Der Erde gärt, das wie den reifen Obstbaum
Die alten Städte schüttelt, das die Berge
Zerreißt, und die Eichen hinabschlingt und die Felsen.
Und Heere tobten, wie die kochende See.
[...] Manch feurig Blut zerrann im Todesfeld [...]

»Jetzt komme, Feuer! / Begierig sind wir, / Zu schauen den Tag [...]«, beginnt »Der
Ister«. Auch hier wird der Tag der Republik der Weltnacht des Feudalismus gegenübergestellt – das »Jetzt aber tagts!« der Hymne »Wie wenn am Feiertage ...«, ein
Gedicht, für das die Feuer–Symbolik – bei höchster Ambivalenz – insgesamt konstitutiv
ist.

Und wie im Aug ein Feuer dem Manne glänzt,
Wenn hohes er entwarf, so ist
Von neuem an den Zeichen, den Taten der Welt jetzt
Ein Feuer angezündet in Seelen der Dichter.

Die »Taten der Welt« aind die Taten des revolutionären Frankreich, von denen der
deutsche Dichter seinem Volk Kunde gibt – das ›Gewitter Gottes‹ des letzten Teils
ist das Gewitter der Revolution.
Zuletzt noch ein Hinweis auf *Shelley*, der ebenfalls die Revolution im Zeichen des
Gewitters begreift (»Ode to the West Wind«, »England in 1819«). Die Metapher
des Lichts steht durchgängig bei ihm für die Kräfte der Vernunft, der Humanität,
der gesellschaftlichen Freiheit, der Schönheit. *Light* und *Love* werden zusammen gesehen. So in »Prometheus Unbound«: »Who reigns? There was Heaven and Earth at
first / And Light and Love« (II,4), »[...] love, like the atmosphere of the sun's fire
filling the living world« (II,5), »Common as light is love« (II,5). In der »Hymn to
Intellectual Beauty« wird über den »Geist der Schönheit« gesagt: »Thy light alone
[...] / Gives grace und truth to life's unquiet dream«, und »Spirit of Beauty, that
dost consecrate [...] all thou dost shine upon.« Die Lerche in »To a Skylark« – Verkörperung der Poesie – wird verglichen mit »a cloud of fire«, sie ist, wie der Dichter,
»hidden in the light of thought«. In der »Hymn of Apollo« ist Apollon der Gott
des Lichts. In dem Gedicht gehen Elemente, die in dem antiken Apollon–Kult ihren
Ursprung haben, eine Symbiose ein mit den Grundvorstellungen der bürgerlichen
Aufklärung. Apollon bringt dem Menschengeschlecht das Licht der bürgerlichen
Republik (= Vernunft = Natur) nach der langen Nacht des Feudalismus. Die Sonnen-
strahlen sind seine Pfeile, mit denen er die Mächte der Nacht vertreibt. Er ist das
Licht in Kultur und Natur – »all light of art or nature«, »Whatever lamps on Earth
or Heaven may shine / Are portions of one power, which is mine.«
Alle von uns genannten Beispiele der neueren Literatur gehören der, in der Essenz,
aufklärerisch – humanistisch – demokratischen Seite der bürgerlichen Literatur an
(auch Goethe!). In der reaktionären Romantik dann wird konsequenterweise die
»Nacht« gegen das »Licht« ausgespielt – die feudale Reaktion gegen den bürgerlichen
Republikanismus, Mystizismus gegen Aufklärung (am deutlichsten, weil am konsequentesten: in *Novalis'* »Hymnen an die Nacht« und »Heinrich von Ofterdingen«).
Ein besonderes Problem der Literaturgeschichte stellt der bedeutende englische Lyriker
G. M. *Hopkins* dar, der von einem katholischen Standpunkt aus die Tradition der
Lichtmetaphysik erneuert, jedoch nicht ohne weiteres der romantisch–antihumanis-
tischen Reaktion der neueren Literatur zuzuordnen ist. Man untersuche etwa die
Bedeutung der Metaphorik von Licht und Feuer in Gedichten wie »The Wreck of
the Deutschland«, »That Nature is a Heraclitean Fire«, »God's Grandeur«, »A Star-
light Night«, auch in Hopkins' Tagebüchern.

35 a Zit. nach *Braemer*, a.a.O., S. 171.

36 *Hegel*, Ästhetik, Berlin (DDR) 1955, S. 446.
37 Ebenda, S. 446 f.
38 Ebenda, S. 447.
39 Ebenda, S. 454.
40 Ebenda, S. 447 f.
41 *Träger*, »Prometheus«, S. 225.
42 Siehe *Marx*, Zur Kritik der politischen Ökonomie, Vorwort, MEW, Bd. 13, S. 8 f.
43 MEW, Bd. 20, S. 106.
44 Ebenda, S. 106 f.
45 Ebenda, S. 107.
46 *Marx*, Ökonomisch–philosophische Manuskripte, S. 538.
47 Georg *Forster*, Über die Beziehung der Staatskunst auf das Glück der Menschheit und andere Schriften, Frankfurt a.M. 1966, S. 168 f.
48 Faust II, 5. Akt.
49 Walzel hat diesen Aspekt der Bedeutung des Prometheussymbols klar herausgearbeitet, dabei aber das Symbol einseitig auf den Sinn künstlerischer Produktion festgelegt, wodurch selbst die Seite geistiger Arbeit noch auf eine ihrer Dimensionen reduziert wird.
50 Dazu reichhaltiges Material in *Braemer*, a.a.O., passim.
51 Es ist dies Goethes eigene Begrifflichkeit in den »Naturformen der Dichtung von 1814« (in »Noten und Abhandlung zum besseren Verständnis des West–Östlichen Divans«).
52 Auch der Herder dieser Zeit hat Shakespeare gepriesen als den »Schöpfer« einer »Welt Dramatischer Geschichte, so groß und tief wie die Natur« (Shakespeare, 1773, in »Herders Sämmtliche Werke«, ed. *Suphan*, Berlin 1877ff., Bd. 5).
53 Die von der offiziellen Geschichtsschreibung immer unterschätzten materialistischen Strömungen in Deutschland am Ende des 18. Jahrhunderts herausgearbeitet zu haben, ist das Verdienst des sowjetischen Wissenschaftlers A.W. *Gulyga* in »Der deutsche Materialismus am Ausgang des 18. Jahrhunderts«. Berlin (DDR) 1966. Zu diesem Komplex, vor allem zur auch formal konstitutiven Bedeutung des spinozistisch-materialistischen Substrats für die deutsche Literatur der Zeit siehe H.-W. *Jäger*, *Politische Metaphorik im Jakobinismus und im Vormärz*, Stuttgart 1971. Es sei erinnert, daß noch die bürgerlich-demokratische Literaturgeschichtsschreibung eines Georg Brandes den Spinozismus als Zentrum der Goetheschen Weltanschauung begreift (siehe *Hauptströmungen der Literatur des neunzehnten Jahrhunderts*, 1. Bd., Berlin ²1924, S. 146f.).
54 Bei Hölderlin wird die Metapher politisch gewendet, vgl. »O heilig Herz der Völker, o Vaterland« (›Vaterland = Republik, bürgerlich–demokratischer Nationalstaat) in »Gesang der Deutschen«.
55 Goethe selbst beschreibt Werther in einem Brief dieser Zeit als einen jungen Menschen, der, »mit einer tiefen reinen Empfindung und wahrer Penetration begabt, sich in schwärmende Träume verliert, sich durch Spekulation untergräbt, bis er zuletzt durch dazutretende unglückliche Leidenschaften, besonders eine endlose Liebe zerrüttet, sich eine Kugel vor den Kopf schießt« – ja der Roman verleihe der Stimmung einer Generation Ausdruck, die von »unbefriedigten Leidenschaften gepeinigt, von außen zu bedeutenden Handlungen keineswegs angeregt, in der einzigen Aussicht, in einem schleppenden, geistlosen bürgerlichen Leben hinhalten zu müssen, einem kranken jugendlichen Wahn offen war« (zit. nach Peter *Boerner*, Johann Wolfgang von Goethe in Selbstzeugnissen und Bilddokumenten, Reinbek bei Hamburg 1966, S. 44 f.). Man vergleiche damit Hegels Äußerungen über die Romantik.

56 Faust I, Szene »Wald und Höhle«. Siehe auch den Beginn der Szene.
57 Zur Ambivalenz der Naturmetaphorik bei Goethe sei auf die Symbolik von *Erdgeist* und *Mütter* im »Faust«. hingewiesen. Beide Male steht das Symbol für den spinozistischen Substanzbegriff selbsttätiger, schöpferischer Natur (*natura naturans* im Gegensatz zur *natura naturata*) – einmal in männlicher, einmal in weiblicher Verkörperung.
58 Zit. nach *Träger*, Prometheus, S. 213.
59 Edward *Young*, Conjectures on Original Composition, in English Critical Essays: 16th, 17th and 18th Centuries, hrsg. E.D. *Jones*, London 1956, S. 279.
60 Ebenda, S. 283.
61 Ebenda, S. 301.
62 Ebenda, S. 274.
63 Ebenda, S. 277.
64 I. *Kant*, Kritik der Urteilskraft, Hamburg 1954, § 46.
65 Ebenda, § 49.
66 Zit. nach K. *Vorländer*, Einleitung zu »Kritik der Urteilskraft«. a.a.O., S. XIV.
67 Ebenda.
68 Phänomenologie des Geistes, Vorrede. Mit Recht nennt Dieter *Henrich* diesen Satz »Hegels wohl berühmtestes Wort« (D. *Henrich*, Hegel im Kontext, Frankfurt a.M. 1971, S. 37).
69 Brief an *Körner* v. 18.2.1793.
70 Faust I, Vers 1770 ff.
71 Kritik der reinen Vernunft, Vorwort zur zweiten Auflage.
72 Georg *Lukács*, Geschichte und Klassenbewußtsein, Neuwied 1968, S. 287f.
73 *Hegel*, Vorlesungen über die Geschichte der Philosophie, III, Frankfurt a.M. 1971, S. 314.
74 *Hölderlin*, An die Deutschen.
75 MEW, Bd. 1, S. 385.
76 Ebenda, S. 383.
76a Claus *Träger* »Zur Stellung des Realismusgedankens bei Marx und Engels«, Studien zur Literaturtheorie und vergleichenden Literaturgeschichte, S. 147.
77 Jean–Jacques *Rousseau*, Les Confessions, Oeuvres Complètes, I, Éditions Gallimard, 1959, S.
78 Fichtes Werke, hrsg. J.H. *Fichte*, Bd. I., Berlin 1971, S. 422.
79 Ebenda, S. 91.
80 Ebenda, S. 454.
81 Ebenda, S. 96.
82 *Hegel*, Geschichte der Philosophie, III, S. 314 f.
83 *Hegel*, Ästhetik, S. 104.
84 *Novalis*, Werke in einem Band, Hamburg o.J., 2. Aufl. S. 413–15. Zur politischen Bedeutung des Irrationalismus des Novalis siehe meine Rezension von Hans–Joachim *Mähl*, Die Idee des Goldenen Zeitalters im Werke des Novalis, in: Das Argument 66 (Okt. 1971), S. 551–54.
85 *Hegel*, Geschichte der Philosophie, III, S. 415.
86 Brief vom April 1795, nach J.G. *Fichte*, Briefwechsel hrsg. v. H. *Schulz*, Bd. 1, Leipzig 1925, S. 449.
87 Siehe dazu Joachim *Streisand*, Kritische Studien zum Erbe der deutschen Klassik: Fichte – W.W.V. Humboldt – Hegel, Frankfurt a.M. 1971, S. 9–37 (Abschnitt über Fichte).
88 Dazu meine Mähl-Rezension, Argument 66, S. 553 f.
89 *Hegel*, Ästhetik, S. 105 f.
90 Ökonomisch–philosophische Manuskripte, MEW, Ergänzungsband I, S. 584.

91 Ebenda, S. 574.
92 Ebenda.
93 MEW, Bd. 3, S. 5.
94 MEW, Bd. 1, S. 387.
95 MEW, Bd. 3, S. 26.
96 Ebenda, S. 46.
97 Ebenda, S. 31.
98 Ebenda, S. 32.
99 *Träger* »Prometheus«, S. 225.
100 Ebenda, S. 228.
101 Zit. nach *Träger*, »Prometheus«, Anmerkung 172.
102 Ebenda, S. 228 f.
103 Ebenda, S. 229.
104 Zit. nach Goethes Werke, Vollständige Ausgabe letzter Hand, Bd. 40, S. 373.
105 Ebenda, S. 373 f.
106 Ebenda, S. 375.
107 Ebenda, S. 376.
108 Ebenda, S. 381 f.
109 Ebenda, S. 883 f.
110 Claus *Träger*, »Ästhetische Produktion des Menschenbilds und Parteilichkeit«, in Studien zur Realismustheorie und Methodologie Frankfurt a. M. 1972, S. 115.
111 Pandora, S. 386 f.
112 *Träger*, »Prometheus«, S. 232.
113 Pandora, S. 387.
114 *Träger*, »Prometheus«, S. 233.
115 Pandora, S. 402.
116 MEW, Bd. 4, S. 464.
117 Pandora, S. 391 f.
118 MEW, Bd. 8, S. 115 f.
119 Ebenda, S. 116.
120 Das Jahr 1807 war allerdings ein für die Geschichte der bürgerlichen Klasse entscheidendes Jahr. Wie Streisand ausführt, markiert es – durch die Niederlagen Österreichs und Preußens in den Kriegen der Jahre 1805/07 gegen das bürgerliche Frankreich – die endgültige Sicherstellung der »Ergebnisse der bürgerlichen Revolution... nach außen« *Streisand*, Deutsche Geschichte von den Anfängen bis zur Gegenwart, Köln, 1972, S. 136).
121 *Träger*, »Ästhetische Produktion des Menschenbildes«, S. 115.
Wie Träger ausführt, war Goethe der *erste* und *einzige*, der – mit der Pandora – den Versuch unternommen hat, »symbolhaft die Einheit des Menschen auch unter kapitalistischen Bedingungen noch zu bewahren« (»Prometheus«, S. 225). Diese Ansicht bedarf einer Korrektur. Mit zumindest gleicher Konsequenz, wenn auch in einer anderen literarischen Form, hat Hölderlin bereits sieben Jahre vor Goethe das Problem der Zersplitterung der menschlichen Wesenskräfte unter den Bedingungen entwickelter kapitalistischer Produktionsweise begriffen und literarisch gestaltet: in »Der Archipelagus« von 1800. Allerdings vermag Hölderlin in dieser Dichtung Begriff und Bild der *Einheit* des Menschen nur durch den Rekurs auf ein *Gegen–Bild*, ein fiktives *Griechenland* zu gewinnen, das dem Bild der Gegenwart entgegengehalten wird; nur in Formen der Utopie war unter den Bedingungen des frühen 19. Jahrhunderts das literarische Bild einer organischen gesellschaftlichen Kultur noch möglich. Da Funktion und Bedeutung des *Bildes der Gegenwart* sowie des *griechischen Gegen-*

bildes von der Literaturgeschichtsschreibung zu wenig beachtet sind, seien dazu die folgenden Hinweise gestattet.

Exkurs. In dem folgenden Textabschnitt des »Archipelagus« entwickelt Hölderlin das Bild der Gegenwart:

Aber weh! es wandelt in Nacht, es wohnt, wie im Orkus,
Ohne Göttliches unser Geschlecht. Ans eigene Treiben
Sind sie geschmiedet allein, und sich in der tosenden Werkstatt
Höret jeglicher nur und viel arbeiten die Wilden
Mit gewaltigem Arm, rastlos, doch immer und immer
Unfruchtbar, wie die Furien, bleibt die Mühe der Armen.

In diesem Textstück ist nicht mehr allein, wie sonst bei Hölderlin, die Weltnacht des Feudalismus angesprochen, die Friedhofsruhe der deutschen Restauration. Hier dürften bereits – in der Andeutung zumindest – die atomisierten Individuen der bürgerlichen Gesellschaft gemeint sein, deren vereinzelte Arbeiten sich nicht mehr zum ›allgemeinen Wohl‹ des Ganzen zu wenden vermögen. Mit dem Staatsstreich Napoleons (ein Jahr vor Entstehung des Gedichts) war Hölderlins heroischen Illusionen über das revolutionäre Bürgertum ein für allemal der Garaus gemacht. »Die neue Gesellschaftsformation einmal hergestellt, verschwanden die vorsintflutlichen Kolosse und mit ihnen das wieder auferstandene Römertum [...] Ganz absorbiert in die Produktion des Reichtums und in den friedlichen Kampf der Konkurrenz, begriff [die bürgerliche Gesellschaft] nicht mehr, daß die Gespenster der Römerzeit ihre Wiege gehütet hatten.« (MEW, Bd. 8, S. 116) So Marx 1852 – in den Metaphern der Gegenwart in Hölderlins »Archipelagus« scheint diese Entwicklung dunkel antizipiert. Lesen wir noch genauer den Text. Was ist mit der »Arbeit« der »Wilden« und »Armen« mit »gewaltigem Arm« in »tosender Werkstatt« gemeint? Zumindest die Assoziation liegt nahe: Entwicklung von Maschinerie und großer Industrie, Blakes »dark satanic mills«, die industrielle Revolution Englands. Und das Beispiel England, auch der klassischen Nationalökonomie, dürfte Hölderlin, wie allen seinen gebildeten deutschen Zeitgenossen, nicht unbekannt gewesen sein. Es liegt also nahe, bei den »wie die Furien« arbeitenden »Armen«, deren »Mühe« »unfruchtbar« bleibt, an die wertschaffende Arbeit des Proletariats zu denken, die *dieser Klasse* in der Tat »unfruchtbar« bleibt, da unter kapitalistischen Eigentumsverhältnissen die produzierende Klasse die Früchte ihrer Arbeit nicht genießt. – Selbst wenn man eine solche Lesart als ›Überinterpretation‹ abtun sollte, dürfte kaum zu bestreiten sein, daß Hölderlins Bild der Gegenwart in poetischen Kategorien (= Metaphern) des *materiellen Arbeitsprozesses* entwickelt ist und daß dieser *negativ*, nämlich als widersprüchlich und un–menschlich, d.i. dem menschlichen Wesen entgegengesetzt, geschildert wird. Einem solchen Bild der Gegenwart stellt Hölderlin das Bild *Griechenlands* als Bild einer organisch–kulturellen Einheit der gesellschaftlichen Natur gegenüber. Dabei ist zu beachten, daß das Griechenlandbild Hölderlins von dem in der Zeit üblichen Griechenlandbild der bürgerlichen Literatur durchaus abweicht, daß es mehr ist als geschichtsphilosophisches Exemplum. Es ist mythologisch–metaphorisches Material zur Entfaltung einer geschichtsphilosophischen Konzeption historisch–kultureller Prozesse, in der Einsichten des historischen Materialismus antizipiert sind. So in der Darstellung der Entwicklung der Perikleischen Republik nach dem siegreichen Krieg der Griechen gegen die Perser:

Aber der Muttererd' und dem Gott der Woge zu Ehren
Blühet die Stadt itzt auf, ein herrlich Gebild, dem Gestirn gleich
Sichergegründet, des Genius Werk, denn Fesseln der Liebe
Schafft er gerne sich so, so hält in großen Gestalten,
Die er selbst sich erbaut, der immerrege sich bleibend.
Sieh! und dem Schaffenden dienet der Wald, ihm reicht mit den andern

Bergen nahe zur Hand der Pentele Marmor und Erze,
Aber lebend, wie er, und froh und herrlich entquillt es
Seinen Händen, und leicht, wie der Sonne, gedeiht das Geschäfft ihm.
Brunnen steigen empor und über die Hügel in reinen
Bahnen gelenkt, ereilt der Quell das glänzende Becken;
Und umher an ihnen erglänzt, gleich festlichen Helden
Am gemeinsamen Kelch, die Reihe der Wohnungen, hoch ragt
Der Prytanen Gemach, es stehn Gymnasien offen,
Göttertempel entstehn, ein heiligkühner Gedanke
Steigt, Unsterblichen nah, das Olympion auf in den Aether
Aus dem seligen Hain; noch manche der himmlischen Hallen!
Mutter Athene, dir auch, dir wuchs dein herrlicher Hügel
Stolzer aus der Trauer empor und blühte noch lange,
Gott der Wogen und dir, und deine Lieblinge sangen
Frohversammelt noch oft am Vorgebirge den Dank dir.

Entscheidend ist hier, daß Hölderlin das ›Aufblühen der Stadt‹, die Entstehung menschlicher Kultur als *Prozesse der Entfaltung* einer gesamtkulturellen Ordnung von der ökonomischen Basis her beschreibt, d. h. als Objektivationen des Arbeitsprozesses, des Stoffwechsels von Mensch und Natur. Der Bewegung von der ökonomischen Basis her zu den Formen des Überbaus folgen die sich dialektisch entfaltenden Bilder: »dem Schaffenden dienet der Wald«, »ihm reicht mit den andern / Bergen nahe zur Hand der Pentele Marmor und Erze«, »froh und herrlich entquillt es / Seinen Händen, und leicht... gedeiht das Geschäft ihm«: dies die allgemeinen Metaphern des Arbeitsprozesses und der Produktivkraftentwicklung. Bewässerung, Wohnungsbau, politische Verwaltung und Entwicklung des Erziehungssystems werden genau angesprochen: »Brunnen steigen hervor«, »umher an ihnen erglänzt [...] die Reihe der Wohnungen«, »hoch ragt / Der Prytanen Gemach«, »es stehen Gymnasien offen«. Die Hegelsche Triade des absoluten Geistes: Kunst, Religion, Philosophie (Wissenschaft), damit die Totalität des ideologischen Überbaus tritt im restlichen Zitat ins Bild, wobei allerdings bei Hölderlin, anders als bei Hegel, dem ›Gesang‹, d.h. der Dichtung der höchste Rang gebührt. »Göttertempel entstehn«, »ein heilig–kühner Gedanke / Steigt [...] das Olympion auf in den Äther«, »deine Lieblinge sangen / Frohversammelt noch oft am Vorgebirge den Dank dir.« Es ist dies die Vollendung der republikanischen Kultur in einer ästhetisch aufgefaßten Religion und in kultisch aufgefaßter Kunst: »Daß ein liebendes Volk in des Vaters Armen gesammelt,/ Menschlich freudig, wie sonst, und Ein Geist allen gemein sei.« (V. 240) In der republikanischen Kultur der griechischen Polis ist der partikulare Wille der Einzelnen aufgehoben in der volonté générale – der konkret allgemeinen Sache demokratischer Republik.

122 *Braemer*, a. a. O., S. 276.
123 *Träger*, »Prometheus«, S. 215 f. Daß jedoch gerade zur Zeit der Entstehung der frühen Prometheus-Dichtungen Goethes gerade das *Durchbrechen* der *feudalen Agrarverfassung* progressiv war, bestätigt emphatisch J. *Streisand*: »Noch gab es keine Gewerbefreiheit in Deutschland. Es war vor allem die feudale Agrarverfassung, die die Entwicklung der Manufakturen hemmte, konnte doch die Masse der künftigen Lohnarbeiter nur vom Lande kommen. Der wichtigste Zweig der Leichtindustrie, mit der auch in Deutschland die Industrialisierung begann, war die Textilindustrie. Die massenhafte Anlage von konstantem fixem Kapital, wie sie zur industriellen Revolution gehört, wurde aber noch durch die feudalen Bindungen und die Kleinstaaterei behindert.« (Deutsche Geschichte, S. 119 f.)
124 *Träger*, »Prometheus«, S. 225.

125 Zu diesem Begriff siehe *Streisand*, Deutsche Geschichte, S. 109.
126 MEW, Bd. 4, S. 466.
127 MEW, Bd. 1, S. 383.
127a *Goethe*, Campagne in Frankreich, vollständige Ausgabe letzter Hand, Bd. 30, S. 212.
128 Zit. nach Georg *Lukács*, Skizze einer Geschichte der neueren deutschen Literatur, Neuwied 1963, S. 17.
129 Zit. nach *Braemer*, a.a.O., S. 247.
130 MEW, Bd. 2, S. 566f.
131 Ebenda, S. 567.
132 Zit. nach *Lukács*, Der junge Hegel, Zürich 1948, S. 191.
133 Zit. nach *Lukács*, Der junge Hegel, S. 189.
134 MEW, Bd. 23, S. 15.
135 *Heine*, Religion und Philosophie in Deutschland, S. 150.
136 Ebenda.
137 MEW, Bd. 1, S. 385.
138 Bezeichnend dafür Novalis' Einschätzung der »Lehrjahre«. Er schreibt: »gegen ›Wilhelm Meisters Lehrjahre‹. Es ist im Grunde ein fatales und albernes Buch [...]; undichterisch im höchsten Grade, was den Geist betrifft, so poetisch auch die Darstellung ist. Es ist eine Satire auf die Poesie, Religion usw. [...] Die ökonomische Natur ist die wahre, übrigbleibende.« »›Wilhelm Meister‹ ist eigentlich ein ›Candide‹, gegen die Poesie gerichtet.« »Künstlerischer Atheismus ist der Geist des Buchs.« (zit. nach: Goethes Werke, Bd. 8, S. 570 f.). Wie der Pfaff den Beelzebub, so wittert der mit allen Wassern der Restauration gewaschene Romantiker Novalis in Goethe die Aufklärung. Sein »Heinrich von Ofterdingen« ist programmatisch als Anti–Wilhelm–Meister, d.h. gegen Goethe, die Aufklärung, die bürgerliche Revolution konzipiert. In der Tat war Novalis einer der besten Köpfe der europäischen Reaktion an der Front des ideologischen Kampfes. – Zur *richtigen* Einschätzung Goethes durch die Romantiker vgl. auch Fr. Schlegels Wort: »Die Französische Revolution, Fichtes Wissenschaftslehre und Goethes Meister sind die größten Tendenzen des Zeitalters.« (Friedrich *Schlegel*, Kritische Schriften, München ²1964, S. 48) – wobei der junge Schlegel, der dem *Meister* äußerst positiv gegenüberstand, nicht ohne weiteres der antirevolutionären Fronde zuzurechnen ist.
139 *Streisand*, Deutsche Geschichte, S. 136.
140 *Träger*, »Prometheus«, S. 234 f.
141 MEW, Bd. 4, S. 467.
142 Ebenda, S. 464–66.
143 MEW, Bd. 20, S. 107f.
144 MEW, Bd. 4, S. 463.
145 Ebenda.
146 Ebenda, S. 468.
146a Ebenda, S. 474.
147 The Complete Works of Percy Bysshe Shelley, hrsg. v. T. *Hutchinson*, London 1956, S. 205 (zit. als Shelley). Zum Komplex ›Aischylos und Shelley‹ siehe George *Thomson*, Aeschylus and Athens, London 1941, Kap. 17; auf deutsch in H. Gustav *Klaus*, (Hrg.), Marxistische Literaturkritik in England, Darmstadt 1973, S. 182–198.
148 Manfred *Wojcik*, »In Defence of Shelley«, Zeitschrift für Anglistik und Amerikanistik, 1963/2, S. 176 f.
149 Shelley, S. 271. Technisch wäre hier – bei Jupiter *und* Prometheus – von der *sozialen Repräsentanz einer allegorischen Figur* zu sprechen.
150 Ebenda, S. 205.

151 Ebenda, S. 270.
152 *Wojcik*, »Shelley«, S. 176.
153 *Shelley*, S. 205.
154 Ebenda, S. 207.
155 Ebenda, S. 208.
156 Ebenda, S. 207 f.
157 Ebenda, S. 211.
158 Ebenda. S. 210.
159 Ebenda, S. 209 f.
160 Ebenda, S. 210.
161 Lewis Grassic *Gibbon*, Grey Granite, Pan Books, London 1973, S. 80.
162 *Shelley*, S. 221.
163 Ebenda, S. 226.
164 Ebenda, S. 208.
165 Ebenda, S. 237.
166 Zur Kritik der politischen Ökonomie. Vorwort.
167 *Shelley*, S. 237.
168 Ebenda.
169 Ebenda, S. 237 f.
170 Ebenda, S. 219 f.
171 Ebenda, S. 221.
172 Ebenda, S. 222.
173 Ebenda, S. 220.
174 Ebenda, S. 223.
175 Ebenda.
176 Ebenda, S. 223.
177 A Defence of Poetry, in English Critical Essays. Ninetheenth Century, London 1956, S. 138.
178 Dichtung ist für Shelley Instrument zur Bildung eines revolutionären Bewußtseins – man darf sich hier nicht von dem idealistischen Vokabular täuschen lassen. In »A Defence of Poetry« ist die revolutionäre Funktion der Dichtung programmatisch niedergelegt. Die Dichter (poets) sind *legislators* und *prophets*, »authors of revolutions in opinions«, d.h. ihre Funktion liegt in der Revolutionierung des Bewußtseins, auf dem Gebiet des – im heutigen marxistisch–leninistischen Sprachgebrauch – ideologischen Klassenkampfes. Dichtung verkörpert für Shelley einen realen revolutionären Humanismus gegenüber der vom Prinzip des Profits (»money«) beherrschten bürgerlichen Gesellschaft. »Poetry, and the principle of self, of which money is the visible incarnation, are the God and Mammon of the world« (ebenda, S. 131). Zur Funktion der Dichtung schließt Shelleys Essay: »The most unfailing herald, companion, and follower of the awakening of a great people to work a beneficial change in opinion or institution, is poetry.« In den Kompositionen der bedeutendsten Schriftsteller der Gegenwart, die Shelley als *revolutionäre* begreift (so auch in »A Philophical View of Reform«), spricht sich nicht der Geist eines partikularen Interessen verhafteten Individuums aus, sondern »the spirit of the age.« »Poets are [...] the mirrors of the gigantic shadows which futurity casts upon the present; [...] the trumpets which sing to battle [...] Poets are the unacknowledged legislators of the world.«
179 Dazu siehe vor allem Edward *Aveling* and Eleanor *Marx–Aveling*, »Shelley als Sozialist«, Die Neue Zeit, VI (1888), S. 540–550 sowie »Shelley und der Sozialismus«, Die Neue Zeit, X/2 (1891/92), S. 581–618, mit reichhaltigem Material in beiden Arbeiten. – Der emphatische Sozialismus Shelleys wird auch durch das Zeugnis seiner Frau Mary nachdrücklich unter Beweis gestellt, die in einer Notiz zu »The

Masque of Anarchy« schreibt: »[...] his warmest sympathies were for the people. He was a republican and loved a democracy [...] The great truth that the many, if accordant and resolute [...] could control the few [...] made him long to teach his injured countrymen how to resist [...] The poem was written for the people.« (*Shelley*, S. 345) Auch *Brecht* hat Shelley einen »Freund der unteren Klassen« genannt, und zwar in dem bekannten Essay »Weite und Vielfalt der realistischen Schreibweise«, in dem »The Masque of Anarchy« als Indiz für den »neuen Realismus« angeführt wird, der durch den Aufstieg des Proletariats möglich geworden ist (siehe dazu auch *Brecht*, Gesammelte Werke, 19, Frankfurt a.M. 1967, S. 317).

180 *Shelley*, S. 243f.
181 Ebenda, S. 233.
182 Ebenda, S. 266.
183 Noch heute trägt die Tageszeitung der Kommunistischen Partei Großbritanniens den Titel »Morning Star«.
184 MEW, Ergänzungsband I, S. 536.
185 *Shelley*, S. 245.
186 Ebenda, S. 247.
187 Ebenda, S. 258.
188 Ebenda, S. 253.
189 Ebenda.
190 Ebenda. Dazu siehe *Wojciks* ausgezeichnete Interpretation, a.a.O. S. 181ff.
191 *Shelley*, S. 253.
192 MEW, Bd. 4, S. 471f.
193 Nach *Aveling/Marx*, »Shelley als Sozialist«, Neue Zeit, 1888, S. 541.
194 Siehe Wolfgang *Abendroth*, Sozialgeschichte der europäischen Arbeiterbewegung, Frankfurt a.M. 197, S. 18f. Auch *Caudwell* spricht von der »cleavage between the former landed-aristocracy and the industrial bourgeoisie« als charakteristisch für die erste Epoche der industriellen Revolution. Er beschreibt die sozialökonomische Situation in England zu dieser Zeit wie folgt:
     »[...[beneath the notwork of safeguards and protections which was characteristic of the era of manufacture, bourgeois economy developed to the stage where by the use of the machine, the steam-engine and the power-loom it acquired an enormous power of self-expansion. At the same time the »factory« broke away from the farm of which it was the handicraft adjunct and challenged it as a mightier and opposed force.
     On the one hand organised labour inside the factory progressively increased, on the other hand the individual anarchy of the external market also increased. On the one hand there was an increasingly public form of production, on the other hand an increasingly private form of appropriation. At the one pole was an increasingly landless and toolless proletariat, at the other an increasingly wealthy bourgeoisie. This self-contradiction in capitalist economy provided the terrific momentum of the Industrial Revolution. [...]
     This revealed itself first of all as a cleavage between the former landed–aristocracy and the industrial bourgeoisie, expressing the rise of the factory to predominance over the farm. The landed aristocracy, and the restrictions it demanded for its growth, was now confronted by industrial capital and its demands [...] Their interests – reconciled during the period of wage–labour shortage – are now opposed. All the forms and restraints that oppose this free expansion of the industrial bourgeoisie must be shattered. To accomplish this chattering, the bourgeoisie called to its standard all other classes, precisely as in the time of the Puritan Revolution.« (»Illusion and Reality«, S. 88f.)

195 *Aveling/Marx*, »Shelley als Sozialist«, Neue Zeit, 1888, S. 550.
196 *Aveling/Marx*, »Shelley und der Sozialismus«, Neue Zeit, 1891/92, S. 584. – Zum Klassenstandpunkt Shelleys ist zu sagen, daß Wojciks Polemik gegen Caudwell (der Shelley als radikaldemokratischen *Sprecher der Bourgeoisie* charakterisiert) einseitig ist: aufgrund der objektiven Klassenverhältnisse zu Shelleys Lebzeiten war es für Shelley möglich, für die Arbeiterklasse aber zugleich auch noch *partiell* für Interessen des Bürgertums zu sprechen.
197 Zit. nach *Wojcik*, a. a. O. , S. 188.
198 Ebenda.
199 Ebenda.
200 MEW, Bd. 2, S. 454f.
201 Ich denke beispielsweise an »Song to the Men of England««, »England in 1819«, »Lines Written Durint the Castlereagh Administration«, an Teile von »The Masque of Anarchy«. Solche Gedichte Shelleys hat *Brecht* gemeint, wenn er sagte: »Entsetzlich, die Gedichte Shelleys zu lesen (nicht zu reden von ägyptischen Bauernliedern von vor 3000 Jahren), in denen die Unterdrückung und Ausbeutung beklagt wird!« (Über Lyrik, Frankfurt a.M. 1964, S. 46) – In diesen Gedichten wurde Shelley gezwungen, eine neue Sprache zu sprechen, – die Sprache der bürgerlichen Literatur reichte für einen solchen gesellschaftlichen Inhalt nicht mehr hin. Auch Wordsworth war sich dieses Problems bewußt. (vgl. »Poetry and Poetic Diction«, Vorwort zur zweiten Auflage der »Lyrical Ballads« von 1800), doch ist hier der Widerspruch zwischen theoretischem Anspruch und literarischer Verwirklichung augenfällig (siehe dazu auch Jürgen *Kuczynski*, Politik und Ästhetik: Zu Wordsworth' Vorwort der »Lyrischen Balladen«, in Gestalten und Werke. Soziologische Studien zur englischsprachigen und französischen Literatur, Berlin/DDR 1971).
202 Gehen wir von Lenins Theorie der *zwei Kulturen* innerhalb *jeder nationalen Kultur* aus – die *herrschende bürgerliche Kultur* und die *demokratische und sozialistische Kultur* (siehe Lenin, Kritische Bemerkungen zur nationalen Frage, in: Über Kultur und Kunst, Berlin/DDR 1960, bes. S. 207–211) –, so läßt sich am Beispiel eines Autors wie Shelley festmachen: beide Kulturen können sich in einem einzelnen wie dem Gesamtwerk eines Autors überschneiden, Elemente *beider* Kulturen können in *einem* literarischen Werk zusammen existieren. Grund: die *objektiven Klassenverhältnisse* und der *Standpunkt* des betreffenden Autors in diesen Verhältnissen. – Auch die Widersprüche im Werk Goethes dürften sich mit Hilfe der Leninschen Theorie der zwei Kulturen entschlüsseln lassen. (Zu Lenins Kulturtheorie siehe Manfred *Naumann*, »Zum Begriff des Erbes in der Kulturtheorie Lenins«, in: Revolution und Literatur, Leipzig 1971, S. 377–409).
203 *Marx/Engels*, Über Kunst und Literatur, Berlin 1948, S. 164.
204 *Träger*, »Prometheus«, S. 184.
205 Ebenda, S. 185.
206 Johannes R. *Becher*, Gesammelte Werke, Berlin/DDR 1966, Bd. 4, S. 614f.
207 *Träger* »Prometheus«, S. 185.
208 Ebenda.
209 Volker *Braun*, Gedichte, Leipzig 1972, S. 75 f.
210 C. G. *Jochmann*, Die Rückschritte der Poesie, in: Das Argument, 26, 3. Aufl. (Nov. 1970) S. 17.

Volker Ulrich Müller

Die Krise aufklärerischer Kritik und die Suche nach Naivität. Eine Untersuchung zu Jean Pauls Titan.

I Ästhetik oder Politik. Zu Problemen der Jean-Paul-Forschung.

Seit einigen Jahren ist in der Germanistik ein Interesse an Jean Paul festzustellen, das es legitim erscheinen läßt, geradezu von einer Jean-Paul-Renaissance zu sprechen. [1] Sie wurde zum einen hervorgerufen durch die in der Nachfolge der Kritischen Theorie und im Zusammenhang mit der Studentenbewegung erfolgte methodische Neuorientierung der Germanistik an soziologischen und politischen Fragestellungen; hier steht sie in Kontext eines allgemeinen politischen Interesses am 18. Jahrhundert als der heroischen Frühphase der bürgerlichen Gesellschaft, sei es unter dem Aspekt der Ideologiekritik bürgerlichen Selbstverständnisses oder unter dem Aspekt der ästhetischen Entfremdungskritik, einer Kritik, als deren Erbe sich die Studentenbewegung z. T. begreifen konnte. Andererseits – und dies schon seit Ende der fünfziger Jahre – ist sie eine Folge von Fragestellungen, wie sie für die immanente Methode charakteristisch sind. Der *Titan* wurde bevorzugter Gegenstand vor allem dieses Ansatzes; der im hohen »italienischen Stil« [2] konzipierte Roman, die Radikalisierung der Charaktere, die Zuspitzung ihrer Einstellungen bis hin zu Aporien machten den »General- und Kardinalroman« [3] zum geeigneten Gegenstand von Fragen ästhetischer Technik und zu einem zentralen Beleg für den wirklichkeitszerstörenden oder sie fliehenden Jean Paul. [4] Erst im Zusammenhang mit Ansätzen einer materialistisch orientierten Methode, die vor allem an Jean Pauls Satiren und an deren Relation zum Humor interessiert ist, wurde auch der *Titan* Gegenstand gesellschaftsbezogener Deutungen. [5] Die Heterogenität von Jean Pauls Werk – es finden sich nicht allein Züge von Wirklichkeitsflucht und dagegen solche der schärfsten Gesellschaftskritik; vielmehr ist auch letztere nicht immer eindeutig – macht Jean Paul allerdings zu einem Autor, der besondere methodische Probleme stellt und zu kontroversen Deutungen geradezu provoziert. Selektionen im methodischen Ansatz können leicht am Werk bestätigt werden, wie es dann auch nahe liegt, mit solchen Bestätigungen Deutungsmonopole anzumelden. Es ist dies ein für Renaissancen charakteristisches Phänomen: aktuelle Interessen wollen sich in der wiederauferstandenen Vergangenheit als »gemeint« [6], d. h. als legitimiert erkennen.

1970 haben Peter Krumme und Burkhardt Lindner in einem Jean Paul gewidmeten Sonderband von *Text + Kritik* versucht, durch die Analyse und Kritik von Arbeiten sowohl der immanenten als auch der politisch-sozialgeschichtlich orientierten Methode (wie sie beide im Jahrbuch 1968 der Jean-Paul-Gesellschaft vertreten sind [7]) die Kontroverse um eine einheitliche Deutung Jean Pauls zu klären. Ihr Forschungsbericht trägt den Titel *Absolute Dichtung und Politik* und untersucht die vorliegenden Arbeiten unter dem Aspekt ihres Lösungsversuchs für das Verhältnis von Ästhetik und Politik im Werk Jean Pauls. Sie kennzeichnen die Problematik beider Forschungsrichtungen dadurch, daß in ihnen der Zusammenhang von »Ästhetischem und Politischem« nicht »auf der Ebene des Werks« erscheint, »sondern als Subsumtion des einen Aspekts unter den anderen.« [8] Diese Bemerkung ist vor allem deshalb interessant, weil die bislang sich lediglich als Frage der »richtigen« Methode ergebenden Deutungen Jean Pauls als Dichter einer »ästhetischen« oder »politisch revolutionären« Literatur hier als ungelöste Probleme, als Widersprüche des Autors und seines Werks selbst erscheinen; und damit scheint nicht die Relevanz beider Fragestellungen, wohl aber ihr jeweiliger Anspruch auf eine konsistente Deutung des Gesamtsinns von Jean Pauls Werk bestritten zu werden.

Die Diskussion der Kontroverse mit Hilfe des Begriffsinstrumentariums »Ästhetik versus Politik« trägt allerdings weiterhin zu Mißverständnissen bei. In Lindners Arbeit zum Verhältnis von Satire und Allegorie bei Jean Paul wird die Entwicklung Jean Pauls vom Satiriker zum Humoristen und zum auktorialen Erzähler als Übergang von der Politik in die »Kunst« in der Weise gedeutet, daß die »traumatische Erfahrung gesellschaftlicher Verdinglichung« sowohl zur Melancholie und Entfremdungserfahrung des Humoristen führt, wie sie mit einer »Verselbständigung des ästhetischen Vermögens« (Witz/Humor) äquivalent ist. [9] Die systematische Prämisse dieses Arguments scheint – trotz der Plausibilität, die es z.T. hinsichtlich des entwicklungsgeschichtlichen Verhältnisses von Aufklärungssatire und Humor hat – die problematische These vom kompensatorischen Charakter »ästhetischer« Literatur zu sein relativ zu einer ursprünglich (im historischen wie philosophischen Sinn) *politischen*, d.h. satirischen Funktion des ästhetischen Vermögens. Die Problematik dieser These besteht u.a. darin, daß auf ihrer Basis die Differenz zwischen politisch motivierter Resignation über die »deutsche Misere« und der charakteristisch ambivalenten Struktur des modernen Entfremdungsbewußtseins, wie es der Humor repräsentiert, *systematisch* nicht abgesichert ist. Weniger differenziert verfahrende Interpreten wie Widhammer und Gansberg haben es auf dieser Basis allzu leicht, das Modell von der mit Ende des 18. Jahrhunderts fälligen revolutionären Machtergreifung des Bürgertums, die durch die deutsche Rückständigkeit verhindert wird, der Melancholie des Humoristen zu unterschieben. [10]

Die These vom Humor als einem wie auch immer »notwendigen« Kompensationsphänomen erhält ihre genetische Plausibilität allerdings auf dem Hintergrund der Rolle, die die humoristische Technik in Arbeiten der immanenten Methode gespielt hat. Die Dominanz der Analyse ästhetischer Techniken ist hier zwar einerseits durch die politische Kompromittierung der Germanistik bedingt, sie ermöglichte aber auch den Anschluß an die Richtungen der literarischen Moderne, in denen ästhetische Probleme selbst Gegenstand der Kunstproduktion sind; eine Fragestellung, die in der Erforschung der literarischen Tradition dann auch fruchtbar wird. Typisch – und vielleicht auch vom Geist und der Realität des deutschen Wiederaufbaus bestimmt – wird dabei die Akzentuierung eines z. T. idiosynkratischen Protests gegen Zweckrationalität, für den die moderne Kunst einzustehen scheint. So heißt es in W. Raschs Untersuchung des *Siebenkäs*:

»Im Akt der Befreiung aus der Gefangenschaft der bloßen Zweckwelt, deren großes Idol der Nutzen ist, werden diese Dinge [die Dinge der Zweckwelt, V.U.M.] zu Zeichen, verweisen auf die wesenlose Zweckwelt wie auf das eigentliche, vom Nutzen freie Sein. Im sprachlichen Kunstwerk ist solche »Begegnung« des Disparaten durch Vergleich und Metapher möglich.« [11]

Während allerdings in dieser Perspektive Bezüge, die der die Wirklichkeit fliehende Jean Paul zwischen der »Freiheits-Natur des Witzes« und »Begriffen der Französischen Revolution« herstellt, nicht gedeutet, sondern nur verwundert registriert werden [12], wird dann P.v.Haselberg gerade die Zerschlagung von Sinnbezügen im Humor, die Auflösung von begrifflichen Hierarchien als revolutionären Akt interpretieren, der Entfremdung aufhebt und in der Herstellung, bzw. im Vorgriff auf einen neuen Kommunikationszusammenhang, auf eine neue Sensibilität kulminiert. [13]

Daß in der Folgezeit in materialistisch orientierten Arbeiten weniger der anarchische Humorist als vielmehr der auf konkrete Mißverhältnisse zielende Satiriker im Zentrum steht, dürfte auch mit der Geschichte der Studentenbewegung zusammenhängen. Wichtig im Zusammenhang der Methodenkontroverse, wie sie mit den Schlagworten »Ästhetik und Politik« bezeichnet ist, ist allerdings, daß Haselbergs Deutung des Humors als des entscheidenden gesellschaftskritischen Potentials im Werk Jean Pauls geeignet ist – insofern Jean Paul selbst die humoristische Technik in Anlehnung an die Witz-Theorie Schlegels mit der Revolution vergleicht – , die These vom bloß ästhetisch-kompensatorischen Charakter des Humors gegenüber der Satire zu relativieren. Offenbar besteht eben kein »Widerspruch« zwischen »Ästhetik und Politik« im Sinn eines Widerspruchs zwischen Humor und Satire in der Weise, daß dem einen die humoristische Technik ausschließlich als »poetische Himmelfahrt« – ideologiekritisch gewendet als »ästhetische Verselbständigung« –, dem anderen als »Ausdruck des Protests« erscheinen müßte; vielmehr handelt es sich darum, daß aufklärerisch-satirische Gesellschaftskritik, frühromantisch-anarchische Vorstellungen von der Revolution und melancholische Reflexion auf der inhaltlichen Ebene des Werks, die »intakte« Verwendung von Metaphern ebenso wie die Demonstration auktorialer Omnipotenz und das Erzählen von »Biografien« auf der Ebene ästhetischer Technik einander abwechseln, ohne sich widersprechen zu müssen.

Die Konstruktion eines solchen Widerspruchs hat allerdings nicht nur die Funktion, die Priorität bestimmter politischer Interessen des Interpreten durch die Selektion bestimmter literarischer Techniken abzusichern. [14] Vielmehr dürfte sich die Reduktion divergierender Aspekte des Humors zugunsten der antithetischen Relation (Satire – Humor) auch der Notwendigkeit verdanken, für die Heterogenität der ästhetischen Verfahrensweisen wie der politischen Gehalte im Werk Jean Pauls einen einheitlichen Interpretationszugang zu finden. Wenn dabei vermieden werden soll, daß die Interpretation widersprüchlich wird oder reduzierend verfährt, ist es m. E. unerläßlich, daß die soziale und politische Problemsituation, auf die Jean Paul reagiert, nicht zugleich als ideologiekritische Instanz eingeführt wird, die als solche nur zweipolige Wertungen vorgeben kann.

Für den Interpretationszugang zu der Komplexität politischer Intentionen und Haltungen Jean Pauls scheint mir – besonders für die Analyse des politischen Gehalts des *Titan* – ein Aspekt zentral zu sein, den Lindner im Zusammenhang mit der Entfremdungserfahrung des Humoristen thematisiert hat. Er erklärt die »Beliebigkeit der Bilder«, die der humoristische Erzähler anhäuft, aus dem »Bedürfnis, die absolute Bedeutung der politisch hoffnungslosen Welt zu erfahren.« [15] Das metaphysische Bedürfnis, das – anders als in der Satire – die Deutung der Realität überlagert, interpretiere ich in meiner Arbeit als Indiz einer Legitimationskrise, deren Spezifikum nicht allein ein drohender Atheismus ist, gegen den Jean Paul in Anlehnung an die Gefühlsphilosophie Jacobis den Glauben an einen persönlichen Gott verteidigt, sondern die selbst schon Resultat eines mit der Krise des Aufklärungsdenkens drohenden Legitimationsvakuums ist. Die Suche nach metaphysischer Legitimation, nach einer handlungsorientierenden (durchaus auch säkularen) Instanz, die als neue Autorität den Zweifeln des grundsätzlich skeptischen Ich entzogen wäre, führt zu eben der charakteristischen Reflexionstätigkeit, die die Entfremdungserfahrung konstituiert, und in der Jean Paul das Stigma des Zeitalters sieht, gegen das er mit seinem »Kardinalroman« ankämpfen will:

»Mein Titan ist und wird gegen die allgemeine Zuchtlosigkeit des Säkulums gewafnet, gegen dieses irrende Umherbilden ohne ein punctum saliens – gegen jede genialische Plethora, d. i. Parzialität – gegen die ästhetisch (artistische) und philosophische Trennung des Ichs von der Beschauung. Beinahe jede Superfötazion und jedes hors d'œuvre der menschlichen Natur sol im Titan Spielraum für die eigenen Fehler finden (...).« [16]

Die Genese dieser »Trennung des Ichs von der Beschauung« versuche ich am Beispiel der antinomischen Struktur aufklärerischer Ideologiekritik zu rekonstruieren, um von hier aus den Übergang von Satire zu Humor plausibel zu machen. Dabei soll die Ambivalenz der politischen Einstellung des Humoristen – die Radikalität, mit der der Moralist Heuchler entlarvt; der Verdacht der Bodenlosigkeit der Kritik der Hypokrisie selbst; die Hoffnung auf ein revolutionäres Subjekt, dessen Moralität die Kritik legitimieren soll, das aber enttäuscht, wie die aktionistisch-anarchische Deutung der Revolution – als Ausdruck des Klimas von Beliebigkeit interpretiert werden, in dem die aufklärerische Tradition sowohl präsent ist wie bezweifelt wird, ohne daß sich ein »punctum saliens« finden ließe.

Eine Lösung der Legitimationskrise hat sich Jean Paul offenbar nur reflexionskritisch vorstellen können: mit dem Helden des *Titan*, Albano de Cesara, versucht er eine Ebene der Naivität jenseits der Reflexion zu erreichen. Die heroischen Dimensionen, mit denen er ihn ausstattet, verweisen auf einen Aktionswillen, in dem die intellektuellen Hemmungen überwunden scheinen, die bei Jean Pauls Helden die »Tat« immer wieder verhindern, und mit seiner Reise nach Rom scheint Albano der Repräsentant der heroischen Phase des Bürgertums, das im römischen Kostüm die Revolution vollbringt. [17] Ich versuche dabei, die Natur (Insel), in der der Held seinen Handlungswillen »naiv« entfalten, bzw. inszenieren kann, wie den Rückgriff auf den revolutionären Mythos des antiken Civismus als die Suche nach Naivität im Bereich des politischen Handelns zu interpretieren, eine Naivität, die der Held allerdings nur dadurch wird retten können, daß er an der Revolution nicht teilnehmen wird. Die therapeutische Spaltung von Reflexivität und Naivität scheint damit die Auswirkungen der Legitimationskrise gerade im Bereich politischer Praxis, für die auch als revolutionäre Praxis keine zweifelsfreien handlungsorientierenden Instanzen mehr einstehen, nicht umgehen zu können. Ein märchenhaftes Romanende wird diese Konsequenz jedoch verhindern.

II Inszenierte Naivität

Daß Gesellschaft ein Raum der Unnatur, der Verstellung und Künstlichkeit sei, während die Natur die von Konventionen freie Entfaltung des Individuums ermögliche, ist ein zentrales Motiv des rousseauistischen Zweigs der Aufklärung. Gleichermaßen als Gegenbild zu »le monde«, der »Welt« der Aristokratie und als Reaktion auf den Fortschritt der Wissenschaften und der Arbeitsteilung entstanden, sind im Modell des Naturzustands Wertvorstellungen wie uneingeschränkte Individualität (amour de soi), soziale Tugenden wie Mitleid (commisération) und Erkenntnisstrukturen wie unmittelbare Selbstgewißheit im Gefühl verankert. [18] »Handlungen« der Natur unterscheiden sich im Sprachgebrauch des 18. Jahrhunderts von künstlichen durch instinktive Sicherheit, während im Bereich der »Kunst« bewußte Planung (die Vorstellung eines Zwecks als Ursache der hervorgebrachten Wirkung) dominiert, damit aber auch Verstandestätigkeit und mögliche Kritik an der Zweckmäßigkeit der Mittel wie – in moralischen Handlungen – die der Freiheit inhärente Willkürlichkeit. [19] Die unter dem Anspruch der Kritik des Gesellschaftszustands behauptete Priorität des Naturzustands seiner Genese und Geltung nach gibt dagegen den dort verankerten individuellen Wünschen und sozialen Normen die Naturnotwendigkeit biologischer Bedürfnisse und soziale Verbindlichkeit, die nur mit dem größten Schaden für das Individuum unterdrückt, in ihrer Rechtmäßigkeit aber niemals angezweifelt

werden können. Da so Natur der Legitimierung von Leitbildern und ihrer Absicherung vor Kritik dient, da Natur aber nicht erkannt werden kann, weil der
Verstand verfälscht, so ergibt sich der schlechte Zirkel, das »rousseausche Problem«, die Wahrheit des Naturzustands im Zeitalter moralischer und intellektueller Verdorbenheit entfalten zu müssen. Das Individuum des Gesellschaftszustands ist zu »ewiger Romantik verdammt« [20], zu einer »Wertherschen
Ansicht« [21] der Natur, und es entsteht die für nostalgische Geschichtsbetrach-
tungen charakteristische Ambivalenz zwischen Kritik und der Ungewißheit ihrer
Basis, der pessimistischen Einschätzung ihrer Möglichkeiten. Rousseaus Lösung
des methodischen Problems einer »Reflexion auf Spontaneität« [22], die Medita-
tion »sur les premières et plus simples opérations de l'âme humaine«, die, um
natürlich zu sein, unmittelbar mit der Stimme der Natur sprechen müssen, und
deren Prinzipien dem Verstand vorgelagert sind, [23] hat daher als Argument
gerade den Charakter der kritisierten Künstlichkeit.

Auf der Ebene der Darstellung »natürlicher« Affekte im Landschaftserlebnis
in Jean Pauls Romanen stellt sich auf analoge Weise das Problem der Abgrenzung
natürlicher Affekte gegenüber der bloßen Affektion von Natürlichkeit; dies geschieht auf zweierlei Weise: Natur als der Ort, in dem sich die Affekte entfalten
lassen, muß räumlich (und damit auch ihrem sozialen Ort nach) gegenüber der
»Welt«, in der soziale Kontakte individuelle Bedürfnisse verzerren, abgegrenzt
werden. Die Romanhandlung, auf deren Weg der Held – im *Titan* nach dem
Modell des Erziehungsromans – die Realisierungschancen seiner Leitbilder und
Wünsche erprobt und innerhalb dessen der Kontakt mit der Gesellschaft als Korrektur seiner Einstellungen fungiert, wird immer wieder durchbrochen durch
den Rückzug des Helden in die Natur, in der er sich von dem Zwang gesellschaftlicher Konventionen distanziert. Solche Inseln – im wörtlichen wie übertragenen
Sinn – sind im *Titan* Isola bella, auf der die Eingangsszene spielt, Lilar und Ischia,
wo jeweils die Liebe des Helden zu Liane und Linda zum »Ausdruck« kommt.
[24] Charakteristisch für Jean Pauls Landschaften ist jedoch darüber hinaus,
daß sie in ihrer Natürlichkeit jeweils noch demonstriert, auf eine zweite Weise
abgegrenzt werden: sowohl nach ihrem sprachlichen Gestus wie hinsichtlich der
verwendeten Metaphern, wie schließlich durch verdeckte Maschinerien haben
sie den Charakter von Inszenierungen, die eine *natürliche* Natur demonstrieren.
So in der Eingangsszene des *Titan*: Albano will sich der Unmittelbarkeit des
Naturerlebnisses dadurch versichern, daß er sich auf der Überfahrt nach Isola
bella eine Binde um die Augen legen läßt, die er sich bei Sonnenaufgang abnehmen
lassen will, um auf diese Weise seinen »alten Durst nach einem einzigen erschüt-
ternden Guß aus dem Füllhorn der Natur« [25] Genüge zu tun. Diese »künstliche
Blindheit« wird zum Instrument, den zeitlichen Rhythmus von Nacht, Dämme-
rung und Tag zu umgehen, dem Tempo der eigenen Erwartungen einzubilden,
die dann auch den Rhythmus der Natur determinieren. Nachdem die höchste
Terrasse der Insel von Albano, Dian und Schoppe erreicht ist, drängt dieser Alb-

ano, die Binde abzulegen. »Aber Cesara sagte: ›Nein! Erst die Sonne!‹ Und der
Morgenwind warf die Sonne leuchtend durchs dunkle Gezweig empor, und
sie flammte frei auf den Gipfeln ...« [26] Die Naturszenerie gehorcht den Erwartungen und bildet damit mimetisch die Bewegung der Affekte ab. Es wird der
Schein einer Entsprechung von Natur und Gefühl inszeniert, sodaß die Affekte
in ihrer Natürlichkeit ebenso legitimiert werden wie in ihrer Schrankenlosigkeit
Bestätigung erhalten. Wie sehr die Technik der artifiziellen Erzeugung einer natürlichen Natur – hier durch Albanos »künstliche Blindheit«, an vielen anderen
Stellen durch verdeckte Apparaturen, die das Spiel der Natur produzieren [27]
– darüber hinaus auch konstitutiv ist für die Struktur der entfalteten Landschaft
selbst möchte ich an der folgenden Szene zeigen:

»Welch eine Welt! Die Alpen standen wie verbrüderte Riesen der Vorwelt fern in der
Vergangenheit verbunden beisammen und hielten hoch der Sonne die glänzenden Schilde
der Eisberge entgegen – die Riesen trugen blaue Gürtel aus Wäldern – und zu ihren Füßen
lagen Hügel und Weinberge – und zwischen den Gewölben aus Reben spielten die Morgen-
winde mit Kaskaden wie mit wassertaftnen Bändern – und an den Bändern hing der über-
füllte Wasserspiegel des Sees von den Bergen nieder, und sie flatterten in den Spiegel und
ein Laubwerk aus Kastanienwäldern faßte ihn ein ... (...) O als er dann neben der unendlichen Mutter die kleinen wimmelnden Kinder sah, die unter der Welle und unter der Wolke
flogen – und als der Morgenwind ferne Schiffe zwischen die Alpen hineinjagte – und als
Isola mare gegenüber sieben Gärten auftürmte und ihn von seinem Gipfel zu ihrem im
waagrechten wiegenden Fluge hinüberlockte – und als sich Fasanen von der Madre-Insel
in die Wellen warfen: so stand er wie ein Sturmvogel mit aufgeblättertem Gefieder auf
dem blühenden Horst, seine Arme hob der Morgenwind wie Flügel auf, und er sehnte
sich, über die Terrasse sich den Fasanen nachzustürzen und im Strome der Natur das
Herz zu kühlen.
(...) Das stolze Weltall hatte seine große Brust *schmerzlich ausgedehnt* und dann *selig
überfüllt*; und da er jetzt die Augen wie ein Adler weit und fest in die Sonne öffnete;
und da die Erblindung und der Glanz die Erde verdeckte und er einsam wurde; und die
Erde zum Rauch und die Sonne zu einer weißen sanften Welt, die nur am Rande blitzte:
so tat sich sein ganzer voller Geist wie eine Gewitterwolke auseinander und brannte und
weinte und aus der reinen blassen Sonne sah ihn seine Mutter an, und im Feuer und Rauch
der Erde stand sein Vater und sein Leben eingehüllt.« [28]

Es lassen sich zwei Konstruktionsprinzipien unterscheiden, die als Mittel jeweils
mit dem intendierten Ziel, einen »natürlichen« Affekt auszudrücken, im Gegensatz stehen: auf der semantischen Ebene ist die Naturszenerie aus Elementen
der antiken Mythologie und Metaphern aus dem Produktionsbereich des Menschen, der »Kunst«, komponiert (Riesen der Vorwelt, Schilder der Eisberge, blaue
Gürtel aus Wäldern, Gewölbe aus Reben, Kaskaden aus wassertaftnen Bändern,
Spiegel, Laubwerk aus Kastanienwäldern, Schiffe); Albano auf der andern Seite
sind Metaphern aus der Natur zugeordnet (Sturmvogel, Adler), während schließlich erst auf der Ebene der syntaktischen Strukturierung die beiden Verschrän-
kungsebenen der Einheit einer affektiven Bewegung integriert werden. Die Beliebigkeit des sprachlichen Materials (der Metaphern aus der Sphäre der »Kunst«)
relativ zur Naturszenerie ist dabei ein Indiz für die konstruktive Fähigkeit des

Subjekts, das über Dekomposition und die Desintegration sprachlicher Elemente aus ihren »natürlichen« Kontexten einen neuen Sinnzusammenhang konstituiert. Der für Jean Paul paradigmatische Periodenbau, wie er in dieser Szene vorliegt, inhaltlich: der Rhythmus der Affektvorenthaltung und die schließliche Auflösung der Spannung, erhält damit zugleich die Funktion, die Konstruktionsprinzipien zu verbergen und der Affektivität, die vermeintlich nicht plant, nicht selegiert, zu integrieren. Nach dem vorliegenden Satzrhythmus lassen sich drei Perioden unterscheiden, wobei die beiden letzten jeweils einen Satztypus realisieren.

In der ersten sind Hauptsätze parataktisch aneinandergereiht und durch Gedankenstriche verbunden. Sie realisieren – zusammen mit den Verben, die Zuständlichkeit, reine Gegenwart suggerieren (standen, hielten, trugen, lagen etc.), – eine einheitliche, gleichgewichtige Empfindungslage, die selber das Resultat einer vorausliegenden, affektvorenthaltenden Bewegung ist. Die Kontinuität dieser Empfindung wird in diesen Satztypen durch Gedankenstriche angedeutet, die suggerieren, daß der Gemütszustand endlos ist. In den beiden folgenden Perioden wird die durch die syntaktische Vorhaltstechnik erzeugte Spannung (eine Technik, die die eben geschilderte Periode schon vorbereitete) jeweils wiederholt. Eine Reihe von Temporalsätzen, die die Funktion der Spannungserzeugung (Protasis) haben, verzögert und steigert zugleich die Erwartung (unterstützt durch dynamische Verben), an deren äußerstem Punkt die Bewegung umschlägt, und die psychische Abspannung durch den folgenden spannungslösenden Hauptsatz (Apodosis) abgebildet wird. [29] Mit dieser Technik wird »die Gefühls*bewegung* gestaltet« [30], die rhythmische Strukturierung soll die Suggestion einer unmittelbaren Abbildung erzeugen, während sie zugleich – vermöge ihrer Komplexität – auf der Seite des Autors bzw. des Sprechers »die Herrschaft des Verstandes über die Gefühlserregung, eine gewisse Distanz des Sprechenden zum Effektakt« [31] impliziert.

Setzt man diese kalkulierte Technik der Affekterzeugung – die (ein generelles Merkmal der Landschaften Jean Pauls) hier Albano als Sprecher zugeordnet ist – in Beziehung zu seiner »künstlichen Blindheit«, so sind diese Techniken als Strategien deutbar, sich der Gewißheit über die Unmittelbarkeit des Affekts jeweils zu versichern, wie sie bei der Ungewißheit und dem Zweifel an der »natürlichen« Genese der Affekte deren Naivität mit unvermeidlicher Planmäßigkeit potenzieren müssen. Die Souveränität in der Verwendung der Vergleichsglieder (vom mythischen Heroismus bis zum biedermeierlichen Spiel) demonstriert dabei die uneingeschränkte Freiheit des Individuums und erweitert, wie es in Schillers Definition sentimentalischer Kunst heißt, den natürlichen Affekt um die Dimension der Vernunft (als formalem Prinzip, das die Fähigkeit Selektionen zu treffen, nur sich selbst verdankt) [32] – und dies mit dem Ziel, der inszenierten gesteigerten Affektivität den Schein natürlicher Intension zu verleihen. Jeder Versuch, sich dieser Natürlichkeit bewußt zu werden, muß dann die Affektbewegung neu initiieren: sie wird von Reflexion ebenso getragen wie permanent bedroht.

Das Verfahren einer Konstruktion von Wirklichkeit, d. h. auf der Ebene der Sprache: die Selektion von sprachlichen Zeichen und ihre Integration in einen Kontext bzw. in einen Redetypus, gilt natürlich für jede Realitätsdeutung und für jede Kunstproduktion. Das Charakteristische der Landschaftserlebnisse bei Jean Paul besteht allerdings darin, daß dieser Konstruktions- und Selektionsvorgang sowohl als die Freiheit individueller Realitätsdeutung ausgezeichnet wird wie andererseits diese Subjektivität die Objektivität (Natürlichkeit) der Deutung verbürgen soll. Damit wird der Selektionsvorgang ebenso dem Verdacht ausgesetzt, seine intersubjektive Geltung sei problematisch, wie er sie gleichzeitig herstellen soll. Das Erlebnis erscheint vor dem Hintergrund einer fingierten Objektivität als ein »bloß« subjektives. Damit ist schließlich auch das Movens dieser Affektbewegung genauer zu bestimmen: als Künstlichkeit oder Konventionalität erscheint sie vor dem reflektierenden Verstand, vor der Skepsis, die Autoritäten jeder Art zerstört, ohne daß auf diesen Anspruch verzichtet werden kann. Es entsteht ein Klima der Beliebigkeit, in dem die Freiheit des Subjekts ebensosehr positiv ausgezeichnet wie als Wilkür einer verlorenen Objektivität kontrastiert und schließlich abgewehrt wird.

Zur Stützung dieser bisher weitgehend auf der Ebene der syntaktischen Mittel erarbeiteten und in ihrer erkenntnistheoretischen Struktur kurz skizzierten Denkfigur lassen sich die semantischen Bezüge herausziehen. Unter den Oberbegriffen Aktivität und Passivität lassen sich zwei Wortfelder unterscheiden, die eine »erhabene« und eine »schöne« Natur kennzeichnen und die jeweils dem »Vater« und der »Mutter« zugeordnet sind. Zum ersten gehören die den Alpen beigegebenen Attribute: Riesen der Vorwelt, Vergangenheit (eine heroische, die sich später als römische zu erkennen geben wird), Erdbeben; wie auch die Metaphern für Albano: Sturmvogel, Adler; schließlich: Feuer, Rauch der Erde. Zum zweiten gehören: Strom der Natur, selig überfüllt, Erblindung, einsam, Sonne als weiße sanfte Welt, reine blasse Sonne. Die beiden damit bezeichneten Affektzustände – das Selbstgefühl individueller Größe und Kraft wie Passivität und Kindlichkeit – sind nach dem bisher Gesagten als aufeinander bezogene Pole einer aporetischen Intention deutbar. Die »Erhebungen« über die Beschränkungen konventioneller Realitätswahrnehmung sind potenziert nach Maßgabe den Intention, sich von ihrer Autorität zu lösen, wie die Skepsis gegenüber den Realisierungschancen individueller Freiheit in einem antizipierten heroischen Dasein den Umschlag in Kindlichkeit und Passivität bewirkt. Die »neue Sensibilität« ist ungewiß, nicht im selbstverständlichen Rahmen geltender Konventionen legitimiert, so daß der Verlust von Selbstverständlichkeiten die Sehnsucht nach Absicherung hervorbringt. Daher kommt es zur Rücknahme der »Erhebung«, der Rebellion. Doch auch diese »Selbstauflösung«, die Hingabe an Kindlichkeit ist geplant, inszeniert. Wenn es heißt: »und da er jetzt die Augen öffnete; und da die Erblindung und der Glanz die Erde verdeckte und er einsam wurde«; so ist es aufgrund der absichtlich herbeigeführten Erblindung vielleicht vertretbar, die beiden letzten

Konjunktionen (»und«) final zu interpretieren. Daß nun die rebellisch-prome-
theische Artikulation von Freiheit und Kraft sich gleichsam vor der elterlichen
Autorität abspielt, nimmt ihr den aporetischen Charakter: innerhalb dieses
Raums der Autorität verliert die Rebellion ihren rebellischen Charakter wie die
Selbstauflösung, die Unterwerfung nach vergeblicher Rebellion den Charakter
der Bedrohlichkeit. Beides erhält den Status eines *Spiels*, das Inszenierungen erlaubt, da ja die im inszenierenden Verstand wirkende Skepsis von ihrer realitäts-
prüfenden Funktion durch eine schützende Autorität entlastet ist; die Mittel des
Verstandes werden frei für die Konstruktion einer Realität, an deren Dasein geglaubt werden kann, da die inszenierende »Subjektivität« durch die Autorität
der Eltern sanktioniert und verbindlich gemacht wird.

Ich habe in der bisherigen Analyse dieser Szene den Widerspruch von inszenie-
rendem Verstand und vergeblicher Unmittelbarkeit des Gefühls akzentuiert, wobei es nur deshalb möglich war von *Widersprüchen* zu sprechen, weil hier die
Affektivität auf dem Anspruch der Unabhängigkeit von konventionell festgeleg-
ten Regeln besteht und deren Aufgaben, Regeln festzusetzen, aber beibehalten
möchte. Konventionen sind Übereinkünfte, die auf verbindliche, begründende
Instanzen nicht zurückgreifen können, sondern sich erst darüber einigen, was
verbindlich sein soll. Meine Annahme war, daß die im Gefühl demonstrierte
unmittelbare Selbstgewißheit der Intention entspringt, verbindliche Regeln individuellen Verhaltens neue Regeln der Wahrnehmung und Wunschbefriedigung
zu artikulieren, daß der Zweifel aber, ob im Medium des Gefühls diese Verbindlichkeit garantiert werden kann, die infinite Potenzierung des Gefühls erzeugt.
Gesucht wird daher im Gefühl, das dem Verstand (im Sinn Rousseaus) voraus-
liegt, nicht nur eine Instanz, die Hindernisse, die der Realisierung von Bedürfnissen entgegenstehen, wegräumt, d.h. die Konflikte generell zum Verschwinden
bringt, sondern vor allem eine Instanz, die verhindert, daß die Erfolglosigkeit
von Handlungen, das Scheitern von Wünschen, zum Zweifel an deren Legitimität
führt. [33] Das Gefühl wird in dieser Absicht zum Medium, in dem sich ein
heroisches »Goldenes Zeitalter« offenbart, das voller Gefahren und Abenteuer,
aber ohne Zweifel ist. [34]

Die Deutung des in der Eingangsszene diskutierten Bewußtseinszustands im
Sinn eines inneren Widerspruchs läßt sich allerdings erst dadurch letztlich absi-
chern, wenn gezeigt werden kann, – und dies bestimmte meine Interpretation
– daß Albano das Naturerlebnis nicht nur als Spiel deutet, sondern daß er versucht, es zur Basis seines wirklichen Verhaltens zu machen, es auf Praxis zu
beziehen, und daß vom Erzähler andererseits dieser Versuch als Affektion von
Natürlichkeit als eine scheinhafte Existenz explizit kritisiert wird. Für das erste
sprechen der ahnungsvolle Hinweis auf die Zukunft am Ende dieser Szene (»sein
Leben eingehüllt«), wie eine spätere Szene auf dieser Insel. Nachdem Albano,
dessen Sehnsucht nach einem heroisch-prometheischen Dasein, nach großen
Taten, sich auf der Insel nur artikulieren, nicht verwirklichen läßt, eine Zypresse

erstiegen hat, »um sich wenigstens zu ermüden«, und nachdem die erblickte Landschaft wieder von den »Geistern der Vergangenheit« spricht, heißt es:

»Da wurde Albano die fremde Vergangenheit zur *eigenen Zukunft* – keine Wehmut, sondern der Durst nach allem Großen, was den Geist bewohnt und hebt, und ein Schauder vor den schmutzigen Ködern der Zukunft zogen sein Auge recht schmerzlich zusammen, und schwere Tropfen fielen daraus.« [35]

Der Wunsch, die heroische Existenz möge praktisch werden, erhält in der Vergangenheit ein Substrat, das für die Gewißheit einer heroischen Zukunft bürgt. Erst die Reflexion auf die Zukunft erzeugt einen Bewußtseinszustand, in dem der Wille, »groß« zu handeln, und der Zweifel an dieser Möglichkeit eine ambivalente Haltung gegenüber Praxis *überhaupt* hervorbringt, so daß Praxis – wenn sie nun noch intendiert ist – als Verdrängung von Reflexion die spezifische Form, die Blindheit einer Ersatzgewißheit erhalten wird.

Für die zweite Annahme – daß es sich also nicht nur um ein Spiel, sondern um die Affektion von Natürlichkeit handelt – spricht die Tatsache, daß der Erzähler dieselben Affektzustände, treten sie bei Roquairol auf, als Übertragung des Scheins in die Wirklichkeit kritisiert. Die Entfaltung der Geschichte Roquairols als Entfaltung seines Charakters, hat die Konsequenzen zum Thema, die beim Versuch einer *Inszenierung* sozialer (erotischer) Beziehungen zur Zerstörung der Persönlichkeit führen. Daß es sich bei beiden um eine analoge Technik der Inszenierung der Gefühlszustände handelt, läßt sich durch einen Vergleich der »künstlichen Blindheit« Albanos mit folgender Szene gut zeigen. Die beiden Paare (Albano – Liane; Roquairol – Rabette) wollen gemeinsam einen Tag in Lilar verbringen. Zu diesem Plan wird von Roquairol berichtet:

»Er wollte an diesem holden Tag im 12ten Jahrhundert essen und bei einem bänglichen, bunten Scheibenlicht und auf eckigem, schweren, dicken Gerät und gleichsam dunkel unter der Erde (sic) der oben grünenden Gegenwart mit blühenden Gesichtern sitzen; denn so überlud er die vollsten Genüsse noch mit äußern Kontrasten und genoß jede frohe Gegenwart am meisten in der nahen Beleuchtung und Abspiegelung der geschliffenen Sichel, die sie abmähte.« [36]

Die Kontrastbildung selbst (hier: unter der Erde – oben grünende Gegenwart, ein Schema, das in der *Unsichtbaren Loge* Gustav die Erfahrung einer sinnvollen Realität/Natur ermöglicht; in der Eingangsszene: künstliche Blindheit – Sonnenaufgang) ist also bei beiden Romanfiguren identisch, so daß dann die Differenz zwischen Albano und Roquairol vom Autor dahingehend bestimmt wird, daß letzterer wissen darf, was er tut, Albano dies aber verboten ist: nach der Logik der Abgrenzung von Natürlichkeit und Affektivität ist es Reflexion, die verdirbt, und zwar deshalb, weil sie – so die Furcht des Autors, der diese Abgrenzung vornimmt, um die Naivität seines Helden zu retten – den prätendierten Charakter der Natürlichkeit aufdecken könnte.

Von hier aus läßt sich die Strategie, die der Konstellation der Romanfiguren zugrundeliegt, bestimmen: Albanos Titanismus muß über das Verbot, seiner selbst inne zu werden, von den übrigen Titanen des Romans abgegrenzt werden, so daß er zwar ihre Bedürfnisse und Empfindungen, nicht aber den Zweifel an deren Natürlichkeit teilen darf. Denn dies bedeutete die Skepsis gegenüber ihrer Legitimität, an denen dann trotzdem noch festzuhalten »frevelhaft« wäre. Diese Strategie bestimmt auch den Aufbau von Kontrastlandschaften wie Tartarus und Lilar. Wie dort eine Todeslandschaft gegen eine Insel der hohen, Gewißheiten versprechenden Empfindung abgegrenzt wird, so die erläuterte Eingangsszene, in der die Vision eines titanischen Daseins *positiv* entfaltet werden kann, gegen das bedrohliche Bild eines frevelnden Prometheus. [37]

III Kritik und Reflexion. Die Suche nach einem archimedischen Punkt.

Ich habe den Versuch, Wahrheit gegen Heuchelei, Natur gegen Konvention abzugrenzen, als ein Indiz für die Strategie Jean Pauls gedeutet, sich die Skepsis gegenüber der Naivität des Helden zu verbieten, so daß der Maßstab der Kritik an der Hypokrisie erhalten bleibt und auf andere Personen angewandt werden kann. Diese strategische Spaltung darf nicht mehr ins Bewußtsein kommen, weil sie die mit dem Helden gesetzte positive Basis des Romans zerstören müßte. Dazu gehört weiter, daß mit dem Humoristen eine Romanfigur eingeführt wird, die eben als Protagonist die doppelte Aufgabe der Kritik (an der Heuchelei) wie die Entlastung Albanos von den Skrupeln der Reflexion ermöglicht, wie schließlich noch der Untergang Schoppes – Wahnsinn als die »notwendige« Folge des Versuchs, das reflektierende Ich (nicht das Gefühl wie bei Albano) zur Basis der Unterscheidung von Schein und Sein zu machen – die Verdrängungen des Helden bestätigen wird. Anders als bei Albano, der naiv bleiben muß, und bei Roquairol, der Naivität prätendiert, kann bei Schoppe die Kritik an Heuchelei und Lüge explizit werden. Charakteristisch für den Humoristen ist dabei, daß seine Kritik sich in ihren Prinzipien jeweils selbst demonstriert bzw. demonstrieren muß. Thematisch werden ebenso das Marionettendasein der entlarvten »Masken« wie der Entlarvungsvorgang selbst. Schoppe kommt in folgender Verkleidung auf eine Redoute:

»Jetzt kam ein hinkender Mann mit einem großen Glaskasten auf dem Bauche; – freilich war der Bibliothekar leicht zu kennen; er hatte – entweder weil er zu spät nach einem Domino schickte oder keinen bezahlen wollte – vom Leichenmäntel-Verleiher etwas Schwarzes an und war von der Achsel bis auf das Schienbein mit greulichen Masken besetzt, die er mit vielen Fingerzeigen meistens den Leuten antrug, die hinter entgegengesetzten agierten, z. B. langnasigen kurznasige. Er wartete auf den Anfang einer Hopsanglaise, deren Noten gerade auf der Spielwalze seines Kastens standen; dann fing er auch an; er hatte darin eine treffliche, von Bestelmaier gehobelte Puppen-Redoute und ließ nun die kleinen Larven hopsen parallel mit den großen. Es war ihm um vergleichende Anatomie beider Maskeraden zu tun, und der Parallelismus war betrübt. Dabei hatt' ers noch mit Beiwerken aufgeputzt – kleine Stummen schwenkten im Kasten ihr Glöcklein – ein ziemlich erwachsenes Kind schüttelte die Wiege eines unbelebten Püppchens, womit das Närrchen noch spielte – ein Mechanikus arbeitete an seiner Sprachmaschine, durch welche er der Welt zeigen wollte, wie weit bloßer Mechanismus dem Leben der Puppen nachkommen könne – eine lebendige weiße Maus sprang an einem Kettchen und hätte viele vom Klub umgeworfen, falls sie es zerrissen hätte – ein lebendiger eingesargter Star, eine wahre erste griechische Komödie und Lästerschule im kleinen, verübte an der Tanzgesellschaft den Zungentotschlag ganz frei und distinguierte nicht – eine Spiegelwand ahmte die lebendigen Szenen des Kastens täuschend nach, so daß jeder die Bilder für wahre Puppen nahm. – –

Auf Albano traf die Schneide dieses komisch-tragischen Dolches senkrecht genug, da ihm ohnehin das hüpfende Wachsfigurenkabinett der großen Redoute die Einsamkeit des Menschen zu verdoppeln und zwei Ichs durch vier Gesichter zu trennen schien; aber Schoppe ging weiter.

In seinem Glasschranke stand eine Pharaobank und daneben ein Männchen, das den verlarvten Bankier in schwarzes Papier ausschnitt, aber dem deutschen Herrn ähnlich; diese Schilderei trug er ins Spielzimmer, wo eine bankhaltende Maske – ganz gewiß Zefisio – ihn hören und sehen mußte. Der Bankier sah ihn einigemal fragend an. Dasselbe tat eine ganz schwarz gekleidete Maske mit einer sterbenden Larve, die das hippokratische Gesicht vorstellte. Albano sah feurig nach ihr, weil ihm vorkam, es könne Roquairol sein, denn sie hatte dessen Wuchs und Fackelauge. Die bleiche Larve verlor viel und verdoppelte immer den Verlust; dabei trank sie aus einem Federkiele unmäßig Champagner-Wein. Der Lektor kam dazu; Schoppe spielte vor den zulaufenden Augen weiter; die bleiche Larve sah unverrückt und strenge den Grafen an. Schoppe nahm vor Bouverot seine eigne herab – aber eine Unterzieh-Maske saß darunter – er zog diese aus – eine Unterzieh-Maske der Unterzieh-Maske erschien – er triebs fort bis zur fünften Potenz – endlich fuhr sein eignes höckeriges Gesicht hervor, aber mit Goldschlägergold bronziert und sich gegen Bouverot fast fürchterlich-gleißend und lächelnd verziehend.« [38]

Schoppes Technik der Demaskierung besteht in der Demonstration eines außengesteuerten Verhaltens mit den Mitteln der Verdoppelung, von dem er sich die Desillusionierung der agierenden Personen erhofft. Der Demiurg, der die Marionetten agieren läßt, bleibt dabei verborgen. Schoppe demonstriert dessen Existenz: er setzt das Puppenspiel in Gang, um die Selbstverständlichkeit zu zerstören, daß die Aktionen der Masken von ihrem Willen abhängig seien. Der problemlose Rahmen, den die gesellschaftliche Konvention der Redoute verleiht und der den Teilnehmern des Balls die Illusion einer spielerischen Regelbefolgung verleihen mag, erhält damit den Status einer übermächtigen Autorität. Nur ist diese Autorität – anders als es in Albanos Naturerlebnis auf Isola bella der Fall war – in der Perspektive Schoppes die determinierende Kraft, die die Freiheit der Individuen als *Schein* zu Bewußtsein bringt. Akteur ist ein anonymer Mechanikus – in diesem Bild ist Jean Pauls Trauma von einem deistischen Uhrmachergott und dem radikalen Materialismus der französischen Aufklärung dargestellt – der die Äußerungen und das Verhalten der Individuen (Marionetten) vorgeplant hat.

Diese Demonstration einer Marionettenexistenz kann allerdings auf keinen Zustand mehr verweisen, der dem Verdacht der Steuerung durch eine anonyme Instanz entzogen wäre. Dem entspricht, daß nicht Heuchelei und Lüge *kritisiert* werden, sondern daß ein Determinationszusammenhang, der Akte moralischer

Autonomie – wie Lüge und Heuchelei – ausschließt, *demonstriert* wird. Der Moralist Schoppe entzieht sich damit selbst die Basis seiner Kritik – hier der Kritik am Hofleben, an seiner Heuchelei und am Zynismus, mit dem sich eine parasitäre Klasse ihre Langeweile mit den Steuern des Volks vertreibt. Daß Schoppe den Puppenmechanismus selbst in Gang setzen muß, ist dabei ein faktisches Indiz für die Instanz, auf dem der Reflexionsvorgang beruht. Es ist seine Befürchtung, die in der Hypokrisiekritik von ihm selbst beanspruchte Willensfreiheit könne eine Einbildung sein, wie der Versuch, sich die Handlungsweise der Marionetten durch ihre Determiniertheit zu erklären. Zwischen den beiden Polen der Antinomie entsteht dann ein Kontinuum von Reflexion. Die Demonstration des Determinationszusammenhangs vor Bouverot und Roquairol hat dann allerdings den Charakter einer ohnmächtigen Kritik. Da es für die Kritik an ihnen nun keinen Maßstab mehr gibt, kann Schoppe nur demonstrieren, daß jeder Anspruch auf Autonomie dem Verdacht der Einbildung ausgesetzt ist, ein Reflexionsvorgang, der unendlich potenziert werden muß: selbst das Gesicht, das unter der letzten Maske hervorschlüpft, ist verdeckt.

Die Rolle Schoppes in dieser Szene ist die der Verkörperung eines Reflexionsvorgangs. Daß Jean Pauls Romanfiguren überhaupt den Charakter von Exempeln zu Reflexionen haben, hat schon Friedrich Schlegel hervorgehoben. [39] Charakteristisch für Schoppe ist darüberhinaus ein weiteres strukturelles Moment: Wie Böschenstein bemerkt, entspricht ihm – anders als etwa Albano oder Roquairol – keine Landschaft. [40] Dies entspricht der Logik des in der Eingangsszene entfalteten Bewußtseinszustandes. Natur als das goldene Zeitalter zweifelsfreier Handlungsweisen und Wertsysteme muß für ihn, bei dem sich die Skepsis an der Natürlichkeit der Gefühle radikalisiert hat, dem Verdacht der Heuchelei verfallen. Zusätzlich wird aber auch die Instanz auf die sich Schoppe in seiner Kritik beruft, problematisch. Den Umschlagpunkt bildet der Übergang vom Motiv der Maske und der Verstellung zu dem der Marionette. An der noch ungebrochenen Verwendung des Marionetten- bzw. Mechanismusmotivs beim frühen Jean Paul läßt sich zeigen, daß die Satire intakt bleibt, wenn ihre anthropologischen Letztbegründungen nicht noch einmal selbst hinterfragt werden. Die Satire ist dann in ihrem antifeudalen Gehalt klar entschlüsselbar; der Kritiker kann zwischen sich und den Masken unterscheiden, und die Demaskierung läßt sein Wertsystem unangetastet. B. Lindner hat diese Entschlüsselung an einem schönen Beispiel aus der Satire »Was für Säze nach meinem Tode jährlich sollen erwiesen werden und was ich dafür testamentarisch legire« [41] vorgenommen, mit dem Jean Paul zeigen will, »daß nicht der Mann des Amtes wegen, sondern das Amt des Mannes wegen sei«. [42] Adliger Amtsinhaber und bürgerlicher Amtsverweser werden »in maschinenhafter Verzerrung gezeichnet; während der adlige Würdenträger nur aus äußeren Zeichen sozialer Geltung zusammengestückt ist, ist der Beamte reduziert auf die funktionsgerechten Teile. Hier ist die Metaphorik der Hülle und die der Maschine realistisch-satirisch: nicht der Mensch schlechthin wird dargestellt, sondern ein ganz bestimmter gesellschaftlicher Funktionszusammenhang: der Fürst arbeitet nicht, sondern bedeutet bloß, ist bloßer Schein; der Bürgerliche arbeitet, aber bedeutet nichts, ist bloßer Mechanismus.« [43] Jean Paul setzt das Gleichnis mit dem Bild einer »Flötenuhr« fort, an der »außen ein Flötenspieler eingeschraubt (ist), aus dessen Munde eine kurze poröse Flöte so herunterwächst und dessen Finger auf ihren Löchern so auf und nieder treten, daß kluge Kinder sich über den pfeifenden Man und hölzernen Quanz verwundern; allein Uhrmacher aller Art wissen längst, wer flöte und daß bloß eine elende *eingebaute* Walze mit ihren Stiften die versteckten Flöten anspiele.« [44] Dazu Lindners ausgezeichnete Entschlüsselung: »nur Kinder bewundern den politischen Glanz des Adels und glauben, daß er aus sich selbst scheine; Aufgeklärte wissen, wer die Staatsmaschine tatsächlich in Gang hält.« [45] Die Krise des satirischen Entlarvungsverfahren kann aber genau dann einsetzen, wenn ein »zureichender Grund« für den Mechanismus von Herrschaft und Ausbeutung, um im Bild zu bleiben: für das Uhrwerk selbst gesucht wird, wenn zugleich aber geglaubt wird, daß die Legitimität der Kritik davon abhängt. In der Redoutenszene ist Schoppes Selbstdemaskierung der Versuch, sich diesen Folgen zu entziehen, wobei es keine dritte Instanz gibt, auf die er sich berufen kann, so daß der Reflexionsvorgang die Antinomien der Vernunft unendlich potenziert.

Jean Paul hat im Oheim eine Romanfigur eingeführt, die gegenüber dem Moralisten Schoppe die Bedrohung seiner Selbständigkeit durch die Prognose seines Wahnsinns verkörpert. Freilich ist der Oheim ein willenloses Werkzeug Gaspards, der ihn einsetzt, um Albano auf Isola bella durch Prophezeiungen auf seinen zukünftigen Fürstenstatus aufmerksam zu machen, ein Werkzeug also, mit dem Gaspard auch seinen politischen Ehrgeiz – er möchte sich am Hof von Haarhaar rächen – befriedigen will, wie Gaspard überhaupt mit seinem Werkzeug seine Macht gleichsam artistisch demonstrieren möchte. Für den Autor ist der Oheim die Maschine, die er verwendet, um Schoppes Wahnsinn zu beschleunigen. Daß für Schoppe der Oheim schließlich derjenige ist, gegen den er alle seine Energie richtet, um ihn der Lüge und Täuschung zu überführen, ist ein Indiz für die Bedrohung, die er empfindet: er selbst sei vielleicht nur eine Marionette, deren Verhaltensweisen steuerbar und prognostizierbar seien. So sieht er zunächst in einem Wachsfigurenkabinett sich selbst mit dem Oheim in einem Gespräch, eine Konstellation, in der Schoppe als Betrachter noch zwischen sich und seinem Wachsabbild unterscheiden kann. Das hier sich ankündigende Trauma einer Doppelexistenz, die mit der Einzigkeit des Individuums auch seine Mündigkeit und seine Kritikfähigkeit negieren würde, wird schließlich unüberwindbar für ihn. Seine physische Existenz und seine moralische fallen auseinander wie die ausweglose Reflexion, zwischen Täuschung und Wahrheit eine zweifelsfreie Unterscheidungsbasis zu finden, sich zum »reinen intellektuellen Mich« kristallisiert.

IV Zur Genese humoristischer Reflexion: die Antinomien einer Ideologiekritik des Irrtums.

Jörg Schönert hat eine wichtige Bedingung funktionierender Satire angegeben: der Satiriker brauche Autorität, die »ihm als Vertreter einer akzeptierten Norm« zukomme. [46] So mag es zwar zwischen Satiriker und Publikum den Dissens über die Angemessenheit satirischer Kritik geben – ja er ist sogar nötig – die Satire wird aber ihr Ziel verfehlen, sollte die normative Basis ihrer Kritik nicht mehr akzeptiert werden können. Freilich ist diese gemeinsame Basis – der Glaube an die Legitimität von Werten auch von seiten des Lesers – nur eine Bedingung wirksamer und natürlich erst recht erfolgreicher Satire; sie wird erst unmöglich, sollte der Satiriker selbst die Allgemeingültigkeit seiner Kritikbasis bezweifeln, eine solche Basis der Rechtfertigung aber für unerläßlich halten. Ich habe in meiner Analyse der Redoutenszene die These vertreten, daß mit dem Übergang vom Motiv der Maske zu dem der Marionette, wie mit der Thematisierung der Reflexion auf die antinomischen Voraussetzungen der Kritik (Determination und Freiheit) dieser selbst die Basis entzogen wird. In der Perspektive des Humoristen entlastet Determination von Verantwortung, die er als Satiriker gleichwohl unterstellt, und der Versuch, die Antinomien zwischen den theoretischen und praktischen Prinzipien der Rationalität zu lösen, muß daher von der Kritik wegführen zu eben der Thematisierung der Reflexion.

Die Krise der satirischen Technik der Demaskierung, die der Humorist auf sich selbst anwendet, um damit verzweifelt die Absenz eines archimedischen vor Demaskierungen geschützten Punkts zu demonstrieren, ist bei Jean Paul eine Reaktion auf radikal deterministische Theorien des französischen Materialismus, eine Reaktion, die im Kontext der Krise der Aufklärungsphilosophie steht, wie sie im Deutschland der achtziger Jahre mit der Problematisierung der wissenschaftlichen Prinzipien des Aufklärungsdenkens vor allem bei Kant einsetzt. Diese Weltanschauungskrise hat ihr Korrelat auch in strukturellen Veränderungen der zeitgenössischen Literatur: in ihrem Kontext vollzieht sich der Übergang von Satire in Humor, romantechnisch entspricht ihr das Hervortreten der Erzählerfigur, die Einführung eines humoristischen Charakters in den Roman und die spielerische Kombination mit sprachlichem Material unabhängig von seinem »natürlichen« Kontext. [47] In der Philosophie wird das Kausalitätsprinzip thematisch, das – identifiziert mit dem Postulat des klassischen Rationalismus: für alles einen zureichenden Grund anzugeben – ebensosehr die konservative Verstandesmetaphysik der deutschen Popularphilosophie wie auch die Basis einer »wissenschaftlichen« Kritik von Herrschaftslegitimationen ermöglichte, das aber die Basis und die Ziele der Aufklärung selbst bedrohen konnte. Es ist vor allem die Psychologie, die – bei ihren radikalen Vertretern wie Helvetius – das Kausalitätsprinzip gleichzeitig als Verfahren der Demaskierung und Begründung von Normen einsetzt: »Vergnügen und Schmerz, diese erzeugenden Prinzipien mönchischer Tugenden, sind auch die Prinzipien der patriotischen Tugend. Die Hoffnung auf Belohnung lockt sie aus dem Keime. Man prahle doch nicht mit einer interesselosen Liebe für dieselben – *ohne Interesse für Liebe zur Tugend gibt es keine Tugend!* Will man den Menschen in dieser Hinsicht kennenlernen, so muß man ihn nicht nach seinen *Reden,* sondern nach seinen *Taten* studieren. Wenn ich spreche, lege ich eine Maske an; wenn ich handle, bin ich gezwungen, sie abzulegen.« [48] Letzte Ursache der geheimen Triebkräfte allen sozialen Verhaltens ist die »amour-propre«: »Was mich betrifft, so habe ich meine Arbeit erfüllt, wenn ich bewiesen habe (...), daß bei den Menschen alles, selbst die Begierde nach Ruhm nur eine verkleidete Liebe zur Macht sei.« [49] Die problematischen Implikationen dieser psychologischen Technik [50] liegen nicht in ihren Versuchen der Erklärung sozialen Verhaltens aus ihm zugrunde liegenden Interessen und Motiven, sondern in ihrem eigenen naturrechtlichen Anspruch: Helvetius kann auf der Basis seiner eigenen Annahmen das Interesse am Gemeinwohl, das er mit seiner Theorie auch begründen will, nicht mehr erklären, d.h. für die Aufklärung begründen. Unter den divergierenden Konzepten der Beförderung des Gemeinwohls müssen Selektionen getroffen werden, die sich aus dem Interesse an der »amour-propre« nicht mehr herleiten: der Psychologe selbst folgt dem Interesse an der Wahrheit und Unparteilichkeit seiner Theorie. Tatsächlich kann ja das Kausalitätsprinzip, wenn es ein universelles Legitimations- und Kritikverfahren zugleich ist, nur um den Preis seiner unbewußten Aufspaltung in Bereiche aufrechterhalten werden: Religion, Tyrannei und Despotismus unterliegen ihm – Vernunft und Freiheit sind selbstverständlich, und auch deshalb unterscheidet Helvetius zwischen den »vertus de préjugé« und »vraies vertus« [51]. Auf der Basis des Glaubens an die Vorurteilslosigkeit der Vernunft konnte die Uneinsichtigkeit dann als Heuchelei erscheinen.

Der Glaube an die universale Heuchelei konnte freilich tagtäglich bestätigt werden. In den herrschenden Kreisen des ancien régime sind Werte wie Ruhm und Macht, die »amour-propre«, wie zugleich die Kontrolle von Emotionen und das Verbergen von eigenen Interessen sozial prämiert. Zu den institutionellen Bedingungen gehören die Zentralisierung der Macht am absolutistischen Hof, mit der die Aristokratie von politischer Macht entlastet und das Bürgertum – ökonomisch gefördert im begrenzten Rahmen merkantilistischer Wirtschaftspolitik (Luxus- und Kriegsindustrie) – an die höfischen Leitbilder angeschlossen wird. Die Möglichkeit des Ämterkaufs für Bürgerliche schuf das Instrumentarium für eine Stabilisierung der Klassengegensätze zwischen noblesse d'épée und noblesse de robe durch den »Königsmechanismus«, dem entgegenkam, daß das Bürgertum darauf ausging, »Privilegien und Prestige des Schwertadels an sich zu ziehen; sie wollen nicht den Adel als solchen beseitigen, sondern bestenfalls als neuer Adel an die Stelle oder auch nur neben den Adel treten.« [52] Das zum Zweck der Balance geschaffene »zweite Ordnungssystem« der höfischen Etikette ermöglichte, »die Inszenierung langer Handlungsketten, Verfeinerung des Affekte-Haushalts und ein Maß höherer Rationalität« [53], die freilich auch skrupellos eingesetzt wurde. Hier hat die Heuchelei als ein sozial dominierendes Phänomen ihren Ursprung, und hier beginnt auch mit La Rochefoucauld die Tradition der europäischen Moralisten. [54] Wenn Robespierre sagen wird »La reine du monde c'est l'intrigue!« [55], bezieht er sich nicht allein auf bestimmte aristokratische Verschwörungspläne, sondern auch auf »das aristokratische Komplott«, auf Verhaltensweisen, die das Bild einer ganzen Schicht, der Aristokraten und reichen Bürger, geprägt haben, und die auch noch nach Zerbrechen der Königs-Balance mächtig sind. Und seine egalitäre Tugendkonzeption bestimmt auch seine – wie Rousseaus – Abneigung gegen den kultivierten, eloquenten und unmittelbare Affekte weniger äußernden als goutierenden Verhaltensstil der Aufgeklärten in den aristokratischen Salons, in denen Adel und Bürgertum die ideologische Opposition gegen das ancien régime vorbereitet hatten.

Die Bewertung des Eigennutzes, der unter der Maske der Heuchelei verborgen wird, kann ebenso die Tugend sein: ein Interesse am Gemeinwohl, das instinktiv verankert, also »naiv« ist (Rousseau), wie der Glaube an die Beförderung des Gemeinwohls auf der Basis des Eigeninteresses (Helvétius), und diese Divergenz der Bewertung wird schichtenspezifisch relevant. Plebejer und egalitäre Demokraten können sich auf Rousseaus Kritik der kultivierten und der mit der Aristokratie paktierenden philosophes berufen, politisch auf eine egalitäre Volksdemokratie – das liberalistische Bürgertum und die aufgeklärte Aristokratie berufen sich auf die Rechtfertigung des Eigeninteresses in der Tradition der pragmatisch und utilitaristisch orientierten Vernunftphilosophie, die in der Kritik des Vorurteils die Herrschaft von Privilegien beenden will; politisch auf eine konstitutionelle Monarchie, bzw. parlamentarische Demokratie.

Auch Rousseaus Wendung einer nach dem Kausalitätsprinzip verfahrenden Anthropologie und Naturrechtstheorie in Geschichtsphilosophie verdankt sich Problemen naturrechtlicher Begründungsverfahren. Wenn er sagt »Gerade die Unkenntnis der Natur des Menschen bringt soviel Unsicherheit und Dunkelheit in die rechte Definition des Naturrechts« [56], so bestreitet er die Zuständigkeit eines Naturgesetzes, das in empiristischen Naturrechtsansätzen induktiv die Rechte und Pflichten des Menschen begründen sollte. Er wehrt sich gegen die impliziten Konsequenzen für eine Anthropologie der Tugend, wie sie sich bei Hobbes zeigen. Daher sein Rekurs auf einen Naturzustand, der nicht erklärt, aber »gefühlt« werden kann. Freiheit und Tugend, »amour de soi« und »commisération«, rettet er daher nur um den Preis der Reflexionskritik. »Aber solange wir nicht den Naturmenschen kennen, unternehmen wir ganz vergeblich die Bestimmung des Gesetzes, das er empfangen (...). Damit es natürlich sei, muß es vielmehr unmittelbar mit der Stimme der Natur sprechen.« Das Gefühl einer unmittelbaren Einheit kann er so der Verdorbenheit des Menschen unter dem Einfluß von Wissenschaften und sozialen Institutionen entgegenhalten.

Für den Aufklärer, der beides synthetisieren will, die Tugend und die Rationali-

tät, die Freiheit und die Kausalität, wird, je radikaler seine Kritik ist, desto proble-
matischer seine Position. Abscheu vor der Heuchelei, dem Intrigenwesen, der
Décadence, der weltmännischen Kühle und dem Zynismus der Hofleute gegenüber dem Volk bestimmt auch Schoppe: »Er hassete Höfe bitter.« [57], und seine
schon hypochondrische Achtsamkeit auf körperliche Gesundheit ist auch gleichsam die Illustration eines Naturmenschen, wie ihn Rousseau sieht, dies umso
mehr, als er in den »jetzigen zynischen, naiven, freien Naturmenschen« nur
Schauspieler sieht, denen der »schwarze Haarzopf der Kultur (...) doch auffallend
auf dem weißen Rücken« liegt. [58] Aber gerade weil er auch eine Tugendvorstel-
lung vertritt, die das Eigeninteresse leugnet, muß er von der eigenen Demaskie-
rungstechnik, die im höfischen Verhaltensstil das geheuchelte Interesse am
Gemeinwohl, in Wahrheit den Egoismus sieht, beunruhigt werden, wenn sie ihm
nahelegt, nicht die Tugend, sondern auch der Egoismus sei erklärbar. Bei ihm
wird dann bewußt, was in der aufklärerischen Kritik der Heuchelei nicht wahrgenommen wurde: die Erklärung sozialen Verhaltens war identisch mit naturrechtlichen Begründungen von Normen. Jean Paul wehrt denn auch die radikale französische Aufklärung deshalb ab, weil ihre Kritik von Vorurteilen vor der Tugend
nicht zurückschreckt und damit höfische Intrigen und Machtpolitik auch zu
rechtfertigen scheint. [59] Sein Glaube an eine eingeborene Moralität dürfte dann
auch konstitutiv geworden sein für die Radikalisierung der Antinomien aufklärerischer Kritik. Er illustriert mit Schoppe, daß der Kampf gegen die Intrige und
Heuchelei vergeblich ist, wenn mit der Entlarvung der Intrige auch die Wahrheit
zutage treten soll: Schoppe täuscht sich zwar nicht darin, daß Gaspard die Verbindung von Albano und Linda in Verfolgung politischer Interessen mit Hilfe
der Machenschaften des Oheims betreibt, aber er täuscht sich über ihre Verwand-
schaftsbeziehungen. Und wenn er schließlich seine ganze Energie auf die Überführung des Oheims als der Inkarnation von Lüge und Heuchelei richtet, um mit
dessen Vernichtung die Wahrheit zu erfahren, so scheitert er an dem Lügnerpara-
dox, das Jean Paul konstruiert hat: er kann nicht wissen, ob und wann der
Heuchler die Wahrheit sagt, wenn er ihn für einen Heuchler hält.

V Selbstreflexion der Kritik und die Revolution als Akt der Beliebigkeit.

Jean Paul hat als achtzehnjähriger neben der französischen Aufklärungsphilosophie, darunter Voltaire, Helvetius und Rousseau, auch Kants *Kritik der reinen
Vernunft* kennengelernt. Wolfgang Harich hat gezeigt, daß zu dieser Zeit sich
bei Jean Paul die ersten Zweifel an der deutschen Popularphilosophie zeigen,
und daß er schließlich einem »uferlosen radikalen Skeptizismus« verfällt. [60]
In der in den achtziger Jahren einsetzenden Problematisierung der Aufklärungsphilosophie (Jacobi, Herder, Kant) macht Kant insofern eine Ausnahme, als er
nicht von außen das Aufklärungsdenken problematisiert, sondern sich mit dessen
Zentrum auseinandersetzt; der Beobachtung – wie sie der Empirismus deutet
– und der logischen Form ihrer Gesetze – wie sie der Satz des zureichenden

Grundes für Wissenschaft wie für Naturrecht gleichermaßen formulierte. Damit werden die Prinzipien aufklärerischen Denkens ausdrücklich problematisiert, und da Kant das Kausalitätsprinzip in der Form »nichts geschieht ohne hinreichend a priori bestimmte Ursache« [61] für wahr halten muß, kommt es zu einer bis dahin nicht erreichten Deutlichkeit des Problems: »Hier zeigt sich nämlich ein neues Phänomen der menschlichen Vernunft, nämlich: eine ganz natürliche Antithetik, auf die keiner zu grübeln und künstlich Schlingen zu legen braucht, sondern in welche die Vernunft von selbst und zwar unvermeidlich gerät, und dadurch zwar vor den Schlummer einer eingebildeten Überzeugung, den ein bloß einseitiger Schein hervorbringt, verwahrt, aber zugleich in Versuchung gebracht wird, sich entweder einer skeptischen Hoffnungslosigkeit zu überlassen, oder einen dogmatischen Trotz anzunehmen und den Kopf steif auf gewisse Behauptungen zu setzen, ohne den Gründen des Gegenteils Gehör und Gerechtigkeit widerfahren zu lassen. Beides ist der Tod einer gesunden Philosophie, wiewohl jener allenfalls noch die *Euthanasie* der reinen Vernunft genannt werden könnte.« [62] Am Beispiel der dritten Antinomie *beweist* nun Kant, daß das »Kausalitätsprinzip« logisch notwendig zu Widersprüchen führt, daß Determination *und* Freiheit *beide* beweisbar sind, und daß daher dieses Prinzip nur im Bereich kontrollierbarer Erfahrung Geltung beanspruchen dürfe, als Bedürfnis der Vernunft (Denknotwendigkeit) aber nur als heuristisches Prinzip (regulative Idee) angewandt werden solle. [63]

Diese Lösung ermöglichte eine Wissenschaft vom Menschen, insofern er Naturwesen ist und auch eine wissenschaftliche Deutung seines sozialen Verhaltens, insofern Moralität nicht »erscheint«. Dabei ließ sich autonome Moralität, d. h. Willensfreiheit, eben aus dem Sachverhalt heraus vertreten, daß die Wissenschaften und das bedeutete damals die Vernunft – orientierten sie sich nicht an der Erfahrung –, eben wenn sie die Nichtexistenz von Freiheit beweisen wollten, widersprüchlich werden mußten. Die Annahme eines »Dinges an sich« hatte dabei die doppelte Funktion, den Erfahrungskontakt der Wissenschaften über die Affektion der Sinne zu gewährleisten wie zugleich die Skepsis gegen den eigenen Transzendentalismus und Determinismus so zu verankern, daß bei der Determination in der Erscheinungswelt dem freien Willen ein Substrat für die Realisierungschancen seines Imperativs garantiert wurde. Problematisch an dieser Konzeption war, daß eben auf der Basis einer transzendentalphiliosophischen (apriorischen) Rechtfertigung von Wissen und emanzipatorischem Handeln Kants Entscheidung, Ding an sich und Erscheinung, Verstand und Vernunft zu trennen, nicht mehr zureichend zu rechtfertigen war. Sie verdankten sich allerdings dem Versuch, den Antinomien, in die der Rechtfertigungsversuch sonst unweigerlich führen mußte, Rechnung zu tragen. Man konnte also seine Grenzziehung kritisieren, mißverstand man seine Lösung, seinen Dualismus als bloße Willkür, und unterschätzte man die Folgen dieser Grenzüberschreitung. [64]

Kants Lösung war auch insofern revolutionär, als sie mit einer geschichtsmächtigen Tradition brach, der sich noch die traditionskritische Aufklärung verpflichtet sah. Deren Probleme waren ja gerade notwendige Produkte ihres theoretischen Monismus, der sich mit dem dogmatischen Kriterium einer letzten Evidenz an das alte Modell der Offenbarung noch in säkularer Gestalt (durch Empfindung oder Vernunft) unkritisch gebunden sah. Kant konnte, nicht unter dem Druck einer Theodizee, ihren impliziten Dualismus als »natürliche Antithetik« explizit machen. Die Folgen für die aufklärerische Ideologiekrtik – wie sehr auch gerade Kant die Verbindlichkeit und Unantastbarkeit der politischen Ziele der Aufklärung und ihrer zentralen Prämisse: Freiheit, soweit sie mit der anderer zusammen bestehen kann (Gleichheit), rettet – sind weitreichend, da sie sich einer ersten Selbstkritik auf dem Boden der Aufklärung verdanken. In der Gesellschaftstheorie und ihrer anthropologischen Basis entspricht nämlich dem Dualismus von Willensfreiheit und Determination, d. h. von Moralität und Eigeninteresse die Polemik gegen die Suche nach idealen Naturzuständen, in denen Moralität und »Egoismus« (amour-propre) instinktiv kombiniert sind. Dies impliziert auch die Annahme einer auf Interessenkonkurrenz, »Egoismus«, aufgebauten Gesellschaft, der Kant – wie Habermas sagt – [65] in seiner inoffiziellen Geschichtstheorie gleichwohl noch eine an der Moralität orientierte Politik gegenüberstellt. Von daher ist Kant eben in der geschichtsphilosophischen Transformation dieses Antagonismus (ungesellige Geselligkeit) noch skeptisch gegenüber der Gewißheit seiner möglichen Auflösung; eine Skepsis, die die konfliktlose Vereinigung von Natur und Freiheit nicht prophezeit. In anderer Perspektive konnten freilich die Imperative moralischer Autonomie einen »rigorosen« unnatürlichen Anstrich erhalten. Tatsächlich implizierte jedoch Kants Rechtfertigung von Kausalität und Freiheit in seiner dualistischen Form, auch eine undogmatische Lösung. Nur konnte sie, weil er die Problemlage nur mehr oder weniger bewußt machte, und – wie Harich richtig schreibt – Willensfreiheit zu einem »Postulat der praktischen Vernunft, also [zur] Glaubenssache machte« [66], unbefriedigt lassen.

Das Reflexionskontinuum, innerhalb dessen der Humorist die Antinomien zwischen Determinismus und Freiheit illustriert, ist selbst ein Ausdrucksphänomen, in dem versucht wird, die Befreiung von den Antinomien zu demonstrieren. Vor dem Humoristen, dem reflektierenden Ich, kann – wenn in der Natur und damit in den natürlicher Determination unterliegenden Verhaltensweisen des Menschen Notwendigkeit herrscht – die Gesamtheit der Erscheinungswelt relativ zur Freiheit als beliebig, als kontingent gedacht werden. Ist darüber hinaus praktische Vernunft, also Moral, die Instanz, die die Trennung von Natur und Freiheit selbst vorgenommen hat, in Fichtes Sprache: eine Tathandlung, die immer schon wirksam geworden ist, so ist es auch möglich, diesen Freiheitsakt im Sinne einer Bestätigung der subjektiven Autonomie und der Zufälligkeit der Naturnotwendigkeit zu deuten. Im »Witz« läßt dann der Humorist spielerisch, da eben vor der Freiheit sich die Realität als kontingentes Material erweist, »Ideen aus allen Wissenschaften ohne bestimmtes gerades Ziel

– weder künstlerisches noch wissenschaftliches – sich (…) wie Karten mischen
(…) um (…) durch *Spiele* zu *gewinnen*.« [67] Verschiedentlich hat Jean Paul
dieses Verfahren, in dem das Ich frei eine chaotisch-anarchische Gleichheit, weil
Beliebigkeit, herstellt, begrifflich an die Französische Revolution angeschlossen.
Es ist diese politische Deutung des »Witzes«, die Vertretern der immanenten
Methode unverständlich ist, gesellschaftskritischen Interpretationsansätzen, die
das ästhetische Verfahren des Humors politisch deuten wollen, ein Indiz für den
Zusammenhang auch des Humors mit der Freiheitsidee der Französischen Revolution. [68] Es ist allerdings bemerkenswert, daß die im Humor sich selbst demon-
strierende Freiheit einen Interpretationszugang sowohl zur ästhetischen Praxis
wie zur politischen erlaubt, und daß Jean Paul beide Anschließungen gleichermaßen vornimmt. Und es ist auffällig, daß die analytische Trennung zwischen den
fatalistischen Komponenten des Humors und seinen enthusiastischen seine politische Eindeutung nicht zu Tage fördern kann, denn gerade hier stellt sich dann
das Problem seiner Abgrenzung gegenüber der Satire. Wird in der Satire nämlich
Kritik an gesellschaftlichen Mißverhältnissen geübt, und sind die hier verwendeten – wie auch immer gelehrten und bisweilen esoterischen – Metaphern konkret
entschlüsselbar, so finden sich im Humor weder Kritik noch eine Sprache, die
in politische Ziele übersetzbar wäre oder gar Handlungsimperative vermittelte.
So hat B. Lindner den Humor denn auch gedeutet: in der »écriture automatique«,
so charakterisiert er Jean Pauls humoristische Technik, »sind nicht bloß gesellschaftliche Zeichensysteme, (…) hier ist die ganze Welt aus ihren Funktionsbezü-
gen geraten. Dem von seinem Gehirn geplagten Autor haben sich die Sachbezie-
hungen aus ihrem sprachlichen Wirklichkeitsbezug gelöst. Sie sind zwar nicht
mitteilungsloses Material einer ›konkreten Poesie‹ geworden, wohl aber reduziert
auf ihren Bedeutunghof, auf ihre metaphorische Verweisungspotenz, die der
Autor auf einer fiktiven Gehirnbühne assoziativ agieren läßt.« [69] Sprachtheore-
tisch könnte man sagen, daß hier der Versuch vorliegt, die Kombination von
Darstellungs- und Appellfunktion sprachlicher Zeichen in der Satire, zugunsten
ihrer reinen Ausdrucksfunktion aufzugeben, wobei jedoch deren Besonderheit
darin besteht, nicht mehr *etwas* auszudrücken, sondern die Fähigkeit des Subjekts
selbst, mit Hilfe sprachlicher Zeichen Realitätsbezüge überhaupt herzustellen.
Dies ist ein Reflexionsvorgang, in dem thematisch wird, daß Objekte konventionell bezeichnet werden. Philosophiegeschichtlich entspricht dieser Reflexion auf
das Vermögen, Konventionen zu setzen, der Übergang von Kant zu Fichte, der
ja versucht, die Wahrheitsfähigkeit des Kantischen Abgrenzungsakts, mit dem
Kausalität von Freiheit, Verstand und Vernunft konventionell getrennt werden
(d. h. ohne letzte Rechtfertigung), durch nochmalige Reflexion auf das Vermögen
dieser Trennung, nämlich autonome Vernunft zu erweisen. Die humoristische
oder im Sinn der Frühromantik ironische Tätigkeit besteht nun, analog zu der
Reflexion auf die Fähigkeit, Konventionen zu setzen, darin, diese Fähigkeit selbst
zum Ausdruck zu bringen, in der Sprache der Zeit: Freiheit zur Erscheinung

zu bringen, was nur möglich ist, wenn die vorgängige Tathandlung, mit der das Ich sich selbst begrenzt hat, permanent wiederholt wird. Dieser Vorgang hat einen doppelten Aspekt: schon Kant hatte ja, indem er von der Wahrheit synthetischer Urteile a priori ausging, und nur noch fragte, wie sie möglich seien, mit der Trennung von transzendentaler Vernunft und empirischem Verstand zwar die Irrtumsmöglichkeit festgehalten, ihr aber keinen systematischen Ort mehr zuweisen können. Es ist dann auf der Basis der Fichteschen Freiheitsphilosophie sehr gut möglich, dieses Verhältnis so umzukehren, daß das empirische Individuum seine Dezisionen im Sinne der Tathandlung der Vernunft interpretiert. Genauso wird Schoppe/Leibgeber Fichtes Wissenschaftslehre und ihn selbst gleich mit »setzen«. [70]

Der befreiende Charakter dieser Selbstdarstellung des Individuums, seine demonstrative und selbstreflexive Willkür liegt in der spielerischen Unverbindlichkeit, mit der eben nicht nur bestimmte Konventionen, sondern Konventionalität schlechthin der Beliebigkeit überführt wird. Da aber zugleich unter den existierenden Konventionen keine Auswahl mehr getroffen werden kann, sondern sich nur die Wahlmöglichkeit ausdrückt, so liegt das Problem dieser Demonstration eben darin, daß sie einen Praxisbezug, der notwendig selektiv ist, nicht mehr zuläßt. Die Wahlmöglichkeit macht frei und melancholisch. Man sollte nicht schon hierin den Widerspruch von »Ästhetik und Politik« sehen. Es gibt nämlich von hier aus ebensoviele Bezüge zu beliebigen Formen ästhetischer Praxis wie zu beliebigen Formen politischer Praxis und Zielsetzungen. Nicht mehr nur bestimmte ästhetische und politische Konventionen und Institutionen werden verändert, sondern die Veränderungs- und Innovationsfähigkeit demonstriert sich selbst. Werden nun zwischen der Freiheitsdemonstration, wie sie im »Witz« vorliegt, und der Französischen Revolution Bezüge hergestellt, so drückt sich darin weniger – wie Haselberg deutet – ein politischer Jakobinismus, als vielmehr eine artistische Deutung der Revolution aus, der eine aktionistische Praxis entsprechen würde. Freiheit wird dann in der revolutionären Aktion selbst zum *Ausdruck* gebracht. Diesen Revolutionsbegriff haben zuerst die Frühromantiker, deren Bestimmungen des »Witzes« Jean Paul bisweilen übernimmt, ausgebildet, und er hat im 20. Jahrhundert im Konzept einer »neuen Mythologie«, wie sie die surrealistische Bewegung entfaltet, einen Nachfolger. [71] In Jean Pauls *Vorschule* heißt es in Anlehnung an die Frühromantik: »(...) nur der Witz gibt uns Freiheit, indem er Gleichheit vorher gibt, er ist für den Geist, was für die Scheidekunst Feuer und Wasser ist, Chemica non agunt nisi soluta (...).« Im gleichen Zusammenhang heißt es: »er achtet und verachtet nichts; alles ist ihm gleich, sobald es gleich und ähnlich wird (...).« Und schließlich ist von dem »lyrisch witzigen Zustand« als einem »Dithyrambus des Witzes« die Rede, über dem ein heiliger Geist schwebt. [72] Sowohl bei Novalis wie bei Schlegel wird die Französische Revolution mit Begriffen eines chemischen Mischungs- und Gärungsprozesses beschrieben, eines Chaos individueller Freiheit und Gleichheit, aus dem eine neue Ordnung, eine neue Mythologie hervorgehen soll. »Es ist natürlich, daß die Franzosen etwas dominieren im Zeitalter. Sie sind eine chemische Nation (...) und sie machen ihre Versuche auch in der moralischen Chemie immer im großen. Das Zeitalter ist gleichfalls ein chemisches Zeitalter. Revolutionen sind universelle, nicht organische, sondern chemische Bewegungen (...). Wie wäre es möglich, die gegenwärtige Periode der Welt richtig zu verstehen und zu interpungieren, wenn man nicht wenigstens den allgemeinen Charakter der nächstfolgenden antizipieren dürfte? Nach Analogie jenes Gedankens würde auf das chemische ein organisches Zeitalter folgen (...).« Schließlich heißt es bei Novalis, schon in dezidierter Abkehrung von der Aufklärung: »Wahrhafte Anarchie ist das Zeugungselement der Religion.« [73]

VI Kritik und Revolution. Die Suche nach einem revolutionären Subjekt.

Die humoristische Kritik der Heuchelei, die schon an ihren eigenen Grundlagen zweifelt, wie die romantische Demonstration eines Freiheisspielraums des Ich sind beides Konsequenzen aufklärerischen Denkens, das die Skepsis an sich selbst nicht aushalten kann. Nachdem die Romantiker zunächst versucht hatten, sich in dem Legitimationsvakuum, das mit der Problematisierung des Aufklärungsdenkens entsteht, einzurichten – hier haben Witz und Ironie ihren Spielraum [74] – kündigt die Wendung zur Natur, die nun den Witz produziert [75], auch die politische Abwendung von der Aufklärung an. Unter dem Einfluß des nationalistischen Mythos der Befreiungskriege wird schließlich die ohnehin prekäre Ambivalenz reduziert, die noch im Konzept der »neuen Mythologie« enthalten war. Stabilität unter Bedingungen der Mobilität, die Vision einer Autorität, die das Spiel des romantischen Genies nachsichtig duldet [76], werden auf der Basis des Bedürfnisses nach Einheit und Entscheidung im organischen Staat wiedergefunden, in dem Freiheit als die der »Bundestreue«, der Gefolgschaft gegenüber dem monarchischen Führer definiert ist und die Dualismen der Aufklärung »überwunden« werden. »Der Begriff der Nation bezeichnet, daß alle Mitglieder nur gleichsam *ein* Individuum bilden sollen.« [77] Diese Staats- und Gesellschaftskonzeption geht einher mit der Umdeutung des aufklärerischen Verständnisses von Moralität als der Freiheit, heterogenen Zwängen den Rechtscharakter abzusprechen und (der Tendenz nach) sich Entscheidungen nicht von Autoritäten abnehmen zu lassen. Während noch für das absolutistische Staatsverständnis die Trennung von Moral und Politik konstitutiv war [78], wird dieses Verhältnis von Gesellschaft und Staat zu einem moralischen (naturrechtlichen), wenn der Absolutismus restauriert wird: »(...) der König ist der Ausdruck des Ganzen; sein Charakter und der der Nation muß eins sein. Dieses ist aber kein politisches, sondern ein moralisches Verhältnis, kann daher nicht übertragen werden.« [79] Das konterrevolutionäre Konzept der Repräsentation nicht mehr nur eines sozialen und politischen Status – der absoluten rechtssetzenden Entscheidungsgewalt

des Fürsten – sondern des »Ganzen« ist zwar noch vom gegnerischen aufklärerischen Konzept der moralischen Politikbeurteilung infiziert, freilich nur noch so,
daß zusammen mit der These von der Nichtübertragbarkeit politischer Entscheidungskompetenz auf das »Volk«, bzw. auf die »Gesellschaft« der absolutistische
Dezisionismus moralisch genannt wird.

Der Verlauf der Revolution, die Eroberungskriege und nicht zuletzt die Krise
aufklärerischen Denkens selbst mögen die Motive gebildet haben, sich in dieser
Weise von der Aufklärung und dem eigenen ursprünglichen Enthusiasmus für
die Revolution zu distanzieren. Jean Paul, der mit Stolz von sich sagt, er sei
Republikaner seit dem 18. Lebensjahr [80], und der andererseits ebenso wie
seine romantischen Zeitgenossen mit der Radikalisierung aufklärerischer Kritik
vor einem drohenden Legitimationsvakuum steht, versucht dagegen stets, zum
aufklärerischen Wertesystem zurückzufinden. Daher auch seine empfindliche
Reaktion auf die ephemere Literatenbegeisterung für die Ideen der Französischen
Revolution, wenn er Schoppe sagen läßt: »Freilich sitzen im Frank- und Deutsch-
reich überall junge Autoren und Musensöhne, die sich über ihren schnellen Selbst-
gehalt verwundern, nur verflucht erstaunt, daß sie nicht früher ihr Freiheitsgefühl
gefühlt.« [81] Wie prekär andererseits jedoch die Position Jean Pauls war, läßt
sich erst einschätzen, wenn man bedenkt, daß er mit dem Humoristen die Krise
der Moralität des aufklärerischen Kritikers darstellt in eben einer Phase, da dieselbe Kritik in Frankreich politische Konsequenzen zeitigt, ohne daß der Humorist
(und der Autor) sich noch mit diesen Konsequenzen völlig identifizieren kann.
In dieser Situation radikalisiert zwar Schoppe noch einmal die Kritik an der
sozialen und politischen Situation Deutschlands, allerdings so, daß er das Wissen
um den antinomischen Charakter seiner Kritik den Verhältnissen zuschreibt.

Die intellektuelle Krise Schoppes stellt Jean Paul in Form einer Krankheitsgeschichte der Reflexion dar, und er spitzt sich dadurch zu, daß er Schoppe mit
den Realisierungschancen seiner Kritik in Deutschland und darüber hinaus mit
der Frage einer Teilnahme an der Französischen Revolution konfrontiert. Albano
schreibt ihm aus Rom, er wolle an der Verteidigung der Republik, gegen die
Preußen und Österreich soeben den Krieg festgesetzt haben, teilnehmen. Die Ent-
scheidungssituation wird dadurch herbeigeführt, daß Schoppe mit Ende des Jahres sein väterliches Vermögen aufgebraucht haben wird, das ihm bisher seine
Unabhängigkeit garantierte.

Reinhart Koselleck hat es als die Methode aufklärerischer Kritik gekennzeichnet, »das rational Geforderte als die wahre Realität anzusprechen, vor der die
Gegenwart verschwindet.« [82] Es ist dies das Kennzeichen einer Ideologietheo-
rie, die den Irrtum demaskiert, um hinter dem Schein die wahre Realität zu finden;
und auf der Basis dieses gesellschaftskritischen Verfahrens kann die Ausstattung
einer moralischen Idee, die kontrafaktisch der Gesellschaft gegenübergestellt
wird, mit »eigentlichem« Realitätsgehalt von den Risiken entlasten, die eine ungewisse Zukunft sonst deutlich machen würde. Der evidenten Einsicht in das

schlechte Bestehende auf der Basis der Einsicht in die »wahre Realität« korrespondiert erkenntnistheoretisch der Glaube an eine vorurteilslose Kritik des Vorurteils, an den »Besitz der Wahrheit« [83], und eine Vorstellung von Politik,
die ihre Hauptaufgabe in der Artikulation des kritischen Standorts und in der
moralischen Beurteilung sieht, und die gerade darin unpolitisch ist, daß die technischen Schwierigkeiten bei der Lösung von Einzelproblemen – und damit hängt
zusammen: die möglichen politischen Folgen der Kritik selbst nicht thematisiert
werden. Darüber hinaus werden die Zielsetzungen der Kritik, die Evidenz der
Moralität, abhängig von ihrem Erfolg. Stellt sich nämlich die politische Problematik so dar, daß nicht allein Verantwortliche kritisiert und soziale Mißverhältnisse verbessert werden sollen, sondern daß diese primär als *das* Hindernis begriffen werden, das der essentiellen Realität von Freiheit und Gleichheit das Dasein
verwehrt, so daß die Eliminierung der Widerstände die Enthüllung der neuen
Gesellschaft bedeuten würde, so wird auch der Glaube an die Vertretbarkeit
der aufklärerischen Postulate vom aktuellen oder zukünftigen Erfolg der Kritik
abhängig. Legitimität im Sinne von »Natürlichkeit« und Erfolgsgewißheit sind
identisch. Wie sollen sich aber jemals Indizien für einen wenn auch noch so
fernen, in letzter Instanz jedoch gewissen Erfolg finden lassen? Es läßt sich ja
in der Tat – wie Schoppe es tut – zu jeder Zeit die ebenso ungewisse Gegenrechnung aufmachen. Schoppe fragt sich denn auch: »(...) was hat (...) einer nun
übrig, den, wie gesagt, so vielerlei anstinkt und vorzüglich noch *der* Punkt, daß
Besserung schwer ist, aber Verschlimmerung ganz und gar nicht, weil sogar die
Besten den Schlimmsten etwas weismachen und dadurch sich auch (...).« [84]
Und er stellt dem geschichtsphilosophischen Optimismus der Aufklärung seinen
Pessimismus entgegen: »Ists nicht ein Jammer und Schade, daß alle genialischen
Menschen von Plato bis Herder, laut und gedruckt worden und häufig gelesen
und studiert vom gelehrten Pack und Packhof, ohne daß dieser sich im geringsten
ändern können?« [85]
    In dem Maße, wie die Widerstände gegen die Kritik anwachsen, und das heißt
auch, wie die Kritik erfolglos bleibt, kann schließlich – und das ist die Provokation
des Humoristen gegenüber dem naiven Kritiker – die Evidenz der Moralität zweifelhaft werden, die sei es in der Natur oder in der Geschichte ihr Bedürfnis nach
Rückversicherung bestätigen wollte. [86] Noch bei dieser Wendung handelt es
sich allerdings um das Korrelat (und nicht einfach die Negation) zum Verfahren
aufklärerischer Kritik, die ihre Legitimität an ihre Begründbarkeit bzw. Erklärbarkeit aus Fakten der Erfahrung oder der Vernunft knüpfte. [87] Fakten einer
amoralischen Realität können sie dann auch widerlegen. Erst im Rahmen dieser
theoretischen Aporie hat die »deutsche Misere« ihren besonderen Stellenwert.
Sie ist nicht einfach die Macht – wie Gansberg deutet [88] –, die den Fortschritt
verhindert und die Humoristen zu »gebrochenen, verkrüppelten Revolutionären«
macht. Denn die Konfrontation des Satirikers mit der »allgemeinen matten Heuchelei« und der »entsetzlichen Gemeinheit des deutschen Lebenstheaters« [89]

belehrt ihn nicht nur über Kräfteverhältnisse. Bemerkenswert ist vielmehr, daß sie die Evidenz zu erschüttern droht, mit der der Kritiker ihr seine politischen Überzeugungen gegenüberstellte. Mit dem Zweifel an der Gewißheit des Erfolgs der Kritik ist der Humorist in Gefahr, auch den Glauben an ihren Sinn zu verlieren. Und nur von der Überzeugung der Unerschütterlichkeit evidenter Moralität her ist dann die Vehemenz verständlich, mit der nun der Humorist wenigstens zu dem sicheren Resultat kommen möchte, Verbesserung sei unmöglich. Dieses Resultat schreibt er nochmals den Verhältnissen zu:

»Zwar statt des Degens könnte ich auch sehr gut das Federmesser ergreifen und als schreibender Cäsar aufstehen, um die Welt zu bessern und ihr und sie zu nutzen. Es wird mir denkwürdig bleiben, das Gespräch, das ich darüber mit einem berlinischen allgemeinen deutschen Bibliothekar aushielt, als wir still im Tiergarten auf- und abgingen. ›Jeder wuchere doch seinem Vaterland mit seinen Kenntnissen, die sonst vergraben liegen‹, sagte der deutsche Bibliothekar. ›Zu einem Vaterland gehört zuvörderst einiges *Land*‹, sagt ich, ›der Malteser Bibliothekar aber, der hier spricht, erblickte das Licht der Welt zur See unter einem pechfinstern Sturm.‹« [90]

Damit setzt jede sinnvolle Praxis die Veränderung schon voraus, die Verbesserung die Existenz besserer Zustände, eine negative Dialektik, mit der Schoppe in seinem Brief an Albano Praxis sowohl bejaht wie zurückweist. Diese in sich verzweifelte Kritik, die ihre Verzweiflung als Produkt der Verhältnisse deutet – Schoppe wird »vor Deutschland toll« werden [91] –, erhält dadurch einen besonderen Charakter. Sie bringt das Leiden an der Gesellschaft zum *Ausdruck:* ihr Gehalt (dargestellt in Giannozzos Flugreise über Deutschland, wo er nicht »Fuß« fassen kann) läßt sich nur ebenso negativ umschreiben wie ihr Ziel: damit es sich unter diesen Verhältnissen leben läßt, muß es »anders« werden.

So haben auch Widhammer und Gansberg die Gehalte des Humors eingeschätzt: die Gesellschaft sei nicht liberal genug, um den Satiriker zu ertragen [92], und sie lasse eine revolutionäre Veränderung nicht zu [93]. Beide neigen freilich dazu, den Ausdruck von Leiden als politische Kritik zu verstehen. Damit setzt die unspezifische Redeweise vom »politischen Gehalt« des Humors an der aufklärerischen Tradition gerade ihre fragwürdigsten Verfahrensweisen fort. Sowohl der Glaube an die Amoralität und somit »Widernatürlichkeit« des bestehenden Staats wie auch noch die Zuspitzung der Spannung zwischen Kritik und Gesellschaft bis hin zum Ausdruck dessen, daß in dieser Gesellschaft nur noch der Wahnsinn möglich sei [94], lassen die politische Reflexion auf die institutionellen Bedingungen, die die Erfüllung der moralischen Postulate begünstigen könnten, nicht mehr zu. Die ausschließlich kritische Beurteilung von Staat und Gesellschaft, in der die Innerlichkeit der Privatsphäre der repräsentativen Öffentlichkeit des Staats negativ kontrastiert wird, ist charakteristisch für die apolitische Vorform politischer Öffentlichkeit, deren Spezifikum es allerdings ist, daß sie sich in der Revolution *unmittelbar* enthüllen soll. [95] In dieser speziellen Struktur aufklärerischer Kritik, die zwischen vorpolitischer Moralität und politischer

Öffentlichkeit nicht prinzipiell unterscheidet, dürfte dann auch das Mißverständnis impliziert sein, die Herstellung politischer Öffentlichkeit sei *nur* ein moralischer Akt: der Akt der Durchsetzung des Naturrechts. [96] Wenn Bernhard
Groethuysens Darstellung der Entwicklung der Philosophie der Französischen
Revolution mit den aktuellen politischen und sozialen Bedingungen ihrer zunehmenden Radikalität und Universalität nicht in Widerspruch steht, so kann man
davon ausgehen, daß zwar die Frage nach politischen Institutionen gestellt wurde,
aber primär im Sinn der *Bedeutungsanalyse* der naturrechtlichen Postulate, also
so, daß die Beantwortung des philosophischen Problems identisch war mit seiner
pragmatischen Auflösung. [97] Die immanente Logik der philosophischen
Bedeutungsanalyse trieb zu Fragen wie: Was ist rechtens? Was ist die Nation?
Was ist der dritte Stand?, d. h. nach der aporetischen Suche nach dem legitimen
und kompetenten Gesetzgeber, nach der Frage, *wer* herrschen soll, eine Frage,
die nur z. T. identisch war mit der nach der Konstruierbarkeit und Beschaffenheit
von Institutionen, die Herrschaftskontrolle ermöglichen würden. Tendenziell
mußte dann diese Frage durch die nach der moralischen Beschaffenheit der Menschen ersetzt werden, was sich nicht a priori, oder nur dogmatisch, beantworten
läßt. [98] Daß aber die Antwort auf diese Frage nach dem legitimen und kompeten Gesetzgeber schon gefallen sei, bzw. prinzipiell gegeben werden könne, wenn
erst die Amoralität und Irrationalität des Bestehenden überwunden sei, ist – wie
Koselleck gezeigt hat – die *politische* Selbsttäuschung der Kritik. [99] In dem
Prozeß, den die aufklärerische Intelligenz aus dem Binnenraum der Gesellschaft
heraus dem absolutistischen Staat macht, hat die Rückversicherung der Legitimität der Kritik in der »Natur«, ihres Erfolgs in einer zukünftigen Utopie, bzw.
– wie ich noch zeigen werde – im antiken Civismus, die Funktion, die Leerstellen
in der vorgegebenen Antwort zur politischen Entscheidungskompetenz zu verdecken. Gerade durch diese Rückversicherungen, die Ängste über zukünftige
Ungewißheiten gegenstandslos machen sollen, können die politischen Gegensätze
zwischen Aufklärung und Absolutismus verschärft werden, ohne daß ein revolutionärer Kampf direkt intendiert ist. Die Kritik wird zu einem Politikum, ohne
sich dessen bewußt zu sein, zum Moment innerhalb des Mechanismus einer gewollten und auch wieder nicht gewollten revolutionären Zuspitzung der politischen Gegensätze.

Gerade an Jean Pauls (und entsprechend Schoppes) Kritik der Revolution,
oder besser an seiner Enttäuschung, läßt sich – eben weil die Struktur der Kritik
sich hier gleichbleibt – ihre politische Rolle deutlich fassen. Im Zentrum steht
der Vorwurf der Unreife der revolutionären Subjekte, ein Resultat der enttäuschten, aber weiterhin aufrechterhaltenen Suche nach den legitimen Trägern politischer Entscheidungsgewalt, nach einem Moralität verkörpernden Volk, als der
entscheidenden politischen Frage. Gerade weil die Kritik sie als gelöst voraussetzte, konnte die Konfrontation mit dem Revolutionsverlauf bis hin zur Neigung
zu einer apolitischen Position enttäuschen.

Ansatzpunkt Jean Pauls ist der Sturz der Gironde, der »letzten Republikaner«, der Beginn der Terreur, und später die Diktatur Napoleons. [100] Im pathetischen Stil des Corday-Aufsatzes schreibt er: »Die Deutschen sahen es endlich, wie die weite elektrische Wolke der Revolution die Kröten und die Frösche und den Staub in die Höhe zog, indes sie die erhabenen Gegenstände umschlug; gleichwohl hielten viele, solange sie konnten, die Hauptsumme für eine zufällige und sogar nötige Partei wider die Gegner, die Vendée-Parzen und die Koblenzer Emigrés.« [101] Die Gironde habe den »leiblichen und geistigen Plebejern das Feld nicht zum Besäen, sondern zum Verheeren räumen« müssen. Daß Jean Paul bei dieser Einschätzung der Terreur als des Verrats an der Moralität durch das revolutionäre Subjekt selbst zwar nach den Ursachen ihrer rationalen, als Defensivmaßnahmen verstehbaren Momente, aber nicht ihrer irrationalen Züge sucht, entspricht gerade der aufklärerischen Position: die Erklärung der Amoralität und Irrationalität von Handlungen hätte ihre Begründung, d. h. Rechtfertigung bedeuten können. Darüber hinaus neigt er dazu, die Terreur nur unter dem Gesichtspunkt einer »Kausalität des Schicksals«, als Rache, zu sehen, womit allerdings einige ihrer Züge, unter anderem die der Revolutionsdiktatur vorausgehende Zeit zwischen dem 10. August und 20. September 1792 annähernd erfaßt sind [102]; hierfür steht das Bild eines Naturprozesses: »Es scheint unglaublich ohne die Erfahrung in Bürgerkriegen – die Revolution aber war ein geistiger durch ganz Europa – wie lange der Mensch politische Unveränderlichkeit fortbehauptet auf Kosten der moralischen (...). Der Tornado des Säkulums, der eiskalte Sturm des Terrorismus, fuhr endlich aus der heißen Wolke und schlug das Leben nieder.'' [103] Daß er nicht die sozialen und politischen Probleme sieht, die zur Revolutionsdiktatur führten und die die Montagne lösen wollte, [104] dürfte auch bedingt sein durch das primär naturrechtliche und weniger soziologische Interesse der Aufklärer. Selbst Forster verzichtet auf eine solche Analyse, vielleicht aber auch schon – und darin ist er »moderner« – um durch die Entwicklung einer Geschichtsphilosophie, die die Unvernunft, den »Willen«, einem letztlich vernünftigen Plan der Vorsehung integrieren soll [105], der Irritation zu entgehen, vor der sonst Aufklärer standen: mit der Frage nach der Rechtfertigung der Rationalität der Revolution stand die Garantie dafür auf der Probe, daß gerade Rationalität und Moralität vor Irrtümern und Ungerechtigkeiten in letzter Instanz, d. h. soweit es von ihnen abhing, bewahrten. Dies hat in Bezug auf den Moralitätsbegriff Jochmann gesehen. In der Erklärung des Schreckens ist er daher weit über Jean Paul hinausgegangen, wenn auch – wie Wuthenow gezeigt hat – beide eine ähnliche politische Position einnehmen. [106] Er sieht seine Irrationalität, das, was die Terreur zu »dem« Schrecken macht, gerade nicht in den »spontanen« Aktionen der Massen, sondern darin, daß er im Glauben an die vorgegebene Moralität, die Tugend des revolutionären Subjekts, zum rationalen Instrument wurde für die Feststellung der patriotischen Gesinnung: »So weit entfernt davon war die Schreckensregierung, Gesetzlosigkeit zu begünstigen, daß sie vielmehr

der Gesetzlosigkeit ein Ende machte, die seit dem 10. August gewaltet hatte;
und nicht die Anarchie, nein, den Bürgerkrieg organisierte Robespierre (...).«
[107] Daran anschließend könnte man die kanalisierte Terreur auch als die konsequente Stufe der immanenten Logik der Kritik interpretieren, die die Existenz
eines moralischen Subjekts ja immer voraussetzte und diesem nun in der Phase
der Bedrohung der Republik mit der Entlarvung von Heuchlern auch zur Durchsetzung verhelfen mußte. [108] Aber diese Identität einer immanenten Logik
der Philosophie mit der Geschichte, die »Verwirklichung der Philosophie« [109],
verdankt sich selber auch relativ zu ihr kontingenten Bedingungen. Neben den
nicht voraussehbaren realpolitischen Bedingungen bedurfte es nicht nur des
Glaubens an die von der Kritik vorausgesetzte apriorische Verbindlichkeit der
Moralität, sondern auch eines sich gegen Irritationen abdichtenden Glaubens
an die Tugend. Jochmann versucht die Persönlichkeit Robespierres von daher
aufzuschlüsseln, daß er es wirklich »ernst« meinte.

Dagegen war Jeans Pauls Moralismus von einer Revolution, die ab einer be-
stimmten Phase ebenso zur Amoralität gezwungen war, wie sie selbst, um die
Tugend zu verwirklichen, die Tugend diskreditierte, sehr viel stärker bedroht.
Überzeugt von der Existenz eines moralischen Triebs in dem Sinne, daß der Egois-
mus eine sekundäre Erscheinungsform, der Absolutismus ein Sündenfall der
Natur sei, stand für ihn eben mit der Revolution die Wiederherstellbarkeit natür-
licher Moralität, mit ihrer Realisierbarkeit aber auch ihre Legitimität zur Probe.
Waren die Menschen von Natur aus zu Freiheit und Gleichheit bestimmt, was
war dann zu tun, wenn die Menschheit, das ist das revolutionäre Subjekt (im
Unterschied zu den Herrschern, die die Menschheit *in sich* einer egoistischen
Politik geopfert hatten), auch soweit es nur von ihm selbst abhing, Moralität
diskreditierte: Seine Antwort ist, daß das revolutionäre Subjekt nicht mehr die
Menschheit sein könne. »Wer nicht vor der Revolution ein stiller Revolutionär
war – wie etwa Chamfort, mit dessen feuerfester Brust ich einmal in Paris an
meiner schönes Feuer schlug, oder wie J. J. Rousseau – der spreize sich mit
seiner Tropfenhaftigkeit nicht breit unter seiner Haustür aus. Freiheit wird wie
alles Göttliche nicht gelernt und erworben, sondern angeboren.« [110] In parado-
xer Wendung wird der aufklärerische Glaube an instinktive Moralität beibehalten
wie negiert: nur noch einzelne Menschen repräsentieren Moralität, die Menschheit. Waren für die Revolution der absolutistische Herrscher und die privilegierte
Aristokratie nach Maßgabe ihres politischen und sozialen Status von der Menschheit (von der Nation und dem Volk) ausgeschlossen, so nun noch die Revolutionäre selbst. Die unreflektierte apriorische Zweiteilung bleibt freilich erhalten.
In ihrem Rahmen läßt sich Rousseaus Diagnose des Zeitalters, die Korruption
des Menschen im Gesellschaftszustand, auf eben die Revolution anwenden:
»Freilich fällt mirs schwer, sonderlich von 25 Millionen zu denken, wovon zwar
die Kubikwurzel frei lief und wuchs, aber Stamm und Gezweig doch jahrhunder-
telang am Sklaven-Gitter trocknete und dorrte.« [111] Rousseaus deskriptive

Soziologie, die mit der Diagnose des Leidens im Gesellschaftszustand die revolutionäre Sehnsucht nach seiner Überwindung hervorrief und die Überwindung zugleich für unmöglich erklärte, wird damit bestätigt. Wo die Besonnenheit herrscht, kann es nur wenige geben, die sich der Korruption des moralischen Gefühls durch die Reflexion entziehen können: »Die redlichen und feurigen Deutschen hätten alle die Revolution bei deren Anfange mit keiner aus der Geschichte hoffend vergleichen sollen, weil in dieser noch kein zugleich so verfeinerter und moralisch vergifteter Staat (...) je sich aus seinen Galeerenringen gezogen hätte (...). In jedem Jahrhundert wird der Sünder (aber auch der Heilige) in der Brust größer, bloß weil er *besonnener* wird.« [112]

Daß Besonnenheit, Reflexivität das unüberwindliche Stigma des Zeitalters sei, scheint damit Jean Pauls letztes Wort zu sein. Wenn darüber hinaus der Versuch des Humoristen, mit den Mitteln der Reflexion den durch Reflexion zur Heuchelei pervertierten Gefühlen beizukommen, im Wahnsinn endet, so scheint es nur noch einen Weg zu geben, dem Dilemma des Zeitalters, der »Trennung des Ichs von der Beschauung« zu entgehen. Mit seinem Helden versucht Jean Paul auf einer Ebene jenseits der »Besonnenheit« zu experimentieren.

VII Verdrängte Reflexion. Heldentum und Gemeinwohl: der Rückgriff auf das römische Kostüm.

Heinz Schlaffer hat die Enttäuschung darüber, daß Albanos Absicht, zur Verteidigung der Republik in den »Krieg« zu ziehen, eigentümlich folgenlos für seine Biographie bleibt, zum Ausgangspunkt seiner *Titan*-Interpretation gemacht. Im Zentrum seiner Interpretation steht die »Divergenz heroischer und melancholischer Momente in Charakter und Geschichte Albanos« und hinter Albano steht Hamlet, der Prototyp des Zauderers und Zögerers, als der er sich mehr oder weniger explizit zur Identifikation für Romanhelden und Schriftsteller des ausgehenden 18. Jhs. anbietet. [113] Schlaffer versucht diese Entfremdungserfahrung, die sich in der Spannung von Aktionswillen und Aktionshemmung darstellt, über einen sozialgeschichtlichen Interpretationszugang – die Erfahrung zunehmender Arbeitsteilung – aufzuschlüsseln. Gegenüber Lepenies, der die Melancholie des deutschen Bürgertums mit der Aktionshemmung erklärt, die durch den für Bürgerliche verschlossenen Zugang zur politischen Macht erzwungen wird [114], ist sein Ansatz insofern weitreichender, als er das Unbehagen gegenüber der entstehenden bürgerlichen Gesellschaft und nicht allein die Konstellation der politischen Machtverhältnisse für die Interpretation der Handlungshemmung einer damit schon antibürgerlichen Intelligenz heranzieht. Die Handlungshemmung liegt auch in den Individuen selbst. Tatsächlich läßt sich das Schwanken zwischen einem rebellischen und einem »gekreuzigten Prometheus« nicht allein durch die Klassengegensätze erklären, wenn der absolutistische Staat schon unter dem Aspekt der Entstehung einer abstrakten, persönliche Beziehungen zunehmend

reduzierenden Gesellschaft betrachtet wird, wie es Schiller darstellt: »Sobald auf
der einen Seite die erweiterte Erfahrung und das bestimmtere Denken eine schärfere Scheidung der Wissenschaften, auf der andern das verwickeltere Uhrwerk
der Staaten eine strengere Absonderung der Stände und Geschäfte notwendig
machte, so zerriß auch der innere Bund der menschlichen Natur, und ein verderb-
licher Streit entzweite ihre harmonischen Kräfte.« [115]

Freilich ist damit auch zunächst nur die Problemsituation angedeutet, in der
die Schriftsteller die »Totalität des Charakters«, die »freie Entfaltung der Persönlichkeit« zunehmender Spezialisierung entgegenstellen, nicht die Struktur der
Entfremdungserfahrung selbst, deren Spezifikum gerade in der Ambivalenz besteht, die die *Deutung* der sozialen Realität erfaßt. Schlaffer hat diese Ambivalenz
dahingehend beschrieben, daß Leitbilder aus der Vergangenheit – der Heroismus
der Antike – ebensosehr die metaphorische Basis zur Beurteilung der bestehenden
Gesellschaft abgeben, wie das mehr oder weniger deutliche Bewußtsein ihrer
Unwiederbringlichkeit – der Anachronismus des Heldentums – das Schwanken
zwischen Aktionswillen und Aktionshemmung – melancholische Reflexion – hervorbringt. Darüber hinaus hat Schlaffer die Vorbehalte des bürgerlichen Helden
gegenüber seinem eigenen Heroismus einem geschichtsphilosophischen Modell
integriert, in dem sich die Unentschiedenheit des reflektierenden Helden als
»Überschuß« eines historisch noch zu realisierenden Sinnpotentials deuten lassen.
Für diese Deutung, in deren Perspektive sich dem gebrochenen Heroismus
Erkenntniswert hinsichtlich des »transitorischen Charakters der bürgerlichen
Gesellschaft« zuschreiben und im antiken Kostüm der Revolution gar der Aus-
druck »politisch bewußten Handelns« sehen läßt [116], zieht Schlaffer in der
Nachfolge von Lukács und der Kritischen Theorie gerade diejenige Schicht der
Marxschen Theorie heran, in der gerade nicht ihr Erkenntnisgehalt, sondern
der Glaube an die Notwendigkeit der gattungsgeschichtlichen Emanzipation der
Menschheit eine Rolle spielt.

Im folgenden suche ich einen anderen Interpretationszugang, in dem der
Akzent nicht auf dem utopischen Verweisungscharakter der jeweiligen Darstellung der Entfremdungserfahrung liegt, unter anderem, um nicht die schwer ent-
scheidbare Diskussion des kognitiven Gehalts der poetischen Antizipation führen
zu müssen. Die Bedürfnisse, die im Mythos des antiken Heroismus wirksam
sind, versuche ich am Verhältnis von Reflexivität und Naivität zu erläutern, eine
Spannung, die Resultat des Versuchs ist, die entstehende bürgerliche Gesellschaft
im Rahmen der Idee der freien Entfaltung der Persönlichkeit zu deuten. Es scheint
charakteristisch für die Entfremdungserfahrung, unabhängig davon, ob sie primär
zivilisationskritisch von der Erfahrung zunehmender Arbeitsteilung (Schiller)
oder primär sozialkritisch von der der sozialen Ungleichheit (Rousseau, obwohl
er beides thematisiert) motiviert ist, daß in ihren Darstellungen jeweils nach einer
Instanz gesucht wird, von der aus sich die Vermeidbarkeit negativer Folgen von
Freiheit eindeutig entscheiden läßt. Zweifel an den eigenen Reduktionsversuchen

initiieren dabei ebenso die Suche nach Naivität wie sie die Reflexionstätigkeit forcieren.

Das zeigt sich unter anderem daran, wie die Suche nach Naivität, nach Natur als einer handlungsorientierenden Instanz, in die Konstruktion von Rousseaus 2. Diskurs eingegangen ist. Denn die Priorität des Naturzustands gegenüber dem Gesellschaftszustand, bzw. dem Staat, hinsichtlich seiner Geltung unterwirft Rousseau zugleich mit seiner Historisierung seinem »Gesetz« von der Unumkehrbarkeit der Geschichte. [117] Gerade damit wird Natur als Legitimationsinstanz von Freiheit *und* Gleichheit (amour de soi und commisération) in ihrer handlungsorientierenden Kraft relativiert. Anders bei Condorcet. Hier ist »Natur« präsent oder zumindest in sukzessiver Realisierung begriffen und sie bildet damit die Basis für seinen ebenso großartigen wie hinsichtlich seiner Selbstverständlichkeit naiven Glauben an den Humanismus der Aufklärung:

»Es bildet sich (...) in Europa eine Klasse von Menschen, (...) welche die Freunde der Freiheit lehrten, daß der Aberglaube, der den Despotismus mit einem undurchdringlichen Schilde deckt, (...) die erste Kette sei, die sie brechen müßten; (...) sie ließen niemals davon ab, die Unabhängigkeit der Vernunft, die Freiheit der Schrift zu fordern, als das Recht und als das Heil des Menschengeschlechts, sie erhoben sich mit unermüdlicher Energie, gegen die Verbrechen des Fanatismus und der Tyrannei, (...) *im Namen der Natur* befahlen sie (...), das Leben der Menschen zu achten.« [118]

Gegenüber diesem ungebrochenen aufklärerischen Humanismus ist Rousseaus Geschichtsphilosophie allerdings nicht nur pessimistisch. Vielmehr sind es gerade die halbherzigen Versuche, einen Ausweg aus der pessimistischen Konstruktion und der mit ihr so nahegelegten »Lust auf vier Füßen zu gehen« [119] zu finden, die theoretisch das Mißverständnis und praktisch die Irritation gegenüber dem Handeln prinzipiell machen: der entfremdungslose Zustand jenseits von gut und böse wird ausdrücklich als *hypothetisches* Modell ausgewiesen, um den Gesellschaftszustand beurteilen zu können, aber es wird ihm eine unwiederbringliche historische Existenz zugesprochen [120]; und die antithetische Geschichtskonzeption wird mit dem Modell einer »goldenen Mitte« zwischen solitärer und sozialer Existenz abgeschwächt. [121] Diesen Inkonsistenzen korrespondiert das Verhältnis von 2. Diskurs und *Gesellschaftsvertrag*: kann dort die Anlage zur Tugend gar nicht aktualisiert werden, weil das Individuum isoliert lebt, so braucht hier Freiheit nicht in der sonst unvermeidlich pervertierten Form der »amour-propre« aktualisiert zu werden, weil sie mit der Tugend zusammenfällt. [122]

In der Ausschließlichkeit beider Lösungen ist nicht allein das Bedürfnis wirksam, für den Glauben an die Kompatibilität von Freiheit und Gleichheit für Stabilität und Moralität unter der Bedingung von Freiheit jeweils eine Grundlage zu finden, als vielmehr die Intention, diese Grundlage mit Beweiskraft auszustatten. Während allerdings im *Gesellschaftsvertrag* die Existenz der volonté générale dann mit Hilfe von Äquivokationen »bewiesen« wird, verdankt sich die Unentschiedenheit des 2. Diskurses dem Zweifel daran, ob mit dem Eigentum denn

auch die Ursache der sozialen Ungleichheit und des Egoismus angegeben sei.
Nach Weigand verfährt Rousseau in den Lösungsversuchen dieser Frage nicht
bloß widersprüchlich, sondern es handelt sich hier um eine effektiv unentscheid-
bare Frage. [123] Erst von hier aus ist verständlich, daß er von der Erklärungsbe-
dürftigkeit seiner Erklärung, der Eigennutz, Freiheit in ihrer negativen Gestalt,
sei eine Frucht des Eigentums, stets wieder beunruhigt ist; und daher sein Schwanken zwischen Zufall und Notwendigkeit in der Entstehungshypothese, zwischen
Eigentum sowohl als sachlicher Kristallisation wie als Voraussetzung des Strebens
nach Profit und sozialem Prestige. [124]

Von hier aus ist auch Weigands These plausibel, daß das Thema Rousseaus
»l'homme qui médite« ist, der gerade vermöge der Reflexion ein »animal dé-
pravé« sei. [125] Da die gesamte Konstruktion des 2. Diskurses – die Kritik
des Egoismus auf der Basis des Glaubens an freie Entfaltung, die nicht zum Eigennutz pervertiert werden kann – an die rationale Entscheidbarkeit der Ursachenfrage (eigentlich der Frage nach dem Ursprung) geknüpft wird, ist es dann nicht
zufällig, wenn die Reflexion, die um sie kreist, für die Irritationen des moralischen
Gefühls verantwortlich gemacht wird. Diese Irritationen können als Ausgangspunkt der Konstruktion Rousseaus angesehen werden: »Es ist der Verstand, der
die Selbstsucht erzeugt. Es ist die Reflexion, die sie stark macht. Sie ist es, die
den Menschen sich auf sein Ich zurückziehen läßt. Sie ist es, die ihn sich von
allem abscheiden läßt, was ihn stört und bedrückt. Die Philosophie ist es, die
ihn vereinzelt.« [126] Denn der Philosoph kann sich ja den ursprünglichen
Regungen des Mitleids stets dadurch entziehen – »(...) er braucht sich nur die
Ohren zuzuhalten und ein bißchen zu argumentieren« [127] –, daß er eben den
philosophischen Verbindlichkeiterweis fordert, nach dem allerdings Rousseau
selbst stets sucht. Der Selbstbetrug in diesem damit antirationalen Argument
besteht darin, daß mit seiner Hilfe die Zuständigkeit eines philosophischen Arguments genau da bestritten wird, wo dem eigenen Selbstverständnis nach an die
philosophische Triftigkeit der Konstruktion (an die rationale Entscheidbarkeit
der Ursachenfrage) unter Verdrängung eigener Zweifel geglaubt wird. Die Kritik
an sozialen Bedingungen, in denen sich das Profitstreben auf Kosten der sozial
Schwachen (der Bauern und Kleinwarenproduzenten) entfalten kann [128], ist
dann dadurch, daß für den humanitären Glauben ein Verbindlichkeitsnachweis
erbracht werden soll, nicht zu Unrecht dem Zweifel der Reflexion und der Furcht
vor der Beliebigkeit moralischer Optionen ausgesetzt. Wenn dieser Zweifel verdrängt wird, so erhält die Philosophie der ursprünglichen Einheit von Freiheit
und Tugend die Züge eines zugleich geglaubten und bezweifelten Mythos; und
dies begünstigt die Gefahr, in den Eigennützigen nicht Gegner, sondern Widerle-
gungen zu sehen, die es nicht zu bekämpfen, sondern zu vernichten gilt. [129]

Die Erfahrung der Antinomien, in die theoretische Synthetisierungsversuche
von Freiheit und Gleichheit geraten, wenn »Freiheit im negativen Verstande«,
also amour-propre, als Perversion *erklärt* werden soll, motiviert zu mythologi-

schen Lösungsversuchen. Es ist nicht zuletzt der Mythos des antiken Civismus, der die theoretische Lücke metaphorisch überbrückt. In der Einheit von Heldentum und Gemeinwohl, die im antiken Leitbild suggeriert wird, ist nämlich ebensosehr der mögliche privatistische Charakter der freien Entfaltung der Persönlichkeit durch seine Kanalisation für die Tugend verschwunden wie der verpflichtende Charakter, mit dem ein Appell an das Interesse für die Tugend auf einen latenten Eigennutz noch aufmerksam machen könnte. Der ungeheure Erfolg, den Davids »Schwur der Horatier« im vorrevolutionären Frankreich hatte, beruht daher vielleicht nicht nur auf der Bestätigung bürgerlichen Puritanismus' gegenüber dem raffinierten Rokokogeschmack des ancien régime als auch auf der metaphorischen Überbrückung von Unsicherheiten über eine Zukunft, in der Freiheit und Gleichheit wirklich werden sollen. [130] Klaus Lankheit akzentuiert daher in seiner Beschreibung des Bildes nicht zu Unrecht den Handlungswillen (und die Todesbereitschaft), der damit forciert werden kann:

»Die Szene spielt in einem von hoher Architektur begrenzten, schachtartigen Hof. Eine dorisch-archaisierende Säulenstellung schließt sie parallel zur Bildebene ab, doch wirkt die dunkle Schattenzone des Ganges dahinter als unbestimmte, unheilverkündende Tiefe. Auf dieser schmalen Raumbühne entwickelt sich die Handlung, deren Gruppen ihrerseits flächig aufgereiht sind. Zwingend wie Fanfarenton wiederholt sich dreimal die Gebärde der Todesbereitschaft in den Brüdern, durch kaum merkliche Abweichungen gewinnt dabei das starre Schema an Leben. Zwingend leiten auch die ausgestreckten Arme zu den Schwertern hin, die der Vater den Söhnen reicht. Die Hand, welche die Waffen hochhält, ist nicht nur der formale Mittelpunkt, sondern zugleich das Bedeutungszentrum des Bildes. Die gegensätzliche Gruppe der klagenden Frauen schließlich läßt in ihrer Weichheit die Härte der Krieger auf der anderen Seite um so fühlbarer werden. Ein scharfes Seitenlicht beleuchtet die Figuren und modelliert Körper, Gewänder und Attribute mit schonungsloser Klarheit heraus. Indem die Personen so vor der dunklen, bedrohlichen Baumtiefe agieren, erhält die Handlung einen tragischen Klang: Ein unausweichliches Schicksal nimmt seinen Lauf.« [131]

In den berühmten Eingangspassagen des 18. *Brumaire* hat Marx auf die Ängste hingewiesen, die mit dem antiken Kostüm verdeckt werden. In seiner Interpretation scheint der Rückgriff auf die Vergangenheit der Versuch zu sein, in einer revolutionären Krise, in der die Menschen dem Sog geschichtlicher Veränderung ausgeliefert wie zur Umwälzung entschlossen scheinen, einen Fixpunkt zu finden:

Die Menschen machen ihre eigene Geschichte, aber sie machen sie nicht aus freien Stücken unter selbstgewählten, sondern unter unmittelbar vorhandenen, gegebenen und überlieferten Umständen. Die Tradition aller toten Geschlechter lastet wie ein Alp auf dem Gehirn der Lebenden. Und wenn sie eben damit beschäftigt scheinen, sich und die Dinge umzuwälzen, noch nicht Dagewesenes zu schaffen, gerade in solchen Epochen revolutionärer Krise beschwören sie ängstlich die Geister der Vergangenheit zu ihrem Dienste herauf, entlehnen ihnen Namen, Schlachtparole, Kostüme, um in dieser altehrwürdigen Verkleidung und mit dieser erborgten Sprache die neue Weltgeschichtsszene aufzuführen. So maskierte sich Luther als Apostel Paulus, die Revolution von 1789–1814 drapierte sich abwechselnd als Römische Republik und als römisches Kaisertum (...). [132]

Die »Selbsttäuschung«, die in dieser Beschwörung eines Mythos wirksam ist,
bestimmt Marx auf einer Ebene, auf der es eher Irrtümer oder Unwissenheit
gab: über den notwendigen Charakter der Folgen von Freiheit und über den
von der römischen Illusion verdeckten nur politischen Status der Revolution gab
es kein sicheres Wissen. Die Selbsttäuschung dürfte eher darin liegen, daß das
antike Leitbild diese Ungewißheit (und nicht ein Wissen) verdrängte. Daher ist
auch in Rousseaus Rückgriff auf Plutarchs Rom nicht nur das Bedürfnis wirksam,
etwas Neues zu schaffen, als auch der Wunsch, ein für allemal dem Verfall einfa-
cher Sitten und militärischer Stärke, d. h. der *Irritierbarkeit* durch eine immobil
gewordene, arbeitsteilige Gesellschaft und durch ein Eigeninteresse, das in der
Gestalt von Reichtum und Luxus der Aristokratie und des Großbürgertums vor
Augen steht, Einhalt zu gebieten. Rousseaus Beschwörung Fabricius' und eines
in der Römischen Republik wiedergefundenen Imperialismus der Tugend hat
daher den paradoxen Status einer freiheitlichen, gegen Arbeitsteilung und gegen
den Wunsch nach sozialer Mobilität, gegen das Nachdenken »über einen von
dem seinen verschiedenen Zustand« [133] gerichteten Idee. Daher hat sie auch
die Form eines Durchbruchs zur Tat. [134]

Eine Befreiung von Skrupeln und Handlungshemmung ist auch Albanos Rückgriff auf das römische Kostüm, seine Reise nach Rom. Während Isola bella,
die Insel, auf der Albano für seinen Traum von heroischer freier Entfaltung einen
Spielraum gefunden hatte, in ihrer Abgeschiedenheit von der Gesellschaft, die
(intellektuelle) Grenze gebildet hatte, die den Naturzustand von einem Stand
der Entfremdung trennt, ist Rom der Ort, der zu versprechen scheint, daß es
im Bereich der Geschichte – mit der Revolution – Naivität geben könne: »Wie
in Rom, im wirklichen Rom, ein Mensch nur genießen und vor dem Feuer der
Kunst weich zerschmelzen könne, anstatt sich schamrot aufzumachen, und nach
Kräften und Taten zu ringen, das begreif' ich nicht.« [135] Wie es dem »Totalein-
druck hoher Sagen des Altertums« [136], der Metaphorik des römischen Kostüms
entspricht, können die cäsarischen Dimensionen, die sein von den Ruinen des
alten Rom hervorgerufener Handlungswille annimmt, und seine Sehnsucht nach
einem von Skrupeln freien Abenteurertum seinen Republikanismus zeitweilig
verdrängen und doch von der revolutionären Zielsetzung für abgedeckt erachtet
werden. So kann Albano, von Größe und Tat fasziniert, gegenüber Gaspard,
der die »Vielheit kleiner Kräfte« betont, die auch in der Revolution allein etwas
bewirken könnten, die vermeintliche Notwendigkeit des großen Führers sogar
mit dem Hinweis auf Vespasian illustrieren, dessen Willen man das Kolosseum
zu verdanken habe, das 12 000 Juden bauten. Dieser Fixierung auf Größe, in
der die unvermeidliche Partikularität auch des »großen« Handelns und je nach
Perspektive Herrschaftswillen oder Autoritätsfurcht verdrängt werden, entspricht
es, wenn Albano die revolutionäre Aktion selbst, die kriegerische Auseinandersetzung, mit einem Hymnus auf das »expressive Handeln« [137] feiert. In der ästhetizistischen Sicht der Revolution scheint auch die Spezialisierung überwunden,

die eine bürgerliche Existenz sowohl eng wie kompliziert macht, und die »Totalität des Charakters« erreicht: »Wo ist denn weiter auf der Erde die Stelle als auf dem Schlachtfeld, wo alle Kräfte, alle Opfer und Tugenden eines ganzen Lebens in *eine* Stunde gedrängt, in göttlicher Freiheit zusammenspielen mit tausend Schwester-Kräften und Opfern.« Das Pathos, das fast die gesamte Rom-Passage des *Titan* kennzeichnet, läßt sich dabei zum Teil auf die Jugend des Helden und den Stilisierungswillen Jean Pauls zurückführen, der den Roman im »hohen italienischen Stil« halten will. Aber abgesehen davon entspricht dieses Pathos der Tat und des Römertums, der Enthusiasmus, den Albanos gegenrevolutionäre Gesprächspartner Gaspard und Bouverot »Rausch« nennen, einem echten Dilemma, das von der Hoffnung auf Freiheit und Gleichheit verdrängt wird: es entsteht mit der Frage nach der Rechtfertigungsfähigkeit der Revolution als einem Gründungsakt, der Rechtsschöpfung in einem Rechtsvakuum. [138] Die Einführung des politischen Mythos vom »höchsten Wesen« von Staats wegen scheint von dem Bedürfnis motiviert, dieses Dilemma zu lösen, und nicht allein vom Affekt gegen den Atheismus der Aristokraten; und während es in Jeffersons Formulierung – »We hold these truths to be self-evident.« [139] – nicht verdeckt wird, weil ein Absolutheitsanspruch und eine Meinung kombiniert werden, so kann es unter dem Bedürfnis nach verbindlicher Auflösung und bei der Enttäuschung über die mögliche Unverbindlichkeit der jeweiligen Lösung, zur Stilisierung der Revolution zum Selbstzweck führen.

Daneben ist das zivilisationskritische Motiv in Albanos Heroismus nicht weniger wirksam. Die Revolution, die einer abstrakten und arbeitsteiligen Gesellschaft erst zur Durchsetzung verhelfen soll, wird von Albano schon als Befreiung vom Zwang zu besonnenem und nüchternem Handeln verstanden, wie es die bürgerliche Gesellschaft erfordert. Wenn er die Größe und die Tat gegen die »bangen engen Kleintaten auf der Ruder- und auf der Ruhebank der Zeit« [140] absetzt, so geschieht dies auf dem Hintergrund der Vorstellung von einer bourgeoisen Existenz, die sich nur begrenzten Risiken aussetzt und – eingeschlossen in das komplexe Gefüge der arbeitsteiligen Gesellschaft – borniert dem Gelderwerb nachgeht. [141] Schlaffer hat gezeigt, daß die Berufsperspektive, die sich dem Helden als dem zukünftigen Bohémien von hier aus zeigt, als »Verrat« empfunden wird: »Denn sie [Praxis, V.U.M.] würde innerhalb der komplizierten bürgerlichen Ökonomie immer in der Arbeitsteilung und damit im Verrat der menschlichen Totalität enden, die zu finden der Bildungsheld ausgeschickt wird.« [142] Die Abenteuerlichkeit, auf die sich der Romanheld dann spezialisiert, ist aber stets überlagert vom schlechten Gewissen. In seiner Interpretation der Revolutionskritik Hölderlins im Hyperion, wo in der Unaufhebbarkeit der Arbeitsteilung, darin, daß die Revolution keinen »ganzen Menschen« hervorbrachte, ihr Scheitern gesehen wird, beschreibt Schlaffer den abenteuernden Revolutionär als Verbrecher. Wenn in diesem Urteil Hölderlins freilich noch die moralischen Prinzipien der Aufklärung wirksam sind, so wird später das Verhältnis umgekehrt und der Verbrecher zum geheimen oder verirrten Revolutionär. [143] In Roquairol als dem Gegenspieler Albanos kündigt sich die Tendenz an, das moralische Verdikt, an dessen Gültigkeit gleichwohl geglaubt wird, eben zur Erhöhung des antibourgeoisen Protests einzusetzen [144]; und in der Identifizierung mit der Asozialität *als* Asozialität wird Baudelaire seine Provokationstechnik entwickeln.

Anders als Schlaffer an einer Stelle andeutet, beurteilt Jean Paul allerdings die beiden Alternativen »Revolution und Verbrechen«, soweit sie von Albano und auf der anderen Seite Roquairol repräsentiert sind, nicht nach verschiedenen Maßstäben. Die Einsicht, »daß die bürgerliche Epoche wenig Gelegenheit zu heroischen Taten biete«, oder »die Erkenntnis der nachrevolutionären, schon zur Restauration sich wendenden Situation« [145] spielen in seiner merkwürdig unausgeführten Kritik (sie besteht nur darin, daß Albano nicht an der Revolution teilnimmt) an Albanos Heroismus keine Rolle. Vielmehr scheint es so zu sein, daß die Megalomanie des Heros nicht primär an einem historischen Maßstab, als Anachronismus, sondern an einem aufklärerisch-moralischen Maßstab gemessen wird. In Jean Pauls Auseinandersetzung mit Napoleon steht nicht zufällig der Diktator, »kaiserliche Majestät« [146], wie der Zweifel weniger an der faktischen Möglichkeit als an der moralischen Rechtmäßigkeit der »Größe« im Zentrum: »Ein anderes ist, einen großen Mann sehen; dessen geistige Größe ist mir eher ein Geschenk als ein Raub. Hingegen einen großen Eroberer wie Bonaparte, der durch Gewalt uns alle demütigt, zu sehen, wäre ein niederdrückender Anblick. Jene Ungleichheit machte Gott, diese ein Mensch.« [147] Es ist denn auch die Gleichheitsidee, von der aus die Faszination für heroische Größe dem Verdacht des »Egoismus« ausgesetzt wird. In einem Brief an Otto vom 3. Februar 1800 weist Jean Paul darauf hin, »daß die seltene Kraft der Ehre ohne die keine Moralität möglich ist« – das Bedürfnis nach Autonomie – »(sogar bei Albano) so nahe an den Egoismus streift.« [148] Wie ich gezeigt habe, ist es die Funktion des römischen Kostüms, gerade diese Ambivalenz von Freiheit und Gleichheit, die Irritierbarkeit durch das Eigeninteresse zu verdecken und damit den Enthusiasmus für die Tat erst zu ermöglichen. Und da Jean Pauls Helden Rousseau insofern noch nahestehen, als bei ihnen Eigeninteresse und Moralismus konkurrieren, ohne doch konkurrieren zu *dürfen*, ist Albano von den Einwänden gegen seinen Enthusiasmus auch irritierbar.

Nicht zu Unrecht vermutet Albano hinter den Argumenten Gaspards reaktionäre Motive oder gar artistische Kälte und Zynismus; er spricht vom »Rausch der Menge«, von der moralischen Fragwürdigkeit der revolutionären Führer und der Fragwürdigkeit der Größe: Gewalt werde umso notwendiger, je weiter die Revolution gehe und wenn sie von zu weit gesteckten Zielen zurückwolle. [149] Aber Albano ist sich auch in seiner eigenen Überzeugung nicht sicher: »(...) es schien ordentlich, als errate ihn der Vater und mache sich die alte Freude, wie ein Schicksal einen Enthusiasmus zu erkälten und Erwartungen Lügen zu strafen, *sogar trübe.*« [150] Der Enthusiasmus für die Menschheit, die zu Freiheit und Gleichheit bestimmt ist, setzt sich über die Furcht hinweg, sie könnte ihre Bestimmung nicht einlösen. Um dieses Gefühl zu verteidigen, neigt Albano, gerade wenn er zu rationalen Überlegungen gezwungen wird, zur reinen Abwehr und zum Rückzug auf die Evidenz des Gefühls. Dafür ist – wie auch immer es um die Stichhaltigkeit der konterrevolutionären Einwände beschaffen sein mag – die ausschließliche Beachtung der hinter ihnen stehenden Interessen charakteristisch. Diese Einstellung Albanos ist freilich auch durch einen begründeten Verdacht motiviert. Gegenüber Gaspard, der ihn dafür bestimmen will, weniger »die Menschen bloß zu belehren oder zu belustigen, sondern zu behandeln und zu beherrschen«, vertritt Albano »die Tugend, die Gottheit und das Herz« [151] in Rebellion gegen den Zynismus absolutistischer Arkanpolitik. Gaspard ist der Prototyp des Weltmanns, der sein Intrigennetz spinnt, »Politik« macht, indem er andere Individuen nur benutzt und nicht bezweckt. Und noch die Stilisierung Gaspards zum kalten Artisten einer fast zweckfreien Arkanpolitik durch den Autor verdankt sich der Reaktion auf die Verachtung des Bürgers durch den Aristokraten.

Jean Paul hat die politische Konstellation, in der die Evidenz der Tugend und des Herzens dem falschen Glanz repräsentativer Öffentlichkeit des Hofs gegenübersteht, in Metaphern von Licht und Schatten illustriert. An seiner Solidarität mit dem Erzieher Albanos, Wehmeier, mit dem der junge Held Plutarch liest und den er von Rom aus im Brief an Schoppe mit den Worten grüßen läßt: »(...) und erinner' ihn an unser Bundesfest am Zeitungstage der niedergerissenen Bastille« [152], wird deutlich, daß es die soziale und politische Diskriminierung ist, die in einer Öffentlichkeit des »Gemeinsinns« überwunden sein soll. So ist Jean Pauls Verteidigung des beschränkten Bildungsstands Wehmeiers – der allerdings von der Historie doch etwas versteht – gegenüber allen »seidenen und gepuderten und lockigen Prinzeninstruktoren« gegen die Verachtung gerichtet, mit der der Plebejer einfach nicht wahrgenommen wird: »(...) verdenket meinem armen von den schweren dicken Erdlagen des Schicksals tief überbauten Wehmeier seine unterirdische Optik und sein Krummstehen nicht zu sehr, sondern zählt seine acht Kinder und seine acht Schulstunden und seine nahen Funfziger in seiner Lebens-Höhle von Antiparos und entscheidet dann, ob der Mann damit wieder herauskann ans Licht!« [153] Im ländlichen von der »Welt« d.h. von Öffentlichkeit abgeschiedenen Blumenbühl wird Albano mit den »moralischen Antiken« vertraut gemacht, von denen es heißt: »Die Alten wirken mehr durch ihre Taten als durch ihre Schriften auf uns, mehr auf das Herz wie auf den Geschmack.« [154] Auch das Ressentiment gegen Sinnlichkeit und Genuß, das später Albanos Aversion nicht nur gegen die Bedingungen absolutistischer Lebensstils, sondern gegen Sinnlichkeit überhaupt bestimmt, verdankt sich den sozialen Bedingungen, unter denen Wehmeier lebt (und Jean Paul aufgewachsen ist). Die Anerkennung solcher Bedürfnisse hätte den von der Armut erzwungenen Versuch, mit einer asketischen Moral den Entbehrungen einen Sinn zu verleihen, nachträglich negiert. Mit der »Gemeine«, der Republik der einfachen Sitten, des Altruismus und eines »Konsens der Herzen« mehr als »der Argumente« [155] wird daher der »Schattenwelt von Staaten« Rousseaus volonté générale entgegengestellt. [156] Dieses unbürgerliche Modell politischer Öffentlichkeit steht in Konkurrenz ebenso zum absolutistischen Staat wie zum liberalistischen Staatsverständnis, in dem von der Freisetzung des Eigeninteresses und dem Raisonnement von Privatleuten sei es als philosophische Politikberatung im aufgeklärten Despotismus sei es als parlamentarisch institutionalisiertes Raisonnement der staatliche Schutz des Privatinteresses erwartet und das Allgemeinwohl garantiert werden soll. [157] Zentrum des rousseauistischen Modells ist dagegen die Egoismuskritik und die Vorstellung von Revolution und Staat nicht als der Freisetzung des natürlichen, aber bislang eingeschränkten Eigeninteresses, sondern als »Konversion« zum altruistischen Staatsbürger. [158] In einem Brief an Emanuel knüpft Jean Paul an dieses Modell einer Konversion durch den Staat seine politischen Hoffnungen:

»Die besten Menschen, kamen nicht aus den Händen der besten Hofmeister und Eltern, sondern gerade aus denen der Natur. (...) Die besten Völker hatten die schlechtesten Schulen – die Griechen, Römer und Engländer – und wir werden mit allen unsern bessern Schulen wohl *gelehrter*, aber nicht *besser*. Kurz damit der Mensch gut werde, braucht er ein lebenslanges Pädagogium, nämlich einen – *Staat*. Solange unsere *Regierungsform* sich nicht so ändert, daß aus Sklaven Menschen, aus Egoisten Freunde des Vaterlandes werden – solange uns nicht der Staat und der Ruhm darin ein Motiv wird, gros zu handeln – solange der Reichtum geachtet wird, (und das mus so lange dauern als die Sklaverei die Mittel erschweret, nicht zu verhungern): so lange bleibt die Menschheit ein elender niedriger ängstlicher Schwarm, aus dem nur einzelne moralische Halbgötter vorragen und den alles predigen und erziehen nur veränderlich, aber nicht gut macht.« [159]

Innerhalb dieses Modells stellt sich bei der Vollendung der Revolution durch die Revolutionsdiktatur das Problem der Vermittlung von Eigeninteresse und Gemeinwohl in der Form der *Konstruktion* eines glücklichen Zufalls: »Die Gesellschaft würde ihr Meisterstück machen, wenn sie in bezug auf die moralischen Belange im Menschen einen raschen Instinkt schüfe, der ihn – ohne den nachträglichen Beistand des Denkens – das Gute tun und das Böse vermeiden ließe.« [160] Mit der artifiziellen Herstellung des glücklichen Zufalls wäre auch unter Bedingungen einer Gesellschaft, die mit den institutionellen Bedingungen für freie Entfaltung vor allem das Eigeninteresse der Bourgeoisie favorisieren wird, die *Naivität* der freien Entfaltung jenseits der Laster der amour-propre garantiert. Die Realität dieser Naivität voraussetzend, kann Albano im Schutz der römischen Landschaft und am Beginn der bürgerlichen Epoche von politischer Größe und politischem Handeln als Abenteuer träumen. Aber innerhalb des Romans ist auch Rom eine Insel. Wenn die Reise nach Rom auch durch die parallele Liebesgeschichte als Genesungsreise z. T. motiviert und zum Zweck des Zusammentreffens mit Linda in der ihr entsprechenden erotischen Landschaft vom Autor arrangiert ist, so ist doch merkwürdig, daß die Reise in die Revolution, die Albano damit *auch* einschlägt, die Teilnahme an der Revolution ersetzt. Wie Isola bella ist auch Rom eine künstliche Landschaft, deren Artifizialität – das Arrangement von Ruinen antiker Größe – die doppelte Funktion einer fiktiven Freisetzung *und* Begrenzung nicht mehr nur naiver Bedürfnisse hat. Das Pathos der Tat entspricht auch hier den inneren Widerständen gegen die Tat. Geht man darüber hinaus davon aus, daß Jean Paul die Naivität seines Helden retten will, so ist die Notwendigkeit plausibel, ihn von der Revolution gerade fernzuhalten. Da die inszenierte Naivität zwar zu heroischer Praxis motivieren, aber im Handeln nicht mehr naiv bleiben kann, so ist es unumgänglich, wenn die mit der Revolution drohende Enttäuschung – und damit Reflexion, die »Trennung des Ichs von der Beschauung« – vermieden werden soll, daß der Held in Rom bleibt. Und nur weil Albano mit dem Ende des Romans andere Aufgaben zufallen werden, kann er andererseits in Rom die festesten Entschlüsse gegen die Bedenken des Revolutionsgegners Gaspard fassen. [161]

Unter der Bedingung, daß Zufälle zu Hilfe kommen, kann schließlich Albanos Naivität, der Traum von individueller Größe, die mit der Gleichheitsidee nicht konkurriert, nicht nur in der Phantasie gerettet, sondern auch realisiert werden. Am Ende des Romans wird er sich als der zum Thron berufene, den Nachstellungen des benachbarten Hofs bisher entzogene Fürst enthüllen, der die Ideen der Französischen Revolution, die Erziehung der Untertanen zu selbständigen Staatsbürgern [162], von oben durchsetzen wird, ein Schluß, der W. Harichs Interpration motiviert haben könnte, die »heroischen Romane« *Hesperus* und *Titan* seien ein »praktisches Programm zur Umgestaltung Deutschlands«. [163]

Dafür spricht, daß in Deutschland Veränderungen tatsächlich nur von den Fürsten erwartet werden konnten; und in diesem Sinn wird Jean Paul während der Befreiungskriege seine *Dämmerungen für Deutschland* den Fürsten widmen. [164] Doch es sind nicht allein situationsspezifische politische Überlegungen Jean Pauls, die die besondere Form des Romanschlusses beeinflussen. Wenn es für den Helden charakteristisch ist, daß der Glaube an die Kompatibilität von individueller Größe und republikanischer Tugend gegen die Reflexion (auf ihre mögliche Widersprüchlichkeit) durch den Rückzug auf Inseln geschützt werden muß, wenn andererseits aber der Held nicht nur in der Phantasie (auf Inseln), sondern wirklich existieren soll, so muß er einen entsprechenden sozialen Status erhalten, der ihm Größe garantiert. Die vom Autor dafür arrangierten Zufälle: Luigi, der Bruder Albanos, der von den Machenschaften des gegnerischen Hofs ruiniert worden war, stirbt plötzlich – Schoppe, schon wahnsinnig geworden, vom Willen zur Enthüllung aller Intrigen getrieben, setzt das Räderwerk in Gang, das ihm den Weg zum Testament der fürstlichen Mutter Albanos weist – zeigen den märchenhaften Charakter dieser Lösung. Die Tatsache schließlich, daß der wahnsinnige Humorist kurz vor seinem Tod die fürstliche Herkunft Albanos enthüllt, kann zu einer spekulativen These über den allegorischen Charakter dieser Konstellation Anlaß geben: Reflexion, Künstlichkeit ist zwar die Bedingung des glücklichen Ausgangs des Romans, aber der naive Held selbst bedarf ihrer nicht, ihm fallen ihre Resultate zu. Im Spätwerk macht Jean Paul dann das Bewußtsein vom inszenierten Charakter dieser Lösung und des Heldentums thematisch. Wuthenow hat darauf aufmerksam gemacht, daß Jean Paul mit dem *Kometen* einen »Antititan« schreibt [165]: Die Prädestination und Erziehung Nikolaus Marggrafs zum Fürsten zeigen sich hier als phantastischer Größenwahn, ein parodistisches Gegenstück zum Titanismus Albanos.

1 Wolfram *Schütte* in einem Feature für den Hessischen Rundfunk: »Der Weg aus Krähwinkel. Jean Pauls Renaissance in der Gegenwart.« 6.7.1971. Unter den Anzeichen für diese Renaissance sind u. a. zu nennen: die Edition der »Werke« (Bd. 1–6, hrsg.v. Norbert *Miller*, Bd.2 hrsg.v. Gustav *Lohmann*, München 1959–63); eine auf der Basis dieser Ausgabe 1969 erschienene dreibändige Volksausgabe; schließlich die Neugründung der Jean-Paul-Gesellschaft, deren von Kurt *Wölfel* herausgegebenes Jahrbuch (1966 ff.) die weitgehend provinziellen »Blätter der Jean-Paul-Gesellschaft« abgelöst hat und wissenschaftlichen Ansprüchen genügt; ein Sonderband von »Text + Kritik«, hrsg. v. Heinz Ludwig *Arnold*, Stuttgart 1970 und ein demnächst erscheinender Sammelband in der Reihe ›Wege der Forschung‹, hrsg. v. Uwe *Schweikert*.
2 Zum ›italienischen Roman‹ schreibt Jean Paul in der »Vorschule der Ästhetik«: ›In diesen Romanen fordert und wählt der höhere Ton ein Erhöhen über die gemeinen Lebenstiefen – die größere Freiheit und Allgemeinheit der höhern Stände – weniger Individualisierung – unbestimmtere oder italienische oder natur- oder historisch-ideale Gegenden – hohe Frauen – große Leidenschaften etc. etc.‹ *Jean Paul,* Werke, München 1959–63, Bd. V, S. 254 (Diese Ausgabe wird im folgenden zitiert als römische Zahl = Band + Seitenzahl. »Jean Pauls Sämtliche Werke«, Hist.-krit. Ausgabe, hrsg. v. Eduard *Berend*, 1927 ff. wird im folgenden zitiert als SW, arabische Zahl = Abteilung, römische Zahl = Band + Seitenzahl.)
3 So nennt Jean Paul selbst den »Titan«, vgl. Richard *Rohde,* Jean Pauls Titan. Untersuchungen über Entstehung, Ideengehalt und Form des Romans. Palaestra Bd.105, 1920, S. 41
4 Am konsequentesten ist dieses Bild Jean Pauls in der bisher eindrucksvollsten Monographie von Max *Kommerell*, Frankfurt/M. 1933 entworfen worden. Die Darstellung gehört in den Umkreis der George-Schule, macht aber gerade den von George als ›zopfig‹ abgelehnten Humoristen zum Zentrum. Kommerell gelingt es – mit der Verachtung des Konservativen gegenüber einem philiströsen Bürgertum, das Unheimliches verdrängt – dem Humor ›alle Gutmütigkeit‹ zu nehmen. Er wird ihm als hypertrophe Reflexion zum Zeichen einer überreifen Spätkultur, und entsprechend heißt der Untertitel des Buchs auch ›die Krise der Kunst‹. Von der Logik der Reflexionskritik, die es bei Jean Paul in der Tat gibt, läßt sich Kommerell in eine absurde Geschichtsphilosophie treiben: Jean Paul als Epigone Goethes, als Repräsentant eines zerfallenen Bürgertums, das bei Goethe noch (!) intakt war. Gegenüber einer ›gouvernantenhaften bürgerlichen ratio‹ wird der bohrend reflektierende Humorist ebenso heroisiert, wie im geschichtsphilosophischen Schema Reflexion als Sündenfall erscheint: eine heroische Untergangsstimmung am Vorabend des Faschismus. Vgl. dazu auch die Kritik *Benjamins,* der das geschichtsphilosophische Schema allerdings ungeschoren läßt: »Wider ein Meisterwerk«, in: Angelus Novus, Frankfurt/M. 1966

Staiger thematisiert in seiner Titan-Analyse insofern ähnliche Züge, als er mit Goethe und Stifter (!) eine verpflichtende Norm gegen den gestaltlosen Jean Paul errichten will. Die Aufsatzsammlung, in die die Titan-Untersuchung aufgenommen ist (Meisterwerke deutscher Sprache, Zürich, ³1957), empfiehlt das Weltbild der inneren Emigration gegen Irritationen.

Unter den neueren Arbeiten, die den weltnegierenden Jean Paul zum Zentrum des Verständnisses machen, sind vor allem die Aufsätze von Bernhard *Böschenstein* zu nennen: Studien zur Dichtung des Absoluten, Zürich u. Freiburg i. Br., 1968, darin: Jean Pauls Romankonzeption; Die Transfiguration Rousseaus in der deutschen Dichtung; Antikes im Titan. Ferner: Grundzüge von Jean Pauls dichterischem Verfahren, dargest. am ›Titan‹, Jb.d.J.P.-Ges., 3, 1968

5 Die Kontroverse zwischen beiden Ansätzen führten zuerst Hans *Mayer* und Walter *Killy* in der »Zeit« 1963, Nr. 12, 13, 18. Den Satiriker Jean Paul hat Wolfgang *Harich* zur Grundlage einer materialistischen Deutung gemacht: Satire und Politik beim jungen Jean Paul, in: Sinn und Form XIX, 1967. Die politischen Intentionen Jean Pauls sieht er dann im »Hesperus« und im »Titan« poetisch umgesetzt. Sie gelten ihm als ›praktisches Programm zur Umgestaltung Deutschlands‹. (S. 1518) Vgl. dazu auch: W. Harich, Jean Pauls Kritik des philosophischen Egoismus, Frankfurt/M., o.J., S. 97, 105 Zur politischen Deutung des »Titan«: Helmut *Widhammer*, Satire und Idylle in Jean Pauls »Titan«. Mit besonderer Berücksichtigung des »Luftschiffers Giannozzo«, Jahrbuch der Jean-Paul-Ges. 3, 1968; Heinz *Schlaffer*, Der Bürger als Held, Frankfurt/M. 1973 (Kap. I. Epos und Roman. Tat und Bewußtsein. Jean Pauls »Titan«.) Dem Thema entsprechend untersucht Schlaffer nicht den Humoristen sondern nur den ›Helden‹ des Romans. Ich gehe auf diese, bisher beeindruckendste, sozialgeschichtliche Deutung noch ein.

6 Walter *Benjamin*, Geschichtsphilosophische Thesen, in: W.B., Illuminationen, Frankfurt/M., 1961, S. 270

7 Untersucht werden die zitierten Arbeiten von *Böschenstein*, *Widhammer* und die für die Einschätzung der politischen Haltung des Autors grundlegende Arbeit von Ralph-Rainer *Wuthenow*, Ein roter Faden. Jean Pauls politische Schriften und sein Verhältnis zur Französischen Revolution.

8 P. *Krumme*/B. *Lindner*, Absolute Dichtung und Politik. Tendenzen der Jean-Paul-Forschung, Text + Kritik, S. 124

9 B. *Lindner*, Satire und Allegorie in Jean Pauls Werk. Zur Konstitution des Allegorischen, Jb. d. J. P.-Ges. 5, 1970, S. 48

10 Marie-Luise *Gansberg*, ›Welt-Verlachung und das rechte Land‹. Ein literatursoziologischer Beitrag zu Jean Pauls »Flegeljahren«, Deutsche Vierteljahresschrift, 42, 1968

11 Wolfdietrich *Rasch*, Metaphernspiele und dissonante Strukturen, in: Interpretationen 3, Deutsche Romane von Grimmelshausen bis Musil, Frankfurt/M. 1966, S. 103

12 Es heißt bei Rasch, Jean Paul ›scheue sich nicht‹, einen derartigen Bezug herzustellen. (S. 99) Die betreffende Stelle findet sich in der ›Vorschule‹, V, S. 201

13 Peter v. *Haselberg*, Musivisches Vexierstroh. Jean Paul, ein Jakobiner in Deutschland, in: ›Zeugnisse‹, Th.W. Adorno zum 60. Geburtstag, Frankfurt/M. 1963

14 Dies wird u.a. deutlich an der Kritik von Krumme/Lindner an Wuthenow. W. ist über Haselberg hinausgegangen und er hat die Diskussion um die politische Position Jean Pauls insofern konkretisiert, als er auch außerliterarisches Material herangezogen hat. U.a. ist dadurch die zweideutige Stellung Jean Pauls zur Revolution deutlich geworden, eine Zweideutigkeit, die natürlich nicht von ihm allein abhing. Wuthenow schreibt dazu: ›Hier tun sich Widersprüche auf, die nicht allein die Jean Pauls, sondern der Welt und ihrer Geschichte sind.‹ (Ein roter Faden, S. 63) Die merkwürdige Kritik

›die literatursoziologische Interpretation (rufe) zwar die Widersprüche beim gesellschaftlichen Namen, doch nur, um sie als Fakten der politischen oder sozialen Geschichte zu präsentieren‹ ist nur so verständlich, daß die Lösungen dieser Widersprüche parat sind und auf dieser Basis die Kritik an Jean Paul vermißt wird. (Absolute Dichtung, S. 122)

15 B. *Lindner,* Satire und Allegorie, S. 49

16 *Jean Paul* an *Jacobi,* 3. Dez. 1798, SW 3, III, S. 129

17 W. *Harich* spricht in diesem Sinn von den ›heroischen Romanen‹ Jean Pauls; Satire und Politik, S. 1492. Bei *Schlaffer,* Der Bürger als Held, steht dieser Zusammenhang im Zentrum.

18 Daß die Entgegensetzung von Natur und Gesellschaft nicht spezifisch aufklärerisch ist, zeigt besonders deutlich die Aversion der Spätaufklärer in Deutschland gegen die Absonderung der Genies aus der ›Gesellschaft‹. (Vgl. dazu auch: Georg *Jäger,* Empfindsamkeit und Roman, Stuttgart 1969) So nimmt Garve im Rückblick auf Rousseaus Verstimmung über Hume in typisch aufklärerischer Weise für Hume Stellung: ›Was bei Rousseau in höchstem Grade war, findet sich bey vielen Menschen in einigem Grade. Sie waren gemacht, von vielen geschätzt und gesucht zu werden: aber sie machten den unsinnigen Anspruch, von eben so vielen vertrauter Freund zu seyn. (Der kontrollierte Empfindungsaustausch ist nämlich im Freundschaftskult durch den Selbstausdruck ersetzt. V.U.M.) Dieser wird natürlicher Weise ihnen nicht zugestanden: und nun entsagen sie auch dem Glücke, das aus der Geselligkeit entspringt.‹ Christian *Garve,* Ueber Gesellschaft und Einsamkeit, Bd. 1 Breslau 1797, Bd. 2 Breslau 1800, S. 312

19 *Kant,* Kritik der Urteilskraft, Theorie-Werkausgabe Bd. X, Frankfurt/M. 1957, S. 401

20 Kurt *Weigand,* Einleitung zu Jean-Jacques *Rousseau,* Schriften zur Kulturkritik (Die zwei Diskurse von 1750 u. 1755), Hamburg 1971, S. XXXVIII

21 Friedrich *Schlegel,* Über das Studium der griechischen Poesie, in: Kritische Schriften, hrsg.v. W. *Rasch,* München 1964, S. 215 Schlegel nimmt Schillers Beschreibung von Werthers Homerlektüre auf; vgl.: Über naive und sentimentalische Dichtung, Sämtl. Werke, München 1959, S. 711

22 Robert *Spaemann,* Genetisches zum Naturbegriff des 18. Jahrhunderts, Archiv für Begriffsgeschichte XI, 1967

23 *Rousseau,* 2. Diskurs, Schriften zur Kulturkritik, S. 71

24 Zur Rolle der ›Insel‹ bei Jean Paul vgl. Horst *Brunner,* Die poetische Insel. Inseln und Inselvorstellungen in der deutschen Literatur. Stuttgart 1967, S. 186–193 (zu Isola bella). *Widhammer,* Satire und Idylle, hat den gesellschaftskritischen utopischen Gehalt dieser Inseln betont, die er ›hohe Idyllen‹ nennt; die besondere Form dieser Kritik hat er allerdings nicht gesehen.

25 III, S. 20

26 III, S. 21 f. Da die Imperative der Empfindung tatsächlich von der Natur befolgt werden, kann in einem strikten Sinn von Inszenierung gesprochen werden. Auf dieses Verfahren Jean Pauls ist schon oft hingewiesen worden: David *Wittenberg,* ›Elisäischer Zwischenraum‹, Text + Kritik, S. 15, spricht von einem ›Inszenator‹; Peter *Michelsen,* Spaltung. Jean Paul. In: P.M., Laurence Sterne und der deutsche Roman des 18. Jahrhunderts, Göttingen 1962, von ›Operneffekten‹. Er folgt darin Staiger, Jean Paul. Titan, S. 58, bei dem es heißt, daß die Natur zum ›Barocktheater‹ umgestaltet sei. Horst *Brunner,* Kinderbuch und Idylle. Rousseau und die Rezeption des ›Robinson Crusoe‹ im 18. Jahrhundert, Jahrbuch der Jean-Paul-Ges. 2, 1967, schreibt in seiner Untersuchung von Rousseaus Darstellung seines Aufenthalts auf St. Pierre und des dort proklamierten Glückszustands: ›Der notwendige Bewußtseinszustand stellt sich

indes nicht von selber ein, man muß ihn mit Anstrengung zu erlangen suchen, muß
ihn gleichsam inszenieren (...).‹ (S. 94) Die Idyllentheorie Jean Pauls ist von Rousseaus
Schilderungen von St. Pierre in den »Confessions« und den »Rêveries« stark beeinflußt. (Brunner, S. 95) Darüber hinaus ist die Problematik des inszenierten Bewußtseinszustands *das* Thema Jean Pauls.

27 Vgl. z. B. im »Titan« den ›verkehrten Regen‹, den Roquairol in Gang setzt. (III, S.
384 f.) Daß die Maschinerien sowohl der Erzeugung ›natürlicher‹ Affekte dienen, wie
der Erzeugung affektierter Gemützustände, (die als solche vom Autor mit den gleichen
Mitteln zwar hergestellt, aber anders bewertet werden) zeigt schließlich Roquairols
Inszenierung seines Selbstmords als Trauerspiel.

28 III, S. 22 f.

29 Der Periodenbau Jean Pauls ist schon verschiedentlich analysiert worden: August
Langen, Deutsche Sprachgeschichte, in: Deutsche Philologie im Aufriß, Bd. 1, Berlin
1957, Sp. 1226 ff.; Max *Kommerell*, Jean Paul, Kap. Singende Prosa; Rüdiger *Scholz*,
Welt und Form des Romans bei Jean Paul, Bern 1973, S. 50 ff. Jean Paul hat die
von Klopstock ausgebildete ›Wennperiode‹ radikalisiert, in der der konditionale Sinn
des ›wenn‹ gegenüber seinem temporalen Sinn zurückgedrängt und – in Konkurrenz
zum rationalistischen Sprachgebrauch – der Schilderung von Affekten dienstbar gemacht wird.

30 R. *Scholz*, Welt und Form, S. 36

31 ebd., S. 54

32 Daran wird Schiller die Rechtfertigung der modernen sentimentalischen Kunst knüp-
fen. Vgl.: H.R. *Jauß*, Schlegels und Schillers Replik auf die ›Querelle des Anciens
et des Modernes‹, in: H.R.J., Literaturgeschichte als Provokation, Frankfurt/M.
1970

33 Gesucht wird ein Ordnungssystem, das Kontingenzen integriert – dies macht seine
Inkonsistenzen aus – und Trostfunktionen übernimmt – das hat das Festhalten an
den Inkonsistenzen zur Folge; was zur Inszenierung von ›Natürlichkeit‹ führt, wenn
die Widersprüche verdrängt werden sollen.

34 Georg *Lukács* hat in seiner ›Theorie des Romans‹, Neuwied/Berlin [3]1965, S. 22 ff.,
eine sehr poetische Beschreibung der ›Idee‹ des Goldenen Zeitalters gegeben, die er
freilich – im Geist der idealistischen Geschichtsphilosophien – historisch in Griechenland ansiedelt. Auch hier sind die ›Vertrautheit‹ und das ›Abenteuer‹, die ›Seele‹ und
die ›Tat‹ in schöner Kongruenz. Am prägnantesten ist dies mit der These formuliert,
der Grieche habe seine Antworten früher als seine Fragen, d. h. eine Welt ›eines fertig
daseienden Sinns‹ ist fraglos und der Skepsis des modernen Individuums immer schon
entzogen. Auch hier handelt es sich um eine ›Werthersche Ansicht‹.

35 III, S. 35 (Herf. d. Verf. V. U. M.)

36 III, S. 381

37 III, S. 23

38 III, S. 243 f.

39 Zu den Frauen in Jean Pauls Romanen sagt er: »Seine Frauen haben rote Augen und
sind Exempel, Gliederfrauen zu psychologisch-moralischen Reflexionen über die
Weiblichkeit oder über die Schwärmerei. Überhaupt läßt er sich fast nie herab, die
Personen darzustellen (...).« F. *Schlegel*, Kritische Schriften, S. 81 Böschenstein hat
die Beobachtung gemacht, daß »Goethe in seinen nachklassischen Romanen kaum
je das Äußere seiner Helden beschreibt (während) solche Beschreibungen paradoxer-
weise bei Jean Paul (zu finden sind), der uns doch unentwegt versichert, nach dem
Einsturz der äußeren Welt bleibe ihm nur noch die innere auszusprechen übrig.«
(B. *Böschenstein*, Grundzüge, S. 27) Diese Beobachtung widerspricht nur scheinbar
der Schlegels. Jean Paul erzeugt mit Mitteln stets wiederkehrender Versatzstücke (vor

allem Landschaften) die Personen als Allegorien von Reflexionsvorgängen. Daran
knüpft Schlegel seine Bemerkung. Kommerell, der mythische Denkfiguren bei Jean
Paul (vgl. das Bild des frevelnden Prometheus III, S. 23) zum Anlaß nimmt, den Mythos
in der Interpretation wieder aufleben zu lassen, deutet die Hauptpersonen des Romans
folgendermaßen: »Er hat sich Klassik, Romantik und kritischen Idealismus zu Lebens-
freveln ergänzt und hat sich Gestalten ersonnen als Frevelnde dieses Lebensfrevels:
Schoppe oder der Lebensfrevel des philosophischen Bewußtseins, Roquairol oder der
Lebensfrevel des Künstlers, Gaspard oder der Lebensfrevel des Handelnden.« (*Kommerell*, Jean Paul, S. 208)

40 B. *Böschenstein*, Grundzüge, S. 35
41 SW 2, III, S. 76 ff.
42 ebd, S. 78
43 B. *Lindner*, Satire und Allegorie, S. 45
44 SW 2, III, S. 79
45 B. *Lindner*, Satire und Allegorie, S. 46
46 Jörg *Schönert*, Roman und Satire im 18. Jahrhundert, Stuttgart 1969, S. 29
47 Eine Skizze dieses Übergangs: ebd. S. 163 ff.; zur Rolle Jean Pauls innerhalb dieses
   Stilwandels: ebd. S. 169 ff.
48 *Helvetius*, Vom Menschen, Wien 1877, S. 138 f.
49 ebd. S. 143
50 Lucien *Goldmann*, Der christliche Bürger und die Aufklärung, Neuwied/Berlin 1968,
   S. 34, beschreibt dieses Verfahren als den Versuch, erste Grundlagen für eine Wissens-
   soziologie zu schaffen. Helvetius steht denn auch – wie ich im folgenden zeige –
   vor dem zentralen Problem, einen systematischen Ort zu finden, der seinem eigenen
   Verfahren entzogen wäre. Er bemerkt dies allerdings nicht.
51 ebd. S. 35
52 Wolf *Lepenies*, Melancholie und Gesellschaft, Frankfurt/M. 1972, S. 48
53 ebd. S. 47
54 Zur Genese der »Maximen« La Rochefoucaulds aus der Aktionshemmung des ge-
   scheiterten Frondeurs, ebd. S. 47–75. Zur Rolle der Hypokrisie vgl. auch die beste-
   chende Analyse von Hannah *Arendt*, Über die Revolution, München 1963, S. 125 ff.
55 H. *Arendt*, Über die Revolution, S. 133
56 *Rousseau*, 2. Diskurs, S. 69 ff.
57 III, S. 27
58 III, S. 694
59 Vgl. die Satire »Über die Wahrheitsliebe der Hof- und Weltleute«, SW 1, I, S 461 ff.
60 W. *Harich*, Jean Pauls Kritik, S. 49
61 *Kant*, Kritik der reinen Vernunft, Hamburg 1956, S. 463
62 ebd. S. 438
63 Kant verschärft das Problem, indem er zeigt, daß die Annahme einer Kausalität aus
   Freiheit notwendig verbunden ist mit dem Verzicht auf *Wissen*, denn nur auf Grund
   von Regelmäßigkeiten können wir etwas erklären (d.h. in der modernen Wissen-
   schaftstheorie: Aussagen über einmalige Vorgänge – singuläre Es-gibt-Sätze – erklären
   nichts, und nur Aussagen über Regelmäßigkeiten können überprüft werden): »Die
   Freiheit (Unabhängigkeit) von den Gesetzen der Natur, ist zwar eine *Befreiung vom
   Zwange*, aber auch von *Leitfaden* aller Regeln.« (K. d. r. V., S. 463*) Bedenkt man,
   daß alles Handeln Wissen unterstellen muß, und daß die Wissenschaft offenbar gezeigt
   hatte, daß man über *sicheres Wissen* (Newton) verfügen konnte, so ist die Radikalität
   der Fragestellung sowohl in Bezug auf Freiheit wie auf Wissen deutlich. – In der
   Analyse der dritten Antinomie, wird nun in der Antithesis gezeigt, daß es nicht möglich
   sei, von Freiheit etwas zu wissen, denn man muß freie Akte identifizieren können,

ihre Identifikation setzt aber Regeln voraus, nach denen sie identifiziert werden können; da Regelmäßigkeit und Freiheit einander widersprechen, gibt es Freiheit nicht: »Denn man kann nicht sagen, daß anstatt der Gesetze der Natur, Gesetze der Freiheit in die Kausalität des Weltlaufs eintreten, weil, wenn diese nach Gesetzen *bestimmt wäre, sie nicht Freiheit, sondern selbst nichts anderes als Natur wäre*.« Die Thesis zeigt dagegen, daß die Annahme von Regelmäßigkeiten impliziert, daß diesen selbst eine Regel zugrunde liegen müsse, mithin absolute Spontanität, die diese Regelmäßigkeiten erst setzt. – Ich habe in meiner Interpretation »Regel« im Sinn von »Forschungsregel«, zugleich aber äquivok im Sinn von »Naturgesetz« verwendet. Ich hoffe, daß dieser Sprachgebrauch der Verwendung des Kausalitätsprinzips in der Thesis entspricht. Hier werden »Kausalität der Zeit nach« (alles, was geschieht, setzt einen vorigen Zustand voraus) und »Kausalität der Ursache« (alles, was geschieht, setzt eine hinreichend a priori bestimmte Ursache voraus) äquivok verwendet: mit letzterem (eigentlich nur) *methodischem* Prinzip widerlegt der Vertreter der Thesis die Annahme einer unendlichen Reihe von Ursachen und Wirkungen in der Zeit: die unendliche Reihe selbst widerspricht dem Kausalitätsprinzip, insofern es einen *zureichenden Grund* fordert. Und unter dieser Prämisse der »Denknotwendigkeit« des Kausalitätsprinzips als Satz vom zureichenden Grunde ist plausibel, daß Wissen und Freiheit sich gegenseitig ausschließen und bedingen. – Kant versucht, die Antinomien gerade zum Hebel der Lösung zu machen. Er deutet sie als Indiz der notwendigen Verstrickung der Vernunft, wenn sie versucht, ihre transzendenten, gleichwohl »notwendigen« Forderungen nach Synthesis auf die Erfahrung zu übertragen. Damit ist der Intention nach Erfahrung als Kontrollinstanz eingeführt und dem entspricht die Einführung der deterministischen These als heuristische (regulative) Prinzip. (Gegen diese seine Intention kann nun Kant selbst eingewandt werden. Wenn mit dem transzendentalphilosophischen Ansatz über Notwendigkeit und Allgemeinheit von Urteilen, was Geltung *und* Umfang impliziert, entschieden wird, so muß man nicht einsehen, wieso der Vernunftgebrauch eingeschränkt werden sollte auf den Bereich des Verstandes, noch muß man ein, dem transzendentalen Zugriff entzogenes, die Sinne gleichwohl affizierendes Ding an sich annehmen. Nur: diese Grenzüberschreitung löst nicht die Antinomien.) Die Radikalität, mit der Kant das Problem zuspitzte, läßt sich historisch aus der Tatsache erklären, daß er – wie es für Sachverständige wohl unvermeidlich war, was seine Lösung um so bedeutender macht – von der Geltung der Newtonschen Physik, also auch von der Gültigkeit der in ihr verwendeten Prinzipien überzeugt war, wie auch davon, daß sie sich nicht – wie Newton und Hume meinten – aus den Sinnen logisch deduzieren ließen. Daher seine Frage, wie synthetisch apriorische Urteile *möglich* sind, womit die Geltung des Kausalitätsprinzips im Sinn des Satzes vom zureichenden Grunde schon vorausgesetzt war. Da er zugleich Widerspruchslosigkeit forderte, um Beliebigkeit zu vermeiden, konnte er die Antinomien nur als *notwendige* Illusion der Vernunft interpretieren und versuchen, ihren Gebrauch einzuschränken.

64 Richard *Kroner*, Von Kant bis Hegel, Tübingen 1961, S. 364, beschreibt *Fichtes* Grenzüberschreitung folgendermaßen: »Die Grenzlinie ist nicht so zu ziehen, wie Kant es getan hat; sie ist nicht schon durch die Kritik des theoretischen Vermögens im engeren Sinne festzulegen, so daß nachher die Kritik des praktischen an ihr nichts mehr ändert, sondern sie ist nur in »praktischer Absicht« überschreiten kann, – sie ist vielmehr als eine *Grenze der spekulativen Reflexion* überhaupt zu bestimmen. Für Kant bleibt der Gesichtspunkt maßgebend, die Verstandesmetaphysik in die ihr gezogenen Schranken zu bannen und ihr den ihr allenfalls zuzubilligenden, allein von der praktischen Vernunft in praktischem Interesse einzuräumenden Platz zu sichern. Die an der Verstandesmetaphysik geübte Kritik gilt ihm zugleich als am spekulativen

Vermögen überhaupt geübt. Daß sich dieses Vermögen selbst erweitert, indem es im sittlichen Gebiete das autonome Vernunftgesetz und die daraus folgenden Postulate entdeckt, bleibt Kant verborgen, weil er (...) nicht innewird, daß auch dieses Erkennen ein spekulatives ist, (...).« Fichtes Bestimmung der Grenze als einer Grenze *der* Vernunft (im doppelten Sinn eines genitivus objectivus hinsichtlich der theoretischen, und eines genitivus subjectivus hinsichtlich der praktischen Vernunft) ist der Rechtfertigung von Beliebigkeit insofern nahe, als nicht einsichtig wird, wie dem philosophischen Subjekt die Reflexion auf die ursprüngliche Tathandlung der Vernunft, in der sie sich Grenzen setzt, möglich sein soll, wie auch darin, daß in der absoluten Spontaneität der Grund der Notwendigkeit der Selbstbegrenzung liegen soll.

65 Jürgen *Habermas*, Strukturwandel der Öffentlichkeit, Neuwied/Berlin ⁵1971, S. 138 ff.

66 W. Harich, Jean Pauls Kritik, S. 67

67 V, S. 202 f.

68 Vgl. Abschnitt I meiner Arbeit

69 B. *Lindner*, Satire und Allegorie, S. 50 f.

70 Im VII. Programm der Vorschule versucht Jean Paul, das Komische der romantischen Poesie zu integrieren und es als Humor im Kontext der Fichteschen Transzendentalphilosophie zu interpretieren. Im Komischen wird besseres Wissen um Handlungen, die nun unsinnig erscheinen, dem Handelnden unterstellt. Der Kontrast wird nun als spezifisches Charakteristikum einer endlichen Vernunft gedeutet, als »subjektiver Kontrast«, der als Setzung einer absoluten Vernunft zu einem ihr inhärenten »objektiven Kontrast« wird. Die Kontrastierung eines Endlichen mit einem Unendlichen soll »bloß Unendlichkeit des Kontrasts gebären« (V, S. 125), der Verstand müsse einen ins Unendliche gehenden Kontrast antreffen, der ihm freilich per definitionem nicht zugänglich sein kann. In der »Clavis Fichteana« wird Schoppe danach fragen, wie denn die vorgängige Tathandlung der Vernunft begriffen werden kann. Das absolute Ich ist dann die Setzung eines empirischen Ich (Schoppes), der die Wissenschaftslehre als einen Witz produziert.

71 Vgl. das »Vorwort zu einer modernen Mythologie« und den ersten Abschnitt des Kapitels »Das Naturgefühl auf den Buttes-Chaumont« in: Louis *Aragon*, Pariser Landleben, München 1969 Der provokanten Identifikation der Surrealisten mit der Moderne, in der die in der Technik herrschende Zweckrationalität um ihre Zwecke und zur freien Verfügung gebracht wird, entspricht die aktionistische Theorie des »acte gratuit«, in dem Handeln zweckfrei, expressiv werden soll: »tout acte porte en lui-même sa justification.« (Breton) Zit. n. Peter *Bürger*, Der französische Surrealismus, Frankfurt/M. 1971, S. 68; zur »Mythologie moderne« ebd. S. 117 ff.

72 V, S. 200 ff.

73 F. *Schlegel*, Kritische Schriften, S. 83; *Novalis*, Die Christenheit oder Europa, Werke, hrsg. v. Gerhard *Schulz*, München 1969, S. 510

74 In diesem Vakuum wird das Individuum frei, ein beliebiges Kostüm zu wählen: »Ein recht freier und gebildeter Mensch müßte sich selbst nach Belieben philosophisch oder philologisch, kritisch oder poetisch, historisch oder rhetorisch, antik oder modern stimmen können, ganz willkürlich, wie man ein Instrument stimmt, zu jeder Zeit, und in jedem Grade.« F. *Schlegel*, Kritische Schriften, S. 13

75 Dies wird besonders deutlich in Schlegels »Ideen« und in den Schlußkapiteln der »Lucinde«; vgl. besonders: »Eine Reflexion«.

76 Walter *Benjamin*, Ursprung des deutschen Trauerspiels, Frankfurt/M. 1963, S. 78 f.: »Was anders haben die Romantiker zuletzt ersehnt, als das in den goldenen Ketten der Autorität verantwortungslos reflektierende Genie.«

77 F. *Schlegel*, Philosophische Vorlesungen aus den Jahren 1804–1806, zit. nach: Deutsche Literatur in Entwicklungsreihen, Reihe Romantik, Bd. 10, S. 192

78 Reinhard *Koselleck*, Kritik und Krise, Freiburg/München ²1959, S. 11–39 (= 1. Kap., Die politische Struktur des Absolutismus als Voraussetzung der Aufklärung)

79 F. *Schlegel*, Philosophische Vorlesungen, S. 194

80 Brief an Christian *Otto*, 2. Juli 1799, SW 3, III, S. 210

81 III, S. 693 ff.

82 R. *Koselleck*, Kritik und Krise, S. 140

83 *Helvetius*, Vom Menschen, S. 260

84 III, S. 696

85 III, S. 695

86 R. *Koselleck*, Kritik und Krise, S. 105 ff., hat diese Rückversicherungen am Beispiel aufklärerischer Geschichtsphilosophie untersucht.

87 Dies bedingt die unvermeidlich antinomische Struktur der Naturrechtstheorien wie die inneren Widersprüche der Kritik; vgl. Kap. III und IV meiner Arbeit

88 Marie-Luise *Gansberg*, »Weltverlachung«, S. 390

89 III, S. 696

90 III, S. 694

91 III, S. 697

92 H. *Widhammer*, Satire und Idylle, S. 77

93 M.-L. *Gansberg*, »Weltverlachung«, S. 396

94 Diese Zuspitzung ist bei *Rousseau* angelegt: das Individuum ist in der bestehenden Gesellschaft zu einer uneigentlichen Existenz verdammt, so daß – bei *Raynal* – der Gegensatz von Moralität und Staat die Form einer Alternative zwischen Selbstmord und Tyrannenmord, bzw. Staatsumwälzung erhalten kann. Vgl. R. *Koselleck*, Kritik und Krise, S. 143

95 *Koselleck* hat den Mechanismus der revolutionären Zuspitzung dahingehend entschlüsselt, daß die Kontrastierung von moralischer Gesellschaft und amoralischem Staat die Krise in dem Maße verschärft, wie diese Kontrastierung als Politikum verdeckt wird.

96 Jürgen *Habermas*, Naturrecht und Revolution, in: J. H., Theorie und Praxis, Neuwied/Berlin ³ 1969, S. 75, hat die Differenz zwischen den in Amerika und Frankreich vorherrschenden Naturrechtskonstruktionen folgendermaßen charakterisiert: »Aus diesem Unterschied (...) folgt notwendig eine verschiedene Deutung der revolutionären Aufgabe: das Naturrecht zu positivieren und Demokratie zu verwirklichen. Der revolutionäre Akt selbst kann nicht den gleichen Sinn haben, wenn es sich dort darum handelt, die spontanen Kräfte der Selbstregulierung im Einklang mit dem Naturrecht freizusetzen; hier aber darum, eine naturrechtliche Gesamtverfassung gegen eine depravierte Gesellschaft und eine korrumpierte Menschennatur erst durchzusetzen. Dort wird revolutionäre Gewalt zur Restriktion einer despotisch entfesselten Gewalt aufgeboten, hier zur Konstruktion einer natürlichen Ordnung, die nicht mit dem Entgegenkommen einer Naturbasis rechnen kann. Dort kann die Revolution den ungebrochenen Egoismus der natürlichen Interessen für sich arbeiten lassen, hier muß sie moralische Antriebe mobilisieren.«

97 Bernhard *Groethuysen*, Philosophie der Französischen Revolution, Neuwied/Berlin, 1971, S. 191

98 Zu den Bedeutungen, die das »Volk« als moralisches Subjekt der Revolution annahm vergl. B. *Groethuysen*, Philosophie, S. 192 Hannah *Arendt* hat die Bedeutung von »le peuple« aus der Mitleidsphilosophie Rousseaus, aus der Verschmelzung von Eigeninteresse und volonté générale erschlossen; H. A., Über die Revolution, S. 94 ff.

99 Hier und im folgenden orientiere ich mich an *Koselleck*, Kritik und Krise, vor allem
S. 123

100 Jean Pauls bekannter Äußerung gegenüber Chr. Otto, 19. Juni 1804, über die Weit-
sicht Goethes liegen andere Motive als Goethes Distanz gegenüber der Revolution
zugrunde; es ist die Enttäuschung über das revolutionäre Subjekt: »Wer Zähne hat,
knirschet sie – damit beißen wäre freilich besser – sobald er kaiserliche Majestät
in Gallien hört. Doch hass' ich Bon(aparte) nicht so sehr als ich die Franzosen verachte;
und Goethe war weitsichtiger als 2/2 Welt, da er schon den Anfang der Revolution
so verachtete als wir das Ende.« SW 3, IV, S. 301

101 Über Charlotte Corday, VI, S. 343

102 Unter der Drohung der Invasion werden die ›Angst um die Nation‹ und die ›soziale
Angst‹, die Angst vor der Konterrevolution und dem ›aristokratischen Komplott‹ mo-
bilisiert. Mit Valmy endet die erste Schreckenszeit. Albert *Soboul*, Die Große Französische Revolution, Frankfurt/M. 1973, S. 226 ff.

103 VI, S. 343 f.

104 François *Furet*/Denis *Richet*, Die Französische Revolution, Frankfurt/M. 1968 akzen-
tuieren vor allem die außenpolitische Situation, die Probleme des Revolutionskriegs
als dem entscheidenden Motor der Revolution. A. *Soboul*, Die Große Französische
Revolution akzentuiert vor allem die sozialen Folgen der militärischen Bedrohung,
die Errichtung einer ›sozialen Demokratie‹ und die Einführung der gelenkten Wirtschaft. Barrington *Moore*, Soziale Ursprünge von Diktatur und Demokratie, Frank-
furt/M. 1969 betont die Rolle der Bauern für die Radikalisierung der Revolution.

105 *Forster*, Parisische Umrisse, Berlin/Weimar 1968, S. 218 f. Vgl. dazu: Karl *Griewank*,
Der neuzeitliche Revolutionsbegriff, Frankfurt/M. ²1969, S. 195 f.

106 Ralph-Rainer *Wuthenow*, Ein roter Faden, S. 66

107 Carl Gustav *Jochmann*, Robespierre, in: C.G.J., Die Rückschritte der Poesie und
andere Schriften, hrsg. v. Werner *Kraft*, Frankfurt/M. 1967, S. 93

108 H. *Arendt* hat gezeigt, daß – wie *Jochmann* sagt – die Aufteilung der Gesellschaft
in ›zwei große Abteilungen, die patriotische und die gegenrevolutionäre Partei‹ zu
dem Zweck, Heuchler zu entlarven, unter dem Aspekt der Zweckmäßigkeit sinnlos
war: ›ein Kampf, der offenbar mit einer Niederlage enden muß, da es ja praktisch
schlechterdings unmöglich ist, unzweideutig die wahren von den falschen Patrioten
zu unterscheiden. Der Unterschied liegt in ihren Antrieben und Motiven, und die
gerade bleiben verborgen.‹ (Über die Revolution, S. 124)

109 Vgl. dazu J. *Habermas*, Naturrecht und Revolution, S. 52

110 III, S. 693

111 ebd.

112 VI, S. 343

113 H. *Schlaffer*, Der Bürger als Held, S. 17, S. 29 f.

114 W. *Lepenies*, Melancholie und Gesellschaft, S. 76 ff.

115 *Schiller*, Über die ästhetische Erziehung des Menschen, Sämtliche Werke, Bd. V, S.
583

116 H. *Schlaffer*, Der Bürger als Held, S. 127 f., S. 144

117 K. *Weigand*, Einleitung zu J.-J. Rousseau, Schriften zur Kulturkritik, S. XXIII ff.

118 *Concordet*, Esquisse d'un tableau historique des Progrès de l'Esprit Humain, 1793,
zit. nach: Thilo *Schabert*, Natur und Revolution, München 1969, S. 13
Condorcets Berufung auf die Natur nimmt sich nüchtern aus gegenüber Holbachs
Naturhymne. Bei ihm führt der Legitimationsdruck, unter dem die Aufklärung ge-
genüber religiösen Ordnungssystemen stand, zu einer offenen Vergöttlichung der
Natur, zur Konstruktion eines säkularen Mythos, wie er als gegenaufklärerisches
Moment im Naturbegriff der Aufklärung latent war: ›O Natur! Beherrscherin aller

Dinge, und ihr, deren angebetete Töchter: Tugend, Vernunft, Wahrheit! seid auf ewig unsere einzigen Gottheiten (...) zeige uns denn o Natur, was der Mensch tun muß, um das Glück zu erlangen (...) Verbannt den Irrtum, die Bösartigkeit, die Verwirrung aus unseren Geistern, laßt an ihrer Stelle die Wissenschaft, die Güte, die Heiterkeit regieren.‹ (ebd. S. 18)

119 Voltaire an Rousseau, 30. August 1755, in: J.-J. *Rousseau*, Schriften zur Kulturkritik, S. 303 Voltaires Bemerkung ist trotz der Proteste Rousseaus nicht nur ein Mißverständnis.

120 ebd. S. 67, S. 81 Hier betont Rousseau den hypothetischen Charakter des Naturzustands, aber er spricht von ihm im Präteritum. Daß es sich um ein hypothetisches Modell handelt, betonen R. *Spaemann*, Genetisches zum Naturbegriff; W. *Lepenies*, Soziologische Anthropologie. Materialien, München 1971, hier im Anschluß an Claude *Lévi-Strauss*, Traurige Tropen, Köln/Berlin 1970, S. 360 ff. Interessant ist aber m. E., daß dieses hypothetische Modell den doppelten Charakter einer Normenbegründung und empirischen Erklärung historischer Veränderungen hat, als solches jedoch gerade eine zweifelhafte Erklärung anbietet, die des Sündenfalls; vgl. dazu auch K. *Weigand*, Einleitung, S. LXXVII

121 Es handelt sich um den ›état des barbares‹, der die ›richtige Mitte zwischen der Lässigkeit des primitiven Zustands und der ungestümen Aktivität unserer Selbstsucht hielt.‹ *Rousseau*, 2. Diskurs, S. 209, vgl. dazu auch K. *Weigand*, Einleitung, S. XLIII

122 Ausgangspunkt des ››Gesellschaftsvertrags‹‹ ist das Individuum des Gesellschaftszustands. Auf der Basis des egoistischen Individuums versucht Rousseau ein kollektives Ich zu konstruieren, mit dem der Gesellschaftszustand in eine Art zweiter Natur transformiert wird. Dabei schließt Rousseau aus der Konkurrenz der Eigeninteressen auf die *Existenz* eines übereinstimmenden Interesses, das als Gegensatz zu einem jeden Einzelinteresse eben ein gemeinschaftlicher Wille ist: ›(...) die Übereinstimmung aller Interessen (ist) Folge des Gegensatzes derselben gegen das eines jeden einzelnen. Gäbe es keine verschiedenen Interessen, so würde man das Gemeinschaftliche (...) kaum wahrnehmen.‹ (Der Gesellschaftsvertrag, Stuttgart 1969, S. 58 f.) Die Ableitung der volonté générale geschieht durch eine Äquivokation: der ›Trick‹ besteht darin, daß die Negation des Privatinteresses, ›dieser verborgene innere Feind in der Brust jedes Einzelnen (...) zum Rang eines die Nation von innen vereinigenden Prinzips aufsteigen kann, wenn man jeden bestimmten einzelnen Willen und alle Interessen zu einer alles umfassenden Summe aufaddiert. Der gemeinsame Feind im Innern der Nation ist die Gesamtsumme der Einzelinteressen aller ihrer Bürger.‹ (H. *Arendt*, Über die Revolution, S. 98) Rousseau leitet die Existenz eines gemeinsamen Willens so ab: alle wollen, daß überhaupt kein Einzelinteresse sich durchsetzt – wohingegen sich aus den Annahmen nur schließen läßt: jeder will, daß nur sein Interesse und kein anderes sich durchsetzt. Auf der Basis seines Tricks läßt sich dann der Nachweis erbringen, daß die Pflicht gegenüber dem Vaterland mit dem eigentlichen Interesse des Staatsbürgers, mit Freiheit identisch ist.

123 K. *Weigand*, Einleitung, S. XLII, deutet an, daß es sich hier um eine pragmatische Unentscheidbarkeit handelt, es ist jedoch eine theoretische.

124 Zu den mannigfaltigen Erklärungsangeboten ebd. S. XXXIX

125 ebd. S. XLV

126 ebd. S. 175

127 ebd.

128 Rousseau sieht nicht zu Unrecht im Luxus den ›Geburtshelfer‹ der neuen Gesellschaft, wobei er es ist, der gegen Mandevilles weitverbreitete Ansicht die Kehrseite des entstehenden Kapitalismus deutlich macht: ›Von der Gesellschaft und dem von ihr hervorgebrachten Luxus stammen die freien Künste ab, die Technik, der Handel, welche die

Industrie blühen lassen, die Staaten reich und arm machen und verfallen lassen.‹ (ebd. S. 123)

129 Die Versöhnung von Freiheit und Tugend, von Neigung und Pflicht, ist – in Reaktion auf die Revolution – auch die Fragestellung Schillers, der – in maßloser Überschätzung der möglichen Rolle der schönen Kunst – diesen ästhetischen Zustand auf dem Umweg über die Erziehung durch Kunst erreichen will. Zentrum ist die mögliche Negativität von Freiheit: ›Der Wille des Menschen steht aber vollkommen frei zwischen Pflicht und Neigung, und in dieses Majestätsrecht seiner Person kann und darf keine physische Nötigung eingreifen.‹ (Sämtliche Werke, Bd. V, S. 576) Nur kann dieses ›Vermögen der Wahl‹ ebensosehr die Anerkennung der Freiheit anderer, in der Sprache der Revolution ›Tugend‹ bedeuten, wie ›Neigung‹, die mit der ›Pflicht‹ konkurriert, also ›amour-propre‹. Schillers Programm ist dann der Versuch, unter Bedingungen der Freiheit der Wahl die mögliche Negativität der Wahl zu umgehen: der kategorische Imperativ soll durch ästhetische Erziehung zum Trieb werden.

130 Das übersieht Arnold *Hauser,* Sozialgeschichte der Kunst und Literatur, München 1972, S. 663 ff.

131 Klaus *Lankheit,* Revolution und Restauration, Baden-Baden 1965, S. 100
Zur Wirkung zwei Berichte: Am 16. August 1785 schreibt der Korrespondent des ›»Teutschen Merkur« aus Rom, wo das Gemälde zuerst zu sehen war: ›Man ließt in der Geschichte der Kunst von keinem Gemälde, das mehr Geräusch erwekt hätte, als die Erscheinung von diesem. Nicht nur die Künstler, Liebhaber und Kenner, sondern selbst das Volk läuft truppweise vom Morgen bis zum Abend herbey, es zu sehen (...) Keine Staatsangelegenheit des älteren Roms, und keine Papstwahl des neuern, setzte je die Gemüter in größere Bewegung.‹ Im »Journal de Paris« vom 17. September 1785 – das Gemälde ist nun in Paris – heißt es: ›Man wird beim Anblick dieses Gemäldes von einem Gefühl ergriffen, das Euch die Seele erhebt und das, um mich des Ausdrucks von J.-J. Rousseau zu bedienen, etwas Herzerhebendes hat, das einen packt.‹ (ebd. S. 103) Zu einem republikanisch akzentuierten Klassizismus in Deutschland vgl. Hans-Wolf *Jäger,* Politische Kategorien in Poetik und Rhetorik der zweiten Hälfte des 18 Jahrhunderts, Stuttgart 1970, S. 53 ff. Jäger bietet allerdings mehr eine Stoffsammlung als eine Deutung, wie auch sein Begriff von ›Politik‹ bisweilen den Charakter einer Leerformel hat.

132 *Marx,* Der 18. Brumaire des Louis Bonaparte, Frankfurt/M. 1965, S. 9 f.

133 *Rousseau,* Schriften zur Kulturkritik, 2. Diskurs, S. 165 Die pathetische Beschwörung Fabricius' findet sich im 1. Diskurs, ebd. S. 25 f.

134 *Weigand,* ebd. S. 322: ›Auffällig ist, daß Fabricius offen zum Bildersturm, zur Revolution ruft, während Rousseau doch sonst stets an der Unumkehrbarkeit des Geschehens festhält.‹

135 III, S. 583 Dies ist natürlich auch gegen andere Italienreisende gerichtet. Jean Paul hatte schon bei seinem ersten Besuch in Weimar keinen Zweifel an seinem Republikanismus gelassen. Über eine Bemerkung Jean Pauls an Knebel, in der er Spartas Patriotismus gegen römische Elegien ausspielt (›Jezt indes braucht man einen Tyrtäus mehr als einen Properz.‹ 3. Aug. 1796, SW 3, II, S. 227) kommt es zu einer scharfen Replik Goethes: ›Der Chinese in Rom‹ (10. August 1796 an Schiller), wo es heißt: ›der (...) den echten, reinen Gesunden/Krank nennt, daß ja nur *er* heiße, der Kranke, gesund.‹

136 *Jochmann,* Robespierre, S. 115

137 Zum Mythos des ›expressiven Handelns‹ vgl. die an *Sorel* orientierte Konzeption *Benjamins* in: Zur Kritik der Gewalt, Frankfurt/M. 1965 und seine Deutung bei *Habermas,* Bewußtmachende oder rettende Kritik – die Aktualität Walter Benjamins,

in: Zur Aktualität Walter Benjamins, Frankfurt/M. 1972, S. 212 ff.; s. auch Anm.
(71). Das folgende Zitat III, S. 584

138 Vgl. H. *Arendt*, Über die Revolution, S. 236 ff.

139 Zitat ebd. S. 248

140 III, S. 587

141 Den Prototyp dieses Bürgers stellt Werner im »Wilhelm Meister« dar.

142 H. *Schlaffer*, Der Bürger als Held, S. 44

143 Vgl. W. *Benjamin*, Charles Baudelaire, Ein Lyriker im Zeitalter des Hochkapitalismus,
Frankfurt/M. 1969, S. 10 ff. (Zum Verhältnis von Bohème und revolutionärer
Aktion)

144 Roquairol inszeniert die Verführung Lindas schon im Hinblick auf sein Trauerspiel:
er inszeniert sowohl das Verbrechen wie seine Verurteilung.

145 H. *Schlaffer*, Der Bürger als Held, S. 47

146 SW 3, IV, S. 301

147 Jahrbuch der Jean-Paul-Ges. 1966, S. 10

148 SW 3, III, S. 287

149 III, S. 588

150 III, S. 588 f.

151 III, S. 42 f.

152 III, S. 586

153 III, S. 100

154 III, S. 102

155 J. *Habermas*, Strukturwandel der Öffentlichkeit, S. 121

156 III, S. 102

157 H. *Schlaffer*, Der Bürger als Held, S. 128, beschreibt die ›Politisierung des Bürgers‹
in der Revolution als ›Wechsel von der privaten zur ›heroischen‹ Existenz, vom bourgeois zum citoyen (…).‹ Dies trifft nur z. T. die Sachlage. Citoyens sind auch die
öffentlich (schließlich im Parlament) *raisonnierenden* Privatleute, die den Konsens
virtuell durch Argumente herstellen. Schlaffers Deutung geht darauf zurück, daß Marx
– wie Habermas gezeigt hat – nie ausdrücklich zwischen dem liberalistischen (anglo-
amerikanischen) und physiokratisch-rousseauistischen (französischen) Modell unterschieden hat. (Habermas, Naturrecht und Revolution, S. 81)

158 J. *Habermas*, Naturrecht und Revolution, S. 75

159 SW 3, II, S. 130

160 *Robespierre*, zit. nach *Habermas*, Naturrecht und Revolution, S. 76

161 III, S. 589

162 Albano träumt sich schon bei der Huldigung Luigis als Fürst, der ›die Freiheit, statt
sie nur zu verteidigen, *erschaffen* und *erziehen* und ein Regent sein wollte, um Selbstre-
genten zu bilden.‹ (III, S. 241)

163 W. *Harich*, Satire und Politik, S. 1518

164 R.-R. *Wuthenow*, Ein roter Faden, S. 65

165 R.-Rm *Wuthenow*, Nikolaus Marggraf oder die Reise in die Zeit, in: Text + Kritik,
S. 61

Harro Segeberg

Literarischer Jakobinismus in Deutschland.
Theoretische und methodische Überlegungen zur Erforschung der radikalen Spätaufklärung

1. Zur Kanonisierung der Weimarer Klassik

Langsam und mühsam nur vollziehen sich die Modifizierungen bei der epochengeschichtlichen Zuordnung der Literatur am Ende des 18. Jahrhunderts; Klassik und Romantik sind allzu lange die normativen Bezugspunkte für die ›bürgerliche‹ wie die etablierte historisch-materialistische Literaturwissenschaft in der BRD und der DDR gewesen.

Für die sogenannte bürgerliche Germanistik war mit der Lösung der Epochenfrage stets auch die Frage nach dem ›Wesen‹ der Kunst beantwortet. Denn ist die Weimarer Klassik die Norm, in der sich die Geschichte der Literatur im 18. Jahrhundert erfüllt, so sind damit gleichzeitig deren Merkmale verbindlich festgelegt. Das literarische Programm der klassischen Humanität, das dem verderbten Jahrhundert »Ideale veredelter Menschheit« entgegenhalten sollte [1], schloß den Verzicht auf die Sozialkritik ein, die einst noch direkt – und nicht in symbolischer Verschlüsselung – in den Sturm und Drang-Dramen Goethes und Schillers auf identifizierbare zeitgeschichtliche Phänomene Bezug genommen hatte. Schiller stellte in der ersten Nummer der *Horen* unmißverständlich klar, daß diese programmatische Zeitschrift »sich alle Beziehungen auf den *jetzigen* Weltlauf und auf die *nächsten* Erwartungen der Menschheit verbietet« [2]. Der Freundschaftsbund Schillers mit Goethe begann 1794 mit der Versicherung, »über den politischen Jammer (der Zeit) ... in alle Ewigkeit nichts mehr ... zu sagen« [3]. Damit ist für die Kunst gefordert, daß sie sich vom »Kampf politischer Meynungen und Interessen« fernzuhalten hat [4] und allenfalls noch als autonome Gegenwelt indirekte gesellschaftskritische Intentionen verfolgen darf, indem sie in der Abstraktion von der konkreten Realität Modelle künftiger Humanität entwickelt. So scheint sich im normativen Kriterium der reinen interesselosen Kunst die Entstehungsgeschichte bürgerlicher Literatur im 18. Jahrhundert zu vollenden und den nachfolgenden Epochen die verbindlichen Maßstäbe zu setzen; politische Tendenzlosigkeit ist anscheinend ihr konstitutives Merkmal.

Der spezifische historische Hintergrund, vor dem sich die Kunstkonzeption der Weimarer Klassik entfaltete, verschwand endgültig in den feiernden Darstellungen der Diltheyschen geistesgeschichtlichen Schule, die der Leistungshöhe und absoluten Vorrangigkeit von Klassik und Romantik galten [5]. Gleichzeitig trat mit der Eliminierung der indirekten gesellschaftskritischen Bezüge das utopisch-progressive Moment klassischer Kunst zurück zugunsten der Verklärung ihrer regressiven Flucht aus der Wirklichkeit. [6] In diesen Forschungstraditionen finden die Verdikte Benno von Wieses gegen die ›Politische Dichtung‹ ihre sichere Stütze. Wiese ignoriert sie zwar nicht als Forschungsgegenstand, weist ihr aber gegenüber der Klassik und Romantik nur einen minderen Rang zu. [7] Denn der politischen Poesie sei ja »das Ästhetische ... nicht mehr Selbstzweck, sondern Instrument«, um die »soziale Wirklichkeit [zu] verändern« [8], ja sie müsse »den Formtrieb des Ästhetischen in sich zerstören, um ihren realen Machttrieb besser entfalten zu können«. [9]

Gegenüber der ontologisierenden Wesensschau bürgerlicher Kunst hat die marxistische Literaturwissenschaft, seit Mehrings *Lessing-Legende*, stets auf deren politische Funktion für die Konstituierung bürgerlichen Selbstbewußtseins hingewiesen und die kritischen Bezüge zwischen Aufklärungsliteratur und Feudalabsolutismus akzentuiert. Die entschiedenste und kenntnisreichste Kritik an der Geringschätzung aufklärerischer Philosophie und Literatur, die meist mit der Kanonisierung der Klassik einhergeht, hat sicherlich Werner Krauss formuliert. [10] Seine Einwände gelten besonders den Versuchen, den ›irrationalistischen‹ Sturm und Drang gegen die ›rationalistische‹ Aufklärung als deren vorklassische Überwindung auszuspielen; Krauss interpretiert den Sturm und Drang vielmehr aufgrund seiner Rezeption Rousseaus als Radikalisierung der Aufklärung, die sich besonders in der plebejischen Konzeption einer Volksdichtung bei Herder und Bürger manifestiere. [11]

Doch Zielpunkt der Epoche bleibt die Weimarer Klassik, die Krauss, einem Vorschlag Hans Mayers folgend [12], mit der Italienischen Reise Goethes beginnen läßt. [13] Die normative Verbindlichkeit des klassischen Erbes für die DDR-Germanistik, begründet in den Schriften von Becher und Abusch [14], zeigt sich ganz augenfällig in den Stellungnahmen zur Kontroverse zwischen Schiller und Bürger; das Schillersche Programm einer Kunst als »Idealisierung, Veredlung« der gemeinen Wirklichkeit [15] wird den Bürgerschen Postulaten einer »Volkspoesie« vorgezogen, die es nicht verschmäht, sich auf das Niveau von Unterschichten einzustellen. [16] Die klassischen Normen einer realitätsfernen bürgerlichen Nationalliteratur [17] siegen so anscheinend noch einmal zu Recht über die plebejische Ästhetik des Sturm und Drang, deren konsequente Fortentwicklung immerhin die ebenso präzise wie aggressive Sozialkritik der Revolutionsgedichte Bürgers möglich machte, auf die die DDR-Germanistik anderseits auch nicht gerne verzichten möchte. [18]

Doch die Polemik gegen die Verzeichnung des bürgerlichen Erbes verkürzt sich selbst die historische Perspektive, wenn sie an der Gültigkeit der klassischen Kunsttheorie als dem »Höhepunkt in der großen Bewegung des 18. Jahrhunderts« festhält, dem gegenüber die eigentliche Aufklärungsliteratur nur als »überwundene Vorwelt« gelten kann. [19]

2. Zur Lage der Jakobinismusforschung

Dabei wendet sich gerade aufgrund von Forschungen der DDR-Historiographie und -Literaturwissenschaft das Interesse in neuerer Zeit verstärkt der radikalen politischen Alternative des sogenannten Deutschen Jakobinismus zu. Die Revision der traditionellen Geschichtsschreibung, die auch in ihren liberalen Ausprägungen jakobinischen Handlungstheorien, die sich selbst an der zweiten republikanischen Phase der Französischen Revolution orientierten, nur periphere Bedeutung zugemessen hatte [20], kann dank der Studien Heinrich Scheels [21] als gelungen angesehen werden. Doch Literatur und politische Praxis der deutschen Jakobiner könnten, da sie ganz andere Folgerungen als die Autoren der Weimarer Klassik aus den Ideen der Aufklärung zogen, ebenfalls verfestigte literar-historische Vorstellungen mit ihren skizzierten Konsequenzen modifizieren.

Heinrich Scheels Arbeiten über die *Süddeutschen Jakobiner* (1962 und 1965) lösen aufgrund ihrer genauen Kenntnis der französischen Revolutionsgeschichte, der differenzierten sozialgeschichtlichen Analyse und des immensen neuen Quellenmaterials, gewonnen aus sorgfältiger archivalischer Kleinarbeit, den Anspruch, der an eine sozialhistorisch fundierte Studie zu stellen ist, in hervorragender Weise ein. Geschichtstheoretisches Konzept der Untersuchung ist ein durch die Existenz der DDR verbürgter Sinnzusammenhang der Geschichte, in den die Rezeption des Jakobinismus eingefügt ist: was die bürgerlich-demokratischen Revolutionäre am Ende des 18. Jahrhunderts erstrebten, hat die DDR, auf einer ganz neuen Stufe der historischen Entwicklung, verwirklicht. [22] Doch die fraglose Selbstgewißheit solcher Erbe-Konzeption, die »alle großen progressiven Ideen, die das deutsche Volk je hervorgebracht hat«, in der DDR erfüllt sieht [23], zwingt intentional entschieden Entgegengesetztes zusammen und verdeckt dadurch die Frage nach kritischen Bezügen zwischen Weimarer Klassik und Jakobinismus zugunsten harmonisierender Synthesen: »Der Kampf der deutschen Jakobiner stellte zusammen mit der klassischen Philosophie und Literatur den Höhepunkt der aufgeklärten bürgerlichen Opposition gegen den verrotteten Feudalismus dar«. [24]

Auch die literaturwissenschaftlich orientierte Darstellung Hedwig Voegts, die die Jakobinerforschung begründet hat, vermittelt zwischen den kontroversen Positionen, indem Goethe als Vertreter der literarischen Revolution und Rebmann als revolutionärer Publizist und »politischer Anwalt« der Sturm und Drang-Werke der Klassiker in harmonischem Nebeneinander ihren Platz in der Literaturgeschichte finden. [25] Kritische Bezüge zwischen der Kunsttheorie Schillers und den Versuchen Georg Forsters, »Kunst als gesellschaftliches Phänomen zu fassen«, hebt dagegen Claus Träger hervor und stellt damit einen »weltanschaulichen Frontverlauf« heraus [26]. Gerhard Steiner folgt seinen Darlegungen, wenn er im wachsenden Interesse des Schriftstellers an der »Emanzipation der

Massen« vorerst noch literarische Tendenzen zur Überwindung des »weitgehend abstrakten« Humanismus der Weimarer Klassik feststellt [27], die dann in der jakobinischen Praxis der Mainzer Republik ihre politische Realisierung finden sollen [28]. Doch der Vorwurf des politisch-historischen Unverstands wird, obwohl durch scharfe Formulierungen zumindest impliziert, noch einmal zurückgenommen.

Mutiger, aber zu kurz greifend in ihren literatur- und philosophiegeschichtlichen Exkursen präsentiert sich die Jakobinerforschung Walter Grabs. Grabs sozialhistorische Arbeiten versuchen zu Scheels sorgfältigen Studien eine äquivalente Darstellung der *Norddeutschen Jakobiner* zu liefern [29], wobei allerdings manche Fehleinschätzungen die Ergebnisse belasten [30]. Der Vorwurf des »obrigkeitshörigen Liberalismus«, als dessen Protagonisten Schiller und Kant vorgestellt werden [31], verkürzt das Problem einer historisch differenzierten Einschätzung des Deutschen Idealismus, indem die Funktion ästhetischer und philosophischer Autonomie zur Sicherung ihres Freiraumes vor dem Zugriff des ancien régime übersehen wird [32].

Wissenschaftskritik nimmt sich H. W. Engels im Nachwort zum ersten Band einer sechsbändigen Textedition vor, die auch dem Literaturwissenschaftler Grundlagen bereitstellen möchte für die längst fällige Erforschung des literarischen Jakobinismus [33]; denn »die wissenschaftliche Bearbeitung der jakobinischen Protestpoesie dieses Dezenniums (d. i. 1789–1800) ist von der traditionellen Volksliedforschung, der Germanistik und der Geschichtswissenschaft vernachlässigt worden« zugunsten einer »Gratwanderung«, bei der gegenüber der Klassik und Romantik nur ›tendenziöse und triviale‹ Literatur sich geboten habe. [34]

Doch wer die traditionelle Germanistik wegen ihrer Ignorierung der politischen Zweckliteratur am Ende des 18. Jahrhunderts in die Schranken fordert, kann anderseits nicht als Kriterien zur Neuentdeckung der politischen Lyrik und Publizistik allein deren progressive politische Inhalte angeben und »formale oder ästhetische Aspekte« explizit ablehnen. [35] Dabei hebt der Herausgeber Engels durchaus besonders wirksame Agitationsformen wie populäre Volkslieder oder politisierte Kirchenlieder hervor, denen die jakobinischen Autoren, wie übrigens schon H. Voegt an Textbeispielen gezeigt hat [36], revolutionäre Texte unterlegten, und ist bemüht, Zeugnisse zur Rezeption beizufügen. Doch die Chance, die Konturen einer wirkungsbezogenen politischen Ästhetik solcher Zweckformen sichtbar zu machen, wird vertan; denn um Ästhetik oder Formgeschichte scheint es dabei nicht zu gehen. [37] Engels, dessen Findigkeit als Historiker Anerkennung verdient, verbleibt gleichwohl exakt im tradierten Oppositionsschema von ›reiner‹ und ›tendenziöser‹ Literatur, das er doch anfangs für die germanistische Vernachlässigung der jakobinischen Protestpoesie verantwortlich gemacht hat [38]. Darüber hinaus bezeugt das wiederholte Gegeneinanderausspielen von Form und Inhalt unklare Vorstellungen über die zweckgerichteten formalen Faktoren, an die die Wirkung politischer Poesie gebunden ist. [39]

Und selbst die Inhaltsanalyse kommt über grobmaschige Vergleiche zwischen dem historischen Verlauf und der Thematik der Gedichte nicht hinaus und stellt sich nicht die Frage nach dem spezifischen Wahrheitsmoment jakobinischer Literatur, deren Klärung allein den Vorwurf der Fixierung auf partikulare Zwecke entkräften könnte. Solche vagen Fragestellungen führen nicht weit; denn jakobinische Literatur muß an den Aufgaben gemessen werden, die sie sich stellt: sie geht, wie zu zeigen sein wird, von einem operativen Verständnis von Literatur aus, das die politische Praxis nicht nur reflektieren, sondern verändernd in sie eingreifen will. Damit ist zugleich das Problem adäquater Inhalte und ihrer angemessenen Vermittlung an den Adressaten gegeben, der politische Veränderungen herbeiführen soll; es zeigt sich, wie unverzichtbar formale Kategorien einer klassenspezifischen Wirkungsästhetik sind. Solche »Verflechtungen der gesellschaftlich-politischen Aktionen mit den ästhetischen und kulturellen Intentionen innerhalb der revolutionären Praxis« diskutiert allein Steiner in seiner Dokumentation über *Jakobinerschauspiel und Jakobinertheater*. [40]

Am klarsten hat noch Träger das Problem markiert: Aufgabe der Jakobiner sei es gewesen, »die Umwandlung theoretischer Sachverhalte in praktisch-agitatorische Argumente« zu leisten, die an den Interessen der Schichten, die die Revolution vorantreiben könnten, anzusetzen hätten. [41]

An Beobachtungen Trägers anknüpfend möchte ich die theoretischen und methodischen Probleme einer literaturwissenschaftlichen Untersuchung dieser politischen Zweckliteratur erörtern. Den theoretischen Bezugsrahmen der Überlegungen zur Funktion politischer Poesie bilden Ausführungen Walter Benjamins zum ›operierenden Schriftsteller‹. [42] Benjamin hat, am Beispiel Tretjakovs, nachgewiesen, wie unfruchtbar vage inhaltsbezogene Fragestellungen sind, und auf die Bedeutung formaler Faktoren für die Vermittlung der Inhalte aufmerksam gemacht: »die Tendenz allein tut es nicht.« [43] Im Begriff der schriftstellerischen Technik wird der untaugliche Gegensatz von Form und Inhalt aufgehoben und die Konvergenz von progressiver politischer Tendenz und fortgeschrittenen formalen Qualitäten zur Voraussetzung für die operative Verwendbarkeit politischer Literatur erklärt. [44]

Ob diese Theorie operativer Literatur auf den Literarischen Jakobinismus übertragen werden kann, hängt ab vom Nachweis der Tendenz zur politischen Funktionalisierung literarischer Formen und Gattungen bei dessen Autoren. Theoretische Reflexion meint darüber hinaus Überlegungen zur Analyse der sozialhistorischen Faktoren, die in den Versuch einer Rekonstruktion des ›jakobinischen Erbes‹ eingehen müssen. Zur Erörterung methodischer Aspekte führt solche Reflexion insofern, als sie versucht, an einem ausgewählten Textbereich das aus ihren Überlegungen resultierende Verfahren der Interpretation vorzuführen, das zwar im strengen Sinn der Methodik der empirisch-theoretischen Sozialwissenschaft nicht standardisiert, aber doch, möglicherweise mit jeweils dann zu begründenden Modifizierungen, auf gleichartige literarische Objekte übertragen werden kann, deren generelle Homogenität in ihren Intentionen zur Entfaltung und Vermittlung einer jakobinischen Handlungstheorie begründet ist.

Deren inhaltliche Beschreibung und Definition hat der Forschung manche Schwierigkeiten bereitet. Immerhin haben Voegt[45] und H. Scheel [46] die Notwendigkeit einer Abgrenzung gegenüber den klaren klassenpolitischen Inhalten des französischen Jakobinismus unterstrichen und gleichzeitig die diskriminierende Funktion des Begriffs »Deutscher Jakobinismus« gegenüber liberal-reformerischen Handlungskonzepten, die ausschließlich auf die Einsicht der Fürsten bauten, aufrechterhalten: jakobinische Praxis setze auch in Deutschland die Absicht zur Mobilisierung des ›Volkes‹ voraus. Grab schließt sich diesen Abgrenzungen nicht immer konsequent an [47]; Tendenzen zu klaren Unterscheidungen zwischen dem deutschen Jakobinismus und Liberalismus sind in der jüngsten Publikation Grabs unverkennbar [48], was sich, ähnlich wie bei Körner [49], in der Qualität der teilweise sehr aufschlußreichen Texte dokumentiert.

Gegen die Versuche, die Fortschrittlichkeit der deutschen Revolutionsanhänger denn doch an ihrer positiven oder negativen Einstellung zur Diktatur der jakobinischen Bergpartei zu messen [50], was selten ein klares Bild ergibt [51], hat Adolf Beck Einspruch erhoben und auf »ein deutsches Schrifttum« aufmerksam gemacht, das (im französischen Sinn des Terminus) »entschieden nicht-jakobinisch, aber auch keineswegs ›obskurantistisch‹, sondern einfach republikanisch eingestellt war.« [52] Ebenso gewichtig sind die Argumente Adolf Becks [53] gegen die Analogien zwischen der Aufspaltung der französischen Republikaner in Girondisten und jakobinische Bergpartei und der deutschen Polarisierung in Liberale und Demokraten, die stets als Jakobiner dann bezeichnet werden [54], wobei – unter Mißachtung aller Bedeutungsdifferenzierungen – ganz offenkundig auf den Reizwert des französischen Begriffs des Jakobinismus spekuliert wird [55]. In der Tat entwickeln sich aber beide Spaltungen aus unterschiedlichen historischen Situationen: geht es in Frankreich um die Frage der Verteidigung und Fortführung der Revolution, um die klassenpolitische Auseinandersetzung zwischen girondistischer Besitzbourgeoisie, die trotz aller Kompromißbereitschaft schon aufgrund ihres Klasseninteresses die Konstituierung der Republik unterstützt hat, und mittlerer Jakobinerbourgeoisie im Bündnis mit den Sansculotten [56], so steht in Deutschland allein die Frage der Einführung der Republik zur Debatte. Die politisch relevante Polarisierung entwickelt sich daher hier, wie das Beispiel der Mainzer Republik und die Terminologie der Revolutionäre lehren, zwischen den liberalen »Feuillants«, die sich mit der ›gemäßigten Monarchie‹ begnügen wollen, und den Anhängern der bürgerlichen Republik. [57]

Innerhalb der breiten Strömung des Republikanismus aber gibt es »sehr unterschiedliche Positionen ...«, die schon im Selbstverständnis der Zeitgenossen sehr wohl unterschieden worden sind.« [58] Daher bleibt eine Abgrenzung des deutschen Jakobinismus vom Republikanismus als dessen radikalste Variante sinnvoll. Während ein Republikaner wie Hölderlin, unter dem Zwang der Umstände, sich darauf beschränkte, republikanische Handlungskonzepte in fiktiven Kontexten zu entfalten, die den aktiven politisch-praktischen Eingriff nicht intendierten [59], ist Jakobinismus als politischer Begriff an das rebellische Element revolutionärer Selbsthilfe gebunden. Das aber schließt – und damit wäre die These dieser Überlegungen gekennzeichnet – in der literarisch-politischen Praxis Tendenzen zur materialistischen Fundierung idealistischer Handlungstheorien ein [60], wodurch Literatur als Moment politischer Praxis eine ganz spezifische Funktionsbestimmung erhält.

3. Aufklärung und Revolution – sozialgeschichtliche Vermittlungsprobleme

Die Französische Revolution war, nach der Meinung ihrer Gegner wie ihrer Akteure, der »praktische Triumph der Philosophie« der Aufklärung [61], deren reale Einlösung. Robespierre nannte die Enzyklopädie das »Einleitungskapitel der Revolution« [62], und noch Hegel wird erstaunt hervorheben: »Solange die Sonne am Firmamente steht und die Planeten um sie herumkreisen, war das nicht gesehen worden, daß der Mensch sich auf den Kopf, d. i. auf den Gedanken stellt und die Wirklichkeit nach diesem erbaut.« [63]
Doch die Rückwirkung der Aufklärung auf die reale Geschichte war nur über wichtige Vermittlungsinstanzen hinweg möglich. Vor allem Koselleck hat nachgewiesen, daß Maximen der Aufklärungsphilosophie wie Freiheit als Freiheit der Kritik und Gleichheit als gleichberechtigte Teilnahme aller am kritischen Raisonnement zuerst in Freiräumen außerhalb der Sphäre der öffentlichen Gewalt absoluter Monarchen ihre Geltung entfalteten; Vernunft, Moral und Natur entwickelten sich als taugliche Prinzipien der Kritik zunächst im Angriff auf die Offenbarungsreligion, dessen politische Implikationen explizit geleugnet wurden. [64] Institutionalisierte Diskussionsforen fand dieses »Règne de la Critique« in den literarischen Klubs und Salons oder den Freimaurerlogen, in denen die Mitglieder der Gelehrtenrepublik ohne Rücksicht auf Standesschranken sich versammelten. [65] Die Phasen des Übergriffs der Moral auf die Politik, zunächst verdeckt durch die philosophische Radikalisierung des Dualismus zwischen beiden, zeigten sich dann in der Theorie bei der allmählichen Politisierung des Gleichheitsbegriffs: von der Gleichheit aller beim literarischen Raisonnement über die Forderung nach Gleichheit vor dem Gesetz (Voltaire) bis hin zur Gleichheit als Grundsatz für die politische Partizipation am Staat (Rousseau); der Konflikt mit der bestehenden Herrschaft war in der Theorie manifest. Die Aufhebung jeden Rechtsschutzes gegen die absolute Gewalt des Monarchen durch die Vertreibung der Parlamente in Frankreich machte, wie Diderot 1771 meinte, die Wendung der Kritik gegen Despotie und Feudaladel unvermeidlich [66].
Doch »die Waffe der Kritik kann ... die Kritik der Waffen nicht ersetzen, die materielle Gewalt muß gestürzt werden durch materielle Gewalt, allein auch die Theorie wird zur materiellen Gewalt, sobald sie die Massen ergreift.« [67]

Zur »Philosophie der Bourgeoisie« [68] jedoch wurde die Aufklärung erst aufgrund einer popularisierenden philosophischen Propaganda seit 1770 [69], die
sich in den Institutionen der bereits entfalteten literarischen Öffentlichkeit vermittelte, wobei diese durch die Gründung neuer Klubs, Lesekabinette und ökonomischer oder Agrikulturgesellschaften beträchtlich vermehrt wurden [70]. So entfaltete sich »der Geist [eines] ... gesellingen Lebens«, durch den die öffentliche
Meinung in Frankreich eine Macht erlangte, die für Außenstehende zunächst
unbegreiflich erschien: »sie verstehen nur schwer, daß es eine unsichtbare Macht
gibt, die ohne Kasse, ohne Leibwache, ohne Armee Gesetze gibt«. [71] Noch
der revolutionäre Jakobinerklub von Paris wird das Organisationsgefüge der
alten Lesegesellschaften und deren Korrespondenzsystem übernehmen und dies
ausbauen zu einem wirksamen Instrument politischer Propaganda [72], wobei
gleichzeitig in der jakobinischen Wende der Revolution durch gezielte Mobilisierung der nicht-besitzenden Unterschichten [73] die klassenspezifische Struktur
dieser Öffentlichkeit aufgebrochen wird.

Die soziale Zusammensetzung der literarischen Öffentlichkeit war Voraussetzung für das Gelingen dieses Politisierungsprozesses, durch dessen Vermittlung
in den Aktionen der Bourgeoisie die Theorien der Aufklärung zur verändernden
Gewalt wurden. Denn Manufakturbesitzer, Bankiers und Großkaufleute kom-
munizierten in den Institutionen der nun umfunktionierten Öffentlichkeit mit
den Intellektuellen wie Schriftstellern oder Anwälten [74], und ihr Interesse am
ungehinderten Gebrauch des Privateigentums erfuhr seine Begründung in den
jetzt popularisierten Menschenrechtslehren eines Locke, für den alle Menschenrechte resultierten aus dem Recht auf Eigentum, das auch der *Contrat social*
Rousseaus respektierte; die Forderung nach Steuergleichheit aller Stände und
nach der Aufhebung der durch Geburt begründeten Privilegien des Adels lernten
die Industriellen kennen als Gebote von Vernunft und Moral, die sich als unan-
fechtbare Prinzipien gegen den von Sonderinteressen korrumpierten Feudalstaat
wenden ließen.

Die Flugschriften des Abbé Sieyès legen beispielhaft Zeugnis ab vom Pathos
der Moral, mit dem bürgerliche Klasseninteressen gegen die privilegierten Stände
Adel und Geistlichkeit gewendet wurden, um dann in der ersten Revolte des
tiers état die Umwandlung der Ständeversammlung in ein Repräsentativparla-
ment zu erzwingen: »ist es möglich, ernsthaft über die Prinzipien und den Zweck
des Gesellschaftszustandes nachzudenken, ohne über die ungeheure Parteilichkeit
der menschlichen Einrichtungen im Innersten empört zu sein!« [75] Doch die
Vernunft, die nicht einem parteilichen Interesse verpflichtet ist, breitet sich aus,
und Aufgabe des Schriftstellers wird es, die »richtigen gesellschaftlichen Prinzipien darzulegen« [76] und so »die Macht der öffentlichen Meinung [zu] form[en],
der man vielleicht die meisten der für die Völker wirklich vorteilhaften Veränderungen zuschreiben muß.« [77] Denn »was muß man für eine armselige Vorstellung vom Gang der Vernunft haben, wenn man meint, ein ganzes Volk könne

seinen wahren Interessen gegenüber blind bleiben ...« [78]. So verdrängt allmählich die Wahrheit das Vorurteil [79], und den »Regierenden] bleibt nur noch
übrig, den Weg zu beschreiten, den »... der Philosoph vorher bis ans Ziel gebahnt
haben [muß].« [80]

Der Vorwurf, durch die Berufung auf Vernunft und Moral die Partikularität
des verfolgten Klasseninteresses zu verdecken, kennzeichnet ein Grundmuster
konservativer Revolutionskritik. Schon August Wilhem Rehberg wandte dies
Argument ein gegen die Flugschriften des Abbé Sieyès. [81] Und noch für Reinhart
Koselleck kennzeichnet es die Heuchelei und Verblendung der Aufklärungsphilo-
sophen, daß sie »einen moralischen Schleier« über die klassengebundenen Interessenauseinandersetzungen warfen und in der Revolte des Dritten Standes nicht
den Sieg einer Klasse, sondern die Erfüllung eines »moralischen Gerichts« über
den feudal-absolutistischen Staat sahen [82].

Diese Argumente machen, so scheint es, die Beschäftigung mit bürgerlicher
Revolutionsdichtung, die die Revolution immer als Realisierung der Aufklä-
rungsmoral begriff, allenfalls als Kritik an ihrer Verblendung und Heuchelei möglich. Denn politische Poesie steht ja, nach Meinung Benno v. Wieses, ständig
unter dem Zwang, ihre Fixierung auf partikulare vordergründige Zwecke, die
sie von reiner, ›absoluter‹ Dichtung unterscheide, durch die Erweckung ›eschato-
logischer Stimmungen‹ zu verdecken, die die unmittelbar bevorstehende Verwirklichung des »Absoluten in der relativen Welt politischer Möglichkeiten« suggerieren. [83] Doch solche Kritik übersieht, daß der Berufung auf das Gemeininteresse,
die sich im moralischen Pathos aktualisiert, ein Moment von Wahrheit zukommt:
»die revolutionierende Klasse ... tritt als Vertreterin der ganzen Gesellschaft auf,
... weil am Anfange ihr Interesse wirklich noch mehr mit dem gemeinschaftlichen
Interesse aller übrigen Klassen zusammenhängt, sich unter dem Druck der bisherigen Verhältnisse noch nicht als besonderes Interesse einer besonderen Klasse
entwickeln konnte.« [84] Und in der Tat: die Durchsetzung der Gleichheit vor
dem Gesetz und die politische Emanzipation, die der tiers état gegen den feudalen
Ständestaat, der politische Rechte an die Geburt knüpfte, erfocht, realisierten
geschichtlichen Fortschritt, der in seiner radikalsten Ausprägung, der jakobinischen Verfassung von 1793, die politische Partizipation aller Klassen möglich
machte (was gleichwohl die reale gesellschaftliche Emanzipation nicht einschloß).
[85] »Die negativ-allgemeine Bedeutung des französischen Adels (der die politische Emanzipation verwehrte) ... bedingte die positiv-allgemeine Bedeutung
der zunächst angrenzenden und entgegengesetzten Klasse der *Bourgeoisie*.« [86]
Bürgerliche Revolutionsliteratur also hat, über die Artikulierung des Partikularinteresses hinaus, im Aufweis des Ineinanders von Allgemeininteresse und Par-
tikularinteresse ihr objektives Wahrheitsmoment, das ihren Eingriff in die politische Praxis legitimiert.

Doch die Stellung der literarischen Intelligenz in der Sozialstruktur, die Institutionen und Organe der öffentlichen Meinung und die soziale Zusammensetzung

des ›räsonierenden‹ Publikums sind die unentbehrlichen Vermittlungsfaktoren, an die die Möglichkeit der praktisch-politischen Rückwirkung der Aufklärungsphilosophie gebunden ist.

An Beiträgen zu deren Radikalisierung hat es in Deutschland nicht gefehlt. Bekannt ist etwa Schillers Rede über die *Schaubühne als moralische Anstalt* (1784), in der die »Kunst als Antipode der bestehenden Herrschaft auf[tritt]« [87], indem sie die Laster und Frevel der Herrscher vor ihren Richterstuhl zitiert. Kant endlich, dessen Moral- und Staatsphilosophie Jakobiner wie Georg Forster oder Anton Joseph Dorsch wesentlich beeinflußt hat, stellt kategorisch fest: »Die wahre Politik kann keinen Schritt tun, ohne vorher der Moral gehuldigt zu haben«, wobei die Philosophen in der freien öffentlichen Diskussion über den rechten Gebrauch der Vernunft entscheiden. [88] Nicht ohne Grund ist die Philosophie Kants als die »deutsche Theorie der französischen Revolution« [89] in die Philosophiegeschichte eingegangen. [90]

Die Gründung und bedeutende Verbreitung politischer Zeitschriften seit 1770 schien günstige Möglichkeiten zur Popularisierung aufklärerischer Ideen anzuzeigen [91], die in den ebenfalls rasch sich ausbreitenden Lesegesellschaften, die am Ende des 18. Jahrhunderts in fast keiner deutschen Stadt fehlten [92], institutionalisierte Vermittlungsforen finden konnte. Prinzipiell sollten dort durch ein gemeinsames Abonnement »Männer aus allen Schichten« Gelegenheit bekommen, sämtliche wichtigen literarischen oder wissenschaftlichen »Gelehrten Zeitungen« und »Politischen Journale« zu lesen. [93] Ein Verzeichnis der in der Mainzer Lesegesellschaft ausgelegten immerhin fast 100 Publikationen zeigt, daß neben Wielands liberalem *Teutschen Merkur* oder Nicolais *Allgemeiner Deutscher Bibliothek* auch dezidiert politische Blätter wie Schlözers *Staatsanzeigen* [94] oder gar Schubarts *Teutsche Chronik* nicht fehlten [95]. Einblicke in die Lektürelisten aus anderen bedeutenden Lesegesellschaften bestätigen diesen Befund, auch wenn radikale Blätter wie Schubarts *Chronik* oder Wehrlins *Graues Ungeheuer* nicht so häufig abonniert wurden wie liberal-gemäßigte Zeitschriften. [96]

Doch die soziale Funktion der Lesegesellschaften weist zugleich auf eine entscheidende Schwäche des dort sich versammelnden Bürgertums: die Lesegesellschaften entsprachen den Bedürfnissen eines Bürgertums, für das sozialer Aufstieg vor allem durch Wissen und Bildung möglich schien: der Dritte Stand konstituierte sich in Deutschland überwiegend als »gesitteter Mittelstand« [97]. So übten fast alle bürgerlichen Mitglieder, die sich in der Mainzer Lesegesellschaft 1782 zusammenschlossen, Berufe im geistlichen oder weltlichen Dienst des Kurfürsten aus, die eine akademische Vorbildung voraussetzen [98], und auch in der Trierer Lesegesellschaft dominierte das akademische und Verwaltungsbürgertum: Professoren, Bibliothekare, Hofärzte und höhere Beamte. [99] Vertreter des Handelsbürgertums etwa, das immerhin soziales Ansehen aufgrund von wirtschaftlicher Leistung aus eigener Kraft hätte beanspruchen können, fehlten – anders als in den Handelsstädten Hamburg und Bremen – in den Lesegesellschaften des Rheinlandes nahezu völlig. [100]

Die sich in den Lesegesellschaften entfaltende literarische Öffentlichkeit war zudem eine klassenspezifisch genau eingegrenzte: der relativ hohe Mitgliedsbeitrag schloß das Kleinbürgertum der Handwerker und Krämer oder gar die soziologisch nicht exakt stratifizierbare Unterschicht von Dienstboten, Tagelöhnern und ersten Lohnarbeitern ebenso wie die Landbevölkerung aus. [101] Bildung, solchermaßen an den Besitz geknüpft, fungierte auch als soziales Abgrenzungskriterium nach unten [102].

So trafen die Intellektuellen, wenn sie nicht wie Forster in Mainz vornehme Distanz den Lesegesellschaften gegenüber zeigten [103], in den Institutionen des literarischen Raisonnements auf ein Bürgertum, für das soziale Emanzipation durch Bildung aus der Einsicht in die eigene Ohnmacht und die Notwendigkeit der Anpassung an die herrschenden Gewalten folgte; ihr Ziel waren nicht die Opposition, sondern die Integration und der Aufstieg durch meist akademische Qualifizierung in den fürstlichen Bürokratien. Der Typ des Schriftstellers und Publizisten, der im Dialog mit den Vertretern des aufstrebenden Bürgertums in den literarischen Salons und Klubs einer nationalen Metropole zum Repräsentanten der öffentlichen Meinung sich ausbildete, blieb in Deutschland, im Gegensatz zu Frankreich, unbekannt [104]. Die Lebensweise der deutschen Intellektuellen blieb bestimmt durch die isolierte Studierstube, deren Ruhe und materielle Absicherung erkauft werden mußten durch den Konkurrenzkampf auf dem literarischen Markt, der durch den Zwang zur Ausprägung einer unverwechselbaren dichterischen Originalität [105] die Vereinzelung der Autoren eher beförderte; hinzu kam meistens das Joch eines Amtes als Hauslehrer [106], Bibliothekar (Lessing oder Forster), Theologe (Gellert, Herder, Lavater) oder Universitätsprofessor mit meist nur kärglichen Bezügen. [107] Diese Stellungen in der akademischen oder Verwaltungsbürokratie der absolutistischen Staaten fügten zur sozialen Isolierung als weiteren aktionshemmenden Faktor die Abhängigkeit der »deutschen Gelehrten« hinzu: sie mußten ihre »Ideen zu modifizieren suchen, wie es der gnädigste Herr wünscht!« [108] Denn selbst diese Stellungen waren häufig nur schwer zu erlangen, und die Gefahr ihres Verlustes drohte ständig; der besitzlose Intellektuelle blieb daher oft lebenslang – oder doch vorübergehend – auf eine völlig labile Lebensweise fixiert, die ihn ohne feste Anstellung ließ oder – etwa als Hofmeister oder Informator – »in die Lücken des ständischen Gefüges plazierte.« [109] Die Gefahr sozialer Deklassierung konnte das politische Bewußtsein der literarischen Intelligenz zwar radikalisieren [110], bot ihr aber anderseits keine realen Handlungschancen.

Den Zusammenhang von erzwungener politischer Handlungsabstinenz und der introvertierten Flucht in die literarische Produktion hat vor allem Norbert Elias hervorgehoben [111]; erst in diesem sozialgeschichtlichen Kontext deutscher ›Misere‹ werden Schwierigkeiten, aber auch Leistungen jakobinischer Pra-

xisversuche sichtbar. Denn die Aufklärung hatte sich in Deutschland zum Konzept einer Ausbildung des ›inneren Menschen‹ entwickelt, aus der für
Blanckenburg die Legitimation des bürgerlichen Aufklärungsromans folgte. Die
Radikalisierung der Aufklärung im Gefolge der Rezeption Rousseaus mündete
in der Natur- und Genie-Bewegung des Sturm und Drang, dessen Autoren als
Konsequenz der Gesellschaftskritik mit Vorliebe die subjektivistische Rebellion
des Geniehelden wählten und somit noch in der Revolte der sozialen Isolierung
des Schriftstellers verhaftet blieben.

Darum verwundert das Erstaunen der Zeitgenossen über den Ausbruch Georg
Forsters aus der Gelehrtenrepublik nicht; als er im November 1792 in den Mainzer Jakobinerklub eintrat, erschien dies den Freunden wie ein Abstieg aus einer
anderen Welt: »Jeder Menschenfreund, jeder edle Mann muß es als einen reinen
Gewinnst für die Menschheit ansehen, daß Forsters Geist, der sonst nur in anderen
Welten schwebte, sich jetzt näher zu seinen Mitmenschen herabläßt, und durch
feierlichen Blick auf die ursprünglichen Rechte des Sterblichen, auf seine gesellschaftliche Verbindung, die Menschheit beglückt, und jeder wackre Mainzer muß
den Tag preisen, wo Forster in den Club stieg.« [112]

4. Idealistische Handlungstheorien

Die in Deutschland vorherrschende Eingrenzung der Aufklärung auf die
Bereiche der Philosophie und Literatur spielt in den Überlegungen revolutionärer
Publizisten, ob Deutschland denn überhaupt aufgrund seiner von Frankreich ganz
unterschiedlichen Geschichte zur Revolution vorbereitet sei, eine wichtige Rolle.
Eine Differenz der progressiven philosophischen Geschichte zur politischen wird
festgestellt und in ihren möglichen praktisch-politischen Konsequenzen erwogen.
So sieht Joseph Görres in der »Verfassung des deutschen Reiches«, seiner territorialen Zersplitterung, die Ursache für die politische Schwäche der deutschen
Nation, durch die sie sich negativ von der französischen abhebt [113]. Doch
dann wird der Nachteil der deutschen Geschichte zu ihrem Vorteil uminterpre-
tiert. Denn »ihrem [d. h. der Verfassung] obgleich negativen Einfluß verdankt
doch auch die Nation den Grad von Kultur, zu dem sie sich erhoben hat. Indem
sie das Spiel der Nationalkräfte nach außen beschränkte, wurden dieselben nach
innen reflektiert, und mehr als im entgegengesetzten Falle möglich gewesen wäre,
zur innern Ausbildung verwandt«. [114] Und so hat denn auch Deutschland
seine Revolution bisher zwar nicht in der politischen Praxis, aber doch in der
Philosophie vollbracht; zum Zeugnis für diese theoretische Leistung wird, wie
später bei Hegel und Marx, der spekulative Idealismus Kants: »Im vorigen Jahrzehnt nämlich fiel in Deutschland bekanntlich jene Revolution vor, wodurch
sich dies Land um die Cultur der Menschheit beynahe ebenso verdient gemacht
hat, als Frankreich praktisch; ich meine die Reformation der Philosophie durch
unseren unsterblichen Kant«. [115]

Aus der Dominanz des spekulativen Geistes in Deutschland scheint seine Unfähigkeit zur praktischen Revolte zu resultieren. Doch ähnlich wie später Heine [116] schließt der junge Görres ganz anders aus dem Gedanken von der bereits vollendeten philosophischen Revolution, daß der Übergang zur politischen Umwälzung nunmehr unausweichlich sei, obwohl sie durch die Trennung des bereits republikanischen Rheinlandes vom übrigen Deutschland zunächst noch verzögert wird: »Wenn es also ein Volk gibt, das auf dem Punkte steht, wo der Übergang zur politischen Freiheit kein Sprung, sondern ein in der Natur der Sache liegendes Fortschreiten zum Besseren ist, so ist es dasjenige, von dem man uns (durch die Annexion an Frankreich) zu trennen, im Begriffe steht«. [117] Gleichwohl ist dazu ein »Stoß von außen« nötig, weshalb Görres, wie fast alle deutschen Jakobiner, auf die militärische Hilfe der Franzosen nicht verzichten möchte. [118] Im ganzen aber befähige gerade ihre ideelle Vervollkommnung die Deutschen dazu, der Französischen Revolution erst zu ihrer wirklichen Vollendung zu verhelfen. Denn »das System der Moral« und die »Theorie der Erziehung«, die sich in Deutschland aus der Verbreitung der Kantschen Philosophie entwickelt hätten, könnten Frankreich bei einem Zusammenschluß beider Völker nach der »achtjährigen Agonie, nach Verfluß jener anarchischen Periode« des revolutionären Terrors, die dringende moralische Erneuerung erleichtern und die Errungenschaften der Revolution »auf Ewigkeiten verländer[n]«. [119]

Die These von der besonderen moralisch-philosophischen Qualifikation der Deutschen zur politischen Revolution, deren Realisierung daher unmittelbar bevorstehe, erfährt bei A. G. F. Rebmann eine dezidiert polemische Wendung gegen den Terror der Diktatur der Bergpartei und die Thermidor-Reaktion. »Ich meines teils bin völlig überzeugt, daß bei einer Revolution in Deutschland wir alle die innern Kämpfe, welche die fränkische intrikante (!) und unmoralische Nation ausgestanden hat, ersparen würden, und daß ein Robespierre, ein Hébert etc. in Deutschland nie eine Rolle spielen könnten. Die Deutschen leitet *Nachdenken,* die Franken *Gefühl.* Man denke an die Reformation – wahrlich! eine Revolution, die so schwierig war als die fränkische, zumal sie zunächst die Pfaffen angriff. Wie ordentlich, wie einmütig wurde sie im Innern vollendet!«. [120]

Auch Georg Forster beruft sich auf die Reformation, um sich deutscher revolutionärer Traditionen zu vergewissern, die den französischen ebenbürtig seien, wobei die Kriege zur Verteidigung beider Revolutionen die betroffenen Völker zu Märtyrern der Geschichte machen: »die Franzosen sind nun einmal bestimmt, die Märtyrer für das Wohl, welches künftig die Revolution hervorbringen wird, abgeben zu müssen. So ungefähr wie die Deutschen zu Luthers Zeiten für das allgemeine Wohl Märtyrer werden mußten, indem sie die Reformation annahmen und mit ihrem Blut verteidigten.« [121]

Doch bei Rebmann wird auch der Rückgriff in die eigene Geschichte zur Kritik an der revolutionären Praxis der Franzosen; Luther und die Reformation sind nämlich Zeugen für die Fähigkeit der Deutschen, eine Revolution erst nach einer langen Periode der Aufklärung zu beginnen und sie dann eben deshalb mit kühlem Kopf, weniger Blutvergießen und mit weitaus dauerhafterem Erfolg durchzuführen. [122] »Unsere deutschen Revolutionnaires würden sich zu den französischen verhalten, wie *Luther* zu *Robespierre*. Unsere Constitution würde langsam gebaut werden, aber dann auch Jahrhunderte fest stehen.« [123] Die Deutschen seien »reifer zur Freiheit« als die Franzosen; denn ihnen »lieg[e] der Freyheitsgeist in den *Köpfen*, nicht bloß in den *Herzen*" [124], und daher könne »bey der Revolution, welche sich von dem reifern Geiste der Deutschen erwarten läßt,« auf die Guillotine und den revolutionären Terror verzichtet werden [125], zu denen die Franzosen deshalb greifen mußten, weil sie die »*Aufklärung*« als den »langsamste[n], aber sicherste[n] Weg zur Erneuerung« allzu sehr verkürzt hatten. [126]

Der Hamburger Jakobiner H. Chr. Albrecht vermag noch dem Fehlen einer literarischen Metropole in Deutschland einen positiven Aspekt abzugewinnen. Denn die Zentrierung der französischen Philosophie und Literatur auf Paris und Versailles habe, zum Nachteil der Revolutionsgeschichte, die Unselbständigkeit und Korrumpierung der bürgerlichen Aufklärung zur Folge gehabt, wohl weil der Hof der Könige und die Aristokratie sie nach Meinung Albrechts anfangs gefördert und so beeinflußt hätten: »Deutschland hat vor andern Ländern den Vorteil, daß sein höchstes Gut, die Kultur und Aufklärung, nicht von einem Hofe abhängt. Daß in Frankreich das Gegenteil stattfand, hat Frankreichs Verderben gegründet. Wir sind mehr gesichert und befinden uns besser.« [127] Ebensowenig fehlt der Rückbezug auf die revolutionäre Tradition der Reformation [128]. Dabei akzentuiert Albrecht den Einfluß der Renaissance der Antike, die, durch die Reformation verstärkt und vermittelt, die Aggressivität der Aufklärungsphilosophie bewahrt habe: »Aller Witz und aller Scharfsinn Voltaires hätte sich nur zu leicht in alt- oder neutestamentlichen Spielereien abtöten können, wenn nicht der Geist des unhierarchischen Altertums seinen belebenden Einfluß bis nach dem neuen Gallien und bis auf das achtzehnte Jahrhundert verbreitet hätte.« [129]

Die Konzentration auf die langsame, gründliche und stetige ideelle Ausbildung [130], die im Unterschied zu Frankreich »das Interesse der Philosophie und der Gelehrsamkeit« zum »Nationalinteresse« in Deutschland werden ließ [131], dieser »Geist der deutschen Nation, der Deutschland regiert« [132], verbürgt Gelingen und weitgehend unblutigen Verlauf der für Deutschland nun bevorstehenden politischen Umwälzung, die die Fehler der Französischen Revolution vermeiden wird: »Wir [sind] in den glücklichen Zustand gesetzt, daß wir nur ein wenig Weisheit, ein wenig Selbstbewußtsein und so viel Mut, als ein jeder unverkrüppelte Mensch in gesundem Zustand natürlicherweise haben muß, anzuwenden brauchen, um von den Revolutionen, die um uns her schon entstanden sind, oder noch entstehen werden, einen wahren bleibenden Vorteil zu ziehen.« [133]

Mit solchen optimistischen Hoffnungen auf die unmittelbar bevorstehende revolutionäre Explosion, die sich auf das Vertrauen in die unwiderstehliche Macht der Aufklärungsphilosophie gründen, stimmt Rebmann überein, weil »das Geheimnis noch nie erfunden worden ist und der Natur der Sache nach nicht erfunden werden kann, Ideen, die einmal im Umlauf sind, zu vernichten.« [134] Die Begriffe von Freiheit, Gleichheit, Menschenrecht werden daher reale Rückwirkungen auf die Geschichte haben; denn »jeder dieser Begriffe führt natürlich auf eine unendliche Reihe anderer Folgerungen, und es ist unmöglich zu verhindern, daß diese Folgerungen nicht, sobald sie klar eingesehen werden, das Gedanken- und Handlungssystem der Menschen bestimmen sollten.« [135] Rebmann fordert daher, aus Enttäuschung über die Außenpolitik des Direktoriums, das statt der Befreiung der Völker nur deren Eroberung erstrebe, für Deutschland die Revolution aus eigener Kraft, zu der es durchaus fähig sei: »So bald ein Volk ernstlich frei werden will, vermag keine Macht, weder im Himmel noch auf Erden, es länger in der Sklaverei zu erhalten, am allerwenigsten ein Volk, bei dem so viele Kraft, und so viele Aufklärung anzutreffen ist, als in Deutschland.« [136]

Daraus folgt als Aufgabe des revolutionären Schriftstellers, durch die Intensivierung und Entfaltung der revolutionären Publizistik, Ausbreitung und Einfluß der Ideen zu fördern. Denn Albrecht übersieht keineswegs die Differenz zwischen der geistigen Verfassung der bürgerlichen Mittelschicht insgesamt und der fortgeschrittenen Gelehrsamkeit der bisher weitgehend isolierten Gelehrtenrepublik, auf die die Epoche der Aufklärung einstweilen beschränkt blieb; Albrecht nennt die ›Naturkunde‹ als Beispiel: » [Sie] fängt nur kaum an, sich von den Schulen der Gelehrten und von den Studier-Zimmern aus über das tägliche Leben und das bürgerliche Gewerbe zu verbreiten.« [137] Albrecht setzt große Hoffnungen auf die Lesegesellschaften, in denen die popularisierten Ideen der Aufklärung vermittelt würden: »Über die Erziehung fängt das Publikum an zu denken. In mehreren der größeren Städte ist es sogar schon dahin gediehen, daß man die menschlicher gewordene Gelehrsamkeit nicht mehr für das vorteilhafte Eigentum oder die drückende Last eines besonderen Standes ansieht, sondern in geselliger, gemeinnütziger Willfährigkeit und Beförderung alle untereinander lernen, und nach und nach immer einer mehr es wagt, seinen Verstand zu gebrauchen.« [138] Rebmann begriff bei seinen Popularisierungsbestrebungen, die ebenfalls die Kluft zwischen dem Gelehrten und dem ›gemeinen Mann‹ schließen sollten, die politische Praxis immer als Folge der literarisch-aufklärerischen und empfand seine Beschränkung auf diese als erzwungenen Verzicht: »Laßt uns Gedichte tun, nicht dichten, möchte ich wohl rufen!« [139]

Die Hervorhebung der eigenen nationalen Ideen-Geschichte ergibt sich als Notwendigkeit aus der Interpretation der Französischen Revolution als der methodisch konsequenten Anwendung der Aufklärungsphilosophie [140]. So mußte auch für Deutschland der Nachweis erbracht werden, daß die Ideen bereits ent-

wickelt sind, die »so gewiß [wirken], als die brennende Kohle aufs Pulver.« [141]
Die in Deutschland besonders intensive Entwicklung des Naturrechts habe die
unverzichtbaren Menschenrechte bereits aufgezeigt, die es nun praktisch-politisch
zu restituieren gelte. [142] Die daraus entwickelte Vorstellung von der Revolution
als der Aufhebung der Differenz zwischen der fortgeschrittenen Theorie und der
noch zurückgebliebenen Praxis, wobei durch die bedächtige und konsequente
Revolutionierung der Philosophie gegenüber der Französischen Revolution eine
neue Qualität der Umwälzung verbürgt ist, hat Entsprechungen in den idealistischen Konzeptionen des »Literarischen Radikalismus« der Jungdeutschen und
Linkshegelianer [143]. Doch die Überlegungen der Jakobiner markieren einen
dort nicht wieder erreichten Höhepunkt in der Reflexion über die Rolle der Literatur als Moment politischer Praxis. Denn sie überschreiten in den Reali-
sierungsversuchen der idealistisch konzipierten Handlungsvorstellungen die
Grenzen, die Büchner bekanntlich am jungdeutschen Glauben von der Veränderbarkeit der Gesellschaft »mittelst der Idee« allein und Marx an der
linkshegelianischen Überschätzung der »Waffen der Kritik« [144] dadurch aufgezeigt haben, daß sie mit Nachdruck auf die Rolle des materiellen Faktors hin-
wiesen. Eben die Einsicht in dessen Relevanz kennzeichnet die fortgeschrittenen
Modelle einer Verbindung von Literatur und revolutionärer Praxis.

5. Das liberale und das ›jakobinisierte‹ [145] Modell der öffentlichen Meinung

Für das liberale Modell einer Vermittlung aufklärerischer Ideen reduziert sich
dagegen die Vorstellung von politischer Praxis auf die Belehrung der Fürsten
und ihrer Ratgeber durch die Macht der öffentlichen Meinung, die die Publizisten
entfalten. Literatur und Publizistik verbreiten die richtigen Ideen so lange, bis
alle Vorurteile »... endlich der Übermacht der Wahrheit weichen« [146]. Literatur als Anleitung zur tätigen Selbsthilfe der Regierten wird ausdrücklich verworfen. Bekannt ist, wie Kant im Recht auf die unbehinderte öffentliche Meinungsäu-
ßerung das Recht auf Widerstand aufgehoben sieht; »der Zwang der Faust wird
zum Zwang des Arguments sublimiert,« das die Rechte der Regierten den Regierenden gegenüber durchsetzt. [147]

Auch Friedrich Christian Laukhard, einer der rührigsten Publizisten der Revolutionszeit [148], verbleibt in seiner programmatischen Vorrede zum *Zuchtspiegel für Adliche* noch ganz in diesem Argumentationszusammenhang. Seine diver-
sen *Zuchtspiegel* für *Fürsten und Hofleute, Adliche, Theologen und
Kirchenlehrer, Eroberungskrieger, Advokaten und Ärzte* (1799) wenden sich an
die Herrschenden, um durch die öffentliche Kritik an Despotie und ›blindem
Standesegoismus‹ [149] aufzuzeigen, was durch eine »Reformation von Oben«
geändert werden müsse, »um der gewaltsamen Reformation von unten herauf
vorzubeugen« [150]. Durch die Sammlung der teilweise hervorragenden Beispiele
der politischen Poesie seiner Zeit (Bürger, Herder, Pfeffel, Schubart sind vertreten)

will er »der öffentlichen Meinung« über »Constitution und Administration«
Ausdruck verleihen [151] und sie so zu einer »moralischen Gegenmacht« auf-
bauen [152], die die »politische Übermacht bändigen« soll [153].

Diese eingeschränkten politischen Intentionen haben literarische Konsequenzen. Anders als die jakobinische Publizistik lehnt es Laukhard ab, sich auf das
literarische Niveau von Unterschichten einzustellen; »der gemeine Haufen« kenne
nur »Possen, Volkslieder, Jahrmarktsleierei und ein Gesangbuch ...«. Was höher
steigt liest er nicht, darum auch diese Sammlung nicht: – ein Umstand, der –
nebst dem Preise – den übelgesinnten und kurzsichtigen Aufruhrsschreiern ihr
Dämonsspiel verderben wird. – Wer liest gern etwas, das ihn an seine Inferiorität
so oft erinnert!« [154] Selbst als mögliche List vor der Zensur macht dieses
Argument – das sich im übrigen durchaus in den liberal-reformerischen Kontext
der Vorrede einfügt – in wünschenswerter Klarheit deutlich, wie literarische
Niveauunterschiede der Rezipienten als politische Barriere gegen die uner-
wünschte Selbsthilfe der Beherrschten genutzt werden können.

In der Begründung für die Notwendigkeit politischer Reformen allerdings radikalisiert sich Laukhards Argumentation, indem er die Konzeption der Priorität
der moralischen Emanzipation kritisiert und damit energisch auf die Vorrangigkeit des materiellen Faktors verweist [155]. Erst die Gewährleistung der materiellen Subsistenz, der »physischen Ausbildung«, und die politische Befreiung von
›Usurpation und Despotismus‹ [156] legen den Grund für eine »moralische Ausbildung, in Rücksicht auf die Berichtigung und Veredelung [des] ... Innern.«
[157] Laukhard verbindet diese Kritik mit einer scharfen Polemik gegen Schillers
Horen, in denen die moralisch-ästhetische Emanzipation zur Bedingung der politischen erklärt wurde. Gegenüber der Forderung, die Literatur solle sich von
den politischen Interessenauseinandersetzungen abwenden, begründet der aufklärerische Publizist die Legitimation literarischer Formen, die sich der »Vindici-
rung des Nothwendigen und Nützlichen« annehmen [158]; denn die ästhetische
Erziehung setze die materiell-politische Emanzipation voraus: »der hungrige
Bauch hat keine Ohren, keine Augen« für Literatur und Kunst [159].

Literatur und Ästhetik erhalten daher bei Laukhard einen funktionalen Aspekt,
der aus den durch sie zu vermittelnden Handlungsaufforderungen folgt. Laukhard
beruft sich auf die lebenspraktischen Intentionen der Aufklärungsliteratur und
polemisiert gegen den folgenlosen ästhetischen Genuß, der den Bezug zum Inhalt
der Literatur verloren hat, indem er auf Lessings berühmten Ausspruch über
die Wirkungslosigkeit des ›Klassikers‹ Klopstock verweist. [160] Zur scheinbaren
Zurückweisung ästhetischer Maßstäbe spitzt sich die Argumentation zu, wenn
Laukhard mehr entschuldigend als grundsätzlich klarstellt, er habe bei gelegentlichen Kollisionen zwischen dem »literarischen Wert« und der moralischen Intention einzelner Gedichte dem Prinzip der moralisch-politischen Erziehung den
Vorrang gegeben. [161] Insgesamt aber soll seine Sammlung dem »dreifachen
Zweck« der moralischen, politischen und ästhetischen Erbauung dienen, wobei

diese das Mittel ist, um jene zu erreichen. [162] »Ideen« können nämlich »wegen ihrer ästhetischen Verbindung mit höhern moralischen Zwecken diese interessanter und leichter erreichbar vorführe[n].« [163] Laukhard will also, um die Belehrung der Fürsten und Adligen zu erreichen, die besonderen didaktischen Fähigkeiten der Literatur nutzen, die sie von anderen »Ratgebern« unterscheidet [164]; sie nämlich stellt »ihren Gegenstand emphatisch, numerös, lebhaft coloriert, treffend, eingreifend, mit theilnehmender Gesinnung – kurz mächtig anziehend oder zurückschreckend bis zur Anschaulichkeit hin! Dies ... ist Sache und Zweck der Dichter.« [165]

Laukhards Vorsatz, die Notwendigkeit einer Veränderung der materiellen Lage der Regierten mit den Mitteln der Poesie zu demonstrieren, führt zur Aufnahme von Gedichten von Bürger, Schubart oder Voß [166], in denen sich die kritische Analyse zur antifeudalen Aggressivität steigert, die längst nicht mehr auf die Einsicht der Herrschenden baut und damit die liberalen Handlungsabsichten der Sammlungen sprengt. Laukhard aber ist, vielleicht aus Sorge vor der Zensur, bemüht, rebellische Handlungsalternativen durch einen beruhigenden Kommentar zu Bürgers *Der Bauer an seinen Durchlauchtigen Tyrannen* zu verdecken: selbst bei den Bauernaufständen in Sachsen habe sich herausgestellt, daß die sie veranlassenden Jagdschäden durch untergeordnete »Jagdbediente« verschuldet worden seien, die entgegen den »ausdrücklichen und väterlichen Maßregeln des gutmütigen Fürsten« gehandelt hätten. Die Mitwirkung der Regierten zur Verhinderung von Übergriffen bleibt begrenzt: sie sollen »selbst mit zusehen, ob die väterlich gegebenen Befehle auch pünktlich ausgeführt und nicht von hartherzigen Unterbedienten nachteilig modifiziert oder gar unterschlagen werden.« [167]

Präzise Sozialkritik als Folge einer endlich realitätsbezogenen Anwendung der Maximen der Naturrechtslehre fordert der Autor des Dramas *Die Rebellion* (1790), in dem die jakobinische Möglichkeit der Selbsthilfe schon ausführlicher vorgestellt wird, aber dann doch als noch zu vermeidende gewaltsame Eruption zugunsten der Hoffnung auf einen einsichtigen Fürsten zurücktritt. [168]

Die Selbsthilfe der Regierten ist dagegen für die jakobinischen Autoren mehr als ein kalkuliertes Risiko, das als Konsequenz der radikalen Kritik hingenommen werden muß. Die Idee der öffentlichen Meinung als der Vermittlungsinstanz aufklärerischer Theoreme erhält eine neue Funktionsbestimmung: politische Praxis ist nicht in sie eingebunden und damit auf die Diskussion der Publizisten mit den Herrschern eingeschränkt, sondern wird durch die Publizität erst freigesetzt und vorangetrieben. Das erfolgreiche französische Beispiel gibt klaren Anschauungsunterricht; Forster nennt die öffentliche Meinung in Paris »das Werkzeug der Revolution und zugleich ihre Seele« [169]; durch die gemeinverständliche »außerordentliche Verbreitung wissenschaftlicher Begriffe und Resultate« in Zeitungen und Broschüren [170] wird die öffentliche Meinung zum »Mobil der Volkskraft«. [171]

Rebmann knüpft explizit an deutsche vorrevolutionäre radikale Vorbilder an, indem er seine erste Zeitschrift das *Neue Graue Ungeheuer* nennt und sich so im Kampf gegen »Tyrannen und Blutigel der Menschheit« auf »*Wahrheiten*« beziehen möchte, die bereits Wekhrlin in seinem *Grauen Ungeheuer* verkündet habe [172]. Zeitschriften und Flugschriften setzen so die »vollkommene Offenheit und Publizität« [173] für die Diskussion »über Politik, Gesetzgebung, Sitten« durch [174] und zwingen die Fürsten, die sonst mit »geheimnisvolle[m] Dunkel« ihre Throne umhüllen [175], zur Offenlegung ihrer Absichten: sie sind genötigt, »unserer Publizität die ihrige entgegenzusetzen.« [176]

Dabei läßt die Kennzeichnung der Wirkungsweise der »Publizität« als Erweckung von »Furcht«, die den »aufgehobenen Arm der Gewalt und die ausgestreckte Klaue der Raubsucht zurück[hält],« noch deutlich die Anknüpfung und Radikalisierung des liberalen Modells der Belehrung der Herrschenden erkennen. [177] Allein die »anfangende Freiheit der Mitteilung der Gedanken« habe feudale Wald- und Jagdrechte zum Beispiel gemildert. [178] Doch wo dies nicht mehr verfängt, da muß aus dem durch die Publizität erweckten »Häuflein ein Haufen werden, der den Despotismus … zu Boden schlägt.« [179] Daher sind »Preßfreiheit und Publizität ein Greuel in [den] Augen« der Tyrannen [180]; denn der »Gang der öffentlichen Meinung« macht »Ideen gemein …, über die bisher nur der Philosoph oder der Lehrer des Naturrechts in seiner Studierstube gebrütet hatte.« [181] »Publizität«, die sich der »Philosophie« annimmt, wird so zum »mächtigen Hebel, der das Geisterreich in Bewegung setzt.« [182] Vor der mangelnden Einsicht der Herrschenden macht diese ›jakobinisierte‹ öffentliche Meinung [183] nicht mehr Halt, die für den Publizisten Friedrich Wilhelm Schütz politische Praxis zwar auslöst, aber keineswegs ersetzt: »Wir können dem Publiko nur in so ferne nützlich werden, als wir die Werkzeuge sind, herrschende Vorurteile zu bestreiten und richtige Ideen über diesen oder jenen Gegenstand schneller als sonst gewöhnlich in Umlauf zu bringen. Um uns einer passenden Allegorie zu bedienen, so sind wir gleichsam die Geburtshelfer, die Entbindung zu erleichtern, und wir sehen den verständigen Teil des Publikums als die Gebärerin an, die eigentlich die Hauptrolle spielen muß, und welcher wir die Wehen erleichtern helfen.« [184]

Innerhalb der idealistischen Konzeption einer notwendigen Anpassung der »Verfassungen und Institutionen« an den »Geist der Zeit und die Ideen der Völker« [185] kommen dabei durchaus realistische Gesichtspunkte zur Geltung. Denn schon aus der Betrachtung des Verlaufs der Französischen Revolution und ihrer bisherigen Ergebnisse wird eine Wechselwirkung zwischen Aufklärung und materiellen »Bedürfnissen« der Völker [186] gefolgert. Der Freiherr von Knigge nutzt dies Argument gleichzeitig als Polemik gegen Unterstellungen, die Französische Revolution sei das Werk einer Verschwörung weniger Schriftsteller und Philosophen gewesen [187], und erklärt die revolutionäre Wirkung der Aufklärung vielmehr daraus, daß sie dem tiers état die Argumente zur Aufhebung der

feudalen Privilegienordnung und der absoluten Monarchie bereitgestellt habe.
[188] Sogar der russische General F. M. Klinger, der gewiß keine Sympathie für
den revolutionären Umsturz empfand [189], nimmt mit dem Hinweis auf »Laster
des Hofs, ... Raubsucht und Zügellosigkeit der Großen« Voltaire, Diderot und
Rousseau gegen den Vorwurf in Schutz, sie hätten die Revolution mit ihren
Schriften mutwillig entfacht. [190] Dabei kündigen sich in der realistischen Argumentation bereits Klassengesichtspunkte an, wenn es in einem anonymen jakobinischen Drama zum Ausbruch der Französischen Revolution heißt: »Der *Adel*
wollte schwelgen und – *schwelgte,* die Geistlichkeit ebenso; der Bürger und Bauer
sollte zu jenem Zwecke behilflich sein, darben, und – er *darbte.* Das konnte
nun nicht so bleiben, es brach .... man lud ihm immer mehr auf, und er mußte
die Last abwerfen.« [191]

So schärft die Analyse der revolutionären Praxis den Blick für die materiellen
Faktoren, die sich bei der Realisierung der aufklärerischen Ideen geltend machen.
Die Französische Revolution entsteht aus dem Kontrast der Prinzipien des Naturrechts zum materiellen Unrecht; das Bewußtsein dieses Gegensatzes macht die
Empörung unausweichlich: denn »hier trat doch wohl endlich der Fall ein, wo
eine Rebellion das letzte, das einzige Mittel des Volks zur Erhaltung seiner selbst
war.« [192] Selbst über diese Argumentation, die noch den Überlegungen Hegels
zum Ausbruch der Französischen Revolution zugrunde liegt [193], gehen jakobinische Autoren hinaus, indem sie auch das Prinzip der Vernunft, das sich in
der Revolte durchsetzt, mit materiellen Faktoren vermitteln [vgl. S. 531 f.]. Denn
»zeitliches Interesse« erklärt für Georg Wedekind den Enthusiasmus der französischen Heere, der sich auf die revolutionären Errungenschaften gründe [194].
Deren materielle Beschaffenheit wird unterstrichen, wenn Görres das »Land der
Freiheit« als Land des »Wohlstandes« zugleich bezeichnet [195] oder Rebmann
die Förderung von »Wohlstand und Gewerbe« als Ergebnis der republikanischen
Staatsform feststellt [196]. Georg Forster hebt die realistischen Interessen hervor,
deren Durchsetzung den revolutionären Enthusiasmus erkläre: »der Bauer [ist]
durch das ganze Frankreich von der baren Hälfte seiner Lasten befreit. Darum
fühlt er sich, darum ist er glücklicher als zuvor. Er kann sich satt essen, er kann
sich kleiden, das konnte er nicht unter dem Harpyenregimente.« [197] Die endlich
erreichte Sicherstellung ihrer physischen Existenz also bewegt die »unermeßlich
große Klasse von Menschen, die bloß aus der Hand in den Mund zu leben hat«,
zur entschlossenen Verteidigung der Revolution: »Sie haben zu leben; das ist
das große Argument für die neue Verfassung.« [198] Und noch die moralisch
motivierte Polemik gegen den Parteienkampf und die Rolle der Terreur im Revolutionsverlauf führt Rebmann zur Erkenntnis, daß materielle Interessen offenkundig der »Hebel der Weltgeschichte« sind: »die Geschichte der Revolution
... liegt in den Bedürfnissen des Magens, des Auges ...« [199].

Daher knüpft die jakobinische Publizistik einerseits durchaus an das klassische
aufklärerische Modell der Ideologiekritik an, die sich die Aufgabe gestellt hatte,

die Rechtfertigung und religiöse Legitimierung despotischer Herrschaft als Betrug der Priester und Könige an den Beherrschten zu entlarven [200], geht aber anderseits doch ganz wesentlich darüber hinaus. So soll zwar die »wissenschaftliche Aufklärung ... den Schleier, der die Schandtaten des Despotismus und die Schmach der Völker verhüllte,« zerreißen [201] und Priester wie »Gekrönte« als »Diebsgesindel« hinstellen [202]; dabei gilt die Polemik besonders der ›gewöhnlichen Vergleichung‹ »zwischen dem Regenten eines Staates und einem Hausvater« [203], wie sie noch Laukhard vorgenommen hatte – ein Argument, das schon den Zorn Rousseaus erregt hatte, weil die Milde der väterlichen Autorität nichts mit der Grausamkeit der Despoten gemein habe [204]. Doch vor allem dort, wo der Sprung in die revolutionäre Praxis intensiv geplant oder gar verwirklicht wurde, kommt den Publizisten die Einsicht, daß den Interessen der Herrschenden die der Beherrschten entgegengesetzt werden müssen, weil allein deren Mobilisierung die republikanische Staatsform erzwingen kann. Dabei gibt die Idee der Aufklärung ihren Anspruch nicht auf, dem Allgemeininteresse zuallererst verpflichtet zu sein. Aufgabe der jakobinischen Publizistik ist es gerade zu zeigen, wie das Gemeinwohl und das Privatinteresse allein durch die bürgerliche Revolution in Übereinstimmung gebracht werden können (vgl. S. 531 ff.), während der feudale Gegner sich stets nur am eigenen »schmutzigsten Egoism« orientiere [205]. Doch wenn im Kampf gegen die Despoten, deren Habsucht und Ehrgeiz das Staatswesen korrumpiert habe [206], die »Macht der Wahrheit« [207] allein nicht mehr ausreicht, dann ist die Idee gleichsam gezwungen, sich der materiellen Faktoren zu vergewissern, die in der politischen Praxis den Ausschlag geben [208]. Dazu gibt es »kein besseres und sicheres Mittel, als die Untertanen über ihre Vorteile zu unterrichten«, damit sie »Unterdrückung« und »Zwang der wohltätigsten Gesetze« auseinanderhalten können [209]. Denn »Massen werden doch bewegt, wenn die rechten Hebel kommen.« [210]

Zu solchem Hebel kann die jakobinische Publizistik werden, wenn sie in Rechnung stellt, daß »zu einer Revolution eine Veranlassung gehöre« [211], die aus der materiellen Lage der Unterdrückten resultiert [212]. Dazu aber bedarf es anderer Mittel als sie für die Sprache der Theorie oder der gelehrten Dichtung eigentümlich sind; denn durch »moralische Spekulationen« würde der Bauer nicht in Bewegung gesetzt, »er müsse einen augenscheinlichen, klaren und handgreiflichen Nutzen auf der einen Seite vor seinen Augen haben und auf der anderen Seite die Unmöglichkeit empfinden, seinen dermaligen Zustand länger auszustehen.« [213]

Damit ist für revolutionäre literarische Zweckformen innerhalb des zur Selbsthilfe anleitenden Modells der ›jakobinischen‹ Publizität eine genaue Funktionsbestimmung gegeben: sie stellen die Vermittlung zwischen abstrakter Theorie und politischer Praxis her; denn durch die Literatur konkretisiert, kann die Kritik endlich »ad hominem demonstrieren«; sie fügt »dem wirklichen Druck ... das Bewußtsein des Drucks hinzu, indem sie [ihn] publiziert.« [214]

6. Moralisches Pathos und Klasseninteresse

Doch die Lernprozesse jakobinischer Autoren mußten sich unter den spezifisch deutschen Verhältnissen recht schwierig gestalten (Vgl. oben S. 517 ff.). Denn daß die aufgeklärte Moral nicht alleine, sondern nur im Bündnis mit Klasseninteressen politische Veränderungen herbeiführt, konnte ihnen, deren Bewußtsein aufgrund ihrer isolierten Stellung in der Sozialstruktur oft radikalisiert abstrakte Züge aufwies, nur noch schwerer aufgehen als den französischen Revolutionären, die es verstanden hatten, bürgerliche und plebejische Klasseninteressen an Theoremen der Aufklärungsphilosophie festzumachen. [215] Daher herrscht in der deutschen revolutionären Lyrik nicht allzu selten denn doch das abstrakte Menschheitspathos vor. So widmen Friedrich Lehne und Niklas Müller ihre Sammlung *Republikanischer Gedichte* der »großen Sache der Menschenrechte gegen die Willkür, der Wahrheit gegen den Trug, der Tugend gegen das Laster« [216] und schwingen sich dabei in ihrer Begeisterung auf solche Höhen der Argumentation, daß auf die soziale Lage der Landbewohner und Stadtbürger, deren Schicksal es doch zu wenden gilt, kaum noch ein Blick fällt. [217] Gedichte, in denen ständig die Tugend gegen den korrupten Adel kämpft und der rechtschaffene »freie Mann« sein ›häuslich biedres Glück‹ gegen verworfene Despoten verteidigt [218], mögen zwar, wie ein Zeitgenosse meinte, »... im Kreise freiheitsliebender Männer ... die Herzen erwärmen« [219]; Bauern oder Bürgern aber kann so wohl kaum klar werden, warum sie sich der Revolution anschließen sollen. So gelten die Gedichte Lehnes auch vorzüglich der emotionalen Selbstbestätigung der bereits überzeugten Republikaner: er sei es zufrieden, wenn der »nachsichtsvolle Kreis meiner Freunde meine Bemühungen nicht verachtet, und wenn der Einklang unserer Empfindungen mir beweist, daß wir uns verstehen.« [220]

Pathos dieser Art, das den Träger revolutionärer Aktionen nicht nennt, verselbständigt sich allzu leicht zur realitätsfernen hohlen Geste. [221] Schon Hedwig Voegt hat darauf hingewiesen, daß solche Gedichte selbst dann noch »nebelhaft und abstrakt« bleiben, wenn sie Melodien und Textelemente jener mobilisierenden französischen Revolutionsgesänge wie der Marseillaise oder des ›Ça ira‹ verwenden; denn »wer diese ›Wir‹ sind«, die zur revolutionären Tat aufgerufen werden und »die zur Vernichtung [des Despotismus] schreiten sollen, wird ... nicht deutlich« [222]. Wenn man nicht ganz auf Gedichte dieser Art bei der Dokumentation zugunsten genauerer literarischer Argumentation verzichten möchte [223], so können sie allenfalls im Kontext klassenspezifischer Revolutionspropaganda, in den auch die Herausgeber der Publizistik sie einfügten [224], vom Mut, Selbstvertrauen und revolutionären Enthusiasmus der Jakobiner Zeugnis ablegen [225]. Die isolierte und gehäufte Dokumentation fördert dagegen eher Zeugnisse unfreiwilliger Komik zu Tage, wie Hans von Helds religiös gestimmten »Hymnus an J. J. Rousseau«. [226] Immerhin macht der Vergleich des Bürgerschen Gedichts gegen den Interventionskrieg mit den bemühten und

redundanten Gesängen des liberalen Autors F. A. Brömbsen [227] auf Qualitäts-
unterschiede politischer Poesie aufmerksam, was der Kommentar zur Dokumentation – über dankenswerte biographische Details hinaus – im Interesse der Sache
denn doch hervorheben sollte. Bürger braucht genau vier knappe Strophen, in
denen jede Zeile treffsicher und präzis formuliert ist und daher ›sitzt‹, um durch
den Vergleich der sozialen Lage des Volks mit den Intentionen des Krieges gegen
Frankreich dem »guten deutschen Volk« den Widersinn eines kämpferischen
Engagements »Für Fürsten- und für Adelsbrut / Und fürs Geschmeiß der Pfaffen«
klar zu legen, während ein als Jakobiner vorgestellter Anonymus dazu ca. 80
Strophen benötigt, die darüber hinaus das Niveau der potentiellen Rezipienten
leicht überfordern dürften. [228]

Dabei hat, wie eingangs ausgeführt, das revolutionäre Pathos in bürgerlicher
Revolutionsdichtung seinen legitimen Ort. Denn die revolutionäre Klasse unterstreicht das Ineinander ihres Sonderinteresses mit dem Gesamtinteresse der
Gesellschaft, indem sie »ein Moment des Enthusiasmus in sich … hervorruf[t],
ein Moment, worin sie mit der Gesellschaft im Allgemeinen fraternisiert und
zusammenfließt.« [229] Die Berufung auf die republikanischen Vorbilder der
griechischen und römischen Antike, augenfällig demonstriert an der roten phrygi-
schen Mütze der französischen Revolutionäre, die im alten Rom einst den Freigelassenen verliehen wurde [230], unterstreicht die Kontinuität des geschichtlichen
Fortschritts, in die das eigene Handeln sich eingliedert. Deutsche Revolutions-
dichter wie Friedrich Lehne und Niklas Müller nehmen hierauf ebenfalls überrei-
chen Bezug und fügen die vermeintlichen Freiheitskämpfe der eigenen nationalen
Geschichte hinzu: Hermann der Cherusker erfährt hier vor allem – als Vorfahr
der bürgerlichen Emanzipation – in der epigonalen Nachahmung der Klopstockschen Bardendichtung eine späte Ehrenrettung [231]. Dabei wird allerdings übersehen, daß der Enthusiasmus für Freiheit und Gleichheit die Einsicht in die Notwendigkeit zur Durchsetzung des Partikularinteresses durchaus voraussetzt.

Georg Forsters Revolutionsreden vergessen dies nicht und zeichnen sich daher
durch ein Pathos anderer Art aus. Die kampflose Aufgabe der Festung Mainz
im Oktober 1792, die überstürzte Flucht des Kurfürsten und des geistlichen Adels
ließen ihn erkennen, daß dem »Enthusiasmus, dem Freiheitseifer … nichts widerstehen [kann].« [232] Doch ebenso klar ist ihm, daß die Erweckung solcher
flammenden Begeisterung die Erkenntnis der eigenen Interessen voraussetzt; erst
dann wird es möglich, den Menschen aus dem »Grad künstlicher Erschlaffung,
den das lange getragene Joch der Unwissenheit und Sklaverei nothwendig hat
hervorbringen müssen,« herauszureißen. Forster fordert daher mit Nachdruck
die sich auf die Bedürfnisse des Landmannes einstellende Aufklärung [233]. Für
den blinden Enthusiasmus »ungeschickter Freiheitsapostel«, die sich über die
»physischen, sittlichen und politischen Verhältnisse« der Bevölkerung von Mainz
einfach hinwegsetzten, hatte er nur Hohn und Spott übrig [234]. Forster stimmte
in solchen Erwägungen schon vor seinem Eintritt in den Jakobinerklub mit Niklas

Vogt, Felix Blau, Matthias Metternich und Rudolf Eickemeyer überein, »lauter
Leuten, die nicht schwärmen wollen, aber entschlossen sind, zum besten zu arbeiten.« [235]

Forster stellt unmißverständlich klar, daß eine Revolution nur dann Erfolg
haben könne, wenn sie das »öffentliche Wohl und [das] Privatinteresse« befördere
[236]; denn außer durch die Berufung auf die moralischen Grundsätze, die das
politische Engagement rechtfertigen [237], legitimiert er das eigene Handeln mit
dem Hinweis auf die Erhaltung und die Förderung des »Wohlstandes und des
Privateigentums der Einwohner« von Mainz bei einer Annahme der republikanischen Konstitution. [238]

Daher versagt es sich jakobinische Zweckliteratur nicht, auf Klasseninteressen
einzugehen, wie schon ihre Interpretation der Französischen Revolution nahelegte. Doch zur Rechtfertigung dieses Verfahrens ist die genaue Bestimmung des
Verhältnisses von Privatinteresse und Gesamtinteresse notwendig. So sondert
Joseph Görres »gesellschaftliche und Privat-Tugenden« voneinander [239] und
unterscheidet in seiner Kritik an korruptionsverdächtigen Beamten im französisch
besetzten Rheinland zwischen den »Handlungen eines Privatmannes ... [und]
denen eines öffentlichen Beamten.« [240] »Uneigennützigkeit jeder Handlung«
ist die Forderung an den Beamten, der einen Teil der Volkssouveränität verkörpert; hier muß daher »das allgemeine Interesse ... jedes Privatinteresse verschlingen« [241]; diese Argumentation setzt die Freiheit zur Entfaltung des Privatinteresses voraus, solange es sich nicht in das öffentliche einmischt.

Das wird vollends deutlich bei Georg Wedekind, der sich in seiner für Kaufleute
und Handwerker bestimmten Zeitschrift *Der Patriot* um sorgfältige Abgrenzungen bemüht. [242] Er teilt die Menschen in den Bürger und die Privatperson
auf; als Privatperson hat er Anspruch auf die ungehinderte Entfaltung seiner
»Wünsche, Bedürfnisse, ... Interessen« [243], solange er nicht rechtswidrig in
die Interessen anderer eingreift [244]; denn »den Bürger betreffen bloß die Handlungen, die das allgemeine Interesse angehen.« [245] Wedekind legt auf die Trennung beider Bereiche den Akzent seiner Darlegungen. Den Zunftmitgliedern in
Mainz versucht er damit zu beweisen, wie unsinnig es wäre, die politischen Rechte
des Individuums an seinen Berufsstand zu binden; denn »der Schneider, der Schu-
ster, der Schreiner, der Arzt« kommen als »Glieder des Staats, ... als *Bürger*
... zusammen, so oft von dem allgemeinen Besten, das heißt von Regierungssa-
chen, die Rede ist.« [246] Die Zunftbürger müßten sich also »künftig in einer
zwiefachen Rücksicht [betrachten]: 1) als *Bürger des Staates* ... und 2) als Zunft-
genossen.« [247] Wedekind fordert gegenüber der ständischen Gliederung des
alten Staates dazu auf, die politische von der sozialen Organisation zu trennen,
und führt Argumente an, deren Zweckbestimmung Marx als progressiven Klas-
seninhalt und spezifische Beschränkung der bürgerlichen Revolution kennzeichnen wird: die Aufspaltung des Menschen in den seinem Eigeninteresse verpflichteten bourgeois und den gemeinnützigen citoyen. [248]

Wedekinds Aufgabe ist es zu zeigen, daß diese Abgrenzung sowohl dem Allgemein- als auch dem Sonderinteresse nützt. Das »gemeinschaftliche Interesse kann ... in Demokratien am vollkommensten betrieben werden, weil in ihnen die *oberste* Gewalt, sowohl was die Bestimmung, als was die Ausübung der Gesetze betrifft, auf dem Volke, d. i. auf der Gesammtheit der Bürger, ruhet« [249]; dadurch ist sie der Willkür des absoluten Monarchen entzogen. Für den »ökonomischen Zustand« des Einzelnen, für »die Fragen: wovon soll ich leben? wodurch soll ich reich werden?« ist ebenfalls am besten gesorgt, wenn der Staat alle Eingriffe durch die Gewährung von Sonderprivilegien vermeidet: »das geht die Regierung weiter nichts an«. [250] So gilt es die Vorteile der Revolution stets in »einem moralischen und auch ökonomischen Sinne« zu betrachten, um zu beurteilen, welchen »baaren Gewinn« sie bringt. [251]

Damit ist gezeigt, wie in der bürgerlichen Revolution der moralische und der materielle Fortschritt zusammenfallen. Denn der revolutionäre Publizist will weder die moralische noch die ökonomische Zweckbestimmung des Menschen ignorieren; vielmehr muß gezeigt werden, daß die Entfaltung beider an die Einführung der bürgerlich-demokratischen Republik gebunden ist. Sie allein ist nämlich in der Lage, das ökonomische Privatinteresse aus der Beschränkung durch Standesvorrechte oder Zunftprivilegien herauszulösen und es doch gleichzeitig durch das Einfügen in die gemeinnützig orientierte Staatsverfassung zu zähmen und daran zu hindern, den Gemeinwillen zu korrumpieren: denn der »Egoism«, der zwar »die Industrie belebt« [252], aber »sich nicht leicht selbst einen Damm setzt, muß von außen beschränkt werden« durch eine starke republikanische Verwaltung, die die Rechte des ganzen Volks vertritt. [253]

7. Interessenspezifische Aufklärungsliteratur

Wedekind möchte mit seinem *Patrioten* die Kaufleute und Handwerker in Mainz davon überzeugen, daß ihr Klasseninteresse nur dann scheinbar der Revolution entgegensteht, wenn sie es ganz kurzfristig und damit falsch interpretieren. Denn der Adressat solcher ökonomischen Aufklärung war kein »bemittelter und wirksamer Mittelstand« [254]; Versuche der Kurfürsten zur Ansiedlung einer Manufakturbourgeoisie in Mainz waren anscheinend gescheitert [255], und so gehörten zum Handelsstand, einer nach dem Vorbild der Zünfte gegliederten Organisation der Kaufleute, vor allem Weinhändler, Spediteure oder Küfer, aber keine Großkaufleute oder gar Bankiers, die von den Vorteilen des Freihandels bereits überzeugt sein könnten. [256] Zwar war die wirtschaftliche Entwicklung von Mainz weit hinter den Möglichkeiten zurückgeblieben, die seine bevorzugte Lage am Rhein und Main ihm bot, da Zölle und Stapelrechte, deren Einnahmen in die Privatschatullen des Kurfürsten flossen, den Handel erheblich behinderten; dennoch meinte der Handelsstand auf die Anwesenheit des kurfürstlichen Hofes und des geistlichen Adels nicht verzichten zu können und plädierte in seinen

Verfassungsvorschlägen für den französischen General Custine für eine ›gemä-
ßigte Monarchie‹ statt der republikanischen Konstitution [257]. Die Mainzer
Jakobiner wußten warum: Kaufleute und Handwerker, die sich in ihrer Mehrheit
dem Handelsstand anschlossen [258], lebten von den Aufträgen des Hofes und
der Adligen. [259]

Dennoch fordert Wedekind beide Gruppen immer wieder auf, diese begrenzte
Sehweise ihrer ökonomischen Entfaltungsmöglichkeiten aufzugeben und statt
dessen an die »für alle Zweige des Handels so günstige Lage [der] Stadt ... auf
den Grenzen zweier großen komerzierenden Reiche, auf den Grenzen von Frankreich und Deutschland, in gleicher Entfernung von Holland und der Schweiz,
am Ufer zweier der größten deutschen Flüsse ...« zu denken [260] und die Gunst
dieser so »einladende[n] Lage« [261] nun endlich zu nutzen [262]. Der stete
Hinweis auf den Reichtum Frankfurts, den es einer republikanischen Verfassung
ohne Adels- und Fürstenvorrechte verdanke, wird fast zum Topos der interessen-
spezifischen Argumentation, wobei meist unterstellt wird, das Frankfurter Patri-
ziat habe sich aus Neid auf den wahrscheinlichen Reichtum eines republikanischen Mainz den preußischen Interventionstruppen angeschlossen und deshalb
seine französische Besatzung schmählich verraten [263].

Georg Wedekind versuchte seine Zeitschrift als Mittel zu nutzen, um die Barrieren zwischen Gelehrten und Volk zu durchbrechen; er bot sie in seiner Ankündigung an als Diskussionsforum, das den schriftlichen Eingaben aller offen
stünde, um so den prinzipiell gleichwertigen Dialog führen zu können, der die
Schranke zwischen Autor und passivem Rezipienten nicht kennt [264]. Doch
die aktive Resonanz blieb aus. Die wenigen Dialoge geraten zur Polemik, wie
etwa in den Auseinandersetzungen mit den Schriften eines »Doktor Teutsch«,
der den Mainzern zur gemäßigten Konstitution des Handelsstands rät [265];
oder aber die Verteidigung der Republikaner steht im Vordergrund, wenn Forster
Vorwürfe über mangelnde Entschädigungen für Übergriffe französischer Soldaten
zurückweist [266] und Angriffe entkräftet, die dem Klub Eigenmächtigkeiten
bei der Entsendung von Deputierten nach Paris vorwerfen [267]. In der öffentlichen Diskussion dieser Kritik an der republikanischen Administration realisiert
sich das Prinzip der Publizität ebenso uneingeschränkt wie im Abdruck von Klub-
reden, die Einblicke in die dort oft recht kontroverse Meinungsbildung geben.
[268] Doch im ganzen bleibt der *Patriot* das Forum des Intellektuellen, der seine
Leser in seine Argumentationen einbeziehen möchte, indem er sich auf ihre Interessen und ihr Bildungsniveau einstellt, um ihnen zu demonstrieren, daß ihre Sache
verhandelt wird.

Deshalb druckt der Herausgeber Wedekind vorzüglich solche Reden aus dem
Mainzer Jakobinerklub ab, in denen »realistische Sachlichkeit und revolutionärer
Enthusiasmus« sich verbinden [269]. Sie verschmähen auch nicht die drastische
Metaphorik der Händlersprache, um den Bürgern klar zu machen, daß die »repu-
blikanische Verfassung ... nicht allein eure Sitten bessert, [sondern] auch eure

Beutel füllt.« [270] So wählt Wedekind aus der Rede Forsters vom 15.11.92
Über das Verhältnis der Mainzer zu den Franken diejenigen Partien zum Abdruck
aus, die mit Argumenten nüchterner Realpolitik die Verfassungsvorschläge des
Handelsstands als Dokument »politischer Kurzsichtigkeit« kennzeichnen, da deren Konstitutionsprojekt als Mittelweg zwischen Demokratie und Despotie weder
den Beistand Frankreichs noch die Unterstützung der Reichsfürsten finden werde.
[271] Der Appell des Revolutionärs an Ehrgefühl und entschlossenen Mut der
Mainzer, sich nun endlich für die Freiheit zu erklären, hat seinen sicheren Grund
im vorangegangenen Beweis, das »die zeitlichen Vermögensumstände eines jeden
Mainzers nur durch die Annahme der wahren, echten Freiheit gesichert werden.«
[272]

Wedekind nimmt auch eigene Reden aus dem Klub in seine Zeitschrift auf.
Sie können als Beispiele für gelungene Popularisierungen von Aufklärungstheore-
men stehen, wobei die Popularisierung keine Trivialisierung und Verflachung
zur Folge hat. Wedekind macht stets die Einstellung auf den Rezipienten zur
Voraussetzung politischer Aufklärungsliteratur und nimmt die Reflexion des
Vermittlungsproblems in die literarische Darstellung auf: »Nicht schön, elegant
…, [sondern] populär zu schreiben …«, nennt der Autor als Absicht seiner auch
als Flugschriften verbreiteten Reden, »weil ich sonst wenig nützen würde.« [273]
Dabei geht es nicht um plumpe Anbiederung, sondern um die Kennzeichnung
einer Position, die den Autor vom Gelehrten im Dienst des Kurfürsten unterscheide, der Wert auf Distanz lege: »Wer hat wohl je einen Hofrat und einen
Professionisten oder einen Landmann beisammen in Gesellschaft gesehen?«
[274]

Nicht selten beginnt Wedekind noch mit dem abstrahierend-deduktiven Verfahren der gelehrten Aufklärung, das Menschen- und Bürgerrechte dadurch zu
definieren sucht, daß es die Gesellschaft auf die ihr zugrundeliegenden Prinzipien
zurückführt [275]. Damit kennzeichnet Wedekind die allgemeinen Vernunftsätze,
die es auf das Mainzer Land anzuwenden gelte. [276] Bei dieser konkreten Vermittlung jedoch versucht Wedekind, seine Leser in die Entwicklung der Beweis-
führung mit einzubeziehen, indem er etwa seine Argumente entfaltet als scheinbare Selbstreflexion eines Handwerkers oder Kaufmanns, der sich über die für
den Fortgang seiner Geschäfte nützlichste Regierung seine höchst prosaisch-
nüchternen Gedanken macht, auf die der Autor beim Abdruck der Klubrede
über *die übel angebrachte Tätigkeit der Regierungen und Zünfte* [277] dann
Bezug nehmen kann: »Was ich von der Landesregierung und überhaupt von
den Obrigkeiten fordere, das betrifft lediglich die Sicherstellung meiner Rechte,
als Mensch und als Bürger, durch die Aufrechterhaltung der Gesetze, welche
mir diese Rechte sicher stellen sollen. Also erwarte ich Schutz für meine Person,
für meine Ehre, für mein Eigentum – alles, was da nicht hingehört, … das geht
die Regierung weiter nichts an, als insofern ich von ihr verlange, daß sie andre
Leute hindere, die mir die Ausübung meiner Kräfte für die Erhaltung meiner

Subsistenz auf eine ehrliche Weise nicht gestatten wollen. Jeder Mensch weiß
für sich selbst am besten zu sorgen, weil er sich selbst der nächste ist, und thut
er dies nicht, so ist es seine Schuld. Durch Privilegien, die man dem einen gibt,
schadet man dem andern.« [278]

Den gleichen Intentionen dient der Einbau von möglichen Gegenargumenten
in direkter oder indirekter Rede, deren anschließende Widerlegung durch den
Appell an die eigene Erfahrung den Leser in den Erkenntnisprozeß der Rede
mit hineinnimmt und den Anschein seines selbständigen Resümees erweckt. So
wüßten es die Mainzer Bauern und Handwerker doch aus eigener »langer, trauriger Erfahrung, … wie es dabei zuzugehen pflegt«, wenn sie wegen ihrer angebli-
chen Beschränktheit und Unfähigkeit vom Recht der Wahl eigener Volksvertreter
ausgeschlossen bleiben: »Ihr hattet die Arbeit, ihr mußtet bezahlen, ihr wurdet
geschunden, gehudelt, gequält von Euren Beamten und Vorgesetzten, ihr durftet
nicht einmal klagen, und es blieb Euch kaum soviel übrig, daß Ihr mit Weib
und Kind satt werden, und Euch kleiden konntet. Kurz es war ein gar zu schlim-
mes Ding, wenn die wenigen über die vielen Herr und Meister spielten.«
[279]

Dieser Aufbau der Rede versucht den stets intendierten Dialog des Autors
mit dem Leser durch die rhetorische Suggestion des Gesprächs zu ersetzen, wobei
Wedekind an seinem Wunsch zur tatsächlichen Realisierung des Dialogs nie einen
Zweifel läßt: »Ich will … Euch meine Gedanken eröffnen, und denn seid Ihr
wieder so gut und sagt auch Eure Meinung frei heraus.« [280] Besonders konzen-
triert setzt Wedekind diese formalen Mittel in den Reden ein, die er auch als
Flugschriften verbreiten ließ. So entfaltet sich in den *Drei Anreden an seine Mitbürger* im steten Wechsel von rhetorischer Frage oder Einräumung, von Selbstwi-
derlegung eigener Einwürfe in direkter oder indirekter Rede und der Anlehnung
an populäre Redewendungen die Argumentation, die sich auf den steten Rückbezug auf die für jeden überprüfbare Lokalgeschichte stützt. [281] Das Abweichen
des Redners vom klassischen rhetorischen Schema des deliberativen Genres unterstreicht sein Bemühen, die möglichen Widerstände seiner Zuhörer oder Leser
stets ernst zu nehmen: auf die propositio, die die These der Rede vorstellt, folgt
sogleich die refutatio [282], an die sich erst die argumentatio anschließt [283].
Die Rousseausche Vertragstheorie wird dem Leser zwar nicht vorenthalten [284],
aber sie wird nicht mit Hilfe abstrakter Deduktionen entwickelt, sondern durch
die ständige Erinnerung an die korrupte geistliche Bürokratie des Kurfürstentums
ergibt sich so fast von selbst der Schluß, daß der Gemeinwille nicht realisiert
werden könne, wenn das »Privatinteresse« des Kurfürsten ständig Vorrang habe
vor dem »Interesse der Untertanen«. [285] Der Appell an die eigene Mündigkeit
des Urteils realisiert sich so nicht nur formal in der ständigen Anrede [286],
sondern ebensosehr in der materialen Entfaltung der Argumentation, bis Wedekind am End- und Höhepunkt der Rede schließt mit dem Hinweis auf den Zusam-
menfall des Klasseninteresses mit dem Gemeininteresse der Republik, indem der

Kaufmann noch einmal an die seine Geschäfte behindernden Stapelrechte und
Zölle erinnert wird: »Wo Freiheit ist, da ist Handel. Nie blühte der Handel
unter einem Fürsten, wenigstens blühte er immer in Freistaaten am meisten.«
[287]

Matthias Metternich geht in seinem *Bürgerfreund* über die rhetorische Suggestion des Dialogs hinaus; er löst die erläuternden Darlegungen allmählich auf,
indem er fiktive Textelemente einfügt, und begründet die Notwendigkeit dieses
Verfahrens mit dem Hinweis auf die noch eingeschränkten Verständnisfähigkei-
ten seiner Leser, die auch derjenige, der sie aufheben will, nicht einfach überschla-
gen dürfe. Metternich versucht es in den ersten Nummern der Zeitschrift noch
mit der deduktiven Erläuterung der Menschen- und Bürgerrechte, die jetzt vor
allem den Bauern gilt, in einer Sprache, die »so einfach, so verständlich sein
[soll]« wie die Wahrheiten, die er verbreiten möchte [288]; er unterstreicht, wie
nötig jetzt »faßliche und bestimmte Abhandlungen« über die Entstehung des
Lehnswesens und die Ungerechtigkeit des Zehnten seien [289]. Doch schon bald
reicht die einfache Sprache nicht mehr aus: als Einwand des ›ehrlichen Christoph‹
wird das Bedenken zitiert, die Freiheit des wirtschaftlichen Erwerbs könne die
Gleichheit der Bürger aufheben, und erst die Erwiderung darauf stellt klar, daß
der Staat nur dann eingreifen dürfe, wenn der erfolgreiche Bauer oder Geschäftsmann die republikanischen Beamten zu korrumpieren versuche und damit die
rechtliche und politische Gleichheit aller gefährde. [290] Der endgültige Übergang
zum Dialog wird dann unvermeidlich als Reaktion des Autors auf die an ihn
gerichtete Kritik, die bisherigen Darlegungen seien »zu gelehrt, zu trocken« gewesen. [291] Metternich verteilt daher nun die Abfolge von Argument und Gegenar-
gument auf fiktive Diskutanten, wobei er die Rolle des auf alle Einwände stets
geduldig eingehenden Ratgebers nach dem Vorbild französischer Kalenderdialoge
dem ›alten Vater Gerard‹ zuweist. [292] Seine Gesprächspartner unterbrechen
immer dann seine Belehrungen, wenn sie ihnen »zu allgemein gesagt« sind, und
verlangen konkrete Anwendungen der allgemeinen Lehrsätze, um dann meist
danach erfreut festzustellen: »Itzt habe ich die Sache begriffen!« [293] Da sie
in ihren Gegenargumenten meist auf gängige Vorurteile gegenüber den republikanischen Neuerungen und auf Ereignisse der Mainzer Landesgeschichte Bezug
nehmen, bieten sie sich als Identifikationsfiguren für den noch skeptischen Leser
an, dem die großen Vorteile der republikanischen Konstitution allmählich klar
werden sollen: die Auflösung des Geburtsadels, die Kontrolle über die Beamten
des Staates, die Aufhebung der Frondienste und Jagdrechte. [294]

Ähnliche Funktionen erfüllen die Gespräche zwischen dem »von einer unbekannten Insel, wo die vollkommenste Gleichheit herrscht,« nach Mainz verschla-
genen *Trakimor* und einem Mainzer Bürger in dem für Kaufleute und Handwerker bestimmten *Fränkischen Republikaner* von Kaspar Hartmann. Der Mainzer
Geschäftsmann sieht nach und nach ein, daß die Aufträge des kurfürstlichen
Hofes den Handwerkern und Kaufleuten kein ökonomisches Äquivalent für die

Ausplünderung des Landes durch Kurfürst und Adel bieten können; allein die
Republik werde Mainz zur »blühendsten Handelsstadt« machen und die Verluste
an Hofaufträgen schnell vergessen lassen. [295] Literarische Kenntnisse setzen
die dann folgenden Gespräche zwischen einem skeptizistischen Philosophen,
einem jakobinischen Patrioten und einem Sykophanten voraus, der – nach dem
zitierten Vorbild der Wielandschen Abderiten gezeichnet – in Republikanern nur
eigensüchtige Postenjäger sieht. [296]

Auf die Bedeutung der Landagitation für die Mainzer Republik hat vor allem
Claus Träger hingewiesen und in seiner Quellenpublikation hervorragende Zeug-
nisse zusammengestellt. [297] Die Jakobiner versuchten in Bauern und Handwer-
kern eine Massenbasis zu finden, mit deren Hilfe die Revolution auch gegen
den Willen des kompromißbereiten Handelsstandes durchgesetzt werden könnte.
So kritisiert Wedekind jene ›bürgerliche Aristokratie‹, die sich am liebsten mit
Titel und Adelsprädikat in das Kurfürstentum integrieren möchte. [298] Georg
Forster, Matthias Metternich und Friedrich Cotta kennzeichnen in ihren für die
Bauern bestimmten Flugschriften präzise deren Klassenlage und folgern ihre Ver-
änderbarkeit aus dem französischen Beispiel, wo in revolutionärer Selbsthilfe
Leibeigenschaft, Frondienste, Wegegelder, Kopfgelder oder Jagdrecht beseitigt
wurden. Stets versuchen diese Flugschriften in der Anpassung an die ländliche
Mundart, den assoziativen Satzbau der mündlichen Rede und mit der Verwen-
dung bäuerlicher Metaphorik den Ton des Landmannes zu treffen. [299]

Vor allem zur Belehrung der Unterschichten, denen sich die literarische Aufklärung bisher nur in Ausnahmefällen gewidmet hatte [300], verwandten jakobinische Autoren immer wieder Dialogformen. Denn sie knüpften an die für Bauern
und Handwerker vertrauten Formen der mündlichen Kommunikation an, die
in deren Erziehung, Berufsausbildung, geselligem Verkehr und Geschäftsleben
dominierten [301]. Literarische ›Bildung‹ beschränkte sich, wenn sie nicht ganz
ausblieb [302], auf die Lektüre von Bibel, Katechismus und Hauskalender [303].
So begründet Matthias Metternich in seinen *Politischen Unterhaltungen* von
1797/98 die Einkleidung seiner Darlegungen in die Form »gemeinschaftlicher
Gespräche« mit dem Hinweis auf die klassenspezifische Funktion seiner Publizistik: »Dieser Vortrag [ermüdet] die ungeübteren Leser, für die wir hauptsächlich
schreiben, am wenigsten«. [304]

Andreas Josef Hofmann verbindet den umfunktionierten katechetischen Dialog mit den Methoden indirekter satirischer Darstellung. In größeren Textzusam-
menhängen bediente sich auch A. G. F. Rebmann in *Hans Kiekindiewelts Reisen*
der Vorteile der satirischen Tarnung der aggressiven Kritik unter der Narren-
kappe [305], während der Freiherr von Knigge die Rollensatire zur Verspottung
der obskurantistischen Anti-Aufklärung nutzte, in den *hinterlassenen Papieren
des seligen Herrn Etatsrats Samuel Conrad von Schaafskopf* [306]. Eine Fund-
grube für die politisch-agitatorische Verwendung der Rollen-, Stände- oder Per-
sonalsatire, auf die wir hier nur aufmerksam machen können, stellen die Revolu-

tionszeitschriften von Joseph Görres dar, deren eingreifender Wirkung nicht zuletzt mancher korrupte Beamte der neuen republikanischen Administration zum Opfer fiel. Hofmann dagegen demonstriert die Vorteile, die die politisch-literarische Kleinform aus satirischen Darstellungsmethoden der Rollensatire ziehen kann, die seit Liscow, Rabener und Lichtenberg in die deutsche Aufklärungsliteratur eingeführt war. [307] Der Autor kann seine didaktischen Absichten verbergen; er läßt die typisierte fiktive Figur eines Adligen Positionen einnehmen und Argumente vortragen, die die üblichen Legitimationen für die Privilegierung des Feudaladels überspitzt formulieren. Deren Widerlegung entfaltet sich so indirekt, ohne Eingriffe des Autors, und wird gleichsam literarisch objektiviert. Denn der Aristokrat Hofmanns läßt sich bereitwillig aushorchen und verrät sich dabei ständig mehr im hochmütigen Spott über den anscheinend recht einfältigen, stets wißbegierig fragenden ›gemeinen‹ Mann. Besonderen Wert legt Hofmann darauf, die These von der auserwählten Geburt und langen vornehmen Geschlechtertradition zu widerlegen, durch die die sozialen Vorrechte legitimiert seien [308]; gleichzeitig möchte er die antiaufklärerische Verwendung der Bibel demonstrieren [309]. Dabei wird weniger die Bibel selbst attackiert; vielmehr arbeitet Hofmann deren egalitäre Tendenzen heraus [310] und beweist dadurch ihre ins Gegenteil verkehrte Verwendung zur Verdummung der gläubigen Bauern: »Wir [d. s. die Adligen] haben immer gesucht, die Schulen und Kirchenämter mit dummen und schlechten Menschen zu besetzen, die das Volk in seiner Dummheit erhalten mußten. [311] Diesen Zusammenhang unterstreicht der Aristokrat immer wieder: Jakobiner sind für ihn vor allem deshalb »Teufelsjakobiner«, weil »diese verfluchten Kerls ... das Volk belehrt (haben), und da halfen alle unsere Kniffs nichts.« [312]

In der Umfunktionierung der populären Kalender sind die Jakobiner nicht ohne Vorläufer. Vor allem die aufklärerischen Schulpädagogen hatten die propagandistische Tauglichkeit dieser »einzigen Erkenntnisquelle« der Bauern mitunter recht optimistisch eingeschätzt: »Ich getraue mich aus einem Volk mit Hilfe der Kalender zu machen, was ich will. Soll es dumm oder klug, abergläubisch oder aufgeklärt, kühn oder feig, patriotisch oder unpatriotisch werden oder bleiben? Man gebe mir nur Gewalt über seine Kalender« [313]. Friedrich Cotta in Mainz knüpfte mit seinem *Handwerker- und Bauernkalender des alten Vaters Gerhard* an eine französische Vorlage des französischen linken Jakobiners und Sansculotten F. Boissel an [314] und möchte daher die Garantie des Eigentums über den Kreis der selbständigen Bauern und Handwerker hinaus auch auf den Schutz des »Lohnes des ärmsten Tagelöhners oder Dienstboten« ausgedehnt sehen. [315]

Der *Kalender zum Gebrauche der Bewohner der vier neuen Departemente auf dem linken Rheinufer* von 1799, den Görres im *Rothen Blatt* ankündigt [316], lehnt sich dagegen an einheimische Vorbilder an. Obwohl die »gewöhnlichen Kalender« ihre einzige Aufgabe darin sähen, »Vorurtheile auszubrüten und

zu nähren, und die Köpfe der unerfahrenen Landleute sowohl mit religiösem
als politischem Unsinne und Gaukeleien anzufüllen«, so ist es für Görres »ausge-
macht«, daß bei einer anderen Verwendung der »sogenannten Landkalender,
als beinahe der einzigen Lektüre, welcher der gemeine Mann sich unterzieht,
manches Gute gewirkt, manche heilsame Lehre und gemeinnützige Kenntnis verbreitet und manches Vorurtheil bekämpft und ausgerottet werden könnte.«
[317]
    Der von Görres angezeigte Kalender enthält denn auch, wie es für dieses Genre
üblich war, eine ausführliche beigefügte *Tabelle über die Kunst das Leben zu
verlängern* mit populärmedizinischen Ratschlägen; ebensowenig fehlen detaillierte Erläuterungen zur Bekämpfung der »Rindviehpest oder Viehseuche«. Doch
dort, wo in den üblichen Kalendern Astrologie und Wahrsagereien die Bauern
an das Walten höherer und unheimlicher Mächte gewöhnten, setzt der republikanische Kalender die Anleitung zur Wahrnehmung von Bürgerrechten: auf die
Erläuterung der neuen ›republikanisierten‹ Tages- und Monatsnamen, wobei die
Abschaffung der alten Heiligen- und Götternamen ausführlich begründet wird,
folgen die Erklärung der Bürger- und Menschenrechte, ein Grundriß der französischen Konstitution [318] und eine Übersicht über die Besetzung der neuen republikanischen Administration im Rheinland. [319]
    Vor allem in der weiteren Erforschung solcher politischen Verwendung popu-
lärer literarischer Genres hätte die Jakobinerforschung eine lohnende Aufgabe,
die allerdings nicht geleistet werden kann, ohne die ›Volkstumsforschung‹ und
die Ergebnisse der Literatursoziologie bei den »populären Lesestoffen« [320] einzubeziehen. Jedenfalls könnten Daten zur Rezeption dieser ausgeprägt klassenspezifischen Literatur oder die Analyse ihrer Textmerkmale überprüfen, ob der
Anspruch jakobinischer Handlungskonzepte, sich ganz auf die Interessen der
Bauern und Handwerker einzustellen, literarisch realisiert wurde. Die Kritik an
der Trivialliteraturforschung, die allzu lange Popularisierung mit Verflachung
gleichgesetzt hat, hätte in den Ergebnissen solcher Forschungsbemühungen eine
solide Grundlage.

8. Politische Volkspoesie

    Tendenzen zur politischen Funktionalisierung literarischer Gattungen lassen
sich ebenso im Bereich der Lyrik oder des Dramas nachweisen. [321] Für die
Lyrik waren Bezugspunkte einer klassenbezogenen Wirkungsästhetik durchaus
vorhanden. Bekannt und dokumentiert sind die politischen und ästhetischen
Motive für Herders Volksliedsammlungen, die die sozialen Probleme des ›gemeinen Mannes‹ artikulieren sollten. [322] Schubart und vor allem Bürger radikalisierten diese Konzepte. Bürger sah in der »Popularität der Poesie« das »Siegel
ihrer Vollkommenheit« [323] und hat an den plebejischen Intentionen seiner
Ästhetik keinen Zweifel gelassen: die Poesie solle ihr Material suchen »unter

unsern Bauern, Hirten, Jägern, Bergleuten, Handwerksburschen, Kesselführern, Hechelträgern, Bootsknechten, Fuhrleuten ...« [324] und sich ganz auf deren Anspruchsniveau einstellen:»in der Poesie muß ... alles sinnlich, faßlich und anschaulich sein.« [325] Doch die Konzeption Bürgers bleibt widersprüchlich; denn immer noch ist er orientiert am Bild des Dichters, der alle Schichten erreichen,»sowohl in Palästen als Hütten ein und aus gehn« soll [326]; Bürger verlangt die Wendung an die Unterschichten, weil deren Ignorierung die Poesie bisher daran gehindert habe, zur Poesie des ganzen Volkes zu werden [327]. Als Vorbilder für diese Poesie, die alle Schichten erreicht, wählt er Homer oder Shakespeare [328], wobei Bürger später sogar den Begriff des Volkes eingrenzt auf »unser ganzes gebildetes Volk« und dieses absetzt vom »Pöbel« [329].

Am Widerspruch der plebejischen Intention zum Anspruch, alle Schichten zu erreichen, setzt Schillers Rezension der Bürgerschen Gedichte an:»Jetzt ist zwischen der *Auswahl* einer Nation und der *Masse* derselben ein sehr großer Abstand sichtbar.« [330] Schiller löst diesen bei Bürger verdeckten Zwiespalt durch das entschiedene Eintreten für die »*Partei der Kunst*« [331], die sich auf das unterschiedliche Niveau ihrer Rezipiènten nicht einstellen dürfe. Denn das Gedicht müsse »einen von der verschiednen Fassungskraft seiner Leser durchaus unabhängigen absoluten, innern Wert ... besitzen.« [332] Wichtig ist allein die ›höhere Schönheit‹ [333], der absolute Kunstcharakter der Poesie also, den sie nur durch »Idealisierung, Veredlung« der Wirklichkeit gewinnt [334]. Die vornehmste Aufgabe des Dichters ist daher, seine künstlerische Individualität auszubilden, und darüber hinaus kann er allenfalls noch versuchen, die allerschwerste Aufgabe zu meistern: das Volk »zu sich hinaufzuziehen.« [335] Schillers Kritik an Bürgers Popularitätsthesen nennt dabei, wenn auch unfreiwillig, die Voraussetzungen klassenspezifischer Poesie; denn Schiller wirft Bürger vor allem vor, sich allzu oft »mit dem Volk ... gleich zu machen« [336], sich »ausschließend der Fassungskraft des großen Haufens zu bequemen und auf den Beifall der gebildeten Klasse Verzicht zu tun« [337]; Bürger orientiere sich nicht am Interesse des ›Kenners‹ [338] und gehe statt dessen auf die »Vorurteile« des Volks ein [339]. Diese Einstellung auf den eingeschränkten Horizont der potentiellen Rezipienten, die nicht zur Elite der literarischen Intelligenz gehören, ist jedoch die Bedingung, an die die mobilisierende Fähigkeit politischer Poesie gebunden ist.

Solche radikalen Konsequenzen hat Bürger in der Theorie nicht aus seinen Popularitätsthesen gezogen. Weil aber die poetische Praxis Bürgers, auf die Schillers Polemik sich vor allem bezieht, seine theoretische Unentschiedenheit bereits hinter sich gelassen hat, ergibt sich aus der positiven Formulierung der Schillerschen Kritik deren alternative ästhetische Position, die aus der Einsicht in die Unmöglichkeit einer alle Schichten übergreifenden Poesie ganz andere Folgerungen zöge: der Kunstcharakter der Poesie wäre als Funktion ihrer durchaus klassenspezifischen Wirkungsabsicht bezeichnet. Die theoretische Explikation der praktisch bereits implizierten plebejischen Ästhetik (vgl. unten S. 543) hätte die breite Entfaltung einer klassenspezifischen Poesie vorausgesetzt, die sich doch angesichts der ungünstigen politischen Bedingungen nur mühsam zu entwickeln begann und erst im Gefolge der auf Deutschland übergreifenden revolutionären Bestrebungen nach 1792 entscheidende Anstöße erhielt. In Bürgers spätem Plan einer »Selbst-Kritik«, die er nicht mehr hat ausführen können [340], dokumentiert sich die theoretische Unsicherheit des rebellischen Poeten, dem der Kontakt zum revolutionären Adressaten fehlte. Bürgers *Antikritik* von 1791 wirft Schiller daher noch vor, er trenne die Kunst vom Leben und nehme damit der Poesie ihren Bezug zur Lebenspraxis des Volkes [341], insgesamt aber bleibt er in dem von Schiller vorgegebenen Argumentationszusammenhang, in dem die Ansprüche des Kenners nicht denen des ›gemeinen Mannes‹ geopfert werden durften; indem Bürger dies akzeptierte, konnte er nur schlecht den Vorwurf widerlegen, die damit sanktionierten Kunstkriterien verletzt zu haben. Bürger beschränkte sich darauf, die Akzente anders als Schiller zu setzen. Während Schiller das Interesse des Kunstkenners höher stellte als das Anspruchsniveau der »Volksmasse« [342], ging Bürger immer von diesem aus, ohne allerdings die Ansprüche des Schillerschen Kunstkenners entschlossen aufzuheben.

Während Schiller bekanntlich mit der Rezension der Bürgerschen Gedichte von seiner eigenen rebellischen Sturm und Drang-Dichtung sich zu lösen begann [342a], hat Bürger sich stets geweigert, seine Auffassungen von der plebejischen Orientierung der Dichtung zu revidieren: »Jene [Poesie], die nicht fürs Volk ist, mag hinlaufen, wohin sie will. Mag sie doch für Götter und Göttersöhne den erhabensten Wert haben! Für das irdische Geschlecht hat sie nicht mehr, als der letzte Fixstern, dessen Licht aus tiefer dunkler Ferne zu uns herflimmert.« [343] Das Interesse an der Kunst setzt sich bei Schiller absolut, Bürger dagegen beharrt auf deren Bindung an die sozialen Probleme des Volkes. Aufgrund der Skizzierung dieser kontroversen Positionen scheint mir diese schon zu ihrer Zeit berühmte Auseinandersetzung, in der F. L. Stolberg, der junge A. W. Schlegel, Joh. H. Voß und der Sohn Ch. F. D. Schubarts, Ludwig Schubart, Bürger zustimmten, während das literarische Weimar, ebenso wie der junge Novalis, die Partei Schillers ergriffen [344], vor allem bedeutsam zu sein; weniger Augenmerk verdient dagegen die Frage, ob Schillers Kritik an vereinzelten formalen Schwächen der Bürgerschen Lyrik berechtigt oder sein Vorwurf begründet ist, Bürger habe bei seinen meist autobiographischen Liebesgedichten allzu viel »Sinnlichkeit, Unsittlichkeit« in seine Lyrik einfließen lassen. [345] Denn ungeachtet aller politischen Meinungsverschiedenheiten haben die liberalen und jakobinischen Anwälte der politischen Poesie bei der Explikation ihrer formalen Kriterien, die sie meist in den Vorworten zu ihren Anthologien oder Zeitschriften vornahmen, Argumente benutzt, die denen Bürgers ähneln und somit die Kontinuität einer realitätsbezogenen literarischen Konzeption anzeigen: der für die Aufklärungsliteratur von jeher konstitutive Zusammenhang von Ästhetik und Lebenspraxis wird ins Politische gewendet. So hat schon Laukhard, wie ausgeführt, das politische Desinteresse des Künstlers kritisiert; ähnlich argumentiert der Autor des Schauspiels *Die Rebellion*. Er will durchaus literarische Qualitätsanforderungen erfüllen, wenn er die »lebhafte Darstellung echter Tatsachen« als Intention seines Stückes nennt [346], wendet sich aber scharf gegen die Maximen einer künstlerischen Kritik, die ihr Amt versehe ohne jedes Interesse an den zu vermittelnden Wahrheiten: »Bist du Kritiker, so vergesse deine Rezensierlust, der Menschheit zu Gefallen, oder brauche deine Kunst, wie du willst, und tadle, was du kannst; nur laß Wahrheit ungetadelt und verketzere nicht den gut gemeinten Sinn und mache nicht den zum Pasquillanten, der dich einen Krummen scheltet, wenn du nicht grad bist.« [347] Auch Görres unterstreicht den funktionalen Aspekt bei der Wahl literarischer Formen; er will damit das »Wiederaufleben einer Literatur« erreichen, die »für die Zukunft ... eine umso größere Wichtigkeit verspricht«, je mehr sie bemüht ist, die politische Belehrung zu verbinden mit der Unterhaltung des Lesers, die durch die formale Vielfalt der »satirischen Aufsätze mancherlei Gattung [und] eingestreuten Gedichte« angestrebt wird [348].

Abgesehen von Laukhards bedeutsamer Vorrede fehlen allerdings Versuche zur systematischen Begründung einer politischen Ästhetik, die der Klassik entgegengesetzt würde. Sie läßt sich nur rekonstruieren aus den Kontroversen zwischen Klassik und Revolutionspoesie und vor allem aus der poetischen Praxis jakobinischer Autoren. Denn die formalen Techniken der Revolutionspoesie resultierten stets aus den konkreten Erfordernissen der politischen Konflikte, in die sie eingreifen wollte. Die Jakobinerforschung erwiese allerdings ihrer Sache einen schlechten Dienst, wenn sie die Mühen dieser Rekonstruktion scheute und statt dessen den Alleinvertretungsanspruch der klassischen Ästhetik noch einmal legitimierte.

Denn wie sehr die poetische Praxis gegenüber der stets defensiv argumentierenden Theorie schon fortgeschritten war, zeigt gerade das Beispiel Bürgers. Während Bürger im theoretischen Streit mit Schiller weder eine klassenspezifische Lyrik gefordert noch deren politische Verwendungsmöglichkeit thematisiert hat, realisieren seine Revolutionsgedichte eben diese radikalen Konsequenzen seiner Popularitätsthesen. Das bezeugt schon Laukhards behutsam-besänftigender Kommentar zum *Bauer an seinen Durchlauchtigen Tyrannen* (vgl. oben S. 526). Statt mit abstrakter Revolutionsrhetorik und wortreicher Didaktik zu operieren, kennzeichnet Bürger die Klassenlage der Bauern ebenso präzis wie anschaulich am allseits bekannten Beispiel des feudalen Jagdrechts; während die appellierende Fürstenode, deren Form Bürger verwendet, stets auf die Einsicht des Fürsten hoffte, verkehrt Bürger deren liberale Handlungsaufforderung in ihr revolutionäres Gegenteil. Doch die Aufforderung zur Selbsthilfe, die den Appell an den Herrscher verdrängt hat, wird nicht als Tendenz dem Gedicht ›aufgesetzt‹, sondern erwächst aus der Radikalität der Sozialkritik, die einzig die Empörung als angemessene Reaktion erscheinen läßt. Bürger zieht damit die entschiedene Parteinahme für die Unterdrückten der in der Theorie noch behaupteten ›Überparteilichkeit‹ der Poesie vor. Bürgers Gedichte können als aggressivste Dokumente einer zum Teil schon vor 1789 entstandenen sozialkritischen Aufklärungsliteratur gelten, der ebenso die Idyllen von Joh. Heinrich Voß, die Fabeln Gottlieb Konrad Pfeffels oder die Gedichte Chr. F. D. Schubarts zuzurechnen sind. In den liberalen Anthologien [349], vor allem aber in den jakobinischen Zeitschriften gesammelt, wird diese Lyrik in politische Verwendungszusammenhänge gesetzt und manifestiert so ihre klassenspezifische operative Tauglichkeit, die sich jetzt als stets implizierte praktische Konsequenz der Kritik herausstellt – oft gegen den Willen der liberalen Herausgeber.

So nimmt Matthias Metternich Bürgers Gedicht *Die Tode* in seinen *Bürgerfreund* auf, als angesichts der auf Mainz vorrückenden Interventionstruppen Anzeichen zur Kollaborationsbereitschaft in der Stadt sich mehren. [350] Bürger dagegen setzt in derben, kräftigen Bildern die Interventionstruppen »Mördern« und »Straßenräubern« gleich und schmäht das kämpferische Engagement für die Sache der Fürsten als Zeugnis eines »Hundemuts, der eingepeitscht mit Ruten / Und eingefüttert mit des Hofmahls Brocken wird.« [351] Franz Theodor Biergans endlich stellt diese Verse des Gedichts den Nummern des ersten Jahrgangs seines *Brutus* jeweils als Motto voran [352]. Kaspar Hartmann verwendet in seinem *Fränkischen Republikaner* die satirische Fabel Pfeffels über die Entstehung des geistlichen Adels: einem Esel, als Nachtwächter geworben, wird wegen seiner nicht auszuhaltenden markerschütternden Schreie, die »des Nachts die Stunden ansagen«, sein Amt wieder genommen und statt dessen eine Sinekure verliehen: »Und so entstanden in dem Staate/ Die geistlichen Kanonikate/ Für Esel, die auf Polstern ruhn/ Und Sold beziehn – um nichts zu tun.« [353] Und Georg Wilhelm Böhmer, Sekretär Custines in Mainz, rückte in die Spalten seiner Mainzer National-Zeitung (v. 5.11.1972) Pfeffels *Jost* ein; in dem Gedicht macht, ähnlich wie in Bürgers *Bauer*, nur eine einprägsame fiktive Situation das allgemeine Schicksal der Bauern transparent. Pfeffel verwendet dabei eine Metapher, die in Büchners *Woyzeck* wieder aufgenommen wird; der »durch Fronen abgezehrte« Bauer Jost vermag in seinem »letzten Kampf« den himmlischen Verheißungen seines Pfarrers keinen Glauben mehr zu schenken: »Wir armen Bauern werden wohl/ Im Himmel fronweis donnern müssen.« [354]

Aus der Dichte dieser poetischen Argumentationen kann die Jakobinerforschung endlich die ihrem Gegenstand angemessenen inhaltlichen wie formalen Beurteilungskriterien ableiten; an ihnen vermag sie sich bei der weiteren kritischen Sichtung der Revolutionspoesie verläßlich zu orientieren, deren unterschiedliche Qualität sie nicht länger unsicher machen muß.

Gefährliche Wirksamkeit ist bezeugt für die von H. Scheel herausgegebene Sammlung *Bayrischer Nationallieder* [355]; sie konnten ihre antifeudalen Argumente gewinnen aus ganz speziellen landesgeschichtlichen Ereignissen: dem Kampf Bayerns an der Seite Österreichs im Zweiten Koalitionskrieg gegen die Franzosen, wobei Österreich aufgrund eines Subsidienvertrages die Aushebung neuer bayrischer Truppen finanzierte. Die anonymen Volkspoeten konnten darin nur den verwerflichen Verkauf von Landeskindern sehen und demonstrierten den vor allem betroffenen Bauern stets aufs neue, wer sie da ins Feld schicken wollte: »Habs ja doch in Kriegs- und Friedenszeiten/ zur Genüge, leider! selbst gesehn;/ Steuern ohne Zahl zu Lustbarkeiten,/ Deren Wirbel um den Hof sich drehn;/Fronen, Scharwerk, Zehent für den Adel/ und die schwelgerische Geistlichkeit,/ welche dies zu ihrem späten Tadel/Gotteslästernd uns gebeut.« [356] Die Polemik verfehlte nicht ihre Wirkung: die Desertion nahm ständig zu und veranlaßte den bayrischen König zur strengen Zensur und Verfolgung aller, die diese Lieder weiter gaben. [357]

Die Popularisierungstendenzen verstärkten sich in Gedichten, die – über ihren konkreten sozialen Inhalt hinaus – Melodien und Versmaße von Kirchenliedern, Trinkliedern oder Volksliedern verwandten, die auch in den Unterschichten verbreitet waren. Diese beliebten Kleinformen erwiesen sich als geeignete Aufklärungsformen für Schichten, für die der Umgang mit Literatur ganz ungewohnt war. Nicht umsonst polemisiert die konterrevolutionäre Zeitschrift *Eudaimonia* gegen Friedrich Wilhelm von Schütz, den Herausgeber des *Niedersächsischen Merkur:* »dieser liefert Volkslieder, nach Melodien bekannter und beliebter deutscher Trinklieder angepaßt, damit das Gift ja schnell und häufig unter das Volk komme.« [358]. Die meist anonyme Volkspoesie praktizierte dabei mannigfache inhaltliche und formale Variationsmöglichkeiten. So streben ihre Gedichte etwa die versifizierte Verbreitung der aufklärerischen Geschichts- und Gesellschaftstheorie an. Ganz im Gefolge der Rousseauschen *Discours* wird dann der Ursprung der Monarchie und des Adels auf Usurpation und die Zerschlagung der freien und gleichen Urgesellschaft zurückgeführt und damit die historische Legitimität der in ihren wesentlichsten Merkmalen skizzierten feudalen Klassengesellschaft bestritten: nunmehr ist der Angriff auf sie gerechtfertigt [359]. Ein anderes ebenfalls anonymes Gedicht verhöhnt in einer beißenden Satire die Ohnmacht und die Wirkungslosigkeit der intriganten Machtpolitik, wie sie die konterrevolutionären Mächte praktizieren. [360] In die Form eines kirchlichen Bußliedes gekleidet ist dagegen der *Bußgesang* von Interventionssoldaten; sie begreifen angesichts des Desasters des Feldzuges von 1792, wie unüberwindlich die republikanischen Heere sind, Reue erwacht über das kriegerische Engagement in den falschen Reihen. [361] Die Popularität eines Rheinweinliedes von Claudius macht sich ein anonymes Freiheitslied zunutze; es kontrastiert das republikanische Frankreich mit dem feudalen Deutschland und fordert dann auf zum Trinkspruch für den Rhein, über den hinweg die Franzosen bald »der Freiheit Fahne« nach Deutschland bringen würden. [362] Franz Hebenstreits von Sternenfeld *Eipeldauerlied* endlich verwertet zugleich mit der Form des Volksliedes den einheimischen österreichischen Dialekt für den agitatorischen Aufruf zum bewaffneten Kampf gegen die feudalen Herren. [363]

In der recht weiten Verbreitung dieser Gedichte [364], die sogar gelegentliche

Zensureingriffe der Obrigkeiten provozierte, manifestiert sich die Qualität ihrer
ästhetischen Technik, die die Dokumentation allerdings nicht verdecken darf,
indem sie formale Kriterien negiert und minder taugliche Produkte mit abstrak-
tem Tugendpathos statt realitätsbezogener Argumentation kommentarlos hinzufügt. [365] Diese brauchen das literaturwissenschaftliche Interesse auch nicht
über Gebühr zu beanspruchen [366]; die Erforschung der politischen Zeitschriften und Anthologien sollte sich eher auf weitere Variationen bei der agitatorischen
Verwendung des lyrischen Genres konzentrieren. Neben den Zeugnissen einer
revolutionären Propaganda mit Hilfe von Volks- und Trinkliedern, die sich be-
deutend vermehren ließen [367], verdienen satirische Epigramme [368] und
Fabeln [369], das knappe, treffende Sinngedicht [370] oder die versifizierte Anek-
dote [371] die Aufmerksamkeit des Literaturwissenschaftlers, den die bis jetzt
wirksame Dominanz des klassischen Erbes nicht zum paradoxen Unternehmen
verleitet, die jakobinische Lyrik in ihren vielfältigen Ausprägungen zu rekonstruieren, indem er ihr literarische Qualität grundsätzlich abspricht.

9. Zur operativen Technik Mainzer Revolutionsliteratur

Die skizzierte politische Funktionalisierung literarischer Zweck- und Kunst-
formen ist, wie anfangs gezeigt, Teil einer rebellischen Handlungstheorie, die
als jakobinisch gekennzeichnet wurde. Sie will den in der aufgeklärten Gelehrtenrepublik entwickelten Ideen, vermittelt über die Instanzen der Publizität, in der
Selbsthilfe der Unterworfenen praktisch-politische Relevanz verleihen. Benjamins
Theorie zum ›operierenden Schriftsteller‹ hat nun gezeigt, daß die fortgeschrittene
Technik operativer Literatur die Sphäre der – im eigentlichen Sinne – literarischen
Arbeit durchaus überschreitet: die Instrumentalisierung literarischer Gattungen,
die Lyrik und Drama, Satire, Kalender, Katechismus und Flugschrift in Form
und Inhalt eine politische Funktion zuweist, schließt also die qualitative Verände-
rung der traditionellen Publikationstechniken ein [372].

Zugang zum Publikum fand der Schriftsteller am Ende des 18. Jahrhunderts
über die Instanzen des literarischen Markts [373]. Sie wurden ergänzt durch
die Lesegesellschaften und Lesekabinette, an denen freilich – wie überhaupt am
literarischen Markt – aufgrund der hohen Kosten und des literarischen
Anspruchsniveaus nur das Bildungs- und Handelsbürgertum teilhaben konnten.
[374] Gleichwohl hatten sich so institutionalisierte Diskussions- und Vermittlungsforen entwickelt, deren Bedeutsamkeit für die Popularisierung aufklärerischer Ideen den Jakobinern nicht entgangen war (vgl. oben S. 523). An sie
knüpften auch die Mainzer Revolutionäre an.

Vorformen des politischen Raisonnements hatten sich in der Mainzer Lesegesellschaft schon kurz nach dem Ausbruch der Französischen Revolution herausgebildet. Anlaß des Streits zwischen den Intellektuellen und den wenigen Mitgliedern aus dem Handels- und Zunftbürgertum war die Politik des Kurfürsten

Friedrich Karl von Erthal, der die französischen Emigranten unterstützte und Mainz zum Mittelpunkt des Reichskrieges gegen Frankreich machen wollte. Die Mehrheit in der Lesegesellschaft meinte, der »Krieg ginge den Kurfürsten nichts an, vielmehr erfordere und befehle ganz augenscheinlich die Lage und das Interesse des Landes die strengste und unparteiischste Neutralität.« [375] Das Mitglied des Handelsstandes Peter Adolf Winkopp warf besonders den Professoren Hofmann und Metternich vor, daß sie in dieser Diskussion »demokratische Gesinnungen und Anarchie öffentlich auf der Lesegesellschaft [ge]predigt und dadurch eine Trennung derselben veranlaßt« hätten [376]. Auch für den konterrevolutionären *Revolutionsalmanach* stand es fest, daß die Lesegesellschaft sich zur Brutstätte demokratischer Ideen entwickelt hatte. [377]

Die personelle Kontinuität zwischen Lesegesellschaft und Mainzer Jakobinerklub ist häufig hervorgehoben worden. [378] In dieser Beziehung kann von einer politischen Umfunktionierung dieser Institution des literarischen Raisonnements gesprochen werden. Doch diese Kontinuität hatte zur Folge, daß auch im Klub die Intellektuellen wieder dominierten; aus Professoren, Studenten, Beamten, Journalisten, Anwälten und Ärzten setzte sich der Klub vor allem zusammen; nur 146 der insgesamt 454 Mitglieder gehörten zu den Gruppen der Kaufleute, Handwerker und Gesellen, wobei nur ein Kaufmann dem Handelsstand zuzurechnen ist. [379] Mit der Verwandlung der Lesegesellschaft zum Jakobinerklub war daher zwar ein Diskussionsforum der politischen Öffentlichkeit geschaffen, die Vermittlung der revolutionären Ideen an ihren Adressaten aber noch nicht gewährleistet – im Unterschied zu Frankreich, wo die Revolutionäre das Korrespondenzsystem der Lesegesellschaften übernehmen konnten und in den zu politischen Klubs umfunktionierten Lesegesellschaften den sozialen Adressaten der revolutionären Propaganda bereits vorfanden (vgl. oben S. 515 f.).

Am französischen Beispiel orientierten sich die Mainzer Jakobiner bei ihrer weiteren zielstrebigen Propagandaarbeit; sie erkannten schnell die Bedeutsamkeit institutioneller Vermittlungsfaktoren und versuchten deren Organisierung voranzutreiben. Joseph Anton Dorsch, Philosophieprofessor in Mainz bis 1791, der vor den Bespitzelungen der kurfürstlichen Bürokratie nach Straßburg ausgewichen war, half tatkräftig beim Ausbau des Klubs, wobei er seine Erfahrungen aus der Arbeit im Straßburger Jakobinerklub verwerten konnte. [380] Eingerichtet wurden ein Korrespondenzausschuß, der nach französischem Vorbild den Kontakt mit den Jakobinerklubs anderer Städte herstellte und unterhielt, ein Wachsamkeitsausschuß, ein Ökonomieausschuß und – als wichtigster Ausschuß – der Unterrichtsausschuß. [381] Wegen der übergroßen Wichtigkeit dieser Einrichtung wurde die Zahl der Mitglieder im Ausschuß bald verdreifacht [382]; zu seinen Aufgaben gehörten die Organisation der internen Arbeit im Klub und die Verbreitung der dort gehaltenen Reden und der revolutionären Flugschriften. [383]

Wirksam werden konnte diese Organisation von Aufklärung und Agitation nur dann, wenn der Schriftsteller sich selbst in die aktive »politische Arbeit« einschaltete [384] und seine literarische Tätigkeit zu deren Bestandteil machte. Die Grenze zwischen dem Gelehrten und dem ›gemeinen Mann‹ aufzuheben, hatte sich bereits als Intention der revolutionären Texte in Form und Inhalt herausgestellt; dieser Vorsatz mußte auch in der praktischen Arbeit verwirklicht werden, was den radikalen Bruch mit den traditionellen Vorstellungen von Lebens- und Arbeitsweise eines Autors voraussetzte. Forsters Briefe aus der Revolutionszeit in Mainz legen Zeugnis ab von der Intensität, mit der er sich der praktischen Politik und der Verwaltungsarbeit annahm – als stellvertretender Präsident der republikanischen Administration und, seit dem Januar 1793, auch als Präsident des Jakobinerklubs, wodurch sich seine »ganze Lebensordnung« veränderte. [385] Dies neue Selbstverständnis eines Autors, der jetzt politisch handelnder Bürger sein wollte, hoffte Forster den überraschten Mainzern eindringlich demonstrieren zu können: »Vielleicht gebe ich mich noch zu guter Letzt daran, den Leuten begreiflich zu machen, daß es ja nicht immer für die unschlüssigen, mattherzigen, eklen Leser *geschrieben*, sondern auch zu rechter Zeit für das Bedürfnis der Gegenwart *gewirkt* sein muß, und daß man darum nicht aufgehört habe, Mensch und Bürger zu sein, weil man Schriftsteller war und es wieder werden kann.« [386]

Diese aktive politische Rolle der Autoren, für die Forster als Beispiel stehen kann, machte es möglich, daß die revolutionären Schriften aus den konkreten Erfordernissen der mühseligen politischen Praxis erwuchsen und so auf die Bedürfnisse der Schichten eingehen konnten, auf deren Mobilisierung die Jakobiner ihre politische Strategie abstellten. Und da den Mainzer Revolutionären die ministrantenhafte Unterwürfigkeit gegenüber der Macht, die für sie den historischen Fortschritt verkörperte, fremd war, schloß dies Bestreben die Bereitschaft ein, über die antifeudale Argumentation hinaus ebenso die Klagen insbesondere der bäuerlichen Bevölkerung zu artikulieren, die unter den gelegentlichen Selbstherrlichkeiten der französischen Behörden und den drückenden Kontributionsforderungen zuallererst zu leiden hatte; nicht weniger enttäuschte die Bauern die verzögernde Taktik des Generals Custine: er ließ zunächst die alte kurfürstliche Bürokratie bestehen und schaffte auch die verhaßten feudalen Abgaben nicht sogleich ab. [387]

Der funktionale Aspekt der durch die literarische wie praktisch-politische Tätigkeit entfalteten Publizität, die zur Selbsthilfe auffordern will, dokumentiert sich noch einmal in den zahlreichen Erläuterungen zur Arbeitsweise republikanischer Behörden und der Ur- und Gemeindeversammlungen, in denen die Bevölkerung von Mainz und der französisch besetzten Pfalz die Abgeordneten zum Rheinisch-Deutschen Nationalkonvent wählen konnte. [388]

Die Qualität der Mainzer Revolutionsliteratur läßt sich für ihre erste Phase durch die Rekonstruktion ihrer Rezeption erweisen; zumindest reichen die Befunde aus, um die Ergebnisse, die die Analyse der literarisch-politischen Praxis erbracht hat, zu stützen. Denn die Wirksamkeit der revolutionären Propaganda, über die, wie neue Funde nahelegen [389], die Archive noch unerforschtes Material für die Findungsgabe des Historikers bereithalten dürften, kann bis zur Wende des Kriegsglücks gegen die Franzosen dokumentiert werden. Es scheint, als ob der sich im Dezember abzeichnende Umschwung des Krieges zugunsten der Preußen, der sich für viele Mainzer schon im Fall Frankfurts am 6.12.1792 ankündigte, die Bereitschaft zum republikanischen Engagement im besetzten Rheinland immer mehr dämpfte [390], zumal da der deutsche Kaiser Franz II. allen, die mit den Franzosen zusammenarbeiteten, »Acht und Oberacht« seitens des Reiches ankündigte. [391] Durch die Wende des Krieges wurde eine entscheidende Voraussetzung im jakobinischen Handlungskonzept tangiert: der militärische Beistand der Französischen Republik war nicht länger zweifelsfrei gewährleistet. [392]

In den ersten Monaten der französischen Besetzung jedoch verraten die Berichte des ehemaligen kaiserlichen Gesandten in Kurköln und Kurtrier, des Grafen v. Westphalen, große Besorgnis. Ihm war es gelungen, im besetzten Rheinland ein wohl informiertes Spitzelnetz aufzubauen [393]. So mußte er nach Wien berichten, »in Mainz [habe] die demokratische Partei nun das entschiedene Übergewicht. Die bisherige Regierung sieht man als ganz abgeschafft an.« [394] Das gibt der Einschätzung Forsters recht, daß »die allgemeine Stimme entschieden für die Revolution« sei [395]; in den ersten Wochen »seit der Kapitulation (vor den Franzosen) hat sich nun vieles geändert. Die Stimmung gegen die vorige Einrichtung ist jetzt entschieden und beinah ebenso laut entschieden und ausgesprochen der Wunsch, auf neufränkische Art frei zu sein.« [396] Vor allem nach dem Eintritt Forsters in den Klub werden, den Berichten Westphalens zufolge, »die Jakobiner schier allmächtig. Der Klub wird jetzt täglich bedeutender. Die vielen Motionen, die durch die Sprachrohre des Generals (Custine) im Klub seit acht Tagen gemacht worden und von ihm exequiert werden, werden in etwa drei Wochen die Mainzer zu dem Planmäßigen – Annahme der fränkischen Konstitution – bestimmen.« [397] Am meisten gefürchtet sind offenkundig die rhetorischen und politischen Fähigkeiten Forsters, Metternichs und Wedekinds, die als die »bedeutendsten Klubisten« gelten [398]. Aufsehen erregt ebenso eine geschickt argumentierende Rede von F. G. Pape, die den Mainzern beweisen möchte, »daß die französische Konstitution den Katholizismus nicht verdränge, wie ihre Feinde, vorzüglich die Geistlichen vorgeben.« [398 a] Die Wirkung der demokratischen Propaganda registriert der Gesandte mit Kummer: »die Zahl der Subskribenten«, die sich in ein im Mainzer Rathaus ausgelegtes Buch der Freiheit eintragen, »vermehrt sich sehr stark.« [399]

Die Mehrheit des Handelsstandes in Mainz lehnte allerdings bei einer Umfrage der provisorischen Administration im Dezember 1792 die republikanische Konstitution und den Anschluß an Frankreich ab; in den Zünften hingegen gab es eine bedeutende Minderheit, die die Umfrage positiv beantwortete [400]. Die

wachsende Anfälligkeit der Landbevölkerung beunruhigte den kaiserlichen
Gesandten besonders: »von der Wirkung des Klubs auf den Landmann enthalten
die Beilagen (d. s. die Spitzelberichte und die beigefügten Flugschriften) bedenkli-
che Beweise.« [401] Die Spitzel berichten, der Klub werde »alles aufbieten, um
den Bauern zu gewinnen, da dieser im Mainzischen hauptsächlich die Revolution
machen soll.« [402] Als besonders gefährlich stellten sich die Reden Forsters
heraus, die sogleich gedruckt verbreitet würden [403]. Insgesamt ergibt sich als
bedenkliches Fazit: »auch die Bauern gehen in den Klub und kaufen die Impressa
mit Begierde.« [404]

Sichtlich aufgeschreckte Zeitgenossen berichten sogar von einem Übergreifen
der revolutionären Propaganda: »Aus Aschaffenburg kamen Briefe ans Comité
de correspondance des Klubs, daß man dorten nichts mehr wünsche als die französische Konstitution.« [405] Der Landgraf von Hessen sehe sich angesichts der
vorrückenden Franzosen sogar gezwungen, »seinen Leuten außerordentliche
Versprechungen« zu machen; so bewirke Custines erfolgreiche Politik »gelegentlich eine Revolution im Hessischen.« [406] Und selbst »in Westfalen fängt bereits
auch der Geist der Empörung an sich zu zeigen.« [407]

Der ehemalige kaiserliche Gesandte in Mainz, Graf Schlik, führte selbst die
bescheidenen Reformvorschläge des Handelsstandes auf die allgemeine republikanische Gärung in Mainz zurück, die es unmöglich mache, sich uneingeschränkt
für die alten Herrscher einzusetzen; angesichts dieses bedrohlichen Meinungsum-
schwungs hält er Repressionen bei einer Rückeroberung der Stadt für unausweichlich: »Es wird Mühe kosten, diesen schon so tief gewurzelten und immer
mehr einreißenden Volkswahn wieder umzustimmen. Wenigstens wird es meines
Erachtens unvermeidlich sein, daselbst durch lange Zeit eine beträchtliche Garni-
son zu belassen, welche die bisherige Verfassung mit Nachdruck unterstützen
und allfälligen Volksgährungen vorbeugen könne.« [408]

10. Klassik und radikale Spätaufklärung

Für die jakobinischen Autoren war ihre literarische Tätigkeit zum integrierten
Bestandteil der politischen geworden. Forsters Versuche, sein revolutionäres
Engagement zu legitimieren, heben noch einmal in der Form autobiographischer
Selbstreflexion hervor, wie sehr diese literarisch-politische Praxis den Anspruch
erhob, das philosophische Erbe der Aufklärung nunmehr in die Tat umzusetzen:
»Meine Grundsätze waren vor dem 21. Okt. (dem Fall von Mainz) allgemein
bekannt, meine Schriften zeugen davon. Was ich seitdem tat, kann nur beweisen,
daß ich fähig war, so zu *handeln*, wie ich *dachte*.« [409] Ist die Gelegenheit,
ja die Notwendigkeit zum politischen Handeln also gegeben [410], so wird die
Abspaltung der dichterischen Existenz von der politischen Praxis zum Verrat
an den in der Literatur verheißenen Humanitätsidealen; der aufklärerische Autor
kann sich dem praktischen Engagement für die unterdrückten Massen nicht ver-

schließen, zu deren literarischem Anwalt die bürgerliche Aufklärung sich doch erklärt hatte. Den Freunden, die das nicht einzusehen vermögen, kann Forster nur noch vorhalten, sie verfielen damit der »gelehrten, geschäftigen fainéantise ... Sie können einen Menschen nicht begreifen, der zu seiner Zeit auch handeln kann, und finden mich verabscheuungswert, nun ich nach den Grundsätzen wirklich zu Werke gehe, die sie auf meinem Papier ihres Beifalls würdigten.« [411]

Dieses Verdikt gegen die Trennung von Literatur und Lebenspraxis, das Forster in der Polemik expliziert, liegt den jakobinischen Handlungskonzepten als herausfordernder Affront stets zugrunde; das traf den Nerv klassischer Kunstauffassung. Die Klassiker haben entsprechend reagiert, und ihren Apologeten blieb nur noch übrig, die Worte der Meister auszuschreiben. Sattsam bekannt sind daher die Ausfälle Schillers und Goethes gegen die sogenannten ›Freiheitshelden‹ [412], die ihren Höhepunkt finden in den gehässigen Unterstellungen der Venezianischen Epigramme. Doch solche Entgleisungen, die gipfeln im Vorwurf egoistischer Beweggründe [413], entlarven weniger die Parteinahme für die Konterrevolution [414] als vielmehr eine peinliche Unkenntnis der politischen Realitäten, mit der die Esoterik ästhetischer Autonomie erkauft wurde. Gleichwohl nutzt es wenig, nun in der Antikritik an der Klassik dem Rückzug in die Autonomie der Dichtung schlechthin reaktionäre Züge zu unterstellen [415]; denn Weimar war nicht Mainz, und unter den spezifischen Bedingungen der vom französisch-republikanischen Einfluß weit entfernten deutschen Mittelstaaten können das Moment des Zwanges beim Realitätsverzicht klassischer Dichtung ebensowenig übersehen werden wie deren utopisch-progressive Züge. Nicht mehr und nicht weniger als die hybride Verklärung der eigenen Kunstkonzeption und das daraus resultierende bornierte Unverständnis für die unter anderen Bedingungen möglichen literarisch-politischen Handlungsalternativen sind der Klassik selbst vorzuwerfen.

In der Rekonstruktion des klassischen Erbes hat die marxistische Erbe-Konzeption also ihre legitime Aufgabe, wenn sie auf der Notwendigkeit zur praktischen Einlösung der Utopie beharrt, indem sie den Zwangscharakter ihres Realitätsverlustes herausstellt. Doch die Grenze zur regressiven Konstruktion eines harmonistischen Kunstbegriffs ist überschritten, wenn noch die politische Blindheit der Klassik verklärt und Goethe zur wahren »Verkörperung« des »Geist[es] der Französischen Revolution« erhoben wird [416]. Republikanische oder gar jakobinische Vorstellungen verfallen dem Verdikt des »billigen Wunschbildes« [417], und Republikanern wie Hölderlin wird bestenfalls mitleidsvoll attestiert, daß ihr »Traum von deutscher Freiheit im Irrenhaus ende[n]« mußte. [418]

Das für die marxistische Erbe-Konzeption leitende Leninsche Modell der ›zwei Kulturen‹ vermag den nach den theoretischen und methodischen Debatten der letzten Jahre reichlich verunsicherten westdeutschen Literaturwissenschaftler offenkundig vor allem deshalb zu faszinieren, weil es nun endlich ein »von Subjektivismus und Pragmatismus freies Verhältnis zur Tradition« verspricht und somit einen sicheren und beruhigenden Bezugspunkt setzt [419]. Doch in der konkreten Anwendung löst sich dabei das Problem der Traditionswahl nur allzu leicht zugunsten der Rezeption der ›herrschenden Kultur‹, der »Rezeption der ästhetischen Produkte der deutschen Klassik« also, die anscheinend nur vom bürgerlichen Kopf auf die proletarischen Füße gestellt zu werden braucht, und dies »womöglich sogar auf Kosten der Aneignung gleichzeitiger Werke, die von einem angemesseneren Urteil über die Klassenauseinandersetzungen ihrer Zeit zeugen als die der Weimarer«. [420] Damit aber treten, wenn auch vorerst noch im Optativ, wieder einmal die Zeugnisse der revolutionären Kultur zurück, und die bürgerliche Nationalliteratur des 18. Jahrhunderts findet erneut ihre Krönung im nur partiell revidierten Bild der Weimarer Hochklassik, deren »relative Blindheit gegenüber [den] Klassenauseinandersetzungen« immerhin konstatiert wird. [420 a]

Doch setzt sich diese Betrachtungsweise durch, so können erneut verdrängte Traditionen ausgeblendet bleiben, die das Bild einer von der politischen Praxis notwendig abgewandten bürgerlichen Literatur nur unnötig zu stören scheinen. Dabei verdankt bürgerliche Literatur ihre Entstehung ja der Aufgabe, in fiktiven Kontexten die Normen und Verhaltensweisen zu erproben, mit deren Hilfe sich das Bürgertum vom absolutistischen Staat und den privilegierten Klassen abgrenzte, um dann die in Literatur und Philosophie konstituierte bürgerliche Moral der politischen Sphäre entgegenzusetzen. Und die Verschärfung der kritischen Kontroversen zwischen Moral und Politik am Ende des 18. Jahrhunderts beschränkt sich nicht auf den Literarischen Jakobinismus; er verkörpert vielmehr die radikalste Ausprägung innerhalb der breiten Strömung spätaufklärerischer Literatur, deren Autoren sich stets weigerten, das lebenspraktische Interesse bürgerlicher Kunst zu verleugnen. Im Reisebericht und dem Aphorismus etwa werden erprobte Genres der nicht-fiktiven, reflexiven Prosa weiterentwickelt und mit politischen Inhalten versehen. So entspricht die antithetische Struktur der *Apokryphen* Seumes [421] und der *Betrachtungen und Gedanken* Klingers [422] dem Widerstreit von bürgerlicher Aufklärung und feudaler Klassenherrschaft, den beide Autoren als nie versöhnten Zwiespalt in ihrer Lebensgeschichte auszuhalten hatten. Und im Reisebericht verdrängt die Sozialkritik im letzten Drittel des 18. Jahrhunderts die empfindsamen Sujets; die empirische Faktizität konkreter Gesellschaftsformationen erweckt das Interesse der Autoren; deren Erkenntnis wirkt dem deduktiven Prinzip der aufklärerischen Geschichts- und Gesellschaftstheorien entgegen und verhilft zur Einsicht in die Abhängigkeit des moralischen Fortschritts von Veränderungen materieller und sozialer Faktoren. [423] Nicht ohne Grund beginnt der Weg Forsters zum Revolutionär mit den *Ansichten vom Niederrhein*.

Im Roman endlich entwickeln sich bei den Knigge, K. Ph. Moritz, Wezel oder Klinger die Vorformen realistischer Erzählprosa, ohne daß die Umsetzung der Realitätspostulate in konkrete Milieuschilderungen immer gelungen ist. Denn wo die schlechte Wirklichkeit anscheinend immer über die bürgerliche Moral triumphiert, da zwingt das stets aufs neue thematisierte Scheitern bürgerlicher Helden die Autoren dazu, in den fiktiven Lebensgeschichten den Reflexen äußerer Umwelteinflüsse nachzugehen; das historische Beispiel tritt neben die zeitgeschichtliche Thematik beim Bemühen, die Realität, die stets die Verwirklichung der bürgerlichen Moral verhindert, auf die sie bestimmenden sozialen Faktoren zurückzuführen. [424]

Kritik und theoretisches Urteil, die sich so beträchtlich radikalisieren, überführen jakobinische Autoren in praktische Handlungsanweisungen. Damit war der Ausschluß des Literarischen Jakobinismus aus dem Kanon bürgerlicher Literaturgeschichtsschreibung verbürgt, als diese ihren Zusammenhang mit der Praxis eines sich emanzipierenden Bürgertums verdrängte. Nicht ohne Grund waren Hettner und Gervinus die letzten bürgerlichen Literarhistoriker, die Forster weder beschimpften noch als merkwürdigen Sonderfall registrierten; seit ihren Literaturgeschichten tauchen die Jakobiner – wie überhaupt die Autoren der Spätaufklärung – nur noch in lokalhistorischen Zeitschriften auf und verfallen dem Haß einer nationalistisch orientierten Geschichts- und Literaturwissenschaft, für die die Ziele des Bürgertums im preußisch-deutschen Nationalstaat mit seiner partiellen Freisetzung bürgerlich-kapitalistischer Produktionsverhältnisse erreicht zu sein schienen. [425]

Der Literarische Jakobinismus konnte nur Irritationen auslösen bei der sorgsamen historischen Stilisierung der Entstehungsgeschichte bürgerlicher Literatur, die in der realitätsfernen und darum anscheinend ungefährlichen klassischen Harmonie ihre Erfüllung finden sollte. Hier war der Makel, der der bürgerlichen Kunst aufgrund ihrer frühen klassenspezifischen Interessenbindung anhaftete, endlich für immer getilgt. Erinnerungen an den deutschen Jakobinismus, auf die noch die Autoren des Vormärz sich beriefen [426], mußten eliminiert werden; denn dessen Autoren hatten den Zusammenhang von Ästhetik und Lebenspraxis, der für bürgerliche Literatur seit ihrer Frühgeschichte konstitutiv war, am entschiedensten ins Politische gewendet; die Rückwirkung auf die politische Praxis, der aktive Eingriff in den Kampf zwischen Feudalismus und bürgerlicher Emanzipation wurden zur primären Intention der Literatur. Für die jakobinischen Autoren wurde so Literatur zur Funktion politischer Praxis, und allein in dieser ihrer operativen Zweckbestimmung stellt sie sich einer sinnvollen Kritik.

1 *Schiller*, Friedrich v.: Die Horen. Eine Monatsschrift Bd. I, Tübingen 1795, 1. St., S. IV.
2 ebd.
3 *Gräf*, Hans-Eberhard u. *Leitzmann*, Albert (Hrsg.): Der Briefwechsel zwischen Schiller und Goethe. Frankfurt/M.–Wien–Zürich 1964, S. 27.
4 *Schiller:* Die Horen, S. III.

 5 *Hermand,* Jost (Hrsg.): Von deutscher Republik. 1775–1795. 2 Bde. Frankfurt/M.
    1968, S. 10 (sammlung insel 41/1 u. 2).
 6 *Stein,* Peter (Hrsg.): Theorie der Politischen Dichtung. München 1973, S. 17.
 7 *Wiese,* Benno v.: Das Wesen der politischen Dichtung. Vorwort zu ders.: Politische
    Dichtung Deutschlands (1931). Jetzt in *Stein* (Hrsg.): Theorie der Politischen Dich-
    tung, S. 95–109.
 8 ebd. S. 96.
 9 ebd. S. 102.
10 *Krauss,* Werner: Perspektiven und Probleme. Zur französischen und deutschen Auf-
    klärung und andere Aufsätze. Neuwied und Berlin (West) 1965.
11 ebd. S. 240 ff.
12 *Mayer,* Hans: Goethe – Italienische Reise. In: ders.: Zur deutschen Klassik und
    Romantik. Pfullingen 1963, S. 51–81.
13 *Krauss,* Werner: Perspektiven und Probleme, S. 250 f.
14 *Abusch,* Alexander: Humanismus und Realismus in der Literatur. Leipzig 1970 (re-
    clam). Darin bes.: Goethes Humanismus und die Arbeiterklasse. – *Becher,* Johannes
    R.: Bemühungen. Reden und Aufsätze. Berlin (DDR) und Weimar 1971 (*Becher:*
    Werke in 3 Bänden, Bd. 3). Darin bes.: Der Befreier (1949), S. 391–431.
15 *Schiller,* F.: Über Bürgers Gedichte (1791). In: *Fambach,* Oscar (Hrsg.): Der Aufstieg
    zur Klassik in der Kritik der Zeit. Berlin (DDR) 1959 (Ein Jahrhundert Deutscher
    Literaturkritik, Bd. III), S. 454.
16 *Geerdts,* Hans-Jürgen: Schiller und das Problem der Volkstümlichkeit, dargestellt
    an der Rezension »Über Bürgers Gedichte«. In: Wiss. Zeitschrift der F. Schiller-Uni-
    versität Jena, Ges. und Sprachwiss. Reihe 5 (1955/1956), S. 170–175. – *Kaim-Klook,*
    Lore; Gottfried August Bürger. Zum Problem der Volkstümlichkeit in der Lyrik.
    Berlin (DDR) 1963, S. 78 f.
17 *Geerdts:* Schiller, S. 173.
18 *Kaim-Klook:* Gottfried August Bürger, S. 127–56, 259–288.
19 *Krauss:* Perspektiven und Probleme, S. 265.
20 Vgl. das fortgeschrittenste Beispiel von *Droz,* Jacques: L'Allemagne et la Révolution
    française. Paris 1949, S. 41, 105.
21 *Scheel,* Heinrich: Süddeutsche Jakobiner. Klassenkämpfe und republikanische Bestre-
    bungen im deutschen Süden Ende des 18. Jahrhunderts. Zuerst 1962. (Berlin DDR)
    ²1971. – *Scheel* (Hrsg.): Jakobinische Flugschriften aus dem deutschen Süden Ende
    des 18. Jahrhunderts. Berlin (DDR) 1965 (Deutsche Akademie der Wiss. Schriften
    des Instituts für Geschichte, Reihe I, Bd. 14).
22 *Scheel:* Südd. Jakobiner, S. 712 f.
23 Neues Deutschland v. 16. 1. 1969 zum 20. Jahrestag der DDR, zit. bei *Scheel:* Deutsche
    Jakobiner. In: Zeitschrift für Geschichtswissenschaft 17 (1969), S. 1138.
24 *Scheel,* ebd.
25 *Voegt,* Hedwig: Die deutsche jakobinische Literatur und Publizistik. 1789–1800. Ber-
    lin (DDR) 1955, S. 130.
26 *Träger,* Claus: Georg Forster und die Verwirklichung der Philosophie. In: Sinn und
    Form 14 (1962), S. 625–649, S. 627 f. Jetzt in: ders.: Studien zur Literaturtheorie
    und vergleichenden Literaturgeschichte. Berlin (DDR) 1970, S. 277–306.
27 *Steiner,* Gerhard: Der Weg zum Revolutionär, Georg Forsters kleine Schriften zur
    Kunst, Literatur, Philosophie, Geschichte und Politik. In: Georg *Forster:* Werke, ed.
    Steiner, Bd. III, Leipzig o. J. S. 883, 895.
28 *Träger:* Georg Forster, u. *Steiner,* a. a. O. Vgl. auch *Wuthenow,* Ralph-Rainer: Ver-
    nunft und Republik. Studien zu Georg Forsters Schriften. Bad Homburg v. d. H. –
    Berlin (West)–Zürich 1970.

29 *Grab*, W.: Demokratische Strömungen in Hamburg u. Schleswig-Holstein zur Zeit der Ersten Französischen Republik. Hamburg 1966 (Veröffentlichungen des Vereins für Hamburgische Geschichte Bd. XXI). *Grab:* Norddeutsche Jakobiner. Demokratische Bestrebungen zur Zeit der Französischen Revolution. Frankfurt 1967 (Hamburger Historische Studien, Bd. 8).

30 Die Kennzeichnung des konstitutionellen Monarchisten J.F.E. Albrecht als revolutionären Demokraten und Jakobiner (*Grab:* Demokratische Strömungen in Hamburg und Schleswig-Holstein zur Zeit der Ersten Französischen Republik, S. 177–183; ders.: Norddeutsche Jakobiner, S. 70–77) hat zuerst *Thiel*, Michael: Joh. Friedrich Ernst Albrecht (1752–1814): Arzt, medizinischer Volksschriftsteller, politischer Belletrist. Ein Beitrag zur Trivialliteraturforschung. Med. Diss. Berlin (West) 1970, S. 5, 35 ff., 67–72, zurechtgerückt. Diese Studie fehlt in den sonst so erschöpfenden Literaturzusammenstellungen *Grabs*. Ebenfalls problematisch bleibt die Charakterisierung des noch liberal-reformerische Tendenzen aufweisenden »Neuen Grauen Ungeheuers« A.G.F. Rebmanns (Vgl. NGU I (1796²), 2. St. S. 72 f.; zum bibl. Nachweis vgl. Anm. 134) als »revolutionäre Zeitschrift« des Jakobinismus (Grab: Demokratische Strömungen, S. 162 f.); diese pauschale Zuordnung verdeckt Entwicklungslinien, die Rebmann selbst hervorgehoben hat (Vgl. Geissel I (1797), H. 5, S. 10 und 26; zum bibl. Nachweis vgl. Anm. 120). Zur Problematik solcher undifferenzierten Jakobinismusforschung vgl. auch *Stephan*, Inge: Johann Gottfried Seume als politischer Schriftsteller. Ein Beitrag zur Spätaufklärung in Deutschland. Stuttgart 1973, S. 12 f.

31 *Grab*, Walter (Hrsg.): Leben und Werke norddeutscher Jakobiner. Stuttgart 1973 (Deutsche revolutionäre Demokraten V), S. 25.

32 *Jäger*, Hans-Wolf: Politische Kategorien in Poetik und Rhetorik der zweiten Hälfte des 18. Jahrhunderts. Stuttgart 1970 (Texte Metzler 10), S. 28 ff. – So fehlt unter den bei *Grab* als Beleg zitierten Schriften Kants der »Streit der Fakultäten«, in dem Kant, wie längst bekannt, die Französische Revolution »ein solches Phänomen in der Menschheitsgeschichte« nennt, das »sich nicht mehr [vergißt], weil es eine Anlage und ein Vermögen in der menschlichen Natur zum Besseren aufgedeckt hat« (*Kant:* Werke, ed. Weischedel, Bd. IV. Darmstadt 1964, S. 361). Zum Verhältnis Kants zur Französischen Revolution vgl. genauer *Henrich*, Dieter.: Über den Sinn vernünftigen Handelns im Staat. Einleitung zu Kant-Gentz-Rehberg: Über Theorie und Praxis. Frankfurt 1967, S. 7–36.

33 Deutsche revolutionäre Demokraten. Darstellung und Dokumentation, hrsg. v. W. *Grab*. 6 Bde. Bisher sind erschienen die Bände zur jakobinischen Lyrik (hrsg. v. H.W. *Engels*, vgl. Anm. 34), zum jakobinischen Drama (hrsg. v. G. *Steiner*, vgl. Anm. 40), zu den Wiener (hrsg. v. A. *Körner*, vgl. Anm. 49) und den norddeutschen Jakobinern (hrsg. v. W. *Grab*, vgl. Anm. 31).

34 *Engels*, Hans Werner (Hrsg.): Gedichte und Lieder deutscher Jakobiner. Stuttgart 1971, S. 220.

35 ebd. S. 225.

36 *Voegt:* Die deutsche jakobinische Literatur, S. 68 ff.

37 Zu den Folgen vgl. unten S. 529 f.

38 *Engels*, Gedichte und Lieder, S. 220 f. – Die Kritik ist nötig wegen der Folgen solcher Editions- und Bewertungskriterien. Denn was bei H.W. Engels immerhin aus der spezifischen Perspektive des Historikers resultieren mag (der sich gleichwohl Ausflüge in den germanistischen Bereich nicht versagt und sich damit literaturwissenschaftlichen Kriterien aussetzt), wird bei den Rezensenten zur ›Wesensbestimmung‹ jakobinischer Literatur. So meint Ulrich Karthaus gar, angesichts der Intentionen und der Lebensschicksale der Autoren »[grenze] es fast an Zynismus, ... wenn man die von Engels gesammelten Gedichte nach ästhetischen oder formalen Kriterien beurteilen

wollte.« (Frankfurter Rundschau v. 14.2.1973). Heilmann und Krause-Vilmar loben die Textauswahl von Grab und Friesel (*Grab*, Walter u. *Friesel*, Uwe (Hrsg.): Noch ist Deutschland nicht verloren. Eine historisch-politische Analyse unterdrückter Lyrik von der Französischen Revolution bis zur Reichsgründung. Zuerst 1970. München 1973 (dtv 875)), weil sie »nicht den ästhetischen, sondern den politischen Gehalt betont« (Joachim *Heilmann*/Dietfried *Krause-Vilmar:* Zum deutschen Jakobinismus. Ein Lesehinweis. In: Albert *Soboul:* Die große Französische Revolution, Teil 2. Frankfurt/M. 1973, S. 575–592, S. 585, A. 18), und wissen demzufolge über die Edition von Engels gleichfalls nur Rühmenswertes zu berichten (S. 578, A. 10). Damit restituieren die Kritiker der traditionellen Germanistik deren eingeschränkten Horizont: schon B. v. Wiese war der Meinung, es sei »ein Mißverständnis, wenn man politische Dichtung mit ästhetischen Maßstäben messe.« (*Wiese:* Das Wesen der politischen Dichtung, in: *Stein* (Hrsg.): Theorie der politischen Dichtung, S. 96.

39 *Engels*, Gedichte und Lieder, S. 225 f.
40 *Steiner*, Gerhard (Hrsg.): Jakobinerschauspiel und Jakobinertheater. Stuttgart 1973, S. 1–85, Zitat S. 83.
41 *Träger*, Claus (Hrsg.): Mainz zwischen Rot und Schwarz. Die Mainzer Revolution 1792–93 in Schriften, Reden und Briefen. Berlin (DDR) 1963, S. 42 f. – H. W. *Jäger* untersuchte in seinen beiden exploratorischen Studien zu »Politischen Kategorien in Poetik und Rhetorik der zweiten Hälfte des 18. Jahrhunderts« (Stuttgart 1970) und zur »Politischen Metaphorik im Jakobinismus und im Vormärz« (Stuttgart 1971) vor allem Politisierungstendenzen bei literarischen Kategorien.
42 *Benjamin*, Walter: Der Autor als Produzent (1934). In ders.: Versuche über Brecht. Frankfurt/M. ³1971, S. 95–116.
43 ebd. S. 110.
44 *Brüggemann*, Heinz: Literarische Technik und soziale Revolution. Versuche über das Verhältnis von Kunstproduktion, Marxismus und literarischer Tradition in den theoretischen Schriften Bertolt Brechts. Reinbek bei Hamburg 1973, S. 166.
45 *Voegt:* Die deutsche jakobinische Literatur, S. 18.
46 *Scheel:* Deutsche Jakobiner, a.a.O., S. 1130 f.
47 *Grab:* Demokratische Strömungen, S. 18 ff.; ders.: Norddeutsche Jakobiner, S. 7 f. Vgl. Anm. 30.
48 ders.: Leben und Werke, S. 8–21.
49 *Körner*, Alfred (Hrsg.): Die Wiener Jakobiner. Stuttgart 1972, S. 1–18.
50 *Grab:* Norddeutsche Jakobiner, S. 78–85; ders.: Einleitung zu *Steiner:* Jakobinerschauspiel, S. IX; ders.: Leben und Werke, S. 13.
51 *Voegt*, Hedwig: Robespierres Reden im Spiegel der Publizistik Georg Friedrich Rebmanns. In: Walter *Markov* (Hrsg.): Maximilien Robespierre 1758–1794. Beiträge zu seinem 200. Geburtstag. Berlin (DDR) 1958, S. 505–519.
52 *Beck*, Adolf: Hölderlin als Republikaner. In: Hölderlin-Jahrbuch 15 (1967/68), S. 45. – Insofern irrt H. W. *Jäger*, wenn er meint, Beck habe Hölderlin als »Sympathisanten der Girondisten« vorstellen wollen. (*Jäger:* Politische Kategorien in Poetik und Rhetorik der zweiten Hälfte des 18. Jahrhunderts, S. 83). Vf. ging es gerade darum aufzuzeigen, wie unangemessen diese Begriffe für die deutsche Situation sind.
53 *Beck:* Hölderlin als Republikaner, S. 33 f., 43, 47.
54 Vgl. *Grab:* Demokratische Strömungen, S. 14–20, und ders.: Die deutschen Jakobiner. Einleitung zu: *Engels:* Gedichte, S. XII, XVIII ff.
55 Vgl. dazu: *Stephan:* Seume, S. 13.
56 *Soboul:* Französische Revolution, Bd. II, S. 237–76.
57 Vgl. Georg *Wedekind* in: [ders.:] Der Patriot H. 1–12. Mainz 1792/1793. Neudruck Nendeln/Liechtenstein 1972. H. 1, B, S. 19/3, B, S. 18. Georg Forster am 4. 2. 1793

in: *Forster,* Werke, ed. Steiner, o. J., Bd. IV, S. 831 und 832. *Träger* (Hrsg.): Mainz,
S. 205–209. Fraktionierungen in einen ›linken‹ und ›rechten‹ Flügel machten sich
erst im Januar 1793 in Ansätzen bemerkbar, wurden aber durch die gemeinsame
Frontstellung gegenüber den Mainzer Feuillants bald überwunden; Andreas Josef
Hofmann vertrat dabei die Positionen des Sansculottismus. (*Träger:* Mainz, S. 379 ff.,
608 f.).

58 *Stephan:* Seume, S. 13.

59 *Beck:* Hölderlin als Republikaner, S. 48 ff.

60 Zur Abgrenzung gegenüber einer genuin materialistischen Gesellschaftstheorie vgl.
unten A. 208.

61 F. *Gentz,* zit. nach: *Vogel,* Ursula: Konservative Kritik an der Bürgerlichen Revolution.
August Wilhelm Rehberg. Neuwied und Berlin (West) 1972, S. 65.

62 Zit. nach *Habermas,* Jürgen: Strukturwandel der Öffentlichkeit. Untersuchungen zu
einer Kategorie der bürgerlichen Gesellschaft. Zuerst 1962. Neuwied–Berlin (West)
⁴1969 (Politica, Bd. 4), S. 80.

63 *Hegel,* Georg Wilhelm Friedrich: Werke in zwanzig Bänden. Hrsg. von Eva Molden-
hauer und Karl Markus Michel. Frankfurt/M. 1970 (Theorie Werkausgabe), Bd. XII,
S. 529.

64 *Koselleck,* Reinhart: Kritik und Krise. Ein Beitrag zur Pathogenese der bürgerlichen
Welt. Zuerst 1959. Freiburg–München ²1969, S. 81–104.

65 *Habermas:* Strukturwandel, S. 66 f.

66 *Koselleck:* Kritik, S. 144.

67 *Marx,* Karl: Zur Kritik der Hegelschen Rechtsphilosophie. Einleitung (1844). In:
Karl *Marx* – Friedrich *Engels:* Studienausgabe in 4 Bänden. Hrsg. von I. *Fetscher.*
Frankfurt/M. 1972 (Fischer Taschenbuch 6059–63). Bd. I: Philosophie (MES I), S.
24.

68 *Soboul:* Französische Revolution, Bd. II, S. 44.

69 ebd. S. 48.

70 ebd. S. 49.

71 J. *Necker,* zitiert nach *Bauer,* Wilhelm: Die öffentliche Meinung in der Weltgeschichte. Berlin-Leipzig 1930, S. 234.

72 *Brinton,* Crane: Europa im Zeitalter der Französischen Revolution. Wien 1938, S.
65 ff.

73 *Papcke,* Sven: Progressive Gewalt. Studien zum sozialen Widerstandsrecht. Frank-
furt/M. 1973 (Texte zur politischen Theorie und Praxis, Fischer Taschenbuch 6501),
S. 80 f.

74 *Griewank,* Karl: Die Französische Revolution 1789–1799. Graz–Köln ²1958, S.
24.

75 *Sieyès,* Emmanuel: Abhandlung über die Privilegien. Was ist der dritte Stand? Hrsg.
v. Rolf H. *Foerster.* Frankfurt/M. 1968 (sammlung insel 42), S. 88 f.

76 ebd. S. 142.

77 ebd. S. 141.

78 ebd. S. 141.

79 ebd. S. 139.

80 ebd. S. 140.

81 *Vogel:* Konservative Kritik, S. 58.

82 *Koselleck:* Kritik, S. 205, 151.

83 *Wiese:* Wesen der politischen Dichtung, a. a. O., S. 100 u. 106.

84 *Marx:* Deutsche Ideologie (1845), MES I, S. 111 u. Anm. 29, S. 244.

85 Zum Verhältnis beider vgl. *Marx:* Zur Judenfrage (1844), MES I, S. 31–40.

86 ders.: MES I, S. 27.

87 *Koselleck:* Kritik, S. 83.
88 Zit. nach *Habermas:* Strukturwandel, S. 117.
89 *Marx:* MES I, S. 80.
90 *Hegel,* Georg F.W.: Werke, ed. Moldenhauer-Michel, Bd. XII, S. 525.
91 Vgl.: *Valjavec,* Fritz: Die Entstehung der politischen Strömungen in Deutschland 1770–1815. München 1951, S. 90ff.; *Habermas,* Strukturwandel, S. 84f.; *Schneider,* Franz: Pressefreiheit und politische Öffentlichkeit. Studien zur politischen Geschichte Deutschlands bis 1848. Neuwied und Berlin (West) 1966 (Politica, Bd. 22).
92 *Gerteis,* Klaus: Bildung und Revolution. Die deutschen Lesegesellschaften am Ende des 18. Jahrhunderts. In: Archiv für Kulturgeschichte 53 (1971), S. 128.
93 *Prüsener,* Marlies: Lesegesellschaften im 18. Jahrhundert. Ein Beitrag zur Lesergeschichte. In: Börsenblatt für den dt. Buchhandel, Frankfurt/M. 1972, S. 217.
94 *Valjavec:* Entstehung der politischen Strömungen, S. 100ff.
95 *Hainebach,* Hans: Studien zum literarischen Leben der Aufklärungszeit in Mainz. Gießen 1936, S. 69.
96 *Jentsch,* Irene: Zur Geschichte des Zeitungslesens in Deutschland am Ende des 18. Jahrhunderts. Phil. Diss. Leipzig 1937, S. 50.
97 *Prüsener:* Lesegesellschaften, S. 208; *Möller,* Helmut: Die kleinbürgerliche Familie im 18. Jahrhundert. Verhalten und Gruppenkultur. Berlin (West) 1969, S. 6.
98 *Hainebach:* Studien, S. 70f.
99 *Prüsener:* Lesegesellschaften, S. 302.
100 *Hainebach:* Studien, S. 70f.; *Prüsener:* Lesegesellschaften, S. 208f.
101 *Winckler,* Lutz: Entstehung und Funktion des literarischen Marktes. In: ders.: Kulturwarenproduktion. Aufsätze zur Literatur- und Sprachsoziologie. Frankfurt/M. 1973, (es 628), S. 29. Zur Gründung von Lesegesellschaften für Handlungsgehilfen und Gesellen wie für Bauern vgl. *Engelsing,* Rolf: Der Bürger als Leser. In: Börsenblatt für den deutschen Buchhandel, Frankfurt/M. 1960, S. 864f., und *Jentsch,* Irene: Zur Geschichte des Zeitungslesens in Deutschland am Ende des 18. Jahrhunderts, S. 26. Die Trennung nach Ständen blieb dabei aufrechterhalten.
102 *Möller:* Die kleinbürgerliche Familie, S. 6f.
103 *Forster:* Werke in vier Bänden. Hrsg. v. Gerhard Steiner. Berlin (DDR) u. Frankfurt/M. o.J. (1967–71), Bd. IV, S. 515f.
104 *Hauser,* Arnold: Sozialgeschichte der Kunst und Literatur. Zuerst München 1953. Frankfurt/M.–Wien–Zürich 1970, S. 623.
105 *Winckler:* Entstehung, S. 46ff.
106 *Gerth,* Hans: Die sozialgeschichtliche Lage der bürgerlichen Intelligenz um die Wende des 18. Jahrhunderts. Ein Beitrag zur Soziologie des deutschen Frühliberalismus. Phil. Diss. Frankfurt 1935. Raubdruck Berlin (West) o.J. 1973, S. 80–95.
107 *Hauser:* Sozialgeschichte, S. 627.
108 *Wedekind:* Der Patriot, 2, C, S. 2.
109 *Gerth:* Die sozialgeschichtliche Lage, S. 80.
110 ebd., S. 93f.
111 *Elias,* Norbert: Über den Prozeß der Zivilisation. Soziogenetische und psychogenetische Untersuchungen. 2 Bde. Basel 1939, Bd. I, S. 8–31.
112 *Wedekind:* Patriot, 3, C, S. 12.
113 [*Görres,* Joseph:] Das Rothe Blatt. Eine Dekadenschrift. Koblenz 1798. Neudruck: Nendeln/L. 1972, I. Trimester, H. 6–9, S. 213.
114 ebd. S. 214.
115 *Görres:* Der allgemeine Friede (1798) In: Politische Schriften der Frühzeit (1795–1800). Hrsg. v. Max Braubach. Köln 1928 (J. Görres: Gesammelte Schriften, Bd. 1), S. 61.

116 *Heine,* Heinrich: Sämtl. Schriften, ed. K. *Briegleb.* 1969, Bd. II, S. 655 ff.
117 *Görres:* Das Rothe Blatt I, H. 6–9, S. 217.
118 ebd., S. 217 f.
119 *Görres:* Politische Schriften I, S. 61.
120 [*Rebmann,* Andreas Georg Friedrich:] Die Geissel. Upsala (vielmehr Altona) 1797–1799. Neudruck Nendeln/L. 1973. Jahrgang I (1797), H. 2, S. 181 f.
121 *Forster* am 5.4.93: Werke, Bd. IV, S. 841.
122 *Rebmann:* Geissel I, H. 2, S. 182 f.
123 ebd., Geissel I, H. 3, S. 333, vgl. ferner H. 2, S. 263.
124 ebd. Geissel II (1798), H. 2., S. 136.
125 ebd., Geissel I, H. 5, S. 27.
126 ebd., H. 3, S. 262.
127 [*Albrecht,* Heinrich Christoph:] Erläuterungen über die Rechte des Menschen (1793). In: *Grab:* Leben und Werke, S. 102 f.
128 [ders.:] Über die Veredlung der jüdischen Nation (1793), ebd. S. 84 f.
129 ebd. S. 85.
130 Albrecht vermerkt stolz, die Deutschen zeichne vor anderen Völkern »ein vorzüglicher Hang zur Gelehrsamkeit aus«. Denn »ein jeder sucht bei uns seine Belehrung über Sachen des Staats, wie der Literatur und der Philosophie durch Lektüre und durch langsamen Unterricht zu erhalten.« – Ebd. S. 104.
131 ebd. S. 105.
132 ebd. S. 104 f.
133 ebd. S. 105.
134 [*Rebmann,* A. G. F.:] Das neue graue Ungeheuer. Zweite vermehrte und veränderte Auflage. Heft 1–10 (in 3 Bde.). Upsala (vielmehr Altona) 1795–1797. Neudruck Nendeln/L. 1972, Bd. I, (1795) H. 1, S. 22.
135 ebd. S. 23.
136 *Rebmann:* Geissel I, H. 5, S. 31.
137 [*Albrecht,* H.Chr.:] Versuch über den Patriotismus (1793). In: *Grab:* Leben und Werke, S. 111.
138 ebd.
139 *Rebmann:* Holland und Frankreich, in Briefen geschrieben auf einer Reise ... (1796), in: ders.: Hans Kiekindieweltsreisen und andere Schriften, ed. H. *Vogt.* Berlin (DDR) 1958, S. 449.
140 *Albrecht,* a.a.O., S. 100.
141 *Rebmann:* Geissel I, H. 3, S. 293.
142 *Albrecht,* a.a.O., S. 99.
143 Vgl. *Köster,* Udo: Literarischer Radikalismus. Zeitbewußtsein und Geschichtsphilosophie in der Entwicklung vom jungen Deutschland zur Hegelschen Linken. Frankfurt/M. 1972 (Wiss. Paperbacks, Literaturwissenschaft 10), S. 64 ff.
144 *Marx:* MES I, S. 24. *Büchner,* Georg an K. Gutzkow 1836. In: *Büchner,* G.: Werke und Briefe, ed. F. *Bergemann.* München 1965, S. 191.
145 Der Hamburger Jakobiner Heinrich Würzer prägte den Begriff der ›jakobinisierten‹ öffentlichen Meinung. Vgl. *Würzer:* Neue Hyperboreische Briefe (1796), in: *Grab:* Leben und Werke, S. 184.
146 *Wieland,* Christoph Martin: Sämtliche Werke, 36 Bde. (in 18 Bde.). Leipzig 1853–58 (Göschen-Ausgabe); Bd. 32, 1857, S. 200.
147 *Schneider:* Pressefreiheit, S. 98.
148 *Engels:* Gedichte u. Lieder, S. 228 f.
149 [*Laukhard,* Friedrich Christian (Hrsg.):] Zuchtspiegel für Fürsten und Hofleute. Zuchtspiegel für Adliche. Zuchtspiegel für Theologen u. Kirchenlehrer. Zuchtspiegel

für Eroberungskrieger, Advokaten u. Ärzte. Alles in einem Band. Paris 1799. Vorerinnerung zu: Zuchtspiegel für Adliche, S. XXXV.
150 ebd. S. XXXIV.
151 ebd. S. IX.
152 ebd. S. VII, X, XIV.
153 ebd. S. VII.
154 ebd. S. XCIII.
155 Vgl. die Auszüge aus der »Vorerinnerung« zum »Zuchtspiegel für Adliche« bei *Stein* (Hrsg.): Theorie der politischen Dichtung. Neunzehn Aufsätze, S. 55–61, aufgrund eines Hinweises von *Engels:* Gedichte und Lieder, S. 229.
156 *Stein:* Politische Dichtung, S. 55 u. 57.
157 ebd. S. 55.
158 ebd. S. 57.
159 ebd. S. 58.
160 *Laukhard:* Zuchtspiegel für Adliche (Vorerinnerung), S. XXIV und Anm.
161 ebd. S. LXXXVI.
162 ebd. S. XXV.
163 ebd. S. XXV.
164 ebd. S. XXIX.
165 ebd. S. XXIX.
166 Vgl. ders.: Zuchtspiegel für Fürsten, S. 50ff. 62f., 64f., 172ff.
167 ebd. S. 96, Anm.
168 *Steiner:* Jakobinerschauspiel, S. 139–196.
169 *Forster:* Parisische Umrisse (1793), in: ders.: Werke, Bd. III, S. 739.
170 ebd. S. 773.
171 ebd. S. 732.
172 *Rebmann:* NGU I, (1795), H. 1, S. 8.
173 *Wedekind:* Patriot 1, A, S. 7.
174 ebd. 3, C, S. 25.
175 *Görres:* Das Rothe Blatt I, 5, S. 162.
176 *Wedekind:* Patriot 1, A, S. 7.
177 *Albrecht:* Versuch über den Patriotismus, in: *Grab:* Leben und Werke, S. 114.
178 ebd. S. 114.
179 *Rebmann:* Geissel I, H. 1, S. 5.
180 *Görres:* Das Rothe Blatt I, H. 5, S. 161.
181 *Würzer* in: *Grab:* Leben und Werke, S. 182.
182 *Görres:* Das Rothe Blatt I, H. 1, S. 18.
183 *Würzer:* Hyperboreische Briefe, in: *Grab:* Leben und Werke, S. 184.
184 [*Schütz,* Friedrich Wilhelm:] Niedersächsischer Merkur, sehr vermischten Inhalts. 4 Bde. (in 2 Bde.) Altona (vielmehr Hamburg) 1792/93, 2. Bd. (1792), 12. St., S. 183f.
185 *Rebmann:* Geissel I, H. 5, S. 41; vgl. ganz ähnlich: *Wedekind:* Patriot, 2, A, S. 3.
186 *Rebmann:* Geissel I, H. 5, S. 41.
187 *Knigge,* Adolph Freiherr: Josephs von Wurmbrand politisches Glaubensbekenntniß mit Hinsicht auf die französische Revolution und deren Folgen (1792). Hrsg. v. Gerhard *Steiner.* Frankfurt/M. 1968 (sammlung insel 33), S. 92.
188 ebd. S. 39f.
189 Vgl. den Roman »Geschichte eines Teutschen der neusten Zeit« (1798) und die »Bruchstücke aus einer Handschrift: Das zu frühe Erwachen des Genius der Menschheit« (1803).
190 *Klinger,* Friedrich Maximilian: Betrachtungen und Gedanken über verschiedene Gegenstände der Welt und der Litteratur (Auswahl). Mit einem Essay hrsg. v. Her-

mann Schweppenhäuser. Frankfurt/M. 1967 (sammlung insel 27), S. 11 ff., S. 93 f.

191 *Steiner:* Jakobinerschauspiel, S. 261 f.

192 *Schütz:* Niedersächsischer Merkur, Bd. I (1792), 6. St., S. 86.

193 *Hegel:* Werke, Bd. XII, S. 528 f. Zu den »realistischen Tendenzen« der »Hegelschen Philosophie und Geschichtsauffassung« und zur Kritik von Marx an deren Eliminierung im Linkshegelianismus vgl. allgemein *Lukács,* Georg: Die Entäußerung als philosophischer Zentralbegriff der ›Phänomenologie des Geistes‹ (1948). In: Hans Friedrich *Fulda* und Dieter *Henrich* (Hrsg.): Materialien zu Hegels ›Phänomenologie des Geistes‹. Frankfurt/M. 1973, S. 276–326 (suhrkamp taschenbuch wissenschaft 9), S. 309.

194 *Wedekind,* Patriot 2, B, S. 21.

195 *Görres:* Das Rothe Blatt I, H. 6, S. 197.

196 *Rebmann:* Geissel I, H. 3, S. 258; vgl. auch H. 5, S. 21 f.

197 *Forster* am 12.7.1791 in: Werke, Bd. IV, S. 666.

198 ebd. S. 666.

199 *Rebmann:* Geissel I, H. 3, S. 287.

200 *Oesterle,* Günther: Integration und Konflikt. Die Prosa Heinrich Heines im Kontext oppositioneller Literatur der Restaurationsepoche. Stuttgart 1792, S. 10 f.

201 *Rebmann:* Geissel I, H. 2, S. 118 f.

202 ebd. S. 119.

203 *Rebmann:* NGU I, 1. St., S. 49.

204 *Rousseau,* Jean Jacques: Schriften zur Kulturkritik (die zwei Diskurse von 1750 und 1755). Hrsg. v. Kurt Weigand ²1971 (Philosophische Bibliothek 243), S. 239 f.

205 *Görres:* Das Rothe Blatt I, H. 2, S. 63.

206 ebd. H. 5, S. 163 u. H. 6, S. 196.

207 *Forster* in: *Wedekind:* Patriot 1, B, S. 30.

208 Die Realisierung der Idee also wird fundiert durch die Berücksichtigung der materiellen Faktoren in der konkreten politischen Praxis; die systematische (»historisch-materialistische«) Ableitung der Ideen selbst aus den klassenspezifischen materiellen Faktoren der Geschichte hätte den für die Aufklärung verfügbaren Reflexionshorizont verlassen. Ansätze dazu liegen allenfalls in der »Theorie der Französischen Revolution« des Girondisten Antoine Barnave vor, in der die praktischen Erfahrungen des Revolutionärs die klassenspezifischen Entstehungsursachen der bürgerlichen Aufklärung hervortreten lassen. – Vgl. *Barnave,* Antoine: Theorie der Französischen Revolution. (1792). Übers. und mit einer Einleitung hrsg. v. Eberhard *Schmitt.* München 1971 (Studientexte 5), S. 33, 37, 45, 51, 56, 65, und auch die Einleitung S. 11–19.

209 *Würzer:* Der patriotische Volksredner (1796), in *Grab:* Leben und Werke, S. 206.

210 *Forster* am 5.11.1792 in: Werke, Bd. IV, S. 778.

211 Franz *Hebenstreit* in: *Körner:* Die Wiener Jakobiner, S. 136.

212 Vgl. den Aufruf des österreichischen Jakobiners Georg *Ruzsitska* »An das Landvolk«, einen Vorläufer des Büchnerschen »Hessischen Landboten«, bei *Körner:* Wiener Jakobiner, S. 40–44.

213 Andreas *Riedel* in: *Körner:* Wiener Jakobiner, S. 121.

214 *Marx,* MES I, S. 24 und 20.

215 Vgl. *Papcke:* Progressive Gewalt. Studien zum sozialen Widerstandsrecht, S. 82 ff.

216 *Lehne,* Friedrich und *Müller,* Niklas: Republikanische Gedichte. Mainz im 7. Jahr der fränkischen Republik (1799), S. I.

217 Die Andeutung sozialer Bezüge bleibt vereinzelt. Vgl. ebd. S. 33, 89 f., 204. Ebenso *Lehne,* F.: Versuche republikanischer Gedichte. Straßburg, im dritten Jahr der fränkischen Republik (1795), S. 24 f.; ders.: Waffenruf an die Bürger des Landes Mainz.

Von den Freunden des Vaterlandes gesungen. Mainz 1792. In: *Engels:* Gedichte und Lieder, S. 54ff.

218 *Lehne* in: *Engels:* Gedichte und Lieder, S. 124.

219 ebd. S. 210.

220 *Lehne:* Versuche, S. 3.

221 Daß Müller und Lehne auch über andere Qualitäten verfügten, zeigte N. Müller als Organisator und Autor des revolutionären Theaters in Mainz 1792/93, vgl. *Steiner:* Jakobinerschauspiel, S. 62 ff., 69 ff., während Lehne mehr als revolutionärer Redner überzeugte. (Vgl. unten A. 260). Ihr Scheitern als revolutionäre Lyriker, ihr Verharren beim abstrakten Menschheitspathos ist nicht in der Natur des revolutionären Enthusiasmus begründet. Schon die von Gerd Semmer besorgte Auswahl französischer Revolutionsgesänge zeigt, wie deren revolutionäres Pathos stets die soziale Lage derer, die sich erheben, im Blick behält. – *Semmer,* G. (Hrsg.): Ça ira. Ahrensburg ²1961, S. 27, 113 f., 145, 155 f., 165 f. – Deshalb waren diese Gedichte ebenso »souverän und treffsicher wie eingreifend« (ebd., Einleitung, S. 5). Diese literarischen Vorzüge erreicht Lehne allenfalls im »Lied der freien Landleute«, (*Lehne:* Versuche, S. 24 ff.). Neugedruckt bei *Träger:* Mainz, S. 425 und *Engels:* Gedichte und Lieder, S. 49 ff.

222 *Voegt:* Die deutsche jakobinische Literatur, S. 49 f.; zum »Lied« in *Rebmann:* NGU II (1796), H. 6, S. 53 ff.

223 So im: Klassenbuch 1. Ein Lesebuch zu den Klassenkämpfen in Deutschland 1756–1850. Hrsg. von Hans Magnus *Enzensberger,* Rainer *Nitsche,* Klaus *Roehler* und Winfried *Schafhausen.* Darmstadt und Neuwied 1972 (Sammlung Luchterhand 79), S. 55–100.

224 Vgl. etwa *Wedekinds* Patriot 1, B, S. 16 ff., C, S. 33 f., D, S. 33 ff.; 3, A. S. 2 ff., S. 22 ff.

225 So bei *Träger:* Mainz zwischen Rot und Schwarz.

226 Hans von *Held* in: *Engels:* Gedichte und Lieder, S. 144 ff.

227 ebd. S. 17 ff.

228 ebd. S. 24–38.

229 *Marx:* MES I, S. 27.

230 *Semmer:* Ça ira, S. 155.

231 Vgl. *Lehne* u. *Müller:* Republikanische Gedichte, S. 95–101; *Lehne:* Versuche, S. 22 ff. u. ö.

232 *Forster* am 21.11.1792, in: Werke, Bd. IV, S. 794.

233 ders.: Anrede an die Gesellschaft der Freunde der Freiheit und Gleichheit (1793), in: Werke, Bd. III, S. 615.

234 *Forster:* Darstellung der Revolution in Mainz (1793), ebd. S. 685.

235 *Forster* am 26.10.1792, in: Werke, Bd. IV, S. 771.

236 ebd. S. 767.

237 *Träger:* Forster, S. 625–649.

238 *Forster* am 10.11.1792 in: Werke, S. 781 u. 785.

239 [J. *Görres:*] Der Rübezahl. Eine Monatsschrift. Koblenz 1799. Neudruck Nendeln/L. 1972, I. Trimester, H. 3, S. 243.

240 ders.: Das Rothe Blatt II, H. 2, S. 140.

241 ebd. S. 147.

242 Die Bezeichnung des »Patrioten« als ›Gesellschaftsjournal‹ des Jakobinerklubs, das sich an ›gebildete Schichten‹ wende (*Grab,* W.: Die Revolutionspropaganda der deutschen Jakobiner. In: Archiv für Sozialgeschichte 9 (1969), S. 126) erweckt falsche Vorstellungen über Inhalt und Intention dieser Zeitschrift.

243 *Wedekind:* Patriot 3, B, S. 2.

244 ebd. 1, D, S. 25.

245 ebd. 3, C, S. 30.
246 ebd. 1, D, S. 28.
247 ebd. S. 28.
248 Vgl. *Cornu*, Auguste: Karl Marx' Stellung zur Französischen Revolution und zu Robespierre (1843–1845). In: Walter *Markov* (Hrsg.): Maximilien Robespierre 1758–1794. Sonderausgabe Berlin (DDR) 1961, S. 508–13.
249 *Wedekind:* Patriot 3, B, S. 3.
250 ebd. 1, D, S. 25.
251 *Lehne*, ebd. 3, B, S. 21.
252 *Görres* J.: Rübezahl I, H. 1, S. 9.
253 *Görres* J.: Rothes Blatt II, H. 3, S. 270 f.
254 Brief des Mainzer Jakobinerklubs an den Pariser v. 12. 12. 1972, ed. *Träger:* Mainz zwischen Rot und Schwarz, S. 313.
255 ebd. S. 11 ff.
256 Vgl. *Hainebach:* Studien, S. 3 f. und Anm.; *Dreyfus*, F.G.: Sociétés et mentalité à Mayence dans la seconde moitié du XVIII siècle. Paris 1968, S. 337.
257 *Träger:* Mainz, S. 205–09.
258 *Dreyfus:* Sociétés, S. 558.
259 *Träger* Mainz, S. 312.
260 *Lehne* in: *Wedekind:* Patriot 3, B, S. 31.
261 ebd. S. 31.
262 ebd. 1, C, S. 21 f., 2, A, S. 29 f.
263 ebd. 2, A, S. 29 f., 4, A, S. 31 f. u. *Träger:* Mainz, S. 170.
264 *Wedekind:* Patriot, Ankündigung, S. 1–7, bes. S. 2 u. 4.
265 ebd. 1, C, S. 12–28.
266 ebd. 2, D, S. 1–16.
267 ebd. 2, D, S. 17, 32.
268 Vgl. die Kontroverse Böhmer-Wedekind zur Frage der Anstellung von »Ausländern« bei der republikanischen Verwaltung (ebd. 1, D, S. 5–17); oder die Diskussion um die Ablehnung der Aufnahme »geheimer« Mitglieder in den Klub, weil dies dem Prinzip der Publizität widerspreche, (ebd. 1, B, S. 5–14).
269 *Träger*, Claus: Aufklärung und Jakobinismus in Mainz 1792/93. In: Weimarer Beiträge 9 (1963), S. 699. Jetzt in ders.: Studien, S. 307–333.
270 *Lehne* in: Patriot 3, B, S. 29 f.
271 *Wedekind:* Patriot 1, B, S. 19–32, Zitat S. 22, und *Forster:* Werke, Bd. III, S. 601–609.
272 *Wedekind:* Patriot 1, B, S. 25.
273 ed. *Träger:* Mainz, S. 161.
274 ebd. S. 164.
275 *Wedekind:* Patriot, vgl. 1, C, S. 12 ff.; 3, B, S. 2 f., 14 ff.
276 ebd. 1, D, S. 27 zur Frage der Zunftverfassung.
277 ebd. 1, D, S. 24.
278 ebd. S. 24.
279 ebd. 3, A, S. 30.
280 *Träger:* Mainz, S. 162.
281 ed. *Träger* ebd. 161–170.
282 ebd. S. 161–167.
283 ebd. S. 167 ff.
284 ebd. S. 164.
285 ebd. S. 163.
286 Vgl. *Träger:* Aufklärung u. Jakobinismus, S. 699.

287 *Träger:* Mainz, S. 170.
288 [*Metternich*, Matthias:] Der Bürgerfreund, 2 Bde. Mainz 1792/93. Bd. I (1792), 1. St., S. 1.
289 ebd. 3, S. 13.
290 ebd. 5, S. 21–23.
291 ebd. 10, S. 49.
292 Metternich nennt im Bürgerfreund II (1793), 11, S. 46, Collot d'Herbois als Verfasser solcher Kalenderdialoge.
293 ebd. I (1792), 10, S. 50f.
294 Vgl. ebd. I (1792) 11, S. 54f.; 13, S. 63; 14, S. 66; 19, S. 88. II (1793), 4, S. 14f., 10, S. 41.
295 *Hartmann,* Kaspar: Der fränkische Republikaner. Eine Wochenschrift für die ganze Menschheit, vorzüglich aber für Mainz. Mainz 1792, 1 und 2, Zitate S. 1 und 11.
296 ebd. 9 und 10, S. 65–79.
297 *Träger:* Mainz zwischen Rot und Schwarz.
298 ebd. S. 172f.
299 Vgl. die Dokumente bei *Träger:* Mainz, S. 243–248, S. 300–305, S. 315–323.
300 *Jentsch:* Zeitungslesen, S. 72f. Vgl. allgemein jetzt *Engelsing,* Rolf: Zur Sozialgeschichte deutscher Mittel- und Unterschichten. Göttingen 1973.
301 *Möller:* Die kleinbürgerliche Familie, S. 254f.
302 *Stadelmann,* Rudolf und *Fischer,* Wolfram: Die Bildungswelt des deutschen Handwerkers um 1800. Berlin (West) 1955, S. 189f.
303 *Möller:* Die kleinb. Familie, S. 7, und *Schenda,* Rudolf: Volk ohne Buch. Studien zur Sozialgeschichte der populären Lesestoffe 1770–1910. Frankfurt/M. 1970 (Studien zur Philosophie und Literatur des 19. Jahrhunderts, Bd. 5), S. 281ff.
304 [*Metternich,* M.:] Politische Unterhaltungen am linken Rheinufer. Bingen 1797/98. Neudruck Nendeln/L. 1972. I (1797), 1, S. 1.
305 *Schönert,* Jörg: Roman und Satire im 18. Jahrhundert. Ein Beitrag zur Poetik. Mit einem Geleitwort von Walter Müller-Seidel. Stuttgart 1969 (Germanistische Abhandlung 27), S. 13.
306 *Knigge,* Adolph Freiherr: Des seligen Herrn Etatsraths Samuel Conrad von Schaafskopf hinterlassene Papiere (1792). Mit einem Nachwort hrsg. v. Iring Fetscher. Frankfurt/M. 1965 (sammlung insel 12).
307 *Tronskaja,* Maria: Die deutsche Prosasatire der Aufklärung. Berlin (DDR) 1969 (Neue Beiträge zur Literaturwissenschaft, Bd. 28).
308 Zur Rolle dieser Argumente für die Privilegierung des Adels vgl. *Schulte,* Johanna: Die Auseinandersetzung zwischen Adel und Bürgertum in den deutschen Zeitschriften der letzten 3 Jahrzehnte des 18. Jahrhunderts. Berlin 1925 (Historische Studien, H. 163), S. 49ff., 13ff.
309 *Hofmann,* A.J.: Der Aristokratenkatechismus, ed. *Träger:* Mainz, S. 283ff.
310 ebd. S. 283.
311 ebd. S. 286f.
312 ebd. S. 289.
313 Zit. bei *Schenda:* Volk ohne Buch, S. 282.
314 Vgl. *Träger:* Aufklärung und Jakobinismus, S. 692ff.
315 ed. *Träger:* Mainz, S. 420.
316 Nach Auskunft der Stadtbibliothek Koblenz, die diesen Kalender besitzt, ist Görres allerdings weder Autor nach Mitverfasser des von ihm angezeigten Kalenders.
317 *Görres:* Das Rothe Blatt II, H. 3, Anzeige, S. 305.
318 Kalender zum Gebrauche ..., S. 12–20.
319 ebd. S. 24f.

320 Vgl. *Möller:* Die kleinbürgerliche Familie. *Schenda:* Volk ohne Buch.
321 Zur Entwicklung des Dramas vgl. ausführlich *Steiner:* Theater u. Schauspiel im Zeichen der Mainzer Revolution. Ein Beitrag zur Geschichte des bürgerlich-revolutionären Theaters in Deutschland. In: Hans-Werner *Seiffert* (Hrsg.): Studien zur neueren deutschen Literatur. Berlin (DDR) 1964, S. 95–163 (Deutsche Akademie der Wissenschaften zu Berlin, Veröffentlichung des Instituts für deutsche Sprache u. Literatur, Bd. 29). Und *Steiner:* Jakobinerschauspiel und Jakobinertheater.
322 *Stolpe,* Heinz: Die Auffassung des jungen Herder vom Mittelalter. Ein Beitrag zur Geschichte der Aufklärung. Weimar 1955 (Beiträge zur deutschen Klassik, Abhandlungen, Bd. 1), S. 302–318. *Jäger:* Politische Kategorien, S. 19 ff.
323 *Bürger,* Gottfried August: Von der Popularität der Poesie (1784). In: Heinz *Nicolai* (Hrsg.): Sturm und Drang. Dichtungen und theoretische Texte. Bd. II. Darmstadt 1971, S. 1660 u. 1665.
324 *Bürger:* Aus Daniel Wunderlichs Buch (1776), a.a.O., S. 1656.
325 *Bürger* am 29.9.1777, in: ders.: Briefe von und an Bürger. Hrsg. v. A. *Strodtmann.* 4 Bde. Berlin 1874, Bd. II, S. 144.
326 *Bürger:* Daniel Wunderlich, a.a.O., S. 1652.
327 ebd. S. 1653.
328 *Bürger:* Popularität der Poesie, a.a.O., S. 1665.
329 *Bürger:* Sämtliche Werke, ed. W. *Wurzbach,* o. J. (1903). Bd. III, S. 160.
330 *Schiller,* F.: Über Bürgers Gedichte (1791). In: *Fambach:* Der Aufstieg zur Klassik in der Kritik der Zeit, S. 450.
331 ebd. S. 457.
332 ebd. S. 451.
333 ebd. S. 451.
334 ebd. S. 454.
335 ebd. S. 450 u. 451.
336 ebd. S. 451.
337 ebd. S. 450.
338 ebd. S. 451.
339 ebd. S. 449.
340 Vgl. ebd. S. 479.
341 ebd. S. 459 ff.
342 ebd. S. 451.
342a Vgl. auch seine mißmutige Reaktion auf die gelegentliche Verwendung seines Liedes »An die Freude« in politischen Zeitschriften; vgl. Peter *Schmidt:* Statischer Textbegriff und Textprozeß. In: Dieter *Breuer* u. a.: Literaturwissenschaft. Eine Einführung. Frankfurt/M. 1972 (Ullstein Nr. 2941), S. 114 ff.
343 *Bürger:* Daniel Wunderlichs Buch, in: *Nicolai* (Hrsg.): Sturm und Drang, Bd. II, S. 1655.
344 Vgl. die Dokumentation bei *Fambach:* Aufstieg zur Klassik, S. 458–470.
345 ebd. S. 464.
346 ed. *Steiner:* Jakobinerschauspiel, S. 142.
347 ebd. S. 143.
348 *Görres:* Das Rothe Blatt I, H. 1, S. 19 und 21.
349 Zur Anthologie *Laukhards,* in der die genannten Autoren sämtlich vertreten sind, vgl. oben S. 523 ff.
350 *Metternich:* Bürgerfreund I, 14. St., S. 67 f.
351 ebd. S. 68.
352 [*Biergans,* Franz Theodor:] Brutus oder der Tyrannenfeind. Eine Zehntagsschrift um Licht und Wahrheit zu verbreiten. Köln 1795. Neudruck: 1972, St. 3–14.

353 *Hartmann:* Der fränkische Republikaner (1792) Nr. VII, S. 49. Vgl. *Pfeffel,* Gottlieb Konrad: Poetische Versuche. Bd. 1–10 (in 5 Bde.), 4. verb. und vermehrte Auflage, Tübingen 1802–10. Bd. 2, S. 138 f.

354 *Engels:* Gedichte und Lieder, S. 5. – *Krolopp,* Kurt: »Im Himmel donnern helfen«. In: Wiss. Zeitschrift der Martin-Luther-Universität Halle-Wittenberg, Ges.- und Sprachwissenschaftliche Reihe 12 (1963), S. 1049 f.

355 ed. *Scheel:* Flugschriften, S. 332–390.

356 ebd. S. 357.

357 *Scheel:* Süddeutsche Jakobiner, S. 656.

358 Eudaimonia, oder Deutsches Volksglück, ein Journal für Freunde von Wahrheit und Recht. Bd. IV. Frankfurt 1797 (Neudruck: Nendeln/L. 1972), 2, S. 159. Zit. bei *Voegt:* Jakobinische Literatur, S. 68.

359 ed. *Engels,* Gedichte und Lieder, S. 70 ff.

360 ebd. S. 40 f.

361 ebd. S. 20 f.

362 ebd. S. 69 f.

363 ebd. S. 127.

364 ebd. S. 228 ff.

365 So *Engels:* Gedichte und Lieder.

366 Ich beschränke mich hier auf Beispiele aus: [*Schütz,* Friedrich Wilhelm:] Niedersächsischer Merkur. 4 Bde. (in 2 Bde.). Altona (vielmehr Hamburg) 1792/93. Neudruck Nendeln/L. 197; und [ders.:] Neuer Niedersächsischer Merkur. Upsala (vielmehr Altona und Mainz) 1797–99. Neudruck Nendeln/L. 1973. Die aufmerksame Durchsicht weiterer Zeitschriften muß der hoffentlich angeregten Forschung überlassen bleiben.

367 NM I (1792), 5. St., S. 65 f.; II (1792), 12. St., S. 177 f.

368 NM I, 9, S. 148; II, 12, S. 187; NNM I (1797), 1, S. 111.

369 NNM I. 1. S. 57 ff. III, 11, S. 161 ff.; 12, S. 187 f.; IV, 2, S. 32 f.

370 NM I, 7, S. 117.

371 NM II, 4, S. 49.

372 *Benjamin:* Der Autor als Produzent, S. 99, 104 ff.

373 *Winckler:* Entstehung und Funktion des literarischen Marktes, a. a. O.

374 Vgl. oben die Äußerung Laukhards S. 524.

375 *Forster:* Darstellung der Revolution in Mainz (1793), in: Werke, Bd. III, S. 653.

376 *Träger:* Mainz, S. 264.

377 *Voegt:* Jakobinische Literatur, S. 136.

378 *Hainebach:* Studien, S. 72 f. – *Dreyfus:* Sociétes, S. 502 f. *Julku,* Kyösti: Die revolutionäre Bewegung im Rheinland am Ende des 18. Jahrhunderts. 2 Bde. Helsinki 1965/69, Bd. II, S. 60 ff.

379 Dreyfus: Sociétés, S. 558 f.

380 *Scheel,* Heinrich: Die Statuten des Mainzer Jakobinerklubs. In: Jahrbuch f. Geschichte 5 (1971), S. 306 ff.

381 ebd. S. 314 f.

382 ebd. S. 318 f. u. 337.

383 ebd. S. 337 f.

384 *Forster* am 28.1.1793, in: Werke, Bd. IV, S. 825.

385 ebd. am 10.11.1792, S. 788; vgl. ebenso am 20.12.92, S. 788; am 31.12.92, S. 814; am 28.1.93, S. 825.

386 ebd. am 31.12.1792, S. 814.

387 vgl. die Dokumente bei *Träger:* Mainz, S. 315–323, 345.

388 Vgl. *Wedekind:* Patriot 3. St., A, S. 27–32; 3, B, S. 7–12. – *Metternich:* Bürgerfreund II (1793), 16. St., S. 65 ff.; 17, S. 73 f. – *Träger:* Mainz, S. 390–410.

389 *Scheel,* Heinrich: Spitzelberichte aus dem jakobinischen Mainz. In: Jahrbuch für Geschichte 6 (1972), S. 501–538.
390 *Forster* am 21.12.1792, in: Werke, Bd. IV, S. 809.
391 *Hansen,* Joseph (Hrsg.): Quellen zur Geschichte des Rheinlandes im Zeitalter der Französischen Revolution 1780–1801. 4 Bde. Bonn 1931–1938. Bd. II, 1933, S. 668.
392 Daher ist der Kritik Scheels an Grabs Polemik gegen diese profranzösische Orientierung der Mainzer Jakobiner zuzustimmen: Grab unterlaufen hier in der Tat gravierende »historische Fehleinschätzungen«. *Scheel,* Heinrich: Rez. zu *Grab,* Walter: Eroberung oder Befreiung (Trier 1970). In: Zeitschrift für Geschichtswissenschaft 19 (1791), S. 1583f.
393 Vgl. *Scheel:* Spitzelberichte, S. 505ff.
394 am 19.11.1792, in: *Hansen:* Quellen, Bd. II, S. 594.
395 Forster am 26.10.1792, in: Werke, Bd. IV, S. 772.
396 Forster am 10.11.1792, ebd. S. 784.
397 am 18.11.1792, in *Scheel:* Spitzelberichte, S. 522.
398 ebd. S. 523.
398a am 27.11.1792, ebd., S. 518.
399 am 28.11.1792, in: *Hansen:* Quellen, Bd. II, S. 608.
400 *Hansen:* Quellen, Bd. II, läßt die genauen Relationen zwischen Zustimmung und Ablehnung im dunklen; immerhin hat es selbst nach seinen Angaben den Anschein, als habe die demokratische Propaganda im Kleinbürgertum nicht ihre Wirkung verfehlt (S. 655, A. 2.)
401 am 28.11.1792, ebd. S. 607.
402 am 21.11.1792, in: *Scheel,* Spitzelberichte, S. 535.
403 ebd. S. 535.
404 am 19.11.1792, ebd. S. 527.
405 am 26.11.1792, ebd. S. 536.
406 ebd. S. 536.
407 Westphalen am 12.11.1792, in: *Hansen:* Quellen, Bd. II, S. 576.
408 Schlik am 19.11.1792, ebd. S. 505.
409 *Forster* am 29.1.1793, in: Werke, Bd. IV, S. 830.
410 *Forster* am 21.11.1792, ebd. S. 793.
411 *Forster* am 23.12.1792, ebd. S. 818.
412 Vgl. *Grimm,* Reinhold und *Hermand,* Jost (Hrsg.): Die Klassik-Legende. Frankfurt/M. 1971 (Schriften zur Literatur 18), S. 1ff.
413 Vgl. *Goethe:* Werke (Hamburger Ausgabe), hrsg. v. Erich Trunz u.a. Bd. 1–14. Hamburg ⁶1962ff., Bd. I, S. 179f.
414 So der Vorwurf des Autorenkollektivs. Autorenkollektiv sozialistischer Literaturwissenschaftler Westberlin: Zum Verhältnis von Ökonomie, Politik und Literatur. Grundlagen einer historisch-materialistischen Literaturwissenschaft. Berlin (West) 1971 (Materialistische Literaturwissenschaft 1), S. 26–30.
415 Vgl. ebd.
416 *Becher:* Der Befreier, in: Werke in drei Bänden, Bd. III, S. 400.
417 ebd. S. 406.
418 ebd. S. 406.
419 Vgl. *Mattenklott,* Gert und *Schulte,* Klaus: Literaturgeschichte im Kapitalismus. Zur Bestimmung demokratischer Lehrinhalte der Literaturwissenschaft. In: *Kolbe,* Jürgen (Hrsg.): Neue Ansichten einer künftigen Germanistik. München 1973, S. 81ff., Zitat S. 83.
420 ebd. S. 85.

420a ebd.

421 Vgl. *Stephan:* Seume, S. 156 ff.

422 Vgl. *Segeberg*, Harro: Friedrich Maximilian Klingers Romandichtung. Untersuchungen zum Roman der Spätaufklärung. Heidelberg (voraussichtlich) 1974 (Probleme der Dichtung, Bd. 14).

423 In der weiteren Erforschung der spätaufklärerischen Reiseliteratur hätte die Forschung eine lohnende Aufgabe; so ließe sich etwa aus den Reiseberichten deutscher Frankreichreisender nach 1789 die deutsche Rezeption der Französischen Revolution in ihren liberalen, republikanischen oder jakobinischen Spielarten am ehesten rekonstruieren. Als ersten Versuch vgl. *Witte*, Karsten: Reise in die Revolution. G. A. Halem und Frankreich im Jahre 1970. Stuttgart 1971 (Texte Metzler 21).

424 Vgl. *Segeberg:* Klingers Romandichtung.

425 Vgl. dazu im einzelnen *Scheel*, Heinrich: Die Mainzer Republik im Spiegel der deutschen Geschichtsschreibung. In: Jahrbuch für Geschichte 4 (1969), S. 9–72.

426 *Jäger:* Politische Metaphorik im Jakobinismus und im Vormärz, S. 8 ff.

Namenregister

Abbt 161, 283
Abusch 510
Adorno 329
Albrecht 522 f.
d'Alembert 233
Appell 202
Archenholtz 211, 212
Arendt 117
Arnold 24
Aveling 436

Baczko 124
Bahrdt 229
Balzac 153
Basedow 211, 225
Batteux 298
Baudelaire 492
Baumgarten 295, 331 f., 333
Becher 438 f., 510
Beck 514
Becker 170, 209, 237
Belinski 385
Bengel 25 f.
Benjamin 331, 341, 355, 428, 513
Benn 113, 123, 154
Berney 135
Bertuch 212
Biergans 544
Blau 532
Blanckenburg 520
Bodmer 225
Böhmer 544
Boie 134, 162, 213
Boileau 223, 296
Boissel 539
De Bossu 296
Braemer 1, 6 f., 17, 387, 417
Brandes 191
Braun 439 f.
Brecht 36, 47, 116
Brentano 113, 176, 194, 213, 236
Brockes 217
Brömbsen 531
Buchner 196
Büchner 544
Bülow 283
Bürger 11 ff., 142 ff., 149, 152, 158, 160,
197 f., 204, 208, 210, 212, 227, 229,
231, 232, 238, 510, 524, 526, 530,
540 ff.
Burke 405
Büschel 174, 198, 233 f.
Büsching 218

Campe 211
Caudwell 387
Cella 205
Chomsky 120

Condorcet 487
Cotta, F. 538, 539
Cotta, J. F. 198, 204, 210, 214
Cramer 197, 198, 207, 211

Descartes 346
Diderot 31, 33, 515
Dieterich 148, 198, 204, 210
Dilthey 115, 509
Dorsch 518, 547

Ebert 281, 287
Eckermann 157
Ehlers 225
Eickemeyer 532
Elias 519 f.
Enders 224
Engels, F. 1 ff., 21 f., 34, 55, 60, 67, 127,
133, 153, 398 ff., 409, 412, 418, 419,
423 ff., 435 ff.
Engels, H. W. 512 f.

Feder 178, 205
Ferguson 28, 282, 301
Fichte 113, 205, 215, 342 ff., 407 f., 418,
421, 477
Findeisen 174, 189 f., 234
Forster 156, 188, 207, 229, 238, 400, 402,
483, 511, 518, 519, 520, 521, 526, 528,
531 f., 535, 538, 548 ff.
Freud 127, 144
Friedemann 214

Gadamer 361, 362 f.
Gansberg 3 f., 71, 480 f.

Garve 28, 178, 180, 184, 189, 197, 198f., 233, 235
Gellert 134, 185, 189, 192, 193, 218, 222, 225, 519
Gerstenberg 195, 235
Gervinus 553
Geßner 173, 219, 234
Gibbon 428
Giesecke 203
Gleim 173, 184, 196, 198, 213
Goeckingk 134, 202, 212
Goethe 5, 8, 9, 11, 17, 31, 34, 62, 130, 132, 137, 139, 145, 147, 148, 150f., 157, 159f., 169, 170, 179, 180, 181, 185, 186, 192, 197, 200, 207, 208, 209, 210, 211, 213, 226, 228, 229, 231, 232, 233, 237, 238, 280, 285, 302, 303, 304f., 385ff., 509, 511, 551
Goldfriedrich 135
Görres 520, 521, 528, 532, 539f., 543
Göschen 199, 204, 210, 214
Gotter 151
Gottsched 134, 172, 215, 216f., 220, 221, 225, 296
Grab 512, 514
Günther 173, 181, 185, 224

Habermas 340, 352ff., 360, 475
Hagedorn 217, 220
Hahn 116f., 122
Haller 185, 217
Hamann 129, 130ff., 134, 138, 159, 162, 163, 164f., 166f., 173, 174, 180, 185, 192, 195, 222, 228, 229, 230, 233, 234
Harich 473, 495
Hartmann 544
Haselberg 457, 477
Hauser 340
Hebbel 133, 420
Hederich 385, 397
Hegel 22, 117, 132, 156, 160, 161, 165, 238f., 336ff., 362, 367, 369, 386, 389, 394f., 397f., 405ff., 418, 429f., 515, 520, 528
Heine 387, 391, 421, 521
Heiner 131, 132
Heinse 187, 208
Held 530
Helvetius 27, 470f., 472, 473
Herder 5f., 8, 11, 21f., 129, 130, 138, 140, 145ff., 164, 165, 166f., 173, 174, 176,

177, 179, 180, 189, 190f., 192, 194, 195, 198, 209, 220, 222, 225, 229, 231, 237, 285f., 294, 295, 300, 301, 304, 307ff., 402, 404, 480, 510, 519, 540
Hettner 553
Hirzel 5
Hobbes 414, 472
Hölderlin 228, 231, 362, 395, 406, 491, 514f., 551
Hofmann, A. J. 538f., 547
Hofmann, W. 388
Hoff 220

Holbach 27
Homer 121, 541
Horn 120, 127
Humboldt, W. v. 155f.
Hume 285
Hume 295

Iselin 283

Jacobi 159, 389, 420, 458, 473
Jean Paul 455ff.
Jentzsch 136, 201
Jochmann 440, 483ff.
Jordan 173
Jung-Stilling 185

Kant 65f., 118, 130, 138, 152, 205, 214, 295, 331, 332f., 341ff., 356, 357ff., 386, 391, 405f., 473ff., 476, 477, 512, 518, 520, 524
Kautsky 153
Kayser 164
Kirschstein 288
Kleinjogg 5f.
Kleist 154
Klinger 130, 157, 229, 528, 552
Klopstock 139, 162, 169, 173, 197, 198, 207, 210, 222ff., 277ff., 525, 531
Klotz 173, 221, 234
Knebel 203
Knigge 137, 155, 157, 527, 538, 552
Körner, A. 514
Kosekeck 293, 356, 361, 479f., 515, 517
Kojève 394
Krauss, W. 20, 29f., 283, 510
Kretschmann 307
Krumme 455f.

Langen 220
Lankheit 489
Lankhard 524, 525 f., 529, 542, 543
Lavater 5, 138, 185, 519
Lehne 530, 531,
Leibniz 339
Lenin 154, 155, 551
Lenz 11, 130, 135, 139, 143, 144, 160, 173, 229, 285
Lepenies 485
Lessing 148, 173, 183, 184, 193, 195, 197, 200, 203, 206, 207, 211, 225 f., 227, 228, 295, 300, 385
Lichtenberg 132, 173, 180, 211, 230, 539
Lichtwar 203
Lindner 455 f., 468 f., 476
Linguet 205, 207
Liscow 217, 539
Locke 182, 205, 388, 516
Lorenzer 120
Luden 171
Luhmann 330
Lukács 1, 155, 331, 373, 486

Mallet 301
Mannheim 139
Marcuse 154, 223, 329, 353, 365 f., 367
Martini 129
Marx, E. 436
Marx, K. 7, 34, 48, 65, 113, 116 ff., 232, 237, 330, 342, 350, 354, 388, 400, 406, 408, 409 f., 412, 415, 418, 419, 421, 422, 423 ff., 435 ff., 489 f., 520, 524, 532
Mayer 298, 510
Mehring 19, 71 f., 510
Mencke 233
Mendelssohn 213, 305
Meng 139, 193
Mercier 10 f. 31, 33
Merck 138, 232
Metscher, Th. 3
Metternich 532, 538, 544, 547, 549
Meusel 202
Milton 117 ff.
Molièrc 143
Molzan 312
Montesquieu 26, 28, 282, 301
Moritz 185, 193, 552
Moser, F. C. v. 25 f.
Moser, J. J. v. 8, 25 f., 187

Möser 140, 173, 174, 182, 283
Motteck 1
Müller, A. 169f.
Müller, J. G. 205, 208, 211, 234
Müller, N. 530, 531 f.
Münnich 230, 234

Neumann 356
Nicolai 150, 183, 213, 221, 305 f., 518
Novalis 169, 236, 407, 542
Nunberg 119

Obenauer 215
Opitz 160, 216, 223

Pape 549
Paul 229
Perthes 214
Petersen 172
Pfeffel 524, 544
Plato 118, 480
Plessner 139
Plutarch 28
Pope 296
Prüsener 202
Pütter 205

Rabener 219, 509
Ramdohr 179
Ramler 203, 220, 225
Rasch 457
Rebmann 149, 521 f., 523, 527, 528, 538
Rehberg 517
Reich 204, 210, 214
Reimann 50 f.
Reinhard 212
Reinhold 421
Ricardo 418
Riedel 221
Riehl 214
Riesbeck 186, 189
Riemer 232
Robespierre 67, 472, 484, 515
La Rochefoucauld 472
Roethe 165, 193
Rousseau 27, 28 ff., 42, 56, 65, 138, 140, 145 f., 148, 162, 182, 190, 192, 282, 284, 406, 407, 417, 459 f., 464, 472, 473, 484 ff., 510, 515, 516, 520, 529, 545.
Rychner 123

Santayana 238
Scheel 511, 512, 514, 544 f.
Schelling 333 ff., 348 ff., 367, 371
Schelsky 330
Scherer 163, 171, 174
Schiller 1 ff., 113, 115, 132, 134, 137, 139, 140, 144, 145, 147, 148, 155, 158 f., 160, 161, 165, 166, 170, 180, 184, 187, 188, 198, 204, 206, 207, 209, 211, 212, 213, 227, 231, 232, 236, 238, 329, 334 f., 336, 347 f., 356, 357 ff., 405, 486, 509, 512, 518, 525, 541 f., 551
Schlaffer, Hann. 149 f.
Schlaffer, Heinz 302, 485 f., 491, 492
Schlegel, A. W. 169, 212, 542
Schlegel, C. 169
Schlegel, F. 234, 334 f., 351, 362, 407, 457, 468
Schlegel, J. E. 172
Schlosser 159, 178, 180
Schlöter 134, 156, 211, 212, 283
Schmidt, C. 1, 4
Schmid, K. A. 216, 217
Schöffler 191, 194
Schönert 470
Schreiber 152
Schubart, C. F. D. 8, 26 f., 32, 53 f., 65, 130, 134, 152, 156, 173, 186, 187, 212, 221, 231, 283, 524, 526, 540, 544
Schubart, L. 542
Schulz 187, 206
Schütz, C. G. 198
Schütz, F. W. 527, 547
Seume 552
Shaftesbury 28, 162, 230, 295, 405
Shakespeare 186, 541
Shelley 426 ff.
Sieyès 147, 516, 517
Smith 282, 418
Sombart 177
Stadelmann 177
Staël 184, 187
Stammler 282
Steiner 511
Stolberg 542
Stolpe 1, 4 f., 284, 301, 305
Streisand 423
Sulzer 225, 295, 385

Thalheimer 154
Tieck 212
Tornius 188
Träger 12, 28, 391, 396, 406, 410 f., 413 ff., 417, 438, 511, 513, 538
Tretjakow 513
Trotzki 155

Unger 214
Unzer 175, 183 f., 192, 207, 221
Uz 218 f., 222

Vaculik 116
Vogt 532
Voegt 511, 512, 514, 530
Voltaire 30, 32, 182, 421, 473, 515
Voß 140, 147, 157, 207, 212, 213, 229, 231, 526, 542, 544

Wackenroder 208 f., 223, 235
Walzel 385
Warneken 282
Weber 177
Wedekind 153, 155, 528, 532 ff., 549
Weichmann 172
Weigand 488
Weiße 211
Wekhrlin 134, 283
Wertheim 34
Weyergraf 305
Wezel 552
Widhammer 481
Wieland 134, 135, 137, 141, 143, 147 f., 165, 174, 176, 179, 192, 196, 200, 204, 205, 207, 208, 209, 211, 213, 215, 237, 305 f., 310, 385, 518
Wiese 510, 517
Wieser 188
Winckelmann 192
Wojcik 426 f.
Wuthenow 483

Young 162, 182, 404 f.

Zelter 385
Zimmermann 283, 527